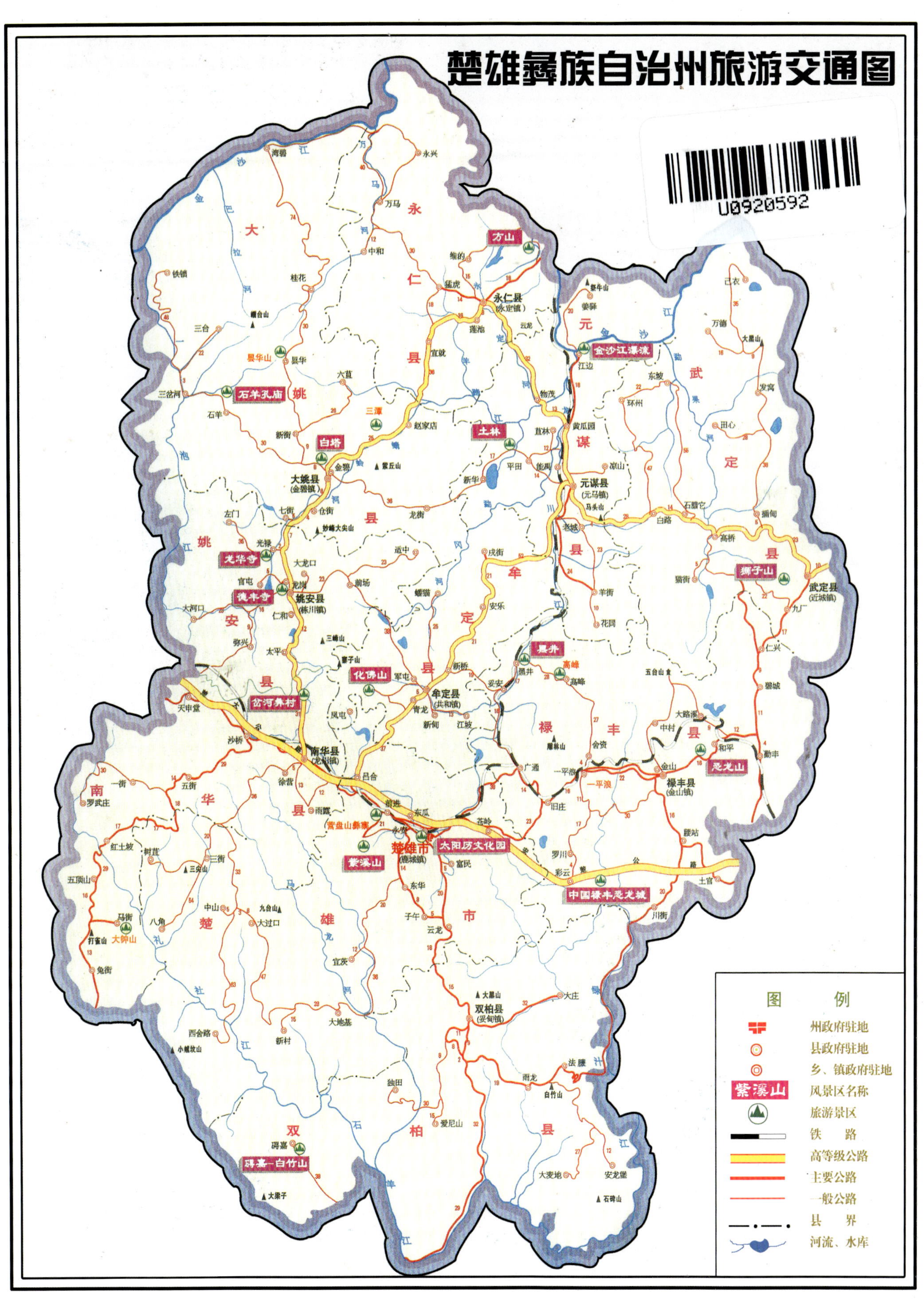

楚雄彝族自治州旅游交通图
方山
金沙江漂流
石羊孔庙
白塔
三潭
土林
龙华寺
德丰寺
化佛山
岔河彝村
狮子山
恐龙山
黑井
营盘山彝寨
紫溪山
太阳历文化园
中国禄丰恐龙城
大钟山
昙华山
碍嘉—白竹山
永仁县
元谋县
大姚县
姚安县
牟定县
南华县
禄丰县
武定县
楚雄市
双柏县
图例
州政府驻地
县政府驻地
乡、镇政府驻地
风景区名称
旅游景区
铁路
高等级公路
主要公路
一般公路
县界
河流、水库

经济发展　文化繁荣　生态

2009 楚雄概览

总面积：29258 平方千米
耕地面积：234.13 万亩
最高海拔：3657 米（大姚县帽台山主峰）
最低海拔：556 米（双柏县三江口）
森林覆盖率：60.7%
年平均降雨量：614 毫米
年平均气温：17.0℃
年日照时数：2490 小时

常住人口：270.1 万人
农业人口：222.11 万人
少数民族人口：88.66 万人
彝族人口：71.79 万人
人口出生率：10.66‰
人口自然增长率：4.10‰

生产总值（GDP）：342.35 亿元
第一产业增加值：80.78 亿元
第二产业增加值：142.52 亿元
工业：116.47 亿元
建筑业：26.05 亿元
第三产业增加值：119.06 亿元

第一、二、三产业构成：23.6：41.6：34.8
人均生产总值：12701 元
五大重点产业增加值：166.17 亿元
烟草产业：58.20 亿元
天然药业：2.68 亿元
冶金化工业：30.50 亿元
绿色食品业：53.0 亿元
文化旅游业：21.79 亿元

从业人员：165.77 万人
从事农业产业人员：110.34 万人
年末城镇登记失业率：3.2%
城镇建成区面积：127.32 平方千米
城镇化水平（城镇化率）：31.0%

农业总产值：137.99 亿元
粮食种植面积：313.73 万亩
经济作物种植面积：168.27 万亩
有效灌溉面积：176.58 万亩
农业机械总动力：165.89 万千瓦
粮食总产量：102.2 万吨
肉类总产量：30.62 万吨

良好　活力涌现　和谐平安

CHUXIONG ALMANAC

规模以上工业产值：237.11 亿元
总发电量：14.1 亿千瓦时
钢材产量：146.6 万吨
水泥产量：120.78 万吨
卷烟产量：56.1 万箱

全社会固定资产投资：207.95 亿元
全年房地产开发投资：28.26 亿元
商品房竣工面积：52.3 万平方米
商品房销售额：31.8 亿元

社会消费品零售总额：109.7 亿元
外贸进出口总额：6933 万美元
实际利用外资：1293 万美元

公路通车里程：16903.12 千米
客运量：2297.66 万人
货运量：1231.25 万吨
电话普及率：47.9 部 / 百人
旅游业总收入：21.58 亿元

财政总收入：73.3 亿元
地方一般预算收入：25.58 亿元
地方一般预算支出：90.82 亿元
金融机构年末人民币存款余额：373.12 亿元
城乡居民储蓄存款：189.98 亿元
金融机构年末人民币贷款余额：216.37 亿元

普通高校：3 所
普通中专学校：27 所
科技对国民经济增长贡献率：47.2%
电视覆盖率：96.9%
广播覆盖率：96.5%
卫生机构：557 个
卫生技术人员：8580 人
医疗卫生机构床位：9218 张

农村居民人均纯收入：3511 元
城镇居民人均可支配收入：14319 元
农村居民人均住房使用面积：35.07 平方米
城镇居民人均住房总建筑面积：34.41 平方米

[主要资料来源：《楚雄州 2009 年国民经济和社会发展统计公报》]

（本版摄影：倪承伟）

滇中特色大城市楚雄规划结构示意图

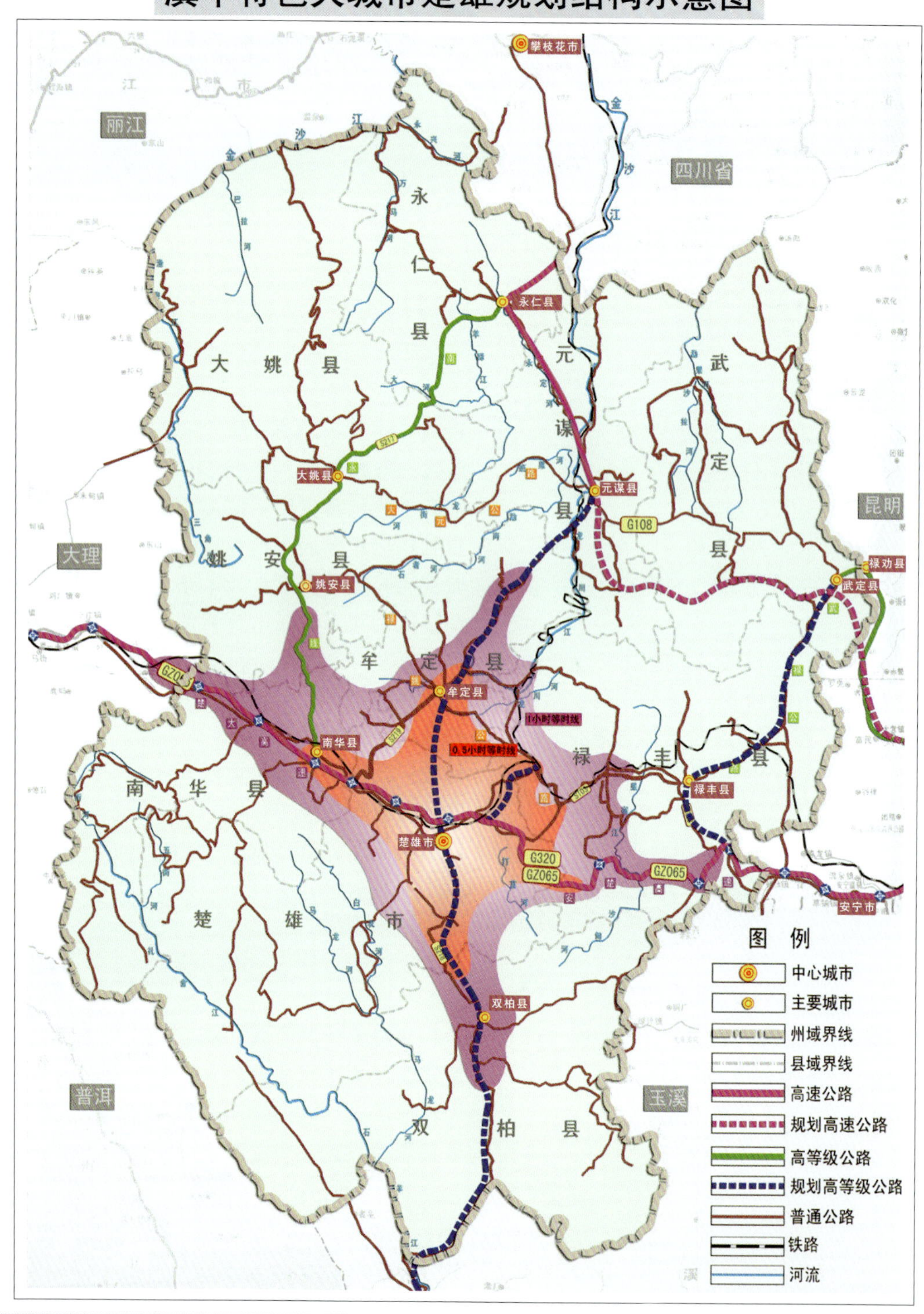

滇中城市群是云南省域城市体系构建的核心，是全省经济社会发展的重点区域，楚雄市是滇中大城市的一个重要组成部分。楚雄市城市要实现滇中区域的职能分化，首要解决的是城市规模过小的问题。通过对楚雄城市发展的环境容量分析，只有采取组团式空间格局，才能解决楚雄大城市构建的空间资源与城市规模发展的矛盾。组团式发展，就是利用高速交通系统，把临近楚雄市的南华县城、广通镇区、牟定县城、双柏县城作为楚雄大城市的功能组团一体化发展，形成“一主、两轴、四副”空间发展格局。

“一主”，即楚雄市市区，也是未来楚雄城市的主城区。“两轴”，即沿老320国道和楚（雄）大（理）高速公路的东西发展主轴和沿元（谋）双（柏）一级公路的南北发展轴。前者自东向西依次连接广通、苍岭、楚雄、紫溪、吕合、南华县城等城镇，后者自北向南沟通牟定县城、楚雄、东华、子午、双柏等城镇。两轴相交于主城。“四副”，即楚雄市西面的南华县城、北面的牟定县城、东面的广通镇、南面的双柏县城是楚雄城市的四座次级城镇。

资料提供：楚雄州规划局

楚雄城市未来城镇功能格局图

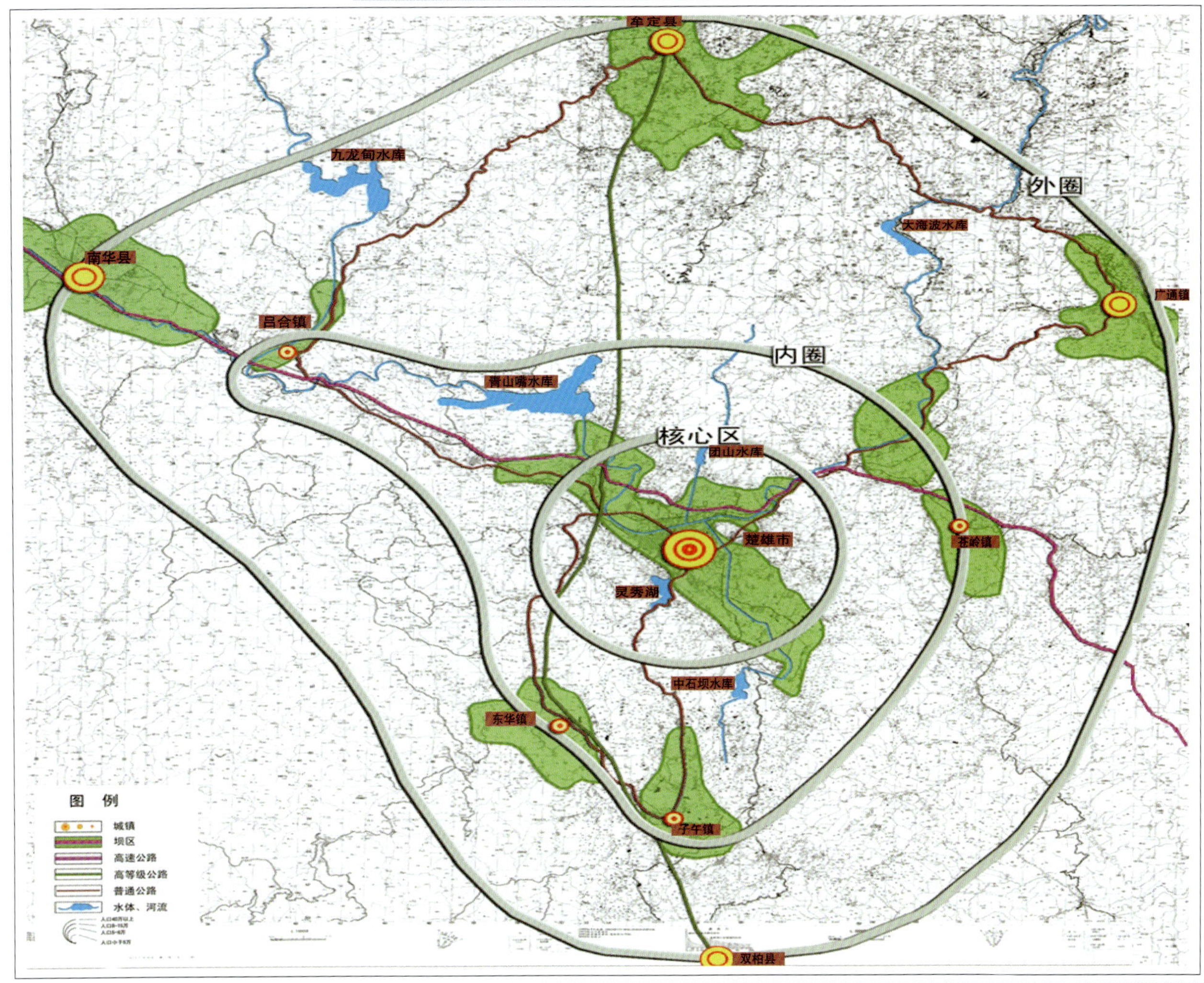

楚雄城市未来城镇的功能分区：

按照楚雄大城市的功能分区，划分为核心圈层、内圈层和外围层三个功能圈层。

城市核心圈层：包括楚雄市市区及周边地段。主要功能：以居住、行政、文教、商贾、交通、旅游功能及无污染、轻污染加工制造业为主的综合型功能。主导产业：烟草业、天然药业、绿色食品业；依托承东启西、连接南北交通枢纽的优势，发展商贸、物流业；发挥州域中枢的区位优势和城市旅游资源、设施优势，发展文化旅游和相关服务业；面向州内外市场发展住宅及相关产业。

城市内圈层：即主城区外 10 千米半径内的吕合、东华、子午、苍岭诸镇镇区。主要功能：围绕核心城市的城郊型产业。主导产业：围绕核心城市的休闲度假、观光农业、园艺、副食基地、经济作物种植等生态产业；承接主城部分功能（产业）转移。

城市外圈层：楚雄市市区周边 30 千米半径左右的南华县城龙川镇、牟定县城共和镇、双柏县城妥甸镇和禄丰县广通镇。

广通镇：楚雄城市通道枢纽体系节点，楚雄城市主要的对外交通、仓储和商贸功能区。主导产业：交通与物流业，以及金融、邮电、餐饮、商贸、酒店等相关产业。南华县城：城市交通枢纽体系的西部节点，绿色食品加工业基地和集散地。主导产业：以啤酒和特色农产品加工为主的绿色食品加工业，以野生菌为特色的餐饮服务业；以野生菌和特色农产品集散为主的物流产业。牟定县城：楚雄城市北翼功能区，绿色食品加工和民族民间工艺品制作基地。主导产业：民族民间工艺品、绿色食品加工和销售业，文化旅游产业。双柏县城：楚雄城市南面功能区，发展绿色生态产业、生物资源产业、特色食品加工业、生态旅游和民族文化旅游业。主导产业：民族民间工艺品、绿色特色食品加工和销售业，森林资源、水资源的合理开发利用和文化旅游产业。远期可成为楚雄城市以发展“清洁型资源类产业”为主的次级城镇。

规划城市各功能区规模：楚雄市市区建设用地规模 40 平方千米，人口约 40 万人；广通镇：建设用地规模 20 平方千米，人口规模 8.2 万人；南华县城：建设用地规模 13.3 平方千米，人口规模 12.7 万人；牟定县城：建设用地规模 9 平方千米，人口规模 9.5 万人；双柏县城：建设用地规模 5.2 平方千米，人口规模 6 万人。城市内圈各镇：吕合、东华、子午、苍岭各镇城镇人口 3 ~ 5 万人、城镇建成区 3 ~ 5 平方千米。整个楚雄大城市人口规模：80 ~ 100 万之间。

资料提供：楚雄州规划局

2010年3月31日，全国人大常委会副委员长、九三学社中央主席韩启德到楚雄州视察调研　（马　骏／摄影）

2010年1月9日，中共云南省委书记白恩培在大姚县新街乡芦川村委会大河屯村民小组与“7·09”地震灾后恢复重建户亲切交谈 （王　明／摄影）

2009年9月4日，中共云南省委副书记李纪恒等省州领导在姚安县官屯乡检查“7·09”地震灾后学校复课工作 （马　骏／摄影）

2009 年 5 月 16 日，国家烟草专卖局局长姜成康深入禄丰县调研现代烟草农业建设工作
（王　明 / 摄影）

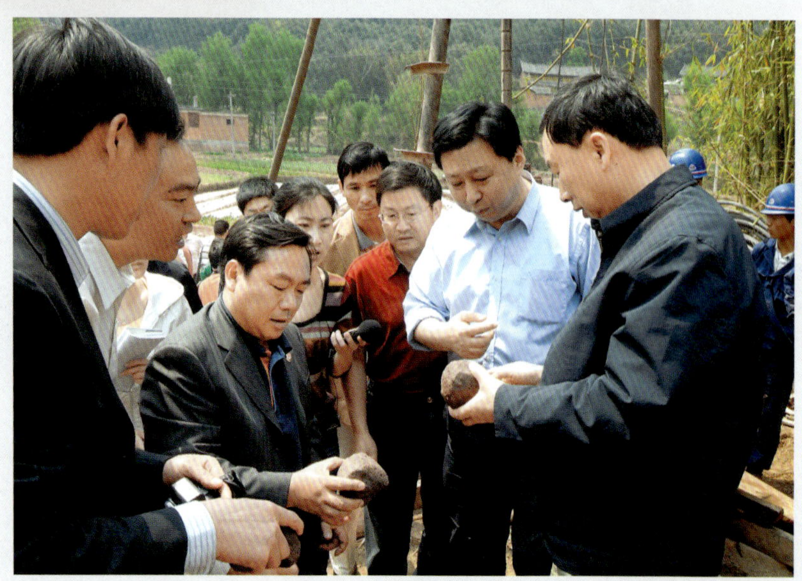

2010 年 3 月 24 日，国土资源部副部长汪民在省州领导的陪同下，深入楚雄市指导抗旱打井工作　（马　骏 / 摄影）

2009 年 12 月 24 日，中央深入学习实践科学发展观活动巡回检查组第五组副组长王玉庆在楚雄市马石铺村检查指导工作　（夏天彧 / 摄影）

2010 年 1 月 7 日，中共楚雄州委七届七次全会召开 （王　明 / 摄影）

2010 年 2 月 24 日，楚雄州十届人大五次会议开幕 （马　骏 / 摄影）

2010 年 2 月 22 日，政协楚雄州八届四次会议开幕 （王　明 / 摄影）

2009 年 8 月 14 日，省州领导参加火把节彝族祭火大典 （王 明 / 摄影）

2009 年 7 月 19 日，第四届云南省科学技术论坛在楚雄开幕 （王 明 / 摄影）

2009 年 8 月 15 日，楚雄州人民政府与九三学社云南省委、云南农业大学举行“九校楚合作”签字仪式 （王 明 / 摄影）

2010 年 1 月 30 日，举行泰国清迈考察团侨商商务考察彝州行招商项目推介会 （马　骏 / 摄影）

2010 年 5 月 25 日，楚雄州党政领导调研滇中特色大城市建设情况 （马　骏 / 摄影）

2009 年 8 月 12 日，举行中国·楚雄首届彝剧国际学术研讨会开幕式 （马　骏 / 摄影）

2009 年 2 月 12 日，中国·南华野生菌王国建设启动仪式 （马　骏 / 摄影）

2009 年 8 月 1 日，举行青山嘴水库下闸蓄水仪式 （周　勤 / 摄影）

2009 年 12 月 4 日，省州领导为楚雄农产品中心批发市场建设奠基 （马　骏 / 摄影）

2009年9月22日，楚雄州举行庆祝新中国成立60周年文艺晚会 （夏天彧/摄影）

2009年9月7日，楚雄州职业教育园区举行首批新生入驻仪式 （马 骏/摄影）

2010年6月25日，楚雄州第八届少数民族传统体育运动会闭幕 （王 明/摄影）

楚雄州重点企业——德胜钢铁有限公司轧钢生产线
（马　骏／摄影）

建设中的元(谋)双(柏)公路——马道地隧道工程
（马玉科／摄影）

青山嘴水库移民安置点——栗子园小区
（郑建民／摄影）

K

F

Q

S

Y

x

X

内部资料　免费交流
楚新出（2010）准印字223号
楚雄师范学院印刷厂印装

楚雄州年鉴

CHUXIONG ALMANAC

2010

楚雄彝族自治州人民政府　主办
楚 雄 州 地 方 志 办 公 室　编纂

云南出版集团公司
云南科技出版社
·昆 明·

图书在版编目（CIP）数据

楚雄州年鉴.2010/楚雄州地方志办公室编.—昆明：云南科技出版社，2010.7
ISBN 978-7-5416-4096-4

I. ①楚… II. ①楚… III. ①楚雄彝族自治州—2010—年鉴 IV. ①Z527.42

中国版本图书馆 CIP 数据核字（2010）第 147323 号

楚雄州年鉴(2010)

楚雄彝族自治州人民政府　主办
楚雄州地方志办公室　编纂
地　址　云南省楚雄经济开发区州公务中心
邮　编　675000
电　话　(0878)3389345
传　真　(0878)3389348
邮　箱　cxznj@tom.com

出版发行　云南出版集团公司
　　　　　云南科技出版社
地　址　昆明市环城西路 609 号云南新闻出版大楼
邮　编　650034
电　话　(0871)4192752
网　址　www.ynkjph.com
责任编辑　李永丽
责任校对　叶水金
印　刷　楚雄师范学院印刷厂

开　本　889×1194mm 1/16
印　张　28.25
字　数　950 千字
版　次　2010 年 7 月第 1 版
印　次　2010 年 7 月第 1 次
插　页　67
印　数　1500 册

ISBN 978-7-5416-4096-4/Z·457
定价：180.00 元

广告经营许可证 5323005000020
若发现印装错误请与承印厂联系

编辑说明

一、《楚雄州年鉴》是云南省楚雄彝族自治州人民政府主办、州地方志办公室编纂的地方综合年鉴。全面记录楚雄州经济和社会发展基本情况，突出时代特色和地方民族特色，坚持常编常新，旨在为领导决策、部门开展工作和社会各界了解楚雄、研究楚雄、建设楚雄提供系统的州情资料。

二、《楚雄州年鉴》创刊于1989年，每年赓续出版。2010年卷反映楚雄州2009年各项事业发展状况、重大事件和新的成就及经验。为增强时效性，部分图片、文稿收录了2010年的重要内容。

三、《楚雄州年鉴》(2010)以条目体为主，按类目、分目、条目三级编排，设特载、大事·要闻、年鉴论坛、综述、政治、军事、法制、经济管理、农业、工业、烟草业、医药业、商贸业、交通运输业、旅游业、信息产业、城建·环保、财政·税务、金融·保险、科学技术、社会科学、教育、文化、卫生、体育、民族、社会、县（市）概况、人物、附录、统计资料31个类目。类目下设分目247个，约有条目1900个。

四、《楚雄州年鉴》(2010)框架设置比上年版有所调整，类目保持不变，对部分分目作了适当调整，并增加了部分行业和部门的内容。“政治”类目下增加“应急处置”分目;“农业”类目下增设“葡萄产业开发”分目;“工业”类目下增设“工业园区建设”、“节能减排”、“建材工业”、“轻纺工业”、“食品工业”分目;“商贸业”类目下增设“商贸流通”分目;“交通运输业”类目下“交通规费征收”分目调整为“公路路政管理”分目;“金融·保险”类目下增设“中国邮政储蓄银行楚雄州分行”、“富滇银行股份有限公司楚雄分行”分目。“年鉴论坛”类目选录了3篇专题性文章，就彝州相关领域的发展作深度研讨。

五、《楚雄州年鉴》(2010)卷首设目录和英文要目，卷末配有索引。重要事件在“大事·要闻”中突出反映。

六、《楚雄州年鉴》(2010)为豪华型珍藏版图书，语言精炼，文风朴实，图文并茂，装帧精美，是具有极高信息价值的实用工具书。

七、《楚雄州年鉴》(2010)采用文稿，均由州属各部门和各县(市)指定专人撰稿，并经部门领导审定。“综述”、“县（市）概况”、“统计资料”的数据由州、县（市）统计局提供并负责审核，涉密内容由州国家保密局负责审定。编辑结束，经楚雄州年鉴编辑委员会审定后交付出版。

楚雄州地方志办公室

2010年7月

楚雄州年鉴编辑委员会

主　　任　李红民(中共楚雄州委常委、州人民政府副州长)
副 主 任　汪占毅(中共楚雄州委常委、州委秘书长)
　　　　　马国雄(楚雄州人民政府秘书长)
　　　　　郭孟贤(楚雄州地方志办公室主任)
委　　员　苏贤发(中共楚雄州委副秘书长、州委政策研究室主任)
　　　　　阮建文(楚雄州人民政府副秘书长)
　　　　　周兴国(楚雄州发展和改革委员会主任)
　　　　　邓斯云(楚雄州财政局局长)
　　　　　何学明(楚雄州经济委员会主任)
　　　　　戴凤玲(楚雄州统计局局长)
　　　　　李忠吉(楚雄州社会科学界联合会主席)
　　　　　杨永昌(楚雄州国家保密局局长)
　　　　　高建祥(楚雄州档案局局长)
　　　　　白云鹏(楚雄州地方志办公室副主任)

顾　　问　祝培礼(云南省年鉴研究会会长)
　　　　　张淑静(云南省年鉴研究会常务副会长、秘书长)
主　　编　郭孟贤
执行主编　白云鹏
副 主 编　朱卫明
编　　辑　朱卫明　者宗菊　安孟勤　周能汉　王艳萍　罗相海　李　梅
校　　对　朱卫明　者宗菊　安孟勤　周能汉　王艳萍　罗相海　李　梅

数据审核　楚雄州统计局
保密审查　楚雄州国家保密局
彩版组编　余发平
英文目录翻译　杞华仙

目　录

Contents

特　载

Special Published

大事·要闻

Major Events and Important news

年鉴论坛

Almanac Forum

综　述
Summary

政　治
Politics

重要决策和部署 102
Important Decision and Arrangement

法　制
Legal System

经济管理

Economic Management

农　业
Agriculture

工　业
Industry

烟 草 业
Cigarette Industry

医 药 业
Medicine Technology Industry

商　贸　业
Trade

交通运输业
Communications and Transportation

旅 游 业
Tourist Industry

财政·税务
Finance and Taxation

金融·保险
Banking and Insurance

科学技术
Sciences and Technology

社会科学
Social Sciences

教　　育
Education

文　化
Culture

卫　生
Hygiene

体　　育
Sports

民　族
Minority

社　会
Society

县（市）概况
Counties Summaries

人　物
Figures

附　录
Appendix

统计资料
Statistical Data

索　引
Index

坚定信心 抢抓机遇 乘势而上 奋力推动彝州经济社会发展再上新台阶

——在中共楚雄州委七届七次全体会议上的报告

（2010年1月7日）

中共楚雄州委副书记 杨红卫

同志们：

这次全委会的主要任务是：深入学习贯彻党的十七届四中全会、中央经济工作会议和省委八届七次、八次全会精神，总结2009年工作，安排2010年任务，研究部署新形势下的党建工作，动员全州广大党员干部和各族群众，坚定信心，抢抓机遇，乘势而上，奋力推动彝州经济社会发展再上新台阶。

下面，我受州委常委会和邓先培书记的委托，向全委会作工作报告。

一、坚定发展信心，积极应对挑战，全州各项工作在十分困难的条件下取得显著成绩

2009年是新世纪以来楚雄州经济社会发展最为困难的一年。面对国际金融危机影响加深、保增长压力较大、抗灾救灾任务艰巨的严峻挑战，州委常委会团结带领全州各族干部群众，以贯彻落实胡锦涛总书记视察楚雄时的重要指示精神为动力，深入学习实践科学发展观，坚持年初确定的经济社会发展目标不动摇，坚持保增长、保民生、保稳定的工作主线不偏离，坚持抓党的建设不松懈，深入贯彻落实中央和省应对国际金融危机的一系列政策措施，着力解决发展中带全局性、根本性和基础性的问题，保持了全州经济平稳较快发展和社会和谐稳定，抗震救灾和恢复重建工作取得全面胜利，彝州科学发展向着既定的目标迈出了新的步伐。据统计预测，2009年全州实现生产总值340亿元以上，按可比价计算，比上年增长11%以上；完成地方财政总收入73.3亿元，增长11.8%，地方一般预算收入25.58亿元，增长12.7%；城镇居民人均可支配收入达14073元，农民人均纯收入达3500元，分别增长8%和12.5%。

（一）深入学习实践科学发展观，着力提高领导彝州科学发展的能力和水平。我们坚持以科学发展观统领经济社会发展全局，不断掀起学习实践科学发展观的新高潮，努力把科学发展观转化为谋划科学发展的正确思路、领导科学发展的实际能力、促进科学发展的政策措施。进一步深化对州情的认识，着力完善发展思路，明确提出了实现彝州科学发展新跨越的总体要求、奋斗目标和战略举措，以此统一思想、凝聚人心、鼓舞

斗志。把深入开展学习实践科学发展观活动与保持经济社会平稳较快发展、抗震救灾恢复重建和加强党的建设紧密结合，扎实开展“个人形象一面旗、工作热情一团火、谋事布局一盘棋”和“三牢记五争先”主题实践活动，全州党员干部受到了一次深刻的科学发展观教育，科学发展的信心更加坚定，思路更加清晰，成效更加明显。把深入学习实践科学发展观与研究解决关乎彝州改革发展全局的重大问题紧密结合，通过全委会、常委会、中心组学习会议、现场办公会和专题调研活动，研究破解彝州科学发展难题的对策措施，推动重大项目建设、重点产业培植、工业经济发展、灾区恢复重建、滇中特色大城市建设等重点工作取得明显突破，有力地促进了全局工作的整体推进。

（二）*积极应对国际金融危机的冲击，力促经济平稳较快发展*。坚持把保持经济平稳较快发展作为首要任务来抓，着力在应对挑战中捕捉难得机遇、在逆境中培育有利因素，扎实做好强基础、调结构、增后劲的工作，全州经济摆脱了低迷下滑的不利局面，呈现出企稳回升、逐月向好的良好态势。一是投资拉动成效明显。抢抓国家扩大内需、增加投资的政策机遇，千方百计争取国家和省的支持，全年争取国家和省各类项目资金48.7亿元，增长24.6%，其中争取中央4批扩大内需资金12.65亿元。加强金融支持地方经济发展的协调和引导，全年新增贷款59.37亿元，是上年增量的2.81倍。认真落实项目工作责任制，全力抓好20个重点项目建设，青山嘴水库、元双二级公路、州职教园区、州文化活动中心、州医院新区等重大项目建设加快推进，一批重点工业、农业、文化旅游项目建设取得新进展。全年完成全社会固定资产投资200亿元，增长40%左右，拉动全州生产总值增长超过7个百分点。二是工业经济企稳回升。切实把保工业作为保增长的重点来抓，认真落实中央和省制定的各项政策措施，及时采取州县市领导挂点帮扶企业、加大财政扶持力度、协调解决企业融资难题、促进工业品营销、减轻企业负担、强化目标管理考核等一系列措施，力促新立公司高钛渣项目、滇中有色金属公司粗铜项目点火投产，滇中铝业有限公司等一批企业恢复生产，有效遏制了工业经济大幅下滑的局面。烟草产业持续增长，绿色食品业加快发展，冶金化工业、能源工业、医药工业出现新的转机。非公有制经济在保增长、促就业中发挥了积极作用。全州规模以上工业实现增加值89.5亿元，增长8.5%。三是农村经济稳步发展。坚持把稳农业、促增收作为保持经济平稳较快发展的重大举措，大幅增加农业农村的投入，全州财政投入支农资金10.6亿元，增长6.3%。加大以农田水利、农村公路和农村能源为重点的农村基础设施建设力度，水利和交通固定资产投资分别突破12亿元和18亿元，改造中低产田地26万亩，建成通乡油路602公里、乡村公路1271公里。特色农业产业建设成效明显，禄丰现代烟草农业建设整县推进，林业五大工程建设和五大产业加快发展，畜牧业保持较好的发展势头。扶贫开发和新农村建设取得新的成绩，解决和巩固了15.7万贫困人口的温饱问题。全州实现农业增加值85亿元，增长6.7%。四是消费动力明显增强。文化旅游产业重点项目建设积极推进，环州旅游线路开发取得突破，旅游基础设施建设不断加强，旅游人气持续攀升，全年实现旅游业总收入19.6亿元。认真落实“家电下乡”、农机具购置补贴、鼓励汽车消费等政策措施，汽车、住房等消费持续升温，金融、保险、物流、通信等现代服务业加快发展，外贸进出口快速增长。全年完成社会消费品零售总额108亿元以上，增长20%以上；完成进出口总额6300万美元，增长19%。五是城市建设步伐加快。州域城镇建设规划体系进一步完善，楚雄滇中特色大城市战略规划和东南新城等一批片区规划、专业规划编制完成，旧城提升改造工作加快推进，东南片区、西北片区等新城建设取得新进展，整治城区临街临时违法建筑全面启动，城市绿化、亮化、净化和美化工作明显加强，楚雄滇中特色大城市建设迈出了新步伐。各县县城和中心集镇、历史文化名镇、特色小镇基础设施建设取得了新的进展，全州城镇化率达到30.8%，提高了1.2个百分点。六是生态建设扎实推进。深入实施“保护七彩云南、构建和谐彝州”行动，强化污染综合治理，生物多样性保护、城镇污水生活垃圾处理、水土流失治理、农村环境综合整治及生态修复等重点工作进一步加强，生态文明建设取得新成效。着力推进创新型楚雄建设，认真实施绿色照明、节能降耗、资源综合利用等项目，大力发展循环经济，节能减排指标继续保持下降势头。七是改革开放全面深化。农村综合改革取得新进展，土地承包经营权流转稳步推进，村级公益事业建设一事一议财政奖补工作全面开展；集体林权制度主体改革基本完成，配套改革稳步推进；投融资体制改革取得重要突破，与富滇银行合作组建楚雄州首个村镇银行，支持富滇银行设立楚雄支行，成立4个小额贷款公司和4个担保公司；政府机构改革稳步推进，“阳光政府”四项制度全面实施，行政问责制深入认真落实；文化体制改革和医药卫生体制改革全面启动。鼓励外来投资的政策措施进一步完善，招商引资成效显著，全年引进州外实际到位资金75.5亿元，增长42.5%。

（三）*着力解决涉及群众切身利益的突出问题，切实做好改善民生的各项工作*。坚持把抗震救灾和恢复重建作为最大的民生工程来抓，在妥善安置灾区群众生产生活的同时，认真落实“四包”责任制，加大资金整合投入力度，全力抓好以民房为重点的灾区恢复重建工作，“8·30”地震5175户重建户、62572户修复加固户和“11·02”特大自然灾害2094户重建户、1381户修复加固户民房恢复重建任务全面完成，“7·09”姚安地震6220户重建户、73122户修复加固户可在2010年春节前大部分搬入新居。落实教育优先发展战略，推动教育改革与发展，现代教育试点工作全面启动，中小学布局调整和校舍安全工程建设加快推进，义务教育阶段教师绩效工资改革稳步实施，各类教育协调健康发展，高中阶段毛入学率达70.36%，普通高中与中等职教在校生之比达1:0.9。基层文化基础设施“两馆一站”、广播电视“村村通”、农民文化体育活动场所等农村公共文化服务体系建设步伐加快，民族民间传统文化保护工作进一步加强，文化体育事业蓬勃发展。公共卫生服务体系进一步加强，甲型 H_1N_1 流感疫情得到有效防控，新型农村合作医疗参合率达 92.47%，人口低生育水平进一步巩固。加快科技创新体系建设，科技对经济增长的贡献率达 47.2%。认真实施积极的就业政策，大力鼓励和扶持城乡群众创业和就业，年内城镇新增就业 2.12 万人，农业富余劳动力转移就业 13.1 万人。加快完善社会保障体系，全州 19.5 万名城乡居民享受最低生活保障，17.4 万名城镇居民参加基本医疗保险，29.3 万名农村群众参加农村社会养老保险。全面推进廉租住房、农村民居地震安全工程、农村危旧房改造等安居工程建设，顺利完成青山嘴水库移民安置，城乡困难群众住房条件不断改善。

（四）*全力维护社会政治稳定，努力营造平安和谐的社会环境。*坚持党的领导、人民当家作主和依法治国的有机统一，加强和改善党委对人大、政协工作的领导，支持人民代表大会、人民政协履行职责，各级人大及其常委会、人民政协在推动彝州科学发展中发挥了重要作用。农村、社区基层自治组织建设不断加强，基层民主政治建设稳步推进。统战工作的职能和优势充分发挥，爱国统一战线不断巩固和壮大。重视民主党派工作，成立了民进楚雄州委和民建楚雄州委。民族团结宣传教育活动深入开展，宗教、台侨工作取得新的成绩。工、青、妇等群众团体的桥梁纽带作用有效发挥，党管武装和国防后备力量建设取得新进展。着力加强和改进宣传思想政治工作，坚持正确的舆论导向，集中力量打好应对危机、攻坚克难的宣传战役，精心组织庆祝新中国成立 60 周年系列活动，爱国主义教育不断深化，进一步巩固了彝州各族人民团结奋斗的共同思想基础。深入推进群众性精神文明创建活动和乡风文明示范带建设工程，广大公民的文明素质和社会文明程度不断提高。成功举办“七彩云南·魅力楚雄北京行”、“牵手灾区、情系彝山”等系列重大外宣活动，进一步提升了彝州的知名度、美誉度和影响力。深入开展领导干部大接访、大下访活动，着力开展重信重访专项整治，有效化解了一批影响社会稳定的隐患。以荣获“长安杯”为新的起点，不断加大社会治安综合治理工作力度，持续推进“平安楚雄”建设，依法严厉打击刑事犯罪活动，深入开展新一轮禁毒和防治艾滋病人民战争，平安和谐的社会环境进一步得到巩固。高度重视安全生产工作，严格食品药品监管，切实保障了人民群众的生命财产安全。

（五）*以改革创新精神全面推进党的建设，不断提高各级党组织的凝聚力和战斗力。*认真学习贯彻党的十七届四中全会精神，深入研究加强和改进全州党的建设的重大问题，结合实际制定了州委关于贯彻中央决定的《实施意见》。大力加强领导班子思想政治建设，支持省委第二巡视组对楚雄州开展巡视工作，各级领导班子的执行力、创新力和凝聚力明显增强。着力加强干部队伍建设，认真组织开展规范干部任用提名、从严管理干部和深入整治用人不正之风试点工作，加大公开选拔县处级领导干部和从州直部门选派年轻干部到乡镇挂职工作力度，圆满完成处级后备干部推荐考察工作，全州干部队伍的整体结构和活力进一步增强。建立健全基层党建工作责任制，着力调整优化农村基层党组织设置，对发挥作用较差的农村基层党组织进行整顿，州级财政投入 1000 万元启动了新一轮村级组织活动场所建设，非公有制经济组织和新社会组织党建工作全面加强，全州农村、机关、企事业单位基层党组织的战斗力、凝聚力和创造力进一步增强。认真开展州县市党政领导干部联系基层和群众“四个一”活动，各级领导干部积极深入基层、深入农村、深入企业，切实帮助解决实际困难问题，带动全州各级干部作风进一步转变。认真落实州委贯彻惩防体系建设 2008—2012 年工作规划《实施方案》，深入开展党员干部廉洁从政教育，大力加强廉政文化建设，抓好重大建设项目、重要工作落实情况的监督检查，开展对工程建设领域突出问题的专项治理，切实纠正损害群众利益的不正之风，加大违纪违法案件查处力度，县乡基层纪检监察机关建设进一步加强，全州党风廉政建设责任制工作连续三年被省委考评为优秀。

一年来，全州广大党员干部和各族群众在国际金融危机和重大自然灾害面前，始终保持了强烈的事业心和责任感，始终保持了不惧艰难、克难奋进的信心和勇气，始终保持了开拓进取、顽强拼搏的斗志和锐气，在异常困难的条件下取得了如此可喜的成绩，极为不易、非常可贵。在万众一心共克时艰的生动实践中，我们积累了非常宝贵的经验，那就是：任何时候都必须坚定不移地贯彻执行中央、省委的重大决策部署，与党中央保持高度一致；任何时候都必须坚持以中国特色社会主义理论体系为指导，深入贯彻落实科学发展观；任何时候都必须坚持党的思想路线，解放思想、实事求是、与时俱进；任何时候都必须坚持以经济建设为中心，坚持加快发展、科学发展；任何时候都必须坚持上下同心、全州同力，始终胸怀大局、共渡难关；任何时候都必须坚持察实情、说实话、出实招、求实效，始终保持深入扎实的工作作风。

在充分肯定成绩的同时，我们也必须清醒地看到，全州经济社会发展仍然面临着诸多困难和问题，主要是：国际金融危机的不利影响仍在持续，经济回升的基础还不牢固，继续保持全州经济平稳较快发展仍有较大压力；全州基础设施薄弱的状况尚未根本改变，一些重点产业还缺乏核心竞争力，非公有制经济发展不足，调整经济结构和转变发展方式的任务十分繁重；2009 年地震灾害和严重旱情给 2010 年农业增产、农民增收乃至整个农业农村工作带来严峻挑战，保持农村经济社会持续稳定发展面临不少难题；全州就业形势不容乐观，许多关系民生的重大问题短期内难以解决，影响社会和谐稳定的因素依然存在；一些党员干部思想不够解放、作风不够扎实，领导科学发展的素质和能力亟待提高。对于这些问题，我们必须心中有数，高度重视，认真研究解决。

二、抢抓发展机遇，争创发展优势，全力推动彝州经济社会又好又快发展

2010 年是实施“十一五”规划的最后一年，做好 2010 年工作，对于进一步有效应对国际金融危机冲击、巩固经济回升基础，为“十二五”规划启动实施创造良好条件至关重要。尽管当前国际金融危机的影响仍然存在，保持全州经济平稳较快发展还面临很多困难，但我们必须充分认识到，危机往往带来新生，困境必然蕴含希望。从外部环境看，全州正面临前所未有的发展机遇。党中央、国务院全面落实和完善应对国际金融危机冲击的一揽子计划，继续实施积极的财政政策和适度宽松的货币政策，正在制定新一轮实施西部大开发战略，不断加强对民族地区发展的扶持，这为楚雄州继续争取中央和省的资金支持、推进科学发展提供了更好的环境和条件。全国、全省经济回升向好，基础逐步巩固，省委、省政府积极推动昆玉曲楚一体化建设，加速构建滇中城市群，为楚雄州在更高层面上参与区域合作与竞争提供了难得机遇。国家进一步完善按区域宏观调控的政策，东中部地区产业向西部地区转移的速度加快，为楚雄州扩大招商引资、承接产业转移提供了更多机会。从自身优势看，楚雄州具备加快发展的基础条件。2009 年以来，面对国际金融危机的严重冲击，州委、州政府准确判断、果断决策、沉着应对，既取得了经济发展的可喜成绩，又积累了在复杂经济环境中推动经济社会又好又快发展的重要经验。已经开工和储备的重大项目将吸引大量新的投资，财政收入状况逐步改善，社会投资积极性逐年提高，各项刺激消费政策不断完善，社会保障体系更加健全，为楚雄州增加投资、扩大消费提供了坚实支撑。全州人民盼发展、求发展的愿望十分强烈，各级干部凝聚力和战斗力进一步增强，为我们战胜困难、开拓未来提供了强大动力。发展是党执政兴国的第一要务，是科学发展观的第一要义，是我们解决全部问题的基础和关键。作为欠发达的少数民族自治地方，当前楚雄州最大的问题、最突出的矛盾仍然是发展不快、发展不够、发展不充分，加快发展、科学发展、和谐发展始终是楚雄州一切工作的主旋律。面对难得的发展机遇和艰巨的发展任务，我们必须进一步坚定信心、振奋精神，进一步解放思想、开拓创新，进一步求真务实、真抓实干，切实把思想统一到中央对形势的分析判断上来，把行动统一到中央和省委的各项决策部署上来，努力在经济发展方式转变和结构调整上取得更大进展，在保障和改善民生上取得更大进步，在保持社会稳定和民族团结上取得更大成绩，在提高各级党组织的执政能力上取得更大成效，奋力推动经济社会发展再上新台阶，努力实现彝州科学发展新跨越。

做好 2010 年工作，必须以邓小平理论和“三个代表”重要思想为指导，认真学习贯彻党的十七大、十七届三中、四中全会、中央经济工作会议、胡锦涛总书记视察楚雄时的重要指示和省委八届七次、八次全会精神，深入贯彻落实科学发展观，坚持加快发展、科学发展、和谐发展不动摇，坚持把保增长与调结构、扩内需、惠民生、快发展、上水平有机统一起来，紧紧抓住国家扩大内需的重大机遇，着力提高经济增长质量和效益，着力推动经济发展方式转变和经济结构调整，着力推动区域和城乡协调发展，着力推进改革开放和科技创新，着力改善民生和保持社会稳定，突出做好强农、兴工、扩城、活商、固基、和谐各项重点工作，加快经济发展、文化繁荣、生态良好、活力涌现、和谐平安楚雄建设步伐，努力保持全州经济社会又好又快发展，全面完成“十一五”规划的各项目标任务。2010 年的主要预期目标是：全州生产总值增长 10% 以上，地方财政总收入和地方一般预算收入分别增长 8% 以上，固定资产投资增长 25% 以上，农民人均纯收入增长 6% 以上，城镇居民人均可支配收入增长 8%，城镇登记失业率控制在 4.5% 以内，居民消费价格总水平涨幅控制在 5% 以内，人口自然增长率控制在 6‰以内，单位生产总值能耗降低 3.6%。

（一）紧紧抓住国家扩大内需的政策机遇，确保固定资产投资持续快速增长。项目是经济发展的主抓手，没有项目就没有后劲，没有投入就没有发展。2009 年楚雄州在严峻的经济形势下实现平稳较快发展，投资拉动发挥了关键作用。面对内部回暖趋势显现与外部环境尚不明朗并存的情况，全州上下必须牢固树立“项目主导发展，投资决定增长”的理念，紧紧抓住国家继续实施积极的财政政策和适度宽松货币政策的难得机遇，进一步健全和完善“研究开路、规划先行、项目编报、争取立项、开工建设、监督管理、竣工验收”的项目工作机制，继续加大向国家和省争取项目资金的力度，着力推进重大项目建设，确保固定资产投资保持高速增长。要牢牢把握国家和省扩大投资的重点领域和基本方向，抓住中央新增 4000 亿元左右投资预算的机遇，做深做实做细项目前期工作，进一步加大与国家和省的汇报衔接力度，加快项目审批进度，把投资重点放在国家和省支持的领域，放在基础设施和基础产业、改善民生、生态环保等经济社会发展的薄弱环节，科学规划一批符合国家和省产业政策、符合全州经济社会发展需要的大项目、好项目。继续实行定目标、定项目、定人员、定奖惩的“四定”责任制，加快推进元双二级公路、武昆高速公路、农村公路、昆广铁路复线、青山嘴水库供水干渠、禄丰沙龙水库、双柏河口河水库、州医院新区、州文化活动中心等重点项目建设进度，力争楚广高等级公路、广大铁路扩能改造、姚安下口坝水库扩建、禄丰褐煤资源整合开发、楚雄市东南片区农村居民集中安置、州级政法部门和军事机关搬迁等重点项目及早开工建设。要着力破解项目建设中的资金、土地等“瓶颈”问题，加强银政、银企、银项合作，加大金融支持力度，进一步研究调动民间投资热情的办法，调动各方投资的积极性，充分发挥政府投资对社会投资的引导和带动作用；继续加强土地整理工作，认真研究盘活土地资源的有效措施，切实做好相关协调工作，着力解决建设用地矛盾。

（二）始终围绕农民增收目标，着力提升农村经济社会发展水平。保增长的基础在农业，扩内需的最大潜力在农村，保民生的重点难点在农民。只有“三农”不出问题，才能保证全局不出大的问题。必须认真贯彻落实中央和省强农惠农的各项政策措施，围绕农民增收、农业发展、农村繁荣的目标，着力实施“五大提升工程”，全面加快农村经济社会发展。要着力实施特色农业产业提升工程，按照基地标准化、企业集群化和产业现代化的要求，采取“一个产业、一批规模基地、一批重点项目、一批龙头企业、一套支持政策”的措施，在稳定粮食生产的基础上，加快烤烟、酿酒葡萄、木本油料、畜牧和蔬菜五大特色农业产业建设。紧紧抓住禄丰、楚雄、姚安、牟定、武定5县市整县推进现代烟草农业建设的机遇，按照整体推进、整体覆盖、整体实施的要求，认真总结推广“禄丰模式”的经验，加快现代烟草农业建设步伐；坚定不移地推进酿酒葡萄产业建设，着力在种植示范引导、酒庄建设启动上取得实质性突破，为全面推进葡萄产业建设打好基础；切实加大山区综合开发力度，加快推进核桃、油茶、膏桐、油橄榄等木本油料示范区建设，认真抓好生猪、牛羊、肉驴和特色家禽基地建设，继续重视培植蔬菜产业。要着力实施农村基础设施建设提升工程，抓住国家加大对农业农村投入和全国加快现代烟草农业建设、省部共建山区水利改革发展示范区、全省推进中低产田地改造的历史机遇，以农田水利、农村公路和农村能源建设为重点，持续掀起中低产田地改造热潮，加快抗旱水源工程和山区“五小水利”工程建设，加快通乡油路、通达工程和农村客运站点建设，推进沼气建设，不断夯实农业农村发展基础。要着力实施扶贫开发提升工程，坚持“一体两翼”扶贫开发战略，积极调整新时期扶贫开发工作思路，收缩战线，集中力量，突出重点，帮扶最贫困的村、最贫困的人口，大力实施千村扶贫开发整村推进工程，每年以100个贫困行政村为重点实施600个贫困自然村的整村推进，加快贫困地区脱贫致富步伐。要着力实施民居建设提升工程，坚持区分山区、坝区和城郊结合部不同情况推动新农村建设的思路，在继续加强公共基础设施建设和村容村貌整治的同时，突出规划先行、农民主体、政府引导，把现代特色民居建设与重大灾害恢复重建、重大工程移民搬迁、乡风文明示范带建设、扶贫开发等紧密结合起来，整合农村民居地震安全工程、农村危旧房改造项目、农村公益事业一事一议财政奖补、省级新农村建设重点村等项目资金，加大对农村民居建设的支持力度，着力提升农村民居建设水平，加快新农村建设步伐。要着力实施农村社会化服务提升工程，加强农业公共服务能力建设，创新管理体制，提高人员素质，力争三年内普遍健全乡镇或区域性农业技术推广、动植物疫病防控、农产品质量监管等公共服务机构，逐步建立村级服务站点；同时，大力发展农民专业合作经济组织，着力提高农民走向市场的组织化程度。水资源是经济社会可持续发展的基础，更是农业生产的命脉。当前，要针对近年来最严重的旱情，抓紧研究部署大旱之年农业农村各项工作，牢固树立抗大旱、抗长旱的思想，尤其是要加强领导、精心组织、周密部署，统筹生活、生产和生态用水，按照“先生活、后生产，先节水、后调水，先地表、后地下”的原则，全面落实各项抗旱措施，千方百计做好城乡供水和抗旱保民生、保生产的工作。

（三）*进一步调整优化结构，加快新型工业化进程。*调整优化结构是促进工业经济持续快速发展和推动经济发展方式转变的关键举措。虽然楚雄州工业总体上呈现企稳向好趋势，但不确定因素仍然较多，工业经济回升势头还需进一步巩固。必须坚定不移地走新型工业化道路，以结构调整为主线，以提质增效为导向，以重点项目为支撑，加快实施工业发展“500亿元工程”和中小企业成长工程，集中力量培强做大支柱产业、优势产业和骨干企业，提高产业集中度和集约化水平，全力加快工业经济发展步伐。要坚定不移地推进与大企业大集团的联合合作，加快推进红塔集团楚雄卷烟厂搬迁技改、云冶集团钛资源开发、昆钢钛材深加工、工投能源公司禄丰劣质煤开发利用、云南燃二化工公司钢化玻璃生产线等项目建设，力促滇中有色金属公司粗铜技改、云南天腾化工公司特种复混肥和新立公司年产8万吨高钛渣等已投产项目实现达产目标，全力支持德钢公司实施淘汰落后产能、调整搬迁、节能减排项目，进一步提高工业技术装备水平，提升产品科技含量，壮大工业经济规模，增强核心竞争力。以冶金化工、天然药业、绿色食品加工、能源、机电、纺织等产业领域的优势骨干企业为重点，通过加大扶持力度、推进企业兼并重组、优化配置生产要素、引进战略合作伙伴等方式，促其做强做大，带动产业发展。引导中小企业与大企业集团建立原材料供应以及生产、销售等方面的协作关系，形成以大企业集团为依托、专业化分工协作、大中小企业协调发展的态势，培育一批特色显著、市场前景良好的中小企业。积极探索有效推进工业园区建设的新途径，支持各类投资主体采取参股、控股、独资和BOT、TOT等形式参与基础设施项目建设，进一步健全和完善园区建设管理体制，坚持“以园招商、以商建园”，推动工业园区在土地、资金约束方面取得突破，促进工业向集群化、规模化发展。保增长的关键是保企业，只有企业渡过难关，经济才能冲破困局。要认真总结全州扶持服务企业、保工业增长的成功经验，继续按照政策措施落实、工业运行调度、扶持服务保障、强化督查跟踪“四到位”的要求，认真落实国家和省扶持企业发展的各项政策措施，继续实行领导挂点联系重点企业制度，积极做好煤电油运、原材料、土地、资金等生产要素配置的协调工作，切实帮助企业解决发展中遇到的实际困难，努力为工业经济发展创造良好的外部环境。

（四）*积极促进和扩大消费需求，大力发展现代服务业。*楚雄州属于典型的投资拉动型经济，着力扩大内需特别是消费需求，对于促进经济结构调整、拓展经济发展空间显得尤为重要。必须以扩大内需特别是促进居民消费为重点，大力发展现代服务业，切实增强消费对经济增长的拉动作用。要在促进城乡居民收入稳步增长的同时，认真落实家电、汽车摩托车下乡、农机具购置补贴等政策措施，引导住房、汽车、文化、娱乐消费，扩大农村电视机、电冰箱、洗衣机、摩托车、农用车消费，不断培育新的消费热点，扩大城乡消费需求，改善城乡消费结构。要紧紧抓住全省旅游“二次创业”的机遇，围绕打造楚雄精品旅游线路和云南省新兴旅游目的地的目标，以加快推进中国彝族文化大观园、禄丰世界恐龙谷二期、元谋东方人类祭祖坛、世界和平文化园、云南旅游产业城等重点项目为抓手，以打造昆楚、昆攀、南永三大文化旅游经济带为平台，促进文化旅游产品从单一的观光型产品向观光、休闲、度假为一体的复合型产品转型升级，形成产品种类丰富、文化特色鲜明、功能配套完善、服务规范健全的旅游产品体系，全面提升楚雄州文化旅游产业的市场竞争力。抓住《云南省商贸流通产业发展规划纲要》把楚雄州规划为商贸枢纽组成部分的机遇，结合楚雄市铁路北移和火车货运站建设，争取实施一批重点商贸物流项目，培强一批重点骨干企业，加快物流、批发、零售、餐饮四大产业发展，着力推进广通物流园区、南华野生菌物流加工出口基地、元谋农产品物流中心、大姚核桃批发市场、楚雄农产品中心批发市场等重点项目建设。同时，要加快金融保险、邮电通讯、中介服务、物业管理等现代服务业的发展步伐。

（五）加大城乡和区域协调发展统筹力度，加快全州城镇化步伐。城乡结构不合理、区域发展不平衡，是制约楚雄州科学发展的突出问题。必须紧紧围绕把楚雄州建设成为滇中经济圈新的增长极的目标，以加快融入滇中经济圈发展为取向，将城乡一体化和区域协调发展有机结合起来，加快构建楚雄州对内以大中小城市和特色小城镇合力带动广大农村协调发展，对外以整体特色优势参与区域合作和竞争发展的新格局。要充分发挥楚雄滇中特色大城市的龙头带动作用，从强化产业聚集、交通保障、公共服务、生态宜居等功能入手，进一步完善滇中特色大城市规划，加快城市东南片区、花果山片区、万家坝片区、开发区桃园冶金建材化工园区的规划与建设，精心组织实施新区开发建设和旧城提升改造的一揽子市政基础设施和公共设施项目，继续集中力量抓好拆临拆违、建绿透绿、美化亮化等工作，不断拓展城市空间，完善城市功能，提升城市品位，提高中心城市的辐射力和带动力。同时，着力推进各县县城、中心集镇、历史文化名镇和特色小镇建设，提高城市管理水平，展示良好形象，加快构筑现代化的城镇体系。要着力提升区域协调发展水平，以壮大县域经济实力、增加财政收入、促进农民增收为主要任务，加大优势资源的整合力度，大力发展特色经济，培植县域支柱产业，壮大县域经济实力，努力形成县域经济竞相发展、活力迸发的局面，为区域经济协调发展奠定基础。按照全省滇中城市群、滇中城市经济圈区域协调发展规划，实施区域发展总体战略，统筹规划、优化布局、集约发展、完善政策，促进以楚雄滇中特色大城市为主的楚中地区率先发展，推动楚北、楚南地区加快发展，着力构建优势互补、良性互动、协调发展的新格局。当前，要积极争取召开一次省政府现场办公会，推动楚北发展规划加快实施，以土地开发整理和基础设施建设为重点，争取实施一批覆盖面广、带动力强的大项目，全面加快楚北地区经济社会发展步伐；同时，要尽快启动楚南、楚中发展规划编制工作，打破行政区划分割资源、分割市场的格局，在更大范围内优化配置各种生产要素，促进区域协调发展。要着力推动城乡经济社会协调发展，以城乡建设和发展规划为统领，统筹城乡产业发展、基础设施、公共服务、劳动就业和社会管理，以推动工业向园区集中、农民向城镇集中、土地向规模经营集中为切入点，积极构建城乡一体的经济社会发展管理体制和运行机制，推动城乡经济社会发展融合。进一步放宽中小城市和城镇户籍限制，把符合条件的农业人口逐步转移到城镇就业和落户，吸纳有条件的农民工特别是新一代农民工转变为城镇居民。认真总结青山嘴水库移民城镇安置的做法和经验，重点在楚雄市和9个县城城乡结合部寻求突破，加快“农民”变“市民”步伐，积极探索推进城乡一体化发展的有效途径。

（六）大力推进改革开放和科技创新，增强发展的活力和动力。改革是发展的活力之本、动力之源，越是遇到困难和挑战，越要从改革创新中寻找出路。要充分利用危机形成的倒逼机制，进一步加快重点领域和关键环节的改革，全面提升开放合作水平，强化科技支撑，增强彝州科学发展的动力和活力。要继续深化农村改革，在抓好集体林权制度主体改革扫尾工作的同时，全面启动配套改革，着力推进中低产林改造，争取用8至10年时间完成全州600万亩的中低产林改造任务；积极探索农村土地承包经营权流转办法，促进农村土地集约化、规模化经营；积极推进农村金融、水务等各项改革。深化投融资体制改革，争取尽快发行15亿元的城投债券，加快推进村镇银行、小额贷款公司试点工作，加大对企业发行集合债券和上市的支持力度。要深化行政管理体制改革，按期完成新一轮政府机构改革任务，进一步理顺州、县市、乡镇政府的管理权限和管理体制，强化县市政府职责，规范政府机构设置，提高行政效能。要深化教育、文化、卫生等社会事业改革，凡是能够进行市场化运营、产业化发展、社会化投资的，都要鼓励社会资本进入，盘活存量、扩大增量，加快社会事业发展。要紧紧抓住云南建设面向西南开放的桥头堡和新一轮国际国内产业转移的机遇，着力构筑楚雄州作为连接东南亚和滇川合作的桥梁，坚持有效利用外资与实施积极走出去战略相结合，深入推进与东中部地区、周边地区和东南亚国家的经济技术合作与交流，加快建设进出口加工基地，提升外经、外贸发展水平；进一步优化投资的软硬环境，完善招商引资责任制和激励机制，打造各类招商引资平台，创新招商引资方式，全面提升楚雄州开放型经济发展水平。要把科技创新放在更加突出的位置，加快建立以企业为主体、市场为导向、产学研相结合的技术创新体系，努力提高引进消化吸收再创新的能力，加大运用高新技术和先进适用技术改造传统产业的力度，不断提高产业核心竞争力。

（七）切实推进社会主义民主政治建设，全力维护社会稳定和民族团结。坚持和完善人民代表大会制度、中国共产党领导的多党合作和政治协商制度，积极支持人大和政协更好地履行职能、发挥作用，服务发展、参与发展、推动发展。进一步完善基层群众自治制度，扩大基层群众自治范围，做好村“两委”换届工作。加强党对统一战线的领导，充分发挥民主党派参政议政作用，加强民族、宗教、台侨工作，不断壮大爱国统一战线。支持工、青、妇等群团组织更好地发挥联系和服务群众的作用，重视国防后备力量建设。关心爱护老干部，做好老干部和老龄工作。深入贯彻《民族区域自治法》和《楚雄彝族自治州自治条例》，深入开展民族团结宣传教育活动，认真落实全州扶持散杂居少数民族发展五年规划，加快少数民族和民族地区经济社会发展，促进各民族共同繁荣进步。始终把维护稳定作为第一责任和硬任务来抓，突出社会矛盾化解、社会管理创新、公正廉洁执法三个重点，认真落实重大事项社会稳定风险评估、社会稳定预警和党政主要领导、分管领导维护社会稳定政绩考核等制度，进一步加强政法综治维稳工作。建立健全做好新形势下群众工作的长效机制，深入开展领导干部大接访、大下访活动，依法及时有效解决群众反映强烈的突出问题。持之以恒地加强社会治安综合治理，深入开展平安创建活动，依法严厉打击各种违法犯罪，打好新一轮禁毒和防治艾滋病人民战争，不断提高人民群众的安全感。继续推进“安全生产年”活动，全面落实安全生产各项措施，加强对重点行业、重点部位、重点区域的安全隐患排查治理和监督检查，有效防范和坚决遏制重大安全事故发生。健全重大突发事件应急保障机制，有效预防和应对各种自然灾害、事故灾难及群体性突发事件。

（八）加强宣传思想政治工作，努力促进文化繁荣发展。充分发挥楚雄州民族文化资源丰富和文化产业发展基础较好的优势，进一步兴起社会主义文化建设新高潮，全力推进文化体制改革，大力繁荣和发展文化事业和文化产业，切实增强彝州文化软实力。要大力弘扬以爱国主义为核心的民族精神和以改革创新为核心的时代精神，加强社会主义核心价值体系教育，使之成为全州干部群众普遍认同和自觉奉行的价值取向。按照团结稳定鼓劲、正面宣传为主的方针，积极宣传党的主张，反映人民心声，通达社情民意，疏导公众情绪。围绕干部群众普遍关心的社会热点问题，进一步加强舆情分析研判，有针对性地做好释疑解惑工作，最大限度地化解消极因素，凝聚党心民心，共谋加快发展。全面加强楚雄州对外宣传工作，努力为改革开放和科学发展创造良好的外部舆论环境。继续推进元双公路沿线乡风文明示范带建设，深入开展群众性精神文明创建活动，培育文明和谐的社会新风尚。重视做好彝族文化的挖掘、整理和保护工作，大力弘扬少数民族优秀文化。坚持把改革作为文化繁荣发展的强大动力，不断深化公益性文化事业单位、经营性文化事业单位和文化行政管理体制改革，激发内在活力，提高服务水平。认真实施以广播电视“村村通”、文化信息资源共享、农村电影放映、农家书屋为主要内容的解“文化五难”工程，加强社区和乡村文化设施建设，加快建设覆盖城乡的公共文化服务体系。

（九）着力保障和改善民生，确保人民群众共享改革发展成果。要把改善民生、发展社会事业作为扩大内需、调整经济结构的重点，坚定不移地加以推进。认真实施扩大就业的发展战略和更加积极的就业政策，发挥政府投资和重大建设项目带动作用，发挥服务业、劳动密集型企业、中小企业、非公有制经济吸纳就业作用，积极鼓励和支持劳动者自主创业和自谋职业，加强对就业困难人员和零就业家庭的就业援助，推动以创业带动就业，确保就业形势基本稳定。进一步扩大养老、医疗、失业、工伤、生育等保险覆盖面，做好农村新型养老保险试点工作，积极发展社会优抚、养老、福利和慈善事业，逐步完善以城乡低保为重点的覆盖城乡居民的社会保障体系。始终坚持教育优先发展，着力抓好中小学布局调整优化，下决心撤并“一师一校”校点，适度扩大集中办学，加快实施中小学校舍安全工程，全面落实农村义务教育经费保障机制，促进义务教育均衡发展，大力发展职业教育，不断提高普通高中教育质量，为人民群众提供更加公平和更高质量的教育。全面推进医药卫生体制改革，完善基层医疗卫生服务体系，推进医疗保障体系、药品供应保障体系建设，巩固提升新型农村合作医疗水平，扩大城镇居民基本医疗保险和农村大病补充医疗保险试点覆盖面，加快县级医院达标建设，促进基本公共卫生服务逐步均等化。统筹解决人口问题，进一步加强计划生育优质服务工作。广泛开展全民健身运动。加大廉租房、重大工程移民安置工程建设力度，认真组织实施好18350户农村民居地震安全工程和7550户农村危旧房改造工程建设，努力改善贫困群众、特殊困难群体的居住条件和住房安全问题。当前，各受灾县要继续把恢复重建作为一项重要民生工程抓紧抓好，认真落实“四包”责任制，发扬连续作战精神，集中力量、集中资源，全力以赴加快恢复重建进度，确保2010年春节前受灾群众全部搬入新居，上半年以前全面完成恢复重建任务。

（十）加强资源节约和生态环境保护，推进生态文明建设进程。坚持生态立州、环境优先的原则，坚定不移地走生态建设产业化、产业发展生态化的路子，大力发展生态经济，优化生态环境，促进人与自然和谐发展。深入开展“保护七彩云南、构建和谐彝州”行动，继续推进天然林保护、退耕还林、农村能源建设、野生动植物保护与自然保护区建设、生态公益林补偿等林业重点生态工程，促进生态保护、产业发展和农民增收。认真落实节能减排责任制，确保完成“十一五”主要污染物总量控制和淘汰落后产能任务，全面加强节能、节水、节地、节材和资源综合利用，大力培育低碳经济和循环经济。加强环境污染治理，突出抓好工业废气粉尘、固定废渣和水污染综合治理、城镇生活垃圾处理、水土流失整治等工作，遏制局部地区生态恶化趋势。逐步建立反映资源稀缺程度、环境损害成本的生产要素和资源的价格形成机制，抓紧制定生态恢复及补偿等方面的政策措施，从根本上建立起珍惜资源和保护环境的长效机制。

编制好楚雄州国民经济和社会发展第十二个五年规划，是站在新的历史起点上，适应发展新形势、新环境、新变化，谋求楚雄州科学发展新跨越的重大战略举措。要在做好“十一五”规划评估的基础上，深入研究事关全州经济社会发展全局的重大战略问题，科学确定楚雄州未来发展的战略取向和基本思路，提出实现彝州科学发展新跨越的奋斗目标和政策措施，使“十二五”规划编制过程成为推进决策科学化、民主化的过程，成为凝聚人心、汇集民智、共谋发展的过程。

三、把握党建规律，坚持改革创新，不断提高全州党的建设科学化水平

党的建设始终是党生存、发展和壮大的根本问题，是党领导的伟大事业不断取得胜利的重要法宝。必须围绕发展抓党建，抓好党建促发展，确保全州经济建设、政治建设、文化建设、社会建设、生态文明建设和党的建设同步推进、协调发展。当前和今后一个时期，加强和改进楚雄州党的建设，必须全面贯彻党的十七大和十七届四中全会精神，认真落实《州委关于贯彻〈中共中央关于加强和改进新形势下党的建设若干重大问题的决定〉的实施意见》，紧紧围绕把各级党组织建设成为立党为公、执政为民、求真务实、改革创新、艰苦奋斗、清正廉洁、富有活力、团结和谐的战斗集体的目标，把推进党的建设新的伟大工程同推动楚雄州经济社会又好又快发展紧密结合起来，坚持以改革创新精神全面推进党的思想、组织、作风、制度和反腐倡廉建设，不断增强各级党组织的创造力、凝聚力、战斗力，为实现彝州科学发展新跨越提供坚强的思想政治和组织保证。

*（一）加强理论武装工作，在建设学习型党组织上有新加强。*学习是文明传承之途、人生成长之梯、政党巩固之基、国家兴盛之要。必须把建设学习型党组织作为楚雄州党的建设的一项重大而紧迫的战略任务，紧紧围绕服务中心工作，创新学习方法，丰富学习内容，完善学习制度，使各级党组织成为学习型党组织、各级领导班子成为学习型领导班子。要把组织学习同党性锻炼相结合，坚持用中国特色社会主义理论体系武装全州党员和干部群众，推动学习实践科学发展观活动向广度和深度发展，使党组织既成为党员增强党性修养、提高思想觉悟的大熔炉，又成为党员学习新知识、增长新本领的大学校。要把推动学习同完善机制相结合，进一步加强和改进党委（党组）中心组学习制度，认真落实《楚雄州新一轮大规模培训干部工作的实施意见》，着力抓好大规模培训干部工作，健全述学、评学、考学制度，构建干部学习考核评价的制度体系，把理论素养、学习能力作为选拔任用领导干部的重要依据。要把理论学习同实际工作相结合，紧紧围绕研究解决事关本地区本部门改革发展全局的重大问题，深入开展调查研究，不断提高学以致用、解决实际问题的能力。全州广大党员、干部特别是领导干部要带头学习，真正把学习当成一种生活态度、一种工作责任、一种精神追求，坚持在学习中感悟人生、提升境界，在学习中开阔视野、丰富知识，在学习中认识规律、探求真理，努力成为建设学习型党组织和学习型领导班子的组织者、促进者、实践者。

*（二）建立健全党内民主机制，在维护党的集中统一上有新进展。*党内民主是党的生命，集中统一是党的力量保证。必须坚持民主基础上的集中和集中指导下的民主相结合，以保障党员民主权利为根本，以加强党内基层民主建设为基础，切实推进党内民主，坚决维护党的集中统一。要围绕坚持和完善党的领导制度，按照“把握方向、谋划全局、提出战略、制定政策、推动立法、营造环境”的要求，从政治、思想、组织上加强对本地区工作的领导，着力研究解决带全局性、战略性、前瞻性的重大问题，充分发挥党委总揽全局、协调各方的领导核心作用。要围绕保障党员主体地位和民主权利，认真贯彻执行《党员权利保障条例》，健全完善保障和落实党员主体地位的政策措施，提高党员对党内事务的参与度。在有条件的村、社区和其他基层单位党组织实行“两推一选”制度，推行乡镇党委领导班子成员和州直机关党组织领导班子成员“公推直选”试点。2010年，就是要在村级组织全面推行“四议两公开”工作法方面取得明显突破，凡是村级重大事务和与农民群众切身利益相关的事项，都要按照“四议两公开”工作法讨论、决策、实施，要通过全面推行“四议两公开”工作法，推进村级组织决策科学化、民主化，构建充满活力的乡村管理新机制。全州广大党员和干部必须自觉维护党的集中统一，严守党的政治纪律，坚决纠正有令不行、有禁不止的现象，坚决反对自由主义，确保党的路线方针政策全面贯彻执行，确保省、州党委的决策部署不折不扣地落实，真正做到“全州一盘棋，上下一条心”。

*（三）树立正确的选人用人导向，在加强干部队伍建设上有新成效。*造就一支高素质的干部队伍，对于推动各项事业发展至关重要。要旗帜鲜明地鼓励和支持广大干部解放思想、开拓进取、真抓实干，让想干事、能干事、干成事的人有更多的机会体现创造，有更大的舞台施展才华；让得过且过、政绩平平的人感到压力而振作精神，受到鞭策而奋起直追；让那些跑官要官的人没有底气、没有市场。尤其在当前复杂多变的经济形势下，要把完成重大任务、应对重大事件作为检验和考察干部的主战场，作为识别和使用干部的主阵地，真正在基层一线选拔干部，在急难险重工作中考察干部，在解决民生问题中识别干部，在项目建设中发现干部，在维护稳定中检验干部，进一步形成讲求党性、注重品行、崇尚实干、重视基层、鼓励创新、群众公认的用人导向。要继续深化干部人事制度改革，建立健全干部选拔任用机制，坚持和完善公开推优、全委会提名正职、领导干部职务任期等制度，规范干部选拔初始提名行为，完善公开选拔、竞争上岗等竞争性选拔干部方式，完善差额选拔干部办法，坚决整治选人用人上的不正之风。要坚持从严教育、从严要求、从严管理、从严监督，强化干部经常性教育和日常管理，加大治庸治懒力度，健全干部退出机制，适时调整不胜任、不称职干部。

*（四）切实加强基层基础工作，在推进党的基层组织建设上有新突破。*党的基层组织担负着把党的路线方针政策落实到基层的重要责任，是党的全部工作和战斗力的基础。必须按照围绕中心、服务大局、拓宽领域、强化功能的要求，继续深化

和拓展“三级联创”和“云岭先锋”工程，坚持不懈地抓典型、建阵地、治软散，充分发挥基层党组织推动发展、服务群众、凝聚人心、促进和谐的重要作用。要进一步扩大基层党组织覆盖面，大力培养入党积极分子，不断壮大农村党员队伍，努力实现每个村民小组都有党员的目标。调整完善村民委员会和村民小组的党组织设置，在2010年村两委换届前完成在具备条件的行政村设党总支的工作，明年底前完成在有条件的村民小组（自然村）设党支部的工作，尽快形成与实际需要相符合的党的基层组织格局。按照“有人管事、有钱办事、有场所议事，构建城市基层区域化党建格局”的要求，全面加强社区党组织建设。抓紧在非公有制经济组织中建立党组织的工作，加大在中介机构、协会、学会以及各类新社会组织中组建党组织的力度。继续集中力量抓好村级组织活动场所建设，全面完成307个村级组织活动场所建设任务。要着力加强基层党组织带头人队伍建设，按照政治素质好、带富能力强、协调能力强的要求，坚持从农村致富能手、回乡大中专学生、外出务工人员、转业退伍军人等群体中选拔优秀党员担任村党组织书记。进一步加大从农村、社区优秀基层干部中考录乡镇公务员和选拔副乡镇长的力度，继续做好下派社会主义新农村建设指导员和选聘高校毕业生到村任职工作。要全面落实各级党委（党组）抓基层党建工作责任制，重点落实州、县市党委常委会每年向全委会报告抓党建工作情况制度，建立健全基层组织经费保障机制。从2010年起每年由县市财政预算安排每个村级党组织不少于2万元的工作经费，并建立正常增长机制。

（五）大力弘扬党的优良作风，在服务群众的水平上有新提高。党的作风关系党的形象和事业成败。必须大兴推动科学发展之风，密切联系群众之风，求真务实之风，艰苦奋斗之风，批评与自我批评之风，深入开展讲党性、重品行、作表率活动，使各级领导干部自觉做到亲民、爱民、为民，形成凝聚党心民心的强大力量。实践证明，与群众的一致性越多，群众的信任度就越高；与群众的心贴得越紧，群众的情绪就越顺。各级领导干部要进一步拓宽联系群众的渠道，大力推行“一线工作法”，继续落实好“四个一”制度，经常深入基层、深入群众、深入一线，特别是要到条件艰苦、困难较多的地方去，问政于民、问需于民、问计于民，不断增进与人民群众同甘共苦的感情。要进一步树立实干创业的风气，坚决纠正目前一些干部中存在的拖拉、涣散的工作习惯，倡导雷厉风行的工作作风。必须明白，坐而论道不但不能解决发展中的问题，而且还将贻误发展，对人民和发展有益的事，我们首先要研究如何办快、办实、办好，拿出解决问题的具体办法，决不允许被动应付、敷衍塞责，甚至自己不干事还对干事的同志评头论足、说三道四。要进一步弘扬求真务实的精神，认真落实改进领导同志考察调研接待工作的《实施意见》，大力整治文风、会风，积极推进电子政务建设，严格控制行文、会议数量，坚决遏制检查考核评比达标表彰活动过多过滥的现象，使干部把更多时间和精力集中到推动科学发展、促进社会和谐上。

（六）加强惩防体系建设，在深入推进党风廉政建设上有新举措。坚决反对腐败，防止党在长期执政条件下腐化变质，是全党必须始终抓好的重大政治任务。必须坚持标本兼治、综合治理、惩防并举、注重预防的方针，认真落实《中共楚雄州委贯彻落实〈建立健全惩治和预防腐败体系2008—2012年工作规划〉实施方案》和《分工方案》，严格执行党风廉政建设责任制，大力推进惩治和预防腐败体系建设，做到惩治腐败更加有力，预防腐败更加有效。各级党委要切实履行推进反腐倡廉建设的政治责任和领导责任，各级领导干部必须认真抓好本地区本部门本单位反腐倡廉工作，切实解决领导干部廉洁从政方面的突出问题。要深入开展党性党风党纪教育，有针对性地开展示范教育、警示教育和岗位廉政教育，加强廉政文化建设，切实增强各级党员领导干部的廉洁自律意识，自觉做到拒腐蚀、永不沾。要加大查办违纪违法案件工作力度，严肃查办发生在领导机关和领导干部中滥用职权、失职渎职、贪污贿赂、腐化堕落等案件，切实纠正各种损害群众利益的不正之风。要加强对权力运行的监督制约，强化对领导干部的教育、管理和监督，认真执行领导干部廉洁自律各项规定和个人重大事项报告等制度，严格实行党政领导干部问责制。各级领导干部要常修为政之德、常思贪欲之害、常怀律己之心，用党纪国法严格约束自己，守住信念防线、道德底线、法纪红线，自觉做到不义之财不取、不法之物不拿、不洁之地不去，始终保持共产党人的清廉本色，真正做到在名利待遇上不计较、不攀比、不失衡，在能力水平上不自满、不懈怠、不停滞，倍加努力学习，倍加勤奋工作，倍加严于律己，不负党和人民的重托。

同志们，楚雄正处在加快发展、科学发展、和谐发展的关键时期，我们的任务艰巨繁重，我们的使命神圣光荣。让我们更加紧密地团结在以胡锦涛同志为总书记的党中央周围，高举中国特色社会主义伟大旗帜，深入贯彻落实科学发展观，解放思想，振奋精神，务实创新，开拓前进，为全面建设经济发展、文化繁荣、生态良好、活力涌现、和谐平安的楚雄而努力奋斗！

政府工作报告

——在楚雄彝族自治州第十届人民代表大会第五次会议上

（2010年2月24日）

楚雄州人民政府州长　杨红卫

各位代表：

现在，我代表州人民政府，向大会报告政府工作，请予审议，并请各位州政协委员和其他列席人员提出意见。

一、回顾与总结

2009年，楚雄州经济社会发展经历了重大挑战和考验。金融危机对楚雄州实体经济的冲击十分严重，保增长、保民生、保稳定遇到了前所未有的压力。一季度GDP增长6.3%，是多年来的新低，工业经济出现负增长，规模以上停产半停产企业过半，地方财政一般预算收入下降2.2%；民生保障任务艰巨，随着大量农民工返乡，就业压力加大。面对严峻的形势，州人民政府坚决贯彻落实党中央、国务院、省委、省人民政府和州委的决策部署，以科学发展观为统领，坚定信心、开拓奋进，谋划全局、果断决策，把保持经济平稳较快发展作为基本立足点，把落实扩大内需政策作为首要工作，按照“抢抓机遇、化危为机，打牢基础、谋划长远”的理念，突出“强农、兴工、扩城、活商、固基、和谐”工作重点，有效扭转和遏制了经济下滑势头，实现了经济形势回升向好，保持了社会和谐稳定，在彝州发展历程中写下了极不平凡的一页。初步统计，全年实现生产总值342.4亿元，按可比价计算，较上年（下同）增长12.2%，超额完成“保10%、争11%”的预期目标，分别高于全国、全省3.5和0.1个百分点，GDP总量占全省和滇中经济圈的比重分别提高0.2个和0.1个百分点；固定资产投资突破200亿元台阶，达到208亿元，增长45.3%；地方财政总收入73.3亿元，增长11.8%，地方财政一般预算收入25.6亿元，增长12.7%，地方财政一般预算支出完成91亿元，增长30%；城镇居民人均可支配收入14319元，实际增长9.3%，农民人均纯收入3511元，实际增长12%；居民消费价格总水平上涨0.5%；实现社会消费品零售总额109.7亿元，增长21.4%；完成外贸进出口总额6933万美元，增长31%；城镇登记失业率控制在3.2%以内；人口自然增长率4.1‰；城镇化率提高1.4个百分点；单位生产总值能耗下降3.9%。州十届人大四次会议确定的主要经济社会发展目标已全面完成或超额完成。

（一）全力以赴保增长，经济形势逐季向好、企稳回升

一年来，我们认真贯彻落实各项重大决策部署，果断采取增投资、扩内需、稳工业、促消费等一系列扎实有效的措施，经济形势经历了止跌、回暖、企稳到快速回升的积极变化，三次产业呈现一产稳步发展、二产逐步回升、三产加快发展的良好态势。

重点项目加快推进，“固基”工作成效明显。抢抓国家实施积极财政政策和适度宽松货币政策的机遇，牢牢把握扩大内需政策的着力点，扎实推进重点项目实施，固定资产投资增势强劲，增幅位居全省第二，仅次于昆明，提高23.5个百分点。项目前期工作力度加大，全州项目前期费达8000多万元，增长25%。抢抓机遇，积极主动争取支持，全年向上争取项目资金48.7亿元，增长24.6%，其中“7·09”地震恢复重建资金近5亿元；在中央扩内需1批至4批项目中楚雄州争取到457个，争取中央和省补助资金12.7亿元，是近年来楚雄州获得中央和省投资最多、最集中的一年。认真配合做

好百日调研督查活动，州、县（市）财政在十分困难的情况下完成了资金配套任务，在全省率先实现3个“百分之百”的考核目标，推进了项目实施。加强银政、银企合作，银行业金融机构年末存贷款余额分别达373亿元、216亿元，新增贷款58.7亿元，基本实现了连续两年翻番，金融支持力度前所未有，流动性资金充足对拉动内需起到了根本性支撑作用。重点项目建设扎实推进，年初确定的20个重大建设项目顺利实施，年内施工项目1612个，增长44.8%，其中新开工项目1235个，增长37.1%。元双二级公路、昆武高速公路、昆广铁路复线等重大交通建设项目加快推进，青山嘴大（二）型水库基本建成并下闸蓄水，55件病险水库除险加固工程基本完工，8座中小型水库水源工程建设项目进展顺利，交通、水利建设投资分别突破20亿元、12亿元。积极配合做好正负800千伏超高压输电项目和昆明至大理成品油管道建设。电力、通信和社会事业等基础建设继续加强。

农村经济稳步增长，“强农”工作扎实推进。完成农村固定资产投资43.1亿元，增长80.1%，增幅提高31.7个百分点，各级财政支农支出达36.2亿元，增长20.8%。建成602公里通乡油路和1271公里通达工程，修通328个村1143公里村组公路，建设农村客运站12个，开通农村客运线路536条，乡镇和村委会通班车率分别达100%、69.2%，“路站运管安”一体化加快推进。加快农田水利基础设施建设，新增有效灌溉面积1.5万亩、节水灌溉面积14.3万亩，解决农村25.5万人口的饮水安全问题；改造中低产田地26万亩，完成计划的130%；农村电网改造率达90%以上。农业生产保持稳定，粮食产量达102.2万吨，增长2%。烟叶生产再上新水平，禄丰县整县推进现代烟草农业建设试点工作得到国家和省的充分肯定，成为全国现代烟草农业的典型示范；收购烟叶157.5万担，均价达15.94元，增加1.32元。特色农业产业建设成效明显，畜牧业实现产值50.3亿元，增长6.9%，规模养殖得到发展壮大；建成木本油料基地321万亩，其中核桃293万亩，实现产值6.4亿元。推进农村扶贫开发，实施611个自然村扶贫整村推进和村容村貌整治；实施移民搬迁扶贫4910人，解决和巩固了15.7万贫困人口的温饱问题；落实“一事一议”财政奖补政策，建成了761个村组道路硬化等公益项目。集体林权制度配套等农村各项改革不断深化。第一产业增加值达80.8亿元，增长5.8%。

工业经济企稳回升，“兴工”进程明显加快。以抢险救灾精神抓工业，完善了州级领导挂点联系重点企业等制度，坚持一企一策，帮助企业渡过难关，有效扭转了工业经济下行势头。通过“加压”强责任，加大奖惩力度，细化县市工业发展目标责任，充分调动了各级抓工业的积极性。通过“推优”保产能，鼓励优势企业加班加点生产，努力形成增长亮点。通过“抱团”求共赢，协调关联企业在资金往来、产品使用等方面抱团过冬，实现合作共赢。通过“促销”保市场，落实重要工业品收储、促销等政策，收储有色金属4980吨，4户企业24种工业品纳入省促销目录，确保了企业产品市场份额。通过“增贷”保活力，采取超常规办法，为重点企业协调流动资金借款1.2亿元，并筛选出29个项目给予融资支持，使一批支撑性企业迅速恢复生产或达产，澜沧江啤酒楚雄公司实现了10万吨产能目标；全州新增中小企业贷款2.8亿元，增长35%。通过“减负”保效益，认真落实中小企业扶持、电价优惠、社会保险缴费率下调等政策，使一批企业渡过了危机。通过“保障”促发展，做好煤、电、油、运等生产要素供应的协调，加强用地督查，跟进环评服务，强化协调沟通，保障了云冶新立公司高钛渣项目等一批重点工业项目顺利建成投产。通过“投资”谋长远，继续加强与大企业大集团合作，加大工业固定资产投资力度，完成工业固定资产投资36.2亿元，增长40.6%，为保持工业经济加快发展积蓄了新能量。狠抓“双500亿元”工程、中小企业成长工程和50项重大工业项目推进，支持楚雄卷烟厂、云南开关厂等企业抓住机遇加快实施技改扩建，工业企业竞争力进一步增强，烟草对工业经济增长继续发挥了重要支撑作用。园区建设速度加快，工业园区共投入基础设施建设资金1.7亿元，增长32%，新引进工业项目29个，增长12%，园区工业总产值、增加值分别增长14.6%、9.2%。通过各项综合措施，全州工业经济逐步好转，规模以上停产、半停产企业已下降到6%。全州规模以上工业增加值完成91亿元，增长10%，产值超亿元的企业达27户，增加5户。

城市建设积极推进，“扩城”力度明显加大。先后召开5次楚雄滇中特色大城市建设推进会，加强统筹协调，推进项目实施，并从2009年起每年安排5000万元支持楚雄滇中特色大城市建设，落实优惠政策，重点项目进展顺利，水、电、路等市政基础设施配套快速跟进。以绿化、亮化、净化和美化为重点的旧城提升改造工作扎实推进，城市管理水平不断提高，楚雄市区人口已达21.3万，建设楚雄滇中特色大城市有了更好的基础。随着一批项目的实施，把楚雄市建设成为滇中特色大城市的观念日渐深入人心。加强州域城镇建设，全州县城和中心集镇、旅游小镇建设力度明显加大，带动和辐射功能日益增强。全州续建和新建市政基础设施132项，完成投资5.4亿元。

城乡消费快速增长，“活商”工作得到加强。认真落实家电下乡、农机具购置补贴和汽车、摩托车下乡等政策，消费拉动GDP增长的动力不断增强。兑付家电下乡和汽车、摩托车下乡财政补贴资金4906万元，带动销售额4.8亿元。加快推进文化旅游业发展，州内精品旅游环线建设成效明显，彝族文化大观园彝人古镇项目加快推进，世界和平园文化旅游区项目总体规划通过省级评审并立项。建立特色餐饮业发展专项资金，扶持彝菜品牌和特色餐饮业发展，住宿、餐饮等消费市场活跃，文化旅游业在危机的背景下逆势发展。全年接待海内外旅游者突破800万人次，实现旅游业总收入21.6亿元，增长31.5%。认真落实住房消费优惠政策，支持居民合理住房消费，发放公积金个人住房贷款6.8亿元，增长115%，房地产市场保持平稳健康发展。高度重视外贸工作，外贸企业加快发展，外贸进出口总额增幅高于全省47.5个百分点。抓住国内外新一轮产业转移机遇，创新招商引资方法，依托四川、重庆、贵州和广西的浙江商会新成立4个驻外招商引资联络处，完善州级部门招商引资奖励办法，招商引资成效明显，实施州外国内招商引资项目305个，实际引进州外到位资金75.5亿元，增长42.5%，实际利用外资1293万美元，增长17.5%。

加快转变发展方式，发展质量不断提高。在千方百计保增长的同时，加快经济结构调整，三次产业比重调为23.6∶41.6∶34.8，第三产业调高0.9个百分点；五大重点产业实现增加值166.2亿元，增长8.9%，占GDP比重达48.5%；非公经济增加值占GDP比重达44.7%，提高0.3个百分点。克服金融危机和结构性减税等因素的影响，加强税收和非税收入管理，财政收入持续增长，增幅与GDP基本一致，发展质量进一步提高。指导县（市）科学发展，县域经济活力增强，地方财政总收入超亿元的县（市）达8个，增加2个。

（二）坚持不懈保民生，人民生活持续改善、质量提高

民生重点工作扎实推进。认真落实省人民政府促进就业的20条措施和“贷免扶补”政策，城镇新增就业2.12万人，农业劳动力转移就业13.1万人，大学毕业生初次就业率达80%以上。社会保障覆盖范围逐步扩大，关闭破产国有（集体）企业退休人员1.2万人纳入城镇低保，企业退休人员养老、失业、工伤、生育四险待遇标准提高10%；制定和实施《被征地农民基本养老保险暂行办法》，农民权益得到有效保护；18万城乡贫困人口纳入低保，筹集发放保障金2.5亿元，农村五保供养对象实现应保尽保；高龄老人和长寿老人享受到了生活补贴；启动了新型农村社会养老保险试点工作。加快城乡保障性住房建设，20个廉租住房建设项目全部开工，完成投资2亿元，困难企业职工住房保障得到加强；加大农民建房支持力度，提高了农村危旧房改造和地震安居工程中拆除重建户资金补助标准；落实“四包”责任制，“8·30”、“7·09”地震和“11·02”特大自然灾害灾区恢复重建工作进展顺利。认真做好移民安置工作，青山嘴水库移民7225人于2009年6月底前全部搬迁安置，移民劳动力就业率达95.9%；观音岩和乌东德水电站建设工程移民工作扎实推进；兑现了2131万元资金，大中型水库移民后期扶持工作得到加强。

各项社会事业全面发展。继续落实“两免一补”和学校公用经费补助政策，全面推进中小学校舍安全工程，完成投资1.8亿元；开展中小学区域布局调整，有效整合教育资源；职教园区建设进展顺利，部分学校已迁入办学。加快科技进步，全面实施标准化战略，认真贯彻落实建设创新型云南行动计划，企业自主创新能力建设得到加强，盘龙云海、燃二化工、云南开关厂3户企业被评定为省级高新技术企业；全州申请专利173件，增长29%，名列全省第四；“大姚核桃”地理标志证明商标注册取得成功；科技对经济增长的贡献率达47%。卫生服务体系建设力度加大，县、乡、村卫生基础设施建设全面加强，新农合参合率达92.5%，年人均筹资标准提高到100元，参合农民住院报销比例平均提高10个百分点；认真实施城镇居民大病补充保险和门诊统筹制度；甲型H_1N_1流感疫情得到有效控制。食品药品安全监管工作得到加强。文化惠民工程稳步推进，艺术精品创作和文化市场不断繁荣，文化基础设施有了明显改善，文化遗产保护得到加强，启动实施了姚安马游坪彝族梅葛文化生态保护区等建设项目。体育事业健康发展。计划生育取得新成效。加强气象、地震预测预报，防灾减灾能力建设成效明显。全国第二次经济普查工作取得阶段性成果。外事、对台、侨务、史志、档案、人防、通信、新闻出版、广电和对外宣传等社会事业为和谐社会建设作出了积极贡献。

城乡居民收入稳定增长。实施中小学教师绩效工资改革，各级财政筹资2.3亿元全部兑现了10县市绩效工资，增加退休人员生活补贴；对其他事业单位人员每人每月增发300元临时补贴；城镇单位在岗职工平均工资26414元，增长13.5%。加大支农惠农力度，及时足额兑现18项惠农补贴，兑现资金8.9亿元，增长24.7%，农民人均获补贴402元；新增涉农贷款9亿元，累计发放“惠农卡”16.3万张。农民人均纯收入增加401元，返乡农民工再就业取得较好成绩，农民人均纯收入中工资性收入增长29.9%。

（三）尽职尽责保稳定，和谐社会稳步推进、成效明显

维护社会稳定工作成效明显。加强社会治安综合治理，连续3届荣获“全国社会治安综合治理优秀地市”称号，被授予全国综治工作最高荣誉奖“长安杯”。据省调查，楚雄州群众安全感全省第一。圆满完成了党和国家领导人视察楚雄、新中国60周年庆典和各项重大会议的安保任务。切实加强应急管理体系建设，处置突发事件的能力得到加强，赢得了“7·09”姚安地震抗震救灾工作的胜利，积极稳妥处置了“4·25”昆楚高速公路重大交通事故、“12·28”双柏县麻栗树煤矿煤与瓦斯突出重大事故。认真开展“安全生产年”活动，尾矿库专项整治工作顺利通过省级验收。落实少数民族发展资金、民族机动金和散杂居民族发展专项资金，实施了44个散杂居少数民族村发展扶持项目和12个民族团结示范村建设项目，“三个离不开”的思想进一步深入人心，民族团结进步工作得到中央和省的表彰及胡锦涛总书记的充分肯定。全面贯彻落实党的宗教政策，以宗教和谐促进社会和谐。

精神文明和民主法制建设得到进一步加强。深入开展现代公民教育活动和群众性精神文明创建活动，社会主义核心价值体系进一步确立。妇女、儿童、青少年、老龄、红十字、慈善、残疾人等事业得到发展，社区建设得到加强。更加自觉地接受人大的法律监督、工作监督和政协的民主监督，坚持重大事项、重要工作提请州委审定、向州人大及其常委会报告和与州政协通报协商；认真办理人大代表议案、建议和

政协提案。坚持依法行政，制订了《楚雄州人民政府实施〈云南省楚雄彝族自治州自治条例〉办法》和《楚雄彝族自治州公路条例》。邀请新闻媒体列席政府常务会议，政府信息公开制度稳步实施。全面推行法治政府八项制度、责任政府四项制度和阳光政府四项制度，年内问责各级干部124人；厉行节约，年内因公出国（境）人员、经费比上年下降40%。加强政府法制、行政复议、人民调解、法律援助和行政监察、审计监督等工作，深入开展廉政建设和反腐败斗争，政府自身建设得到加强。切实为驻楚部队解决实际问题，州级政法和军事机关集中搬迁建设工作推进有力，人民武装工作得到新加强。

生态建设取得新成绩。深入实施“七彩云南保护行动计划”，结合扩内需实施了一批环境保护和生态治理重点项目。完成人工造林63.3万亩。楚雄市国家级生态示范区创建通过省级验收，城市空气质量优良天数达365天。发展循环经济，安排1780万元专项资金实施节能减排项目，绿色照明、节能降耗、资源综合利用等工作扎实推进，实现了单位GDP能耗下降目标。以工程项目减排为重点，以管理减排为突破，扎实推进“两污”项目建设，完成投资1.63亿元。超额完成了省人民政府下达的年度减排指标。

（四）千方百计谋长远，发展基础持续改善、后劲增强

始终高度重视做好打基础、增后劲、利长远的工作，围绕加快全面实现“十一五”规划目标、超前谋划“十二五”乃至更长远发展的工作思路，对事关全局和长远发展的重大问题进行了统筹谋划布局，并取得阶段性成果。

坚持规划先行，谋划长远发展蓝图。先后编制了《楚雄州北部金沙江流域经济社会发展规划》和《楚雄市城市发展战略（构建滇中特色大城市）规划》等一批长远规划，《楚雄州域城镇体系规划》通过评审，启动了“十二五”规划和楚雄州南部区域发展规划编制前期工作，依法行政、科学行政的能力得到加强。

积极创新思路，拓展未来发展空间。抓住元双二级公路建设征地拆迁的机遇，搞好规划，控制公路沿线城镇土地，为未来发展预留足够空间，同时抓好公路沿线村庄基础设施建设。本着“城增村减”的原则，积极探索“成都模式”楚雄化的有效途径，在楚雄市东南片区全力推进土地整理工程和村民宅基地置换工作，规划设立5个集中安置点拟统筹安置楚雄市2.5万城郊农民，避免出现新的“城中村”，为扩城打好基础。抓住广大铁路扩能改造的机遇，争取铁道部支持将广大铁路和楚雄火车站北移，努力突破滇中特色大城市建设“瓶颈”。超前考虑，推进实施青山嘴水库供水干渠工程，为提升城市品位、促进城市发展打好基础。

切实抓好项目，打牢产业发展基础。加强与中国石化勘探南方分公司的合作，楚雄盆地石油天然气勘探前期工作有了新突破；太阳能、风能等新能源项目得到重视和发展。坚定不移推进中国西南国际葡萄酒城项目，种苗引进等相关工作扎实推进；结合项目实施，在大姚、永仁、武定推进酿酒葡萄种植基地建设，开发整理土地9842公顷，完成投资2.4亿元。加强与昆钢的合作，2万吨/年工业钛材生产技术开发项目和20万吨民用钢结构制造项目扎实推进。结合国家和省产业发展规划，作出新的部署，坚定不移推进实施德钢500万吨钢节能减排项目。以禄丰土官工业园区建设为平台，引进奥尊投资公司实施云南旅游产业城建设项目、引进茅粮酒业集团投资17亿元建设年产30万吨健康新型木瓜酒品工业园项目、引进浙江客商投资3.5亿元建设年产30万吨饲料磷酸盐生产线项目，加快发展的产业基础更加坚实。

强化要素保障，创造加快发展条件。高度重视抓好用地、融资和人才等重要生产要素保障的相关工作。全州上报审批建设用地45批（次）1406.5公顷，为经济社会发展提供了用地保障。抢抓中央实施扩内需政策机遇，深化投融资体制改革，加快资产资本化进程，资本市场建设取得突破，通过整合国有资产，州开发投资公司资本达到89亿元，政府融资能力进一步增强；加强汇报衔接，未来5年州人民政府信用贷款融资额度可达到50亿元，比上一轮翻了一番；加强与太平洋证券公司的合作，15亿元开投公司企业债券发行工作扎实推进；企业上市培育工作取得新进展；进一步加强银政合作，成立了4家小额贷款公司和首家村镇银行，引进富滇银行在楚雄州设立了分行，融资渠道进一步拓宽。尊重、支持企业家，鼓励楚雄籍外贸企业家回乡创业，成立州彝族企业家协会，企业人才队伍建设得到进一步加强。

各位代表，这些成绩的取得，是党中央、国务院和省委、省人民政府科学应对危机、果断决策实施一揽子宏观经济政策的结果，是州委、州人民政府认真贯彻落实各项决策部署、求真务实、开拓创新的结果，是全州各级各部门和各族干部群众团结奋斗、合力攻坚的结果，也是在座各位代表和各界人士关心支持的结果。经历了危机的洗礼与考验，我们深刻地认识到：应对危机、加快发展，必须努力把战胜困难的信心和务实工作的精神相结合，敢于和善于化危为机，在危机中寻找机遇，在困难中加快发展；必须努力把中央和省的政策与彝州实际相结合，增强落实各项政策措施的针对性和实效性；必须努力把短期应对措施与长期谋划发展相结合，既重眼前更重将来，始终高度重视做好打基础、利长远的工作；必须始终把发展经济与改善民生相结合，不断提高人民群众的生活水平，充分调动社会各界的积极性，形成强大的工作合力；必须敢于和善于在不争论中干事、在不折腾中发展、在不畏难中前进，善于通过项目实施统一思想，敢于突破、敢于负责、敢于担当，善于在困境中找到出路、在困难中看到希望、在希望中创造可能、在可能中干成事情。这些宝贵经验，我们必须一以贯之地坚持。同时，经历了危机的洗礼和考验，我们也进一步增强了在经济环境发生重大变化的复杂形势下驾驭市场经济的能力、化危机为抢抓机遇的能力、凝聚人心推进科学发展的能力。在此，我代表州人民政府，

向各位代表、政协委员和全州各族人民，驻楚部队官兵、公安政法干警，以及关心支持楚雄改革发展的各界人士表示崇高的敬意和衷心的感谢！

在各项工作取得成绩的同时，我们也清醒地看到楚雄州经济社会发展和政府工作中还存在一些突出困难和问题。主要是：楚雄州的发展与科学发展观的要求还有很大差距，支撑全州经济增长的基础还不牢固，加快结构调整、转变发展方式任务艰巨；一些关乎群众切身利益的重要问题还亟待解决；政府职能转变也还需要不断推进，执行力和落实力还需进一步加强。对这些问题，我们将高度重视，立足当前，着眼长远，认真加以研究解决。

二、形势与任务

2010年是实施“十一五”规划的最后一年，也是进一步巩固经济回升基础，为“十二五”规划启动实施创造良好条件至关重要的一年。尽管当前国际金融危机的影响仍然存在，不确定、不稳定因素增多，保持经济平稳较快发展的任务仍然艰巨而繁重，特别是地震灾害和去冬以来严重旱情给2010年农业生产、农民增收乃至工业生产、城乡居民正常生活和社会稳定都带来严峻挑战，并可能会遇到其他难以预料的不利因素。但是我们也具备加快发展的难得机遇和有利条件：党中央、国务院全面落实和完善应对国际金融危机冲击的一揽子计划，继续实施积极的财政政策和适度宽松的货币政策，抓紧制定新一轮实施西部大开发战略，不断加大对民族地区发展的扶持力度；全国、全省经济回升向好基础逐步巩固，省委、省人民政府着力把云南建设成为我国面向西南开放的桥头堡，积极推动昆玉曲楚一体化建设，加快构建滇中经济圈，为楚雄州继续争取中央和省的支持，在更高层面上参与区域经济合作和竞争提供了难得机遇；近年来楚雄州交通、水利、城镇等基础设施进一步完善，经济持续发展积聚的能量不断释放；全州上下进一步形成了人心凝聚、团结进取、共谋发展的良好局面。面对难得的发展机遇和艰巨的发展任务，我们要进一步坚定发展信心，把握发展机遇，完善发展措施，克服发展困难，在促进彝州科学发展、维护社会和谐稳定的进程中迈出更加坚实的步伐。

根据州委七届七次全会精神，2010年政府工作的总体要求是：坚持以科学发展观统领全局，全面贯彻落实党的十七大、十七届四中全会、中央经济工作会议精神和胡锦涛总书记视察楚雄时的重要讲话精神，按照省委、省人民政府和州委的决策部署，坚持发展第一要务，着力转变发展方式，继续围绕“强农、兴工、扩城、活商、固基、和谐”工作重点，全面完成“十一五”规划各项目标任务，尽力前移“十二五”起跑线，加快建设经济发展、文化繁荣、生态良好、活力涌现、和谐平安的楚雄，努力推动全州经济平稳较快发展，促进社会和谐稳定。

2010年全州经济社会发展主要预期目标是：生产总值增长10%以上；全社会固定资产投资增长25%以上；地方财政总收入、地方财政一般预算收入均增长8%以上；社会消费品零售总额增长18%；外贸进出口总额与2009年持平；城镇居民人均可支配收入增长8%；农民人均纯收入增长6%以上；居民消费价格总水平涨幅控制在5%以内；单位生产总值能耗下降3.6%；城镇登记失业率控制在4.5%以内；人口自然增长率控制在6‰以内；城镇化率提高1.2个百分点。为全面完成发展任务，必须把握5个着力点：

第一，抢机遇、扩内需，加快发展速度。当前我们最大的问题、最突出的矛盾仍然是经济总量偏小，发展不快、发展不够、发展不充分。加快发展始终是我们解决全部问题的基础和关键，抢抓机遇扩大内需始终是楚雄州经济发展的长期战略方针和基本立足点。高度重视投资对拉动经济增长、夯实发展基础的重要作用，加大工作力度，继续保持投资持续增长；进一步加大消费对经济增长的拉动力度，增加城乡居民收入，促进消费结构升级，改善消费预期，提高居民消费能力。

第二，调结构、强产业，转变发展方式。调结构、强产业，是贯彻落实科学发展观、加快经济发展方式转变的重要战略举措，是适应发展趋势、增强发展实力和核心竞争力的现实选择。要利用金融危机冲击形成的“倒逼”机制，痛下决心、狠下功夫，坚定不移调结构，脚踏实地促转变，苦练内功强产业，淘汰落后促升级，坚决打好转方式、调结构这场硬仗。要继续加强与大企业、大集团合作，加快传统产业优化升级；要坚定不移推进五大重点产业，抓紧规划新能源等战略性新兴产业，创造新的经济增长点。

第三，重生态、抓环保，提高发展质量。山川秀美的良好生态环境是楚雄州最重要的资源、最大的生产力。要不断推进生态文明建设上水平，提高可持续发展能力，大力发展绿色经济，培育低消耗、高效益、少污染的产业，倡导更加文明的生活方式，加强节能减排工作，走出一条符合楚雄实际的低碳发展之路。

第四，抓改革、促开放，增强发展活力。改革开放是建设活力涌现的楚雄的需要，停滞和倒退没有出路，自满和保守没有活路。继续重视抓好重点领域和关键环节改革，把深化改革与促进发展结合起来，全面提升经济发展的内生动力。抓住“桥头堡”规划实施和中国——东盟自由贸易区建成的机遇，充分发挥楚雄州通往东南亚、南亚桥梁的区位优势，利用“两种资源、两个市场”，争取楚雄州有更重要的地位、更多的项目、更广阔的空间，把楚雄建成全省对外开放的主阵地之一，努力改变“区位优而无势”的状况。

第五，打基础、谋长远，增强发展潜力。实现省委、省人民政府为楚雄确定的“增长极”的战略目标，必须紧紧抓住“十二五”这个重要战略机遇期，超前谋划，奋发图强，努力实现彝州科学发展的新跨越。为此，必须在确保全面完成“十一五”目标任务的同时，尽力前移“十二五”起跑线，在更高起点上谋划和推进楚雄发展。要立足“十二五”期间力争实现“增长极”战略目标的要求，加强规划的战略性、前瞻性、实用性，及时把握国家和省的规划编制导向以及在铁路、公路、能源、钢铁、有色冶金、机械制造等重大生产力方面的布局，以战略眼光提出并扎实做好一批重大前期项目，加强对接协调，积极主动推介，先人一步争取主动，快人一拍赢得先机，力争楚雄州有更多大项目进入中央和省的盘子，为实现“十二五”战略目标奠定坚实基础。

三、工作与措施

确保2010年经济平稳较快发展，要着力抓好8个方面的工作：

（一）抓项目，继续保持投资对经济增长的强劲拉动作用

实施和储备一批重点项目，保持固定资产投资持续较快增长，是楚雄州拉动经济增长最有效的措施。要继续抢抓机遇，确保新增固定资产投资50亿元以上、“十一五”投资总额突破800亿元。

着力抓好项目前期工作。按照“抢抓机遇、把握方向、加快速度、提高质量”的要求，抓实项目工作，切实解决前期工作“说得多、做得少”的问题，补充完善项目储备库。结合“十二五”规划，抓紧研究制定大交通、大水利、大城市、大产业、大流通、大生态建设规划和相关配套政策措施。州人民政府在连续3年推出20个重大建设项目和20项重要工作的基础上，还推出20个重大前期项目（上述三类统称“3个20项目”）。继续做好禄丰至武定、大姚至祥云、双柏妥甸至水塘、320国道楚雄至南华以及楚雄市南绕城公路等高等级公路建设项目前期工作；积极推进大姚红豆树、禄丰西河等水库建设前期项目；继续推进楚雄盆地石油勘探前期工作，争取太阳能、风能等新能源建设项目前期工作有新进展；扎实做好楚雄复烤厂改扩建等一批产业项目的前期工作。

着力推进重大项目建设。突出抓好20个重大项目建设；确保2010年860个在建及新开工项目完成年度投资任务。配合做好元双二级公路、昆武高速公路、昆广铁路复线和广大铁路扩能改造建设；加强沟通协调，确保楚广高速公路早日开工；尽快开工建设哀牢山公路改造工程（水弥线），力争交通完成投资18亿元。完成青山嘴水库扫尾工程，抓好禄丰沙龙水库等在建水源工程，争取姚安下口坝水库、禄丰老鸦关水库扩建和大姚大坡水库新建等项目开工建设，基本完成30件小（一）型病险水库除险加固项目主体工程，力争水利完成投资10亿元。积极推进在建水电站建设，支持华电集团在永仁建设5万千伏太阳能光伏发电项目；加大农网改造力度。采取有力措施，确保项目开工快、落地快、推进快，以项目实施促进项目争取。在坚决执行最严格的耕地保护政策和最严格的节约、集约用地制度的基础上，全力保障重点项目用地。盘活、置换闲置建设用地，减轻征地压力，降低征地成本。

着力破解融资难题。随着通胀预期加剧，楚雄州在建和新开工项目融资将受到影响。要高度重视提高财政金融工作水平，在确保财政平稳增长、增强支出保障能力的同时，进一步增强融资能力，多方筹集、调度资金，确保重点项目推进不受影响。严格预算管理，压缩一般性支出，集中财力办大事。积极引导金融机构改进信贷管理和服务方式，清理并健全完善资产评估、登记、抵押等相关制度，改善融资条件，有效满足楚雄州经济发展对信贷资金的合理需求，争取信贷增量保持2009年水平，力争新组建2户村镇银行、2户小额贷款公司。加强银政合作，支持发展保险业。加紧做好发行15亿元开发投资公司企业债券和企业上市培育工作。运用好“有保有控”的金融政策，努力增加“三农”等民生领域的投入，优化投融资结构。研究具体措施，争取民间投资有新进展。加强干部金融知识培训。继续营造良好的金融生态环境。

（二）抓强农，推动农业农村经济持续发展

按照“稳粮保供给、增收惠民生、改革促统筹、强基增后劲”的要求，切实抓好“三农”工作。力争第一产业增加值增长6%。

继续改善农村生产生活条件。改造中低产田地20万亩以上，完成投资2.8亿元；推进中低产桑园改造。抓住部省水利合作的机遇，加快农村水利基础设施建设，实施“五小水利”工程2万件，解决12万农村人口饮水安全问题。改造、新建农村公路1800千米，其中通乡油路300千米、通达工程1500千米，继续实施20户以上适宜通公路的自然村通路工程。抓好100个省级新农村重点村建设，继续实施财政奖补“一事一议”和彝州乡风文明示范带建设。加强农村电网、邮政通信和社会事业等基础设施建设。

努力增加农民收入。认真落实各项惠农政策，积极增加支农投入。毫不放松粮食生产，落实种粮补贴和科技增粮措施，确保大旱之年粮食安全。实施农业创新工程，加快山区综合开发和农村劳动力转移，加强农民工职业技能培训，拓宽农民增收渠道。

加强农业特色产业培植。总结推广“禄丰模式”，巩固和扩大典型示范效应，扎实推进禄丰、楚雄、姚安、牟定、武定5县（市）整县推进现代烟草农业建设工作。加快建设木本油料基地，发展核桃50万亩，改造中低产林20万亩。坚定不移推进中国西南国际葡萄酒城项目，争取启动3个酒庄建设，力争种植酿酒葡萄1万亩；继续推进土地复垦整理工作。加大动物疫病防控力度，保障畜产品安全，加快畜牧业发展。继续重视做大蔬菜产业。加快建设一批种养殖业标准示范园区，加强农业装备能力建设，抓好农村科技推广体系、信息化服务体系建设。加快建立“同建基地、集中加工、利益共享”的县域经济合作与利益分享机制，大力发展农民专业合作经济组织，扶持农产品加工龙头企业。

继续深化农村改革。推进农村土地管理改革，发展多种形式的适度规模经营。扩大新型农村金融机构、小额贷款公司试点范围，完善农户信用担保制度。以农村信用社为主体，力争解决4个乡的金融服务网点，实现全州乡（镇）基础金

融服务全覆盖。

抓好扶贫和移民工作。实施600个自然村整村推进项目，培植300个以上产业示范村，探索贫困乡整乡推进的有效途径，解决和巩固15万贫困人口的温饱。抓好青山嘴水库移民就业工作，做好观音岩和乌东德水电站建设工程移民相关工作，抢抓机遇改善周边地区基础设施。认真研究金沙江提水项目建设前期工作。

高度重视抗旱工作。必须把抗旱保民生、保生产的工作作为2010年工作的重中之重，牢固树立抗大旱、抗长旱、抗大灾的思想，认真落实各项抗旱措施，统筹生活、生产用水，确保城乡供水，确保不发生重大疫情，努力把干旱造成的损失降到最低限度。

（三）抓兴工，确保经济平稳较快增长

坚持以新型工业化为方向，以做大工业经济总量和提升工业经济质量为目标，以抢险救灾精神抓工业。力争全部工业增加值达126亿元，增长8.6%。

强化各项保障措施。进一步加强土地、资金和煤、电、油、运、水及企业用工等问题的协调保障工作，确保工业经济平稳运行。认真研究工业发展扶持资金使用办法，集中使用、突出重点，放大资金效应。加强银政、银企合作，建设中小企业信用体系，争取建立中小企业贷款风险补偿机制，努力破解中小企业融资难题，力争新增中小企业贷款3亿元。认真落实重要工业品促销和收储等优惠政策，利用好新一轮电价扶持政策，引导企业加紧组织生产。

继续加强与大企业大集团合作。以引进战略合作伙伴为抓手，加大楚雄州优势资源与省内外技术、资本、市场合作的力度，促进企业兼并重组、资源整合，在冶金、天然药业、绿色食品、装备制造、新能源等领域加快培育壮大一批优势企业群体。引导企业以厂招商、就地打滚，延伸产业链条。大力推进传统产业技术改造，优化提升重化工业。巩固和发展烟草产业，积极发展食品、天然药业等轻工业。瞄准生物、新材料、新能源，力争培育战略性新兴产业。统筹发展配套产业，力争在印刷企业优化调整、云南开关厂以厂招商、燃料二厂配套项目实施等方面取得突破。

扎实推进重点工业项目。加快推进烟厂技改搬迁、云冶集团钛资源开发、云铜集团在楚项目、昆钢钛材深加工和20万吨民用钢结构制造、云南工投集团褐煤资源综合开发利用、茅粮酒业土官生产线、30万吨饲料磷酸盐生产线、云南白药集团药妆品种产业化等项目建设，力促滇中有色公司粗铜技改、云南天腾化工公司高塔造粒复合肥和新立公司年产8万吨高钛渣、澜沧江啤酒等已投产项目早日实现达产目标。支持德钢实施节能减排项目。争取中缅油气管道部分石化加工下游产品项目落户楚雄州。

加快工业园区建设。把园区建设与城镇建设规划、产业规划结合起来，加强设施配套。着力加强土地收储和项目招商工作，实施标准厂房建设项目，建好招商引资平台，力争在园区建设投资、项目引进、工业产值增加方面实现重大突破。推进园区运行机制创新，积极探索园区建设、管理企业化运作模式，建立规范有序、运转灵活、办事高效的管理运行体制和调动激情、形成合力、竞相发展的考核评价机制，使园区真正成为工业发展的“孵化器”，促进工业聚集发展。力争工业园区实现增加值增长25%以上。

加快推进中小企业和非公经济发展。加快实施工业发展“双500亿工程”、中小企业成长工程和非公企业创新能力推进工程，推进中小企业创业辅导、公共信息、融资担保、技术创新、维权减负五大服务平台建设，促进中小企业和非公经济做优做特做强。

增强科技进步对工业发展的支撑作用。着力推进重点企业创新工程，落实研发投入抵扣所得税政策，支持企业与科研院所合作，强化关键技术研发。促进工业化与信息化融合，认真实施好标准化战略，抓好企业质量管理和知识产权工作。

继续加强企业人才培养。牢固树立营造环境靠政府、发展经济靠企业家的意识，给企业家应有的地位和荣誉，更加重视企业家队伍建设。认真落实机关干部职工辞职领办、创办企业的政策，参照选拔大学生村官的办法，为企业培养熟练工人和管理人才。

（四）抓扩城，积极推进城镇化

城镇化是扩内需、调结构的重要抓手，投资增长潜力巨大。要提高城镇综合承载能力，促进产业聚集发展，加快城镇建设，城镇化率提高1.2个百分点以上。

建管并举，以“扩”为先，全面展开楚雄滇中特色大城市建设。突出民族文化、生态园林、适宜人居三大特色，尽快完成滇中特色大城市控制性详细规划。以扩城为重点，突出项目实施，加快推进环城路、第二自来水厂、茶花谷、彝海公园等项目建设；确保5月底前完成除控制性工程外的青山嘴水库供水干渠项目。

创造性推进“城增村减”工作。以楚雄市东南片区5个集中安置点和县城改造为突破，着力在城乡结合部宅基地置换上取得进展，推进城乡一体化、农民市民化。引导产业向园区集中、园区向城镇集中，促进农村人口向城镇梯度转移。推进户籍制度改革，放宽户籍限制，增加城镇人口。积极解决进城农民工和搬迁移民的养老保险、子女教育、农民工廉租住房保障以及丧葬等问题。

统筹兼顾，加快州域城镇建设。加快实施州域城镇体系规划，努力培育一批特色鲜明的旅游小镇、带动辐射能力强的中心集镇。坚持规划先行，加强政策引导，多渠道筹集资金，着力改善城镇路网、供排水、污染治理、通信等基础设施和医院、学校、文化、体育等公共设施，提高城镇承载能力，增强辐射带动功能。

（五）抓活商，促进消费需求持续稳定增长

继续发挥消费在扩大内需中的重要作用，加快发展服务业，促进经济结构加快调整。力争第三产业实现增加值135亿元，增长11%。

增强城乡居民消费能力，推动消费升级。切实抓好增加城乡居民收入的各项措施，确保城乡居民收入稳定增长。落实促进房地产稳定增长的政策措施，加强房地产市场调控，加大公积金个人住房贷款支持力度，引导居民自住和改善型住房消费。优化信用消费环境，提高信贷消费能力。引导汽车、住房、休闲娱乐、体育健身等方面的消费。促进农村消费，继续落实好鼓励家电、摩托车、汽车下乡的各项政策；引导农村住房建设及其派生消费需求。全面推进“万村千乡市场工程”，加快发展物流、餐饮等服务业。抓住被规划为省商贸枢纽组成部分的重要机遇，着力推进广通物流园区、楚雄农产品中心批发市场等商贸物流项目建设。

大力发展以文化旅游业为重点的现代服务业。继续抓好世界恐龙谷二期、彝族文化大观园、东方人类祭祖坛、云南旅游产业城等重点项目，积极推进世界和平园文化旅游区项目；抓紧做好2012年国际茶花大会前期筹备工作；推进全州精品旅游环线建设；建立完善旅游小镇建设激励机制，加快黑井等4个旅游小镇（村）和罗婺彝寨、恐龙山镇的开发建设；加快推进姚安马游坪梅葛文化生态保护区、永仁诸葛营生态民族文化旅游村项目；扎实做好牟定彝人天堂和双柏查姆湖等文化旅游区项目建设工作。加快实施餐饮业品牌工程，扩大彝菜知名度和影响力。力争接待海外旅游者突破2万人次、国内旅游者突破900万人次，实现旅游业总收入24亿元。落实鼓励类服务业与工业用电、用水、用气基本同价等政策，大力发展文化产业、餐饮业和面向民生、面向生产、面向农村的现代服务业；推进中介服务等现代服务业加快发展。

稳步提升外贸发展水平。继续关注和研究解决外贸企业发展中的困难，进一步优化出口商品结构，重视建设出口商品基地，扩大先进技术和关键零部件进口，培育外贸增长点。

切实加强招商引资工作。牢固树立“招商引资是第一要事”的意识，始终把招商引资作为楚雄州谋求又好又快发展的重要抓手。实行招商引资“一把手”负责制，进一步落实招商责任。不断完善利用外资协调督办机制、考核激励机制，加强对已落户项目的协调服务，兑现承诺条件，切实解决落地难、办事难等突出问题，以诚招商，进一步优化投资环境，扩大利用外资规模，提高招商引资质量。力争招商引资实际到位资金突破100亿元。

（六）抓生态，认真做好节能减排和环境保护工作

加快节能减排项目建设，强化环境监测，在建设资源节约型、环境友好型社会上取得更大成效，确保完成省下达的“十一五”节能减排任务。加大力度推进企业节能技术提升改造，积极推广运用高效节能技术和产品。加快城镇生活污水和垃圾处理设施建设，确保“两污”项目全部开工，确保在建项目尽快投入运营并正常使用。

加大生态建设保护力度。继续实施天然林保护等工程，巩固退耕还林成果；加强森林管护，落实重点公益林生态效益补偿政策，营造林52万亩，增强森林碳汇能力。做好哀牢山国家公园及自然保护区建设项目前期工作，推广农村清洁能源，新建农村沼气池2万口以上；加大投入，推进农村环境综合整治。

积极发展循环经济和低碳经济。按照减量化、再利用和资源化的原则，积极支持创建循环经济企业和生态产业园区，加快推进清洁生产。以推广节约型生活方式为重点，倡导低碳生活方式，通过改变现有生活方式挖掘节能潜力。

（七）抓和谐，加大力度解决民生问题

继续把促进就业放在民生工作首位。保持各项促进就业的政策不变、力度不减。新增农业富余劳动力转移就业4.5万人；力争城镇新增就业1.85万人，确保“零就业”家庭至少有1人就业。

进一步完善社会保障体系。全力做好社会保险提标扩面工作，推进城镇企业职工基本养老保险统筹和新型农村社会养老保险试点。完善国企改革职工社会化管理服务体系；继续提高企业退休人员基本养老金、失业、工伤保险待遇标准。

扎实推进事业单位绩效工资改革。巩固中小学校绩效工资改革成果；组织实施好公共医疗卫生机构绩效工资改革；根据国家和省的部署，稳步推进其他事业单位绩效工资改革。

加快城乡保障性住房建设。扎实推进廉租房建设、农村危旧房改造和地震安居工程项目。力争在农村教师、乡镇医务工作人员周转房建设上取得实质性突破。

全面抓好教育改革发展。合理调整中小学区域布局，促进办学条件标准化，稳步提升办学质量和水平，巩固和提高“普九”成果；抓好学前教育。推进中小学校舍安全工程，完成14万平方米危房改造任务。加快发展中等职业教育，完成职教园区项目建设，争取拟搬迁学校全部入驻发展；创新职教园区管理运行模式，做好州属中职学校资产处置工作。支持云南三鑫集团建设云南现代职业技术学院；加快发展民办教育。继续支持师院和医专加快发展。

推进医药卫生体制改革，认真组织实施医药卫生体制改革三年工作实施方案。加快建立健全城镇职工和城镇居民基本医疗保险、新农合，以及贫困人群医疗救助、基本医疗商业保险“三网两补充”体系，推进全州基本医疗保险全覆盖，切实缓解群众“看病难、看病贵”问题。加快州医院新区建设，确保年内投入使用，支持各级医疗卫生机构基础建设达标、逐步配齐医疗设备。巩固完善新型农村合作医疗制度，适当扩大报销范围，提高报销比例，稳步提高参合率。继续抓好甲型H_1N_1流感等传染性疾病的防控。

重视人口和计划生育优质服务工作，稳定低生育水平。做好第六次人口普查。广泛开展全民健身运动。

扎实推进文化体制改革。继续实施文化惠民工程，着力解决文化“五难”问题，加快建立覆盖城乡的公共文化服务体系。推进乡镇综合文化站、广播电视“村村通”和农家书屋建设。加大地方和民族文化遗产保护力度，切实加强彝族

文化研究及其成果的推广运用。认真实施文化产业振兴行动计划，提升文化服务质量。

抓好防灾减灾和灾区恢复重建工作。继续落实好防震减灾十大能力建设规划，实现灾害应急预案州、县、乡全覆盖。全面完成“7·09”和“2·25”地震灾区恢复重建工作。

（八）抓稳定，巩固和扩大安定团结的成果

巩固和扩大“长安杯”成果。牢固树立“稳定是第一责任”的意识，紧紧围绕推进社会矛盾化解、社会管理创新和公正廉洁执法三项工作重点抓好落实，保持社会长期和谐稳定。深入推进“六五”普法和依法治州工作，建立重大项目社会稳定评估机制和依法处置群体性事件快速反应机制，完善社会矛盾纠纷排查调处和信访工作机制，妥善处置社会矛盾和群体性事件，最大限度减少不和谐因素。加强公安“三项”建设，大力推进社会治安综合治理，严厉打击危害国家安全和公共安全的各类严重犯罪行为，加强互联网安全管理，深入开展新一轮禁毒防艾人民战争。支持法院、检察院的工作。加快实施州级政法和军事机关搬迁建设项目。深入推进“安全生产年”活动，强化监管责任，筹集资金改善安全监管监察装备。

巩固和扩大民族团结进步成果。认真贯彻胡锦涛总书记到楚雄州视察工作时的重要指示精神，巩固和发展平等、团结、互助、和谐的社会主义新型民族关系，奏响社会和谐稳定、民族团结进步的主旋律，不辜负党中央、国务院、省委、省人民政府的关心和厚爱。坚持和完善民族区域自治制度，认真贯彻执行《楚雄州人民政府实施〈云南省楚雄彝族自治州自治条例〉办法》。抓好散杂居少数民族村发展扶持项目和民族团结示范村建设项目。发挥宗教界人士和信教群众在促进经济社会发展中的积极作用。

巩固和扩大精神文明及民主法制建设成果。进一步加强社会主义核心价值体系建设。依法打击利用互联网、手机等传播有害信息的行为。更加自觉地接受人大的法律监督、工作监督和政协的民主监督，提高办理人大代表议案、建议和政协提案的水平。广泛听取各民主党派、工商联、无党派人士的意见和建议，充分发挥工、青、妇等人民团体和其他社会团体对促进科学发展、和谐发展的作用。加强村级组织建设，实施村组干部绩效补贴制度；完成村级“两委”换届工作。积极支持军队和武警部队的现代化建设，积极做好拥军优属、国防动员、民兵预备役和人民防空工作，积极为驻楚部队和国防后备力量建设提供支持，搞好服务。

四、保障与落实

有效应对金融危机，全面完成2010年各项任务，对政府自身建设提出了更高要求。要以效能政府建设为主线，不断提高政府工作水平和执行能力，确保目标任务和各项工作落到实处。

（一）切实抓好新一轮政府机构改革，着力转变政府职能

按照中央和省的部署，全面完成州、县（市）政府机构改革工作，努力实现政府宏观调控与市场调节的有机协调，切实增强政府处置突发公共事件和维护社会和谐稳定的能力。结合扩权强县试点，进一步简政放权，理顺关系，充分发挥县市一级的工作主动性。

（二）切实改进机关作风，着力抓好工作落实

认真落实省委、省人民政府关于对年度重要工作进行集中检查考核的要求，有效遏制各类检查考核活动过多过滥，让基层有更多的时间和精力抓好工作落实。以必须、可行、高效为准则，改进对基层的年度工作检查考核办法。重视督查工作，既要加强督促检查，确保工作落实，又要改进方法，避免督查过多影响正常工作推进。

（三）切实推行效能政府“四项制度”，着力提高行政效率

在继续落实好法治政府“八项制度”、责任政府“四项制度”和阳光政府“四项制度”的同时，按照省人民政府的部署，在全州县级以上行政机关扎实推行效能政府“四项制度”。一是推行行政绩效管理制度，加快建立政府绩效评估体系和评价机制，把人民群众的满意度作为衡量绩效管理成败的重要标尺。二是推行行政成本控制制度，从严控制机构编制和财政供养人员，加强部门预算审批、财务管理、资金使用监督，规范和改进公务接待管理，实现因公出国（境）经费零增长、公务用车购置经费零增长，会议、庆典、论坛经费压缩20%；认真落实《关于严格控制政府系统2010年度会议的通知》要求，精简会议和文件，大力推广电子政务。三是推行行政行为监督制度，规范行政权力运行，完善公共资源交易管理制度，构建统一、有序、开放、透明的交易平台；加强行政问责，坚决整治懒政、怠政现象，确保各项工作落实；继续邀请州内新闻媒体采访报道州人民政府常务会议；认真落实中纪委十七届五次全会精神，按照“一岗双责”要求，提高反腐倡廉各项制度的执行力；抓好建设领域突出问题专项治理工作。四是推行行政能力提升制度，大力推进学习型政府机关建设，提高依法行政的能力和水平；强化目标管理，创新工作机制，提升服务水平。

各位代表！世上无难事，只要肯登攀。危机面前，我们沉着应对，逆势而进，取得了不平凡的业绩；复苏路上，我们更应跃马扬鞭，开拓进取，再创新的辉煌。让我们紧密团结在以胡锦涛为总书记的党中央周围，在省委、省人民政府和州委的正确领导下，巩固和发展“心齐气顺、风正劲足”的良好局面，全面完成2010年和“十一五”目标，打牢“十二五”发展基础，为全面建设经济发展、文化繁荣、生态良好、活力涌现、和谐平安的楚雄努力奋斗！

（责任编辑：周能汉）

大事·要闻

2009年大事记

1月

1日 为贯彻落实全民健身计划，喜迎新年，楚雄城区两万多名市民参加了2009年新年元旦穿城赛跑。

4日至5日 云南省人民政府2008年度安全生产责任状考核组到楚雄州检查指导执行《云南省州市人民政府2008年度安全生产责任状》的工作情况。

5日 全省首届新农村文艺汇演优秀剧节目巡回展演在南华县城龙泉广场举行。

6日至7日 中共楚雄州委七届五次全体（扩大）会议在楚雄召开。

7日 全省无公害农产品、绿色食品、有机食品“三品”工作座谈会在楚雄召开。

8日 2009年文化科技卫生“三下乡”集中示范活动在牟定县举行，标志着全州2009年“三下乡”活动正式启动。

同日 楚雄市召开迎接2012年国际茶花大会，建设以茶花为特色的生态园林城市动员大会。

9日 楚雄一中晋升“云南省一级一等完全中学”并挂牌。

同日 云南省人民政府防治艾滋病及卫生工作责任目标考核组到楚雄州考核责任目标执行情况。

10日 中国彝族梅葛文化传习所、中国彝族刺绣研习所、云南画院写生基地、青州马游坪梅葛希望小学揭牌仪式在姚安县马游坪义学堂举行。

同日 在全省政法工作会议上，楚雄市见义勇为先进个人周自强、罗存贵、罗存寿3人受到省委、省人民政府的表彰奖励，被评为2008年度“云南省见义勇为先进个人”。

同日 以弘扬茶花文化、观赏茶花品种、丰富群众文化生活为内容的楚雄第三届茶花文化节在彝人古镇举行开节仪式，拉开了为期1个月的茶花文化旅游活动帷幕。

11日至17日 中共云南省委、省人民政府联合督查组到楚雄州检查指导“8·30”地震和“11·02”特大自然灾害恢复重建工作。

12日 全州2009年关注困难职工春节送温暖活动启动仪式在楚雄举行。

同日 楚雄州召开第一批深入学习实践科学发展观活动整改落实阶段工作部署会议。

同日 2008年下半年政情通报会在楚雄召开。

同日 2009年度全州教育工作会议在楚雄召开。

15日 中共中央政治局委员、国务院副总理回良玉，带着党中央、国务院和胡锦涛总书记、温家宝总理对楚雄州“8·30”地震灾区干部群众的深切关怀和新春祝福，来到永仁县永定镇乍石村委员会乍石村民小组亲切看望慰问受灾群众。随行的国家民委主任杨晶，民政部副部长姜力，财政部副部长王军，农业部副部长、国务院扶贫办主任范小建，国家地震局局长陈建民，国务院研究室党组成员黄守红，在中共云南省委书记、省人大常委会主任白恩培，省委秘书长杨应楠，副省长孔垂柱，省人民政府秘书长丁绍祥和楚雄州党政领导邓先培、杨红卫、杨宁、马红梅、法玉宾、吕琳麟等陪同下共同看望慰问干部群众。

16日 州委、州人民政府召开2009年春节双拥工作座谈会。

同日 全省文化信息资源共享工程建设工作会在楚雄召开。

同日 州红十字会第二次代表大会在楚雄召开。

18日 州委、州人民政府在昆明楚雄大厦举行2009年春节团拜会，州党政军领导和在昆明的楚雄籍、在楚雄工作过的副厅以上离退休领导干部欢聚一堂，辞旧迎新，共话发展。

同日 以中央纪委委员、中央纪委驻国家人口计生委纪检组组长勾清明为组长的中央扩大内需促进经济增长政策落实检查组，经过深入禄丰县、姚安县、牟定县对2008年中央新增投资楚雄州建设项目实施情况进行检查后，在州会务中心召开情况反馈会，勾清明代表检查组作了检查意见反馈。

20日 全州非公经济代表人士迎新春座谈会在楚雄召开。

同日 全州各族各界人士新春茶话会在楚雄召开。

21日 州级单位老干部通报情况会在楚雄召开。

同日 全州扩大内需暨发展改革工作会议在楚雄召开。

29日 省委常委、省人民政府常务副省长罗正富，省人民政府秘书长丁绍祥率省人民政府办公厅、省发改委、省水利厅领导到牟定县调研。

2月

3日 州扶贫开发领导小组工作会议在楚雄召开。

同日 州科协五届三次全体（扩

大）会议在楚雄召开。

4日　中共楚雄州纪委七届四次全体会议在楚雄召开。

5日　全州审计工作会议召开。

同日　中央电视台百家讲坛主讲人纪连海、毛佩琦应邀到楚雄一中，与楚雄城区师生举行互动交流活动。

6日　国家旅游局公布了国家AAAA级景区名单，楚雄州的禄丰世界恐龙谷、彝人古镇、元谋土林、武定狮子山榜上有名。

10日　全州道路交通安全工作会议在楚雄召开。

12日　中国·南华"野生菌王国"项目开工建设奠基仪式在南华县举行。

同日　楚雄州第二届住房公积金管理委员会第二次全体会议召开。

13日　全州财税工作会议在楚雄召开。

同日　全州第二批下派新农村建设工作队总结表彰大会暨欢送第三批新农村建设指导员视频会议在楚雄召开。

14日　省委常委、省委组织部部长辛桂梓在州委书记邓先培等州党政领导陪同下，深入楚雄州廉政教育基地检查指导工作。

16日　全州民委工作会议在楚雄召开。

同日　《彝州手机报》正式开通，彝州人民从此拥有了自己的本土手机媒体。

17日　全州卫生工作会议在楚雄召开。

20日　省旅游局与州人民政府在楚雄召开楚雄州旅游线路统筹开发联合办公会议。

23日　全州农村工作会议在楚雄召开。

同日　州委工青妇工作会议在楚雄召开。

24日　全州政法工作会议在楚雄召开。

同日　全州国土资源管理工作会议在楚雄召开。

同日　全州综治维稳护路工作会议在楚雄召开。

25日　州总工会七届六次全委（扩大）会议在楚雄召开。

同日　全州安全生产工作会议在楚雄召开。

同日　全省现代烟草农业试点建设现场会在禄丰县召开。

同日　全州建设工作会议在楚雄召开。

28日至3月1日　中央和省级8家新闻媒体的14名记者齐聚彝州，就全州深入学习实践科学发展观活动试点工作展开扎实细致的专题采访。

3月

3日　全州交通运输工作会议在楚雄召开。

同日　楚雄州人民政府召开全州消防安全专项整治工作专题会议。

4日至8日　楚雄州北部金沙江流域经济社会发展规划编制工作组转线昭通市和四川省凉山州，就国家加大金沙江水能资源开发力度的背景下，如何抢抓机遇加快发展等问题与两州市进行广泛的交流和探讨。

5日　楚雄州喜迎建国60周年暨纪念"三八"国际劳动妇女节99周年文艺晚会在楚雄举行。

同日　全州宗教工作会议在楚雄召开。

同日　云南日报社、云南法制报社、云南电视台、云南人民广播电台等10家省级新闻媒体记者到楚雄州听取州社会治安综合治理维护稳定委员会关于平安建设工作情况通报，并组织采访团对楚雄州的平安创建工作进行深入的采访报道。

5日至6日　全州食品药品监督管理工作会议在楚雄召开。

9日　中共云南省委党风廉政建设责任制检查考核组在楚雄召开会议，反馈对楚雄州2008年度党风廉政建设责任制工作情况检查考核的意见建议。

10日　全州组织工作会议在楚雄召开。

同日　全州民政工作会议在楚雄召开。

同日　全州商务工作会议在楚雄召开。

同日　长江水利委员会长江勘测规划设计研究院、武汉长江水利水电工程建设有限责任公司等领导、专家应邀到楚雄州，对楚雄州北部金沙江流域经济社会发展规划编制工作进行指导。

11日　全州新经济组织和新社会组织党建工作会议在楚雄召开。

同日　楚雄州召开"8·30"地震灾区恢复重建工作会议。

同日　副省长刘平率省人民政府"治污"和廉租住房建设项目专题调研组到楚雄州调研。

12日　全州广播电视工作会议在楚雄召开

同日　全州劳动和社会保障工作会议在楚雄召开。

同日　全州老干部工作会议在楚雄召开。

13日　中共楚雄州委、州人民政府召开中低产田改造工作专题会议。

同日　全州宣传思想文化工作会议在楚雄召开。

同日　全州文化体育工作会议在楚雄召开。

同日　全州依法行政工作会议召开。

同日　2009年全州禁毒工作会议在楚雄召开。

14日　州、市推广家电下乡启动仪式在楚雄举行，标志着全州家电下乡工作已从筹备阶段进入全面实施阶段。

15日　以"相约狮山牡丹、畅游武定山水、体验罗婺风情、探寻罗婺灵源"为主题的中国武定2009年牡丹文化旅游节、罗婺彝寨建设一周年庆典暨首届中国武定罗婺国际民歌节开幕式在武定县城罗婺彝寨项目建设基地隆重举行。

16日　全州人事编制工作会议在楚雄召开。

18日至21日　中国人民政治协商会议楚雄彝族自治州第八届委员会第三次会议在楚雄召开。

19日　中国文联副主席、中国作协副主席、原中共云南省委副书记丹增，在州党政领导的陪同下，深入中国禄丰世界恐龙谷、州职教中心、州文化中心视察楚雄州重点项目建设。

20日至24日 楚雄彝族自治州第十届人民代表大会第四次会议召开。

23日 州古生物化石保护与研究中心暨州博物馆民族工艺品开发展销中心成立揭牌仪式在楚雄举行。

24日 第十届楚雄州人民政府第三次全体（扩大）会议暨第三次廉政工作会议在楚雄举行。

同日 楚雄州电子政务基础应用平台和协同办公系统正式开通。

同日 州属企业坚定信心、共渡难关“共同约定行动”签约启动仪式在楚雄举行，拉开了全州企业、工会、职工共同应对金融危机影响的序幕。

25日 全州第一批深入学习实践科学发展观活动总结暨第二批深入学习实践科学发展观动员大会在楚雄召开。

同日 州委议军会议暨州国防动员委员会第五次会议在楚雄召开。

26日 全州统战工作会议在楚雄召开。

同日 以“和谐双柏、锦绣虎乡”为主题的2009中国双柏彝族虎文化节在双柏县开幕。

同日 中国文联专职副主席、党组成员、书记处书记杨志在楚雄州人民政府副州长舒建新的陪同下，到中国禄丰世界恐龙谷参观考察。

同日 全州工商行政管理工作会议召开。

27日 全国政协副秘书长、全国工商联党组副书记、副主席宋北杉到楚雄州调研工作。

同日 全州统计工作会议在楚雄召开。

28日 全州工业经济工作会议在楚雄召开。

同日 全州煤炭工作会议在楚雄召开。

30日 州劳动和社会保障局联合州财政局、州经委，在州就业中心举行楚雄州受金融危机影响首批困难企业社会保险补贴暨岗位补贴发放仪式，将首批21.56万元补贴发放到9家企业、1096名职工手中。

30日至31日 全省丘北经济推广工作现场观摩暨培训会议在楚雄召开。

31日 2009年州直机关党建工作会议在楚雄召开。

4月

1日 云南省公安厅党委副书记、副厅长朱建义一行对楚雄州的双柏、南华、楚雄、禄丰4县进行为期5天的公安队伍建设专题“大走访”活动后，在楚雄召开汇报会。

同日 楚雄州人民政府召开2009年全州环境保护工作会议。

2日 云南省人大常委会副主任程映萱到楚雄州调研现代烟草农业建设情况。

7日 州人民政府在楚雄召开全州治污项目和廉租住房建设工作推进会，安排部署加快全州城镇污水及生活垃圾处理设施、廉租住房建设工作。

7日至24日 历时13天的楚雄州首届“五一杯”职工篮球运动会在州体育馆举行。

8日 中国烟叶公司总经理赵振山一行到楚雄州禄丰县调研现代烟草农业试点工作。

9日 中共楚雄州委、州人民政府召开纪念中国人民解放军原“边纵”八支队成立60周年大会。

10日至13日 第24届云南省青少年科技创新大赛在楚雄举行。

11日至13日 由中国书画院院长、中国著名山水画画家陈鼎坤带队，郭继英、买新民、彭耕、张楠、晏本立等40多位中国著名美术家组成的采风团赴楚雄州进行采风创作，并于4月12日参加了在楚雄召开的《神系云南》书画巨屏创作写生总结会。

12日 全州水利建设管理工作会议在楚雄召开。

13日 楚雄州第六次妇女儿童工作会议在楚雄召开。

同日 全州非煤矿山和尾矿库安全专项整治工作会议在大姚县召开。

15日至17日 四川攀枝花市、楚雄州老年书画作品联展在州老干部活动中心举行。

17日 为期4天的禄丰世界恐龙谷阿纳狂欢节拉开狂欢序幕。

17日至20日 州委、州人民政府举办“世界华人作家楚雄行”采风创作活动。

20日 由省委、省人民政府组织的“推动云南生物产业发展——百名留学博士云南行”活动楚雄站启动。

22日 中国·牟定第二届彝族左脚舞文化节隆重开幕。

同日 由省委外宣办、省人民政府新闻办、云南人民广播电台和州委宣传部、州人民政府新闻办等单位主办的《八方名嘴话名城——建设中的滇中大城市楚雄》大型户外广播直播活动在楚雄市桃源湖畔举行。

23日至25日 州党政领导赴昆明钢铁控股有限公司考察，就双方战略合作进行友好洽谈，并在楚雄签订了战略合作协议。

25日6时54分许 在昆楚高速公路K126+357M处发生一起造成21人死亡、20人受伤、两车受损的特大道路交通事故。

26日 九三学社原中央副主席、农业部原副部长洪绂曾一行到楚雄州调研“三农”工作。

27日 全州殡葬改革工作领导小组会议在楚雄召开。

28日至29日 全州关心下一代工作会议在楚雄召开。

28日 楚雄州纪念“五四”运动90周年大型歌会暨第三届楚雄“青少年文化节”开幕式在州广电中心举行。

29日 全州广播电视村村通工程建设现场会在姚安县左门乡左门村委会召开。

同日 中国电信楚雄分公司率先开通3G业务，标志着楚雄州进入3G移动互联网时代。

同日 楚雄州庆祝“五一”国际劳动节劳动模范先进工作者座谈会举行。

同日 中国元谋第四届红军节在江边乡龙街渡口举行。

30日 楚雄州实施阳光政府四项制度工作视频会议召开。

同日 “彝州科学发展大讲坛”（第一讲）在楚雄举行。

5月

4日 楚雄州纪念“五四”运动90周年大会在楚雄隆重举行。

同日 以省林业厅厅长陈玉侯为组长的省级检查验收组一行到楚雄州检查验收集体林权制度主体改革工作。

同日 楚雄州卫生局、州劳动和社会保障局、州安全生产监督管理局、州总工会联合召开座谈会，纪念《职业病防治法》颁布实施7周年。

6日 国家烟草专卖局局长何泽华、中国烟叶公司副总经理陈江华等一行，深入禄丰县罗次坝子调研现代烟草农业试点建设工作。

8日 九三学社中央、九三学社云南省委、楚雄州人民政府、云南农业大学在昆明联合举行“九地合作”座谈会，共商合作发展大计。

9日 中共云南省委常委、省人民政府常务副省长罗正富率省发改委、昆明铁路局、省军区装备部负责人一行到楚雄州，对广（通）大（理）铁路扩能改造工程前期工作进行调研。

10日 省委副书记李纪恒深入楚雄州姚安县调研农业农村工作。

11日 楚雄州人民政府与云南奥尊投资有限公司在楚雄举行云南旅游产业城开发建设合作签约仪式。

12日 州委、州人民政府在楚雄召开全州工业发展情况专题会议。

13日 省人民政府副省长曹建方到武定县就深入学习实践科学发展观活动，扎实推进扶贫和维稳工作进行调研。

同日 楚雄州召开集体林权制度主体改革检查验收情况反馈会，听取省集体林权制度主体改革检查验收情况反馈。

16日 国家烟草专卖局局长姜成康深入禄丰县调研整县推进现代烟草农业试点建设工作。

同日 以“携手建设创新型国家”为主题的楚雄州2009年“科技活动周”活动在楚雄市桃源湖畔启动。

17日 水利部副部长周英率领国家防汛抗旱总指挥部检查组到楚雄州检查防汛抗旱工作。

18日 在北京召开的全国社会治安综合治理先进集体先进工作者表彰电视电话会议上，楚雄州被中央综治委表彰为全国社会治安综合治理先进州（市），并荣获全国社会治安综合治理工作最高荣誉奖“长安杯”。楚雄州于25日召开荣获全国社会治安综合治理工作最高荣誉奖“长安杯”新闻发布会。

18日13时45分 昆楚高速公路楚雄至昆明方向K128+500M处发生当场死亡1人、伤28人的重大道路交通事故。

18日至19日 以省农业厅副厅长孙海清为组长的省第一次污染源普查工作验收组一行到楚雄州进行检查，全州第一次污染源普查工作通过省级验收。

22日 彝人古镇五、六、七期项目开工，一平浪煤矿采煤深陷区治理工程奠基。

24日 全州2009年选聘高校毕业生到村任职考试在楚雄市举行，近4000名高校毕业生走进考场考“村官”。

26日 全州供销社改革发展工作汇报会在楚雄召开。

27日 楚雄公路路政管理支队挂牌成立。

29日 由国家中医药管理局、中宣部等23个部门和单位共同主办的“中医中药中国行”大型科普宣传活动走进楚雄，在楚雄市桃源湖广场拉开了为期一天半的楚雄站活动序幕。

30日 全州公开选拔县处级领导干部笔试工作在州民族中专举行。

6月

1日 楚雄世界和平园项目发展战略总体规划中期成果汇报会召开。

同日 全省防艾办主任暨第二轮全国艾滋病综合防治示范区工作会议在楚雄召开。

4日 “四抓一化三促进”楚雄纪检工作十大行动安排部署电视电话会议召开。

5日 全州“6·05”世界环境日宣传活动在楚雄市桃源湖畔开展。

6日至10日 以州委副书记、州长杨红卫为团长的楚雄州交易团参加了第十七届中国昆明进出口商品交易会暨第二届南亚国家商品展。

7日 国家级外派劳务行业基地授牌仪式在昆明国际会展中心外经馆举行，楚雄州被授予“国家级外派劳务行业基地”，属云南首家。

9日 由省发改委、省经济研究院等部门领导和专家组成的调研组到楚雄州，就《云南省滇中城市经济圈发展规划》前期工作进行调研。

同日 由新华社、中央人民广播电台、中央电视台、中国烟草杂志社、东方烟草报5家媒体共12人组成的中央新闻单位赴云南采访团，到禄丰县就整县推进现代烟草农业建设情况进行了专题采访。

同日 楚雄州非物质文化遗产保护中心被国家文化部授予非物质文化遗产保护先进集体称号，是云南省被国家文化部授予的唯一一家先进集体。

11日 文化部正式公布第二批国家珍贵古籍名录及古籍重点保护单位名单，楚雄州共有11部彝文古籍入选第二批国家珍贵古籍名录。

11日至13日 以省人大常委会副主任杨建甲为组长的省人大常委会执法检查组对楚雄州贯彻实施《中华人民共和国农产品质量安全法》进行执法检查。

11日 在广西召开为期5天的第五届泛珠三角区域合作与发展论坛暨经贸洽谈会上，州委副书记、州长杨红卫代表州人民政府与中广核风力发电有限公司签订了《关于开发利用楚雄州风能发电资源的战略合作框架协议》。

16日 州人民政府与太平洋证券公司在楚雄签订战略融资合作协议，迈出通过资本市场直接融资的第一步。

同日 楚雄州10所红塔希望小学工程竣工典礼在楚雄市东华镇新柳红塔希望小学隆重举行。

17日 全省地方志系统期刊信息工作会议在楚雄召开。

同日 州人民政府在楚雄召开昆楚高速公路交通安全隐患排查整治暨安全管理工作协调会。

18日 楚雄州人民政府与中国石化勘探南方分公司在四川省成都市签订战略合作框架协议，就全面启动新一轮楚雄盆地石油天然气勘探计划达成共识；在成都签约。

19日 姚安县光禄古镇“军民总管府”开发建设启动。

23日 省委第二巡视组巡视楚雄州人民政府工作，并到州人大常委会机关，就州人大常委会党组的工作进行巡视检查。

23日至25日 招商银行总行行长马蔚华到楚雄州定点帮扶的武定、永仁两县调研慰问。

24日 以省人大常委会常务副主任晏友琼为组长、省人大常委会副主任程映萱为副组长的省人大常委会视察组莅临楚雄州，就全州现代烟草农业建设工作进行视察。

25日 由文化部艺术司、中国美术家协会、中国国家画院，云南省委办公厅、省委宣传部、省政府办公厅，楚雄州委、州人民政府联合举办的“自然与人”——舒建新赴云南楚雄彝州挂职画展在省博物馆开幕。

同日 曲靖市党政代表团在中共曲靖市委书记赵立雄的率领下到楚雄州进行参观考察。

26日 全州千村扶贫整村推进动员暨社会扶贫表彰大会召开。

28日 双柏县河口河水库工程奠基。

29日 楚雄州“清风和谐”反腐倡廉书画摄影展在州博物馆开展。

30日 在全省优秀县乡村党组织书记表彰大会上，楚雄州起自敏、顾兴平、王开岳等9名基层党组织书记受到表彰。

同日 楚雄州纪念中国共产党成立88周年晚会在州广电中心演播大厅隆重举行。

同日14时30分 在昆楚高速公路昆明至大理方向K106+350M处，单方发生重大交通事故，致使2人抢救无效死亡，28人受伤。

30日至7月1日 国家宗教事务局局长叶小文率中央统战部、公安部、国家宗教事务局相关负责人到武定县就宗教工作进行专项调研。

7月

1日 参加在昆明召开的全国烟叶收购暨现代烟草农业建设现场会的280余名与会人员，深入禄丰县罗次坝子参观整县推进现代烟草农业建设。

同日12时51分 南永公路姚安县境内太平段K26+800M处发生一辆大客车与一辆微型面包车迎面相撞，造成7人当场死亡、2人受伤（1人在医院抢救无效死亡）的较大交通事故。

同日 康恩达摄影艺术研讨会暨《写真中国楚雄》、《彝族饰纹艺术》首发式在楚雄举行。

3日 《楚雄州域城镇体系规划大纲》通过评审。

同日 “彝州乡风文明示范带”建设推进会元谋县召开。

6日 由云南日报报业集团策划组织的“祖国好云南红”大型采访活动在楚雄州拉开第一站采访活动序幕。

7日至9日 省委专题调研组到楚雄州就贯彻落实扩大内需和“保增长、保民生、保稳定”政策措施情况进行调研。

9日19时19分13秒 楚雄州姚安县官屯乡发生里氏6.0级地震，全州范围内均有震感。

10日 云南省“7·09”姚安地震抗震救灾工作汇报会在姚安县召开。

同日 全州科技种烟女能手培训暨“万名妇女学科技”竞赛活动推进会在禄丰县碧城镇举行。

11日 由民政部救灾司副司长张卫星率领的民政部财政部联合工作组在省州有关领导陪同下，深入到姚安县左门乡、光禄镇察看灾情，看望慰问抢险救援队伍和群众。

12日 中共中央政治局常委、国务院副总理李克强作出重要批示，要求财政部与有关方面及时沟通，抓紧拨付中央应急资金，支持和保障楚雄姚安地震灾区抗震救灾工作。

同日 州委、州人民政府在楚雄召开“7·09”姚安地震抗震救灾工作会议。

14日 全州保密工作会议召开。

14日至15日 全州非公有制经济人士思想政治工作会议和全州工商联工作会议在双柏县召开。

16日 楚雄州召开高校毕业生就业见习示范基地授牌会议，20家企事业单位为高校毕业生提供就业见习岗位。

18日 全州10县（市）中低产田地改造规划通过州级评审。

19日 云南光彩事业促进会、昆明诺仕达企业（集团）七彩云南助学活动楚雄座谈会在楚雄举行。

20日 为期两天的以“农民专业合作组织发展”为主题的第四届云南省科学技术论坛在楚雄开幕。省政协副主席罗黎辉出席论坛并讲话。

23日至24日 国家教育部副部长、全国校舍安全办公室主任鲁昕率教育部财务司、住房和城乡建设部工程质量安全监管司、财政部教科文司等部门负责人到楚雄州，对中小学校舍安全工程暨地震恢复重建工作开展调研。

24日 州委、州人民政府在禄丰县召开现场办公会，专题研究云南德胜钢铁有限公司节能减排技改项目建设。

24日至25日 全州2009年烟叶收购暨现代烟草农业规划工作座谈会召开。

25日 州委、州人民政府在禄丰县召开世界恐龙谷二期建设项目现场办公会议。

25日至26日 以省政协副主席陈勋儒为领队，省住房和城乡建设厅副巡视员康向平为组长，省政协委员、省政协提案委副主任聂华为副组长的省政协联合调研组一行14人，对楚雄州开展进一步加强小城镇和农村环境治理重点提案办理工作进行调研。

26日至28日 中共中央总书记、国家主席、中央军委主席胡锦涛和随行的中共中央书记处书记、中央办公厅主任令计划，中共中央书记处书记、中央政策研究室主任王沪宁，在中共云南省委书记、省人大常委会主任白恩培，中共云南省委副书记、省长秦光荣，中共云南省委常委、常务副省长罗正富，中共云南省委常委、省委秘书长杨应楠一行陪同下，来到楚雄彝族自治州，就经济社会发展、民族工作、党的建设进行调研，并前往“7·09”姚安地震灾区看望慰问受灾群众和救灾部队官兵。

26日 楚雄市鹿城镇工会联合会被中华全国总工会授予“全国百家示范乡镇（街道）工会”荣誉称号。

27日 全州家电下乡工作推进会在楚雄召开。

28日至29日 中共楚雄州委七届六次全体（扩大）会议隆重召开。

29日 国家民委主任杨晶一行到楚雄州调研。

29日至30日 省级文明行业调研组一行到楚雄州检查指导创建文明行业工作。

30日 全州1997—2008年社会治安综合治理维护稳定工作总结表彰会在楚雄召开。

同日 楚雄州“八一”建军节双拥座谈会在州公安消防支队举行。

同日 全州群众工作及信访工作会议在楚雄召开。

31日 全州综治维稳工作会议在楚雄召开。

同日 全州2009年度电网建设工作会议在楚雄召开。

8月

1日 青山嘴水库正式蓄水。

2日 由中共楚雄州委、州人民政府和中国西南民族研究学会共同举办的“彝族文化名州论坛”在楚雄举行。

3日 云南省农村信用联社与楚雄师范学院银校战略合作协议签字仪式在楚雄举行。

5日 “7·09”姚安6.0级地震灾区恢复重建工作会议召开，要求认真贯彻落实胡锦涛总书记在视察楚雄时的讲话精神，克期完成地震灾区恢复重建工作任务。

6日 以省纪委副书记、省监察厅厅长郭永东为组长的省纪委、省监察厅检查组到楚雄州，对“7·09”姚安地震抗震救灾和恢复重建工作进行检查指导。

同日 “2009云南·楚雄廉政文化”进企业论坛在楚雄举行。

7日 州委、州人民政府召开楚雄滇中有色金属有限责任公司10万吨粗铜项目试车投产协调会。

同日 《楚雄州中低产田地改造总体规划（2009—2020年）》（征求意见稿）通过州级审查。

8日 2009年全国第一个“全民健身日”楚雄州启动仪式在州体育馆举行。

9日 由中央人民广播电台牵头，联合全国多家新闻媒体到姚安地震灾区开展以“牵手灾区、情系彝山”为主题的大型慰问演出活动。

同日 中央人民广播电台台长王求，省委常委、省委宣传部部长张田欣在州党政领导陪同下来到姚安县官屯乡官屯村看望慰问灾区群众。

同日 由州人民政府和省商务厅联合主办的2009年中国·南华野生菌美食文化节在南华拉开序幕。

10日 中国人民解放军原二野各部进军云南楚雄60周年纪念大会在楚雄隆重举行，州南下老干部联谊会会员150人参加纪念大会。

10日至11日 以中共楚雄州委副书记、州长杨红卫为团长的州考察团赴红河州弥勒县考察民族文化发展工作。

11日 全州进一步深入开展“打黑除恶”专项斗争工作会议在楚雄召开。

同日 全州党史工作会议在楚雄召开。

12日 2009中国·楚雄首届彝剧国际学术研讨会在楚雄隆重举行。

13日 省委、省人民政府向中国科技馆赠送恐龙化石仪式在禄丰世界恐龙谷隆重举行。

14日 第四届中国彝族文化展演会、第五届云南民族民间文化博览会暨2009年中国楚雄彝族火把节开幕式在楚雄隆重举行。

同日 省委常委、省委统战部部长黄毅到武定县调研民族宗教工作。

同日 首届中国苴却砚精品鉴赏博览会在彝人古镇举行。

15日 九三学社云南省委、云南农业大学、楚雄州人民政府在楚雄举行“九校楚合作”签字仪式。

18日 云南省赠送中国科技馆恐龙化石“接龙”仪式在北京中国科技馆新馆西大厅隆重举行，来自云南省楚雄州禄丰县世界恐龙谷的赠京恐龙化石“吉祥三宝”——阿纳川街龙、许氏禄丰龙、中国双脊龙化石以崭新的姿态展现在全国和世界人民面前。

20日 楚雄滇中特色大城市建设推进会议召开。

同日 印度烟草委员会代表团一行14人到禄丰县参观考察整县推进现代烟草农业建设工作。

22日至23日 楚雄州2009年州、县、乡机关公开考试录用公务员、从少数民族青年中公开考试录用公务员笔试如期进行，5949名考生参加了244个岗位的竞争。

23日 云南省优秀县乡村党组织书记先进事迹楚雄报告会在楚雄举行。

24日 “云南城投杯”2009年第三届云南省青年歌手电视大奖赛颁奖晚会在云南电视台演播厅隆重举行，楚雄州代表队喜获3金、1银、3优秀奖以及优秀组织奖共8个奖项。

同日 全州2009年新型农村合作医疗工作会议在楚雄召开。

24日至25日 云南省人大常委会副主任程映萱带领执法检查组到楚雄州检查《云南省民族乡工作条例》贯彻实施情况。

27日　国家烟草专卖局副局长李克明一行到楚雄州禄丰县调研整县推进现代烟草农业建设工作。

同日　“彝人古镇”杯“红土地之歌”演讲大赛决赛在楚雄举行。

31日　云南省人民政府副省长高峰到姚安县，就乡村医疗卫生、中小学校舍恢复重建及新学期开学等情况进行调研。

同日　第四届“楚雄州十大杰出青年”表彰座谈会召开。

同日　姚安龙华寺古建筑群抢救维修工程正式开工。

9月

1日　团州委举行第四届“楚雄州十大杰出青年”事迹报告会。

1日至6日　庆祝新中国成立60周年楚雄彝族自治州新剧（节）目调演在楚雄举行。

2日　州总工会在楚雄举行2009年“金秋助学”活动启动仪式，来自18家州属企事业单位的46名困难职工、农民工子女领到了共计9.6万元的助学金。

同日　楚雄州医药行业协会成立大会暨第一届会员代表大会在楚雄召开。

3日至4日　省委副书记李纪恒深入姚安、大姚检查指导抗震救灾恢复重建工作。

3日至4日　中国民主促进会楚雄州第一次代表大会在楚雄召开，省政协副主席、民进省委主委罗黎辉到会指导。

4日　“彝州科学发展大讲坛”（第二讲）在楚雄举行。

同日　在全省现代烟草农业建设工作表彰大会上，楚雄州人民政府、州烟草公司、禄丰县人民政府和州烟草专卖局（公司）局长（经理）段应泽等被省人民政府表彰为现代烟草农业建设工作先进单位和先进个人。

5日　《楚雄彝族自治州被征地农民基本养老保障暂行办法》出台。

7日　楚雄州举行州职业教育园区首期新生入驻仪式。

同日　全州新农村建设指导员工作座谈会暨新农村省级重点建设村推进会在楚雄召开。

8日　全州教育系统庆祝新中国成立60周年和第25个教师节座谈会在楚雄召开。

9日　州工程建设领域突出问题专项治理工作领导小组会议在楚雄召开。

10日　楚雄州召开甲型 H_1N_1 流感防控工作电视电话会议，对全州防控甲型 H_1N_1 流感工作进行安排部署。

同日　州公安机关在楚雄东瓜冶炼厂集中销毁了327支非法民用枪支和392把管制刀具。

11日　中国移动杯楚雄州“感动彝州”十大人物颁奖晚会在楚雄举行。

同日　州妇联庆祝中华人民共和国成立60周年表彰大会在楚雄举行。

同日　以“擦亮楚雄”为主题的军民携手共创中国优秀旅游城市活动在楚雄市桃源湖广场启动。

同日　省委政策研究室和省气象局组成调研组到楚雄州对“应对气候变化，加强云南防灾减灾体系建设”进行专题调研。

12日　第六届“好娃娃杯”全国少年儿童书画作文大赛楚雄赛区活动启动。

15日　全州落实扩大内需中央投资项目3个“百分之百”考核目标会议在楚雄召开。

15日至17日　省人民政府督查组对楚雄州“7·09”姚安地震灾区恢复重建及防灾减灾工作情况进行专项督查。

16日　云南省赠送中国科技馆恐龙化石揭幕暨“七彩云南·魅力楚雄北京行”系列活动启动仪式在北京中国科技馆新馆隆重举行。

17日　以省人力资源和社会保障厅副厅长李兴旺为组长的省检查组到楚雄州检查就业政策落实和就业工作进展情况。

18日　省人民政府办公室率省级各金融机构到楚雄州召开金融业支持姚安地震灾区恢复重建现场工作会议。

19日至20日　州委副书记、州长杨红卫带领州级有关部门负责人对楚雄州南部红河流域的部分山区乡（镇）进行广泛深入调研。

22日　全州第二批深入学习实践科学发展观活动总结暨第三批学习实践活动动员大会视频会议在楚雄召开。

同日　由红塔集团楚雄卷烟厂主办的“祖国在我心中”——庆祝中华人民共和国成立60周年文艺晚会在州广电中心演播大厅举行。

22日至24日　州人大常委会组织驻楚雄部分全国、省、州人大代表组成视察组，对楚雄卷烟厂技改搬迁、州人民医院新区、州文化活动中心等重点项目建设情况进行视察。

23日　云南钛业股份有限公司揭牌暨年产2万吨钛材加工项目（一期）奠基仪式在禄丰县土官镇指挥营村隆重举行。

23日至25日　省人民政府副省长和段琪率省国资委、省科技厅、省工信委、省环保厅负责人到楚雄州就工业发展情况进行调研。

23日　省第四调研督查组到楚雄州督查扩大内需中央投资项目3个“百分之百”考核目标落实情况。

25日　州委、州人大常委会、州人民政府、州政协、州纪委的领导与各民主党派、工商联、各族各界代表人士欢聚一堂，隆重庆祝中国人民政治协商会议成立60周年，喜迎国庆，共庆中秋佳节，共谋楚雄彝州发展。

同日　全州优秀农民工和农民工工作先进集体表彰会在楚雄召开。

同日　州人民政府在楚雄举行北部金沙江流域经济社会发展规划听证会。

同日　首届彝州美食文化节在楚雄彝人古镇拉开序幕。

28日　楚雄州“庆祝中华人民共和国成立60周年书法、美术、摄影作品展览”在州博物馆开展。

同日　全州2010年度党报党刊发行工作会议在楚雄召开。

29日　楚雄州庆祝中华人民共和国成立60周年纪念大会暨文艺晚会在楚雄隆重举行。

同日　全州农村党建工作会议暨村级组织活动场所建设推进会在楚雄召开。

同日 全州2009年“国庆·中秋”慰问困难职工大会在楚雄召开，会上为329名困难职工发放慰问金16.45万元。

10月

2日 2009中国·大姚石羊祭孔大典暨大姚核桃美食节在石羊孔庙隆重开幕。

10日 “彝州机关先锋讲堂”开讲仪式在楚雄举行，州委副书记、州长杨红卫出席开讲仪式并主讲第一讲。

同日 省商务厅、省出入境检验检疫局“松茸出口质量安全工作会”在楚雄召开。

同日 州级政法部门、驻楚军警等单位迁建工程推进会在楚雄召开。

11日 全州2009年征兵工作会议在楚雄召开。

12日至14日 省人大内务司法委员会调研组到楚雄州调研公安机关“三基”工程建设情况。

13日 楚雄州举行文化产业投融资座谈会，邀请中国首家成立的上海文化产权交易所总经理张天为彝州文化体制改革、文化产业发展“把脉”。

同日 全州刑事审判工作座谈会在楚雄召开。

同日 楚雄州在楚雄师院附小举行纪念中国少年先锋队建队60周年系列活动。

同日 全州离退休干部老有所为先进集体、先进个人表彰会在楚雄召开。

同日 团州委、云南省公路开发投资有限公司楚雄管理所举行省、州“青年文明号”授牌仪式，程家坝、楚雄收费站荣获省级“青年文明号”称号，长田、彩云收费站荣获州级“青年文明号”称号。

15日 全州中小学校舍安全工程推进会议在楚雄召开。

同日 2009年全州城乡规划工作会议在楚雄召开。

同日 全州非公经济组织深入学习实践科学发展观活动动员培训会在禄丰举行。

15日至16日 云南省八州政协文史工作第三次联系会议在楚雄召开。

16日 《楚雄世界和平文化园旅游区总体规划》在昆明通过专家评审。

同日 州委、州人民政府在楚雄召开全州第三届优秀中国特色社会主义事业建设者表彰大会。

同日 州卫生局、州财政局举行《楚雄州新型农村合作医疗大病补充保险实施方案（草案）》听证会，并于当月19日在楚雄举行扩大会议，听取各成员单位、各县（市）政府、各县（市）新农合工作部门的意见和建议。

同日 楚雄州四川商会成立。

17日 楚雄州3所学校发现甲型H_1N_1流感确诊病例，属州内首次发现的本土病例。

19日 作为“七彩云南·魅力楚雄”北京行系列活动的压轴戏，“云南省庆祝新中国60华诞北京大学文艺演出”在北京大学百年讲堂隆重举行。楚雄州精心打造的彝族大型风情歌舞《太阳女》登台亮相，向首都观众展示了多姿多彩的民族风情画卷。

同日 全州甲型H_1N_1流感疫情分析及防控工作会议在楚雄召开。

同日 “九校楚合作”项目——农产品深加工园区建设座谈会在楚雄召开。

21日 中央非公有制经济组织深入学习实践科学发展观活动第四巡回指导组深入禄丰县云南德胜钢铁有限公司、云南奕标水泥有限公司等非公企业进行调研。

22日 州政协举行庆祝人民政协成立60周年专题委员活动。

同日 楚雄州60名中青年学术技术带头人培养人选赴北京大学学习培训班在北京大学民主楼开班。

24日 全州2011名正科级干部走进考场，参加副县处领导职务晋升资格基本知识考试。

27日至28日 省人民政府督查组到楚雄州就节能减排工作进行专项督查。

29日至30日 以省政协原常务副主席孟继尧为组长的省人民政府督导组一行到楚雄州督查指导国有资产监督管理工作。

29日至31日 由杨光洪带队的中央扩大内需促进经济增长政策落实情况第十八检查组到楚雄州检查工作。

31日 由李云峰、李子贤、杨甫旺主编的《“梅葛”的文化学解读》获“第九届中国民间文艺山花奖·民间文艺学术著作奖”。

11月

2日 楚雄州实施基本公共卫生服务项目启动会议在楚雄召开。

3日 州关心下一代工作委员会成立10周年纪念大会在楚雄隆重举行。

3日至4日 以卫生部副部长刘谦为组长的基层医疗卫生单位第三批深入学习实践科学发展观活动中央第八巡视组到楚雄州检查指导工作。

4日 州委、州人民政府召开全州金融工作座谈会，专题听取驻楚10家金融机构负责人的工作情况汇报，对近年来全州金融工作及运行情况进行总结回顾，并对下步全州金融工作进行安排部署。

5日 省委常委、省纪委书记李汉柏到楚雄调研。

同日 州人民政府在姚安县召开“7·09”姚安地震恢复重建工作推进会。

同日 由半月谈杂志社总编辑冯瑛冰、《新华每日电讯》报副总编辑方立新、新华社新闻信息中心半月谈通联部发行主任宫保国、新华社云南分社社长邓久翔和副社长徐玉长等组成的考察组，就楚雄州对外宣传和《半月谈》发行工作进行考察。

7日 在第十个“记者节”到来之际，全州新闻界在楚雄市桃源湖月亮广场举行集会，公开向社会公众承诺宣誓：做负责任媒体，让党放心，让人民满意。

7日至11日 全州第五届老年人运动会在楚雄举行。共有来自全州的24支代表队1395人参加太极拳剑、羽毛球、中国象棋、健身操等10个大项的角逐。

9日 全省中小学区域布局调整工

作会议在楚雄召开，副省长高峰出席会议并讲话。

同日 全州全民科学素质工作会议在楚雄召开。

同日 由云南纵之贯影视文化传播有限公司拍摄的电影《进出》在楚雄州开机。

10日至11日 中国民主建国会楚雄州第一次代表大会在楚雄召开。

11日 《禄丰城市总体规划修改方案》征求意见会在楚雄召开。

12日 以省发展和改革委员会副主任、省能源局局长马晓佳为组长的省发改委调研组到楚雄州，就经济社会发展和固定资产投资工作进行调研。

同日 2009年《楚雄州年鉴》工作暨续修《楚雄州志》工作推进会召开，会议还举行了《楚雄州年鉴》（2009）发行仪式。

同日 全州2008年度科学技术奖评审会在楚雄举行。

12日至15日 楚雄州“学习贯彻党的十七届四中全会精神专题培训班”在楚雄开班。

13日 楚雄州召开文化体制改革动员会，标志着全州文化体制改革工作正式启动。

15日 大姚县核桃文化产业园正式开工建设。

19日 上海世博会事务协调局副局长陈先进到楚雄州考察文化旅游业。

19日至22日 在2009中国（昆明）国际旅游交易会上，楚雄州参展团荣获“最佳组织奖”和“最佳展台奖”。

23日至25日 楚雄州党政考察团赴临沧学习考察特色民居建设。

24日 州新型农村合作医疗协调领导小组办公室与人保健康楚雄中心支公司正式签订《楚雄州新型农村合作医疗大病补充保险合作协议》，在全省率先开展新农合大病补充保险。

27日 全州基层残疾人组织建设工作暨楚雄州参加省第九届残运会运动员表彰大会在楚雄召开。

27日至28日 由中农办局长郭青为组长的中央农村工作领导小组办公室和国务院农村综合改革工作小组办公室组成的联合调研组一行，在省财政厅副厅长刘德强陪同下到楚雄州，对村级公益事业建设一事一议财政奖补试点工作情况进行调研。

28日至29日 香港特区政府公务员访问团一行17人，在香港民政事务总署民政事务专员郭黄颖琦和北京大学港澳台办副主任潘庆德率领下到楚雄州考察。

29日 2009年度彝族年长街宴在彝人古镇威楚大道举行。

同日 州民族理论研究学会换届暨彝学会年会在楚雄举行。

30日 州委组织部在楚雄召开州级机关选派乡（镇）挂职干部动员交接会议，为52名即将奔赴乡（镇）挂职锻炼的优秀年轻干部送行。

30日至12月2日 省人民政府尾矿库专项整治工作验收组一行到楚雄州检查尾矿库专项整治工作，并同意通过验收。

12月

3日 全省工会组织建设工作座谈会在楚雄召开。

4日 由国家发改委在全国实施的81个大型农产品批发市场之一、国债资金重点扶持项目——楚雄农产品中心批发市场开工建设。

7日 楚雄州召开2009年度党风廉政建设责任制暨基层党建工作责任制检查考核工作动员会。

同日 中华全国总工会执委、全国政协委员、中国教科文卫体工会主席王晓龙，中国教科文卫体工会教育工作部部长陈志标一行到楚雄州就义务教育学校教师绩效工资和代课教师情况进行调研。

10日 正式被国家工商行政管理总局商标局核准注册的“大姚核桃”地理标志证明商标启用新闻发布会在昆明召开，实现了大姚县及楚雄州地理标志证明商标“零”的突破。

同日 全州省级公益林生态效益补偿启动工作会议在楚雄召开。

11日 州级预算单位加快财政支出进度工作会议在楚雄召开。

14日 省人民政府督查组到楚雄州督查地震恢复重建工作。

同日 全省农业系统中低产田地改造现场会在楚雄召开。

16日 楚雄州首家村镇银行——禄丰龙城富滇村镇银行开业。

16日至17日 中组部部务委员、组织局局长傅思和到楚雄州调研基层党建工作。

17日 以支持“三农”和中小企业发展为经营宗旨的楚雄市永兴小额贷款股份有限公司正式挂牌开业。

同日 州委组织部批准录用了20名村（社区）党组织书记、主任、副主任和文书为公务员。

18日 团州委举行希望工程“找零捐赠”助学金发放仪式，向楚雄金鹿中学等10所学校的10名同学发放了8000余元的助学金。

同日 州总工会举行“向劳模送健康”活动捐赠仪式。

19日 楚雄州公安机关举行“警营开放日”活动。

21日 州人民政府与省归国华侨联合会建立招商引资战略合作伙伴关系签字仪式在楚雄举行。

22日 《楚雄州州域城镇体系规划》修编通过省、州专家评审。

同日 南（华）永（仁）二级公路二期工程竣工通过验收。

23日 州人民代表大会常务委员会成立30周年纪念大会在楚雄隆重举行。

23日至25日 以全国政协委员、全国政协人口资源环境委员会副主任、国家环保总局原副局长、党组成员王玉庆为副组长的中央第五巡回检查组，到楚雄州对学习实践科学发展观活动进行检查指导。

24日 富滇银行楚雄分行开业暨银政银企合作协议签字仪式在楚雄举行。

同日 “彝州科学发展大讲坛”（第三讲）在楚雄举行，《求是》杂志原总编辑王天玺应邀作了题为《金融海啸与世界大格局》的专题讲座。

25 日 中华彝族企业家协会楚雄分会暨楚雄州彝族企业家协会成立。

26 日 第三届中国国际广告模特大赛楚雄赛区开赛。

28 日 1 时 50 分 双柏县麻栗树煤矿发生煤与瓦斯突出重大事故。

30 日 “同济大学国际文化交流学院楚雄州文化交流基地”挂牌仪式在州委党校举行。

同日 州委、州人民政府召开四川德胜集团在楚企业发展座谈会，就云南德胜钢铁有限公司节能减排技改项目建设工作进行座谈，共谋云南德胜钢铁有限公司发展大计。

31 日 楚雄州甲型 H_1N_1 流感防控工作领导小组召开会议传达省有关会议精神，并就继续做好州内甲型 H_1N_1 流感防控工作作了安排部署。

［安孟勤］

领导视察

【中共中央总书记、国家主席、中央军委主席胡锦涛到楚雄州视察】 2009 年 7 月 26 日至 28 日，中共中央总书记、国家主席、中央军委主席胡锦涛亲临楚雄，视察彝州经济社会发展、民族团结、党的建设情况，并前往姚安地震灾区视察。7 月 26 日，胡锦涛深入楚雄市苍岭镇马石铺村视察党员活动室、多功能培训室等，了解该村民族团结和党建工作情况，并亲切看望了村民李凤祥一家。7 月 27 日，胡锦涛前往姚安县官屯乡官屯村察看灾情，并看望慰问受灾群众和救灾部队官兵。在楚期间，胡锦涛会见了云南省各少数民族代表、民族工作者代表和民族团结进步模范代表。视察结束后，胡锦涛在楚听取了中共云南省委、省人民政府的工作汇报，并作了重要讲话，希望云南各族干部群众牢牢抓住国家加大西部大开发力度的宝贵机遇，紧紧围绕保持经济平稳较快发展的首要任务，认真落实中央确定的应对国际金融危机冲击的一揽子计划和政策措施，统一意志、凝聚力量，开拓进取、扎实奋斗，进一步做好保增长、保民生、保稳定各项工作，不断开创云南改革开放和社会主义现代化建设新局面。

胡锦涛强调：（1）要全力保持经济平稳较快发展。必须保持宏观经济政策的连续性和稳定性，进一步做好各项工作，巩固和发展经济企稳向好势头，努力实现 2009 年经济社会发展预期目标。一是要积极落实扩大内需政策措施。着力扩大消费特别是居民消费，千方百计提高城乡居民收入水平，增强居民消费能力，培育消费热点，推动消费结构升级。注重把好投资方向、优化投资结构，调动民间投资积极性，进一步把资金投入的重点向农业农村、欠发达地区、中小企业、民生领域倾斜，注重防止重复建设，发挥好投资对拉动经济和调整结构的重要作用。二是要加快推进经济结构调整。利用国际金融危机形成的倒逼机制，积极推进发展方式转变和结构调整，形成新的经济增长点和竞争优势。落实国家重点产业调整和振兴规划，立足自身资源禀赋和产业基础，着力提升传统特色优势产业发展水平，积极培育发展潜力大、带动作用强的新兴产业。加快服务业发展，提高服务业增加值和吸纳就业能力，尤其要推动云南自然风光、民族风情旅游业再上新台阶。积极调整企业组织结构和产品结构，提高产业集中度和生产集约化水平，增加产品附加值和技术含量，形成优势企业做大做强、中小企业活力迸发、重点产业集群式发展的局面。三是要始终抓好农业农村经济。巩固和完善强农惠农政策，切实做好“三农”工作，为保增长提供坚实基础。大力扶持粮食生产，加强农田水利基础设施建设，提高粮食综合生产能力，力争全年粮食生产再获好收成。积极调整农业产业结构，立足云南农业、生物资源优势，搞好资源科学开发和产业化经营，推动云烟、云药、云花等特色效益产业发展壮大。不断开拓农民增收新渠道，落实中央出台的较大幅度增加农业补贴、较大幅度提高粮食最低收购价、增加大宗重要农产品收储等措施。加快农村社会事业发展，改善农村环境。深化农村改革，重点搞好土地管理制度、金融管理体制、集体林权制度、农垦和国有农场等方面改革，增强农业农村经济发展活力。四是要注重增强经济发展后劲。把保增长与谋长远发展结合起来，努力为未来发展打好基础、积蓄力量。坚持走中国特色自主创新道路，加大科技研发力度，大力发展高新技术产业，充分发挥科技创新对应对国际金融危机冲击、增强经济发展后劲的支撑作用。按照建设生态文明的要求，大力推进节能节水节地节材，积极发展循环经济、低碳技术，下大气力降低资源能源消耗、减少污染排放。深入实施“七彩云南保护行动”，突出抓好滇池等水污染综合治理，扎实推进天然林保护、退耕还林、水土流失治理等生态工程建设，让良好生态环境成为云南发展的宝贵资源和最大优势。五是要进一步深化改革开放。加快推进重点领域和关键环节改革，继续调整国有经济布局和结构，推动国有企业改制改组，鼓励、支持、引导非公有制经济加快发展，切实转变政府职能，积极培育现代市场体系，进一步改善投资、创业、发展环境，为经济发展提供有力体制保障。统筹对内对外开放，一方面要加强同国内其他地区的横向经济联合和协作，另一方面要拓展对外开放广度和深度，尤其要充分发挥云南作为我国通往东南亚、南亚重要陆上通道的优势，深化同东南亚、南亚和大湄公河次区域的交流合作，不断提升沿边开放质量和水平，使云南成为我国向西南开放的重要桥头堡。

（2）要切实保障和改善民生。民生是人民群众切身利益所在，也是社会和谐稳定关键所系。一是要千方百计扩大就业。实施扩大就业的发展战略和更加积极的就业政策，发挥好政府投资和重大建设项目带动作用，发挥服务业、劳动密集型产业、中小企业、非公有制经济吸纳就业作用。认真落实中央加强高校毕业生就业工作的措施，做好大中专毕业生就业指导和服务工作。广开农民工就业门路，引导农民工有序流动，做好促进返乡农民工创业工作。完善就业援助制度，帮助城镇失业人员再就业和就业困难人员就业，尤其要解决好零就业家庭就业问题。二是要加快完善社会保障体系。完善基本养老保险制度，推进城镇企业职工养老保险省级统筹，处理好养老保险关系转移接续问题。扩大社会保障覆盖范围，重点做好更多非公有制经济从业人员、农民工、被征地农民、灵活就业人员、自由职业者参保工作。健全城乡社会救助制度，切实保障低收入群众基本生活水平不下降。加快农村危房改造和保障性住房建设，努力解决城乡居民安居问题。加快推进防震减灾能力建设，搞好应对地震、洪涝、滑坡、泥石流等自然灾害工作。三是要大力提高教育、文化、医疗服务水平。坚持优先发展教育，健全教育投入保障机制，继续巩固和提高“普九”成果，加快农村中小学危房改造，加快发展高中阶段教育，推动中等职业教育发展，解决好困难家庭子女上学问题，加强师资培训，促进城乡教育均衡发展。积极发展公益性文化事业，加快完善公共文化服务体系，加强城乡基层文化设施建设，加强社区文化工作，努力推进文化惠民工程，保护和发展民族文化，丰富人民精神文化生活。以逐步实现人人享有基本医疗卫生服务为目标，积极推进医药卫生体制改革，为人民群众提供安全、有效、价廉的医疗卫生服务。加强甲型 H_1N_1 流感疫情防控，确保人民群众身体健康和生命安全。四是全力维护社会稳定。正确处理新形势下人民内部矛盾，畅通人民群众反映意见和要求的渠道，提高做好新形势下群众工作能力，积极预防和有效化解矛盾和纠纷。完善突发事件应急管理机制，有效防止群体性事件发生。牢固树立安全发展理念，健全和落实各项安全生产制度，强化政府安全监管责任，有效防范和坚决遏制重特大安全事故。继续推动平安和谐云南建设，增强人民群众安全感。严密防范和坚决打击境内外敌对势力的干扰破坏活动，高度重视维护藏区稳定，高度重视保持边疆安宁。

(3) 要扎实推进民族团结进步事业。民族工作是党和国家工作的重要组成部分，民族团结进步事业是中国特色社会主义事业的重要组成部分。要牢牢把握各民族共同团结奋斗、共同繁荣发展的主题，巩固和发展平等团结互助和谐的社会主义民族关系，努力保持和不断发展各族人民和睦相处、和衷共济、和谐发展的良好局面。一是要全面贯彻落实党的民族政策。在全党全社会加强马克思主义民族理论、党的民族政策、民族区域自治制度宣传教育，使各族干部牢固树立马克思主义民族观，增强做好民族工作的自觉性和坚定性。严格按照党的民族政策和国家法律法规处理民族问题，依法保障少数民族合法权益。适应党和国家事业发展，在总结民族工作实践的基础上，不断完善党的民族政策和民族区域自治制度，为民族团结进步事业发展提供强有力的政策和法制保证。二是要加快少数民族和民族地区经济社会发展。把加快少数民族和民族地区发展放在更加突出的位置，坚持以经济建设为中心，坚持走科学发展道路，聚精会神搞建设、一心一意谋发展，全面推进民族地区社会主义经济建设、政治建设、文化建设、社会建设以及生态文明建设。从民族地区实际出发，加快转变发展方式，推进经济结构调整，努力走出一条具有当地特色的又好又快发展的路子。坚持把改善各族群众生活作为经济社会发展的出发点和落脚点，有效改善民族地区群众生产生活条件，尽快使民族地区群众脱贫致富。加大支持力度，积极推进国家扶持人口较少民族发展规划的实施。坚持国家帮助、发达地区支援、民族地区自力更生相结合，不断增强少数民族和民族地区发展合力。三是要加强各族人民大团结。民族团结是党和人民事业胜利的重要保证，是民族地区繁荣发展、各族人民幸福安康的重要保证。要高举各民族大团结旗帜，广泛、深入、持久开展民族团结宣传教育活动，使“三个离不开”的思想扎根于各族干部群众心中。继续深入开展民族团结进步活动，鼓励各民族相互尊重、相互学习、相互交流、共同进步。及时妥善处理影响民族团结的问题，坚持具体问题具体分析，是什么问题就按什么问题处理。深入开展反对民族分裂势力的斗争，齐心协力抵御境内外敌对势力渗透、颠覆、破坏活动，坚定不移维护国家统一和安全。

(4) 要着力加强和改进党的建设。应对各种困难和挑战、做好改革发展稳定各项工作，对党的建设提出了新的更高要求。希望云南认真总结和不断探索推进党的建设的好思路、好做法，以开展深入学习实践科学发展观活动为契机，全面提高党的思想建设、组织建设、作风建设、制度建设和反腐倡廉建设水平，不断增强各级党组织的创造力、凝聚力、战斗力，更好带领广大人民群众攻坚克难、开拓前进。一是要加强高素质干部队伍建设。帮助各级干部通过理论学习和实践锻炼，不断提高思想政治素质，增强推动科学发展、促进社会和谐能力，注重把那些德才兼备、实绩突出、群众公认的干部选拔到各级领导岗位上来。二是要加强基层党组织建设。坚持从基层实际出发，着力在优化组织设置、扩大组织覆盖、创新活动方式上狠下功夫，充分发挥基层党组织推动科学发展、服务各族群众、维护民族团结、促进社会和谐的重要作用。三是要加强党的作风建设。引导党员、干部特别是领导干部讲党性、重品行、作表率，大力弘扬一心为民、求真务实、艰苦奋斗、清正廉洁的优良作风，把全部精力用在干事创业上、用在推动发展上、用在为民造福上，以实际行动展示党员、干部的良好形象。

中共中央书记处书记、中央办公厅主任令计划，中共中央书记处书记、中央政策研究室主任王沪宁，中共云南省委书记、省人大常委会主任白恩培，省委副书记、省长秦光荣，省委常委、常务副省长罗正富，楚雄州党政领导邓先培、杨红卫陪同视察。

【中共中央政治局委员、国务院副总理回良玉到楚雄州视察】 2009年1月15

日，中共中央政治局委员、国务院副总理回良玉在国家民委主任杨晶，民政部副部长姜力，财政部副部长王军，农业部副部长、国务院扶贫办主任范小建，国家地震局局长陈建民，国务院研究室党组成员黄守红，中央云南省委书记、省人大常委会主任白恩培，省委副书记、省人民政府省长秦光荣，省委副书记李纪恒，省委常委、省委秘书长杨应楠，省人民政府副省长孔垂柱，省人民政府秘书长丁绍祥和楚雄州党政领导邓先培、杨红卫、杨宁等陪同下，冒着凛冽的寒风，深入楚雄州永仁县永定镇乍石村委会乍石村民小组视察地震恢复重建工作，看望慰问干部群众。回良玉一行先后到李国祥、李显柱和李显美家察看新房建设情况，了解群众生活情况。回良玉强调，灾区广大干部群众要认真贯彻落实党的十七届三中全会精神，深入学习实践科学发展观，以对人民群众高度负责的精神，抓紧完成“8·30”地震灾区恢复重建任务，切实安排好困难群众的基本生活，扎实推进抗震安居工程建设，积极谋划好生产发展，努力培植适合区域发展的主导产业，为农民增收和新农村建设奠定基础，促进灾区经济社会长远发展，使灾区群众尽早住上新房子、过上好日子。

［仲显海］

【全国政协副主席厉无畏考察元谋土林】 2009年8月26日，全国政协副主席厉无畏在云南省政协领导，楚雄州政协主席张怀德，州委常委、州委统战部部长任锦云以及中共元谋县委、县政协领导陪同下，考察元谋土林景区。厉无畏充分肯定了土林景区开发取得的重大成效，并希望在今后的开发建设中一定要注重保护好土林的宝贵资源。

［白建文］

【秦光荣等领导到楚雄州指导抗震救灾工作】 2009年7月9日，姚安6.0级地震发生后，中共云南省委副书记、省人民政府省长秦光荣连夜赶赴灾区，到姚安县医院看望慰问地震受伤人员。当晚，省委常委、常务副省长罗正富和副省长曹建方也相继赶到姚安，组织指挥抢险救灾工作。10日零时30分，省人民政府在姚安及时召开了“7·09”姚安地震抗震救灾现场工作会，秦光荣在会上要求，楚雄州和省级相关部门要把姚安地震抗震救灾工作作为当前最重要的任务，切实加强领导，靠前组织指挥，抓紧核实灾情，妥善安置灾民生活，加强地震监测预报，做好社会维稳工作，确保抗震救灾顺利进行，夺取抗震救灾工作的全面胜利。10日清晨，秦光荣一行到官屯乡官屯村委会看望慰问受灾群众，检查指导应急抢险工作。

［仲显海 王光林］

【姜建初到姚安等县调研】 2009年1月14日，最高人民检察院副检察长姜建初在云南省人民检察院检察长王田海、中共楚雄州委副书记杨宁、州委政法委书记王兴明、州检察院代检察长李宏等领导的陪同下，深入州内姚安、大姚两县检察院调研，并代表最高人民检察院看望慰问了“两院”干警，详细询问了解“两院”的办案装备、经费保障等情况。

［刘康丽］

【姜兴长到楚雄州调研】 2009年1月30日，全国人大常委会委员、全国人大内务司法委员会副主任委员姜兴长，在楚雄州人大常委会副主任江正荣的陪同下，深入禄丰世界恐龙谷调研。

［易学敏］

【郑国光到楚雄州调研】 2009年1月14日至15日，国家气象局党组书记、局长郑国光以及云南省气象局党组书记、局长丁凤育一行在楚雄州党政领导邓先培、任锦云、吕琳麟及州气象局负责人的陪同下，深入武定县气象局和州气象局调研，看望慰问职工。郑国光要求，气象部门要通过提高气象服务水平，不断满足各方面对气象工作的需求，促使楚雄州气象工作科学发展、快速发展、依法发展，从而更好地支持和促进地方经济社会科学发展。

［王光林］

【姜成康到楚雄州调研】 2009年5月16日，国家烟草专卖局局长姜成康在云南省人大常委会副主任程映萱，省人民政府副省长曹建方，省人民政府副秘书长蒋兆岗，省烟草专卖局（公司）局长、总经理余云东，副总经理童荣昆，云南中烟工业公司副总经理李天飞，楚雄州党政领导邓先培、杨宁、李琳玻、左荣贵的陪同下，深入楚雄州禄丰县调研整县推进现代烟草农业试点建设工作。先后到马街村委会察看土地整理、烟水烟路工程建设，到洪流烘烤工场了解烟叶生产、烘烤、分级、收购一体化流程，到罗次育苗服务社观看了自动装盘播种机演示和大棚供水、供肥、供药系统，深入佑位、白沙2个村的烟田察看了解连片种植规模和水平，在罗次现代烟草农业中心管理站观看了全县现代烟草农业建设情况图文展示。通过实地察看和听取汇报，姜成康对试点工作给予了高度评价，要求认真总结试点经验，强化烟田基础设施建设，积极创新实践烟叶生产组织形式，加强和改进烟叶生产收购管理，全面完成现代烟草农业整县推进目标任务，为全国烟草行业提供宝贵经验，发挥典型示范带动作用。

［仲显海 王光林］

【叶小文到武定县调研】 2009年6月30日至7月1日，国家宗教事务局局长叶小文率中央统战部、公安部、国家宗教事务局相关负责人在云南省宗教事务局局长熊胜祥，中共楚雄州委副书记、州长杨红卫，副州长杨元茂，州委统战部，州公安局，州宗教事务局负责人及武定县党政主要领导陪同下到武定县就宗教工作，尤其对基督教工作进行专项调研。听取了楚雄州的宗教工作情况汇报，对楚雄州宗教工作取得的成绩给予充分肯定。

【杨晶到楚雄州调研】 2009年7月29日，国家民委主任杨晶在云南省民委主任王承才和州党政领导任锦云、杨元茂陪同下到武定县调研民族工作。要求全州各级党委、政府和民族工作等职能部门要切实落实好已有的民族优惠政策，使之变成少数民族群众看得见、摸得着的实惠，让各族群众共享改革发展成果，把民族地区经济社会发展和民族团结工作做得更好，以实际行动回报党中央、国务院的关爱，进一步唱响中国共产党好、社会主义好、改革开放好、民族团结好、党的民族政策好的主旋律。

［王光林］

【李纪恒到楚雄州调研】 2009年5月10日，中共云南省委副书记李纪恒在省委副秘书长林金宏、省委组织部副部长崔茂虎、省农业厅副厅长张智泽、省扶贫办副主任吴遂，楚雄州党政领导邓先培、杨红卫、杨宁等陪同下，深入楚雄州姚安县就高稳产农田建设情况进行调研。通过调研，李纪恒要求，州、县各级各部门要根据市场需要，紧密地把农民利益与农业产业化联系起来，建设优质高效的现代农业，要进一步加快农业基础设施建设，特别是要加快高稳产田建设步伐，不断改善农业生产的基础条件。

9月3日至4日，省委副书记李纪恒在省委副秘书长林金宏、省民政厅厅长王树芬、省住房和城乡建设厅党组书记叶建成、省发改委副主任李文冰、省财政厅副厅长杨利邦和楚雄州党政领导邓先培、杨红卫、杨宁的陪同下，到楚雄州姚安、大姚两县检查指导抗震救灾恢复重建工作。通过实地察看和听取工作情况汇报，李纪恒对楚雄州抗震救灾和恢复重建工作取得的成绩给予了充分肯定。李纪恒强调，要以科学规划为前提，以安排灾区群众基本生活和加快民房建设为重点，明确目标，突出重点，整合资源，加大力度，努力把恢复重建工程建设成为示范工程。

【李汉柏到楚雄州调研】 2009年11月5日，中共云南省委常委、省纪委书记李汉柏在中共楚雄州委常委、州纪委书记李琳玻的陪同下，到州内大姚县检查指导工作。先后深入到大姚县赵家店乡黄羊岭村委会大兴田统规自建点、赵家店乡团塘村委会、大姚县纪委监察局派出纪工委调研，看望慰问纪检监察干部，就大姚县纪检监察工作开展情况作了全面了解，对大姚县的工作给予充分肯定，并对下步工作提出了要求。

［仲显海］

【罗正富到楚雄州调研】 2009年1月29日，中共云南省委常委、省人民政府常务副省长罗正富，在省人民政府秘书长丁绍祥、省发改委副主任马晓佳、省水利厅副厅长杨荣新，楚雄州党政领导卢显林、任锦云陪同下，深入牟定县就基础设施建设、文化旅游产业、乡（镇）撤并后的城镇规划建设等进行考察调研。

7月9日至10日，罗正富在楚雄州党政领导邓先培、卢显林、董继理的陪同下，深入姚安“7·09”地震灾区了解灾情，检查指导抗震救灾工作。7月9日晚，罗正富在姚安“7·09”地震抗震救灾指挥部召开紧急会议，听取灾情汇报并对救灾应急工作提出要求，随后立即赶赴受灾最严重的官屯乡官屯村委会官屯村民小组察看灾情；7月10日上午，深入到姚安县地震重灾区左门乡茏拉村委会芹菜沟村察看灾情。之后，对楚雄州进一步做好抗震救灾恢复重建工作提出了要求。

［仲显海　王光林］

【王力慰问灾区税务职工】 2009年1月14日，国家税务总局党组成员、副局长王力一行，在云南省国家税务局副局长李杰、省地方税务局副局长张美琼、楚雄州人民政府副州长樊炳清等领导陪同下，深入永仁、元谋县看望慰问“8·30”地震灾区税务系统干部职工，要求上级税务机关高度重视，加紧推进办公楼重建工作，尽快解决办公条件问题，并对税务工作有效开展提出了意见建议。

【丹增到大姚县考察】 2009年4月21日，中国文联副主席、中国作协副主席丹增在中共楚雄州委常委、州委宣传部部长杨正权和大姚县主要领导陪同下，详细考察了石羊古镇开发建设情况和大姚妙峰山旅游风景区，听取了大姚县近年来文化旅游产业发展以及下步开发建设规划情况汇报。就做好下步文化旅游产业开发工作，丹增指出，实施石羊古镇旅游开发，既有利于古镇的文物保护工作，进一步弘扬历史文化，丰富人民群众文化生活，促进社会主义精神文明建设，又有利于带动地方经济发展，增强地方经济实力。

【周英到楚雄州检查防汛抗旱工作】 2009年5月17日，水利部副部长周英率领国家防汛抗旱总指挥部检查组到楚雄州检查防汛抗旱工作。周英一行在云南省水利厅厅长周运龙，州党政领导邓先培、杨宁、任锦云、左荣贵、延荣科等陪同下，先后深入青山嘴水库工程建设工地、龙川江楚雄城区段河道现场，实地检查工程防汛、河道防洪治理及汛前准备工作情况，听取相关工作情况汇报，对楚雄州的防汛抗旱工作给予了充分肯定，并对做好下步工作提出了意见建议。

［王光林］

【单霁翔到楚雄州检查指导工作】 2009年7月17日至18日，国家文物局局长单霁翔深入姚安龙华寺、德丰寺、文峰塔、大姚白塔、楚雄州博物馆等文博单位，详细查看震后文物受损情况。针对地震中受损文物的抢救维修工作，单霁翔提出了7点要求：（1）采取紧急措施，加固支撑保护好受损文物建筑，防止发生次生灾害。（2）对文物受损情况进行详细勘查，为下步规划编制和方案设计提供科学依据。（3）按照轻重缓急的原则，抓紧龙华寺和大姚白塔地勘，为规划编制和方案设计提供科学依据。（4）国家文物局将打破常规，特事特办、急事特批，争取年内安排两个受损国保单位的维修经费。（5）积极与国家财政部沟通，对姚安、大姚两县在地震中受损的文物保护单位，争取年内安排勘察设计经费，并将灾区受损文物抢救保护工作列入国家文物局2009年文物保护的重点工作。(6)楚雄州地处地震多发区，近10年来频发地震，使不可移动文物和馆藏文物遭到较大损失；为保障全州10县（市）文物藏品的安全，推广在绵阳建中心库房的经验，同意在楚雄州博物馆新建中心库房。(7)认真做好第三次全国文物普查和第七批国家重点文物保护单位申报工作，不能因地震而使这两项工作受影响。

［杨丽美］

【鲁昕到楚雄州调研中小学校舍安全工作】 2009年7月23日至24日，教育部副部长、全国校舍安全办公室主任鲁昕率教育部财务司、住房和城乡建设部工程质量安全监管司、财政部教科文司等部门负责人在云南省人民政府副省长高峰、省人民政府副秘书长卫星、省教育厅厅长罗崇敏及楚雄州党政领导邓先培、杨红卫、李红民、杨正权陪同下到楚雄州对中小学校舍安全工程暨地震恢复重建工作进行调研。鲁昕强调，各级政府要调集力量，层层落实责任，统筹做好校舍安全工程的排查、鉴定、规划、加固、资金安排和档案管理工作，力争实现“工程建设全国一流，全国首个省份验收，一流的管理”的目标，把实施校舍安全工程作为一件大事、一件实事来抓，确保工程任务如期完成，工程目标圆满实现；要大力发展职业教育，增强教育内涵，调整教育结构，办突出地方产业特色、有民族特色、改革创新的职业教育。强调职业教育要坚持“以服务为宗旨、以就业为导向”的办学方针，提高职业教育质量。

【刘谦到楚雄州调研基层医疗卫生单位深入学习实践科学发展观活动开展情况】 2009年11月3日至4日，以卫生部副部长刘谦为组长的基层医疗卫生单位第三批深入学习实践科学发展观活动中央第八巡视组到楚雄州检查指导工作。巡视组一行在州委副书记杨宁，州委常委、副州长李红民陪同下，深入禄丰县9个乡（镇）卫生院、1个村卫生所、1个社区服务中心和县人民医院以及县妇幼保健院等单位了解开展深入学习实践科学发展观活动的情况。巡视组认为，楚雄州在基层医疗单位学习实践活动中，领导高度重视，精心组织指导；实施方案具体，目标任务明确；部署早，起点高，结合紧；注重部门实践，突出行业特色；强化调研工作，找准突出问题。巡视组要求，在下阶段学习实践活动中，一要继续加强学习，深入学习贯彻党的十七届四中全会精神及医疗体制改革相关文件；二要注重工作实践，确保取得实效；三要加强巡回指导，帮助解决基层难题；四要树立行业典型，推广先进事迹；五要健全基层组织，壮大党员队伍。

【赵振山等领导到禄丰县调研现代烟草农业建设】 2009年4月8日，中国烟叶公司总经理赵振山在云南省烟草公司副总经理童荣昆，中共楚雄州委常委、常务副州长董继理，巡视员李俊及州烟草专卖局（公司）局长、经理段应泽的陪同下，到禄丰县调研现代烟草农业试点工作。赵振山指出，楚雄州烟叶生产工作和禄丰县整县推进现代烟草农业建设试点工作取得了明显成效，为全面推广现代烟草农业建设起到了积极的推动作用。下步要把握工作重点，突出技术创新，加大体制机制创新，以工业化为手段、科技为支撑，从基础设施建设到烟田建设等各方面大力推广实用技术，扎实推进现代烟草农业试点建设。

5月6日，国家烟草专卖局副局长何泽华、中国烟叶公司副总经理陈江华等一行在云南省烟草专卖局（公司）局长、总经理余云东，省烟草公司副总经理童荣昆，中共楚雄州委书记邓先培，州委常委、常务副州长董继理和州烟草专卖局（公司）负责人、禄丰县党政主要领导等陪同下，到禄丰县调研现代烟草农业试点建设。何泽华强调，在下步工作中，各级烟草部门要借鉴楚雄禄丰的试点经验，以县为单位认真研究整体推进现代烟草农业建设问题，在整县推进工作中，要在科学规划设计、整合资源力量、优化标准流程、规范业务工作、聚合各方要素、勇于创新实践、扎实深入推进上下功夫，通过不懈努力和创新实践，不断丰富现代烟草农业新的内涵。

6月9日，国家烟草专卖局纪检组组长潘家华在中国烟叶公司副总经理陈江华，云南省烟草专卖局（公司）局长、总经理余云东，中共楚雄州委书记邓先培，州委常委、常务副州长董继理，州烟草专卖局（公司）负责人等陪同下，深入到禄丰县田间地头，视察现代烟草农业建设。通过实地察看和听取汇报，潘家华对楚雄州烟草部门在现代烟草农业建设、促进社会主义新农村建设中发挥的积极作用给予了充分肯定，并对下步工作提出了要求。

8月27日，国家烟草专卖局副局长李克明在云南省烟草专卖局（公司）局长、总经理余云东，楚雄州党政领导杨宁、董继理的陪同下，到楚雄州禄丰县调研整县推进现代烟草农业建设工作。通过实地察看和听取情况汇报，李克明对禄丰的整县推进现代烟草农业建设工作给予了充分肯定并指出在禄丰看到了将信息化、自动化广泛应用到现代烟草农业建设中的成功典范。希望楚雄州再接再厉，深化现代烟草农业建设的发展和探索，在提高烟叶生产水平的基础上，继续为烟草产业发展提供优质稳定的原料保障。

9月11日，国家烟草专卖局副局长张保振、中国烟叶公司总经理赵振山等一行在云南省烟草专卖局（公司）局长、总经理余云东，副总经理童荣昆，云南中烟工业公司副总经理李天飞和中共楚雄州委副书记、州长杨红卫，州委常委、常务副州长董继理，州烟草专卖局（公司）负责人等陪同下，深入禄丰县调研现代烟草农业试点建设工作。要求楚雄州和禄丰县在加快推进现代烟草农业建设中，不断创新管理体制机制，建立健全长效机制，确保所建设的现代烟草农业设施发挥长期效益，使现代烟草农业建设真正成为民心工程、富民工程、长远工程、振兴工程，让禄丰现代烟草农业建设这面旗帜高高飘扬，促进全州烟草产业持续健康和谐发展。

10月20日，国家烟草专卖局副局长张辉一行在云南省烟草专卖局（公司）局长、总经理余云东，副总经理童荣崑，副局长赵全，中共楚雄州委副书记杨宁，州委常委、常务副州长董继理，州烟草专卖局（公司）局长、经理段应泽等陪同下，深入禄丰县调研现代烟草农业建设试点工作。张辉要求，楚雄州要继续以巩固和可持续发展为方向，在建设中做到精打细算，管好、用好、监督好建设资金，认真总结经验，联系实际积极推进，早日实现整州推进现代烟草农业建设的目标。

［王光林］

【晏友琼视察现代烟草农业建设】 2009年6月24日，以云南省人大常委会常务副主任晏友琼为组长、省人大常委会副主任程映萱为副组长的省人大常委会视察组莅临楚雄州禄丰县勤丰、碧城、仁兴等镇实地视察现代烟草农业建设工作。楚雄州党政领导邓先培、杨红卫、卢显林、董继理、江正荣等陪同视察。董继理代表州人民政府作了工作情况汇报。

【程映萱到楚雄州调研】 2009年4月2日，云南省人大常委会副主任程映萱在州党政领导邓先培、卢显林、杨应旭等陪同下，深入禄丰县勤丰镇马街中低产田改造点、碧城镇前营烟叶烘烤工场、罗次育苗工场，就楚雄州现代烟草农业建设情况进行调研并听取了州委常委、常务副州长董继理代表州人民政府和州烟草公司主要负责人的工作汇报。

8月24日至25日，省人大常委会副主任程映萱带领由部分省人大常委会委员和省人大财政经济委员会、民族委员会等负责人组成的执法检查组，到楚雄州检查《云南省民族工作条例》贯彻实施情况。省人大常委会委员、州人大常委会主任卢显林，副主任何根源参加执法检查，州人大常委会副主任曹大全、州人民政府副州长杨元茂陪同检查。

【杨建甲到楚雄州检查工作】 2009年6月11日至13日，云南省人大常委会副主任杨建甲为组长的省人大常委会执法检查组深入楚雄市和元谋县，就贯彻实施《中华人民共和国农产品质量安全法》情况进行执法检查。州委书记邓先培出席11日召开的情况汇报会并陪同检查。州人大常委会主任卢显林、副主任杨应旭，州人民政府副州长左荣贵全程陪同执法检查。

［易学敏］

【刘平到楚雄州调研】 2009年3月11日，云南省人民政府副省长刘平率省政府“治污”和廉租住房建设项目专题调研组到楚雄州调研。在州党政领导邓先培、张之政、吕琳麟陪同下，深入南华县徐营小箐河、章河屯和楚雄市双包营，对污水和生活垃圾处理设施项目建设进展、价格机制建立完善、投融资平台搭建以及政府补助资金使用情况、廉租住房项目建设进展情况、存在问题及拟采取的对策措施等进行实地调研。对楚雄州城镇污水、生活垃圾处理设施项目和廉租住房建设情况给予了充分肯定，并对下步工作提出了要求。

【曹建方到武定县调研】 2009年5月13日，云南省人民政府副省长曹建方和随行的省委宣传部巡视员胡正鹏、省财政厅副厅长张云松、省扶贫办副主任余潮、省综治办专职副主任胡吉安、中国人寿保险股份有限公司云南分公司总经理阮建设，在楚雄州人民政府州长杨红卫，州委副书记杨宁，州人民政府秘书长汪占毅和州级有关部门负责人、武定县党政主要领导陪同下，深入插甸乡古普村委会调研扶贫整村推进集群式开发和新农村建设工作，到云南新立有色金属有限公司年产8万吨高钛渣项目现场，听取项目负责人的详细汇报。通过调研，曹建方对武定县经济社会发展给予了高度评价，就武定县深入学习实践科学发展观活动，扎实推进扶贫和维稳工作提出了要求。

【高峰到姚安县调研】 2009年8月31日，云南省人民政府副省长高峰率省教育厅副厅长邹平、省卫生厅副厅长段鸿以及省级相关部门负责人，在中共楚雄州委副书记、州长杨红卫，州人民政府副州长朱非和州级相关部门负责人、姚安县党政领导的陪同下，深入姚安县就乡村医疗卫生、中小学校舍恢复重建及新学期开学等情况进行调研。调研中，高峰对楚雄州灾区恢复重建工作和教育发展状况给予了充分肯定，并对做好下步工作提出了要求。

【和段琪到楚雄州调研】 2009年9月23日至25日，云南省人民政府副省长和段琪率省国资委、省科技厅、省工信委、省环保厅负责人到楚雄州就工业发展情况进行调研。和段琪一行在楚雄州党政领导邓先培、杨红卫、李家龙、朱非等领导的陪同下，先后深入云冶集团新立公司、南方电网公司云南侧直流换流站、云南德胜钢铁有限公司、楚雄市苍岭重化工产业规划区、老拨云堂药业有限公司、云南盘龙云海药业有限公司、富民工业园区楚雄卷烟厂搬迁技改项目、新立公司武定钛业分公司、云南白药集团中药材优质种源繁育有限公司，围绕工业园区建设、天然药业和冶金矿产业发展等进行调研。调研中，和段琪要求，楚雄州各级要深入贯彻落实科学发展观，进一步落实好国家和省委、省人民政府应对国际金融危机的一系列政策措施，全力推进工业经济发展，确保完成全年各项目标任务。

［王光林］

【陈勋儒到楚雄州调研】 2009年7月25日至26日，云南省政协副主席陈勋儒率省政协调研组到楚雄州就加强小城镇和农村环境治理重点提案办理工作情况进行调研。调研组深入楚雄市苍岭镇李家村委会、南华县沙桥镇沙桥村委会和龙川镇大智搁村委会实地考察。州政协主席张怀德，州人民政府副州长李家龙，州政协副主席李振华陪同调研。

［白建文］

【傅思和到楚雄州调研】 2009年12月16日至17日，中央组织部部务委员、组织局局长傅思和在中共云南省委常委、省委组织部部长辛桂梓，副部长崔茂虎和楚雄州州级领导李兴顺、张之政、徐昕陪同下，到楚雄州调研基层党建工作和第三批深入学习实践科学发展观活动情况。傅思和一行先后深入到楚雄市鹿城镇河前村委会、东瓜镇永安社区、彝人古镇党支部、苍岭镇李家村委会马石铺村民小组调研，察看基层党建图片档案资料，与群众广泛交谈，听取了中共楚雄市委的工作汇报。通过实地调研和听取工作汇报，傅思和对楚雄市学习实践活动取得的成效给予了高度评价，对云南省和楚雄州基层党建工作给予了充分肯定。

[仲显海]

【王求到楚雄州调研】 2009年8月10日上午，中央人民广播电台台长王求，副台长王晓晖一行在云南人民广播电台台长覃信刚，中共楚雄州委书记邓先培，中共楚雄州委常委、宣传部部长杨正权，以及州广播电视局领导陪同下，到楚雄州广播电台新闻综合频率、滇中调频频率的直播间、录制间、安全播出中心控制机房等处进行了视察，对楚雄州广播电台的工作给予肯定，并对下步工作提出了要求。

[李建华]

【程凯到楚雄州调研】 2009年12月20日，中国残疾人联合会副理事长、国务院新型农村社会养老保险试点工作领导小组成员程凯，在中国盲文出版社社长张伟、云南省残联副理事长黑贵祥、楚雄州人民政府副州长吕琳麟等领导陪同下前往禄丰县金山镇走访调研了李光明等3户残疾人家庭，分别查看残疾人危房改造的实施建设情况，详细了解其生产、生活、康复以及当地政府和职能部门贯彻落实党中央、国务院关于对残疾人相关政策的落实情况。

[董杨春]

年度关注

【“7·09”姚安6.0级地震抢险救灾】 2009年7月9日19时19分13秒，楚雄州发生强烈地震，全州10县（市）震感强烈。据国家地震台网测定，这次地震微观震中位于东经101.1度、北纬25.6度，宏观震中在姚安县官屯村至马游一带，震源深度约10千米，震级为6.0级。地震造成楚雄州姚安、大姚、牟定、南华、永仁、元谋、武定7县55个乡（镇）404个村委会3547个村民小组314212户1183209人受灾，因灾死亡1人，重伤31人，轻伤322人；大牲畜死亡6980头；民房倒塌4873户26111间，损坏46567户395582间；学校倒塌1所1幢400平方米，损坏638所1576幢257144平方米；医院、卫生院损坏136所182幢53160平方米；机关企事业单位损坏528幢204152平方米；受损公路227条2056千米，塌方1804892立方米，桥涵269座；受损中型水库3座、小（一）型水库19座、小（二）型水库154座，坝塘732座，沟渠114条326.4千米，抽水站29个；受损通信线路114条543.7杆/千米；受损电力线路101条321千米，电站4个；受损市政供水管道363千米，街道273849平方米。经国家地震部门实地评估确定直接经济损失为17.87亿元。地震发生后，党中央、国务院和省委、省人民政府对灾区人民高度关怀，国家有关部委迅速作出反应，国家减灾委、民政部于7月9日20时紧急启动国家救灾应急响应，派出由民政部、财政部、国家地震局组成的联合工作组紧急赶赴灾区察看灾情，并于10日晚在姚安县召开会议，听取了楚雄州关于灾情及抗震救灾工作的汇报；国家防总于10日派出工作组紧急赶赴地震灾区，协助指导做好防汛除险、抗震救灾工作；民政部从南宁中央救灾物资储备库紧急调拨5000顶救灾专用帐篷和150吨彩条布，帮助灾区临时安置受灾群众；财政部会同民政部及时下达3300万元应急资金，支持楚雄州开展应急抢险工作。省长秦光荣、常务副省长罗正富、副省长曹建方、秘书长丁绍祥和省级相关部门领导在地震发生当日连夜赶赴地震灾区，并于10日零时30分在姚安县召开省人民政府抗震救灾紧急会议，对抗震救灾工作作了部署，提出了具体要求，决定省财政紧急下拨2000万元资金支持楚雄灾区开展应急工作。省政府还成立了由曹建方副省长任组长，省民政厅、省住房和城乡建设厅、省发改委、省财政厅、省卫生厅、省教育厅、省公安厅等省级相关部门及解放军驻滇部队、武警部队等有关省级部门负责人为成员

“7·09”姚安地震恢复重建 (马 骏/摄影)

的姚安地震云南省抗震救灾工作指导组，并深入重灾区一线，指导楚雄州开展抗震救灾工作。在党中央、国务院及省委、省政府的高度重视和关心支持下，楚雄州认真总结历次地震抗震救灾的经验，从容应对，快速反应，迅速行动，积极采取切实有力的措施开展抗震救灾。（1）迅速启动地震应急预案。（2）州县领导和有关部门迅速赶赴灾区指导抗震救灾工作。（3）迅速调集救灾物资和救援力量支援应急抢险。（4）加强震情跟踪监视和预测分析，做好次生灾害监测预防工作。一是各级地震部门加强余震监测和震情分析，并公开有关信息，积极做好舆论引导，安定人心，维护稳定；二是加强对受灾群众的安全教育，并及时组织力量加强排危工作，严防余震造成新的人员伤亡；三是加强对重灾区各类库塘的严密监测，并采取强有力的措施防范不测；四是加强滑坡等地震次生地质灾害的巡察监测和预报，发现险情及时组织群众转移。（5）迅速贯彻落实上级指示精神，并及时向上级报告、向社会通报灾情及抗震救灾工作情况。（6）加强救灾、赈灾款物管理，保证救灾、赈灾款物合规合法管理使用。一是州对灾区急需的救灾物资实行先调援后结算的办法予以保障；二是州抗震救灾指挥部再次全文印发省、州有关加强救灾资金、物资管理使用的规定，重申有关纪律和要求；三是保证救灾捐赠款物的规范接收和物资的及时组织分发；四是州、县纪检监察机关派出得力干部及时深入到抗震救灾第一线，对救灾、赈灾款物接收和管理使用工作进行监督，确保规范管理和按规定使用。（7）认真组织地震灾害损失评估工作。（8）全力维护灾区社会稳定。（9）坚持做到抗震救灾与促进经济社会发展两不误、两促进。（10）加强对抗震救灾后续工作的领导，赶早谋划恢复重建工作。应急抢险工作刚告一段落，中共楚雄州委、州人民政府便迅速成立了“7·09”姚安地震恢复重建领导小组和工作机构，明确了具体职责和工作要求，实行州级领导挂县包乡、县级领导挂乡包村、县级部门和乡（镇）领导挂村包组、县乡工作人员包户的“四包责任制”，要求责任人一包到底，全面负责组织完成恢复重建任务。与此同时，楚雄州按照“经济、实用、防震、省地”和“统一规划、就地建设、适度集中”的原则，认真抓好前期选址、规划工作，坚持安全可靠第一，力争通过恢复重建使灾区民居防震性能明显提高，受灾群众居住条件和环境得到明显改善。

【青山嘴水库工程建设及移民搬迁安置】 青山嘴水库是国家发改委批准的2006年西部地区新开工建设的12项重点工程之一，同时也是云南省和楚雄州“十一五”期间的重点水利工程项目。水库位于楚雄市东瓜镇上游，地处金沙江一级支流龙川江干流上，距楚雄城中心14.5千米，是一座大（二）型水库。青山嘴水库控制径流面积1228平方千米，多年平均入库年径流量1.8亿立方米，设计总库容1.08亿立方米。枢纽工程由拦河主坝、副坝、导流泄洪隧洞、溢洪道、输水隧洞及坝后式电站6部分组成。水库具有防洪、灌溉、工业供水等综合功能，洪水设计标准：百年一遇设计，2000年一遇校核，7度地震设防，库内水质评价为四类，正常蓄水位水面面积7平方千米。水库建成后，可使楚雄城龙川江河道防洪标准由30年一遇提高到50年一遇，下游沿龙川江两岸农田防洪标准由不到5年一遇提高到10年一遇；灌溉农田7.88万亩（楚雄市3.68万亩，元谋县4.2万亩）；每年可向楚雄城提供2050万立方米的工业用水；可为楚雄城市中长期发展和重大项目的建设提供安全可靠的后备水源，并具有较好的旅游开发潜力，对促进楚雄州社会经济的发展具有十分重要的意义。（1）工程建设情况。青山嘴水库工程自2007年2月13日大坝主体工程正式开工以来至2009年底，累计完成投资99967.61万元，其中：枢纽工程26895.22万元，水库淹没处理及移民安置投资73081.39万元。在工程建设方面主要取得4个方面的阶段性成绩：一是大坝截流开创了云南省大型水利工程当年开工当年截流的先例。二是提前完成坝体填筑任务。三是按计划实现了大坝下闸蓄水。四是不断优化建设方案及工程设计。（2）移民搬迁安置情况。青山嘴水库建设淹没涉及楚雄市东瓜、吕合两镇，4个村委会，34个村民小组，1717户6651人（现已增加到7225人）。移民搬迁计划分三期完成，第一期为试点，时间从2006年1月至9月；第二期全面启动，时间从2007年1月至2008年12月；第三期扫尾完善，时间从2009年1月至12月。青山嘴水库移民安置工作具有以下特点：一是以城市楼房安置为主的移民安置方式，在栗子园小区楼房未建好之前先采取临时租房过渡性安置，有效地确保了水库大坝工程按时开工、按期截流、安全度汛和水库下闸蓄水。二是移民由原来的以农业安置为主转变为以城市楼房安置为主的移民安置方式，在云南省的水库移民安置工作中是一个创新、是一次大胆的探索和尝试，符合《大中型水利水电工程建设征地补偿和移民安置条例》的精神和原则，符合移民工作的总体要求和发展方向，符合移民的意愿和要求。三是考虑了移民较长时期的基本生活，为实现移民“搬得出、稳得住、能发展、逐步能致富”的目标奠定了一定基础。四是在移民工作中统筹了城乡一体化发展，顺应了城镇化发展的方向，推进了城镇化进程。（3）青山嘴水库工程建设及移民搬迁所做的主要工作。一是加强对水库工程建设及移民搬迁工作的组织领导。二是实事求是地做好水库建设淹没实物指标的调查统计。三是科学制定好移民搬迁安置规划和政策措施。四是扎实抓好栗子园安置小区的建设和移民搬迁入住工作。五是高度重视工程质量和项目资金的监督管理。六是及时抓好库底清理、库区交通恢复及库区管护工作。七是积极抓好移民的就业技能培训。八是耐心细致地做好移民来信来访。

【楚雄滇中特色大城市建设】 2009年，楚雄州、市两级政府按照“高起点、大手笔，把楚雄市构建成为滇中特色大城市”的目标要求，坚持以科学发展观为统领，科学编制滇中特色大城市规划，加速推进城市基础设施建设，启动城市拆违拆临工作，积极探索城市建设和经营的新路子，千方百计启动和加快推进一批重点项目建设，楚雄市滇中特色大城市初具雏形。(1) 滇中特色大城市战略规划得到审定。结合楚雄市区位优势和实际情况，打破行政区划界限，将楚雄市构建滇中特色大城市总体思路确定为：“一主一辅，一带三区”的城市空间结构规划，一主：指楚雄主城，由主城中心区、苍岭产业新区、广通国际物流园区组成；一辅：为南华辅城，是绿色食品加工基地，辐射滇中、滇西地区的“野生菌类集散地”与“滇中生态美食城”；一带：指以楚大高速、安楚高速、广大高铁、320 国道等为纽带，以南华、楚雄城区、苍岭、广通为基点，构建沿龙川江城市发展带；三区：分别为西山——紫溪山森林生态旅游区、东华子午都市农业观光区、青山嘴水库——九龙甸水库生态涵养区。《规划》将楚雄市主城规模由原规划的 49.8 平方千米拓展为 129.72 平方千米，城市人口规模由原规划的 45 万人调增为 85 万人，为楚雄市建设滇中特色大城市预留了足够的发展空间。(2) 城市基础设施建设加快推进。2009 年，楚雄市共实施市政基础设施建设项目 39 个，完成投资 2.18 亿元；2010 年，计划实施市政基础设施建设项目 54 个，计划总投资 13.6 亿元。年内，全市城市建成区面积已经突破 25 平方千米，其中楚雄经济开发区（含工业园区）建成区面积已达到 10 平方千米；城镇人口增加到 24 万人，城镇化率提高到 43.7%，滇中特色大城市构架正逐步形成。一是万家坝片区、花果山片区及东南片区构架基本形成，产业正在聚集。二是西北片区开发建设积极推进。(3) 旧城改造成效明显。(4) 征地拆迁工作推进有力。(5) 重点项目建设进展顺利。 (6) 融资渠道进一步拓宽。

【现代烟草农业建设禄丰模式】 禄丰县是楚雄州的农业大县，有耕地面积 43.59 万亩，境内自然条件优越，种烟历史悠久，是全国优质烟叶的主产区。2008 年下半年，禄丰县被列为国家烟草专卖局整县推进现代烟草农业建设试点县。禄丰县坚持“市场引导、稳定规模、优化结构、培育特色、减工降耗、提质增效”的发展方针，牢固树立“用现代物质条件装备烟叶生产，用现代科学技术改进烟叶生产，用现代发展理念引领烟叶生产，用培育新型烟农发展烟叶生产”的现代烟草农业发展思路，进一步总结完善“烟草企业 + 村组 + 农户”、“烟草企业 + 专业合作组织 + 农户”、“烟草企业 + 农户” 等生产组织模式，努力提高烟草农业组织化程度，成功探索出了现代烟草农业的“禄丰烟草‘一二三四五六’模式”。即：(1) 围绕一个发展目标。围绕全面推进“一基四化五社”的现代烟草农业建设目标，促进现代烟草农业与大农业协调发展。(2) 探索两条有效途径。着力改革站点管理，建立新型的管理体制；规模化整体推进。(3) 推广三种生产组织方式。发展烟叶种植专业户、烟叶种植家庭农场、烟叶种植专业合作社。(4) 建立四种专业化服务。建立育苗服务社、烘烤服务社、农机服务社、植保服务社。(5) 建立健全五大体系。健全烘烤、收购体系；健全生产技术保障体系；健全风险防范保障体系；健全工商合作基地建设体系；建立烟农培训体系。(6) 实施六大工程。抓烟田工程、烟水工程、烟路工程、育苗设施工程、密集烤房建设工程、信息系统工程。通过实施现代烟草农业建设，进行大规模土地整理，推进生产组织形式创新及专业化服务，全县烟叶生产条件明显改善，烟叶综合生产能力明显提高。一是烟叶生产基础设施建设有了新突破。二是规模化种植、集约化经营、专业化分工、信息化管理工作迈上了新台阶，形成了种植专业户、家庭农场、专业合作社等新型生产组织形式，有效提高了烟叶生产规模和经营水平。三是烟叶生产效益进一步提升。2009 年，全县烤烟种植面积 8.56 万亩，收购烟叶 1455 万千克，收购总值 23482.36 万元，比上年增加 2391.04 万元；均价 16.14 元，实现烟叶税 5166.12 万元。禄丰县现代烟草农业建设为全国烟草系统建设现代烟草农业提供了成功示范，2009 年 5 月，国家烟草专卖局局长姜成康在禄丰调研时，对禄丰整县推进现代烟草农业试点给予高度评价，认为禄丰现代烟草农业充分体现了中国现代烟草农业建设的发展方向。

全州 2009 年现代烟草农业建设推进会 （王 明/摄影）

【2009年州重点督查的20个重大建设项目完成情况】 （1）元双二级公路建设项目。自开工至2009年累计完成投资12.21亿元，占概算投资的33.1%；路基土石方已完成总量的73.45%，涵洞、通道已完成总量的49.4%，桥梁桩基已完成总量的71.3%，墩柱已完成总量的25.06%，隧道主洞掘进已完成总量的42.45%，隧道二次衬砌已完成总量的29.53%，防排水工程已完成总量的75.32%，工程进展顺利。（2）农村公路建设项目。通乡油路建设项目完工23项582千米，在建1项18千米，完成投资3.49亿元，占计划的97%；通达工程完成投资2.2亿元，占计划的100%；以民修公助形式修自然村公路1100千米，投资2200万元。（3）青山嘴水库及配套工程建设项目。主体工程建设任务基本完成，工程累计完成投资8.9亿元；栗子园移民安置项目交付移民使用；供水干渠工程完成投资1294.84万元。（4）水源工程建设项目。禄丰沙龙水库完成投资4934.5万元，永仁尼白租水库扩建完成投资3324万元，双柏河口河水库完成投资2260万元。（5）病险水库除险加固工程项目。姚安红梅水库除险加固工程完成投资3750万元，武定己衣水库除险加固工程完成投资7165万元，续建50件小（一）型病险水库除险加固工程完成投资3.24亿元，新开工的栗树埂等30座小（一）型病险水库除险加固工程完成投资1500万元。（6）元谋、蜻蛉河两个大型灌区续建项目。两灌区全年完成投资4360万元，其中元谋大型灌区2127万元，蜻蛉河大型灌区2233万元。（7）中低产田地改造项目。全州实施中低产田地改造项目192个，完成投资3.94亿元，完成改造面积26.77万亩。（8）中西部农网完善工程建设项目。新建及改造35千伏变电站1座（元谋姜驿变电站），容量2500千伏安，线路18千米；新建及改造10千伏线路393.7千米，更换配电变压器416台，低压线路547.7千米，改造一户一表1.27万户。（9）城镇污水生活垃圾处理设施建设项目。全州19项治污项目

公路建设 （州交通局提供）

可研报告已全部取得批复，项目初步设计已全部通过省住房和城乡建设厅组织的专家评审，有16项治污项目已取得初步设计批复，姚安、禄丰、元谋县污水处理3个项目待批复。完成投资1.63亿元，占治污项目总投资的15.6%。（10）楚雄市东南片区续建重点公益项目。州职业教育中心建设项目完成投资7.3亿元，入驻学生4500名；州人民医院新区建设项目主体工程门诊医技楼装修在扫尾待验收；州文化中心项目累计完成投资1.62亿元，一期主体部分基本完成；州开发投资公司营业楼、州劳动力市场和人才交流市场建设项目工程全部结束，相关单位已入驻办公。（11）楚雄市第二自来水厂建设及配套管网项目正在进行初设。（12）楚雄市城市电网建设与改造工程建设项目。申请项目资金文件已由省有关部门上报国家发改委审批。（13）州级政法部门和军事机关等搬迁建设项目。已拟定了10家军警单位迁建的2个规划选址方案，建设规模、投资规模初步方案已编制完成。（14）红塔集团楚雄卷烟厂易地搬迁技术改造项目。1.2万平方米的原烟分选车间和5.5万平方米的原烟堆场已完工，动力中心煤棚、锅炉房、水池水泵房、动力办公楼、烟囱等建筑已封顶。（15）云冶集团钛资源开发项目。年产8万吨高钛渣项目已完工并正式投入生产，年产6万吨钛白粉项目累计完成投资7.73亿元，年产1万吨海绵钛工程项目年内完成投资3.01亿元。（16）云铜集团在楚发展项目。楚雄滇中有色金属有限公司10万吨粗铜/年和30万吨硫酸/年技改建设项目于9月26日开始点火试生产，楚雄矿冶5万吨铜金属技改项目年内完成1.91亿元。（17）云南开关厂技改项目。技改工程、办公楼建设已完工，进入试生产。（18）云南勤攀磷化工公司技改项目。120万吨/年硫精矿制酸连带3000千瓦余热发电项目已投料试运行，云南天腾化工有限公司30万吨/年高塔造粒、15万吨/年转鼓造粒特种肥项目已建成投入生产。（19）廉租住房建设项目。全州两期廉租住房共完成投资额1.59亿元，完成投资额占总投资额的61%。（20）中国彝族文化大观园项目。彝人古镇项目累计完成投资11.88亿万元，太阳历文化园二期提升改造项目成立了楚雄彝族十月太阳历文化园有限责任公司产权制度改革领导小组并着手改制，彝族民居商贸城项目累计完成投资9.03亿元。

【中国彝族梅葛文化传习所揭牌仪式】 2009年1月10日上午，中国彝族梅葛文化传习所、中国彝族刺绣研习所、云南画院写生基地、青州马游坪梅葛希望小

学揭牌仪式在姚安县马游坪义学堂举行。楚雄州党政领导杨红卫、李红民、程建华、舒建新、王定梁出席揭牌仪式。山东省青州市政协副主席孟庆刚，云南省画院院长罗江应邀出席揭牌仪式。中国彝族梅葛文化传习所、中国彝族刺绣研习所、云南画院写生基地、青州马游坪梅葛希望小学是彝族梅葛文化传承保护工作的平台，也是彝族梅葛文化保护、传承、开发、利用的载体。揭牌仪式的举行，对加深外界对马游坪彝族梅葛文化的认识和了解，传承、挖掘、整理和保护彝族梅葛文化，打造彝族梅葛文化品牌，展示彝族梅葛文化艺术魅力，促进彝族梅葛文化发展，提升姚安马游坪的品位、提高对外的知名度和影响力，将起到积极的作用。

尤中教授在“彝族文化名州论坛”上发表演讲 （马 骏/摄影）

【彝族文化名州论坛】 2009年8月2日，由中共楚雄州委、州人民政府和中国西南民族研究学会共同举办的“彝族文化名州论坛”在楚雄举行。中国社科院民族学与人类学研究所党委书记、副所长、研究员揣振宇及州党政领导邓先培、杨红卫、何根源、杨元茂、马旷源、王应学、王定梁等出席论坛。州委常委、州委宣传部部长杨正权主持论坛。为把楚雄厚重源远、绚丽多姿的彝族文化资源优势变为产业优势、经济优势，推动彝族文化名州建设，推动彝州经济社会又好又快发展，州人民政府聘请原《求是》杂志总编王天玺等25位国内外彝学专家、学者为彝族文化研究特约研究员。邓先培、杨红卫向彝族文化研究特约研究员颁发聘书，揣振宇向楚雄州授“中国社会科学院民族学与人类学研究所楚雄彝族文化研究院基地”牌匾。论坛上，中国著名民族学家、历史学家尤中等9位专家、学者紧紧围绕彝族文化名州建设进行了精彩的演讲。

【2009中国·楚雄首届彝剧国际学术研讨会】 2009年8月12日，2009年中国·楚雄首届彝剧国际学术研讨会开幕式在楚雄隆重举行。中国艺术研究院副院长王能宪，云南省文化厅副厅长熊正益，中国艺术研究院戏曲研究所所长、中国戏曲学会副会长、研究员刘祯应邀出席会议。州委常委、州委宣传部部长杨正权出席开幕式并致辞。首届彝剧国际学术研讨会由中国艺术研究院、云南省文化厅、楚雄州人民政府主办，中国艺术研究院戏曲研究所、楚雄州文化局、楚雄州民族艺术剧院承办，中国少数民族戏剧学会、云南省民族艺术研究所、楚雄州彝族文化研究所协办。研讨会期间，开展彝剧发展的历史回顾、彝剧创作现状剖析、彝剧表演的美学特征剖析、彝剧与民族民间文化研究、非物质文化遗产保护与彝剧的传承研究、中国地方剧发展启示、民族戏剧理论研究等学术交流活动。出席开幕式的还有新加坡戏曲学院、韩国首尔大学，台湾世新大学、台湾亲民技术学院、国立台湾戏曲学院，中国艺术研究院、中国少数民族戏剧学会、中国戏曲学会、中国传媒大学、中央戏剧学院、中国公安大学、武汉大学、南京大学、上海戏剧学院、四川省川剧艺术研究院、天津市艺术研究所、四川省凉山州歌舞团、深圳市文联、云南省民族艺术研究所、云南省戏剧家协会、云南师范大学、云南文化艺术职业学院的专家学者，以及《人民日报》、新华社、中央电视台、《人民政协报》、《中国文化报》、《文汇报》、《云南日报》、云南电视台等新闻媒体的领导和嘉宾。

［王光林］

（责任编辑：白云鹏）

高品位城市建设呼唤高层次城市规划

——赴深圳香港上海学习考察报告

中共楚雄州委副书记、州人民政府州长　杨红卫

一、基本情况

承蒙中央组织部和云南省委组织部的关怀，2008年5月8日至29日，我参加了中组部在中国浦东干部学院举办的第105期领导干部经济管理研究培训班。培训班以城市规划建设管理与环境保护为专题，在深圳、香港，上海分三个阶段进行。在深圳期间，深圳市有关部门领导和国内及香港的专家作了深圳城市规划，当前我国城市规划建设存在的问题及其面临的任务和挑战，香港土地使用、城市规划、建设和管理，香港城市道路和交通发展概况等4个方面的专题讲座，实地参观考察了广州市、中山市和深圳市的城市规划、建设、管理和环境保护等情况；在香港期间，拜访了特区政府发展局和房屋署、香港铁路有限公司、特区政府市区重建局、路政署和环境保护署，了解了香港土地规划、房屋建设与发展、铁路发展规划、旧区活化与文化保护、道路交通系统规划和建设及环境保护等方面的情况，参观了香港会展中心、金紫荆广场、香港规划及基建展览馆及紧急事故交通协调中心等；在上海期间，有关领导和专家作了城市规划中的执行与协调、上海城市建设与管理的实践、城市管理与减灾防灾3个专题讲座，参观了中共“一大”会址、新天地旧城区改造、浦东新区的规划与建设、江桥垃圾焚烧厂节能减排与城市生活垃圾资源化处理、江苏省苏州市历史名城保护与开发、昆山市新型工业化城镇布局与发展等方面的情况。总之，为期22天的学习培训和参观考察安排紧凑，内容丰富，收获很大，感受颇深，启示良多。特别是对彝州如何加快推进城镇化进程，尤其是怎样把楚雄市建设成为特色鲜明、个性突出、活力四射的滇中特色大城市有了更加深刻的思考。

二、主要感受

作为城市规划建设管理与环境保护专题班的中国浦东干部学院一期学员，特别是看了东方之珠——富有动感的香港，感觉那几座岛山并不比楚雄的山高，但宁肯留下来作为景观并严格保护起来，才开发了国土面积的23%；看了才20来岁的小伙子小姑娘城市——深圳的勃勃生机，感觉并不比百岁老翁香港逊色；看了中山先生的故里——中山市，这是我第三次去看他，这次又新看了中山市的小榄镇，那种富裕安宁是世纪伟人孙中山先生恐怕没有想到这么早就会实现的；广州这个大都市也借着亚运会节庆之机，大刀阔斧迈向新的明天；上海，今年我是第二次来，2004年我在中央党校学习过半年，期间去看过井岗山和延安在建的干部学院，能来中国浦东干部学院学习，它的大气、灵气、精致、广博本身就是上海的一部分。仔细看浦东、浦西、闵行、崇明岛，看苏州、看昆山，感受了长三角新的气度和风度。总之，从珠三角到长三角，从东方之珠到东方明珠，从中共“一大”会址到中国浦东干部学院，使我进一步深刻体会到导师列宁所讲的“城市是经济、政治和人民精神生活的中心，是前进的主要动力”的丰富内涵，更加深刻认识到在中国实现社会主义现代化的过程中，城市是先锋、是中心、是推动社会前进的强大动力。

三、几点启示

在这次专题学习培训中，我深切感受到了深圳、广州、香港、上海、江苏等地在城市规划建设管理方面的非凡气度，特别是不论香港或是上海、深圳、江苏，始终都在以强烈的文化意识指导城市建设，以浓郁的地域文化彰显城市个性，建设特色城市，并且涵盖了城市发展战略、城市规划、城市形象、基础设施、城市文明、城市管理、城市经济、环境保护、对外开放、领导方法等方方面面，值得我们认真学习借鉴。

楚雄州是全国30个少数民族自治州中的两个彝族自治州之一。近年来，中共楚雄州委、州人民政府提出了“强农、兴工、扩城、活商、固基、和谐”的工作重点，切实把“扩城”部署提到了重要议事日程，坚持“高起点规划、高标准建设、高效能管理”的原则，在一批大项目的带动下，全州城镇建设步伐不断加快，基础设施明显改善，服务功能明显提高，辐射和带动能力不断增强，城镇化发展取得了新成绩。但是，从总体上看，由于楚雄州城镇化发展起步晚、基础较差，城镇规划和建设管理还处于低层次阶段。全州城镇化率仅达28.4%，比全省31.6%低3.2个百分点，比全国45%低近17个百分点。因此，楚雄州的城市建设与发展任务十分艰巨。楚雄市作为全州的政治、经济、文化中心，对全州经济社会的发展具有重要作用。上年召开的省政府楚雄现场办公会提出了把楚雄市打造成为滇中大城市的目标要求，如何巩固楚雄市的中心地位，发挥排头兵作用，加快楚雄市的城市建设，形成城市特色鲜明、个性突出、活力四射的滇中特色大城市，是楚雄州城市建设发展的首要任务。结合这次学习培训和参观考察的所思所想所悟，对如何建设好滇中特色大城市，主要有以下几方面的认识和想法。

（一）要树立城市建设必须高起点的理念。深圳、广州、香港、上海、江苏等地城市发展快速，个性特色鲜明，我觉得他们最主要的做法就是在城市建设中始终贯穿了“高起点”的理念。这个高起点主要包含以下几个方面：一是人才培养要高起点。城市发展的高起点，首先是人才的高起点，包括对城市发展决策者、建设者和管理者的培训，包括对企业管理人员，全体市民以及劳务输出人员的培训，要使其思想认识、知识水平和实际工作能力均适应城市未来发展的需要。二是布局规划要高起点。规划是一个城市的性质、规模、发展方向的图文表现，是合理利用城市土地，协调城市空间功能布局及进行各项建设的蓝图和管理的依据。城市规划时间上要大跨度，地域上要大范围，不仅要有超前性，还要有预见性、战略性和科学性，要准确预见未来，科学规划长远，使城市建设的辐射能力强，产生的积极作用和影响持久。三是基础设施要高起点。包括以能源动力、交通运输、市政公用等为代表的技术性（生产性）基础设施和以大众住宅、商业服务、文化娱乐、教育科研、体育卫生为代表的社会性基础设施。它是城市各项经济、社会文化活动所产生的人流、物流、交通流和信息流的庞大载体，是城市各种功能的物质基础，既是城市正常运行的支持系统，又是城市赖以生存与健康发展必需与必要的物质条件。因此各项城市基础设施项目的设计标准要高，余量要大，建设要优先。四是经济结构布局要高起点。城市经济是以城市为依托的特定经济。它的产生、发展和繁荣既需要城市的支持，同时它又是城市发展的主要动力，是城市规划得以实施与实现的重要保证。因此，结构要优化，成分要合理，效益要提高。五是科技文化发展要高起点。这是城市发展的主要力量。它不仅使城市的经济结构及其经济能力不断发生重大变化，而且使城市的空间规模、建筑高度、交流能力、通讯和信息处理功能，乃至城市生活方式都发生巨大变化。楚雄市作为彝州首府尤其要强化文化意识，赋予彝族文化和茶花文化内涵，使城市文化和城市功能有机结合，最终建成具有浓郁彝族特色和山水园林风光的优秀旅游特色大城市。六是环境保护和建设要高起点。空气清新，水流洁净，鸟语花香，环境优雅是吸引发展智力密集型产业所需高级专门人才的重要因素之一，也是对外开放的重要条件，要结合楚雄市的地形地貌，保护和利用自然环境，严格控制建设性破坏。在旧城改建与新区开发中，要精心构思，精心设计，抓好城市空间与城市风貌的设计。这是这次看了深圳、香港、上海、江苏等地以后的一种升华和提高。

（二）要充分认识城市规划的核心地位作用。城市规划实质上是一种社会规划，它所要解决的不仅仅是建筑学、工程学等方面的问题，而且涉及经济社会学方面的问题。它是根据城市经济和社会未来的发展以及各个时期的要求总结出来的，在观念上、时间上具有超前性，起着引导城市建设的作用。深圳、广州、香港、上海、江苏等地城市发展实践证明，一个城市是否建设得好，关键看是否规划得好，规划的效益是最大的效益。因此，在规划中必须突出以下6个思想：一是突出规划是“龙头”的思想。规划必须引导城市建设，走在城市建设和管理的前面，要做到超前不滞后，主动不被动，适应不制约。二是突出规划是法的思想。规划一经批准，就应该具有约束力，成为城市建设必须依据的蓝本，纳入城市管理法规体系，贯穿于城市建设活动的全过程。三是突出规划要高起点的思想。规划是个动态系统，随着城市的发展而发展，因而规划必须起点高，具有先进性，不断适应城市的发展，并有效地指导城市的建设。楚雄州各县（市）的城市规划仍存在起点不高，城市建设要求不高，城市管理的标准不高，规划缺乏层次性、超前性和科学性等问题，与现代化城市相比反差巨大。主要反映在以下几个方面：传统与现代结合不够，一些建筑讲现代的没有现代化的气派，讲传统的风格没有将传统的建筑完全保护好，没有传统文化的氛围，单纯追求现代的大众化的建设格调，而忽视了传统文化的注入；城市环境与人文环境结合不够，建筑与绿化没有“共生”；城市学与建筑学结合不够，“画圈”的与建房的相分离，形成不了整体；城市建设与管理结合不够，矛盾突出，甚至相互抵消，逐渐形成了“空气污染，住房拥挤，交通堵塞”的城市病。四是突出规划要高度集中的思想。坚持做到“一支笔”审批，树立起规划的绝对权威。五是突出规划要留有余地的思想，必须预留足够发展空间，用以提供公共服务。六是突出“富”规划“穷”建设的思想。要舍得花大钱搞规划，建设中要善于精打细算，节约开支，分步实施，滚动发展。

（三）要适时调整修编城市发展规划。随着城市化进程的加快，城市规划的调整修编在所难免，香港如此，深圳如此，中山、广州、上海、苏州、昆山更是如此，而且周期在不断缩短，有的规划上级政府还来不及审批，城市建设就已经突破规划了。这不是否定前任前人，而是发展的迫切需要。因此，我们要高度重视处理好城市建设发展与城市规划调整修编之间的关系，在调整城市规划中应该注意以下“四性”：一是超前性。在时间上跨度要大，空间上地域要广，既要考虑近期建设，又要考虑长远目标，长远目标至少50～100年不变，以保证城市建设的可持续发展。要摒弃只图经济效益、局部和小集体利益，不讲社会效益、长远利益的行为，所有开发建设都要服从城市发展的全局。二是要有预见性。要科学地预测城市的未来，在改造与开发、工矿企业布局与生活设施配套、生态环境与人口密度、城市风格与建筑标准等方面留有余地，尽可能避免短期行为和重复建设，不能为子孙后代留下过多的憾事。城市化作为一个发展战略，进程加快了，难以预见的东西很多，必须运用系统科学的理论来搞城市规划。一切工程设施和规划设计应尽量考虑充分利用、长期使用、可持续发展，保持良好的适应性、灵活性、谋求城市的较大经济性。要防止过度开发，建筑过密。要留下余地，以备预测不到的后来项目。对路网、通讯、水、电、污水处理、垃圾处理等基础设施建设也要超前规划。三是规划要有协调性，大规划下的小规划，总体规划下的子规划都要有机地联系起来，既要强调个性，又不能影响总体的风格，要坚持三个结合，即相对集中与合理分散相结合，最大限度地发挥城市供应基础设施服务功能和聚集效益；形态规划和社会规划相结合，实现人口、社会、经济、环境协调发展；历史与未来相结合，按照尊重历史，创造未来的原则，充实、调整、完善和优化城市规划。四是城市规划要有权威性。要充分发挥规划管理的规范力作用，变理想为现实。规划的权威来自权威的规划。这种权威性是通过法律的保护得以实现的，不能因某一任领导的好恶随意更改城市规划，影响城市整体发展。要严格规划执法，一方面城建规划部门必须秉公执法，不谋私利，坚决按规划办事，不管是哪一级的招呼、“条子”，不该批的坚决不批；另一方面要严格查处违法建筑。城市规划执法部门要加强执法检查，发现违章建筑立即组织人员拆除，该罚的要罚，该强制执行的就要强制执行。同时，也要搞好规划法宣传，切实让规划法家喻户晓，深入人心。

（四）*要切实加强对城建工作的领导*。城建工作是一项系统工程，要做好城建工作，作为领导者，首要的是要善于决策，科学决策，要把出点子作为领导经济建设和城建建设的重要职责；要把管盘子作为领导经济建设和城建建设的重要任务；要把明法子作为领导经济建设和城建建设的重要手段；要把抓班子作为领导经济建设和城市建设的重要保证。决策目标要有战略性，决策范围要有全局性，决策依据要有正确性，决策意向要有超前性，决策程序要有民主性。作为城市的决策者和领导者，要加强对城建专业知识的学习，提高工作水平，改进工作方法，推进城市建设与发展，光有为人民服务的热情，光有埋头苦干的劲头，光有清晰可行的思路，显然是不够的，必须在工作推动上做文章，把既定的思路尽快地付诸实施。特别是为了切实加强对全州城市规划建设管理工作的领导，楚雄州各县（市）都要成立城镇规划委员会，作为规划管理的高层咨询机构，议事机构和决策机构，在各县（市）党委政府的直接领导下开展工作，对全州城镇规划工作进行领导、审查、监督，形成高度集中统一的城市规划管理机制。城镇规划委员会主要履行以下5个方面的工作任务：一是讨论城镇规划的重大思想；二是审查城镇建设的重大方案；三是审批城镇规划的重大设计；四是协调城镇建设规划上的矛盾；五是监督城镇规划的执行情况。城镇规划委员会属议事机构，可以下设顾问组、专家组，办公室可设在城建规划部门。就运作方式来说，要确立定期议事制度，原则上2个月举行一次成员会，特殊情况可不定期召开议事会。此外，还要加强对城市规划建设管理人员的培训，加大“走出去”和“请进来”的力度，开拓视野，增强城市意识，努力造就一批高素质的城市建设专业人才和干部队伍。总之，高品位的城市建设呼唤高层次的城市规划，不搞好城市规划建设，我们将成为历史的罪人。

城市是一个地区经济社会发展的载体，是各类生产要素的聚集地，也是地区社会文明程度的集中体现。把楚雄城建设成为滇中特色大城市，是省、州党委、政府的战略部署，是提升楚雄影响力、信誉度和竞争力的必然要求，也是推进楚雄经济社会又好又快发展，实现楚雄经济社会跨越式发展的必然选择。自2007年11月5日省人民政府楚雄现场办公会提出“楚雄市要按未来形成大城市的构架安排空间布局，不断增强滇中城市的辐射带动功能”以来，州、市两级高度重视，多次召开了滇中特色大城市调研推进会，全州上下思想进一步统一，认识趋于一致，争论逐渐减少，把楚雄市建设成为滇中特色大城市的观念日渐深入人心，并进而促进和带动了其他9县的县城建设。随着经济的快速发展，特别是滇中特色大城市建设的持续推进，楚雄市城市建设步伐不断加快，城区基础设施日益完善，城市规模迅速扩大，城市面貌日新月异，管理水平也有了很大程度的提高。可以肯定地说，经过全州上下几年的努力，滇中特色大城市一定会成为一颗耀眼的明珠出现在云岭大地。

紧扣科学发展要务
巩固扩大彝州民族团结进步成果

中共楚雄州委常委、州委统战部部长　任锦云

楚雄州是云南省滇中地区离省会昆明最近的一个少数民族自治州，境内居住着彝、回等25个少数民族88.7万少数民族群众。近年来，中共楚雄州委、州人民政府始终高度重视民族团结进步事业，将国家民族政策与自治地区实际相结合，创新举措、出台办法，持之以恒抓好各项工作，全州保持了民族团结、平等、互助、和谐的良好局面，工作得到了胡总书记的充分肯定和评价。站在新起点，面对新形势、新任务，我们要牢记重托、不辱使命，倍加珍惜和爱护当前民族共同团结奋斗、共同繁荣发展的大好局面，矢志不渝地坚持以科学发展来解决民族团结进步中的问题，为彝州的改革发展营造良好的氛围，创造优质的环境，不断巩固扩大民族团结进步成果。

一、深刻认识科学发展和民族团结进步内在联系

科学发展是突出发展第一要务、坚持以人为本为核心的全面、协调、可持续的发展；民族团结进步是各民族为了共同目标、理想和愿望，在地位平等的基础上，建立的一种相互尊重、友好联系、和睦相处、互帮互助、真诚合作、携手共进、相互交融、荣辱与共的生动和谐的社会局面。从本质上看，科学发展与民族团结是一脉相承、互为条件、互为因果的关系。

（一）*民族团结进步既是科学发展的成果，又为科学发展创造良好的氛围和社会环境*。没有科学发展就不可能有民族团结进步。楚雄州各民族团结进步的大好局面，归功于科学发展，要靠科学发展来巩固、提高。同时，民族团结进步也是检验科学发展水平和成效的重要标尺，民族团结进步，科学发展的水平就高、成效就显著，否则就谈不上科学发展。反过来，一个地区民族团结进步，就能有效减少和排除不和谐、不稳定因素的影响，为实现科学发展创造一个安定和谐的环境。

（二）*科学发展既是实现民族团结进步的根本办法，也是解决推进民族团结进步过程中遇到的困难和问题的方法*。民族团结进步必须通过科学发展来实现，发展不平衡、发展不全面、发展不充分、发展急功近利都可能会引发民族问题，制造民族矛盾，破坏民族关系。只有通过全面、协调、可持续的发展才能实现民族团结进步。同时，对于推进民族团结进步中暴露出来的困难和问题，也只有以科学发展的理念和方法来推进和解决。

二、科学研判新时期民族工作形势

正确认识和科学研判形势，顺势而谋，是做好新时期民族工作的前提。从大环境看，近年来，国外的反华势力一再利用民族问题企图分裂中国和阻碍中国发展。如果我们处理不好，当前所碰到的难得的发展机遇就有可能在国内外反动势力的干扰下丧失殆尽。胡锦涛总书记去年到楚雄视察工作时，在楚雄接见了云南省25个少数民族代表，同时还视察了楚雄的民族团结示范村，看望慰问了地震灾区群众，并在楚雄发表了重要讲话，郑重强调民族团结进步工作，作出了“把云南建成我国面向西南开放的重要桥头堡”的战略部署。在党的十七届四中全会上，胡锦涛总书记又在《报告》中提出了“四个坚持”、“四个进一步加强”的新时期民族工作要求。“四个坚持”，即在当前加强民族团结工作中，一是要始终坚持走中国特色的社会主义道路，二是坚持党的民族政策不变，三是坚持共同团结奋斗、共同繁荣发展的主题不变，四是坚持国家统一的方针不变。“四个进一步加强”，即进一步加强共同团结奋斗、繁荣发展；进一步加强民族团结工作的创新力度；进一步动员全社会加强民族团结工作；进一步加强和改善党对民族工作的领导。在60周年国庆前期，中央大规模召开民族团结进步表彰大会，胡锦涛总书记在大会上又作了重要讲话。今年以来，中央高规格、高标准召开了西藏、新疆工作座谈会，专题研究民族团结工作。这一系列的活动体现了党中央对民族团结工作的高度重视，反映出中央对民族团结的重要性有了更高的认识。可以预见，推动科学发展和民族团结进步依然是当前和今后民族工作的重中之重。

楚雄作为离省会昆明最近的少数民族自治州，是全国人民了解云南民族团结的一个重要窗口。近年来，通过历届州委、州人民政府和广大干部群众的不懈努力，楚雄州少数民族地区基础设施不断改善，经济平稳较快发展，社会保持和谐稳定，文化蓬勃发展，群众生活水平大幅提高，楚雄州正日愈发展成为滇中经济圈中重要的增长极。但是，我们必须清醒地认识到，少数民族地区发展不平衡、发展不充分、发展不全面仍然是楚雄州民族工作中迫切需要解决的最大问题。我们一定要准确领会和全面把握新的民族工作形势，切实把维护少数民族地区社会和谐稳定、加快少数民族地区繁荣发展、改善少数民族地区生产生活条件、提高少数民族干部群众素质作为当前及今后民族工作的重点，在更高层次上谋划和推动科学发展，促进民族团结进步。

三、系统领会党的民族工作政策

系统领会和全面把握党的民族政策是做好民族工作的基础。党的民族政策是党在长期工作实践中总结积累起来的宝贵经验，是一个庞大的体系。我们党的民族政策是鼓励平等互助、共同奋斗、繁荣发展的和谐的民族政策，核心就是促进各民族的团结进步。通过几十年的发展完善，我们党形成了一个比较完整、丰富的民族政策体系。概括起来说就是“四个一”，即：一项法规：《民族区域自治法》；一个主题：共同团结奋斗、共同繁荣发展；一个意识：汉族离不开少数民族，少数民族离不开汉族，各少数民族之间也相互离不开；一个目的：建立团结互助、平等和谐的民族关系。

党的“四个一”民族政策是一个不可分割的整体，民族区域自治法是我们民族政策、民族工作的基础和框架，是调节民族关系的准则，推动民族地区发展的依据，解决民族问题的准绳。共同团结奋斗、共同繁荣发展既是主题，也是旗帜，还是解决我们一切民族问题的根本途径和科学发展观在少数民族地区的生动实践。这一主题从各族人民的共同心愿出发，把手段和目的高度统一起来，既阐明了团结的方法，又阐明团结的好处，提出了只有共同团结奋斗才能实现发展繁荣的普遍真理。“三个离不开”意识是被我国历史发展实践所证明的颠扑不破的真理，是增进各民族大团结的思想和心理基础。尤其对于我国这样多民族国家来说，更是要牢牢的树立“三个离不开”意识，只有这样才能实现持久团结。建立团结、平等、互助、和谐的新型民族关系是民族工作的最终目标。其中，团结是方法，平等是基础，互助是手段，和谐是目的。在这4个要素中，最难实现的就是民族平等，这其中包含了经济上的平等、政治上的平等、社会上的平等。要实现平等的根本方式就是科学发展，只有科学发展才能实现真正的平等。而团结与科学发展则是互为基础的，没有科学发展就不会有团结，没有团结科学发展也就没有保证。根据党和国家的民族方针政策，结合楚雄州的民族工作实际，中共楚雄州委、州人大常委会、州人民政府制定了自治条例及相关配套法规、政策、规划。作为在民族自治地区工作的干部，一定要自觉学习、全面领会和深刻把握党的民族政策。唯有以党的民族政策为引领，才能为做好民族工作，维护团结奠定坚实的基础。

四、深入持久做好民族工作

民族工作牵涉面广、敏感性强，关系复杂，事关党的执政地位稳固和国家的生死存亡。必须高度重视、高度警觉、慎之又慎，着眼长远、立足现实、把握形势，创造性地贯彻落实党的民族政策，倾心尽力、深入持久地做好民族工作。

（一）*要加大力度抓宣传*。抓好党的民族团结政策的宣传教育，这是中央的重大部署和形势发展的迫切需要，也是少数民族地区推动科学发展的需要。胡锦涛总书记在全国民族团结进步表彰大会上发表重要讲话，动员全社会投入到民族团结进步事业中来，对进行民族团结政策宣传教育提出了“三个更要”的要求，即不仅要加强对群众民族团结的宣传教育，更要加强对领导的民族团结政策的宣传教育；不仅要加强对少数民族干部民族团结政策的宣传教育，更要加强对汉族干部民族团结政策的宣传教育；不仅要加强对普通干部的教育宣传，更要加强对领导干部的教育宣传。只有让党和国家的民族团结各项方针政策深入人心，民族团结进步事业才有思想基础。因此，做好当前民族工作的首要任务就是加大力度开展党的民族政策宣传教育。为做好宣传教育活动，中共楚雄州委成立了领导小组，下发了实施意见。宣传教育活动紧紧围绕“四个一”开展，即：宣传好一个法律，即《民族区域自治法》，高举一面旗帜，即共同团结奋斗、共同繁荣发展；牢固树立一个意识，即“三个离不开”的意识；实现一个目标，就是建立平等、团结、互助、和谐的民族关系；宣传教育更加旗帜鲜明、更加符合楚雄州的特点。在开展“四个一”宣传教育活动的同时，还要进一步加强民族团结重要性的宣传教育。民族团结重要性主要体现在总书记讲话中，就是“三个所在”，即是党和国家的生命所在，希望所在，力量所在。要进一步加大工作力度，推动民族政策宣传教育进机关、学校，到乡镇、社区，入企业、农村，覆盖到社会各界、各阶层人士，让全州各族干部群众牢固树立“三个离不开”的意识，把维护民族团结作为自身自觉行动，民族工作的基础才会更加坚实。

（二）*要抢抓机遇促发展*。发展是第一要务，是解决影响民族团结进步深层次问题的根本措施。当前严峻的民族工作形势，既给我们带来了前所未有的挑战，也给我们提供了难得的发展机遇。近段时期以来，中央在民族问题上，除了强调民族政策不会变以外，更加强调加快少数民族地区发展。胡锦涛总书记在民族团结进步表彰大会上的讲话中再次强调“两个显著加快”，即显著加快少数民族地区经济社会发展的步伐，显著加快改善少数民族地区民生和生活水平。中央新一轮西部大开发10年规划也将加快少数民族地区发展作为首要任务。这就为楚雄这样具有民族团结基础的地区加快发展创造了机遇和条件。我们一定要抢抓机遇，加快发展。一是要加紧制定规划。就是抓住国家重视推进民族地区经济发展的时机，加紧制定楚雄州少数民族聚居区发展规划。规划里面有两个内容：第一是少数民族居住人口占30%以上的少数民族聚居区，要制定以村为单位的发展规划；第二是扶持特困少数民族发展规划，这是云南省加快少数民族地区发展一系列战略中的重要部分，涉及楚雄州主要是傈僳族。力争将发展规划纳入国家经济社会发展“十二五”规划，获取国家更大的支持。二是要大力实施五项工程。即民族团结宣传教育工程、民族团结示范村工程、少数民族干部培养工程、扶持散杂居少数民族发展工程、优秀少数民族文化保护发展工程。进一步巩固和扩大民族团结进步成果。

（三）*要积极稳妥控热点*。民族热点问题，群众关注度高、媒体聚焦频繁，处理不好将会对民族工作全局及社会稳定和谐造成影响的问题。控制热点是处理民族问题，做好民族工作的重要一环。控制热点要处理好两个环节。一是抓好防控。就是要加强影响民族团结进步的矛盾纠纷的排查，做到防患于未然，把矛盾纠纷化解在萌芽状态。二是妥善处理。处理好热点问题的具体方法就是依法办事，坚决不能把普通的刑事案件和纠纷混成民族问题。我们在防控、处理涉及民族或宗教方面矛盾和问题时，一定要慎重，讲求方法，注重策略，坚持依法处置。

（四）要勇于创新方法。创新工作方法，是一个永恒的主题，是解决各种深层次矛盾、问题的根本所在。胡锦涛总书记在讲话中多次谈到解决民族问题必须创新工作方法。如何创新工作方法？就是要在党的路线方针政策的指导下，立足各地实际和特点，勇于探索，敢于实践，出台政策、创新举措，创造性地贯彻落实好党的民族政策。面对新的民族工作形势，我们要以创新为武器，因地制宜，与时俱进，进一步在领导体制、工作机制、工作方法方面进行创新，才能不断巩固、扩大民族团结进步成果。

楚雄州“十二五”实现科学发展新跨越的战略取向与研究

周兴国　王文书　胡登龙

在国际金融危机加快推动新一轮全球性的产业结构调整和转移、在国家正与“十二五”同步制定新一轮10年西部大开发的战略规划、国家层面上的区域发展宏观政策将进一步调整以促进均衡发展等大背景下，西部后发区域要尽快缩小与东中部先发地区的发展差距，采取跨越式发展模式是一种必然的选择。在全省空间开发战略布局中，楚雄彝族自治州作为滇中经济圈的重要成员，要与其他成员一道发挥带动全省经济社会发展，参与更大范围的区域合作与竞争的核心增长极的功能，必须围绕云南省人民政府提出的“要把楚雄州建设成为滇中经济圈新的增长极和全国30个民族自治州最具活力的自治州之一”这一发展定位和目标，以“十二五”规划为契机，深入研究实现科学发展新跨越的战略思路、战略取向、战略目标、战略措施，积极探索推进跨越式发展的新模式、新格局，谋求区域竞争的新优势。

一、楚雄州实现科学发展新跨越的优势

国内学者将经济区域划分为先发区域与后发区域两大类。所谓先发区域是指发展起步较早，发展水平较高，发展阶段领先或超前的一类区域。而后者是指发展起步较迟，发展水平较低，发展阶段落后的区域。我国西部除点状性的几大省市、自治区首府、部分次级中心城市及周边地区外的广大地区绝大部分属于后发区域。之所以区域经济学家使用“后发区域”这个概念来区别于“落后区域”的称谓，是从动态和能动的角度来考虑的。也就是说，一个落后的区域所拥有后发优势，除了自然资源和区位等禀赋外，必须通过能动来获得。根据美国经济学家列维（levy）的研究，这种后发能动体现在5个方面：第一是对现代化的认识必须比先发区域现代化的初阶段要全面和丰富；第二是大力引进先发区域成熟的技术、设备和与其相适应的组织结构；第三是以较高的起点，越过先发区域一些必须经过的发展阶段；第四是善于从先发区域的发展历程预测自己现代化的发展前景；第五是争取中央政府和先发区域在资本和技术上提供帮助。一个拥有了后发优势的区域，要追赶和跨越先发区域，采取“蛙跳”式的发展模式是必然的选择。

从满足实现跨越式发展的基本条件来看，楚雄州初步具备了实现跨越式发展的优势和条件。楚雄州有着丰富绿色资源、矿产资源、能源资源、人文资源，以及区位优越等众所周知的优势，同时，通过加大建设力度，农业、城镇、交通基础设施建设不断完善，产业基础建设得到加强，楚雄实现科学发展新跨越的后劲得到进一步夯实；通过“十一五”前4年的发展，到2009年底，反映综合经济实力的主要指标又上了一个新台阶，根据当前的情况看，“十一五”规划目标，除单位GDP能耗下降指标的完成存在一定的困难，居民消费价格总水平涨幅存在不确定因素外，GDP、人均GDP、全社会固定资产投资、地方财政一般预算收入、社会消费品零售总额、城镇居民可支配收入和农民人均纯收入、人口自然增长率、城镇登记失业率、城镇化率等指标完成情况较好，可以完成或超额完成规划目标。政府对经济发展的主导和调控能力明显增强。在市场经济体制的背景下，针对后发区域实现跨越式发展初始条件之一的市场机制不完善，市场对资源配置的基础性作用弱小的状况，政府必须发挥资源配置中“第一推动力”的作用。其主要表现为通过制定和实施扩张性资本发展计划和政策培育市场主体，推动大企业的形成和发展；扩大财政开支，增加预算，加大对农业、交通、城镇和社会事业发展基础的直接投资；加大市场执法力度，规范各类经济主体行为，为市场有序运行提供良好的制度环境等。在这方面，楚雄州体现得较为明显，尤其是在加大基础设施建设，增强发展后劲和引进大企业、大集团，培育支撑性产业两个方面，显示出实现跨越式发展所必须具备的“强势政府”的能力。

二、楚雄州实现科学发展新跨越面临的主要机遇和挑战

从未来相当一个时期看，楚雄实现科学发展新跨越面临着难得的战略机遇。但同时也面临着严峻的挑战，可谓有利与困难并存，机遇与挑战同在。

（一）实现科学发展新跨越面临的主要机遇

1. 国家宏观经济政策环境的变化有利于夯实发展后劲。

2008年全球金融危机的爆发和蔓延，不仅暴露出全球经济失衡、金融体系特别是货币体系不稳固，而且也充分暴露出我国过度依赖出口增长的经济结构不合理的问题。国家把调整经济结构、扩大国内需求，作为应对危机保持经济平稳发展的重要措施，从2008年第四季度以来采取了增加投资和扩大消费需求双轮启动国内需求的措施，保持了经济的平稳较快增长。可以预见，在“十二五”时期，国家将继续把保持投资的稳步增长和扩大消费需求作为保持经济长期平稳较快发展的重要措施。同时，国家在全面总结实施西部大开发10年经验的基础上，将与“十二五”同步制定未来10年新一轮西部大开发的战略规划，该规划将更加注重西部地区尤其是民族地区经济社会发展的薄弱环节，增强民族地区“造血”功能。可以预见，在未来5~10年内，国家对西部尤其是民族地区的扶持力度加大，楚雄州面临着继续加强重大基础设施和改善民生的难得机遇。

2. 国家和省推进新型战略性产业布局有利于提升竞争力。为了应对国际金融危机加深的影响，国家出台了包括文化产业在内的11个产业振兴规划，云南省从发挥全省的特色优势出发，制定出台了10大特色优势产业规划纲要。这些规划覆盖了楚雄州的大部分领域，随着国家和省重大产业振兴规划的实施，楚雄州的资源、环境和区位优势将进一步得到发挥，战略性产业将面临着十分难得的发展机遇。

3. 滇中经济圈建设有利于展开区域合作与竞争。“十一五”以来，中共云南省委、省人民政府着力加快了滇中经济圈一体化规划发展的步伐。目前，滇中城市经济圈协调发展规划编制出台，滇中城市群规划已进入收尾阶段。在前一规划中，楚雄州滇中特色大城市辐射区及禄丰县和武定县（含禄劝）被规划为滇中城市经济圈西部和北部两个增长极；在后一规划中，楚雄州滇中特色大城市被列为滇中城市群的重要组成部分，在“十二五”期间，滇中经济圈的一体化发展将呈现起步加快的趋势，楚雄州面临着参与滇中地区合作与竞争的难得优势。同时，随着楚雄北部金沙江流域经济社会发展的规划实施，楚雄州与昆明、攀枝花两大经济体的合作发展将更加紧密。此外，随着金沙江中下游水能开发步伐的加快推进和楚雄盆地石油天然气勘探开发的重启，将使楚北地区成为楚雄州区域发展的一个新支点。

4. 云南省建设面向西南开放型桥头堡有利于进一步扩大开放。胡锦涛总书记在2009年7月在云南视察期间提出要将云南建设成为中国面向西南开放的桥头堡。中共云南省委、省人民政府及时调整了战略取向，部署启动了建设中国面向西南开放的战略课题研究，其重点就是要面向印度洋并构建第三欧亚大陆桥，随着西南开放桥头堡的规划建设，楚雄州将面临扩大对外开放的新机遇。

5. 发达地区产业转移的加速有利于形成后发优势。从目前国家对“十二五”期间森林覆盖率、单位GDP能耗、主要污染物减排等多项预期和约束性指标的初步确定来看，东中部地区劳动密集型产业和载能产业将受到更加硬性的政策性约束，加之劳动力成本的进一步上升和外需的持续萎缩以及国家将实行按区域宏观调控的政策，东中部地区向西部地区产业梯次转移的步伐将呈加快趋势，楚雄州面临着承接产业转移发展的难得机遇。

（二）实现科学发展新跨越面临的主要挑战

1. 经济结构不合理。产业结构、城乡结构、拉动经济增长“三驾马车”的结构不合理是全国的一个共性问题，但西部民族地区显得更加突出，楚雄州也不例外。从三次产业结构看，2008年全国的一、二、三产业比为11.3∶48.6∶40.1，全省为17.9∶43.0∶39.1，楚雄州为24.3∶41.8∶33.9，楚雄州存在着一产不优、二产不强、三产不快的问题；从工业化进程来看，我国已整体进入工业化中期的后半阶段，云南省已进入工业化中期的前半阶段，而楚雄州还处在工业化初期向中期发展过渡的阶段。楚雄州没有滇西部分地州可以以旅游服务业和水能开发为主导的资源禀赋，工业化是我们的必经之路。从城乡结构看，楚雄州山区面积大，农村人口多，2008年全州的城镇化率为29.6%，分别比全国（45.7%）、全省（33%）低16.1、3.4个百分点，推进城乡协调发展的任务更加艰巨。从“三驾马车”的结构看，楚雄州外贸出口总额太小，对经济增长的拉动微乎其微，而消费水平不高及其拓展空间有限，改变投资拉动型经济增长模式的任务还十分艰巨。

2. 加快经济发展的体制机制还不够宽松。通过30多年来持续不断的改革，楚雄州的体制机制基本适应了发展的要求，推动了经济社会又好又快发展，人民生活水平显著提高。但是从加快楚雄州经济社会发展的要求以及建立和完善社会主义市场经济体制的目标来看，改革任务还十分艰巨，主要体现在：政府职能转变还不够，政府对经济的管理、审批事项过多，投融资体制机制还不顺，市场对资源的配置作用还没有得到充分发挥；社会保障机制还不够完善，医疗、养老、失业等保障覆盖面和保障水平都还不够。

3. 经济发展的内生动力不足。从投资的结构看，楚雄州国有投资比重在50%左右，比发达地区高出20多个百分点，政府引导社会投资的能力还较弱，社会投资能力不足。从市场的主体企业来看，楚雄州大部分企业缺少自主知识产权品牌，缺乏较强竞争力的核心技术，产品竞争能力弱，同时大企业、大集团较少，还没有形成有较强竞争优势的产业集群，企业自我发展能力不强。

4. 经济发展还存在诸多“瓶颈”制约。罗森斯坦—罗丹在上世纪针对东欧与东南欧的工业化和拉丁美洲的发展问题，

提出了“大推进理论”。该理论认为，后发区域实现跨越式发展所面临的首要问题是收入水平低、市场狭小、对投资者缺乏吸引力。要改变这种局面，就必须建立各产业的互补系统，其中最重要的一环，就是要有强有力的区域社会固定资本相配合。社会固定资本主要指水、电、路等公共设施，只有这些公共设施齐备，才能使企业经济活动享受大量的外部经济。由此，他提出了区域社会的“最低投资标准”，就是一个区域的跨越式发展要以公共基础设施配套为前提。他指出：“要使一个国家或区域达到自立发展的程度，就如同一架飞机起飞一样，在其起飞前必须有一股强大的推动力。”这股“强大的推动”就是“最低投资水平。”制约楚雄州科学发展新跨越的起飞主要在于还未达到“最低投资水平”，发展的基础“硬件”不够硬，由此导致外来企业投资意愿低，形成一种是“蛋生鸡”还是“鸡生蛋”的矛盾。具体来看，第一是水利设施薄弱，楚雄州处于滇中干旱区，不仅农业发展受到制约，工业发展、城镇发展都受到严重影响；第二是交通“黄金大三角”虽然已经建成，但高等级公路网还不够完善，特别是州际之间的路网建设滞后，尤其是滇中城市经济圈纵轴高速公路中的禄丰至武定段、滇中双柏至元墨高速公路的双柏段高速通道还未打通，农村公路通达任务还十分艰巨；第三是产业园区建设滞后，还面临着园区的水、电、路等基础设施配套还不够完善，建设和运营管理体制创新不够，企业聚集发展程度低、入园成本高等棘手问题。

5. 经济发展存在“纵快横慢”的问题。“十一五”以来，楚雄州的主要经济指标都保持了较快的增长速度，但是从横向比较来看，楚雄州与发展较快的州市的差距有进一步拉大的危险。从全国30个少数民族自治州来看，2005年到2008年，楚雄州生产总值位次保持在第8位，人均生产总值从第12位下滑到第14位，工业增加值从第8位下滑到第9位；从全省16州市来看，楚雄州生产总值保持在第6位，人均生产总值保持在第7位，工业增加值从第5位下滑到第6位，地方一般预算收入保持在第6位，全社会固定资产投资保持在第8位，主要经济指标位次虽然基本没有变化，但是与绝对数差距有拉大的趋势，特别是与滇中3市相比，楚雄州生产总值在2005年与昆明、曲靖、玉溪（下同）分别相差869亿元、257亿元、175亿元，到2008年分别扩大到1299亿元、481亿元、290亿元；地方预算收入在2005年分别相差98亿元、17亿元、21亿元，到2008年分别相差152亿元、33亿元、28亿元；其他主要指标基本上都有不同程度的扩大，有“前面的标兵越来越远，后面的追兵越来越近”的态势。

三、楚雄州“十二五”实现科学发展新跨越的战略取向

“十二五”时期是楚雄州加快发展的战略机遇期，是追赶与跨越的重要时期，根据宏观经济形势和楚雄州所处的发展阶段、发展基础、发展条件，初步提出楚雄州“十二五”时期的战略目标、战略措施和工作重点：紧紧围绕实现科学发展新跨越的战略目标，着力打造楚雄和禄丰两个增长极，促进楚中、楚北、楚南三大区域协调发展，继续推进昆楚、南永、永武、元双4条经济带建设，着力培强烟草、冶金化工、绿色食品、文化旅游和天然药业5大产业集群，突出抓好“强农、兴工、扩城、活商、固基、和谐”重点工作，奋力推进彝州经济跨越式发展。

（一）围绕实现科学发展新跨越这个战略目标

就是通过抓住云南省人民政府推进滇中城市经济圈规划发展的重大机遇，围绕省人民政府现场办公会提出的，将楚雄州建设成为滇中经济圈新的增长极的目标。具体而言，就是将楚雄建设成为：经济发展的楚雄，力争到2015年全州生产总值突破600亿元，争取提前5年实现全州生产总值和人均生产总值在2000年的基础上翻两番的目标；文化繁荣的楚雄，思想道德建设和精神文明建设进一步加强，社会文明程度明显提高，文化事业和文化产业加快发展，城乡公共文化服务体系基本建立，基层文化设施进一步健全；生态良好的楚雄，能源资源节约利用水平不断提高，主要污染物排放有效控制，生态环境质量进一步改善，森林覆盖率不断提高，人口自然增长率控制在较低水平；活力涌现的楚雄，民主政治建设稳步推进，依法治州战略深入实施，公民政治参与有序扩大，公民合法权利得到保障，有利于科学发展的体制机制进一步建立健全；和谐平安的楚雄，基本公共服务能力明显提高，各级各类教育协调发展，公共卫生和医疗服务体系进一步健全，城乡社会保障体系进一步完善，绝对贫困人口数量持续减少，社会更加安全稳定和谐。

（二）着力打造两个增长极

在区域经济发展中，经济增长并非所有行政单位都会保持同样高的增长速度，而是以不同强度首先出现在一些增长点或增长极上，这些增长点或增长极通过不同的渠道向外扩散，对整个经济产生不同的影响，从而推动区域经济快速发展。增长极是指在区域发展中处于核心地位，具有推进性的主导工业部门和不断扩大的工业综合体，增长迅速，能通过乘数效应推动其他部门的增长的一个区域经济实体（城市）。打造能够对全州区域经济增长发挥增长极作用的城市，对推动全州经济持续快速增长，有着重要的意义。“十一五”以来，全州10县（市）都保持了较快的发展势头，但从经济总量、区域优势、发展后劲，特别是工业发展的基础看，将来一段时期内，楚雄市和禄丰县仍是带动全州经济发展的主增长极。着力培育楚雄和禄丰两个增长极，应在财政税收政策、产业园区建设、资源整合方面给予大力支持。加快建立完善区域协调发展机制，促进形成优势资源向优势企业集中，优势企业推动增长极发展，增长极带动全州发展，发展成果全州共享的区域经济发展新格局。继续加大对楚雄、禄丰2县产业园区建设的支持力度，提升楚雄市富民片区、禄丰勤丰片区和土官片区的配套发展能力，研究推进楚广产业园区建设，探索产业园区建设新模式。继续加大对红塔集团、德钢、云铜、云冶、昆钢、云天化、开关厂等重点企业的支持力度，推进资源向大企业整合集中，促进形成优势产业集群。按照《云南省滇中城市经济圈协调发展规划》和《楚雄北部金沙江流域经济社会发展规划》的战略定位，要把楚北地区作为支撑未来滇中城市经济圈北部发展的新的增长极加以培育。也就是说，整个楚雄区域在滇中城市经济圈中，到“十三五”有望形成以楚雄、禄丰等县（市）为支撑的西部增长极和以楚北6县为支撑的北部增长极的发展格局。

（三）推进三个区域协调发展

著名的经济学家董辅礽指出，区域经济问题很复杂。它涉及经济、政治、文化、社会、历史、自然等诸多方面，但又是不能不研究的问题。先发区域由于市场的力量得到较大的增强，行政边界对区域经济的约束力在降低。至2009年末，国务院共批准出台了珠三角、长三角、环渤海、泛北部湾、江苏沿海、辽宁沿海、海西、中国图们江、黄河三角10大区域规划，其中不少都是跨省级行政区的规划，正力图按党的十七大提出的“突破行政界限，形成若干带动力强的经济圈、经济带”的思路，实现区域的协调发展。从西部区域看，虽然经过西部大开发10年的推动，但以行政区域作为经济发展的单元，状况仍然较为普遍。从州市区域来看，仍然是以县（市）级行政区为单元的加总，真正遵循市场和区域经济发展规律，打破县域行政界限进行生产力跨县域的整体布局，还不多见。在这方面楚雄州进行了积极的尝试。2007年以来，推进了滇中特色大城市和楚雄北部金沙江流域经济社会发展规划。其规划依据是，从经济地理学和区域经济学上看，楚雄州经过几十年的发展，大体形成了楚中、楚北、楚南三大区域。楚中区域包括滇中特色大城市辐射带动区和禄丰县两个规划单元；楚北区域包括牟定、姚安、大姚、永仁、元谋、武定大部及禄丰的黑井和妥安镇；楚南区域包括南华县、楚雄市南部红河流域部分和双柏县全部（双柏县城同时为滇中特色大城市的副城之一）。“十二五”时期，要着力推进三大区域协调发展，努力实现楚中率先、楚北振兴、楚南崛起的目标。楚中以构建楚雄“一主两轴四副”滇中特色大城市和禄丰次级中心城市，培育战略性产业为推动，提升大规模聚集产业和人口能力，成为楚雄州融入滇中经济圈的主动力和主增长极；楚北围绕建设滇中城市经济圈北部增长极，以区域6个县城为支点，重点小城镇为联结、特色产业发展为纽带，东向融入滇中城市经济圈发展，西向借势攀枝花发展的态势，成为楚雄州区域发展中继楚中后的新的增长极；楚南要按照大交通、大生态、大旅游的发展思路，以争取建设哀牢山国家公园为核心，以特色小城镇为网络，促进区域的加快发展。

（四）继续推进建设四条经济带

如果把增长极比喻为“火车头”，则经济带就是承载区域经济发展的车厢。区域经济发展速度取决于“火车头”的动力，而发展总量则取决于“车厢”的承载能力。区域经济发展的不均衡性，决定了必须培育增长极，而增长极对其他经济区域的带动，要依靠经济带来轴带和承载。楚雄州“十一五”提出构建的昆楚、南永、永武、元双4条经济带，覆盖了全州10县（市）县城和主要工业园区，特别是随着元双公路建设的推进和通车，4条经济带对区域经济的轴动和承载作用将更加明显。“十二五”时期，要按照点轴发展模式，继续推进4条经济带建设，使优势资源、优势产业、优势生产要素、优势企业向经济带集聚，整合经济要素、提升经济发展实力，使楚雄经济在空间布局上形成点状组团，带状布局，相互渗透，优势互补，互相推进的发展格局。

（五）培强五大产业集群

产业是区域经济的重要支撑，是区域经济发展和竞争的主体。选准优势产业并加大扶持力度，使之形成具有较强竞争优势的产业集群，对一个地区经济发展至关重要。“十五”以来，楚雄州所确定和培育的五大重点产业，经过近10年的发展，取得了显著成效，五大产业对全州国民经济的支撑力明显增强，其增加值占GDP的比重超过了50%。“十二五”时期，应继续加大对重点产业建设的扶持力度，促进形成优势产业集群，推动区域经济快速发展。一是以现代烟草农业和烟厂建设为重点，巩固提升烟草产业。以加快推进现代烟草农业建设、提升烟叶复烤加工产能、提升红塔集团楚雄卷烟厂产能、整合培强卷烟配套产业4个战略重点，以科技创新、品牌打造、市场拓展为战略措施，以同红塔集团建立更加紧密的合作关系为战略保障，力争经过“十二五”的突破性推进，使楚雄州成为云南乃至全国“两烟”行业具有核心竞争力的重要基地之一。二是以加快高载能产业发展为重点，促进冶金化工业快速发展。高载能产业跨越了冶金、化工等多个行业，冶金工业、有色金属工业和化学工业是高载能产业最密集的三大行业。随着新一轮国内外产业转移，东部先发地位的高载能产业加快了向中西部转移步伐，从楚雄州正处在工业化初期向中期过渡的发展阶段，以及所具备的资源、水利、交通、能源和环境条件和载能产业发展基础看，加快发展高载能产业是推进楚雄州新型工业化的战略重点，是实施彝州科学发展新跨越的重要举措。“十二五”时期，应把楚雄州建设成为全省及至全国重要的高载能产业基地，使之成为楚雄州建设滇中经济圈新的增长极目标的重要支撑。三是以加快基地建设和扶持龙头企业为重点，促进绿色食品业快速发展。要按照基地标准化、企业集群化和产业现代化的要求，采取“一个产业、一批龙头企业、一批重点项目、一批规模基地、一套支持政策”的措施，加快现代木本油料、酿酒葡萄种植、畜禽养殖加工、蔬菜种植加工等基地建设步伐，继续加大对重点农业龙头企业的扶持力度，推进产业化进程，不断提高绿色食品业的市场竞争力。四是以提升文化旅游品牌为重点，实现文化旅游业的新跨越。加快文化旅游业发展，对于促进发展方式转变、经济结构调整、扩大消费需求、提高对外开放水平有着重要的意义。紧紧抓住中央扩大消费需求和全省旅游“二次创业”的机遇，围绕打造楚雄精品旅游线路和云南省新兴旅游目的地的目标，加大旅游线路统筹开发力度，以重大项目建设为支撑，培强文化旅游产业。五是以提高产量培强彝药为重点，推动天然药业的稳步发展。天然药业作为楚雄州的重点产业目前增加值占GDP的比重还不到1%，是全州着力培育的五大产业中较弱的一个。“十二五”期间，要以产业园区为依托，有效聚合州内资源，以云南省“云药”产业发展的态势为背景，有效借助外部的资本、研发和市场力量，外引内联，内外结合，政府引导，部门协调，科研推进，企业运作，着力打造楚雄“彝药之乡、滇中药谷”品牌，实现天然药业跨越式发展。

（六）突出抓好六项工作重点

“十一五”以来，围绕中共楚雄州委六届八次全会通过的《中共楚雄州委关于制定楚雄州国民经济和社会发展第十一个五年规划的建议》所确定的“十一五”全州经济社会发展基本思路，按照“大项目促进大建设，大建设促进大发展”的要求，州委、州人民政府着力突出了“强农、兴工、扩城、活商、固基、和谐”6项工作重点。这6项工作重点，涵盖了全州经济社会发展的重点领域，是“十一五”基本思路的具体化。“十二五”期间实现科学发展新跨越的战略目标，这6项工作重点，必须继续强化，并进一步充实其内涵，使其更有力地推动经济社会的协调发展。一是“强农”工作要围绕农民增收、农业发展、农村繁荣的目标，突出农业基础设施建设、积极推进农业产业化进程、推进山区综合开发、推进农村综合改革、推进扶贫开发5个重点。二是“兴工”工作要围绕建设新型工业重镇的目标，突出创新产业园区建设模式、加大对重点产业项目建设的支持力度、切实转变发展方式、培育产业集群4个重点。三是“扩城”工作要以加快融入滇中城市经济圈发展为取向，围绕建设滇中特色大城市的目标和推进城乡一体化发展的要求，将城乡一体化和区域协调发展有机结合起来，将城镇化发展放在更加重要的位置，加快构建楚雄州对内以大中小城市和重点小城镇合力带动农村和县域之间的协调发展，对外以整体特色优势参与区域的合作与竞争的新格局。四是“活商”工作要紧紧抓住中央在“十二五”期间继续通过扩大内需，特别是要通过建立扩大消费需求的长效机制，保持经济长期平稳较快发展的机遇，进一步突出扩大城乡消费需求、培强文化旅游业和现代物流业、提升招商引资质量和水平4个重点。五是“固基”工作要明确整个“十二五”期间楚雄州仍然将是典型的投资拉动型经济这一基本判断，继续突出农业、交通、城镇重点的同时，更加注重公共服务领域和产业园区基础设施建设，继续深化投融资体制改革，搭建多元的投融资平台。要突出规划的载体作用，进一步健全和完善“研究开路、规划先行、项目编报、争取立项、开工建设、监督管理、竣工验收”的项目工作机制，继续加大向国家和省争取项目资金的力度，积极破解项目建设“瓶颈”问题，着力推进重大项目建设，夯实经济社会的发展基础。六是“和谐”工作要坚持以人为本，更加关注民生，促进社会公平，真正使改革发展的成果更多地惠及广大人民群众。切实提高基本公共服务能力，推动各级各类教育协调发展，公共卫生和医疗服务体系进一步健全。实施积极的就业政策，促进城乡居民收入稳步提高；建立健全城乡社会保障体系，使全州人民学有所教、劳有所得、病有所医、住有所居、老有所养。

一个具有后发优势的区域谋求跨越式发展，如同飞机起飞，机场跑道好比发展的基础、升空的高度和目的地好比战略目标，而飞机的大小和功率好比推进型的产业和公共服务，飞机的驾驶员好比政府和市场两只手，而良好的天候好比发展的机遇，这几个方面都是一个有机系统，缺一不可，否则区域经济就只能像滑行而不能起飞的飞机。楚雄州与大部分西部区域一样，有自己独特的后发优势，但相对于跨越式发展，这种优势还只是潜在的，只是有了跨越的可能。能否实现科学发展的新跨越，还在于抓住“十二五”期间各种发展机遇，按照发展的需要和可能，对发展的思路、发展的战略、发展的措施进行精心的谋划和实施。但有一点是可以肯定的，如果不探索实施跨越式的发展模式，而以渐进式的发展模式要缩短与先发区域的发展差距显然是不可能的。

［作者单位：楚雄州发展和改革委员会］

（责任编辑：白云鹏）

综述

楚雄彝族自治州概貌

【地理位置】 楚雄彝族自治州位于云南省中部偏北，地跨北纬24°13′~26°30′、东经100°43′~102°30′，属云贵高原西部、滇中高原的主体部位，自古为“省垣屏障、滇中走廊、川滇通道”。楚雄州东靠昆明市，西接大理白族自治州，南连普洱市和玉溪市，北临四川省攀枝花市和凉山彝族自治州，西北隔金沙江与丽江市相望，是省会昆明市西出滇西7州（市）及缅甸的必经之地，故有“迤西咽喉”之称。全州行政区域总面积29258平方千米。自治州机关驻楚雄市城区，海拔1773米，东距省会昆明市区165千米。

【历史沿革】 楚雄州境是人类发祥地之一，有着悠久的历史和灿烂的文化。早在170万年前，生活在龙川江两岸的元谋人就已进入了旧石器时代，掌握了用火技术。距今4000年以前，以元谋大墩子和永仁菜园子为代表，楚雄州境各地已先后进入了新石器时代。在2500年前的春秋时期，州境先民创造了以铜鼓为特征的青铜文化，步入了奴隶社会。先秦时期，楚雄州境主要分布着氐羌、百越、百濮三大族群。

西汉中期楚雄州境被纳入中原王朝的版图，分别隶属于越嶲、益州二郡；蜀汉时期，分属建宁郡、越嶲郡和云南郡；西晋时分属云南、建宁二郡；东晋咸康八年（公元342年），有“爨酋威楚筑城硪碌赕居之”，故有威楚之称；南北朝时分属晋宁郡、兴宁郡和建宁郡；唐初属戎州都督府和姚州都督府，南诏时属拓东节度和弄栋节度；宋属弄栋府、褒阐府和威楚府；元初分属威楚万户、罗婺万户和大理下万户，后改设路、府、州、县，分属中庆路、威楚开南路、武定路和大理路；明代分属云南府、楚雄府、姚安军民府和武定府；清代分属云南府、武定直隶州、楚雄府。民国年间，裁府、州，设道、县，设楚雄、双柏、广通、盐兴、牟定、镇南、姚安、盐丰、大姚、永仁、元谋、武定、罗次、禄丰共15个县。

中华人民共和国成立后，分设楚雄、武定两专区。1953年，两专区合并为楚雄专区，辖楚雄、镇南、牟定、姚安、大姚、盐丰、永仁、元谋、武定、罗次、禄丰、广通、盐兴、双柏、禄劝、富民、安宁17县。1954年改镇南县为南华县。1957年划安宁县归昆明市。

1958年4月15日，楚雄彝族自治州正式成立。建州前夕并盐兴县入广通县。同年又合并楚雄、南华、牟定、双柏4县为楚雄县，合并姚安、大姚、盐丰、永仁4县为大姚县，合并罗次、禄丰、广通3县为禄丰县，合并武定、元谋2县为武定县，划富民县归昆明市。

1959年至1961年间，先后恢复永仁、姚安、南华、双柏、牟定、元谋6县。1983年9月改楚雄县为楚雄市，10月划禄劝县归昆明市。至此，楚雄州形成辖楚雄市和双柏、牟定、南华、姚安、大姚、永仁、元谋、武定、禄丰共9县1市的格局至今。

【行政区划】 2009年末，楚雄州共辖9县1市103个乡（镇），其中乡50个（含民族乡4个）、镇53个，1092个村（居）委会（与上年相比，因移民搬迁减少楚雄市东瓜镇龙江、寨子2个村委会），其中社区31个，村委会1046个、居委会15个。

【人口民族】 2009年末，楚雄州常住人口270.1万人，出生率10.66‰，死亡率6.56‰，自然增长率4.10‰。按公安户籍人口统计，年末全州总人口2619619人，比上年末增加15920人。总人口中，农业人口2221140人，非农业人口398479人；少数民族人口886621人，占总人口的33.8%，其中彝族人口717861人，占总人口的27.4%，占少数民族人口的81.0%。万人以上少数民族有彝族（717861人）、傈僳族（55148人）、苗族（44007人）、傣族（21822人）、回族（21063人）和白族（16100人）。全年全州出生人口33522人，死亡人口18856人；男女性别比（以女性为100计算）为104.6:100。

【自然概貌】 州境地势大致由西北向东南倾斜，东西最大横距175千米，南北最大纵距247.5千米。最高点为大姚县百草岭的主峰帽台山，海拔3657米；最低点是双柏县与玉溪市新平县交界的三江口，海拔556米。

境内地层发育完全，褶皱、断裂发育，地貌主要由构造、岩性和水系决定，山高谷深，地形复杂。按地表河流切割的形态有相对高度在500~1500米的高山峡谷、150~500米的低山丘陵，各水系的干流和支流上又有河谷盆地分布，形成山脉、河谷、阶地、土林以及冰川、岩溶等地貌相互交错的格局。

境内多山，山地面积占全州总面积的90%以上，盆地及江河沿岸的平坝所占面积不到10%，是一个以高中山和低山丘陵为主的地区，素有“九分山水一分坝”之称。主要山脉有东部的乌蒙山、西南的哀牢山、西北的百草岭，形成三山鼎立之势。

楚雄州地跨金沙江、元江两大水系，其分水岭自东向西从州境中部蜿蜒而过，构成南北分流之态。其中金沙江在州境段全长137千米，水系流域面积17043.5平方千米，范围涉及除双柏县以外的8县1市，占全州面积的60.1%，主要支流自西向东有一泡江、多底河、湾碧河、万马河、蜻蛉河、龙川江、勐果河、黑鲁拉河等河流，流向均由南向北；元江水系流域面积11322.5平方千米，范围涉及双柏全县及南华、楚雄、禄丰3县（市）的大部分地区，占全州面积的39.9%，主要支流有礼社江、马龙河、绿汁江及14条小支流，均系从北向南流。

州境共有104个面积在1平方千米以上的盆地（在云南俗称坝子），总面积1216.58平方千米，其中面积在50平方千米以上的盆地有元谋、姚安、罗次、牟定、楚雄5个，元谋坝子素有“天然温室”之称，是全国重要的蔬菜生产基地。

【环境状况】 2009年，楚雄州环境质量总体良好。县（市）人民政府驻地中，双柏县、南华县、大姚县、元谋县的空气质量达到一级标准，楚雄市、牟定县、姚安县、永仁县、武定县和禄丰县达到二级标准。根据空气自动站监测数据显示，楚雄市鹿城镇城区及楚雄经济开发区全年空气环境质量优良天数均达365天，空气二氧化硫、二氧化氮、可吸入颗粒物年平均浓度均达到二级标准，全市全年空气质量保持良好；全年降水平均pH值为4.96，酸雨频率为61.1%，酸雨频率比上年有所下降。楚雄市酸雨与酸性物质排放无显著相关性，酸雨成因不明。全年楚雄城市集中式饮用水源地水质良好，水质均达Ⅱ类标准。城镇环境噪声和道路交通噪声污染基本得到控制。全年全州共实施治污和减排项目23个，共减排（COD）100.9吨，二氧化硫1571.41吨，工业废水排放达标率86.5%；工业固体废物综合利用率68.8%。声环境状况保持稳定。

【气候水文】 楚雄州境气候宜人，属亚热带亚湿润高原季风气候，由于山高谷深，气候垂直变化明显。全州总的气候特征是冬夏季短，春秋季长；日温差大，年温差小；冬无严寒，夏无酷暑；干湿分明，雨热同季；日照充足，霜期较短；蒸发旺盛，降水偏少；冬春少雨，夏旱偏重。因各地地形和海拔的差异，有明显的立体气候和小气候特征，呈“一山分四季，谷坡两重天”的特点。2009年，楚雄州春季出现了明显的低温冷害，雨季开始期正常，主汛期降雨过程少，光照充足、温度偏高，雨季结束期提前，9月~12月降雨量持续偏少，秋冬旱严重，蓄水严重不足，对工农业生产和人们的日常生活造成较大影响。全年全州气温偏高、年平均雨量特少，打破有资料历史以来的记录。全年全州平均降雨量614毫米，与2008年同期相比偏少396毫米；年平均气温17.0℃，与上年比偏高0.8℃，与历年比偏高0.7℃；年日照2490小时。

全州地表水资源量35.35亿立方米，地下水资源量10.45亿立方米，扣除重复计算量后全州水资源总量为35.42亿立方米。全州蓄水工程年末蓄水量6.43亿立方米，比上年减少30.9%。全州供、用水总量20.24亿立方米。其中河道外供用水9.34亿立方米，河道内供用水10.90亿立方米。河道外供水中，地表水源供水量占97.6%，地下水源供水量占1.5%，其他供水量占0.9%。河道外用水中，农业用水（含林、牧、渔业用水）占83.3%，工业用水占5.8%，城镇居民及公共用水占10.9%。2009年度，楚雄州主要江河的水质状况按《地表水环境质量标准》GB3838－2002采用单项水质参数进行评价。金沙江水系全年综合评价河道418.4千米，Ⅱ~Ⅲ类河道占评价河道70.5%，Ⅳ类河道占评价河道26.4%，劣Ⅴ类河道占评价河道3.1%。主要污染物：氨氮、总磷、五日生化需氧量等。西南诸河全年综合评价河道163千米，Ⅲ类河道占评价河道84.7%，Ⅳ类河道占评价河道15.3%。主要污染物：氨氮、五日生化需氧量。

【资源特产】 楚雄州土地总面积4388.7万亩。州境地带性土壤有暗棕壤、棕壤、黄棕壤、红壤，非地带性土壤有紫色土、水稻土、燥红土、石灰土、冲积土、盐土，计10个土类、18个亚类、57个土属、145个土种。酸碱性适中，宜种范围广，其中紫色土占总面积的65.16%，是烤烟等经济作物优质高产的土壤类型。耕地主要分布在海拔2300米以下的中、低山丘陵及湖盆坝区，水田约占耕地面积的54%，其中保水田约占70%。

州境地质构造复杂，矿产资源丰富。种类涉及11大类73种。优势矿种有铁、铜、钛、煤、砷、石盐、石膏、芒硝等，储量比较丰富的矿产还有铅、铂、银、铌、硒、碲、氟、钒、硅石、石墨等，金、大理石、石棉、磷等矿藏也有分布。历史上，铜、铁、盐、煤等矿产曾对楚雄州乃至云南省经济发展起过举足轻重的作用。据初步探测，楚雄州境还有丰富的石油和天然气资源，预计天然气的资源量十分可观。

楚雄州境内无天然湖泊，也无入境暗河，水资源均由大气降水形成。全州多年平均水资源量68.67亿立方米。全州水能理论蕴藏量340万千瓦，地面河流宜开发的水资源有25.7万千瓦。20世纪70年代末以来，相继建成了武定大响水（1200千瓦）、禄丰花桥（2400千瓦）、双柏鱼庄河（3200千瓦）、大姚天生桥（3700千瓦）、永仁他皮里（2000千瓦）、元谋虎跳滩（2700千瓦）等一批电站。1998年建成投产的双柏县老虎山电站，装机3.7万千瓦，年发电量1.74亿千瓦时，是楚雄州目前最大的水电站。

州境生物资源丰富。植物资源有6000多种，主要是森林、中草药、野生食用菌等。其中珍稀植物27种，国家一级保护植物8种、二级保护植物19种，经济林127种。野生哺乳动物种类110多种、鸟类390多种、爬行类66种、两栖类34种、鱼类85种，其中长臂猿、懒猴、云豹、绿孔雀等为国家重点保护的珍稀动物。发现有药用植物资源1770种，药用动物77种，药用矿物13种，为天然的民族药业资源宝库。有野生菌类199种，可开发利用的食用菌43种。为保护生物资源及生物多样性生态环境，州境内设有哀牢山、雕林山、化佛山、紫溪山、狮山、方山、昙华山、白竹山、老黑山等19个自然保护区，保护区面积282.44万亩，其中国家级保护区3个、面积48.56万亩，省级保护区2个、面积24.92万亩。楚雄州地处滇中腹地，是云南省重点林区之一，有林业用地3164.4万亩，其中国有林263.4万亩，集体林2901万亩，林业用地占全州土地总面积的72.1%，森林蓄积8008.7万立方米，森林覆盖率60.69%。2009年，全州完成营造林94.27万亩，义务植树2713万株，实现林业产业总产值44.81亿元，比上年增长30.4%。

楚雄州山川秀丽，民风纯朴，民族文化源远流长，民族风情多姿多彩。以彝族文化为代表的民族节日、民族服饰、民族歌舞绚丽多彩、风韵独特。各种民族服饰多达400余种，传统的民族节日和集会多达57个，影响深远广泛的有“火把节”、牟定“三月会”、大姚“插花节”、永仁“赛装节”、姚安“龙华会”、禄丰“花会”、武定“花山节”、双柏“虎笙节”等。历史厚重的彝文化和极富价值的“三古”（古生物、古人类、古文化）文化遗迹驰名中外，使楚雄获得了“世界恐龙之乡、东方人类故乡、中国彝族文化大观园”的美称，以“一彝三古”（彝族风情和古生物、古人类、古文化）为特征的文化旅游品位不断提升，以禄丰世界恐龙谷、楚雄彝人古镇、中国彝族文化大观园、元谋东方人类祭祖坛四大文化旅游项目为代表的文化旅游重点项目建设初见成效。至2009年末，楚雄州共有11个A级以上旅游景区，其中AAAA级4个，AAA级3个，AA级3个，A级1个。禄丰世界恐龙谷、楚雄彝人古镇均启动国家AAAAA级旅游景区创建工作，按照创建要求和标准加强后续建设，努力争取楚雄州首批AAAAA级旅游景区。近年，楚雄州自驾车旅游面大幅度增长，过夜游客比重明显增加，乡村旅游深受游客欢迎。

楚雄州不仅资源丰富，地方产品也独具特色。久负盛名的有楚雄云泉豆瓣酱，禄丰香醋、黑井石榴，南华野生食用菌、大白芸豆、沙桥豆腐、月琴，大姚薄壳核桃、果脯、小把粉丝、野坝子蜂蜜，姚安三角糯米、茯苓、菖河蜂蜜、荞酒、山药，永仁苴却砚、永兴花椒、永桥酒，牟定油卤腐、喜鹊窝酒、铜炊具、化佛茶，双柏妥甸酱油、白竹山茶，元谋热带水果、冬早蔬菜，武定壮鸡、木纹石等。楚雄市、大姚县、南华县被授予“全国核桃之乡”称号。姚安蛉河藕粉、大姚薄壳核桃、元谋蔬菜、武定壮鸡已成产业化发展趋势。此外，遍布全州的虎掌菌、松茸、牛肝菌、黑木耳、香蕈等野生食用菌畅销欧洲及日本；元谋冬早蔬菜远销全国各大中城市，是全国十大蔬菜基地之一；柠檬酸、高低压开关柜等工业产品畅销全国；“排毒养颜胶囊”等民族药享誉海内外。近年来，以“三区八大基地”（天然药物产业园区、特色蔬菜种植园区、绿色食品加工园区和优质烟、优质米、中药材、畜禽、林果、茶桑、魔芋、水产基地）建设为标志的楚雄州生物资源开发创新产业成效显著。

【经济状况】 2009年，楚雄州生产总值（GDP）342.35亿元，按可比价计算，比上年增长12.2%。其中第一产业增加值80.78亿元，增长5.8%，拉动经济增长1.3个百分点；第二产业增加值142.52亿元，增长14.1%，拉动经济增长5.9个百分点；第三产业增加值119.06亿元，增长14.2%，拉动经济增长5.0个百分点。第一、第二、第三产业对生产总值增长的贡献率分别为17.9%、40.5%和41.6%，分别比上年下降2.7%、下降6.3%和上升9.0%。第一、二、三产业增加值占生产总值的比重为23.6:41.6:34.8。全社会劳动生产率（即按从业人员计算的人均GDP）为20653元/人。按常住人口计算的人均GDP为12701元，按公安户籍人口计算的人均GDP为13109元。非公有制经济增加值152.93亿元，占GDP的比重为44.7%，比上年提高0.3%。烟草产业、天然药业、冶金化工业、绿色食品业、文化旅游业五大重点产业实现增加值166.17亿元，占GDP的48.5%。全州居民消费价格总水平比上年上涨0.5%。其中城市下降0.1%，农村上涨0.8%。居民消费价格中，食品价格上涨2.5%，其中粮食价格上涨1.1%；烟酒及用品价格下降0.2%；衣着价格下降2.5%；家庭设备用品及维修服务价格下降0.4%；医疗保健和个人用品价格上涨1.0%；交通和通信价格下降1.8%；娱乐教育文化用品及服务价格下降0.2%；居住价格上涨0.2%；服务项目价格上涨0.4%。商品零售价格总水平下降0.1%。农业生产资料价格总水平下降1.7%。

全年实现农业总产值137.99亿元，按可比价计算，比上年增长7.2%。全年粮食种植面积313.73万亩，比上年增加0.14万亩，增长0.04%。经济作物种植面积168.27万亩，比上年增加5.66万亩，增长3.5%。其中烤烟种植面积53.96万亩，减少0.03万亩；油料种植面积30.92万亩，增加5.10万亩；蔬菜种植面积69.75万亩，增加0.84万亩。粮食作物与经济作物种植比为65.1∶34.9，经济作物种植比重比上年提高0.7个百分点。全州有效灌溉面积176.58万亩，节水灌溉面积79.67万亩。全州农业机械总动力165.89万千瓦，增长10.7%。农用化肥施用量（折纯）12.48万吨，增长2.5%；农药施用量2881吨，增长2.2%。全年粮食产量102.2万吨，比上年增长2.0%。全年肉类总产量30.62万吨，增长8.0%；牛奶产量2326吨，增长13.9%；禽蛋产量7162吨，增长5.5%；蜂蜜产量884吨，下降7.1%；蚕茧产量1609吨，下降

27.9%；水产品产量17124吨，增长7.0%。大牲畜年末存栏94.74万头，下降0.1%；生猪年末存栏199.60万头，增长4.3%；羊年末存栏128.28万只，增长1.8%；家禽年末存栏839.03万只，增长5.5%。

全年规模以上工业完成产值237.11亿元，比上年增长3.9%（现价）；实现增加值90.77亿元，增长10.1%。烟草制品业、医药制造业、冶金化工业（规模以上）实现增加值75.66亿元，增长8.5%，占全部工业增加值的65.0%。全州规模以上工业企业实现利税总额60.64亿元，增长14.1%。全州167个资质建筑企业，完成总产值50.04亿元，比上年增长15.3%，实现利润1.66亿元，增长27.7%，实现税金及附加1.28亿元，增长21.9%。

全年全社会固定资产投资207.95亿元，比上年增长45.3%。其中城镇50万元以上投资164.86亿元，增长38.4%；农村投资43.09亿元，增长80.1%。全年新增固定资产64.79亿元，增长25.1%。新开工项目1235个，增长37.1%。按产业分，第一产业投资13.69亿元，比上年增长12.2%；第二产业投资72.02亿元，增长1.2倍；第三产业投资122.23亿元，增长25.4%。全年房地产开发投资28.26亿元，比上年增长38.6%。商品房竣工面积52.3万平方米，增长1.5倍。商品房销售额31.8亿元，增长14.3%，其中期房销售额24.9亿元，所占比重78.3%。

全年社会消费品零售总额109.7亿元，比上年增长21.4%。全年外贸进出口总额6933万美元，比上年增长31.0%。其中出口额6042万美元，增长1.4倍；进口额891万美元，下降68.2%。全年实际利用外资1293万美元，增长17.5%。

州内公路通车里程16903.12千米（含村道）。年末全州民用机动车拥有量345517辆，比上年增长25.0%。全年完成客运量2297.66万人（含水运，下同），增长15.6%；旅客周转量147320.16万人千米，增长13.4%；货运量1231.25万吨，下降23.4%；货运周转量127776.32万吨千米，下降26.6%。全年完成邮电业务总量8.06亿元，比上年增长16.3%。年末有固定电话和移动电话124.99万部，增加12.09万部，增长10.7%。其中固定电话用户减少1.57万户，年末为31.93万户；新增移动电话用户13.66万户，年末为93.06万户。新增互联网用户45145户，年末达218530户，增长26.0%。

全年共接待国内游客812.21万人次，国际游客16655人次，分别比上年增长31.0%和4.4倍。实现旅游总收入21.58亿元，增长31.5%。其中国内旅游收入21.33亿元，增长30.4%；旅游外汇收入2488.45万元，增长4.8倍。

全年完成财政总收入73.30亿元，比上年增长11.8%。其中上划中央“两税”收入39.73亿元，增长15.1%；上划中央和省级所得税收入7.20亿元，下降8.1%；上划省级耕地占用税和卷烟教育费附加收入0.79亿元，增长56.1%；地方一般预算收入25.58亿元，增长12.7%。地方一般预算支出90.82亿元，增长29.7%。金融机构年末人民币存款余额373.12亿元，比年初增长25.7%。金融机构年末人民币贷款余额216.37亿元，比年初增长37.3%。金融机构净投放现金12.48亿元，增长68.5%。年末存差156.76亿元。全年州内保险公司保费收入87422.12万元，比上年增长30.9%。

【教科文卫】 2009年，楚雄州进一步加强教育、科学、文化、卫生事业改革发展，全面落实义务教育阶段学生免费提供教科书、免交学杂费、补助公用经费、为贫困寄宿制学生和特殊教育学校学生给予生活补助的政策，做好农村教育资源整合试点工作，继续实施特岗教师计划和中小学教师队伍建设工程及中小学校舍安全工作，加快发展民办教育和职业教育，继续重视发展高中教育。全州有普通高校3所（含电大），专任教师625人，招生3483人，在校生10873人，毕业生2091人；普通中专学校27所（含成人中专学校9所和技工学校1所），专任教师1094人，招生11078人，在校生29059人，毕业生5425人；高中21所，专任教师2801人，招生13071人，在校生37684人，毕业生13164人；初中131所，专任教师6863人，招生34999人，在校生104168人，毕业生31980人；小学960所，专任教师12710人，招生33263人，在校生210518人，毕业生35251人。特殊教育学校1所，专任教师48人，招生39人，在校生302人。幼儿园175所，专任教师1128人，在园幼儿44208人。全州学龄儿童净入学率99.60%，小学毕业生升学率99.29%，初中毕业生升学率77.48%。初中学龄人口净入学率97.99%，高中学龄人口毛入学率70.36%。教育部门主管录取的大学生10876人，比上年增长19.1%；残疾儿童入学率95.27%。小学、初中、高中专任教师学历达标率分别为98.40%、99.15%和95.93%。

全年列入州级以上科技计划项目44项。其中国家级1项，省级27项，州级16项。全年获省部级科学技术进步奖2项，获地厅级科学技术进步奖41项。科技对国民经济增长的贡献率为47.2%，比上年提高0.8个百分点。全年组织科技培训67.42万人次。受理专利申请173件，批准专利81件。

进一步加强文化建设，加大文化资源向农村倾斜的力度，继续抓好“三馆一站一室”和文化信息资源共享工程建设工作，推进农家书屋建设，组织实施好20户以上广播电视村村通工程，并进一步规范新闻出版及文化市场管理，加快《彝族毕摩经典译注》编译工作。年末共有专业艺术表演团体10个，公共图书馆11个，公共图书馆藏书105.6万册，文化馆11个（含群艺馆1个），博物馆4个，文管所10个，乡（镇）文化站103个。全州有电视台1座，广播电台1座，电视覆盖率96.9%，广播覆盖率96.5%。全年出版报纸312期，846.6万份。全州有档案馆11个。

继续推进医药卫生事业改革发展，

着力加强公共医疗服务体系建设，加强村卫生室管理，加快推进州人民医院新区项目建设，继续提高城镇居民医保和新农合筹资标准及财政补助标准。全州共有医院61所（含妇幼保健院），乡（镇）卫生院126所（含社区卫生服务中心），卫生监督所11个，疾病预防控制中心11个，诊所340个，其他卫生机构8个。有卫生技术人员8580人。其中执业医师3179人，执业助理医师596人，注册护士2826人。医院和卫生院床位9218张（含社区卫生服务中心），其中医院床位6731张（含妇幼保健院）。

加快县（市）体育场馆建设，推进实施农民体育健身工程，实现竞技体育与群众体育协调发展。全年体育健儿参加省级及以上体育竞技比赛获得奖牌124枚。其中金牌43枚、银牌41枚、铜牌40枚。

【社会生活】 2009年末，全年农村居民人均纯收入3511元，比上年增加401元，增长12.9%，扣除物价上涨因素，实际增长12.0%；城镇居民人均可支配收入14319元，比上年增加1288元，增长9.9%，扣除物价上涨因素，实际增长9.3%。农村居民家庭食品消费支出占家庭消费总支出的比重为49.2%。年末全州城镇居民人均住房总建筑面积34.41平方米，农村人均住房使用面积35.07平方米。全州1046个村委会，有1045个通电话，1042个通公路，1046个通电，1023个通自来水。

全年全州参加基本养老保险113511人，比上年增加5371人。参加失业保险126348人，增加2604人。参加基本医疗保险208381人，增加2817人。参加工伤保险72451人，增加8726人。参加生育保险49078人，增加3535人。参加农村社会养老保险293974人，增加7966人。参加新型农村合作医疗205.51万人，增加0.88万人。年末全州领取失业保险金人数4228人。全年共71479名城镇居民、129236名农村居民得到政府最低生活保障。全年民政优扶革命伤残军人1206人，在乡复员军人6096人。年末，全州有养老院102个，收养2576人；有福利院4个，收养88人；全年救济困难群众17.5万人（含一次性救济）。

［者宗菊］

经济建设

【经济运行情况】 2009年，在全球金融危机的大背景下，楚雄州的经济发展仍保持了企稳回升的良好态势。全州生产总值（GDP）实现342.35亿元，按可比价计算较上年（下同）增长12.2%，其中第一产业80.78亿元，增长5.8%，第二产业142.52亿元，增长14.1%，第三产业119.06亿元，增长14.2%；全社会固定资产投资完成207.95亿元，增长45.3%；社会消费品零售总额完成109.74亿元，增长21.4%以上；地方财政总收入和地方财政一般预算收入分别完成73.3亿元和25.6亿元，分别增长11.8%和12.7%；城镇居民人均可支配收入14319元，增长9.3%；农民人均纯收入3511元，增长12%；居民消费价格总指数100.5%，总水平保持稳定；外贸进出口总额完成6923万美元，比上年增长31%；金融机构年末存贷款余额分别为373.12亿元和216.37亿元，比年初分别增长25.7%和37.3%。五大重点产业实现增加值166.2亿元，增长8.9%，占GDP的比重达48.5%，非公有制经济增加值占GDP的比重达44.7%。单位生产总值能耗下降3.9%；城镇登记失业率3.2%；人口自然增长率4.1‰；城镇化率30.8%。

【经济结构调整】 2009年，楚雄州按照"一产调优、二产调强、三产调快"的总体目标，取得战略性经济结构调整新成效，三次产业结构进一步优化，第二产业比重逐步提高，一、二、三产业的比重由上年的24.3:41.8:33.9进一步优化为23.6:41.6:34.8。全州经济呈现出农业稳步发展，工业稳步推进，服务业持续发展的良好势头。（1）楚雄州认真贯彻落实各项支农惠农政策，推进了水源、病险水库除险加固、农村饮水安全等七大重点工程建设，新增灌溉面积1.51万亩，解决了25.5万农村人口的饮水安全问题，完成中低产田改造26万亩；建成通乡油路602千米、通达工程1271千米，修通328个自然村1143千米的村组公路。认真落实云南省粮食增百亿斤计划，通过推广一批主推品种，集成一套先进适用技术，建立一套创新机制，全年完成粮食产量102.2万吨，增长2%。积极推广"禄丰模式"，实施楚雄、牟定、姚安、武定现代烟草农业整县推进工程，全州完成烟叶收购157.5万担，均价15.94元，烟农增加收入近2亿元；畜牧业规模化养殖进一步扩大，产值占农业总产值的比重增加至36%；优质稻、畜牧、蔬菜、核桃、蚕桑、膏桐、油茶等基地建设扎实推进；切实加大对农业产业龙头的扶持工作力度，年末全州共有州级农业龙头企业116户，有4个品牌的农产品获得云南名牌农产品称号。全年全州累计投入各类扶贫资金8.74亿元，实施了611个自然村的整村推进工程，实施移民搬迁2800人，解决和巩固了15.7万人的温饱问题。全州实现农林牧渔业总产值约138亿元，同比增长7.2%。（2）切实把保持工业经济平稳发展作为保增长的重点来抓，采取领导挂点帮扶企业、加大财政扶持力度、一企一策等针对性措施，力促工业经济转暖回升。年初预算安排3000万元工业专项扶持资金积极促进银企合作，帮助企业解决融资难题，支持担保机构和小额贷款公司、村镇银行发展，帮助澜沧江啤酒集团等一批重点企业及时解决流动资金不足的难题，绝大部分停产、半停产企业恢复生产，13种主要工业产品产量有10种保持增长。楚雄卷烟厂异地搬迁技改、云冶集团钛资源开发、云铜集团在楚发展、云南开关厂建设、禄丰勤攀磷技改扩建等项目进展顺利，其中新立公司高钛渣、滇中有色金属公司年产10万吨粗铜以及天腾化工一期等一批重点项目建成投产，昆钢公司钛材深加工项目开工建设。工业园区建设得到加强，2个省级工业园区和8个州级工业园区的《可行性研究》和《总体规划》全部编制完成并经过评审，全州工业园区共完成基础设施投资建设7.9亿元，增长32%。制定和完善了节能定期报告制度，加大对全州节能工作的监管，制定出台了一系列节能降耗政策措施，分解落实了节能降耗指标，切实抓好淘汰落后产能和先进节能技术示范推广工作，加强对重点企业的节能监管，云南奕标水泥集团等6户企业的能源审计报告通过专家评审验收。规模以上工业企业达172户，比上年增加30户，规模以上工业增加值增速从年初负增长到年中转为持平，全州规模以上工业产值达237.1亿元，增长3.9%，增加值达90.77亿元，增长10%。（3）认真贯彻落实国家和省扩大内需、促进消费的各项政策措施，进一步增强服务业对经济增长的带动力。云南南华野生菌特色物流加工出口基地建设项目先后完成了可研审批及立项审批等相关手续，元谋农产品批发市场已完成建设投资4200万元，楚雄市农产品中心批发市场正式开工建设，“万村千乡市场工程”完成300个农家店的新建或改造；认真贯彻落实“家电下乡”、农机具购置补贴和鼓励汽车、摩托车消费等政策，消费品市场呈现购销两旺的态势，消费对经济增长的拉动力不断增强。打造旅游新品牌，建设州内旅游环线成效明显。禄丰世界恐龙谷二期工程经营性项目前期工作扎实推进。《世界和平文化园旅游区发展战略总体规划》已通过省级评审；元谋东方人类祭祖坛项目引进战略投资伙伴的工作积极推进。全年全州共接待国内旅游者812.21万人次，同比增长31%；接待国外旅游者1.67万人次，同比增长4.4倍；实现旅游业总收入21.58万美元，同比增长31.5%。年末金融机构人民币存款余额373.1亿元，比上年末增长25.7%；贷款余额216.4亿元，比上年末增长37.3%。

【重点产业建设】 2009年，楚雄州继续加大对烟草产业、天然药业、冶金化工业、绿色食品业、文化旅游业五大重点产业的培植力度，共实现增加值166.2亿元，增长8.9%，占GDP的比重达48.5%。其中烟草产业实现增加值58.2亿元，增长12.3%，占GDP的比重达17%；天然药业实现增加值2.7亿元，增长13.8%，占GDP的比重为0.8%；冶金化工业实现增加值30.5亿元，增长8.3%，占GDP的比重达8.9%；绿色食品业实现增加值53亿元，增长7%，占GDP的比重为15.5%；文化旅游业实现增加值21.8亿元，增长10.6%，占GDP的比重为6.4%。

【固定资产投资】 2009年，楚雄州共安排固定资产投资前期经费8000多万元，有力地支持了项目前期工作。年内，全州共上报各类项目4448个，落实项目2276个、落实项目资金48.7亿元，同比增长24.6%。其中争取到“7·09”姚安地震恢复重建资金4.98亿元。同时，以推进州人民政府重点督查的20个重大项目为重点，切实加强对全州18个固定资产投资考核单位的督查，元双二级公路、州职教中心、州文化活动中心、州人民医院新区、楚雄卷烟厂技改搬迁、青山嘴水库移民安置工程、禄丰县和武定县高钛渣海绵钛生产项目、云南开关厂技术改造等项目扎实推进，有力地支撑了全州固定资产投资的快速增长。全年全州完成社会固定资产投资207.95亿元，同比增长45.3%。

【扩大内需】 2009年，楚雄州认真贯彻落实扩内需、保增长的各项方针政策，全面落实3个“百分之百”考核工作目标。在全省率先实现了中央扩大内需项目3个“百分之百”考核工作目标，争取到扩大内需中央项目457个，争取到国家和省级补助资金12.7亿元。同时，积极推进“流通活州”战略实施，贯彻落实各项扩大内需政策，深入挖掘城乡消费潜力，扎实推进“家电下乡”和“万村千乡市场工程”，全州8个县（市）共建设农资农家店80个，百货农家店220个，累计共建成9个配送中心、1719个农家店。全州共审核备案家电下乡销售网点481个，销售家电下乡产品3.78万台，销售金额6514.6万元，发放补贴3.67万台，兑现补贴资金828.6万元。全年社会消费品零售总额完成109.74亿元，增长21.4%。

【区域经济】 2009年，楚雄州各县（市）以规划为龙头，以项目为牵引，因地制宜、不断优化县域生产力布局。各县（市）财政总收入和地方一般预算收入保持了良好的增长势头，其中4县（市）财政总收入和地方财政一般预算收入均实现两位数增长。地方财政总收入超亿元的县（市）达8个，增加2个，各县（市）共完成地方财政总收入31.82亿元，增长8.2%。全州规模以上工业增加值增长高于25%的县（市）达6个，全社会固定资产投资高于40%的县（市）达7个。

［张云徽］

政治建设

【落实各级党委（党组）管党责任】 2009年，中共楚雄州委重新调整充实了州委党建工作领导小组，制定下发了《中共楚雄州委党建工作领导小组及办公室职责任务、工作制度、议事规则》和《中共楚雄州委党建工作领导小组2009年工作要点》，进一步强化党建工作领导小组职能，明确年度基层党建工作目标任务。年内，组织力量对10个县（市）委、14个州属党工委、47个州级部门党组2008年度、2009年度抓基层党建工作责任制落实情况进行了考核，对先进单位给予表彰奖励，对考核综合评分靠后的党委（党组）主要领导进行谈话，着力强化了各级各部门抓基层党建工作的责任意识。同时，加强对县（市）委及州属党（工）委党员教育活动经费和党建工作经费的督查，确保基层党建工作正常开展。

【调整优化农村基层党组织设置】 2009年，中共楚雄州委下发了《关于在社会主义新农村建设中进一步调整优化村级党组织设置的意见》，各县（市）委结合县情，采取“村居联建”、“村村联建”、“村企联建”、“镇村支部联建”和“把机关支部建在村上”等方式，调整优化党组织设置。截至年底，全州1046个行政村，已有3个设党委，有153个设总支，有890个设支部。同时，有982个村民小组设立了党支部，建立行业、协会党支部17个，改善了党员难集中、活动难开展的问题，增强了农村基层党组织的活力。

【“两新”组织党建工作】 2009年，中共楚雄州委组织召开楚雄州“两新”组织党建工作会议，下发了《关于加强全州新经济组织和新社会组织党的建设工作的意见》，对抓好全州“两新”组织党建工作进行了安排部署。对贯彻落实州委“两新”组织党建工作任务进行了一次调研督查。编制了全州“两新”组织建立党组织和发展党员工作计划，培养树立了一批“两新”组织党建工作先进典型，德胜钢铁公司党委被中共云南省委授予“云岭先锋工程”流动红旗。解决“两新”组织党员教育活动经费的经验和做法得到省有关部门的充分肯定并在全省推广。

【干部人事制度改革】 2009年，中共楚雄州委继续探索县（市）党政正职选拔任用方式，采取全委会初始提名、差额推荐、差额考察、差额酝酿，常委会、全委会票决的方式选配了4名县委书记和4名县长。开展了规范干部任用提名、从严管理干部和深入整治用人不正之风试点，并取得一定成效。出台了《关于鼓励我州农业科技人员创办领办协办农业龙头企业或从事绿色产业的意见（试行）》和《关于鼓励州级党政机关工作人员投身创业或到企业帮助工作的暂行办法》，在实现与政策法规对接、与发展目标对接、与队伍状况对接的基础上，通过辞去公职、自愿申请、组织选派等形式鼓励机关人才投身州内重点产业建设，放活机关人才，激活机关队伍。同时，坚持和完善“定期公开推荐优秀干部、全委会提名党政正职人选、行政正职提名副职人选、领导干部职务任期、干部综合考核‘四评’办法”等制度，干部提名推荐、考察任用、监督管理、考核评价、正常退出的干部选拔任用体系不断建立健全，干部人事制度改革由局部改革、单向突破向综合配套、整体推进迈进。

［黄　忠］

【民主政治建设】 2009年，楚雄州采取培养与教育并举，推荐与使用并重，搭建平台与提升素质结合，加强民主政治建设，党外代表人士队伍建设得到切实加强，县（市）人大、政府、政协领导班子基本上配备了党外干部，州直各部门和乡（镇）领导班子中也配备了一定数量的党外干部，州人大代表（含常委）中有党外人士116名，州政协委员（含常委）中有党外人士211名，全州10县（市）政协委员（含常委）中共有党外人士1086名，全州副科实职以上党外干部705名。年内经中共楚雄州委批准，并报请中央统战部、中共云南省委统战部及中国民主促进会中央、中国民主建国会中央批准，于2009年9月3日至4日、11月10日至11日分别成立了中国民主促进会、民主建国会2家地方州级组织，选举产生民进、民建2家主委、副主委及委员的州级领导班子，彝州民主党派组织建设有新加强，民主政治建设步伐有新推进，民主政治基础进一步夯实，民主政治渠道进一步拓展。

【“两新”组织建设】 全省新经济组织和新社会阶层学习实践科学发展观教育活动于2009年10月15日在禄丰展开并于是日举行了动员培训，对全省“两新”组织学习实践科学发展观教育活动作了全面安排部署。随后，“两新”组织学习实践科学发展观活动就企业党组织建设、做大做强企业实现科学发展等重要问题开展了座谈、调研、研讨等一系列活动；制定出台了《楚雄州开展非公有制经济代表人士综合评价工作的实施意见》，为非公经济人士搭建政治平台，为综合评价非公经济人士提供了科学依据；对楚雄经济社会发展有突出贡献、社会影响较大的非公有制经济代表人士情况进行了详细调研和统计；楚雄第二家州级异地商会即楚雄州四川商会成立，并召开了第一次会员大会，举行了商会揭牌仪式；湖北黄石市、江苏宿迁市与楚雄州工商联结成友好商会。

【民族团结进步】 2009年，楚雄州认真贯彻《楚雄州扶持散杂居少数民族发展五年规划》，以民族团结示范村项目为抓手，发挥典型作用，将扶贫整村推进和新农村试点项目向少数民族集中的村寨倾斜，大力推进民族地区经济发展；切实加强少数民族干部队伍建设，为促进民族团结进步事业提供强有力的组织保障；紧紧围绕“四个一”开展宣传教育；开展对全州担任实职正科级以上少数民族干部和具有副高以上职称的少数民族专业技术人员基本情况进行普查统计，立卷备档；引导群众正确应对新疆乌鲁木齐“7·5”严重暴力犯罪事件影响，扎实做好民族团结进步工作。7月26日至28日，胡锦涛总书记亲临楚雄视察民族团结工作，对楚雄州的民族团结工作取得的成绩给予了充分肯定，充分体现了党中央对楚雄州民族团结工作的重视和满意，给予了全州干部群众极大的鼓舞和鞭策，切实增强了做好工作的信心和决心，鼓励大家把促进民族团结作为神圣职责，不断创新思路，积极维护和巩固民族团结进步事业。

［杨春华］

【全面推行阳光政府、法治政府、责任政府四项制度】 2009年，楚雄州各级政府积极推行阳光政府四项制度、法治政府四项制度、责任政府四项制度，促进各级政府及部门政务公开、依法行政、提高行政效能，加快彝州经济社会的科学发展。（1）阳光政府四项制度，即重大决策听证、重要事项公示、重点工作通报、政务信息查询制度。全年全州共组织重大决策听证44项，发布重要事项公示937项、重点工作通报2701项。政务信息网络查询系统自5月开通以来至12月底，州级部门受理事项62项，限时办结26项，限时办结率41.94%；所辖10县（市）受理事项206项，限时办结102项，限时办结率49.51%。州级部门96128电话查询自5月13日开通以来至12月底，已接听电话查询7832次，日均接听47.18次，转接4617次，日均转接27.81次。（2）法治政府四项制度，即重大投资项目审批制度、重大资源开发利用制度、重大国有资产处置制度、重大财政支出项目审批制度。年内，全州10县（市）均已制定出台重大投资项目审批、重大资源开发利用、重大国有资产处置、重大财政支出项目审批制度或实施州有关制度的措施，相关工作有序推进。（3）责任政府四项制度，即行政问责制、服务承诺制、首问责任制、限时办结制。2009年，全州60个州级单位共受理涉及服务承诺事项424167件，限时办结415339件；共问责各级干部124人，其中楚雄市18人、双柏县13人、南华县4人、牟定县15人、姚安县4人、大姚县39人、永仁县6人、元谋县7人、武定县5人、禄丰县8人，州级机关5人；处级干部1人，科级干部63人，一般干部18人，其他人员42人。

［王光林］

【政务公开】 2009年，楚雄州把群众普遍关心、涉及群众最直接利益的问题作为重要内容，深入推进政务公开相关工作，着力打造阳光政府，营造廉洁高效的政务环境。全州103个乡（镇）和州、县各级各部门全面推行政务公开工作，固定公开专栏3828块，印发办事指南13811份，安装电子显示屏52个，建立政务公开网页169个，设立意见箱1258个，聘请政务监督员608人，将工作职责、服务事项、办理程序等内容予以公开。在州级部门开展行政授权规范试点工作，在各县（市）全面推开科学规范和有效监督行政权力运行示范点建设，全州共建成规范权力运行示范点134个，共清理行政职权1399项，确定重点职权438项，绘制权力运行流程图360幅，建立公示栏134块。认真贯彻落实《政府信息公开条例》，及时制定和实施了11项配套制度。组织有关单位对全州10县（市）和64个州级部门贯彻落实“责任政府”四项制度、“阳光政府”四项制度以及“法制政府”八项制度的落实情况进行全面检查。采取“一栏、两有、三挂、四上墙”（建立政务公开栏，有举报箱、举报电话，挂牌办公、挂牌上岗、挂牌收费，办事依据、办事程序、办事纪律、服务承诺上墙）的形式，进一步丰富和推进政务公开工作。

［李志成　刘伟　杨加雷］

【行政审批清理】 2009年，楚雄州为进一步加强法制建设，全面推进依法行政，构建“廉洁、勤政、务实、高效”的服务型政府，按照国务院办公厅《关于开展行政法规规章清理工作的通知》、《关于进一步清理取消和调整行政审批项目的通知》及云南省人民政府的要求和部署，在深入研究、认真落实文件精神的基础上，认真做好行政审批清理工作。对53个州级行政部门报送的452项行政审批项目，进行认真清理后取消和调整了70项行政审批项目。其中取消行政许可项目14项、非行政许可审批项目11项，调整行政许可项目37项、非行政许可审批项目8项，保留428项，并以州人民政府公告形式进行了公布。同时，大力精减和压缩行政审批时限，取消了一批不合时宜的审批事项，全面完成了既定的精简任务，初步把行政审批工作纳入法制化、规范化管理轨道。

【规范性文件制定】 2009年，全州列入州人民政府制定计划的规范性文件共10件（其中年初列入计划7件，临时立项3件）。截至年底已发布实施6件，分别为《楚雄彝族自治州预拌商品混凝土管理暂行规定》、《楚雄彝族自治州水利工程管理办法》、《楚雄彝族自治州饮用水水源保护规定》、《楚雄彝族自治州政府网站管理办法》、《楚雄彝族自治州无线电固定台站管理规定》和《楚雄彝族自治州内部审计工作暂行规定》，其余4件在审查当中。加上2008年州人民政府常务会议审议通过，2009年发布实施的8件规范性文件，全年共发布实施规范性文件14件，并已全部报送省人民政府法制办公室备案。年内，共审查、登记和备案州级有关部门、县（市）人民政府报送的规范性文件20件，审查非规范性文件25件，出具法律审查意见书21份，复函4份。

【重大决策听证】 2009年，楚雄州法制局认真做好全州重大决策听证的协调推进和相关材料的收集、上报工作，从4月份开始，截至12月底，全州共举行重大决策听证44场（次），其中州级部门8场（次），县（市）人民政府36场（次）。受州人民政府委托组织实施的重大决策听证3场（次），分别为《楚雄州金沙房地产有限公司不服楚雄州气象局行政处罚行政复议案听证》、《楚雄彝族自治州房屋建筑和市政基础设施工程招标管理办法听证》和《楚雄彝族自治州建设领域农民工工资支付管理办法听证》；审查县（市）人民政府和州级行政机关的听证报告8份，其中县（市）人民政府4份、州级行政机关4份；指派听证监察人参加州级行政机关的听证会5场（次）；按时向州人民政府督查室和省人民政府法制办公室上报全州重大决策听证情况和拟听证情况统计报表18份。全年共发布重大决策听证事项2项、重要事项公示10项、重点工作通报事项4项、政府信息查询事项22项，上报四项制度月实施情况7份、报表14份。

［孟晓东］

精神文明建设

【“感动彝州”十大人物评选表彰】 2009年，楚雄州精神文明建设指导委员会办公室成功举办了以抗灾救灾为主题的“感动彝州”十大人物评选表彰活动。经过10县（市）、全州各行业、系统遴选推荐、媒体公示、公众投票、组委会评委投票审核评定，推选表彰了10位（杨成浩、张华生、王光信、蒋桂芬、杨丽芬、丁伟峰、郑继聪、樊继明、王建洪、胡伟伟）在州内“8·30”地震、“11·02”特大自然灾害、“7·09”地震和其他抢险救灾、灾后重建以及日常工作生活中涌现出来的模范人物，在彝州全社会形成了学习模范、争当模范、深入贯彻落实科学发展观，大力倡导文明新风的良好氛围，对提高彝州公民文明素质和社会文明和谐程度具有重要的推动作用。此项评选表彰活动属全省首创，得到省精神文明建设指导委员会办公室的充分肯定。

州人民政府州长杨红卫为“感动彝州”十大人物获得者颁奖　　(州文明办提供)

【公民道德建设】 2009年，楚雄州切实加强公民基本道德规范的宣传教育，深入贯彻“以德治国”方略和《公民道德建设实施纲要》，在城市社区、农村继续开展社会主义荣辱观教育实践活动，培育新型的社会文明道德风尚。(1) 大力加强廉政文化建设，在彝州全社会营造“以廉为荣、以贪为耻”的良好社会风尚。认真做好反腐倡廉宣传教育工作，加强对党员领导干部的理想信念、党风党纪、廉洁从政、勤俭节约和艰苦奋斗作风教育，着力提高拒腐防变能力；进一步推进廉政文化建设，认真贯彻落实《关于大力推进廉政文化建设的意见》，拓展内容、创新形式，加强了廉政文化进机关、进社区、进家庭、进学校、进企业、进农村、进医院工作。(2) 以“诚信楚雄”建设为主题，广泛开展“政务诚信、商务诚信、社会诚信”建设，组织了“诚信为本、守信为业”、“百城万店无假货”等创建活动，增强了彝州全社会诚实守信意识，构建了良好的招商引资环境。(3) 在彝州全社会营造学习道德模范、崇尚道德模范、争做道德模范的浓厚氛围，培育道德模范先进典型，推荐了楚雄州助人为乐模范樊继明、诚实守信模范杨爱萍、见义勇为模范胡伟伟参加省级评选并获得第二届云南省道德模范命名表彰，进一步引领彝州社会文明风尚和提高公民道德素质。

【青少年思想道德建设】 2009年，楚雄州以不断提高青少年思想道德素质为己任，以“做一个有道德的人”为主题，在广大青少年中开展“知荣辱、讲文明、树新风、我行动”的道德实践活动，组织“向国旗敬礼，做一个有道德的人”网上签名寄语活动，开展了“我推荐、我评议身边好人”，向“身边的好人”学习等活动，突出育人主题，促进广大青少年良好行为习惯的养成，大力培养彝州“四有”建设者和接班人。认真组织参加全省优秀童谣评选活动，并获得优秀组织奖。组织开展全州未成年人思想道德建设推优选树工作，楚雄一中被中央文明办确定为“做一个有道德的人”主题活动联系点。禄丰县被推荐评选为全省未成年人思想道德建设工作先进县，州文明办、团州委、楚雄师院附小被推荐评选为全省未成年人思想道德建设工作先进单位，普联和、钱文卿、赵现培被推荐评选为全省未成年人思想道德建设先进工作者，为加强和改进全州未成年人思想道德建设更好地发挥示范带动作用。

【未成年人保护】 2009年，楚雄州根据中央办公厅文件精神制订下发了《关于进一步净化社会文化环境促进未成年人健康成长的实施意见》和任务分工，成立楚雄州净化社会文化环境工作协调领导小组，为未成年人健康成长和全面发展奠定良好的制度基础。同时，实施《中国未成年人网脉工程》，推进未成年人保护行动，宣传青少年网络文明公约，广泛开展未成年人网络文明教育，弘扬文明网络文化，创建绿色网络环境，大兴文明上网之风，增强未成年人自我保护能力，继续推广“文明办网、文明上网”，“阳光连锁网吧”等活动，成立网吧行业协会，推动净化网吧、网站、网游工作，切实加大文化市场治理力度，进一步加强了楚雄州青少年健康成长的环境建设。

【群众性精神文明创建】 2009年，楚雄州认真推荐评选了第十二批省级文明单位142个、第五批省级文明村55个、第二批省级文明小城镇6个和省级文明社区3个，为推动群众性精神文明创建活动更好地发挥示范带动作用。制定楚雄州文明风景旅游区（景点）评选和管理办法，为参加全省、全国创建文明风景旅游区（景点）先进单位的评选工作奠定基础，进一步推进“彝州乡风文明示范带”建设工作。着力推进永武高速公路沿线乡风文明示范带建设。

【文明惠民工程】 2009年，楚雄州的文明惠民工程主要是完成了中央精神文明建设指导委员会办公室组织开展的赠送300台“电视机进农家”活动、赠送300台“电脑下基层”活动；组织开展了“祝福祖国”文明公益短信传递活动；组织开展了“迎国庆讲文明树新风”红十字志愿服务活动；完成了“西部开发助学工程”8名大学生和5名“宏志班”学生推荐上报录取工作；重新改版了“楚雄州精神文明建设”网站。

［赵现培］

深入学习实践科学发展观活动（第二、三批）

【基本情况】 楚雄州第一批学习实践科学发展观活动（以下简称“学习实践活动”）从2008年9月开始，到2009年2月基本结束，参加学习实践活动的范围是：州级领导班子；州直党政机关，州人大常委会和州政协机关；州人民法院，州人民检察院；州级人民团体机关，州直属企事业单位；党的组织关系在地方的中央省属驻楚处级单位；州委直属党（工）委所属全体党员。共有州级部门党组55个，州委直属党（工）委14个，州委直属党（工）委下属党委32个、党总支40个、党支部403个、党小组427个10519名党员参加。第二批学习实践活动从2009年3月开始，至2009年8月基本结束，参加学习实践活动的范围主要是：县（市）领导班子；县（市）直党政机关；县（市）人大和政协机关；县（市）人民法院和人民检察院；县（市）人民团体机关，县（市）直属企事业单位；党的组织关系在地方的中央省州属驻县（市）有关单位；县（市）属部门党（工）委所属基层党组织和全体党员。共有10个县（市）委，96个县（市）委直属党（工）委，44个县（市）委直属党（工）委下属党委、146个党总支、1652个党支部、1051个党小组24843名党员参加。第三批学习实践活动从2009年9月开始，至2010年2月基本结束，参加活动的范围主要是：乡（镇）机关，村委会、社区居委会，党组织关系隶属于乡（镇）党委的中小学校、新经济组织和新社会组织（以下简称“两新”组织）、医疗卫生单位；乡（镇）党委所属全体党员。共有1663个基层单位、3029个党组织、99303名党员参加。

楚雄州第一批深入学习实践科学发展观活动总结暨第二批活动动员大会

（王 明/摄影）

【组织动员】 2009年3月25日下午，中共楚雄州委召开全州深入学习实践科学发展观活动第一批总结暨第二批动员会。州委副书记、州长、州委深入学习实践科学发展观活动领导小组副组长杨红卫主持会议，州委书记、州委深入学习实践科学发展观活动领导小组组长邓先培作讲话。邓先培总结了第一批深入学习实践科学发展观活动取得的成效及特点：（1）坚持贯彻中央、省委统一部署与创造性开展工作相结合，在组织领导上下功夫，推动活动有序开展；（2）坚持深入学习与积极实践相结合，在学习调研上下功夫，着力提高思想认识；（3）坚持查找问题与完善思路相结合，在分析检查上下功夫，明确科学发展思路；（4）坚持立足当前与着眼长远相结合，在整改落实上下功夫，突出创新体制机制；（5）坚持领导带头与群众参与相结合，在调动党员干部积极性上下功夫，激发改革创新活力；（6）坚持抓好活动与促进当前工作相结合，在推动科学发展上下功夫，务求活动取得实效。阐述了开展第二批深入学习实践科学发展观活动的重要意义，强调指出：（1）要紧紧围绕解放思想、树立科学发展理念抓好学习实践活动；（2）要紧紧围绕应对国际金融危机、保持经济平稳较快发展抓好学习实践活动；（3）要紧紧围绕保障和改善民生、促进社会和谐抓好学习实践活动；（4）要紧紧围绕改革创新、健全完善体制机制抓好学习实践活动；（5）要紧紧围绕加强党的建设、为科学发展提供组织保证抓好学习实践活动；（6）要紧紧围绕创新实践载体、增强针对性和吸引力抓好学习实践活动。

9月22日上午，州委召开楚雄州第二批深入学习实践科学发展观活动总结暨第三批深入学习实践科学发展观活动动员大会视频会议。州委副书记、州长、州委深入学习实践科学发展观活动领导小组副组长杨红卫主持会议，州委书记、州委深入学习实践科学发展观活动领导小组组长邓先培作讲话。邓先培总结了第二批深入学习实践科学发展观活动呈现的6个方面的特点和取得的5个方面的成效。呈现的特点：（1）统一部署与分类指导相结合，加强组织领导；（2）突出重点与整体提高相结合，广泛宣传发动；（3）理论学习与破解难题相结合，深入学习调研；（4）自我剖析与广纳民智相结合，深刻分析检查；（5）解决问题与完善制度相结合，狠抓整改落实；（6）开展活动与促进工作相结合，全力推动发展。取得的成效：（1）理论学习不断深化，党员干部受到深刻教育；（2）发展举措更加有力，全州经济保持平稳较快发展；（3）群众民生进一步改善，人民群众得到更多实惠；（4）党的建设不断加强，干部作风进一步转变；（5）各项改革稳步推进，体制机制不断健全完善。阐述了开展第三批深入学习实践科学发展观活动的重要意义，强调指出开展好第三批深入学习实践科学发展观活动要在提高党员干部思想认识上取得实效；要在推动基层各项工作上取得实效；要在保障和改善群众民生上取得实效；要在维护民族团结稳定上取得实效；要在加强党的基层组织建设上取得实效。

【组织领导】 2009 年，为确保学习实践活动达到预期目的，中共楚雄州委高度重视，适时调整领导机构和工作机构，加强组织领导，落实领导责任，搞好分类指导，强化督促检查，切实增强学习实践活动的针对性和实效性。（1）加强组织领导。根据人事变动情况，在第二批学习实践活动开展前，对州委学习实践活动领导小组成员进行了调整；针对第三批学习实践活动的实际情况，增补了州工商业联合会、州民政局、州卫生局主要领导为州委学习实践活动领导小组成员。同时，各县（市）委、各参学单位均成立学习实践活动领导小组及办公室，做到了一级抓一级、层层抓落实。（2）提出工作要求。州委在深入调研的基础上，在第二批学习实践活动中提出要紧紧围绕解放思想、树立科学发展理念抓好学习实践活动；紧紧围绕应对国际金融危机、保持经济平稳较快发展抓好学习实践活动；紧紧围绕保障和改善民生、促进社会和谐抓好学习实践活动；紧紧围绕改革创新、健全完善体制机制抓好学习实践活动；紧紧围绕加强党的建设、为科学发展提供组织保证抓好学习实践活动；紧紧围绕创新实践载体、增强针对性和吸引力抓好学习实践活动。在第三批学习实践活动中要求要在提高党员干部思想认识上取得实效；要在推动基层各项工作上取得实效；要在保障和改善群众民生上取得实效；要在维护民族团结稳定上取得实效；要在加强党的基层组织建设上取得实效。（3）强化检查指导。州委把指导检查作为确保各县（市）、各单位学习实践活动取得实效的重要抓手和保障，第二批学习实践活动中州委派出了 5 个指导检查组，深入各县（市）检查指导学习实践活动。在第三批学习实践活动中州委派出了 2 个巡回检查组。同时，为加强分类指导，州“两新”组织、乡（镇）中小学校、乡（镇）医疗卫生单位指导小组也分别派出了巡回指导组，加强对学习实践活动的指导检查，各县（市）、各乡（镇）也分别向各乡（镇）、各参学单位派出指导检查组和指导员。

【开展“三个一”活动】 2009 年，根据省委有关精神，中共楚雄州委发出《关于在全州各级领导班子和党员干部中开展“一面旗、一团火、一盘棋”主题实践活动的通知》，要求全州各级领导班子和党员干部认真组织开展“个人形象一面旗、工作热情一团火、谋事布局一盘棋”主题实践活动，要求各级领导干部必须加强党性修养、树立良好形象，争做“党性强”的表率、“有本事”的表率、“作风正”的表率，激发工作热情、破解发展难题，立足岗位当先锋、为民解困当先锋、促进发展当先锋，增强大局意识、统筹科学发展，胸怀全局促发展、统筹兼顾抓协调、突出重点抓大事，把“三牢记五争先”和“三走进、三破解”要求落到实处，为建设“经济发展、文化繁荣、生态良好、活力涌现、和谐平安”的楚雄提供坚强的政治和组织保证。

【营造舆论氛围】 2009 年，楚雄州高度重视第二、三批学习实践活动的舆论氛围营造，分别制定系列宣传方案，征集科学发展观先进典型，精选 33 个典型案例编印《楚雄州深入学习实践科学发展观典型案例教育材料》3 本 7000 册，编印《楚雄州深入学习实践科学发展观活动百问》8000 册，下发各县（市）学习，编辑学习实践活动专报、简报 240 期，组织宣讲团到各县（市）进行巡回宣讲 11 场，组织专题采访 13 次，举办“彝州科学发展大讲坛”3 期，总结推广经验做法，宣传先进典型，指导推动工作。切实抓好州级新闻媒体的宣传策划，突出学习实践活动实效和经验做法宣传，科学发展先进典型宣传、彝州科学发展典型宣传。《楚雄日报》先后开设了 6 个宣传专栏、专题、论坛，刊发稿件 454 篇；楚雄电视台开设 5 个栏目，播出新闻 508 条（组），州广播电台开设 3 个专栏，播发稿件 527 条（篇），在“彝州党建网”开设学习实践科学发展观活动专页，设 9 个专栏，共刊载各种信息 304 条。抓好学习实践活动成果和科学发展成效的对外宣传，在云南人民广播电台播出稿件 246 条，在云南电视台播出稿件 197 条，和云南电视台联播了 17 分钟专题片《清河故事》，在《云南日报》刊登相关新闻稿件 208 篇，省委学习实践科学发展观活动领导小组办公室采用楚雄州科学发展观活动信息 30 余期（次）。展示了彝州科学发展、充满活力、和谐安宁的良好形象，营造了彝州科学发展上水平、人民群众得实惠的良好氛围。

［黄　忠］

（责任编辑：白云鹏）

政治

中国共产党楚雄彝族自治州委员会

重要会议

【中共楚雄州委全体委员会议】 2009年1月6日至7日，中共楚雄州委常委会主持召开中共楚雄州委七届五次全体（扩大）会议，州委委员42人、州委候补委员7人出席会议，州纪委委员、州第七次党代会部分代表和有关方面负责人列席了会议。全委会认真学习党的十七大、十七届三中全会、中央经济工作会议和中共云南省委八届六次全会精神，审议并一致同意邓先培受州委常委会委托所作的《深入学习实践科学发展观，努力实现彝州科学发展的新跨越》的工作报告；州委副书记、州人民政府州长杨红卫就2008年经济工作作了总结，对2009年经济工作作了具体部署。

7月28日至29日，中共楚雄州委常委会主持召开中共楚雄州委七届六次全体（扩大）会议，州委委员37人、州委候补委员8人出席会议，州纪委委员、州第七次党代会部分代表和有关方面负责人列席了会议，邀请了省委第二巡视组领导到会指导。全委会认真学习贯彻党的十七大、十七届三中全会和胡锦涛总书记视察楚雄的重要指示，以及省委八届六次全会和省委中心组学习会议精神，审议并一致同意邓先培受州委常委会委托所作的《坚定信心、创新举措、狠抓落实，夺取经济社会发展和抗灾救灾全面胜利》的工作报告；州委副书记、州人民政府州长杨红卫对2009年上半年经济工作作了总结，对下半年经济工作作了具体安排。

【中共楚雄州委常委会议】 2009年，中共楚雄州委共召开常委会议24次，对全州政治、经济、文化、社会、生态文明和党的建设等方面的重大问题和重大事项进行研究。

1月5日，州委书记邓先培主持召开会议，研究召开州委七届五次全体（扩大）会议相关事项；研究2008年度州党政领导班子和省管干部考核工作事宜；审定《2009年春节慰问活动安排意见》；研究召开州纪委七届四次全会事宜、2008年度党风廉政建设责任制检查考核情况及定格意见、《中共楚雄州委贯彻落实〈建立健全惩治和预防腐败体系2008—2012年工作规划〉实施方案的分工方案》、楚雄州2008年度巡视工作情况。

1月7日，州委书记邓先培主持召开会议，专题听取州委七届五次全体（扩大）会议与会人员对《州委七届五次全体（扩大）会议工作报告》和《州委七届五次全体（扩大）会议公报（草案）》讨论情况的汇报。

1月22日，州委书记邓先培主持召开会议，专题研究州委常委班子深入学习实践科学发展观活动相关事项。

2月17日，州委书记邓先培主持召开会议，传达省委工青妇工作会议精神，研究楚雄州贯彻意见；传达全省组织部长会议精神，研究楚雄州贯彻意见；传达全省新经济组织和新社会组织党建工作会议精神，研究楚雄州贯彻意见；研究召开全州领导班子思想政治建设暨干部教育培训工作会议相关事项；传达省委党校工作会议精神，研究楚雄州贯彻意见；传达省委农村工作会议精神，研究楚雄州贯彻意见；传达全省政法工作会议精神，研究楚雄州贯彻意见；传达全省统战部长会议精神，研究楚雄州贯彻意见；研究楚雄州信访工作制度；研究举行楚雄州纪念中国人民解放军原“边纵”八支队成立60周年活动相关事项；研究《楚雄州部分县委书记、县长人选选拔任用工作方案（讨论稿）》；研究干部人事事项。

2月25日，州委书记邓先培主持召开会议，研究召开楚雄州第十届人民代表大会第四次会议相关事项；研究召开政协楚雄州第八届委员会第三次会议相关事项；审定州人民政府党组提请审定的《政府工作报告（送审稿）》、楚雄州2009—2013年政府信用合作贷款额度建议；传达全省宣传部长会议精神，研究楚雄州贯彻意见；研究适当提高部分原村公所（办事处）干部生活补助标准的意见、鼓励党政机关工作人员和农业科技人员投身创业或到企业帮助工作的意见、2008年楚雄州党政领导班子成员及其他省管干部年度考核相关事项、干部人事事项。

3月17日，州委书记邓先培主持召开会议，审定州人民政府党组提请审定的《楚雄彝族自治州2008年地方财政预算执行情况和2009年地方财政预算草案（送审稿）》、《楚雄彝族自治州2008年国民经济和社会发展计划执行情况与2009年国民经济和社会发展计划草案（送审稿）》、《楚雄州人民政府关于对2009年州重点督查的20个重大建设项目和20项重要工作进行责任分解的意见

（送审稿）》；传达全省第一批深入学习实践科学发展观活动总结暨第二批深入学习实践科学发展观活动动员大会精神，研究楚雄州贯彻意见；传达全省农村中小学校舍安全（排危）工作会议精神，研究楚雄州贯彻意见；传达全省农村文化工作会议精神，研究楚雄州贯彻意见；传达全省人口和计划生育工作会议精神，研究楚雄州贯彻意见。

5月14日，州委书记邓先培主持召开会议，传达学习省委书记白恩培在全省县（市、区）委书记队伍建设工作座谈会上的重要讲话，研究楚雄州贯彻意见；传达全省2009年选聘高校毕业生到村任职工作会议精神，研究楚雄州贯彻意见；研究《楚雄彝族自治州人才引进工作实施办法（送审稿）》；研究举办第四届云南省科学技术论坛暨农民专业合作组织发展论坛事宜；研究楚雄州庆祝新中国成立60周年系列活动安排方案；审定州人民政府党组提请审定的《中共楚雄州委　楚雄州人民政府关于全面加强人口和计划生育工作统筹解决人口问题的实施意见（送审稿）》、《中共楚雄州委　楚雄州人民政府关于贯彻建设创新型云南行动计划的实施方案（送审稿）》、贯彻全省扶贫开发工作现场会暨社会扶贫表彰会议精神的意见；研究干部处分问题；研究干部人事问题。

6月8日，州委书记邓先培主持召开会议，传达全国社会治安综合治理工作表彰电视电话会议精神，研究楚雄州贯彻意见；传达全国组织系统“万名组织部长下基层”活动视频会议精神，研究楚雄州贯彻意见；传达全省培养选拔年轻干部暨后备干部集中调整工作会议精神，研究楚雄州贯彻意见；传达全省第二批深入学习实践科学发展观活动推进会精神，研究楚雄州贯彻意见；研究《中共楚雄州委关于贯彻〈中共云南省委关于深入整治用人上不正之风进一步提高选人用人公信度的实施意见〉的若干意见（讨论稿）》；研究《楚雄州进一步改进领导同志考察调研接待工作的实施意见（试行）（送审稿）》；审定《中共楚雄州委　楚雄州人民政府关于进一步深化改革推进供销合作社“二次创业”的实施意见（送审稿）》；审定关于发行楚雄州城投企业债券筹集城市建设资金有关问题的意见；研究干部人事问题。

6月12日，州委书记邓先培主持召开会议，确定楚雄州副厅级后备干部考察人选建议名单。

7月17日，州委书记邓先培主持召开会议，传达全国、全省宣传部长座谈会精神，研究楚雄州贯彻意见；传达全省义务教育学校实施绩效工资工作会议精神，研究楚雄州贯彻意见；研究召开州委七届六次全体（扩大）会议事宜；研究召开1997年至2008年度全州社会治安综合治理维护稳定工作总结暨表彰会议事宜；研究召开全州国庆安全保卫工作会议事宜；研究召开全州群众工作及信访工作会议事宜；研究上报评选国务院第五次云南省第六次民族团结进步表彰大会模范集体和模范个人事宜；听取楚雄州2008年度基层党建工作责任制考核情况汇报。

7月22日，州委书记邓先培主持召开会议，对干部人事任免工作进行讨论。

7月29日，州委书记邓先培主持召开会议，专题听取州委七届六次全体（扩大）会议与会人员对《州委七届六次全体（扩大）会议工作报告》和《州委七届六次全体（扩大）会议公报（草案）》讨论情况的汇报。

8月13日，州委书记邓先培主持召开会议，传达云南省“7·09”姚安地震灾区恢复重建工作会议精神，研究楚雄州贯彻意见，研究干部人事问题。

8月28日，州委书记邓先培主持召开会议，审定《中共楚雄州委　楚雄州人民政府关于加强生态文明建设的实施意见（送审稿）》；审定《中共楚雄州委　楚雄州人民政府关于加快对外贸易发展若干问题的决定（试行）（送审稿）》；审定《楚雄州州级公务接待管理规定（送审稿）》；审定《楚雄州“7·09”姚安6.0级地震灾区恢复重建实施方案（送审稿）》；研究云南省向中国科技馆赠送恐龙化石暨“七彩云南·魅力楚雄北京行”系列宣传活动方案等事宜；传达全省边境地区党的建设工作座谈会等会议精神，研究楚雄州贯彻意见；研究干部人事问题；研究雷建明党纪申诉案的复议问题；听取省委第二巡视组通报对楚雄州的巡视情况。

9月21日，州委书记邓先培主持召开会议，学习中国共产党第十七届中央委员会第四次全体会议精神；传达全省第二批深入学习实践科学发展观活动总结暨第三批学习实践活动动员会议精神，研究楚雄州贯彻意见；传达全省非公有制经济人士思想政治工作暨工商联组织工作会议精神，研究楚雄州贯彻意见；传达学习全省国有企业党建工作会议精神；审定《云南省楚雄州人民政府机构改革方案（送审稿）》；听取楚雄州事业单位工作人员发放临时津补贴情况；研究干部人事问题。

11月2日，受州委书记邓先培委托，州委副书记、州人民政府州长杨红卫主持召开会议，传达省委八届七次全委会精神，研究楚雄州贯彻意见；传达全国、全省民族工作会议暨民族团结进步表彰大会精神，研究楚雄州贯彻意见；审定《云南省楚雄彝族自治州公路条例（送审稿）》；审定《中共楚雄州委　楚雄州人民政府关于全面推进文化体制改革的实施意见（送审稿）》；审定《中共楚雄州委　楚雄州人民政府关于加快发展非公有制经济的决定（送审稿）》；审定《楚雄州学习贯彻党的十七届四中全会精神专题培训工作方案（送审稿）》；审定《楚雄州村级组织活动场所建设调查核实情况及建设资金补助方案（送审稿）》；研究州委理论学习中心组学习会议方案；研究州“两会”召开的时间问题；研究《楚雄州2009—2020年后备干部队伍建设规划》；研究县处级后备干部人选和干部人事问题。

11月26日，受州委书记邓先培委托，州委副书记、州人民政府州长杨红卫主持召开会议，对拟上报省委组织部的州政协主席考察人选进行了专题研究。

12月3日，受州委书记邓先培委托，州委副书记、州人民政府州长杨红卫主持召开会议，对拟上报省委的张怀德等任免职问题进行专题研究。

12月9日，受州委书记邓先培委托，州委副书记、州人民政府州长杨红卫主持召开会议，听取中共楚雄市委、市人民政府关于楚雄滇中特色大城市建设进展情况汇报，研究有关事项；听取中共楚雄市委、市人民政府关于老城区提升改造工作情况汇报，研究有关事项；听取州文化活动中心项目建设指挥部关于州文化活动中心拟增建项目设计方案汇报，研究有关事项；听取楚雄医药高等专科学校工作情况汇报，研究有关事项；听取州团购商品房项目建设指挥部关于楚风苑小区景观和绿化工程设计方案汇报，研究有关事项。

12月10日，受州委书记邓先培委托，州委副书记、州人民政府州长杨红卫主持召开会议，研究州人大常委会党组关于召开楚雄彝族自治州第十届人民代表大会第五次会议有关问题的请示事项、州政协党组关于召开中国人民政治协商会议楚雄彝族自治州第八届委员会第四次会议的请示事项。

12月14日，受州委书记邓先培委托，州委副书记、州人民政府州长杨红卫主持召开会议，研究楚雄州2009年财政预算调整方案和州对县（市）一般性转移支付办法；研究《中共楚雄州委关于贯彻落实〈中共中央关于加强和改进新形势下党的建设若干重大问题的决定〉的实施意见（送审稿）》；研究《州委七届七次全会报告提纲（送审稿）》；研究表彰楚雄州第六届社会科学优秀成果的请示事项；研究召开楚雄州青年联合会第三届委员会第一次全体会议的请示事项；研究中国文联“送欢乐·下基层”到楚雄演出及“七彩云南”艺术团到姚安慰问演出活动方案；研究《楚雄州进一步完善结构补贴办法提高村（社区）干部待遇的意见（送审稿）》；研究州人大常委会党组关于罢免2名州十届人大代表职务问题的请示。

12月24日，受州委书记邓先培委托，州委副书记、州人民政府州长杨红卫主持召开会议，对拟上报省委组织部的州人大常委会副主任和州政协副主席考察人选进行了专题研究。

12月27日，受州委书记邓先培委托，州委副书记、州人民政府州长杨红卫主持召开会议，对拟上报省委审批的楚雄州第十届人大常委会副主任补选候选人和政协楚雄州第七届委员会副主席补选候选人进行了专题研究。

12月29日，受州委书记邓先培委托，州委副书记、州人民政府州长杨红卫主持召开会议，传达省委八届八次全体会议精神，研究楚雄州贯彻意见；听取2009年楚雄州国民经济和社会发展主要指标预计完成情况汇报，研究2010年国民经济和社会发展主要指标计划；研究州开发投资公司向富滇银行办理州职教中心二期工程项目贷款有关事项；研究《州委七届七次全体会议工作报告（送审稿）》；听取楚雄州2009年度党风廉政建设责任制考核工作情况汇报；研究成立楚雄医药高等专科学校党委事宜；传达中国红十字会第九次会员代表大会和云南省红十字会第四届理事会第二次会议精神；研究干部人事问题。

【中共楚雄州委中心组理论学习会议】 2009年5月26日至27日，中共楚雄州委召开中心组理论学习会议，主要任务是：高举中国特色社会主义伟大旗帜，以邓小平理论和“三个代表”重要思想为指导，深入学习实践科学发展观，按照中央和省委提出的“保增长、保民生、保稳定”的要求，分析全州1月至4月经济运行情况，对全州经济社会发展再分析、再部署、再落实；深刻学习领会省委书记白恩培在全省县（市、区）委书记队伍建设工作座谈会上的重要讲话，加强楚雄州各级领导干部队伍建设，进一步推动全州经济社会平稳较快发展。邓先培、杨红卫、杨宁、卢显林、张怀德等州委理论学习中心组成员；州委深入学习实践科学发展观活动领导小组组长、副组长、成员及办公室主任、副主任；各县委书记、县（市）长，楚雄经济开发区党委书记；州委、州人大常委会、州人民政府、州政协的秘书长、副秘书长、办公室副主任，州纪委副书记、秘书长；州级有关单位主要负责人参加会议。

11月9日至11日，中共楚雄州委召开中心组理论学习会议，主要任务是：深入学习党的十七届四中全会精神，深刻领会中央对新形势下加强党的建设的总体部署和要求，全面分析楚雄州当前经济社会发展面临的形势，安排好2009年11月至12月的工作任务，以更加扎实的工作，推动2009年各项任务的圆满完成，谋划好2010年的发展。杨红卫、杨宁、卢显林、张怀德等州委理论学习中心组成员；州人大常委会、州人民政府、州政协秘书长，州委、州人民政府副秘书长，州纪委副书记、秘书长、各纪工委书记；各县委书记、县（市）长，楚雄经济开发区党委书记；州级有关部门主要负责人参加会议。

［仲显海］

重要活动

【楚雄州第一批深入学习实践科学发展观活动总结暨第二批深入学习实践科学发展观活动动员大会】 2009年3月25日，中共楚雄州委召开全州第一批深入学习实践科学发展观活动总结暨第二批深入学习实践科学发展观活动动员大会。州委书记、州委学习实践活动领导小组组长邓先培，省委第四指导检查组组长、省人大常委会委员、省人大常委会选举联络工作委员会主任刘子杨出席会议并讲话。会议学习贯彻省委书记、省人大常委会主任白恩培和省委副书记李纪恒在全省第一批深入学习实践科学发展观活动总结暨第二批深入学习实践科学发展观活动动员大会上的讲话精神，对楚雄州第一批深入学习实践科学发展观活动进行总结，对第二批深入学习实践科学发展观活动进行动员部署。州委常委，州人大常委会主任、州政协主席；州委深入学习实践科学发展观活动领导小组成员；各县（市）委书记、副书记、组织部部长，县（市）委组织部组织科（股）长；参加第一批深入学习实践科学发展观活动的州级部门单位党员主要领导；第三批深入学习实践科学发展观活动州级试点单位有关领导；第一批深入学习实践科学发展观活动州委指导检查组全体成员；第二批深入学习实践科学发展观活动州委指导检查组全体成员；州委深入学习实践科学发展观活动领导小组办公室全体人员参加会议。

【省委第二巡视组到楚雄州巡视工作】 2009年6月22日，中共楚雄州委召开省委第二巡视组楚雄州巡视工作动员大会、汇报会。省委第二巡视组组长张艾作了动员讲话，州委书记邓先培讲话并汇报工作。州委常委，州人大常委会主任、副主任，州人民政府副州长，州政协主席、副主席，州中级人民法院院长、州人民检察院检察长，在职副厅级以上干部；驻楚离退休副厅级以上干部；州纪委监察局领导班子成员，州委副秘书长、州委组织部副部长、州委宣传部副部长；州委各部委办局，州级国家机关各委办局，各人民团体、事业单位党政主要领导，楚雄经济开发区党委书记、管委会主任；各民主党派负责人；各县（市）委书记、人大常委会主任、县（市）长、政协主席、纪委书记参加会议。会后，省委第二巡视组围绕省委确定的第二轮巡视工作的重点和主要任务，通过听取汇报、列席会议、召开座谈会、个别谈话、查阅资料、实地考察以及受理群众来信来访等方式，对楚雄州的各项工作进行了全面、深入的了解。巡视中还延伸到楚雄市和武定县进行巡视，到其他8个县进行走访调研。11月中旬圆满完成了巡视工作各项任务。11月19日，省委第二巡视组召开楚雄州巡视工作意见反馈大会，省委第二巡视组组长张艾反馈了巡视工作意见，州委副书记、州人民政府州长杨红卫主持会议并作了表态发言。

【楚雄州庆祝新中国成立60周年纪念大会暨文艺晚会】 2009年9月29日，中共楚雄州委举行楚雄州庆祝新中国成立60周年纪念大会暨文艺晚会。州委书记邓先培出席晚会并致辞。州委常委，州人大常委会主任、副主任，州人民政府副州长，州政协主席、副主席；在楚部分离退休老领导；州级各部门党政主要负责人；解放军驻楚部队、武警楚雄支队、楚雄州消防支队官兵代表，各民主党派人士代表，政法系统代表，州教育、财政、文化、卫生、国税、地税、供电系统代表参加晚会。

【州委部门工作会议】 2009年2月23日，中共楚雄州委、州人民政府召开全州农村工作会议。会议总结了楚雄州改革开放30年特别是2008年“三农”工作，分析当前楚雄州“三农”工作面临的形势，明确当前和今后一段时期楚雄州农业农村工作目标任务，安排部署了2009年工作。

2月23日，中共楚雄州委召开工青妇工作会议。会议总结了楚雄州5年来工青妇工作取得的成绩和经验，研究制定《中共楚雄州委关于贯彻落实〈中共云南省委关于进一步加强工会、共青团、妇联工作的意见〉的实施意见》，明确了今后一个时期加强工青妇工作的总体要求、目标任务和工作措施。

2月24日，中共楚雄州委召开全州政法工作会议。会议传达贯彻全省政法工作会议精神，总结了2008年工作，安排部署了2009年政法工作任务。

3月10日，中共楚雄州委召开全州领导班子思想政治建设暨干部教育培训工作会议。会议学习贯彻全省领导班子思想政治建设暨干部教育培训工作会议精神，安排部署楚雄州领导班子思想政治建设和干部教育培训工作。

3月10日，中共楚雄州委召开全州组织工作会议。会议认真贯彻落实全国、全省组织部长会议精神，总结回顾2008年组织工作，研究部署2009年全州组织工作。

3月11日，中共楚雄州委召开全州党校工作会议。会议全面学习贯彻全国、全省党校工作会议精神和《中国共产党党校工作条例》，总结全州党校改革开放30年来的工作，研究部署当前和今后一段时期全州党校工作。

3月11日，中共楚雄州委召开全州新经济组织和新社会组织党建工作会议。会议认真贯彻落实全省新经济组织和新社会组织党建工作会议精神，总结全州新经济组织和新社会组织党建工作情况，研究部署新形势下加强新经济组织和新社会组织党建工作。

3月13日，中共楚雄州委召开全州宣传思想文化工作会议。会议深入贯彻落实全国、全省宣传部长会议精神，安排部署2009年全州宣传思想文化工作。

3月26日，中共楚雄州委召开全州统战工作会议。会议深入学习和贯彻党的十七大、十七届三中全会、中央经济工作会议、全国及全省统战部长会议精神，总结2008年全州统战工作，安排部署2009年统战工作。

4月2日，中共楚雄州委、州人民政府在禄丰县召开全州中低产田地改造工作会议。会议认真贯彻落实省委中低产田地改造两次专题会议和全省中低产田地改造工作电视电话会议精神，安排部署2009年及今后一段时期全州中低产田地改造工作。

4月9日，中共楚雄州委、州人民政府召开纪念中国人民解放军原滇桂黔边区纵队第八支队成立60周年大会。州委书记邓先培到会祝贺并讲话，州党政军领导杨宁、董继理、吴丽华、吴华出席会议。

4月9日至10日，楚雄州国家保密局召开全州保密局长会议。

5月4日，中共楚雄州委召开纪念五四运动90周年大会。会议表彰近年来楚雄州共青团系统涌现出来的优秀基层团组织、优秀共青团员和优秀共青团干部。

8月11日，全州党史工作会议召开。会议对当前和今后一段时期全州党史工作作了全面安排部署。

9月29日，中共楚雄州委召开楚雄州农村党建工作会议暨村级组织活动场所建设推进会。会议学习贯彻党的十七届四中全会、全省边境地区党的建设工作会议精神，安排部署下一步农村党建工作及村级组织活动场所建设工作。

10月13日，中共楚雄州委召开楚雄州离退休干部老有所为先进集体和先进个人表彰会。会上，对25个先进集体和50名先进个人进行了表彰。

【省委检查组到楚雄州检查指导工作】 2009年2月14日，省委党风廉政建设责任制检查考核组在省委常委、省委组织部部长辛桂梓的带领下，到楚雄州召开2008年度党风廉政建设责任制工作检查考核动员、汇报、测评会议。会上，辛桂梓作了动员讲话，省纪委派驻省商务厅纪检组长、省委考核组组长赵平对考核工作程序作简要说明，州委书记邓先培作了工作汇报，对州委、州人民政府领导班子和领导班子成员进行了民主测评。州委常委，州人大常委会、州人民政府、州政协、州纪委领导班子成员，县（市）委、人大常委会、政府、政协、纪委主要负责人，州直属部门主要负责人参加会议。通过听取汇报、深入基层调研座谈、查阅资料后，考核组于3月9日召开了楚雄州2008年度党风廉政建设责任制工作情况反馈会议，反馈了对楚雄州的检查考核工作情况。

［仲显海］

重要决策

【加快发展现代烟草农业的指导意见】 2009年1月22日，根据《中共中央关于推进农村改革发展若干重大问题的决定》，按照国家烟草专卖局和省委、省人民政府关于现代烟草农业建设的总体部署和要求，为加快推进楚雄州现代烟草农业建设，实现传统烟叶生产向现代烟草农业转变，扎实推进社会主义新农村建设，促进彝州经济社会又好又快发展，中共楚雄州委、州人民政府制定下发《中共楚雄州委　楚雄州人民政府关于加快发展现代烟草农业的指导意见》。内容包括：（1）充分认识加快发展楚雄州现代烟草农业的重要意义。（2）楚雄州加快发展现代烟草农业的总体要求和目标任务。（3）打牢楚雄州现代烟草农业的发展基础。（4）充分发挥市场作用，积极发展专业合作社，提升专业化生产管理水平。（5）建立和完善社会化服务保障体系。（6）加强领导，完善措施，营造现代烟草农业发展的良好环境。

【贯彻《中共中央关于推进农村改革发展若干重大问题的决定》的实施意见】 2009年3月18日，为深入贯彻《中共中央关于推进农村改革发展若干重大问题的决定》和省委的实施意见精神，全面贯彻落实科学发展观，加快社会主义新农村建设，中共楚雄州委、州人民政府制定下发《中共楚雄州委　楚雄州人民政府关于贯彻〈中共中央关于推进农村改革发展若干重大问题的决定〉的实施意见》。内容包括：（1）加快推进农村改革发展的重大意义和总体要求。（2）深化农村改革，推进农村体制机制创新。（3）强化五大基础，提高农业综合生产能力。（4）培植六大产业，提高农业产业化水平。（5）健全六大体系，促进农村科学发展。（6）实施民生工程，促进农村社会全面进步。（7）加强和改善党对农村工作的领导，为推进农村改革发展提供坚强政治保证。

【加快中低产田地改造的实施意见】 2009年3月30日，为认真贯彻落实党的十七届三中全会和省委、省人民政府关于加快中低产田地改造的决策部署，进一步加强农业基础设施建设，改善农业生产基本条件，提高农业综合生产能力，加快发展现代农业，促进农民持续增收，扎实推进社会主义新农村建设，中共楚雄州委、州人民政府制定下发《中共楚雄州委　楚雄州人民政府关于加快中低产田地改造的实施意见》。内容包括：（1）充分认识加快中低产田地改造的重大意义。（2）中低产田地改造的指导思想、目标任务和基本原则。（3）中低产田地改造的总体布局和实施进度。（4）中低产田地改造标准和主要内容。（5）加快中低产田地改造的保障措施。

【贯彻《中国共产党党校工作条例》的实施意见】 2009年3月30日，为全面贯彻落实《中国共产党党校工作条例》和《中共云南省委关于贯彻〈中国共产党党校工作条例〉的实施意见》精神，切实加强党校工作，中共楚雄州委制定下发《中共楚雄州委关于贯彻〈中国共产党党校工作条例〉的实施意见》。内容包括：（1）深刻认识新形势下加强党校工作的重要意义，全面开创全州党校工作新局面。（2）规范党校教育布局和领导体制，形成州、县（市）党校教育培训新格局。（3）改革创新党校教学工作，增强教学的针对性和实效性。（4）扎实推进党校科研工作，充分发挥党的思想理论阵地作用。（5）严格学员管理，充分发挥领导干部加强党性锻炼的熔炉作用。（6）实施人才强校战略，建设一支高素质的党校教师和管理服务队伍。（7）努力改善党校办学条件，积极推进管理科学化和服务规范化。（8）切实加强组织领导，认真抓好督促检查落实。

【深入贯彻落实科学发展观切实做好新形势下群众工作的实施意见】 2009年4月28日，为深入贯彻落实科学发展观，贯彻落实好省委《关于深入贯彻落实科学发展科观，切实做好新形势下群众工作的实施意见》精神，切实提高各级领导干部做好新形势下群众工作的能力，中共楚雄州委制定下发《中共楚雄州委关于深入贯彻落实科学发展观切实做好新形势下群众工作的实施意见》。内容包括：（1）深刻认识和把握新形势下群众工作的特点和要求。（2）落实科学发展观切实提高做好群众工作的能力。（3）实践“三牢记五争先”切实转变各级干部的作风。（4）建立健全做好新形势下群众工作的长效机制。（5）进一步加强对做好新形势下群众工作的组织领导。

【开展“一面旗、一团火、一盘棋”主题实践活动的决定】 2009年5月31日，为认真贯彻落实中共云南省委《关于在学习实践活动中认真组织开展“一面旗、一团火、一盘棋”主题实践活动的通知》精神，中共楚雄州委决定在全州各级领导班子和党员干部中组织开展以“个人形象一面旗、工作热情一团火、谋事布局一盘棋”为主要内容的主题实践活动，制定下发《中共楚雄州委关于在全州各级领导班子和党员干部中开展“一面旗、一团火、一盘棋”主题实践活动的通知》。内容包括：（1）深刻理解“一面旗、一团火、一盘棋”的丰富内涵。（2）扎实开展“一面旗、一团火、一盘棋”主题实践活动。（3）切实加强对“一面旗、一团火、一盘棋”主题实践活动的领导。

【2009年～2011年千村扶贫开发整村推进实施意见】 2009年6月11日，为确保实现《楚雄州农村扶贫开发纲要（2001～2010年）》提出的奋斗目标和任务，努力构建全社会参与扶贫的大扶贫工作格局，进一步整合扶贫资源，对贫困地区进行综合治理，中共楚雄州委、州人民政府制定下发《中共楚雄州委 楚雄州人民政府关于2009～2011年千村扶贫开发整村推进实施意见》。内容包括：（1）总体要求。（2）目标任务。（3）扶持重点。（4）建设标准。（5）实施原则。（6）规划要求。（7）资金筹措、使用和管理。（8）目标管理和责任分解。（9）工作要求。

【贯彻《中共云南省委关于深入整治用人上不正之风进一步提高选人用人公信度的实施意见》的若干意见】 2009年6月22日，为贯彻落实中纪委、中组部《关于深入整治用人上不正之风进一步提高选人用人公信度的意见》和《中共云南省委关于深入整治用人上不正之风进一步提高选人用人公信度的实施意见》部署的有关任务，推动楚雄州深入整治用人上不正之风工作扎实有效地开展，力争经过3～5年的努力，使人民群众对干部选拔任用工作的满意度明显提高、对整治用人上不正之风工作的满意度明显提高，中共楚雄州委制定下发《中共楚雄州委关于贯彻〈中共云南省委关于深入整治用人上不正之风进一步提高选人用人公信度的实施意见〉的若干意见》。内容包括：（1）扎实抓好干部选拔任用工作法规的学习教育，强化对学习贯彻情况的监督检查。（2）拓宽监督渠道，进一步加大对干部选拔任用工作的监督力度。（3）严明组织人事工作纪律，加大对用人上违规违纪问题的查处力度。（4）完善干部选拔任用及监督机制，加强从源头上防治用人上不正之风工作。（5）加强对整治工作的领导，认真抓好各项任务的落实。

【贯彻落实胡锦涛同志《在云南考察工作结束时的讲话》精神的通知】 2009年8月7日，中共楚雄州委发出关于转发《中共云南省委关于认真传达学习贯彻落实胡锦涛同志〈在云南考察工作结束时的讲话〉精神的通知》的通知。内容包括：（1）及时组织传达学习贯彻，深刻领会胡锦涛总书记的重要讲话和指示精神。（2）与贯彻落实州委七届六次全会相结合，全力促进经济平稳较快发展。（3）与抗灾救灾相结合，努力夺取抗灾救灾和恢复重建工作全面胜利。（4）与做好民族工作相结合，继续巩固民族团结大好局面。（5）与深入开展学习实践科学发展观活动相结合，着力推进党的建设。

【加快天然药业发展的意见】 2009年8月31日，为认真贯彻《中共云南省委 云南省人民政府关于加快发展云药产业的决定》、《云南省人民政府关于加快推进生物产业发展的意见》及中共楚雄州委、州人民政府关于加快发展重点产业的一系列重要精神，切实加快楚雄州天然药业发展，中共楚雄州委、州人民政府制定下发《中共楚雄州委 楚雄州人民政府关于加快天然药业发展的意见》。内容包括：（1）充分认识加快天然药业发展的重要性和紧迫性。（2）指导思想、总体思路和发展目标。（3）工作重点。（4）保障措施。

【2009年～2020年楚雄州党政领导班子后备干部队伍建设规划】 2009年11月3日，中共楚雄州委印发《2009～2020年楚雄州党政领导班子后备干部队伍建设规划》。内容包括：（1）指导思想和基本要求。（2）建设目标和工作重点。（3）主要政策措施和制度保障。（4）规划的组织实施。

【全面推进文化体制改革的实施意见】 2009年11月12日，为全面贯彻落实中共中央、国务院和中共云南省委、省人民政府关于深化文化体制改革的部署，积极稳妥推进楚雄州文化体制改革工作，加快彝族文化名州建设步伐，促进文化的大发展大繁荣，中共楚雄州委、州人民政府制定下发《中共楚雄州委 楚雄州人民政府关于全面推进文化体制改革的实施意见》。内容包括：（1）深化文化体制改革的必要性。（2）指导思想和基本原则。（3）总体目标和主要任务。（4）相关配套政策。（5）组织领导。

【加强生态文明建设的实施意见】 2009年12月5日，为认真贯彻落实党的十七大精神和《中共云南省委 云南省人民政府关于加强生态文明建设的决定》，切实加强生态文明建设，建设生态良好的楚雄，中共楚雄州委、州人民政府制定下发《中共楚雄州委 楚雄州人民政府关于加强生态文明建设的实施意见》。内容包括：（1）充分认识生态文明建设的重要性和紧迫性。（2）指导思想、基本原则和总体目标。（3）生态文明建设的主要任务。（4）建立生态文明建设长效保障机制。

【贯彻《中共中央关于加强和改进新形势下党的建设若干重大问题的决定》的实施意见】 2009年12月22日，为认真贯彻落实《中共中央关于加强和改进新形势下党的建设若干重大问题的决定》和中共云南省委实施意见精神，中共楚雄州委制定下发《中共楚雄州委关于贯彻〈中共中央关于加强和改进新形势下党的建设若干重大问题的决定〉的实施意见》。内容包括：（1）按照建设马克思主义学习型政党的要求，着力提高全州党员、干部思想政治水平。（2）坚持和健全民主集中制，不断增强党组织的团结统一和创造活力。（3）不断深化干部人事制度改革，努力建设高素质干部队伍。（4）全面加强党的基层组织建设，夯实党执政的组织基础。（5）树立和弘扬优良作风，保持党同人民群众的血肉联系。（6）深入推进反腐倡廉建设，为改革发展稳定提供有力保证。（7）加强对党建工作的领导，确保党的建设各项任务落到实处。

［仲显海］

表彰奖励

【表彰第二批新农村建设先进指导员派出单位和优秀工作队长、优秀指导员】 2009年2月10日，中共楚雄州委、州人民政府对在社会主义新农村建设工作中取得优异成绩的州交通局等28家新农村建设先进指导员派出单位、赵建新等9名新农村建设优秀工作队长、徐丽琴等102名新农村建设优秀指导员予以表彰，分别授予“楚雄州第二批新农村建设先进指导员派出单位”、“楚雄州第二批新农村建设优秀工作队长”、“楚雄州第二批新农村建设优秀指导员”荣誉称号。

【命名表彰“先进平安县（市）”和“平安县”】 2009年2月23日，中共楚雄州委、州人民政府决定，对在争创“先进平安县（市）”工作中成绩突出的楚雄市、元谋县、禄丰县和“平安县（市）”创建达标的牟定县给予命名表彰。授予楚雄市、元谋县、禄丰县为2008年度州级“先进平安县（市）”荣誉称号，各兑现奖金6万元；授予牟定县为2008年度州级“平安县”荣誉称号，兑现奖金8万元。

【表彰奖励2008年度社会治安综合治理维护稳定目标管理责任书达标县（市）】 2009年2月23日，中共楚雄州委、州人民政府授予楚雄市、元谋县、禄丰县、大姚县为2008年度综治维稳工作一等奖，各兑现奖金4万元；授予姚安县、双柏县、永仁县、牟定县、南华县、武定县为2008年度综治维稳工作二等奖，各兑现奖金3万元。

【表彰2008年全州大接访大下访活动和奥运期间信访工作先进集体和先进个人】 2009年4月29日，中共楚雄州委、州人民政府决定对在全州大接访大下访活动和奥运期间信访工作中涌现出来的中共大姚县委、县人民政府等36个先进集体，盛高举等63名先进个人予以表彰奖励。

【表彰2006～2008年度社会扶贫先进集体】 2009年6月26日，中共楚雄州委、州人民政府决定对2006～2008年度涌现出来的招商银行等120个社会扶贫先进集体给予表彰。

【表彰楚雄州社会治安综合治理维护稳定工作先进集体和先进工作者】 2009年7月30日，中共楚雄州委、州人民政府决定对在全州社会治安综合治理维护稳定工作中成绩突出的先进集体和先进工作者进行表彰奖励，授予中共楚雄市委、市人民政府等105个单位“1997～2008年度楚雄州社会治安综合治理维护稳定工作先进集体”称号；授予李怡等150名同志“1997～2008年楚雄州社会治安综合治理维护稳定工作先进工作者”称号，享受州级劳模待遇。

【表彰奖励2008年度基层党建工作先进单位】 2009年7月28日，根据《中共楚雄州委办公室关于印发〈楚雄州基层党建工作责任制考核办法（试行）〉的通知》精神，中共楚雄州委决定对中共楚雄市委、州直属机关工委、州人民政府办公室党组等11个党委（党组）授予楚雄州2008年度基层党建工作先进单位荣誉称号，并予以表彰奖励。

【表彰2009年现代烟草农业建设先进集体和先进个人】 2009年8月12日，中共楚雄州委、州人民政府决定对在2009年现代烟草农业建设工作中成绩突出的禄丰县等25个单位、冯毅等84名先进个人给予表彰奖励。

【表彰楚雄州离退休干部老有所为先进集体和先进个人】 2009年10月13日，中共楚雄州委决定对中共楚雄市委老干部局党总支离退休干部第二党支部等25个先进集体、王发义等50名先进个人进行表彰，分别授予“楚雄州离退休干部先进集体”和“楚雄州离退休干部先进个人”荣誉称号。

【表彰第三届优秀中国特色社会主义事业建设者】 2009年10月16日，中共楚雄州委、州人民政府决定授予丁春新等20名非公有制经济人士为“楚雄州优秀中国特色社会主义事业建设者”荣誉称号。

【表彰楚雄州人民调解工作先进集体和先进个人】 2009年11月2日，中共楚雄州委、州人民政府决定，对在人民调解工作中，工作扎实、成绩突出的楚雄市东瓜镇人民调解委员会等25个先进集体和张兴华等50名先进个人给予表彰。

［仲显海］

组织工作

【党组织情况】 2009年末，全州共有基层党组织7893个。党委254个，其中基层党委176个：乡（镇）党委103个、乡（镇）社区党委8个、建制村党委7个、其他党委7个，企事业单位党委31个，机关单位党委20个，政府工作部门党委78个（州级5个、县市级73个）；党总支887个，其中乡（镇）党总支662个、企事业单位党总支95个、机关单位党总支130个；党支部6752个，其中乡（镇）党支部3579个、企事业单位党支部1628个、机关党支部1327个，其他党支部218个。在394个党组中有州级机关党组53个，县级机关党组315个，州级事业单位党组5个，县级事业单位党组20个，县级企业党组1个。在1046个建制村中有党委7个，党总支626个，党支部413个；在47个乡（镇）社区（居委会）中有党委8个，党总支34个，党支部5个。

【党员队伍状况】 2009年末，全州有党员141002名，比上年增加3719名，增长2.7%，党员占全州总人口数的5.38%。其中有女性党员29139名，占党员总数的20.67%，占全州女性人口数的2.28%；有少数民族党员45451名，占党员总数的32.23%，占全州少数民族人口数的5.21%；全州女性党员和少数民族党员占党员总数的比例与全州女性人口数和少数民族人口数的比例相适应。年龄在35岁以下的党员有33410名，占党员总数的23.69%；36岁至45岁的有38624名，占党员总数的27.39%；46岁至54岁的有24326名，占党员总数的17.25%；55岁至59岁的有11560名，占党员总数的8.20%；60岁以上的有33082名，占党员总数的23.46%。从党员文化程度看，有研究生470名，占党员总数的0.33%，比上年增长8.29%；大学本科14451名，占党员总数的10.25%，比上年增长7.52%；大学专科19851名，占党员总数的14.08%，比上年增长5.16%；高中、中专21442名，占党员总数的15.21%，比上年增长0.39%；初中及以下84788名，占党员总数的60.13%，比上年增长1.93%。从职业情况看，有农牧渔民党员78266名，占党员总数的55.51%；公有制经济单位党员36308名，占党员总数的25.75%；非公有制经济单位党员2612名，占党员总数的1.85%；工人党员4532名，占党员总数的3.21%；企事业单位管理人员、专业技术人员党员18142名，占党员总数的12.86%；党政机关工作人员党员15429名，占党员总数的10.94%；学生党员1510名，占党员总数的1.01%；离退休党员16369名，占党员总数的11.61%；其他党员5937名，占党员总数的4.22%。

【发展党员情况】 2009年，全州共发展党员4119名，其中公有制经济单位发展党员793名，占发展总数的19.25%；非公有制经济单位发展党员190名，占发展总数的4.21%；发展农牧渔民党员2220名，占发展总数的53.90%；发展党政机关工作人员党员249名，占发展总数的6.05%；发展学生党员781名，占发展总数的18.96%；发展其他党员135名，占发展总数的3.28%。发展35岁及以下党员3117名，占发展总数的75.67%；发展高中以上文化的党员2163名，占发展总数的52.51%（其中发展大学本科以上文化的党员330名、发展大学专科文化的党员519名，分别占发展总数的8.01%、12.60%）；发展妇女党员1406名、少数民族党员1505名，分别占发展总数的34.13%、36.54%；发展生产、工作一线党员3323名，占发展总数的80.67%。

【干部队伍状况】 2009年末，楚雄州共有党政干部18166人，其中公务员17077人、参公管理群团机关工作人员413人、参公管理事业单位人员676人；有女性5246人，占总数的28%；少数民族6522人，占总数的35%；中共党员13326人，占总数的73%；大学本科及以上学历8374人（含研究生学历203人，其中博士2人、硕士34人），占总数的46%；大学专科学历7762人，占总数的42%；中专及以下学历1827人，占总数的10%；35岁及以下6634人，占总数的36%；36岁至40岁3492人，占总数的19%；41岁至45岁3462人，占总数的19%；46岁至50岁2958人，占总数的16%；51岁至54岁1152人，占总数的6%；55岁及以上468人，占总数的2%。从整体上看，全州干部总量持续稳定增长，干部队伍素质逐步提高，性别、民族结构不断趋于合理。

【贯彻落实《公务员法》】 2009年，楚雄州加强对全州党群系列公务员及全州县处级公务员的日常管理，按照公开、平等、竞争、择优的原则，认真做好2009年度公务员考录工作，共公开考录全州党群系统公务员18名，其中州级机关1名、乡（镇）机关3名、检察院系统14名。从“优秀村党组织书记、主任”中定向考录乡（镇）公务员20名。对新录用279名公务员进行了初任培训。认真组织完成了2008年度州级党群系列科级及以下公务员（含工勤人员）年度考核审核工作。州级党群系列32家部门611人参加2008年度考核，确定为优秀等次119名（占19.5%），称职等次479名，基本称职1名，不确定等次12名。严格按要求对部门（单位）选拔科级领导干部任免工作进行了审核和把关。全年审核批复州属党群部门科级干部任免64人次，其中科级实职46人、非领导职务18人。严格按照公务员调配管理的有关规定积极做好调配工作，全年共办理了13名公务员的调动手续，审查调入人员人事档案13卷，做到按规定审批，符合调配原则和方向。

【村级组织活动场所建设管理】 2009年，楚雄州州级财政投入1000万元，各县（市）也积极筹措资金，启动了省委下达州内的307个村级组织活动场所建设。其中新建23个，排危重建284个。至年底，共建设完成59个，占建设任务数的19.2%；已经开工建设67个，占建设任务数的21.8%，其余将在2010年6月底前全面完成建设任务。抓好现有村级活动场所的管理使用，下发了《关于进一步加强村级组织活动场所管理和使用工作的意见》，按“十二有”的标准加强办公家具及相关配套设施建设，进一步规范村级组织活动场所的使用管理。抓好村民小组（自然村）活动场所建设，结合新农村示范点建设、扶贫整村推进、民族团结示范村建设、农村校点收缩、撤乡并村等项目实施，建成村民小组（自然村）活动室2600个，进一步巩固和扩展了农村党组织活动阵地。

【积极探索建立村干部激励保障机制】 从2009年1月1日起，为全州在职村“三职”干部每人每月提高100元的岗位补贴，为原大队一级部分离职半脱产干部，每人每月提高定期生活补助50元，为1063名原村公所（办事处）终止聘用干部提高每人每月定期生活补助150元，增加后与原农村大队干部基本持平，较好的解决了历史遗留问题，维护了农村稳定。在继续坚持“百名优秀村官”评选表彰制度的基础上，进一步完善从村（社区）干部中定向考录乡（镇）公务员、从优秀村官中选拔乡（镇）党政副职工作，共从村（社区）在职“三职干部”中定向考录了20名公务员，从连续3年被中共楚雄州委、州人民政府表彰为优秀村（社区）的党组织书记（主任）中选拔了12名乡（镇）党政副职。

【选派新农村建设指导员】 2009年，全州组织部门完成了2008年度全州新农村建设工作指导员的考核表彰和2009年度指导员的选派、编队、驻点安排等工作。共选派了1055名指导员，精心挑选了103名工作队长和10名总队长。按要求推荐5家先进指导员派出单位、3名优秀工作队长、31名优秀指导员上报省表彰，并由州委对28家新农村建设先进指导员派出单位、9名新农村建设优秀工作队长、102名新农村建设优秀指导员予以表彰。在做好选派和评比表彰工作的同时，会同州农办研究制定下发了《楚雄州社会主义新农村建设工作队及指导员管理办法》，积极加强对新农村建设指导员的管理，与州新农村建设工作队领导小组办公室一道先后对全州10县（市）新农村建设指导员工作进行了调研和督促指导。其中楚雄州“硬抽人、抽硬人”的做法和在各县（市）设总队长的做法得到了省委组织部的充分肯定并在全省全面推广。

【选聘高校毕业生到村任职】 2009年，按照中共云南省委要求，楚雄州下发了《关于开展2009年选聘高校毕业生到村任职工作的通知》。通过组织开展统一考试、考察体检、公示和签定聘用合同等工作，共选聘了816名大学生“村官”到816个行政村工作，覆盖了全州90%的村委会。

【干部教育】 2009年，楚雄州统筹制定新一轮大规模培训干部规划，下发了《楚雄州新一轮大规模培训干部工作的实施意见》，对全州今后5年开展新一轮大规模培训干部工作的指导思想和总体目标、主要任务、办法措施等作了明确的规定，形成了抓干部教育培训工作的纲领。扎实有效抓好大规模培训干部工作，举办了2期学习十七届三中全会精神培训班，对全州103个乡（镇）936名班子成员进行了培训；举办了1期学习十七届四中全会精神专题培训班，对全州州直党（工）委书记、党组书记、县（市）委副书记、县（市）委组织部副部长、乡（镇）党政主要领导共350人进行了集中培训。10县（市）委按中共楚雄州委的统一要求，举办了37期培训班对7175名县（市）直党（工）委书记、党组书记、乡（镇）党委副书记、组织委员、村（社区）党组织书记及主任进行了专题培训。完成上级调训任务，选派了49批182人次参加上级举办的各类培训班学习培训；在延安市委党校、上海妇女干部培训学院举办了3期处级女领导干部培训班，组织全州88名处级女领导干部参加了培训。先后举办了楚雄州第一期新任县处级领导干部反腐倡廉建设专题培训班、楚雄州第六期少数民族中青年领导干部培训班、共青团干部培训班、楚雄州党校系统教师培训班、全州统战干部培训班和全州各民主党派、工商联、无党派代表人士培训班，全州共793名不同层次的干部参加了培训。

【组织开展副处级职务晋升资格考试工作】 2009年，按照中共云南省委组织部的统一安排部署，楚雄州组织全州1793名科级干部参加了副县处级领导职务晋升资格基本知识考试，共有1640人考试合格、占参考人数的91.5%，153人考试不合格，占参考人数的8.5%。

【干部选拔配备】 2009年，楚雄州全年共调整干部8批涉及250人，其中实行常委会票决224人。采取全委会初始提名，差额推荐、差额考察、差额酝酿，常委会、全委会票决的方式产生4名县委书记、4名县长。全年共提拔使用州管干部97人，其中正处级领导职务14人，副处级领导职务38人，非领导职务晋升45人；40岁以下的16人，少数民族干部17人，妇女干部11人，非党干部6人。平职调整71人，其中州级部门平职调整45人，州级部门交流到县（市）2人，县（市）交流到州级部门6人，县（市）之间交流13人，改任非领导职务5人。任期制调整16人，其中正处领导职务改任调研员5人，副处领导职务晋升调研员11人，副处领导职务改任副调研员11人。选派了52名州级机关年轻干部到乡（镇）挂任副乡（镇）长。

【公开选拔领导干部】 2009年，楚雄州根据中共云南省委组织部的统一安排部署，经过发布公告、组织报名、笔试、面试、考察和常委会议票决等程序，在全省范围内公开选拔了11名县处级领导干部。此次公选，共有349名州内外干部报名参加公选，最多的一个职位报名达141人，最少的10人。10个职位全部开考，共有318名考生应考，缺考31人，参考率达91.1%。最多一个职位125名考生参考，最少职位9人参考。10个职位共有54名考生进入面试，30名考生进入考察，最后经州委讨论决定，任用11人，已于9月全部到位，圆满完成了任务。任用的11名干部，全部为35岁以下，大学以上学历，年龄最小的为30岁，有硕士研究生1名。其中有女干部1人，占9.1%，少数民族4人，占36.4%；提拔副处级领导干部任正处级领导干部1人，提拔正科级领导干部任副处级领导干部8人，提拔正科级非领导干部（主任科员）任副处级领导干部

2人；州级部门正科提拔任职4人（其中到县任职1人），县（市）部门和乡（镇）正科提拔任职5人（其中到州级部门任职3人、在本县任职1人、到外县任职1人），省属高校副处级提拔到州级部门任职1人，外州（市）的县级部门正科提拔到州级部门任职1人。进入考察而未被任用的15名州内干部，直接列为副处级后备干部人选。另外，配合省委组织部做好2008年公开选拔部分高等院校党委书记、院（校）长人选工作，组织全州34名领导干部参加考试，最终有2名干部通过笔试、面试、组织考察，得到省委、省人民政府聘任。

【后备干部调整工作】 2009年，深入调研分析楚雄州当前领导班子和干部队伍建设状况，结合全州经济社会和党的建设长远发展需要，制定了《2009～2020年楚雄州党政领导班子后备干部队伍建设规划》。根据《规划》要求，组织开展了2009年全州县处级后备干部集中调整。经州委常委会议讨论决定，共确定县处级后备干部551名。其中10个县（市）共确定了47名正处级后备干部（妇女干部6人，占12.77%；少数民族干部18人，占38.3%；非党干部2人，占4.25%；45岁以上6人，占12.77%；40岁以下14人，占29.79%；35岁以下1人，占2.13%），174名副处级后备干部（含县长助理12人，参加2009年县处级领导干部公选进入考察的人选11人。其中妇女干部42人，占25.92%；少数民族干部65人，占40.12%；非党干部16人，占9.88%；35岁以下47人，占29.01%）。州属96家部门、单位共确定了128名正处级后备干部（妇女干部26人，占20.31%；少数民族干部38人，占29.69%；非党干部6人，占4.7%；45岁以上58人，占45.31%；35岁至40岁17人，占13.28%；35岁以下6人，占4.7%），202名副处级后备干部（含参加2009年县处级领导干部公选进入考察的人选4人。其中妇女干部29人，占14.36%；少数民族干部57人，占28.21%；非党干部22人，占10.89%；45岁以上22人，占10.89%；35岁至40岁62人，占30.69%；35岁以下17人，占8.42%）。少数民族干部、妇女干部、非党干部各项比例达到规划要求。基本建立了一支素质优良、数量适当、门类齐全、结构合理的后备干部队伍，为今后选拔任用干部奠定了基础。

【干部管理】 2009年，楚雄州制定出台了《州委组织部定期分析县处级领导班子和领导干部有关情况制度（试行）》和《县（市）和州级部门（单位）领导班子建设联系制度》，多渠道加强与干部的沟通和联系，进一步掌握处级领导班子运行情况和领导干部履职情况。制定出台了《关于严格执行干部职务任期规定保持乡（镇）党政领导干部在法定任期内稳定的通知》，对县（市）乡（镇）党政正职任职时间及任免程序等作了具体规定，审查和批复了楚雄等6个县（市）上报调整变动乡（镇）党委书记、乡（镇）长共26名；收回了2006年下派的10名工业或城建县（市）长助理及其他方面的2名助理，协助省委组织部做好下派挂职县长助理管理工作。完成2008年度州、县（市）县处级干部的考核工作。398名县（市）班子成员、625名州级部门班子成员参加了全面考核。10县（市）398名班子成员中，地方实职领导干部290名，非领导职务93名，挂职干部15名。最终确定的10县（市）干部考核等次为：“优秀”等次的地方干部90名，优秀率为19.6%，挂职干部15名（不占指标）；确定为“称职”等次的地方干部306名，称职率为79.4%；“不确定”等次干部2名。625名州级部门班子成员中，正处级领导干部146名，副处级领导干部266名，调研员（含保留正处待遇）76名，副调研员（含享受、保留副处待遇）128名，部队正团、副团转业未明确行政职务9名。最后确定2008年度考核的优秀等次128名，称职等次496名，不确定等次1名。

【干部监督】 2009年，楚雄州抓好《干部任用条例》及有关法规贯彻落实工作。组织6个检查组对全州10县（市）、63家州级部门2006年以来干部选拔任用工作的情况进行了全面检查，进一步增强了各县（市）委、州级各部门党委（党组）贯彻执行《干部任用条例》的自觉性和坚定性。组织92名新提拔的县处级干部进行了任前法规考试，对12家单位上报的科级干部任用工作进

楚雄州2009年度县(市)委书记、州属党(工)委书记抓基层党建工作专项述职会议

(州委组织部提供)

行了审核。加强对领导干部的日常监督。组织39名厅级干部、981名处级干部进行了个人有关重大事项报告工作，委托州审计局对15名领导干部进行了任期经济责任审计，对有举报反映的3名领导干部进行了函询。加强群众反映领导干部问题的查核力度，对2007年以来收到的反映干部选拔任用方面的举报进行了集中清理和查核；开通了县（市）组织部门"12380"专用举报电话，1月至11月共受理举报35件，其中按干管权限转有关单位查核的7件，直接办理的28件。认真抓好南华、大姚、禄丰3个县"深入整治用人上不正之风"示范县工作及"科学规范和有效监督县（市）委书记用人行为"调研试点工作。集中开展了在后备干部集中调整工作中治理拉票行为专项行动。配合省委第二巡视组对楚雄州开展了第二轮巡视工作。

【人才工作】 2009年，楚雄州组织开展了《楚雄州中长期人才规划纲要》编制工作，研究提出了未来10年全州人才发展的指导方针、战略目标、人才队伍发展的主要任务、人才发展体制机制创新的主要举措以及推动人才发展的若干重大政策和重点工程。认真总结了2004年以来全州人才工作好的经验和做法，编印了《楚雄州人才调研专辑》、《楚雄州人才工作大事记（2003—2009）》等资料。创新人才强州工作体制机制，研究出台了《楚雄彝族自治州引进人才办法》，明确了楚雄州引进人才的范围、原则、对象。牵头组织开展了"推动云南生物产业发展——百名留学博士云南行"楚雄站系列活动。继续加强高层次专业技术人才的选拔培养力度，修改完善了各位学科带头人的量化考核标准，对楚雄州第二批中青年学术技术带头人进行了认定，对88名学术技术带头人及培养人选进行了年度考核。切实加大高层次企业经营管理人才培养培训力度，先后组织全州规模以上企业经营管理干部、有关经济管理部门干部进行了培训，组织全州第三、四批中青年学术技术带头人培养人选60人赴北京大学学习培训。认真组织开展科技文化人才进乡村、医疗卫生人才进社区、党政机关人才进企业活动，充分发挥人才服务社会的作用。全年全州各县（市）共选派了196名科级干部和88名机关年轻干部到企业担任厂长经理助理。着力加强乡土人才队伍建设，认真做好第三批"云南省百名拔尖农村乡土人才"的推荐评选工作，深入开展好楚雄州"百名拔尖农村乡土人才、百名农村致富先锋、百名优秀村官"三大农村实用人才评选表彰活动，年内共评选表彰了100名优秀村官、100名农村致富先锋和100名拔尖农村乡土人才。

【调研和外宣工作】 2009年，中共楚雄州委组织部结合全州组织工作的年度重点任务，下达了调研课题。按时完成了省委组织部下达的《县（市、区）委书记的监督管理研究》和《关于科学规范干部任用提名尤其是初始提名制度问题》2个课题。着眼于组织工作亟需解决的现实问题，认真组织开展贯彻落实十七届四中全会精神专题调研，对2008年各科（室、中心）及县（市）委组织部上报的调研成果进行了评审表彰。基本完成了共约200万字，分州、县、乡三级党委、政府、军事、统战、群团系统的《楚雄彝族自治州组织史资料》（续编三，2000.01～2006.12）的编纂工作。积极做好组织工作外宣工作，全年编发《楚雄组工信息》35期，《楚雄组工信息专报》117期，其中被中组部采用3期，被省委组织部采用16期，综合排名位居全省前列；编发《楚雄组工通讯》13期，组织撰写发表原创网评文章183篇，进一步加大对全州组织工作的宣传力度。

［黄　忠］

老干部工作

【老干部状况】 2009年，全州健在离休干部818人，其中行政单位374人，事业单位220人，企业单位224人；抗日战争时期参加工作的39人，解放战争时期参加革命工作的779人；享受正厅级待遇的3人，副厅级待遇的16人，副厅级单项待遇的18人，县处级待遇的416人。全州有退休干部21406人，其中正厅级待遇10人，副厅级待遇30人，副厅三项待遇18人，县处级待遇819人。全州有省外易地安置离休干部20人，省内易地安置离休干部65人。有离休干部遗属523人，其中无固定收入遗属284人。

【老干部政治待遇】 2009年，全州认真从7个方面落实老干部政治待遇。（1）坚持按规定组织老干部阅读文件。设立阅文室，建立阅文制度，组织老干部阅读文件。（2）抓好老干部政治理论学习。全州举办老干部政治理论学习培训班11期，培训时间均达3天以上，培训老干部党支部书记和学习骨干1780余人次。（3）认真组织老干部参观考察。3月，中共楚雄州委、州人民政府邀请楚雄籍和在楚雄工作过的66名居住在昆明的厅级以上老干部及部分家属回楚雄参观考察。5月上旬，组织27名副厅实职以上离退休干部赴台湾参观考察；州委老干部局于4月、11月，2次组织担任过副厅以上实职老领导到青山嘴水库、楚雄市东南区等参观考察。7月，组织州属国有企业离休干部赴禄丰世界恐龙谷、石门水库参观考察。全州组织老干部参观考察3700余人次。（4）坚持向老干部通报情况。州委、州人民政府和有关部门领导向州属单位老干部通报情况4次。（5）加强离退休干部党组织建设。年末，全州有离退休干部党支部294个，与在职党员合编党支部924个，离退休干部党员10305名。离退休干部党支部上缴党费返还比例按规定的80%执行，党支部负责人落实了交通通讯补贴；州属企业离休干部党员单独成立党支部。各支部积极组织和引导广大老干部党员参加解放思想大讨论、深入学习实践科学发展观和"三个一"主题实践活动。（6）各部门、各单位召开的重要会议，举行的重要活动都请老干部代表参加。厅级老领导参加州委、州人大、州人民政府、州政协召开的重要会议及各种活动13次。（7）开展退休干部政治待遇问题调研。4月至8月，在10县（市）及州属签订老干部工作目标管理责任书的21个单位开展退休干部政治待遇问题调研，发放调查问卷800份，收回790份，召开座谈会30次，走访老干部28人，收到调研报告30篇。州委老干部局上报省委老干部局调研报告1篇，调查问卷100份。

【老干部生活待遇】 2009年，全州认真从7个方面落实老干部生活待遇。认真抓好离休干部“三个机制”的巩固和完善，确保离休干部生活待遇的全面落实。为189名离休干部兑现医药费节约奖28.52万元。坚持看望生病住院老干部，全年看望111人次。按政策规定及时为离休干部办理增加有关生活待遇的手续。州级单位6名生活不能自理老干部办理特殊护理费审批手续，35名年满80周岁的离休干部办理提高享受护理费手续，304名离休干部办理调整审批护理费手续，2名已故离休干部无固定收入配偶办理遗属生活补贴，按规定调整增加了283名已故离休干部无固定收入遗属生活补助，督促各级走访看望无固定收入遗属312人。派出干部参加逝世老干部的遗体告别活动13次，为23名副处级以上逝世离退休干部分别在《云南日报》和《楚雄日报》刊登逝世消息。为53名副处以上干部办理了退休呈报审批手续，为3名离退休干部补办了离退休证。做好老干部保健工作，举办州级单位老年保健知识讲座2期，听讲老干部600余人次。全州举办老年保健知识讲座78次，听讲老干部6000余人次。组织3656名老干部进行健康体检。加大特殊困难老干部帮扶力度，州委老干部局落实特困金10万元，为10个县（市）老干局解决老干部特困补助金23万元，为州属企业离休干部及家属发放特困补助金9000元。

【走访慰问老干部】 2009年，全州各级领导始终关心老干部的生活。开展春节走访慰问活动。1月12日，中共楚雄州委书记邓先培、州人民政府州长杨红卫向州级单位350多名老干部通报2008年经济社会发展情况和2009年工作安排。1月18日，州委、州人民政府在昆明楚雄大厦举行2009年春节团拜会，州党政军领导和住昆明的楚雄籍、在楚雄工作过的副厅级以上离退休干部欢聚一堂，辞旧迎新，共话发展。在《楚雄日报》刊登州委、州人民政府致全州离退休干部春节《慰问信》。29名州级在职领导于1月22日前分别走访慰问了所联系的42名老领导。州委组织部、州委老干部局走访慰问了享受副厅单项待遇离休干部和三项待遇退休干部。州委老干部局召开企业离休干部春节座谈会。逐户走访生病住院老干部和已故离休干部无固定收入遗属。敬老节期间，州级领导和州、县（市）属单位领导分别走访慰问老同志达7300余人次，召开座谈会170多次，帮助解决老干部重点困难和问题408件（次）。在建国60周年大庆前夕，州委、州人民政府领导，州、县（市）属各单位走访看望慰问建国前参加革命工作的老干部、老工人、老党员8500人次，召开座谈会150多次。

【楚雄州干休所】 2009年，楚雄州干休所有健在老干部26人，年龄最大的89岁，最小的77岁，平均年龄82岁。落实老干部政治待遇，组织老干部做好政治理论学习，参加中共楚雄州委、州人民政府等部门组织的形势报告会、情况通报会、党课教育、老干部读书班及党支部组织的集体学习。发放十七届四中全会报告单行本60本，相关学习资料700余册。刊出时事政治、党风廉政建设、党课知识、卫生防疫、保健知识、社会治安综合治理、精神文明建设等内容黑板报、橱窗报20期，上报信息18条，调研文章1篇。对生病、住院、常年卧床在家的老干部进行看望和慰问，到医院看望生病住院老干部36人次。送物到家、安全检查200余户次。组织老干部到青山嘴水库等地参观考察227人次。召开建党节、敬老节和庆祝建国60周年座谈会。全体职工坚持每天清扫大院，适时为老干部采购新茶、新米、酱油、香醋等，并分送到户，开展灭蝇、灭鼠、灭蚊、卫生防疫、花园修剪造型、绿化美化环境和进家入户检查水、电、气使用安全等工作。更换、补充灭火器及消防水管，新增大门转弯反光镜、院内通行路障锥型桶、温馨提示牌等，保障老干部日常生活及出行安全。10月，干休所党支部被中共楚雄州委表彰为“老有所为先进集体”。

【楚雄州老干部活动中心】 2009年，楚雄州老干部活动中心累计接待老干部30.10万人次。办理活动（学员）证1968人。承办全州老干部工作系统职工运动会。为各老年团体和有关单位提供使用大小会议室100多次。开展《保健讲座》9次。为老年大学艺术团和老战友艺术团集训演出服务40多次。举办网球培训3期，比赛6次，参与2147人次；门球培训4次、比赛13次，参与2.17万人次；乒乓球比赛11次，参赛1.10万人次；羽毛球比赛9次，参赛7085人次；地掷球比赛4次，参赛750人次。

［赵家德　冯春平］

宣传工作

【文化科技卫生“三下乡”集中示范活动】 2009年1月8日，由中共楚雄州委宣传部、州文明办等43家州级单位共同组织的2009年文化、科技、卫生“三下乡”集中示范活动在牟定县举行，标志着全州2009年“三下乡”活动正式启动。启动仪式上，州级43家单位向牟定县捐资捐物折合人民币27.45万元。州、县文艺演出团体为群众献上了精彩的文艺节目。

【全州文化体制改革研讨会】 2009年2月15日，全州文化体制改革研讨会在南华召开。州委常委、州人民政府副州长李红民，州委常委、州委宣传部部长杨正权及州文产办、州文化局、楚雄日报社、州广电局、州博物馆、州民族艺术剧院、州彝文研究所、楚雄电视台、州广播电台、州文化馆、州图书馆、州电影公司等单位负责人参加研讨会。

【彝州科学发展大讲坛】 2009年4月30日，由中共楚雄州委、州人民政府主办，州委宣传部承办的“彝州科学发展大讲坛”第一讲在州政务中心举行，中国人民大学马克思主义学院院长秦宣教授应邀作了《新中国六十年与中国特色社会主义》专题讲座；9月4日，中国著名企业组织建设专家、管理学教授张建华应邀作了《构建和谐积极的职业人生，打造高效执行的职业化团队》专题讲座；12月24日，原《求是》杂志社总编辑王天玺应邀作了《金融海啸与世界大格局》专题讲座。“彝州科学发展大讲坛”的成功创办，达到借助外脑促进彝州科学发展的目的。

【州委中心组理论学习】 2009年5月26日至27日，州委中心组第一次理论学习在州会务中心举行。会议全面分析了全州经济社会发展面临的形势，以开展“一面旗、一团火、一盘棋”主题实践活动为载体，研究“保增长、保民生、保稳定”工作。11月9日至11日，州委中心组第二次理论学习在州会务中心举行。会议进一步学习领会十七届四中全会精神，总结全州2009年经济社会发展情况，研究部署全州2010年各项重点工作。

【“祖国好云南红”大型采访活动】 2009年7月7日，在庆祝新中国成立60周年之际，由云南日报报业集团精心策划组织的“祖国好云南红”大型采访活动，在楚雄州拉开第一站采访活动序幕。云南日报报业集团所属的云南日报、春城晚报、云南网等11家报社，4家期刊社，2个新闻网站会同州级新闻媒体记者40余人开展采访活动。在楚雄州为期6天的采访报道中，采访报道团分3个采访报道组，深入全州10县（市）对全州经济、社会、文化等进行全方位、多角度、深层次的采访报道。

【“7·09”姚安地震新闻宣传工作】 2009年7月9日，楚雄州姚安县发生6.0级强烈地震。地震发生后，中共楚雄州委宣传部、中共姚安县委宣传部第一时间启动新闻宣传应急预案，成立新闻中心，正确引导舆论。通过积极有效的努力，灾情引起了国内外的广泛关注，宣传工作成效显著。截至7月17日，共有45家媒体180余名记者到姚安灾区进行采访。据不完全统计，共发出各类新闻稿件2100余篇、图片近700幅、电视台直播110余小时，其中人民日报社、中央电视台、新华社、中新社、云南日报社、云南电视台等主流媒体都以重要篇幅和显著栏目在黄金时间刊播了抗震救灾信息。经过媒体强有力的宣传报道，为鼓舞灾区人民群众投入抗震救灾、夺取抗震救灾的胜利提供了有力的舆论支持，得到了广泛的支持援助。

【“牵手灾区·情系彝山”慰问演出活动】 2009年8月9日，中共楚雄州委宣传部与中央人民广播电台和云南省新闻媒体携手，在姚安地震灾区举行了“牵手灾区·情系彝山”慰问演出活动，中央人民广播电台台长王求，省委常委、省委宣传部部长张田欣出席慰问演出活动。

【“彝人古镇”杯“红土地”之歌演讲比赛】 2009年8月27日，楚雄州“彝人古镇”杯“红土地”之歌演讲比赛决赛在州政务中心一楼大会议室圆满落幕。这次比赛经过各县（市）及各单位的层层选拔，有79人进入复赛，经过25日至26日的激烈角逐，最终有10名选手进入决赛。演讲比赛以“迎国庆、讲文明、树新风”为主题，歌颂新中国成立以来特别是改革开放以来全州各行业工作的突出业绩和先进典型以及全州各族人民在全面建设小康社会，构建社会主义和谐社会的征程上团结互助、艰苦奋斗的高尚品质和可歌可泣的先进业绩，宣传践行社会主义荣辱观，引领社会主义新风尚的先进典型和先进事迹。州委常委、州委宣传部部长杨正权，州人大常委会副主任江正荣，州人民政府副州长朱非，州政协副主席王定梁出席决赛晚会并为获奖选手颁奖。

【“感动彝州”十大人物表彰颁奖晚会】 2009年9月11日，“感动彝州”十大人物表彰颁奖晚会在州广电中心演播厅举行。州委副书记、州长杨红卫，州委副书记、州文明委主任杨宁，州委常委、州文明委副主任、州委宣传部部长杨正权，州人大常委会副主任、州文明委副主任江正荣，州人民政府副州长法玉宾，州政协副主席、州文明委副主任王定梁出席颁奖晚会并为受表彰的“感动彝州”十大人物颁奖。

【全州2010年度党报党刊发行工作会议】 2009年9月28日，全州2010年度党报党刊发行工作会议在楚雄召开。会议传达全省2010年度党报党刊发行工作会议精神，安排部署2010年度全州党报党刊发行工作，并对2009年度党报党刊发行工作先进集体进行表彰奖励。州级相关部门负责人，各县（市）委宣传部部长、分管党报党刊发行工作的副部长、新闻股股长，各县（市）邮政局局长参加了会议。

［尹建荣］

文化体制改革与文化产业发展

【文化体制改革与研讨】 2009年，全州认真落实国家《文化产业振兴规划》精神，出台一系列文化经济政策，建设彝族文化名州。2月15日，州文化体制改革领导小组办公室在南华县召开全州文化体制改革研讨会。州委常委、州人民政府副州长李红民，州委常委、州委宣传部部长杨正权，州文产办、州文化局、楚雄日报社、州广电局、州博物馆、州民族艺术剧院、州彝文研究所、楚雄电视台、州广播电台、州文化馆、州图书馆、州电影公司等单位负责人参加研讨会。与会人员在深入学习中央、省、州深化文化体制改革有关文件及领导讲话精神后，就《中共楚雄州委　楚雄州人民政府关于深化文化体制改革的实施意见》（征求意见稿）、《楚雄州人民政府关于加强文化事业和产业发展的若干经济政策》（征求意见稿）展开专题研讨，提出两个征求意见稿的修改完善意见和建议，并就各单位怎样推进改革建言献策。11月13日上午，全州文化体制改革动员会在楚雄召开。州委常委、州委宣传部部长、州文化体制改革指导委员会主任杨正权，州人民政府副州长、州文化体制改革指导委员会副主任朱非作动员讲话。会议认真贯彻学习《中共楚雄州委　楚雄州人民政府关于全面推进文化体制改革的实施意见》和《楚雄州人民政府关于加快文化产业发展的若干经济政策》，全面部署全州文化体制改革工作。

【中国彝族文化大观园北片区项目推进】 2009年，楚雄州努力推进中国彝族文化大观园北片区项目建设。2月27日，州人民政府州长杨红卫主持召开中国彝族文化大观园北片区项目推进工作会，州委常委、州委宣传部部长杨正权，州人民政府秘书长汪占毅参加会议。州交通局、州发改委、州文产办，楚雄经济开发区规划建设局和国土资源局相关负责人，兴杰（香港）国际投资集团有限公司董事长胡兴华、董事长助理姚厚亮等参加会议。会议就项目规划评审、项目区内2条景观大道的修建、近期几个子项目的建设、项目区内铁路建设和中华彝寨项目建设等问题进行了研究并做出相关要求。3月22日，州人民政府在开发区管委会举行中国彝族文化大观园北片区总体规划评审会。州党政领导杨红卫、张怀德、李红民、张之政、杨正权、程建华、吕琳麟、王定梁出席评审会。来自城市规划、旅游、文化产业、彝族文化研究等领域的11名专家，以及州、市、开发区相关部门负责人和投资商参加评审会。经过与会领导和专家们的讨论和评审，一致同意《中国彝族文化大观园北片区总体规划》通过评审。

【“加强彝族文化研究、建设彝族文化名州”专题调研会】 2009年5月6日上午，楚雄州人民政府在楚雄彝族文化研究所召开“加强彝族文化研究、建设彝族文化名州”专题调研会，州委副书记、州人民政府州长杨红卫，州委常委、州人民政府副州长李红民，州委常委、州委宣传部部长杨正权，州人民政府副州长杨元茂参加会议。州委宣传部、州民委、州文产办相关负责人参加会议。与会领导实地察看了彝族文化研究所，听取了彝族文化研究所的工作汇报，并就“加强彝族文化研究、建设彝族文化名州”问题提出了意见和建议。

【彝族饮食文化产业示范基地授牌】 2009年7月15日，楚雄“彝王宴”隆重开业，并举行了“楚雄州彝族饮食文化产业示范基地”授牌仪式。州委副书记、州人民政府州长杨红卫为“彝王宴”酒楼揭牌。州委常委、州委宣传部部长杨正权为酒楼授牌。“彝王宴”还被州旅游局授以“楚雄旅游餐饮特色名店”称号。

【苴却砚石和木纹砂岩荣获“云南名石”称号】 2009年7月10日，在省文产办、省商务厅、省国土资源厅、省质量技术监督局于昆明国际会展中心举办的2009中国（昆明）东盟赏石石材博览会暨珠宝文化节上，楚雄州永仁苴却砚石、武定木纹砂岩荣获“云南名石”称号。天彝苴却宝砚经营部、耀华石艺有限责任公司、楚雄经济开发区毛拉珠宝店、楚雄楚京勐巴娜西镇宅石有限公司荣获“云南省石文化产业百佳名店”荣誉称号。

【电影《进出》在楚雄开拍】 2009年11月9日，由云南纵之贯影视文化传播有限公司拍摄的电影《进出》在楚雄州开拍。电影《进出》以楚雄青年到北京求学为背景，运用形象、形式及语音等，独特地表现出主人公——楚雄青年对人生、生命及命运的思考。该片所需的160多个场景，70%在楚雄州拍摄。中国彝族十月太阳历文化园、彝人古镇、福塔公园、桃源湖、紫溪山、紫溪彝村、牟定万人同跳彝族左脚舞等均是该片的场景。

［钟雪峰］

统战工作

【全州形成大统战工作格局】 2009年，全州统战工作始终坚持以邓小平理论和“三个代表”重要思想为指导，把贯彻落实科学发展观贯穿于统战工作全过程和各个环节，扎实做好各方面工作，不断提高驾驭统战工作的能力和水平；始终围绕全州发展稳定大局，广泛凝聚人心、汇聚力量；始终坚持着眼统一战线建设，抓住事关统一战线长远发展的关键环节，努力在指导思想上形成共识，在服务大局上突出特色，在理论政策上创新发展，在工作实践上取得成效，不断推动彝州统战工作在新的历史起点上实现新的跨越。2月17日，州委召开第47次常委会，就配强队伍、理顺关系、健全机制等如何构建全州大统战工作格局问题作专题研究部署。随后，任命州民委主任、州宗教局局长担任州委统战部副部长，配齐配强了州委统战部领导班子。年末，州委统战部有州委常委担任的部长1名，副部长5名，建立了统战部副部长分别担任涉及统战工作重要部门领导职务的机制和州委统一领导、统战部牵头协调、各有关部门和人民团体各负其责的统战工作体制，实现了中央“要构建大统战工作格局”的要求，彝州统战工作在体制、机制、格局等方面提高到了一个历史新阶段。

【统战工作新领域拓展】 2009年，全州统战工作以协调和推进各类合作为主，积极拓展统战工作新领域。（1）经州委统战部牵头协调和积极推进，率先在全省创新实施“九校楚合作”模式。8月15日，九三学社中央、九三学社云南省委、云南农业大学与楚雄州人民政府在楚雄签订“九校楚合作”协议，九三学社中央副主席贺铿到会祝贺并表示积极参与支持。10月19日在楚雄举行农产品深加工园区建设座谈会。12月7日，"九校楚合作"在北京召开规划协商会议，各项工作进展顺利。"九校楚合作"模式是统战部积极发挥优势，拓展服务领域，借助各民主党派特有的广泛人脉而率先实施的九三学社中央、云南农大与楚雄州联袂合作的以葡萄、蔬菜、畜产品深加工等为重点的绿色产业为主的促进地方经济发展的举措，目标是依托九三学社中央、云南农大的科技人才优势，争取将楚雄打造成国家农产品精深加工示范区，力争农产品加工业产值突破500亿元，并增培5个全国知名品牌。(2）经州委统战部牵头协调，促成州人民政府与省侨联于12月21日签订招商引资战略合作协议，迈开楚雄招商引资从国内向国外的历史新步伐，扩大楚雄对外对内开放的新窗口。

【统战工作服务经济建设】 2009年，全州统战系统认真贯彻落实中央及省委的有关精神，开展为应对国际金融危机影响献计献策活动，围绕保增长、扩内需、调结构、增活力的目标，服务经济建设。(1）围绕全州经济建设中需要解决的重大问题开展大调研，形成《贯彻落实贷免扶补政策大力扶持农民创业》等19篇理论调研文章，为州委提供决策参考。（2）畅通信息渠道，建立信息"直通车"制度。把党外人士意见建议报送相关部门予以落实，永兴集团公司等13家企业通过"直通车"向州委、州人民政府提出建议、报告10余件。关于楚雄城市燃气管道纳入市政建设管理等10个建议分别由领导批示转交相关部门落实。(3）搭建平台，帮助中小企业应对金融危机。多次筹划、召开经济形势报告会、恳谈会、非公有制经济人士座谈会，分析研究和帮助中小企业解决发展中遇到的困难。举办培训班5期，请知名专家到楚雄讲授应对危机和企业管理的相关知识；帮助符合条件的中小企业投资筹建村镇银行和小额贷款公司，充分利用民间资本和企业群体内部资金解决融资难问题。年内，有5家企业完成了筹建准备工作。积极推动企业上市，按照州委"五企上市"目标，帮助符合上市条件的楚雄明宏生态科技公司等企业完善管理，健全制度，推动企业上市融资；针对楚雄州中小企业规模小、实力弱的实际，召开全州发行集合债券座谈会，引导企业通过联合聚集，壮大规模和实力，通过发行企业债券来实现融资。

【党外干部教育培训】 2009年7月29日至8月1日，由楚雄州干部教育委员会主办，州委组织部、州委统战部、楚雄州社会主义学院等单位联合承办的全州统战干部及党外干部培训班在楚雄州社会主义学院举行，来自全州10县（市）103个乡（镇）及州（市）各民主党派、州属有关单位的302名统战干部参加学习。培训班上，中共云南省委统战部副部长、省侨联党组书记童凤华，中共楚雄州委常委、州委统战部部长任锦云，省委统战部副部长杨光海，楚雄州人民政府副州长樊炳清分别作了中国共产党领导的多党合作和政治协商制度、用科学发展观指导统战工作、民族宗教理论、金融危机及影响等8个重要课题的专题报告。年内，州委统战部还配合相关部门选派党外干部、少数民族干部、统战部部长共18人到中央社会主义学院等院校学习培训和到广东等地挂职锻炼。

【统战理论研究与舆论宣传】 2009年，全州统战系统积极开展统战理论研究，以党委出题、党派调研、政府采纳、部门落实的理论研究模式，全面安排部署，整合各方资源，结合彝州经济建设中的重点难点精心组织研究，完成了"楚雄州新的社会阶层人士发挥作用问题研究"等7个研究课题。楚雄州统战理论研究成为全省连续7年获省委统战部优秀组织奖的唯一地（市），《楚雄州新的社会阶层人士发挥作用问题研究》获省委统战部理论研究一等奖。各县（市）和相关部门也结合工作实际报送了《统战工作要走出四个思想误区》、《禄丰宗教领域的新情况新问题及对策措施》等62篇理论调研文稿，经过评审组认真评选，有12篇文稿获奖。全年编印《楚雄统战信息》32期，刊出信息174条（篇），编印《楚雄统战工作通讯》21期、《统战工作信息领导专阅》2期，编报中央统战部、省委统战部《楚雄统战信息专报》101期，其中被中央统战部及《中国统一战线》采用24条，省委办公厅采用1条，省委统战部及《云南统一战线》采用171条（篇），被州委办采用1条（篇），与楚雄日报社、楚雄电视台、州广播电台等新闻媒体联办宣传专栏，有11条（篇）统战工作通讯被《楚雄日报》刊载，有60多篇稿件在电视台、电台播报，被省委统战部表彰为全省信息工作一等奖。

［杨春华］

政策研究

【北部金沙江流域城乡一体化发展规划】 2009年，中共楚雄州委政策研究室配合楚雄州北部金沙江流域发展规划，对北部金沙江流域城乡一体化发展进行专题研究。楚雄州北部金沙江流域城乡一体化发展规划，是楚雄州北部金沙江流域发展总体规划中一个重要的专题规划，是楚雄州主动接轨云南省金沙江流域整体开发的重要规划。通过研究表明：近年来，楚雄地区综合实力不断增强，农村经济长足发展，城乡居民生活明显改善，城镇化水平进一步提高，城乡一体化规划体系初步确立，城乡基础设施及社会事业发展成效显著，基本具备了推进城乡一体化发展的基础条件。但仍然存在着城乡发展不平衡，农业产业化水平低，农业基础设施落后，城镇化水平低，体制机制不健全等问题。楚雄州北部金沙江流域城乡一体化发展规划以基本实现农业产业化，新型工业化，生活城市化，市场一体化，社保全民化为总体目标。把大力推进6个方面的一体化，即把产业发展、空间布局、基础设施、社会事业、社会管理和生态保护作为规划重点。规划实施的工作重点：稳步引导土地向规模集中，走农业产业化道路；积极引导产业向园区集中，走新型工业化道路；梯度引导农民向城镇集中，走新型城镇化道路；加强农业基础设施建设，改善农村发展环境。规划实施的保障措施：切实强化规划管理，强力推进各项改革，建立良性投入机制，健全完善配套政策。

【外贸发展专题研究】 2009年，中共楚雄州委成立课题组，对楚雄州外贸发展问题进行专题研究。一是认真分析楚雄州外贸发展现状。分析显示，近年来，楚雄州外贸进出口规模不断扩大，企业主体和进出口产品种类增长较快。但存在着出口总量小、品种单一、附加值低，产业对外依存度高与产品外贸流通渠道不畅等问题。二是分析全州外贸面临加快发展的机遇与挑战。表现在提高外向型经济水平的挑战，产业结构调整与升级的挑战，发展环境改善的挑战，全州的贸易促进政策面临挑战。机遇主要是随着中国——东盟自由贸易区建设的进程加快和深入，将使双边经贸关系更加紧密；世界金融危机将使世界经济格局发生深刻变化，全球范围内的经济结构调整步伐加快，新一轮的产业转移和布局开始，外贸也将重新洗牌。全州外贸由于规模小，受危机冲击不大，使我们能够在目前的环境下抢抓机遇，加快发展。加之国家利好政策频出，为外贸的发展提供了良好的环境条件。通过研究分析，提出加快楚雄州外贸发展政策建议：深化对加快楚雄州外贸发展重要性的认识，坚定发展信心；理清发展思路，明确发展目标；力争到2012年，外贸进出口总额在2008年的基础上翻一番，达到1亿美元以上；对外贸易对全州劳动就业、生产总值、财税收入、农民人均纯收入的贡献率大幅提升；到2020年，外贸进出口总额在2012年的基础上再翻两番，达到4亿美元以上，占全州GDP的比重达10%以上，对外贸易对全州经济社会发展的贡献显著增强；确定发展重点，加大培植力度；完善政策措施，打造发展的洼地，完善扶持政策，完善激励机制；整合政策资源，形成发展合力。调研报告形成后，引起了州委、州人民政府的高度重视，很快进入了州委决策，形成了《中共楚雄州委 楚雄州人民政府关于加快对外贸易发展若干意见（试行）》。该政策的出台，极大地刺激了楚雄州对外贸易的快速发展。2009年，楚雄州外贸逆势增长，进出口总值达6931万美元，创历史新高。

【村级（社区）组织运转经费保障情况调研】 2009年，中共楚雄州委党建工作领导小组成立了由州委组织部、州委政研室、州人民政府研究室、州财政局、州民政局组成的综合调研组，对楚雄州村级（社区）组织运转经费保障情况进行专题调研。调研表明：2009年，楚雄州共有村（居）委会1092个，村（居）民小组14545个。村（居）委会在职的三职干部（书记兼主任、副主任、文书）有3308人，村（居）民小组干部有20534人，其他享受财政补助人员（治安调解员、计生员、护林员等）有5711人。村级组织运转存在公用经费严重不足，村干部待遇偏低，村级债务化解困难，村级集体经济薄弱等问题。针对这些问题，提出政策建议。调研成果很快进入州委决策，并在此基础上形成《中共楚雄州委办公室 楚雄州人民政府办公室关于印发〈楚雄州进一步完善结构补贴办法提高村（社区）干部待遇的意见（试行）〉的通知》。

【“三条途径”推进新农村建设调研】 2009年，中共楚雄州委政策研究室对楚雄州“三条途径”推进新农村建设进行调研。楚雄州紧密结合农村发展实际，从2006年起，针对山区、坝区和城郊结合部的发展瓶颈，以夯实发展基础、整治村容村貌、推进城乡一体化建设为重点，创造性地提出了“三条途径”建设社会主义新农村工作思路。历经3年的努力，楚雄州的新农村建设迈出可喜步伐，有力地促进了全州农村经济社会的快速发展，得到了省委、省人民政府的肯定。报告所总结的经验被省农办《云南新农村通讯》转载，向全省推广。

【失地农民问题调研】 2009年，中共楚雄州委政策研究室对失地农民问题进行了调研。据调查统计，截至2008年6月10日，仅楚雄市鹿城镇、东瓜镇和9个县城镇共有失地农民99858人，其中完全失地的有29204人，占失地农民总数的39%；人均耕地面积不足0.3亩的有31871人，占失地农民总数的32%；人均耕地面积超过0.3亩的有38783人，占失地农民总数的29%。全州对失地农民的安置形式主要有：货币安置、实物安置（居住安置）、社保安置、就业安置。

【新的社会阶层人士发挥作用情况调研】 2009年，由中共楚雄州委统战部、州委政研室和州工商业联合会对楚雄州新的社会阶层人士发挥作用情况进行专题调研。调研表明，楚雄州新的社会阶层人士现有19万人左右，约占总人口的7.29%。通过不断拓宽新的社会阶层人士有序政治参与的渠道，不断为新的社会阶层人士参与经济建设营造良好的发展环境，不断为新的社会阶层人士参与社会建设搭建新的平台，使新的社会阶层人士为楚雄州的政治、经济和社会建设积极献计献策，为推动经济发展、增加国家税收，扩大就业门路、缓解就业压力，建设社会公益事业发挥重要作用。

【中低产田地改造调研】 2009年，中共楚雄州委政研室对楚雄州去冬今春中低产田地改造情况进行调研。调研表明，楚雄州地处滇中干旱区，全州国土总面积28448.20平方千米（合42672303.5亩），占全省国土总面积的7.42%，在16个州（市）中居第五位，土地利用率84.57%，山区、半山区面积占95%。从一年来的中低产田地改造实践看，初步积累了6个方面的经验，即：加强领导、统筹协调是组织保障，统一标准、分类指导是基本原则，整合资源、发动群众是力量源泉，突出重点、连片推进是有效方法，创新机制、上下联动是重要基础，强化督查、严格考核是根本措施。

【水务管理体制改革调研】 2009年，根据省人民政府与楚雄州人民政府签订的《山区水利发展与改革示范区建设责任书》有关精神，结合实际，州委政研室对推进全州水务管理体制改革进行了调研。调研表明，至2008年末，全州累计建成中小型水库1042座，总库容10.59亿立方米；有效灌溉面积175.22万亩，保护人口61.67万人，保护耕地59.46万亩，为全州农业供水9.06亿立方米，工业供水0.41亿立方米，城镇生活供水0.82亿立方米，水力发电供水88亿立方米。累计解决农村195.89万人口饮水困难和饮水安全问题。

［高琳燕］

保密工作

【保密法制宣传教育】 2009年，楚雄州国家保密局在继续抓好“五五”保密法制宣传教育的基础上，全面完成“五五”保密法制宣传教育规划提出的各项任务。组织保密培训23次，培训人员3221人，办证81人。组织党校保密教育培训，州县（市）保密局与县（市）委党校积极开展党校保密教育培训14次，培训1348人。配合州人事局等部门组织开展初任国家公务员保密培训2期，培训274人。组织开展保密技术培训13期，培训900人，其中州保密局培训3期319人。抓好保密学习资料的征订发行工作，发行《保密须知》3411册，组织征订《保密工作》1103本。开展保密警示教育活动，转发案情通报，在州县（市）党政机关开展保密警示教育学习活动1230次，参加学习教育1.64万人次，其中处级以上干部1100人次，科级1.1万人次。

【计算机登记备案和标识工作】 2009年，楚雄州国家保密局根据上级部门的要求，对全州各单位所有计算机进行了分类、分级的管理，按照计算机存储处理信息情况，确定为涉密计算机和非涉密计算机，分别建立登记备案档案，建立健全相应的管理制度。全州4394台非涉密计算机、293台涉密计算机、376台隔离卡计算机、2034个非涉密移动存储介质、234个涉密移动存储介质粘贴了相应的标识，起到了很好的警示作用。

【保密技术培训班】 2009年7月15日，楚雄州国家保密局举办计算机信息系统安全保密管理员培训班。10县（市）保密局局长、保密技术干部、州属及驻楚各单位办公室主任、计算机信息系统安全保密管理员255人参加培训。

【计算机保密安全检查】 2009年7月20日至8月3日，楚雄州国家保密局组织开展了州县（市）563个单位计算机管理使用情况的自检自查活动。全年全州共检查非涉密计算机6250台（其中笔记本电脑210台），涉密计算机677台（其中笔记本电脑37台），非涉密移动存储介质1070个，涉密移动存储介质167个。其中州属及驻楚143个单位对2280台非涉密计算机，307台涉密计算机，1070个非涉密移动存储介质，167个涉密移动存储介质进行了自检自查。通过自检自查，各单位认真填报《楚雄州地方机关保密检查情况报告表》。8月10日至25日，州保密局组织抽调州委办公室、州人大、州委政法委、州委组织部、州信息产业办等州委保密委成员单位的计算机专业技术人员15人组成3个检查小组，由3名州委保密委员会委员带队对州委办公室、州人民政府办公室等30个重点涉密单位和要害部门、部位进行检查，对发现问题及时提出整改措施。州保密局积极上门服务79次，接受州属及驻楚97个单位及县（市）17个单位的相关咨询，并给予了耐心、详细的解答和指导。全年全州检查711个单位，发现隐患112件，督促整改112件；开展远程检查200多次，检查计算机1万台，检查鉴别连接互联网计算机存储文件资料3万份。

【国家统一考试保密管理】 2009年，楚雄州国家保密局高度重视国家统一考试保密督查工作，确保国家各类统一考试的顺利进行。（1）认真抓好考前教育培训。3月10日，州保密局领导在全州教育考试工作会议上就高考保密问题作了专题培训报告。（2）抓考前督促检查。高考前，州保密局领导率队对全州11个试卷保密室进行检查。中考时，州保密局领导配合州教育局领导对楚雄、禄丰、武定、元谋、牟定5县（市）的15所中学中考保密工作进行突击抽查。（3）州县（市）保密局派人直接参加各类教育统一考试试卷的保密监督管理和服务工作，试卷存放期间组织多次抽查，保障了全州各类教育统一考试工作的顺利进行。（4）保密部门还认真做好其他服务类统一考试的保密工作。派人参加了教育系统组织的全国统一考试50次，累计参加保密监督检查和保密服务581个工作日；其中州保密局参加24次，保密监督检查和服务175个工作日。州保密局试卷保密室积极为各有关单位服务，为州人事局等单位提供试卷保管服务12次，全年值班66天，确保了各次考试工作顺利进行。

【保密审查】 2009年，楚雄州及县（市）国家保密局积极为相关部门送审的稿件进行了保密审查，累计作保密审查稿件196部（册）2541.5万字。其中州保密局审稿36部（册）270.5万字。同时，州保密局对3个网络工程进行保密审查，为相关部门提供保密审查意见。

【废旧文件资料销毁工作】 2009年，楚雄州国家保密局为进一步加强对废旧文件资料收集的销毁工作，制定了《关于进一步规范文件资料销毁工作的通知》。进一步强调文件资料销毁工作的重要性和必要性，规定各单位的废旧文件资料要进行分类归集整理，便于集中销毁，有效地防止泄密事件的发生。全州累计收集销毁废旧文件资料71.6吨。其中州保密局收集销毁33.4吨。

［白宝珍］

机关党建

【党员电化教育】 2009年，中共楚雄州委直属机关工作委员会结合机关党员思想工作实际，订购内容适宜、具有较强指导性和实用性的电教片，发放到所属党组织中，要求认真组织观看。各机关党组织按照工委的要求和安排，适时组织广大党员学习观看了《十七大专题讲座》、《阳光心态》、《新领导力》等党员教育片。州直机关各党组织共组织党员观看电教片248场，参加党员7718人次。4月29日，州直机关工委开办党员电教课堂1期，所属机关党委、总支和直属党支部的科级党员干部近500人观看了由清华大学教授吴维库博士讲授的《情商与影响力》专题讲座电教片。

【机关党建目标管理责任制落实】 2009年，中共楚雄州委直属机关工作委员会根据年度机关党建工作重点，重新修改《机关党建目标责任书》，并在年初召开的2009年度机关党建工作会上与所属党组织签订责任书，认真对照责任书抓好落实。9月下旬，州直机关工委开展了机关党建工作责任制落实情况半年督查调研工作，工委领导及干部分成5个督察调研组，深入到所联系的基层党组织督促指导工作，帮助基层党组织发现问题、解决问题。责任制管理做到年初有安排、年中有督察、年底有考核，确保党建工作目标责任制各项工作落到实处。年初，通过量化考核，对2008年目标责任制执行得好的73个党组织进行奖励，兑现奖金5.87万元。

【党组织换届选举和发展党员工作】 2009年，中共楚雄州委直属机关工作委员会所属3个党委、5个总支、30个支部进行了换届。在换届选举中，注重理顺所属机关基层党组织的隶属关系，对新成立的部门及时帮助指导建立党组织。年内，新成立直属党支部4个，做到党组织设置合理，选配补齐基层党组织班子，选好配强基层党组织书记，调整补充党组织班子成员12人。按照党员标准和发展党员的要求，严把发展党员入口关，坚持规定程序和要求，实行发展党员公示制和票决制，既保障了党员的民主权利，扩大了党内民主，又强化了党内监督，提高了发展党员质量。全年发展党员19人，办理预备党员转正17人。

【党费收缴、管理及使用工作】 2009年，中共楚雄州委直属机关工作委员会建立健全党费收缴、管理和使用制度，做到专户专储，专人管理，专款专用。（1）认真做好离退休党员人数及党费金额核定工作和2009年离退休干部党支部党费及12个党委提留党费的返还工作。（2）做好有关党建经费拨付工作。（3）国庆节前夕走访慰问75岁以上困难老党员35人，共发放慰问金1.05万元。

【基层党组织互帮互助活动】 2009年，中共楚雄州委直属机关工作委员会认真组织所属党组织开展城乡基层党组织互帮互助活动，组织党员深入基层、深入群众、深入农村，为基层广大农民群众办实事、做好事、解难题，开展以支部生活“联过”、活动阵地“联建”、发展思路“联谋”，推进城乡基层党建观念、资源、工作的“三联三推”活动，充分发挥机关党员干部在解决基层群众热点、难点问题中的先锋模范作用。通过带动影响，为基层党组织注入了活力；通过开展帮扶，密切了与基层群众的联系；通过城乡联动，拓宽了基层发展路子，切实提高了机关党组织在统筹城乡经济社会一体化进程中的能力。开展帮扶项目200个，结成党员互帮互助对子1780对，开展城乡基层党组织互帮互助活动投入资金1500多万元。

【党建舆论宣传和“彝州机关先锋讲堂”】 2009年，中共楚雄州委直属机关工作委员会注重基层党建舆论宣传和信息调研工作，认真办好《简讯》和“楚雄机关党建”网站，编发《机关党建简讯》14期，及时更新网站信息，使其成为州直机关党建工作学习宣传教育重要阵地。注重舆论宣传，及时向有关部门上报机关党建工作信息，州直机关党建典型信息被州及省以上媒体刊播达169篇（条）。10月10日，州直机关工委举行了“彝州机关先锋讲堂”首讲仪式暨第一讲，邀请州委副书记、州人民政府州长杨红卫作专题讲座，有关领导和党务干部、机关党员近千人到会听讲。

【机关党建工作专题调研】 2009年，中共楚雄州委直属机关工作委员会为深

“彝州机关先锋讲堂”开讲仪式 （州直机关工委提供）

入学习贯彻党的十七届四中全会精神，总结全州机关党的建设工作经验，分析研究工作中存在的突出问题和困难，切实以改革创新精神加强和改进新形势下机关党的建设，根据《中共楚雄州委办公室关于学习贯彻党的十七届四中全会精神的通知》和有关领导的要求，州直机关工委及时形成调研方案，组成专门调研组，通过深入基层党组织、召开1次汇报会和2次座谈会等形式，认真开展专题调研，并形成了专题调研报告，以州委办公室《决策参考》印发全州各县（市）、各部门参阅。工委积极指导所属党组织围绕部门机关党建工作开展深入调研108次，形成调研报告110个。

【党务干部学习培训】 2009年，中共楚雄州委直属机关工作委员会采取与知名大学和有关单位合作办班等多种方式开展党务干部学习培训。共有278名党务干部参加了各级组织的学习培训。10月和11月，分2批组织33名州直机关党务干部到清华大学参加领导力提升研修班学习培训。

［郑曙霏］

企业党建

【党组织基本情况】 2009年末，中共楚雄州委企业工作委员会直属的党组织有40个，其中有企业党组织25个、事业性质的企业退休人员管理工作站党组织5个、机关党组织2个、破产歇业企业党组织8个。在40个党组织中，设党委13个、总支4个、支部23个。有党员3286名，比上年增长2.04%，其中在岗党员1465名，比上年增长5.7%。

【州委出台加强“两新”组织党建工作新举措】 2009年3月30日，中共楚雄州委印发了《关于加强全州新经济组织和新社会组织党的建设工作的意见》。《意见》明确规定2009年至2011年基本实现和完善“两新”组织党建工作管理体制、工作机制、保障机制体系，80%的“两新”组织党组织达到“五个好”的总体目标，提出扩大党在“两新”组织中的覆盖面，强化“两新”组织中党的基层组织建设、充分发挥“两新”组织中党组织和党员作用、切实提高“两新”组织流动党员管理服务工作水平，切实加强对“两新”组织党建工作的组织领导。

【企业经营管理干部培训】 2009年，中共楚雄州委企业工委认真贯彻落实中央关于建设学习型政党和学习型组织精神，按照州干教委和州人才工作领导小组的要求，紧密结合企业人才培养的实际，积极实施人才强企战略，采取措施多形式多途径培养企业人才。举办楚雄州企业经营管理干部前沿知识讲座3期，专题培训2期，邀请国内知名专家学者赵建华、于长滨、刘铁锋、蔡朝东等讲授企业经营管理、企业文化建设、现代金融等前沿知识，有企业经营管理干部、党务干部2000多人次参加培训。工委主要领导和相关科室干部深入企业，以上党课、党务知识培训等形式开展培训18次，培训企业经营管理干部、党务干部、党员和入党积极分子1500多人次。

【企业新党员发展】 2009年，中共楚雄州委企业工委加大党员发展工作力度。举办入党积极分子培训班3期，培训入党积极分子304名，是企业工委成立以来培训入党积极分子最多的一年。以责任制强化党员发展工作，把党员发展工作纳入基层党建工作目标责任制进行量化考核，加强对企业发展党员工作的帮助指导，及时解决党员发展工作中存在的问题。发展党员106名。

【楚雄企业党建网站建设】 2009年6月，“楚雄企业党建”网站开通。中共楚雄州委企业工作委员会主办的“楚雄企业党建”网站设工作动态、经验交流、理论研讨、党建园地、党风建设、声讯传递、政策法规、企业党建形象展示等栏目。至年底，上网资料120多篇，其中学习体会、党建工作经验交流近40篇，网站的点击率达6300多次。

【编印《楚雄州企业党员学习手册》和《楚雄州企业党务工作手册》】 2009年，中共楚雄州委企业工委结合企业党员和党务干部的实际，组织力量编印了35万字的《楚雄州企业党员学习手册》和《楚雄州企业党务工作手册》。《楚雄州企业党员学习手册》收录了重要文件及党内法规、基本政治理论、市场经济知识和企业管理知识及企业管理文摘等内容。《楚雄州企业党务工作手册》收录了党的基本知识、思想政治工作、纪检工作、党员教育管理、党员发展、常用文体、常用文件等内容。12月9日，州委企业工委在云南德胜钢铁公司举行赠书仪式，把3200本《手册》发放到企业党员和党务干部手中。州委企业工委还发出通知，要求广大党员要按照学习型政党建设的要求抓好学习，把学习作为一种精神追求，在真学真懂真信真用上下功夫，不断提高党员的思想政治素质。

【编印《楚雄企业党建》】 2009年，中共楚雄州委企业工委编印内部刊物《楚雄企业党建》，发放到各直属基层党组织和各县（市）及相关单位，以供学习交流企业党建工作经验，宣传企业改革发展成果。全年编印发放12期1500多份，刊载企业党建工作经验、党建工作动态、党建信息、企业改革发展等各方面资料和文章64篇，成为交流企业党建工作经验、了解企业党建工作动态的窗口。

【关心企业困难党员】 2009年，中共楚雄州委企业工委专题研究企业困难党员和老党员关爱工作，筹集慰问金近4万元，于春节前夕慰问困难党员100名，国庆节前夕慰问老党员、老干部、老工人34名，让他们充分感受到党的温暖和关怀，并鼓励他们要坚定信心，战胜困难，为建设和谐企业作奉献。各直属党组织也开展慰问活动，多渠道筹措资金11万元，慰问党员279名。姚安“7·09”地震发生后，州委企业工委及直属各党组织积极响应州委、州人民政府号召，发扬“一方有难，八方支援”的传统美德，组织广大党员向灾区捐款捐物28万多元，有的企业对来自灾区的职工给予资金扶持，有的以扶贫点为重点进行捐助，以表达对灾区人民的一片爱心。

［李星华］

【禄丰县首家民营旅游企业党组织成立】 2009年1月16日，禄丰县首家民营旅游企业党总支——“中共禄丰县侏罗纪世界投资有限责任公司总支部”由中共禄丰县直属机关党委批准，在世界恐龙谷正式挂牌成立。

［刘应东］

党校教育

【贯彻落实《党校工作条例》和各级党校工作会议精神】 2009年，全州各级党校认真贯彻落实《中国共产党党校工作条例》和中央、省、州三级党校工作会议精神。州委党校从加强学习型政党建设的高度来认识贯彻落实《中国共产党党校工作条例》和中央、省、州三级党校工作会议精神的重要性、必要性和紧迫性，切实把全校教职工的思想统一到中央、省委和州委关于党校工作要求和部署上，进一步增强了做好党校工作的责任感和使命感。在州委的统一安排部署下，州委党校积极协助州委办公室开展全州党校工作会议筹备工作，并认真完成各项工作任务，保证了会议的顺利召开。及时召开校党委会议、党委中心组学习会议、教职工大会，党支部大会等各种会议，认真传达学习全州党校工作会议精神。积极推进县（市）党校办学资源整合。按照州委的安排部署，在组织全州10县（市）委党校常务副校长到昆明、曲靖等地学习考察党校办学经验的基础上，深入全州10县（市）开展调研，并写出调研报告。

【干部培训】 2009年，中共楚雄州委党校继续按照大规模培训轮训干部、大幅度提高干部素质的要求，不断拓宽培训渠道，扩大培训规模，干部短期培训实现新发展。举办县处级领导干部反腐倡廉专题培训班、楚雄州学习贯彻党的十七届四中全会精神专题培训班、楚雄州统战干部培训班、楚雄州乡（镇）工会主席培训班、共青团干部培训班、楚雄州民主党派、工商联、无党派代表人士培训班、楚雄州宗教工作干部宗教教职人员培训班、计生干部培训班、全州党校教师培训班、村组干部培训班等各类培训班34期，培训轮训各级各类干部7035人次。

【干部学历教育】 2009年，中共楚雄州委党校按照“平稳过渡，安全收尾”的工作思路，认真做好干部学历教育工作。年末，州委党校有在校函授班6个，在校学员299人。

【政治理论研究】 2009年，中共楚雄州委党校按照建设“研究型”、“智囊型”党校要求，坚持“出名品”的科研工作思路，结合全州党的建设和干部教育培训及党校工作实际，充分发挥好党建研究所、廉政研究所、州情研究所和科学社会主义学会、哲学学会、党史党建学会、市场经济学会的作用，紧紧围绕党委、政府的中心工作，加大对重大理论和现实问题及学员关注的热点、难点问题的调研力度，特别是加强对策性研究，为州委、政府解决现实问题出谋划策。开展了纪念改革开放30周年和《彝州论坛》创办20周年理论研讨会、爱读书读好书善读书理论研讨会、学习贯彻党的十七届四中全会精神理论研讨会等。集中完成了与中央党校、省委党校和党委政府职能部门合作的9个调研课题。教职工撰写的理论文章有252篇被《中共中央党校学报》、《学习时报》、《云南日报》、《中共云南省委党校学报》、《楚雄日报》、《彝州论坛》等报刊发表。编印发行《彝州论坛》5期4000册，刊登理论文章164篇，约70多万字。

【政治理论宣讲】 2009年，中共楚雄州委党校充分发挥理论宣传“主阵地”作用，组织教师深入机关、部门、企业、学校、农村等开展理论宣讲，帮助广大党员干部深刻领会和准确把握科学发展观和党的十七届四中全会精神，提高建设“经济发展的楚雄、文化繁荣的楚雄、生态良好的楚雄、活力涌现的楚雄、和谐平安的楚雄”的能力和水平。有18名骨干教师到机关、部门、企业、学校、农村宣讲科学发展观、党的十七届四中全会精神等107次。

【党校队伍建设】 2009年，中共楚雄州委党校认真落实中央和中共云南省委关于努力造就一支政治强、业务精、作风正的党校教师和干部队伍的要求，大力实施人才强校战略，通过在职进修、挂职锻炼、外出培训、岗位练兵、交流引进等多种方式，切实加强以教师队伍为重点的队伍建设。完善了《教师年度教学科研业绩考核办法》、《管理服务人员考核办法》、《科研成果奖励办法》等，逐步实现教学科研和管理工作的科学化、规范化目标。

【中国西部远程学习网楚雄站建成】 2009年6月，中国西部远程学习网楚雄站在中共楚雄州委党校建成并正式投入使用。由中共楚雄州委党校承建的楚雄站点是云南省首批4个二级站点中最早投入使用的州（市）级站点。12月8日至9日，州委党校邀请浙江大学公共管理学院教授、博士生导师陈建华到校作《科学发展观与区域经济》专题讲座。

【楚雄州人口理论教育基地建立】 2009年9月17日，楚雄州人口计生领导小组在中共楚雄州委党校举行“楚雄州人口理论教育基地”挂牌仪式，州委常委、州人民政府副州长李红民及州委党校、州人口计生局主要领导参加挂牌仪式。

［起发明］

信访工作

【来信来访】 2009年，全州共办理群众来信来访1.93万件批次，与上年相比，下降3.8%。其中办理群众来信7130件（含网上信访1723件，占信访总量的8.9%），与上年相比上升了7.6%；接待群众来访1.22万批3.27万人，与上年相比批次和人次分别下降10.5%和3.4%。来访中，集体访1239批1.65万人，与上年相比批次人次分别上升11.7%和7.7%；个体访1.1万批1.61万人，与上年相比批次和人次分别下降13.0%和14.6%。从反映问题的目的上看，对党和国家的方针政策提出自己的主张和意见，对政治、经济、文化和其他社会生活中的有关情况表达态度和看法的来信239件，来访245批1318人，占来信来访量的6.26%；对法院判决、裁定、决定，行政执法、行政复议、仲裁，党纪政纪处分等处理不服，提出改变或纠正要求的来信265件，来访269批580人，占来信来访量的6.90%；对工作、生产、生活中遇到的困难和问题请求帮助解决的来信1554件，来访4287批1.6万人，占来信来访量的75.51%；对各级党政军机关、人大政协、司法机关、具有管理公共事务职能的组织、提供公共服务的企事业单位、社会团体、村（居）两委等组织及其工作人员违法违纪行为进行举报的来信175件，来访117批279人，占来信来访量的3.78%；反映其他问题的来信247件，来访337批691人，占来信来访量的7.55%。从反映问题的内容上看：反映政治、经济、宣传舆论方面115件；政法、纪检监察方面918件；劳动社保方面593件；教育、科技文体方面286件；卫生计划生育方面190件；组织人事方面372件；交通能源环保方面313件；民政方面1260件；农村农业问题405件；国土资源、水利、林业方面1645件；城乡建设1082件；信息产业、商贸旅游74件；反映其他问题的482件。

【网上信访】 2009年，楚雄州信访局共办理网上信访1757件，办结1625件，办结率92%，占州信访局来信来访总量的54%，占州信访局来信的66%。网上信访工作和全国信访信息系统建设受到省信访局好评。

【解决信访突出问题】 2009年，楚雄州信访联席会议共协调解决涉及人数多的重大信访问题101件，特别是从2009年开始，州、县（市）财政每年安排资金309万元解决2.02万名水利伤残民工生活困难问题；协调处理差欠农民工工资信访案件874件，涉及1.63万人，资金1.1亿元；办理中央、省及州委、州人民政府领导交办的信访事项210件，办结176件，办结率83.9%。

【矛盾纠纷排查调处】 2009年，楚雄州信访联席会议、州信访局按季召开会议，分析排查重大信访问题，共排查交办重大信访问题187件，办结134件，办结率71%。按省信访联席会议要求，楚雄州积极开展农村矛盾纠纷排查化解工作，共排查出农村矛盾纠纷2213件，化解1815件，化解率81.8%。

【大接访大下访】 2009年，楚雄州各县（市）及州级单位、各乡（镇）领导分别采取定点接访、重点约访、带案下访等形式开展接访、下访、约访活动。其中州级领导共接访约访8件12批27人，阅批群众来信368件；县级领导共接访约访2932件1849人，下访778次，下访群众2379人，阅批群众来信679件；州级机关单位领导共接访约访361件783人，下访268次，下访群众1324人，阅批群众来信138件；乡（镇）领导共接访约访5378件4687人，下访1518次，下访群众6230人。

【信访稳控工作】 2009年，楚雄州各级党委政府高度重视，把做好国庆期间的信访工作作为一项政治任务，认真抓好落实。（1）州委及时召开会议，对做好国庆期间的信访工作进行了安排部署。全州各级党委、政府及州级各部门严格按州委、州人民政府的要求，对做好国庆期间的信访工作认真进行安排部署，将责任落实到位。（2）对国庆期间的信访工作进行认真排查，对排查出的重点人员，在解决好他们生活困难的同时，落实稳控措施。（3）做好特殊群体的稳控工作。（4）落实工作责任制。州信访联席会议与10个县（市）、14家省属企业和州属企业签订重信重访人员稳控责任书，各县（市）也与乡（镇）签订重信重访人员稳控责任书。（5）州信访联席会议派出驻京工作组做好劝返工作，共劝回到北京上访人员21人。

【信访积案化解】 2009年，楚雄州信访系统按照中央和中共云南省委、省人民政府的要求，成立领导小组，下发《关于认真开展楚雄州信访积案化解年活动的通知》，制定了《楚雄州开展“信访积案化解年”活动工作方案》，对全州的信访积案进行认真排查，逐一分析研究，按照一案一个方案的原则，认真进行化解，排查出信访积案225件，化解211件，需继续化解14件。225件信访积案中，涉法涉诉移交政法机关6件，需要稳控5件，省联办协调3件，已化解息诉184件，已化解但未息诉25件。

【信访信息化建设】 2009年，按照云南省信访局关于率先在楚雄州实行全国信访信息网络试点工作的要求，中共楚雄州委、州人民政府对全国信访信息网络的推广和应用工作高度重视。年初，州信访局组织各县（市）业务骨干到省信访局接受全国信访信息网络业务培训。10月初，州信访局举办全国信访信息网络学习培训班1期。通过培训，推动全州信访工作信息化建设，全州实现全国信访信息网络开通运用。

［李有清］

楚雄彝族自治州人民代表大会常务委员会

重要会议

【楚雄州第十届人民代表大会第四次会议】 2009年3月20日至24日，楚雄彝族自治州第十届人民代表大会第四次会议在楚雄召开，应出席会议代表338人，因故未出席会议代表16人，实到会代表322人。大会主席团由53人组成，分别由州十届人大常委会组成人员34人、是州十届人大代表且不是政府组成人员的中共楚雄州委常委9人、州政协主席1人、楚雄军分区负责人1人、各代表团团长7人、州级老领导代表1人构成。邓先培、卢显林、江正荣、杨应旭、程建华、张启俊、何根源、曹大全、杨静、陈长来为主席团常务主席，江正荣兼任秘书长。大会设经济审查委员会、财政审查委员会、议案审查委员会和秘书处等工作机构。为全面做好大会秘书处的各项工作，服务好与会代表，大会秘书处设秘书组、行政会务组、组织组、议案组、宣传组和保卫组，工作人员200余人。会议法定列席21人，决定列席191人，邀请列席6人；批准钱家成等15位公民旁听会议。大会听取和审查楚雄州人民政府《工作报告》、《楚雄州2008年国民经济和社会发展计划执行情况与2009年国民经济和社会发展计划（草案）的报告》(书面)、《楚雄州2008年地方财政预算执行情况和2009年地方财政预算（草案）的报告》(书面)、《楚雄州人大常委会工作报告》、《楚雄州中级人民法院工作报告》和《楚雄州人民检察院工作报告》，并对6个报告作出相应决议。会议还补选了1名楚雄彝族自治州人大常委会委员和州人民检察院检察长。会议上，代表10人以上联名提出的议案56件。经大会议案审查委员会审查报大会主席团审议，决定列为议案3件：《关于认真落实各项优惠政策，大力扶持中小企业、个体工商户发展的议案》（第25号）、《关于加强职业技术培训，促进城乡失业待业人员就业的议案》（第28号）、《关于提升楚雄核桃产业综合发展质量的议案》(第50号)，交由州人民政府办理；其余53件议案转为建议、批评和意见办理。本次会议还收到代表建议、批评和意见共170件。

【楚雄州十届人大常委会会议】 2009年2月26日至27日，楚雄州第十届人大常委会第14次会议在楚雄举行。会议听取和审议了州人民政府关于对州十届人大三次会议第11号、第15号、第56号议案和代表建议、批评和意见办理情况的报告，听取和审议了州人大常委会选举联络工作委员会《关于对州十届人大三次会议代表提出的建议、批评和意见办理情况的报告》，审议了州人大常委会工作报告（讨论稿）和2009年度工作要点、议题安排和代表视察、执法检查安排。听取和审议了《关于州十届人大代表变动情况的报告》、《关于对州十届人大三次会议代表建议办理工作情况进行检查的报告》（书面）、《关于对贯彻实施〈矿产资源法〉进行执法检查情况的报告》（书面）和州十届人大四次会议筹备情况的说明。会议表决通过了有关决定和周兴国、蔡永林、刘志杰、善承卫的职务任命及吴波、杨运恒的职务免除。

4月28日至29日，楚雄州第十届人大常委会第15次会议在楚雄召开。会议听取和审议了州人民政府《关于楚雄州信用合作贷款使用情况的报告》、《关于楚雄州开展州级部门社会挂钩扶贫工作情况的报告》和《关于楚雄州加强人口和计划生育工作情况的报告》，审议了《楚雄州人民政府关于提请审议楚雄州2009～2013年政府信用合作贷款额度的议案》和《楚雄彝族自治州人民代表大会常务委员会议事规则》（草案）。表决通过了有关决定和审议意见；接受了耿克明辞去楚雄州人民政府副州长职务，决定任命李家龙为楚雄州人民政府副州长和李玲燕、沈黎芸、龚艳波的任职，并决定暂停杨晓丽执行州十届人大代表职务。

6月2日下午，楚雄州第十届人大常委会第16次会议在楚雄召开。会议决定任命朱非为州人民政府副州长和李德胜、王斌、郭孝益、汪家有等的职务任命，表决通过了钱荣生、李有贤、王炳元、陈春富、申秀芝等的职务免除；接受了程建华辞去州十届人大常委会副主任职务和王炳元、申秀芝、张晓鸣等辞去州十届人大常委会委员职务的请求，并决定接受普云辞去州十届人大常委会委员职务和暂停其执行州十届人大代表的职务。

6月29日至30日，楚雄州第十届人大常委会第17次会议在楚雄召开。会议听取和审议了州人民政府《关于楚雄州招商引资工作情况的报告》、《关于楚雄州国土资源保护开发利用情况的报告》、《关于楚雄州城乡居民最低生活保障工作情况的报告》，表决通过了对3个工作报告的审议意见和对罗云波、邱崇飞、罗发仁、张荣新的职务任免。

8月27日至28日，楚雄州第十届人大常委会第18次会议在楚雄召开。会议传达了胡锦涛总书记在云南考察工作结束时的重要讲话精神，听取和审议了州人民政府《关于楚雄州2008年州本级财政决算的报告》、《关于楚雄州2009年上半年财政预算执行情况的报告》、《关于楚雄州2009年上半年国民经济和社会发展计划执行情况的报告》、《关于楚雄州2008年度州级预算执行和其他财政收支的审计工作报告》；审议了州人大常委会关于楚雄州贯彻实施《〈中华人民共和国治安管理处罚法〉、〈中华人民共和国义务教育法〉、〈中华人民共和国全国人民代表大会和地方各级人民代表大会代表法〉情况进行执法检查的报告》。会议表决通过审议各项工作报告的审议意见、决议和决定。

10月27日至29日，楚雄州第十届人大常委会第19次会议在楚雄召开。会议听取、审议并通过了"一府两院"《关于执行〈中华人民共和国刑事诉讼法〉情况的报告》、《关于楚雄州知识产权保护工作情况的报告》及其审议意见；审议通过了《楚雄彝族自治州人民代表大会常务委员会实施〈中华人民共和国各级人民代表大会常务委员会监督法〉办法》、《楚雄彝族自治州人民代表大会常务委员会规范性文件备案审查暂行规定》、《楚雄彝族自治州人民代表大会常务委员会任免国家机关工作人员办法》和楚雄州人大常委会组织部分全国、省、州人大代表视察楚雄卷烟厂技改搬迁、州人民医院新区、州文化活动中心建设情况进行视察的书面报告及州十届人大代表变动情况的报告。会议还表决通过了马国雄、张建民、邓永平和汪占毅、杨荣的职务任免。

12月21日至23日，楚雄州第十届人大常委会第20次会议在楚雄召开。会议听取和审议了州人民政府《关于楚雄州2009年州本级财政预算调整方案的报告》、《关于楚雄州2008年度州级预算执行和其他财政收支审计查出问题整改情况的报告》、《关于对州十届人大四次会议议案办理情况的报告》和《关于对州十届人大四次会议代表提出的建议、批评和意见办理情况的报告》，听取和审议了州人大常委会选举联络工作委员会《关于对州十届人大四次会议代表提出的建议、批评和意见办理情况的报告》，审议决定了州十届人大五次会议召开的时间和有关事项，书面审议了《楚雄州人大常委会工作报告（讨论稿）》和关于对楚雄州贯彻实施《中华人民共和国农业机械化促进法》、《中华人民共和国中小企业促进法》、《云南省中小企业促进条例》、《楚雄彝族自治州自治条例》情况进行执法检查的报告。审议通过了州人大常委会2010年度工作要点、议题安排和代表视察、执法检查安排意见。会议还补选了省十一届人大代表1名；表决通过了对会议报告审议的有关决议、决定和意见；接受了曹大全辞去州十届人大常委会副主任职务，通过了申宗强、黄俊职务的任免。

【楚雄州人大常委会主任会议】 2009年11月30日，楚雄州十届人大常委会召开第53次主任会议，专题听取州人民政府关于青山嘴水库建设及移民搬迁安置情况的汇报。12月16日，州十届人大常委会召开第54次主任会议，专题听取州本级财政预算调整方案报告。会议认真听取了州财政局局长邓斯云受州人民政府委托所作的楚雄州州本级2009年财政预算调整方案的报告，并进行了认真的审议。

［易学敬］

重要活动

【省人大常委会调研执法检查视察组到楚雄州调研执法检查和视察】 2009年2月12日至13日，云南省人大常委会内务司法委员会主任委员李应科到楚雄州调研内务司法工作。4月2日，省人大常委会副主任程映萱深入禄丰县勤丰镇马街中低产田改造点、碧城镇前营烟叶烘烤工场、罗次育苗工场，就楚雄州现代烟草农业建设情况进行调研。5月13日，省人大常委会内务司法委员会副主任委员梁渝南一行深入到红塔集团楚雄卷烟厂、楚雄州公路总段、牟定县江坡镇、元谋县元马镇对人民调解工作进行调研。5月18日至21日，省人大常委会农业工作委员会副主任贾宝强一行到楚雄州农业局、楚雄市、元谋县对楚雄州贯彻实施《中华人民共和国农产品质量安全法》情况进行调研。6月11日至13日，省人大常委会副主任杨建甲为组长的省人大常委会执法检查组深入楚雄市、元谋县，就贯彻实施《中华人民共和国农产品质量安全法》情况进行执法检查。6月24日，省人大常委会常务副主任晏友琼为组长、省人大常委会副主任程映萱为副组长的省人大常委会视察组莅临楚雄州视察现代烟草农业建设工作。8月7日，省人大常委会农业工作委员会副主任贾宝强一行3人深入到南华县就集体林权制度改革及林下资源的生产、开发和利用情况进行调研。8月24日至25日，省人大常委会副主任程映萱带领由部分省人大常委会委员和省人大财政经济委员会、民族委员会等负责人组成的执法检查组，到楚雄州检查《云南省民族工作条例》贯彻实施情况。10月12日至14日，以省人大内务司法委员会主任委员李应科为组长的省人大内务司法委员会调研组到楚雄州调研公安机关开展"三基"工程建设情况。

【代表视察】 2009年4月8日至10日，楚雄州人大常委会组织驻楚部分全国、省人大代表和部分州人大代表组成4个视察组分别深入到永仁、元谋、武定、大姚4个县，对楚雄州"8·30"地震恢复重建工作情况进行了专题视察。9月22日至24日，州人大常委会组织驻楚部分全国、省人大代表和部分州人大代表组成视察组，对楚雄卷烟厂技改搬迁、州人民医院新区、州文化活动中心重点项目建设情况进行视察。

【执法检查】 2009年，楚雄州人大常委会组织开展执法检查6次。6月22日至7月8日，楚雄州人大常委会组织部分省、州人大代表对楚雄州贯彻实施《中华人民共和国义务教育法》的情况进行检查。7月6日至10日，楚雄州人大常委会副主任何根源、杨静带领选举联络工作委员会的同志分成两个检查组，在各县（市）自检自查的基础上，对楚雄、双柏、牟定和禄丰、武定、元谋等6个县（市）人大常委会、9个乡（镇）人大主席团2007年以来贯彻实施《中华人民共和国全国人民代表大会和地方各级人民代表大会代表法》情况进行执法检查。7月下旬至8月下旬，楚雄州人大常委会副主任江正荣带领执法检查组，分别到楚雄、双柏、武定、元谋等县（市），采取听取县（市）人民政府工作情况汇报、召开干部群众座谈会，到派出所、拘留所与部分干警座谈等形式，对楚雄州贯彻实施《中华人民共和国治安管理处罚法》情况进行执法检查。8月20日至9月4日，楚雄州人大常委会组织部分州人大代表、州人大常委会财经工委委员组成的执法检查组，在州人大常委会副主任张启俊的带领下，分别到楚雄市和南华、姚安、大姚、牟定等县，通过听取县（市）人民政府工作情况汇报、深入部分中小企业查看企业发展情况、征求中小企业干部工人意见等形式，对全州贯彻实施《中华人民共和国中小企业促进法》、《云南省中小企业促进条例》情况进行全面执法检查。9月下旬至10月12日，楚雄州人大常委会组织执法检查组，在州人大常委会副主任曹大全的带领下，在各县（市）自检自查的基础上，采取抽查的形式，对楚雄市、双柏县、元谋县贯彻实施《楚雄彝族自治州自治条例》情况进行执法检查。12月1日至2日，楚雄州人大常委会组织部分省、州人大代表，在州人大常委会副主任杨应旭的带领下，深入到州农业局、南华、姚安、大姚等县，采取召开座谈会、听取工作汇报、实地查看等形式，对全州贯彻实施《中华人民共和国农业机械化促进法》情况进行执法检查。

【政情通报会】 2009年，楚雄州人大常委会召开政情通报会2次，州党政领导通报经济社会发展情况。1月12日，楚雄州人大常委会在州会务中心召开2008年下半年政情通报会。州委副书记、州长杨红卫在会上向驻楚部分全国、省人大代表和部分州人大代表通报2008年全州经济社会发展情况和2009年全州经济工作初步设想。7月31日，楚雄州人大常委会召开2009年上半年政情通报会。州委副书记、州长杨红卫在会上向驻楚雄城区的部分全国、省、州人大代表通报2009年上半年全州经济社会发展情况和20个重大建设项目进展情况。

【云南省法律援助条例（草案）立法座谈会】 2009年10月26日至29日，《云南省法律援助条例（草案）》立法座谈会在元谋县召开，省人大内司委、省政府法制办、省司法厅及楚雄州等9州（市）人大常委会有关负责人共39人参加会议。

【全州人大常委会主任座谈会】 2009年10月29日上午，全州人大常委会主任座谈会在州会务中心举行。州人大常委会主任卢显林在会上强调，要认真领会好、贯彻好党的十七届四中全会精神和胡锦涛总书记在云南考察结束时的重要讲话精神，深入贯彻落实科学发展观。进一步深化对坚持和完善人民代表大会制度的认识，增强做好人大工作的使命感和责任感，围绕中心，服务大局，认真履职，以科学发展观谋划发展、评价发展，不断开创彝州人大工作新局面，充分发挥地方国家权力机关在彝州经济社会发展中的积极促进作用。州委常委、州委组织部部长徐昕出席会议并讲话。

【全州人大系统办公室工作暨人大宣传工作会议】 2009年10月30日，全州人大系统办公室工作暨人大宣传工作会议在楚雄召开。会议总结上年全州人大系统办公室工作和全州人大宣传工作取得的成绩和经验，对2008年度全州宣传人民代表大会制度涌现出来的49件好作品、3个先进单位和30名优秀通讯员进行表彰奖励，为80名2009～2011年度人大宣传工作通讯员颁发聘书。

【楚雄州人大常委会设立30周年纪念大会】 2009年12月23日，楚雄州人大设立常委会30周年纪念大会在州会务中心民族会堂隆重举行。州党政军领导杨红卫、李兴顺、卢显林、张怀德、李琳玻、张之政、王兴明、任锦云、徐昕、吴华、江正荣、杨应旭、张启俊、何根源、曹大全、杨静、杨元茂、吕琳麟、左荣贵、樊柄清、张武育，州中级人民法院院长闾柏、州人民检察院检察长李宏，州级老领导普联和、杨成彪以及曾经担任过州人大常委会副主任的老领导出席纪念大会并在主席台就座。州委副书记、州人民政府州长杨红卫代表中共楚雄州委作重要讲话，州人大常委会主任卢显林主持会议并在结束时讲话，州人大常委会原主任普联和作了讲话。州人民政府副州长左荣贵、州中级人民法院院长闾柏、州人民检察院检察长李宏

楚雄州人大常委会成立30周年纪念大会 （州人大办提供）

作了发言。州十届人大常委会组成人员，县（市）人大常委会主任，州委各部、委、办、局，州级国家机关各委、办、局，各民主党派，各人民团体，各企事业单位主要负责人，州中级人民法院、州人民检察院科以上干部，州人大常委会机关全体干部职工以及应邀列席州十届人大常委会第20次会议的州人大代表和旁听公民近400人参加纪念大会。

【代表重点建议办理检查】 2009年1月6日至7日，以州人大常委会副主任何根源、杨静为组长，部分州人大代表组成的检查组，分为3个小组分别对州经委、州民委、州交通局等15个单位及其承办州十届人大三次会议人大代表提出的17件重点建议办理情况进行检查。11月17日，州人大常委会召开人大代表检查重点建议办理工作反馈会，听取州人民政府关于州十届人大四次会议代表建议办理情况的汇报。

［易学敏］

决议决定

【关于批准楚雄州2008年州本级财政决算的决议】 2009年8月28日，楚雄州第十届人大常委会第18次会议结合州审计局局长张万礼受州人民政府委托所作的《关于2008年度州级预算执行和其他财政收支的审计工作报告》，对州财政局局长邓斯云受州人民政府委托所作的《关于楚雄州2008年财政决算的报告》进行审查。根据州人大常委会财政经济工作委员会的审查报告，决定批准楚雄州2008年州本级财政决算和《关于楚雄州2008年财政决算的报告》。会议同意州人大常委会财政经济工作委员会的审查报告，对财政经济工作委员会在审查报告中提出的建议，州人民政府及其有关部门要高度重视，抓好落实。

【对《关于对州开发投资有限公司城投债券第三方担保提供反担保的议案》的决议】 2009年7月28日，楚雄州第十届人大常委会第45次主任会议听取和审议了《楚雄州人民政府关于对州开发投资有限公司城投债券第三方担保提供反担保的议案》。会议认为，为提升债券的信用级别，降低发行成本，顺利推进本期债券的发行工作，州人民政府在云南省投资控股集团有限公司为州开发投资公司债券提供第三方担保的同时为其提供反担保是可行的。会议同意州人民政府在云南省投资控股集团有限公司为州开发投资有限公司城投债券提供第三方担保的同时对其提供相应的反担保；同意州人民政府授权州财政局办理为云南省投资控股集团有限公司提供反担保的手续。

【对《关于州人民医院新区建设项目贷款限制性条款的议案》的决定】 2009年2月27日，楚雄州第十届人大常委会第34次主任会议听取和审议了州人民政府关于《楚雄州人民政府关于州人民医院新区建设项目贷款限制性条款的议案》。会议认为，为推进全州公益性基础设施重大项目建设的顺利实施，经州人民政府研究和州人民医院新区建设项目的实际情况，其贷款方式、数额、年限可行。会议同意，州人民政府向中国农业银行楚雄州分行贷款用于州人民医院新区建设项目贷款1.87亿元，期限不超过10年。会议要求，州人民政府必须合理安排贷款资金的使用，贷款本息列入各年财政预算，在贷款期限内按时还本付息。

【对《州人民政府关于州文化活动中心4000万元贷款续贷的议案》的决定】 2009年2月27日，楚雄州第十届人大常委会第34次主任会议听取和审议了州人民政府关于《楚雄州人民政府关于州文化活动中心4000万元贷款续贷的议案》。会议同意，为确保州文化活动中心项目建设，2009年1月5日到期的4000万元贷款，州人民政府提出的由楚雄州土地储备地产交易管理中心作为贷款主体向交通银行楚雄州分行申请办理金额为4000万元的续贷手续，承贷后资金仍由州文化活动中心指挥部使用。会议要求，贷款偿还根据批准贷款年限，由州财政将贷款本息列入年度预算，按期拨付还本付息。

【对《州人民政府关于水利建设工程贷款的议案》的决定】 2009年2月27日，楚雄州第十届人大常委会第34次主任会议听取和审议了州人民政府关于《楚雄州人民政府关于水利建设工程贷款的议案》。会议同意，州人民政府提出的由州开发投资公司向交通银行楚雄州分行申请贷款2.94亿元人民币，用于禄丰沙龙水库等水利工程项目建设，期限为1年至3年。会议要求，贷款偿还根据实际贷款年限，由州财政局将贷款本息列入年度预算，按期拨付还本付息。州人民政府必须合理安排资金使用，严格监管，充分发挥资金使用效率。

【关于召开州第十届人民代表大会第四次会议的决定】 2009年2月27日，根据《中华人民共和国地方各级人民代表大会和地方各级人民政府组织法》的规定，楚雄州第十届人大常委会第14次会议决定，楚雄彝族自治州第十届人民代表大会第四次会议于2009年3月20日至24日在楚雄召开。建议会议的议程共7项，听取和审议并表决通过“一府两院”5个工作报告和州人大常委会工作报告；补选1名州人大常委会委员和州人民检察院检察长。

【关于政府信用合作贷款的决定】 2009年4月29日，根据楚雄州人民政府提交的《关于审议楚雄州2009～2013年政府信用合作贷款额度的议案》和中共楚雄州委第48次常委会讨论意见，经州第十届人大常委会第15次会议审议，作出如下决定：（1）为加快全州经济社会事业的发展，同意州人民政府自2009～2013年继续发挥州开发投资公司融资平台的作用，加强与金融机构的信用合作，贷款总额控制在50亿元以内。（2）贷款投向主要用于五大重点产业、城市基础设施、涉及全州的重大水利工程和重点公路主干道建设，州委、州人民政府确定的州级重大社会事业建设项目。(3) 在政府信用合作贷款偿还总额中，州、县（市）人民政府统贷统还的比例原则上控制在：州人民政府统贷统还30亿元；县（市）人民政府统贷统还20亿元。但在实际执行中用于竞争性领域的重点产业建设项目投资，原则上应由业主承担偿债责任。(4) 本次会议决定贷款控制总额。在具体执行中，在不突破控制总额的前提下，按照金融部门的要求，每批（次）向金融机构落实申报的项目贷款，由州人民政府向州人大常委会提交议案，并附州开发投资公司的申报材料。州人大常委会收到议案后，由财政经济工作委员会在3个工作日内提出审查意见，报主任会议审议决定。(5) 信用合作贷款必须坚持专款专用的原则，未经州人大常委会同意不得随意变更项目、投资、偿债比例等，州、县（市）开发投资公司是按照公司法规范运作，项目业主单位和财政、审计部门要强化项目监管，确保项目顺利实施。(6) 州、县（市）人民政府、项目业主，要遵守国家的法律法规，按照合同约定的条款，自觉履行偿债责任，将贷款偿还金额列入年度预算，并按期还本付息，维护信誉。

【关于接受耿克明辞去州人民政府副州长职务的决定】 2009年4月29日，州人民政府副州长耿克明因工作变动，向州人大常委会提出了辞职请求。楚雄州第十届人大常委会第15次会议根据耿克明的辞职请求，决定接受其辞去楚雄州人民政府副州长职务，并报楚雄州第十届人民代表大会第五次会议备案。

【关于许可对州十届人大代表杨晓丽立案侦察、采取强制措施并暂时停止其执行代表职务的决定】 2009年4月29日，根据州人民检察院的报告，州十届人大代表杨晓丽涉嫌经济犯罪，州十届人大常委会第35次主任会议作出了同意许可州人民检察院对杨晓丽立案侦察、采取强制措施，并暂时停止其代表职务的决定。经州十届人大常委会第15次会议审议，确认州十届人大常委会第35次主任会议作出的关于许可对州十届人大代表杨晓丽立案侦察、采取强制措施并暂时停止其执行代表职务的决定。

【关于接受程建华辞去州人大常委会副主任职务的决定】 2009年6月2日，州人大常委会副主任程建华因工作变动，向州人大常委会提出了辞职请求。楚雄州第十届人大常委会第16次会议根据程建华副主任的辞职请求，决定接受其辞去楚雄州第十届人大常委会副主任职务，并报楚雄州第十届人民代表大会第五次会议备案。

【关于接受王炳元、申秀芝、张晓鸣辞去州十届人大常委会委员职务的决定】 2009年6月2日，王炳元、申秀芝、张晓鸣委员因工作变动，向州人大常委会提出了辞职请求。楚雄州第十届人大常委会第16次会议根据王炳元、申秀芝、张晓鸣委员的辞职请求，决定接受其辞去楚雄州第十届人大常委会委员职务，并报楚雄州第十届人民代表大会第五次会议备案。

【关于接受普云辞去州十届人大常委会委员职务的决定】 2009年6月2日，普云委员向州人大常委会提出了辞职请求。楚雄州第十届人大常委会第16次会议根据普云的辞职请求，决定接受其辞去楚雄州第十届人大常委会委员职务，并报楚雄州第十届人民代表大会第五次会议备案。

【关于许可对州十届人大代表普云采取强制措施并暂时停止其执行代表职务的决定】 2009年6月2日，根据州人民检察院的报告，州十届人大代表普云涉嫌经济犯罪，州十届人大常委会第41次主任会议作出了同意许可州人民检察院对普云采取强制措施，并暂时停止其代表职务的决定。经州十届人大常委会第16次会议审议，确认州十届人大常委会第41次主任会议作出的关于许可对州十届人大代表普云采取强制措施并暂时停止其执行代表职务的决定。

【对《州人民政府关于审议南永二级公路建设项目银行贷款展期的议案》的决定】 2009年7月7日，楚雄州第十届人大常委会第44次主任会议审议了《楚雄州人民政府关于审议南永二级公路建设项目银行贷款展期的议案》。会议认为，鉴于当前在全国范围内实施的成品油价税费改革的影响，将造成楚雄州向交通银行就南永二级公路建设项目的到期贷款难于偿还，为争取中央及省级财政对取消南永二级公路收费改革的政策补贴，会议同意，楚雄州交通局南永二级公路建设项目交通银行到期的1.5亿元贷款申请展期1.5年，展期贷款本息由州财政列入年度预算，按期拨付还本付息。

【对《州人民政府关于审议州开发投资有限公司办理中小学校舍安全工程项目贷款的议案》的决定】 2009年7月7日，楚雄州第十届人大常委会第44次主任会议审议了《楚雄州人民政府关于审议州开发投资有限公司办理中小学校舍安全工程项目贷款的议案》。会议认为，在州内自然灾害频发，大量中小学校舍受损严重的实际情况下，按照中央和省有关政策及要求，短期内要完成中小学校舍安全工程项目，地方财政又一时难于安排配套资金，为缓解建设资金短缺的状况，采取政府信用合作贷款解决。会议同意，州人民政府提出的由州开发投资有限公司向交通银行楚雄州分行申请贷款3.6亿元，用于州内中小学校舍安全工程项目建设，贷款期限为3年，各年度偿还贷款本息由州财政列入预算，按期拨付还本付息。

【对《州人民政府关于州开发投资有限公司城投债券存续期内给予财政补贴的议案》的决定】 2009年7月28日，楚雄州第十届人大常委会第45次主任会议听取和审议了《楚雄州人民政府关于对州开发投资有限公司城投债券存续期内给予财政补贴的议案》。会议认为，为进一步提高州开发投资有限公司的竞争力和持续发展能力，实现发债目标并维持州开发投资有限公司发债期间收入水平的稳定，确保城投债券按时还本付息，州人民政府在2009～2016年的城投债券存续期内每年对州开发投资有限公司给予财政补贴是可行的。会议同意州人民政府在2009～2016年的债券存续期内每年对州开发投资公司安排不低于1.5亿元的财政补贴作为对债券募集资金投资项目支付的建设资金或成本补偿。同意对每年安排的财政补贴资金列入当年财政预算并优先用于本期债券的还本付息。

【对《州人民政府关于在城投债券存续期内对州开发投资有限公司承建项目予以回购的议案》的决定】 2009年7月28日，州第十届人大常委会第45次主任会议听取和审议了《楚雄州人民政府关于在城投债券存续期内对州开发投资有限公司承建项目予以回购的议案》。会议认为，为进一步提高州开发投资公司的竞争力和持续发展能力，更好地服务于全州经济建设，州人民政府承诺州开发投资有限公司城投债券发行成功后，在2009～2016年的债券存续期内出现不能按时向债券持有人支付利息和偿还本金的情况时，对州开发投资有限公司代州人民政府承建的部分项目予以回购是可行的。会议同意州人民政府在2009～2016年的债券存续期内出现州开发投资有限公司不能按时向债券持有人支付利息和偿还本金的情况时，对州开发投资有限公司代州人民政府承建的部分项目予以回购，确保州开发投资有限公司以足够的现金流按期偿还债券本息。

【对《州人民政府关于对城投债券筹集风险准备金的议案》的决定】 2009年7月28日，州第十届人大常委会第45次主任会议听取和审议了《楚雄州人民政府关于对城投债券筹集风险准备金的议案》。会议认为，在州开发投资有限公司2009年度15亿元城投债券发行成功后，为维护全体债券持有人的合法权益，确保该公司按期向债券持有人支付利息和到期偿还本金，树立楚雄州在资本市场中的良好形象，州人民政府对城投债券筹集风险准备金是可行的。会议同意州人民政府在2009～2015年的债券存续期内筹集不低于5.5亿元的风险准备金，其中2009～2011年每年筹集0.5亿元，2012～2015年每年筹集1亿元。同意对每年筹集的风险准备金列入当年财政预算。

【关于召开楚雄州第十届人民代表大会第五次会议的决定】 2009年12月23日，根据《中华人民共和国地方各级人民代表大会和地方各级人民政府组织法》的规定，楚雄州第十届人大常委会第20次会议决定，楚雄彝族自治州第十届人民代表大会第五次会议于2010年2月24日至28日在楚雄召开。建议会议的议程共8项，除听取、审议并表决通过“一府两院”5个工作报告和州人大常委会工作报告外，须审查通过《云南省楚雄彝族自治州公路条例》和人事补选事项。

【关于接受曹大全辞去州十届人大常委会副主任职务的决定】 2009年12月23日，州人大常委会副主任曹大全因到退休年龄，向州人大常委会提出了辞职请求。楚雄州第十届人大常委会第20次会议根据曹大全副主任的辞职请求，决定接受其辞去楚雄州第十届人大常委会副主任职务，并报楚雄州第十届人民代表大会第五次会议备案。

［易学敬］

人事任免

【楚雄州第十届人大常委会第14次会议人事任免事项】 2009年2月27日，根据州人民政府州长杨红卫的提请，决定周兴国任楚雄州发展和改革委员会主任，蔡永林任楚雄州环境保护局局长；免去吴波楚雄州环境保护局局长职务。根据楚雄州人大常委会主任会议提请，决定刘志杰、善承卫任楚雄州人大常委会教科文卫工作委员会委员。根据州中级人民法院院长闾柏提请，免去杨运恒楚雄州中级人民法院审判员、审判委员会委员、副院长职务。

【楚雄州第十届人大常委会第15次会议人事任命事项】 2009年4月29日，根据州人民政府州长杨红卫的提请，决定任命李家龙为州人民政府副州长。根据州中级人民法院院长闾柏的提请，任命李玲燕、沈黎芸、龚艳波为楚雄州中级人民法院审判员。

【楚雄州第十届人大常委会第16次会议人事任免事项】 2009年6月2日，根据州人民政府州长杨红卫的提请，决定任命朱非为州人民政府副州长；李德胜为州民族事务委员会主任；王斌为州建设局局长；免去钱荣生州建设局局长职务；免去李有贤州民族事务委员会主任职务。根据州人大常委会主任会议提请，任命郭孝益为楚雄州人大常委会选举联络工作委员会主任；汪家有为楚雄州人大常委会办公室副主任。免去王炳元楚雄州人大常委会选举联络工作委员会主任、楚雄州人大常委会代表资格审查委员会委员职务；免去陈春富楚雄州人大常委会办公室副主任职务；免去申秀芝楚雄州人大常委会代表资格审查委员会委员职务。

【楚雄州第十届人大常委会第17次会议人事任免事项】 2009年6月10日，根据州人民检察院检察长李宏的提请，任命罗云波为楚雄州人民检察院检察员、检察委员会委员，批准其辞去南华县人民检察院检察长职务；任命邱崇飞为楚雄州人民检察院检察员；免去罗发仁、张荣新州人民检察院检察委员会委员职务。

【楚雄州第十届人大常委会第19次会议人事任免事项】 2009年10月29日，根据州人民政府州长杨红卫的提请，决定马国雄任楚雄州人民政府秘书长，免去其楚雄州交通局局长职务；免去汪占毅楚雄州人民政府秘书长职务。根据州中级人民法院院长闾柏的提请，任命张建民为楚雄州中级人民法院审判员、审判委员会委员；免去杨荣楚雄州中级人民法院审判员、立案庭副庭长职务。根据州人民检察院检察长李宏的提请，任命邓永平为楚雄州人民检察院检察员。

【楚雄州第十届人大常委会第20次会议人事任免事项】 2009年12月23日，根据州中级人民法院院长闾柏提请，任命申宗强为楚雄州中级人民法院立案庭副庭长；免去黄俊楚雄州中级人民法院审判员职务。

［易学敏］

议案和建议办理

【楚雄州十届人大四次会议议案和建议】 楚雄州第十届人民代表大会第四次会议期间，代表10人以上联名提出的议案56件，建议170件。经议案审查委员会审查，报大会主席团审议，决定将楚雄市代表团赵峨等11位代表联名提出的《关于认真落实各项优惠政策，大力扶持中小企业、个体工商户发展的议案》（第25号）、大姚代表团何菊兰等13位代表联名提出的《关于加强职业技术培训，促进城乡失业待业人员再就业的议案》（第28号）、楚雄市代表团杞昀等12位代表提出的《关于提升楚雄州核桃产业综合发展质量的议案》（第50号）3件议案列为本次大会议案，其余53件转为建议、批评和意见办理。这次代表提出的议案数量有所减少，但建议的内容都是广大群众关心关注的热点、难点问题和关系全州经济社会协调发展的问题。议案的内容主要涉及加强农村水利建设、水库除险加固、修建水库、沟渠配套、解决山区“五小”水利建设资金，解决人畜饮水问题，中低产田改造，兴修公路，扶持发展核桃和野生菌产业，解决基层农技推广体系建设资金，加大新农村试点示范建设力度，解决村委会办公用房，提高村委会干部待遇，做好移民安置工作；扶持发展工业园区，制定扶持工业发展和振兴对外贸易的政策，认真落实各项优惠政策大力扶持中小企业和个体工商户发展，研究出台武定禄丰两县跨县企业税收分成政策，解决小水电上网电价问题；将南华县城市规划纳入楚雄滇中特色大城市规划建设，将永仁县列为楚北经济社会发展规划中心城市，清理和规范建设工程相关规费，降低基本建设成本，加强全州住房公积金管理服务工作；采取积极应对措施，确保社会就业稳定，解决城镇中小学心理健康教育教师编制，解决部分中学搬迁、建设资金、偿还“普九”欠债，重视和应用彝族文化，解决县乡新型农村合作医疗办公室编制及人员配备，立项扶持牟定县医院住院综合楼建设，维护农村部分妇女合法待遇，建立农村妇女妇科病普查长效机制；将双柏县列入红河流域治理规划；建立城市水源地生态补偿基金，制定茶花保护与发展条例，实施《中华人民共和国防震减灾法》办法，元谋人遗址保护条例，武定县狮子山风景名胜区管理条例。

【楚雄州十届人大四次会议第25号议案办理】 2009年3月，在楚雄州十届人大四次会议上，楚雄市代表团赵峨等11位代表提出了《关于认真落实各项优惠政策，大力扶持中小企业、个体工商户发展的议案》（第25号）。议案提出：（1）组织开展对中小企业和个体工商户各项优惠政策落实情况的检查，确保政策得到落实；（2）根据楚雄州的实际情况，采取更加灵活的税收政策，帮助中小企业走出困境；（3）降低个体工商户的税费负担，全部取消各部门对个体工商户的收费，为个体工商户的发展创造宽松的环境，真正做到藏富于民。经大会主席团审查决定列为议案，交由州人民政府办理。州人民政府高度重视，成立了由州人民政府分管领导任组长，州人民政府办公室联系领导和相关单位领导担任成员的议案办理工作领导小组，明确了议案的办理原则和要求，决定将第25号议案交由州经委承办，州国税局、州地税局、州工商局协助办理。为做好议案办理工作，州人民政府主要领导、分管领导以及州经委等部门领导多次深入到各县（市）和中小企业进行调查研究，推行一企一策，帮助中小企业制定摆脱困境的对策措施。同时，制定出台了领导挂点联系企业制度。州人民政府还安排州经委等部门，对全州中小企业发展中反映出来的突出问题，如企业负担问题、融资困难等问题进行了专项调研。在充分调查研究的基础上，先后研究制定出台了一系列扶持非公经济和中小企业发展的对策措施：（1）制定出台了贯彻落实《云南省人民政府关于促进工业产品销售保持工业平稳较快发展意见》的实施意见，《楚雄州人民政府关于加快工业园区建设的意见》，《关于全力实现全年工业经济发展目标任务的紧急通知》，《关于加大优势工业企业指导服务力度、努力形成工业增长亮点的通知》，《关于切实做好减轻企业负担，努力实现工业增长目标的通知》，中共楚雄州委、州人民政府《关于鼓励支持和引导个体私营等非公有制经济发展的实施意见》，明确了楚雄州中小企业、非公经济发展的目标任务和政策措施。（2）加强了财政资金扶持力度，支持工业园区建设，同时，积极争取上级对楚雄州企业的各种扶持，认真执行国家各项税收优惠政策，扶持中小企业发展，减少和降低行政事业性收费，降低个体工商户的税费负担，有关职能部门对创业人员免收证照类和管理类等行政事业性收费。（3）积极搭建银企合作平台，认真收集整理企业贷款需求信息，定期向各金融机构和中小企业担保机构推荐或上报企业贷款需求项目，帮助企业协调解决贷款难的问题。（4）认真抓好政策措施落实，对全州10县（市）、楚雄经济开发区和19个州属有关部门落实中央和省保增长、保民生、保稳定有关财政税收等优惠政策贯彻落实情况进行全面检查和专项督查。（5）各级各有关部门认真贯彻国家扶持企业生产发展的政策措施，切实帮助中小企业解决遇到的各种困难问题。

【楚雄州十届人大四次会议第28号议案办理】 2009年3月，在楚雄州第十届人民代表大会第四次会议上，大姚代表团何菊兰等13位代表联名提出了《关于加强职业技能培训，促进城乡失业待业人员再就业的议案》（第28号），经大会主席团审查，决定列为议案，交州人民政府办理。州人民政府高度重视，4月29日，十届州人民政府第19次常务会议对议案进行专题研究，成立由州委常委、州人民政府常务副州长董继理任组长的州人大代表议案办理工作领导小组，明确了办理原则、办理时限及办理要求，并交由州劳动和社会保障局具体办理。州劳动和社会保障局十分重视议案的落实工作，及时召开专题办公会研究议案办理的工作方案，明确承办相关责任科室和人员。在对全州城乡失业待业人员现状、外出务工人员返乡、职业培训机构、人力资源市场服务能力等情况进行深入调研的基础上，有针对性地出台并完善了相关政策措施并加以落实。(1) 始终把就业和职业培训作为社会稳定、经济发展的重要责任，纳入各级政府目标管理考核内容，列入州人民政府重点督查的20项工作之一。层层签订责任书，加大检查落实力度。(2) 以市场为导向，采取灵活多样的形式多渠道开展就业培训工作，提高劳动者的就业能力。2009年多渠道筹集培训经费1600万元，培训农民工和城镇失业人员4.17万人，其中因金融危机影响返乡农民工3.04万人，并有2.86万人实现就业，促进了城乡经济的发展。(3) 建立和完善州、县（市）、乡（镇）、村（社区）四级劳动保障服务平台、劳动力培训、转移工作组织体系和联动机制，加大了劳动执法和监察工作力度，建立了以职业培训、职业指导、职业介绍为主要内容的就业服务制度和城乡一体的人力资源市场，建立了农村劳动力及农民工网上信息系统管理和服务工作制度，加强对劳务市场和劳务中介组织的监管。(4) 全州职业高中、中等专业学校和各种培训机构的办学条件有了改善，师资力量得到加强，办学水平和能力有了提高，基本适应了楚雄州职业技能培训工作的需要。

【楚雄州十届人大四次会议第50号议案办理】 2009年3月，在楚雄州十届人大四次会议上，楚雄市代表团杞昀等12位代表提出了《关于提升楚雄州核桃产业综合发展质量的议案》（第50号），经大会主席团审查决定列为议案，交由州人民政府办理。接到州人大常委会第50号议案的交办通知后，州人民政府高度重视，在4月29日召开的十届州人民政府第19次常务会议上进行了专题研究，成立了议案办理工作领导小组，明确了办理原则、时限和要求，具体交由州林业局承办。在议案办理过程中，州人民政府分管领导多次带领州林业局等州级相关部门深入大姚、南华、楚雄、双柏等县（市）的核桃发展重点乡（镇）、村委会、村民小组、农户和核桃加工企业，听取各级各方面对核桃产业发展的意见建议；州林业局2次上北京、12次到省争取核桃发展项目资金和国家林业局2009年林业（核桃加工企业）贴息贷款指标；议案办理过程中，专门与提出议案的州人大代表进行了座谈，充分倾听和了解代表提出议案的初衷和对议案办理的意见、建议，确保议案办理取得实效。(1) 州人民政府紧密结合全州实际，在2005年、2007年出台推进核桃产业发展措施的基础上，2009年又出台了《楚雄州人民政府关于加快林业产业发展的意见》，进一步明确了培强做大以核桃为主的特色经济林产业的发展思路、目标任务、扶持措施，努力把楚雄州建成云南省重要的木本油料生产加工出口基地。林业等相关部门强化对核桃种植规划、科技培训、技术指导，推进了核桃产业的健康发展。2009年核桃产量2万吨，产值5亿元，分别比上年增长12.9%和30%，核桃产业已成为农民增收的新亮点。(2) 紧紧抓住国家和省扶持发展特色林产业的历史机遇，积极向国家、省争取项目资金扶持，加快林业产业发展。2006年至2008年州人民政府争取到国家、省扶持资金和整合涉农资金共4263万元，2009年又争取到上级核桃产业扶持资金3571.2万元，重点发展核桃产业；积极争取到国家林业局林业贴息贷款1.23亿元，用于扶持核桃龙头企业发展。(3) 重视核桃市场和名特优品牌的培育工作，着力打造大姚三台核桃和云南大泡核桃为主的名特优品牌，楚雄、大姚、南华3县（市）被国家林业局命名为“中国核桃之乡”，楚雄州一批核桃产品在中国国际林产品博览会、中国核桃大会上获奖，并有7个核桃产品通过国家有机食品、绿色食品认证，产品质量明显提高，核桃产品商标注册等工作成效明显。

【楚雄州十届人大四次会议代表建议、批评和意见办理】 2009年3月，在楚雄州十届人大四次会议期间，代表提出建议、批评和意见（以下简称建议）223件（包括议案转为建议办理的53件）。按照《云南省县级以上地方各级人民代表大会代表建议、批评和意见办理的规定》，223件建议分别交由州人民政府承办201件，占承办总数的90%；交由党群部门承办15件，占承办总数的6.7%；州人大常委会办公室及工委承办6件，占承办总数的2.69%；州中级人民法院办理1件。代表所提建议在规定时限内全部办理完毕并答复代表。经过各承办单位和有关部门的共同努力，代表在建议中所提问题已经得到解决和基本解决的（A类）有114件，占建议总数的51%，比上年提高12个百分点；正在解决或者已经列入计划逐步解决落实的（B类）有44件，占建议总数的20%，比上年下降17个百分点；因条件限制或其他原因暂时无法解决的（C类）有43件，占建议总数的19%，比上年上升4个百分点；所提建议需要请示上级有关部门或应由县（市）办理的（D类）有22件，占建议总数的10%，比上年上升1个百分点。

［易学敏］

人大审议地方性法规

【楚雄州人民代表大会常务委员会议事规则】 2009年4月29日，州十届人大常委会第15次会议审议通过了新制定的《楚雄州人民代表大会常务委员会议事规则》。规则分10章50条，对常委会的召开、议案提出和审议、听取和审议专项工作报告、法制法规实施情况的检查、规范性文件的备案审查、询问和质询、特定问题调查、撤职案的审议和决定、发言和表决逐一作出具体的规定。此前，楚雄州人大常委会制定了《楚雄州人民代表大会常务委员会工作制度》，于1986年3月26日经州五届人大常委会第26次会议审议通过并实施。2002年8月30日州九届人大常委会第3次会议对《工作制度》进行了修正。

【《楚雄州人大常委会实施〈中华人民共和国各级人民代表大会常务委员会监督法〉办法》】 2009年10月29日，州十届人大常委会第19次会议通过了《楚雄彝族自治州人民代表大会常务委员会实施〈中华人民共和国各级人民代表大会常务委员会监督法〉办法》，并开始执行。本办法共11章75条，对如何履行监督职权、加强对"一府两院"工作监督和法律监督作出了具体明晰的规定，具有很好的操作性。2006年8月27日第十届全国人大常委会第二十三次会议通过的《中华人民共和国各级人民代表大会常务委员会监督法》实施以来，楚雄州人大常委会及时组织工作班子，深入调查研究，起草了《楚雄彝族自治州人民代表大会常务委员会实施〈中华人民共和国各级人民代表大会常务委员会监督法〉办法》，把《监督法》的一些内容和程序结合楚雄州实际进一步明确和细化。

【《楚雄州人民代表大会常务委员会规范性文件备案审查暂行规定》】 2009年10月27日，州十届人大常委会第19次会议审议通过了《楚雄彝族自治州人民代表大会常务委员会规范性文件备案审查暂行规定》。本规定共18条，对什么是规范性文件、规范性文件备案审查的范围、重点审查内容、违规处理作了明确规定。

【修订《楚雄州人民代表大会常务委员会任免地方国家机关工作人员办法》】 2009年10月29日，州十届人大常委会第19次会议审议通过了新修订的《楚雄彝族自治州人民代表大会常务委员会任免地方国家机关工作人员办法》。本办法共5章32条，对州人大常委会任免地方国家机关工作人员的原则、任免范围、任免程序、辞职、撤职及其他相关事项作出了具体的规定，把人大常委会任免地方国家机关工作人员工作纳入了法制化轨道。

［易学敬］

楚雄彝族自治州人民政府

重要会议

【楚雄州人民政府十届三次全体（扩大）会议】 2009年3月24日，楚雄州人民政府召开十届三次全体（扩大）会议，贯彻落实党的十七大、十七届三中全会和中央经济工作会议精神，安排部署2009年经济社会发展工作。中共楚雄州委常委、州人民政府常务副州长董继理主持会议。州委常委、州人民政府副州长李红民，州人大常委会副主任张启俊，副州长杨元茂、法玉宾、左荣贵、吕琳麟、樊炳清，州政协副主席王应学，楚雄军分区司令员张武育，巡视员李俊，州人民政府秘书长汪占毅出席会议。

【楚雄州人民政府常务会议】 2009年1月5日，楚雄州人民政府州长杨红卫主持召开十届州人民政府第15次常务会议。会议审定了《关于加快职业教育改革与发展的实施意见（送审稿）》、《关于加快民办教育发展的实施意见（送审稿）》、《关于推行妇女儿童工作目标责任制管理考核及健全相关工作制度的实施意见（送审稿）》、《楚雄彝族自治州人力资源监督管理暂行办法（草案）》、《楚雄彝族自治州人民防空工程建设管理办法（草案）》、《楚雄彝族自治州商品市场管理暂行办法（草案）》、《楚雄彝族自治州殡葬管理办法（草案）》、《楚雄州鼓励外来投资承接产业转移若干规定（送审稿）》、《楚雄州招商引资工作考核办法（送审稿）》、《关于进一步深化供销合作社二次创业的实施意见（送审稿）》及《楚雄彝族自治州未成年人保护委员会工作规则（送审稿）》等，研究了进一步加强城市规划管理的问题。

2月4日，州长杨红卫主持召开十届州人民政府第16次常务会议。会议审定了2009年《政府工作报告（初稿）》、《楚雄州人民政府领导班子学习实践科学发展观整改方案（送审稿）》、《楚雄州2008年中央扩大内需新增资金建设项目整改报告（送审稿）》、《楚雄州人民政府关于统筹全州旅游线路与市场开发的实施意见（送审稿）》、《楚雄州2009年审计工作目标管理责任书》、《楚雄州2009年政府系统会议计划》等，研究了楚雄州国家粮食储备库国债投资建库资产移交的问题。

2月24日，州长杨红卫主持召开十届州人民政府第17次常务会议。会议对贯彻落实省十一届人大二次会议及全省工业和信息化工作会议精神的问题、楚雄州与省投融资担保公司合作的问题、滇能集团国有资产出资人代表委派问题、召开首届彝剧国际研讨会的问题、贯彻落实《公共机构节能条例》的问题、青山嘴水库坝后电站建设的问题、水利建设工程向交通银行办理政府信用贷款的问题、2009年至2013年政府信用合作贷款额度的问题、理顺云南路桥股份有限公司管理关系的问题等进行研究并作出相应决定，审定《楚雄州人民政府关于加快发展葡萄产业的实施意见（送审稿）》、《楚雄州人民政府关于建立县域经济合作与利益分享机制的指导意见（送审稿）》、《楚雄州人民政府关于取消和调整部分行政审批项目的决定（送审稿）》、《楚雄州人民政府关于公布楚雄州保留实施的州级部分行政审批项目目录的决定（送审稿）》。

3月16日，州长杨红卫主持召开十届州人民政府第18次常务会议。会议审定了《楚雄州2008年国民经济和社会发展计划执行情况与2009年国民经济和社会发展计划草案报告（送审稿）》、《楚雄州2008年地方财政预算执行情况和2009年地方财政预算草案报告（送审稿）》、《楚雄州2009年20个重大建设项目和20项重要工作的落实任务分解表（送审稿）》，研究召开十届州人民政府第三次全体（扩大）会议暨第三次廉政工作会议的问题。

4月29日，州长杨红卫主持召开十届州人民政府第19次常务会议。会议对召开楚雄州农民工和农民工工作先进集体表彰大会的有关问题、楚雄州电影公司退休人员退休待遇遗留问题、召开楚雄州千村扶贫整村推进动员会暨社会扶贫表彰会议有关问题、2009年交州人民政府办理的议案和交州人民政府办公室办理的建议、提案办理工作意见等问题进行研究，审定了《中共楚雄州委　楚雄州人民政府关于全面加强人口和计划生育工作统筹解决人口问题的实施意见（送审稿）》、《中共楚雄州委　楚雄州人民政府关于贯彻建设创新型云南行动计划的实施方案（送审稿）》、《楚雄州人民政府关于加快工业园区建设的意见（送审稿）》、《楚雄州人民政府关于加快林业产业发展意见（送审稿）》、《楚雄州人民政府关于加快畜牧产业发展的意见（送审稿）》、《楚雄州深化投融资体制改革指导意见（送审稿）》、《楚雄彝族自治州预拌商品混凝土管理规定（送审稿）》。

8月3日，州长杨红卫主持召开十届州人民政府第20次常务会议。会议对楚雄州青山嘴水库工程建设管理局办公楼建设配套资金的问题、加强村委会（社区）基层残疾人组织建设和举办全州第四届残疾人运动会有关问题、进一步加强学校防雷安全工作的问题、加强楚雄州特殊教育学校建设的问题、云南省第四公路桥梁工程公司转让景谷威远江水电站开发经营有限公司股权有关问题、楚雄州实施“云审工程”有关问题、州属单位购置公务用车补助问题、干部处分问题进行研究并作出相应决定，审定了《楚雄彝族自治州饮用水源保护规定（送审稿）》、《楚雄彝族自治州水利工程管理办法（送审稿）》、《部省共建山区水利发展与改革示范区目标任务考核办法（送审稿）》、《中共楚雄州委　楚雄州人民政府关于加快对外贸易发展若干问题的决定（送审稿）》、《楚雄州土地利用总体规划（2006～2020年）纲要（初稿）》、《楚雄州人民政府关于贯彻〈云南省老年人权益保障条例〉的实施意见（送审稿）》、《楚雄彝族自治州无线电固定台站管理规定（送审稿）》、《楚雄彝族自治州政府网站管理办法（送审稿）》、州政协八届三次会议第273号提案的办理意见、《楚雄州州级公务接待管理规定（送审稿）》、《楚雄彝族自治州被征地农民基本养老保障暂行办法（送审稿）》、《中共楚雄州委　楚雄州人民政府关于加强生态文明建设的实施意见（送审稿）》、《楚雄州人民政府关于加快推进生物产业发展的意见（送审稿）》、《楚雄彝族自治州旅游特色餐饮名店管理规定（试行）（送审稿）》以及楚雄州2009年第二批政府信用贷款项目计划建议安排方案、楚雄州2009年度享受省人民政府特殊津贴推荐人选。会议还传达学习了胡锦涛总书记在云南考察工作结束时的讲话精神。

9月21日，州长杨红卫主持召开十届州人民政府第21次常务会议。研究审定《云南省楚雄州人民政府机构改革方案（送审稿）》等事宜，会议还通报了部分事业单位发放临时补贴有关问题。

10月26日，州长杨红卫主持召开十届州人民政府第22次常务会议。会议对云南楚雄森茂林业有限公司与马志文、李光宗户土地使用权确权问题、建国以来水利水电建设伤残民工生活困难信访问题、青山嘴水库库区淹没线以上剩余土地处置问题、青山嘴水库工程建设原拟定南华和禄丰两县移民安置点善后工作问题、州级单位职工住房补贴问题、文化体制改革问题、加强彝族文化研究和建设彝族文化名州问题、元双公路石料场占用白马山州级自然保护区林地范围调整问题、州彝族医药研究所招商引资问题、召开楚雄州第二次人民调解工作暨表彰会议有关问题和干部问责有关事宜进行研究并作出相应决定，审定了《楚雄州“十二五”经济社会发展规划编制工作方案》、《楚雄州2009年国民经济和社会发展主要指标预计情况及2010年初步计划》、《楚雄州矿产资源规划（2008～2015）》州级审查情况报告、《武昆高速公路征地拆迁实施方案》、《云南省楚雄彝族自治州公路条例（送审稿）》、《楚雄州人民政府关于实施农民收入翻番计划的实施意见》、《楚雄州公务活动中心办公用房管理办法（送审稿）》、《中共楚雄州委　楚雄州人民政府关于加快非公有制经济发展的决定（送审稿）》、《楚雄彝族自治州内部审计工作暂行规定（送审稿）》、《楚雄州事业单位岗位设置管理实施意见（送审稿）》、楚雄州第三届社会科学成果评选结果、楚雄州第二批特邀监察员人选，会议还传达学习了全省规范非税收入管理工作会议精神和全省旅游产业发展大会精神。

12月14日，州长杨红卫主持召开十届州人民政府第23次常务会议。会议对聘请2010年度州人民政府法律顾问问题、增设楚雄州人民政府驻外招商引资联络处问题、安全生产工作问题、干部处分解除问题进行研究并作出相应决定，审定了《楚雄州2009年州级预算调整方案和州对县市一般性转移支付办法（送审稿）》、《楚雄州2009年第四批政府信用贷款项目计划》、《楚雄州人民政府实施〈云南省楚雄彝族自治州自治条例〉办法（草案）》、《楚雄州驻外招商引资联络处管理暂行办法（送审稿）》、《楚雄州州级部门招商引资奖励试行办法（送审稿）》、《楚雄州农村环境综合整治方案（送审稿）》。

【政府系统工作会议】 2009年1月10日，楚雄州人民政府在姚安县召开梅葛文化传承保护专题办公会议。会议期间，与会人员到马游坪彝族梅葛文化生态保护区实地考察调研，并参加中国彝族梅葛文化传习所、中国彝族刺绣研习所、云南画院写生基地、青州马游坪梅葛希望小学的揭牌仪式。

1月12日，全州教育工作会议在楚雄召开。会议回顾总结2008年全州教育工作，对当前和今后一个时期的教育工作进行研究部署；对获得省级文明学校荣誉称号和2008年度教育目标管理考评、州属学校党建及党风廉政建设目标管理考评先进单位进行表彰奖励。

1月13日，州委督查工作领导小组召开全州重点项目和州委、州人民政府重大决策督查调研情况反馈会议，专题听取元双二级公路建设项目、大姚县民修公助村组公路建设、文化旅游产业发展、滇中特色大城市建设督查调研情况汇报，并研究解决相关问题。

1月16日，全州旅游投资企业春节座谈会召开。禄丰侏罗纪世界投资有限责任公司、云南元谋旅游经营有限公司、楚雄汇通房地产公司彝人古镇项目部等12家旅游投资企业的董事长和总经理参加座谈会，与会人员对楚雄州旅游产业发展提出意见和建议。

1月21日，全州扩大内需暨发展改革工作会议在楚雄召开。会上，州人民政府与10县（市）人民政府、州级8家重点部门签订2009年固定资产投资责任书；州发改委与10县（市）发改委、州级各有关部门签订50个重点项目前期工作责任书。

2月3日，州扶贫开发领导小组工作会议召开。会议总结了2008年全州扶贫开发工作，部署了2009年扶贫开发任务，与会人员对《楚雄州百村扶贫开发整村推进2009～2011年度实施方案（讨论稿）》提出意见和建议。

2月5日，全州审计工作会议在楚雄召开。会议总结回顾2008年全州审计工作，安排部署2009年全州审计工作。州人民政府与各县（市）人民政府、州审计局签订审计目标管理责任书，表彰2008年全州审计工作先进个人。

2月10日，全州道路交通安全工作会议在楚雄召开。州人民政府副州长法玉宾对2009年全州道路交通安全工作进行安排部署，代表州人民政府与各县（市）人民政府签订2009年道路交通安全目标管理责任状。会议还表彰奖励了2008年度道路交通安全目标管理考核先进县（市）人民政府。

2月12日，全州第二届住房公积金管理委员会第二次全体会议召开。会议讨论并审议《楚雄州住房公积金管理工作报告》、《2008年楚雄州住房公积金增值收益分配方案的报告》、《2009年楚雄州住房公积金归集使用计划和增值收益计划的报告》等5个专题审议事项，并形成《楚雄州第二届住房公积金管理委员会第二次全体会议决议（草案）》。

2月13日，楚雄州召开全州下派新农村建设工作队总结表彰大会暨欢送新农村建设指导员视频会议。州委、州人民政府对州交通局等28家新农村建设先进指导员派出单位、赵建新等9名新农村建设优秀工作队长、徐丽琴等102名新农村建设优秀指导员进行表彰。

2月13日，全州财税工作会议召开。会议要求全州各级财税部门要按照“保增长、抓管理、重民生、促发展”的思路，抓住国家实施积极财政政策和适度宽松货币政策的重大机遇，培植税源、挖掘潜力、争取国家支持，千方百计确保财税收入稳定增长，使财税对经济社会发展的保障能力提高到一个新水平。

2月15日，全州文化体制改革研讨会在南华召开。会议提出，通过对文化企事业单位进行分类改革，形成文化事业和文化产业“两手抓、两加强”的发展格局，增强文化企事业单位的发展活力，推动彝州文化的大发展大繁荣。

2月16日，全州民委工作会议在楚雄召开。会议对做好新形势下的民族工作提出了要求。

2月17日，全州卫生工作会议在楚雄召开。会议回顾总结2008年全州卫生工作取得的成绩，安排部署2009的卫生工作。州人民政府与各县（市）人民政府签订2009年卫生工作和防治艾滋病工作目标责任书。会议还表彰了全国、全省优秀乡村医生及省级卫生村。

2月20日，州委、州人民政府召开州级政法部门和楚雄军分区等军事机关建设专题会议。与会人员实地察看了州级政法部门和楚雄军分区等军事机关建设项目的选址情况，听取了副州长法玉宾以及搬迁单位、州级相关部门、楚雄市对搬迁建设项目前期工作情况汇报。会议对州级政法部门和楚雄军分区等军事机关建设提出了要求。

2月20日，全州森林防火和抗旱工作电视电话会议在楚雄召开。会议对当前和今后一段时期的全州森林防火和抗旱工作提出要求。

2月23日，全州农村工作会议在楚雄召开。会议对当前和今后一个时期楚雄州推进农村改革发展提出了总体要求。

2月23日，全州城乡规划督察工作动员会议在楚雄召开。会议安排部署了全州城乡规划督察工作。

2月24日，全州国土资源管理工作会议在楚雄召开。会议全面总结2008年全州国土资源管理工作，对当前和今后一段时期的全州国土资源管理工作进行安排部署。州人民政府与10县（市）人民政府签订2009年国土资源管理目标责任书。

2月24日，全州综治维稳护路工作会议召开。会议对2008年履行《铁路护路联防承包责任书》达标县（市）和“平安铁路示范路段”达标区段进行表彰奖励，安排部署2009年全州综治维稳护路工作。

2月25日，全州建设工作会议在楚雄召开。会议对2009年全州建设工作进行安排部署。州人民政府与10县（市）人民政府签订2009年城镇廉租房建设责任书，并与双柏、牟定、元谋、武定、禄丰5县人民政府签订2009年城镇污水、生活垃圾处理设施建设责任书。

2月25日，全州安全生产工作会议召开。会议安排部署了相关工作。州人民政府与各县（市）人民政府、州级有关部门签订2009年度安全生产责任状。

3月3日，全州交通运输工作会议在楚雄召开。会议对2008年全州交通运输工作进行全面总结，对2009年全州国土资源工作作安排部署。

3月3日，全州消防安全专项整治工作专题会议在楚雄召开。会议安排部署全州消防安全专项整治工作，提出相关要求。

3月5日，全州宗教工作会议在楚雄召开。会议传达全国、全省宗教工作会议精神，安排部署当前和今后一段时期的全州宗教工作。州人民政府与10县（市）人民政府签订2009年度宗教工作目标责任书，并兑现2008年度宗教工作目标责任制考核奖。

3月10日，全州商务工作会议在楚雄召开。会议回顾总结2008年全州商务工作，安排部署2009年全州商务工作。

3月10日，全州民政工作会议在楚雄召开。会议对2008年全州民政工作进行全面总结，对2009年全州民政工作作安排部署。

3月12日，全州广播电视工作会议在楚雄召开。会议总结回顾2008年全州广播电视工作，对2009年全州广播电视工作作安排部署。

3月12日，全州劳动和社会保障工作会议在楚雄召开。会议全面总结2008年全州劳动和社会保障工作，对2009年工作作安排部署；通报2008年度劳动和社会保障工作目标管理责任书考核奖惩情况，表彰获奖的6家县（市）先进单位；州人民政府与各县（市）人民政府签订2009年劳动保障工作目标管理责任书。

3月13日，全州文化体育工作会议在楚雄召开。会议全面总结2008年全州文化体育工作，安排部署2009年工作。州人民政府与各县（市）人民政府签订第三次全国文物普查工作目标责任书，并代国家体育总局、省体育局对全州体育工作先进集体进行表彰。

3月13日，全州禁毒工作会议在楚雄召开。会上，州人民政府与10县（市）人民政府签订2009年禁毒工作责任状，对2009年全州禁毒工作作安排部署。

3月13日，全州依法行政工作会议召开。州人民政府与10县（市）人民政府、楚雄经济开发区管委会签订《2009年行政执法责任书》，对2009年全州依法行政工作作安排部署。

3月16日，全州人事编制工作会议在楚雄召开。会议对2009年全州人事编制工作作安排部署。

3月23日，全州人口和计划生育工作座谈会在楚雄召开。会上，州人民政府与10县（市）人民政府签订2009年度《人口和计划生育目标管理责任书》，通报2008年度人口和计划生育目标管理考核奖惩情况，对2009年全州人口和计划生育工作作安排部署。

3月26日，全州对外开放暨招商引资工作会议召开。会议安排部署了2009年全州对外开放和招商引资工作，并对完成2008年度招商引资目标任务的单位进行表彰奖励。

3月26日，全州工商行政管理工作会议在楚雄召开。会议对进一步做好全州工商行政管理工作提出了要求。

3月27日，全州统计工作会议在楚雄召开。会议全面总结2008年全州统计工作，安排部署2009年全州统计工作，会上举行了国家统计局楚雄调查队揭牌仪式。

3月28日，全州工业经济工作会议在楚雄召开。会议全面总结2008年全州工业经济工作，对2009年全州工业经济工作作安排部署。州人民政府与各县（市）签订2009年工业经济、工业发展倍增计划、非公经济、节能目标责任书。

4月2日，全州中低产田地改造工作会议在禄丰县召开。会议传达全省中低产田地改造工作会议精神，州人民政府与各县（市）人民政府、州属有关部门签订2009年中低产田地改造责任书；禄丰县、州财政局、州国土资源局、州烟草公司领导作发言。会议期间，与会人员还参观禄丰县勤丰镇马街和碧城镇万松中低产田改造现场。

4月7日，全州治污项目和廉租住房建设工作推进会召开。会议对加快推进全州治污项目和廉租住房建设作安排部署，州发改委、州国土资源局、州建设局等相关部门汇报全州污水及生活垃圾处理设施、廉租住房建设项目进展情况。

4月8日，全州中小学校舍安全工程建设电视电话会议召开。会议对做好全州中小学校舍安全工程建设工作提出了要求。

4月13日，全州非煤矿山和尾矿库安全专项整治工作会议在大姚召开。会议在认真总结2008年全州非煤矿山安全生产工作取得成效的基础上，对2009年全州非煤矿山和尾矿库的安全生产工作作安排部署。州安监局与各县（市）安监局签订《楚雄州2009年度尾矿库专项整治工作责任状》，楚雄矿冶股份公司大姚六苴铜矿、昆钢集团罗次铁矿等40户非煤矿山重点企业公开向社会作出安全生产工作承诺，楚雄矿冶股份公司、姚安县飞龙矿业有限公司、元谋愚公石业有限公司等交流了安全生产管理先进经验。

4月27日，全州殡葬改革工作领导小组会议召开。会议学习云南省民政厅等部门《关于转发民政部等八部门进一步规范和加强公墓建设管理文件的通知》，总结近年来楚雄州殡葬改革工作，分析全州公墓建设和管理中存在的问题，对下步工作的开展提出明确要求，讨论通过《楚雄州清理整顿公墓工作方案》，明确全州火化区划定的基本原则。

4月29日，全州信访工作电视电话会议召开。会议总结表彰2008年全州大接访、大下访活动和奥运会期间信访工作先进集体和先进个人，对2009年全州信访工作作安排部署。

4月29日，全州2009年纠风工作电视电话会议在楚雄召开。会议全面总结2008年全州纠风工作，对2009年全州纠风工作作安排部署。

4月29日，全州广播电视村村通工程建设现场会在姚安县左门乡左门村委会召开。州、县广电局工程技术人员现场安装调试“村村通”直播卫星信号，并进行演示，全体参会人员入户观摩电视信号收视效果。

4月30日，楚雄州实施阳光政府四项制度工作视频会议召开。会议对全州阳光政府四项制度实施工作提出了要求。

5月18日，全州预防和处置群体性事件工作电视电话会议召开。会议传达全省预防和处置群体性事件工作电视电话会议精神，分析当前形势，安排部署全州预防和处置群体性事件工作。

5月25日，全州扶贫到户小额贷款工作会议召开。会议对进一步做好扶贫到户小额贷款工作提出了要求。

5月26日，全州供销社改革发展工作汇报会召开。会议对进一步做好全州供销社改革发展工作提出了要求。

6月1日，继全国、全省安全生产电视电话会议后，楚雄州接着召开全州安全生产电视电话会议，安排部署2009年全州安全生产工作。

6月1日，楚雄世界和平园项目发展战略总体规划中期成果汇报会在楚雄召开。会议听取项目规划单位江苏省城市发展研究院有关专家关于《楚雄世界和平园项目发展战略总体规划研究》的中期成果汇报。出席会议的领导以及投资商根据科学性、可行性和可操作性的要求，按照经得起市场检验和可持续发展的目标，积极就项目规划主题灵魂把握、发展战略定位、项目空间布局等充分发表意见和建议。

6月2日，全州安全生产形势报告暨安全生产月启动会议召开。会议对做好安全生产月活动相关工作提出了要求。

6月3日，全州中低产田地改造推进会暨规划培训会召开。会议总结去冬今春全州中低产田地改造工作，对下步工作进行安排部署。会议期间，省农业厅土肥站站长窦晓黎和州农业局负责人就规划编制工作作专题辅导。

6月4日，全州“两烟”打假打私工作会议在楚雄召开。会上，州人民政府与各县（市）人民政府签订2009年“两烟”打假打私责任书。

6月5日，全州开发投资公司城投企业债券发行工作动员部署会召开。会议对今后一段时期城投企业债券发行筹备工作作重点部署；太平洋证券股份有限公司投行总部总经理介绍了城投企业债券和全国发行城投企业债券情况。

6月17日，州人民政府召开昆楚高速公路交通安全隐患排查整治暨安全管理工作协调会，邀请省交通厅、省高速公路投资公司、省高速公路交巡警支队、省高速公路投资公司昆明西管理处、昆楚高速公路交巡警大队负责人参加会议，分析昆楚高速公路交通事故多发的原因和当前楚雄州辖区高速公路交通安全工作面临的形势，认真研究和探索昆楚高速公路交通安全预防措施。

6月26日，州委、州人民政府召开楚雄州千村扶贫整村推进动员暨社会扶贫表彰大会，对2006～2008年度社会扶贫先进集体进行表彰，对千村扶贫整村推进工作作动员部署。

7月13日，全州民委系统矛盾纠纷排查调处暨民族团结稳定工作会议召开。会议就新形势下进一步做好民族团结稳定工作提出了要求。

7月15日，全州工商联工作会议在双柏县召开。会议对2009年上半年全州工商联工作进行总结回顾，对下半年全州工商联工作进行安排部署。

7月24日，州委、州人民政府在禄丰县召开现场办公会议，专题研究云南德胜钢铁有限公司节能减排技改项目建设相关工作。

7月24日至25日，全州烟叶收购暨现代烟草农业规划工作座谈会召开，会议总结全州2009年上半年烟叶生产工作，安排部署2009下半年烟叶生产、收购和现代烟草农业规划工作。与会人员深入禄丰县勤丰镇马街万亩土地整治配套种植区、罗次育苗服务社、罗次现代烟草农业中心管理站、白沙万亩烤烟连片种植区、李刚家庭农场、洪流烘烤工场参观禄丰整县推进现代烟草农业建设工作。

7月25日，州委、州人民政府在禄丰县召开世界恐龙谷二期建设项目现场办公会议，专题研究世界恐龙谷二期建设项目相关事宜。

7月30日，全州国庆安全保卫工作会议召开。会议传达中央和省委、省人民政府关于做好国庆安全保卫工作的重要指示和有关会议精神，就做好国庆各项安全保卫工作作安排部署。

7月30日，全州1997～2008年社会治安综合治理维护稳定工作总结表彰会召开。会议传达全国社会治安综合治理工作表彰大会精神，表彰1997～2008年度全州社会治安综合治理维护稳定工作先进集体、先进工作者。

7月30日，全州群众工作及信访工作会议召开。会议通报全州上半年的信访工作情况；安排部署了下半年全州群众工作及信访工作；全州10县（市）委、县（市）人民政府主要领导分别汇报群众工作及信访工作开展情况。

7月31日，全州综治维稳工作会议召开。会议对全州综治维稳工作作了安排。

8月11日，全州深入开展“打黑除恶”专项斗争工作会议在楚雄召开。会议传达中央和省委相关会议精神，通报全州2006年以来“打黑除恶”工作情况，并举行“打黑除恶”培训班开班仪式。

8月11日，州集体林权制度改革工作领导小组会议召开。会议对全州集体林权制度改革工作作了安排。

8月12日，全州现代烟草农业建设

推进会召开。会议全面总结2009年全州现代烟草农业建设试点经验，部署2010年现代烟草农业建设任务。表彰2009年现代烟草农业建设先进集体和先进个人。与会人员参观了禄丰县整县推进现代烟草农业建设现场。

8月20日，州委、州人民政府召开楚雄滇中特色大城市建设推进会议，调研检查前一阶段工作情况，分析研究存在的困难和问题，安排部署下步工作。与会领导先后深入中国彝族十月太阳历文化园、滇中楚雄汽车城、东环线谢家河建设现场、栗子园安置小区、红塔集团楚雄卷烟厂技改搬迁项目建设现场、峨碌公园等地进行实地察看，详细了解部分基础设施项目建设情况或项目拟建地点的情况。

8月24日，全州2009年新型农村合作医疗工作会议召开。会议通报2009年上半年全州新农合工作情况，分析新农合工作存在的困难和问题，提出下步工作意见建议，安排部署2010年筹资工作。

8月25日至26日，楚雄州中小学校舍安全工程建设及校点布局调整现场推进会在姚安县召开。会议通报了全州中小学校舍安全工程实施和校点布局调整工作进展情况，对下一阶段的工作作了安排部署。

9月2日，楚雄州医药行业协会成立大会暨第一届会员代表大会召开。省医药行业协会会长王维生应邀到会作《医药产业形势及云南医药产业发展》专题讲座。会议选举产生了楚雄州医药行业协会第一届理事会会长、副会长、秘书长、常务理事、理事，选举产生协会顾问、名誉会长，审议通过了协会章程。

9月7日，州委、州人民政府召开全州新农村建设指导员工作座谈会暨新农村省级重点建设村推进会。

9月9日，州工程建设领域突出问题专项治理工作领导小组会议召开。

9月10日，继全国、全省进一步做好甲型H_1N_1流感防控工作电视电话会议后，楚雄州及时召开甲型H_1N_1流感防控工作电视电话会议，安排部署防控甲型H_1N_1流感工作。

9月15日，全州落实扩大内需中央投资项目三个“百分之百”考核目标会议召开。

9月25日，州人民政府举行北部金沙江流域经济社会发展规划听证会。

9月25日，全州优秀农民工和农民工工作先进集体表彰会在楚雄召开。会上，受表彰的优秀农民工、农民工工作先进集体和农民工工作先进服务机构代表作了交流发言。

9月28日，全州广播电视“村村通”工作会召开。会上，州人民政府与楚雄、牟定、禄丰、双柏、元谋5县（市）人民政府签订《楚雄州“十一五”20户以上已通电自然村广播电视村村通工程建设目标责任书》。

10月13日，楚雄州举行文化产业投融资座谈会，邀请中国首家成立的上海文化产权交易所总经理张天为楚雄州文化体制改革、文化产业发展“把脉”。

10月15日，全州城乡规划工作会议在楚雄召开。全体参会人员分组讨论全省城乡规划工作会议精神及全州城乡规划工作会议领导讲话和工作报告，交流城乡规划工作经验。

10月15日，全州中小学校舍安全工程推进会议在楚雄召开。会议对当前和今后一段时期全州中小学校舍安全工作作安排部署。

10月16日，州委、州人民政府召开楚雄州第三届优秀中国特色社会主义事业建设者表彰大会，表彰为全州改革开放和现代化建设作出突出贡献的非公有制经济人士，20位非公经济人士荣获楚雄第三届优秀中国特色社会主义事业建设者殊荣。

11月2日，全州第二次人民调解工作暨表彰大会召开。会议总结交流近年来楚雄州人民调解工作取得的新成绩、新经验，研究部署当前和今后一段时期全州人民调解工作，对5年来在人民调解工作中涌现出来的楚雄市东瓜镇人民调解委员会等25个先进集体和张兴华等50名先进个人进行表彰奖励。

11月4日，州委、州人民政府召开全州金融工作座谈会，专题听取驻楚10家金融机构负责人工作情况汇报，对近年来全州金融工作及运行情况进行总结回顾，安排部署下步全州金融工作。

11月12日，2009年《楚雄州年鉴》工作暨续修《楚雄州志》工作推进会召开。州人民政府对2009年年鉴及续志编纂工作进行认真总结，对2010年年鉴及下一阶段续志编纂工作进行全面部署。同时，举行《楚雄州年鉴》（2009）发行仪式。

11月20日至21日，全州政府系统办公室工作会议在永仁县召开。会议对2008年全州政府系统办公室工作给予充分肯定，对进一步做好政府系统办公室工作作安排部署。

11月30日，“7·09”姚安6.0级地震灾区恢复重建推进会召开。姚安、大姚、南华、牟定、永仁5个受灾县汇报恢复重建工作推进情况，州建设局、州民政局、州财政局、州审计局等州级相关部门负责人作发言。

12月1日，州人民政府召开云南德胜钢铁有限公司节能减排项目指导协调服务领导小组第二次会议。会上，禄丰县人民政府、德胜钢铁有限公司、奕标水泥（集团）有限公司、州经委、州发改委、州环保局、州国土局、州规划局围绕德胜钢铁有限公司节能减排项目工作的开展情况作情况汇报，对存在的问题和下步工作的开展提出意见和建议。

12月4日，州森林防火指挥部成员会议在楚雄召开。

12月7日，全州“十二五”规划编制工作动员部署会议召开。会议传达国家、省关于做好“十二五”规划编制工作的有关精神，安排部署楚雄州“十二五”规划编制工作任务。

12月9日，州委、州人民政府召开楚雄城区临时建筑物和违法建筑物拆除工作动员大会，进一步动员部署楚雄城区省、州属部门单位的临时建筑物和违法建筑物拆除工作。

12月10日，全州工业园区工作座谈会在大姚召开。

12 月 10 日，全州省级公益林生态效益补偿启动工作会议在楚雄召开。州林业局、州财政局与各县（市）林业局、财政局签订公益林生态效益补偿工作责任状。

12 月 20 日，全州中低产田地改造暨农田水利建设推进会议在楚雄召开。会议对去冬今春以来全州中低产田地改造和农田水利建设情况进行总结，对下步工作作安排部署。

12 月 22 日，楚雄州召开《楚雄州州域城镇体系规划》修编评审会议。会议在听取编制单位对《楚雄州州域城镇体系规划》内容进行汇报、详细审阅项目规划文本材料后，同意《规划》通过评审，待进一步修改完善、按有关程序报批后实施。

12 月 29 日，全州 2010 年烟叶工作会议召开。会议要求要紧紧围绕“严格计划、稳定生产、主攻质量、提升水平”的目标，努力实现烟叶生产持续平稳发展，圆满完成 2010 年烟叶工作和现代烟草农业建设任务。

［王光林］

重要活动

【省政府工作组到楚雄州检查调研】 2009 年 1 月 4 日至 5 日，省人民政府安全生产责任状考核组到楚雄州检查指导执行《云南省州市人民政府 2008 年度安全生产责任状》的工作情况。1 月 7 日至 9 日，省政府防治艾滋病及卫生工作责任目标考核组到楚雄州考核责任目标执行情况。1 月 11 日至 17 日，省委、省政府联合督查组一行在省委督查室副厅级督查专员李国臣、省民政厅副厅长李国材率领下，到楚雄州检查指导“8・30”地震和“11・02”特大自然灾害恢复重建工作。3 月 11 日，副省长刘平率省政府“治污”和廉租住房建设项目专题调研组到楚雄州调研。3 月 16 日，由省旅游局副局长余繁带队的省政府百日调研督查组在副州长吕琳麟陪同下，实地考察中国彝族十月太阳历文化园和彝人古镇。5 月 11 日，由省政协原副主席孟继尧、省国资委领导等组成的省政府督导组一行到楚雄州督促指导国有资产监管和国有企业改革工作。5 月 4 日至 13 日，以省林业厅厅长陈玉侯为组长的省深化集体林权制度改革检查验收组到楚雄州检查验收集体林权制度主体改革工作。6 月 8 日，昆明钢铁控股有限公司党委书记、董事长王长勇及公司中层以上干部在州委书记邓先培，州委副书记、州长杨红卫，州人大常委会主任卢显林，副州长李家龙陪同下到禄丰县土官镇钛材加工基地调研，就在楚雄州打造 2 万吨/年工业钛材生产技术开发项目及深加工基地进行商谈。6 月 9 日，由省发改委、省经济研究院等部门领导和专家组成的调研组到楚雄就《云南省滇中城市经济圈发展规划》前期工作进行调研。7 月 2 日，以省发改委副主任李文冰为组长的省发改委固定资产投资调研组一行在州委副书记、州长杨红卫，州委常委、常务副州长董继理及州发改委、州青山嘴水库管理局、州教育局等州级相关部门负责人陪同下，深入元双公路、青山嘴水库（枢纽工程建设及栗子园移民安置点）、州职教中心、州医院新区、州文化活动中心等项目建设现场，对楚雄州固定资产投资工作情况进行调研。8 月 6 日，以省纪委副书记、省监察厅厅长郭永东为组长的省纪委省监察厅检查组到楚雄州对“7・09”姚安 6.0 级地震抗震救灾和恢复重建工作进行检查指导，并向楚雄州纪检监察系统捐款 20 万元。8 月 6 日至 7 日，以省司法厅援助管理局局长张永华为组长的省政府农民工工作联合督查组到楚雄州督查农民工工作。8 月 13 日，省扩大内需促进经济增长政策落实检查组对楚雄州落实扩大内需促进经济增长政策情况进行检查。8 月 20 日至 21 日，由省环境保护厅副厅长杨志强带队的省政府督查组，对楚雄州尾矿库专项整治工作情况进行专项督查。8 月 25 日至 27 日，由昆明铁路局、省国家安全厅、省妇幼保健院、省关爱中心组成的省艾滋病防治工作督查组一行，到楚雄州督查 2009 年 1 月至 8 月的艾滋病防治工作。9 月 2 日至 3 日，省工信委主任刘绍忠和副主任许云、王兴宁及省工信委 10 个处室负责人、省统计局和省电网公司有关负责人组成的省政府调研组一行，深入武定县、禄丰县、楚雄市，察看工业园区 3 个、重点企业 12 户，就企业运行情况和工业园区建设情况进行调研。9 月 3 日至 5 日，云南煤矿安全监察局督查组到楚雄州对国庆前煤矿安全生产工作进行督查。9 月 11 日，由省委政策研究室和省气象局组成的调研组到楚雄州对“应对气候变化，加强云南防灾减灾体系建设”进行专题调研。9 月 14 日至 15 日，省审计厅副厅长、省经济责任审计局局长段义田到楚雄州专题调研领导干部任期经济责任审计工作。9 月 15 日至 17 日，省政府督查组一行对楚雄州“7・09”姚安 6.0 级地震灾区恢复重建及防灾减灾工作情况进行专项督查。9 月 17 日，以省人力资源和社会保障厅副厅长李兴旺为组长的省检查组到楚雄州对就业政策落实和就业工作进展情况进行检查。10 月 27 日至 28 日，省政府督查组在省政府副秘书长李维俊的率领下，到楚雄州就节能减排工作进行专项督查。10 月 29 日至 30 日，以省政协原常务副主席孟继尧为组长的省政府督导组一行到楚雄州督查指导国有资产监督管理工作。11 月 12 日，以省发展和改革委员会副主任、省能源局局长马晓佳为组长的省发改委调研组，到楚雄州就经济社会发展和固定资产投资工作进行调研。12 月 5 日至 6 日，省工信委副主任周赤一行到大姚、楚雄、禄丰等地调研楚雄州工业园区建设。12 月 16 日，以省政府办公厅副巡视员谢树发为组长的省政府督查组，到楚雄州就“7・09”姚安 6.0 级地震恢复重建工作进行专项督查。12 月 28 日，省政府秘书长丁绍祥在州委副书记、州长杨红卫陪同下，调研元双公路、州职业教育中心、青山嘴水库栗子园城市楼房安置小区、州人民医院新区、州文化中心、红塔集团楚雄卷烟厂易地搬迁技改等重点建设项目。

【全省政府系统工作会议到楚雄召开】 2009年1月7日，全省无公害农产品、绿色食品、有机食品“三品”工作座谈会在楚雄召开。省农业厅副厅长张智泽出席会议。1月16日，全省文化信息资源共享工程建设工作会议在楚雄召开。2月25日，全省现代烟草农业试点建设现场会在禄丰县召开。3月30日至31日，全省丘北经验推广工作现场观摩暨培训会议在楚雄召开。4月18日至19日，全省就业经办机构鼓励创业贷免扶补工作会议在楚雄召开。5月7日至8日，全省财政系统就业和财政社会保障政策培训会议在楚雄召开。5月11日，全省会计专业技术资格考试考务工作会在楚雄召开。6月1日，全省防艾办主任暨第二轮全国艾滋病综合防治示范区工作会议在楚雄召开。6月17日，全省地方志系统期刊信息工作会在楚雄召开。6月19日至20日，全省县级教育工会工作楚雄现场推进会召开。7月10日晚，云南省“7·09”姚安地震抗震救灾工作汇报会在姚安县召开。9月25日，全省中华会计函授学校2009年校长工作会议在楚雄召开。10月10日，省商务厅、省出入境检验检疫局“松茸出口质量安全工作会”在楚雄召开。11月9日，全省中小学区域布局调整工作会议在楚雄召开。副省长高峰出席会议并讲话。12月15日，全省农业系统中低产田地改造现场会在楚雄召开。

【全省首届新农村文艺汇演优秀剧节目巡回展演在南华举行】 2009年1月5日下午，由中共云南省委宣传部、省文化厅主办的云南省首届新农村文艺汇演优秀剧节目巡回展演在南华县城龙泉广场举行。这次演出是全省首届新农村文艺汇演优秀剧节目巡回展演到楚雄州唯一的一场演出。在观众热烈的掌声中，由楚雄州南华县民族艺术团选送的彝族歌舞剧《咪依噜风情谷恋歌》登台亮相，通过彝族歌舞向观众介绍彝族居住的垛木房、青年男女谈情说爱的“姑娘房”，让观众感受到节奏悠扬的三弦声和热情奔放的左脚舞。

【上海浦东新区与楚雄州中医药事业发展合作座谈会】 2009年1月9日下午，上海市浦东新区中医药事业发展合作考察组就中医药事业发展合作的相关事宜到楚雄州进行考察。座谈会上，考察组一行介绍了上海市浦东新区中医药事业发展情况。州人民政府副州长耿克明在会上介绍楚雄州州情和天然药业发展情况。双方就今后合作意向进行初步洽谈。

【中央扩大内需政策落实检查组到楚雄州检查】 2009年1月15日至18日，以中央纪委委员、中央纪委驻国家人口计生委纪检组组长勾清明为组长的中央扩大内需促进经济增长政策落实检查组，深入禄丰县、姚安县、牟定县对2008年中央新增投资楚雄州建设项目实施情况进行检查。1月18日，检查组在州会务中心召开情况反馈会。州委副书记、州人民政府州长杨红卫出席会议，就楚雄州落实中央扩大内需促进经济增长政策工作情况作汇报。通过对中央投资项目的审批、实施、资金落实和管理等情况进行实地检查后，检查组对楚雄州落实中央扩大内需促进经济增长政策工作给予充分肯定，要求楚雄州高度重视检查中发现的问题，落实责任，制定措施，认真整改。10月29日至31日，由杨光洪带队的中央扩大内需促进经济增长政策落实情况第十八检查组到楚雄州检查工作。检查组一行在州人民政府副州长左荣贵和相关部门负责人陪同下，到元谋大型灌区续建配套与节水改造项目现场、永仁宜就至中和公路建设项目现场、禄丰世界恐龙谷基础设施建设项目和沙龙水库建设现场，对中央扩大内需政策的落实和项目资金的使用情况进行检查。在30日下午召开的楚雄州扩大内需促进经济增长政策落实情况汇报会上，州人民政府州长杨红卫就楚雄州贯彻落实中央扩大内需促进经济增长政策措施及中央扩大内需新增投资项目进展情况和资金到位情况向检查组作汇报。听取情况汇报后，检查组对楚雄州各级各相关部门的工作给予充分肯定。

【中国·南华“野生菌王国”项目开工建设奠基仪式】 2009年2月12日，中国·南华“野生菌王国”项目开工建设奠基仪式在南华举行。省委宣传部副部长伍皓，国家林业局昆明林勘院副院长周红斌，州委常委、州委宣传部部长杨正权，州人大常委会副主任程建华，州政府副州长吕琳麟，州政协副主席王定梁等领导以及州、县相关部门负责人和四川攀星绿色食品（集团）有限公司负责人出席奠基仪式。

【家电下乡启动仪式】 2009年3月14日，州、市推广家电下乡启动仪式在楚雄举行，州人大常委会副主任张启俊宣布州、市推广家电下乡工作启动，州人民政府副州长杨元茂讲话，州政协副主席李振华出席启动仪式。楚雄州家电下乡活动的起止时间为2009年2月1日至2013年1月底，农民在此期间在指定销售网点购买家电下乡中标产品，国家财政将给予销售价格13%的补贴。补贴对象为具有楚雄州农业户口并购买家电下乡中标产品的农民家庭，每户限购补贴范围内产品各2台（件）。

【“推动云南生物产业发展——百名留学博士云南行”活动在楚雄启动】 2009年4月20日，由中共云南省委、省人民政府组织的“推动云南生物产业发展——百名留学博士云南行”活动楚雄站启动。来自清华大学、北京大学、美国利威尔国际公司等高校、研发机构、生物科技公司的40位留学博士莅临楚雄老拨云堂、云南广泰生物科技开发有限公司、云南盘龙云海药业有限公司，对楚雄州生物制药产业进行参观考察。20日晚，州委、州人民政府召开楚雄州生物产业发展推介咨询会，向专家学者介绍楚雄州生物产业发展情况及现状，就楚雄州生物产业发展重点、方向进行咨询洽谈。州党政领导邓先培、杨红卫、杨宁、李红民、钱德伟、樊炳清出席推介咨询会。参观考察中，专家学者们对楚雄州利用生物资源、促进生物产业跨越式发展、打造“绿色经济强州”献计献策。

【“世界华人作家楚雄行”采风活动】2009年4月17日至21日，以中国作家协会荣誉副主席邓友梅为团长的“世界华人作家楚雄行”采风团，有来自中国作家协会、中国文联、中国香港和美国、德国、加拿大、澳大利亚、新加坡、文莱、印尼、马来西亚、荷兰、新西兰等地区和国家的华人著名作家和国内媒体的资深记者40余人齐聚楚雄州采风创作。这些作家到楚雄后，参观了州博物馆、中国彝族十月太阳历文化园、彝人古镇等景区、景点，并到禄丰、姚安、永仁、元谋、武定等地参观采风。在20日下午于武定狮子山举行的总结座谈会上，参加采风活动的作家们争相发言，纷纷称赞彝州和谐发展的喜人局面和彝族文化的独特魅力。

【州党政领导赴昆钢洽谈战略合作】2009年4月23日，州党政领导邓先培、杨红卫、杨宁、卢显林、张怀德、李琳玻和州委办、州政府办、州发改委、州经委、州财政局等有关部门负责人及中共禄丰县委、县人民政府主要领导赴昆明钢铁控股有限公司考察，并与昆钢领导班子就双方共同努力在楚雄州打造钛材加工基地事宜进行深入洽谈。4月25日上午，州人民政府与昆明钢铁控股有限公司在州会务中心举行战略合作协议签约仪式。

【州政府与奥尊投资有限公司举行云南旅游产业城开发建设合作签约】2009年5月11日，州人民政府与云南奥尊投资有限公司在州会务中心举行云南旅游产业城开发建设合作签约仪式。州委副书记、州人民政府州长杨红卫代表州人民政府与云南奥尊投资有限公司董事长戴惠芳签署《云南旅游产业城合作框架协议》，与云南现代旅游城市建设投资开发有限公司执行董事戴锦润签署《云南旅游产业城投资开发建设合同》及《补充协议》。州委常委、州委宣传部部长杨正权，州人大常委会副主任程建华，副州长舒建新、樊炳清，州政协副主席王定梁，州人民政府秘书长汪占毅等出席签约仪式。

【楚雄州与昆明医学院建立合作伙伴关系】2009年5月13日，昆明医学院考察团在院党委书记王灿平、院长姜润生的率领下，到楚雄州就如何加强医疗卫生和医药产业发展等领域合作进行考察与商谈。州委书记邓先培，州委常委、副州长李红民，州人大常委会副主任程建华，州政协副主席李振华陪同考察团，到云南广泰生物科技开发有限公司、老拨云堂药业、州人民医院进行考察，并在州会务中心召开交流合作座谈会。通过实地考察和听取情况介绍，考察团认为，昆明医学院与楚雄州可以充分利用和发挥双方的优势，开展医疗卫生、医药产业开发等领域的合作。座谈会上，考察团成员踊跃发言，纷纷结合各自研究领域就下步如何进行交流与合作提出意见、建议。李红民代表州委、州人民政府与昆明医学院签订州校合作意向书。

【“中医中药中国行”大型科普宣传活动进楚雄】2009年5月29日上午，由国家中医药管理局、中宣部等23个部门和单位共同主办的大型科普宣传活动“中医中药中国行”走进楚雄，在楚雄市桃源湖广场拉开了为期1天半的楚雄站活动序幕。“中医中药中国行”活动组副组长钱晓飞，国家中医药管理局新闻办副主任张勇，“中医中药中国行”培训组副组长孙漪，省卫生厅副巡视员念娥美出席启动仪式。启动仪式上，国家中医药管理局向楚雄州赠送中医药科普图书和牌匾。

【国家耕地保护责任目标检查组到楚雄州检查工作】2009年6月5日，以农业部种植业管理司副司长陈谦为组长的国家耕地保护责任目标履行情况检查组一行到楚雄州，对楚雄州2008年度耕地保护责任目标履行情况进行检查。检查组一行在省国土资源厅副厅长褚中志，州人民政府副州长朱非以及州级有关部门负责人陪同下，深入禄丰县和平小厂州级投资土地开发整理（占补平衡）项目区踏勘，听取朱非代表州委、州人民政府汇报楚雄州耕地保护责任目标履行情况。

【楚雄州组团参加昆交会】2009年6月6日上午，第十七届中国昆明进出口商品交易会暨第二届南亚国家商品展在昆明国际会展中心隆重开幕。以州委副书记、州人民政府州长杨红卫为团长的楚雄州交易团参加交易会。昆交会开幕式结束后，州委书记邓先培，州委副书记、州长杨红卫和副州长杨元茂、左荣贵、李家龙到楚雄州交易团详细了解参展情况，对交易团布展工作给予充分肯定。在会展签约仪式上，楚雄州进行7个项目的签约，项目协议投资总额61.49亿元。

【中央媒体聚焦楚雄州现代烟草农业建设】2009年6月10日，由新华社、中央人民广播电台、中央电视台、中国烟草杂志社、东方烟草报5家媒体共12人组成的中央新闻单位赴云南采访团在省烟草专卖局（公司）局长、总经理余云东，州委常委、州人民政府常务副州长董继理，州委常委、州委宣传部部长杨正权陪同下，到禄丰县就整县推进现代烟草农业建设情况进行专题采访。采访团先后到禄丰县马街烟田现场、万松农民专业合作社、罗次育苗服务社、罗次现代烟草农业中心管理站，洪流烘烤服务社，白沙烟田现场及李刚家庭农场等地实地采访。

【水利部水规总院专家组鉴定青山嘴水库蓄水安全】2009年6月12日，国家水利部水规总院专家组一行15人赴楚雄州，对青山嘴水库工程进行为期10天的蓄水安全鉴定。在实地踏勘的基础上，专家组于6月13日上午召开青山嘴水库蓄水安全鉴定工作会议，听取州政协副主席、青山嘴水库工程建设协调领导小组组长延荣科，青山嘴水库工程建设管理局和工程设计、监理、质检、施工、监督等各参建单位的工程建设情况汇报。13日至21日，专家组通过查阅工程建设有关资料，与各参建单位讨论并形成青山嘴水库蓄水安全鉴定意见。

【楚雄州风能发电项目战略合作框架协议签约】 2009年6月13日，为期5天的第五届泛珠三角区域合作与发展论坛暨经贸洽谈会在广西南宁落下帷幕。在6月11日上午举行的集体签约仪式上，州委副书记、州长杨红卫代表州人民政府与中广核风力发电有限公司签订《关于开发利用楚雄州风能发电资源的战略合作框架协议》。楚雄州风能发电项目总投资40亿元，按照“一次测风，总体规划，分期建设”的原则，中广核风力发电有限公司将在大姚、元谋、牟定开展风能资源开发利用的相关工作。

【州政府与太平洋证券公司签订战略融资合作协议】 2009年6月16日上午，州人民政府与太平洋证券股份有限公司在州会务中心就楚雄州发行城投企业债券事宜签订战略融资合作协议。州委书记邓先培出席签字仪式并致辞。州委副书记、州长杨红卫代表州人民政府与太平洋证券股份有限公司在战略融资合作协议上签字；州开发投资公司与太平洋证券股份有限公司签订城投企业债券承销协议。太平洋证券股份有限公司总裁王超代表公司致辞。双方经协商达成合作协议，州人民政府委托太平洋证券股份有限公司发行约15亿元开投公司城投企业债券，募集杠杆资金，支持经济快速发展，做大做强楚雄州开发投资有限公司；太平洋证券股份有限公司为州人民政府提供融资操作和实施指导，完成开投公司城投企业债券的发行任务。

【州政府与中石化勘探南方分公司签订战略合作框架协议】 2009年6月18日下午，州人民政府与中国石化勘探南方分公司在四川省成都市签订战略合作框架协议，就全面启动新一轮楚雄盆地石油天然气勘探计划达成共识。云南省发展和改革委员会副主任、省能源局局长马晓佳，州委书记邓先培，州委副书记、州长杨红卫，州委常委、常务副州长董继理，国家能源局石油天然气司处长陈梅涛，中石化勘探南方分公司相关负责人及州发改委负责人出席签字仪式。杨红卫在签字仪式上代表州人民政府与中石化勘探南方分公司签订《关于加快楚雄盆地石油天然气勘探战略合作框架协议》。

【省委第二巡视组巡视州人民政府工作】 2009年6月23日下午，省委第二巡视组到楚雄巡视州人民政府工作，杨红卫代表州人民政府向巡视组汇报了党的十七大以来州人民政府的工作情况。省委第二巡视组组长、正厅级巡视专员张艾及巡视组全体成员出席州人民政府工作汇报会。州人民政府州长杨红卫，州委常委、常务副州长董继理，州委常委、副州长李红民，副州长杨元茂、吕琳麟、樊炳清、李家龙、朱非和秘书长汪占毅出席会议。巡视组在听取州人民政府工作汇报后，对州人民政府工作给予充分肯定。

【曲靖市党政代表团到楚雄州参观考察】 2009年6月25日，曲靖市党政代表团在中共曲靖市委书记赵立雄的率领下到楚雄州参观考察。州委副书记杨宁，州委常委、州纪委书记李琳玻，州委常委、常务副州长董继理，州委常委、中共楚雄市委书记张之政，副州长吕琳麟，州政协副主席延荣科陪同考察。代表团一行参观考察了正在建设中的州职教园区，听取楚雄市东南片区规划建设情况介绍和滇中特色大城市规划建设情况介绍，参观州博物馆、中国彝族十月太阳历文化园和彝人古镇。

【民政部财政部联合工作组深入姚安地震灾区指导抗震救灾工作】 2009年7月11日上午，由民政部救灾司副司长张卫星率领的民政部财政部联合工作组在省民政厅厅长王树芬，省财政厅副厅长杨利邦，州委副书记、州长杨红卫，州委常委、州委统战部部长任锦云陪同下，深入姚安县左门乡、光禄镇察看灾情，看望慰问抢险救援队伍和受灾群众。工作组一行看到灾区群众有饭吃、有衣穿、有帐篷住时十分欣慰，对楚雄州的抗震救灾工作表示肯定，表示将会全力支持楚雄州受灾地区的救援和灾后重建工作。

【第四届云南省科学技术论坛】 2009年7月20日，为期2天的以“农民专业合作组织发展”为主题的第四届云南省科学技术论坛在楚雄开幕。论坛由省科协、省委农村工作领导小组办公室、省人民政府研究室、省农业厅、省供销社、中共楚雄州委、楚雄州人民政府联合主办。省政协副主席罗黎辉出席论坛并讲话。省科协主席、中国科学院院士张亚平致开幕词，州委书记邓先培致欢迎词，省科协党组书记、副主席唐兵主持开幕式。国务院发展研究中心农村经济研究部副部长、研究员徐小青，中国科普研究所所长任福君，中国科协农技服务中心副主任、中国农技协会秘书长张晓军，州委副书记、州长杨红卫出席论坛开幕式并在主席台就座。省农业厅副厅长孙海清，省人民政府研究室副主任杨士杰，省人民政府金融工作办公室副主任赵云龙，省科协副主席牟双江、李仁，省社科院副院长杨福泉，省供销社副主任单昆生，州委副书记杨宁，州人大常委会主任卢显林，州政协主席张怀德，州委常委、州委统战部部长任锦云，副州长左荣贵，州政协副主席王定粱等出席论坛开幕式。开幕式后举行大会特邀报告，徐小青、张晓军、任锦云分别作《把握农村形势与政策 促进农民合作组织发展》、《加强农技协工作 推进新农村建设》、《楚雄州发展农民专业合作组织的探索与实践》的报告。

【国家环保部督查组到楚雄州对涉砷行业开展督查】 2009年7月25日，国家环保部督查组在环保部应急调查中心副巡视员马建华率领下，到楚雄州对涉砷行业开展督查。督查组深入云南滇中磷酸盐厂、楚雄滇中有色金属有限公司检查。汇报会上，副州长、州环保专项行动领导小组组长李家龙向督查组汇报楚雄州开展涉砷行业检查情况。督查组通过实地检查和听取汇报后，对楚雄州开展涉砷行业检查的情况给予充分肯定。

【国际人类学与民族学联合会第十六届世界大会“族群、聚落、民族建筑”专题会议分会场会议在楚雄召开】 2009年7月30日，国际人类学与民族学联合会第十六届世界大会“族群、聚落、民族建筑”专题会议分会场会议在楚雄彝人古镇召开，出席国际人类学与民族学联合会第十六届世界大会的专家学者近百人参加研讨会。中国民族研究会副会长单德启等专家学者和楚雄州建设局、彝人古镇项目部等作专题发言，就楚雄州民族建筑风格、特色以及在民族文化中的意义进行研讨，对楚雄州民族建筑传承、创新与发展提出意见和建议。中国民族建筑研究协会向彝人古镇颁发“中国建筑文化经典示范工程”匾牌。

【国家和省文物局专家组到楚雄州查看“7·09”地震文物受损情况】 2009年7月29日至30日，国家文物局文物保护与考古司副司长许言带领国家和省文物局组成的专家组深入楚雄州地震灾区，查看文物受损情况。29日，专家组一行实地查看了国家级文物保护单位龙华寺，省、州级文物保护单位德丰寺、高雪君祠和姚安光禄古镇的文物受损情况，进行细致记录、拍照、测量。针对龙华寺震后临时应急抢救措施提出指导性意见。30日，在国家级文物保护单位大姚白塔，专家组对白塔的塔基、塔身、周边环境、历史情况等进行全面细致了解，为震后维修搜集整理第一手资料。在石羊孔庙、晒盐篷，专家组对彝州独特的历史文化，特别是古老的盐文化产生了浓厚的兴趣，建议把石羊晒盐篷等作为国家级文物保护单位进行申报。30日下午，楚雄州震后文物维修项目座谈会在州博物馆召开。在听取楚雄州文物工作及“7·09”地震楚雄州文物受损情况汇报后，专家组充分肯定楚雄州文物保护工作，指出对震后有损的文物，要积极采取合理有效的抢救措施，尽快理顺管理体制；要完善文物保护的规划方案，做好消防、避雷措施，结合周边环境，有效处理外围的排水和引水，把排水范围扩大，加大长期监测力度；维修工程要按照“修旧如旧”的文物维修原则，严格报送审批和招投标程序。专家组就震后姚安、大姚2县文物维修项目一一作了论证、说明，提出维修建议意见。专家组希望楚雄州就震后文物维修工作迅速做出维修项目规划、方案，按程序报国家、省文物部门审批，国家文物局将特事特办，对楚雄州“7·09”地震受损文物的维修、保护工作给予大力支持。

【青山嘴水库下闸蓄水仪式】 2009年8月1日，青山嘴水库库区青山叠翠，41.5米高的水库大坝彩旗猎猎，云南省水利厅厅长周运龙、副厅长杨荣新，省移民局副局长张杰，中共楚雄州委书记邓先培，州委副书记、州长杨红卫，州委副书记杨宁，州委常委、中共楚雄市委书记张之政，州人大常委会副主任杨应旭，副州长左荣贵、吕琳麟，州政协副主席、青山嘴水库工程建设领导小组组长延荣科，州政府秘书长汪占毅出席青山嘴水库下闸蓄水仪式。上午11时整，周运龙、邓先培在青山嘴水库隧洞竖井启闭机房按下下闸蓄水按钮，随着27吨重的闸门徐徐下降，标志着历时2年多建设的青山嘴水库正式蓄水。

【中央人民广播电台联合全国新闻媒体赴姚安慰问演出】 2009年8月9日，在“7·09”姚安6.0级地震发生整整一个月之际，由中央人民广播电台牵头，联合全国多家新闻媒体到姚安地震灾区开展以“牵手灾区、情系彝山”为主题的大型慰问演出活动。中央人民广播电台台长王求，中共云南省委常委、省委宣传部部长张田欣，中央人民广播电台副台长王晓晖，省委宣传部副部长伍皓，云南日报报业集团党委书记、社长罗杰，云南人民广播电台台长覃信刚，云南电视台台长赵树清，中共楚雄州委书记邓先培，州委常委、州委宣传部部长杨正权，副州长朱非等领导出席演出活动。演出现场还举行捐赠仪式，中央人民广播电台、云南日报社、云南电视台、云南人民广播电台等媒体领导代表全国新闻媒体向灾区捐赠了收音机。

【州考察团赴弥勒县考察】 2009年8月10日至11日，中共楚雄州委副书记、州人民政府州长杨红卫率考察团，赴红河州弥勒县考察民族文化保护、传承和发展工作，学习借鉴红河州的成功经验和做法。考察团一行参观了弥勒湖泉生态园、庆来中学，并参加在巡检司镇高甸村举行的弥勒县第九届爱佐爱莎歌舞艺术节。

【首届中国苴却砚精品鉴赏博览会】 2009年8月14日，首届中国苴却砚精品鉴赏博览会在彝人古镇开幕，展出苴却砚精品35件。楚雄州人大常委会副主任江正荣，副州长朱非，州政协副主席、州工商联主席吴丽华出席博览会。首届中国苴却砚精品鉴赏博览会由省工业美术行业协会、州委宣传部、州旅游局、州文产办、永仁县相关部门以及7家石业公司共同举办。首届中国苴却砚精品鉴赏博览会组委会设立钻石奖、金奖、银奖、铜奖以及优秀奖，永仁耀华石业有限责任公司的《紫气东来三万里》荣获首届中国苴却砚精品鉴赏博览会钻石奖。

【第四届中国彝族文化展演会、第五届云南民族民间文化博览会暨2009年中国楚雄彝族火把节】 2009年8月14日上午，第四届中国彝族文化展演会、第五届云南民族民间文化博览会暨2009年中国楚雄彝族火把节开幕式在州体育馆隆重举行。中国艺术研究院戏曲研究所所长、研究员、博士生导师刘祯，中国少数民族戏剧学会会长、研究员谭志湘，中共云南省委第二巡视组组长张艾，省委党校副校长陈一之，省经委巡视员李如林，世纪金源云南集团董事长庄哲猛，省文联副主席段斌，省文史研究馆原馆长沈家明，以及来自法国、新加坡、韩国和台湾、北京等地的专家学者应邀出席开幕式。中共楚雄州委书记邓先培宣布2009年楚雄“两会一节”开幕；州委副书记、州长杨红卫致开幕辞；州人大常委会主任卢显林、州政协主席张怀德及在楚的州级领导和楚雄市、楚雄经济开发区主要领导出席开幕式。开幕式结束后，出席开幕式的领导和嘉宾兴致勃勃地观看了大型文艺演出《春漫彝山》。晚上，“2009中国彝族祭火大典”在中国彝族十月太阳历文化园隆重举行。省委常委、省委统战部部长黄毅，省国土资源厅厅长张耀武，中国少数民族戏剧学会会长、研究员谭志湘，省委党校副校长陈一之，省经委巡视员李如林，省文史研究馆原馆长沈家明，州党政领导邓先培、卢显林、张怀德、张之政、舒建新、樊炳清、王应学、吴丽华，以及前来参加“两会一节”活动的海内外宾客出席祭火大典。8月16日晚，“第四届中国彝族文化展演会、第五届云南民族民间文化博览会暨2009年中国楚雄彝族火把节”活动在州体育馆圆满落下帷幕。州委副书记、州长杨红卫，州政协主席张怀德，州委常委、楚雄市委书记张之政，州委常委、楚雄军分区政委吴华，州政协副主席马旷源、王应学出席闭幕式。闭幕式上，来自中央民族歌舞团、云南省歌舞剧院交响乐团、楚雄市民族歌舞团的艺术家们作了精彩纷呈的表演。由中共楚雄州委、州人民政府主办，市委、市人民政府承办的“两会一节”活动，各项活动丰富多彩，精彩绝伦，融合云南、四川、贵州、广西4省（区）中国彝族民间文化艺术节赛歌、赛舞、赛装、赛美、赛乐“五赛”活动，活动内容共8大板块83项。

【向中国科技馆赠送恐龙化石】 2009年8月13日上午10时，云南省向中国科技馆赠送恐龙化石新闻发布会在禄丰世界恐龙谷举行。中国科技馆馆长徐延豪，中共楚雄州委常委、州委宣传部部长杨正权，副州长朱非，省委宣传部副巡视员吴静波以及禄丰世界恐龙谷总经理喻勤钟，禄丰世界恐龙谷科学总顾问董枝明出席新闻发布会。应邀前来参加云南省向中国科技馆赠送恐龙化石仪式的全国政协常委、中国科协副主席、党组副书记齐让和国家知识产权局副局长鲍红在州委书记邓先培，州委常委、州委宣传部部长杨正权陪同下，参观考察禄丰世界恐龙谷。8月18日上午，中国科技馆在北京为云南省向中国科技馆赠送3具恐龙化石举办新闻发布会。全国政协委员、中国科技馆馆长徐延豪，中国科学院古脊椎动物与古人类研究所研究员、禄丰世界恐龙谷科学顾问董枝明教授，楚雄州人民政府副州长朱非以及相关领导出席新闻发布会。海外媒体，国家级媒体以及云南省、楚雄州等40多家媒体的记者100余人参加新闻发布会。8月18日下午4时，省政府赠送中国科技馆恐龙化石“接龙”仪式伴随着欢快的乐曲在北京中国科技馆新馆西大厅隆重举行。来自云南省楚雄州禄丰世界恐龙谷的赠京恐龙化石“吉祥三宝”——阿纳川街龙、许氏禄丰龙、中国双脊龙化石以崭新的姿态展现在全国和世界人民面前。赠送中国科技馆的三具恐龙化石，分别为长7.1米、高2.6米的许氏禄丰龙，长7米、高2.45米的中国双脊龙，长27米、高6.5米的阿纳川街龙。这是根据中国科协致中共云南省委、省人民政府《关于商请支持中国科技馆新馆恐龙化石的函》和省委、省人民政府领导的批示，在庆祝中华人民共和国成立60周年之际，中共云南省委、省人民政府向中国科技馆赠送的。9月16日，中国科技馆新馆正式开馆，开馆仪式上举行云南省赠送中国科技馆恐龙化石揭幕暨“七彩云南·魅力楚雄北京行”系列活动。中共中央政治局委员、全国人大常委会副委员长、中华全国总工会主席王兆国，全国人大常委会副委员长、中国科学院院长路甬祥，全国人大常委会副委员长、中国科协主席韩启德，全国政协副主席、致公党中央主席、科技部部长万钢，全国政协副主席、中国工程院院长徐匡迪，中国科协常务副主席、党组书记、书记处第一书记邓楠等领导出席开馆仪式。10月19日晚，“云南省庆祝新中国60华诞北京大学文艺演出”在北京大学百年纪念讲堂隆重举行，楚雄州精心打造的彝族大型风情歌舞《太阳女》登台亮相，向首都观众展示多姿多彩的民族风情画卷。省委常委、省委宣传部部长张田欣，北京大学常务副书记吴志攀，北京大学常务副校长柯杨，中国科技馆馆长徐延豪，部分国家的驻外使节及夫人，大型高端企业负责人，北大学生代表、留学生代表等出席晚会，观看演出。在“赠龙”活动期间，中央电视台、中央人民广播电台、中国旅游卫视、新华社、《人民日报》、中新社、《光明日报》、《经济日报》、香港《文汇报》、香港《大公报》、《香港商报》、新华网、人民网、新浪、搜狐等50多家新闻媒体近300多人次对活动作宣传报道。

【湖南中烟工业公司考察楚雄州现代烟草农业建设情况】 2009年8月18日，湖南中烟工业有限公司总经理周昌贡，副总经理杨智敏，在省烟草专卖局（公司）局长、总经理余云东，中共楚雄州委常委、常务副州长董继理陪同下，考察禄丰县现代烟草农业建设情况。周昌贡一行深入禄丰县马街现代烟草农业建设项目区、前营湖南中烟基地单元种植区、罗次育苗工场、洪流烘烤工场、罗次现代烟草农业中心管理站等地实地考察。

【印度代表团到禄丰考察现代烟草农业建设】 2009年8月20日，由印度烟草委员会主席巴布，拉贾蒙德里烟草研究所主任摩西，印度烟草委员会拍卖主管卡耐尔，印度烤烟种植者协会主席罗兰格和4位印度烟草委员会委员、5位印度烟农组成的印度烟草委员会代表团一行14人到禄丰县参观考察整县推进现代烟草农业建设工作。

【《楚雄世界和平文化园旅游区总体规划》通过评审】 2009年10月16日下午，由云南省发展和改革委员会和楚雄州人民政府共同组织的《楚雄世界和平文化园旅游区总体规划》评审会在昆明楚雄大厦举行。州委副书记、州长杨红卫，州委副书记杨宁，州政协主席张怀德，州委常委、州纪委书记李琳玻，州委常委、州委宣传部部长杨正权，州委常委、州委秘书长汪占毅，州人民政府副州长左荣贵、舒建新、吕琳麟，州政协副主席延荣科，州政府党组成员、州政府办公室党组书记马国雄出席评审会。省人民政府办公厅、省文产办、省旅游局、省水利厅、省环保局、省林业厅、省国土资源厅等有关部门负责人以及州发展和改革委员会等州级有关部门负责人参加评审会。评审会由省发改委副主任刁殿伟主持。杨正权在评审会上致辞并介绍了项目推进情况，世界华人工商促进会会长李农合介绍了项目的背景情况，江苏省城市发展研究院负责人介绍了项目总规的研究和编制情况。在充分听取情况介绍、详细审阅项目规划文本材料后，评审组专家对《总体规划》在规划方法、基本思路和项目设计等方面给予了充分肯定，同意《总体规划》通过评审。

【《太阳女》在北京大学演出】 2009年10月19日晚，“七彩云南·魅力楚雄”北京行系列活动的压轴戏“云南省庆祝新中国60华诞北京大学文艺演出”，在北京大学百年讲堂隆重举行。楚雄州精心打造的彝族大型风情歌舞《太阳女》登台亮相，向首都观众展示多姿多彩的民族风情画卷。《太阳女》登上文化知识界精英荟萃之地的高雅艺术殿堂——北京大学百年讲堂，为庆祝新中国60华诞献演，使彝族丰厚绚丽的文化得到展示，对外交流、宣传、推介了楚雄彝州。

【中央非公经济组织学习实践科学发展观活动巡回指导组到禄丰调研】 2009年10月21日下午，中央非公有制经济组织深入学习实践科学发展观活动第四巡回指导组组长陈营官率领巡回指导组成员，深入禄丰县云南德胜钢铁有限公司、云南奕标水泥有限公司等非公企业进行调研。中共云南省委统战部副部长、省工商联党组书记张功祥，中共楚雄州委副书记杨宁，州委常委、州委统战部部长任锦云等陪同调研。在听取州委、禄丰县委和有关非公企业负责人的工作汇报后。巡回指导组强调，企业党组织紧紧围绕“党员干部受教育、科学发展上水平、人民群众得实惠”的目标要求，把推进学习实践活动与促进企业发展有机地结合在一起，突出行业特点、注重活动实效，扩大党组织在非公有制企业的覆盖面，确保社会主义市场经济的健康发展。

【《半月谈》等媒体考察组到楚雄州考察】 2009年11月5日，由半月谈杂志社总编辑冯瑛冰、《新华每日电讯》报副总编辑方立新、新华社新闻信息中心半月谈通联部发行主任宫保国、新华社云南分社社长邓久翔和副社长徐玉长等组成的考察组，就楚雄州对外宣传和《半月谈》发行工作进行考察，并筛选针对楚雄州社会发展各方面的报道选题。考察组一行前往州博物馆、南华咪依噜风情谷、彝人古镇等地考察。考察组指出，民族文化的保护传承、民族群众的生产生活、民族地区的发展繁荣都是值得关注和宣传的方面，楚雄地处西南交通要道上，拥有得天独厚的自然条件和绚烂多彩的民族文化资源，元谋人遗址、恐龙化石、野生菌、彝族梅葛文化等等让人印象深刻，宣传部门应该继续有效利用这些资源，抓住彝州得天独厚的自然和人文优势，加大力度，利用媒体、网络等资源，把这些宝贵的遗产展示出去，把神奇美丽的彝州推广出去，吸引更多国内外游客来这里旅游，更多的商家来这里投资。

【州党政考察团赴临沧学习考察】 2009年11月23日至25日，中共楚雄州委副书记杨宁、副州长吕琳麟率州委政研室等州级相关部门负责人，10县（市）县（市）长、建设局局长、政研室（农办）主任一行50余人赴临沧市学习考察。23日下午，考察团刚到临沧，便参加中共临沧市委、市人民政府召开的座谈会。临沧市委副书记锁飞，市委常委、临翔区委书记张涛，市委常委、市委秘书长赵子杰，市人民政府副市长李华松出席座谈会并介绍临沧市经济社会发展情况以及特色民居建设情况。两地领导希望双方加强合作交流，增进友谊，共同促进经济社会又好又快发展。为期3天的考察中，考察团到临翔区圈内乡坝胡村平掌组，双江县沙河乡忙开村、勐勐镇忙乐村，耿马县贺派乡者卖村、忙抗村，参观考察当地特色民居建设。考察团于24日下午参观结束后在耿马县召开座谈会，考察团成员纷纷谈考察感受，结合各县（市）、各部门工作实际，就下步工作开展作表态发言。杨宁、吕琳麟还就各县（市）、各部门如何学习借鉴临沧经验，加快楚雄州特色民居建设，推进社会主义新农村工作提出具体要求。

【中农办国务院综改办联合调研组到楚雄州调研】 2009年11月27日至28日，以中农办局长郭青为组长的中央农村工作领导小组办公室和国务院农村综合改革工作小组办公室组成的联合调研组一行，在云南省财政厅副厅长刘德强陪同下到楚雄州，对村级公益事业建设一事一议财政奖补试点工作情况进行调研。调研组一行深入南华县龙川镇平山村委会大河边村、罗家屯村委会许家村，楚雄市苍岭镇李家村委会马房村、智明村委会白家村等地调研。

【香港公务员访问团到楚雄州考察】 2009年11月28日至29日，香港特区政府公务员访问团一行17人，在香港民政事务总署民政事务专员郭黄颖琦和北京大学港澳台办副主任潘庆德率领下到楚雄州考察访问。副州长朱非陪同考察，并向访问团介绍楚雄州州情和经济社会发展情况。访问团参观了禄丰世界恐龙谷，州博物馆、中国彝族十月太阳历文化园和彝人古镇。到楚雄市苍岭镇李家村委会马石铺村考察民族团结和新农村建设情况，到元谋参观元谋土林、元谋人遗址、元谋现代生态农业区和武定狮子山景区。

【楚雄农产品中心批发市场开工奠基】 2009年12月4日上午，由国家发改委在全国实施的81个大型农产品批发市场之一、国债资金重点扶持项目——楚雄农产品中心批发市场，在位于楚雄市鹿城镇李家庵村委会的建设用地上开工。省政协原副主席李明德，州党政领导杨红卫、张之政、杨正权、杨元茂、吴丽华，州政府秘书长马国雄出席开工仪式，并为楚雄农产品中心批发市场培土奠基。

【第三届中国国际广告模特大赛楚雄赛区初赛仪式】 2009年12月26日，由州文联、州工商联、楚雄日报社、楚雄电视台主办的第三届中国国际广告模特大赛云南楚雄赛区新闻发布会暨初赛仪式在楚雄经济开发区市民广场举行。

【楚雄州村级公益事业建设一事一议财政奖补试点】 2009年，楚雄州共有2538个自然村申报村级公益事业建设一事一议财政奖补项目，按照“谁积极、支持谁”的原则，各县（市）共批复实施了852个以村内户外道路硬化为建设内容的一事一议财政奖补项目。项目总投资达1.89亿元，其中财政投入5432万元，村民筹资捐资1613万元，村集体投入1461万元，社会捐赠赞助886万元，以料折资3183万元，村民投工折资6350万元；在资金奖补上，财政奖补资金占项目总投资的28.7%，村均补助6.38万元，户均补助825元，人均补助185.4元。项目建后有6.58万户29.3万人受益。在开展村级公益事业建设一事一议财政奖补试点工作中，楚雄州积极探索以农民自愿出资出劳为基础、政府奖补资金为引导、广泛争取各方支持的村级公益事业建设资金投入机制，按照“围绕一个目标，坚持两个统一，做到三个明确，落实四个加强，突出五个关健，坚持六项原则，实行七项制度”的要求积极推进。通过全州各级各部门和广大群众的共同努力，楚雄州村级公益事业建设一事一议财政奖补试点工作取得明显成效：一是初步建立了村级公益事业建设投入新机制。二是提高了财政资金使用效益。三是改善了村容村貌。四是促进了基层民主政治建设。五是拉动了内需。

［王光林］

重要决策和部署

【楚雄州州级行政事业单位差旅费管理办法】 2009年1月1日，楚雄州人民政府印发《楚雄州州级行政事业单位差旅费管理办法》。该《办法》共8章34条，自2009年1月1日起执行。

【楚雄州州级行政事业单位工作人员加班和值班补助管理暂行办法】 2009年1月1日，楚雄州人民政府印发《楚雄州州级行政事业单位工作人员加班和值班补助管理暂行办法》。该《办法》共10条，自2009年1月1日起执行。

【楚雄州鼓励外来投资承接产业转移若干规定】 2009年1月12日，楚雄州人民政府印发《楚雄州鼓励外来投资承接产业转移若干规定》。该《规定》共6章26条。本规定生效后新办的企业，遵照本规定执行，该规定生效前已办的企业，继续遵照《中共楚雄州委　楚雄州人民政府关于改善投资环境扩大对外开放加强招商引资工作的暂行规定》执行。

【楚雄州2009年烟叶工作管理考核办法】 2009年1月20日，楚雄州人民政府印发《楚雄州2009年烟叶工作管理考核办法》。主要内容：（1）考核内容及标准；（2）考核验收办法；（3）奖惩；（4）工作要求。

【楚雄州未成年人保护委员会工作规则】 2009年2月4日，楚雄州人民政府印发《楚雄州未成年人保护委员会工作规则》。该规则共7章49条。自2009年1月5日十届州人民政府第15次常务会审议通过之日起实施。

【楚雄州2009年道路交通安全目标管理考核奖惩办法】 2009年2月10日，楚雄州人民政府印发《楚雄州2009年道路交通安全目标管理考核奖惩办法》。主要内容：（1）实施“2009年全州道路交通安全管理工作”的总体目标；（2）实施考核的内容；（3）考核的办法；（4）奖励与惩罚。

【楚雄州2009年县（市）人民政府及州级部门消防安全责任制考评奖惩办法】 2009年2月10日，楚雄州人民政府印发《楚雄州2009年县市人民政府及州级部门消防安全责任制考评奖惩办法》。主要内容：（1）考评内容；（2）考评办法；（3）奖惩办法。

【楚雄州统筹全州旅游线路与市场开发实施意见】 2009年2月17日，楚雄州人民政府印发《楚雄州统筹全州旅游线路与市场开发实施意见》。自第十届州人民政府第16次常务会议讨论通过之日起执行。

【楚雄州驻楚金融机构支持地方经济发展考核奖励试行办法】 2009年3月2日，楚雄州人民政府印发《楚雄州驻楚金融机构支持地方经济发展考核奖励试行办法》。该办法共9条，自2009年1月1日起执行。

【楚雄州人民政府关于统筹全州旅游线路与市场开发的实施意见】 2009年2月27日，楚雄州人民政府印发《楚雄州人民政府关于统筹全州旅游线路与市场开发的实施意见》。该意见分3部分：（1）统一思想，提高对统筹全州旅游线路与市场开发重要性和必要性的认识；（2）统筹全州旅游线路与市场开发的指导思想、目标要求、基本原则和工作重点；（3）统筹全州旅游线路与市场开发的保障措施。

【统筹全州旅游线路开发实施方案】 2009年3月4日，楚雄州人民政府印发《统筹全州旅游线路开发实施方案（2009～2011年）》。该方案包括：（1）工作思路；（2）主要原则；（3）工作目标；（4）主要内容；（5）实施的主要保障措施。

【楚雄州推广家电下乡工作实施方案】 2009年3月6日，楚雄州人民政府印发《楚雄州推广家电下乡工作实施方案》。主要内容：（1）指导思想和操作原则；（2）主要内容；（3）主要任务；（4）组织实施。

【安排2009年州级财政项目支出预算】 2009年3月26日，楚雄州人民政府印发《楚雄州人民政府关于安排2009年州级财政项目支出预算的通知》。主要内容：（1）基本原则；（2）主要情况；（3）管理要求。

【2009年财政收入任务及考核办法】 2009年3月26日，楚雄州人民政府印发《楚雄州人民政府关于2009年财政收入任务及考核办法的通知》。主要内容：（1）预算任务；（2）考核办法；（3）需要说明的问题。

【楚雄州中小学校舍安全工程建设实施方案】 2009年4月9日，楚雄州人民政府关于印发《楚雄州中小学校舍安全工程建设实施方案》。主要内容：（1）工程实施的重要意义；（2）工程实施的目标；（3）工程实施的基本原则；（4）工程实施的保障措施。

【建立县域经济合作与利益分享机制的实施意见】 2009年4月9日，楚雄州人民政府印发《楚雄州人民政府关于建立县域经济合作与利益分享机制的实施意见》。

【进一步加强规划管理工作的通知】 2009年4月10日，楚雄州人民政府印发《楚雄州人民政府关于进一步加强规划管理工作的通知》。

【楚雄州城市规划编制管理以奖代补管理办法（试行）】 2009年4月7日，楚雄州人民政府印发《楚雄州城市规划编制管理以奖代补管理办法（试行）》。该办法共20条，自印发之日起实施。

【楚雄州“50项重大工业项目”实施方案】 2009年3月4日，楚雄州人民政府印发《楚雄州50项重大工业项目实施方案》。主要内容：（1）总体思路与目标；（2）政策保障；（3）主要措施。

【楚雄州招商引资工作考核办法】 2009年1月7日，楚雄州人民政府印发《楚雄州招商引资工作考核办法》。该办法共22条，自发文之日起执行，原《楚雄州招商引资考核奖励办法》同时废止。

【楚雄州重大投资项目审批和核准制度】 2009年5月5日，楚雄州人民政府印发《楚雄州重大投资项目审批和核准制度》。该制度共19条，自印发之日起实施。

【楚雄州人民政府四项制度实施细则】 2009年3月24日，楚雄州人民政府印发《楚雄州人民政府重大决策听证制度实施细则》、《楚雄州人民政府重要事项公示制度实施细则》、《楚雄州人民政府重点工作通报制度实施细则》和《楚雄州人民政府政务信息查询制度实施细则》。

【加快林业产业发展的意见】 2009年5月12日，楚雄州人民政府印发《楚雄州人民政府关于加快林业产业发展的意见》。

【加快畜牧产业化发展的意见】 2009年5月12日，楚雄州人民政府印发《楚雄州人民政府关于加快畜牧产业化发展的意见》。

【楚雄州城镇居民补充医疗保险暂行办法实施细则】 2009年5月18日，楚雄州人民政府印发《楚雄州城镇居民补充医疗保险暂行办法实施细则》。该实施细则共有6章35条，自印发之日起实施。

【加快工业园区建设的意见】 2009年5月18日，楚雄州人民政府印发《楚雄州人民政府关于加快工业园区建设的意见》。

【深化投融资体制改革指导意见】 2009年6月1日，楚雄州人民政府印发《楚雄州人民政府关于深化投融资体制改革指导意见》。

【公布第二批州级非物质文化遗产保护名录】 2009年6月1日，楚雄州人民政府印发《楚雄州人民政府关于公布第二批州级非物质文化遗产保护名录的通知》。

【发行州开发投资有限公司企业债券】 2009年6月9日，楚雄州人民政府印发《楚雄州人民政府关于发行州开发投资有限公司企业债券的决定》。

【楚雄州开发投资有限公司企业债券发行组织工作方案】 2009年6月9日，楚雄州人民政府办公室印发《楚雄州开发投资有限公司企业债券发行组织工作方案》。主要内容：（1）指导思想；（2）债券发行组织工作原则；（3）工作目标；（4）债券要素设计；（5）债券发行工作计划；（6）债券发行的组织工作安排。

【2008年度重点企业实行以奖代补】 2009年6月12日，楚雄州人民政府办公室印发《楚雄州人民政府关于2008年度重点企业实行以奖代补有关事项的通知》，对玉溪红塔烟草（集团）楚雄卷烟厂等企业实行以奖代补奖励。

【楚雄州村级会计委托代理服务工作实施办法】 2009年6月17日，楚雄州人民政府办公室印发《楚雄州人民政府办公室关于印发楚雄州村级会计委托代理服务工作实施办法的通知》。该实施办法共有8章42条，自印发之日起执行。

【进一步完善小额担保贷款的通知】 2009年6月16日，楚雄州人民政府印发《楚雄州人民政府关于进一步完善小额担保贷款的通知》。主要内容：（1）工作目的；（2）工作原则和经办形式；（3）贷款的对象、条件、额度、期限及贴息办法和奖励机制；（4）承贷银行；（5）小额担保贷款的运作；（6）贷款程序；（7）工作保障措施；（8）其他要求。该通知自2009年6月1日起执行。

【楚雄州贯彻云南省公路危险路段排查整治办法实施细则】 2009年7月24日，楚雄州人民政府办公室印发《楚雄州人民政府办公室关于印发楚雄州贯彻云南省公路危险路段排查整治办法实施细则的通知》。该细则共有12条，自印发之日起实行。

【做好工业企业联合合作工作的指导意见】 2009年8月19日，楚雄州人民政府印发《楚雄州人民政府关于做好工业企业联合合作工作的指导意见》。主要内容：（1）抱团的主要方式、原则及目标；（2）抱团的重点领域；（3）抱团的支持政策。

【楚雄州义务教育学校绩效工资实施办法】 2009年8月21日，楚雄州人民政府办公室转发《楚雄州人民政府办公室关于转发楚雄州义务教育学校绩效工资实施办法的通知》。主要内容：（1）实施范围和时间；（2）绩效工作总量和水平的核定；（3）绩效工资的分配；（4）相关政策；（5）经费保障与财务管理；（6）纪律要求；（7）组织实施。

【部省共建楚雄州山区水利发展与改革示范区目标任务考核办法】 2009年9月10日，楚雄州人民政府批转《楚雄州人民政府批转州水利局关于部省共建楚雄州山区水利发展与改革示范区目标任务考核办法的通知》。主要内容：（1）考核目的；（2）组织领导；（3）考核对象；（4）考核原则；（5）考核内容；（6）考核方法；（7）奖惩办法。

【楚雄州筹集中央扩大内需建设项目州县（市）配套资金方案】 2009年9月18日，楚雄州人民政府办公室印发《楚雄州人民政府办公室关于印发楚雄州筹集中央扩大内需建设项目州县市配套资金方案的通知》。主要内容：（1）配套资金情况；（2）筹措配套资金的原则；（3）筹资配套资金的来源；（4）融资配套资金的拨付及管理。

【配备村委会（社区）基层残疾人专职委员、联络员的通知】 2009年9月17日，楚雄州人民政府印发《楚雄州人民政府关于配备村委会（社区）基层残疾人专职委员、联络员的通知》。主要内容：（1）指导思想和原则；（2）招聘条件；（3）组织实施；（4）基本职责；（5）待遇和经费来源；（6）有关要求。

【加强道路交通安全工作实施意见】 2009年9月22日，楚雄州人民政府印发《楚雄州人民政府关于印发进一步加强道路交通安全工作实施意见的通知》。主要内容：（1）指导思想；（2）总体目标；（3）主要措施。

【废止楚雄州水资源征收管理办法和楚雄彝族自治州取水许可办法的通知】 2009年10月15日，楚雄州人民政府印发《楚雄州人民政府关于废止楚雄州水资源征收管理办法和楚雄彝族自治州取水许可办法的通知》。

【楚雄州城镇职工基本医疗保险州级统筹工作方案】 2009年10月29日，楚雄州人民政府印发《楚雄州人民政府关于印发楚雄州城镇职工基本医疗保险州级统筹工作方案的通知》。主要内容：（1）指导思想和基本原则；（2）总体目标、工作步骤和工作内容；（3）工作要求。

【楚雄州2009年度人口和计划生育目标管理责任书指标解释及考核办法】 2009年11月2日，楚雄州人民政府办公室印发《楚雄州2009年度人口和计划生育目标管理责任书指标解释及考核办法》。

【加快文化产业发展若干政策的意见】 2009年11月6日，楚雄州人民政府印发《楚雄州人民政府关于加快文化产业发展若干政策的意见》。主要内容：（1）财政政策；（2）税收政策；（3）土地政策；（4）工商管理政策；（5）投融资政策；（6）人才政策；（7）综合性政策；（8）奖励政策。

【实施农民收入翻番计划的意见】 2009年11月3日，楚雄州人民政府印发《楚雄州人民政府关于实施农民收入翻番计划的意见》。

【楚雄州安全生产较大以上事故应急处置办法】 2009年11月30日，楚雄州人民政府印发《楚雄州安全生产较大以上事故应急处置办法》。该办法共有15条，自印发之日起施行。

【楚雄州被征地农民基本养老保障实施细则】 2009年12月3日，楚雄州人民政府印发《楚雄州被征地农民基本养老保障实施细则》。主要内容：（1）参保程序；（2）缴费标准；（3）保障基金；（4）个人账户计息；（5）保障待遇；（6）保障关系的转移；（7）个人账户继承；（8）其他。

【楚雄州驻外招商引资联络处管理暂行办法】 2009年12月23日，楚雄州人民政府印发实施《楚雄州驻外招商引资联络处管理暂行办法》。该暂行办法自第十届州人民政府第23次常务会议讨论通过之日起执行。

【楚雄州州级部门招商引资奖励试行办法】 2009年12月23日，楚雄州人民政府印发《楚雄州州级部门招商引资奖励试行办法》。该试行办法自第十届州人民政府第23次常务会议讨论通过之日起执行。

【楚雄州农村环境综合整治方案】 2009年12月23日，楚雄州人民政府印发《楚雄州人民政府关于印发楚雄州农村环境综合整治方案的通知》。该方案自第十届州人民政府第23次常务会议讨论通过之日起执行。

【批转州水利局2010年上半年供用水方案】 2009年12月31日，楚雄州人民政府印发《楚雄州人民政府关于批转州水利局2010年上半年供用水方案报告》。

【楚雄州人民政府关于将部分州县（市）级国有股权和国有资产划拨给州开发投资有限公司的决定】 2008年10月22日，楚雄州人民政府印发《楚雄州人民政府关于将部分州县市级国有股权和国有资产划拨给州开发投资有限公司的决定》。

【冬季农业生产意见】 2009年8月25日，楚雄州人民政府印发《2009～2010年冬季农业生产意见》。主要内容：(1)基本思路；(2)调控目标；(3)重点措施。

［王光林］

表彰奖励

【兑现2008年住房公积金单位项目贷款清收目标考核奖励】 2009年，楚雄州人民政府给予在住房公积金单位项目贷款清收工作中取得较好成绩的南华等3个县和州住房公积金管理中心等3个单位给予兑现奖金。

【兑现2008年道路交通安全目标管理考核奖惩】 2009年，楚雄州人民政府对各县（市）开展道路交通安全管理工作情况进行综合考核，并根据考核结果兑现奖金16.25元，对考核为不合格的惩县主管领导300元，分管领导500元。

【兑现2008年消防安全责任制考核奖】 2009年，楚雄州人民政府分别对10县（市）、22个政府职能部门和行业单位履行消防安全责任制情况进行综合考评并兑现奖金。

【兑现2008年防治艾滋病工作责任目标考核奖】 2009年，楚雄州人民政府对《楚雄州2008年防治艾滋病工作责任目标书》完成情况进行考核并兑现奖金。一等奖奖励3万元，二等奖奖励2万元，三等奖奖励1.5万元，对州级30个成员单位给予奖励10万元。

【兑现2008年卫生工作责任目标考核奖】 2009年，楚雄州人民政府对10县（市）人民政府执行2008年卫生工作责任目标书情况进行全面检查考核并兑现奖金。

【表彰奖励2008年度见义勇为先进个人】 2009年，州人民政府决定，追授晏春美、寇帅、杜建萍“楚雄州见义勇为公民”称号，各奖励奖金2万元；授予罗存寿“楚雄州见义勇为公民”称号，奖励奖金2万元；授予罗存贵、周自强、张世珍“楚雄州见义勇为公民”称号，各奖励奖金1万元；授予熊加平、李平、王洪军、盛卫华、杨宝生、刘强、李才虎、宋云“楚雄州见义勇为公民”称号，各奖励奖金1000元。

【表彰2008年度全州劳动和社会保障工作先进县（市）】 2009年，楚雄州人民政府对《楚雄州人民政府2008年劳动保障目标管理责任书》落实情况组织考核，对6个县（市）进行通报表彰。

【兑现2008年度行政执法责任制考评奖励】 2009年，楚雄州人民政府按照《楚雄州2008年度行政执法责任书》和《楚雄州行政执法责任制考评奖惩办法》的规定组织考评，兑现2008年度行政执法责任制考评奖金11.97万元。

【表彰优秀农民工和农民工工作先进集体】 2009年，楚雄州人民政府表彰优秀农民工60名、农民工工作先进集体25户、农民工工作先进服务机构5户。

【表彰奖励2008年度禁毒工作先进集体】 2009年，楚雄州人民政府对落实《楚雄州2008年度禁毒工作责任状》的先进县（市）和先进单位予以表彰奖励，发放奖金23.5万元。

【兑现2008年度固定资产投资考核奖】 2009年，楚雄州人民政府对2008年度固定资产投资工作成绩突出的10县（市）人民政府和州级8个部门给予奖励；对在组织协调2008年全州固定资产投资工作中作出重要贡献的州人民政府办公室、州发改委、州财政局、州统计局给予奖励。

【兑现2008年度工业经济发展目标及工业倍增计划阶段目标责任奖】 2009年，楚雄州人民政府兑现2008年度工业经济发展目标及工业倍增计划阶段目标责任奖金共计64万元。

【兑现2008年度煤矿安全生产暨关闭非法煤矿矿井目标管理责任奖】 2009年，楚雄州人民政府兑现2008年度煤矿安全生产暨关闭非法煤矿矿井目标管理责任奖金共计21万元。

【兑现2008年度乡镇企业发展目标责任奖】 2009年，楚雄州人民政府兑现2008年度乡镇企业发展目标责任奖金合计70万元。

【兑现2008年基本烟田水利设施建设和密集烤房建设工作考核奖励】 2009年，楚雄州人民政府对2008年基本烟田水利设施建设和密集烤房建设工作进行考核，并根据考核结果兑现奖励。

【兑现2009年烤烟砂培漂浮育苗推广奖励】 2009年，楚雄州人民政府对全州2009年烤烟砂培漂浮育苗技术推广进行考核奖励，并根据考核结果对全州10县（市）人民政府及州级相关部门兑现奖金50万元。

【兑现2009年烟叶生产收购管理考核奖励】 2009年，楚雄州人民政府对全州2009年烤烟生产收购工作进行考核奖励，并根据考核结果兑现奖金400万元。

【表彰2008年度食品安全目标责任先进县（市）】 2009年，楚雄州人民政府表彰完成2008年食品安全目标责任的先进县（市）。

【兑现2008年度招商引资目标任务考核奖】 2009年，楚雄州人民政府对全面并超额完成实际引进州外资金任务的州招商局和全州10县（市）及楚雄经济开发区管委会等12个责任单位予以通报表彰，并按相关规定计发相应奖励。

【兑现2007年及2008年电网建设考核奖励】 2009年，楚雄州人民政府对10县（市）电网规划建设领导小组、云南电网公司楚雄供电局及州电网建设协调领导小组办公室给予17.9万元奖励。

【兑现2008年度节能目标责任奖励】 2009年，楚雄州人民政府兑现2008年度节能目标责任奖励54.9万元。

【兑现2008年度人口和计划生育目标管理考核奖励】 2009年，楚雄州人民政府兑现2008年度人口和计划生育目标管理考核奖金44万元。

【表彰奖励参加省第九届残运会运动员】 2009年，楚雄州人民政府对参加云南省第九届残疾人体育运动会的楚雄州运动员给予表彰。

［王光林］

政务督查和建议提案办理

【政务督查】 2009年，楚雄州政务督查工作坚持“围绕中心、把握大局，突出重点、注重实效”的工作方针，突出抓大事、抓难事、抓实事，不断创新督查方式，推动各级政府重大决策、重要工作部署和阶段性中心工作贯彻落实，提高政府的公信力和执行力。一是督查机构队伍不断加强，把督查工作纳入重要议事日程，把督查工作同本地、本部门的中心工作有机结合起来，形成了领导亲自抓，督查室具体抓，部门配合抓，齐抓共管、层层抓落实的“大督查、大落实”的工作格局，全州10县（市）中有楚雄、姚安、大姚3县（市）为县（市）委、县（市）人民政府督查室合并设置为正科级机构，元谋县人民政府督查室为正科级机构，双柏、牟定、南华、永仁、武定、禄丰6县人民政府督查室为副科级机构，配备专职或兼职的督查工作人员。二是督查工作流程不断规范，建立完善督查工作责任制度、重大督查事项反馈报告制度、督查工作通报制度、督查工作绩效考评制度，制定印发《楚雄州政府系统政务督查工作考核办法》、《楚雄州人民政府政务督查工作流程》、《楚雄州人民政府政务督查工作规则》、《楚雄州人民政府关于进一步加强和改进政务督查工作的意见》等制度，对督查的程序、承办要求、办理报告作出明确的规定。三是督查方式手段不断改进，采取领导督办、联合督查、实地查看、书面交办、电话催办、明查暗访、督查调研等督查方法，抓好政府工作报告、政府常务会议、政府办公会议决定的重大事项的督查落实，提高督查质量和效率。州人民政府督查室重点对省人民政府重点督查的20个重大建设项目和20项重要工作涉及楚雄州的重点水库建设、中低产田（地）改造、城镇污水和垃圾处理设施建设、重大工业建设、公路建设、新农村建设、农业产业化、扶贫开发、城乡社会保障体系建设、农村饮水安全、扶贫整村推进、节能降耗等97项具体任务进行重点督查。围绕经济社会发展的主要目标和政府工作的主要任务，认真做好州人民政府2009年重点督查的全州20个重大建设项目和20项重要工作的督查落实，认真做好州人民政府领导及上级机关和领导批示需要办理落实的事项的督查督办，配合省人民政府督查室，会同州委督查室、州级相关部门对“8·30”地震、“11·02”特大自然灾害恢复重建工作、安全生产、节能减排、“保增长、保投资、保稳定”政策措施落实情况等30多项工作开展专项督查，编发《政务督查专报》45期、《政务督查》8期。

【人大代表建议办理】 2009年，楚雄州政府系统承办人大代表建议210件，占建议总数的94.2%。根据建议内容和政府部门（单位）的工作职责，州人民政府将建议分别交由4县（市）人民政府和州属37家单位承办，其中州交通局21件，州财政局18件，州水利局15件，州教育局、州民政局、州人事局各14件，州经委、州建设局各11件，楚雄市人民政府8件。在代表建议办理工作中，州人民政府及各承办单位坚持“重效率、重质量、重实效”的原则，认真推行定责任领导、定责任科室、定责任人、定办理时限、定办理要求，包办理效果的“五定一包”工作机制，注重面商，跟踪问效，认真负责地办理好、解决好、落实好建议提出的问题，所有建议均在规定时限内办理完毕，办复率100%。建议所提问题已经得到落实105件，占承办总数的50%；所提建议已采纳，列入有关部门工作计划逐步实施41件，占承办总数的19.5%；因目前条件限制暂时无法解决42件，占承办总数的20%；建议所提问题目前无条件解决或不属于本级政府事权职责范围内事项22件，占承办总数的10.5%。

【政协委员提案办理】 2009年，楚雄州政府系统承办政协委员提案266件，占提案总数的93.3%。根据提案内容和政府职能部门（单位）的工作职责，州人民政府分别交由6县（市）人民政府和州属41个单位承办。州“两会”后，州人民政府及时召开提案交办会，开展业务培训，对提案办理工作作出安排部署。建立健全办理工作机制，定人员、定职责、定时限、定要求，分级负责、分工协作、归口办理，做到办前有部署、办中有督促、办后有检查、办完抓落实，促进办理工作规范有序。坚持“先面商，后答复”的办理工作原则，把与委员沟通、协商作为办理工作重要环节，贯穿办理工作全过程。各承办单位都把办理实效作为衡量提案办理质量根本标准，认真分析提案，准确领会意图，深入调查研究，制定并落实有效的办理措施，把办理工作与部门工作紧密结合，在推进部门工作发展中提高办理质量，通过办理提案的实效来检验部门工作成效。通过各承办单位共同努力，所有提案均在规定时限内答复办理完毕。提案所提问题已经解决或基本解决152件，占承办总数的57.1%；提案所提问题正在解决或列入计划将逐步解决64件，占承办总数的24.1%；提案所提问题因目前条件限制或其他原因待以后解决46件，占承办总数的17.3%；提案所提问题需要请示上级有关部门或不属于本级政府事权职责范围内事项4件，占承办总数的1.5%。

［王光林］

应急处置

【“4·25”重大道路交通事故抢救处置】 2009年4月25日凌晨1时40分许，云E08934号载煤大货车在昆楚高速公路从楚雄往昆明方向行驶至昆楚高速公路K126+400M处，失控后撞在左边中心护栏上，占据高速路超车道。事故发生后，省交警总队高速公路支队昆楚交巡警大队在该车500米后放置了警示锥桶和安全警示标志。6时40分许，省旅游公司云AL1117号金龙大客车（核载38人，实载36人，含驾驶员和导游各1名）行驶至该路段时，发现警示标志后减速行驶，在云AL1117号旅游大客车后紧随着的湖南怀化东日运输公司的一辆车牌号为湘N07347号载西瓜大货车失控与旅游大客车发生追尾相撞，使大客车撞至右边的护栏，并撞坏护栏后从昆楚高速公路K126+380米处翻下公路边约100米的山地内，车上14人当场死亡，另有2人在送往医院抢救中死亡，20人受伤；失控的湘N07347号大货车（载客5人，含驾驶员）继续往昆明方向行驶约50米后，翻下公路边约50米的田地中，导致货车上2人死亡，3人受伤。事故发生后，省党政领导白恩培、秦光荣等作出重要批示，要求全力救治伤员，认真处理好死者善后工作。当日下午6点，省人民政府副省长曹建方带领省人民政府工作组在察看完事故现场后，指挥开展善后工作。中共楚雄州委、州人民政府极为重视，立即启动应急预案，成立事故应急处置协调领导小组。楚雄市人民政府也迅速启动应急预案，成立事故善后处置领导工作机构，全面展开相关工作。4月25日13点30分，在州人民政府召开的紧急会上，州长杨红卫安排部署了抢救工作。4月26日下午，省人民政府在楚雄召开昆楚高速公路“4·25”重大交通事故调查组成立大会，省人民政府副秘书长蒋兆岗出席会议，并代表省人民政府调查组就做好事故调查工作提出了具体要求。4月27日下午，昆楚高速公路“4·25”特大道路交通事故原因调查组举行新闻通报会，向中央和省、州新闻媒体通报2天来事故调查的有关情况。“4·25”特大道路交通事故原因调查组在通报中指出，通过初步分析，昆楚高速公路“4·25”特大交通事故的直接原因是湘N07347号大货车驾驶人杨汉富驾驶严重超载的车辆上路行驶导致制动系统出现效能热衰退，车辆制动效能下降，导致大货车失控，造成该事故。

【“7·01”较大交通事故抢救处置】 2009年7月1日中午12时51分，南永公路姚安县境内太平段K26+800米处1辆大客车（云E10102）与1辆微型面包车迎面相撞，造成7人当场死亡，2人受伤，其中1人在医院抢救无效死亡。接到事故报告后，省委常委、常务副省长罗正富，副省长曹建方分别作了批示，对做好抢救工作和控制重大交通事故工作提出了要求。州委书记邓先培，州委副书记、州长杨红卫作出指示，要求全力抢救伤员，做好死者善后工作，认真开展事故调查；吸取教训，严防道路交通故事特别是群死群伤事故的发生。楚雄州随即启动道路交通事故应急预案。州委常委、州委政法委书记王兴明，副州长李家龙率有关部门负责人火速赶往事故现场察看了解事故情况，组织救援和协调处理善后工作。

【“12·28”麻栗树煤矿煤与瓦斯突出事故救援抢险】 2009年12月28日凌晨1时50分，楚雄州双柏县大庄镇麻栗树煤矿岩子头矿井发生煤与瓦斯突出事故，造成井下11名矿工遇难。事故发生后，中共云南省委、省人民政府和国家煤监总局高度重视，派出以省人民政府秘书长丁绍祥为组长的工作组赶到事故现场，与州人民政府工作组一起立即召开专题会议，研究部署救援工作。楚雄州和双柏县按照各级领导指示，一是迅速启动应急救援预案，二是第一时间赶赴事故现场，三是全力科学组织搜救，四是深入细致开展善后安抚工作。至2010年1月10日，11户家属已和麻栗树煤矿签订了《“12·28”事故死亡职工补偿协议》，依照《工伤保险条例》及劳动和社会保障部《因工死亡职工供养亲属范围规定》的精神，参照政策最高标准，共对11户遇难者家属赔付丧葬补助金、一次性工亡补助金、一次性工亡赔偿金合计444.6万元，家属情绪稳定，善后处理结束。

［王光林］

联络交往

【楚雄州人民政府驻北京联络处】 2009年，楚雄州人民政府驻北京联络处认真做好外联和接待服务工作。6月至10月，借助云南省向中国科技馆赠送恐龙化石之机，策划组织开展“七彩云南·魅力楚雄北京行”系列活动，活动分恐龙化石赠送仪式、恐龙化石迎接仪式、恐龙化石开展暨“七彩云南·魅力楚雄北京行”启动仪式、《太阳女》北大演出4个阶段，以彝族迎宾礼仪展示、楚雄文化旅游推介、恐龙科普讲座、恐龙展厅灯箱及多媒体视频宣传等系列活动，在首都北京掀起以“世界恐龙之乡、东方人类故乡、中国彝族文化大观园”为主题，以中国科学技术馆恐龙展厅为永久性窗口的楚雄州在京宣传热潮。7月9日，州内姚安县境发生6.0级地震，大姚、南华、牟定、元谋、永仁、武定等6县不同程度受灾。联络处主动与国家各部委联络协调沟通，做好恢复重建项目的争取工作，配合州委、州人民政府主要领导及有关职能部门，向国家发改委、财政部、民政部、交通部、水利部、建设部、教育部、卫生部、文化部、农业部、国土资源局、国家旅游局、国家林业局等部委汇报灾情。得到中央各部委及有关部门大力支持，争取到恢复重建项目资金5亿元。按州人民政府部署，重点做好葡萄苗进口、青山嘴移民补助标准提高、楚大公路迁移、政府债券发放、石油管道项目等的联络协调沟通工作。配合省九三学社、州委统战部、州九三学社、州农业局和畜牧局等部门在楚雄州驻京联络处顺利召开“九校楚合作”项目工作汇报会。全国政协副主席、九三学社中央副主席王志珍，专职副主席贺铿、邵鸿、赖明、张桃林（农业部副部长）和原九三学社中央副主席、农业部副部长洪发曾及专家学者18人莅临汇报会，对楚雄州葡萄种植、农业综合发展、蔬菜深加工等项目开展研讨论证。年内，联络处接待服务部级领导100余人次，司局级领导200余人次，在京公务、学习培训、挂职锻炼、商务、送子女就学、观光旅游的各级领导干部职工300多人次。接待上访人员13人次、劝返7人次，协助劝返6人次。派出车辆1071车次，行程6.54万千米。接待住宿200多人次，接待就餐256桌（自办宴席135桌）2600多人次。联络处创收50多万元。推动州内名特优产品在北京宣传展示，野生菌、油鸡纵、蜂蜜、腐乳、玫瑰汁、玫瑰水、核桃油、核桃等农特优产品，通过联络处这一平台，作为商品、礼品在北京流通传送，实现产值近50万元。年末，联络处有员工10人，其中公务员2人，合同制工人3人，聘用临时人员5人。

［李志荣］

【楚雄州人民政府驻昆明办事处】 2009年，楚雄州人民政府驻昆明办事处始终把搞好为州内领导机关服务、塑造办事处窗口形象，做好各部门、各县（市）和州内大型企业的联络协调，配合全州招商引资工作，做好内引外联和接待服务。向州内提供公务用房1.99万间，接待过往人员近4万人次。为州内招商引资客商接待提供免费用房1014间，接待2000人次。保证向每位州内来昆公务人员提供优惠房价，节约州财政支出，保障来昆公务活动的便利，取得良好社会效益。圆满完成中央部委、省级领导和省级部门的相关接待任务，协助州委、州人大、州人民政府、州政协和州属各相关职能部门完成“昆交会”、“旅交会”、“农博会”、“彝族火把节”、“彝族年”、中央国家机关客人和楚雄州重点招商引资活动的人员接送、食宿、接待服务等系列活动，做好州委、州人民政府2009年“楚雄籍和在楚雄工作过的在昆副厅以上领导新春座谈会”筹备、会务工作，做好楚雄州级领导和部分相关部门、县（市）领导到昆或经昆中转的接待服务工作，接待和协助办好中国西南国际葡萄酒项目人员在昆洽谈会、全国优秀流行音乐创作大赛西南赛区决赛、云南省供销社直属单位领导班子春节座谈会、全省水利局长春节座谈会、州委政府与云南白药集团座谈会、“自然与人”舒建新画展、世界和平文化园旅游区总体规划专家咨询会、楚雄世界和平园旅游区总体规划专家评审会议、中华彝族企业家成立大会、云南省第八届年鉴系列评奖委员会会议等活动。加强与州内各部、委、办、局、学校、部队，特别是县（市）和州内知名企业的交流，切实发挥驻外机构的职能。积极和各地客商交流往来，提高楚雄大厦和办事处的知名度，促进招商引资工作，对外宣传彝族、宣传彝州。

［王海宏　费淑娥］

接待工作

【公务接待】 2009年，楚雄州接待处始终坚持“热情、优质、高效、安全、节俭”的原则，在中共楚雄州委办公室、楚雄州人民政府办公室的统筹指挥下，围绕中心，服务大局，精心组织，密切配合，用心做好来宾的接待服务工作，圆满完成各项接待工作任务。（1）圆满完成了中共中央总书记胡锦涛、国务院副总理回良玉、全国政协副主席厉无畏3位国家领导人以及省委、省人大、省人民政府、省政协领导和全国人大、全国政协、中组部、国务院国资委、国家教育部、国家水利部、中国气象局、国家文物局、国家烟草专卖局、中国文联、中国残联、总装备部、成都军区等95位省部级领导莅临楚雄视察指导工作的重要接待任务。（2）圆满完成中央学习实践科学发展观活动第五巡回检查组、中央扩大内需政策落实检查组、国务院医改调研组、国务院安居工程督查组、中央及省一事一议财政奖补试点工作调研组、中组部干部考察组、国家减灾委、国家民政部、国家财政部、国家水利部“7·09”姚安地震抗震救灾工作组、国家国土资源部农业部统计局耕地保护责任目标检查组、国家发改委调研组、国家农业部三农调研及九地合作工作组、国家农业部粮食高产创建检查指导组、国家林业局退耕还林检查组、国家人口和计划生育委员会督查组、国家档案局评估组、国家信访局信访工作调研组、国家商务部国际司及联合国儿童基金会香港委员会官员考察团、香港特区政府公务员访问团、中国残联调研组、省委学习实践科学发展观活动指导组、省委党风廉政建设责任制考核组、省委第二巡视组、省委干部考察组、省委厅级后备干部考察组、省委省政府“7·09”姚安地震抗震救灾工作组、省委省政府联合督查组、省委省政府中低产田地改造工作督查组、省人大《农产品安全法》执法检查组、省人大《民族乡工作条例》执法检查组、省政府安全生产考核组、省政府防治艾滋病工作责任目标考核组、省政府卫生工作责任目标考核组、省政府行政执法评议考核组、省政府百日调研督查活动第四调研组、省政府铁路建设工作督导组、省政府“4·25”事故调查组、省政府国企改革国交监管督导组、省政府第一次污染源普查验收组、省政府行政审批项目清理工作督查组、省政府铁路建设督导组、省政府扩大内需促进经济增长政策落实检查组、省政府尾矿库专项整治督查组、省政府“7·09”姚安地震灾区恢复重建工作督查组、省政府三农发展工作调研组、省政府节能减排督查组、省政府铁路建设巡视组、云南政协之友赴楚考察团、省纪委抗震救灾恢复重建检查组、省纪委及省委组织部“深入整治用人上不正之风”专项检查组、省委组织部干部考核组、省节能目标责任评价考核组、省集体林权制度改革检查验收组、省政法综治维稳先进事迹报告团、省抗震救灾资金物资检查组、省农民工工作联合督察组、省整治非法用工打击违法犯罪专项行动督察组、省反恐怖督导组、省安全生产大检查督查组、省就业政策落实和就业工作进展情况督查组、省甲型 H_1N_1 流感防控工作督导检查组、省信访维稳工作督办组、省国资委监管督导组、省检验检疫工作调研组、广大铁路扩能改造专家评估组、中央党校西藏班楚雄考察团、“百名留学博士云南行”考察团、“祖国好、云南红”大型采访团、“牵手灾区、情系彝山”演出慰问团、台湾少数民族教师参访团、全省优秀县乡村党组织书记先进事迹报告团、曲靖市党政考察团等各级各类视察组、巡视组、检查组、督导组、调研组、代表团、考察团的接待任务127批次。

【会议接待】 2009年，楚雄州接待处在中共楚雄州委办公室、楚雄州人民政府办公室的统筹指挥下，圆满完成各类在楚雄举行的大型会议和大型活动接待任务25次。主要有：4月10日至14日全国青少年科技创新大赛在楚雄举办，4月17日至18日顺利举办世界华人作家楚雄行活动，6月17日全省地方志期刊信息工作会议，6月23日至24日省政府召开高速公路交通安全隐患排查整治楚雄现场会，6月23日至26日在昆明举办“人与自然——舒建新赴楚雄彝州挂职画展”，6月29日至7月3日全国烟叶收购暨现代烟草农业建设现场会在楚雄召开，7月1日至2日省科技厅与楚雄州人民政府2009年科技工作会商会议在楚雄召开，7月13日全省烟叶收购暨现代烟草农业建设现场会在楚雄召开，7月19日至21日第四届云南省科学技术论坛在楚雄举行，8月1日至3日彝族文化名州论坛在楚雄举办，8月11日至15日中国首届彝剧国际研讨会在楚雄召开，8月12日至14日省委、省人民政府向中国科技馆赠送恐龙化石仪式在楚雄举行，8月14日至15日“九校楚合作”签字仪式在楚雄举行，11月8日至10日全省中小学布局调整工作会议在楚雄召开，11月20日至22日2009中国昆明国际旅游交易会代表莅临楚雄参观考察等。

【商务接待】 2009年，楚雄州接待处在中共楚雄州委办公室、楚雄州人民政府办公室的统筹指挥下，积极配合有关部门，精心安排，热情服务，圆满完成美国索朗英福特公司联合考察组、世界华人工商促进会项目考察团、世界和平博览园暨万国经典建筑项目考察团、中国对外承包工程商会考察组、中国基本建设优化研究会、中国新城市建设投资公司、美国AAM集团、申通万国证券股份有限公司、浙江金时代集团有限公司、中石油西南分公司红云集团、中石油云南分公司、云铜集团、德胜集团、云南白药集团等招商引资客商赴楚雄考察、洽谈投资项目的接待任务，接待招商引资客商135人次。

［鲁琦云］

机构编制管理

【政府机构改革】 2009年1月至9月，楚雄州机构编制委员会办公室根据党的十七届二中全会《关于深化行政管理体制改革的意见》以及《中共中央国务院关于地方政府机构改革的意见》，组织开展全州政府机构改革调研，通过发放问卷调查表，深入县（市）、州级部门调研，全面了解和掌握州县（市）政府机构设置、人员编制和领导配备情况，为政府机构改革中调整部门职能、理顺工作关系、拟订政府机构改革方案奠定坚实基础。3月6日，楚雄州机构编制委员会办公室与中共楚雄州纪律检查委员会等6部门联合发出通知，全州机构编制部门一律暂停受理、审批有关州、县（市）人民政府工作部门、部门管理机构、议事协调机构的常设办事机构、参公管理单位、履行公共事务管理职能的事业单位有关增设机构、提高机构规格、增加人员编制和领导职数等方面的请示事项。全州各级机关中混用的事业编制一律核销，不得作为新增人员的依据。各单位补充工作人员必须经同级机构编制管理机关审核，在机关行政编制和事业单位人员编制空额内进行，公开考试招录人员还须报州编办审批。机构改革期间，州人民政府工作部门、直属机构、部门管理机构、议事协调机构的常设办事机构、参公管理单位一律暂停科级领导职务（含非领导职务）的提拔晋升，暂停工作人员调配。对违法违纪行为，要坚决查处并追究有关人员的责任。7月31日，楚雄州机构编制委员会办公室召开了州县（市）政府机构改革工作会议，全面部署州县（市）政府机构改革工作，要求各县（市）在充分调查研究和广泛征求意见的基础上，结合实际，精心拟订政府机构改革方案。州县（市）政府机构改革方案经反复修改完善，并报同级政府常务会、党委常委会审定通过，9月28日和10月30日分别上报中央机构编制委员会办公室、云南省机构编制委员会办公室审核备案。10月16日，楚雄州机构编制委员会办公室与中共楚雄州纪律检查委员会、中共楚雄州委组织部、楚雄州监察局联合转发了中共云南省纪律检查委员会等4部门《关于州市县政府机构改革期间严禁上级主管部门干预下级机构设置和人员编制的通知》，强调严格执行机构编制审批程序和制度，凡涉及职能调整，机构、编制和领导职数增减的，统一由机构编制部门审核，按程序报同级机构编制委员会或党委、政府审批。其他任何部门和单位无权擅自决定机构编制事项。上级业务主管部门不得干预下级的机构编制事项，不得要求下级部门设立与其业务对口的机构或提高机构规格，不得要求为其业务对口的机构配备或增加编制，更不得利用资金、物资、项目以及评比等各种手段进行干预。不得将业务部门制定的行业标准作为审批机构编制的依据。

【坚持编制使用审批制度】 2009年，楚雄州机构编制委员会办公室认真坚持编制使用审批制度，加强州级机关事业单位调入人员、任命科级领导前的编制、领导职数及聘用驾驶员编制使用审批，批准67个党政机关使用科级领导职数134名，使用编制51名；审批41个事业单位使用科级领导职数31名，编制64名。做好州县乡党政机关招考公务员和事业单位招考工作人员编制审核工作，审核136个党政机关上报招考公务员编制371名，其中审核同意使用行政编制招考227名；审核全州10县（市）和州属15个事业单位上报招考工作人员编制748名，其中审核同意使用事业编制招考706名。

【全州启用事业单位网上登记系统】 2009年1月5日，楚雄州机构编制委员会办公室及时下发通知，在全州编办系统启用“事业单位在线”网上登记系统，推行网上办公和实时汇总事业单位登记数据工作。通过反复整理核对全州事业单位登记信息上传数据库数据、及时编写下发网上登记操作流程和数据上传说明等基础工作，全州于6月8日正式启用网上登记管理系统，提前半年实现网上办公和全国事业单位登记数据共享。1月5日，根据《财政部国家发展改革委员会关于公布取消和停止征收100项行政事业性收费的通知》精神，楚雄州机构编制委员会办公室发出通知，从2009年1月1日起取消全州事业单位登记费。

【巩固乡（镇）机构改革成果】 2009年，楚雄州机构编制委员会办公室继续推进乡（镇）编制实名制管理，坚持对乡（镇）机构编制和实有人员进行动态监测，指导县（市）积极稳妥地分流安置乡（镇）超编人员，严格控制乡（镇）机构编制和实有人员增长。截至9月末，全州103个乡（镇）中，党政机关超编乡（镇）由2006年底的33个减少到22个，超编人员由323人减少到177人；事业站所超编乡（镇）由23个减少到17个，超编人员由387人减少到287人；全州乡（镇）机关总体空编117名，乡（镇）事业站所总体空编395名，守住了乡（镇）机构、编制和财政供养人员只减不增的底线。

［赵琼美］

人事管理

【公务员年度考核】 2009年，楚雄州人事局组织完成了全州2008年度行政机关公务员及机关工勤人员的年度考核工作，应参加考核15421人，实际参加考核15421人，确定为优秀等次2904人、称职等次11991人、基本称职等次6人、不称职等次6人，不定考核等次的514人。

【考试录用国家公务员】 2009年，全州79个单位面向社会公开招考247个职位，有6848名考生报名，5986名考生参加考试，428名考生进入面试，212名考生被录用为国家公务员（其中党群系统3人，省管单位27人）。

【参照公务员法管理单位申报】 2009年，楚雄州人事局积极做好第二批参照公务员法管理单位的申报工作，共向省人力资源和社会保障厅申报134个政府系统单位，省人力资源和社会保障厅批准78个单位参照公务员法管理。

【专业技术人才选拔表彰】 2009年，楚雄州人事局进一步做好专业技术人才选拔表彰工作，激发人才发展活力。推荐60多名优秀专业技术人才作为享受省政府特殊津贴、“兴滇人才奖”、全国优秀教师、云南省优秀教育工作者、云南省优秀教师、“西部之光”访问学者、云南省拔尖农村乡土人才等奖项的人选，部署开展了第二批拔尖农村乡土人才推荐选拔工作。

【人才培养管理】 2009年，楚雄州人事局修改完善学科带头人量化考核标准，为加强中青年学术技术带头人考核管理工作奠定基础。在2008年度考核中，有19名中青年学术技术带头人及培养人选考核为优秀等次、69人考核为合格等次；兑现了第一批中青年学术技术带头人2008年州级学科带头人津贴1.68万元；组织全州第三、四批中青年学术技术带头人培养人选60人赴北京大学学习培训；组织全州2.79万名专业技术人员和企事业单位管理人员开展了公共危机管理培训。

【专业技术职务评审】 2009年，楚雄州人事局进一步完善专业技术职务评审工作。（1）加强对评委会的管理，重新组建3个评委会，调整充实了2个评委会。（2）调整审批专业技术职务结构比例，核定州级各单位岗位使用计划。（3）完成了教育等29个系列申报高、中级专业技术职务的资格审查，进行资格审查1930人，向中高级评委会推荐1900人，其中正高级8人、副高级461

人、中级1431人。年末，全州有专业技术人员39916人，取得专业技术资格38561人，其中正高级资格53人、副高级资格1909人、中级资格14217人、初级资格22382人，在取得资格的人数中受聘37206人，在岗位未评聘1355人。

【公安队伍专业技术人员资格评审】 2009年，楚雄州人事局通过申报资格审查，认定35人具有公安机关刑事科学技术和技术侦察专业初级专业技术资格。

【引进智力】 2009年，楚雄州人事局实施执行国家、省批准的引进专家、技术项目2个，为事业单位提供介绍对外交流与合作项目2个，组织申报国家级奖项“友谊奖”2个，制定出台了《楚雄彝族自治州引进人才办法》，为全州引进人才工作奠定扎实基础。

【实施义务教育学校绩效工资】 2009年，楚雄州人事局及时对全州义务教育学校的人员结构、津贴补贴收入、经费保障等情况进行精确统计、测算，拟定了全州义务教育学校绩效工资实施办法，经省人力资源和社会保障厅、省财政厅、省教育厅批准，9月为全州义务教育学校在职人员26326人，退休人员7495人兑现了绩效工资。其中在职人员绩效工资平均水平为每人每月1382元，退休人员生活补贴平均水平为每人每月1012元，在职人员人均月增资750元左右，退休人员人均月增资520元左右，使义务教育学校工作人员工资达到了与同地区公务员工资基本相当。同时，结合楚雄州实际，为州直3500多名符合增发临时补贴的事业单位在职和退休人员发放临时补贴。

【事业单位公开招聘工作人员】 2009年，楚雄州10个县（市）申报招聘事业单位人员计划603人；州属楚雄医专等16家事业单位申报招聘计划147人，其中硕士19人，本科113人，专科10人，中专以上5人。经过公共基础知识考试，单位及主管部门专业知识技能考试考核、政审体检合格，截至12月15日，已办理了州属13家事业单位121人的聘用审批手续，审批各县（市）2009年招聘事业单位工作人员432人。

【机关事业单位人员计划管理】 2009年，楚雄州人事局建立健全和完善人事宏观管理体制，严把人员“入口”关。全年审批州级机关事业单位增加职工计划109名（其中党政群机关43名、事业单位66名）；办理了事业单位调出州外6人；加强对机关事业单位使用编制外人员的计划管理，办理州属机关事业单位编制外人员计划审批4个单位62人。办理事业单位科级领导职务任职审核20人，其中正科级7人，副科级13人；科级非领导职务任职审核7人，其中正科级5人，副科级2人。

【专业技术人员履职考核】 2009年初，全州共有46055人参加2008年度专业技术人员履职考核，其中事业单位工作人员45445人、企业单位专业技术人员610人。在参加考核的人员中，8116人确定为优秀，36738人为称职，22人为基本称职，6人为不称职，不确定等次1173人，未参加考核130人。

【全州人才工资统计】 2008年末，全州共有党政干部17785人，其中公务员17113人、参公管理群团机关工作人员403人、参公管理事业单位人员269人。有专业技术人才38308人（不含非国有企业人数），其中事业单位37630人，国有企业678人。全州党政机关工作人员工资总额为6.05亿元，平均30968元；全州事业单位工作人员工资总额为10.42亿元，平均22198元。

【人才交流】 2009年，楚雄州人事局人才市场共接待用人单位4532家，收集整理发布用人信息9000余条，用人单位提供就业岗位4104个；共接待进场择业以及来访人员约2万余人（次），其中有4530人办理了求职登记手续，向用人单位推荐介绍人员达4326人（次），推荐介绍成功1082人。

【人事代理和人才派遣】 2009年，楚雄州人事局人才市场为电力系统新增派了285名员工；与大姚供电有限责任公司等23家单位签订了人才（劳务）派遣协议，涉及人员1678名；接收管理23家公司1678份人事档案；与中大会计师事务所等19家单位签订了人事代理协议书，人员达198人，并为其管理人事档案198份，户口98人次；为56名社会流动人员办理了人事代理手续；人才服务中心与人才市场全年共管理各类人员人事档案506份，户口247人次，单位委托人事代理19家，个人委托人事代理456人，实行人才派遣单位23家，涉及人员3798人，办理社会保险2125人，职称评定2人。

【大中专毕业生就业】 2009年，楚雄州人事局人才市场认真组织了全州大中专毕业生供需见面洽谈会，进场单位达108家，提供就业岗位1789个，进场求职人员达2789人，经过双方洽谈，有923名毕业生与用人单位签订了用工协议，有1323名毕业生与用人单位签订了意向性协议；组织158名大中专毕业生和州内的剩余劳动力到江苏、上海、深圳、宁波等地就业；做好2009年高校毕业生到村任职和“三支一扶”服务人员的选拔、考核工作，有力促进了大中专毕业生充分就业，缓解了州内的就业压力。

【成人教育培训】 2009年，楚雄州人事局军转学校加强与云南大学、昆明医学院合作，按计划完成了2008级2个本科班，3个专科班，316人，41个科目，1016个学时的教学任务；组织完成了2009级昆明医学院新生2个本科班、3个专科班的招生任务；组织开展了2621人参加的事业单位新进人员初聘培训及网上考试，合格2586人。

【人事考试】 2009年，楚雄州人事局组织完成了专业技术人员计算机应用能力考试，全州共有3152人报考，涉及考试模块7357个，考试合格率为84%；组织完成了专业技术人员职称外语等级考试，全州共有1426人报考，798人合格，合格率为56%。组织完成了二级建造师资格考试，全州共有715人报考；组织完成了全国经济资格考试，全州共有455人报考；完成了审计专业、投资项目管理师、环境评价工程师、监理工程师、质量专业、注册税务师、咨询工程师、价格鉴证师、注册资产评估师、注册安全工程师、注册设备监理师、执业药师、企业法律顾问、造价工程师、房地产经纪人、出版专业、国际商务师、土地登记代理人、二级地震安全评价工程师资格、社会工作者和全国二、三级翻译等各种执（职）业资格考试的相关工作任务；完成了事业单位公开招聘工作人员考试的命题、制作试卷、组织阅评试卷等工作任务，全年先后命制公共知识试题5套、相关专业试题6套，制作考试试卷2100多份。

【军队转业干部安置】 2009年，楚雄州人事局完成省下达楚雄州军转安置任务16名，随调家属1名。其中计划安置12名，自主择业转业干部4名，随调家属1名。年内，为全州企业军转干部324名（退休285人，在职24人，内退3人，下岗12人）兑现生活补贴和特殊困难补助257.25万元，实现全州企业军转干部无到省进京上访事件，切实维护了社会稳定。经过认真评选，楚雄州人事局、楚雄州公安局被省委、省政府表彰为军转安置工作先进单位，楚雄州军转办主任杨华元被省委、省政府表彰为军转安置工作先进工作者，楚雄州人防办主任李彩林、自主择业军队转业干部华胜福被省委、省政府表彰为模范转业干部。

［李晓波］

行政监察

【纪检监察工作十大行动】 2009年，楚雄州纪检监察部门抽调1285人组成256个检查组，深入97个乡（镇）916个村委会、834所学校和544个部门，认真开展扩大内需促进经济增长政策，2009年州级20个重大建设项目和20项重要工作，新农合政策，保民生工作，干部作风转变，加强信访排查维护社会和谐稳定工作情况，家电下乡政策落实和市场监管，18项惠农政策，企业减负政策和救灾救助资金管理使用进行督促检查10大行动，发现问题127个，提出整改意见建议173条，建章立制22项，督促整改存在问题120个，清理纠正违规资金4730万元。

【执法监察】 2009年，楚雄州纪检监察部门开展执法监察工作16项，参与监督建设项目招投标31项，签订廉政合同31份，通过招投标节约资金697.2万元。开展安全责任事故调查处理4件。加大扩大内需中央投资项目的督查力度，组成3个督查组，先后深入8县（市）对全州新增中央投资项目实施工作的组织领导情况、项目资金到位情况、资金管理使用情况和项目建设情况等进行了全面督查。加强对2009年楚雄州20个重大建设项目和20项重要工作的监督检查，确定7个项目为重点监督检查项目，实行全程跟踪监督。对全州10县（市）和64个州级部门贯彻落实责任政府“四项制度”、阳光政府“四项制度”以及法治政府“八项制度”情况进行全面检查，对网上录入工作进展缓慢等情况提出整改建议。

【行政问责】 2009年，楚雄州纪检监察部门推进问责工作规范化、制度化和科学化，加大对干部不履行或不正确履行职责行为的责任追究力度。问责各级干部124人，其中州级机关5人，县（市）119人；处级干部1人，科级干部63人，一般干部18人，其他人员42人。增强了干部职工的责任意识、服务意识，提高了行政效率。

【救灾物资监管】 2009年，楚雄州纪检监察部门开展“8·30”地震、“11·02”特大自然灾害和“7·09”地震救灾款物使用及干部作风情况监督检查，乡（镇）抽查面达50%，针对检查出的26个具体问题向各县（市）人民政府发出整改通知，进行督促整改，确保救灾款物使用安全、及时、有效，抗灾救灾及恢复重建工作取得阶段性胜利。

【工程建设领域专项治理】 2009年，楚雄州纪检监察部门认真开展工程建设领域突出问题专项治理“八大杀毒”行动。成立领导班子及工作机构，制定出台《楚雄州工程建设领域突出问题专项治理工作实施方案》，启动规范工程建设项目决策行为，规范招标投标活动，规范土地使用权、矿业权审批和出让行为，规范城乡规划管理工作，加强工程建设实施和工程质量管理，加强政府采购和资金安排使用的管理，推进建设项目信息公开和诚信体系建设，加大查办案件力度等8个方面的监督检查行动，确保8个方面48项专项治理任务的落实。州纪委监察局直接参与建设工程公开招投标31项，签订建设工程廉政合同31份，通过公开招标节约建设资金697.2万元。查处安全生产责任事故背后的失职渎职行为11件11人。

【治理教育乱收费】 2009年，楚雄州纪检监察部门督促相关单位坚持和完善校务公开、收费公示、教育收费动态监测等制度，组织相关部门对教育收费情况进行专项督查，重点整治向学生推销或变相推销教辅材料的行为，检查学校843所，纠正和查处乱收费问题13个，清退违规金额36.86万元，对9名责任人进行问责。

【巩固治理公路“三乱”成果】 2009年，楚雄州纪检监察部门组织开展境内国、省道干线公路和部分县乡公路检查，检查木材检查站、超限运输检测站点11个，对超范围检查、执法程序不严格等8个方面的问题督促整改，巩固了州境内治理公路无“三乱”成果。

【医疗服务和医药购销督查】 2009年，楚雄州纪检监察部门重点对新农合政策执行情况进行了检查，针对村卫生所分解处方、乡（镇）卫生院挂床住院、县级医疗机构转诊转院率高、医疗机构不合理用药和不合理检查等问题，对3个县、1个州级医疗机构下发了限期整改通知。研究制定了《关于对新农合住院次均费用实行限价管理的通知》和《门诊总额预付制和住院床日分段付费制》，对相关工作提出了要求。州县新农合办坚持每月进行督查，督促各医疗机构认真整改。非营利性医疗机构全部实行药品集中招（跟）标采购，总金额5.28亿元，占购药总金额的99.08%，让利患者金额达0.73亿元。

【惠农政策落实】 2009年，楚雄州纪检监察部门开展涉农收费政策落实和管理使用情况专项检查，纠正违规收费项目30个、服务性收费项目4个，清退违规收费金额437.61万元，责任追究9人。对在劳动力转移培训、良种补贴、农资综合直补、能繁母猪补贴和新型农村合作医疗资金管理使用中发现的问题及时督促整改，并将违规使用资金22.43万元缴入财政。加大涉农收费监管力度，发现并纠正和解决群众反映问题108个，清退金额45万元，维护了群众权益。

【政风行风建设】 2009年，楚雄州纠风办先后走访涉农收费监测点11个、联系户58户，分别召开行风联络员座谈会3次，收集监测户和联络员反映问题52个，发出《涉农收费监测情况反映》7期、《政风行风情况反映》4期。收集监测户和联络员反映问题192个，清退违规收费46.68万元。开展公安派出所、公立医院、公立学校民主评议政风行风工作，各级评议组召开座谈会416次，发放调查问卷3.87万份，指出问题422个，提出整改建议314条，推动被评部门政风行风建设。

【政风行风热线】 2009年，楚雄州纪检监察部门认真落实“六个一”制度，努力提高群众对政风行风热线反映问题的办理质量。开办“政风行风热线”33期，4个县（市）人民政府、29个州级部门119名领导干部走进直播间与群众沟通交流，收到群众咨询投诉344件，其中现场回复77件，转办267件，办结258件，回复率达96.7%，清退违规资金35.98万元。及时办理州长上线云南人民广播电台“金色热线”及“百姓与社会”栏目群众反映的36个问题。播出“政风行风热线跟踪反馈”13期，重点报道部分中小学违规收取教辅资料费、部分村委会违规向农民集资建盖学校等群众反映突出的问题。

［李志成 刘伟 杨加雷］

政府法制

【行政复议】 2009年，楚雄州人民政府法制局收到行政复议申请7件，受理行政复议案件6件，不予受理1件；已审结4件，未审结2件，审结的4件均为撤回行政复议申请。对符合法律关于和解、调解条件的4件行政复议案件进行调处，促成了4件行政复议案件的复议当事人和解，维护了群众的合法权益。积极探索化解行政争议新机制，运用简易程序、听证、调解、和解、协调、现场勘查等多种手段来化解矛盾，处理行政争议。对一些事实清楚，案情简单的案件，采用简易的方式审理复议案件，提高了办案效率；对影响大、涉及面宽、群众特别关注的《楚雄州金沙房地产有限公司不服楚雄州气象局行政处罚》案件进行了听证，实行公开审查，保证复议机关公开、公正地办案。

【政府法制监督】 2009年，楚雄州人民政府法制局抓好法制监督机制建设与措施落实。加大行政执法责任制考核力度。结合上门考核、日常考核等方式，对被考核部门行政执法实际情况进行全面评议，并邀请人大、政协、人事、监察等单位开展执法检查活动。考核结果反馈各被考核单位，点出扣分原因和存在的不足，明确整改的方向，各职能部门对全面推进依法行政和深化完善行政执法责任制工作有了新认识。兑现被考评为优秀的牟定县等11个单位和考评为良好的楚雄市等17个单位2008年度行政执法责任制考评奖金11.97万元。认真开展行政执法案卷评查。9月，分2个组采取查（查有关案件和文件文本）、看（看有关材料、登记簿）、问（询问有关情况）、评（按评查标准进行评议）的方式对21个州级行政执法部门和楚雄经济开发区管委会2008年度的行政执法案卷进行评查，评查案卷5.14万件（其中处罚案卷2.53万件、行政许可案卷2.49万件、行政复议案卷40件，其他案卷1213件）。认真开展行政执法证件清理和行政执法主体公告工作。经过认真清理统计，至年末全州有行政执法主体923个，持有云南省行政执法证件的行政执法人员1.54万人，行政执法主体变更已公告1个（10县市公路路政管理大队）。认真做好全州行政执法人员行政执法证件到期审验和新办行政执法证件培训工作。分17期对全州持有云南省行政执法证件到期人员2758人、在行政执法岗位但没有行政执法证件的719人进行审验和新办证培训。培训了《中华人民共和国突发事件应对法》、《中华人民共和国政府信息公开条例》、《中华人民共和国行政复议法及实施条例》、《行政执法职业道德》、《国务院关于加强县市政府依法行政的决定》等内容，达到预期效果。

【政府法律服务】 2009年，楚雄州人民政府法制局本着突出重点，强化服务的原则，紧紧围绕经济建设中心任务，积极为政府重大决策、经济管理和社会事务、行政行为、合同行为及其他法律事务提供及时、准确、优质的法律服务，发挥政府领导的参谋助手和法律顾问作用。受州人民政府委托代理行政应诉案件2件。

［孟晓东］

经济决策与咨询

【调查研究】 2009年，楚雄州人民政府研究室圆满完成州委、州人民政府交办的各项专题调研及相关工作任务。调研并起草的《楚雄州人民政府关于实施农民收入翻番计划的意见》。组织人员就金融危机对楚雄州经济发展产生的影响进行专题研究，提出7个行业应对金融危机的对策意见，并形成《经济研究内参》供州委、州人民政府领导及相关部门参考。修改完善《关于规划建设哀牢山国家公园的建议》供各级领导参考。参与楚雄州北部金沙江流域经济社会发展规划研究，直接参与《楚雄州北部金沙江流域经济社会发展总体规划》全程编制工作，向省发改委申请评审和争取省政府到楚雄召开现场办公会议。在深入实地调查研究的基础上，草拟《广通火车站列为成昆铁路战略装车点有关问题的意见》。参加州委七届五次全会报告的起草和修改完善工作。完成省政府办公厅要求的楚雄州农村土地经营权流转情况的材料上报工作。完成《云南民族地区生物资源开发创新实证研究——以楚雄彝族自治州为例》课题送审稿的修改完善工作。参与州商务局开展加快外贸发展的课题调研工作。配合州旅游局完成对全州旅游项目用地情况的调研，并形成调研报告上报省政府。完成省政府研究室“三农”工作调研组到楚雄州调研的材料准备工作。调研起草《关于跨县域共建工业园区推动全州优势产业集群式发展的建议》。认真开展调研、全面收集资料，最终形成《楚雄州关于建立和完善村级组织运转经费保障机制情况的报告》上报省政府研究室，参与完成州委政研室对楚雄州基层村级组织保障机制情况的相关调研工作。参与州委统战部完成《金融危机对楚雄州民营企业影响》的课题研究。

【课题研究】 2009年，楚雄州人民政府研究室围绕中共楚雄州委、州人民政府的中心工作，组织开展“楚雄州突破县级行政区划束缚与县域合作发展研究”、“楚雄州山区综合开发与可持续发展研究”、“楚雄州事业单位改革与发展研究”等一批课题研究，组织州专家咨询委员会各专题组完成“楚雄州特色农产品基地与深加工示范区建设研究”、“楚雄州新型工业化发展分析及对策研究”、“楚雄州商贸物流业发展现状及前景分析”、“楚雄州职业技术教育服务彝州经济社会发展对策研究”、“楚雄州民族文化资源产业开发研究”等课题研究，形成一批专题研究成果，完成“楚雄州葡萄产业化开发研究”、“金融危机对楚雄州经济发展产生的影响及对策建议”、“教育改革VS教育泡沫”、“扎实开展一事一议财政奖补全面推进彝州社会主义新农村建设”等专项课题研究，形成几十万字的课题研究报告。有的研究成果已通过《经济研究内参》的形式上报州委、州人民政府和有关部门领导决策参考，有的研究成果正在吸收转化为州委、州人民政府的决策部署。

【县域经济发展研究】 2009年，楚雄州人民政府研究室认真履行县域经济发展协调领导小组办公室职能，做好日常工作。及时了解各县（市）县域经济运行情况，加强对县域经济的调研、规划和政策研究，提出促进县域经济发展的对策建议，起草《楚雄州人民政府关于贯彻云南省人民政府扶持县域经济发展完善县域经济综合考核办法的实施意见》。切实履行楚雄州县域经济运行分析的职责，定期对县域经济运行情况进行分析，及时把握经济运行动态，分析存在困难和问题，并通过《经济研究内参》和《经济信息内参》上报州委、州人民政府和州级各有关部门领导参考，编发《经济研究内参》12期，《经济信息内参》18期，为州委、州人民政府及时了解全州经济运行动态和经济发展形势提供重要参考资料。

【《彝州经济研究》、《楚雄政报》编印发行】 2009年，楚雄州人民政府研究室围绕“宣传党的路线、提供决策服务、探索改革之路、展示彝州风采”的办刊宗旨，认真做好《彝州经济研究》期刊的编辑发行出版工作。《彝州经济研究》按期印发6期，收到来稿580篇，刊登各类文章136篇约90余万字，刊登图片116幅，发行1.2万余册，发行范围不仅涵盖州级机关和各县乡（镇）党委政府，还向州人大代表和政协委员、州党代表免费发送，进一步扩大读者覆盖面。年内，楚雄州人民政府研究室认真做好《楚雄政报》期刊的编辑出版和发行工作，全面履行好州人民政府研究室为州委、州人民政府服务，为领导服务的职能。全年出版6期，刊载各类文件，领导讲话、政务督查、政务之窗、经济运行、人事任免、发文目录、大事记等各类文件和文稿110篇、90万字，刊登图片115幅。向全州各级党政机关、事业单位及州党代表、州人大代表和政协委员发行刊物近1.17万册，成为向党代表、人大代表及政协委员通报政府政务工作的重要载体。

【“楚雄发展研究网”改版】 2009年11月，楚雄州人民政府研究室完成“楚雄州发展研究网”改版。改版后的新网站开设机构职能、研究动态、县域经济、经济运行、决策参考、出版刊物、政务活动和诤言等10个栏目，为彝州经济社会发展提供更加全面、系统的决策咨询服务。

【课题成果整理开发】 2009年，楚雄州人民政府研究室对“楚雄州生物资源开发与生物产业发展研究”和“楚雄州农村劳动力转移与城镇化发展研究”2个课题成果进行整理，编辑成《楚雄州生物资源开发与生物产业发展研究》和《楚雄州农村劳动力转移与城镇化发展研究》2书出版发行。

［刘　毅］

侨务工作

【侨务机构分设】 2009年6月，原州

人民政府外事侨务办公室、州归国华侨联合会分设为州人民政府侨务办公室和州人民政府外事办公室，州归国华侨联合会与州人民政府侨务办公室合署办公，实行一套班子、两块牌子；同时成立中共楚雄州人民政府侨务办公室、侨联党组。州人民政府侨务办公室、州归国华侨联合会内设侨务科和侨联秘书科2个科室。制定了《楚雄州侨务办公室、侨联工作制度》，开展“学习江苏省侨务工作经验”专题学习实践活动；按照“三个代表”重要思想的要求，强化为侨服务意识和为全州经济建设服务的意识；处理好服务与被服务的关系，职责与职权的关系；实现思想观念和工作作风的转变；树立“立党为公，执政为民”的良好政风。

【归侨侨眷权益保护】 2009年，楚雄州人民政府侨务办公室加大对《中华人民共和国归侨侨眷权益保护法》、《中华人民共和国归侨侨眷权益保护法实施办法》、《云南省实施〈中华人民共和国归侨侨眷权益保护法〉办法》及相关涉侨政策的学习宣传、贯彻落实工作的监督检查；结合《云南省华侨捐赠管理办法》的施行，完成全州华侨捐赠项目情况的调查统计。充分利用各种渠道，发放侨法宣传资料6000余份，接受侨法咨询126人次，走访归侨侨眷172户，接待来访867人次，办理信访件17件，办结率100%。

【侨务调研工作】 2009年，楚雄州侨务办公室遴选侨务工作中的重点、难点、热点问题，涉及归侨侨眷、海外侨胞权益的突出问题，开展侨务工作调研，分别对“全州侨捐项目管理使用情况”、“散居贫困归侨侨眷情况”、“全州侨界学生初中毕业升学加分照顾政策落实情况”、“全州侨务工作机构情况”等专题进行深入调研。通过调研，了解侨界民生和维权状况等基本情况，着力解决部分侨界群众关心的热点、难点问题，提高做好侨务工作的针对性和时效性。州归国华侨联合会积极为侨界人大代表、政协委员参政议政调查研究提供服务，帮助侨界代表共提提案15件。

【为侨服务工作】 2009年，楚雄州侨务办公室把如何帮助贫困归侨侨眷尽快脱贫致富作为为侨服务工作的一大难点，不断探索行之有效的办法，通过转变观念，主动协调相关部门，积极尝试一些新的办法。成功举办“楚雄州第一期侨界群众劳动技能培训班”，帮助侨界群众提高劳动技能、掌握一技之长，实现转业、就业，最终实现增加收入。工作中始终坚持“以人为本、为侨服务”的宗旨，在依法行政的同时，力所能及地帮助归侨侨眷解决一些生产、生活中的实际困难。为侨界群众办好事、解难事76件。在新春佳节及中秋节前夕，看望慰问侨界群众及南侨机工遗孀167户；召开中秋茶话会；7月9日姚安地震后，争取香港两地一心赴灾区捐款献爱心，表达对灾区侨界群众的关爱，推进“归侨侨眷关爱工程”的实施。

【侨务经济】 2009年，楚雄州侨务办公室以凝聚侨心、汇聚侨智、发挥侨力为工作目标，充分运用海内、海外“两个平台”和财力、智力“两大资源”的优势，积极配合政府和有关部门，搭建招商引资、招商引智的平台，以招商引资、引智为重点，利用自身特点和联谊优势，促进侨力资源的可持续发展，不断开拓侨务的工作领域，汇聚侨力，服务于经济建设。接待海外侨胞170多人。为地震灾区和贫困山区争取捐资75万元建校4所，其中由香港两地一心捐赠的永仁永定侨心小学、元谋姜驿画匠小学于11月22日竣工，日本云南同乡会援建的武定老木把小学已交付使用，南华五街小学尚在建设中；牵线星州日报、香港两地一心、美国妈妈联谊会资助贫困山区学生440名，人均捐助3年，每年34万元人民币；美国欣欣教育基金会向姚安旧城欣欣侨心小学捐赠400美元。积极搭建招商引资平台，主动做好“第七届东盟华商投资西南项目洽谈会”的各项准备工作，参会期间与新加坡中华总商会、新加坡华星工程投资有限公司、新加坡三德集团、香港佳宁娜集团就相关项目进行对接，参会取得实效。促成楚雄州人民政府分别与省人民政府侨务办公室、省归国华侨联合会建立“投资促进、技术交流战略合作伙伴关系”。

［周　炜］

外事工作

【外事机构分设】 2009年7月，根据《楚雄州机构编制委员会关于理顺外事侨务机构的批复》，成立楚雄州外事办公室，为州人民政府组成部门，同时作为州委对外工作的机构，统筹协调和归口管理全州外事工作。州外事办公室在云南省人民政府外事办公室的指导及州委、州人民政府的领导下，全面贯彻党的外事工作方针和各项政策，紧紧围绕州委、州人民政府的中心工作，认真履职，不断加强外事管理工作，为彝州经济建设和社会发展服务。

【因公出国（境）管理】 2009年，楚雄州外事办公室加强全州党政领导干部和专业人员因公出国（境）工作的管理，认真审查报批件，呈报楚雄州外事工作领导小组审批。对一般性考察学习或没有实质性出国（境）考察学习内容和违反报批程序的因公出国（境）活动请示件，一律不予报批，严控楚雄州公务出访团组及人员，坚决杜绝“轮流出国，照顾出国，待遇出国”现象发生，积极办理好有实质性的出访及邀请来访的经贸、农业、文化、教育等产业发展培训考察活动。办理楚雄州因公出国（境）任务35批75人（次），比上一年下降40%。州外事办公室还重视开展对因公出国（境）团组和人员的行前教育。重点对出国前、出国后以及归国后的注意事项作详细说明和规定。做好因公出国（境）人员护照和通行证的回收管理工作。加强因公出国（境）证照的集中管理，公务护照和通行证回收率达到100%。

【外国人管理】 2009年，楚雄州外事办公室积极做好外国籍人员管理。在楚雄工作或学习6个月以上的外国籍人员有2162人，到楚雄进行项目业务洽谈、捐资办社会事项的临时暂驻人员有317人。在管理中，定期组织开展对常驻外国人员的个别走访和召开座谈会257人（次），及时了解掌握他们在楚雄工作、生活及相关活动情况。

【外事接待工作】 2009年，楚雄州外事办公室接待经国家外交部批准和省政府外事办通知的外国专家学者到楚雄州开展投资、环保、捐资社会公益事项等考察活动132人（次），外国新闻记者到楚雄州对彝族风情采访宣传42人（次）。积极做好参加楚雄国际旅游交易会外籍人员对楚雄旅游线路考察的相关工作。接待香港特区政府高级公务员访问团一行25人对楚雄州文化产业发展情况进行为期2天的参观考察。

【对外宣传和涉外工作】 2009年，楚雄州外事办公室积极向外国友人推介楚雄州情及楚雄州对外投资环境，不断扩大楚雄州的知名度；坚持“外事工作无小事”的原则，严格把握外事政策，积极主动地配合全州各县（市）政府和州属有关部门协调处理涉外事件，避免了一些有损国家尊严的事件发生。2月8日，楚雄州外事办公室积极支持禄丰恐龙谷有限公司邀请韩国民族歌舞团一行20余人到恐龙谷进行大型文艺表演活动，并取得圆满成功，达到交流、互动、共赢效果。5月31日，2名马来西亚旅客在昆楚高速公路平地隧道附近发生交通事故致伤，事故发生后，楚雄州外事办公室及时组织有关人员迅速赶到楚雄州中医院探视安抚伤员，稳定受伤人员情绪，与州有关部门一道做好外事处理工作和慰问工作。7月10日，姚安“7·09”地震发生后，积极做好英国驻重庆总领事抵滇了解姚安地震情况一事的有关工作。并在省外办的支持下，争取涉外捐资3万元为姚安包粮囤村委会修建公厕1个。7月15日，积极做好美国国家科学基金会研究员宋美娟女士一行10人到楚雄州大姚、姚安2县考察荞麦种植情况。10月26日，做好来自香港、美国、加拿大、菲律宾等10余人在姚安县太平镇老街村福华国际农业技术培训中心举办奶山羊养殖推广介绍会的有关涉外管理工作。

【外事信息工作】 2009年，楚雄州外事办公室坚持定期向州委、州人民政府分管领导报送全州出国（境）人员和经费支出情况，为州委、政府领导及时了解掌握全州出国（境）管理工作动态，研究解决相关问题提供决策依据。定期向州纪委提供楚雄州公务出国（境）考察相关资料。向州防艾委、州禁毒委等部门提供相关外事信息。4月7日，组织本单位志愿者开展主题为“遏制艾滋，履行承诺”的宣传教育活动，根据楚雄州外籍人士以缅甸客商居多，而且相对集中在彝人古镇的特点，把宣传活动地点设在彝人古镇。活动期间，组织制作并悬挂“珍爱生命，远离毒品”，“洁身自爱，预防艾滋”2条大型宣传标语；摆设2个现场宣传咨询点，在宣传咨询点悬挂10幅禁毒防艾宣传挂图，向缅甸籍客商和过往行人发放相关宣传材料2000余份。

【境外非政府组织管理】 2009年，楚雄州外事办公室认真做好境外非政府组织在楚雄州内活动调查、处置和信息上报等管理工作。积极配合做好全州反恐、禁毒、甲流疫情、艾滋病防治和自然灾害等涉外相关工作。

［何晓琼　张良］

对台工作

【纪念《告台湾同胞书》发表30周年座谈会】 2009年，楚雄州台湾事务办公室利用《告台湾同胞书》发表30周年之机，认真组织全州对台系统开展学习胡锦涛总书记2008年12月31日在纪念《告台湾同胞书》发表30周年座谈会上的讲话精神；并组织座谈讨论，重温《告台湾同胞书》的重大意义。州委对台工作领导小组成员单位领导和楚雄城区的台属代表40余人参加会议，部分台属代表作交流发言。

【“台湾脚逛大陆”栏目组到楚雄州采访】 2009年10月27日至30日，台湾中天电视台“台湾脚逛大陆”栏目组到楚雄州采访。采访栏目组深入禄丰、大姚、元谋等县采访拍摄，州县台办积极支持，安排人员全程陪同，介绍彝州的改革开放和风土人情，帮助协调有关拍摄工作，安排好食宿。台湾中天电视台记者多次来楚雄州采访。这次拍摄主要以楚雄的风土人情、特色美食为主题，旨在了解宣传楚雄的独特风景、民族风情及人文景观，通过宣传能更好的吸引更多的台湾同胞来楚雄旅游、观光、投资经商。对提高楚雄州在台湾的知名度，吸引更多台胞到楚雄探亲访友、观光旅游将发挥积极的作用。年内到楚雄探亲访友、观光旅游的台胞人数达860余人次。

【台湾少数民族教师代表团到楚雄州学习交流】 2009年8月8日，台湾少数民族教师代表团一行40余人到楚雄州学习交流，和州内教师代表座谈交流，参观州博物馆，感悟彝族文化。通过两岸少数民族教师的座谈及教育现状问题的交流，探讨两岸少数民族教育未来合作与发展的愿景，深入了解彼此间的文化内涵及未来少数民族教育的发展，提供相互间的宝贵经验，促进两岸民族交流，为祖国统一发挥积极作用。

【服务台胞台属台商】 2009年，楚雄州台办系统认真做好服务台胞、台属、台商工作。一是形成“上下联动、左右协调配合”的对台工作机制，重点研究、解决涉及台湾同胞的热点、难点问题；二是协调相关部门落实好给予台胞、台属“适当照顾”的有关政策，做好在楚台胞、台属的服务工作；三是不断完善投资环境，加大对招商引资优惠政策的贯彻执行、监督、检查力度，让台商真正享受到优惠政策。及时了解掌握台商生产经营情况，帮助台商协调解决生产经营中遇到的困难和问题，维护企业的合法权益，积极营造台湾同胞在楚雄州安心创业的环境。在为台胞服务中，始终保持饱满的热情，认真细致的处理好每一件事。全州台办接待台胞、台商、台属来访33人（次），走访慰问台胞、台商、台属48人（次）。为台商处理各类纠纷6件。中秋节、春节前夕，州台办组织人员到台胞、台属、台资企业走访慰问。

［罗佳艳］

妇女儿童工作

【妇女儿童工作状况】 2009年，楚雄州妇女儿童工作委员会认真履行议事协调职能，协调和推动政府有关部门执行《中华人民共和国妇女权益保障法》、《中华人民共和国未成年人保护法》，宣传贯彻《云南省实施〈妇女权益保障法〉办法》、《楚雄彝族自治州妇女发展规划（2001～2010年）》和《楚雄彝族自治州儿童发展规划（2001～2010年）》，全州妇女儿童事业有了新发展，有县（市）妇女儿童工作委员会10个，乡（镇）妇女儿童工作委员会103个。设州及10县（市）妇女儿童工作委员会办公室，已配备人员24人。召开各级妇女儿童工作委员会全会49次；召开妇女儿童工作会议70次；举办监测统计培训班14期，培训人员518人次；开展调研50次，形成调研报告54篇；表彰实施“两个规划”先进集体3个，先进个人25名；建立州级实施“两个规划”示范点4个，县级示范点13个。州级75个可量化指标中，达终期目标指标53个，达标率71%。

【健全完善工作机制】 2009年1月12日，第十届楚雄州人民政府第15次常务会议听取了全州妇女儿童工作情况汇报，出台了《楚雄州人民政府办公室关于推行妇女儿童工作目标责任管理考核及健全相关工作制度的实施意见》，明确从2009年起对全州妇女儿童工作实行目标责任管理考核，州人民政府每年召开一次妇儿工委全体会议，每2年召开一次全州妇女儿童工作会议，每5年评比表彰一次全州实施“两个规划”先进集体和先进个人。州妇儿工委及时调整充实了成员单位，进一步明确各成员单位工作职责，制定下发《楚雄州妇女儿童工作目标责任管理考核暂行办法》、《楚雄州妇女儿童工作委员会工作制度》，推进妇儿工委工作的规范化和科学化。

【第六次妇女儿童工作会议】 2009年4月13日，楚雄州人民政府召开全州第六次妇女儿童工作会议。州委常委、州人民政府副州长、州妇儿工委主任李红民，州人大常委会副主任程建华，州政协副主席吴丽华出席会议。全州10县（市）妇儿工委主任、妇联主席（妇儿工委副主任）、妇儿工委办公室主任、州妇儿工委34家成员单位的委员及联络员，州妇联党组成员、科室负责人115人参加会议。会上，李红民作了《统一思想，强化落实，努力开创楚雄州妇女儿童工作新局面》的讲话，牟定县妇儿工委、楚雄州统计局、州卫生局、州教育局作交流发言。

【督促落实重点难点指标】 2009年，楚雄州妇儿工委加大实施妇女儿童发展规划重点难点指标的督查力度。9月2日，召开成员单位实施妇女儿童发展规划重点难点指标督查推进会，制定了2009～2010年实施规划的攻坚计划和措施。10月26日至29日，州人民政府抽调5个检查考核组，对全州10个县（市）人民政府和10个州妇儿工委成员单位实施妇女儿童发展规划情况进行检查考核，下发了《关于楚雄州2009年度妇女儿童工作目标责任管理检查考核情况的通报》，极大地促进妇女儿童发展规划重点难点指标的落实。

【妇女妇科病普查普治工作】 2009年，楚雄州卫生局、州妇女联合会在楚雄市移民搬迁安置点栗子园小区举行全州农村妇女妇科病免费普查活动启动仪式。年内，在楚雄市实施了中央补助地方乳腺癌早诊早治项目，为楚雄市的9631名妇女免费进行乳腺癌筛查；在全州开展农村妇女妇科病免费普查活动，免费为4550名妇女进行妇科病普查。

【“六一”儿童节庆祝活动】 2009年“六一”国际儿童节来临之际，楚雄州各级妇儿工委以为儿童做好事、办实事为落脚点，整合社会各方力量和资源，开展生动活泼、特色鲜明、富有成效的庆祝活动，使全州广大儿童度过一个欢乐祥和而有意义的节日。“六一”节当天，州妇女联合会、州教育局联合慰问组先后到南华县岔河春蕾小学、姚安县太平春蕾小学走访慰问，看望两所学校的338名儿童和25名教师，为两所学校发放慰问金1.6万元，捐赠价值4000余元的学习、体育和生活用品。“六一”节期间，州妇女联合会协调贝因美科工贸股份有限公司昆明分公司向南华县龙川镇蟠龙希望小学捐赠价值6万余元的贝因美系列产品；争取云南省妇女联合会的支持，在永仁县维的乡维的中心完小建立“春蕾图书室”1个；积极向香港卡连弗公司争取资金10万元，在楚雄市中山镇酒房完小建设标准化篮球场1个；认真实施“春蕾计划”，召开2009年“春蕾搭桥”见面会，全州各级妇联共募集助学款26万元，救助女学生881人。

【女性人才队伍建设】 2009年，楚雄州妇女儿童工作委员会切实加强女性人才库的建设，扩大优秀女性人才资源储备，积极主动向组织部门推荐优秀妇女后备干部61名，其中副厅级妇女后备干部7名，正处级妇女后备干部16名，副处级妇女后备干部38名，营造女干部成长的良好社会环境，妇女参政议政的比例和能力明显提高。

［孟继祖］

机关事务管理

【机关事务管理制度建设】 2009年，楚雄州机关事务管理局结合职能职责和公务活动中心实际，修订完善《楚雄州机关事务管理工作规则》，不断完善各项规章制度，制定实施了《楚雄州公共机构节能工作实施方案》、《楚雄州公共机构节能十一五后两年规划》、《政府采购招投标保证金收取清退管理办法》、《楚雄州公务活动中心办公用房管理规定》、《楚雄州公务活动中心安全管理规定》、《一公司两市场办公区管理办法》、《楚雄州机关事务管理局关于贯彻落实中央和省州厉行节约精神的意见》、《楚雄州机关事务管理局关于贯彻落实中央和省州保密工作的意见》、《楚雄州机关事务管理局计算机及涉密载体保密管理规定》、《楚雄州机关事务管理局廉政文化进机关活动工作方案》、《楚雄州机关事务管理局物资领用规定》等，把工作规范、具体的内容、任务目标和措施、要求、工作程序明确下来，使工作的各个环节、程序都按职责、分工和规范要求有序开展，做到事事有人管，件件有着落，各项工作有章可循，有规可依，形成用制度管人、用制度管事、用制度管物的管理运行机制。

【“一公司两市场”办公区管理】 2009年7月15日，州人民政府明确“一公司两市场”办公区由楚雄州机关事务管理局统一管理。“一公司两市场”办公区占地面积54.97亩，总建筑面积4.39万平方米，其中地上建筑面积3646平方米，地下建筑（车库）面积7466平方米，设有车位205个。7月21日，楚雄州机关事务管理局为“满足需求、方便管理和有效利用一公司两市场国有资产”，及时成立接收工作小组，按照州人民政府“在一个星期内做好一公司两市场办公区入驻准备工作”的要求，积极开展前期接收和入驻后服务、管理工作准备。入驻后，各项服务、管理和保障工作按要求及时步入正轨，入驻机关干部职工较为满意。

【公务机关后勤保障服务】 2009年，楚雄州机关事务管理局紧紧围绕州委、政府的中心工作，及时做好设备设施维修维护，确保网络安全运行。制定了突发情况及突发事件应急处置预案和措施，会前准备超前谋划，做到任务明确、服务具体、议程准确、行动迅速、有条不紊、不留纰漏，安全、高效、优质地承办各类会议1000余次。行政后勤加大水电、房屋的维护修缮和室内外绿化养护、环境卫生保洁管理，加强设备管理和技术改造。管护人员尽职尽责，发现问题及时报修，做到“小修及时办，中修积极办，大修限时办”。更换节能灯具1500余套，维修彩光景观灯504套（盏），更换镀膜玻璃23块计21.95平方米、木桥桥面两座，完成风雨篮球场钢屋面、立柱的除锈打磨刷漆，水电两项合计维修更换器材3150件，杜绝了跑、冒、滴、漏等现象发生，培育移栽花卉苗木2000余株，配合相关部门完成举办州庆、迎国庆庆祝活动，旅游星级公厕的装修评定。

【政府采购】 2009年，楚雄州机关事务管理局认真做好政府采购服务和管理工作，坚持“公开、公平、公正”的采购原则，制定并实施政府采购“阳光工程”、服务承诺、限时办结和行政问责等制度，公开政府采购工作程序、工作标准、要求。严格按照国家相关法律法规组织实施“阳光”采购，组织集中招标采购190次，其中竞争性谈判49次，询价采购110次，公开招标19次，邀请招标5次，单一来源采购7次。完成政府采购控制金额1.98亿万元，实际采购1.78亿元，节约财政资金1977.89万元，资金节约率10%。

【公务机关安全保卫】 2009年，楚雄州机关事务管理局坚持以素质教育为契机，强化内部管理，细化工作目标，转变工作作风，提高机关事务管理队伍应急处置能力，注重安全保卫及消防安全知识培训，不断深化安全防范措施，加大排查力度，完善了设备设施的维护，积极预防和处置各类安全隐患和突发事件，有效地控制消防和安全责任事故的发生。对公务中心重点部位进行排查26次，开展交通安全整治4次，协助信访处置5人以上群体性上访事件280起（1.2万人次），处置公务中心办事人员纠纷6起、车辆肇事4起，登记检查出入公务中心外来人员1.6万人次，破获自行车盗窃团伙一个、偷盗花木案件一起，更换灭火器400只。组织全局120多人进行安全保卫及消防安全知识培训，完成公务中心视频安防监控系统、雷电防护系统的更新改造，公务中心地下停车场交通标线、标志牌制作，“一公司两市场”监控机房的集成改造。

【公共机构节能】 2009年，楚雄州机关事务管理局始终按照州委、州人民政府保增长、调结构，保持经济平稳较快增长中坚持节能降耗不动摇，把节能作为转变发展方式、加快调整结构的重要抓手，坚持源头控制与优化存量、依法管理与政策激励相结合，综合应用经济、法律和行政手段，实行重点突破，整体推进，确保节能目标完成进度与“十一五”总体目标保持同步的总体部署和工作要求，认真贯彻《中华人民共和国公共机构节能条例》、《楚雄州2009年节能工作指导意见》，完成《楚雄州“十一五”后两年公共机构节能规划》的编制及对2006年来全州公共机构能耗指标的调查统计工作，印发《关于做好2009年公共机构节能工作的通知》，召开全州公共机构节能工作会议，对全州当前及今后一段时期的公共机构节能工作进行统一安排部署，确保公共机构节能工作稳步开展。及时更换公务中心区域内的照明灯具及用水设施。积极推广使用高效节能产品，做好示范，在入口安装太阳能环保景观灯等。按照中央、省、州有关厉行节约八项要求的通知精神，迅速行动，采取切实可行措施，注重从节约一张纸、一度电、一滴水、一升油等办公耗材的点滴入手，认真抓好节约工作。教育机关工作人员，做到随手关灯关水，打印材料严格双面打印，杜绝公车私用、公款吃喝风，工作上切实需要的公务接待及用车活动，能合用车辆的减少车辆动用，严格做到节俭办事，以实际行动贯彻落实好上级要求。机关事务管理局公务用车油耗下降30%，机关接待经费下降12.3%，办公耗材开支节约15%。公共机构节能圆满实现年初与州人民政府签订的节能降耗4%的指标，实际降耗达到4.8%。

［谭有亮］

中国人民政治协商会议楚雄彝族自治州委员会

重要会议

【政协楚雄州八届三次会议】 2009年3月18日至21日，中国人民政治协商会议楚雄州第八届委员会第三次会议在楚雄召开。会议的主要议程是：听取并审议《政协楚雄州第八届委员会常务委员会工作报告》；听取并审议《政协楚雄州第八届委员会常务委员会提案工作报告》；列席楚雄州第十届人民代表大会第四次会议；听取并协商讨论《政府工作报告》及其他有关报告；审议通过政协楚雄州第八届委员会提案委员会关于八届三次会议期间提案审查情况的报告；审议通过政协楚雄州第八届委员会第三次会议决议。322名州政协委员出席会议，驻楚中央属、省属、州属单位，驻楚部队领导124人列席会议，部分离退休领导应邀列席会议。会议采取全体会议、分组讨论协商、组织部分委员作大会发言等多种形式广泛建言献策。会议期间，州委、州人民政府、州政协主要领导分别深入各讨论组听取意见和建议。

【政协楚雄州委员会常委会议】 2009年3月3日至4日，政协楚雄州第八届委员会第8次常委会议在楚雄召开。会议对《政府工作报告》（征求意见稿）和杨元茂副州长所作的《关于〈政府工作报告〉（征求意见稿）的说明》进行协商讨论；听取了州劳动和社会保障局局长卜德诚通报州政协对州劳动和社会保障局开展民主监督意见和建议的整改情况；会议审议并原则通过了《政协楚雄州第八届委员会常务委员会工作报告》、提案工作报告，常委会2009年工作要点和各委室2008年工作总结及2009年工作重点；审议并通过了关于召开政协楚雄州八届三次会议的决定、会议议程（草案）、日程（草案）；通过了常委会工作报告、提案工作报告报告人建议名单，列席单位名单；通过了八届三次会议秘书长、副秘书长名单和秘书处机构设置及主要任务；通过关于授权主席会议审定八届8次常委会议未尽事宜的决定。

6月11日至12日，政协楚雄州第八届委员会第9次常委会议在楚雄召开。会议的主要议题是专题协商讨论楚雄州规模以上工业企业渡难关、保增长问题。州人民政府副州长樊炳清到会通报了楚雄州工业经济运行情况，州政协调研组报告了对楚雄州规模以上工业企业渡难关、保增长的调研情况。会议就楚雄州中小企业如何应对国际金融危机渡难关、保增长、保稳定的问题，提出一系列符合州情的切实可行的意见和建议。

10月13日至14日，政协楚雄州第八届委员会第10次常委会议在楚雄召开。会议学习贯彻中共十七届四中全会及胡锦涛总书记在庆祝人民政协成立60周年大会上的讲话精神，专题协商讨论楚雄州房地产业发展问题；协商决定人事事项。省政协常委、州人民政府副州长杨元茂应邀列席会议，副州长吕琳麟到会通报了楚雄州房地产业发展情况。州政协调研组报告了对楚雄州房地产业的调研情况。会议协商通过了人事事项。

12月17日至18日，政协楚雄州第八届委员会第11次常委会在楚雄召开。会议学习贯彻党的十七届四中全会、中央经济工作会议精神，专题协商讨论楚雄州社区卫生服务体系建设问题。州委常委、州人民政府副州长李红民到会通报楚雄州社区卫生服务体系建设情况，州政协调研组报告对楚雄州社区卫生服务体系建设的调研情况。出席会议的常委会组成人员和列席人员专题协商讨论加强楚雄州社区卫生服务体系建设问题，提出中肯的意见和建议。

【全州政协工作座谈会】 2009年11月25日至26日，全州政协工作座谈会在楚雄召开。会议主要议题是：深入学习贯彻中共十七届四中全会精神，努力推进政协事业创新发展。州政协主席张怀德出席会议并讲话，州委常委、州委统战部部长任锦云，州人民政府副州长朱非应邀出席会议并分别代表州委、州政府发表讲话。州政协副主席延荣科、马旷源、李振华、王应学、王定梁，原副主席杨淑珍，秘书长王光荣出席会议。各县（市）政协主席、副主席、各委室主任；州委统战部副部长、各科科长，州政协机关全体干部职工参加会议。会议期间，各县（市）政协主席、副主席和各委室进行了对口座谈交流。

［白建文］

重要活动

【新春茶话会】 2009年1月20日，楚雄州政协办公室、州委统战部举行楚雄城区各族各界代表新春茶话会。州党政领导邓先培、杨红卫、卢显林、张怀德、李琳玻、马红梅、李红民、王兴明、任锦云、程建华、何根源、曹大全、杨静、杨元茂、耿克明、左荣贵、马旷源、李振华、王应学、王定梁，州政协原副主席杨淑珍，州人民政府秘书长汪占毅，州政协秘书长王光荣以及楚雄城区各族各界代表100余人出席会议。州政协主席张怀德主持会议。州委书记邓先培通报当前国内政治、经济形势以及应对国际金融危机面临的一些困难和问题，要求各族各界人士坚定信念，克难奋进，更加牢牢扭住经济建设这个中心不动摇，聚精会神搞建设，一心一意谋发展。州委副书记、州长杨红卫通报楚雄州2008年经济社会发展情况以及2009年州委、州人民政府的工作要点。张怀德主席在总结讲话中号召各族各界把思想和行动统一到州委的工作部署上来，为打造经济发展的楚雄、文化繁荣的楚雄、生态良好的楚雄、活力涌现的楚雄、和谐平安的楚雄献计出力，发挥更大的作用。

【政协新闻宣传工作会议】 2009年3月5日，楚雄州政协召开全州政协新闻宣传工作会议。会议总结2008年度全州政协新闻宣传工作并表彰本年度政协好新闻，安排部署2009年度全州政协新闻宣传工作。会上对评选出来的36件获奖作品以及此次评选活动中获得“优秀组织奖”的3家单位进行表彰奖励。

【政协八届二次会议优秀提案表彰】 2009年初，楚雄州政协表彰了州政协八届二次会议优秀提案。自2008年3月18日州政协八届二次会议以来，全体政协委员和政协各参加单位以邓小平理论和“三个代表”重要思想为指导，深入贯彻落实科学发展观，认真履行政治协商、民主监督和参政议政职能，围绕州委、州人民政府的中心工作和人民群众普遍关心的社会热点、难点问题积极建言献策，共提出提案299件，经审查立案293件，这些提案经承办单位认真办理，产生了良好的社会效益和经济效益。为进一步发挥提案在履行政协职能中的重要作用，州政协经过组织评选，对民建楚雄市总支提出的《关于立项发展有机农业（食品），推进楚雄州农业产业化进程，促进农业增收》的提案和罗荣茂委员提出的《关于九龙甸水库上游紫甸河综合管治的提案》等30件提案作为优秀提案予以表彰。

【政协委员活动】 2009年5月15日，政协楚雄州委员会在州委党校举行委员活动日活动，以“深入学习国际国内经济形势”为主题，邀请云南省统计局副局长、高级统计师徐力作专题讲座。州政协主席张怀德，副主席李振华、王应学，原副主席杨淑珍，秘书长王光荣出席活动。驻楚雄城区的省、州政协委员、州政协机关全体干部职工、州统计局科以上干部参加学习活动。10月22日，州政协在州公务中心举行第二次委员活动日活动，庆祝人民政协成立60周年。省政协党组成员、秘书长车志敏应邀莅临楚雄，就认真贯彻落实胡锦涛总书记讲话精神作专题讲座。讲座结束后，州政协对纪念人民政协成立60周年征文和人民政协基本知识竞赛获奖者进行表彰奖励。

【企业应对当前经济形势恳谈会】 2009年6月12日，楚雄州政协举行全州中小企业应对当前经济形势恳谈会。州政协副主席延荣科主持会议。州委常委、州委统战部部长任锦云，州人大常委会副主任何根源，州人民政府副州长樊炳清，州政协副主席马旷源、王应学、吴丽华、王定梁，原副主席杨淑珍，秘书长王光荣出席恳谈会。州政协常委、州级有关部门负责人和部分中小企业负责人参加会议。会上，德胜集团楚雄钢铁公司董事长李贵国，州政协委员、楚雄浙江商会会长胡真家等6位企业负责人先后就如何应对全球金融危机作交流发言。

【“尊绿小丛书”首发仪式】 2009年8月10日，由楚雄州政协副主席、作家、副教授马旷源主编的“尊绿小丛书”在州政务中心举行首发式。该套丛书共有5本，作者分别为马旷源、已故的“边纵”老战士夏先周、李湘举、卜其明、刘亚萍。州政协主席张怀德，州委常委、州人民政府副州长李红民，州委常委、州委宣传部部长杨正权出席首发式并讲话。与会人员一致认为这套丛书在讴歌时代精神，展示人性美好心灵方面做到以优秀的作品鼓舞人。与会其他领导，丛书作者和文艺界同行踊跃发言，对丛书给予高度评价。

【民主党派界别委员活动】 2009年8月21日，楚雄州政协在农工山庄组织民主党派界别委员活动。活动主题是向各民主党派委员传达胡锦涛总书记在云南考察工作期间的重要讲话、中共楚雄州委七届六次全会精神，听取各民主党派对楚雄州经济社会发展的意见建议。州政协主席张怀德，副主席延荣科、王定梁，秘书长王光荣出席活动，王定梁主持会议。

【庆祝人民政协成立60周年暨2009年中秋茶话会】 2009年9月25日，楚雄州政协、州委统战部举行庆祝人民政协成立60周年暨2009年中秋茶话会。州委书记邓先培出席会议并讲话，杨红卫、杨宁、李琳玻、任锦云、杨正权、吴华、延荣科、李振华、王应学、吴丽华、王定梁等州党政军领导，州政协原副主席杨淑珍，在楚历任州政协副主席普联荣、胡桂英、殷鸿绪出席会议。州政协主席张怀德主持会议。历任州委统战部部长、副部长，驻楚省政协委员、各族各界人士，州政协、州委统战部机关全体干部职工参加会议。

【政协“民生论坛”会】 2009年10月14日，楚雄州政协举行“民生论坛”会。州政协主席张怀德，州委常委、州人民政府副州长李红民，州委常委、州委统战部部长任锦云，州政协副主席马旷源、李振华、王定梁，原副主席杨淑珍，秘书长王光荣，州政协常委及有关部门负责人参加论坛。州政协副主席延荣科主持论坛。会议围绕积极促进就业，全力维护社会和谐稳定的主题，分别就大中专毕业生就业、农民工就业及权益保障、下岗职工再就业、以创业带动就业、职业教育与就业、就业与社会稳定等问题发表多角度、宽视野的意见建议，为党委、政府决策提供参考。

【全省八个自治州文史资料工作会议】 2009年10月15日至16日，全省八个自治州文史资料工作会议在楚雄召开。会议学习贯彻《政协全国委员会关于加强文史资料工作的意见》和全国政协纪念人民政协文史资料工作50周年座谈会精神，交流新形势下政协文史资料工作创新发展的新经验，州政协副主席王定梁主持会议。楚雄、红河、文山、西双版纳、德宏、怒江、迪庆、大理8个州政协有关领导和文史委员会负责人出席会议；玉溪、昭通、保山3市政协有关领导和文史委员会负责人应邀出席会议。省政协副主席罗黎辉致信对会议的召开表示祝贺；省政协文史委员会主任傅仕敏、副主任蒲元华到会指导；楚雄州政协主席张怀德出席开幕式并致欢迎词，州委副书记杨宁到会讲话，州政协副主席马旷源、原副主席杨淑珍、秘书长王光荣出席开幕式。楚雄州政协教科文卫文史委员会部分委员、州属有关单位、10个县（市）政协分管文史委工作的副主席和文史委主任参加会议。

【全州政协办公室联席会议暨宣传工作会议】 2009年11月13日，楚雄州政协系统办公室联席会议暨宣传工作会议在楚雄召开。会议的主要议题是：深入学习贯彻中共十七届四中全会精神，总结、研讨、交流、部署如何做好新时期政协办公室信息和宣传工作。州政协主席张怀德出席会议并讲话，州政协办公室主任、副主任，办公室全体同志及各县（市）政协办公室主任、副主任参加会议。州政协秘书长王光荣主持会议。张怀德就做好办公室工作和宣传信息工作讲话，州政协副秘书长、办公室主任苏玉昆总结回顾一年来的工作，对下步工作作了安排部署。

【人民政协成立60周年系列纪念活动】 2009年初开始，楚雄州政协把庆祝人民政协成立60周年纪念活动纳入重要议事日程，以“回顾历史、展望未来、凝聚力量、促进发展、构建和谐”为主题，精心策划，组织开展丰富多彩的“八个一”系列纪念活动。（1）组织州政协机关全体干部职工收看全国政协召开的人民政协成立60周年庆祝大会实况，聆听胡锦涛总书记在庆祝大会上的重要讲话。（2）组织召开纪念人民政协成立60周年座谈会，楚雄城区各族各界代表聚集一堂，共同回顾人民政协60年的光辉历程，展望美好未来。（3）举办有奖征文活动，收到文稿116篇，评选表彰了一批优秀作品，精选来稿中的大部分文稿汇编成书。（4）举办政协统战知识竞赛，收回有效答题卡2950份，通过公开抽奖方式，抽出获奖人员名单并予以奖励。（5）征集编印纪念人民政协成立60周年文史资料专辑《我与人民政协》，收录文史资料78篇，历史图片43幅，突出思想性、统战性、史料性和可读性，充分反映人民政协为彝州建设和改革开放作出的重大贡献。（6）与相关媒体合作，刊发了一组纪念文章。（7）编辑出版《风雨同舟，共铸辉煌》邮资明信片纪念册。（8）举办人民政协知识专题辅导讲座。通过活动，激发全州各级政协组织、广大政协委员及政协工作者的自豪感和工作热情，增强了信心，增添了动力。

［白建文］

视察调研

【省政协视察组到楚雄视察】 2009年4月12日至14日，省政协党组成员、秘书长车志敏率省政协办公厅、省烟草公司（烟草专卖局）相关处室负责人一行10人到禄丰县就现代烟草农业土地流转和现代烟草农业生产组织形式进行专题调研。5月13日至15日，以省政协教科文卫体委员会主任卢云伍为组长的省政协调研组一行11人，到楚雄州专题调研农业科技成果转化运用工作情况。5月18日，省政协原副主席、云南政协之友协会常务副会长和占钧，省政协原副主席、云南政协之友协会副会长许克敏及部分退休老干部到楚雄州参观指导文化旅游产业。7月25日至26日，省政协副主席陈勋儒率省政协调研组到楚雄州就加强小城镇和农村环境治理重点提案办理工作情况进行调研。8月20日至24日，省政协人口资源环境委员会组织部分省政协委员到楚雄州就城镇污水和生活垃圾处理设施建设情况进行视察。

【州政协组织的视察调研工作】 2009年5月5日至10日，州政协组织部分州政协委员及州发改委、州经委、州财政局、州技术监督局等相关部门负责人组成调研组，深入武定县、禄丰县、楚雄市和南华县对德胜钢铁有限公司、云南新立公司武定高汰渣厂、禄丰勤攀磷化工有限公司、楚雄滇中有色金属有限公司、滇中铝业有限公司和澜沧江啤酒集团楚雄有限公司视察调研，调研组采取听汇报、召开座谈会、实地走访察看企业生产等形式，就全州规模以上工业企业应对世界金融危机，渡难关、保增长问题进行专题调研，找准成绩，发现问题。对当前和今后工作提出中肯的意见和建议。5月，由州政协研究室牵头，在州国土资源局及各县（市）政协的协助下，对楚雄州建筑石材产业发展情况进行调研。经过深入系统的考察，对于石材资源的种类、分布、储量、特征及生产经营状况有了较为清晰的把握。调研组从注重资源整合，加强保护性开发，重视安全环保监管等方面提出中肯的意见建议。6月15日至23日，由州政协领导带队，州政协经济委员会牵头，部分州政协委员参加，组成2个调研组，对南华、姚安、永仁、元谋、武定、禄丰、楚雄7个县（市）和州属部分供销（农资）企业改革与发展情况进行专题调研。调研组听取7个县（市）人民政府的情况汇报，深入县社、基层社、农村综合服务社、物流配送中心、专业合作社等供销网点，与企业干部员工座谈。调研组未到的双柏、牟定、大姚3县，由各县人民政府和政协组织专题调研并上报调研报告。最后形成《关于全州供销社系统改革与发展情况的调研报告》。8月3日至5日，由州政协社会法制委员会牵头，组织部分州政协委员参加的视察组，对全州城镇污水和生活垃圾处理设施建设情况开展视察。视察组在听取全州城镇污水和生活垃圾处理设施建设情况的基础上，分别对双柏县、南华县“治污”设施建设情况进行视察。通过听汇报、座谈和实地考察，基本了解全州“治污”状况、存在的主要困难和问题，提出下步工作的意见和建议。8月21日至27日，根据州政协常委会议的工作安排和部署，州政协研究室就如何充分发挥界别作用开展了专题调研。9月9日至12日，州政协组成调研组，由州政协社会法制委员会牵头，对楚雄州贯彻落实《信访条例》的情况进行专题调研。在听取全州《信访条例》贯彻实施情况通报的基础上，分别对大姚县及金碧镇、姚安县及太平镇、牟定县及新桥镇开展专题视察调研。通过听汇报、与州县相关部门和乡（镇）干部座谈，共召开汇报会6次，座谈会7次，在基本了解工作成效、存在的主要困难和问题后，提出中肯的意见建议。9月16日至24日，州政协组织调研组，深入楚雄市、大姚县、禄丰县及部分房地产开发企业，采取听汇报、召开座谈会、实地走访房地产企业、察看企业开发的楼盘等形式，就楚雄州房地产业发展情况开展专题调研。形成《关于楚雄州房地产业发展情况的调研报告》，提交州政协八届十次常委会协商讨论。10月27日至11月3日，州政协组织部分州政协委员组成调研组，对楚雄州中小学校舍安全工程建设情况进行调研。调研组认真听取州中小学校舍安全工程领导小组办公室和姚安、大姚、禄丰3县人民政府的情况汇报后，分别深入姚安县弥兴镇、太平镇，大姚县金碧镇、赵家店乡、石羊镇，禄丰县一平浪镇、土官镇的部分中小学校，实地察看校舍安全工程建设和校点布局调整情况，通过座谈、走访等形式听取乡村干部、学校师生、基层群众的意见，总结取得的成效和经验，发现存在的困难和问题，提出对策和建议。10月27日至11月3日，州政协教科文卫文史资料委员会牵头组织部分州政协委员组成调研组，对楚雄州农村文化建设情况开展调研。调研组认真听取州文化局的情况汇报，分别深入姚安县弥兴镇、太平镇，大姚县赵家店乡、石羊镇，禄丰县一平浪镇、土官镇，实地了解县文化馆、体育馆、图书馆，乡（镇）文化站和部分村组文化室建设、使用和群众性文化活动开展的情况。通过座谈、走访等形式听取乡村干部、农民群众对农村文化建设的意见，总结经验，查找困难和问题，提出对策和建议。11月16日至20日，州政协组成调研组，由州政协副主席王定梁带队，对楚雄州社区卫生服务体系建设情况进行专题调研。调研组认真听取州卫生局和楚雄市、武定县、元谋县人民政府的有关工作情况汇报，分别深入楚雄市彝人古镇、北浦、中大街、富民4个社区卫生服务中心，河前、云南开关厂、栗子园3个社区卫生服务站，武定县狮山镇、元谋县元马镇、牟定县共和镇3个社区卫生服务中心实地调研，召开社区卫生服务机构医务人员、社区居民代表等60余人参加的座谈会4次，走访社区群众30余名。12月15日，州政协组织部分政协委员，对“7·09”姚安地震恢复重建工作进行视察。视察组由州政协主席张怀德带队，州人民政府副州长吕琳麟，州政协副主席马旷源、王应学、吴丽华、王定梁，原副主席杨淑珍，秘书长王光荣以及州政协办公室、研究室、各专门委员会主任、副主任，民建、农工、民进3个民主党派负责人参加视察。视察组首先抵达姚安县官屯乡官屯村委会大村恢复重建统一规划建设点视察。随后，视察组听取吕琳麟关于“7·09”姚安地震恢复重建工作情况通报和姚安县人民政府县长李建波关于恢复重建工作情况汇报，对姚安县恢复重建工作给予充分肯定，张怀德主席代表视察组对继续抓好下步工作提出意见和要求。

【提案工作情况】 2009年，楚雄州政协八届三次会议以来，收到提案292件，立案285件，占97.6%。按类别分：农林水方面的50件，占立案总数的17.5%；教科文卫体方面的64件，占22.5%；城建环保方面的56件，占19.6%；工业交通方面的30件，占10.5%；财经商贸方面的26件，占9.1%；党群政法方面的9件，占3.2%；人事劳动和社会保障方面的37件，占13%；统战政协方面的7件，占2.5%；民族宗教方面的6件，占2.1%。委员个人提出和联名提案220件，占立案总数的77.2%，集体提案65件，占22.8%。不立案的7件，已另作处理。所立案的285件提案分别交由州委、州人民政府、州政协及其所属部门和县（市）人民政府共61个单位办理。11月底，交办的285件提案已全部办复完毕，提案所提问题已经解决或基本解决的164件，占办复总数的57.5%；正在解决或已被列入计划准备解决的73件，占25.6%；因受目前条件限制或者其他原因只能以后研究解决的43件，占15.1%；留作参考的5件，占1.8%。从提案办理的总体情况看，办理落实的质量和委员满意率有所提高，提案办理的当年落实率达57.5%，比上年有较大提高。

［白建文］

中国共产党楚雄彝族自治州纪律检查委员会

重要会议

【中共楚雄州纪委七届四次全体会议】2009年2月4日，中共楚雄州纪委七届四次全会在楚雄召开。州委常委及州人大常委会、州人民政府、州政协领导和有关方面负责人以及州纪委委员共700多人参加会议。全会认真传达胡锦涛总书记的重要讲话、十七届中央纪委三次全会、省纪委八届四次全会精神和省委书记白恩培的重要讲话精神。会议总结2008年工作，安排部署2009年楚雄州党风廉政建设和反腐败工作任务。州委书记邓先培作《加强领导干部党性修养和作风建设，为实现彝州科学发展新跨越提供坚强保证》的讲话；州委副书记、州长杨红卫宣读《2008年度党风廉政建设责任制奖惩决定》；州委常委、州纪委书记李琳玻代表州委与各单位签订2009年党风廉政建设责任书。全会审议并通过了州委常委、州纪委书记李琳玻代表州纪委常委会所作的《以科学发展观为统领，努力开创彝州党风廉政建设和反腐败斗争新局面》的工作报告。

【纪检监察工作会议】 2009年6月29日至30日，上半年全州纪检监察工作运行分析会召开。省纪委派驻永仁县、禄丰县新农村建设指导员，州纪委常委，10县（市）纪委书记、副书记、监察局副局长，州属各单位纪委书记、纪检组组长，州纪委监察局派出各纪工委、监察分局和委、局机关全体干部职工共150人参加会议。会议总结分析了2009年上半年工作运行情况，听取10县（市）纪委监察局半年来的纪检监察工作情况汇报和州纪委监察局各室及派出各纪工委、监察分局的书面汇报。州委常委、州纪委书记李琳玻出席会议并作讲话。州纪委副书记、州监察局局长李天云，州纪委副书记胡贵明、杨仕坤和州监察局副局长速勇就下半年的纪检监察工作作安排部署。7月9日至10日，楚雄州纪委监察局召开全州执法监察工作暨培训会。各县（市）纪委监察局分管执法监察工作的副局长和执法室主任、州纪委监察局派出纪工委、监察分局纪检综合室主任，州级11家纪委（纪检组）监察室主任或专兼职人员以及楚雄市纪委监察局派出纪工委、监察分局局长近60人参加会议和培训。会议主要从做好新形势下的行政监察工作、执法监察理论知识、招标投标工作业务知识、安全事故调查处理业务知识及其他执法监察具体业务知识等5个方面进行专题培训，4名代表作交流发言。8月20日，召开全州纪工委、监察分局工作现场推进会。州纪委常委、州监察局副局长，县（市）纪委书记、监察局局长，各县（市）纪委监察局派出各纪工委书记，州属单位纪委书记、纪检组组长，州纪委监察局机关和派出各纪工委、监察分局全体干部参加会议。会议全面总结全州纪工委监察分局成立以来的工作运行情况，分析查找存在问题，研究安排下步工作。州委常委、州纪委书记李琳玻作重要讲话。与会人员参观了州国土资源局、州残联、州计生委、州档案局、州体育局和州纪委监察局派出第四纪工委、监察分局6个示范单位，州纪委监察局派出第二纪工委、监察分局和禄丰县纪委作交流发言，其余9县（市）纪委监察局作书面交流。9月16日至17日，州纪委监察局召开案件审理工作暨业务培训会。州监察局局长、副局长，全州10县（市）监察局局长、案审室全体人员，州派出机构监察分局局长，11个州属部门纪委、纪检组监察室主任等60人参加培训。会议传达学习全省纪检监察案件审理工作电视会议精神，开展案件审理相关业务知识的培训，就案件审理工作遇到的疑难问题进行解答。9月23日，全州农村基层党风廉政建设工作经验交流会在大姚县召开。部分州纪委常委、正处级纪检员，各县（市）纪委书记、分管党风工作的副书记、党风室主任，州加强农村基层党风廉政建设工作联席会议成员单位领导，大姚县党政主要领导等120多人参加会议。省纪委党风室副主任柯顺昌，纪检监察员李伟、陈丽敏应邀到会指导。州委常委、州纪委书记李琳玻出席会议并作讲话。会议认真学习了党的十七届四中全会和十七届中央纪委第四次全会精神，总结分析2009年全州农村基层党风廉政建设工作情况，总结交流10县（市）加强农村基层党风廉政建设的做法和经验，参观了大姚县“清风和谐”廉政书画展、赵家店乡廉政文化进机关和赵家店乡团塘村委会农村基层党风廉政建设示范点。

【楚雄州廉政勤政先进个人表彰会】2009年6月29日，中共楚雄州纪委、州委组织部、州委宣传部、州监察局、州人事局召开全州廉政勤政先进个人表彰大会，对全州42名先进个人进行表彰奖励。其中县（处）级干部14人，科级干部20人，一般干部4人，企业领导干部4人。州委常委、州委宣传部部长杨正权主持会议，州委常委、州纪委书记李琳玻出席会议并讲话。

［李志成　刘伟　杨加雷］

党风党纪

【党的宗旨教育】 2009年，全州各级党组织充分利用中心学习组、形势报告、专题学习、廉政党课、民主生活会等各种形式，认真组织广大党员干部特别是领导干部广泛开展党的宗旨教育。组织开展“加强作风建设，促进科学发展”主题教育活动，全州各级党委（党组）理论中心组开展学习活动1279次，参加人数2.42万人次；召开党支部学习会2940次，参学8万余人次，撰写体会文章1.72万篇；组织参加知识测试560次，参加2.24万人次；开展领导干部任前廉政考试12次，参考人数374人；举办新任领导干部廉政教育培训11次，参训285人次；开展警示教育918次，受教育5.9万人次。征集书画摄影作品3223件，开展为期2个月的“楚雄州‘清风和谐’反腐倡廉书画摄影作品展览”活动，展出反腐倡廉书法、美术、摄影作品120件，州级机关和楚雄市机关干部职工5380人前往参观；州级各单位和部分县（市）展出作品683件，参观人数1.6万人次。组织10个县（市）、124个州属单位及省管单位领导干部到州廉政教育基地接受教育200次共1.82万人次。州纪委积极与省、州人民广播电台及楚雄电视台、楚雄日报社等5家媒体联办宣传栏目，刊播反腐倡廉宣传报道475篇（条）。举办第一期反腐倡廉建设专题培训班，参加学习126人。召开领导干部家庭助廉座谈会4次，656名干部积极报名参加。举办家庭廉政文化培训18期，2000余人次参加。

【廉洁自律工作】 2009年，全州严格执行民主集中制，坚持重大决策、重大投资项目、重要人事任免和大额度资金使用等重大问题集体讨论决定，确保民主、科学决策。认真落实《党内监督条例》，重点抓好领导干部个人有关事项报告及述职述廉等制度的落实，39名厅级、942名县处级、4311名乡科级领导干部述廉并报告个人重大事项。各级纪委负责人分别与29名县处级干部、431名乡科级党政主要负责人进行廉政谈话，与206名县处级、422名乡科级领导干部进行任前廉政谈话。对存在问题的87名乡科级领导干部进行诫勉谈话。对3名县处级领导进行函询。组织92名新任处级领导干部参加廉政考试。结合开展学习实践科学发展观活动，组织开好2009年度县处级领导班子民主生活会。开展领导干部任期经济责任审计19人。更新完善科级以上领导干部廉政档案，强化动态管理，为63个处级先进集体、380名处级干部评先推优提供廉政审查意见。

【巡视工作】 2009年，楚雄州重点对2008年度州委巡视中发现的3个突出问题整改情况进行督查。制定了《省委巡视组到楚雄州开展巡视工作的方案》，配合省委第二巡视组对州委、州人民政府领导班子和10县（市）的巡视调研工作。并根据巡视组的反馈意见，认真制定具体整改措施。

【派出纪工委建设】 2009年，全州纪委系统以“建两委抓三点”为切入点，派出纪工委监察分局工作全面开展。“建两委”：全州75个州、县（市）纪委监察局派出纪工委监察分局共成立由642人组成的“纪工委委员会”和由763人组成的“监察委员会”，为纪工委开展工作提供新平台。“抓三点”：建立240多个“规范行政权力运行示范点、廉政文化进机关示范点、落实党风廉政建设责任制示范点”，全面推进纪工委工作深入开展。

［李志成　刘伟　杨加雷］

案件查处

【信访举报】 2009年，全州纪检监察机关坚持信访线索集体排查制度，加大违纪线索初核和督办力度，以依案下访、廉政下访和信访办事公开为载体，不断提高信访工作质量和效能，充分发挥信访举报监督职能。全年收到群众来信来访、电话和网络举报1029件（次），初步核实违纪线索535件，初核率72.01%，转立案87件。

【违纪违法案件查处】 2009年，全州纪检监察机关以“3210”基本工作要求为抓手，不断提高办案能力和水平，严肃查处违纪违法案件，始终保持惩治腐败的强劲势头。查处新立案违纪案件139件，其中党纪99件99人，政纪40件40人，涉及县处级干部8人，乡科级干部28人。已办结138件138人，办结率99.3%。给予党纪处分112人，政纪处分37人，双重处分13人，挽回经济损失166.55万元。各级纪检监察机关自办案件95件，占办案总数的68.3%，其中州纪委监察局自办6件6人，10县（市）纪委监察局自办44件44人，县派出机构自办3件3人，乡（镇）自办41件41人。

【党政纪案件公开审理】 2009年，全州把党务公开要求和司法审判程序引入党政纪案件审理，邀请人大代表、政协委员、党员群众代表以及发案单位的干部职工全程监督审理过程。公开审理、审议违纪案件89件，占所审理案件总数的61%，其中县处级领导干部违纪违法案件8件，科级领导干部22件，股所级干部18件，一般干部12件，其他干部29件。通过党纪案件公开审理，变“封闭审”为“公开审”，增强案件审理透明度，保障了党员干部的合法权益，扩大了党内民主。

［李志成　刘伟　杨加雷］

纪检调研

【纪检监察调研】 2009年，全州纪检监察系统充分发挥楚雄州纪检监察学会优势，为反腐倡廉建设“楚雄做法”提供理论支撑并及时总结成功经验，编辑出版《反腐倡廉建设“楚雄做法”论文集》。年初，楚雄州首次被中央纪委研究室列为全国调研工作联系点和调研信息直报点，所报调研信息被中纪委采用18条、省纪委采用105条，名列全省第一。编辑《调查研究》7期，收到调研文章133篇，筛选上报32篇，《反腐倡廉建设“中国特色云南特点楚雄做法”的实践与思考》、《党风廉政建设责任制问题研究》和《减少文山会海问题研究》3篇论文被省纪委监察厅评为一等奖，《当前损害群众利益的突出问题及其治理对策》等数篇论文分获二、三等奖。成功举办2009年楚雄州廉政文化进企业论坛，并将论坛成果编印成书。在2009年中国监察学会西南学术交流联谊成都会上，楚雄州交流了农村基层党风廉政建设经验，引起中纪委、监察部及与会人员的广泛关注。

【纪检监察信息】 2009年，中共楚雄州纪委监察局收到纪检监察信息6256条，编发普发信息48期，快报199期，简报20期，上报省纪委信息628条，被中纪委、省纪委采用315条，是上年的2.4倍，总积分2766分，居全省第一。报道中共姚安县委常委、县纪委书记杨雪斌在“7·09”地震抗震救灾中先进事迹的信息《让“王瑛”精神在“7·09”地震废墟中闪光》经《中国纪检监察报》采用和省纪委领导批示后，省纪委下发了《关于在全省纪检监察机关深入学习杨雪斌同志先进事迹的通知》，全省、全州上下掀起学习杨雪斌先进事迹热潮。

［李志成　刘伟　杨加雷］

群众团体

工　会

【工会组织建设】 2009年，全州总工会重视基层工会组建和会员发展工作，私营企业、行业工会建设和会员发展取得新成效。年末，有基层工会2102个，涵盖单位4240个；会员总数179971人。其中新建私营企业工会896个、新发展会员13850人。推进“双措并举、二次覆盖”试点工作，深入开展“职工之家”建设活动，做到“职工之家”常建常新。建成州级“先进职工之家”265个、省级“模范职工之家”21个、全国“模范职工之家”4个、全国“模范职工小家”2个。有序推进厂务公开，在全州企事业单位中全面推行厂务（校务、院务、企务）公开制度，使广大职工的民主权利得到进一步体现。全州60%以上的私营企业建立厂务公开制度和多种形式的民主管理制度。

【经济技术创新工程】 2009年，各级工会围绕“保增长、保民生、保稳定”的工作要求，实施职工经济技术创新工程，广泛开展立功竞赛活动，充分发挥工人阶级主力军作用。启动“同舟共济保增长、建功立业促发展”职工立功竞赛活动，积极组织包括农民工和民营企业员工在内的广大职工在重点领域、重点工程中建功立业。以创建“工人先锋号”为主，广泛开展“我为节能减排作贡献”活动，鼓励职工结合企业实际提出可实施、投入少、见效快的节能减排“金点子”，积极推荐创新项目参加全省职工百佳“节能减排”立功竞赛创新成果评选表彰活动，上报的5个项目有3个项目受到表彰。州、县（市）工会联合国资委、劳保局、经委、工商联等部门，在全州82户企业中开展以坚定信心、共渡难关为主题的“共同约定行动”，共同应对国际金融危机给彝州经济发展带来的影响。举办主题为“巧手绘和谐、才艺展风采”的2009年楚雄州首届职工才艺展览会，征集展出书法等5类作品210件，评选表彰一等奖5名、二等奖15名、三等奖30名、优秀奖50名。组织32件作品、20个创新项目参加云南省职工才艺博览会，受到省总工会表彰。深入推进职工素质建设工程，激励广大职工争当“技术能手”、“创新能手”，建设高技能人才队伍。举办电力、交通、森工企业技能培训和技能竞赛3期，参加职工1700多人。各级工会上街设点开展咨询服务，发放宣传材料1万多份。积极参与州内矿山和交通事故的调查处理，做好善后安抚工作，确保社会稳定。发挥工会职工教育阵地作用，整合社会教育培训资源，开展职工（农民工）技术技能培训。培训职工8125名（其中农民工2853名），有3420名职工通过培训后取得技术等级资格证书。

【为职工群众办实事】 2009年，全州各级工会坚持以职工为本，全力为职工群众办实事。举行楚雄州2009年关注困难职工春节送温暖活动启动仪式并全面开展元旦、春节送温暖活动。走访慰问企业206个，走访慰问职工3492人，发放困难补助金145.65万元；看望慰问困难劳模168人，发放慰问金37.18万元；看望慰问农民工733人，发放慰问金16.4万元。9月21日，召开“楚雄州2009年国庆·中秋慰问困难职工大会”，与会的5名州级领导和6名相关部门领导现场向329名州属困难职工发放慰问金16.45万元，州委、州人民政府、州人大常委会、州政协主要领导、分管联系领导走访慰问困难劳模20户。国庆节、中秋节期间，全州共慰问困难企业157个，走访慰问困难职工1071户，慰问困难劳模99户，慰问困难农民工152人，发放慰问金92万余元。加强困难职工帮扶中心特别是县级帮扶中心建设。健全州、县（市）和基层工会帮扶工作网络，实现困难职工帮扶档案计算机动态管理和县以上困难职工档案电子化管理；加强中央和省财政帮扶专项资金管理，确保资金安全、有效。做好“贷免扶补”工作，10月30日，为71名创业人员发放贷款355万元。首次在全州广大职工中开展“和谐家庭”评选表彰活动，评选表彰500户职工家庭，其中州级表彰250户，推荐上报省总工会表彰250户。州总工会携手楚雄现代妇产医院发起“工会手拉手、健康心连心”关爱女职工健康行动，为州内18周岁至55周岁女职工（包括女农民工）提供妇科常规等5项免费体检和健康咨询等服务。做好抗灾救助工作，各级工会积极主动地参与“7·09”姚安地震抗震救灾。

【职工维权维稳】 2009年，全州各级工会广泛开展维权维稳活动，促进职工队伍和社会和谐稳定。配合州人大、州政协开展联合执法检查与视察，监督企业依法经营，督促企业特别是国有及国有控股企业做到不裁员不减薪。推进集体合同、女职工专项合同签订和工资集体协商工作。广泛开展集体合同要约行动，提高非公企业安全生产、女职工权益和工资等专项集体合同的签订率。全州有354户企业签订集体合同，368户企业签订女职工专项集体协议，251户企业建立工资集体协商机制。在全州企业中开展创建评比表彰“劳动关系和谐企业”活动，促进和谐劳动关系、和谐企业、和谐社会建设。协助做好企业改制和维护职工稳定工作。举办各种培训班185次，向1500多名职工解答热点、难点问题；积极参与做好企业改革清算和新企业重组工作，落实职工劳动保障权利；开展企业职工思想状况调研，协助党委、政府妥善处理和化解劳动关系矛盾，做好职工信访工作。

【职工文体活动】 2009年，全州各级工会广泛开展职工文体活动。倡导职工树立科学健身、快乐工作的理念，首次举办楚雄城区“辞旧迎新、共建和谐”职工登山健身活动，楚雄城区78个单位5000多人参加活动。“五一”节前夕，举办楚雄州首届“五一杯”职工篮球运动会，州属单位及武警楚雄州支队的43支篮球队同场竞技。9月，举办首届州、县（市）总工会职工运动会，进行篮球、拔河、同心协力3个集体项目和羽毛球、乒乓球、象棋、扑克4个个人项目的比赛及第八套广播体操表演，州、县（市）总工会的11支代表队179名干部职工参加比赛。各县（市）总工会、州属各单位工会结合部门行业特点，利用节假日广泛开展形式多样的职工文体活动。各级工会举办演讲比赛、报告会、体育运动会、职工才艺展览会等活动600多次，参加职工达5万余人。

【职工医疗互助活动】 2009年，楚雄州共有1890个单位（比上期增加30个）148051人参加第六期职工医疗互助活动，参加人数比上期增长3.67%，收取互助金758.42万元。至11月30日，有14209人因病住院得到医疗互助补助金795.37万元。全省职工医疗互助工作五年表彰大会上，楚雄州有12个先进集体和22名先进个人受到表彰。

【劳模管理】 2009年，全州各级工会组织大力弘扬新时代劳模精神，积极营造学习劳模、关爱劳模的社会氛围。州总工会在“五一”、“国庆”节期间，通过楚雄电视台、楚雄日报社、州广播电台等新闻媒体宣传报道70名劳模和一线职工的先进典型事迹，召开劳动模范和先进工作者代表座谈会，组织劳模代表参观州新农村建设成果，开展劳模疗休养、“向劳模送健康”活动，向50名省（部）级劳模人均发放价值500元的药品药具。做好“五一”劳动奖状和奖章的推荐工作，武定县邮政局付玉学荣获全国“五一劳动奖章”称号，双柏白竹山茶叶有限公司荣获省总工会“五一劳动奖状”称号，果红梅、金凤云、王立贵3名职工荣获省总工会“五一劳动奖章”称号。

［秦光宏］

共青团

【共青团组织】 2009年末，中国共产主义青年团楚雄州委员会辖基层团委164个，团总支1451个，团支部9740个，团工委30个。有专职团干部69人，青年（14周岁至28周岁）459866人，团员196176（其中少数民族团员74266人，女团员94403人），团青比例43%；发展新团员21939人，“推优”5432人，团员入党3511人；少年儿童248562人，少先队员180649人，专、兼职辅导员828人，辅导员配备率为100%。

【青少年思想道德教育工作】 2009年，共青团楚雄州委实施“青年马克

团州委鼓励创业“贷免扶补”工作首批创业小额贷款发放仪式　　（团州委提供）

思主义者培养工程”，与州委党校达成初步合作协议，建立“共青团楚雄州委青年马克思主义者培训教育基地”。探索建立“楚雄州青帆网校”，倾力打造“两网一线”工程。开通“彝州青年咨讯（周刊）”手机报，面向州内大学生村官公开选拔楚雄州首批网络团委书记，在全州大学生村官群体中建立“楚雄州大学生村官网络团组织”和“村官e线”公共QQ群。举办楚雄州加强团的基层组织建设和基层工作培训班，举行纪念五四运动90周年大会和纪念“五四”运动90周年“青春之歌”大型歌会，组织开展第三届楚雄青少年文化节和“红色之旅”夏令营、“好书伴我成长”红领巾书市等系列活动；持续打造楚雄青年论坛、楚雄希望之星英语口语大赛等品牌活动项目，成功举办第四届楚雄州十大杰出青年表彰座谈会、事迹报告会及少先队建队60周年系列活动。各级团组织积极开展主题报告会、知识竞赛、演讲比赛、文艺晚会、体育比赛、“五四青年文化月”等活动。团州委被省文明委表彰为“云南省未成年人思想道德建设工作先进单位”。

【纪念五四运动90周年大会】 2009年5月4日下午，楚雄州纪念五四运动90周年大会在州会务中心民族会堂隆重举行。州委书记邓先培，州委副书记杨宁，州人大常委会主任卢显林，州政协主席张怀德，州委常委、州纪委书记李琳玻，州委常委、州人民政府副州长李红民，州人大常委会副主任程建华，州政协副主席吴丽华出席纪念大会。大会由杨宁主持，邓先培在大会上就继承“五四”传统，发扬“五四”精神，发挥青年作用，促进彝州科学发展新跨越，向全州广大青年提出希望。

【纪念中国少年先锋队建队60周年活动】 2009年10月13日上午，团州委联合州教育局、州少工委开展以“感恩祖国，快乐成长”为主题的纪念中国少年先锋队60周年系列活动在楚雄师院附小举行。州委副书记杨宁，州委常委、州委秘书长汪占毅，州人大常委会副主任何根源，州人民政府副州长朱非，州政协副主席王定梁出席活动，杨宁代表州委、州人民政府作讲话。

【第四届“楚雄州十大杰出青年”表彰座谈会】 2009年，团州委、州委组织部、州委宣传部、州人事局、楚雄日报社、州广播电视局、州青年联合会联合开展第四届“楚雄州十大杰出青年”评选活动。经过评选，梁芬等10名青年荣获第四届“楚雄州十大杰出青年”称号，胡玉兰等10名青年荣获第四届“楚雄州十大杰出青年”提名称号。8月31日下午，第四届“楚雄州十大杰出青年”表彰座谈会在州会务中心召开。州委副书记杨宁，州人大常委会副主任江正荣，州人民政府副州长杨元茂，州政协副主席吴丽华等州党政领导亲切接见了新当选的第四届“楚雄州十大杰出青年”及获得提名奖的20位青年，并与他们进行座谈。

【青年就业创业】 2009年，全州共青团组织抓住青年最关心、最直接、最现实的困难和问题，为青年就业创业提供扎扎实实的帮助。承办“青春彩云南，真情进万家”——云南省青少年服务月集中示范活动暨“走进灾区，与爱同行”“春暖2009”慰问演出活动和全省共青团农村青年春季培训行动启动仪式；开展农村青年培训需求调查，与劳动保障部门对接开展网上青年就业创业信息服务工作；成功举办楚雄青年就业创业事迹报告会；制定出台《青年就业创业见习基地管理办法》、《鼓励创业“贷免扶补”工作实施方案》和《农村青年富余劳动力技能培训工作方案》，举行全州共青团系统鼓励创业“贷免扶补”工作首批创业小额贷款发放仪式和楚雄青年就业创业见习基地授牌仪式，积极为青年创业提供阵地支持、融资支持和技能支持。帮助做好楚雄随军家属就业安置工作，拓宽随军家属的就业面。加强与农业、科技、科协、金融、劳动和社会保障等部门协作配合，认真开展农村青年技能培训，扎实推进青年创业就业服务。扶持创业青年450人，配合农村信用社发放贷款2250万元；创建“百企万岗”——楚雄青年就业创业见习基地16个，提供见习岗位325个。

【青年志愿者工作和青少年维权工作】 2009年，全州共青团系统组织开展“人大代表、政协委员与青少年面对面”活动；争取建立楚雄州未成年人保护委员会；整合电信114平台资源，于12月15日开通试运行“12355”服务热线，逐步深化“12355”青少年服务台工作；认真履行成员单位工作职责和要求，配合有关部门抓好综治维稳、节能环保、安全管理、禁毒防艾、普法维权、助残帮教等宣传活动，切实做好未成年人保护和预防青少年违法犯罪工作。配合党委、政府开展“7·09”姚安6.0级地震应急抢险，灾后恢复重建和困难青少年群体关爱工作。做好“西部计划”志愿者管理服务工作，组织开展楚雄城区“西部计划”志愿者联谊活动；开展“丝带飘扬促和谐”2009年楚雄城区志愿服务统一行动周集中示范活动；组织志愿者服务云南省第24届青少年科技创新大赛；加强志愿者的招募、注册、管理、培训和服务，建立各类专业化志愿者队伍，构建服务彝州社会发展和稳定的志愿者应急体系。继续深化“希望工程”、“找零捐赠”、“手拉手”结对互助等活动，有序推进“爱心圆梦大学”等活动。“希望工程找零捐赠”募集资金255万元，“爱心圆梦大学”助学行动筹集资金21.83万元，有59名贫困学生得到帮助。争取并组织建设“希望小学”18所，援助资金590万元。

【团的宣传】 2009年，共青团楚雄州委实施《团的工作》改版，增设《加强团的基层组织建设和基层工作快报》，开通《彝州青年资讯》（周报）。团州委重大活动电视录播3场，电视新闻播出38条；《楚雄日报》刊载团的工作信息55篇（条）；楚雄州广播电台播出新闻67条，彝州手机报采用8条；上报云青网并被采用的信息85条，其中被中青网采用19条。编印《团的工作》7期、《加强团的基层组织建设工作快报》17期。《彝州青年资讯》（周报）发布信息4期，楚雄共青团网站发布团州委工作信息127篇，审核发布县（市）团委、省州属单位团组织工作信息561篇。

［李振海］

妇女联合会

【妇女组织建设】 2009年末，楚雄州有县（市）妇女联合会10个，乡（镇）妇女联合会103个，村民委员会妇女委员会1050个，社区妇女联合会14个，社区妇女委员会32个，州、县（市）机关事业单位妇女委员会862个，厂矿企业女职工委员会325个，个体劳动者协会妇女委员会31个，私营企业女职工委员会71个，专业市场妇女委员会9个，团体会员347个。

【基层妇女参选参政】 2009年10月23日，楚雄州妇女联合会组织召开推进第四届村级换届选举妇女参选参政工作会议，听取10个县（市）妇女联合会关于推进第四届村级换届选举妇女参选参政前期准备工作的情况汇报，对进一步提高妇女参选参政比例进行安排部署。全州各级妇女联合会抓住2010年将进行第四届村级换届选举的有利契机，以村委会为单位，按照1:5的比例推荐村党支部和村民委员会“两委”委员女性后备人选，建立第四届村级换届选举农村妇女人才库，为确保2010年农村妇女参选参政比例的提高奠定基础。

【妇女发展项目】 2009年，楚雄州妇女联合会实施“香港回归扶贫基金”35万元、“妇女发展循环金”70万元，用于扶持农村妇女发展种植业和养殖业；实施鼓励妇女创业“贷免扶补”资金500万元，帮助103名农村妇女、返乡创业妇女和城镇失业妇女实现就业或创业；实施“母亲沼气”项目，投入资金15万元，建沼气池100口，受益群众447人。

【发展彝族刺绣产业】 2009年，全州各级妇女联合会加大对刺绣女能手、女经纪人的培训力度，争取各级资金支持8.6万元，举办彝绣培训班17期，培训彝绣女能手1835人次；成立妇女彝绣协会9个、彝绣展销部7个，有彝绣女能手451人，建立彝绣示范村68个。

楚雄州科技种烟女能手培训暨“万名妇女学科技”竞赛活动推进会　（州妇联提供）

【“万名妇女学科技”竞赛活动】 2009年，全州各级妇女联合会把提高妇女素质作为重点工作来抓，积极整合社会资源，主动承接政府转移出来的社会管理和公共服务职能，大力开展“万名妇女学科技”竞赛活动，组织科技培训759次，培训妇女5.54万人次；举办妇女创业就业培训班145期，培训妇女7577人次，其中培训返乡妇女3732人次；与州烟草公司联合实施科技种烟女能手培训，争取培训资金30万元，举办培训班392期，培训种烟女能手2.49万人次；与州农业局联合开展新型女农民培训，培训新型女农民2.24万人次；与州畜牧局联合开展畜牧业养殖女能手培训。

【“万名妇女创佳绩”竞赛活动】 2009年，全州各级妇女联合会紧紧抓住纪念新中国成立60周年的契机，组织广大妇女重温中国妇女解放运动的历史，回顾建国以来广大妇女在各条战线上建功立业取得的重大成绩，以活动为载体，引导广大妇女立足岗位建功立业。开展“迎国庆、讲文明、树新风”活动，选送郭春柔家庭参加全国妇联和中央电视台主办的“爱国歌曲家家唱”《神州大舞台》栏目参赛；召开楚雄州妇联庆祝中华人民共和国成立60周年表彰大会，表彰三八红旗手60名、三八红旗集体60个、巾帼建功先进集体60个、先进妇女工作者60名、优秀女村官60名；举办“喜迎建国60周年暨纪念‘三八’国际劳动妇女节99周年文艺晚会”、第十三届庆“三八”女子健身运动会和“纪念建国60周年暨彝州妇女发展论坛”；召开2009年州妇联团体会员迎新春座谈会；联合月朗公司举行“2009关爱女性·月朗千万爱心传递行动”捐赠仪式暨楚雄州妇联女性保健知识讲座；与中国人寿保险股份有限公司楚雄分公司联合开办女性安康保险业务。全州各级妇女联合会利用“三八”节、“六一”节，开展关爱女性健康体检，组织“三八”踏青登山比赛、科技培训、知识讲座、举办“赛装节”、歌咏比赛、召开联谊会等丰富多彩的文体活动，团结引领城乡妇女积极投身经济建设和社会建设的主战场。

【"万名妇女促和谐"竞赛活动】 2009年，全州各级妇女联合会以关注民生、改善民生为重点，认真开展结对扶贫，组织交通银行楚雄州分行、楚雄州新华书店等企业开展以"姐妹牵手，城乡共赢"为主题的"企村联动"活动；开展"五好文明家庭"、"平安和谐家庭"、"美在家庭"、"美德进农家"等系列创评活动；在全州科级以上领导干部家庭中开展"家庭助廉"读书征文活动，汇编《楚雄州家庭助廉读书活动优秀征文选编》；开展《云南省实施〈中华人民共和国妇女权益保障法〉办法（修订）》的学习宣传，组织召开座谈会，举办知识竞赛活动，发放《妇女权益保障法》、《婚姻法》等宣传资料1000多份，接待群众法律咨询100多人次；举办为期2天的全州妇联维权骨干培训班，提高妇联干部的维权能力和水平，全州妇联系统接待来信来访661件，办结642件，维护了妇女群众的合法权益。"7·09"姚安6.0级地震发生后，及时动员社会力量向灾区人民献爱心，收到71个单位，31个爱心企业及社会各界爱心人士捐赠的现金7.09万元，被子2201床、衣服5265件，以及部分大米、粉丝、香醋、方便面、矿泉水等食品，总计价值40多万元的款物，在第一时间将爱心款物送达姚安、大姚、南华、牟定等受灾地区的妇女儿童手中。

【女领导干部联谊会活动】 2009年，楚雄州女领导干部联谊会与中共楚雄州委组织部联合，分3批组织全州85名副处以上女领导干部赴中共延安市委党校、上海市妇女干部培训学校分别进行为期7天的学习培训。12月27日，楚雄州女领导干部联谊会召开年会。会上，州委常委、中共楚雄市委书记张之政为女领导干部作了题为《把自己建设成为最受敬爱的现代新女性》的专题讲座；举行女领导干部联谊会第四届领导班子换届选举，通过联谊会会员的集体表决，选举理事会成员33名，选举李红民、杨静、吴丽华担任名誉会长，选举何锡英担任会长，马爱芳、尹丽华等14人担任副会长，李坚兼任秘书长。州党政领导杨红卫、徐昕、汪占毅、江正荣、杨静、吴丽华、杨淑珍出席联谊活动。

【妇女组织自身建设】 2009年，楚雄州妇女联合会认真开展深入学习实践科学发展观活动、"一面旗、一团火、一盘棋"主题实践活动、"三牢记五争先"学习实践活动以及"三个万名"竞赛活动，认真贯彻落实中共楚雄州委工青妇工作会议精神，积极争取政策和资金支持，把妇女组织的人员选配、经费保障、政策支持等关键问题列入州委文件，为各级妇女组织倾心投入妇女事业奠定坚实的基础；着眼于建立健全长效机制，修改完善楚雄州妇女联合会议事规则，公文处理制度，公务接待制度，干部职工值班、加班、出差、请销假制度和车辆及驾驶员管理规定，形成集23项制度为一体的《楚雄州妇联制度汇编》；科学制定调研专题，深入调查研究，形成楚雄州农村留守妇女生存发展现状、外出务工返乡妇女情况、妇女维权工作热点难点调研等一批调研成果；针对历年工作考核中反映出来的"考核重点不突出、创新工作加分少"的实际，通过广泛征求意见，按照"常规工作占15%、重点工作占65%、创新工作占20%"的思路调整考核制度，建立州妇女联合会领导、科室与县（市）妇女工作挂钩考核制度，加强对县（市）妇女工作的指导和帮助，激发各县（市）妇女联合会创新工作的热情和积极性，全州妇女工作呈现出齐头并进的良好势头。

[孟继祖]

民主党派·工商联

民主党派

【农工党楚雄州委全体会议】 2009年1月16日，中国农工民主党楚雄州第一届常务委员会第四次全体（扩大）会议在楚雄召开。全会听取并审议了《中国农工民主党楚雄州第一届常务委员会2008年工作报告》（草案），审议通过了《农工党楚雄州第一届委员会第四次全体会议关于农工党楚雄州第一届常务委员会2008年工作报告的决议》（草案）。会议还对基层组织建设活动年活动和政治交接学习教育活动以及党务工作、参政议政工作和重特大自然灾害抢险救灾工作中的先进集体和个人进行了表彰奖励。

【农工党楚雄州委开展政治交接学习教育活动】 2009年，农工党楚雄州委按照农工党云南省委和中共楚雄州委统战部的要求，以庆祝新中国成立60周年及纪念多党合作和政治协商制度确立60周年为契机，深入开展以坚持走中国特色社会主义道路为主题的学习教育活动，进一步加强思想建设，通过开展各种形式的学习教育活动，进一步加强对党员的教育，自身建设得到加强。通过深入开展学习教育活动，广大党员坚定了自觉接受中国共产党领导，坚持走中国特色社会主义道路的信心和决心，增强了政治意识、政党意识和参政议政意识，提高了参与社会主义现代化建设的实践能力以及参政议政能力和水平。据初步统计，年内农工党党员有59人（次）受到有关单位和部门不同层级的表彰奖励，其中国家级1人（次），地厅级5人（次），县处级53人（次）。市疾控中心支部被农工党中央授予“先进基层组织”称号；农工党党员杨甫旺参与主编的《“梅葛”的文化学解读》荣获“第九届中国民间文艺山花奖·民间文艺学术著作奖”。

【农工党楚雄州委组织工作】 2009年，农工党楚雄州委按照“把握标准、注重质量、保持特色、调整结构、增强活力”的原则，继续加大对其他界别优秀人才和代表性人士的发展力度及党员结构调整力度，党员结构继续改善，党员整体素质进一步提高。2009年末，有直属基层组织10个，其中支部委员会8个、支部2个。在册党员200人，其中医卫界162人，占党员总数的81%；具有中高级职称的146人，占党员总数的73%；任实职副科以上的13人，占党员总数的6.5%；省、州、市政协委员16人，占党员总数的8%，其中常委4名（副主席1人）。年内，农工党楚雄州委先后选派了11名骨干党员和新党员参加了农工党省委举办的深化学习教育活动培训班学习，3位州委领导和专干参加了由州委统战部举办的各民主党派、工商联和无党派代表人士培训班学习；经州委统战部批准组织各基层组织主要负责人赴农工党南宁、北海等地方组织进行了考察学习。

【农工党楚雄州委参政议政】 2009年，农工党楚雄州委结合自身特点，发挥自身优势，积极履行参政议政职能。（1）提案工作。在政协楚雄州八届三次全会和政协楚雄市七届二次全会期间，农工党楚雄州委提交的11件集体提案和农工党党员中的州、市政协委员提交的13件个人（联合）提案均已立案，所有提案均已得到落实或正在落实。其中1件集体提案、1件参与联名的个人提案被州政协评为优秀提案。（2）调查研究。按照州委统战部的安排，完成了《楚雄州农村土地流转与农业产业化发展问题的调研》，并已收编在州委统战部《2008年度统一战线重点课题调研文集》。按照农工党中央和省委的要求，参与并完成了云南省民营医疗机构发展情况调研、云南省城镇居民医疗保险制度实施情况调研和我国城乡基层医疗机构与用药状况调研的有关工作。（3）民主监督。农工党州委领导及提案撰写人在积极参与开展提案面商工作的同时，不断改进面商的方式和方法，主动到提案办理单位就地协商，改变过去单纯听取提案办理单位的有关情况介绍为听取介绍与实地视察、调研相结合的方式，实现了参政议政和民主监督的有机结合，有效地促进了提案的办理和落实。

【农工党楚雄州委社会服务】 2009年，农工党楚雄州委结合自身特点和优势，积极开辟社会服务领域，努力开展社会服务工作。（1）经常性社会服务窗口—农工诊所（农工门诊部）和农工山庄得到进一步巩固和发展。年内，农工诊所为3万多人（次）提供了诊疗服务，为近20人提供了就业岗位。（2）积极参与社会扶贫工作。年内先后3次深入牟定县力石村委会调研和指导工作，帮助力石村委会解决综合楼拆除重建资金10万元。9月7日，组织13名医疗专家赴力石村委会开展“卫生下乡”和“卫生扶贫”活动。（3）积极支持乡村医疗卫生事业。积极争取农工党中央社会服务部、中国初级卫生保健基金会和农工党云南省委的支持，分别向楚雄市西舍路乡卫生院和姚安县左门乡卫生院各捐赠价值40万元的药品，为缓解贫困乡（镇）群众缺医少药的状况作出积极贡献。部分党员为乡村医生进行了中医适宜技术培训。（4）全力支持新农村建设工作。多方筹措资金为3个新农村建设联系点捐赠电脑各1台，为1个村文化室捐赠彩电1台，补助2个新农村建设联系点工作经费6千元。

［田海江］

【民进楚雄州委】 2009年，民进楚雄州委紧紧围绕州市党委、政府中心工作，牢记“以党为师、立会为公”的优良传统，加强自身建设，创新工作思路，狠抓工作落实，有条不紊地开展工作。（1）以思想建设为核心，切实加强政治理论学习。一是定期召开常委会、市委委员扩大会、全体会员大会、支部会议和各种专题研讨会等会议，认真组织会员学习政治理论和政策时事。二是深入开展政治交接学习教育实践活动和学习实践科学发展观活动，对会员进行爱国主义教育、民进的优良传统教育和形势教育，用科学理论武装广大民进会员。年内，有规模地组织会员开展了2次理论学习专题活动。（2）以组织建设为关键，切实抓好班子建设和会员发展工作。一是成立民进楚雄州委。9月3日至4日，民进楚雄州第一次代表大会召开，大会审议通过了民进楚雄州第一次代表大会工作报告，选举产生了民进楚雄州委第一届领导班子。二是做好会员发展工作。年内发展了4名新会员入会。三是注重后备干部队伍培养。选送26名中青年会员到民进省委、省社会主义学院、中共楚雄州委党校、中共楚雄市委党校进行学习培训，不断提高他们的政治思想素质和参政议政能力。四是抓好支部建设。积极支持各支部开展活动，为各支部安排适当活动经费，有效地保障了各支部各种活动的正常开展。年内还举办了教师节座谈会和敬老节庆祝活动。通过开展丰富多彩的活动，使各基层支部保持旺盛的活力。（3）以服务彝州经济建设为己任，认真履行参政议政职能。以参政议政工作领导小组为依托，紧紧围绕州、市党委、政府工作重点开展调查研究，积极建言献策，反映社情民意。年内，在州、市“两会”上共提出提案和建议26件，其中集体提案14件、个人提案12件。一批提案被评为优秀提案。（4）以关注民生为根本，积极开展社会服务。一是号召会员踊跃为灾区捐款捐物。姚安“7·09”地震发生后，号召广大会员积极参与所在单位捐款捐物活动，为灾区群众奉献爱心。二是依托会员捐资助学。9月，楚雄市开展寒窗助学捐资活动，民进楚雄州委筹备组发动会员积极参加所在单位的捐款活动。

楚雄民进会员、企业家何光平向楚雄市东瓜镇庄甸村委会沙溪小学校舍危房改造捐款10万元。三是发动会员配合所在单位做好防控甲型H_1N_1流感工作。针对民进成员大都身处中小学校一线的实际，民进楚雄州委高度重视，向所辖11个基层支部发出防控甲型H_1N_1流感的紧急通知，要求各学校支部、各会员教师高度重视疫情，积极配合学校做好防控工作。同时，重视搞好宣传工作，除日常宣传工作外，全年在报刊上发表各类宣传文章10多篇，在《云南民进》刊载会员专访1篇。

［李云华］

【民建楚雄州委】 2009年，民建楚雄州委围绕州、市党委、政府的中心工作，认真履行职能。通过一年的努力工作，民建楚雄州委的自身建设得到加强，组织建设稳步推进，参政议政成绩显著。(1)思想建设。一是深入开展学习实践科学发展观活动，把开展深入学习实践科学发展观学习教育活动作为自身建设特别是思想政治建设的一项重要战略任务常抓不懈。同时，组织开展了“以党为师、立会为公，参政为民”学习征文活动。二是注重班子思想建设，积极开展会员活动。以每一次班子活动为契机，认真开展加强自身建设的思想教育活动，不断提高领导班子的参政议政水平和会务工作能力。坚持各支部季度活动制度，丰富和创新支部活动方式，支部活动正常开展。同时，还开展了向70岁以上老会员发放生日蛋糕活动和“尊重今天的老人，就是尊重明天的自己”爱老敬老主题活动。三是注重宣传工作。除做好日常宣传工作外，全年在报刊上共发表各类宣传文章10多篇，在《云南政协报》、《云南民建》等报刊发表调研文章7篇。(2)组织建设。一是顺利召开民建楚雄州第一次代表大会。11月10日至11日，民建楚雄州第一次代表大会召开，大会审议通过了民建楚雄州第一次代表大会工作报告，选举产生了新一届民建楚雄州委领导班子。省政府副省长、民建云南省委主委高峰及楚雄州党政主要领导亲临会议指导。二是做好组织发展工作。年内发展新会员4名。年末共有会员72人，其中有州市人大代表1人，州政协委员7人（常委3人）；有市政协委员5人，其中常委1人；有2人担任州市政府或部门副职。三是加强后备干部队伍建设。年内选送7名中青年会员到民建省委、省社会主义学院、州社会主义学院学习培训，不断提高他们的政治思想素质和参政议政能力。四是加强支部建设。通过开展丰富多彩的支部活动，使各基层支部保持旺盛的活力。(3)参政议政。一是以参政议政工作领导小组为依托，重视选题调研，打牢参政议政基础。年内，在省、州、市“两会”上共提出提案和建议17件，代表议案1件。其中集体提案10件，个人提案7件。获州政协优秀集体提案1件。二是发动会员企业做好“保稳定、促发展”工作。20家会员企业纷纷响应民建省委号召，在民建组织承诺书上签字，向社会和广大民建会员及职工作出了“不裁员、不减薪、不欠薪、保就业、保稳定、保增长”的郑重承诺。(4)社会服务工作。年内，姚安县发生地震灾害，民建楚雄州委号召广大会员和会员企业积极参与到所在单位的捐款捐物活动中，为灾区群众奉献爱心。同时，发动会员积极参加所在单位寒窗助学捐款活动，依托会员企业捐资助学，关注教育发展，为家庭困难的学生献上一片爱心。

［刘应雄］

【民革楚雄市委】 2009年，民革楚雄市委员会切实加强自身建设，认真履行参政党职能，真正发挥了参政党的作用，为本地区的政治、经济、社会发展和安定团结作出了应有的贡献。(1)加强理论学习，搞好思想建设。一是坚持以政治交接学习教育活动为主线，积极开展理论学习活动，切实加强自身建设。二是深入开展学习实践科学发展观活动，深入贯彻学习中共十七大精神，不断提高市委领导班子及成员科学发展的能力和水平。年内，民革楚雄市委被民革云南省委评为2008至2009年度《团结报》征订发行工作“先进集体”和纪念中共中央发布“五一口号”60周年知识竞赛“优秀组织奖”。(2)积极开展支部活动，做好组织发展工作。年内，市委组织各支部开展了两次活动，组织支部党员畅谈了学习科学发展观心得体会。各支部每季度组织支部生活，并用丰富多彩的组织生活开阔党员的视野。坚持春节慰问离退休老党员和党员生病住院到医院看望制度，组织离退休老党员开展好敬老节活动，得到党员们的积极支持。积极配合中共楚雄市委统战部与市级6家党派商定形成的“工作联谊制度”开展的系列活动，每次活动主委、副主委和专干都积极参加。全年发展新党员3人，亡故1人，年末有党员87人，平均年龄52岁；下设综合、文卫、教育3个支部；有州政协委员4人（常委2名），州人大代表2人，市政协委员4人（常委1人）。(3)积极参政议政。年初，在州、市“两会”上，民革市委组织党员深入调研，认真筛选，共提交21件提案，其中集体提案13件、个人提案8件。5月，组织部分党员就提案“建议弘扬传统美德，恢复祭孔活动”进行再调研。10月至11月，市委主委参加了由州政协组织的“对我州中小学校舍安全工程建设情况和农村文化建设情况”专题调研和市政协组织的对城市设施、交通、环境卫生工作开展的听证式民主监督。党员大会和支部活动时党员们紧紧围绕本地的经济发展、社会的热点和难点、参政党的作用商讨，积极建言献策。特别关注环保、节能减排问题，向有关部门和单位积极建言献策。(4)岗位建功。年内，民革楚雄市委党员爱岗敬业，多数党员在本单位勇挑重担，工作兢兢业业，任劳任怨，取得了可喜成绩。其中1人获思想宣传工作“先进个人”称号，1人获《团结报》发行“先进个人”称号，受到民革省委的表彰奖励；1人获“农业执法先进个人”称号，受到省农业厅表彰奖励。

［杨增英］

【民盟楚雄市总支】 2009年，民盟楚雄市总支紧紧围绕当地党委、政府中心工作，结合自身实际，不断加强自身建设，积极发挥参政党的作用。经过一年的努力工作，在思想建设、参政议政、组织发展等方面取得了可喜的成绩。（1）思想建设。一是深入开展政治交接主题学习教育活动和深化坚持走中国特色社会主义道路学习教育活动，开展形式多样的纪念活动，丰富学习教育活动的内涵。二是开展了深入学习实践科学发展观活动，并将深入学习实践科学发展观活动与政治交接学习教育活动相结合，与纪念新中国成立60周年、人民政协成立60周年和多党合作制度确立60周年活动相结合，与本职工作相结合，引导广大盟员更加自觉地维护中国共产党的领导，进一步坚定了走中国特色社会主义道路的理想信念，提高了以科学发展观指导参政党建设的能力和水平。三是加强领导班子思想建设。年内共召开了常委会4次，总支委员扩大会6次，全体盟员大会1次，认真组织成员学习中共十七大精神和科学发展观理论。总支领导和专职干部参加了7月13日市农业局组织的调研活动，为今后更关注、关心“三农”问题准备了第一手资料。四是加强对盟员和骨干盟员的学习培训。一年来，有3名盟员2次参加了省委和省社会主义学院组织的各种理论学习和盟员培训班。10月中旬，总支主委参加骨干盟员培训班，赴重庆参观全国民主党派教育基地“特园”，接受革命传统教育。（2）组织建设。年内，发展新盟员1人。至年底，民盟楚雄市总支有成员97人。其中离退休成员53人；高级职称的成员28人，中级职称的成员53人。成员中，省政协委员1名，州政协委员4名（常委1名），市政协委员4名（常委1名）；担任处级领导干部1名，正科级领导干部2名，副科级领导干部1名。担任楚雄市人民陪审员1名。各支部认真开展组织活动。在“三八”节、中秋节、国庆节、重阳节等节日都开展了丰富多彩的庆祝活动。还组织盟员撰写了庆祝新中国成立60周年和人民政协成立60周年征文。（3）参政议政。年内，向州、市政协会议提交书面发言1篇、提案10件。其中集体提案4件、个人提案6件。这些提案得到了有关方面的重视，产生了一定的影响。（4）盟员爱岗敬业，认真做好本职工作。一年来，民盟成员在所在单位发挥骨干作用，爱岗敬业，勤奋工作，在工作岗位上作出了贡献，取得了可喜成绩。一些盟员还在省级或公开刊物上发表了多篇论文，有的论文还获省、州级奖励。

［卢　繁］

【致公党楚雄市支部】　2009年，致公党楚雄市支部团结和带领全体党员紧紧围绕州、市中共党委、政府的中心工作，深入开展学习实践科学发展观活动，认真履行政治协商、民主监督、参政议政职能，一年来参政议政、社会服务工作取得了可喜的成绩。（1）加强思想建设，提高党员政治素质。继续按照致公党中央及云南省委的要求，认真组织学习，深入开展学习实践科学发展观活动。支部委员每月学习一次，各党小组每年组织5次集体学习；积极参加不同层次、不同形式的学习培训活动。通过学习，提高党员作为参政党党员的使命感，对党派的归属感，激发党员对参政议政的热情。（2）加强组织建设，推动致公事业发展。到2009年11月，致公党楚雄市支部共有党员65人，其中有高、中级职称的53人，占85.1%；党员中州政协委员4人、其中常委1人，市政协委员5人、其中常委2人，州人大代表1人，市人大代表1人。年内通过争取，调配了1名党务专干，解决了近2年来专职干部空缺的问题，工作力量得到了充实。（3）积极开展各种活动，扩大自身影响力。一是积极响应中共中央统战部在全国统一战线开展的“我为应对国际金融危机影响献一策”活动，号召致公党党员结合自身实际，反应新情况，探讨新思路，提出新对策，为楚雄市有效应对和化解金融危机影响，保民生、保稳定、保增长献计出力。二是深入乡（镇）基层做好社会服务活动。11月11日，组织近10名党员到楚雄市苍岭镇开展义诊、法律咨询、动物疫病防疫咨询社会服务活动。三是积极参与市委统战部和其他民主党派共商形成的“工作联谊制度”，与其他民主党派协调好关系。四是积极参加市委统战部组织的福建、金门考察学习活动。五是在全体党员中开展了“建国60周年征文”活动，并发动老党员撰写回忆录。（4）努力做好参政议政工作。全年共向州、市“两会”提交提案25件，其中州级集体提案8件，个人提案2件；市级集体提案11件，个人提案4件。这些提案得到了州、市有关部门的重视。

［徐　彦］

【九三学社楚雄市委】　2009年，九三学社楚雄市委围绕楚雄经济社会发展的中心任务，积极参政议政，建言献策，服务社会。经过全体社员的努力，完成了全年的各项工作任务，取得一些新的成果。（1）加强学习，抓好思想政治建设。一是充分利用全委会、社务工作会、参政议政工作研讨会、专题学习会、纪念人民政协成立60周年知识竞赛、征文活动、党外干部培训班以及新社员培训会和各支社组织生活等形式，组织全体成员开展学习讨论、交流思想、情况通报等，不断夯实思想基础，坚定政治信念。年内先后召开了6次市委（扩大）会议，组织领导班子成员及骨干社员深入学习政治理论和政策时事。二是社委领导分别参加了中共楚雄州委统战部组织的相关活动和会议上积极发言，畅谈思想，提出建议和意见。三是开展了深入学习实践科学发展观活动。（2）加强组织建设，努力增强社组织的凝聚力。一是着力抓好班子建设。利用全体委员会议和民主生活会时间，开展学习讨论、信息交流、交心谈心，不断扩大知识面，增进班子成员间的相互了解和沟通，促进了协作与配合。二是着力抓好基层组织建设。各支社开展丰富多彩的活动，增强基层组织生活的趣味性、生动性和实效性，增进支社组织与社员的联系沟通，不断增强基层组织对社员的凝聚力和向心力。三是经积极争取和申请，年内楚雄九三学社已被列入民主党派州级地方组织总体规划。四是积极稳妥地发展新社员。全年共发展新社员5人。年末全社共有社员97人，有基层支社6个。五是坚持看望慰问生病住院和生活上有困难的社员，使社员们能真切感受到组织的温暖和友情。(3)重调研，出精品，不断提高参政议政能力。一是组织社员紧紧围绕中共楚雄州、市党委、政府中心工作，充分发挥人才和智力优势，积极开展调查研究，建言献策，切实履行参政党的职能作用。二是经过精心准备，在州、市“两会”期间，九三学社参会委员提出集体提案5件，个人提案10件，其中1件集体提案、1件个人提案分别被评为优秀提案，受到州政协的表彰奖励。三是积极支持中共楚雄市委统战部与各民主党派组织商定形成的“工作联谊制度”，并参与相关调研活动。同时应对口联系单位楚雄市农业局的邀请，社主委、副主委和秘书长参加了对楚雄市农产品农药超标检测和苍岭镇万亩水稻、大棚蔬菜、花卉种植等情况进行的调研，积极为下年的提案做好基础数据和材料准备。(4)发挥人才优势，进一步做好社会服务工作。一是经多年申请和争取，在九三学社中央及省委有关领导的关心和支持下，促成“九校楚合作”项目于8月15日正式启动。二是响应九三学社中央“关于开展第21届中国国际科学与和平周活动”的号召，11月15日，九三学社楚雄市委组织州中医院部分专家在楚雄市桃源湖畔开展了甲型H_1N_1流感预防宣传、健康咨询、义诊等活动。

[李 辉]

楚雄州工商业联合会（商会）

【非公经济代表人士迎新春座谈会】 2009年1月20日，楚雄州非公有制经济代表人士迎新春座谈会在楚雄召开。州党政领导邓先培、杨红卫、张启俊、耿克明、吴丽华，以及州级有关部门负责人和非公有制经济代表人士80余人出席会议。州委常委、州委统战部部长任锦云主持会议。州委书记邓先培强调，面对新形式、新任务，全州广大非公企业和各位企业家一定要坚定信心、振奋精神，抓住机遇、乘势而上，坚定不移地加快非公经济发展，努力促进全州非公经济又好又快发展。

【工商业联合会（商会）三届三次执委（扩大）会议】 2009年3月10日至11日，楚雄州工商业联合会三届三次执委（扩大）会议在元谋县召开。州政协副主席、州工商联主席吴丽华代表三届常委会作了题为《加强服务，突出维权，促进非公经济平稳较快发展》的工作报告。州工商联全体执委、元谋县党政领导、州工商联各科室负责人90余人参加会议。

【楚雄州工商联获全国“先进单位”称号】 2009年3月18日，在昆明召开的云南省工商联工作会议上，楚雄州工商联荣获“全国工商联系统先进单位”称号和全省工商联系统2008年工作目标责任考评一等奖，受到表彰奖励。

【全州非公经济人士思想政治工作暨“两新”组织党建工作研讨会议】 2009年7月14日，楚雄州非公经济人士思想政治工作暨新经济组织和新社会组织党建工作研讨会在双柏县召开。中共楚雄州委常委、州委统战部部长任锦云，州政协副主席、州工商联主席吴丽华等领导出席会议。州企业工委、州经委、州工商联领导，州工商联执委、全州10县（市）工商联主席、党组书记、专职副主席和双柏县委、政府、人大、政协领导共120余人参加会议。

【第三届优秀中国特色社会主义事业建设者表彰大会】 2009年10月16日，楚雄州第三届优秀中国特色社会主义事业建设者表彰大会在州公务中心召开。省委统战部副部长、省工商联党组书记张功祥，州委副书记、州长杨红卫，州委副书记杨宁，州委常委、州委统战部部长任锦云，州人民政府副州长李家龙，州政协副主席、州工商联主席吴丽华出席会议。杨宁宣读《中共楚雄州委 州人民政府关于表彰楚雄州第三届优秀中国特色社会主义事业建设者的决定》，对丁春新等20名非公有制经济代表人士授予“楚雄州第三届优秀中国特色社会主义事业建设者”荣誉称号。州工商联副主席、楚雄汇通房地产开发有限公司董事长陆学伟荣获“云南省第三届优秀中国特色社会主义事业建设者”荣誉称号。

楚雄州第三届优秀中国特色社会主义事业建设者表彰大会 (州工商联提供)

州工商联、州光彩事业促进会姚安"7·09"地震抗震救灾捐赠仪式 （州工商联提供）

【楚雄州四川商会成立】 2009年10月16日，楚雄州第二家州级异地商会——楚雄州四川商会成立，召开第一次会员大会，举行商会揭牌仪式。中共楚雄州委常委、州委统战部部长任锦云，副州长李家龙，州政协副主席、州工商联主席吴丽华出席成立大会。楚雄州四川商会由在楚雄州从事投资经营的四川籍人士或四川在楚雄的企业法人机构自愿联合组成，属非营利性社会组织。

【工商联会员服务】 2009年，楚雄州工商联充分发挥职能作用，突出服务和维权两个重点，积极帮助民营企业解难疏困。（1）做好融资担保工作，提供资金支持。针对金融危机导致民营企业融资困难，州工商联非公企业贷款担保资金理事会加强与农村信用社的合作，做好贷款担保工作，为76户企业办理担保贷款8897万元，支持民营企业克服困难。帮助民营企业拓展融资渠道，积极探索和推动"集合债券"发行工作，于6月10日组织召开楚雄州"集合债券"发行座谈会，传达、贯彻国家有关政策。（2）做好维权服务工作，为非公经济撑腰打气。充分发挥楚雄州新社会阶层人士统战工作联席会议制度及其"直通车"、州工商联维权委员会的作用，加强与统战、工商、税务、技术监督等部门的沟通协调，积极维护会员合法权益。（3）做好"贷免扶补"及促进就业工作。为做好省工商联安排楚雄州的90名"贷免扶补"工作任务，8月20日前率先在全省工商联系统首家完成90户466万元创业贷款的发放工作。5月15日至19日，州、县（市）工商联与有关部门合作，举办"民营企业招聘周"及专场招聘会，全州263家民营企业提供招聘岗位1725个，达成意向性协议607人。组织工商联干部和民营企业家80多人赴上海、江苏、浙江、湖北、湖南、四川、重庆和云南红河、玉溪学习考察。

【光彩事业】 2009年，楚雄州工商联充分发挥光彩事业在非公经济人士履行责任、致富思源、回报社会中的主渠道作用，通过抓好光彩事业项目的实施，不断扩大光彩事业的社会影响，引导更多非公经济人士积极投身光彩事业。（1）积极做好"7·09"姚安地震抗震救灾和恢复重建工作。地震发生后，发动会员捐款87.34万元，棉被1000床，水泥50吨送往灾区，积极落实援建项目。年内，姚安县左门干海小学教学楼重建、官屯乡巴拉鲊小学道路建设、姚安工商联办公楼修缮等援建项目已经动工。（2）配合省工商联做好"七彩云南"爱心助学活动的实施。对楚雄州2009年度高考文科、理科第一名给予每人每年7000元的奖励，并对3名贫困大学生给予每人每年5000元的资助。（3）落实"5·12"地震捐款援建项目。经过州光彩事业促进会组织捐赠企业代表赴四川实地考察，最终确定将州光彩事业促进会收到的"5·12"地震捐款用于四川省阿坝州金川县安宁中学教学楼主体工程建设，拨付资金100万元，项目正在组织实施。（4）配合省光彩事业促进会、深圳市生命力科技有限公司、云南鸿翔一心堂药业有限公司组织实施"爱与生命一路同行"大型公益活动。（5）做好禄丰县普纳光彩小学、彩云中学、姚安县石河海联小学、永仁县太平地小学等光彩事业项目的建设和扫尾工作。

[王吉永]

（责任编辑：周能汉）

军事

楚雄军分区

【战备训练】 2009年，楚雄军分区修订完善各类战备方案，筹措补充战备物资，适时开展形势战备教育，依托地方通信设施和技术力量建立了军分区应急机动指挥所。组织协调救灾部队圆满完成姚安“7·09”地震应急抢险任务。开展首长机关训练，举办参谋业务技能讲座和培训，锻炼和提高首长机关组织指挥能力，部队和民兵训练整体水平明显提升。3月，组织通信人员进行培训，应急通信保障能力进一步增强。8月，组织全州49名新任职专武干部集训，努力增强胜任本职工作的能力素质。完成3.13万名学生的军训任务和史志鉴的校印成书工作。

【党委班子和干部队伍建设】 2009年，楚雄军分区狠抓党委班子和干部队伍建设，不断提高各级党委班子的核心领导作用，对县（市）人武部党委班子实施调研、讲评和蹲帮，各级党委班子贯彻民主集中制能力进一步增强。以加强人武部主官教育管理为重点，采取军分区党委常委分工挂钩负责与机关对口帮带相结合、集中检查与随机抽查相结合的方法，加强干部教育管控。狠抓党风廉政建设，严肃查处了1名严重经济违纪违规干部，及时挽回了军分区的重大经济损失，部队风气进一步好转。与中共楚雄州委、州人民政府协调，召开驻楚部队干部随军家属就业会，帮助解决干部子女入学入托难题。高度重视转业干部工作，帮助6名转业干部安置就业，妥善解决了1名自主择业干部退档问题。向地方移交4名老干部，年度移交安置率达到100%，为干休所协调经费70万元，进一步改善了老干部生活医疗条件。

【安全管理】 2009年，楚雄军分区把安全管理渗透到军分区建设和各项工作任务的全过程，开展狠刹“五股歪风”专项整治和狠刹“四股歪风”专题教育活动；对全区指挥车辆安装GPS定位系统，增强车辆管理的监控力度；落实营门哨兵警戒执勤规定，完善重点目标监控和防护措施，加强重要目标的警戒和管理；加大警备工作力度，以纠正军人军车违章违纪和“打假”为重点，出动警备官兵168人次，对过往军车和涉入娱乐场所的军人等违纪行为进行纠察，维护了驻军声誉和军人形象。

【国防后备力量建设】 2009年，中共楚雄州委、州人民政府和军分区坚持党管武装，落实议军制度。3月，州委召开议军会议，研究解决全州国防动员和后备力量建设中的重点难点问题。认真贯彻落实《关于加强人武部正规化建设的意见》，狠抓整改落实，组织县（市）人武部主官到大理市人武部参观见学，补助人武部全面建设经费50万元，加大人武部全面建设力度，禄丰、武定2县人武部通过云南省军区全面建设试点达标考核验收。为大姚县红光村协调资金近20万元，帮助群众发展养殖业，解决群众生产生活困难，改善当地小学生学习生活条件。贯彻落实云南省军区《“青年民兵之家”建设方案》，推广南华县“青年民兵之家”示范点建设经验和做法，并在省军区民兵预备役政治工作会议上进行交流。加强民兵信息网络调整布建，充实民兵信息网（站、点）人员机构，进一步理顺民兵信息工作保障、指挥、管理关系。深化征兵接兵办法改革，认真做好征接兵中的纪检工作，面向社会公开征集女兵，完成上级赋予楚雄州的新兵征集任务。

【后勤装备保障能力】 2009年，楚雄军分区认真加强空余房地产管理力度，提高出租效益。完成“8·30”地震灾损营房的恢复建设工作，投入490万元维修机关办公楼、食堂、勤务分队住宿楼、干部住房和干休所营房水电设施，使机关的办公和生活环境得到改善。集中47名后勤人员进行“新六会”培训，提高后勤人员的专业素质和业务能力。加强卫生防疫工作，协调成都军区昆明总医院到军分区为官兵、职工和老干部进行体检，组织注射乙肝疫苗，并为全区官兵、职工及家属共423人注射流感疫苗，军分区未出现甲型流感病例。结合人武部全面建设，开展全区装备仓库正规化建设，对军分区本级仓库进行维修改造。4月，组织全区装备管理人员进行业务知识培训，增强管装爱装意识和提升业务能力。

【新闻宣传】 2009年，楚雄军分区在国家级电视台和广播电台播发消息、简讯9条，省级以上网络媒体刊载文章49篇，省级以上报刊发表文章41篇，姚安“7·09”抗震救灾行动主要事迹被中央电视台、《解放军报》和《战旗报》等多家新闻媒体转载。舆论宣传工作充分发挥了统一思想、凝聚军心和指导部队建设的作用。

【楚雄市人武部抓理论学习】 2009年，楚雄市人武部机关落实军事理论和业务知识学习制度，积极借助全军网络学习平台和地方教育资源，实现军地同堂学习。通过听取讲座、观看媒体辅导、交流学习心得等方式，认真抓好理论学习，不断提高干部职工的科学理论水平和业务知识，干部、职工写作能力明显提高，仅新闻报道一项就分别在《战旗报》等媒体发稿11篇、军分区网站发稿22篇。

【禄丰县人武部建设达标】 2009年，禄丰县人武部被确定为云南省军区第一批全面建设达标试点单位后，人武部党委积极与地方党委、政府协调，争取专项经费重点对“九室两库”及家属楼、办公楼、食堂等进行装修改造，购置党委会议室、电视电话会议室、作战会议室等所需设备，建立健全各类规章制度和各类预案，“战备、训练、工作、生活”四个秩序正规，全面建设上新台阶。4月2日，经省军区工作组进行考核验收，禄丰县人武部被云南省军区确定为第一批达标单位。

【南华县人武部战备和应急抢险】 2009年，南华县人武部修订完善《应付突发事件、反恐怖行动处置预案》、《抢险救灾方案》，落实民兵信息情报网站人员，开展专业技术和素质培训。为龙川镇、沙桥镇、澜沧江啤酒集团楚雄有限公司等3支民兵应急机动分队和南华县民兵森林消防专业分队、民兵应急抢修专业分队、“咪依噜风情谷”女子民兵排、五顶山乡民兵护林防火分队配齐服装及相应的战备器材，并进行快速集结和应急拉动演练。分2批完成200名民兵的集中军事训练，其中训练民兵应急分队94人，步兵分队20人，勤务保障分队86人。对全县1150名新入学学生进行军事训练和国防教育。进入雨季后，由县人武部组织13名专武干部和52名基干民兵，进驻全县境内13处人工增雨防雹作业点，先后作业27次，发射防雹弹药356发，有效消除天气灾害对农作物形成的损失。姚安“7·09”地震发生后，及时收拢民兵应急分队，分3个组到县内受灾地区开展抢险救灾工作。共出动民兵3256人次，拆除危房37间，搭建帐篷122顶，搬运救灾物资33吨。

【永仁县组织民兵军事训练】 2009年，永仁县人武部努力探索新形势下的民兵军事训练方法和路子，采取理论灌输与实际操作、日常管训与考核验收相结合的办法，增加应急救援等新课目，突出抢险救灾和应急维稳重点，由县消防大队、县武警中队、公安局、林业局、民政局、水利局、卫生局、地震局、农业局等部门和单位的专家、老师担任教员，利用20天的时间，圆满完成198人的民兵训练任务，有效提高了民兵在经济发展中当标兵、在文明创建中树形象、在完成急难险重任务中勇打头阵和在维护社会稳定中当卫士的能力。

【姚安县人武部投入抗震救灾】 2009年，姚安“7·09”地震发生后，姚安县人武部立即启动地震应急预案，及时向楚雄军分区报告情况，主动到县抗震救灾指挥部领受任务，迅速组织应急民兵分队第一时间赶到重灾区官屯乡官屯村执行抗震救灾任务，共搜救伤员15人，搭建帐篷617顶，转移受灾群众369人，在废墟中抢出粮食210多吨，排除危房175间，搬运救灾物资370吨。抗震救灾期间，县人武部组织干部职工向灾区群众捐款3300元，组织党员突击队到官屯乡马游水库应急抢险，组织回乡探亲的士兵参加抗震救灾，组织协调救灾部队1758名官兵在姚安县有序开展抗震救灾工作。年内，姚安县人武部被云南省军区表彰为参加和支援西部大开发“先进单位”。

【双柏县人武部开展军训】 2009年，双柏县人武部组织县民兵应急分队100人、全县8个乡（镇）基干民兵500人和大庄镇中学学生1000人，完成了共同条令、射击、战术、警棍盾牌术、应急维稳、抗震救灾、防洪抢险、护林防火、高科技常识、军政理论、农科知识等科目的学习和训练，全面提高了双柏县民兵应急分队遂行抢险救灾、维护社会稳定等任务的能力，军训学生国防意识明显增强。

【元谋县人武部投入地震恢复重建】 2009年，元谋县人武部担负“8·30”地震重灾区姜驿乡那黑沟村25户灾民的永久性住房恢复重建任务。县人武部通过多方协调，帮助那黑沟村争取到统规自建项目，获得相关配套资金38万元；协调规划设计部门科学规划设计，联系地方机械昼夜施工，派出专人帮助购买建筑红砖20万块；人武部干部和职工分批进村入户，帮助群众抢收粮食、拆除危房，搬砖头、运沙石、拌砂浆，为恢复重建出工出力；通过军民共同努力，圆满完成中共元谋县委、县人民政府交给的恢复重建任务，使全体灾民在春节前搬进了新居。

【武定县人武部抗洪抢险和扶贫帮困工作】 2009年7月4日至5日，武定县猫街、高桥等地普降大雨，导致山洪暴发，河水水位上涨，造成1.5万余亩农作物受灾，4家农户7间房屋倒塌，山体滑坡造成3家农户10间房屋受损，6家农户40间房屋进水。灾情发生后，县人武部部长、政委火速带领人武部机关人员赶到救灾第一线指导抗洪抢险工作，配合当地党委、政府及有关部门转移受灾群众1650余人，妥善安置灾民30余户，未造成人员伤亡，圆满完成抗洪救灾任务。年内，武定县人武部从昆明引进技术和开发商，聘请专业老师，对插甸乡老木坝村82名贫困山区少数民族妇女进行手工刺绣培训，把传统的“民族手工刺绣”与现代科技艺术融合，打造现代民族手工刺绣特色产业，走向市场创造经济效益，帮助贫困山区农民脱贫致富。年末，已有100余名农村妇女与昆明上度商贸有限公司签订订单100余份，发展前景良好，受到当地群众的欢迎。

【牟定县人武部参建参治】 2009年，

牟定县人武部在中共牟定县委、县人民政府的领导下，积极参建参治，加大扶贫帮困力度，努力构建军政、军民和谐关系。年内，与县农村信用联社签定军民共建协议，结为军民共建单位；组织县委组织部、县教育局等单位进行军训，与县信用联社、县教育局开展军事日活动；先后组织干部、职工向贫困户和地震灾区捐赠衣被20余套，捐款1.2万余元，到扶贫挂钩点帮助农户栽种烤烟，组织机关全体党员与扶贫点的党员一起过“七一”建党节，有力促进了军政、军民团结，树立了部队良好形象。

【大姚县人武部抗震救灾与扶贫帮困】 2009年，姚安“7·09”地震发生后，大姚县人武部及时组织民兵应急分队42人第一时间进入县内重灾区白鹤村委会，展开抗震救灾。在随后的8天时间里，又先后调集80名民兵应急分队帮助灾区群众搬运救灾物资，搭建救灾帐篷、拆除危房。完成应急抢险任务后，县人武部又挂点夏家坝村委会指导26户重灾户恢复重建。同时组织干部职工和应急民兵共30余人，帮助石羊镇叽腊么村委会叽腊么村民小组3户不通公路的重灾户，搬运恢复重建所需的钢筋、水泥、砖块，为按期完成恢复重建，确保灾民春节前搬进新居打下坚实基础。年内，在楚雄军分区的指导帮助下，筹资10万元帮助大姚县六苴镇红光村委会修复道路、蓄水池，为红光村小学修建师生洗澡间、购置餐桌、餐凳、书包、衣服、被子、床单等生活用品，与红光村委会群众一起栽种军民核桃林300亩，引进优良山羊品种25只，为红光村村民脱贫致富打下良好基础。

［黄飞勇　文金春］

驻楚部队

【77281部队】 2009年，77281部队强化训练，投入抗震救灾及当地共建活动中。（1）强化参谋“六会”、“六能”训练，建立常态化考评机制，完善管理措施，加大人才培养，积极参与上级比武竞赛。在军区组织的“参谋长、参谋比武竞赛”中，刘顺余取得参谋长组全能第一。6月，部队司令部被成都军区评为“先进司令部”。（2）圆满完成姚安“7·09”地震抗震救灾任务。地震发生后，部队紧急出动官兵117人，车辆7台，在第一时间赴姚安县官屯乡执行抗震救灾任务。共抢救人员1名、搭建抗震篷508顶、搬运救灾物资1500余件、清理危房200余间、平整场地7400余平方米、开挖排水沟2000米、排除危情400余处、抢救牲畜30头。（3）积极参与地方经济建设和共建精神文明活动。年内，积极参加楚雄市“创建全国优秀旅游城市”市容市貌整治；与驻地村镇、学校、敬老院等10余家单位签定民族团结、敬老爱老、科技双拥、捐资助学、扶贫帮困和社会主义新农村建设等协议，促进驻地经济、社会全面发展和民族团结和谐进步；举办约300人的“少年军校”，承担楚雄师范学院、楚雄一中等学校4500多人的国防教育训练任务；承办楚雄市委230名领导干部到部队进行为期3天的参观见学；与地方党政机关、少数民族干部开展“国防教育训练日”活动；在国务院第五次全国民族团结进步表彰大会上，部队长苏小林被评为模范个人。

［林俊锋　李俊锋　彭江］

【78355部队】 2009年，78355部队突出部队训练与管理，狠抓部队安全稳定工作，圆满完成上级赋予的各项工作任务，部队全面建设再上新台阶，被上级部门评为“军事训练先进单位”和“基层建设先进单位”。部队全面推行本库研发的《精细化管理标准体系》，并申报军队科技进步三等奖。年内，部队出动官兵20余人次，为禄丰县二中、旧庄中学军训学生600余人；为贫困灾区捐款3000余元，衣物200余件套；为楚雄师院附属小学、旧庄小学等单位捐资3000余元，文教具300余件套。

［杨丰光］

【96221部队】 2009年，96221部队除完成战备训练和教育管理外，视驻地为故乡，积极参加地方“两个文明”建设活动。9月11日，派出100余名官兵参加楚雄市“争创优秀旅游城市”启动仪式，并对楚雄市鹿城北路、南路街道进行卫生清扫和整治。8月24日至31日，组织60余名官兵担任教练员，分别对楚雄民族中学、龙江中学、民族中专3所学校的1100名新生进行军训。同时，积极开展扶贫帮困活动，团以上领导每人对挂钩扶贫点楚雄市鹿城镇中本村委会结对帮扶1名贫困学生。

［李树平］

【96219部队】 2009年，96219部队积极参与地方的两个文明建设。（1）派出部队官兵和医务人员到楚雄敬老院慰问孤寡老人并为他们检查身体、理发、打扫环境卫生。（2）在9月份派出80名官兵到楚雄市区配合地方政府和楚雄市民清理桃园湖淤泥，整治市区环境卫生和市容市貌。（3）组织部队开展扶贫帮困活动，与楚雄市东瓜镇邓官村建立扶贫帮困对子，定期派出官兵到邓官村开展活动，为村民办实事。

［贾雷廷］

【楚雄预备役高炮团】 2009年，云南预备役师楚雄预备役高炮团积极参加抗震救灾和维护社会稳定工作。（1）姚安“7·09”地震发生后，根据楚雄州抗震救灾指挥部的要求，迅速组织30名官兵组成抗震抢险救援分队赶赴南华县沙桥镇新华村委会展开抗震救灾，为灾区搭建防震帐篷100顶，搬运救灾物资20吨。并从逐年节余经费中拿出4万元为群众购买春耕化肥6吨，修建水渠的水泥80吨，用实际行动支援受灾群众重建家园，深受驻地群众好评。（2）积极参加维护社会稳定活动，主动与驻地公安和治安保卫部门建立群防群治网络，建立完善社会治安和重大隐患定期通报制度、军地治安部门定期走访制度。并成立应急战备分队，随时准备应对可能发生的社会突发事件。“两会一节”期间，部队组织185人（次）参加楚雄市区维护社会治安活动，确保节日安全。

[鲁文武]

武警楚雄州支队

【临时勤务】 2009年3月26日至27日，武警楚雄州支队出动100名官兵，圆满完成“中国双柏彝族虎文化节”安全保卫任务。4月22日至24日，出动10名官兵圆满完成“中国·牟定第二届彝族左脚舞文化节”安全保卫任务。6月26日，出动20名官兵圆满完成“6·26”国际禁毒日公开销毁毒品仪式中557千克毒品的途中押运及销毁现场安全保卫任务。7月26日至28日，出动官兵圆满完成中共中央总书记、国家主席、中央军委主席胡锦涛在楚期间的安全警卫任务。8月13日至15日，出动135名官兵，圆满完成“第四届中国彝族文化展演会、第五届云南民族民间文化博览会暨2009年楚雄彝族火把节”安全保卫勤务。9月20日至10月7日，每天出动官兵75人次，与公安部门联合担负楚雄州国庆期间的城市武装巡逻勤务。

【抢险救灾】 2009年，姚安“7·09”地震发生后，武警楚雄州支队官兵连夜赶往地震重灾区姚安县官屯乡开展抢险救灾工作。7月9日至18日，共出动官兵3200人次，车辆90台次，为灾区搭建帐篷696顶，转移受灾群众1758人，拆除危房261间、危墙250米，抢运物资151吨，抢修道路9050米，搬运家具780件，义务巡诊1700人次、治疗220人次、诊治55人次、防疫消毒9100平方米，排除险情7处，捐款8025元。

【思想政治教育】 2009年，武警楚雄州支队深入开展学习实践科学发展观教育、“培育当代革命军人核心价值观、永远做党和人民忠诚卫士”主题教育、“深知兵、真爱兵”教育、“戒骄防满，保持清醒头脑”教育、“坚决抵制不良信息影响和侵蚀，确保官兵政治上坚定和思想道德上纯洁”教育、“双四反”教育、法纪警示教育、时事政策教育、心理健康教育等系列教育活动。教育活动采取网上授课、专题辅导、理论灌输、重点讲解、座谈讨论、读书演讲、诗歌朗诵、心得展评、文艺晚会等形式开展，共编写教案560份，出黑板报220期，召开教育准备会10次。30篇新闻稿件被电视台和报刊采用，1部专题片、10次电视新闻在州（市）电视台播出。教育活动取得明显效果，确保了官兵思想稳定。年内，充分利用电视会议系统为官兵举办了军事、计算机、心理学、甲型H_1N_1流感防控等系列知识讲座。12月，为激发新兵扎根部队、爱警习武热情和鼓励大学生新兵发挥优势为部队建设服务，支队召开了先进典型事迹报告会和大学生新兵座谈会。

【警营文化建设】 2009年，武警楚雄州支队广泛开展以读好书、练书法、学电脑、育骨干、强体魄、添笑语为主要内容的警营文化活动，并鼓励官兵自编自演突出兵味的文艺节目，丰富部队的文化生活。9月29日，支队在教导队礼堂，利用电视会议系统组织官兵开展“迎国庆、讲文明、树新风”演讲比赛，当晚举行了庆祝建国60周年“迎国庆、献使命、铸忠诚”文艺晚会，并利用网络系统向15个基层单位官兵进行现场直播。12月29日，支队举办迎新兵庆元旦警民联欢晚会。

【“双争”活动】 2009年，武警楚雄州支队深入开展“争创先进股（室）”、“争当优秀机关干部”和“争创先进基层单位”、“争当优秀士兵”活动。年内，支队被武警总部评为“连续13年预防事故案件工作先进单位”。被中共云南省委、省人民政府授予“云南省抗震救灾先进集体”。直属大队一、二、三中队和永仁县中队、大姚县中队被总队评为“基层建设先进单位”。直属大队二中队党支部被总队表彰为“先进党支部”。楚雄支队政治委员胡应明被总队表彰为“参加和支援西部大开发先进个人”。直属大队二中队中队长曹礼被总队表彰为“优秀基层党支部书”。警通中队司务长高光禄被总队表彰为“优秀共产党员”、“优秀司务长”。28名官兵被总队、支队记三等功，32名干部受支队嘉奖，161名战士被支队评为“优秀士兵”。

【军事业务训练】 2009年，武警楚雄州支队先后组织新大纲教员集训、勤训轮换、预提指挥士官集训，通过严抠细训，规范统一动作，使干部骨干的带兵组训方法能力有了明显提高。支队反恐分队在武警云南总队反恐比武中取得团体总分第二名的优异成绩；在年终总队检查考核中，首长机关、三中队、南华县中队、警通勤务汽车中队取得了总评优秀的好成绩，受到了总队领导的表扬和肯定。

【紧急拉动演练】 2009年3月6日，武警楚雄州支队从可能担负的任务出发，按照拟定的方（预）案，以遂行扑救森林火灾为背景，对下达预先号令、召开作战会议、人员集结、组织登车、机动开进等内容进行演练。5月27日，支队组织首长机关带驻训队官兵进行了以处置群体性事件为背景的战备拉动演练。9月17日，支队维稳部队以远程机动为背景，从实战入手进行了紧急拉动演练。

【枪弹安全检查】 2009年12月17日至23日，武警楚雄州支队成立以政委胡应明为组长的枪弹安全检查领导小组，按照总队《关于切实加强枪弹安全管理工作的通知》要求，派出工作组对所属中队枪弹安全管理情况进行了一次全面检查。对发现的问题现场及时进行纠正，对互管互控系统进行检修，对有故障的系统进行了维修，确保枪弹静态管理目标实现。

[田　刚]

楚雄州公安消防支队

【大练兵和灭火救援】 2009年，楚雄州公安消防支队着力构建“训练有素、装备精良、准备充分、反应快速、指挥有序、战斗力强”的灭火救援体系，努力提升部队灭火救援能力。(1) 开展全员岗位大练兵，并在10月下旬举办全州消防部队大比武竞赛活动；特勤中队被总队评为“2009年执勤岗位练兵先进单位”。(2) 经积极请示汇报，楚雄州人民政府决定以全州消防部队为依托，成立楚雄州抢险救援中心。(3) 圆满完成高层、地下建筑和公众聚集场所灭火救援准备工作。对全州67栋高层建筑、24个地下建筑和611家公众聚集场所，认真开展“六熟悉”、修订灭火作战预案和实装、实地、实战演练，并以优异的成绩接受总队和部消防局督察组检查验收。(4) 圆满完成各类灭火救援任务。年内，全州消防部队共接警出动238次。其中扑救火灾126起，抢险救援112起，出动警力2338人次，出动车辆417辆次，抢救人员98余人，疏散人员329人，抢救财产价值801.9万元。圆满完成州庆、火把节、胡锦涛总书记视察楚雄期间和新中国成立60周年国庆节消防安全保卫任务。

【抗震救灾】 2009年，姚安“7·09”地震发生后，楚雄州公安消防支队地震应急救援队历时8天8夜，转战姚安县官屯乡官屯、黄泥塘2个村委会15个村民小组开展抗震救灾工作，共疏散转移受灾群众1577人，搭建帐篷234顶，清理危房636间7530平方米，清除危爆物品炸药、雷管共14颗，搬运大米1.12万千克，转移灾民生产生活用品1.05万件，抢救家禽和牲畜1157头，清理灾区公路沿途障碍物3千米，开展震区防火巡查110次327人次，发现并清除火灾隐患147条，发放消防宣传资料1.58万余份，抢修灾民安置点水、电路8处，圆满完成抗震救灾任务。

【警营文化建设】 2009年，楚雄州公安消防支队制作《彝州消防卫士乐章》，创作《彝州消防卫士之歌》、《爱我消防之歌》并在部队广为传唱；官兵自编自演的《彝州消防卫士》舞蹈先后参加州公安局举办的“迎新春文艺晚会”，州委、州政府举办的“感动彝州十大人物”颁奖晚会、省公安厅举办的“庆祝建国60周年文艺晚会”和省政府举办的“云南省直属机关庆祝建国60周年行业文艺晚会”，获得高度赞扬和好评。同时，支队进一步打造“亲民消防”良好形象，组织开展“情系地震灾区”、“春蕾计划”和“献爱心、送温暖”捐款捐物活动，共向灾区群众捐款5万余元、捐物200多件。一年来，为群众取钥匙29次，掏马蜂窝25个，冲洗街道73次，义务植树3190株，参加公益性建设20项，抗旱保苗送水1210车；向希望工程捐款3万元，资助困难学生4人，救灾捐款2.5万元、捐物234件，为人民群众做好事553件。

【争先创优】 2009年，楚雄州公安消防支队深入开展以“争建优秀警种、争创优秀警队、争当优秀官兵”为主要内容的“三争优”和“红盾星级”评比活动，深化“青年文明号”创建活动。年内，禄丰大队、牟定大队被命名为省级“青年文明号”；双柏大队被继续认定为2008年度省级“青年文明号”；武定大队连续3年被授予省级“青年文明号”。禄丰大队、楚雄市大队、特勤中队被省消防总队评为“三基”工程建设先进大队、中队。5名官兵被省消防总队评为“三基”工程建设先进个人。支队被州委、州人民政府评为“2006~2008年度社会扶贫先进集体”。支队先后有2人荣立二等功、19人荣立三等功，84人受到嘉奖。南华县大队大队长郑继聪被评为“感动彝州十大人物”、“楚雄州十大杰出青年”。

【消防部队正规化管理】 2009年，楚雄州公安消防支队通过开展经常性的法纪教育、警示教育和网络安全教育，认真抓好《公安机关领导干部五个严禁》、《云南省公安机关六条警规》和全州公安机关“关于加强党风廉政建设十项要求”的贯彻落实，坚持“8432”安全防事故工作机制，严格按照条令条例和支队党委的“三个决定”规范部队“四个秩序”，真正做到部队按条令条例运转，机关按条令条例指导，干部按条令条例带兵，官兵按条令条例作为，实现了零事故、零案件的目标。

【社会化消防】 2009年，楚雄州社会化消防工作实现新突破。(1) 政府对消防工作的重视程度明显增强。州党政领导多次到支队调研、检查、指导工作，并现场办公解决消防发展难题，州人大常委会把《消防法》的贯彻执行情况列入2009年执法专项检查。(2) 加大消防行政执法力度。全年共审核建筑工程151个，验收工程52个，下发《消防安全检查意见书》144份，调查处理火灾事故79起。(3) 对全州16家重大火灾隐患单位进行政府挂牌督办，已全部整改完毕并销案，整改完成率达100%。(4) 全州累计投入225万元建设了1082支志愿消防队，实现了“村村消防队”的目标。(5) 大力开展农村房屋财产火灾保险工作和公众集聚场所、易燃易爆场所火灾公众责任保险入保工作，全州农村火灾保险率达93%，火灾公众责任保险单位投保数达308家，保费7.36万元。(6) 深入推进新《消防法》的学习宣传和贯彻落实，制定《消防法》实施的工作制度和措施，完善消防行政执法联合监管机制。

【后勤保障建设】 2009年，楚雄州公安消防支队坚持以经费保障、资产管理、基层基础设施建设、从优待警为重点，大力提升部队的后勤保障能力。(1) 经费保障取得重大突破。支队机关共争取消防业务经费587.37万元，比上年增加191.67万元，增幅达48%；基层大队共落实业务经费585.39余万元，10个大队业务经费全部达到《云南省县级消防部队消防业务经费保障标准》。（2）消防站点建设取得重大突破。投资481万元的永仁消防大队三通一平工作已进入招标阶段，元谋消防大队新营房进入立项阶段，双柏县人民政府初步同意对原有营房进行改造，增设现役中队，全州10个大队圆满完成视频会议系统升级任务。（3）消防装备建设取得重大突破。投入200万元新购防化洗消车1辆，年内已进入招投标阶段；新购消防执法监督车4辆，新增器材1230件（套），新购灭火药剂12吨。（4）充分发挥战勤保障应急分队作用，年内共维修车辆300余辆次，维修装备2800余件，共计节约经费近50余万元；所有执勤中队按编制配齐消防员基本防护装备。（5）从优待警取得重大突破。补助基层各种经费达30万元，为全州消防官兵购买了人身意外伤害保险；为基层中队干部和士官每人每月发放100元和50元安全无事故（案件）奖金；由支队出资为基层各大、中队培训33名汽车驾驶员，支队党委年初承诺的“八件实事”全部兑现。

【消防宣传】 2009年，楚雄州公安消防支队以深入推进《消防法》宣传贯彻为主线，以春节、州庆、火把节、新中国成立60周年等重大节日宣传和日常教育培训为契机，先后开展“村官进红门”、“企业家学消防”、“消防站对外开放”等活动，全州消防宣传“五进”工作稳步推进。年内，全州10县（市）消防部门组织消防安全培训近121期，张贴、悬挂消防宣传标语8000余条，在各类场合展出消防安全展板3984块，发放消防宣传资料近5万份，接受教育人数达10万余人。在中央、省级、州级媒体播出、刊发稿件300余条，全州消防部队赴姚安抗震救灾事迹先后在中央电视台新闻联播、朝闻天下、新闻30分等栏目播出，在社会上引起强烈反响，全州消防部队形象再次得到提升。

［王　凯］

人民防空

【人防工程建设】 2009年1月至11月30日，楚雄州共审批人防工程建设项目7项，审批建设面积1.16万平方米。审查批准的7项人防工程已全部开工建设，年内竣工面积达1.37万平方米。共依法审批人防易地建设项目258件，依法缴入财政易地建设费专户资金597万元。按照建设项目管理的有关规定，会同施工单位和监理单位及时编制完成工程竣工结算资料，并按照有关规定报送州审计局进行审计。经审计，观音阁地下防空工程审定投资951.22万元。已完成工程追加资金的落实和观音阁地下人防工程对外租赁经营，已正常运营发挥效益。继续抓好对指挥所的维护管理工作，不断完善维护检查的记录、备案制度。年内，投入60余万元对指挥所口部管理房进行改造建设。通过逐年的更新改造，指挥所功能不断完备，随时保持良好的战备状态。

【编制《楚雄市人防建设专业规划》】 2009年，楚雄州人民防空办公室投入50万元，委托昆明市人防建筑设计院编制楚雄市人防建设专业规划。7月31日，楚雄州人民政府组织对规划初审稿进行评审，按照初步评审的意见和建议，州人防办会同设计单位对规划进行完善设计。12月17日，州人民政府组织相关部门和单位对规划进行终评审，通过评审完善，已完成楚雄市人防建设专业规划编制的全部工作。

【人防信息系统建设】 2009年，楚雄州人民防空办公室加强人防指挥通信、警报网、人防信息系统建设。（1）投入200万元完成了楚雄州人防信息系统建设。在建设过程中，严格按程序经州人民政府、军分区、州保密局批准，实行内部邀标，严格施工监督管理、调试、集成和竣工验收。年内，信息系统运转良好。（2）进行设备检测和维护，增加了防空警报器。（3）安装防空警报防雷网，保障了指挥和警报网络的安全畅通。

【人防宣传教育】 2009年，楚雄州人民防空办公室加强人防宣传教育工作。（1）继续抓好人防知识进校园活动，全州各县（市）城区初级中学已经全部开展人防知识宣传教育。（2）积极向新闻媒体协调，提供资料，利用媒体及时宣传《人民防空法》和楚雄州人防建设的新成就、新动态。全年共上报信息18篇，在省级刊物上发表11篇，在州级刊物上发表7篇，采用图片2张，编发《彝州人防信息》19期。（3）为州级五班子领导及相关部门和各县（市）五班子领导、人防办征订赠阅《中国人民防空》杂志86份。（4）各县（市）结合当地实际，充分利用民族节日、集市等，向广大群众发放人防知识宣传资料，适时开展宣传教育，收到良好的社会效果。8月，楚雄州人防宣传教育经验在全省人防宣传会议上作了交流。

［张凌梅］

（责任编辑：王艳萍）

法 制

政法委员会

【全州综治维稳护路工作会议】 2009年2月24日，中共楚雄州委常委、州委政法委书记、州综治维稳委主任王兴明主持召开全州综治维稳护路工作会议。涉路7县（市）铁路护路联防领导小组组长、综治办主任、州铁路护路联防领导小组成员参加会议。州人民政府副州长、州综治维稳委副主任、州铁路护路联防领导小组组长法玉宾作工作报告。会议对全州2009年综治、维稳、平安建设、执法监督、护路业务工作进行安排部署，兑现了2008年度县（市）履行铁路护路联防承包责任制达标奖励，对“平安铁路示范路段”进行表彰奖励。法玉宾代表州铁路护路联防领导小组与涉路7县（市）续签了《2009年度楚雄州县（市）铁路护路联防承包责任书》。

【综治维稳宣传月启动】 2009年3月1日，楚雄州“综治维稳宣传月”活动启动仪式在楚雄市桃源湖文化广场隆重举行。州委常委、州委政法委书记、州综治维稳委主任王兴明作动员讲话。州委政法委、州委宣传部、州文化局、楚雄市有关领导，州、市政法委全体干部，州、市政法各部门干警，州、市教育局、安监局、文化局、森林公安局、铁路护路办等27个单位和部门共300余人参加启动仪式。

【专题新闻发布会】 2009年5月25日，中共楚雄州委、州人民政府召开新闻发布会，州党政领导杨红卫、王兴明、江正荣、吴丽华和州综治维稳委成员单位领导出席会议。新华社云南分社、云南网等33家新闻媒体的35名记者参加新闻发布会。州委副书记、州长杨红卫代表州委、州人民政府作新闻发布：2009年5月18日，中央综治委、中央组织部、国家人力资源和社会保障部在人民大会堂召开全国社会治安综合治理表彰大会，对2005年以来社会治安综合治理工作中成绩突出的先进集体和先进个人进行隆重表彰。楚雄州从1997年至2008年，连续12年三届蝉联“全国社会治安综合治理优秀地市”，在表彰大会上荣获全国社会治安综合治理工作最高荣誉奖——“长安杯”；楚雄州综治工作责任人州委书记邓先培、州长杨红卫、州人大常委会主任卢显林（原州综治委主任、州委政法委书记）、州综治办主任周红华4位同志受到中央综治委、中央组织部的嘉奖。

【全省政法综治维稳先进事迹巡回报告团赴楚演讲】 2009年7月9日，云南省政法综治维稳先进事迹报告团到楚雄州作专题演讲报告。州人民政府副州长法玉宾、州政协副主席吴丽华出席报告会。州级政法各部门干警、州公安消防支队、武警楚雄支队部分官兵共800余人参加报告会。报告会上，武警云南边防总队普洱边防支队勐马边防派出所教导员朱绍平等10名报告团成员作了演讲。报告团成员、楚雄州检察院政治部主任罗云波以题为《平安创建常抓不懈，综治维稳长治久安》的报告讲述了楚雄州政法、综治、维稳工作取得的辉煌业绩。

【综治维稳委信息“零报告”制度】 2009年9月20日起，楚雄州综治维稳委对各地的维稳信息实行“零报告”制度。要求各县（市）综治维稳委明确分管领导，落实专人，对维稳信息进行收集、综合、分析，于当日下午5时以前报州维稳办，重大信息及时报送，未影响社会稳定的重要信息也必须电话报告。

【巡视督查组赴楚巡视指导“国庆”安保工作】 2009年9月3日至5日，由云南省政法委、综治维稳巡视督查员、省司法厅巡视员陈德岁为组长的省委政法委、省综治维稳委第十巡视督查组到楚雄州牟定县、楚雄市，实地察看基层“国庆”安保工作情况，并听取全州工作汇报。巡视督查组对楚雄州“国庆”安保工作取得的成效给予充分的肯定。

【全州政法综治维稳工作座谈会】 2009年12月1日，楚雄州委政法委召开全州政法、综治、维稳工作座谈会，总结2009年全州政法、综治和维护社会稳定工作，分析研究存在的问题，安排部署2010年工作。州党政领导王兴明、江正荣、吴丽华出席会议，10县（市）委政法委书记、州级政法部门主要领导和州委政法委机关各室、部、科负责人参加会议。各县（市）汇报相关工作、州级政法各部门作交流发言，州委常委、州委政法委书记王兴明对做好下步工作提出明确要求。

【“平安楚雄”建设】 截至2009年末，楚雄州共创评“平安家庭”59.37万户，占总户数的93%；创建“平安村民小组”1.39万个，占93.8%；创建“平安村（居）委会”1043个，占95.4%；创建“平安乡（镇）”98个，占

95.1%；创建州级“平安县（市）”10个，占100%；创建州级“先进平安县（市）”3个，占30%；创建省级“平安县（市）”9个，占90%；创建省级“先进平安县（市）”2个，创建面达20%；创建“平安单位”1148个，占总数的98.6%；创建“平安校园”510个，占99.6%；规模企业创建“平安企业”684个，占96.6%；创建“平安社区”47个，达100%；创建省、州级“平安通道”6条，达100%；创建国家、省级“平安铁路”3条，达100%。

【执法监督工作】 2009年，楚雄州委政法委组织全州各县（市）和州级政法各部门认真开展涉法涉诉、重信重访案件大排查行动，共排查出重信重访案件45件。对中央和省委政法委交办的41件案件进行集中交办。通过认真开展案件复查、落实领导包案责任，多措并举，中央政法委交办的3件涉法涉诉案件在“国庆”节前已向省级政法部门报送终结；省交办的38件案件中，已息诉4件，已由省级政法部门审批终结1件。州委政法委受理信访案件85件，接待来信来访188人（次），其中书记、副书记共接访、下访群众42人（次），督促相关部门对信访人答复85件（次）。上级批办信访案件16件，有12件已经落实到位。开展集中清理执行积案专项活动，共清理排查出5028件执行积案，已全部执行完毕。

［永社明］

公　安

【打击刑事犯罪】 2009年，楚雄州公安机关共立各类刑事案件5069起，破获3675起，抓获各类犯罪嫌疑人2545名，摧毁恶势力犯罪团伙4个，综合破案率72.5%，与上年相比，破案绝对数、破案率分别提高了7.24和0.09个百分点。立八类命案73起，破67起，破案率为91.78%，有6个县实现了命案全破，先后成功破获了楚雄市“2·14”入室抢劫杀人案、武定县“6·14”抢劫出租车杀人案、姚安县“10·04”杀人碎尸案等一批在社会上造成恶劣影响的“命案”。立盗窃案件2893起，破1732起，破案率为59.87%，立两抢案件417起，破349起，破案率为83.69%。

【打击经济犯罪】 2009年，楚雄州公安机关认真组织开展“风暴10号－12号”涉烟打假打私专项斗争，开展打击传销百日联合行动、防范和打击非法集资犯罪、发票犯罪专项行动和“端点”集中行动、“09行动”等一系列专项斗争，大力整顿和规范市场经济秩序。全年共立经济犯罪案件141起，破124起，抓获犯罪嫌疑人201名，挽回经济损失1562.46万元，与上年同期相比，立案数、破案数和抓获数分别下降23.37%、30.34%和43.86%。先后成功侦破牟定兴宏选矿有限公司涉嫌偷税案，涉案金额681.59万元，抓获犯罪嫌疑人2人，追缴税款502.99万元；破获贵州籍女子司某持有假币案，缴获假人民币1.76万张，合计35.18万元；破获吴某某等人传销案，抓获犯罪嫌疑人5名，捣毁传销窝点1个，缴获涉案资金47.4万余元。

【禁毒工作】 2009年，楚雄州公安机关坚持不懈地开展新一轮禁毒人民战争，深入开展“09—1”南线扫毒行动，进一步消除毒品对社会的危害。（1）深入开展禁毒宣传和毒品预防教育，利用“6·26”国际禁毒宣传日、“禁毒和防治艾滋病宣传周”等活动载体，集中开展声势浩大的禁毒宣传活动，共展出禁毒展版360块，设立禁毒咨询点10个，发放禁毒宣传资料14万余份。州禁毒委员会于“6·26”国际禁毒日在州体育馆前举行公开销毁毒品仪式，销毁毒品504千克。（2）进一步强化禁吸戒毒工作，全年共收戒吸毒人员471人。（3）双柏、南华、武定、永仁、牟定5县认真开展巩固“无毒县”工作，禄丰、大姚2县积极争创“无毒先进县”。（4）切实加强易制毒化学品和精神、麻醉药品管理。联合卫生、文化、工商等部门，加强对歌舞娱乐场所的检查，严查严管，全力预防新型毒品。（5）加强毒品犯罪案件的侦破，严厉打击毒品犯罪活动。共破获毒品案件182起，同比上升26.39%；缴获毒品97.61千克，同比下降2.59%；抓获犯罪嫌疑人217名，同比上升38.22%；缴获毒资97.8万元，同比上升204.39%。

【治安整治专项行动】 2009年，楚雄州公安机关为确保新中国成立60周年庆典等重大活动期间全州社会治安秩序平稳，组织开展了4次大规模的社会治安集中整治专项行动，并取得突出成效。（1）加强对重点人口、流动人口的管理。共排查列管重点人口41人，管控高危人员289人。（2）加强对旅店业、出租房、娱乐场所、车站等场所的治安管理，强化阵地控制。（3）开展内部单位安全大检查，落实安全保卫措施。共检查内部单位、要害部位1079个（处），排查整改治安隐患261起。（4）开展“扫黄打非”专项行动，净化社会环境。共出动警力1705人次，检查各种公共娱乐场所262家、音像制品店601家、旅店821家、印刷业63家、出版物批发零售点531个；共查处卖淫嫖娼案件146起292人，收缴非法出版书刊2433册，淫秽色情光盘378碟，盗版光盘4125碟。（5）加强刑事案件侦破和治安案件查处。共破获各类刑事案件995件，抓获犯罪嫌疑人663人，捣毁犯罪团伙57个，缴获财物价值89.39万元；查处治安案件1710件，查处违法人员4657人，捣毁违法窝点31个。

【危险物品管理】 2009年，楚雄州公安机关进一步加强危险物品管理。（1）深入开展“治爆缉枪”专项行动，重点加强对民爆器材使用环节监督管理，防止流失和爆炸等事故发生。共收缴炸药99千克、雷管596枚、导火（爆）索374米、黑火药28千克、各类民用枪支84支、枪弹6151发，查处涉枪（爆）案件76起82人。（2）深入开展安全隐患大排查和大整治工作。共检查公务用枪单位64个、民爆使用单位455个、烟花爆竹经营（批发）企业224家，剧毒化学品使用单位43个，发现隐患266起，督促整改落实266起，签订安全排查责任书1115份、安全管理责任书2259份。(3) 加大监督检查力度。多次深入涉及元双公路的元谋、楚雄、牟定、双柏4县（市）内的18个标段，对公路建设中民用爆炸物品的购买、运输、储存、使用等安全管理情况进行实地检查和调研，采取有效措施，切实加强对民用爆炸物品的监管。

【社会治安防控体系建设】 2009年，楚雄州公安机关积极构建社区治安防控网、街面治安防控网、行业场所治安防控网、内部单位治安防控网和动态社会治安防控网，切实增强了公安警务工作效能。不断深化社区和农村警务体制改革，建成标准化警务室103个（社区警务室42个，农村警务室61个），派驻民警214名，把治安管控的触角延伸到第一线，最大限度地挤压犯罪空间。大力加强治保会建设，全州现有治保会1526个、治保小组1.03万个，共有成员1.24万名，协助公安机关破获各类案件208起，调解各类纠纷2240起，提供犯罪线索262条，抓获各类违法犯罪人员91名，帮教各类违法人员877名，缴获赃款赃物折价6.24万元。

【公安“三项建设”】 2009年，楚雄州公安“三项建设”有序推进。(1) 加强公安信息化建设。在州委、州人民政府的重视和支持下，完成了前科人员DNA数据库、监管场所监控系统、全州人口系统存储设备升级改造、州公安局视频会议室改造、州公安局公共涉密机房改造、公安信息四级网络改造、城市进出路口高清视频抓拍车辆系统等建设任务，指纹系统二期工程、行动技术涉密网络等相关工程建设正在加紧推进。狠抓信息化自动预警和落地查处工作，全州年内共签收处置信息化自动预警情报信息6422条，签收率和核实率达100%。预警信息发布后，共抓获在逃人员179名（其中命案逃犯7名），查获吸毒人员352名，发现涉嫌制贩毒人员91名。(2) 加强公安执法规范化建设。全州公安机关以全面提高执法能力和执法公信力为目标，以严格、公正、文明、理性执法为主题，规范执法程序，完善执法机制，强化执法监督。年内，全州公安机关未发生行政诉讼、国家赔偿案件，未发生被检察机关通知立案、增捕、增诉的情况，未发生被告人被人民法院判决无罪的情况。同时，全州法制部门严格信访案卷考评，以开展集中排查化解重信重访案件专项行动为契机，适时抽调公安信访业务骨干到县（市）指导和督查工作。落实每月4次的局长接待日制度，进一步建立信访工作长效机制，全力化解社会矛盾。全年，公安法制部门共处理来信90件，接待来访28次，已办结109件，办结率为92.4%，公安机关的执法办案水平和执法公信力进一步提升。(3) 加强和谐警民关系建设。深入开展群众工作大练兵活动和“大走访”爱民实践活动，认真实施“五小工程”（办好小案件、做好小事情、调解好小纠纷、整治好小隐患、实施好小帮扶），进一步密切了警民之间的血肉联系。年内，全州各级公安机关领导班子共走访群众4620人次，民警走访5.37万人次，征求意见建议5870条，集中帮助困难企业857家，困难群众6636人，解决信访问题241起，人民群众的安全感和满意度进一步提升。在公众安全感满意度测评中，楚雄州满意率居全省第二位。全州公安机关对涉及恶性案件、重大灾害事故和突发事件的警务活动，及时表明态度，及时准确发布信息，正面引导舆论，不断增强了公安工作的透明度，满足了群众的知情权。年内，全州未发生影响重大的涉警舆论炒作事件，树立了公安机关的良好形象。

【出入境管理】 2009年，楚雄州出入境管理部门共受理审批公民出境申请6605人，其中出国2006人，赴港澳台4493人，办理台湾居民签注15人，居留签注14人，其他证件类104人，登记管理境外人员临时住宿登记794人；完成了对国家特定岗位人员报备系统数据库清理更新工作，共更新数据2166条；共查处非法入境、非法居留、非法就业“三非”外国人29起42人。

【监所管理】 2009年，楚雄州公安机关认真贯彻公安部、省公安厅监管工作会议精神，全面加强监管工作。(1) 深刻反思大姚县看守所“5·09”在押人员脱逃事故，深入查找存在问题和薄弱环节，从建立健全监管工作机制、人力、物力、财力等方面全面加强监管工作。(2) 加强州、县（市）看守所班子及队伍建设，对全州看守所领导班子进行全面考核。(3) 组织4批12个检查督导考核组深入全州10县（市），采取立查立纠立改的方式方法，对11个看守所和10个拘留所进行了检查督导。(4) 深入开展打击“牢头狱霸”专项整治行动，全面整治监所秩序，及时排查事故隐患，最大限度地防止了重大责任事故的发生。(5) 积极开辟侦查破案“第二战场”，充分发挥深挖犯罪职能作用，全州看守所共获取犯罪线索527条，破获刑事案件286件，占全州破案数的11.6%，抓获各类犯罪嫌疑人46名，缴获赃款赃物折款9万余元。

【安全保卫】 2009年，楚雄州公安机关共完成胡锦涛总书记、回良玉副总理等领导视察楚雄，“推动云南生物产业发展——百名留学博士云南行”，国务院工作组赴姚安地震灾区视察，全国烟叶收购暨现代烟草农业试点现场会等40余起警卫、保卫任务。连续3年实现了“确保安全、万无一失”的工作目标。

【公安法制建设】 2009年，楚雄州公安机关以“规范执法，促进和谐”为总要求，大力加强执法规范化建设。(1) 以“三考”为契机，以考促学，以学促用，稳步推进执法规范化建设。全年共举办培训班21期，参训民警达4000余人（次），共举行法律业务知识考试50

余场次。(2)认真开展案件审核工作。全州公安法制部门共审核各类案件7417件(人),其中审核治安(行政)案件3140件(人),审核刑事案件1413件(人),审核提请逮捕1012件(人)。及时通知办案部门限期整改审核过程中发现的执法问题330个,收到了良好效果。(3)按照"合法、及时、公正、便民"的原则,认真办理行政复议案件。共办理行政复议案件12起,依法办结12起,并大胆尝试行政复议和解调解制度,和解行政复议案件1起。(4)认真抓好信访问题源头预防工作,全力排除化解矛盾纠纷。共处理来信90件,接待来访28次,已经办结109件(次),办结率为92.4%,办理网上信访13件,复查信访案件5件。

【应急抢险救援】 2009年,楚雄州公安局为全力维护全州社会政治稳定和治安稳定,制定了《楚雄州公安局应急处突抢险救援工作规范》和《楚雄州公安机关处置甲型H_1N_1流感应急预案》。姚安"7·09"地震发生后,全州公安机关紧急行动,出动警力2000余人次,武警官兵1800余人次,圆满完成了各项抗震救灾任务。

[赵有能]

检　察

【侦查监督】 2009年,楚雄州检察机关共受理各类批捕案件858件1430人,经审查后批准和决定逮捕732件1197人,不捕123件227人。办理复议复核案件7件10人,维持原决定6件9人,改变原决定1件1人。受理立案监督案件88件,立案监督成案数80件。介入侦查参加现场勘察27件41人,参与重大案件讨论91件196人,办理批准延长侦查羁押期限80人,追捕2件4人。7月1日,云南省检察机关省级以下(不含省级)人民检察院职务犯罪案件审查逮捕权上提一级正式实施,已按程序审查决定逮捕禄丰县检察院提请的赵某某挪用公款案和审查本院向省院提请决定逮捕的刘某某滥用职权一案,并按照程序向省院侦查监督处提出了审查建议。

【公诉工作】 2009年,楚雄州检察机关共受理移送审查起诉1246件2090人。经审查,提起公诉1041件1734人,纠正漏起诉8人;退回补充侦查228件581人;不起诉23件52人。全州检察机关公诉部门共出席法庭728件,提出抗诉案件9件,法院审结8件,采纳抗诉意见8件,抗诉意见采纳率100%(含上年未审结案件采纳抗诉意见1件)。全州公诉案件质量8项考评指标全部达标。州检察院公诉处办理的夏绪兴和杨庆东恶势力团伙犯罪案件,经认真审查证据提起公诉后,两个恶势力团伙主犯被依法判处死刑,其余被告人被判处无期徒刑或十五年及以下有期徒刑。

【反贪污贿赂】 2009年,楚雄州检察机关共受理贪污贿赂等经济犯罪案件线索122件,初查123件,决定立案侦查97件99人。其中立办5万元至不满10万元的案件28件,10万元至不满50万元的案件35件,50万元至不满100万元的案件3件,100万元至不满500万元的案件3件。大案66件68人,要案3件3人。所立案件的性质为:贪污案21件21人;贿赂案64件64人(受贿51件51人,行贿13件13人);挪用公款案12件14人。共侦查终结贪污贿赂案件94件96人,移送起诉93件95人,撤销案件1件1人。通过办案,为国家挽回经济损失723.88万元。全州反贪部门立案数居全省第二位。年内,州院反贪局将农村医疗卫生系统和土地规划建设领域作为重点对象,共查办商业贿赂案件62件62人,立办医疗卫生及扶贫惠农资金发放管理领域涉农职务犯罪案件31件32人,查办工程建设领域职务犯罪案件23件23人。反贪工作在全省检察机关绩效考核中名列第3位。

【反渎职侵权】 2009年,楚雄州检察机关共受理各类渎职侵权案件线索30件,初查30件,初查率为100%。立案侦查16件16人,其中特大案件4件4人,立办案件数创1997年《刑法》修正以来最高历史记录。年内,所立办案件涉及新领域、新罪名较多,且特大案件多,多种罪名交织。所立办案件性质为:玩忽职守罪12件;滥用职权罪1件;徇私舞弊不移交刑事案件罪1件;故意泄露国家秘密罪1件;失职致使在押人员脱逃罪1件。侦查终结率100%,移送审查起诉16件16人,其中作有罪判决13件14人。

【监所检察】 2009年,楚雄州检察机关共检察入所1996人,检察出所1899人,检察留所服刑罪犯92人。参与清监,进行安全防范、生活卫生检察160次,找在押人员谈话1524次,上法制课对在押人员进行思想教育93次,接待在押人员家属132次,对在押人员健康档案及体表检查1466人,提出口头检察建议71次,书面检察建议5次。通过检察,被羁押人员出入所程序合法、手续完备,未发现违法问题和安全事故。驻监狱检察室共检察入监440人,检察出监506人,到监区及罪犯劳动工地检察监管活动及安全防范情况119次,检察禁闭21次。提出口头检察建议9条,监狱已采纳并进行了整改。列席监狱减刑、假释、保外就医评审会9次,检察监狱呈报减刑1376人、假释28人、检察保外就医98人,提出口头检察建议3条,被监狱采纳2条。全年共提出口头建议59条,避免了3起可能发生在监管场所内的罪犯死亡事件,保障了服刑罪犯的合法权益。3月10日,省检察院监所处检察官首次出庭云南省高级法院在楚雄监狱召开的减刑听证会,当庭提出了检察意见并被省高院采纳,减刑幅度过大的问题在当庭裁判中得到纠正。

【民事行政检察】 2009年,楚雄州检察机关共受理各类申诉案件203件,立案189件。其中受理民事行政申诉类案件74件,立案审查70件,已结77件(含旧存6件);受理非抗诉类案件126

件，立案审查119件，已结126件。县（市）院建议提请抗诉19件，提请抗诉10件；州院提请省院抗诉17件，已有14件获省院支持；向楚雄州中级人民法院提出抗诉7件，有2件获中级法院改判，5件正在审查中；向楚雄州中级人民法院发出再审检察建议1件；办理刑事附带民事起诉案件3件；刑事附带民事支持起诉13件；刑事附带民事和解22件，和解金额34.87万元；执行监督30件，调解监督5件；支持起诉3件，督促起诉21件；民事和解11件，行政诉前和解3件；行政执法监督1件，检察建议1件，息诉服判9件，发现职务犯罪线索3件。在立办的189件案件中，涉及当事人为弱势群体的79件。民行工作在全省检察机关绩效考评中名列第3位。

【控告申诉检察】 2009年，楚雄州检察机关共受理人民群众来信来访552件，举报控告线索284件，各类申诉案件268件。共立案复查刑事申诉案件14件，其中维持原决定7件，改变原决定2件，不予抗诉5件。办理刑事赔偿案件1件，支付赔偿金2.9万余元。实现了全年无涉检问题赴省进京信访“零”指标。全州决定协调办理非检非诉案件88件，办结率达100%，群众满意率达100%。建立完善了信访工作协调联系网络，在辖区乡（镇）司法所及部分村委会设立涉检信访工作联络站及下访巡访联系点73个。控申工作在全省检察机关绩效考评中名列第4位。

【职务犯罪预防】 2009年，楚雄州检察机关开展案件预防38件。在投资多、影响大的交通、水利、建筑、生态环境、扶贫等重点项目中开展专项预防工作，进行重点工程预防16件，涉及工程建设金额8亿余元；新建党委领导的预防机构20个，预防网络单位189个，预防联系点10个；开展预防调研46次，形成调研论文32篇，采用6篇；针对办案，发出书面检察建议42份，落实42份；帮助32个发案单位进行整改，建章立制60项；举办预防法制展览23次，参展人数1万人；上法制课100次，听讲人数1万余人；开展“警示教育”7次1000余人次；开办法制专栏10个，散放法制宣传资料1万份；开展法律咨询37件；发现案件线索3件3人，立案3件；受理行贿犯罪档案查询申请141次，被申请查询单位2733个，被申请查询个人2940人，其中有犯罪记录的单位2个，有犯罪记录的个人17人（次），发出告知函171份。州检察院总结出“一案一分析，一案一建议，一案一教育，一案一整改，一案一回访，一案一总结”的“六个一”案件预防工作方法在全州推广，并不断规范预防工作考评机制。预防工作在全省检察机关绩效考评中名列第3位。

【检察技术】 2009年，楚雄州检察机关共办理各类检案41件。其中法医检验25件，文件检验10件，司法会计技术协助6件。另外，完成同步录音录像25件，协助州检察院反渎局完成“4·25特大交通事故”玩忽职守案犯罪嫌疑人现场指认的证据固定工作2件/次，对刘某某滥用职权案中的证据固定工作1件/次。年内，为全州检察机关视讯会议提供保障工作62场/次；对州院新购置的11台服务器进行安装调试；为新采购的50余台计算机安装系统和应用软件；完成了全州检察机关所有工作用计算机办案信任体系身份认证技术服务工作；更新州检察院综合信息网站综合新闻997条，拍摄并发布图片新闻68期、新闻图片629张，更新各类视听资料230部。检察技术工作在全省检察机关绩效考评中名列第6位。

［刘康丽］

审　判

【审判工作状况】 2009年，楚雄州共受理诉讼案9496件，其中一审8280件，二审1171件，审判监督再审45件。全年共审结诉讼案9026件，其中一审7995件，二审994件，审判监督再审37件。执行、信访、减刑假释工作和队伍建设进一步加强，为建设平安和谐楚雄提供了有力的司法保障。

【刑事审判】 2009年，楚雄州法院系统受理一审刑事案件1333件，其中旧存24件，当年收案1309件。当年收案中，公诉收案1070件，自诉收案224件，检察机关重新起诉和上级人民法院发回重审15件；从涉案性质看，放火案15件，爆炸案1件，失火案4件，破坏电力设备案2件，破坏广播电视设施、公用电信设施案2件，非法制造、买卖、运输、邮寄和储存枪支、弹药、爆炸物案3件，非法持有和私藏枪支、弹药案16件，交通肇事案123件，重大责任事故案3件，危险物质肇事案1件，投放危险物质案1件，盗窃和抢夺枪支、弹药、爆炸物、危险物质案1件，不报、谎报安全事故罪1件，持有、使用假币案3件，信用卡诈骗案1件，逃避追缴欠税案1件，虚开增值税专用发票，用于骗取出口退税抵扣税款发票案1件，合同诈骗案11件，非法经营案26件，强迫交易案1件，故意杀人案34件，过失致人死亡案4件，故意伤害案387件，过失致人重伤案1件，强奸案14件，强制猥亵、侮辱妇女案1件，猥亵儿童案1件，非法拘禁案5件，绑架案1件，强迫职工劳动案1件，非法侵入住宅罪2件，侮辱案1件，虐待诽谤案2件，刑讯逼供案1件，重婚案2件，盗窃案270件，诈骗案18件，抢夺案5件，侵占案1件，职务侵占案2件，挪用资金案3件，敲诈勒索案5件，故意毁坏财物案2件，妨害公务案6件，招摇撞骗案3件，聚众扰乱社会秩序案1件，聚众斗殴案1件，寻衅滋事案6件，组织、利用会道门邪教组织、利用迷信破坏法律实施罪7件，组织、利用会道门邪教组织利用迷信致人死亡案1件，赌博案1件，开设赌场案3件，窝藏、转移、收购、销售赃物案9件，脱逃案3件，掩饰、隐瞒犯罪所得、犯罪所得收益罪4件，非法收购、运输、出售珍贵、濒危野生动物及珍贵、濒危野生动物制品案1件，非法采矿案1件，盗伐林木案36件，滥伐林木案7件，非法占用农用地案3件，走私、贩卖、运输、制造毒品案43件，非法持有毒品案1件，非法种植毒品原植物案1件，引诱、容留、介绍卖淫案2件，贪污案38件，挪用公款案13件，受贿案43件，行贿案12件，玩忽职守案10件，过失泄露国家秘密案1件，失职致使在押人员逃脱案1件。全年审结一审刑事案件1292件，结案率为96.92%，其中判决1142件，调解87件，检察机关撤诉2件，自诉人撤诉58件，驳回自诉2件，终止1件。已结案中，适用普通程序审理的936件，适用简易程序审理的356件。楚雄州中级人民法院受理二审刑事案件193件，当年收案193件（上诉案190件，抗诉案3件）；12月20日止，二审刑事案已审结163件，结案率84.46%，其中维持原判122件，改判25件，调解1件，撤诉1件，发回重审14件。全州人民法院依审判监督程序立案受理刑事再审案7件（其中旧存1件，当年收案6件），审结5件，结案率为71.42%，其中维持原判4件，调解1件。再审案件中，本院发现决定再审的2件。年内，发生法律效力的刑事案1085件1808人，其中给予刑事处分1622人，免予刑事处分143人，因证据不足或其他原因宣告无罪43人。在给予刑事处分人员中，处无期徒刑以上并剥夺政治权利的8人，处15年至20年有期徒刑的5人，处10年以上不满15年有期徒刑的81人，处7年以上不满10年有期徒刑的47人，处5年以上不满7年有期徒刑的81人，处3年以上不满5年有期徒刑的150人，处3年以下有期徒刑的477人，处拘役的31人，处有期徒刑、拘役宣告缓刑的656人，管制3人，单处罚金82人，单处剥夺政治权利1人。此外，处有期徒刑并处罚金的859人，处有期徒刑并处没收财产的10人。

【民商事审判】 2009年，楚雄州法院系统受理一审民商事案件6913件，其中旧存185件，当年收案6728件。当年收案中，婚姻家庭继承案2632件，合同案2080件，权属、侵权及其他民事案2016件。全年审结一审民商事案6670件，结案率为96.48%。其中调解2294件，判决3092件，裁定驳回起诉73件，裁定撤诉1127件，裁定其他处理60件，移送15件，终结9件。截至12月20日，州中级人民法院受理二审民商事案953件（包括旧存31件），审结816件，结案率为85.62%。其中判决维持原判410件，判决改判193件，裁定发回重审75件，裁定撤诉39件，其他处理51件，调解48件。全州人民法院依审判监督程序立案受理民商事再审案36件（其中旧存4件），审结30件。其中判决维持原判11件，改判11件，发回重审2件，调解2件，裁定其他处理4件。再审案件中，本院决定再审的7件。

【行政审判和国家赔偿】 2009年，楚雄州法院系统受理一审行政诉讼案34件，其中旧存3件，当年收案31件（公安行政案件2件，工商行政案5件，资源行政案2件，城市建设行政案7件，其他行政案15件），审结33件，结案率为97.06%。其中判决维持行政决定6件，判决全部或部分撤销行政决定3件，原告主动撤诉6件，驳回诉讼请求3件，其他处理15件。一审所结行政案件中，3个月内审结的33件。年内，州中级人民法院受理二审行政案25件，审结15件，结案率为60%。其中判决维持原判4件，改判4件，其他处理7件。

【案件执行】 2009年，楚雄州法院系统受理执行案4922件（包括旧存959件）。当年收案中，申请执行案3860件，移交执行案68件，受委托执行案9件，当年收案的申请执行标的金额4.82亿元；从类别上看，民商事执行案3470件，行政执行案4件，刑事罚金执行案11件，刑事附带民事执行案374件，行政非诉讼执行案101件，其他执行案件3件。全年处理执行案3848件，其中自行履行1999件，和解352件，终结762件，强制执行572件，其他处理163件，执行标的金额2.20亿元，执行率78.18%。

【信访与告诉申诉】 2009年，楚雄州法院系统收到来信314件，接待公民来访785人次。来信中，属于告诉的105件，申诉的71件，非诉的38件，执行的59件，其他来信41件。来访中，属于告诉的307人次，申诉的35人次，非诉的53人次，执行的264人次，其他来访106人次。在来访人员中，属于上访老户上诉的31人次。

【审判业务培训】 2009年，楚雄州法院系统不断强化人才强院措施，创新培训机制，注重培训效果，加大干警业务培训力度。采取“走出去”的路子，认真组织专项培训，共选送190人次参加国家法官学院和省法官学院组织的晋高培训、初任培训和新法培训等业务培训和学习深造。配合省高院讲师团到牟定、元谋、永仁、大姚、姚安5个法院进行巡回培训，参训人员达258人次；组织12名干警参加司法考试强化培训。采用“请进来”的方式，邀请省法官学院和州民委的专家对全州法院185名少数民族法官进行了为期3天的少数民族法官培训。通过各种培训，广大法官的庭审驾驭能力、法律适用能力、调解纠纷能力、裁判文书制作能力和做当事人思想工作的能力进一步提高。

［余文乾］

司法行政

【干部培训】 2009年，楚雄州司法行政系统切实加大干警培训力度，全年共举办各种培训班38期、专题讲座65场，干警参训率达98%。

【普法和依法治理】 2009年，楚雄州普法和依法治理工作深入推进。（1）根据“五五”普法规划，结合楚雄州实际，制定《2009年普法和依法治理工作安排意见》。7月21日至23日，举办全州“五五”普法骨干培训班，由省州法学专家讲授应对金融危机维护企业的合法权益、关注民生、维护民权、民族宗教和依法行政等知识。各县（市）司法局分管普法工作的副局长、法制宣传股长，州级各委办局、驻楚中央、省州属企业负责人共220人参加了培训。州、县、乡（镇）各级各部门，采取不同形式举办各种培训班56期，培训普法骨干8790人次。(2) 以“法律六进”活动为载体（即进乡村、进学校、进企业、进机关、进单位、进社区）举办领导干部法制讲座30期，参加听讲座的各级领导干部共计1.31万人次。全州配齐中小学法制副校长，95%的学校做到计划、教材、师资、课时“四落实”。(3) 围绕州委、州人民政府的中心工作，开展形式多样的法制宣传活动。以楚雄州荣获全国综治最高奖“长安杯”为契机，组织综治创安宣传月活动，组织全州司法行政干警、律师、公证员参加全州“三下乡”活动，在楚雄日报上开设《普法宣传园地》专栏，在楚雄电视台开设《法制园地》栏目。全州全年共刊播普法稿件2000余篇（条），编发普法简报1550期，出黑板报、墙报1900多期，送法下乡文艺演出250余场次，印发宣传材料17万余份，解答法律咨询1800余场次，“民主法制村”、“民主法制社区”创建率达90%以上。

【人民调解】 2009年，楚雄州人民调解工作的重点是创新机制，整合政法资源，加强培训，建立健全处置机制。全州共建立县、乡（镇）、村人民调解机构1264个，设专兼职人民调解员1.79万名，首次与州卫生局联动成立了楚雄州卫生医疗纠纷调解委员会、青山嘴水库移民搬迁小区调解委员会，与公安、法院协作开展警民联调、庭前调解、庭中调解的司法调解业务，与周边接壤地区签订《边际协作调解协议》。全年共排查各类矛盾纠纷752次，调解各类矛盾纠纷1.37万件，调解成功1.32万件，调解成功率为95.9%。

【律师管理】 2009年，楚雄州律师管理围绕“加强宣传、拓展业务、提高素质、规范管理”的工作思路，抓住我国律师制度恢复30周年和新修订的《律师法》实施1周年契机，全面开展工作。全州21个律师事务所122名执业律师共担任333家法律顾问，共办理各类案件2604件，其中办理刑事诉讼辩护及代理1057件，办理民事诉讼代理1428件，办理行政诉讼代理14件，非诉讼法律事务105件，代写法律文书2.08万件，提供法律援助290件，参与调解纠纷363件，共收费667.2万元。律师业务从传统诉讼领域拓展到了金融、房地产开发、企业改制、招商引资等领域。

【公证工作】 2009年，楚雄州共有10个公证处，有25名执业公证员。全年共办理各类公证案件2299件，其中民事公证972件，经济公证1190件，涉外公证103件，涉港、澳、台34件。

【司法鉴定】 2009年，楚雄州有司法鉴定所4个，执业人员51名，分别从事法医临床鉴定、司法会计鉴定、工程造价纠纷等鉴定业务。全年共办理司法鉴定1955件，其中法医类鉴定1917件，工程造价纠纷鉴定26件，司法鉴定评估17件。

【法律援助】 2009年，制定了《楚雄州办理法律援助案件程序规划》和《楚雄州法律援助事项补充范围、公民经济困难补助标准和办案补贴标准》。年内，全州法律援助机构共办理法律援助案件1663件，其中办理刑事援助案件329件，办理民事援助案件1334件，接受群众来信来访5608人次。法律援助工作受到国家司法部的表彰，州司法局被复核命名为省级文明单位。

【基础设施建设】 2009年，楚雄州全面完成103个司法所规范化建设，合计总投资2667.4万元。争取省、州发展和改革委员会的支持，完成了州、县（市）司法局机关拟建业务用房11项，共3.95万平方米，概算投资1.13亿元。

【司法考试】 2009年，楚雄州有309人报名参加国家司法考试，比上年增加22人，有55人通过考试。

［吴光能］

公安交通管理

【道路交通安全管理】 2009年，楚雄州辖区共发生适用一般程序处理的道路交通事故286次，造成104人死亡，376人受伤，直接财产损失91.06万元。道路交通事故4项指数和万车死亡率与上年同期相比，事故次数上升13.49%，死亡人数下降13.33%，受伤人数上升6.52%，直接财产损失上升27.22%；机动车死亡率为3.12人/万车，下降34.86%。未发生一次死亡10人以上特大道路交通事故，实现了道路交通死亡人数不突破州政府下达控制数的工作目标。通过支队年终考核，支队高速公路交巡警大队获得交通安全目标管理一等奖，楚雄市、永仁县公安局交警支队获得二等奖，禄丰县、南华县、元谋县公安局交警支队获得三等奖；评选出先进党支部2个、优秀共产党员20名、优秀交警大（中）队长11名，优秀政工干部4名，优秀公务员23名，优秀交通管理员29名。10月，楚雄州公安局交警支队再次被中共云南省委、省人民政府授予“省级文明单位”称号。

【队伍建设】 2009年，楚雄州公安局交警支队党委狠抓公安交警队伍建设。全年举办业务（骨干）培训班12期，培训民警和协管员511人，组织参加云南省公安厅交警总队执法规范化建设大比武培训52人，民警拒请吃58人次，拒贿人民币2.1万元，收到表扬信3封、锦旗6面。

【春运交通安全保卫】 2009年春运期间，楚雄州公安局交警支队全体民警停止休假探亲，支队领导分片挂帅，分3

次（每次10天）组织机关民警到全州各县（市）检查、督导、协调、参与春运工作。各县（市）公安局交警大队，派出民警深入客运企业检查安全责任制的落实情况，协助客运企业开展交通安全宣传教育，与客运驾驶人签订交通安全责任书。全州32个春运交通安全检查服务站坚持24小时轮流执勤，重点对7座以上客运车辆进行逐车“四查”，确保春运交通安全。2009年1月11日至2月19日，全州共发生道路交通事故28起，造成14人死亡、30人受伤、直接财产损失2.84万元。与上年春运相比，交通事故减少12起，死亡人数减少10人，受伤人数减少36人，直接财产损失减少11.96万元，四项指数分别下降30%、41.7%、54.5%、98.4%，实现了“确保安全、不出大事、少出小事”的春运工作目标。

【集中整治严重交通违法行为】 2009年4月27日至5月30日，楚雄州公安交通管理部门按照上级公安机关的统一部署，在全州范围内开展了摩托车交通违法行为、高速公路严重交通违法行为、酒后驾驶交通违法行为、客运交通安全、农村道路交通安全等严重交通违法行为专项整治。将楚大高速公路，永武高速公路，国道320线、108线，省道226线，南永二级公路，以及交通事故多发的县乡公路作为整治重点，严格查处客运车辆超员、超速，拖拉机、摩托车违法载人等严重交通违法行为。在武定县召开整治工作联席会议，对道路安全隐患进行全面分析、排查。集中整治期间，全州公安交警部门日平均设置固定测速点6个、流动测速点21个，投入测速设备23台，设置交通安全检查服务站15个，共投入路面警力2.71万人次，出动警车9884辆次，登记检查机动车1.82万辆次、危险化学品运输车1328辆，查处各类交通违法行为1.67万起，暂扣机动车驾驶证147本，集中整治工作取得了明显成效。截至11月20日，全州交警共上路执勤11.86万人次，出动警车4.16万辆次，查验车辆79.64万辆次，查处各类交通违法车辆13.23万辆次，罚款7.68万起，警告4846起，教育8.51万人次，拘留58人，抓获犯罪嫌疑人3名。

【丘北经验推广工作】 2009年3月31日，云南省丘北经验推广工作现场观摩暨培训会议在楚雄州召开。全省16个州（市）人民政府丘北经验推广工作办公室负责人及联络员、交通局、公安局、交警支队分管领导，省公安厅交警总队相关处室领导共120人参加会议。会议采取以会代训、以会办展、以会交流、现场观摩的形式专题研究部署丘北经验推广工作。昆明、曲靖、楚雄、临沧4个州（市）在会上交流了经验。会议组织参观了楚雄市三家塘客运站、东华镇客运点发展农村公交、培育农村客运市场的做法和东华派出所、村委会“四支队伍”建设及农村道路交通安全管理工作情况。各州（市）以丰富的实物台账资料和图文并茂的宣传展板，展现了各地丘北经验推广工作。

【机动车驾驶人交通安全集中教育】 2009年，楚雄州公安局交警支队为认真贯彻落实云南省预防道路交通事故领导小组和楚雄州人民政府《关于开展机动车驾驶人交通安全集中教育活动的通知》，及时制定教育实施方案，抽调专人备课，组织宣讲小组，进单位、进学校、进企业、进社区、进农村，开展大规模的宣传教育活动。截至年末，全州共派出宣讲人员1.27万人（次），其中，公安交警9631人，交通部门1012人，农机部门1601人，其它部门442人，对全州1680个机关单位、103个乡镇、1094个村（居）委会、32.75万名机动车驾驶人进行了交通安全集中教育，受教育率达100%，实现了预期工作目标。

【交通安全宣传教育】 2009年，楚雄州公安局交警支队先后投入80余万元宣传经费，与广播、电视、报刊等新闻媒体协作，共同创办交通安全宣传栏目，通过公益广告、交通违法曝光、交通事故案例剖析等形式的宣传教育，努力提高广大交通参与者的交通安全意识和自我保护意识。全州公安交通管理部门在县级以上新闻媒体刊播宣传稿件2826篇条，举办交通安全知识展览3286次，召开交通安全现场会669次，制作交通安全广告牌700块，印发交通安全宣传材料40余万份，出动宣传人员1.5万人次，交通安全宣传进村（社）1137个，进学校1300个，进单位799个，讲授交通安全课6456场次，受教育人数达350余万人次，在交通安全宣传社会化方面取得了新的进展。

【集中整治酒后驾驶机动车严重交通违法行为】 2009年，楚雄州公安局交警支队全警动员，强化措施，集中整治酒后驾驶机动车严重交通违法行为。（1）走进楚雄电视台“民情直通车·专家面对面”栏目，对全州开展严厉整治酒后驾驶交通违法行为进行专题解答，增强广大群众特别是驾驶人对酒后驾车危害性的认识。（2）集中警力开展统一整治行动。各县（市）公安局交警大队，在县城区主要街道、出入口、南永公路、永武高速公路等显目位置悬挂“严厉整治酒后驾驶交通违法行为”的巨幅标语，在电视台滚动播放公益广告，邀请新闻记者对整治工作进行跟踪采访，对酒后驾车交通违法行为进行电视曝光。（3）政府分管领导大力支持。8月27日，州人民政府副州长法玉宾出席专项整治动员会议，对专项整治行动作动员部署。要求各级各部门建立内部人员酒后驾驶责任追究制度，将酒后驾驶违法行为与单位、个人评先挂钩，实行“一票否决”。据统计，集中整治行动开展以来，全州公安交警部门共查处酒后驾驶违法行为114起，醉酒驾驶29起，暂扣驾驶证61起，拘留10人，集中整治酒后驾驶机动车严重交通违法行为取得了阶段性成果。

【机动车驾驶人交通安全知识竞赛】 2009年，楚雄州预防道路交通事故工作领导小组、楚雄州道路交通安全协会、楚雄州公安局交警支队联合举办了以"遵守交通法、安全你我他"为主题的道路交通安全知识竞赛。竞赛分为报刊答题和现场竞赛两个阶段。报刊答题阶段共收回答题卡1.3万多份。8月24日晚，在州广播电视中心举行现场决赛。通过3轮紧张激烈的竞赛，楚雄市代表队获一等奖，禄丰县、牟定县代表队获二等奖，南华县、永仁县、武定县代表队获三等奖，元谋县、姚安县、双柏县、大姚县代表队获组织奖。

【机动车及驾驶人源头管理工作】2009年，楚雄交警支队车管所、交通违法处理窗口和各县（市）公安局交警大队会同交通运输、安全监管等部门，强化对客运企业、旅游公司、危险化学品运输等重点企业、重点车辆及驾驶人的监督管理。按照《云南省农村地区无牌无证机动车清理整治行动方案》，适时开展清理整治工作。出台10项便民利民服务承诺措施，积极开展便民利民服务活动。把驾驶员考试、发证和摩托车落户等项业务延伸到边远山区，深受广大群众的拥护和人大代表、政协委员的好评。年内，全州共办理新车注册4.95万辆，受理初次申领驾驶证3.78万人，科目一考试5.96万人次，科目二、三考试4.38万人次。全州共有各类机动车30.83万辆，各类机动车驾驶人32.69万人。

［姚立富］

楚雄监狱

【监狱管理】 2009年，云南省楚雄监狱牢固树立安全稳定的首位意识，加强防控、排查、应急处置、领导责任"四个机制"建设，夯实监狱管理基础工作，强化刑罚执行职能，实现了司法部提出的"无脱逃、无重大狱内案件、无重大疫情、无重特大安全生产事故"的目标。（1）抓紧抓实监狱管理基础工作。强化服刑人员日常考核、分级处遇管理，规范服刑人员亲情电话、亲情会餐、亲属会见，加强违禁物品管理。投入资金加强监管、警戒设施建设，提高物防、技防水平。（2）贯彻执行"两公开、一监督"制度，深化狱务公开，建立和完善刑罚执行工作制度和执法流程，坚持奖惩公示制。全年依法办理服刑人员减刑920名，假释19名，保外就医13名，配合省高级人民法院首次对无期徒刑服刑人员的减刑进行公开听证，使刑罚执行工作做到公开、公平、公正和规范有序。（3）生活卫生保障有力，杜绝食品卫生安全事件的发生。严格执行伙食实物量标准，为老、弱、病服刑人员提供营养餐，被服按标准发放。强化卫生基础管理工作，整治卫生死角，绿化美化狱内环境。加强防病治病和日常卫生防疫工作，规范入监体检，建立服刑人员健康档案，重点抓好传染性疾病的防控。（4）不断创新教育改造手段和方法。深化个别教育，健全完善出入监教育，因地制宜开展"三课"教育，重点突出技术教育，全年共有106名服刑人员参加了监狱局技工学校的职业技能培训。组建法制道德宣讲团，开展教学竞赛现场观摩，鼓励服刑人员参加高等教育自学考试。加强监区文化建设，组织服刑人员开展形式多样的文体活动，举办服刑人员迎国庆60周年暨纪念《监狱法》颁布15周年文艺汇演、第三届"新晖杯"运动会、歌咏比赛以及"明天艺术团"巡回演出等活动。投入资金改扩建图书阅览室，以《楚雄监狱》小报为载体，拓宽帮教形式，充分发挥帮贫济困互助基金的救助作用，依托三级心理矫治网络，积极开展心理咨询和服刑指导，增强服刑人员自我调适、自我改造的能力，突出治本攻心的教育效果。

【监狱企业】 2009年，云南省楚雄监狱抓好产业产品结构调整，加强狱内生产项目的管理。继续推行ISO9000质量管理体系，高度重视质量管理体系的持续改进，积极开展QC小组活动和6S现场管理工作，以降低成本、提高效率、增强综合实力为目标，加强企业质量管理基础建设，提高企业管理水平。重视科技带头人课题项目的开发研究工作，继续抓好向省局申报的"深化、优化来料加工项目管理"和"深度开发可利用资源，办好木制品厂"2个局级科技带头人课题。重视科技项目开发，重点抓好八监区的毛织技改工作，完成了103台毛织横机的数字化改造，成效明显。加大生产设施的投入，新建3100平方米的生产车间，解决了服刑人员劳动场所拥挤的问题。在加大产业产品结构调整的同时，对狱内加工监区实行企业"四自"管理模式。继续建立完善企业规章制度，促进经济规范运行。落实安全生产责任制，强化安全目标管理，加大安全教育培训力度，对劳动现场管理坚持安全督查，杜绝"三违"现象，有效防范安全事故的发生。完善部门预算管理，强化内部审计工作，确保监狱企业经济健康有序运行。

【队伍建设】 2009年，云南省楚雄监狱开展深入学习实践科学发展观活动，突出执法专项整顿和岗位练兵，加大教育培训力度，规范执法行为，促进执法公正，提高警察队伍的综合素质。加强党团组织建设，建立党员示范岗、党员先锋岗和党员责任区，发挥党员的先锋模范作用和共青团的生力军作用。积极创新宣传工作方式，成立楚雄监狱文联，创办《楚雄监狱》杂志，扩大对外宣传力度，监狱选送参加云南监狱系统庆祝新中国成立60周年文艺汇演的彝族歌舞《火火的情》，荣获团体二等奖的好成绩。加强民主管理，坚持职工代表大会制度和职代会民主评议领导干部制度，推进场务公开。以监狱和谐文化建设为载体，积极开展建职工小家、文明家庭等系列活动。狠抓党风廉政建设责任制考核，严肃查办违法违纪案件，促使警察职工廉洁自律，树立队伍正气，全年警察职工没有发生违纪违法行为。

［李何梅］

（责任编辑：王艳萍）

经济管理

发展与计划

【计划编制】 2009年9月25日，楚雄州人民政府在州会务中心举行了“楚雄州北部金沙江流域经济社会发展规划”听证会议。10月10日，云南省人民政府法制办公室回复了听证报告审查意见。该规划送审稿已送云南省发展改革委员会审查。年内，《楚雄州“十二五”规划编制工作方案》审核下发实施，6个重点前期研究课题和23个重点专项规划已安排到有关部门推进落实，并成立了“十二五”规划纲要的核心起草班子。同时，编制完成了《楚雄州2009年～2015年能源产业发展规划》。

【计划执行】 2009年，楚雄州第十届人民代表大会第四次会议确定的各项经济社会发展目标，除单位生产总值能耗下降指标外，其余指标均完成或超额完成。全州生产总值（GDP）实现342.35亿元，按可比价计算比上年增长12.2%，比计划目标增长2.2个百分点；全州社会固定资产投资完成207.95亿元，增长45.3%，比计划目标增长20.3个百分点；社会消费品零售总额完成109.74亿元，增长21.4%，完成计划目标；地方财政总收入和地方财政一般预算收入分别完成73.3亿元、25.6亿元，分别增长11.8%和12.7%，分别比计划目标增长3.8个百分点和2.7个百分点；城镇居民人均可支配收入14319元，增长9.3%，比计划目标增长3.3个百分点；农民人均纯收入3511元，增长12%，比计划目标增长6个百分点；居民消费价格总指数100.5%，实现计划控制目标；外贸进出口总额完成6933万美元，增长31%，超额完成了计划目标；单位生产总值能耗下降3.75%，比计划目标下降0.15%；城镇登记失业率为3.2%，实现了控制在4.5%以内的计划目标；人口自然增长率为4.1‰，实现了控制在6‰以内的计划目标；城镇化率达30.8%，完成了计划目标。

【项目投资】 2009年，楚雄州发展和改革委员会始终把固定资产投资作为工作的重中之重来抓，积极抢抓中央扩内需、增投资、保增长的机遇，积极抓好项目储备、上报、衔接、实施、监管等各环节，进一步完善项目库。年内，按照国家和省的扶持重点和投资导向，组织编制了《楚雄州2009～2012年固定资产投资项目规划》，共纳入17大类5062个项目，总投资3854亿元，并根据国家和省投资导向的新变化作了调整充实。全年共向国家和省上报项目1681项，项目总投资226.89亿元，批准投资计划项目501项，总投资209.4亿元；向国家和省争取项目508项，争取资金15.7亿元，比上年增加3.1亿元，增长24.6%。同时，积极推进省级7个、州级20个、县级100个发展改革服务进千家项目建设，当年省级项目开工3个，完成投资0.45亿元，完成年度计划投资的4%；州级开工12个，完成投资5.22亿元，完成年度计划投资的31%；县级开工81个，完成投资13.21亿元，完成年度计划投资的51%。

［张云徽］

物价监督管理

【价格管理】 2009年，楚雄州发展和改革委员会认真履行价格主管部门职责，按照“控总量、稳物价、调结构、促平衡”的经济工作要求，充分发挥价格杠杆调节作用，努力保持价格的基本稳定。（1）及时贯彻烤烟收购价政策和烟肥补贴政策，通过提高10%烤烟收购价政策的落实，烟农增加收入1.04亿元；通过烟肥补贴政策的落实，烟农减轻负担6884万元。（2）及时贯彻各种优惠电价政策，减轻企业负担3732.4万元。其中对铝、铜等生产行业用电每度降低电价0.06元，减轻企业负担1906.5万元；取消当年平水期电价，执行丰水期电价减轻企业负担866.3万元；通过扩大丰枯峰谷电价浮动幅度，企业合理错峰减轻负担890.5万元；烤烟烘烤用电执行农业生产用电价格减轻企业负担69.1万元。（3）及时贯彻电价调整政策，从11月20日起，上网电价平均每度上调0.7分，销售电价除居民生活用电不调外，其他用电平均每度上调2.28分，预计化解价格矛盾6172万元。（4）根据国家的统一部署，年内先后8次及时调整成品油最高零售价。其中上调5次，下调3次。年末，楚雄市场90号、93号、97号汽油每升最高零售价分别是5.99元、6.44元和6.89元，分别比年初提高1.23元、1.32元和1.41元；0号柴油每升最高零售价6.24元，比年初提高1.32元。（5）及时贯彻义务教育阶段中小学生免收课本费和取消一年级至八年级教辅资料费的政策，全州共减轻学生家长负担3173万元。（6）认真审核全州新型农村合作医疗和城镇居民网上招标药品价格，共审核药品价格3687种，药品采购价平均下降23.24%，减轻患者负担6039.36万元。

【收费管理】 2009年，楚雄州发展和改革委员会继续加强收费管理工作。全年全州行政事业性收费总额为4.69亿元（不含医疗服务价格），同比增加0.42亿元。全年医疗服务价格收入7.83亿元，同比增加1.81亿元；车辆通行费收入1853万元，同比增加674万元；交通规费收入1.53亿元，同比增加0.19亿元。（1）设有看管场地和看管人员的城市普通高中学校，明确每学期30元的非机动车停放费标准。（2）对取消收费项目的执收单位按照政策规定办理收费项目注销手续。（3）按照政策要求取消客运票价中每人千米0.03元的公路客货运附加费，将客运票价中每人千米0.046元的燃油差价降为0.036元，8月1日再次将燃油差价恢复为0.046元，道路旅客运输价格同步作了调整。（4）对楚雄州博物馆要求在非正常开馆时间收取讲解费和加班费的请示进行批复，无论在正常开馆还是非正常开馆时间，均不得收取讲解费和加班费。（5）将楚雄城区公共厕所收费、机动车停车收费价格管理审批权限下放到楚雄市发改委。（6）根据机动车驾驶员训练场地租金标准试行期间的实际情况，在价格认证中心依法对其营运成本进行审核认证的基础上，结合驾驶员训练成本变化的实际，重新调整了楚雄锦星机动车安全技术检测有限公司驾驶技能服务中心的驾驶员训练场地租金标准。（7）按照云南省人民政府对永（仁）武（定）高速公路的车辆通行费收费标准和现行道路旅客运输价格政策规定，确定武定至元谋（高速公路）各种车型的客运票价。（8）依法组织“世界恐龙谷”景区门票价格听证会。（9）改革和调整了幼儿园收费政策，将州内各级各类幼儿园收费项目统一规范为保育费、教育费、杂费、择园费4项。（10）按照省发改委的统一部署，完成了生产和流通环节的收费清理整顿工作；开展了全州行业协会中介组织的收费规范和清理工作；开展了全州殡葬服务性收费调查研究工作；初步拟定《楚雄州机动车驾驶培训收费标准》。（11）3月至5月，积极开展全州收费许可证年度审验工作。共核发行政事业收费许可证2706本，其中正本1251本，副本1455本。全年新核发许可证30本，注销138本。

【价格认证】 2009年，楚雄州价格认证中心共受理各类案件87件，标的金额1177万元，收取价格鉴证费17.75万元。截至年底，全州有价格鉴证师17名，有执业资格证人员40名，在岗人员24人，无申请重新鉴定、补充鉴定和复核裁定的案件。

【价格监测】 2009年，楚雄州价格认证中心认真组织价格监测工作。（1）认真贯彻执行国家和省的《重要商品及服务价格监测报告制度》，努力使价格监测数据上报率、准确率达到100%。同报价员签订协议、明确责任，通过对价格监测信息报送的准确性、时效性、上报率的考核，来提高价格监测质量。（2）在做好月报表分析的基础上，及时上报季度和半年度价格监测分析预测材料，同时上报综合分析文字材料13份。全年上报国家价格监测报表120期，上报省价格监测报表16期；上报粮油副食品和钢材价格监测报表451期；与攀枝花市物价局信息交流12期。对楚雄市场主要副食品、钢材的价格实行监测，监测数据一日一报，一周一报和一旬一报，同时收集整理全国、全省、全州的价格指数上报州委、州人民政府，为宏观决策提供参考。（3）启动防治甲型H_1N_1流感部分药品及相关原材料价格监测日报制，姚安县地震期间和恢复重建物资价格监测日报制，共上报报表86份。

【价格监督检查】 2009年，楚雄州发展和改革委员会继续加强价格监督检查工作，全年价格监督检查局共查处和配合查处价格违法案件110件，金额974.9万元，实施经济制裁657.4万元。（1）配合省发改委认真开展电价、涉农、涉企等各种专项检查，对牟定、双柏、大姚、姚安、禄丰等县的国土、城建、交通、环保、民政、城管、卫生、农业（农机）、畜牧等部门及其下属38家单位的收费政策执行情况进行重点检查，共查处案件27件，金额120.26万元。（2）开展州级医疗机构药品和医疗服务价格重点检查，查处州属医疗机构8家，查出违规收费3.2万元。（3）查处民政主管部门“搭车”收取结婚证照相费21.8万元。查处南华县收取已取消的“集镇基础设施配套费”10.2万元。（4）转发云南省发改委等七部门《关于开展全国教育收费专项检查文件的通知》，拟订《2009年度全州教育收费重点检查实施方案》；查处楚雄城区6所小学和5所中学违规收取2009年春季学期“借读费”等300.3万元。（5）查处了南华县沙桥镇国土资源所在2001年办理土地使用证中每证收费22元的问题。（6）积极处理邮政、移动、联通等通信行业检查案件及医疗服务和药品价格检查案件、全州客运站收费检查案件，罚没款收缴入库65万元。（7）认真研究制定楚雄州《“价格服务进万家”活动实施方案》，努力加强县（市）“价格服务进万家”工作的推进和指导。9月26日上午10时在楚雄鹿城大厦举行了全州“价格服务进万家活动”启动仪式。（8）做好“政风行风热线”转办和价格举报案件查处工作，加大价格违法案件查处。据统计，截至12月20日，州发改委共受理价格举报、咨询案件80件，办结率和群众满意率始终保持100%。

［张云徽］

开发投资

【企业债券发行筹备】 2009年5月22日，楚雄州人民政府召开企业债券发行专题办公会，楚雄州开发投资有限公司作为债券发行主体，面对准备时间短、任务重、涉及面广等困难，周密部署，科学统筹，强力推进，历经81天艰苦奋战，突破了资产重组、财务整合、项目筛选、抵押担保四大难关，形成57个单项材料、478页约30万字的发行方案，于8月10日上报至云南省发展和改革委员会，8月13日顺利转报至国家发展和改革委员会。根据国家发改委财金司初审意见进行方案修订，于11月30日完成答复方案再次上报国家发改委等待核准。

【融资工作】 2009年，楚雄州开发投资有限公司紧紧抓住国家宏观调控政策的利好机遇，成功实现与工商银行政府信用合作零的突破，为间接融资再次拓展渠道，实现了公司自成立以来年度融资最大额度12.23亿元，比上年增加2.88亿元，增长31%。同时，利用公司资产的资源优势，成功为楚雄州职教中心实施担保融资1.5亿元。

【信用合作项目管理】 2009年，楚雄州开发投资有限公司围绕全州重点建设项目及“保增长、保民生、保稳定”目标和扩大内需中央投资项目三个“百分之百”考核任务，认真编制2009年政府信用贷款项目建议方案，并经州人民政府常务会审定通过，下达资金12.88亿元，安排4批项目共893项。其中州人民政府统贷统还7.63亿元，县（市）人民政府自贷自还5.25亿元。安排项目数量是上年的12倍，项目涉及水利、交通、教育、城建、农业、林业、民政、广播电视等行业。截至年末，累计安排政府信用合作项目1098项，资金43.53亿元，各行业累计完成投资82.8亿元。

【资金调度】 2009年，楚雄州开发投资有限公司认真分析研究资金运作程序，努力规避经营风险，合理安排资金调度，最大限度地保障项目资金需求，提高资金使用效率，全年安排调度资金10.27亿元。同时，较好完成应急性融资任务，累计筹措资金3.03亿元，足额保证全州445个扩大内需中央投资项目州、县配套资金的落实；对澜沧江啤酒、宏源农化、滇中铝业等重点产业项目给予支持。

【地震应急贷款】 2009年，楚雄州面对姚安“7·09”地震恢复重建困难，迅速与国家开发银行云南省分行沟通汇报，在一周内争取到应急贷款0.2亿元，为实施地震恢复重建工作提供经济支持。同时，州开发投资有限公司按照州人民政府的相关要求迅速与州辖各金融机构对接，向州辖9家金融机构推荐融资项目3组9个，多家银行表示将积极向上争取贷款规模，努力为州内地震恢复重建做出金融部门应有的贡献。

【资产管理】 2009年，楚雄州开发投资有限公司先后划拨24户行政事业单位资产，划并青山嘴水库、职教中心在建工程资产，划入南永公路、州宾馆、楚雄锦星酒店、楚雄交通集团和路桥四公司等股权，整合楚雄市和禄丰县开发投资有限公司资产。年末，州开发投资公司资产增至159.8亿元，净资产增至85.5亿元，资产负债率下降为42.1%，有效地提高了公司的融资能力，增强了公司的发展后劲。

【债权债务回收】 2009年，楚雄州开发投资有限公司及时关注债权债务动态情况，积极协调到期债权回收。至12月30日，累计收回债权3.1亿元，占应收债权3.29亿元的86.4%，履行债务4.41亿元。其中到期本金2.59亿元，利息1.82亿元，维护了政府和公司的信用。

【融资项目推荐】 2009年，楚雄州开发投资有限公司根据未来规划指导思想和发展目标，深入分析2009年以及2010年经济社会发展重点项目，并根据金融机构的贷款准入条件选定市政基础设施建设项目、社会事业项目、水利建设项目、产业项目、地震恢复重建、廉租房建设等70个融资项目分别向13家金融机构进行推荐。

［邹建红］

国有企业改革

【改革改制】 2009年末，楚雄州列入深化国有企业改革考核的122户国有及国有控股企业、189户集体企业已全部完成改制任务，改制面达100%；具备深化改革条件的33户股份合作制企业已经完成深化改革31户，完成深化改革面达到93.9%。此外，州、县（市）还完成了目标考核范围外的83户企业改革改制工作。其中改制17户国有企业和集体企业、深化改革58户股份合作制企业，改制3户云南省下划的农机公司，政策性关闭2户，政策性破产3户。

［雷文生］

【第二批经济适用房和廉租房建设】 2009年，楚雄州国有资本投资经营有限公司在完成了第一期经济适用住房和廉租房建设的基础上，继续完成了第二批廉租住房168套1.01万平方米和250套经济适用住房2万平方米的建设任务。解决了龙江磷化工公司、州丝绸厂、州面粉厂等20户州属改制企业共395户特困职工的住房问题。同时，解决了23户元双二级公路建设拆迁户的住房问题。截至年末，经审核符合购买和租住条件的州属20家企业困难职工基本搬入新居。

【非经营性资产管理】 2009年，楚雄州国有资本投资经营有限公司通过非经营性资产的有效管理，进一步理顺改制企业的社会化管理关系。积极进行社区服务体系建设，真正把非经营性资产管理纳入社区管理，以减轻新企业和政府的负担，切实处理好改革、发展、稳定的关系。通过州、市相关部门通力协调，将改制企业的社会事务管理工作移交楚雄市人民政府所辖的社区管理，逐步理顺社会管理体系。

【华融资产债权债务清收】 2009年，楚雄州国有资本投资经营有限公司采取切实可行的措施，本着减轻企业负担、解决企业改革遗留问题、扶持中小企业发展和促进地方经济健康发展的原则，加大华融资产管理有限公司债权债务的清收工作。全年共收回华融资产管理公司出让给楚雄州人民政府的债权（原金属材料公司）280万元。

［郭丽娅］

国土资源管理

【国土资源综合管理】 2009年，楚雄

州国土资源局紧紧围绕“保增长、扩内需、调结构、保民生、保稳定”的要求，突出“保护资源、保障发展、维护权益、服务社会”四大重点，以更加有力的措施推进土地整治、中低产田地改造，搭建新农村建设和城乡统筹发展的新平台，深入开展“保增长保红线”行动，创新国土资源管理方式，全面提升楚雄州国土资源管理水平，突出重点，狠抓落实，共办理来信来访55件，办结55件。年内被中共云南省委、省人民政府命名为省级文明单位。

【“双保”行动】 2009年，楚雄州国土资源局深入开展“保增长保红线行动”。(1)及时组建领导机构，制定“双保”行动实施方案，明确行动总体要求、工作任务、工作步骤和措施，分解具体任务。(2)检查、督促各县（市）“双保”工作。核查建设项目273个，用地总规模3321公顷；国家投资拉动内需项目112个，其中不涉及新增用地的项目有102个，有10个项目需办理用地审批，用地面积112.34公顷；民生关注项目143个，用地面积1923.88公顷，其中61个项目纳入城镇批次用地上报审批；云南省人民政府“300个重点项目”中涉及楚雄州28个，用地面积1284.78公顷。另外，切实做好耕地保护工作，确保耕地红线守住管好。通过查清规划期内新增建设用地总量和查清闲置土地、低效用地、违法用地数量等基础工作，重点开展加强耕地和基本农田保护、促进节约集约利用土地、强化规划管理保障措施等专题研究。6月12日，云南省国土资源厅到楚雄州督查“双保”工作开展情况，第一阶段的各项工作任务均已圆满完成。

【落实耕地保护目标责任制】 2009年，楚雄州认真落实耕地保护制度。(1)续建国家、省级土地开发整理项目5个，建设规模6217.26公顷，投资1.32亿元；组织实施国家、省级土地开发整理项目6个，建设规模3625.13公顷，投资1.05亿元。(2)认真组织实施州级投资耕地占补平衡项目。全年州级财政投资实施土地开发整理（占补平衡）项目6个，建设总规模1162.11公顷，预算总投资3059.39万元，预计新增耕地995.64公顷。年内，验收1个，报请验收2个，正在组织实施3个。(3)完成已验收土地整理复垦开发项目信息报备工作。通过清理，至2008年12月31日，楚雄州尚未用于占补平衡和未使用完的耕地储备项目45个，耕地储备量1973.84公顷，其中省级储备量1464.24公顷，州级耕地储备量509.60公顷。(4)积极为促进楚雄州经济平稳较快发展做好用地保障。全年全州共组织用地报件45件（次），总用地1406.44公顷，其中单独选址建设项目25件，城市（镇）分批次建设项目20件。(5)做好征地统一年产值标准和区片综合地价补偿标准公告工作。同时，做好新旧征地补偿标准的衔接过度工作，并从7月1日起严格执行新的补偿标准。

【中低产田地改造】 2009年，楚雄州国土资源系统为加快推进中低产田地改造步伐，着力提高农业综合生产能力，按照《云南省国土资源部门2009年度土地整治（中低产田地改造项目）任务书》和《楚雄州2009年中低产田地改造工作方案》的任务要求，分别与各县（市）国土资源局签订《改造任务书》，并督促抓好落实。同时，编制完成了《土地整治（中低产田地改造）规划》和按时上报2010年中低产田地改造计划项目。全年全州共完成改造项目9个，面积7.76万亩，投资1.12亿元；尚未完成改造项目7个，面积5.23万亩，投资1.05亿元。

【节约集约用地】 2009年，楚雄州及时做好用地保障工作，进一步强化土地节约集约利用。(1)加强土地供应管理。楚雄州的批次土地供应率分别达90%、80%、50%以上要求，各县（市）及时清理批次用地，对批而未供土地分年度、分批次进行统计，对批而未供情况突出的县（市），加强调研、指导和督促。(2)加强土地供应动态监测与监管。1月1日起，各县（市）运行了土地市场动态监测与监管系统，及时、全面、准确掌握土地供应和开发利用情况。(3)加强地价管理，发挥地价对土地利用的基础性作用。楚雄市、南华县和武定县完成基准地价更新工作，其余7县已全部启动基准地价更新工作。同时，完成了楚雄、南华、牟定、大姚4县（市）的农用地定级估价工作和楚雄市开发区集约利用土地评价工作，并通过省级评审验收。(4)审批和上报审批具体项目用地报件85件，已批准供应土地总面积349.28公顷。其中，划拨用地19件，面积31.21公顷；挂牌出让用地66件，面积318.07公顷。(5)除单独选址划拨用地外共供应各类建设用地151宗，面积337.85公顷。有偿方式提供土地121宗，面积274.06公顷，收取土地出让金7.22亿元。其中，以招标拍卖挂牌方式出让土地94宗，268.42公顷，出让金7.13亿元；以协议方式出让土地5.64公顷，土地出让金875.39万元。提供廉租住房用地9.85公顷。(6)盘活存量建设用地288.35公顷，占供地总量的85%。全州共收购储备土地49宗，面积20.30公顷；出让土地79宗，面积214.82公顷，有偿收入5.67亿元；划拨方式供地18宗，面积38.19公顷。州国土局收购储备中心出让土地7宗，面积14.55公顷，收取土地出让金1.02亿元。

【重点工程用地服务】 2009年，楚雄州认真做好重点工程用地服务工作。(1)认真做好永武公路收尾工作，特别是做好遗留的“沟桥路涵”善后工作。同时，为武昆高速公路进场道路提供建设用地124.37亩，弃土场用地19.66亩。(2)完成元双二级公路建设项目正线范围内征地7507亩，占应征地的96.25%，提供施工单位使用138.45平方千米工程用地；建筑物已拆迁7.95万平方米，占应拆迁数的80.06%；已拆迁构筑物用地3.55万平方米，占应拆迁数的87.22%；已拆迁各种管线291.37千米，占应拆迁数的88.48%；已拆迁混凝土地坪3.40万平方米，占应拆迁数的90.01%；已拆迁坟墓1365冢，占应拆迁数的100%。（3）自2007年10月以来，共向昆广铁路复线建设单位提供建设用地2287.71亩。其中，永久征地822.88亩，临时用地1464.83亩，完成设计用地97%；房屋拆迁面积3万平方米，完成量为100%。同时，禄丰县还全额拨付了征地拆迁补偿费3690.07万元。年末，已收缴建安营业税5488万元，州财政局拨付建安营业税4639万元；争取省级安排征地拆迁资金1070万元（已到位450万元）；州昆广铁路复线建设协调办拨付禄丰县征地拆迁费合计5894万元。

【规划管理】 2009年，楚雄州严格执行土地利用年度计划，认真做好建设用地预审、土地利用总体规划局部调整和规划修编工作。（1）建设项目用地预审。全年共预审建设项目22件，总用地面积767.64公顷，其中耕地361.65公顷，未利用地89.18公顷；州级预审建设项目用地5件，同意选址用地总面积37.26公顷；上报云南省国土资源厅进行预审的建设项目用地报件17件，总用地面积730.38公顷，有力地支持了地方各项经济建设。（2）依法依规做好土地利用总体规划局部修改工作。开展楚（雄）广（通）高速公路、禄（丰）武（定）一级公路、德胜煤化工有限公司40万吨/年氧化球团等13个项目规划的局部修改工作，项目总用地面积为446.43公顷，涉及农用地调整355.69公顷，其中耕地188.74公顷。（3）第二轮矿产资源规划编制工作取得阶段性成果。4月编制完成了《楚雄州矿产资源规划》及两个专题研究。9月10日，楚雄州人民政府第二轮矿产资源规划编制工作领导小组成员单位有关领导和技术人员组成专家组对该《规划》进行州级评审；10月26日，通过了楚雄州人民政府第22次政府常务会审查，规划文本经过修改完善后已上报云南省国土资源厅审查。

【土地利用总体规划修编】 2009年，楚雄州编制了《楚雄州土地利用总体规划修编前期工作规划参考指标方案》，经州人民政府批准，分解下达了2010年规划建设用地指标0.38万公顷，2020年规划建设用地指标1.24万公顷；2010年耕地保有量为29.40万公顷，2020年耕地保有量为28.83万公顷。年内，州级土地利用规划修编大纲已经通过州人民政府常务会审查，各县（市）规划大纲已经通过州级规划领导小组和专家审查。州级大纲、专题研究和县级大纲，“三张图”州、县数据全部通过云南省国土资源厅审查，完成了基本农田上图工作，为楚雄州土地利用总体规划的修编工作奠定了基础。

【三项整治】 2009年，云南省国土资源厅同意《楚雄州2008年度第一批“三项整治”工作方案》，将楚雄州纳入全省城增村减挂钩试点工作范围。同时，下达楚雄州建设用地周转指标总面积161公顷，其中耕地139公顷。大姚、南华、永仁、禄丰4县的“三项整治”方案通过州级专家组验收，共计划整治面积116.89公顷，其中新增耕地105.68公顷。4县整治方案经过修改已上报云南省国土资源厅。同时，上报了武定县38公顷的城增村减挂钩方案。

【矿政管理】 2009年，楚雄州进一步规范矿业权管理。（1）加强矿产资源补偿费征收入库工作，全年共征收矿产资源补偿费250万元。（2）贯彻执行矿产资源有偿使用费征收规定，确保实现应收尽收和扶持矿山企业平稳较快发展两个目标。全年对48个矿山征收有偿使用费624.71万元，其中县（市）国土局对39个矿山征收314.94万元。（3）编制《楚雄州2009年探矿权采矿权出让计划》上报云南省国土资源厅待批复后实施。全年以有偿方式出让采矿权24个，其中挂牌23个、协议1个，收取采矿权出让金101.37万元。（4）对40个探矿权和545个采矿权实施年检。注销许可证28个、查处越界开采2起、取缔非法采矿16个，追缴矿产资源补偿费9万元。（5）进一步推进以钛矿和煤炭为重点的矿产资源整合工作，提高资源集约化利用水平。编制《楚雄州钛矿资源开发整合矿业权设置分布图和说明书》、《牟定县格依乍铜矿等16个重点矿区资源整合实施方案》、《楚雄、双柏、南华和禄丰4县（市）煤炭矿产地矿业权设置方案》；严把矿业权准入关，合理配置矿业权，不断提高资源综合利用水平。（6）全面启动楚雄州矿业权实地核查工作。对全州范围内设置的735个合法有效矿业权现状进行实地核查，其中探矿权131个、采矿权604个。以9月1日为过期基准日，全州过期探矿权57个、过期采矿权115个，对已过期的矿业权已全部下发停止违法行为通知书。

【地质灾害防治】 2009年，楚雄州全面落实地质灾害防治措施，全年共发生地质灾害险情43处，未造成人员伤亡。（1）抓好地质灾害隐患点排查，明确预防重点。查明了全年地质灾害隐患点共1243个，威胁群众2.05万户共9.28万人，落实地质灾害监测人员1243名。同时，推行乡（镇）党委、政府领导班子成员联系挂点地质灾害隐患点制度，做到点点有人监测，责任领导明确，并制定了州、县两级《2009年度地质灾害防治方案》下发实施。（2）加强培训，进一步提高管理人员、监测人员业务水平。6月，组织5个巡查组分别对全州10个县（市）地质灾害防治工作落实情况进行巡查，对存在的不足和问题，及时提出指导性意见。（3）做好姚安“7·09”地震次生地质灾害预防工作。楚雄州国土资源局在震后20分钟内迅速组织专家组分赴灾区开展地质灾害应急响应工作，及时编报灾情快报27期，共计排查地质灾害点80个，出具地质报告80个，新增地质灾害隐患点10个。同时，指导基层做好地质灾害监测和预警、预报，组织做好灾区临时转移群众安置点和搬迁安置点的选址。（4）做好地质灾害汛期值班、灾情速报和处置工作，同时配合楚雄州气象部门做好气象预警工作。投入100万元在部分乡（镇）人民政府机关、村委会和重要地质灾害点安装了160块电子显示屏，共发布重要天气情况地质灾害气象预警16次。

【矿山地质环境恢复治理】 2009年，

国土资源部和云南省国土资源厅批准实施楚雄州武定县已衣乡等8个地质灾害治理项目，总投资5793.7万元。10月，8个项目中除双柏县碍嘉乡、楚雄市三街镇2个项目外实施工作基本完成，进入验收准备阶段。此外，积极做好矿山地质环境恢复治理保证金的收缴工作。截至10月末，累计收缴保证金1337.87万元。

【地籍测绘】 2009年，楚雄州进一步加强地籍测绘工作。（1）制定下发《关于做好2009年测绘管理工作的通知》和测绘行政管理工作考核办法，将测绘管理考核办法纳入国土资源目标责任一起考核。（2）5月，举办测绘资质年度注册业务培训班，各测绘单位法定代表人和各县（市）测绘地籍科（股）长共68人参加，并按时完成全州38家测绘单位的年度注册工作。（3）全年共上报省测绘局复审换证单位19家、新申请办理测绘资质单位6家，共审核出具《测绘成果索取专用函》17份。（4）启动楚雄州基础测绘规划编制工作，基础测绘规划编制的资料收集和州级各部门、各县（市）相关部门的意见征求工作已完成，进入文本编制阶段。

【第二次土地调查】 2009年4月，楚雄州10县（市）第二次农村土地调查外业成果全部通过省级验收。5月，完成了土地利用现状数据库上报工作。年内，完成了全州10县（市）基本农田上图核查工作，并将审查审核报告、基本农田调整方案、基本农田数据库、检查分析报告、州（市）汇总表等上报云南省国土资源厅。同时，完成了10月31日全国统一汇总工作和集体土地使用权确权发证工作。

【国土资源执法监察】 2009年，楚雄州加强国土资源执法监察工作。（1）巩固和完善“百日行动”后续工作。按照“未批先用行为整体性处理意见”要求，查处案件6件，结案率100%。同时，共清理未纳入“百日行动”的未批先用项目2件，总面积8.86亩，分别是旅游配套设施建设项目和万头无公害养猪基地项目，均立案查处。（2）打击矿产资源开发领域违规违法行为，检查开发安全情况，查处违法运输无烟煤车辆16辆，没收非法获取的无烟煤250余吨，发放停止违法行为通知书39份，查处矿产资源违法违规行为为35起。（3）开展国土资源动态巡查共2150次，发现和制止国土资源违法行为共计481件。其中，土地违法行为293件，有效制止287件；矿产违法行为188件，有效制止183件。（4）共清理出闲置土地27宗，面积7.56公顷，并对26宗闲置土地下发限期动工开发利用通知书，其中16宗闲置土地在下发通知书后已开工建设，1宗收回土地使用权。（5）立案查处国土资源违法案件72件。其中，土地违法案件48件，涉及总面积24.6亩，拆除构筑物3269平方米，没收构建物1711平方米，收回土地18.15亩，收取罚没款10.61万元，违法占用耕地、基本农田案件立案查处率达100%；矿产资源违法案件24件，收取罚没款17.59万元。

【打击私挖滥采】 2009年，楚雄州采取有力措施，打击私挖滥采工作，全州共发现非煤矿山领域非法开采行为105起、已取缔12起、正在打击93起、非法销售矿产资源7起。（1）坚决制止私挖滥采煤炭资源违法行为。楚雄市共清理排查出矿山废弃矿井151个，采取炸封、砌封关闭145个、倒塌掩埋6个。南华县共炸封非法煤点60个，捣毁非法囤积储煤仓26个，对违法人员处予罚金2.4万元。（2）遏制私挖乱采砂石料违法行为。牟定、大姚、元谋、武定4县共发现私挖乱采砂石料点44个，均下发了停止违法行为通知书取缔；责令停止6个元双公路临时砂石料场违法开采点。

［王秋青］

招商引资

【招商引资工作】 2009年，楚雄州招商局突出产业招商、引进大项目这一工作重心，加强项目开发、项目推介、项目落实和投资服务工作，项目领域不断深化，招商机制不断健全，合作空间不断拓展，在全球性金融危机的背景下，全州的招商引资工作仍保持强劲势头。截至年末，全州共实施州外国内招商引资项目305项，项目协议总投资316亿元，实际引进州外到位资金75.5亿元，完成州人民政府全年考核责任目标任务63.6亿元的118.7%，比上年同期增长42.5%。其中，省外资金到位46.8亿元，完成省级考核目标任务42亿元的111.4%，比上年同期增长24.8%；州外省内到位资金28.7亿元。实际利用外资1293万美元，完成省人民政府下达利用外资责任指标800万美元的161.6%。

【拓宽项目开发领域】 2009年，楚雄州围绕国家产业导向和州内重点产业，继续实施《楚雄州项目推出工作实施办法》，着力对全州工业园区（小区）项目招商及闲置资产项目进行整理开发；着力推出文化旅游业及商贸、物流、金融等现代服务业项目；加大对教育、卫生、水利、交通、环保、城建等社会事业及基础设施建设项目、经营权转让项目的推出力度，打牢招商引资前期项目基础；通过开展工业企业及工业园区产业配套项目专题调研，着力开发包装工业产业配套招商项目。全年共征集项目157个，其中新推项目74个、续推项目83个。筛选、论证、推出旅游三产、矿产开发、社会事业、基础设施和制造业20个重点招商引资项目和62个储备项目，包装了工业园区建设和招商项目10个、生物产业招商项目11个、工业产业配套项目21个。同时，精心编印《2009楚雄州重点招商引资项目册》、《生物产业招商项目册》、《楚雄州工业园区招商项目册》，为有效开展各领域招商夯实了基础。

【依托节会招商引资】 2009年，楚雄州依托大型节会，积极参会参展，项目推介合作取得实效。在昆交会上，累计实现国内经济技术合作项目112项，涉及项目协议引资总额136.4亿元，禄丰褐煤资源整合开发项目、双柏城西北片区开发建设项目一期工程等4个项目进入昆交会省级集体签约。在广西南宁举办的第五届泛珠三角区域合作与发展论坛暨经贸洽谈会上，与中广核风力发电有限公司签订了总投资40亿元的《关于开发利用楚雄州风能资源的战略合作框架协议》。

【搭建招商引资平台】 2009年，楚雄州通过加强内引外联，成功搭建招商合作平台。(1)加强与云南省台办、省侨联等部门的沟通联系，成功签订《招商引资战略合作协议》，为楚雄州面向侨胞、港澳同胞招商搭建平台。(2)主动走访驻昆异地商会组织，积极与四川浙江商会、重庆浙江商会等外地商会建立联系，成功与四川浙江、重庆浙江、贵州浙江、广西东盟4家商会达成合作协定，将依托4家商会分别成立楚雄州人民政府驻四川、重庆、贵州、广西4个招商引资联络处。4个联络处实施运行方案及《楚雄州人民政府驻外招商引资联络处管理办法》已经州人民政府常务会通过。(3)组织工作小分队分别到州人民政府驻浙江（杭州）、福建（厦门）招商联络处进行招商工作业务指导，并走访考察厦门、浙江等地商会和部分大型企业，向他们推介楚雄优势产业，洽谈当地有意向合作的项目，切实推进驻外联络处工作的开展。

【健全招商机制】 2009年，楚雄州进一步健全招商机制。(1)认真执行2009年楚雄州人民政府重新制定出台的《楚雄州鼓励外来投资、承接产业转移若干规定》，进一步降低招商引资门槛，扩大招商领域。(2)通过实行新的《楚雄州招商引资工作考核办法》和《楚雄州人民政府关于2009年十大重点招商项目任务分解立项督查的通知》等相关机制办法，使招商引资绩效评价体系更加科学化、规范化。(3)充分调动州级行业部门内部招商资源，进一步激励各部门主动参与招商工作的积极性，制定《楚雄州州级部门招商引资奖励暂行办法》并经州人民政府常务会通过下发实施。(4)在继续推行《外来投资后续服务联络员工作机制》、"交通绿卡"制度的同时，积极筹划组建楚雄州外来投资服务中心，并拟定外来投资服务中心机构设置、管理和运行方案，争取尽快实现并联审批制，为外来投资项目手续办理提供"一站式"服务体系，营造更加良好的投资服务环境。

【招商信息宣传】 2009年，楚雄州招商局围绕部门工作重点，积极开展政务信息公开和招商信息宣传工作。(1)完成政府信息公开网建设、录入、发布等相关信息工作；建立和开展了招商局"96128"政务信息查询系统和阳光政府各项工作，确保本部门政务公开，信息畅通。(2)充分利用《楚雄招商》内刊及"楚雄州招商网"、"楚雄州招商局政务信息公开网"等部门平台及时发布招商项目，反映工作动态。全年共编发《楚雄招商》内刊24期，网络发布信息200余条，为社会各界以及外来客商提供有效的招商信息资源。(3)与《云南日报》、《云南经济日报》、《楚雄日报》、楚雄电台、电视台以及省外部分媒体、网站保持经常性联系，积极传输相关信息，适时宣传报道楚雄州对外开放暨招商引资政策举措。

［吕振敏　李志伟］

工商行政管理

【工商行政管理与服务】 2009年，楚雄州工商部门继续加强工商管理工作。(1)把做好2008年度企业年检工作作为面对金融危机帮扶企业和个体工商户的重要平台。截至6月30日，全州应检内资、私营企业8000户，实检6860户，年检率为86%。申请延期年检113户。全州工商部门为企业上门年检568户。(2)认真落实甲型H_1N_1流感防控市场监管工作，加强与农业、畜牧、卫生、质检、公安等部门的协调配合和沟通联系，形成联动工作机制，从5月1日开始实行疫情日报告制度。截至11月20日，全州工商部门共出动执法人员2.62万人次，检查各类市场1.14万个次，检查经营户11.64万户次。(3)制定下发《开展诚信市场创建活动的实施方案》，抓好诚信市场创建。截至11月末，完成商品交易市场数据采集录入63个，并在各类商品交易市场中开展"诚信市场"创建活动。全州共认定11个3A级市场，29个2A级市场，5个1A级市场。(4)认真开展"农村食品安全示范店"创建和"一会两站"建设工作。截至11月，全州创建"农村食品安全示范店"1101户，覆盖了全州所有乡（镇）和行政村；挂牌建立消费者协会分会108个、"12315"联络站和消费者投诉站767个。(5)认真办理群众来信来访案件。截至10月30日，全州工商部门收到信访举报件8件，已办结8件。全年共接到（待）消费者来电来访1.15万次，受理消费者申诉（投诉）、举报、咨询1976件，其中申（投）诉949件、举报211件、咨询816件，解决率100%，为消费者挽回经济损失53.93万元。

【帮扶引导创业就业】 2009年，楚雄州工商部门和个体私营经济协会采取多项措施帮扶、引导返乡农民工创业就业。结合"五五普法下乡"和"3·15"消费维权宣传准备活动，通过上门走访、座谈、结对帮扶、印发宣传材料等活动，积极进行政策宣传，共散发宣传资料400余份，开展法律法规培训4场次；在各基层工商所（分局）设立返乡农民工创业就业咨询服务窗口，提供政策咨询和信息指导，解疑答惑，根据农民工需求实行预约服务、上门服务。个体私营经济协会利用召开会员大会或定期会员活动等方式积极为农民工寻找用工信息，工商部门利用个体验照、企业年检和设立登记之机了解用人需求，收集用工信息定期向返乡者发布。采取"走出去、多联系、多协调"的方式积极与企业沟通联系，共走访企业1715户，召开座谈会51次；积极动员企业吸纳、招聘农民工，联合相关部门组织会员开展劳动用工招聘会和职业技能培训。实施行政提醒、行政告诫制度。返乡农民工未办理营业执照从事一般商品零售及服务等不涉及前置许可经营项目被查处的，经工商部门提示后及时办理注册登记手续，以教育引导为主，免予行政处罚。注重典型引路，引导楚雄矿冶有限公司于3月上旬隆重召开第二届优秀农民工表彰大会，近200名优秀农民工受到表彰，极大地鼓舞了农民工参加就业的信心和决心。截至11月末，全州已到工商部门办理个体户的农民工有4612人，吸纳雇佣农民工的企业或个体工商户有3647户，到企业或个体户中就业的农民工有1.68万人，受到工商部门帮扶指导的农民工有788人。同时，免费为37名退役士兵、314名高校毕业生、2698名下岗失业人员办理注册登记；私营企业或个体工商户吸纳下岗失业人员1825人，对维护社会稳定，促进经济发展起到了积极的作用。

【整顿和规范市场经济秩序】 2009年，楚雄州工商部门坚持以维护地方经济稳定、健康、和谐发展为己任，立足职能，全力维护良好的市场经济秩序。（1）严厉打击传销违法活动。全州工商部门共组织专项打击传销行动19次，出动执法人员1964人（次），车辆476台（次），共检查出租房、集会场所2479个，查处传销案件6件，捣毁传销窝点34个，教育遣散传销人员282人，收缴用于传销的书籍资料490份，通信工具25部，手提电脑1台等物品。移送公安机关刑事拘留5人，监视居住1人。发放“打传”宣传画、《制止传销人人有责》手册、《打击传销知识问答》等宣传资料7000余份，接受群众咨询1869人（次）。（2）进一步加大保护商标专用权和整治虚假违法广告力度。全州共查处各类商标案件128件，没收销毁侵权商品1111件。出动执法人员2312人（次），检查广告经营户5713户，检查广告9684条，收缴各种印刷品广告1.51万份，牌匾、布标284条，取缔各种广告2799条。清洗乱张贴广告8456张，清除、覆盖乱喷涂办证文凭广告6536条。查处违法违章广告案件51件。责令停止发布违法广告16条、限期整改34条。（3）认真开展红盾护农行动。全州工商部门共出动执法人员5309人（次），车辆1323台（次），印发宣传资料3.79万份，召开会议宣传农资经营政策134场次，开展识别假冒农资宣传41次，出宣传栏42期，利用广播、电视宣传40次，检查农资经营户1.60万户次，检查市场1255个次，对农资质量监测和抽查26次，检查发布农资广告53次，查处各类农资违法违章案件99件。（4）严厉打击卷烟制假、售假违法行为，积极配合公安、烟草专卖等部门，开展“高原风暴”行动，做好“打击非法制售行为，严厉惩处犯罪分子”工作，以打击制售假冒卷烟网络、打击烟草走私网络、打击非法卷烟销售网络为主，共出动执法人员1742人（次），检查卷烟经营门店2104户，查处案件77件，无照无证经营户34户，没收假冒卷烟134.2条、非正常渠道卷烟1862.5条。（5）深入开展“扫黄”、“打非”工作，联合有关部门定期或不定期地开展文化市场和娱乐场所整治。全州工商部门共出动执法人员2867（次），检查市场785个（次）及各类店、档、摊点4331个，检查网吧、游戏室、歌舞娱乐场所1682个。收缴非法出版物1019件，查处无照、超经营范围经营的网吧、歌舞厅、电子游戏室及擅自转让网吧营业执照案件11件。（6）全力开展节日食品市场专项整治。全州工商部门采取有力措施，制定完善节日食品安全保障方案，明确食品监管重点区域、重点市场、重点品种，把监管任务分解落实到基层工商所（分局），分组划片，责任到人，层层落实食品安全监管网络责任制，集中力量开展节日食品市场专项检查。截至11月末，出动执法检查人员1.61万人次，车辆1056台次，检查经营户8.06万户次，检查各类市场2011个次，取缔无照经营331户，查处食品违法案件434件，查获假冒伪劣食品8157.96千克，确保节日期间全州流通领域未发生食品安全责任事故。（7）开展互联网广告集中清理行动，共检查从事互联网上网服务企业2家，检查监测门户网站13家、自设网站93家，清查网上广告76条。（8）开展家电、汽车摩托车下乡市场专项整治。11月末，全州有“家电下乡”、“汽车摩托车下乡”中标销售企业83户，“家电下乡”、“汽车摩托车下乡”销售网点420个。共出动工商执法检查人员1470人次，检查经营主体2206户次，取缔无照经营户7户，查处违法案件27件，其中查处销售不合格和假冒伪劣家电案件5件，查扣不合格和假冒家电100台。

【开发绩效考核督查管理系统】 2009年，楚雄州工商行政管理部门开发了“楚雄州工商行政管理系统绩效考核督查管理系统”，按照职责将各科（室）年度工作、重点工作量化为12大项68小项指标进行考核，对各县（市、区）的完成工作情况也按季度进行检查考核。监察机构在系统内网上对检查考核情况进行跟踪督查，定期通报检查考核情况，进一步强化全系统任务落实和进度跟踪。

【规范化建设】 2009年，楚雄州工商行政管理局为进一步强化工商职能，整合力量推进全州基层工商所规范化建设，努力把基层工商所建成规范执法的窗口、服务发展的窗口、维护权益的窗口。当年共选择21个工商所（分局）作为楚雄州工商系统规范化建设试点单位，年末17个工商所（分局）已顺利通过规范化达标验收，超额完成云南省工商局要求的30%以上工商所（分局）达标的目标任务。

［李兴明］

非公有制经济管理

【非公有制经济发展状况】 2009年，楚雄州工商行政管理部门把“保增长、保稳定、保民生”放在首要位置，充分发挥工商登记注册职能，对市场主体提供优质服务，营造公平公正、便捷高效的市场主体准入环境，促进各类市场主体快速健康发展。11月末，共有个体工商户5.60万户，注册资金10.83亿元，从业人员10.16万人，分别比上年末净增长6834户、3.29亿元、1.53万人，分别增长13.88%、43.63%、17.78%。新办个体工商户1.25万户，注册资金

3.91 亿元，从业人员 2.12 万人；有私营企业 5222 户，注册资金 74.46 亿元，从业人员 10.25 万人。新设立私营企业 1074 户，注册资本 9.62 亿元，从业人员有 1.36 万人；有内资企业 3311 户，比上年末减少 161 户，注册资金 53.1 亿元，比上年末增加 2.41 亿元。

【优质市场准入服务】 2009 年，楚雄州工商行政管理部门按照《云南省人民政府关于鼓励创业促进就业的若干意见》要求，围绕服务发展制定出台《楚雄州工商部门强化市场准入服务指导工作实施方案》、《关于积极帮扶农民工就业创业工作的通知》和《关于认真贯彻落实云南省鼓励创业贷免扶补实施办法的通知》，积极为非公有制经济提供优质市场准入服务。（1）强化内部规范。继续坚持“一审一核”和“法制审核”制度，执行统一的登记标准、登记程序、登记要求，对申请材料齐全，符合法定形式的登记申请者给予当场登记，2 个工作日发照；坚持首问负责制和限时办结制、服务承诺制，“预约上门服务”。（2）完善服务措施，拓宽注册登记申请的受理和审查渠道，推行“网上年检”、“网上登记”，开通信函、电报、电传、传真、电子邮件等多种申请形式，为市场主体提供方便快捷的登记渠道。（3）放宽市场准入限制。实行“十放宽”、“两简化”，即放宽企业、个体名称登记、住所、注册资本出资形式、经营范围、经营方式、投资领域、投资方式、组建私营企业集团限制、招商引资资格限制，最大限度地简化登记材料和审批程序。

【落实优惠政策】 2009 年，楚雄州工商行政管理部门认真落实相关优惠政策。（1）认真落实首次创业的个体工商户 3 年内免收登记类和证照类等有关行政事业性收费的优惠政策。1 月至 10 月全州新登记个体工商户 1.14 万户，免收行政事业性收费 24 万余元。（2）全力落实“贷免扶补”优惠政策，积极鼓励创业。成立楚雄州工商局、个体私营经济协会鼓励创业“贷免扶补”工作领导小组，各县（市）区工商局、个体私营经济协会为领导小组成员单位，并制定《楚雄州鼓励创业“贷免扶补”工作实施方案》。年内，云南省工商局、省个体私营经济协会下达楚雄州扶持创业人员目标任务 55 户，贷款金额 275 万元，带动就业人员 165 人，建立创业导师 132 人。8 月末，楚雄州超额完成扶持创业人员 74 户，贷款金额 355 万元，带动就业人员 266 人，创业导师 149 人。

【服务新农村建设】 2009 年，楚雄州工商行政管理部门积极组织、引导农民专业合作社规范发展，引导扶持大企业、龙头企业到农村开辟市场，开发新的经济增长点。同时，加强对工商干部《农民专业合作社法》和《农民专业合作社登记管理条例》的业务培训，不断提高登记注册人员的业务素质，积极为农民专业合作社登记做好服务。提前介入登记注册程序，主动上门指导，完善登记资料，免费为农民专业合作社办理注册登记。及时宣传有关农民专业合作社的法律法规和政策，利用个私协会小组会议等形式进行各种宣传活动引导，鼓励多主体、多层次、多类型兴办合作社。11 月末，全州工商部门登记注册农民专业合作社 446 户，注册资金 1.62 亿元，合作社成员 4109 名，分别是上年末的 3.9 倍、3.7 倍和 3.2 倍；有外商投资企业 183 户，注册资金 2.1 亿美元，实收注册资金 0.36 亿美元。全州新发展各类农村经纪人 225 户，比上年末净增 196 户。

【推进商标战略】 2009 年，楚雄州积极推进商标战略工作，以促进经济发展。（1）全州工商部门结合实际，采取多种形式面向社会、面向农村、面向企业大力宣传商标法律法规及有关知识，共出动人员 122 人，车辆 38 辆（次），发放宣传材料 3.08 万份，发放农产品商标指南 2300 份，电视、广播宣传 52 条（次），出黑板报 67 期，召开会议 61 场（次），悬挂宣传布标 57 条，接受群众咨询 1915 人（次），通过宣传使商标法律法规深入人心。（2）积极开展驰名商标、著名商标的培育、申报工作。推荐 18 家企业的 19 件商标参加全省第七届省著名商标申报认定，有 18 件被认定为省著名商标。推荐 1 户企业申报驰名商标。（3）推进“一乡一标”工作，制定具体落实措施和实施方案，把目标任务层层分解，责任落实到位，任务落实到人。11 月末，全州工商部门帮助市场主体申报商标注册 142 件，比上年同期增加 41 件。其中有国家工商总局商标局受理通知书 119 份，新核准注册商标 68 件。年末，全州共有注册商标 394 件。

［李兴明］

统计与统计调查

【统计文化建设】 2009 年，楚雄州统计局加强统计文化建设。（1）认真组织开展“三个一”实践活动，并对照“三个一”实践活动的要求，认真查找差距，提出措施。（2）邀请云南大学著名经济学专家、博士生导师徐光远教授为州内全体统计干部职工讲解经济周期、经济规律、美国次贷危机及其引发的国际金融危机和金融海啸知识，解读中国经济形势、财政金融等宏观经济调控政策和应对国际金融危机的一系列措施。（3）举办统计从业资格考前学习培训班，建立完善了统计业务学习奖励机制。全年全州统计系统干部职工中有 230 人积极报名参加统计从业资格培训学习考试。有 129 人参加了助理统计师、统计师、高级统计师的学习考试，进一步提高了统计业务能力。（4）认真开展“六比六看”主题学习实践活动。（5）6 月 30 日至 7 月 1 日，州统计局（队）全体党员干部职工及离退休老同志共 60 多人欢聚一堂，组织开展双抠、棋牌等比赛活动，并举行联欢晚会，共同庆祝党的 88 周岁生日。

【统计方法改革】 2009 年，楚雄州统计局紧紧围绕全国、全省统计工作会议精神，积极推进统计方法改革工作。（1）开展重点产业统计工作。认真做好全州“烟草产业、天然药业、冶金化工业、绿色食品业、文化旅游业”五大重点产业季度、年度和全州非公经济增加值半年度、年度核算工作。同时于每季度末对10县（市）非公经济增加值核算进行联审和指导。（2）在做好GDP核算、农业、工业、固定资产投资、建筑业、贸易统计，并实行下管一级的基础上，积极探索进一步做好能源统计、服务业统计和建筑业统计的新方法，努力提高能源统计、服务业统计和建筑业统计数据质量。（3）投入35万元对全州10县（市）农村住户调查样本进行了扩点和轮换，由原来的2150户扩大到2500户，同时对原有的2150户样本调查户进行轮换，并按每年轮换50%的原则，分别在2009年和2010年轮换。新样本调查户已于2009年11月25日开始记账。

【统计法制建设】 2009年，楚雄州统计局认真加强统计法制建设工作。（1）把统计人员的岗位培训作为重点，切实抓好统计从业资格教育培训中《统计法基础知识》、《云南省统计管理条例》、《楚雄彝族自治州统计管理规定》的学习宣传教育和考试工作。（2）结合新修订的《统计法》和监察部等三部门出台的《统计违法违纪行为处分规定》，认真抓好学习宣传活动。（3）实行法律法规知识专题讲座制度；积极组织全局干部职工学习国务院《全面推进依法行政实施纲要》；认真开展《突发事件应对法》等法律法规的学习宣传工作。切实抓好“五五”普法等法律法规知识的学习。（4）不断强化行政执法责任。在认真总结推行行政执法责任制情况的基础上，签订行政执法目标责任书，并进行综合考评，作为年终对科室和公务员考核的重要依据。（5）对10县（市）的20个乡（镇）进行了经济普查数据质量抽查；认真组织开展农村统计和城镇居民住户调查数据质量检查；积极组织、指导县（市）开展统计法律法规执行情况和统计数据质量检查工作。

【统计基础建设】 2009年，楚雄州统计局认真开展乡（镇）统计基础设施建设，制定了乡（镇）统计站规范化建设的实施意见和验收办法。经多方筹集资金，及时给全州103个乡（镇）统计站安排了规范化建设资金，更新了计算机、打印机、档案柜、办公桌椅、沙发；开通了宽带网，修订完善了乡（镇）统计站工作制度和村民委员会统计工作制度。经过努力，楚雄州乡（镇）统计站的规范化建设任务已圆满完成，并通过了州、县统计局组织的抽查验收，全州乡（镇）统计基础设施建设上了一个新台阶，基层统计工作得到进一步加强。

【统计服务】 2009年，楚雄州统计局统计服务水平不断提高。（1）及时在《楚雄日报》上发布《2008年楚雄州国民经济和社会发展统计公报》，单独发行300册。按月编印《楚雄彝族自治州国民经济主要指标》小册子12期。（2）为迎接“两会”顺利召开，组织编印了《楚雄州国民经济和社会发展报告》1600册。（3）编印出版《2008楚雄领导干部经济工作手册》1200册、《楚雄统计》共4期1600册、《改革开放三十年硕果累累话彝州》300册。（4）认真开展统计分析，按月编印《经济运行简要分析》150份，按季编印《经济运行分析报告》3期2700册，及时对月度、季度经济运行情况进行专题分析，及时提供统计分析资料。

【重大国情国力调查】 2009年，楚雄州统计局积极开展重大国情国力调查工作。（1）按照《全国经济普查条例》和《第二次全国经济普查方案》规定，认真开展全州第二次全国经济普查。普查期间，为保证各项制度和要求落实到位，州经济普查领导小组办公室先后4次组织开展了经普工作督查和巡查工作，分别就机构、经费、人员、办公地点“四落实”情况和单位清查、普查登记、数据处理和数据质量验收等情况进行了督查和巡查，保证了普查工作的顺利开展和普查数据质量。在国家对云南省的抽查验收中，双柏县被抽中为国家检查验收的省内3个代表县之一，经检查，给予了“普查数据质量高，差错率低”的评价，同时被推荐上报为国务院第二次全国经济普查工作表彰先进单位。（2）全国第六次人口普查试点工作圆满完成。省统计局决定“云南省第六次全国人口普查外出人口专项调查试点”工作在楚雄州禄丰县进行，州统计局组织禄丰县等相关部门密切配合，认真制定试点方案、确定试点小区、抽选试点调查人员，认真进行试点宣传发动，做好入户登记调查，总结试点经验，圆满完成了试点工作任务，在全省会议上进行了试点经验交流。

［高华伟］

【统计调查基础工作】 2009年，楚雄州企业调查队进一步加强统计调查基础工作。（1）进一步完善制度建设。10月14日，楚雄州统计局和国家统计局楚雄州企业调查队讨论通过了《楚雄州统计局　国家统计局楚雄调查队联席会议制度》并联合发文共同实施。（2）购置了必要的办公设备，进一步提高调查队的办公自动化水平。（3）按照调查工作经费要向基层倾斜的要求，积极筹集10万元经费下拨县（市）统计局和调查队改善基层工作条件，加强基层基础建设，推进各项调查工作有效开展。（4）进一步完善调查制度，制定和完善业务基础工作规范。建立了规模以下工业、畜禽监测调查、部分服务业抽样调查等调查台账，并搞好与历史统计数据和相关统计部门的对照衔接，为搞准、搞实调查数字奠定了基础。

【调查业务】 2009年，楚雄州企业调查队按照云南企业调查总队关于工作重心要从机构组建、班子配备转移到业务建设和完善创新管理制度上来的要求积极开展业务建设。（1）严格执行国家统计调查制度，坚持独立调查、独立汇总、独立上报，圆满完成各项调查任务。同时，进一步完善调查网络，规范调查流程，夯实调查基础，加强对规模以下工业抽样调查、部分服务业抽样调查、主要畜禽监测调查、重点企业（集团）调查、企业景气调查等数据的质量控制和数据评估工作；重点企业（集团）逐步实现网上直报，企业景气调查企业家填报率达到100%。（2）对抽中的120户规模以上工业企业人员进行培训，开展2009年工业品价格采集、上报、汇总等试算运行工作，为2010年开展工业品价格调查提供了基础资料。（3）开展2009年度《组织工作群众满意度调查》、《云南省群众评议省直机关活动调查》、《云南省县（市、区）领导班子和领导干部公信度调查》、《机关党建工作调查》、《公安工作及群众安全感调查》、《云南省机关党建工作情况专项调查》、《城市中小学教育收费情况调查》、《地震灾害恢复重建情况调查》、《以完善惩治和预防腐败体系为重点加强反腐倡廉建设工作调查》等专项调查工作。

【统计调查服务】 2009年，楚雄州企业调查队牢固树立统计调查数据质量是第一要务的观念，坚持入户调查，做好走访企业、调查户的工作，加强对调查数据的审核、评估和监控工作，确保调查上报的数据质量。全年全队调查人员共撰写调查分析期报告33篇，调查信息和编印工作简报32期41篇（条）。在提供各级领导决策参考的同时，大部分调查分析报告、调查信息和工作简报被报刊、杂志、电台和上级调查部门采用，采用率达90%以上。

［肖世良］

审　计

【审计工作】 2009年，楚雄州审计机关认真履行审计监督职责，积极促进各项政策措施的贯彻落实，充分发挥审计的“免疫系统”功能，积极维护全州经济安全，着力加强基层审计机关建设，加快审计人才队伍建设步伐，不断提升审计工作开放度，继续推进和完善各项创新思路和创新举措，促进提高经济增长质量和效益，加大效益审计和专项审计调查力度，更加注重从体制、机制、制度层面发现和分析问题，提出改进和完善建议。全年全州共审计项目688个，单位954个，审计查出违规金额1.43亿元，损失浪费金额1373万元，收缴财政3857万元，减少拨款或补贴1492万元，归还原资金渠道816万元，审计核减建设工程投资金额2312万元。审计移送纪检监察机关2件3人，移送州检察院案件1件2人。向社会公告审计结果549篇，提交审计工作报告和报送审计调查报告625篇，审计提出被采用的审计建议990条。年内，州审计局被中央文明委表彰为“全国精神文明建设工作先进单位”，全州11个审计机关被中共云南省委命名为“省级文明单位”，率先进入云南省审计系统创建文明单位的先进行列。州审计局被国家人力资源和社会保障部、国家审计署表彰为“先进集体”。州审计局党组书记、局长张万礼受到中共中央政治局常委、国务院总理温家宝的亲切接见。

【专项审计】 2009年，楚雄州审计局继续抓好各项审计工作。（1）以扩大内需审计促进全州经济平稳较快发展，全力以赴开展中央新增预算内扩大内需专项资金跟踪审计。组织110名州、县（市）审计人员跟踪审计265个项目，审计资金9.17亿元。以扩大内需审计为龙头，全州共审计投资总额18.05亿元，共核减投资2312万元。（2）组织开展财政支农专项资金审计，审计资金3.38亿元，查出违规及管理不规范资金0.84亿元。社保资金审计由全面审计转向了单一险种的重点审计，审计查出问题整改纳入了全州社保基金专项治理工作。此外，还开展了对再就业资金、农村中小学校舍维修改造专项资金、中小学校舍安全工程的审计或审计调查。全面开展了2008年“8·30”地震恢复重建资金、“11·02”泥石流自然灾害恢复重建资金的审计。协调执行了云南省审计厅固定资产投资贷款贴息项目资金的决定，为国家挽回经济损失1185万元。（3）以经济责任审计加强干部管理的保障作用，为党管干部工作服务。全年全州共完成经济责任审计项目113个，出具审计报告项目94个，实施阶段结束正在征求意见并出具报告项目19个。查出违规金额6760.02万元，其中涉及直接责任87万元、主管责任6673.02万元；查出管理不规范金额1.83亿元；收缴财政金额2179.63万元。（4）以财政审计全面提升财政预算执行审计质量。在选择资金量大的重点部门时兼顾那些多年未审计过的单位，加强对二、三级单位的延伸审计，重点检查有无违规发放津补贴、设置小金库等问题。注重以简报形式及时通报阶段性成果和情况，沟通信息、相互借鉴、整体推进。针对存在的问题提出合理化建议。

【审计管理】 2009年，楚雄州审计局深入学习实践科学发展观，全面推进审计事业快速发展。（1）制定和全面实施《关于进一步加强审计工作的意见》和《楚雄彝族自治州内部审计规定》。同时，经批准增设了人事教育培训科。全年全州共提交审计工作报告和报送审计调查报告625篇，被采用审计建议990条。（2）进一步改善审计执法环境，形成政府抓整改，审计、监察和财政促整改，预算单位主动整改的良性工作机制。对审计发现问题的整改落实情况实行限时办结制，责令各县（市）、各预算单位整改工作必须在12月15日前完成。由州人民政府督查室牵头，州审计局、州监察局、州财政局参加，抽调37人组成5个检查组开展了为期10天的审计发现问题整改专项督查，把审计整改督查工作提升到维护政府公信力和审计机关执行力的高度。州、县（市）人民政府及有关部门和单位已按审计意见整改问题1156个，占应整改问题的92%；正在整改的问题54个，占应整改问题的4.3%。（3）实施“云南审计发展工程”，为基层审计工作发展提供机遇。（4）加强审计机关建设。强化县（市）审计局领导班子和审计队伍建设；强化审计法制建设；强化审计信息化建设；制定出台《楚雄州突发公共事件审计应急预案》、《楚雄州审计局关于评选优秀审计项目的实施意见》等一系列规章制度。全年共培训审计人员464人次。全州审计机关全部实现了专网互联互通和OA、AO系统的实际应用，云南省审计厅表彰楚雄州审计局为“AO运用”优秀组织单位。（5）加强审计人才队伍建设。州审计局组织实施的牟定县原县委书记任期经济责任审计、汶川地震捐赠款物跟踪审计、楚雄州南永二级公路建设项目一期工程竣工决算审计3个项目被云南省审计厅表彰为2008年度优秀审计项目（全省共表彰10个）。原牟定县委书记任期经济责任审计项目，在全国审计机关2008年度优秀审计项目评选中，被评选为15个优秀项目之一。

［杨崇显］

质量技术监督

【实施名牌战略】　2009年，楚雄州质量技术监督局积极巩固品牌战略成果，在名牌创建、能源计量、技术标准战略实施等方面进行帮扶和指导；对企业在名牌创建和技术标准战略实施过程中出现的瓶颈问题进行现场调研；为保障名牌战略的深入推进，深入了解全州优势产业，制定名牌培育方案，帮助企业完善相关基础工作。年内，云南楚雄东宝生物资源开发有限公司的“东宝一捏脆”核桃坚果、大姚亿利丰农产品有限公司“大雄”核桃坚果荣获2009年云南名牌产品称号，南华悦欣建材有限公司荣获“云南省人民政府标准化创新奖”称号。

【质量管理】　2009年，楚雄州质量技术监督局继续加强质量管理工作。（1）组织开展楚雄市“质量兴市”和获云南名牌产品称号企业“质量兴企”活动。（2）建立完善全州85家工业企业质量档案。（3）完成农资产品、省级重点监督检查产品、旅游黄金周和节假日期间食品质量安全等20多次重点检查和专项整治工作。（4）开展楚雄州质量技术监督系统“十项专项整治行动”工作和计划生育药械市场专项整治工作，形成2009年度全州产品质量状况分析报告。年内，大中型企业和80%的规模以上企业产品质量稳中有升，市场竞争力有很大提高。（5）17家企业的19个产品取得了工业产品生产许可证。（6）广泛开展“3·15”、“世界标准日”、“世界计量日”和“质量月”、“质量和安全年”等活动，促进全社会质量意识的提高。（7）进一步提高质量监督工作有效性，完善产品质量监督检查，加强监督检查计划管理，统筹安排州、县两级监督检查计划。全年全州共抽查食品、化工、建材、机电、农资、纺织等40种产（商）品；共抽查生产、流通企业1015家，合格782家，企业抽查合格率为77%，共抽查1173个批次的产（商）品，合格958个批次，产品抽查合格率为81.7%。

【标准化工作】　2009年，楚雄州质量技术监督局进一步加强标准化工作。（1）积极组织完成了全州第四批、第五批全国农业标准化示范区3个项目考核验收材料和楚雄州7个农业标准化示范区信息材料的上报工作。大姚县承担的2个第五批全国农业标准化示范区建设项目已考核验收。（2）积极组织做好全州烤烟收购仿制样品的审定签封工作，共审定签封37个等级217套7582把烤烟收购仿制样品。（3）完成企业产品标准备案47个，组织完成全州151个食品企业产品标准的清理上报工作。（4）办理商品条码注册13家，商品条码续展53家，制作商品条码胶片233个。（5）认真做好产品国际标准化工作，帮助企业按期完成采标复审工作。

【计量管理】　2009年，楚雄州质量技术监督局认真做好计量管理工作。（1）积极开展电子秤专项检查，加强计量监督执法。（2）开展“关注民生、计量惠民”工程，对全州17个集贸市场的1629台计量器具进行检查，共免费检定集贸市场计量器具1369台件。（3）对全州161个烤烟收购点的385台计量器具、37个粮食收购点的79台计量器具进行监督检查。（4）开展商品过度包装整治工作。（5）抓好医疗卫生机构计量器具的监督管理，对97所医疗机构使用的704台件医用计量器具进行检定。（6）开展甲型H_1N_1流感疫情防控工作计量器具的检查及检定工作。（7）对2家企业新建的计量标准进行计量标准考核。（8）积极开展节能减排能源计量和能源效率标识专项检查工作。

【特种设备监管】　2009年，楚雄州质量技术监督局全面开展特种设备安全隐患治理活动。（1）以“关爱生命、安全发展”为主题，以落实“三项行动”为主线，以抓好“三个覆盖”为重点，结合实际开展“六个一”活动。（2）积极推进高耗能特种设备节能监管，在“建体系、保安全、促发展”上进一步取得成效。（3）进一步规范行政许可，注册特种设备383台。（4）组织各类特种设备操作人员辅导考试12期，办理开工告知79份。（5）制定《楚雄州2009年特种设备安全监察工作要点》，召开特种设备安全联席会议。（6）各县（市）质量技术监督局开展应急演练。（7）加强获证单位的后续监管，开展新修改的《特种设备安全监察条例》宣传培训活动。（8）与全州各（县）市质量技术监督局、特种设备使用单位签订目标责任书，与特种设备安装、改造、维修单位签订特种设备安全生产承诺书，继续深入开展起重机械和压力管道元件专项整治工作。（9）开展特种设备安全“三项行动”活动，检查生产单位28家，使用单位911家，检查设备2905台，发现隐患182家，监督完成整改143家，查处管道元件无证单位6个，发出监察指令138条，实施行政处罚25家。

【食品监管】　2009年，楚雄州质量技术监督局进一步加强全州质监系统食品安全监管工作。（1）加强组织领导，成立了专门的食品安全监管内设机构，配备专职工作人员，形成了以州质量技术监督局统一指挥，各县（市）质监局和相关科室联合行动的全州生产加工食品质量安全监管工作格局。（2）落实监管工作责任，继续实行食品安全监管工作目标责任制管理，把食品安全监管工作作为基层质监局的一项重点工作来抓。进一步完善食品安全辖区监管和执法打假责任制，使全州质监系统食品安全监管工作纵向到底，横向到边，不遗不漏。（3）完成打击违法添加非食用物质和滥用食品添加剂专项整治活动。全州质监系统共出动执法人员456人次，出动车辆161台次，走访调查食品生产加工企业1289户次，调查全州食品生产加工企业使用的食品添加剂17种，督促食品生产加工企业及全州现有的2户食品添加剂生产企业做好自查自纠工作。(4) 深入开展“质量和安全年”活动及10项专项整治行动，食品安全监管工作取得新突破。(5) 受理食品生产许可证申请73份，现场核查69家。年末，全州有184家企业的212个产品获得了食品生产许可证。年内，对已获得食品生产许可证的企业开展食品许可有效性及持续性情况检查，重点加强对乳制品生产企业质量安全责任落实情况的监督检查，督促乳制品生产企业实行“三查一报告”制度。(6) 加大食品质量监督抽查工作的广度和力度，制定《楚雄州质量技术监督局2009年全州食品类产品质量监督抽查工作计划》并组织实施。全年共抽查186家食品生产企业的195个批次产品。经检验，有148个批次的产品综合判定为合格，产品批次抽查合格率为75.9%，比上年的71.3%增加了4.6个百分点。(7) 努力开展乳制品生产企业的专项监督检查、粉条生产中使用明矾的专项执法检查、丁二酸及其钠盐的专项检查、食品生产中使用食品添加剂柠檬酸及糖精钠的监督检查等8项专项检查和整治行动。共出动执法人员1215人次，执法车辆458台次，共检查食品生产加工企业789户次，立案查办食品安全违法案件37件，其中查处无证生产销售食品案件10起，涉案货值金额201.5万元，查处生产销售质量不合格食品案件27起。(8) 初步建立食品安全风险监测工作制度，制定《楚雄州质量技术监督局生产加工食品及重要工业产品质量风险预警工作实施方案》，在全州范围内有针对性地对白酒产品中违规使用食品添加剂、肉制品中重金属元素含量开展风险监测工作。

【整顿和规范市场经济秩序】 2009年，楚雄州质量技术监督局实行行政辖区打假责任制，坚持把打假扶优保名牌和营造良好市场经济秩序作为工作重点。(1) 重点开展“查农资，保春耕”及絮用纤维制品、能源效率标识、建材、防控甲型H_1N_1流感应急物资执法打假和家电下乡、汽车摩托车下乡产品质量监督等专项整治执法检查工作。(2) 对关系人民健康安全的重点产品开展专项整治活动，取缔制假制劣窝点，查处关停无证生产加工企业，进一步强化生产企业质量主体责任意识，落实质量安全责任制，建立健全产品质量监管长效机制。全年共立案查处案件427件，结案427件。(3) 进一步加大行政执法人员法律法规学习力度，实施规范化管理。加强对消费者投诉、举报案件的接待处理工作，保证“12365”举报电话畅通。加强对封存、扣押、没收物品的管理，做到有专人保管负责。同时，以开门案审和制度建设为重点，加强对行政执法工作的督查，把好行政处罚案件审理关，召开了2次案件公开审理会议，邀请专家对行政处罚案件进行公开审理。推行说理式行政执法文书，提高执法的透明度。(4) 对伪劣产品货值金额超过5万元的案件录入司法衔接信息共享平台，接受部门监督，加强层级监督，开展行政处罚案卷评查，分别对县质量技术监督局和稽查队进行案卷评查。出台《行政处罚自由裁量权适用规则》，进一步规范行政处罚自由裁量权，进一步完善单位法治建设工作。

［孔建萍］

安全生产监督管理

【安全生产工作】 2009年，楚雄州安全生产工作坚持“安全第一、预防为主、综合治理”方针，以开展“安全生产年”活动为契机，扎实推进安全生产“三项建设”和“三项行动”，全面深化隐患排查治理专项行动和重点行业领域安全生产整治工作。年内，中共楚雄州委召开1次常委会，州人民政府召开4次常务会、5次办公会、2次电视电话会议，州安全生产委员会召开3次会议，分别研究部署安全生产工作，解决安全生产工作中的重大问题。全年全州共发生各类生产安全事故439起、死亡146人（含消防死亡1人）、受伤392人、直接经济损失1185.1万元，同比分别上升11.70%、下降2.01%、上升10.11%、上升99.79%。事故死亡人数占云南省人民政府下达楚雄州年度控制指标133人的109.02%，超过控制指标12人，自2003年以来首次突破了目标控制任务。年内，境内发生一次死亡3人以上的较大事故7起、死亡46人，比上年增加5起35人（其中，考核内较大事故4起，死亡19人；考核外的乡村公路发生较大事故2起，死亡6人；省直管事故1起，死亡21人）；一次死亡10人以上的重大事故1起，死亡11人，比上年增加1起11人。亿元GDP事故死亡率0.43%，比上年的0.49%下降12.24%；工矿商贸10万从业人员事故死亡率10.17%，比上年的9.21%上升10.42%；百万吨煤炭死亡率9.36%，比上年的2.60%上升260%；机动车万车死亡率3.12%，比上年的4.79%下降34.86%。其中，煤矿外工矿商贸企业发生事故23起、死亡25人、受伤10人、直接经济损失822.91万元；煤矿发生事故7起、死亡16人、受伤3人、直接经济损失724万元；道路交通发生事故286起、死亡104人、受伤376人、直接经济损失91.06万元；发生火灾123起、死亡1人、受伤3人、直接经济损失212.13万元；学校、水上交通、气象等其他行业未发生生产安全责任死亡事故。

【安全生产年活动】 2009年4月，楚雄州开展了以安全生产执法行动、治理行动、宣传教育行动“三项行动”和安全生产法制体制建设、保障能力建设、监管队伍建设“三项建设”为主要内容的“安全生产年”活动。(1) 执法行动。全州累计开展生产安全执法行动9.51万次，实施经济处罚105件，罚款429.44万元，处罚8.04万人次，拘留68人，三停21家、临时查封199家生产经营音效单位，关闭和取缔不符合安全生产条件场所81个（处）。(2) 治理行动。审批发放非煤矿山及尾矿库安全生产许可证153件（新办35件、延期换证116件、变更26件），危险化学品经营许可证173件（新办10件、延期换证137件、变更26件）；检审煤矿安全生产许可证43件、建筑安全生产许可证122件（审核113件、新办7户件）；发放生产经营单位主要负责人安全资格证1106件、安全生产管理人员资格证1172件、特种作业操作证2764件。工矿商贸企业开展安全标准化创建244家，113家施工企业全部达到建筑施工安全质量标准化建设标准，创建安全文化示范企业17家、诚信企业23家、安全社区15个。（3）宣传教育行动。召开新闻发布会1次，新闻媒体报道安全生产工作226篇，编印《楚雄安全生产简报》40期、刊载安全生产工作信息223则，楚雄安全生产网站发布信息98则累计点击率9.34万次，开展安全宣传教育活动8261次、受教育近百万人次。32.76万名机动车驾驶人100%接受了集中教育。（4）法制体制建设。制定了楚雄州“安全生产年”活动实施意见、安全生产较大以上事故应急处置办法、工程建设领域突出问题安全生产专项治理工作实施意见等规范性文件。（5）保障能力建设。12月14日，州人民政府第23次常务会议决定，按国务院安委会基本配置要求，2010年州财政将一次投入300万元用于解决州安全生产监督管理局的安全监管装备配备。（6）监管队伍建设。州、县（市）安监局有人员编制132人，比上年减少0.75%；实有干部职工134人，比上年增加2.29%。103个乡（镇）安监办有专兼职工作人员242名，比上年减少1.22%。年内，州安监局分5批次对本系统的监管人员和乡（镇）分管安全监管工作的副乡（镇）长进行了业务培训，外派学习培训46人次。

【安全生产月活动】 2009年6月2日，楚雄州人民政府召开楚雄州“全国安全生产月”活动启动仪式暨安全生产形势报告会。6月14日，中共楚雄州委宣传部、州安全生产监督管理局、州广播电视局、州总工会、共青团楚雄州委在楚雄市桃源湖畔举行“安全生产月宣传咨询日”大型活动，州、市90余家机关和企事业单位围绕“关爱生命、安全发展”活动主题，利用标语、横幅、宣传画、知识手册、传单和现场释疑解惑等形式，进行了内容丰富、形式多样的安全生产方针政策、法律法规、安全技能、安全知识宣传；工作人员向广大群众发放、讲解生产安全知识宣传材料，并介绍了日常用气、用电、用火、生产、出行、食品卫生、自然灾害等安全常识及自救互救办法。同时，就广大群众在生产生活中遇到的问题提供咨询服务，9县也分别组织开展了安全生产宣传咨询活动。在“安全生产月”活动中，全州有989个单位5000余人次参加了宣传活动，近百万人次受到了安全生产宣传教育。

【安全生产检查】 2009年，楚雄州安全生产监督管理局提请州人民政府组织综合性的安全生产大检查5次，提请州人民政府督查室开展尾矿库安全生产和“四个百分百”专项督查2次。全州安全生产监管部门共监督检查生产经营单位2697个5322次；查处事故隐患2117项（重大61项），完成整改2072项（重大56项）；实施行政处罚60次，其中生产经营单位40次，生产经营单位主要负责人12次；实施经济处罚105次，其中事故罚款53次，监督监察罚款52次；罚款309.15万元，其中事故罚款286.36万元，监督监察罚款16.79万元；责令停产停业整顿24户，提请关闭14户；查处事故30起，行政问责10人，给予行政处分9人、党纪处分3人，追究刑事责任4人。

【安全生产责任状考核】 2009年，楚雄州人民政府与10县（市）人民政府、15个州级部门签订了安全生产责任状。各县（市）人民政府和部门又分别与所属乡（镇）、部门、重点企业层层签订安全生产责任状。全州共签订安全生产责任状3241份，比上年的2853份增加388份，上升13.60%。年内，州人民政府对县（市）和州级部门责任状落实情况进行了半年督查和年终考评。经考核，禄丰、武定、牟定3县和州农业局、州教育局、州安全生产监督管理局、楚雄消防支队、州交警支队5个州级部门为优秀单位，元谋、楚雄、永仁、南华、大姚5县（市）和州公安局、州文化局、州卫生局、州国土资源局、州质量技术监督局、州气象局、州交通局、州水利局、州建设局、州商务局10个州级部门为合格单位，双柏、姚安2县和州经济委员会为不合格单位。

楚雄矿冶有限公司在大姚六苴铜矿举行尾矿库应急演练 （州安监局提供）

【国庆安全生产保障工作】 2009年9月7日，楚雄州安全生产委员会根据州人民政府的安排部署召开全州安全生产大检查视频会议，对国庆安全生产大检查进行动员。9月10日至22日，州人民政府组织5个督查组对各县（市）的安全生产工作情况进行了全面检查督查。9月11日，州人民政府召开第三次州安委会暨国庆安全生产工作会议，对全州确保国庆安全生产工作再次进行安排部署，并与10县（市）人民政府签订了《楚雄州2009年国庆安全生产责任书》、《楚雄州煤矿国庆安全生产责任状》和《楚雄州打击非法开采煤炭资源责任状》。各级安监部门牵头，对全州矿山、尾矿库、危险化学品、烟花爆竹、民用爆破物品、车站码头、旅游景点景区等人员密集场所和各级人民政府的应急管理工作进行了“四个百分之百”的安全检查。全州安监系统共检查危险化学品企业225家、非煤矿山企业511家、尾矿库56座、民爆物品企业13家、烟花爆竹批发企业10家，查出并整改隐患628项，整改率100%。国庆节前后半个月内全州发生死亡1人以上的道路交通事故2起。

【安全生产隐患排查治理和专项整治工作】 2009年，楚雄州继续开展安全生产隐患排查治理活动，进一步深化安全生产专项整治工作。(1) 煤矿以“一通三防”为重点，推进本质安全型矿井建设，42对工矿井全部装备了监测监控系统，煤矿瓦斯治理工作体系示范工程建设已完成规划起步阶段和重点建设阶段。(2) 非煤矿山企业推行安全标准化、地下矿山机械通风、露天矿山中深孔爆破技术，强化顶帮边坡管理和行政执法，整治尾矿库安全。年内，有1户企业被评定为省级二级标准化企业，1户已申请省级三级标准化企业认定；全州适合推广中深孔爆破技术的45户采石场中，有36户采用了中深孔爆破技术，6户已购买了潜孔钻；57座地下矿山除3个石膏矿外全部实现了机械通风；全州纳入管理的60座1万立方米以上的尾矿库（二等库1座，三等库1座，四等库6座，100万立方米以下的五等尾矿库52座），经过一系列专项整治，有56座已取得安全生产许可证（2座五等库正在建设中，1座改变用途为蓄水池，1座由于生产工艺改变不需再建尾矿库），并于12月2日顺利通过了省级验收。(3) 对危险化学品、烟花爆竹、民用爆破物品等高危行业开展了安全生产专项检查、“四个百分之百”检查、打击非法经营烟花爆竹行为、组织实施粉尘与高毒物品危害治理和化工企业生产装置自动化改造等安全生产专项整治工作。(4) 消防部门开展了公众聚集场所、高层及地下建筑等安全专项整治工作。(5) 道路交通部门开展了“严厉整治酒后驾驶交通违法行为集中行动”等10多次专项整治和推广“丘北经验”等工作。(6) 建筑施工领域深入开展了以建筑施工预防高处坠落、触电等事故为重点的专项治理工作。4次对中小学校舍安全工程施工情况进行安全检查。7月，集中开展了易燃易爆、人员密集场所及宾馆、酒店等重点部位防雷减灾工作。全年全州矿山、危险化学品、道路和水上交通、人员密集场所、建筑施工、水利、电力、通讯、邮政、教育、卫生、文化、旅游、特种设备等行业领域共排查治理隐患企业单位1.11万家，排查一般隐患1.31万项，投入整治资金1.87亿元，整改1.25万项，整改率95.97%。

【安全生产行政许可】 2009年末，楚雄州持有各类安全生产（经营）许可证件的生产经营单位达4758户，比上年增加0.78%。其中非煤矿山534户，尾矿库56座，危险化学品企业（含农药销售）2217户，烟花爆竹批发零售企业1762户，民爆企业13户，建筑施工企业122户，煤矿23户43对井（坑）。高危企业存储安全生产风险抵押金近3000万元。

【安全生产应急管理】 2009年，楚雄州制定了安全生产应急管理总结评估工作制度和安全生产较大以上事故应急处置办法。共开展12次事故应急救援行动，成功营救伤员117名，全力搜寻和稳妥做好62名遇难者的善后工作。

［吴志贤］

乡镇企业

【乡镇企业发展】 2009年，楚雄州乡镇企业围绕社会主义新农村建设这一主线，突出“农产品加工业发展、传统产业改造提升、配套产业和农村服务业加快发展”的重点，不断优化乡镇企业产业结构，采取各项措施努力克服金融危机带来的各种困难，使全州乡镇企业各项经济指标呈现出止跌回升、稳步发展的态势，经济效益和社会效益逐步提高。实现现价增加值（含个体户）149.63亿元，同比增长19.1%；实现工业增加值（含个体户）72.00亿元，同比增长21.9%；上缴税金12.62亿元，同比增长15.9%。全州农产品加工销售产值58.14亿元，同比增长25.2%。企村结对60对，职业技能鉴定人数260人。

【扶持农产品加工业】 2009年，楚雄州乡镇企业始终把农产品加工业作为乡镇企业发展的主攻方向，紧紧围绕“云南省农产品加工推进工程”，加大力度扶持农产品加工业。全州筛选15个农产品加工企业上报云南省乡镇企业局给予重点扶持，经省乡镇企业局和省财政厅审查，给予5个农产品加工企业贷款贴息扶持资金230万元，项目总投资1.21亿元。其中银行贷款8100万元，企业自筹4033万元。

【鹿城大厦实业公司】 楚雄鹿城大厦实业有限责任公司是以百货零售为主，集餐饮、住宿、娱乐休闲为一体的综合性企业。2009年，公司销售收入1.31亿元，实现利润总额387万元，上缴税金407万元，先后在大姚县、牟定县新开分店2个，新增就业岗位约150个。该公司在楚雄开设了1个商场，1个酒楼，相继在禄丰、大姚、元谋、武定、牟定等5县设立了6个分店，解决社会就业岗位1200多个。以“求实、创新、团结、奉献”为企业精神，坚持以“诚实守信、假一赔三、服务至上、关爱宾客”的经营宗旨，赢得了消费者的信赖和认可，取得了良好的经济效益和社会效益，多次受到上级有关部门的嘉奖，连续3年获得国家农业部“全国诚信守法乡镇企业”荣誉称号，国家农业部“全国乡镇企业先进单位”；先后获得中国消费者协会授予的国家级“诚信单位”；国家工商行政管理局“全国守合同重信用单位”；省级“文明单位”；省州市“质量、价格、服务三满意企业”；省“工商企业诚信单位”等多项殊荣。

【大姚亿利丰农产品公司】 2009年，大姚亿利丰农产品有限公司实现产值2.1亿元，出口创汇1250万美元，利税200余万元。该公司是以核桃、野生食用菌、果仁等有机食品为主的农产品加工企业，注重培育和保护产品品牌，严把质量关，自主品牌“大雄”、“福盛源”、“众果”、“纸皮”系列有机产品通过了美国食品药品FDA备案登记、国际食品安全管理HACCP认证、国际质量管理体系ISO9001—2008认证和QS认证，并拥有自营进出口企业资质。2009年核桃系列产品获得了有机食品认证，产品出口获得了深圳海关集中报关权资质。1月，大姚亿利丰农产品有限公司被中国土畜进出口商会评为“农产品行业信用等级企业AA级”单位。10月，“大雄牌”核桃被评为云南名牌产品。

【牟定兴华食品公司】 云南牟定兴华食品有限公司主要从事脱水蔬菜（香葱、西芹、甘蓝）、保鲜蔬菜（荷兰豆、甜脆豆等）的加工销售，产品主要销往日本、美国、加拿大等国家和国内的“康师傅”、“华龙”食品集团公司以及广州、上海、杭州等市场。2009年初，公司在做好原有产业的同时，投资购买原青龙乡人民政府闲置资产（含林业站、水管站等，占地30余亩），建设了年产2000吨的油腐乳生产线，现已建成年产500吨的生产线1条，于10月18日正式投入生产，注册商标为“云香嫂”，截至12月31日已生产腐乳150多吨。公司坚持“质量第一、诚实守信、开拓创新、科学发展”的经营理念，走公司加基地连农户的发展路子，所生产的“歌山画水”牌脱水香葱、鲜荷兰豆、鲜甜脆豆通过了国家A级绿色食品认证，使产品销售市场不断扩大，企业获得了较大效益。全年公司共实现产值1999.60万元，销售收入1249.1万元，上缴税金47万元，实现利润67.2万元，带动农民增收1126万元。

［周　杰］

住房公积金管理

【住房公积金管理工作】 2009年，楚雄州住房公积金管理中心认真履行《住房公积金管理条例》赋予的职能，以维护职工住房公积金合法权益、改善城镇职工住房条件为重点，坚持规范管理、安全运作的原则，团结一致，努力拼搏，克难奋进，开拓进取，全面超额完成了楚雄州住房公积金管理委员会下达的各项目标任务，全州住房公积金健康稳步发展，为改善全州城镇职工住房条件，促进全州经济社会又好又快发展做出了积极贡献。截至年末，楚雄州共有2245个单位10.6万职工缴存住房公积金，累计归集住房公积金总额29.97亿元，比上年23.02亿元增长30.2%；归集余额16.12亿元，比上年13.23亿元增长21.84%；住房公积金使用总额11.92亿元，比上年7.01亿元增长70%，资金使用率达74%，其中累计向全州1.43万户职工家庭发放住房公积金个人住房贷款15.65亿元；个人住房贷款余额11.47亿元，比上年6.37亿元增长80%；职工个人住房公积金累计提取总额13.85亿元，比上年9.81亿元增长41.2%，其中当年提取4.03亿元，比上年2.15亿元增长87.4%；国债余额4571万元，比上年6297万元减少27.4%。当年住房公积金个人住房贷款发放量创历史新高，住房公积金个人住房贷款余额11.47亿元，占全年全州金融机构个人住房贷款余额的47%。

【住房公积金归集使用】 2009年，楚雄州住房公积金管理中心进一步加强住房公积金的归集使用工作。(1)住房公积金归集。全年计划归集住房公积金6.84亿元，当年实际归集6.94亿元，超额完成966万元，完成计划的101.4%，比上年6.31亿元增长10%。(2)住房公积金个人住房贷款。全年计划发放住房公积金个人住房贷款4亿元，当年实际发放6.76亿元，超额完成2.76亿元，完成计划的168.9%，比上年3.14亿元增长115.4%。(3)住房公积金增值收益。全年计划实现住房公积金增值收益1800万元，当年实际实现增值收益1962.24万元，超额完成162.24万元，完成计划的109%，增值收益全额上缴楚雄州财政。

【住房公积金政策调整】 2009年，楚雄州住房公积金管理中心积极响应中共楚雄州委、州人民政府的号召，认真分析研究，及时调整住房公积金使用政策，从容应对国际金融危机。(1)把住房公积金个人住房贷款最高限额从原来的20万元提高到40万元，最长期限从原来的20年扩大到30年。(2)取消贷款担保人的规定，降低了住房公积金个人住房贷款门槛。(3)允许职工在购建住房时，先提取本人及配偶的住房公积金余额，然后再办理住房公积金个人住房贷款。(4)允许住房公积金贷款职工在还清贷款后，如再发生购建房行为，还可以继续申请住房公积金贷款。(5)适当放宽住房公积金提取条件，住房公积金贷款职工可以提取个人及配偶的住房公积金用于偿还住房公积金个人住房贷款，减轻职工还贷压力，加快贷款资金回笼，确保资金安全。全年共向4169户职工发放个人住房贷款6.75亿元；职工购、建、大修住房提取住房公积金2.81亿元；职工提取住房公积金用于偿还贷款7980万元，年内收回住房公积金个人住房贷款本息1.66亿元。住房公积金使用政策适度放宽后，充分调动了广大职工解决和改善住房问题的能力和信心，促进了楚雄州住房公积金事业和房地产市场的持续健康发展。

【住房公积金业务建设】 2009年，楚雄州住房公积金管理中心进一步加强住房公积金业务建设。(1)依法行政，扩大住房公积金覆盖面。全州10县（市）住房公积金缴存比例统一执行12%。通过信息化系统及时掌握每月住房公积金缴存情况，与财政密切沟通联系，按时划转财政匹配资金，保证已建立住房公积金的单位按时足额汇缴。加大推进非公企业建立住房公积金制度，督促单位按时足额为职工缴存住房公积金，扩大住房公积金制度覆盖面。全年新开户和提高住房公积金缴存比例的单位共计75家，涉及职工3455人，其中提高缴存比例的单位14家，新开户缴存住房公积金的单位61家，全州住房公积金覆盖率达90%。(2)围绕惠民助民，充分发挥引导职工住房消费的积极作用。全年住房公积金使用政策适度放宽后，调动了职工购房热情，住房贷款和公积金提取大幅上升，贷款额大于归集额，住房公积金首次出现了负增长，资金供给出现了困难。为了保护职工购房热情，州住房公积金管理中心认真核算，一是在不收紧住房公积金使用政策的情况下，充分在州内调度资金全力保障住房公积金提取和贷款。1月至10月，共调度资金1.05亿元。其中从县级上划州级9000万元，下划大姚县、永仁县1500万元。二是继续扩大住房公积金个人住房抵押加阶段性保证贷款合作项目的范围，满足不同层次借款人的需求。全年共与84家房地产开发商签订了住房公积金个人住房抵押加阶段性保证贷款合作协议，比上年53家增加了31家。三是在继续加强与交通银行合作办理住房公积金个人住房组合贷款业务的基础上，委托了一部分条件相对成熟的县级信用社受理住房公积金个人住房贷款业务，进一步拓宽贷款渠道，最大限度的满足职工贷款购房的需求。(3)强化风险防范，确保住房公积金安全。一是进一步加强住房公积金个人住房贷款的贷前审查和贷后管理，坚持完善住房公积金个人住房贷款审批报备制度，监督、控制住房公积金使用流向。二是进一步规范住房公积金提取、贷款管理工作，建立了住房公积金提取档案管理制度、住房公积金个人住房贷款档案管理制度，修改和完善了审批表格。三是严格核算管理，加强内部检查力度。积极催收个人住房逾期贷款，年内进行电话催收200多次，发出书面催收通知书20份，个人住房贷款逾期率控制在0.14%内，有效化解资金风险。(4)畅通咨询和诉求渠道，提高住房公积金管理透明度。同时，加大宣传力度，全年印制发放住房公积金缴存、提取、贷款业务宣传资料5万份，发放住房公积金余额对账单10.6万份。(5)加强制度建设。在认真抓好《楚雄州住房公积金管理中心工作制度》以及党支部7个工作制度的同时，制定实施了《楚雄州住房公积金管理中心政务信息和宣传工作考核办法》、《楚雄州住房公积金管理中心个人住房抵押贷款估价管理办法》。同时，加强了对行政权力运行的制约监督，编制了楚雄州住房公积金管理中心行政职权目录和行使行政职权流程图，并装框上墙，进一步规范工作人员从政行为。

【住房公积金信息化管理】 2009年，楚雄州住房公积金管理中心进一步加大信息化管理力度，不断提升社会公信度。(1)加强软硬件管理。更新15台计算机，及时补充系统中出现的漏洞，及时传输云南省住房公积金监管系统的数据。年内，楚雄州住房公积金核算告别手工对账，实现全信息化管理。(2)在政府信息公开网站和政务信息查询平台上及时更新、补充动态内容和常见问题解答，方便职工通过网络信息平台了解、咨询相关政策，年内发布工作动态信息35条。(3)完善楚雄州住房公积金信息网站建设，在网站主页设置了机构设置、职能职责、业务知识、办事指南、政策法规、资料下载、工作动态、县（市）之窗等10多个栏目，方便职工了解相关政策法规、查询个人住房公积金缴存情况和办理业务，年内发布工作动态信息29条。住房公积金信息网站点击率不断攀升，总访问量达97万人次，职工利用住房公积金信息网站平台成功查询个人住房公积金余额17万人次。

【住房公积金单位项目贷款清收】 2009年，楚雄州住房公积金单位项目贷款清收工作经过7年的艰辛努力，共收回单位项目贷款2300多万元，核销呆坏账35万元。截至2月，全州住房公积金单位项目贷款全部清收完毕，切实维护了全州广大住房公积金缴存职工的合法权益，项目贷款清收工作结束。

［杨　爽］

楚雄经济开发区

【发展状况】 2009年，云南楚雄经济开发区行政管辖面积229平方千米（含东瓜镇），其中城市规划控制面积42平方千米。截至年末，全区累计投入城市基础设施建设资金16.14亿元，引进批准立项项目821项，计划投资额达184.67亿元，引进外资2099.7万美元；建成项目440项，完成项目投资97.18亿元。楚雄经济开发区紧紧围绕中共云南省委、省人民政府把楚雄纳入“环昆经济圈”、“滇中城市群”和中共楚雄州委、州人民政府提出的把楚雄建设成为“滇中特色大城市”的目标要求，以体制创新为动力、园区建设为支撑、产业培育为重点、强化服务为保障，切实提高经济增长的质量和效益，全面提升核心竞争力，推动开发区发展新跨越，切实当好彝州经济发展的排头兵，改革开放的示范区，城市化发展的新样板。

【综合经济】 2009年，金融危机影响依然严重，工业经济持续下滑，招商引资困难重重，财政收支矛盾突出，经济增长乏力，维稳压力增大。云南楚雄经济开发区广大干部群众，团结一致，坚定信心，沉着应对，紧紧围绕“保增长、保民生、保稳定”的总体目标和要求，把保持经济平稳较快发展作为经济工作的首要任务，积极应对发展中的复杂形势，着力化解发展中的各种困难和问题。通过全区上下的共同努力，经济发展呈现不断回升的态势，全年各项经济指标保持了稳步增长，全年全区实现生产总值（GDP）17.25亿元，按可比价计算，比上年增长15.88%。其中，第一产业增加值1.07亿元，增长5.98%；第二产业增加值10.76亿元，增长14.46%；第三产业增加值5.42亿元，增长21.24%。全年实现财政总收入6.24亿元，比上年增长14.64%，其中完成地方财政收入4.62亿元，同比增长32.96%。

【基础设施建设】 2009年，云南楚雄经济开发区紧紧围绕创建中国优秀旅游城市的任务和要求，始终把打基础、利长远作为夯实发展基础，促进投资增长的重要举措抓紧抓好。（1）围绕“东扩、西进、北上”的开发建设思路，结合新建铁路线的改线方案，完成开发区42平方千米的分区规划修编；把拓展新区发展空间规划纳入构建滇中特色大城市的重要内容，完成苍岭工业园42平方千米的概念性规划，1:500数字化测量工作正在紧张有序进行，为新区开发建设拓展了新的空间、奠定了基础。（2）以适度超前、高起点、高标准为要求积极推进开发区园区建设，进一步合理优化布局，突出特色、完善功能、改善环境、提高效能，为开发区经济和社会发展提供良好的投资环境和生活环境。一是完成龙川江沿岸、1号—7号桥桥体、区内街道等的灯光亮化美化工程。二是完成鹿城北路、永安路、太阳历大道、团结路等路段的绿化提升改造工程。三是加快实施一批以西北片区、工业园区道路骨架和建成区提升改造为重点的市政基础设施项目，进一步完成顺风驾驶员城外围4条道路和民居商贸城西侧20米街路、水泥厂北侧延长路段道路及配套项目的施工工作。四是扎实推进西北片区、车坪片区、桃园片区、庄甸片区等安置小区工作。全年全区共实施基础项目21个，完成投资2.57亿元。

【工业经济】 2009年，云南楚雄经济开发区坚持把抓工业作为全区上下各项工作的重中之重，认真落实保工业保增长的各项措施，全力推进工业强区战略。（1）着力抓好重点项目和重点企业的督促、管理和服务，成立了以区领导为组长的协调服务领导小组，对29户重点企业和20个重点项目分别包干联系、强化调研，全力做好协调服务和跟踪问效。（2）着力抓紧实施好云南开关厂、仁恒化肥、天腾化工、天利药业等企业易地搬迁技改等重点项目，确保企业生产用电、用水、用油以及铁路运输需求。（3）狠抓工业项目上报，争取资金扶持。全年组织上报省级企业技术改造重点项目5个，省级节能降耗、资源综合利用项目5个，省级非公有制企业流动资金及固定资产贴息扶持企业6户，州级工业企业流动资金贴息扶持企业14户。截至年末，共争取到各项企业扶持资金1270万元，缓解了企业资金紧缺的困难。（4）加快发展方式转变，积极支持具备条件的盘龙云海、天腾化工、老拨云堂药业、广泰生物科技公司和瑞福康生物科技公司共5户企业申报省级高新技术企业。年内，盘龙云海药业有限公司已成功申报为云南省高新技术企业。（5）进一步扎实推进清洁生产、节能降耗工作，促进开发区循环经济又好又快发展。全年全区重点企业开展清洁审验工作9户，开展能源审计工作4户，落实16户企业使用高效照明节能灯2万只。全年全区实现工业增加值7.29亿元，同比增长13.68%，完成工业总产值30.36亿元，同比增长18.23%。

【招商引资】 2009年，云南楚雄经济开发区紧紧围绕年初确定的各项任务目标，进一步转变招商理念、创新招商方式、完善招商策略、提升服务质量，形成了全方位、宽领域、多元化的招商引资新格局，引进了一批质量高、发展前景好的大项目。强化招商信息的捕捉，抢抓招商机遇，变坐等上门为主动出击，实行小分队招商，提高招商引资的实效性。通过不懈努力，全年共批准立项审批项目37项，协议投资额14.58亿元；引进重点招商引资项目11项，其中天然药业5项，绿色食品加工业4项，冶金建材化工业和文化旅游业各1项，年内启动实施10项；完成州外到位资金10.79亿元，比上年增长30.49%，其中省外到位资金8.70亿元，增长24.00%，为州人民政府下达考核数的112.88%。

【主导产业建设】 2009年，云南楚雄经济开发区围绕五大主导产业发展目标，进一步健全培育发展主导产业的工作机制，全面落实年度产业发展目标。加强与大公司、大集团的战略合作，重点深化与云铜集团的合作，努力将滇中有色公司建成云铜集团的重要铜冶炼基地，支持楚雄矿冶、思远投资公司、国资水泥楚雄公司等骨干企业发展。积极推进与云天化集团的合作，支持天腾化工公司不断延伸产业链，扩大产销规模。大力支持云南开关厂和楚雄活塞销公司实施中、高档产品的开发，着力引进装备制造加工企业和相关协作配套企业，进一步促进产业集群发展。以天然药物开发为主，大力发展天然药品、民族药品、天然保健品、生物化学药、药用包装及医疗器械制造和绿色食品加工，实施资源整合战略，强化企业管理，拓展市场空间。按照发展民族文化旅游产业的要求，以培育精品和配套服务为重点，以太阳历文化园、彝人古镇、中华彝寨、民居商贸城等项目为龙头加快建设彝族文化大观园，促进文化旅游产业的大发展。全年五大主导产业完成产值（产出）32.52亿元，同比增长19.51%，实现增加值8.68亿元，同比增长16.62%。其中，天然药业增加值1.41亿元，增长3.10%；冶金建材化工业增加值3.32亿元，增长17.57%；机电制造加工业增加值2.38亿元，增长18.04%；绿色食品加工业增加值1072万元，增长48.45%；商贸旅游服务业增加值1.45亿元，增长22.31%。

【重点项目建设】 2009年，云南楚雄经济开发区着力优化发展环境，认真做好重点项目跟踪服务工作，落实扶持发展的保障措施和政策，帮助项目业主单位协调解决建设过程中的各种困难和问题。积极组织企业参加云南名牌产品对外宣传活动，鼓励企业职工参加技术职称评审，促成12户制药、绿色食品企业与昆明医学院合作交流；推荐11户企业87类品种上报名优地方产品。全年共组织上报项目63个，争取到各类扶持资金1270万元。以科技进步为目标，加大扶持帮助力度，推动企业技改项目建设，促进了滇中有色金属公司新生产系统，开关厂高压开关项目、天腾化工公司高塔生产线、依玛同佳食品公司二期项目、盘龙云海二期项目、云中制药业二期和三期、天利药业等一批技改项目投产并发挥效益。

【园区建设】 2009年，云南楚雄经济开发区进一步完善园区功能配套，优化园区服务环境，做好产业项目引进建设的相关工作，着力盘活产业存量，推动产业聚集，提升产业增量。(1) 天然药物产业园，总体规划面积2平方千米。截至年末，已引进制药企业和药品包装材料企业8户，累计完成投资5.57亿元。全年天然药业实现增加值1.42亿元，同比增长16.32%。(2) 冶金建材化工园，规划建设面积2.44平方千米。截至年末，已引进滇中冶炼厂、云南开关厂、国资水泥公司、天腾化工、仁恒化肥等28户企业入驻发展。全年冶金建材化工业实现增加值3.32亿元，同比增长3.10%；机电制造加工业实现增加值2.38亿元，同比增长18.04%。(3) 绿色食品加工园，规划建设面积3.04平方千米。年内，已有依玛同佳食品公司、广泰生物、瑞福康、幸福农业、运泽通贸易公司等6户企业建成投产。全年绿色食品加工业实现增加值1072万元，同比增长48.45%。

【非公有制经济管理】 2009年，云南楚雄经济开发区认真贯彻落实《中共楚雄州委　楚雄州人民政府关于鼓励支持和引导个体私营等非公有制经济发展的实施意见》，采取有效措施，增加商贸经济网点，加大对非公有制企业的帮扶力度，努力营造和维护公正、诚信、效率、法制的发展环境，为非公经济发展创造了良好条件。截至年末，开发区工商分局注册登记的个体经营户达2812户，比上年增长19.35%，实现税收2324万元，比上年增长18.81%；私营企业达535户，比上年增长22.15%，实现税收1.06亿元，比上年下降17.74%；实现非公经济增加值11.70亿元，增长15.29%。同时，在抓好永兴商城、商业城、轻纺城、顺风驾驶员城、鸿远建材市场的基础上，加大盘龙国际商城、滇中楚雄汽车城等专业市场培育，按照“放水养鱼、政策优惠、管理规范、活商兴市”的原则，全力帮助市场业主引商入市，增人气、浓商气、活市场，有力地拉动了消费增长，实现了商贸经济的繁荣发展。全年全区完成商品销售总额14.58亿元，比上年增长24.40%；完成社会消费品零售总额6.52亿元，比上年增长22.92%。

【城乡一体化建设】 2009年，云南楚雄经济开发区认真贯彻以区带镇和统筹城乡协调发展战略，进一步加快城乡一体化进程。(1) 将东瓜镇纳入新区统一规划建设，按照规划向城郊延伸和辐射，带动城乡成片开发、连片建设，并进一步推进新农村建设。(2) 加大对新型农村合作医疗的支持力度，发展农村及城市社区卫生服务，不断扩大新型农村合作医疗覆盖面。全年共出资63.1万元补贴东瓜镇农业人口3.16万人参加新型农村合作医疗，合计惠民资金286.99万元，农民人均享受国家补贴90.91元。(3) 落实强农惠农各项政策，加大涉农资金的统筹和投入力度，强化农村基础设施建设，切实改善农业生产条件，促进农村经济发展。截至年末，共完成水利基础设施建设投资286.8万元，完成村庄道路硬化投资524.22万元，完成地震安居工程投资26.9万元。(4) 以青山嘴水库移民搬迁安置就业和西北片区、车坪片区、桃园片区、庄甸片区征地拆迁安置为重点的各项工作扎实推进，一批省、州、市重点项目建设顺利。(5) 努力探索建立失地农民生活保障制度，安排专项资金加强就业技能培训，协调开展就业帮促，创造就业岗位，扶持村集体开拓发展项目，拓展失地农民可持续发展空间。

【社会事业发展】 2009年，云南楚雄经济开发区努力开创社会事业发展的新局面。(1) 加大教育投入，落实义务教育保障经费，支持实验小学、永安小学、天人中学和东瓜农村中小学校不断改善办学条件，提高教育教学质量，让广大适龄儿童享受到优质义务教育资源，共享发展成果。截至年末，开发区实验小学、东瓜镇桃源明德小学各项建设工程全部完工并投入使用；彝人古镇小学规划通过专家审定。(2) 努力扩大各项社会保障覆盖范围，积极组织开展贫困家庭学生救助工作，并不断提高救助额度和扩大救助范围；同时积极救济和帮助受灾地区群众抗灾重建。全年开发区财政划拨贫困生救助专项经费13.8万元，救助贫困学生859名。(3) 加大宣传教育和监督检查力度，明确任务，狠抓落实，强化艾滋病防治工作。(4) 完善爱国卫生管理机制，扎实开展除四害工作，进一步抓好爱国卫生工作。(5) 切实加大流动人口计划生育跟踪管理力度，全面贯彻落实“奖优免补”政策，扎实做好人口与计划生育工作。(6) 紧紧围绕建设“活力楚雄”的发展目标，进一步理顺旅游管理体制，全面提升旅游形象，努力推进中国优秀旅游城市创建工作。(7) 深入开展社会治安综合治理，严厉打击各类刑事犯罪和传销活动；不断完善社会矛盾纠纷排查调处机制，妥善化解征地拆迁、移民搬迁等问题，重点加强劳动争议案件的受理和调解，最大限度地降低不稳定因素。全年共受理劳动争议案件194件，成功调解178件，涉及民工2739人，工资1000余万元。(8) 深入实施劳动就业和再就业工作工程，不断加强对劳动者的技术技能培训，提高劳动者素质，初步建立了覆盖全区的劳动和社会保障网络。(9) 加强安全监管，牢固树立“安全生产就是保稳定、促发展”的思想观念，有力促进开发区安全发展。(10) 不断打造广场文化特色品牌，积极开展丰富多彩、群众喜闻乐见的文体活动。

［者崇福］

（责任编辑：者宗菊）

农 业

农村经济

【农村经济状况】 2009 年，楚雄州认真贯彻落实中央、省、州农村工作会议和中央 1 号文件精神，农业农村经济保持良好发展势头，粮食再获丰收，油料作物稳定发展，农业机械化步伐加快，农产品质量安全水平不断提升，农民收入较快增长。全年全州实现粮食总产量 102.2 万吨，比上年增长 2%，实现农业总产值 137 亿元，比上年增长 7.5%，实现增加值 85 亿元，比上年增长 6.7%，农民人均纯收入 3500 元，未扣除物价因素，比上年增长 12.5%。

【农业科技推广】 2009 年，楚雄州围绕全年粮食生产和重点产业培植，结合农时节令，组织农业科技人员对农民实施农业科技培训和推广工作。(1) 开展水稻、玉米、麦类、蚕豆、油菜等新品种新技术的引进、示范、推广工作，推进优势农产品区域化布局。(2) 抓好标准化生产、良种良法配套、测土配方施肥、生物多样性、旱作节水等技术的试验示范推广和田间指导。(3) 落实农机购置补贴政策，示范推广运用各类农机具。(4) 做好农作物病虫害防控工作。全年全州实施粮食作物高产创建 21 万亩，增粮 3 万吨；实施水稻多样性混栽、烟套玉米、烟套蔬菜、玉米套大豆、果桑园套粮等粮食作物间套种 100.99 万亩；10 县（市）推广测土配方施肥面积 270.55 万亩，实施"沃土工程"76.93 万亩，推广农作物秸秆还田 64.9 万亩，推广应用各种作物专用复混肥 70 万亩，推广使用植物生产调节剂 28.31 万亩，推广种植绿肥 15.29 万亩。

【农业产业化经营】 2009 年，楚雄州年产值 100 万元以上的农业龙头企业达 133 户，其中年产值 1 亿元以上的农业龙头企业 6 户，较上年增加 3 户；产值 5000 万元至 1 亿元的 10 户；1000 万元至 5000 万元的 49 户，1000 万元以下的 68 户。实现销售总收入 25.7 亿元，比上年增长 12.8%；带动农户户均增收 998 元，比上年增长 12%。新认定州级农业龙头企业 14 户，州级农业龙头企业达到 116 户，省级农业龙头企业达到 12 户，有 4 个产品获云南名牌农产品称号。

【强农惠农政策】 2009 年，楚雄州认真落实国家的强农、惠农政策，及时足额兑付农民的各种补贴资金。全年直接兑付到农民手中的中央及省各类补贴资金共计 1.93 亿元，其中种粮补贴 0.30 亿元、农资综合补贴 1.43 亿元、农机购置补贴 0.20 亿元。

【农产品质量安全】 2009 年，楚雄州的农产品质量认证工作持续有效开展。年末，全州有 98 户企事业单位的 177 个农产品通过了国家质量认证，其中有机食品认证 12 个、绿色食品认证 51 个、无公害农产品认证 114 个。经环境监测达到无公害产地要求面积 232.15 万亩，产品产量 39.41 万吨，产值 9.95 亿元。认真组织开展蔬菜农药残留检测工作，加大农产品质量检测力度，开展无公害农产品、绿色食品、有机食品标志使用专项市场整治活动，规范"三品"用标行为。开展绿色食品质量抽检工作，抽检合格率达 100%。

【推进新农村建设】 2009 年，楚雄州农业部门积极参与推进社会主义新农村建设。(1) 加强农村基础设施建设。改造中低产田地 5.05 万亩；建设完成农村户用沼气池建设 1.86 万口，完成"一池三改"1.40 万户，发放灶具 1.45 万套；实施中央财政农机购置补贴项目，使 6800 多户农户受益，新购置农机具 7000 多台（套）。(2) 稳定粮食、油料生产，积极推进蔬菜、优质稻、啤酒大麦、早青豆类、蚕桑等优势特色农产品区域化布局，实现农产品标准化、产业化经营，打牢农业农村经济发展基础。(3) 加大农业教育及农村剩余劳动力转移培训力度，提高农民素质。农业部门认真抓好农村剩余劳动力转移培训工作，积极争取中央、省级农村劳动力转移培训项目，组织开展农村剩余劳动力阳光工程培训 1.17 万人，转移就业 0.96 万人；培训绿证学员 9905 人；培训各类农机人员 1.6 万人。(4) 实施社会主义新农村建设村容村貌整治项目和村集体经济发展项目。年内，省农业厅下达楚雄州村容村貌整治项目 39 个，项目资金 390 万元，对 39 个自然村实施了村容村貌整治。实施村级集体经济示范项目，扶持资金 170 万元，为 17 个村委会建立了集体经济发展基础。

【农业执法】 2009 年，楚雄州强化农业生产资料管理，进一步加大农资市场秩序整顿和规范力度，净化农业生产源头，保障农产品质量安全。全年全州累计出动农业执法人员 3505 人次，发放各种农资宣传资料 9.9 万份，通过"12316"举报电话受理举报案件 62 件，检查农资企业 4863 个，整顿市场 1035 个，查获农资产品数量近 2 万千克（其中查获甲胺磷等5种高毒农药65.6千克），货值7.38万元，立案查处农业违法案件166件，上缴财政罚没收入11.47万元。

【农业信息化建设】 2009年末，楚雄州基本完成1070个行政村、11860个自然村的基础信息报表添加任务，共添加报表1.27万份；完成1.25万份文本更新，更新图片3.2万张，更新信息1.3万条；完成乡镇视频制作100个，完成行政村视频799个，完成自然村视频58个。楚雄州农业信息网站群已发布信息3065条，向省农业信息网推荐信息2114条，累计网站点击180.6万次。

【农村经营管理】 2009年，楚雄州认真开展农村经营管理。（1）认真落实减轻农民负担党政一把手负总责制和部门专项治理责任制，广泛开展减负政策宣传，健全完善“五项制度”，稳步推进村级公益事业一事一议财政奖补试点，农村“三乱”得到有效遏制，年内未发生重大恶性的农民负担案件。（2）贯彻落实《农村土地承包法》，切实保护农民合法权益。年内共发放《农村土地承包法》和《土地经营权证书管理办法》宣传资料6000余份，设立举报途径，严肃查处土地承包违法案件。年末，全州农村土地经营权证书发放工作已基本完成。（3）推进全州农村财务管理制度改革，加快农村财务管理电算化工作。乡镇已成立96个代理机构，占总数的93%；涉及村委会969个，占总数的89%；涉及到村民小组8175个，占总数的58%；代管集体资金9.06万元；已实行电算化管理的服务机构28个（乡镇）；委托代理机构配备人员317人。举办会计委托代理培训班59期，培训5169人次。（4）开展农村经济统计调查工作。完成2008年农村经济统计年报汇总，形成《2008年楚雄州农村经济情况分析报告》；完成部、省2009年农村入户调查，选择了600户样本点进行预测，基本反映了农村经济动态情况；完成2009年农民增收情况和增收因素分析、预测；组织完成村级债权债务摸底清查统计上报工作。

［姚国强］

种植业

【种植业生产】 2009年，楚雄州紧紧围绕稳定粮食种植面积，提高单产、增加总产三大重点，认真落实省粮食增百亿斤计划措施，实现粮食生产连续6年恢复性增长，油料大幅增长。全年全州完成粮食种植面积313.7万亩，较上年实种增1379亩；粮食产量达102.2万吨，较上年增加1.96万吨。粮食单产325.7千克，较上年增加6.1千克。完成油菜种植面积27.34万亩，较上年实种增5.04万亩，实现油菜籽总产量4.13万吨，较上年增长13.77%。

【冬季农业开发】 2009年，楚雄州完成冬季农作物总播种面积222.35万亩，其中冬季农业开发面积149.33万亩，占农作物总播种面积的67.2%，较上年增加2.65万亩。其中蔬菜45.87万亩，油菜28.82万亩，啤饲大麦29.87万亩，冬马铃薯9.85万亩，大田种草5.3万亩，冬玉米6.5万亩，冬大豆2.55万亩，其它特色作物20.57万亩。实现产值13.66亿元，较上年增加0.93亿元。项目区覆盖人口数125万人，较上年增加7万人，项目区农民冬农开发人均实现纯收入161元。

【特色产业培植】 2009年，楚雄州蔬菜产业快速发展，完成蔬菜种植面积72.54万亩。蔬菜基地建设成效最为明显的元谋县，冬早蔬菜种植面积13.52万亩，外销量22.01万吨，农民卖菜收入4.69亿元，增加6778万元，比上年增长16.9%；平均单价2.13元/千克，比上年提高0.60元，增长39.2%；优质稻面积增加，完成种植面积78.64万亩，占水稻种植面积的82.35%；以南华、姚安、楚雄、禄丰为主的啤酒大麦工业原料基地，完成种植面积8.85万亩，较上年增加2.22万亩，增长33.48%；以禄丰、牟定、武定为主的早青豆类开发，完成种植面积20.99万亩。

【茶桑生产】 2009年，楚雄州实有茶园面积4.44万亩，投产3.34万亩，茶叶产量638.86吨，比上年减产25.21吨，减少4.10%；产值1876.27万元，比上年增加101.48万元，增长5.72%；茶叶平均单价29.46元/千克，增加2.73元/千克，增长10.21%。全州无公害茶认证面积1.47万亩，占投产茶园面积的44.1%，产量占总产量的33.29%，产值占53.95%，是楚雄州茶叶生产的特色。年末，全州有桑园面积11.96万亩，投产6.48万亩，新发展面积0.88万亩。全年产鲜茧1580吨，比上年减产632吨，减少29%，实现鲜茧总产值3650万元，比上年减少438万元，减少11%，蚕茧收购均价为23.10元/千克（含部分县市晚秋茧的价外补贴），比上年增加4.61元/千克，增长25%。

【农产品质量安全监管】 2009年，楚雄州农产品质量安全监管工作全面加强。（1）制定发布《楚雄州重大农产品质量安全事故应急预案》，建立了主要农作物、农产品质量检测认证、农业标准化、植保农药、农业科技推广等专家库21个。（2）按照无公害农产品产地认定程序，对南华、禄丰的产地环境进行认真检查和土壤、农灌水等进行抽样送检，累计抽检土样391个、水样40组。（3）在楚雄、元谋、禄丰开展蔬菜农药残留例行监测抽样工作，累计抽取大白菜、番茄、萝卜、结球甘蓝、菜豆、韭菜、黄瓜、西葫芦等样品81个送云南省农产品质量安全检验测试中心进行检测分析。（4）双柏、姚安、南华、楚雄、永仁、元谋、武定、禄丰8县（市）定期开展蔬菜农药残留快速检测工作。全年累计抽检样品1.14万个，合格率99%。（5）组织好节庆期间专项整治。各大节庆期间组织州农业执法支队、州检测中心等单位，对节前农产品市场进行检查。

【土肥新技术推广】 2009年，楚雄州土肥新技术推广和测土配方施肥项目实施进展顺利。(1) 实现全州10县（市）部级测土配方施肥补贴项目“全覆盖”。争取项目资金450万元，在主要粮经作物上完成测土配方施肥试验示范推广面积270.55万亩。经试验及大田测产结果：测土配方施肥较习惯施肥水稻平均每亩增产50.8千克；玉米平均每亩增产53.9千克，增长10.42%；小麦平均每亩增产41.6千克，增长18.15%；大麦平均每亩增产31.5千克，增长9.79%；蚕豆平均每亩增产23.4千克，增长14.33%；油菜平均每亩增产37.5千克，增长26.95%。(2) 抓好耕地质量监测与保护工作。在南华、牟定、元谋3县完成了省级土壤肥力监测点的调查取样监测工作；在禄丰、楚雄、大姚、南华、武定、永仁、双柏等7县（市）建立了农户施肥情况观测点231个；组织完成“沃土工程”中心示范面积12.32万亩，辐射推广面积83.30万亩；实施农作物秸杆还田71.47万亩；推广应用各种作物专用复混肥80万亩以上；实施补素工程80.57万亩。(3) 完成新型肥料肥效鉴定试验、土壤肥力监测等基础性研究工作。在大姚、武定、禄丰、楚雄、牟定、南华、姚安7个县组织实施完成了州内肥料生产企业提供的新型肥料肥效鉴定试验27组。(4) 完成楚雄州肥料供求信息、化肥使用量、农户施肥情况调查等工作。

【土壤、肥料、饲料和植物样品检测】 2009年，楚雄州州级农产品检测机构顺利通过了省级计量认证复评审，全年共接样检测土壤、肥料、饲料和植物样品2246个（其中土样1716个，植物样526个，肥料2个，饲料2个），完成检测分析项目1.62万个，为全州10县（市）测土配方施肥项目的顺利实施和农产品质量监管提供了科学依据。

【种子试验及登记管理】 2009年，楚雄州认真做好种子试验及登记管理工作。(1) 做好新品种试验、展示和试种。全年共承担完成国家、云南省小麦区域试验2组33个品种；啤酒大麦引种鉴定试验1组28个品种；玉米区域试验10组166个品种；云南省中部粳稻新品种区域试验2组19个品种、引种鉴定试验1组14个品种；国家水稻新品种展示1组10个品种；组织“云粳20号”、“楚粳28号”、“楚粳30号”、“楚粳29号”生产示范430亩。(2) 做好种子生产、经营档案的备案登记工作。全年共备案登记656户，占全州种子生产、经营户的70%。(3) 做好备荒种子储备工作。出台《楚雄州州级救灾备荒种子储备管理暂行办法》，匹配救灾备荒种子储备资金42.72万元，完成了种子储备企业的招标工作。

【农作物病虫害防治】 2009年，楚雄州在做好主要农作物病虫草鼠害预警监测的基础上，积极推行绿色防控技术，引进植保新技术、新农药，加大了大面积病虫草鼠害综合防治工作力度。(1) 做好全州主要农作物病虫害监测和预警工作。通过43个病虫草鼠害监测点，结合各地农作物品种布局、历年病虫发生实况、施肥水平、降雨等因素，及时发布病虫预报。全州测报人员发布《植保简报》104期1.36万份、发布手机短讯38.7万条，开展可视化预报5期，电视新闻报道17期。(2) 开展病虫草鼠害防治工作。全年全州共发生各种农作物病虫草鼠害702.7万亩次，防治920.3万亩次，挽回粮食损失1.54亿千克，挽回经济损失2.31亿元。(3) 开展植保新技术、新农药试验示范。开展性诱剂、黄板诱杀、频振式杀虫灯等绿色防控试验示范；开展新农药药效正规试验21组，筛选出适合楚雄州实际的高效、快速、安全农药4种；开展大春农作物生物多样性控制病虫害试验研究、示范、推广工作，有效减少农药施用，防控病虫害。在牟定、楚雄、禄丰、姚安等县实施水稻生物多样性（常规粳稻与糯稻间混栽）控制稻瘟病示范推广11.96万亩。

［姚国强］

畜牧业

【畜牧业生产】 2009年，楚雄州畜牧业紧紧围绕农业增效、农民增收的工作目标，以实现畜牧业规模化、产业化、标准化为切入点，积极发展畜禽规模养殖，加大科技创新力度，扶持畜产品加工龙头企业，强化动物疫病防控，着力建好四大畜禽养殖基地，狠抓惠农强农政策的落实，积极开展招商引资工作，不断加快畜产品质量建设，全面提高畜产品的市场竞争力。全州畜牧业产值达到50.27亿元，同比增长9.2%；肉类总产量30.6万吨，同比增长7.96%；出栏肉猪253.95万头，同比增长8.95%，出栏肉牛31.07万头，同比增长5.86%，出栏肉羊87.38万只，同比增长4.91%，出栏家禽1433.74万只，同比增长7.36%。

【标准化规模养殖】 2009年，楚雄州以发展标准化规模饲养小区、培植规模养殖大户为重点，提高标准化规模养殖水平，壮大养殖规模，提高畜牧产业化开发能力。全年全州规模养殖户1.81万户，其中出栏生猪10头以上的1.14万户，出栏肉猪48.06万头，出栏肉牛5头以上的3248户，出栏肉牛3.59万头，出栏肉羊50只以上的1196户，出栏肉羊9.48万只，出栏禽100只以上的2279户，出栏家禽401.46万只。

【畜禽品种改良】 2009年，楚雄州继续引进畜禽优良品种，大力开展牛、羊、驴、猪的杂交改良，全年完成猪品种改良41.98万胎，103个肉牛冻改站（点）、29个肉牛杂交改良点推广杂交改良肉牛5.83万胎。建立了62个肉驴改良站，杂交改良肉驴7119胎。建成种羊扩繁（户）46个（其中个体45个、国营1个），存栏羊3290只，全年提供种公羊715只，出栏肉羊1782只。在6县（市）建立努比黑山羊纯种繁育场6个，引进饲养纯种努比公羊8只、母羊153只，已产39胎，产仔59只。

【畜牧项目争取】 2009年，楚雄州争取实施国家生猪标准化规模养殖项目47个，资金700万元。争取奶牛标准化养殖小区建设资金50万元。争取省农业厅优质畜产品基地建设项目16个，资金239万元。争取中央财政支持现代生猪养殖资金2个县600万元，巩固退耕还林成果后续产业养殖业建设项目253.2万元，生猪良种补贴项目132万元。第三批扩大内需中央预算内投资计划下达楚雄州动物防疫体系建设项目21个，总投资444.3万元，用于双柏、大姚、南华、禄丰4个县级动物疫控中心基础设施改扩建和中山、紫溪等17个乡（镇）兽医站基础设施建设。

【能繁母猪保险】 2009年，云南省安排楚雄州政策性能繁母猪保险财政保费计划数20万头，全州实际投保20.02万头。全州对9615头因病死亡的能繁母猪进行了理赔，理赔922.13万元。针对能繁母猪保险在实施过程中存在的问题，州畜牧兽医局和州监察局共同制定了能繁母猪补贴政策监督检查实施方案，确保国家实施能繁母猪补贴政策的落实。

【养殖技术培训】 2009年，楚雄州畜牧兽医部门采用集中培训、个别指导等方式，开展形式多样的技术培训300多期，发放技术资料5万余份，受训农民达2万余人次。全州畜牧兽医系统启动了农民点题、专家讲授、典型示范的“专家乡村讲堂”活动，参加讲课畜牧兽医专家、业务骨干101人，开展农村现代养殖技术培训达128期，参训1万余人次。

【畜产品质量检测】 2009年，楚雄州对鲜牛奶运输、收购2个环节抽取9批鲜奶样品送省进行三聚氰胺检测，未检出三聚氰胺；随机抽取饲料样品15批，送省进行饲料中违禁药物检测，未检测出违禁药物；抽取313份生猪尿样进行盐酸克伦特罗及莱克多巴胺检测，检测结果全部为阴性。完成饲料检测121批，饲料标签专项检查234批，在全州10县（市）、17个乡（镇）、72个兽药经营、使用单位（户）抽取17个品种、140批兽药进行检测，抽样检测结果兽药质量为中药优于化药，化药优于抗生素。

【畜产品外销】 2009年，楚雄州畜禽及其产品外销户达8756户，外销猪牛羊110.92万头（只），其中外销猪76.56万头，牛9万头，羊25.4万只。其中外销猪1000头以上67户，牛500头以上的13户，羊1000只以上的33户。

国家畜禽遗传资源委员会滇中黄牛现场鉴定会 （州畜牧局提供）

【饲草饲料推广】 2009年，楚雄州推广青贮饲料115.7万吨，氨化、微贮饲料25.13万吨，全州103个乡（镇）8.57万户农户全年种植禾本科牧草、豆科牧草9.36万亩，其中一年生黑麦草5.44万亩、苜蓿2.69万亩、其它牧草1.24万亩。

【重大动物疫病防控】 2009年初，楚雄州重大动物疫病防治指挥部与各县（市）签订了重大动物疫病防治责任书，全面落实以防治高致病性禽流感、牲畜口蹄疫等重大动物疫病为重点的防疫责任制。全年3次召开全州动物防疫工作会议，面对一些国家发生甲型H_1N_1流感疫情的严峻形势，成立防控工作领导小组，制定工作方案，先后2次召开会议部署安排防控工作，在疫情防控形势严峻期间，实行24小时疫情值班和日报告零报告制度。州畜牧兽医领导2次带领督查小组对全州重大动物疫病防控工作开展情况进行了督查。

【动物预防免疫】 2009年，楚雄州以春、秋两季动物集中免疫与日常免疫相结合，全年共开展免疫注射口蹄疫免疫猪、牛、羊731.22万头（只），禽流感免疫1175.99万只，猪瘟免疫362.19万头，高致病性猪蓝耳病免疫333.66万头，仔猪副伤寒疫苗免疫20.1万只，新城疫疫苗免疫606.3万只，禽霍乱疫苗免疫158.3万只，狂犬病疫苗免疫注射犬4.23万只，牛出败疫苗免疫1.08万头，山羊痘疫苗免疫羊7.59万只。

【动物免疫抗体监测】 2009年，楚雄州组织开展3次牲畜口蹄疫免疫效果监测，监测面达71个乡（镇）次、132个村次、猪266户场次、牛419户次、羊169户次，共监测牲畜3080份；开展3次禽流感免疫效果监测，共监测321场（户）次，家禽血清样品5543份；开展3次猪瘟免疫效果监测，监测面达71个乡（镇）次，132村次、266场（户）

次，检测猪血清样品1207份；3次对鸡新城疫免疫效果进行了监测，共监测321场（户）次，检测家禽血清样品5433份；按照省级要求，抽样采集了10县（市）、28个乡（镇）、35个村、238户养犬户已免疫狂犬病疫苗的犬血清样品300份送省疫控中心进行狂犬病免疫效果监测。

【动物疫病监测】 2009年，楚雄州全年共监测检样牲畜口蹄疫病（O型）1097份、种猪猪瘟带毒状况354份、布氏杆菌病3646份、猪伪狂犬病748份、猪圆环病毒病（Ⅱ型）535份、猪乙型脑炎437份、猪细小病毒病423份、猪衣原体病394份、猪弓形体病150份；采集禽流感病原520份、猪蓝耳病病原185份、新城疫病520份、狂犬病病原检样101份、海绵状脑病19份、羊痒病19份检样送省监测。对检出的25头带毒猪瘟病的种猪，66头阳性结核奶牛，实行扑杀和无害化处理；21头带毒商品猪已进行急宰。对检出的15只禽流感H_9N_2亚型阳性鸡组织人员开展流行病学调查、免疫情况核查等工作，未发现异常。

【动物流行病学调查】 2009年，楚雄州每月按时开展免疫进展、疫苗使用调查统计，及时掌握动物预防免疫进展情况。组织人员对零星散发疫点周边开展流行病学调查，掌握疫病流行情况。全年共调查种猪场75场次、商品代猪饲养场1326户次、农村散养户15.62万户、交易市场359个次、屠宰场508个次、65.07万头。

【溯源体系建设】 2009年，楚雄州全面启动动物疫病可追溯体系建设工作，州财政投入20余万元印制下发了动物免疫户口册51万册、养殖档案1万本，全州年内新订购使用二维码耳标68.7万余套，春秋两防统计数据共佩戴二维码耳标192.56万套，内网实际上传戴标数据26.12万头、免疫数据46.16万头、产地检疫数据0.48万头、出县境检疫数据324头。全州共有注册识读器338台，初步建立了动物标识及溯源管理数据库，州县两级建立了信息平台，安排了固定的专职信息管理人员。

【产地检疫】 2009年，楚雄州开展了以规模化养殖为重点、检疫面遍及全州的动物产地检疫工作。全州有动物产地检疫报检点188个，规模养殖场均100%开展了产地检疫，实施产地检疫生猪63.98万头、牛5.67万头、羊7.38万只、禽类100.85万只、其他1.72万头（只），畜禽运载工具消毒数分别为4557辆、699辆、560辆、1978辆、196辆。

【屠宰检疫】 2009年，楚雄州屠宰检疫猪38.06万头、牛羊4.24万头、禽类27.78万只、其它0.34万头匹（只）。全州定点屠宰场的同步检疫率达100%、出场肉品受检率达100%、市场出售的动物产品持证率达100%、病害动物、动物产品无害化处理率达100%，杜绝病害肉和未经检疫肉流入市场。

【畜牧行政执法】 2009年，楚雄州共出动执法人员2157人次，检查兽药、饲料经营户及动物门诊2539户次，立案查处兽药案件55件，收缴罚没款7.15万元，没收假劣兽药1.66万（盒、瓶、支），货值3.35万元，责令整改兽药经营企业50户，取缔无证经营企业4户，吊销兽药经营许可证2个；立案查处饲料案件27件，收缴罚没款7.76万元，没收假劣饲料货值为2.3万元。

【滇撒配套系原种猪场建成】 2009年，楚雄州承担的国家发展和改革委员会、农业部生猪良种繁育体系投资项目“云南省滇撒配套系原种猪场建设项目”建成完工，滇撒配套系原种猪场建设地点位于楚双公路14千米处楚雄市子午镇袁家村，占地面积为40亩，总投资为715.72万元。滇撒猪配套系是2007年通过国家认定，楚雄州唯一有自主知识产权的国家级生猪优良品种。

［李光祥］

农业机械化

【农机化服务】 2009年，楚雄州积极组织各类农业机械服务春秋耕农业生产，组织农机化管理干部、农机科技人员深入春秋耕生产第一线开展技术指导、技术培训和技术服务。全年共组织农机化管理干部和农机科技人员463人到农业生产第一线指导工作，检修各类农业机械4.35万台（套），组织农机科技培训751场（次），参训人员4.83万人次。投入春秋耕作业的各类农业机械14万台（套）。其中投入拖拉机（包括耕整机）4.33万台（套），联合收割机86台，排灌机械4.70万台（套），制钵机92台，机动脱粒机4.65万台，其他机械2984台。全州共完成机耕作业面积116.7万亩，机耙面积94.33万亩，机收面积5.03万亩，机械脱粒粮食量42.9万吨，完成农业运输量221.17万吨，其中运抗灾救灾物资1.9万吨。在“7·09”姚安6.0级地震发生后，共组织县、乡农机人员852人次投入抗震救灾工作，组织拖拉机等农机具3462台参与抢险救灾和拉运救灾物资。

【农机购置补贴】 2009年，楚雄州认真做好农机购置补贴工作。全州10县（市）全部列入中央财政农机购置补贴项目县（市），全年共下达农机购置补贴专项资金1960万元，比上年650万元增加1310万元，使7667户农户受益，购置农业机械7740台（套），设施农业（微灌设施）建设面积500亩，拉动农民投入购机资金5000多万元。同时做好烟用农机购置补贴工作。州烟草公司投入补贴资金916.35万元，帮助农户共购置各型农机2074台，受益农户2063户。

【农机安全监管】 2009年，楚雄州强化监管，确保农业机械安全生产。（1）开展安全宣传教育工作。全州共组织拖拉机驾驶员安全教育学习活动618场次，参训人数15.67万人次；制作安装永久性警示牌41块，制作宣传展板52块，喷刷永久性安全宣传标语346条，刻录农机安全宣传光碟180片，悬挂宣传横幅147条，张贴宣传标语2482幅，印发宣传材料20万份。(2)开展安全检查工作。全州共组织农机监理人员2791人次开展农机安全巡回检查，出动安全检查车辆678车次，共检查拖拉机4216台次，收割机、农田作业机械2438台次，纠正违章1121人次。(3)农机安全生产指标完成情况。年内，全州共发生拖拉机道路交通事故9起、重伤7人、死亡10人；千台事故率、重伤率、死亡率分别为0.29‰、0.22‰、0.33‰，农机培训学校、田间场院、农机供油点和农副产品加工点均未发生安全事故。(4)实行农机安全生产责任制。拖拉机挂牌率达98%；农业机械驾驶操作人员持证率达97%；拖拉机年度安全技术检验签证率达94.46%；州、县、乡三级农机安全生产责任书签订面达100%；乡(镇)农技推广中心(农机管理服务站)与辖区拖拉机驾驶人(机主)签订《农机安全生产责任书》2.56万份，签订面达98%。

【农机登记管理与检验】 2009年，楚雄州共办理拖拉机注册登记4346台(其中G型2914台、H型852台、K型580台)，转入108台，转出188台，办理注销76台；全州受理拖拉机驾驶员考试53期，考试合格核发拖拉机驾驶证2784本，其中G型2104本、H型178本、K型502本；受理增驾考试合格137人；办理驾驶员转出手续2人，注销6人；全州持“云23”牌证拖拉机应检数2.05万台，已完成检验签证1.93万台，占应检数的94.46%；持“云NJ”牌证拖拉机应检数3784台，已完成检验签证2890台，占应检数的76%。

【农机技术培训】 2009年，楚雄州认真组织开展农业机械化教育培训大行动。全州共培训各类农机化人员1.60万人。其中培训农机管理人员689人，农机技术人员217人，农机监理人员247人，农机操作人员2896人，拖拉机驾驶3187人，劳动力转移1907人，职业技能602人，其他人员6238人。

【新机具示范推广】 2009年，楚雄州通过举办培训班、召开现场会、建立示范区等形式，围绕农机薄弱环节开展农机具示范推广工作，举办了不同规模的水稻插秧、稻麦收获、机械起垄、微耕机作业等现场演示会10余场次，在楚雄市举办烟用机械现场会，演示机械20多种，在牟定县举办水稻机械插秧现场会，节本增效示范效果较好。

【农机产品质量监督】 2009年，楚雄州认真开展农机流通市场清理整顿工作，开展农机产品质量监督和投诉受理工作。全年共开展市场巡查12次，受理农户农机产品质量投诉20余起，为用户挽回经济损失1万余元。

[姚国强]

葡萄产业开发

【中国西南国际葡萄酒城项目】 中国西南国际葡萄酒城项目是楚雄州与澳大利亚岳丰投资银行有限公司共同合作，开发建设楚雄葡萄与葡萄酒及相关产业的大型招商引资项目。合作双方自2006年2月接触洽谈开始，先后开展正式磋商近60轮，取得了诸多共识，签署了一系列的合作开发文件，并于2008年7月7日正式签署了《中国西南国际葡萄酒城项目合作开发合同》。按照合同约定，双方将在5年内共同合作引进一批国外葡萄酒及其相关企业，在楚雄州投资12.8亿美元，建设包括酿酒葡萄育苗区、酿酒葡萄种植区、国际葡萄酒庄区、酒城总部中心区、葡萄酒量产区、卫星企业园区、葡萄生物工程科技园区、葡萄酒专业教育园区、酒城旅游区、葡萄种植及酿酒专业教育培训在内的10个大项目，最终建成国际葡萄与葡萄酒组织(OIV)认可的“楚雄葡萄与葡萄酒产区”。按照建设规划，项目建成投产后，将实现工业生产总值约300亿元、新增税收约45亿元，农户葡萄种植收入将达到30亿元左右。

【酿酒葡萄母苗引进】 2009年，楚雄州将酿酒葡萄母苗引进列为中国西南国际葡萄酒城项目建设的重要工作。一年来，中共楚雄州委、州人民政府及相关部门领导多次向省人民政府、省农业厅、省林业厅、省植保站、省林检局、省出入境检验检疫局、昆明海关、国家农业部、国家林业局、国家质检总局沟通、请示、汇报，办理种苗引进批文。国家林业局、国家质检总局邀请有关专家对楚雄州酿酒葡萄国外引种工作作了风险评估；国家林业局、云南省林业厅明确同意楚雄州通过林业系统申报葡萄种苗引进审批手续，并按照国家有关要求办理了酿酒葡萄母苗引进必须的《林木种子生产许可证》、《林木种子经营许可证》和《普及型国外引种试种苗圃资格证书》；楚雄州在南华县龙川镇徐营村委会建立了酿酒葡萄普及型国外引种试种苗圃；国家林业局明确答复楚雄州可以随时上报办理葡萄种苗引进批文，母苗引进工作取得了突破性进展。

【项目基础测绘】 2009年，楚雄州委托云南省航测遥感信息院，统一完成了葡萄酒城第一阶段1450平方千米1:10000数字化地形图测绘和制作工作，覆盖了楚雄、禄丰、南华、姚安、大姚、永仁、武定、牟定、双柏8县1市的主要葡萄种植区36万亩，占目标种植面积的60%以上；完成了楚雄市朵基酒庄和紫溪酒庄、南华卫星工业园1:500数字化地形图测绘，为酒城项目规划设计提供资料；按照国家和省有关向外提供基础测绘成果的规定和要求，按法定程序向相关部门作了申报。

【项目规划设计】 按照合同约定，楚雄州中国西南国际葡萄酒城项目建设规划设计由投资方负责编制。截至2009年末，投资方已经完成葡萄品种区域规划、葡萄种植区域规划、种苗育苗园区规划，以及8个国际葡萄酒庄区、酒城总部中心区、葡萄酒量产区、卫星企业园区、葡萄酒专业教育及科技园区、酒城旅游景点区等规划设计。

【配套设施建设】 2009年，按照中共楚雄州委、州人民政府“统一规划、集中投入、渠道不变、各计其功”的要求，依托国家和省下达的水利、交通、土地整理等项目，按照酿酒葡萄种植用地规划和项目建设要求，扎实开展葡萄酒城基础设施配套建设。一年来，完成井深302.3米、日供水608立方米的日虹紫溪酒庄供水井和管道设施施工；完成井深313.4米、日供水量584立方米的朵基酒庄供水井建设；完成大姚县赵家店乡规划片区2.05万亩和永仁县永定镇和莲池乡规划片区1.98万亩的土地整理，按标准配套了水池（窖）、灌溉沟渠和产业道路；酒城总部中心区预选地周边的主要交通干道、管网和供水、供电等基础设施工程在积极推进。

【机构建设】 在中国西南国际葡萄酒城项目协调领导小组办公室的基础上，根据项目进展需要，2008年12月，正式成立楚雄州葡萄产业开发办公室，为州政府直属正处级事业单位，核定事业编制19名、工勤编制3名。按照“两块牌子，一套工作班子”的要求，成立了“楚雄州葡萄产业开发有限公司”。内设综合科（部）、外商投资企业服务科（部）、项目管理科（部）和财务科（部）等职能科室。

［李建芹］

生物资源开发

【绿色产业园区建设】 2009年，按照一园多区规划建设的楚雄经济开发区、楚雄市富民、大姚、牟定、元谋等绿色食品加工园区不断发展，元谋、禄丰罗川特色蔬菜种植园区辐射示范带动作用不断显现。（1）绿色食品加工园区。楚雄经济开发区绿色食品加工园区已引进云南依玛同佳食品有限公司、广泰生物科技开发公司、瑞福康生物科技开发公司、幸福农业、楚雄强鑫公司、运泽通贸易公司6户企业入园发展。其中广泰生物科技开发公司以生产核桃乳、滇红花软胶囊和有机食用油等食品及保健品为主，2009年实现销售收入3838万元。云南依玛同佳食品有限公司实现销售收入2429万元，出口创汇366万美元；楚雄市富民园区的楚雄森桂食用菌开发有限公司金针菇工厂化标准栽培项目全面启动，2009年，生产金针菇201.4吨，实现销售收入242.6万元；牟定园区的兴华公司收购加工各类蔬菜799吨，生产腐乳553吨，实现销售收入1400万元；姚安园区的农哈哈公司以生产菌种及收购加工食用菌为主，年内生产菌种37.58万瓶，示范种植大球盖菇236亩，实现销售收入577.97万元。绿兴现代农业发展有限公司收购加工青花菜1680吨，实现销售收入1015万元；大姚县启动了核桃文化产业园建设，“大姚核桃”地理标志证明商标于7月30日注册成功，园区新引进了锦亿土特产有限公司、欣杰食品有限责任公司、翠濛生态有限责任公司、家和食品有限责任公司、云南新丝路公司入园发展，园区内原有的亿利丰、鑫盛达、广益、百草岭蜂业、利英食品、顺红绿特食品6户企业生产经营情况较好。亿利丰公司实现销售收入1亿元，出口创汇1250万美元，出口创汇额居全州第一；元谋园区的入驻企业达42户，元谋龙川江生物开发有限公司、闽中食品有限公司、荣利达公司、林峰公司、利明公司、金珠公司、果润公司、顶瓜瓜公司、元宝绿色食品公司等企业发展势头良好。其中元谋龙川江生物开发有限公司年内共生产产品（乙醇、杂醇油）1.41万吨，实现销售收入4310万元，上缴税金103.5万元，带动周边农户发展薯类作物5万亩。云南元谋闽中食品有限公司全年生产速冻、冻干和烘干蔬菜共4120.2吨，实现销售收入7634.6万元，上缴税金165.1万元。此外，澜沧江啤酒企业（集团）楚雄有限公司2009年共生产各类啤酒10.12万吨，实现产值3.22亿元，上缴税金1438万元。（2）特色蔬菜种植园区。元谋生态蔬菜及制（繁）种示范园区被列为全国加工型农业示范基地，全面启动了A级绿色蔬菜生产基地示范县建设，新优品种引进试验示范推广促进和带动了蔬菜品种品质结构的调整，全县种植蔬菜13万亩，外销蔬菜22万吨，实现销售收入4.69亿元，累计获得绿色食品认证15个，无公害农产品认证27个。禄丰罗川特色蔬菜种植园区引入金实农业发展有限公司、彩云葡萄公司等企业发展特色蔬菜、优质瓜果和花卉种植，全年种植特色蔬菜1.32万亩，蔬菜产量2.62万吨，完成产值3929.1万元。发展优质西瓜530亩、哈密瓜180亩、葡萄293亩，种植花卉250亩。

【外向型特色生物产业】 2009年，楚雄州生物资源开发创新办公室着力培育和发展人工食用菌等外向型特色生物产业。（1）人工食用菌。通过采取抓招商、扶龙头、建基地、强培训等有力措施，楚雄锦翔公司、森桂公司、林鑫公司、永农公司、强鑫公司，永仁仁兴公司，武定春江公司等一批企业带动全州1369户菇农发展以香菇、茶树菇、大球盖菇、木耳、金针菇为主的15个品种的人工食用菌种，年产量2.20万吨，产值2.01亿万元，实现农民收入1.15亿万元。（2）优质水果。楚雄楚康公司、民宝公司，元谋金珠公司、果润公司、顶瓜瓜公司、楚雄市民生果业合作社等一批企业和种植大户带动农户发展红梨、葡萄、石榴、青枣等种植，全州优质水果累计种植面积达8.42亩产量10.35万吨，产值5.97亿元，实现农民收入2.63亿元。（3）夏秋高山反季蔬菜。武定农鑫公司、兴发公司，禄丰康源公司、鑫旺公司，南华高原公司，牟定兴华公司，姚安绿兴现代农业发展有限公司等一批蔬菜保鲜加工企业带动农户种植夏秋高山反季蔬菜8.66亿亩，产量16.79万吨，产值1.47亿元，实现农民收入1.06亿元。（4）蔬菜制（繁）种。全州以元谋、永仁2县为重点，完成菜心、香葱、青笋、花椰菜等30多个品种的蔬菜制

(繁)种面积2.71万亩,产值4995.48万元,实现农民收入3227.26万元。(5)花卉。全州以禄丰、武定、元谋、永仁等县为重点,发展以玫瑰、康乃馨、百合等品种为主的鲜切花卉3282亩和花卉繁种455亩,产值4779.52万元,实现农民收入3025.47万元。

【招商引资】 2009年,楚雄州生物资源开发创新办公室以人工食用菌产业招商开发为突破口,邀请台湾蔬果花卉产业科技发展协会联合暨拓展国际企业有限公司、台湾圣保罗生物科技股份有限公司、新加坡华星工程投资有限公司到禄丰罗川、楚雄市、姚安县考察投资开发人工食用菌规模种植及深加工项目。全年新引进外向型特色生物企业6户,种植大户29户。

【项目申报和管理】 2009年,楚雄州生物资源开发创新办公室指导各县(市)筛选上报争取省级给予列项扶持项目15个,资金225万元。同时,做好省级扶持项目的绩效评价和财政专项资金安全检查,指导搞好4个2010年农业综合开发和1个名特优新项目申报工作,并抓好实施项目的跟踪问效管理。

[李时云]

林　业

【林业发展】 2009年,楚雄州林业系统以建设绿色经济强州为目标,依法治林,较好地完成了各项工作任务。全年完成营造林94.27万亩,占计划任务的111%;完成义务植树2713万株,占计划任务的113%;实现林业产业总产值44.81亿元,比上年增长30.4%。

【林业改革】 2009年,楚雄州、县(市)、乡(镇)党委政府和林业部门认真贯彻国家和省级林业改革政策。(1)强化措施,切实推进集体林权制度主体改革。截止年末,全州集体林确权2861.71万亩,确权率98.65%,集体林均山到户率83.64%,集体商品林均山到户率86.74%,林权证发证率达95.1%,集体统一管理的面积占集体林总面积的7.1%,调处林权纠纷1.69万起,调处率98.34%;调处林权纠纷面积108.27万亩,面积调处率85.94%。没有争议的自留山、责任山和四荒转让的荒山均进行了核权发证,以明晰所有权为核心的主体改革工作已基本完成。(2)积极推进集体林权制度配套改革。各县(市)开通了林业科技与法律咨询、信息发布窗口,开展林业产权交易、林权登记、林业综合服务,并结合实际,制定了林业产业发展规划,进一步完善人工商品材采伐管理制度,积极搭建林权融资平台。至年末,全州办理集体林地林木流转5万多亩,组织开展森林资源评估5起,办理林权抵押贷款4起,抵押金额2600余万元。(3)如期完成楚雄雄安公司政策性破产工作,完成人员安置、财产变现、老企业注销及新企业重组注册等工作。(4)启动了国家级、省级公益林生态效益补偿和中低产林改造工作。

【造林绿化】 2009年,楚雄州加大人工造林和全民义务植树工作力度,超额完成造林绿化工作任务。全州完成造林绿化94.27万亩,其中人工造林63.27万亩,占计划任务的117%;封山育林31万亩,占计划31万亩的100%。完成义务植树2713万株,占计划任务的113%。年内,全州新种植核桃51.65万亩,种植油茶0.14万亩;全州共育林木种苗2957亩、6058万株,其中核桃苗1272万株、桉树苗1102.7万株、云南松苗85万株、膏桐苗473.5万株,采集林木种子518吨,采集穗条462万条,实现林木种苗花卉产业产值达2.88亿元,占总产值的6.43%,比上年的0.86亿元增加2.02亿元,增长235%。

【林业重点生态工程建设】 2009年,楚雄州林业生态工程建设取得明显成效。(1)天然林保护工程成效显著。年内,全州共完成公益林建设任务37.2万亩,其中人工造林6.2万亩,封山育林31万亩。分流安置森工职工1584人,聘用护林员2542人,管护天然林面积达2244万亩。按照国家关于延长天然林保护工程实施期的要求,组织完成了全州森工企业和国有林场林区道路及棚户区入户调查的统计上报工作,全州森工企业3185名在册职工全部参加养老保险、生育保险、工伤保险、失业保险,参保率达到100%,确保了林区和谐、企业稳定。(2)退耕还林工程稳步实施。年内,完成跨年度实施荒山造林任务3万亩;兑现2008年退耕还林政策补助资金10510万元以及第二轮第一批补助资金474.4万元;完成巩固退耕还林成果专项规划任务、年度实施方案和县级作业设计,并对历年退耕还林地块进行了补植补造和中耕管理,确保了造林成活率和保存率。(3)农村能源建设工程扎实有效。年内,全州林业系统完成沼气池建设2953户,推广太阳能热水器2276户,完成节柴改灶计划任务8575户。(4)野生动植物保护和自然保护区建设稳步推进。自然保护区建设工程和项目申报工作进展顺利,野生动植物保护和自然保护区机构建设得到加强。(5)生态公益林补偿工作全面启动。年内,全州完成国家级、省级1051.77万亩公益林生态效益补偿基础性工作,并启动了国家级、省级970.08万亩公益林生态效益补偿兑现工作。

【林业产业持续快速发展】 2009年,楚雄州林业产业继续保持快速发展的势头。年内,全州实现林业产业总产值44.81亿元,比上年的34.36亿元增长10.45%。其中,第一产业产值28.9亿元,占林业产业总产值的64.5%;第二产业产值13.8亿元,占林业产业总产值的30.8%;第三产业产值2.11亿元,占林业产业总产值的4.7%。

【资源林政管理】 2009年,楚雄州切实加强资源林政管理工作。(1)严格森林采伐限额管理,积极开展天保工程区人工商品林采伐试点工作。(2)整顿、规范木材生产、运输、经营、加工秩序，完成176户木材经营、加工企业的年检换证工作。（3）抓好楚雄、双柏、牟定、南华、姚安、大姚、禄丰7个县（市）森林资源二类调查的成果验收工作。（4）做好国家级、省级公益林生态效益补偿实施方案编制工作，启动了国家、省级生态效益补偿。（5）切实加强各类工程建设项目征占用林地的审核把关，积极做好交通、通信、水利、电力、教育、城建等部门国家和地方建设项目征占用林地的上报审批工作，上报省林业厅审批永久性征占用林地46宗，面积165.64公顷。（6）加强林业法制建设，推进依法治林。起草和完善了《楚雄州木材经营加工管理办法》和《楚雄州松香采集运输管理办法》等规范性文件。年内，全州共发生林业行政案件506起，查处率为100%。

【森林防火】 2009年，楚雄州各级党委、政府高度重视森林防火工作，认真贯彻落实行政首长负责制，把责任延伸落实到乡（镇）长、村主任、村民小组长、户长及林权所有者“五个关键人”身上，州、县、乡森林防火部门狠抓落实。年内，全州共发生森林火灾25起，其中一般火灾22起，荒火1起，较大火灾2起，火场面积231.77公顷。与上年同期相比，火灾次数下降26.5%，过火面积下降54.8%，受害面积下降85.7%，火灾当日扑灭率达100%，杜绝了重、特大森林火灾，未出现因森林火灾导致的人员伤亡事故。

【有害生物防治检疫】 2009年，楚雄州林业系统切实抓好林业有害生物防治检疫工作。年内，全州共发生各种林业有害生物18.71万亩，发生率为0.5%；防治15.49万亩，防治率为82.79%。与上年相比，林业有害生物发生面积下降1万亩。全年实施产地检疫苗木2300万亩，产地检疫种子122.7吨，调运检疫苗木716.3万株，调运检疫种子37.51吨，调运检疫木材11.29万立方米，复检木材3.28万立方米，复检种子10吨，复检苗木312.8万株。

【森林公安】 2009年，楚雄州森林公安受理各类破坏森林和野生动植物资源的违法犯罪案件844起，查处835起，案件综合查处率98.9%，打击处理各类违法犯罪人员1115人，逮捕36人，收缴木材1811立方米，野生动物216只（头），为国家挽回直接经济损失257万元。

【林业科技】 2009年，楚雄州林业系统积极做好林业科技教育培训和普及工作，大力开展林业科技推广和科技示范基地建设。年内，全州组织申报州级重大科技成果项目4项，向国家及省级申报林业科技储备项目12项，其中科研类项目7项，林业科技成果推广类项目5项；向省林业厅申报2009～2010年度省级林业科技培训计划项目5项。结合产业发展，重点组织实施了核桃小烤房烘烤技术示范推广和大姚三台核桃优良种源示范推广。建立林业科技示范村298个，示范户799户；实施科技扶贫1.09万户，举办各类科技培训班701场次，受训9.39万人，组织林业科技人员开展送科技下乡活动197场次，参加服务的科技人员达1094人次，开展林业科普宣传活动284场次。

【楚雄州茶花协会成立】 2009年4月30日，楚雄州茶花协会成立。该协会是楚雄州从事茶花行业的单位、个人和茶花爱好者自愿组成的群众性非盈利组织，州机构编制委员会核定该协会办公室事业编制3人，挂靠州林业局。该协会的宗旨是整合全州各方面的资源和力量，保护茶花资源，普及茶花知识，发展茶花事业和特色花卉产业。协会成立当日，与会代表通过了协会章程，选举出第一届理事会成员并召开了第一次理事会。理事会讨论并通过了协会财务管理办法、协会的4项决定及1项倡议。州长杨红卫应邀出席大会并担任此届理事会名誉会长。州茶花协会的成立，为保护茶花资源，发展茶花产业，弘扬茶花文化，以及迎接第27届国际茶花大会在楚雄召开奠定了良好的基础。

［杨发民　董存丽］

水　利

【水利工程建设】 2009年，楚雄州紧紧抓住部省合作共建山区水利发展与改革示范区和中央扩大内需增加水利投入的机遇，加快推进水源工程、病险水库除险加固、农村饮水安全、灌区节水改造、中小河道治理、中央财政小型农田水利项目、水土保持生态环境治理七大重点工程建设，统筹做好防汛抗旱减灾、水利改革等各项工作。全年争取中央和省水利建设补助资金3.37亿元，完成水利固定资产投资12.05亿元。水利工程动工2.98万件，完成2.93万件，投入劳动工日0.25万个，完成土石方0.37亿立方米、砼203.5万立方米，年内新增有效灌溉面积1.50万亩；新增节水灌溉面积14.27万亩，改造中低产田地0.85万亩，治理水土流失面积520平方千米，解决了农村25.5万人口饮水安全问题。全年，楚雄州完成水利固定资产投资12.05亿元，较上年增加1.9亿元，超额完成了州人民政府和省水利厅下达10亿元的水利固定资产投资任务。全年全州共完成4期农村饮水安全工程建设任务，新建农村饮水安全工程1871件，完成投资1.21万元，解决了1729个村民小组25.5万人口饮水安全问题。

【重点水利工程】 2009年，楚雄州重点水利工程建设取得了突破性进展。续建的青山嘴大型水库和武定己衣水库主体工程基本完工并下闸试蓄水，禄丰沙龙、永仁尼白租2件中型水库按计划抓紧推进，双柏县河口河、武定分洲、永仁他克等一批小型水源工程全面启动实施；元谋河尾、姚安洋派和红梅3件中型病险水库除险加固工程基本完工，2007～2008年开工建设的49件小（一）型病险水库除险加固工程建设任务基本完成；元谋和蜻蛉河2个大型灌区实施了6期项目，改造干支渠66.75千米，改善灌溉面积14.65万亩，投资0.75亿元；牟定庆丰、双柏三岔河等一批中小（一）型水库灌溉沟实施节水改造，防渗衬砌渠道14.8千米；禄丰县被列为国家小型农田水利建设重点县，争取到中央和省补助资金1600万元。

【秋冬干旱】 2009年，楚雄州累计平均降雨614毫米，较上年同期1010毫米少396毫米，为多年平均降雨量851毫米的72.2%，是有气象记录以来的最小值，按全州多年平均降雨频率测算相当于50年一遇；从2009年10月5日至12月31日全州有效降雨日数小于5毫米的已达88天，按照干旱等级划分已属于特大干旱；全州库塘蓄水仅6.27亿立方米，较上年同期8.74亿立方米少2.47亿立方米。受持续高温少雨天气的影响，11月以来，发生了历史上罕见的秋冬干旱。据统计，截至12月28日，全州小春作物受旱面积达到64.31万亩，占播种面积的28.6%，其中重旱42.73万亩、轻旱20.25万亩、干枯1.33万亩；有19.7万人、11.61万头大牲畜因旱发生饮水困难。中共楚雄州委、州人民政府发出了关于做好抗旱工作确保供用水安全的紧急通知，要求全州上下千方百计做好城乡供水和抗旱保民生、保生产工作。楚雄州水利局成立了安全供用水领导小组，制定了全州供用水计划及供用水安全保障方案，同时派出两个工作组到10县（市）指导抗旱工作。

【水利工程抗震救灾工作】 2009年，“7·09”姚安6.0级地震造成姚安、大姚、牟定、南华、永仁、元谋6县的567件水利设施不同程度受损，其中中型水库4件，小（一）型水库17件，小（二）型水库118件，农村人畜饮水工程70件，河道堤防34处长11千米，沟渠工程94条长284千米，水保工程74处，国家基本水文站5个，农村水电工程1件，其他水利设施150件，直接经济损失2.98亿元。地震发生后，楚雄州水利局迅速启动水库突发事件安全应急预案，成立了以局长任组长的水利工程抗震救灾工作领导小组，组织了4个应急抢险工作组于地震当晚8时赶赴姚安、大姚、牟定、南华4个重灾县帮助指导抗震救灾应急抢险，7月10日上午又派出2个震损评估专家组深入灾区开展水利工程受损灾害评估工作。通过落实防汛责任制，迅速开展水库安全大检查，积极采取应急抢险措施，争取国家和省的支持，开展震损水利工程恢复重建工作，制定灾区安全供水方案等，保证了灾区群众生活饮用水安全，震损水利工程未发生次生灾害，确保了库塘安全。

【河口河水库奠基】 2009年6月28日下午3点，双柏县河口河小（一）型水库在水库大坝现场举行奠基仪式。省水利厅副厅长杨荣新、州人民政府副州长左荣贵、州水利局局长熊卫民等领导出席了奠基仪式。河口河水库是2009年新建的小（一）型水库之一，位于双柏县大麦地镇邦三村委会平地河上游0.8千米处，坝高45.8米，总库容718.3万立方米，设计灌溉面积6981亩，可解决4800人和1.5万头大牲畜的饮水安全，工程总投资9780.38万元。

【英雄水库等3件小（一）型工程通过竣工验收】 2009年9月29日至30日，楚雄州水利局组织相关部门对双柏县英雄水库除险加固、三岔河水库和楚雄市江家冲水库除险加固3件小（一）型工程进行竣工验收，3件工程顺利通过了验收。

【竹箐口水库除险加固工程通过竣工验收】 2009年10月15日，竹箐口水库除险加固工程通过了由楚雄州水利局和州财政局主持的竣工验收。禄丰县竹箐口小（一）型水库总库容515.1万立方米，距禄丰县城以南27千米，主要承担下游4627亩农田灌溉、防洪和村镇供水任务。竹箐口水库除险加固工程批准概算总投资465.8万元，于2008年3月20日正式开工，2008年10月30日完工。

【庆丰等中型水库除险加固工程通过竣工验收】 2009年11月26日至27日，云南省发展和改革委员会、省水利厅在牟定县和姚安县组织开展了庆丰水库、洋派水库除险加固工程竣工验收。牟定庆丰水库建于1956年，由于水库淤积严重，加之受地震影响等原因工程病险加剧，经省鉴定为三类坝，批准除险加固工程于2004年5月1日开工，至2008年1月完工。姚安洋派水库于1955年建成蓄水，是一座以灌溉、防洪为主，兼城镇供水、养殖为一体的综合性水库，经50多年运行，水库淤积、病险严重。经省鉴定为二类坝进行除险加固，工程自2004年4月5日开工建设，2009年5月完工。

【分洲水库开工建设】 2009年12月14日，武定县分洲小（一）型水库举行开工典礼。武定县分洲小（一）型水库是一座以农业灌溉为主，兼顾城镇供水及下游防洪的水源工程，位于狮山镇西和村委会分洲村，距县城2.3千米，坝高37.04米，水库总库容108.88万立方米，总投资2164.62万元，总工期30个月。分洲水库建成后，可解决下游狮山灌区2516亩农田的灌溉问题，缓解下游0.5万亩农田及1.37万人的防洪压力，同时可减轻县城及附近农村的生产及生活供水压力。

【丙巷河和河尾2座中型水库除险加固工程通过竣工验收】 2009年12月24日至25日，云南省发展和改革委员会、省水利厅在元谋县对丙巷河中型水库、河尾中型水库除险加固工程进行竣工验收。丙巷河水库于2001年6月经省计委、省水利厅文件批复，属省批准实施的“润滇工程”项目之一，河尾水库除险加固工程于2003年9月经省计委、省水利厅文件批复，批复概算总投资为1747.13万元，批准实施的主要项目为坝体除险加固，新建输水隧洞，扩建溢洪道，增设大坝安全监测设施及水文测报系统，建盖管理房等项目。工程2004年3月20日正式开工建设，2009年11月29日通过单位工程验收。

【青山嘴水库大坝顺利封顶】 2009年1月12日，楚雄州青山嘴水库大坝顺利封顶。水库坝高41.5米，总库容1.08亿立方米，概算总投资7.26亿元，工程于2007年2月13日正式动工建设，2007年12月3日大坝成功截流，开创了云南省大型水利工程当年开工、当年截流的先例。

【水土保持生态环境治理】 2009年，楚雄州水土保持工作以预防监督、综合治理、生态修复和监测预报为重点，共完成防治水土流失面积560.2平方千米，占下达治理计划面积560平方千米的100.04%，完成投资2896.7万元。

【水土保持监督执法专项行动】 2009年，楚雄州在巩固水土保持专项行动成果的基础上，积极开展开发建设项目水土保持监督执法活动，对广通到昆明的铁路建设和其他开发建设项目进行检查，全州共开展水土保持监督执法检查671次，检查开发建设项目477个，查处违法案件12起，开发建设项目水土保持总投资9449.88万元。州级审批水土保持方案23个，水土保持设施验收12件，收取水土保持设施补偿费82.75万元。

【水土保持项目】 2009年，楚雄州共治理水土流失面积41.75平方千米，占下达计划数的74.6%，完成治理总投资1166.7万元。其中，完成土坎坡改梯工程241.11平方公顷，占计划数的33.2%；水土保持林437.64平方公顷，占计划数的35.4%；经济果木林49.47平方公顷，占计划数的7.6%；封禁治理3302.3平方公顷，占计划数的87.3%；小型水利水保工程实施谷坊65座，蓄水池15座，水窖157座，渠道1784米，机耕道路21.14千米，田间道路750米，养畜164户。

【水产养殖】 2009年，楚雄州全面推进水产养殖证制度，狠抓渔业资源保护和健康养殖，渔业生产保持了较快增长的良好势头。全州库塘养鱼水面积达13.25万亩，推广稻田养鱼14.38万亩，全年水产品产量达1.7万吨，较上年增长6.2%。

【农村水电及电气化建设】 2009年，楚雄州完成水电及电气化建设投资5500万元，占年度计划4000万元的137.5%。发电量7亿千瓦时，占计划任务6.5亿千瓦时的107.7%。

【重点水利项目前期工作】 2009年，部省共建楚雄州山区水利发展与改革示范区“1622”重点水利项目前期工作步伐加快。小石门大型水库设立了水文观测站并开展项目建议书编制工作；新建6座中型水库中，禄丰西河水库可研报告和大姚红豆树、武定羊旧、元谋坛罐窑水库项目建议书已编制完成，龙街河水库即将开展项目建议书编制；扩建姚安下口坝和楚雄中石坝小（一）型水库为中型水库可研报告已完成，其中下口坝水库已经省批复；牟定中屯和元谋麻柳2件中型水库除险加固前期工作已完成，其中中屯水库初设报告已通过长江水利委员会复核。规划外24件小（一）型病险水库除险加固、2条中小河流治理等一批重点水利项目前期工作全面完成，中型病险水闸除险加固等项目初步设计阶段勘测设计工作正在抓紧推进，中低产田改造规划、水资源综合规划、楚北水资源开发利用规划等重点水利规划编制完成。

【楚雄北部片区水资源综合利用规划】 2009年7月，楚雄北部片区水资源综合利用规划编制完成。规划建设的主要内容包括新（扩）建大中小型水源工程148件。其中新建大（二）型水库2件（小石门和三潭水库），新（扩）建中型水库12件，新建小（一）水库17件，新建小（二）型水库117件。

【水库管理体制改革】 2009年，楚雄州全面完成小（一）型以上水库管理体制改革，将所有小（一）型以上水库和103个乡（镇）水管站统一上划县（市）水行政部门直接管理。全州170件中、小（一）型水库管理体制改革方案经同级人民政府批准实施，21件中型、149件小（一）型水库全部纳入县（市）管理，落实了由同级财政负担的公益性人员经费和部分维修养护经费。武定、大姚、牟定、南华、双柏5县小（一）型水库重新招聘了管理人员147人，落实人员经费145.74万元。国管水利工程新一轮供水价格改革的调整工作全面完成，全州农业水价由原来的平均每立方米0.01元至0.03元调整为0.06元至0.08元，生活水价由原来的平均每立方米0.1元调整为0.3元。

【中型水库考核验收】 2009年11月17日至18日，由云南省水利厅水利工程管理局调研员孔根正率队的考核验收组对牟定县庆丰、姚安县洋派、南华县毛板桥3座中型水库进行考核验收。通过现场检查、查阅资料，围绕组织管理、安全管理、运行管理、经济管理进行了详细考核，通过考核，3个中型水库管理单位都达到了省级水利工程管理单位验收标准。

【水利工程管理考核】 2009年2月25日至27日，云南省水利厅工程管理局副局长白致威带领中型水库工程管理达标考核省级专家组，分别对楚雄市九龙甸、大姚县白鹤、元谋县丙间、禄丰县东河4座中型水库管理单位进行了水库工程管理考核达标验收。通过对组织管理、安全管理、运行管理、经济管理的“四大管理”30个分项共130多项指标考核和综合评定，4座中型水库管理单位均已达到《云南省水利工程管理考核暂行办法》的考核标准，顺利通过省级验收。

【水利工程管理体制改革总结评估】 2009年，楚雄州按照水利部全面完成水管体制改革任务和《云南省水利厅关于开展全省水管体制改革总结评估工作的通知》的要求，认真组织开展了中、小（一）型水库水管体制改革的对照检查和督促落实工作，完成了州级的总结评估。通过检查，全州193件纳入县（市）管理的水利工程（21座中型水库、155座小（一）型水库、13座小（二）型水库和4件其他工程）都按照国家有关规定以及州、县人民政府批准的实施方案落实管理体制改革，管理单位进行分类定性，定岗定编，实行全员聘用制、竞争上岗，建立健全岗位责任制和绩效考核。

【云南山区小康水利建设与管理推广应用培训】 “云南山区小康水利建设与管理推广应用”课题是2008年水利部批准的“948”科技推广项目之一，该项目由云南省水利厅负责协调组织，省水利水电科学研究院和楚雄州水利局共同承担。为全面完成课题任务，省水利水电科学研究院和楚雄州水利局于2009年3月30日至4月1日在楚雄召开“云南山区小康水利建设与管理推广应用”培训班会议，玉溪、保山、文山、昭通、曲靖、红河6州（市）水利（务）局及项目县水利（务）局等共92人参加了培训会议。水利部科技推广中心副主任曹景华亲临会议指导，省水利厅科技外事处处长罗瑞祥到会讲话。

［李雪花］

青山嘴水库工程建设

【主坝工程建设完成】 楚雄州青山嘴水库主坝工程于2007年2月开工，12月3日实现截流，至2008年4月30日完成度汛坝体填筑，二期填筑于2008年11月17日至2009年1月12日，填筑达到1820.5米的设计高程，高41.5米、长449.3米的坝体形成，圆满完成坝体填筑任务。

【库底清理】 2009年，青山嘴水库为保护水质，防止水质污染，在水库下闸蓄水前，对水库淹没水位线以下7.3平方千米的迹地面积进行清理。先后分3期共清理林地502亩，拆除民房16.13平方米，桥梁6座，拆除电力、电信、网络线路126杆，实施卫生清理854处，整个库底清理工作经专家组验收，符合规范要求，满足了水库下闸蓄水条件。

【库区管护】 2009年，楚雄州青山嘴水库工程建设管理局进一步加强库区林地管理。（1）组织楚雄州、市林业部门及相关镇、村干部，对青山嘴水库工程建设涉及的34个村组淹没线以上的4.32万亩集体林地和3361亩耕地进行了界线确认和详细的勘测核实，并经州人民政府研究同意给予补偿，明确了库区管护范围。（2）在库区设置管护点10个，招聘护林员20名，做好库区山林、土地、水域及其他设施的管护工作。（3）加强库区护林防火和生态环境保护的宣传教育，在库区交通要道和重要部位设置加强库区管护的永久性宣传栏15块，向周边群众发放宣传单1200份。（4）开展《青山嘴水库保护管理办法》的草拟工作。

【水上交通工程】 2009年，青山嘴水库工程建设管理局在水库下闸蓄水后，立即组织做好水库水上交通工程规划设计的报批工作。购置巡逻快艇2艘，着手建设航运码头，《青山嘴水库航运基础设施建设工程可行性研究报告》年末通过评审。

【库区交通恢复工程】 2009年，楚雄州青山嘴水库工程建设管理局整合资金，组织修通了寨子水库至龙河村委会段全长4000米的水泥公路及吕合镇斗阁村委会丁家嘴村至金村段全长6400米的公路建设。经多方协调，争取到省交通厅的支持，将库区从张宗坝至老云机四厂14.2千米的道路建设列为国防公路项目，路基工程已全面完成并通过验收。

【移民安置】 2009年，楚雄州青山嘴水库工程建设管理局按照州人民政府确定的职责切实开展工作。（1）认真做好移民资金的调度管理，确保移民资金的及时到位，没有发生因资金不到位而影响移民工作的情况。（2）积极认真做好移民群众的思想教育及有关政策法规的宣传工作，积极做好移民来信来访的接待处理。（3）切实配合做好移民小区建设中遇到的困难和问题，确保栗子园移民小区顺利建成，青山嘴水库建设所涉及的7225名移民得以顺利迁出。

【大旱之年见成效】 2009年，云南遭遇特大旱灾，其中楚雄州尤为严重，很多地方河水断流，水井干涸，持续高温少雨。青山嘴水库8月1日下闸蓄水后，截至10月末，最高蓄水位达25.73米（相对高程1804.73米），库容为2076.32万立方米。水库下游龙川江沿岸农作物受旱，下游水库蓄水严重不足，楚雄城区段橡胶坝景观用水水质恶化，经楚雄州防汛抗旱指挥部办公室统一调度，青山嘴水库于2009年9月至2010年1月15日共放水876.6万立方米，解决了下游5000多亩农作物抗旱灌溉用水，团山水库提水入库99万立方米，改善了楚雄城市景观用水，对全州整个抗旱救灾工作起到积极作用。

［周荣志］

（责任编辑：罗相海）

工 业

工业经济管理

【工业经济发展】 2009年，楚雄州经济委员会面对国际金融危机影响不断向实体经济蔓延，市场需求减少，主要工业产品价格大幅下跌，市场竞争加剧，企业生产经营效益普遍下滑的严峻形势，坚决贯彻落实各级党委、政府的一系列保增长、保稳定、保就业决策部署，团结拼搏，有效扭转了生产下滑局面，呈现出趋稳回升的好势头。全年全州工业实现增加值116.47亿元，比上年增长10.5%。其中，规模以上工业实现增加值90.77亿元，比上年增长10.1%，完成省下达计划任务95亿元的95%；主营业务收入222.17亿元，比上年增长3.3%，完成省下达计划任务240亿元的92.6%；实现利税60.64亿元，比上年增长14.1%，完成省下达计划任务63亿元的96.3%；利润总额17.75亿元，比上年增长37.3%，完成省下达计划任务18.3亿元的97%。

【工业产品产量】 2009年，楚雄州经济委员会系统始终把发展作为第一要务，按照以救灾精神保工业增长的总体要求，加大协调服务工作力度，采取"促增量、保存量、压减量"的工作思路，采取"抱团、增贷、促销、减负、挖潜、推优、上新、保障"等一系列对策措施，切实解决企业生产经营中遇到的困难和问题，着力优化工业发展环境，第4季度工业企业家信心指数达136.85，工业企业景气指数达132.91。全年全州13种主要工业产品产量为原煤170.96万吨，比上年增长12.7%；水电发电量9.87亿千瓦时，比上年减少17.9%；水泥120.78万吨，比上年增长2.8%；卷烟280.50亿支，比上年增长1.6%；农用化肥5.59万吨，比上年增长10.3%；复合肥21.59万吨，比上年增长105.2%；铜3.16万吨，比上年增长34.4%；铝5272吨，比上年减少28.4%；锌2826吨，比上年减少35.3%；生铁151.81万吨，比上年增长12.9%；粗钢150.32万吨，比上年增长4.4%；钢材146.6万吨，比上年增长5.4%；中成药1209.02吨，比上年增长4.4%。

【企业经营状况】 2009年，楚雄州172户规模以上企业中停产、半停产户数分别比上年末减少25户、34户。随着市场的好转，停产近半年的滇中铝业公司新生产线实现满负荷生产，武定全兴矿业公司、禄丰勤丰矿业选冶公司先后恢复生产。同时，云南德胜钢铁公司、云南开关厂、楚雄变压器公司、云南澜沧江啤酒企业集团楚雄公司等企业抓住投资快速增长、市场需求增加的机遇，充分挖掘生产潜力，生产经营实现新突破。180户重点企业中盈利50万元以上的有92户，比上年增加15户，实现利润19.4亿元，利润比上年减少2.74亿元；亏损企业48户，亏损面为26.7%，亏损户比上年减少7户，亏损面下降3.9个百分点。44户年产值上5000万元的企业有37户盈利，比上年增加2户。44户企业实现利润16.4亿元，同比增长36.4%。

【重点项目建设】 2009年，楚雄州工业系统制定了《楚雄州重点工业项目五年行动计划》，全面推进"50项重大工业项目工程"实施，狠抓已完工项目的

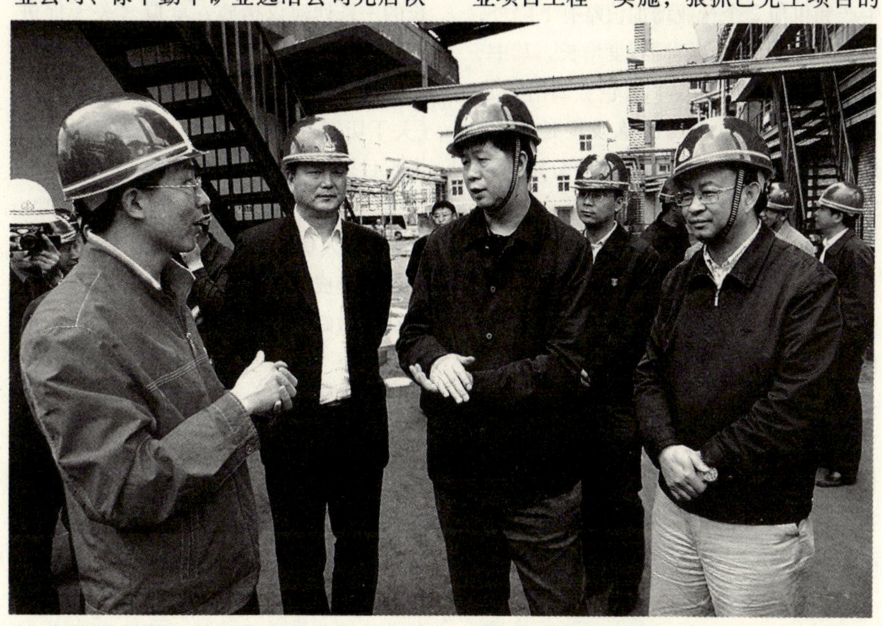

州委书记邓先培、州人大常委会主任卢显林到禄丰工业园区企业调研

(州人大办提供)

投产协调服务和跟踪督促工作，确保滇中有色金属公司年产10万吨粗铜项目、云冶集团新立公司年产8万吨高钛渣项目、天腾化工公司年产30万吨高塔造粒复合肥项目顺利投产。在加大与云南红塔集团、云铜集团、云冶集团、云天化集团等大企业集团合作的基础上，州人民政府与昆钢集团签订了战略合作协议。红塔烟草集团楚雄烟厂搬迁项目、云冶集团新立公司年产6万吨钛白粉项目和云南超拓钛业公司年产1万吨海绵钛项目推进加快。昆钢集团钛材深加工项目一期工程顺利开工建设，云南德胜钢铁公司节能减排项目前期工作抓紧进行。全州共登记备案项目126个，完成工业固定资产投资36.2亿元，同比增长40.6%，完成了云南省工业和信息化委员会下达的36亿元、州人民政府下达的33亿元的年度目标任务。

【重点行业建设】 2009年，楚雄州规模以上烟草制品、化学原料和化学制品、医药制造、有色金属冶炼及压延加工、黑色金属冶炼及压延加工、电力及热力的生产和供应6个重点行业实现增加值67.9亿元，比上年增长8.9%，占全部规模以上工业增加值的74.8%。6个重点行业中，除医药制造、电力及热力的生产和供应2个行业增加值略有下降外，其余4个行业均有不同程度增长。其中，化学原料和化学制品、有色金属冶炼及压延加工、黑色金属冶炼及压延加工、烟草制品4个行业的增长速度分别达到30.9%、8.6%、9.8%和9%。

【非公有制经济】 2009年，楚雄州非公有制经济完成增加值152.47亿元，同比增长13.2%，占全州GDP比重的44.66%，完成省下达年度计划任务174.8亿元的87.47%；上缴税金12.02亿元，同比增长11.48%，完成省下达指标12.4亿元的97.1%；从业人员达21.08万人，同比增长16.59%，完成省下达年度指标19万人的110.95%。规模以上非公经济完成工业增加值30.1亿元，同比增长13.3%，其中私营企业完成25.4亿元，同比增长13.6%。

【项目贷款协调服务】 2009年，楚雄州经济委员会面对企业资金困难问题，进一步加大项目贷款的协调工作力度，多次组织开展企业固定资产和流动资金贷款需求调查，全年共向金融机构推荐企业贷款项目66个。同时，协调楚雄州贷款担保资金理事会为企业提供担保贷款8897万元，并加大对州人民政府确定的29个项目贷款的跟踪协调力度，及时提出州级财政工业切块资金扶持方案。另外，积极筛选项目争取扶持资金、促销补助和收贮资金2.9亿元扶持州内工业企业。

【宏观调控】 2009年，楚雄州经济委员会努力提高宏观调控工作力度。（1）及时制订出台州县领导和部门领导挂点联系企业制度，并由34名州级领导挂点联系38户企业进行帮扶。（2）建立州经委领导班子成员及科室挂点联系企业制度，并制订下发《关于开展对负增长规模以上企业帮扶工作的通知》，成立11个帮扶小组和10个调研督导组，分别到县（市）、企业帮助协调解决发展遇到的困难和问题。（3）在调研基础上及时提出应对国际金融危机、保工业增长的一系列建议措施，草拟《关于促进工业产品销售保持工业平稳较快增长意见》、《关于加快工业园区建设的意见》、《关于切实减轻企业负担努力实现工业增长目标的通知》、《关于全力实现全年工业经济发展目标任务的紧急通知》、《关于加大优势工业企业指导服务力度努力形成工业增长亮点的通知》、《关于认真做好有关重点企业项目增贷工作的通知》、《关于做好工业企业联合合作工作的指导意见》、《关于加快非公有制经济发展的决定》等文件。（4）与楚雄州财政局联合制定优先采购州内产品的采购目录，并有4980吨有色金属纳入省收储，24种工业品列入省促销目录，进一步促进州内工业品销售。（5）全年共按政策减免企业及个体工商户两税分别达3.34亿元和1.64亿元。

【协调电力铁路运输】 2009年，楚雄州经济委员会针对前第3季度电力、运力供给充裕和市场需求逐步好转的机遇，积极组织企业开展复产、增产和降本增效活动。针对第4季度铁路运输和电力供应紧张的情况，及时到云南省工信委、昆明铁路局、云南电网公司协调铁路车皮计划和用电指标，努力缓解运力和电力供需矛盾，把电力、运力对工业经济的影响降到最低限度，供电量达到24.5亿千瓦时，比上年增长3.6%；物资发送量达550.56万吨，与上年同期相比下降2.9%，完成装车8.97万车，保障了州内重点物资的外运。

【专项培训】 2009年，楚雄州经济委员会筹办了全州天然药业协会成立大会，并组织开展经济管理、煤炭安全、乡镇企业职业技能、医药知识等专项培训活动，全年共举办各种培训班59期，培训人员6385人，199名企业专业人员获得专业技术职称。

［雷文生］

【保工业增长】 2009年，楚雄州经济委员会为确保工业经济又好又快发展，狠抓相关政策措施的落实。（1）帮助滇中铝业公司将生产的铝锭纳入省收储计划，帮助华力机械制造公司、云南开关厂、云南德胜钢铁公司、楚雄广利塑料公司纳入省重点促销范围，帮助楚雄变压器公司产品纳入“云南省重点企业主要产品促销目录”。（2）配合州人民政府督查室对全州重点建设项目使用州内生产钢材，有关单位采购医疗用品，政府采购州内工业品，商店宾馆饭店经营采购州内企业产品情况，税务部门减免企业税收及有关部门减免行政收费情况进行督促检查，进一步促进相关政策措施的落实。（3）为加快推进“工业强州”战略，促进工业结构调整和产业优化升级，推进工业企业技术创新，先后制订下发了《楚雄州2009年企业技术进步创新工作指导意见》、《楚雄州企业技术创新及工业品牌培育五年行动计划》。

［雷文生 王家明］

【工业投资】 2009年，楚雄州经济委员会为完成云南省工信委、州人民政府下达的工业投资年度工作目标任务，制订下发《楚雄州重点工业项目建设五年行动计划》，计划逐年抓好一批重点项目的实施。按照大项目带动大投入、大投入带动大发展思路，制定下发《关于下达2009年工业投资目标任务的通知》。全年完成工业固定资产投资（不含电力）36.18亿元，比上年同期增长40.6%，超额完成省工信委下达36亿元和州人民政府下达33亿元的目标任务。

【工业项目政策措施】 2009年，楚雄州经济委员会认真贯彻落实中央、省、州一系列保增长、扩内需的政策措施，以"增投资、保增长、促升级"为主线，以"提高工业经济的质量和效益，推进新型工业化进程"为目标，充分发挥技术改造和技术创新在加快全州产业结构调整、促进企业内涵式发展的重大作用，推动实施"50项重大工业项目工程"、重点工业项目建设五年行动计划和企业技术创新及工业品牌培育五年行动计划，千方百计推进工业项目建设，在加大扶持力度，强化协调服务等方面采取了一系列措施。（1）安排3000万元专项资金重点用于企业技改贷款贴息、流动资金贷款贴息和工业园区建设。（2）建立州级领导挂点联系企业及重大项目制度，有34名州级领导联系39个重点工业项目，加大项目协调帮扶工作。（3）州级领导深入企业调研，6次召开专题调研会议，研究解决重大项目推进中存在的困难和问题。在加强与红塔集团、云冶集团、云铜集团、云天化集团、四川德胜集团等大企业合作的基础上，州人民政府与昆明钢铁控股有限公司签订了战略合作协议，实施2万吨/年工业钛材深加工，9月23日开工建设；禄丰县人民政府与云南工业投资控股集团有限责任公司合作，计划投资55亿元对禄丰县仁兴镇褐煤资源整合开发，年产500万吨原煤及深加工项目正在推进，其中年产10万吨炭质还原剂项目已于12月19日开工。

【新型工业化进程】 2009年，楚雄州为贯彻落实《中共楚雄州委、州人民政府关于进一步加快推进新型工业化的决定》，进一步转变经济发展方式，促进产业结构调整和优化升级，不断改造提升工业企业的装备水平，增强创新能力，提高核心竞争力，努力推进新型工业化进程。（1）2009年至2012年计划组织实施的"50项重大工业项目"中已有43个开工建设，13个竣工投产。（2）新立公司在禄丰实施的年产6万吨氯化法钛白粉生产线、超拓钛业公司在禄丰实施的年产1万吨海绵钛生产线、昆钢钛材深加工、楚雄矿冶公司年自产有色金属总量5万吨（铜金属3万吨）技改、星焰公司牟定郝家河铜矿开发及选厂技改、勤攀磷化工公司技改扩建、岭东纸业公司年产35万大箱卷烟条盒商标彩印生产线搬迁技改扩建等项目进展顺利。（3）各县（市）经委在积极配合抓好属地重大工业投资项目建设的同时，认真抓好投资1000万元以上的工业项目，推动项目尽快开工建设，通过抓好项目实施，带动县域经济发展。

【争取省级工业投资项目支持】 2009年，楚雄州根据国家产业政策导向，结合实际，认真分析研究，共筛选上报工业投资项目174个。其中，企业技术改造项目27个（重大结构调整项目11个，技术改造项目16个），工业园区项目24个，中小企业扶持项目49个，再生资源综合利用项目3个，煤矿安全隐患治理配套项目9个，乡镇企业项目15个，中小企业创业基地建设项目3个，工业循环经济发展项目14个，节能技改示范及淘汰落后产能项目24个，重点节能工程奖励补助项目5个，节能先进技术和示范推广奖励补助项目1个。共争取到省级项目补助资金及收储促销补助资金1.39亿元。

【工业投资项目管理】 2009年，楚雄州努力抓好工业投资项目的"前期、实施、验收"三个环节，认真审查分析项目的技术先进性、合理性、可行性，抓好工业投资项目管理，搞好项目登记备案工作。全年全州共对126个工业项目进行登记备案，其中楚雄州经济委员会备案46个、各县（市）经济委员会备案80个。12月7日，云南开关厂、云南燃二化工公司4个项目通过省工信委、省国防科工局组织的竣工验收。12月15日至21日，由州经委、州财政局、州环保局等部门组成验收领导小组对全州23个重点项目组织竣工验收，其中20个项目通过验收。各县（市）经委、开发区经贸局也开展了所管项目的竣工验收工作。

【资源综合利用】 2009年，楚雄州共有报废汽车回收站点9个、回收中心1个，共回收报废机动车958辆；经省级认定的资源综合利用企业有51户，首批45户实施清洁生产审核的企业已有15户企业开展清洁生产审核工作。新型墙材推广使用工作取得新成效，全年共征收墙改专项基金493.7万元，新型墙材推广面积达到80万平方米；推广使用散装水泥24.3万吨。全年全州规模以上工业企业万元增加值能耗比上年下降8.96%，万元GDP能耗下降3.9%。

【发展循环经济】 2009年，楚雄州积极推进废弃物的资源综合利用，发展循环经济，加强废旧物资的回收利用工作，鼓励和支持企业对"废水、废气、废渣"进行再生利用。全年共办理《云南省资源综合利用认定证书》及年检企业29户，上报11户《云南省资源综合利用认定证书》到期换证企业材料及3户新认定企业申报材料。根据《云南省政府关于加快发展工业循环经济的意见》和《云南省发展工业循环经济工程方案》，楚雄市被确定为循环经济试点市，楚雄经济开发区被列为循环经济试点园区。年内，编制了《楚雄市发展工业循环经济实施方案》，组织实施了15个工业循环经济试点项目；编制了《楚雄经济技术开发区工业园区工业循环经济实施方案》，重点组织实施8个工业循环经济试点项目。

【报废汽车回收管理】 2009年，楚雄州认真贯彻落实国家和省有关部门关于报废汽车回收拆解利用的有关规范，认真做好报废汽车回收管理，全面启动汽车以旧换新工作，督促报废汽车回收企业，推广应用交通运输节能环保新技术。全年全州共回收报废汽车958辆（含摩托车241辆），兑付老旧汽车更新补贴14辆14万元，汽车以旧换新补贴16辆8.1万元。

［王家明］

工业园区建设

【工业园区发展状况】 2009年，楚雄州工业园区进一步加大规划建设力度，强化招商引资，加快园区基础设施建设步伐，以集约化、产业化、规模化为目标，努力克服资金、用地等诸多困难，加快园区发展速度，各项工作稳步推进，成效显著，园区经济呈现较强活力。全州2个省级工业园区和8个州级工业园区的《可行性研究》和《总体规划》全部编制完成并通过评审，园区建设取得新突破，投入基础设施建设资金达1.74亿元。全州园区主导产业逐步形成，通过资源整合、企业兼并重组，引进大企业（集团）、大项目，促进了园区龙头企业带动园区产业的大发展，楚雄工业园区以烟草加工及配套、生物制药、食品加工业等为主导的轻工业产业集群基本形成；禄丰工业园区以冶金、化工为主导的重工产业集群初具规模。全州10个工业园区内有企业179户，实现工业总产值122.79亿元、工业增加值29.77亿元、税收6.71亿元，分别比上年同期增长13%、16%和9%。工业园区正在成为楚雄州对外开放的窗口、招商引资的平台、新型工业化的载体。工业产值达10亿元以上的园区有3个（楚雄、禄丰、大姚），比上年增加1个，占园区总数的30%。其中工业总产值30亿元以上的园区1个，50亿元以上的园区1个。

［雷文生 王文斌］

【工业园区规划建设】 2009年，楚雄州出台《楚雄州工业园区建设五年行动计划》，提出了全州工业园区到2012年的建设目标，明确了各年度工作重点及内容。5月18日，经州人民政府常务会议研究通过，出台《楚雄州人民政府关于加快工业园区建设的意见》，重点解决园区建设中的机制、建设资金、优惠政策等问题；12月10日，在大姚县召开了首次全州工业园区建设座谈会，有力地推动了全州工业园区建设步伐。

【楚雄工业园区】 楚雄工业园区是全省30个重点工业园区之一，总规划面积11.98平方千米，分为桃园冶金片区、赵家湾绿色食品加工片区、庄甸天然药业片区、富民轻工片区。桃园片区基础设施建设一期工程现已完工，二期工程正按计划推进；赵家湾片区水、电、路、通信和土地平整工作基本完成；富民片区主干道、桥梁、变电站及土地平整工作全面加快，部分工程已交付使用。园区紧紧依托楚雄中心城市的区位优势，形成了绿色食品加工、冶金、烟草加工及配套、天然药业等产业特色，成为云南省重要的医药产业基地。全年实现工业总产值30.57亿元，同比增长11.98%；实现工业增加值6.99亿元，同比增长5.7%；实现税收1.11亿元，同比增长11%。

【禄丰工业园区】 禄丰工业园区是全省30个重点工业园区之一，总规划面积58.37平方千米，由金山、勤丰、土官3个片区构成。2009年完成园区总体规划修编，由原来的“南北两片区”修改为“一园三片区”，新增勤丰片区和土官片区，园区以冶金化工业为主导产业。年内，勤丰片区钛产业基地南、北两条入园进厂主干道及配套的水、电、通信等项目已完工投入使用，园区基础设施建设全面加快，水电供应充裕，机构健全，各项优惠政策得以全面落实，招商引资成果突出，引进了投资19.9亿元的云冶海绵钛及18.7亿元的钛白粉加工项目、投资18亿元的昆钢钛材深加工及6.2亿元的民用钢结构项目、投资17.7亿元的茅粮集团年产30万吨健康新型木瓜酒项目、投资120亿元的与云南奥尊投资有限公司合作整体开发禄丰工业园区土官片区项目。全年实现工业总产值59.3亿元，同比增长5.1%；实现工业增加值11.5亿元，同比增长8.9%；实现税收3.53亿元，同比增长4.7%。

［王文斌］

节能减排

【节能降耗监管】 2009年，楚雄州单位GDP能耗下降3.9%，全州规模以上工业单位增加值能耗下降8.96%。为使节能降耗工作再上新台阶，进一步制订和完善节能定期报告制度，加大对节能工作的监管力度。（1）制订《楚雄州绿色制造五年行动计划》、《楚雄州2009年节能工作指导意见》、《楚雄州2009年工业循环经济工作指导意见》、《楚雄州2009年资源综合利用指导意见》，并分解节能降耗指标。（2）加强对列入“国家千家节能行动”和省“双百节能行动”企业及年综合能耗在3000吨标准煤以上企业的节能监管。（3）对签订了节能减排目标责任书的35户企业开展能源审计。云南奕标水泥集团公司、楚雄滇中有色金属公司等6户企业的能源审计报告通过了专家评审验收。（4）云南德胜钢铁公司22MW高炉煤气发电二期工程项目通过竣工验收，云南楚雄诚鑫高温新材料公司年产5万吨免烧节能型高温新材料技改工程等项目正在推进。（5）组织上报2009年节能降耗专项资金扶持项目24个，其中有4个项目得到扶持资金250万元。（6）10月27日至28日，云南省人民政府督察组到楚雄州专项督察节能减排工作并给予充分肯定。

【节能灯赠送活动】 2009年6月14日，云南省工业和信息化委员会在楚雄州启动了2009年节能宣传周活动仪式。同时，“绿色引领生活，节能在您身边”赴少数民族地区免费赠送节能灯活动的人员也正式启程。年内，云南省节能办公室向楚雄市、禄丰县、大姚县等部分少数民族聚集自然村、学校和福利院免费赠送节能灯2325只，大大改善了这些地区的生活照明条件，也增强了人们的节能意识。

【工业能源管理与统计培训】 2009年6月25日至26日，楚雄州经济委员会为认真贯彻落实《中华人民共和国节约能源法》，抓好全州工业节能管理和能源统计工作，与州统计局联合举办了楚雄州2009年工业能源管理与统计培训班，共计200余人参加培训。培训活动针对企业节能管理和能源统计工作，专题讲授项目申报、能源审计、能源统计及软件应用等相关知识。

【财政补贴高效照明产品推广】 2009年，楚雄州按照《关于印发〈楚雄州2009年推广高效照明产品实施方案〉的通知》精神，积极推广财政补贴高效照明产品工作，并结合各县（市）实际情况，研究制定了实施方案，将推广任务分解到各单位、各部门，各县（市）节能办工作人员深入到推广领域进行宣传指导，各社区居委会对辖区内居民小区、生活住宿区、企业单位进行海报张贴宣传、登记，各村委会组织召开村民大会进行宣传动员和申购登记。同时，充分利用电视、广播、网络等媒体进行广泛宣传，使财政补贴高效照明产品推广深入民心，营造出良好的宣传氛围。全年全州共计完成推广任务29.55万只，超额完成省下达20万只的推广指标。

【节能宣传活动】 2009年，楚雄州各相关职能部门在节能宣传周活动期间充分发挥部门的职能作用，积极主动开展丰富多彩、形式多样的节能宣传活动，在全州范围内营造良好的舆论宣传氛围，进一步增强全民节能意识，积极引导重点企业结合自身实际扎实开展好节能宣传活动，促进企业内部节能工作收到实效、见到成效。同时，结合“六·五”世界环境日，采取多种方式开展纪念活动。节能周宣传活动期间，有关部门及重点企业共悬挂节约能源宣传布标70余幅，发放节约能源宣传单3000余份，书写宣传标语950余条，制作节约能源宣传展板80余块，进行广播宣传600场次，出黑板报500余期。同时，积极配合省人民政府、省工信委开展好高效照明产品的推广宣传活动，全民节约意识有较大提高，建筑、交通、商业、公共机构等领域的节能降耗工作均取得了新进展。

［樊峪甫］

煤炭工业

【煤炭工业发展】 2009年，楚雄州煤炭工业系统解放思想，开拓创新，坚持依靠科技进步，走资源利用率高、安全有保障、经济效益好、环境污染少和可持续发展的煤炭工业发展道路，进一步加大监管工作力度，积极推进煤炭资源整合，调整优化结构，全州煤炭工业总体运行平稳。年内，全州煤炭企业从上年的23户减少到20户，矿井数量从44对减少到43对，核定的生产能力保持了211万吨。全年生产原煤170.96万吨，比上年增长12.7%；焦炭产量68.8万吨，比上年增长3.5%；煤炭产业实现工业产值23.24亿元，比上年增长9.2%。

【煤矿安全生产】 2009年，楚雄州煤炭行业深入贯彻落实国家、省关于煤矿安全生产的指示精神和方针政策，认真组织开展“安全生产年”活动，扎实推进安全生产“三项行动”和“三项建设”，进一步强化小煤矿安全基础管理，深入开展隐患排查治理，努力提高安全生产水平。但全年全州煤矿安全生产形势十分严峻，共发生煤矿安全事故6起、死亡16人，同比增加2起、12人，百万吨煤死亡率为9.4%，同比上升261.5%。

【安全隐患治理】 2009年，楚雄州各级煤矿安全监管部门以突出瓦斯、顶板、防水、防火等重大灾害为重点，认真开展日常性的隐患排查治理专项整治工作，督促企业落实责任、资金、措施、整改期限，建立隐患排查治理跟踪督办制度和长效机制，认真制定隐患排查治理计划和方案，切实做好季节性检查工作。年内，各煤矿企业自查隐患3111条，整改隐患3089条，整改率99.3%。其中，重大隐患63条，已整改60条，整改率95%；一时难以治理的隐患3条，均制定了整改计划，明确了整改责任和整改期限。全年共争取省补助隐患治理资金220万元，煤矿企业投入隐患治理资金1584万元，有效治理了各类煤矿安全隐患。

【瓦斯治理】 2009年，楚雄州各级煤炭管理部门和各煤矿企业认真贯彻落实全省煤矿瓦斯治理现场会议精神，围绕建立“通风可靠、抽采达标、监控有效、管理到位”的瓦斯综合治理工作体系，强化监管监察。同时，把瓦斯治理与隐患排查治理有机结合起来，加强对煤矿瓦斯监测监控系统的维护、使用和管理，定期对传感器进行调校，加强监测监控系统作业人员培训，提高相关人员的操作技能，确保监测监控系统真正发挥作用。督促煤矿企业按标准提取瓦斯治理专项资金，集中管理，专款专用，确保瓦斯治理的资金保障。

【应急救援体系建设】 2009年，楚雄州各煤矿企业按照云南省矿山救援指挥中心要求，进一步完善应急预案并加强应急预案演练工作，保证预案的针对性、科学性、实效性和可操作性。同时，强化救援队伍建设，年设计能力在9万吨以上（含9万吨）的煤矿均设立兼职救护队，年设计能力在9万吨以下的煤矿均有指定兼职救援人员，并加强煤矿工人救护知识培训，进一步增强煤矿职工防灾、避险以及自救互救能力。

【煤矿安全生产培训】 2009年，楚雄州各级煤炭管理部门高度重视煤矿安全生产工作，采取多种形式对从业人员进行安全规程、作业规程、操作规程、岗位标准、操作技能及自救互救等安全生产知识培训，全面提高从业人员的安全意识和安全防范、应急处置能力。全年共举办安全检查员、瓦斯检查员和电钳工等特种作业人员、煤矿矿山兼职救护队员、安全监测监控系统维护人员培训班14期，共培训979人。组织煤矿职工上岗前培训及复训3314人，申报煤矿专业技术职称20人，与大专院校共同举办机电专业、采煤专业大专班2期，160余人参加学习。

［孙绍兴］

电力工业

【楚雄供电局发展状况】 2009年，云南电网公司楚雄供电局着力解决新问题，以创建国内先进水平供电局为目标，以提高供电可靠率为总抓手，较好地完成了全年各项工作任务。全年完成输电量170.6亿千瓦时，同比增长7.97%；售电量24.5亿千瓦时，同比增长3.67%；实现销售收入9.84亿元（含税不含基金），同比下降0.13%；上缴税金6682.05万元，同比增长5.11%；平均销售电价401.34元/千千瓦时，同比减少12.26元/千千瓦时，下降3.34%。综合电压合格率99.29%，同比提高0.29%；供电可靠率RS—1：城镇+市区99.89个百分点，同比提高0.005%，农村99.85%，与上年同期持平；全员劳动生产率47.57万元/年、人，同比增长18.93%。全年共取得国家能源局、中华全国总工会、南方电网公司、云南省总工会、云南电网公司等上级部门授予集体荣誉63项，个人荣誉120项。

【楚雄供电局供电能力】 2009年，云南电网公司楚雄供电局管辖500千伏线路13段，合计长度922.71千米；220千伏线路12条段，合计长度437.67千米；110千伏线路48条段，合计长度1136.18千米；35千伏线路19条段，合计长度238.72千米；10千伏配电线路长度105.29千米，其中电缆43.02千米，架空线路长度62.27千米，输配电线路总长度2840.56千米。管辖变电站23座，其中500千伏1座，220千伏5座，110千伏14座，35千伏3座，变电容量3080.65兆伏安，用电客户1.94万户。9次刷新最高日供电量，最高日供电量达940.45万千瓦时，同比增长21.81%。

【楚雄供电局电网规划】 2009年，云南电网公司楚雄供电局全力以赴，打好电网建设“攻坚战”。（1）修编楚雄州《2009年－2013年电网规划》，为项目建设奠定坚实基础。（2）启动2010年预安排中西部农网完善项目设计并不断优化。（3）高度重视城农网建设工作，及时成立城农网建设领导小组和各县城农网工程项目部，加强与政府的沟通、协调，召开专题会议33次。（4）出台《35千伏及以下城农网工程管理实施细则》、《城农网工程督导管理大纲》，农电督导大队对各县级公司迎峰度夏、城农网工程进行了检查和督导，加强了工程安全和质量管控。（5）全力组织实施了“7·09”地震灾后恢复重建工作。

【楚雄供电局经营管理】 2009年，云南电网公司楚雄供电局通过战略指标化、指标数值化，层层分解指标、任务，22个部门、10个县公司全部纳入绩效体系进行管理评价。（1）进一步规范楚雄电网各单位“三重一大”管理，监督“三重一大”决策事项436项。（2）成立招投标管理机构，完善相关制度，并将各县公司招标工作纳入统一管理，全年公开招标项目金额4.08亿元，占招标活动总资金的84.24%。（3）认真开展“审计整改年”活动，组织开展完成70个审计项目，审定金额1.45亿元，提出审计意见40条，促进增收节支851.38万元。（4）修编2009年管理标准明细表。（5）增供扩销成效显著，楚雄电网增供电量2.93亿千瓦时，新增用户1.88万户，客户总量达56.74万户，新增容量29.51万千伏安。（6）抓住城农网建设改造契机，推进“卡脖子”工程，加大配网投资建设力度；对楚雄市抢修业务、营业厅业务进行整合，完成重要保供电任务33次。全年共受理业务咨询1.38万件，受理投诉28件，办结率100%，回复率100%。（7）在云南电网公司范围内首家启动全州电能计量集中检定、配送工作，电能计量中心通过国家认可实验室测量不确定度检测。

【楚雄供电局农电工作】 2009年，云南电网公司楚雄供电局强化农电工作指导和服务，管理职能向县级公司延伸，重点调查和分析高线损的县公司，农电综合线损率6.68%，比上年下降0.28%，8家县公司线损率均下降。

【楚雄供电局应急抢险】 2009年，姚安“7·09”地震发生后，云南电网公司楚雄供电局于震后10分钟成立了地震应急指挥部和现场应急指挥部，震后3小时恢复了第一条受损10千伏线路的供电，震后8小时实现了第一个临时灾民安置点的供电，震后25小时姚安灾区供电恢复正常，震后50小时电力应急抢险工作结束。

［付　雨］

【楚雄州电力公司发展情况】 2009年，楚雄州电力工业公司以“努力打造省内先进的县级供电企业”为发展目标，开展增供扩销，顺利完成中西部农网完善工程等电网建设任务，圆满完成年度工作目标。公司全年完成供电量4.53亿千瓦时、售电量4.24亿千瓦时、自发电量7831.6万千瓦时，实现主营业务收入1.79亿元（不含税、不含基金），上缴税金1662.86万元。年内，楚雄州电力工业公司被云南电网公司命名为“基础管理省级达标企业”，一平浪供电所荣获楚雄州“文明单位”称号，武定分公司荣获“武定县劳动关系和谐企业”称号。

【楚雄州电力公司规范基础管理】 2009年，楚雄州电力工业公司实现OA

自动化系统办公，并与云南电网公司楚雄供电局无纸化办公流程对接。7月，云南电网公司与楚雄州人民政府签订了《楚雄州电力工业公司国有产权无偿划转移交云南电网公司协议书》。

【楚雄州电力公司电网建设】 2009年，楚雄州电力工业公司努力加强电网建设。(1)辖区内审定开工的中央投资电网建设项目共涉及3个批次、8个项目。其中中西部农网完善工程4项，无电人口通电第三批工程2项，新建武定35千伏白露输变电工程项目，楚雄35千伏青山嘴变电站改造项目。(2)新建35千伏变电站1座和35千伏线路17千米；新建（改造）10千伏线路160.23千米、低压线路240.68千米；改造配变156台，改造户表4670户，解决无电人口349户。截至年末，上述工程项目已全部竣工，完成投资4185.9万元。(3)在全力以赴开展中央投资项目建设的同时，公司还投入大修技改资金2300万元，完成大修项目54项，技改项目32项。

[施 洪]

【楚雄州电力公司电力安全生产】 2009年，楚雄州电力部门坚持“安全第一、预防为主、综合治理”的安全生产方针，牢固树立“一切事故都可以预防”的安全理念，全方位、全过程地强化安全生产监督和保证体系，稳步推进安全生产管理。(1)楚雄州供电局积极开展安全生产风险管理体系建设，推行现场安全风险控制。对所需的69项管理标准进行梳理，全面分析楚雄电网运行、人身、设备及恶性误操作存在的风险，对设备、管理、作业过程进行全面的风险辨识和评估，辨识风险5947项并形成作业风险数据库；落实80项现场作业管控计划，安全风险得到有效控制；切实加强生产规范化建设，对生产管理系统与输电GIS、DMIS、在线监测等系统进行业务整合；开展输变电检修类作业指导书编写工作，重视500千伏输电线路运行维护，持续开展输电线路运行标准化管理，连续数年未发生线路事故；印发《2009年楚雄供电局防止断路器及保护拒动特殊维护工作实施方案》，落实了“迎峰度夏”各项措施，开展了6座变电站特维和90条线路特巡，消除输变电缺陷286项，实行大集控模式，顺利合并220千伏紫溪和谢家河集控站，提高人员利用率13人；修编应急预案9个，新编6个，开展大型综合反事故演习1次，应急能力进一步提高。(2)楚雄州电力公司修编了《楚雄州电力工业公司安全风险抵押管理实施细则》、《楚雄州电力工业公司部门和岗位人员安全职责汇编》，新编了《楚雄州电力工业公司安全生产奖惩规定》、《楚雄州电力工业公司反违章工作规定》。编制了1个突发事件综合应急预案、9个专项应急预案和3个现场处置方案。全年共现场进行安全监督检查212次。

[付雨 施洪]

冶金矿产业

【冶金矿产业发展状况】 2009年，楚雄州规模以上冶金工业实现工业总产值83.70亿元，同比（比上年）下降11.6%；主营业务收入81.41亿元，同比下降14.8%；实现利润7.48亿元，同比上升56.6%；实现利税11.58亿元，同比上升25.4%。其中，德胜钢铁公司完成现价工业总产值52.77亿元，同比下降8.3%，完成主营业务收入52.02亿元，同比下降8.5%，实现利润5.72亿元，同比上升115.1%；楚雄滇中有色金属有限公司完成现价工业总产值9.07亿元，同比下降14.9%，完成主营业务收入8.86亿元，同比下降13.2%，实现了扭亏为盈；楚雄矿业股份公司完成现价工业总产值8.10亿元，同比下降40.3%，完成主营业务收入8.87亿元，同比下降44.6%，实现利润6273万元，同比下降83.6%。

【云冶集团新立公司项目建设进展顺利】 2009年，云冶集团楚雄新立有色金属有限公司项目进展顺利。(1)8万吨/年高钛渣项目计划总投资7.83亿元，年内完成投资3896万元，累计完成投资6.71亿元。10月，公司点火成功并顺利进行烘炉，12月初开始投铁并成功建立熔池，12月9日成功排出5.15吨生铁检验铸铁系统；12月13日开始投料，14日排出自炼生铁，19日产出公司的第一罐高钛渣。(2)6万吨/年钛白粉项目计划总投资18.79亿元，年内完成投资1.57亿元，累计完成投资3.01亿元。(3)1万吨/年海绵钛工程项目计划总投资19.98亿元，年内完成投资1.88亿元，累计完成投资3.45亿元。(4)25万吨/年钛铁矿精选厂项目总投资6522万元，年内完成投资1653万元，累计完成投资3834万元。

【昆钢钛材深加工项目奠基】 2009年9月23日，昆钢2万吨/年钛材深加工项目在禄丰县土官建设工地举行了隆重的奠基仪式。该项目是楚雄州的重大工业项目，一期投资2.5亿元，预计2010年5月一期建成投产。

【楚雄滇中有色金属公司技改项目】 楚雄滇中有色金属有限责任公司粗铜10万吨/年、硫酸30万吨/年技改项目选址于工业园冶金建材化工区，计划总投资3.6亿元。项目建成投产后，原有的年产1.2万吨粗铜生产线将扩建到年产10万吨，年产3万吨硫酸生产线将扩建到年产30万吨，可实现产值30亿元、利润1.5亿元、税金2.14亿元。项目于2009年9月26日成功进行了点火试生产。

[朱 刚]

机械工业

【机械工业发展】 2009年，楚雄州机械工业企业积极应对国际金融危机，采取有效应对措施，克难奋进，加强技术改造设施建设，加大新产品研发和固定资产投入力度。同时，农机、工程机械、汽车行业生产形势逆势走高，11户重点机械工业企业实现工业总产值7.9亿元，同比增长35.3%；主营业务收入7.2亿元，同比增长24%；实现利润3784万元，同比增长39.1%；实现利税5917万元，同比上升2.5%。

【云南开关厂高压开关一期技术改造项目】 云南开关厂高压开关一期技术改造项目选址于云南开关厂南侧、楚雄州消防支队东侧，占地面积约99亩，主要用于126千伏~252千伏高压电器设备研发、生产、装配和试验等工程建设。项目总投资4986万元，建成投产后，可实现年新增销售收入2.71亿元，利润2695万元，税金1695万元，投资回收期（税后）5.77年。项目于2009年9月建成并成功进行试生产。

【大姚机械配件厂】 云南大姚机械配件厂是楚雄州机械行业中生产规模最大的民营企业，占地面积40亩，建筑面积2.97万平方米，现有员工110人，其中工程技术人员21人。2009年与昆明理工大学合作建设《EPS消失模铸造技改项目》，该项目生产规模为9000吨铸件，采用90年代国内领先的“消失模铸造”、“冲天炉——中频炉双联熔炼技术”和“中频电炉废钢增碳技术”等先进的铸造技术，可大量使用废钢、废铁制造合格铸件，产品价格具有竞争优势，生产效率高。该厂全年实现工业总产值4402.6万元，实现增加值1133.7万元，销售收入4357.4万元，利税总额272.5万元。

［朱　刚］

建材工业

【建材工业发展】 2009年，楚雄州墙体材料和水泥工业企业发展较好。新型墙材的实际使用建筑面积达80万平方米，水泥产量达120.78万吨（其中发售散装水泥24.27万吨）。同时，出台了关于预拌商品混凝土的相关政策，建成了预拌商品混凝土企业，全州在建建筑共使用预拌商品混凝土30万立方米，均创历史新高。

【建材工业实现扭亏为盈】 2009年末，楚雄州经济委员会监控的14户建材工业企业共实现工业总产值4.81亿元，同比增长27.1%；主营业务收入4.42亿元，同比增长26.8%；利税总额3726万元，同比增长101.2%；实现利润927万元，与上年同期利润-316万元相比，实现了扭亏为盈。

【预拌商品混凝土管理】 2009年6月2日，楚雄州人民政府发布《楚雄彝族自治州预拌商品混凝土管理暂行规定》，结合全州实际，从预拌商品混凝土的发展、规划、生产、管理和监督等方面对楚雄州将来一段时期的预拌商品混凝土推广运用提出了要求，对提高建设工程质量，减少城市污染，改善城市环境，节约资源，推广运用散装水泥将起到积极作用。

【楚雄奕标混凝土拌合有限公司建成投产】 2009年6月，楚雄州第一家预拌商品混凝土企业楚雄奕标混凝土拌合有限公司在楚雄市正式建成投产。该公司是奕标水泥集团的下属公司，现有120型预拌商品混凝土生产线2条，在建180型预拌商品混凝土生产线1条，商品混凝土运输车14台，商品混凝土泵车2台，散装水泥运输车8台，拥有完整的预拌商品混凝土质量检测实验室，年产预拌商品混凝土60万立方米，可以生产10个不同等级的预拌商品混凝土或特种预拌商品混凝土。公司主要提供楚雄市辖区内建设工程、市政工程、水利水电工程的建设用预拌商品混凝土。截至年末，共生产预拌商品混凝土15万立方米，占楚雄市2009年预拌商品混凝土供应量的50%。

【淘汰落后产能】 2009年，楚雄州积极响应国家淘汰落后产能的相关政策，淘汰拆解了禄丰永达水泥厂年产水泥10万吨、直径3.2米的1座立窑。同时，将该厂改造为年产30万吨水泥的水泥粉磨站，原厂在职和退休职工160人全部得到妥善安置。

【云南国资水泥楚雄公司】 2009年，云南国资水泥楚雄公司经过不懈努力，不断加强企业的生产经营管理，努力开拓市场，全年实现工业总产值1.58亿元，同比增长44.1%；水泥产量52.65万吨，同比增长21.5%；主营业务收入1.39亿元，同比增长30.2%；利税总额780万元，同比增长165.5%，实现了大幅增盈。

［蒋金杰］

轻纺工业

【轻纺工业发展】 2009年，楚雄州轻纺工业以农副产品为原料的产业得到进一步发展，各种经济类型企业生产均保持增长态势。全年全州规模以上轻纺工业实现工业总产值7.46亿元，同比上升11.7%；主营业务收入6.96亿元，同比上升7%；实现利润1.89亿元，同比上升48.3%；实现利税1.37亿元，同比上升62.2%。全州19户烟草、包装印刷及纺织工业企业实现工业总产值64亿元，同比增长9.2%，其中烟草产业实现增加值58.2亿元，比上年增长12.3%。

【云南岭东印刷包装有限公司】 云南岭东印刷包装有限公司是由楚雄卷烟厂和香港岭东实业（集团）公司于1995年共同投资成立的合资企业，主要产品为卷烟烟用商标、各类高档纸质印刷包装盒（箱）。2009年7月在形式上完成了“云南岭东印刷包装有限公司”与“云南楚兴包装有限公司”的合并工作，人事调整、股东双方出资情况等实质性的合并工作已正式纳入公司董事会工作计划。

【楚雄卷烟厂易地搬迁技改项目】 2009年，楚雄卷烟厂易地搬迁技改项目进展顺利，完成卷包车间区域框架部分8.5米层最后一个区域浇灌和制丝车间区域独立柱的全部浇灌工作。综合办公楼厨房、办公楼门厅地坪施工、办公楼周边道路混凝土层浇灌及养护、管沟施工、打叶复烤工房部分墙体砌筑施工、屋盖系统底瓦安装、采光带安装施工、办公区域地坪垫层浇灌、景观大道及配层施工、水稳层施工等工作也已基本完成。12月18日，通过招标确定打叶复烤车间380伏低压配电柜的相关采购工作。全年共完成合同投资金额总数5.70亿元，完成合同投资付款总额3.79亿元，实际投资超额完成1.09亿元。

【嘉宏纺织集团公司】 云南嘉宏纺织集团有限公司是楚雄州的优秀龙头企业和出口创汇企业，下设有2个分厂，注册资金4600万元，总资产7150万元，现有生产规模5.5万锭，员工400余人。公司所生产的"滇兴"牌系列棉纱通过了ISO9001-2000质量管理体系认证，产品畅销云南、缅甸等东南亚国家和地区。2009年，受金融危机冲击影响，产品一度滞销，通过采取技术配套服务营销策略，缅甸市场份额稳步扩大，全年共完成工业总产值3500.1万元，实现增加值1203.9万元，销售收入2672.4万元，利税总额90.9万元。

［朱 刚］

化学工业

【化学工业发展状况】 2009年，楚雄州规模以上化学工业实现工业总产值34.04亿元，同比上升9.4%；主营业务收入30.61亿元，同比上升17.3%；实现利润1.45亿元，同比下降44.6%；实现利税2.35亿元，同比下降38.6%。其中，德胜煤化工公司完成工业总产值14.97亿元，同比下降12%；完成销售收入13.63亿元，同比下降1.6%，实现利润1.22亿元，同比下降28.8%。

【云南天腾化工公司复合肥生产线建设】 云南天腾化工公司80万吨/年转鼓、高塔造粒复合肥生产线建设项目选址于工业园冶金建材化工区，占地面积128亩，一期拟建设30万吨高塔造粒复合肥和15万吨转鼓复合肥生产线各1条，二期拟建1套30万吨高塔造粒复合肥和1套5万吨转鼓造粒复合肥生产线各1条。主要生产22-6-18硫酸钾型、21-6-13硫酸钾型、22-6-18氯化钾型、24-5-11氯化钾型等系列复合肥，平均预计生产量各为7.5万吨/年。项目总投资约2亿元，建成投产后平均年利润总额为1081万元，投资收益率为12.75%，盈亏平衡点为57.8%，资产负债率为29.5%。该项目于2007年12月30日动工建设，一期工程于2009年3月建成试生产，6月正式投产。

【勤攀磷化工公司不断发展壮大】 云南禄丰勤攀磷化工有限公司以生产磷化工产品为主，主要产品有普通过磷酸钙、硫酸、磷酸、富钙、重钙、复合肥等，2009年又增加了复混肥、氟硅酸钠、磷酸氢钙的生产、销售和进出口，生产规模达到了年产普钙40万吨（含颗粒普钙10万吨）、硫酸20万吨、重钙5万吨、磷酸1.5万吨、铁精矿12万吨的生产装置能力，并且具备4500千瓦/小时的发电能力；拥有总资产2.9亿元，员工800余人。3月，建成120千吨/年含硫尾砂矿制硫酸配套3000千瓦/小时余热发电项目并试运行成功，总投资1862.82万元。建成35千伏降压站，总投资约830万元，节约了大量的用电成本。在建项目有60千吨/年磷酸技术改造项目，预计总投资4500万元人民币。年内，公司生产和销售普通过磷酸钙24.8万吨、重钙4.4万吨、硫酸14万吨、磷酸20万吨、磷矿粉9.3万吨、铁精矿8.26万吨、复混肥6000吨。其中主产品"勤丰"牌过磷酸钙历年畅销不衰，享誉省内外，在滇西地区、甘肃、山东、河南、河北等省市享有较高声誉，被省外广大用户赞誉为"云南白"。公司全年实现工业总产值2.3亿元，销售收入1.5亿元，上缴税收343万元。

［朱 刚］

食品工业

【食品工业发展】 2009年，楚雄州食品工业以农副食品加工业、饮料制造业和食品制造业为主，全州食品工业企业219户，从业人员1.12万人，实现增加值16.48亿元，同比增长51.16%；现价总产值33.04亿元，同比增长59.11%；实现营业收入28.44亿元，同比增长40.81%；上缴税金1.14亿元，同比增长9.91%；实现劳动者报酬1.34亿元，同比增长-5.89%。在食品工业中，农副食品加工业有154户，完成增加值2.46亿元，同比增长29.93%；实现现价总产值12.80亿元，同比增长35.18%；完成营业收入12.14亿元，同比增长29.27%；上缴国家税金2703万元，同比增长24.05%；支付劳动者报酬6622万元，从业人员达到4809人。规模以上食品工业实现工业总产值13.35亿元，同比增长94.1%；完成增加值7.08亿元，同比增长47.91%；实现主营业务收入10.93亿元，同比增长92.7%。澜沧江啤酒企业（集团）楚雄公司、楚雄东宝生物公司、元谋闽中食品公司、元谋利明脱水蔬菜公司、大姚亿利丰农产品公司、牟定正兴（集团）公司，双柏妥甸酱油厂等一批食品工业龙头企业进一步发展壮大。

【云南澜沧江啤酒企业（集团）楚雄分公司】 云南澜沧江啤酒企业（集团）楚雄分公司是云南澜沧江啤酒企业（集团）下属的全资子公司，于2002年11月组建成立。公司于2003年5月以2000万元收购原楚雄德力高啤酒公司，并投入4000多万元对原设备、设施、生产工艺进行改造，使之达到3万吨的年生产能力，2003年7月22日正式投产运行。自组建成立以来，经过几次技改扩建，资源整合，潜力得到充分挖掘，产量不断增加，知名度不断扩大，市场占有率不断攀升，尤其是年产20万吨啤酒生产线顺利建成投产，使该公司一跃成为云南最大的啤酒生产基地，拥有云南现代化程度最高的啤酒生产线和云南第一条纯生啤酒生产线，为增强云南啤酒参与国内外啤酒竞争的整体实力及创立自主知名品牌奠定了坚实基础。2009年末，该公司拥有总资产5.10亿元，注册资金

3450万元，从业人员754人。全年公司啤酒产量首次突破10万吨大关达10.12万吨，实现产值3.22亿元。先后被授予“云南省著名商标”、“诚信企业”、“民营科技企业”、“优秀龙头企业”、“守合同重信用企业”等荣誉称号。

【大姚利英特色食品公司】 大姚利英特色食品有限公司是下岗失业人员杨丽英于2003年注册成立的以生产、销售“映塔”牌系列粉丝为主的私营企业。近6年间，公司由租赁经营发展到占地4000多平方米的企业，员工由创业初期的5人迅速扩大到200余人。公司自成立以来，依托地方特色农业资源优势，成功地开发了以本地优质马铃薯、胡萝卜、红薯为原料加工的系列粉丝及精制粉丝颗粒，产品已通过QS食品安全认证，在2009年中国食品安全年会上被评为食品安全工作示范单位。该公司所生产的小饼粉丝以其独特精制的外观及爽滑的口感在市场上长期供不应求。公司产品销往日本、香港、四川、广州、江苏、上海、河北、北京等地。2009年，公司购进了一套省内最先进的带自动烘干设备的小饼粉丝生产线1条，已正式投产使用，日生产能力达2吨。年内生产粉丝1000余吨，销售收入达1185.9万元，实现利润173.5万元。在促进县域经济发展，带动农民增收致富及农业产业结构调整等方面起着重要作用。

［周　杰］

林产工业

【林产工业发展】 2009年，楚雄州完成林产工业产值13.8亿元，比上年增加4.8亿元，增长53.33%。其中，野生食用菌加工5937吨，产值4.55亿元；核桃果加工1.35万吨，产值4.35亿元；生产松香类产品5.63万吨，产值2.85亿元；人造板加工5.77万立方米，产值6611万元；制造桌、柜、凳等木制品39.60万件，产值4706.4万元；锯材加工4.12万立方米，产值3789万元；生产核桃饮料4028吨，产值3646万元；生产桉叶油976吨，产值3492.7万元；木本油料加工2260吨，产值1891万元。

【特色经济林果产业】 2009年，楚雄州在抓好核桃、板栗低产林改造，加大特色经济林种植力度的同时，着力抓好核桃等精深加工，不断提高核桃产品的市场占有率和市场竞争力。全年实现特色经济林产业产值16.07亿元，占总产值的35.86%，比上年的12.64亿元增加3.43亿元，增长27%。

【非木质林产业】 2009年，楚雄州林业部门在保护好生物多样性的前提下，继续抓好以野生食用菌、特色森林药(菜)及野生动物驯养繁殖为主的非木质林产业。全州通过采取封山育茸、承包经营、科学采收等措施，进一步加大对松茸、牛肝菌、鸡枞等珍贵野生食用菌的保护和管理力度，合理开发以野生食用菌为主的林业资源，大力发展非木质林产业。年内，全州实现非木质林产业产值11.80亿元，占总产值的26.33%，比上年的10.65亿元增长10.80%。

【木材生产及加工】 2009年，楚雄州林业部门继续抓好以木材、人造板、家具制造等为主的木材林产业。全州通过开展人工商品林采伐试点工作，完成人工商品林采伐蓄积量18.25万立方米，生产商品木材10.51万立方米，生产商品薪材6.12万立方米。通过招商引资、引进加工企业，实现木材加工企业资产重组，使木材加工产业保持良好的发展势头。年内，全州实现木材林产业产值5.25亿元，占总产值的11.72%。

【林产化工产业】 2009年，楚雄州林业部门在继续抓好规范桉叶采收、松脂采集及加工等工作的同时，重点发展以膏桐等为主的生物质能源林，进一步夯实林业产业发展基础。年内，全州实现林产化工产业产值8.05亿元，占总产值的17.96%，比上年的3.86亿元增加4.19亿元，增长108%。

【项目资金争取与招商引资】 2009年，楚雄州林业局向云南省林业厅上报核桃产业项目5个，争取项目资金1747万元；申报油茶基地建设等项目21个，争取产业发展资金2432万元。年内，争取2009年国家林业贴息贷款计划1.23亿元(其中林业龙头企业贴息贷款9100万元，林业小额贴息贷款计划3185万元)，实际使用1.11亿元。经招商引资和项目推介，有2户木材加工企业和1户桉叶油精加工企业分别落户大姚、姚安和南华3县，雄安中密度纤维板厂经招商引资实现破产重组，新企业已投入生产。

［杨发民　董存丽］

(责任编辑：者宗菊)

烟草业

烟草专卖管理

【专卖经营】 2009年，楚雄州烟草专卖局（公司）紧紧围绕“烟叶防过热、卷烟上水平、税利保增长、烟农保增收”的总体要求，完成了年初生产经营目标。全年全州种植烤烟52.5万亩，收购烟叶172.5万担（含丰产烟叶15万担），烟叶收购等级质量水平稳中有升，等级纯度明显提高，等级质量综合合格率达60.88%，比上年53.8%增加7个百分点，上等烟比例53.42%，收购均价15.71元，比上年增加1.11元，烟农总收入13.55亿元，比上年增加1.13亿元，销售烟叶181.36万担，销售卷烟9.15万箱，比上年同期多销售3799箱，“两烟”实现税利14.1亿元（含复烤公司），比上年增加2000万元。全州烟草商业呈现各项工作协调持续发展的良好态势。

【专卖管理】 2009年，楚雄州“两烟”打假打私工作坚持和深化“政府领导、主管部门牵头、相关部门负责、开展综合治理”的方针，强化司法协调，层层落实目标责任。以“打源头、端窝点、破网络、抓主犯、清市场”为工作重点，在打击非法涉烟网络、加大追刑力度等方面取得了新成效。全年全州共出动“两烟”打假打私人员7973人次，查办“两烟”违法经营案件367起，其中5万元以上的案件34起，查获假冒卷烟21.57万支，查获非法经营烟叶329.27吨，侦办达到国家局网络案件标准的非法经营网络案2起。公安机关刑拘139名涉烟违法犯罪分子，逮捕43人，法院判决的涉烟案件23起，成功侦办了0704跨国走私经营烟叶网络案件。

【队伍建设】 2009年，楚雄州烟草专卖局制定《楚雄州烟草专卖局专卖管理人员培训大纲》，认真组织开展专卖工作人员法律、法规、办案程序、专卖信息系统及综合基础知识培训，同时认真抓好专卖技能鉴定工作，全州按要求须参加专卖技能鉴定的50名专卖管理工作人员全部参加了专卖技能鉴定培训，其中有42人通过专卖技能鉴定考试，取得专卖从业资格证。

［阿惠媛］

烟草生产

【生产管理】 2009年，楚雄州烟叶工作坚持以市场为导向，以生产过程质量管理为中心，全面提升烟叶生产的整体水平。（1）认真落实计划，核准种植面积。全州种烟乡（镇）95个，村委会810个，村民小组7307个，种烟面积52.5万亩。（2）坚持轮作，优化品种布局。全年烟田轮作49.7万亩，轮作率94.7%。根据卷烟工业客户的需求，种植K326品种40%，云烟系列50%，NC297品种7.58%，红花大金元品种2.4%。（3）制定下发《烟叶种植收购合同管理实施细则》、《烟叶种植收购电子合同实施方案》，按照“农户申请、资格审核、合同签订、合同公示、建立档案、录入微机、核实面积”的程序，做好电子合同签订工作，全州签订合同3.70万份。（4）严把育苗关。全年全州布局育苗点300个，用种子控烟苗，用烟苗控移栽。全州供应烤烟籽种39.99万袋，育苗6.3亿株。（5）大力推广机械深耕，完成机耕面积43.46万亩，机械起垄面积30.44万亩。（6）规范移栽。全州4月20日开始移栽，5月10日完成

楚雄州2010年春耕生产动员暨烤烟预整地现场会议 （王　明/摄影）

移栽任务，全面达到规范化移栽要求。(7) 加强质量管理，稳定烟叶等级质量。各地在收购过程中全面落实省州规定，严格执行国家标准，精细操作，烟叶收购等级质量水平稳中有升、等级纯度明显提高。

【现代烟草农业建设】 2009 年，楚雄州稳步扩大现代烟草农业建设试点范围，把楚雄市子午镇继续作为试点示范区，把禄丰县作为国家烟草专卖局整县推进现代烟草农业建设的试点，其余 8 个县每个县确定 1 个乡（镇）作为试点，共规划基本烟田面积 43.9 万亩，年内种植面积 16.9 万亩，试点工作成效明显。(1) 基础设施得到改善。全年完成烟叶生产基础设施建设项目 2402 件，其中沟渠 909 条，管网 31 条，塘坝 3 座，水池 1315 个，泵站 4 座，机耕路 138 条 80.59 千米，烟草补贴资金 6908.28 万元，受益烟田面积 9.97 万亩，受益农户 2.41 万户，完成土地整理面积 2.55 万亩，投入资金 2500 万元，建设密集型烤房 5000 座，烟草补贴资金 1.2 亿元。(2) 生产组织化程度明显提高。通过土地转包、出租、互换、转让、股份合作等形式，全州发展烟叶种植专业户 2.86 万户 33.9 万亩，家庭农场 177 个 1.88 万亩，烟叶种植专业合作社 187 个 12.32 万亩。(3) 专业化服务水平明显提升。按照《农民专业合作社法》组建成立育苗、机耕、植保、烘烤 4 个关键环节的服务社。全州成立育苗服务社 300 个，烘烤服务社 730 个，农机服务社 10 个，植保服务社 60 个。(4) 扩大了自然灾害救助体系。全年全州烟农缴纳风险互助金 1323 万元，烟草捐赠 583 万元，上年滚存 501 万元，共有保金总额 2407 万元，补偿 835 万元。(5) 建设工商合作基地。年内在禄丰县与湖南中烟共建基地单元 1 个，与江苏中烟共建基地单元 2 个，与红塔集团共建基地单元 2 个，在楚雄市与湖北中烟共建基地单元 1 个。(6) 启动基层站点改革。禄丰县以规划基地单元建设和适应现代烟草农业发展的管理需要为原则，对基层站点进行改革，将原有的 12 个烟叶站合并组建为 4 个中心管理站。管理人员减少，一线生产技术队伍得到充实。(7) 信息化管理取得实效。基本实现育苗、生产管理、烘烤、收购等环节信息化管理。

【参观禄丰整县推进现代烟草农业建设】 2009 年 7 月 1 日至 3 日，全国烟叶收购暨现代烟草农业建设现场会在昆明召开，会议召开当天，来自全国各省（区、市）280 多名烟草专家，深入现场会议参观点楚雄州禄丰县罗次坝子，参观禄丰整县推进现代烟草农业建设情况。国家烟草专卖局副局长何泽华、纪检组长潘家华，云南省人大常委会副主任程映萱、副省长曹建方，楚雄州党政领导邓先培、杨红卫、杨宁、董继理等出席了现场会。与会人员对禄丰整县推进现代烟草农业建设给予高度评价。

【烟叶烘烤新型加湿装置获专利证书】 2009 年，由楚雄州烟草公司段应泽、李庆平、何文德和昆明欧尼斯特经贸有限公司段正昌发明的一种用于烟叶烘烤后加湿回潮的装置获国家知识产权局颁发的实用新型专利证书。该装置结构简单，造价低廉，便于控制烟叶回潮程度，每套设备可同时满足 10 座以上烤房使用。可将初烤烟叶回潮的工序时间由 48 小时左右缩短到 4 小时以内，使每炉烟叶烘烤全过程所需要的时间由 170 小时左右缩短到 130 小时以内，使得单座烤房烘烤能力由以前的 15 亩至 18 亩烟田提高到 20 亩至 25 亩，特别适合于大面积种植烟叶，采用密集式烤房群烘烤烟叶的地区使用。

［阿惠媛］

烤烟分级 （王 明/摄影）

卷烟生产

【卷烟生产情况】 2009 年，红塔集团楚雄卷烟厂累计生产卷烟 56.1 万箱，其中：红塔山系列卷烟 37.33 万箱，占生产总量的 66.54%，比上年同期增加 16.95 万箱，同比增长 83.15%；红梅系列卷烟 18.77 万箱，占生产总量的 33.46%，比上年同期减少 16.05 万箱，同比下降 46.09%。全年卷烟生产计划满足率 100%，周计划、月计划、在制品计划均按红塔集团生产制造中心要求按时、按质、按量完成，满足营销中心配货需求。全年制丝平均合格率 99.50%，卷包平均合格率 99.56%，包装与卷制质量水平 A 档比例为 95.57%，国家烟草质检中心、云南省烟草质检站及集团技术中心抽查合格率 100%。

【主要经济指标】 2009 年，红塔集团楚雄卷烟厂完成现价工业总产值56.89亿元，比上年同期增加5.96亿元，同比增长11.69%。实现税利39.88亿元，比上年同期增加5.40亿元，同比增长15.67%。其中：税费34.82亿元，比上年同期增加6.11亿元，同比增长21.31%；利润5.06亿元，比上年同期减少0.71亿元，同比下降12.36%。完成主营业务收入53.72亿元，比上年同期增加7.72亿元，同比增长16.78%。完成现价工业增加值47.22亿元，比上年同期增加4.63亿元，同比增长10.88%。

【AAAA级“标准化良好行为企业”】2009年，红塔集团楚雄卷烟厂以创建“标准化良好行为企业”为契机，持续推进“三标”管理体系，进一步完善制度建设，推进标准化管理，在上年基础上修订形成9项管理标准，管理标准达92项，覆盖生产管理工作各个方面；积极开展企业标准体系自评工作，顺利通过AAAA级“标准化良好行为企业”的检查验收。

【设备管理】 2009年，楚雄卷烟厂进一步优化设备管理流程，加强设备的日常维护保养，认真组织开展FOCKE350、B1包装机组大修，PASSIM卷接机组和FOCKE465装封箱机组中修、制丝车间切（梗）丝机中修，购置安装ZJ17卷接机组，实施27项设备技改等工作，卷包设备有效作业率达88.55%，比上年提升2.73%；制丝线整线平均故障停机率为0.42%，比上年上升0.12%；复烤生产线整线平均故障停机率为0.76%，比上年下降0.24%。

【节能减排】 2009年，楚雄卷烟厂积极开展“能源对标、节能规划、节能量测算”三项工作，圆满完成楚雄州、市人民政府下达的年度节能减排工作目标任务。其中，实现节能量701.83吨标煤（当量值），比州人民政府下达的节能量指标多节能201.83吨标煤，超额完成40%；万元工业增加值综合能耗19.10千克标煤，下降率为25.94%，比州人民政府下达指标多下降20.34%。红塔集团楚雄卷烟厂被楚雄州人民政府评定为2009年“全州节能减排先进单位”二等奖。

部分驻楚全国及省、州人大代表视察楚雄卷烟厂技改搬迁工程建设情况

（州人大办提供）

【用工分配改革】 2009年，楚雄卷烟厂按照“分类管理、科学设岗、明确职责、严格考核、落实报酬”的行业总体要求和集团总体部署，在充分调查研究、广泛收集各方面意见的基础上，先后完成了定编、定岗、部门职责说明书编写、岗位说明书编写、岗位分类、岗位评价、听取和收集对集团用工分配制度改革方案及配套政策的意见和建议等一系列工作。

【科技创新】 2009年，楚雄卷烟厂各部门积极开展技术交流、工艺研究、小改小革、QC活动、青工创新创效等活动，年内15个科技项目获集团科技进步奖；3个项目获楚雄州科学技术奖；6个QC成果获集团奖励，3个QC成果获中烟公司奖励；涌现管理创新成果140项。

【易地搬迁工程】 2009年，红塔集团楚雄卷烟厂易地搬迁技改工程项目累计完成合同投资付款总额5.91亿元。分选车间和30万担原烟堆场9月1日投入使用；消防经警楼和易燃易爆品库建设基本建成，场区内一纵三横主干道路已全面贯通，动力站房、锅炉房、110千伏站等主体建筑完成，进入锅炉安装阶段，办公楼主体工程封顶并转入装修，给排水工程建设完工，联合工房和打叶复烤工房建设全面启动。

［鲁　鸫］

（责任编辑：罗相海）

医药业

医药管理

【医药业监督】 2009年，楚雄州食品药品监督管理局强化食品药品安全监管，保障全州人民饮食用药安全。全年对全州各级医疗机构和药品经营企业监督检查1次以上，检查全州药品医疗器械市场1万余人次，完成药品监督抽验797批次。年末，药品不良反应监测网络已覆盖全州二级以上医疗机构和各县（市）中医院、妇幼保健站、计生服务站，上报药品不良反应报告141份，全州103个乡（镇）1087个行政村建立监督网、供应网，建网率达100%。

【食品安全监管】 2009年，楚雄州全面推行食品安全目标责任制管理，进一步加强各项食品安全监管专项整治和日常监督管理、综合协调工作。（1）认真学习贯彻《食品安全法》。（2）召开会议。3月5日，楚雄州食品药品安全监管工作会议在楚雄召开，会议全面总结了2008年全州食品药品安全工作。（3）积极发挥抓手作用，努力做好综合协调工作。一是认真组织开展全州食品安全考评工作。二是制定、签订《楚雄州2009年食品安全工作目标责任书》，层层推进食品安全工作目标责任制管理。三是积极争取食品安全综合监管工作经费，全年全州共落实食品安全综合监管经费82.24万元，比上年同期增加8.14万元。其中州级财政安排32.59万元，县（市）级财政安排49.65万元。四是分别2次组织工商、卫生等部门执法人员开展专项督查，打击违法添加非食用物质和滥用食品添加剂专项整治工作。五是做好食品安全信息的收集和发布工作。共收集食品安全信息158条，编发《楚雄州食品安全监管简报》12期，编发《楚雄州打击违法添加非食用物质和滥用食品添加剂专项整治工作动态》12期，通过云南省食品药品监督管理局网站发布食品安全信息5条、楚雄州食品药品监督管理局网站发布88条，发布食品安全预警公告2期，电视报道38次，广播报道45次，《楚雄日报》报道14篇。（4）组织开展元旦、春节、“3·15”、州庆、“五一”、火把节、国庆、中秋等节日食品市场专项整治活动，共出动执法人员3.21万人次，检查食品生产、加工、经营企业、食品经营门店、餐饮业、市场摊点、农资经营户、学校及集体食堂7.54万户次，集贸市场414个次，生猪定点屠宰场326个次，检疫屠宰猪、牛、羊5.10万头（只），活禽9.76万只。查处各类食品违法案件325件，罚没款合计7.76万元。取缔无证照食品经营户36户，警告、责令改正328户。接到消费者申诉举报电话237个，答复消费者咨询114件，受理各类申诉27件，已解决27件，举报5件，办结5件，为消费者挽回经济损失3.96万元。（5）成立专项整治工作领导小组，组织开展打击违法添加非食用物质和滥用食品添加剂专项整治活动，共出动执法人员1.23万人次，检查食品及食品添加剂生产经营企业4.02万户次，受理举报投诉2起，查处涉及食品添加剂案件5件，涉案案值2.67万元；整治重点区域158个，重点单位1480个，整治重点产品58种。（6）组织实施食品放心工程和开展食品安全专项整治活动。根据国务院关于开展为期2年食品专项整治活动的总体部署，制定了《楚雄州2009年食品放心工程和食品安全专项整治工作方案》，各级各部门均结合实际制定相应工作方案，精心组织开展整治工作。（7）加强农村家庭自办宴席食品安全管理，有效控制食品安全事故发生。全年共登记备案农村家庭自办宴席2556起，有效地预防和控制了农村群体性食物中毒事件的发生。发布食品安全预警公告2期。全年全州未收到群体性食品安全事件报告，食品安全形势良好。（8）组织开展全州餐饮服务（保健食品、化妆品）监管情况调查，形成《楚雄州餐饮服务（保健食品、化妆品）监管情况调研报告》。另外，在全州范围内组织开展了食品放心工程重点品种安全性调查与评价工作，共检测重点品种食品5559份，总体平均合格率为98.17%，比上年提高0.97%。同时，对37家食品生产加工企业进行了食品安全质量保证体系调查。（9）积极推进食品安全示范县和示范乡（镇）创建工作。年末，全州共有省级食品安全示范县1个，州级食品安全示范县2个，食品安全示范乡（镇）26个。同时，对元谋县创建云南省省级食品安全示范县建设工作进行阶段性考核验收。（10）开展食品安全知识宣传活动，共出动宣传人员1985人次，发放食品安全知识和法律法规宣传资料32.5万余份，设立咨询台189个，展出宣传展板306块，广播宣传64期，接待咨询群众10万余人。

【药品生产监管】 2009年，楚雄州食品药品监督管理局严格药品生产监管工作。（1）制定安全监管工作目标，科学划分州食药监局安监科和相关县（市）食药监局的工作职责、任务、目标，进一步明确工作责任。（2）继续加强对药品生产企业的日常监管。全年出动执法人员489人次，对药品生产企业、医疗机构制剂室及特殊药品使用单位进行日常监督检查和专项监督检查共133户次。（3）积极探索生产不正常企业的监管模式，制定了《楚雄州药品生产企业非正常生产监管工作方案》。（4）加大特殊药品监管力度，对麻醉药品、一类精神药品供应点每月进行1次现场检查，对二类精神药品供应点、每个季度现场检查1次，全年共检查特药经营使用单位36户次。（5）及时做好新开办药品生产企业的初审工作，对大姚恒元中药饮片有限公司（拟进行中药饮片的生产）、永强冶金化工有限公司（拟进行医用氧气的分装生产）的“药品生产许可证”、楚雄云中制药有限公司中药前处理和提取车间的申报进行了现场指导和检查。（6）认真对第一轮GMP认证即将到期的云南金碧制药有限公司、云南龙发制药有限公司、楚雄老拨云堂药业有限公司进行指导。同时，要求相关企业做好新一轮GMP认证的申请、人员培训、文件修订、再验证等准备工作。（7）全面完成药品注册工作，配合省食药监局药品注册处对云南盘龙云海药业有限公司、楚雄老拨云堂药业有限公司、云南三圣药业有限公司的注册品种进行现场核查，出动执法人员10人次，现场核查注册品种5个。（8）加强对医疗机构制剂室的监管，对医疗机构配制原（辅）材料的购进、验收、保管、使用等环节进行检查，并做好现场检查记录，对检查存在的问题书面提出整改要求。同时，对已经批准注销《制剂配制许可证》的医疗机构进行制剂原辅料监督销毁工作。年内，完成了辖区内3家医疗机构制剂室共111个制剂品种的再注册工作。（9）制定《药品生产企业关键岗位人员专项检查方案》，出动执法人员49人次，对辖区内12家药品生产企业、3家医疗机构制剂室开展了药品生产企业（医疗机构制剂室）关键岗位人员专项检查。（10）做好药品不良反应监测和不良反应事件处置工作，进一步健全药品不良反应监测网络，全州有97家单位成立了监测领导机构，明确了专兼职监测人员，60余家单位开通了网络（电子）报告账户，共报告药品不良反应172例。开展“药物不良反应知识”培训，共培训监测人员30余人。同时，及时对黑龙江完达山制药厂生产的“刺五加”注射液及南华县人民医院和禄丰县一平浪卫生院发生的疑似药品不良反应事件进行处置，保障患者和医疗机构的合法权益。同时，楚雄州人民政府下发了《进一步加强药品使用环节质量安全监管的通知》，对相关工作提出了明确要求。

【药品市场监督】 2009年，楚雄州食品药品监督管理局严格规范药品经营企业的经营主体行为，加大日常监管力度，深入开展专项整治活动，继续加强医疗机构药械规范化管理，各项工作取得明显成效。全年共出动执法人员1.24万人次，检查市场7098户次，查处案件311件，取缔无证经营户7户，涉案金额13.08万元。（1）进一步优化办事流程、提高行政审批效率，核发“药品经营许可证”（零售）96个、变更171个、注销27个，核发“医疗器械经营企业许可证”（零售）47个、变更102个、注销8个、换发6个。同时完成了14家药械批发企业新办证、变更、注销申报材料的初审工作。（2）深入开展专项整治活动，进一步规范药品经营使用行为。年内，先后开展节日药械市场专项检查、人用狂犬病疫苗专项整治、黑龙江乌苏里江制药有限公司佳木斯分公司生产的双黄连注射液专项检查、非药品冒充药品专项整治、计划生育药械市场专项整治、医疗器械专项检查，进一步规范了药品经营单位、使用单位的经营使用行为。（3）加强医疗机构药械规范化管理，切实推进医疗机构规范化药房建设。年内，各级医疗机构规范药房建设工作全面展开，全州15家县级医疗机构和12家乡（镇）卫生院顺利通过验收，完成率分别为28.30%和12.77%，有效提升了各级医疗机构药械管理水平。（4）继续抓好GSP认证及跟踪检查工作，做好新开办企业GSP认证和GSP认证到期的药品经营企业再认证工作，共受理药品零售企业GSP认证申报85家，通过GSP认证现场检查65家，重新核发GSP认证证书36家，初审药品批发企业第二轮GSP认证申报材料11家，积极配合省食药监局完成药品批发企业GSP认证现场检查6家。对通过认证的企业加大跟踪检查力度，跟踪检查覆盖率达98.76%。（5）为严厉打击利用广告欺骗和误导消费者的商业欺诈行为，进一步规范市场经济秩序，与工商、卫生、公安、广电等部门联合加强药品广告的监管。以发布的违法广告为重点整治内容，进一步加大对药品广告的日常监测。同时，规范药品广告宣传，指定专人负责监测，有效地开展药品广告监测、统计、移送工作。全年共监测广告数12个，出动执法人员881人次，检查市场428户次，无移送工商部门违法广告案件。

【农村药品“两网”建设】 2009年，楚雄州食品药品监督管理局认真抓好农村药品“两网”建设，使其与“新农合”、“万村千乡市场工程”有机结合，进一步拓宽农村群众的购药渠道。同时，进一步完善药品监督网人员聘用、培训、考核管理制度，巩固“两网”建设成果。年末，全州103个乡（镇）1093个行政村，供应网、监督网覆盖率均达100%，共聘各类人员1837人，其中县级社会监督员、乡（镇）药品协管员215人、村药品信息员1622人。

【药品抽验】 2009年，楚雄州食品药品监督管理局下达药品抽验任务800件（其中监督抽验600件，专项抽验200件），共抽验样品797件（其中专项抽验200件、监督抽验597件），出具检验报告书706件，不合格100件，不合格率为14.16%。另外，完成中成药专项监督抽样40件。同时，下达药品快速抽验任务1200批次，完成医疗器械监督抽验9批，并按要求送省医械所完成靶向抽验10批。

【甲型H_1N_1流感防控】 2009年，楚雄州食品药品监督管理局加强甲型H_1N_1流感防控。（1）建立防控工作领导机构和重大疫情报告制度，确保重大疫情信息得到及时报告和处置。(2) 加强对防控应急药械储备的管理工作，确保防控药品的保障供应。(3) 建立疫情监测制度。(4) 集中力量对甲型 H_1N_1 防控药品和医疗器械生产、经营、使用环节进行检查，并按时向省食品药品监督管理局上报治疗甲型 H_1N_1 流感药品经营及质量监督情况。通过监督检查，深入查找问题，坚决堵塞漏洞，严厉打击生产、销售、使用不合格防控药品、医疗器械等违法行为，确保防控药品、医疗器械的质量安全。

【“7·09”姚安地震食品药品安全监管】 2009 年，楚雄州食品药品监督管理局在“7·09”姚安地震发生后，积极采取多项措施投身抗震救灾和恢复重建工作。(1) 建立抗震救灾期间药品安全联络员制度、食品安全责任区制度，做好食品药品监管工作，要求所有向灾区捐赠的药品必须先经过药监部门检查把关再放行，保障灾区人民饮食用药安全。(2) 建立部门责任区，明确各部门的监管责任。(3) 坚持 24 小时值班，做好信息收集上报，及时把受灾情况，抗震救灾情况向上级报告，确保信息通畅。(4) 组织药品生产企业和全体干部职工发扬一方有难、八方支援的精神向地震灾区捐款、捐物，组织捐赠药品价值 17 万余元。

［沙朝仁］

天然药业

【天然药业发展状况】 2009 年，楚雄州顺应医药市场需求，积极调整生产，加大投入力度，努力开拓市场，天然药业全面完成各项经济指标，全年实现总产值7.65 亿元，比上年增长 16.4%；实现增加值 2.68 亿元，比上年增长 13.8%。全州生产中成药 1209.02 吨，比上年增长4.35%。全州纳入统计的 14 户重点医药企业中，太阳药业和万鹤鸣药业全年基本处于停产状态，没有统计数据；万裕药业的代加工部分较上年大幅萎缩，产值较上年大幅下降，销售收入和应交税金较上年有所增长；宝丰药包材公司和百草岭药业因市场萎缩，各项指标较上年小幅下降；州医用器具有限公司自恢复生产后，经营情况良好；其余 9 户企业除盘龙云海药业的产值和三圣药业的销售收入略有下降外，其他主要经济指标均不同程度增长。全州医药工业实现产值 5.57 亿元，比上年增长 6.9%；完成销售收入 4.78 亿元，比上年增长 11.9%；应缴税金 3566.6 万元，比上年增长 13.2%。

【新药研究开发】 2009 年，楚雄州各医药企业加大新药研发力度，积极做好药品申报工作。年内，盘龙云海药业的排毒养颜片，金碧制药的排石利胆颗粒、暖胃舒乐片、首乌延寿片和小儿清热止咳口服液，老拨云堂药业的紫灯片和乌金活血止痛片，龙发制药的妇科调经片（薄膜衣），天利药业的板蓝根片（薄膜衣）、复方丹参片和消炎利胆片（薄膜衣），云中制药的舒泌通丸，楚雄金塔气体有限公司的医用氧共 11 个品种获国药准字批文。同时，获得保健食品批文 1 个，即广泰生物科技公司的乐白尼核桃乳。年末，全州医药企业共拥有国药准字批文 328 个，其中全国独家药品品种 31 个，保健食品批文 5 个，中药保护品种 9 个。

【彝族医药体系建设】 2009 年，楚雄州食品药品监督管理局牵头负责的《云南省中药材标准（2005 年版·彝族药）》（即彝族药材标准·第三册）编制工作进展顺利，所有品种已经全部复核完毕，52 个品种材料已经送交出版社排版，即将按期出版。由云南省彝族医药研究所（州中医院）负责编撰的《中国彝医方剂学》已编撰完成，于 12 月末出版。《中国彝医药临床学》按计划推进编撰工作。云南省彝医医院（州中医院）彝医骨伤科被批准为国家级重点民族医专科建设单位，11 月按项目建设中期评估要求通过了专家评估。省彝医医院举办了为期 6 天的省级继续医学教育项目彝族医药基本知识培训班，250 余人参加培训。

【中药材种植基地建设】 2009 年，楚雄州武定县、双柏县经云南省“云药之乡”认定管理工作领导小组审定、公示，被认定为“云药之乡”，进一步增强了品牌效应和示范作用。为使种药农户较好地掌握药材栽培管理技术，推广中药材规范化种植，全年全州开展中药材种植技术培训 352 期，共培训 1.96 万人次，完成中药材人工种植 2.95 万亩。其中，种苗基地 500 亩、示范样板 1000 亩；重点品种包括白扁豆 1.6 万亩，茯苓 3000 亩，草乌 3000 亩，附子 2000 亩，云木香 1500 亩，露水草 1500 亩。全年全州继续将天然药业产业建设列入中共楚雄州委、州人民政府与省科技厅会商的重点内容，策划推荐“重要彝药资源收集、研究及产业化开发”项目申报党政“一把手”科技示范工程。

【医药企业技术改造】 2009 年，入驻楚雄天然药物产业园区的天利药业生产线易地技改搬迁建设项目已完成，并通过了 GMP 认证。年内，云中制药通过了新一轮的 GMP 认证，公司三期丸剂车间技改扩建项目已建设完工投入使用。楚雄老拨云堂科技研发中心项目已动工建设，年内进展顺利。新世纪药业 GMP 生产基地建设项目厂房已建至第二层。保元堂药业已完成项目审批等前期工作。云南草本精素科技开发公司一期租赁天利药业公司厂房实施企业孵化，一条制剂生产线已建成投入试生产。龙发制药、老拨云堂药业、金碧制药（口服固体制剂）、万裕药业、三圣药业和云南大姚恒元饮片公司整体通过新一轮的 GMP 认证，取得相应的《药品 GMP 证书》。

【楚雄州医药行业协会成立】 2009 年 9 月 2 日，楚雄州医药行业协会成立大会暨第一次会员代表大会顺利召开，12 月 16 日至 22 日，协会牵头主办了“2009 年楚雄城区医药企业篮球邀请赛”，并取得成功。12 月 23 日，在楚雄医药高等专科学校召开了楚雄州医药行业协会第一届常务理事会议暨校企合作座谈会，安排部署了州医药行业协会 2010 年的工作，并就加强“校企携手，合作共赢”进行了交流和探讨。

［李智仙］

药品生产

【云南盘龙云海药业有限公司】 2009年，云南盘龙云海药业有限公司根据市场营销战略需要，排毒养颜胶囊在原有包装规格60粒装的基础上，首次推出24粒、30粒和90粒装3个包装规格产品群上市，同时积极组织年内新获得批准文号的排毒养颜片生产上市，以满足不同消费者需求。生产管理过程中不断深化药品GMP管理，强化物料、生产过程、半成品及成品过程和质量控制，层层把关，以确保产品质量“零缺陷”。同时，积极开展企业技术中心建设工作，取得云南省高新技术企业证书，并进一步被确定为云南省第四批创新型试点企业。全年实现产值3.03亿元，比上年下降3.2%；完成销售收入2.67亿元，比上年增长5.4%；实现增加值1.10亿元，比上年下降3.2%；应缴税金2602万元，比上年增长6.01%。

【云南龙发制药有限公司】 2009年，云南龙发制药有限公司加大新产品的宣传和市场销售力度，不断推出新产品抢占市场。公司申报的妇科调经片薄膜衣片经国家药监局审批获得国药准字Z20093678新的药品批准文号。截至年末，公司拥有13剂型，14条生产线，166个国药准字批文，其中有13个品种为企业独家生产，有3个品种为国家中药保护品种，有2个品种为云南省级名牌产品，有1个品种获发明专利，7个品种获外观设计专利。全年实现产值4500.1万元，比上年增长15.1%；完成销售收入3640.2万元，比上年增长16.3%；应缴税金147.3万元，比上年略有下降。

【楚雄老拨云堂药业有限公司】 2009年，楚雄老拨云堂药业有限公司进一步扩大生产规模，开拓市场，加大新药研究开发力度，年内获得国药准字批准文号2个，分别是紫灯片和乌金活血止痛片。全年实现工业产值4118.2万元，比上年增长14.7%；完成销售收入5020万元，比上年增长52.4%；应缴税金531.9万元，比上年增长57.7%。

【楚雄云中制药有限公司】 2009年，楚雄云中制药有限公司扩大再生产，加大更新设备投入，加大新药研究开发力度。年内，由公司研发并申报的舒泌通获得国家药监局的生产批准文号，并获得新药证书，公司共拥有“云中”牌国药准字号药品11个。全年公司实现产值1587万元，比上年增长34.5%；完成销售收入989万元，比上年增长53.36%；实现增加值574.5万元，比上年增长34.5%；应缴税金21.8万元，比上年增长134.4%。

【楚雄百草岭药业有限公司】 2009年，楚雄州百草岭药业发展有限公司在原有片剂、胶囊剂的基础上，增加了颗粒剂、口服剂、配制酒3个新剂型，经过认证于12月获得省卫生厅保健食品GMP认证证书。公司生产的桃乐丝滇橄榄口含片于4月获得国家绿色食品认证。全年生产余甘子精粉91.58吨，桃乐丝瓶装口含片1.08万件，特瑞宝SOD刺梨胶囊10万盒、原森快康SOD刺梨胶囊10万盒；外加工生产颗粒剂1.55万袋、片剂（胶囊剂）瓶装1.88万瓶、板装1.06万板，委托加工产品6.51吨。全年公司实现工业产值1915万元，完成销售收入1342万元，上缴税金11万元，实现利润15万元。

【云南广泰生物科技有限公司】 2009年，云南广泰生物科技有限公司努力提高产品质量，降低生产经营成本，使产品生产成本比上年每吨下降200元左右。同时，进一步提升产品品牌、打造全国市场，建立健全营销网络，年内共开发北京、湖南、山东、广东、浙江、福建6个省的营销网络，网点达67个。省内市场已全面展开，除迪庆州外，已开发终端零售网点3739个。公司开发的乐尼白核桃乳在年内获得国家保健食品批文。公司全年实现产值5228.7万元，比上年增长70.12%；完成销售收入3838.2万元，比上年增长9.4%；实现工业增加值658.8万元，比上年增长70.12%；应缴税金123.6万元，比上年增长246.2%。

【云南楚雄天利药业有限公司】 2009年9月，云南楚雄天利药业有限公司通过国家GMP认证，10月16日获得《药品GMP证书》。公司拥有国药准字批准文号21个，其中全国独家生产品种有2个，分别为紫丹活血片和红花逍遥胶囊。公司在年内投产3个月实现产值2426.3万元，完成销售收入2126.3万元，上缴税金50多万元。

［李智仙］

药品流通

【药品流通企业】 2009年末，楚雄州共有药品经营企业1847家，其中批发企业19家，零售企业836家，农村药品专柜992个；器械经营企业539家，其中器械专营企业49家。至10月，有19家批发企业、812家零售企业（含连锁门店）通过GSP认证，药品经营企业在软、硬件方面都有较大的改进与提高，药品质量安全得到了有效保障。

【推行GSP认证】 2009年，楚雄州积极推行GSP认证工作。年内有13家批发企业通过第二论GSP认证。年内，监管部门加大跟踪检查力度，重点加强检查认证企业的质量管理制度、进货渠道、各种质量档案、健康档案等记录，全年跟踪检查覆盖率达98.76%。

［沙朝仁］

（责任编辑：者宗菊）

商贸业

商贸管理

【商贸业发展】 2009年，楚雄州商务局积极推进“流通活州”战略实施，抓住机遇，加快流通基础设施建设，夯实发展基础，调整结构，扩大内需，力促“三外”，加强监测，强化监管，规范市场，努力克服金融危机带来的各种不利因素影响。全年全州累计完成社会消费品零售总额109.7亿元，同比增长21%；完成外贸进出口6933万美元，比上年增长31%，其中出口6042万美元，增长142%，进口891万美元，下降68%，全年实际到位外资1293万美元，比上年的1100万美元增长了17.5%。

【万村千乡市场工程】 2009年，云南省商务厅下达楚雄州农家店建设指标300个，楚雄州商务局按照优化布局、广泛覆盖的原则在全州8个县（市）共建设农资农家店100个、百货农家店200个。年末，全部通过验收，共获得上级扶持资金445万元。截至年末，楚雄州在10个县（市）102个乡（镇）实施“万村千乡市场工程”，共建成9个配送中心，1719个农家店（其中日用百货农家店1160个，农资农家店559个），获得中央和省级财政扶持资金1767.97万元，县（市）覆盖率达到100%，乡（镇）覆盖率达到99%，行政村覆盖率达到62%，极大地改善了农村流通网络体系，进一步促进了农村消费。在抓好农家店建设的同时，积极帮助日用百货承办企业建立联合采购配送商品制度，提高农家店商品配送比例，降低配送商品成本，为农村提供更多物美价廉的商品，拉动农村消费。

【昆交会参展情况】 2009年6月6日至10日第十七届昆明进出口交易会在昆明举行，楚雄州商务局精心筹备，认真组织企业参展。针对楚雄州企业参展积极性不高的情况，州商务局研究决定，对符合条件的参展企业实行参展补助，每户企业补助4000元，最终共组织了8户企业200多个品种的商品参加了此届昆交会，促成一批进出口订单在会期签约，参展成果明显。昆交会期间，楚雄州外贸企业共签订出口货单10个，成交金额3770万美元；进口货单1个，成交金额600万美元，合计签约4370万美元。云南广泰生物科技开发公司与国内贸易商签订核桃乳等产品销售合同金额5700万元。6月7日，州长杨红卫还参加了国家商务部授予楚雄州“国家级外派劳务行业基地”的授牌仪式，并亲自接受了授牌。

【“7·09”姚安地震应急】 2009年，楚雄州商务局在“7·09”姚安县6.0级地震发生后，立即启动应急预案，迅速做好应急物资保障工作，第一批应急物资在12小时内运抵姚安灾区。在应急阶段，按时采购、调运应急物资75吨，价值63万元，确保地震应急工作的需要。

［李成峰］

全州家电下乡工作推进会 （州商务局提供）

商贸流通

【内贸流通】 2009年，楚雄州认真贯彻中央扩大内需的方针政策，搞活流通，促进消费。（1）扎实推进“家电下乡”工作。（2）继续推进“万村千乡市场工程”，进一步完善农村流通网络体系。（3）以举办楚雄州首届美食文化节为契机，扩大餐饮消费，促进餐饮业发展。

(4) 认真抓好商业节能减排工作，促进绿色消费。(5) 通过采取积极措施，落实各项扩大内需政策，有效促进城乡居民消费。全年全州累计完成社会消费品零售总额 109.7 亿元，同比增长 21%。从地区看，市级完成 40.5 亿元，同比增长 22.1%；县级完成 33.5 亿元，同比增长 20.9%；县级以下完成 35.7 亿元，同比增长 21%。从行业看，批发业完成 18.5 亿元，同比增长 17.3%；零售业完成 68.6 亿元，同比增长 23.2%；住宿业完成 5.6 亿元，同比增长 13.5%；餐饮业完成 7.8 亿元，同比增长 22.8%；其他行业完成 9.2 亿元，同比增长 20.1%。

【市场运行监测】 2009 年，楚雄州商务局努力完善市场监测体系，进一步加强对城市生活必需品、重要生产资料、重点流通企业的监测，及时掌握主要商品的供求信息和价格信息，加强节假日和重大活动期间的市场监管，保障市场供应，维护市场稳定，保障民生要求。两次召开市场监测业务培训及推进会，进行业务培训并对下步监测工作进行安排部署。3 月，在全省商务系统率先启用市场监测网上报送系统，并进行完善、改进，极大地促进了全州市场监测现代化进程，降低了监测成本，提高了工作效率和监测质量。

【首届彝州美食文化节】 2009 年 9 月 25 日上午，首届彝州美食文化节在风景秀美的彝人古镇拉开序幕。美食文化节期间，开展了全州特色餐饮名店评选，烹饪技能竞赛，楚雄知名餐饮企业、名菜展台展示，民间美食文化展，“游古镇、品美食，庆丰收、游农家”活动启动仪式以及彝族文化展演等 6 项活动。评出名宴特等奖 1 个、金奖 3 个、银奖 3 个；名席特等奖 1 个、金奖 3 个、银奖 3 个；名锅特等奖 1 个、金奖 3 个、银奖 3 个；评出个人特等奖 1 人、金奖 3 人、银奖 6 人、优秀奖 18 人。评出彝州特色餐饮名店 15 家。

【商业节能减排】 2009 年，楚雄州商务局将商业节能减排工作目标任务完成情况纳入全州流通业考核体系，进行目标责任考核奖惩，促进绿色消费。10 月末，全州 84 户商业企业，总灯具使用量为 5.30 万盏，完成高效节能灯具改造 5.11 万盏，使用率达 96.3%，完成了云南省商务厅下达的高效节能灯具改造 4.24 万盏的目标任务和州人民政府下达公共设施、宾馆、商厦、写字楼高效节能灯具应用率达到 80% 的目标要求。

【商业网点规划工作】 2009 年，楚雄州城市商业网点规划工作在全州 10 县（市）全面展开，除元谋、南华 2 县外，其余 8 个县（市）城市商业网点规划全部通过评审。

【重要商品储备】 2009 年，楚雄州商务局积极探索重要商品储备和重点流通企业商业代储备制度，加强与重点流通企业的联系，定期召开联席会议，及时了解各企业商品库存情况，建立相应台账。同时，建立了近 30 户企业的市场应急储备库和应急联系、联席联谊制度，完成了国家和省 1 万头活体猪、200 吨冻肉、80 吨火腿的储备和检查监督任务。进一步增强宏观调控和应对突发事件的能力，建立了楚雄州 5000 头生猪的州级政府储备制度。

［李成峰］

对外贸易与经济合作

【外贸进出口】 2009 年，由美国次贷危机引发的全球金融危机，导致全球经济下滑，国外需求大幅萎缩。楚雄州积极采取措施，化解危机影响。(1) 2 月 5 日，中共楚雄州委、州人民政府在昆明召开了外贸进出口企业负责人座谈会，广泛听取企业的意见建议，认真落实国家出台的外贸促进政策，组织调研组对全州外贸发展情况进行深入调研，出台《中共楚雄州委　州人民政府关于加快对外贸易发展若干问题的意见》（试行）。(2) 及时进行全州外贸政策宣传和外贸业务培训，提高外贸企业的政策水平和业务工作能力。商务部门经常深入重点企业，帮助分析市场，提供政策咨询和信息服务，为外贸企业应对危机、克服困难提供更加到位的支持和服务。(3) 认真研究政策，领会政策精神，为企业申报 2009 年外贸扶持项目提供指导，组织 13 户外贸企业申报中小企业国际市场开拓资金项目 24 个，获得资金支持 64 万元，组织 5 户进出口企业申报农产品增量贴息资金及退税奖励项目 9 个，获得省级资金支持 174.3 万元；组织申报外经贸区域协调发展资金及保持外贸稳定增长资金项目 15 个，申请支持金额 686 万元。通过项目支持，7 户企业参加了境外展会，8 户企业到境外进行市场考察或拜访客户，4 户企业通过相关国际认证，获得通往国际市场的准入证，进一步开拓了国际市场。(4) 紧紧围绕野生食用菌、纺织品、蔬菜、松香和电气零配件等重点出口商品和进口商品来展开促进工作，努力推动重点进出口商品的进出口规模；农产品、纺织品、松香三大类重点出口产品实现大幅增长。(5) 积极培育新的增长点，全年新登记办理外贸经营者备案 9 户，其中 3 户实现当年备案、当年出口。通过扶持培育和引导，新增有进出口业绩的企业 7 户，进一步扩大了进出口规模。4 月，通过各方面的共同努力，楚雄州外贸形势出现了积极变化，开始止跌回升，逆势增长。全年全州实现进出口总值 6933 万美元，同比增长 31%，继 2004 年后重新跃上 6000 万美元台阶。其中出口 6042 万美元，增长 142%；进口 891 万美元，下降 68%，超额完成了云南省人民政府下达的考核任务。

【国际劳务输出】 2009 年，楚雄州商务局继续推进外派劳务基地建设，争取资金 47.2 万元重点支持南华、州民族中专 2 个外派劳务基地建设，加大劳务培训，做大国际劳务输出。6 月 7 日，在昆交会上楚雄州被国家商务部授予“国家级外派劳务行业基地”。全年全州境外劳务输出共 1103 人，比上年的 1026

人增长7.5%，国际劳务收入397万美元，比上年369.3万美元增长7.5%，外派劳务工作实现了稳步发展。

【外资利用】 2009年，楚雄州商务局通过抓重点、强服务，优化外资结构，着力提高外资到位率。同时，进一步做好外资企业的联合年检工作，准确掌握外资企业发展情况，及时办理外资企业审批业务，先后为9户外商投资企业办理了13次变更手续，确保外资企业生产经营活动的顺利开展。全年实际到位外资1293万美元，比上年的1100万美元增长了17.5%，完成省人民政府下达指标800万美元的161.6%，完成州人民政府下达任务数1210万美元的106.9%。

【对外经济合作】 2009年，楚雄州进一步促进外经企业健康有序发展。（1）积极为外经企业向上级争取项目6个，上报项目扶持资金550万元，已下达项目5个，获得扶持资金142.2万元，实现了逐年递增。11月末，楚雄州对外直接投资的外经企业有4户。（2）做好州内企业到境外发展罂粟替代种植工作。云南龙川江生物开发有限公司于2007年投资建设的缅甸克钦五里根东开发公司，在缅甸境内开展替代种植业务，年内共种植木薯、红薯1.96万亩，取得了良好的经济效益和社会效益。

［李成峰］

供销合作

【供销社“二次创业”】 2009年，楚雄州供销社全面推进乡村流通工程建设，大力发展农村合作经济组织，各项工作全面推进，“二次创业”取得新突破。全年全州供销行业共完成经营总额28.1亿元，完成年度计划的125.9%，比上年增长36.1%；完成农副产品经营总额14.3亿元，完成年度计划的143.5%，比上年增长55.3%；销售各种化肥35.8万吨，完成年度计划的110.2%；汇总实现利润5188万元，完成年度计划的172.9%，比上年增长87.2%；上缴国家税费总额1924万元，完成年度计划的192.4%，比上年增长103.4%。全年新发展农民专业合作社274个，完成年度计划的137%；新建农村综合服务社232个，完成年度计划的105.5%；举办各类人员培训1.66万人次，完成年度计划的110.4%。2009年各项目标任务圆满完成，初步建成投入使用乡村集贸市场7个，在全省供销社系统综合业绩考核中名列第一位。

【深化企业改革】 2009年，楚雄州供销社继续深化企业改革。（1）坚持开放办社、招商办社、联合合作办社的原则，广泛吸纳有志服务农村的州内外非公经济、社会团体、自然人建立以骨干企业、基层供销合作社、专业合作社和综合服务社为主体的新型农村合作经济组织体系。（2）积极处置资产，协调办理房地产产权手续，筹措资金，安置人员，引导扶持供销企业改制职工参与创业，在自愿的前提下把与原供销社解除劳动合同后在农村从事商品经营或农产品加工销售人员纳入供销社行业教育培训，积极引导和扶持他们参与“乡村流通工程”建设，创办“两社一会”，参与新一轮创业发展。（3）组织清产核资，制定资产管理办法，逐步组建管理机构，积极抓好项目资金作为社有资产进入项目企业的试点工作。（4）积极探索把零碎的资产与开放办社、招商引资相结合，实现散、小资金的有效保值增值。全州供销社社有资产分布为州级占1.83%，县级占42.66%，基层社占55.51%。

【农民合作经济组织发展】 2009年，楚雄州供销行业充分发挥组织、指导、服务、带动等职能作用，利用自身组织、人才、网络和服务优势，进一步完善与农民的利益联结机制，创新发展农民专业合作社。全年全州新发展农民专业合作社274个，累计达593个。专业合作社入社农户数达到3.99万户，带动和服务农户56.30万户，帮助农民实现收入13亿元。农民专业合作社年经营额100万元以上的有150多个，有商品注册商标27个，通过绿色食品认证18个，无公害产品认证15个。

【“乡村流通工程”建设】 2009年，楚雄州供销行业全面推进乡村流通工程建设。（1）全面完成《楚雄州农村现代商品流通体系建设发展规划》的编制和评审工作，并根据规划积极做好项目申报、筛选、储备。（2）全力促进各类配送中心提质增效。全年全州配送商品总值5.4亿元，建成配送中心34个，工业品、药品、农资商品配送中心运行管理进一步规范，连锁配送面、配送率及服务质量进一步提高。（3）建设农村综合服务社2244个，基本覆盖所有行政村，进一步提高了农村综合服务水平。（4）在楚雄市、禄丰县开展“乡村流通工程”建设试点并取得良好效果。

【农村服务体系建设】 2009年，楚雄州农村综合服务体系建设工作本着新建与超市化改造结合的原则，在坚持统一规划、建设标准和服务规范的前提下，将重点放在尚无综合服务社的边远山区农村，并积极探索综合服务社进县城、进社区的路子。全年全州新发展农村综合服务社232个，超市化改造500个，综合服务社累计已发展到2244个。为推动农村综合服务社的超市化建设，全州共计发放货架8048个，电子秤1305台。

【乡村流通工程人才培训】 2009年，楚雄州供销社系统紧紧围绕“两社一会”和“乡村流通工程”建设，把村委会干部及农村运销、种植、养殖大户纳入培训对象，积极指导配送企业加强对配送网点的培训及农民专业合作社社员的培训。全年全州供销系统共组织开展各级各类人员培训164期，培训各类人员1.66万人次。

【农产品信息服务平台建设】 2009年，楚雄州供销社多方筹措资金，购买电脑、打印机、数码照相机等设备配发给10县（市）供销社，部分村委会也配备了电脑。同时，开通互联网，明确了专兼职信息工作人员，并进行人员培训。初步建立了信息采集整理、分析及发布制度，农产品信息服务平台开始发挥作用。

【农村集贸市场建设】 2009年，楚雄州积极推进农村集贸市场建设，改善农村市场条件，促进社会主义新农村建设。年末，南华五街、武定猫街2个乡（镇）农贸市场已基本建成投入使用；楚雄树苴、南华沙桥天申堂、永仁宜就、永仁永兴、元谋物茂已部分建成投入使用；楚雄子午、吕合，双柏法脿，牟定江坡，南华沙桥于栖么，姚安太平，大姚桂花，永仁永定，元谋姜驿、凉山，武定田心、插甸、禄金、弯腰树，禄丰碧城、彩云、元永井农贸市场正在建设中。

【农业生产资料供应】 2009年，楚雄州充分发挥11个农资配送中心和遍布乡（镇）、村的农资连锁经营网点和农村综合服务社作用，共组织销售各种化肥35.8万吨、农药1026吨、农膜924吨。在农资供应工作中，各级农资经营部门严格执行国家化肥限价政策，严把农资商品进货关，积极开展诚信经营，稳定市场价格，杜绝假冒伪劣商品。

【农副产品采购】 2009年，楚雄州依托农产品加工龙头企业，以农民专业合作社为载体，积极组织开展标准化生产、品牌化经营，积极推进农产品出州、出省、进超市、进市场。全州供销系统完成农副产品经营总额14.3亿元。

［刘海英］

粮食流通

【粮食流通管理】 2009年，楚雄州粮食局紧紧围绕保增长、保稳定、保民生工作大局，抓好粮食清仓查库、粮食流通发展项目申报、军粮供应网点建设、食用植物油储备、应急粮食供应等工作，加强粮食流通管理，服务“三农”，确保粮食安全。（1）利用报刊、广播、电视、政府信息网站、宣传车、墙报、举办培训班等形式宣传贯彻《粮食流通管理条例》、粮食发展纲要、粮食政策措施，组织开展2次全州粮食流通综合执法检查，办理粮食收购许可证累计达117户。（2）认真落实粮食行政首长负责制，分别对全州耕地保有量、粮食播种面积、粮食生产、市场供应、地方储备、商业库存保有量、价格稳定等负责。楚雄州2008年度粮食行政首长负责制工作被评为全省二等奖。同时，进一步完善2009年考核指标和奖惩办法。年内，粮食行政首长负责制各项工作成绩突出，粮食供需基本平衡，粮食安全得到保障。（3）抽样调查楚雄州农户和城镇居民粮食收支平衡情况，对512户样本户进行调查统计。在社会粮食流通统计中，对221户涉粮企业进行粮食购销存统计，为粮食流通管理和粮食宏观调控提供依据。（4）搞好粮食市场价格监测和动态分析，按时发布全州10县（市）市场粮油价格周报49期，坚持每月分析1次粮油市场价格动态情况，积极做好粮油价格监控。（5）贯彻落实国家粮食宏观调控政策，切实做好最低粮食收购价格、种粮补贴等惠农政策的落实。针对全州实际，采取扩大粮食收购，适当提高粮食收购价格的措施，全年共收购原粮1.26亿千克，与上年基本持平，其中大春粮食稻谷收购均价为2.07元/千克，比国家最低收购价每千克高0.17元，比省定最低收购价格每千克高0.07元，楚雄州农民售粮收入增加1000万元以上。

【粮食清仓查库工作】 2009年，楚雄州按照国务院办公厅关于开展全国粮食清仓查库工作的通知和云南省人民政府的有关工作部署，严格按照“在地检查”原则和“有仓必到，有粮必查，有账必核，查必彻底”的工作要求，积极组织参加云南省举办的培训班2次56人，召开工作会议5次，并举办培训班2班116人。同时，组织开展企业自查、楚雄州普查、地州级交叉复查并接受省级巡查检查，全面清查了各级储备粮、国家临时存储粮、国有粮食企业商品粮的数量、品种、质量和粮油归属情况。清查结果显示，楚雄州库存粮食数量真实、质量完好、账实相符、账账相符，库存值高于贷款额，粮食宜存率为100%。

【粮食流通项目】 2009年，楚雄州粮

云南楚雄粮油物流配送交易中心建设项目可行性研究报告评审会 （夏大强/摄影）

食局抓住国家扩内需、保增长的重大政策措施机遇，突出抓好粮食流通发展项目工作。(1) 所编制的《云南楚雄粮油物流配送交易中心》重点项目可行性研究报告，投资估算6233.62万元，通过州级评审。(2) 评审通过了牟定县仓储设施功能提升改造项目。(3) 争取到云南省2009年军粮供应网点建设项目资金250万元，用于全州10县（市）军供网点建设和维修改造。(4) 积极做好楚雄国家粮食储备库部分资产上划中储粮云南分公司的相关工作和上划后的楚雄州粮食储备库管理建设工作。

【国有粮食储备企业发展】 2009年，楚雄州粮食局进一步加强对国有粮食储备企业的监管，充分发挥粮食宏观调控载体作用。(1) 改革完善国有粮食储备企业管理机制，提高经营积极性。(2) 加强指导监管，强化企业董事会责任，加强企业财务管理，节约费用开支，努力探索企业绩效挂钩工资制度。(3) 充分发挥国有粮食储备企业作用，积极购销粮食，努力搞活经营。全年共收购原粮6592万千克，销售原粮6787万千克，实现盈利84万元。

【储备粮油管理】 2009年，楚雄州粮食局积极完成州人民政府批准的食用油储备任务。国家粮食储备库及相关企业努力筹措资金40余万元修建食用油储存罐8个，完成州级食用植物油脂储备500吨、县（市）级食用油脂储备250吨，进一步增强市场调控能力，超额完成云南省下达的储备计划。同时，强化储备粮油管理，制定储备粮管理制度，开展储粮安全大检查，连续被云南省粮食局评定为“一符四无粮仓”州。严格执行储备粮油质量检查制度，每半年开展1次监督检查，按时完成储备粮轮换任务。加强粮油化学药剂的管理，组织开展储粮技术宣传培训。切实做好军粮、救灾粮供应工作，积极做好“7·09”姚安地震应急粮食供应，保障灾区灾民有饭吃。

【粮油质量安全】 2009年，楚雄州粮食局认真落实州人民政府食品安全工作责任制，将食品安全工作目标考核任务分解落实到责任领导、责任科室和责任人。(1) 配合质监部门对社会粮油产品开展监督检验工作，抓好“28类食品”生产许可证及市场准入审查复查工作。(2) 积极组织粮油食品安全知识宣传及“粮食科技宣传周”活动和全州食品安全检查行动。(3) 开展粮油质量监督检查，建立粮食质量档案，认真履行粮油质量监督检验职能，全年共检验粮油样品282份，代表数量31万吨。

［夏大强］

石油购销

【石油购销管理】 2009年，中国石油化工股份有限公司云南楚雄石油分公司认真贯彻落实集团公司和省公司的整体工作思路及部署，坚决贯彻执行“两保三不降一提高”的经营方针，着力提升把握市场、资源优化、经营创效和政策应对四种能力，大力开拓市场，精心经营，强化内部管理，切实提高服务水平，深入开展“我要安全”主题活动，努力提升规范化管理能力，扎实抓好经营、安全和稳定工作，坚持以人为本，重视人文关怀、团结务实，积极主导市场，大力推进节能降耗和降本压费工作，狠抓安全质量管理，不断加强党建思想工作和员工队伍建设，努力保持和谐稳定。通过全体干部员工的辛勤努力，销售量大幅增长，节能降耗和降本压费措施成效显著，网络建设成效明显，安全质量工作取得了较好的成绩，各项工作稳步推进，全年成品油供应有序、保障有力，公司保持了持续、健康、和谐、发展的良好势头。

【石油经营】 2009年，中国石油化工股份有限公司云南楚雄石油分公司经营总量持续提升。全年供应成品油20万吨以上，同比增幅为13.15%；润滑油供应突破900吨，超计划115.8%；全面开展了加油站便利店销售业务，起步运行良好，销售额超计划3.25倍，单店日均销售额达到1526元。在楚雄州入库缴纳增值税1821万元，同比增幅达76.9%。

【石油网络及信息系统建设】 2009年，中国石油化工股份有限公司云南楚雄石油分公司网络建设成效明显，市场保供能力进一步增强。年内，建设了新型润滑油仓库，进行了加油站便利店店面改造。同时，加紧办理昆（明）大（理）楚雄段成品油管道及配套油库改扩建项目工程的相关手续，全面完成了楚雄油库改扩建工程的竣工、验收、调试、投产运行等工作。8月，油库下载点顺利投产运营，进一步增强了资源保障力。二次物流信息系统和ERP上线运行正常，全区开通加油IC卡发卡网点30个，IC卡加油站60座，形成了遍布城乡的营销网络和日趋完善的服务体系，在楚雄成品油市场占有主导地位，发挥了主渠道作用。

［邱　凌］

（责任编辑：者宗菊）

交通运输业

公路建设

【公路建设状况】 2009年，楚雄州公路建设紧紧围绕建设彝州“黄金大三角”高等级公路网，加快构筑“三纵四横”公路主骨架，抓紧实施县乡公路路基等级化、路面硬化，乡村公路平坦化战略目标，大力发展现代交通运输业，不断加强交通基础设施建设和道路运输发展步伐，各项工作取得新进展。全年全州共下达公路建设项目224项，完成交通固定资产投资21.3亿元。至年末，全州公路总里程1.69万千米，其中二级以上公路521千米；农村公路通车里程1.48万千米。全州103个乡（镇）中，有102个通等级公路，占99%，“十一五”目标已实现；所有乡（镇）公路实现硬化，其中62个乡（镇）通油路，油路率达60.2%；全州所有乡（镇）都通了班车，通达率100%；全州1093个村（居）民委员会有931个达到国家通达标准，通达率为85.2%，1087个村（居）民委员会通公路，占村（居）民委员会总数的99.5%。至年末，全州共开通农村客运线路280条，投放农村客运车辆1962辆，平均日发班次5462个，全州乡（镇）通班车率达100%，村委会通班车率达72.83%。

【交通固定资产投资】 2009年，楚雄州完成交通固定资产投资21.3亿元，同比增长74.2%，占全州固定资产投资总额的10.2%，为州人民政府下达州交通局固定资产投资责任书任务的133.1%。其中，农村公路完成投资12.18亿元，占2009年省交通运输厅下达全州固定资产投资考核指标的121.8%；元双二级公路完成投资9.16亿元，占2009年省交通运输厅下达考核指标的141.5%，均超额完成任务。

【重点工程项目建设前期工作】 2009年，楚雄州公路重点工程项目前期工作进展顺利。(1)楚（雄）广（通）高速公路《工程可行性研究报告》于5月18日经省发改委批复，正式批准列项建设，至此，涉及楚广高速公路的6个报件均已取得省级及行业批复文件，该项目前期工作基本完成。(2)武（定）禄（丰）高速公路项目《工程可行性报告》于5月18日经省发改委批复，相关的水土保持方案、地质灾害评估、文物调查、建设用地预审及用地规划调整、矿产压覆6个报件已完成，并取得省级批复；环境影响评价报告于10月23日通过省级评审，征占用林地资源需待初步设计完成后方可进行。(3)楚雄至南华公路改造工程项目于3月17日由州交通局主持，邀请省公路规划设计院，同楚雄市人民政府、南华县人民政府及2县（市）交通、规划、建设等相关部门对其进行实地踏查，并召开座谈会，对路线的走向、起止点、设计标准进行商讨，《工程可行性研究报告》尚处于编制当中。

【元双公路建设】 2009年，楚雄州交通局积极协调配合元（谋）双（柏）公路建设指挥部，顺利推进元双公路建设。4月25日，元双二级公路建设18个合同段全线开工，截至11月20日，项目已完成路基土石方1179万立方米，涵洞、通道5127/201米（米/座），桥梁桩基15391/751（米/棵），隧道主洞掘进762米，隧道二次砌衬383米。年内，工程累计完成投资7.37亿元，占年计划的92.1%；自开工以来累计完成投资

元(谋)双(柏)公路K40+748桥建设 (州交通局提供)

10.42亿元，占概算总投资的28.2%。

【南永二级公路二期工程验收】2009年12月22日，云南省交通运输厅在楚雄主持召开南（华）永（仁）二级公路二期工程竣工验收会，经由省交通运输厅和州级有关部门人员组成的竣工验收委员会的认真评定，南永二级公路二期工程顺利通过验收，评定为合格工程。南永二级公路二期工程起于大姚县赵家店，止于永仁县新大街，全长50.96千米。工程于2004年2月28日开工，2006年9月26日全线贯通试通车。2007年11月29日，南永公路指挥部组织对工程实施检测，并经省交通厅质监站检测评定工程质量评分为85.46分，根据《公路工程质量检验评定标准》的规定，南永二级公路二期工程质量等级推荐为合格工程，上报省交通厅；2008年1月24日，省交通厅批复同意交工验收；2009年7月，工程通过楚雄州审计局竣工决算审计。南永二级公路二期工程送审建安工程投资结算造价4.9亿元，审计核减工程造价850.78万元，统供材料价差（贷差）1454.10万元冲减建安工程投资；扣除工程预留尾款1372.84万元后，审计审定造价4.85亿元，加上待摊投资1.9亿元，设备投资23.25万元，南永二级公路二期工程审计认定投资总额6.76亿元。一、二期建安工程投资比预算批复节约1.34亿元。在运营中对局部路面存在问题进行修复处理后，2009年11月14日至18日，省交通运输厅质量监督局组织人员对工程进行竣工验收质量鉴定，工程质量等级评定为合格；12月22日，工程正式通过省交通厅组织的交工验收，评定为合格工程。至此，南永二级公路已按建设工程管理程序完成，移交管理养护部门进行管养。

【通乡油路建设】 2009年，楚雄州共实施通乡油路建设项目11项，计划建设里程289.4千米。截至10月20日，通乡油路项目已全部开工建设，工程进展顺利。项目建成后，可实现全州103个乡（镇）通油路（水泥路）或弹石路，通乡（镇）公路硬化率达100%。

【通达工程建设】 2009年，楚雄州通达工程建设项目计划191项，计划建设里程1862.1千米。截至12月末，已完工177个村委会162项，开工在建23项。项目建成后，全州将有931个村（居）民委员会的通村公路达到国家通达标准，通达率达85.2%。

【农村公路建设】 2009年，楚雄州农村客运站建设项目12项，县级客运站建设项目5项，上级补助资金770万元，其中中央补助资金240万元，省级补助资金530万元。年内已全部开工建设，工程进展顺利。项目建成后，全州将有87个乡（镇）建有农村客运站。

【自然村通路工程】 2009年，楚雄州认真总结推广大姚“石羊模式”和“赵家店经验”，加快推进全州20户以上适宜通路的自然村通路工程，“民修公助通村公路建设工程”取得新突破。据统计，年内共修通328个自然村道路，建设里程1143千米。

【元双二级公路沿线自然村组公路建设】2009年，楚雄州交通局根据楚雄州人民政府关于加快元双二级公路沿线自然村组公路建设的有关要求，迅速安排布置相关工作，成立由局领导任组长、相关科室负责人和专业技术人员为成员的领导小组，公路沿线4县（市）也成立以分管副县（市）长为组长、相关单位负责人和交通专业技术人员组成的领导机构，开展调查和测设工作。11月末，涉及县（市）建设意见已经报州交通局汇总并形成《楚雄州加快元双二级公路沿线村组公路建设意见》送州人民政府分管领导审定，元双二级公路沿线自然村组公路建设工程全面启动。

【地方公路养护】 2009年，楚雄州交通局进一步深化农村公路养护体制改革，坚持“建养并重、强化管理、深化改革、调整结构、依靠科技、提高质量、依法治路、保障畅通”的公路管理工作方针，以实现“通、平、美、绿、安”的公路养护管理目标，提高公路养护质量及路网服务功能，全面做好农村公路养护管理工作。根据《楚雄州交通局农村公路养护管理目标责任书》，加强对养护工作的领导，强化内部管理，增加养护管理资金投入，层层落实责任制，建立健全各种规章制度，采取行之有效的降低养护成本办法，坚持“强化边沟、注重路肩、突出路面、提高好路率”的养护管理工作思路，抓住以提高路面平整度为中心的全面养护，把养护质量与职工的经济利益挂起钩来，按月、季、年的养护管理质量，兑现奖惩，有力地调动养护人员和职工的积极性，增强了责任感，全州的路面平整度得到较大提高，路况质量也逐年提高。2009年是全国开始使用优良路率、停止使用好路率来衡量养护管理的第一年，全州县道的优良路率达到53.8%，高于省公路局下达给楚雄州县道优良路率50%的考核指标。

【农村公路养护大中修工程监管】2009年，楚雄州交通局认真对农村公路养护大中修工程进行监管。年内，经云南省公路局审核，省交通运输厅复核，下达楚雄州上年度养护经费合计4152.08万元，其中小修保养费978.79万元、两批大中修工程经费3174.29万元，州交通局已按上级审核计划下达到各县（市）交通局、地方公路管理段。经检查，各县（市）都严格按照要求组织实施且完成交工验收。

［李　勇］

运输管理

【运输业发展状况】 2009年，楚雄州运输管理工作紧紧围绕依法管理，做好服务的要求，加大道路运输管理法规的宣传贯彻力度，不断加大道路运输市场的规范和整顿工作力度。规范行政许可审批，落实行政执法责任制，道路运输经营许可证在册总数达1.55万户，从业人员2.64万人。全年全州公路运输完成客运量2239.25万人，比上年增加15.78%，客运周转量14.68万人千米，比上年增加13.4%；货运量1189.15万吨，比上年减少24.35%，货运周转量12.76亿吨千米，比上年减少26.65%；公路运输在全州综合运输中所占的比重达90%以上。全年道路运输产值11.25亿元，比上年增长8.55%。年末，全州共有营运载货汽车1.74万辆、总吨位4.3万吨，营运载客汽车3339辆、4.09万个客位。

【路政管理】 2009年，楚雄州路政管理工作继续得到加强。(1)全州交通系统开展侵占路产路权专项整治行动。充分利用广播、电视、宣传单、公告、宣传车、标语等宣传形式，深入宣传《公路法》、《云南省公路路政管理条例》、《超限运输车辆行驶公路管理规定》等法律法规，使公路沿线群众的爱路护路意识、法律意识得到明显增强。同时，抽调人员，加大路政巡查力度，针对在公路两侧建筑控制区内存在乱堆乱放、打场晒粮、违章建筑、占道经营等实际，采取宣传教育，抓源头管理，部门联动，重点治理县乡公路（县道）沿线侵占公路路产路权行为。全年全州共发生路政案件235件，立案235件，立案率100%；破案235件，结案率100%；造成经济损失13.5万元，索赔13.5万元，索赔率100%。立案率、结案率、索赔率均超过省交通厅下达的100%、95%、80%指标，有效保护了公路产权。(2)认真做好路政管理内业试点和推广运用工作。4月，元谋县交通局路政档案管理试点工作顺利完成，初步通过验收，建立和完善了路政内业管理的“四图”和“十二档”资料，办公场所和办公设备设施得到改善和更新，成功经验印发到全州各县（市）交通局进行推广运用。(3)认真做好治理公路乱设站卡、乱罚款、乱收费工作。

【运输审批管理】 2009年，楚雄州加强道路运输经营的行政许可管理，坚持集体审批制度，审批中注重对运力的调整和车型结构的优化，并对行政审批许可事项进行公示。全年道路旅客运输行政审批共受理120件，其中县际班线行政许可35件，不予许可44件，其余31件属市际班线，5件属县际班线，2件非定线旅游客运班线，3件道路危险货物运输。

【旅客运输管理】 2009年，楚雄州道路运输管理部门严格依法受理道路运输经营申请，认真清理整顿道路运输市场，使客运站外揽客，不进站发车、甩客、宰客等非法道路运输行为得到有效控制，道路客运秩序明显好转。“路、站、运、管、安”五位一体化建设以禄丰、南华2县为试点，加快农村客运站点规划和建设。至年末，全州共建成农村客运站75个，开行农村客运班线361条，比上年同期增加113条，开行客运班次3099个，投放农村班车2008辆，总客位2.17万座，增加6221客位，完成投资3405.1万元，基本形成国道主干线与农村客运支线干支相连的客运网络，方便了城乡人民群众安全便捷出行。

【货物运输管理】 2009年，楚雄州道路货物运输管理按照“行业引导、企业吸纳、业务自愿”的原则，推行货运公司化经营，不断提高货运市场集中程度。年末，全州境内共有道路货物运输经营户1.28万户。

【机动车驾驶员培训管理】 2009年，楚雄州交通行业管理部门着重突出驾驶员培训学校经营管理和培训教学质量管理，完成培训机构开业资格条件达标验收，教员再教育培训和教学场地标准化建设及管理，完善IC卡管理体系和信息管理平台。年末，全州共有机动车驾驶员培训学校（站）27个，教练员510人，教练车306辆。全年全州培训汽车驾驶员1.65万人，营运性运输从业人员6163人。

【运政稽查】 2009年，楚雄州运政处不断加强日常稽查，深入开展打击“黑车”等非法营运专项治理，维护运输市场秩序，加大执法力度，规范和整顿运输市场秩序，把突击性治理转化为常规性治理。年内全州客运车辆2455辆，审验合格2376辆、审验率达97%。全年共出动稽查人员1.87万人次，出动稽查车辆7954辆次，检查车辆6.15万辆，违章3663辆。

【车辆技术管理】 2009年，楚雄州有机动车维修企业1279户，其中一类汽车整车维修企业2户，二类汽车整车维修企业67户，三类汽车装箱维修企业1206户，摩托车维修399户；有机动车维修从业人员3297人；有客车途中例检站2个，各客运站内均设有例检工位，二级维护以上修理单位建立了统一规范的车辆维修档案。年内，开展了维修质量信誉考核，促进维修企业诚实守信，公平竞争，优质服务。同时，认真贯彻落实《机动车维修的管理工作规范》，开展维修技术人员培训。

【汽车综合性能检测】 2009年，楚雄州认真贯彻落实《云南省汽车综合性能检测机构管理办法》，积极开展检测站质量信誉考核工作，科学统筹规划检测站位发展。6月，楚雄太阳女汽车综合性能检测有限公司多轴车检测线竣工并经过省公路局专家评审合格投入使用，弥补了楚雄州多轴车不能上线检测的空白。11月，省公路局同意楚雄州在元谋新建1条汽车综合性能检测站，以解决运营车辆检测成本高的问题。至年末，全州共有汽车综合性能检测站6个（元谋站在建），共有检测人员59人，其中高级职称2人，中级职称14人，初级职称16人，管理人员27人；全年完成检测车辆3.34万辆/次，其中技术等级评定车辆1.41万辆，二级维护竣工检测车辆1.93万辆/次，对营运车辆的技术状况和汽车维修质量实施全面监督管理，严把营运车辆技术状况关，充分发挥车辆的运行效能和最大限度地降低运行消耗，达到节能减排的目的。

【运输安全管理】 2009年，楚雄州交通部门坚持预防为主、防治结合的工作方针，全面贯彻落实安全生产各项要求，强化安全生产责任制的落实，在公路建设、养护施工、水上交通安全、营业性客货运输监管中，全面履行安全监管职责，抓好运输安全生产工作。加强日常性的安全教育和安全检查，强化春运、黄金周等重点时段的安全生产管理，建立和完善道路运输安全事故应急处理预案。坚持客运例检制度，从源头上防止运输安全事故的发生。认真组织开展交通行业安全生产隐患排查治理和交通基础设施建设安全专项整治工作，进一步加强安全生产管理制度建设，贯彻落实安全监管措施，认真查找事故隐患，着力解决事故苗头，有效地控制安全事故发生，交通安全生产形势稳定。

【海事航运管理】 2009年，楚雄州海事航运工作不断加强水运行业监督管理，水上运输发展成为以渡运为主，旅游运输为辅的格局，水上运输能力进一步增强。据统计，全州共有各类船舶864艘，其中运输船舶58艘718客位。全年水路完成客运量58.41万人，旅客周转量494.6万人千米，同比分别增长18%和13.8%；完成货运量42.1万吨、货运周转量152.6万吨千米，同比分别增长16.8%和12.6%，营运船舶检验率达100%。全年未发生水上交通安全事故，安全生产形势平稳。

［李　勇］

公路路政管理

【路政管理工作平稳过渡】 2009年1月1日起，国家成品油价格税费改革方案正式实施，原征收的养路费、客货运附加费取消征收。楚雄公路路政管理支队克服困难，实现了国家成品油价格税费改革时期职工“思想不乱、队伍不散、秩序不乱、工作不断、资产不流失”的工作目标。（1）4月，按征费局通知要求分2批组织职工参加省交通运输厅举办的转岗业务培训，为开展路政管理工作打下坚实基础。（2）认真清理追缴2008年度及以前欠缴养路费和客货运附加费。至3月末，共清缴养路费13.15万元，客货运附加费1.49万元，共计14.64万元。（3）落实专人对历年来的征管业务档案、财务档案等进行全面的清理、登记造册，及时按要求上报省征费局。（4）认真做好原规费账户销户工作，同时结清款项并注销原规费银行账户，确保规费款项安全、及时、足额上解。（5）认真负责，做好交通规费票证的清理、上缴工作。（6）积极配合，完成交通规费终结审计。（7）请驻楚高炮团的教官对原征费处76名划转职工进行正规化军事训练，进一步提高执法人员的综合素质，为推行准军事化管理打下基础。

【楚雄公路路政管理支队揭牌】 2009年5月27日，楚雄公路路政管理支队举行组建成立揭牌仪式，云南省公路路政管理总队副政委李正刚，中共楚雄州委常委、州人民政府常务副州长董继理，楚雄市副市长赵万祥，楚雄州法院、州检察院等81家相关单位（部门）领导，新闻媒体记者和支队全体干部职工共217人参加了揭牌仪式。新组建成立的楚雄公路路政管理支队共有职工128人（原征稽职工76人，楚雄公路总段划转职工52人），全州10县（市）各设1个路政管理大队。支队机关下设1室6科，即办公室、政工科、路产管理科、超限运输管理科、执法监督科、资财科、科技科。7月1日正式开始履行省管公路路政管理工作职责。

【路政管理工作成效明显】 2009年，楚雄公路路政管理支队始终坚持依法治路的工作方针，理顺关系，积极开展工作，全州路政管理工作成效明显。（1）专项清理，确保公路的完好和安全畅通。10月21日至11月20日，楚雄公路路政管理支队在全州省管公路开展了1次清理路政违法行为的专项清理活动。全州各大队共组织路政人员1550人次，路政巡查车375车次对管辖区内1418.91千米公路进行各类侵占、损坏公路、公路用地和公路附属设施和危及公路安全的行为进行清查。收回路产8228平方米，收回路产损失赔（补）偿费6.91万元，补收公路路产占用费28.05万元，罚款11.96万元，共计46.92万元。（2）齐抓共管，路政管理工作成效明显。自7月1日开展路政管理工作以来，至年末楚雄公路路政管理支队所辖路段共发生各类路政案件399件，查处399件，查处率100%，收取省管公路赔偿费、占用费、罚没收入73.48万元，委托管理南（华）永（仁）公路收取赔偿费、占用费95.76万元，共计169.24万元。（3）理顺关系，加强与地方各级人民政府、交通运输系统的沟通协调和联系，搞好路地、路运、路警、路检共建工作，积极协调和处理好与楚雄公路总段的工作关系，掌握路产和建筑控制区情况，把握工作重点和难点，不断探索超限运输管理工作的新途径、新方法。

［李海先］

公路管理与养护

【公路管养】 2009年，楚雄公路管理总段共管养州境内国省干线公路25条1420.29千米，各型桥梁232座。年内，完成了干线公路养护运行机制改革，建立起更加科学、合理、高效的管理新机制。（1）通过预防性养护劳动竞赛，全总段共完成刮油封面及喷油罩面4945平方米，灌填裂缝481.95千米，炒拌罩面4.27万平方米，层铺表处1.89万平方米，使管养公路路况质量有较大提高。（2）全力做好雨季水毁保通和安（宁）楚（雄）、楚（雄）大（理）高速公路维修及车辆分流期间国道320线的保通工作，投入坏路整治资金150余万元，共整治牟元线等坏路段110余千米。（3）认真做好迎接交通运输部2010年全国干线公路养护管理检查准备工作，强化和规范养护管理。按期按质按量完成上营桥等12座危桥改造加固工程，共完成投资570.21万元，其中安保工程计划任务160万元，灾害防治工程11项356.17万元，及时消除安全隐患，提升公路服务能力。全年共完成养护计划投资任务1.07亿元，耗用沥青2870.55吨；全总段好路率（新标准）为26%，干线公路好路率（新标准）为33%。路况质量指标有较大提升，管养公路路况初步走上良性循环轨道。

【抗震保通】 2009年，“7·09”姚安地震造成楚雄公路管理总段管理养护的南（华）永（仁）线、钱（粮桥）牟（定）线等9条公路不同程度受损。灾情发生后，总段全力组织抗震保通工作，紧急投入130多人、机械设备20多台（件）、各类车辆25辆、资金30多万元进行抗震救灾，还在州人民政府的统一领导下派出机械和人员支援灾区乡村公路，确保通往灾区公路的安全畅通。

【公路建设】 2009年，楚雄州公路管理总段承建了昆明西南绕城安晋线高速公路建设项目、国道108线104千米的灾后恢复重建工程、昭通彝良猫（猫山）谢（家凹）线灾后恢复重建工程；新建的昭通镇（雄）威（信）二级公路项目，德宏州腾（冲）陇（川）、文山州文（山）天（保）和珠（街）西（畴）等省州（市）合建二级公路项目，楚雄市张宗坝至云机四厂、安丰营至阿素垮公路改建工程等共9个项目。年内，完成了国道108线灾后恢复重建大修沥青路面工程104千米，提高了路况质量，改善了永仁、元谋、武定3县运输条件；完成了楚雄市张宗坝至云机四厂改建工程的路基工程和昭通猫谢线建设工程。

【路政治超】 2009年，楚雄公路管理总段把依法治路的主要精力放到加强治超管理工作上来，全年投入251.91万元，对禄丰县家昌等治超检测站进行改造，抓好人员的政治理论学习、职业道德教育、作风纪律建设和业务能力提升，不断提高队伍整体素质。积极反映汇报、加强沟通协调，经省人民政府批复，调整原禄丰县羊老哨超限运输管理临时检测卸载点至南华县超限运输管理检查站，增设禄丰县勤丰、家昌2个超限运输检测点，杜绝重复、交叉设置治超站点和重检、漏检超限超载车辆的现象。全年查处路政案件291起，办理审批路政案件125件，查处超限运输车辆19万辆，卸载货物2.17万吨。

［郑永琴］

公路运输

【楚雄交通运输集团有限公司生产经营】 2009年，云南省楚雄交通运输集团有限公司着力抓好企业管理、服务质量、新项目建设等各项工作，全面完成年初预定的工作任务，企业实现持续稳定发展，全年共实现营收总额1.84亿元，实现税利合计524万元。（1）提高客运和施救服务两大产业的经营实力和品牌效应。面对国际金融危机和公司人昆客运车辆调整至昆明较远西北部客运站，引起营运客车实载率下降，运输成本增加，以及取消施救中心部分收费项目的情况，通过发挥楚雄和各县分公司整体客运优势、大力发展县际及城乡公交客运、在主干线上推行公车公营、提高车辆档次、实施优良服务，加强客运站点和服务网点建设等措施，实现了这两大产业的平稳发展，经济效益稳中有升。至12月末，楚交集团共有营运客车955辆，其中高级客车46辆，客位1615个；中级客车51辆，客位1675个；普通客车858辆，客位1.39万个。另有出租车100辆，客位500个；城乡公交客车77辆，客位1165个。客运经营省际班线4条，市际班线45条，县际班线59条，县内班线79条。全年完成客运量750万人次，年平均日发班919班次。施救中心年均日检车820辆/次。（2）抓好汽车销售、维修及工业产业。采取专题研究，积极进行结构调整和技术改造升级，拓展新项目，整合资源形成集约化经营，加强职工技术业务培训和质量管理等措施，取得了良好的经营效果。至12月末，公司共销售客货车辆87辆，仅公司所属的4个汽车维修及检测单位，年完成汽车修理2万辆次，汽车综合性能检测车辆2.51万辆，实现业务收入696万元。（3）抓好其他服务业务和多种经营。在大力发展客运、汽车维修产业的同时，拓展多种经营范围，提升工作力度和服务质量，着力抓好机动车驾驶员培训和职业技能培训鉴定，出租车经营、物流中转、汽车配件销售、宾馆餐饮服务等其他业务，实现业务收入3916万元。（4）抓好管理工作。旅客和顾客投诉率明显减少，满意率有所提高，企业品牌效应增强。

【楚雄交通运输集团公司基础设施和新项目建设】 2009年，云南省楚雄交通运输集团有限公司加大基础设施和新项目建设力度，建设中的大姚、南华、双柏、永仁县城一、二级客运站顺利推进，大姚、南华新客运站将于2010年上半年竣工使用。各县分公司新建5个乡（镇）客运站。禄丰、牟定、姚安、大姚、罗次等分公司不仅延伸了城市公交线路，部分分公司还开辟城乡公交业务。公司全年共新增高级客车15辆，客位397个；新增和更新普通客车66辆，客位1225个。此外，为拓展汽车销售、修理、检测等业务，公司投资1450万元，在楚雄滇中汽车城筹建集汽车销售、4S汽车修理厂和汽车检测为一体的产业项目，实现集约化经营。

【楚雄交通运输集团公司运输生产安全管理】 2009年，云南省楚雄交通运输集团有限公司在运输和生产工作中，加大安全设施的投入和交通事故整改力度，使安全工作向良性方向发展。（1）认真抓好安全生产责任制的签订和落实工作，责任到人。（2）按“三关一监督”的运输生产原则，加强对驾驶员资质、营运资质、车辆技术状况和安全指标、车辆时速和载客情况的监督检查工作，杜绝不合格资质驾驶员和带“病”客运车辆上路行驶。(3) 姚安"7·01"较大道路交通事故发生后，公司除处理好事故和认真组织全公司驾驶员和生产人员学习道路交通安全法律法规外，从7月9日开始，组成公司安全整治查验小组，设置南华、姚安、大姚、永仁4个安全检查点，对南永线等客运线路的营运客车进行限速限员安全整治，杜绝了重特大道路交通事故的再次发生。(4) 投入资金50万元，购买了7辆"安全监督车"配发给客运单位，实施经常性的车辆动态管理。(5) 运用公司营运车辆GPS全球卫星定位安全监控管理系统和新建立的"安全在线管理平台'三关一监督'系统"，对公司所属的营运客货车辆进行全天24小时监控。

【楚雄交通运输集团公司技术业务培训】2009年，云南省楚雄交通运输集团有限公司大力开展技术业务培训，取得良好效果。(1) 积极组织干部职工参加上级部门组织的"企业管理前沿知识"、"企业上市与融资"等管理培训。(2) 认真举办"敬业精神"、"学习公司《员工手册》"、"安全管理"、"财务管理"、"班组长管理"、"质量认证"等培训，全年共培训干部职工1500余人次。

[彭志明　甘幼玲]

城市公交

【城市公交发展】 2009年，楚雄市进一步加大城市公共交通行业法律法规宣传和安全生产法规宣传，工作逐步走向规范；层层签订安全生产责任书，强化"三证"管理；积极办理公交信访案件，全力做好公交行业维稳工作。同时，加大城市公共交通的管理和宣传教育力度，提高企业和从业人员的依法经营意识和水平，有效控制了各类违法经营和交通安全事故的发生。一年来城市公共客运行业安全稳定，全年共下拨兑现2009年上半年城市出租车、公交车燃油补贴318.98万元。

[肖文剑]

便利的鹿城公交　　(郑建民/摄影)

【公交事业管理】 2009年，楚雄市认真抓好城市公共交通事业管理，对公交车、出租车进行有效监管，精心服务，全力保障公共交通运行。(1) 按照行业管理要求，对楚雄市142辆公交车、400辆出租车进行二级维护审核签章1728辆次。(2) 为创建中国优秀旅游城市，树立良好城市文明形象，构建和谐楚雄，向全市出租车从业人员和乘客发出"优质服务，争做文明使者"倡议书1000余份，规范客运站、公共汽车站台、公共信息、图形通用符号60余块。(3) 为防止重大交通安全事故，保证春节期间的交通运输安全，楚雄市建设局联合相关部门在春节前进行了安全综合执法检查，共抽检出租车40辆，公交车10辆，对检查中发现的问题，发出整改通知4份，纠正车辆卫生差、车身张贴商业广告等违规行为11件。(4) 针对出租车顾客的计价器收费疑义，驾驶员反映计价器不准的问题，联合市质量技术监督局对超过检验期出租车进行计价器检测，共检测出租车计价器400台。(5) 高考期间，组织7辆公交车、198辆出租车进行爱心送考，共接送考生1360余人次。(6) 改善出租车车容车貌，更换了2007年以前投放的100辆出租车顶灯。

【公交内部管理】 2009年，楚雄市认真加强城市公共交通内部管理工作。(1) 做好群众来电、来信、来访工作，畅通举报电话，处理率100%。面复政协提案7件，满意率100%，并对2件政风行风热线提出的问题进行了处理回复。(2) 完善科室职能，推进体制创新。将工作责任细化分解，加强制度建设，对现有制度进行梳理检查，根据实际需要进行修订完善。同时，切实抓好制度的执行，形成用制度管人管事的良好局面。(3) 开展节能节支活动，最大限度降低消耗，反对浪费，做好公交车、出租车燃油补贴发放。(4) 拟定出租车投放方案。(5) 进一步规范道路运输市场秩序，打击不正当竞争，积极配合稽查中队上路上户检查1160次，出动执法人员680人次，出动车辆420次，发放宣传单500份，查处违章违法案件95件，受理举报案件30件，口头警告76次，批评教育80人次，罚款30万元。(6) 规范电动车、燃油助力车和三轮车管理，维护城市交通安全，共清理车辆3000余辆，处罚100余人次。(7) 根据甲型H_1N_1流感防控工作要求，加强城市公共交通车辆及停车场消毒，确保公共交通车辆卫生。

[陈　镛]

铁路运输

【广通工务段】 2009年，广通工务段主要担负成昆线南段K750+897至K1072+000计正线321.103千米线路的养护维修任务，同时负责广大线K0+794至K206+327工务设备的专业管理职责。10月，负责对大丽线K0+000~K165+968的工务、电务、供电及电力设备进行维修养护。管辖正线里程合计692.60千米，线路跨越四川省境内的攀枝花市，云南省境内的昆明市、楚雄州、大理州和丽江市。段内设1个党群工作办公室，7个行政职能科室，下设工务、基础设备维修等11个车间，设置班组95个（其中生产班组76个，生产辅助及后勤班组19个），现有人员1416人，其中干部153人。2009年，获省级“文明单位”称号。（1）完成大型养路机械线路维修235.39千米，站线综合维修49.80千米，道岔综合维修158组；完成桥梁维修13座，隧道维修49座，涵渠维修473座，路基维修20.55万延米；更换新钢轨94根，更换再用轨37根，更换新尖轨20根，更换新辙叉50个，更换新混凝土轨枕496根，更换新木枕307根，更换新岔枕47.98立方米，补充石碴3248.6立方米，清理排水设备387.438千米，线上焊补钢轨180根，焊补锰钢辙叉111个。线路质量不断提高，全年广通工务段管内昆明铁路局轨检车共检测正线20次，其中按V≤120km/h检测标准检测11次共3532.13千米，其中优良3325千米，合格9千米，无失格千米，优良率94.1%，平均每千米不良扣分13.06分；按120km/h＜V≤160km/h检测标准检测12次共3067千米，其中优良2361千米，合格698千米，失格8千米，优良率76.98%，平均每千米不良扣分43.17分，较好地完成了昆明铁路局下达的各项指标。截至12月31日，全段实现无责任行车一般C类事故921天，安全形势总体保持平稳。（2）广通工务段管内汛期成昆线、广大线共计发生水害101件，汛期冒雨巡查设备576次共2292人，办理限速50次，封锁97次194个区间。确保管内水害发现率100%、防撞率100%，全面实现年度防洪目标。“7·09”姚安6.0级地震发生后，广通工务段迅速启动《地震应急预案》，成立抗震救灾指挥部，全面部署线桥路设备检查工作。7月10日凌晨对广大线沐滂至大理（K133+489~K206+703）区段、广通至沙桥（K0+794~K81+158）区段、沙桥至沐滂（K81+158~K133+489）区段分区段办理限速运行手续，确保了震后线路安全、平稳、畅通。（3）为确保大（理）丽（江）线于10月1日按期开通，8月下旬起，全段陆续组织大丽铁路基础设备维修车间干部职工175人，抽调机械化维修车间、重点维修车间、桥路检查监控车间、线路检查监控车间、综合机修车间干部职工232人，同时组织民工近300人，投入大丽线开通会战。圆满完成了道岔整修及焊联、线路整道、钢轨打眼拉伸冻接、钢轨探伤、长轨条铺设、线路标志栽设及刷印、设备日常检查及养护等重点工作。

［杨学诤］

【广通车务段】 2009年，广通车务段负责管辖成（都）昆（明）线温泉站至迤资站共36个车站及驻攀枝花列尾作业组1个、广（通）丽（江）线大理北至丽江东10个车站，营运里程490.8千米；负责对广丽线赤木岭至大理站17个车站的安全和运输生产实施专业化管理。辖区内设置二等站1个，三等站1个，四等站21个，五等站23个。全年全段投入资金159万元对成昆线沿线小站的生活设施设备进行补充、修缮和更新。（1）全年完成装车8.97万车，货物发送550.41万吨，卸车16.16万车，旅客发送318.98万人，货物发送周转量16.83亿吨。（2）加强重点物资运输组织，增加高价值和高附加值产品运输，坚持重点物资优先计划、配空、装车、挂运、卸车的“五优先”政策，加强与管内各大企业的联系沟通，稳定有效货源。全年装运果蔬1343车8.10万吨，支柱产品“两烟”998车，白糖1.62万车，重点企业产品钢材1.80万车，支持了地方经济的发展。（3）广通车务段先后召开8次货主座谈会和3次路地铁路运输联席会，广泛宣传铁路运输政策和运能优势，积极开展货运营销，开辟新的业务增长点。同时，加强旅客运输组织，提高服务质量，加大短途卧铺票、联程票、往返票、异地票的发售组织力度，做好堵漏保收工作，确保运输任务全面完成。（4）认真做好防洪期间的运输安全。（5）加强对广丽线合资铁路的专业化管理，坚持以点带面，组织专业力量对广大段17个车站进行基础管理平推工作，以整章建制为基础，以人员教育培训为保证，指导帮助车站进一步规范管理，紧紧抓住安全工作关键，落实管理人员安全责任，强化安全重点整治，实现合资铁路运输安全稳定。（6）9月28日，广丽线大丽段铁路顺利开通试运营；29日，大理至丽江旅客列车正式开行。车务段及时组织专业技术力量进驻大丽段，强化职工教育培训、后勤生活保障和现场安全卡控，确保大丽段的如期开通。

［于小萍］

（责任编辑：安孟勤）

旅游业

旅游管理

【旅游业发展】 2009年，楚雄州旅游系统紧紧抓住云南旅游“二次创业”和云南省旅游局与楚雄州人民政府统筹开发旅游线路联合办公会在楚雄召开的发展机遇，解放思想、开拓创新、真抓实干，积极促进全州文化旅游产业持续、协调、快速、健康发展。全年全州文化旅游总收入21.58亿元，突破20亿元大关。旅游业五大指标全面大幅增长：接待海外游客1.67万人次，同比增长435%；旅游外汇收入365.9万美元，同比增长476%；接待国内游客812万人次，同比增长31%；实现国内旅游收入21.33亿元，同比增长30.35%；实现旅游总收入21.58亿元，同比增长31.5%。

【入楚旅游组织工作奖励办法】 2009年3月，《云南省旅游局、楚雄州人民政府关于对楚雄旅游环线统筹促销进行奖励的试行办法》开始实施。该办法适用于省内注册的国际旅行社和国内旅行社。(1) 组织海外游客到楚雄旅游的旅行社奖励标准及办法，即年度组织海外游客进入楚雄旅游，住宿1晚、游览2个以上收费景区，按每人20元的标准进行奖励。(2) 组织国内游客进入楚雄旅游的旅行社奖励标准及办法，即年度组织国内旅游团队进入楚雄旅游，每个团队有3天以上行程、住宿2晚、游览3个以上收费景区，按每人10元的标准进行奖励。(3) 接待国内游客的州内旅行社奖励标准，即楚雄州境内的旅行社在年内接待到楚雄旅游的国内旅游团队，每个团队住宿1晚，游览2个以上收费景区，全年累计接待游客人数达500人以上，按每人5元的标准进行奖励。

【旅行社年检】 2009年，楚雄州共13家旅行社（其中国际社1家，国内社12家）参加2008年度年检，参检率100%，其中10家通过年检，3家被暂缓通过、限期整顿。年检审计数据显示，全州旅行社资产总额4150.7万元，同比增长137.31%；直接从业人员229人，比上年增加6人；营业总收入5475万元，比上年增长8%；实现旅游利润50万元，同比增长60.55%；上缴税金44万元，同比增长30.79%；组织国内旅游2.80万人次，同比增长30.32%；接待国内游客3.31万人次，同比增长331.55%。全年旅行社责任险参保率达100%，没有重大服务质量投诉，但从数量、规模、业务指标、从业人数等看，全州旅行社发展依然缓慢，散、小、弱情况依然存在。

【楚雄州统筹旅游线路开发联合办公会】 2009年2月20日下午，云南省旅游局与楚雄州人民政府在楚雄召开楚雄州旅游线路统筹开发联合办公会议，部署统筹楚雄州旅游线路与市场开发工作。会议认为，实施线路统筹开发是促进全省旅游产业发展的一项重大举措，是关系全省旅游“二次创业”成效和旅游发展后劲的重要工作、重要抓手。会议要求，省旅游局、楚雄州及各县（市）要齐心协力、密切配合，形成省、州、市三级和各部门的整体推动合力；楚雄州各县（市）人民政府要树立强烈的责任意识，分解任务，明确责任，勇于创新体制和机制，确保旅游环线的统筹开发取得良好成效，为促进楚雄州经济社会协调发展，为云南省旅游“二次创业”作出贡献。会议还发布了《统筹全州旅游线路与市场开发的实施总体方案》等一系列文件。

【导游年检暨文明导游培训班】 2009年2月11日至12日，楚雄州2008年度旅行社导游年检暨文明导游培训班在楚雄举办，来自全州13家旅行社持IC卡的80多名导游参加了培训学习。课程突出楚雄州的彝族风俗和礼仪、彝族敬酒歌、地接导游和景区导游行为规范、导游出行安全知识等。通过学习培训，全州89名持IC卡导游均通过年检刷卡。

【《云南现代旅游文化产业度假休闲区总体规划》通过评审】 2009年2月27日，楚雄州人民政府主持编修的《云南现代旅游文化产业度假休闲区总体规划》通过评审。云南现代旅游文化产业度假休闲区是禄丰县人民政府与云南奥尊投资有限公司共同策划和创意的一个重大旅游文化产业项目。项目区位于禄丰县土官镇，距昆明市60千米，规划范围30平方千米。项目以“世外桃源文化创意基地”和“现代工业示范基地”为主体，集文化创意产业发展平台功能、高新产品研发生产功能、工业旅游示范功能、云南旅游游客集散地功能和城市休闲度假功能为一体的大型现代旅游产业休闲区。云南省发改委已同意该项目立项并将该项目列为全省重大旅游项目。

【《禄丰九霄源旅游区总体规划》通过评审】 2009年4月24日，《禄丰九霄源旅游区总体规划》通过评审。九霄源康体度假旅游项目是云南黄龙实业集团有限公司打造集运动健身、休闲度假、生态农业体验、民俗文化体验和月老文化等功能于一体的综合性生态旅游度假项目，预计投资15亿元以上。项目区位于碧城镇、勤丰镇以东的九年坪、稗子田及周边区域，规划范围6000公顷。

【世界恐龙谷荣获大世界吉尼斯证书】 2009年4月17日，上海大世界吉尼斯负责人黄德美、郁志超先生在禄丰世界恐龙谷“阿纳狂欢节”开幕式上授予世界恐龙谷“规模最大的恐龙遗址——禄丰恐龙大遗址”大世界吉尼斯之最证书。

【旅游用地调研】 2009年，楚雄州旅游局、州人民政府研究室、州国土资源局共同对全州旅游项目用地进行实地专项调查。通过调查了解，全州旅游项目计划总投资56.23亿元，计划用地面积1.29万公顷，其中农用地面积1.16万公顷（耕地687.82公顷，林地1.08万公顷），未用地1222.97公顷。计划用地按各功能项目来分，分别是生态景观用地9945.8公顷，基础设施用地196.87公顷，旅游景区建设用地443.4公顷，配套设施用地1171.87公顷，其他用地30.09公顷。总体上，全州旅游项目建设用地总量较大，供需矛盾日渐突出。

【《武定狮子山旅游区总体规划》通过评审】 2009年8月21日，《武定狮子山旅游区总体规划》通过省州旅游规划、旅游管理、生态旅游、城乡建设、计划发展和文物保护等部门的专家评审。

【特色餐饮店负责人培训】 2009年9月7日至8日，楚雄州旅游局在州宾馆举办了“全州特色餐饮名店负责人培训班”，来自全州各县（市）定点农家乐、特色餐饮名店和特色生态农庄的近100名负责人参加培训。培训的主要内容包括“餐饮管理与企业文化”、“餐饮品牌的打造”、“特色餐饮的包装与策划”等。

【星级酒店管理】 2009年9月2日，彝人古镇大酒店和彝映象酒店被云南省旅游星级饭店委员会分别评定为四星级旅游饭店和三星级旅游饭店。年末，全州星级饭店43家，其中四星级2家、三星级6家、二星级33家、一星级2家。各县尚无三星级以上酒店。

［刘应东］

景区建设

【A级景区创建】 2009年，楚雄州进一步加强星级景区创建工作。1月，楚雄禄丰世界恐龙谷、楚雄彝人古镇、元谋土林、武定狮子山4个景区被批准为国家AAAA级旅游景区。同时，大姚石羊古镇、楚雄市紫溪山景区为AAA级景区创建单位。年内，禄丰世界恐龙谷、楚雄彝人古镇均启动国家AAAAA级旅游景区创建工作，把打造精品景区作为景区发展的目标任务，并按照国家AAAAA级旅游景区的要求和标准来进行后续建设，努力争取楚雄州首批AAAAA级旅游景区。年末，楚雄州共有A级以上旅游景区11个。其中AAAA级4个，AAA级3个，AA级3个，A级1个。

【重大旅游项目建设】 2009年，楚雄州共有6个重大旅游项目，规划总投资360.6亿元。年内，共有3个项目开工建设，规划总投资236亿元，完成投资1.44亿元。（1）中国禄丰世界恐龙谷旅游区（二期），由侏罗纪世界投资有限公司投资建设，规划投资16亿元，年末累计完成投资6.36亿元，年内完成投资0.36亿元。（2）云南旅游产业城开发建设项目。该项目位于禄丰县土官镇，由云南奥尊投资有限公司投资建设，规划投资120亿元。年内开工建设，完成投资8154万元。（3）世界和平文化园。该项目位于楚雄市青山嘴水库，由世界华人工商促进会投资建设，规划投资100亿元。年末累计完成投资3000万元，年内完成投资2700万元。

【金沙江渡口景区基础设施建设项目】 元谋县红军横渡金沙江渡口景区选址于元谋县江边乡人民政府西北侧，海拔在980米～1100米之间，占地面积200亩，项目总投资5280万元，建设年限为2008年～2010年。截至2009年末，3座旅游厕所、8000米的给排水、1683平方米的展陈馆、4000米的步行道、3000平方米的停车场、室外电气及太阳能景观灯安装、环境整治中的部分绿化美化等工程已进入全面收尾阶段，累计到位资金1680万元，累计完成投资1538.08万元。同时，启动了二期工程项目可行性研究报告的编制工作。

【浪巴铺土林景区建设】 新华浪巴铺土林景区位于元谋县新华乡，规划用地面积233.33公顷。其中自然景观核心区

永仁方山诸葛营村旅游开发　　（李建华/摄影）

占地140公顷，服务区占地93.33公顷，项目估算总投资1.08亿元。景区建设项目包括：山水休闲度假区、河尾水库水上娱乐区、高尔夫球游览区、神奇土林探秘游览区、民族文化旅游区。2009年6月23日新华浪巴铺土林举行开工奠基仪式，8月23日正式开工建设，年内累计完成投资812万元，分别完成占地8000平方米游客集散广场和停车场场地平整和碾压、长3.6千米的景区游览车车道路基改造、全长4.5千米的铁丝网围栏和3.6千米的钢板网围栏；长3千米的游路修建工程和景区入口大门工程正在抓紧施工。

【光禄古镇“军民总管府”开发建设】 2009年6月19日，姚安县光禄古镇“军民总管府”开发建设启动仪式在姚安县举行。光禄古镇开发建设主要围绕古镇历史文化风貌和龙华寺民俗宗教文化两大核心，建设佛陀山大佛、福文化广场、福禄大道、福文化大街等重要旅游景点，开发历史文化、观光休闲、民俗文化节庆、田园生态等旅游产品。年内，完成了军民总管府的仪门、正堂、二堂的修缮及破损、糟腐椽、梁、柱的更换工作，并作了防腐防蛀处理。

【狮子山诸天楼阁恢复重建项目动工】 2009年9月28日，武定狮子山诸天楼阁恢复重建项目正式动工。“诸天楼阁”为狮子山古八景之一，清代被火焚毁，它集佛家文化、儒家文化和民族文化于一身，汇聚亭、台、楼、阁、塔、廊、房、殿等建筑为一体，总占地面积2.38万平方米，预计总投资2631.5万元。建设内容包括诸天楼阁大门、照壁、万佛塔、厢房长廊、润泽门、书院门、指空殿、会贤楼、聚圣阁、大成殿、广场、放生池、荷花池等17个子项目。

【星级旅游公厕建设管理】 2009年，楚雄市相继投入资金30余万元完成了紫溪大道、活力广场、鹿城北路的4个星级厕所的提升改造工作。经改造有11座公厕达星级旅游厕所标准，其中三星级1座、二星级5座、一星级5座。

元谋土林风光 （郑建民/摄影）

【咪依噜风情谷景区恢复重建】 2009年，南华咪依噜风情谷景区因姚安“7·09”地震造成旅游厕所、部分景观墙体、游路、挡墙、停车场、标识标牌、护栏等基础设施损坏。年内，南华县旅游局成立景区恢复重建领导小组，累计投入资金15万元用于景区恢复重建工作。

【牟定县城至化佛山柏油路开工建设】 2009年11月3日，牟定县城至化佛山国家A级景区的柏油路开工建设奠基典礼在凤屯镇飒马场举行。该工程项目总投资3178万元，公路里程总长46千米，预计2010年6月底以前完工。

【方山旅游区恢复重建】 楚雄州方山旅游区因2008年“8·30”地震造成景区内景点、设施、公路、步行游路损毁严重，直接经济损失7320万元。2009年，楚雄州累计投资101万元完成了方山旅游区5千米步行游路的震损修复和游步道滑坡体塌方修复工程，新建景区特色游步道1234米、景区游道安全护栏354米。仙女潭景点工作和望江岭观景台项目也在规划、设计、施工准备当中。

【紫溪山创建AAA级旅游景区】 2009年，楚雄市共投入资金100余万元创建AAA级旅游景区。（1）新建和完善紫溪山风景区旅游和交通指示标牌3处、景点介绍牌10个，游客接待指示牌、警示提示牌等26个。（2）对景区大门进行彩绘翻新提升改造，改建导游房和售票房，配置电动花杆。（3）改建万松林景区停车场共1200平方米，改造仿生艺术花台9个。（4）新建乌龙庙景点、彩绘牡丹园长廊。（5）新设置特色垃圾箱20个、普通垃圾桶15个。（6）车行游路安装反光镜5块，划车道中心线2千米，修补北环旅游公路80余处。（7）翻新紫溪山标志性建筑“包头王雕塑”，并对紫溪彝寨进行装修。（8）设立游客接待中心，投资改造2个二星级厕所。

［刘应东］

旅游接待

【黄金周旅游接待】 2009年“春节”假日旅游黄金周期间，楚雄州累计接待国内外旅游者27.70万人次，实现旅游总收入5408.67万元，同比分别增长38%和54%。黄金周期间，自驾车游大幅度增长，过夜游客比重明显增加，乡村旅游深受游客欢迎。其间，4个AAAA级景区成为吸引游客的最大亮点，武定狮子山景区共接待游客5.33万人次，门票收入20.24万元；元谋土林景区共接待中外游客3.4万人次，门票收入75.24万元；禄丰世界恐龙谷景区共接待中外游客3.3万人次，实现门票收入307万元；楚雄彝人古镇景区共接待中外游客8.8万人次。年内，“十一”黄金周恰逢新中国成立60周年大庆和中秋节，其间，楚雄州累计接待国内外旅游者38.63万人次，实现旅游总收入8556.65万元，同比分别增长35.26%和44.34%。

【老挝国家旅游代表团到楚雄州考察】 2009年5月2日，老挝总理府部长兼国家旅游局局长宋蓬·孟空维莱、国家旅游局秘书长鲍汾·舒灵通和市场处处长柯塔颂·孙达拉一行3人在云南省旅游局副巡视员谭崇访陪同下，到楚雄参观考察了楚雄州博物馆、彝人古镇和禄丰世界恐龙谷景区。双方希望进一步加强交流与合作，以促进双边经济、文化、旅游等多领域开发。

【旅交会海外贵宾团到楚雄州参观考察】 2009年11月20日，2009中国国际旅游交易会海外贵宾团一行15人到楚雄州参观考察。贵宾们首先考察了禄丰世界恐龙谷，对恐龙化石的保护和开发给予高度评价，纷纷表示回国后要介绍更多的游客前来观光旅游。此外，贵宾团还考察了楚雄州博物馆和彝人古镇。11月21日，交易会的部分省区市团长、领队到楚雄州参观考察文化旅游业发展情况。来自广西、西藏、陕西等15个省区市旅游局的50余人参观了禄丰世界恐龙谷、楚雄州博物馆、十月太阳历文化园、彝人古镇等景区。

［刘应东］

宣传促销

【川滇联手打造“昆楚攀”旅游环线】 2009年3月3日，攀枝花、楚雄、昆明3地旅游推介座谈会在攀枝花会展中心举行。相关部门负责人达成共识，抢抓机遇，利用优势资源互动互补，打造旅游热线，实现昆楚攀地区区域合作，促进旅游业发展。攀枝花的大工业之旅，楚雄的彝族风情之旅，昆明的石林、九乡，互补性强，构成了“昆楚攀”这条色彩斑斓的旅游环线，全长约600千米，3地总人口近1000万人，每年经昆明进入云南旅游的数百万海内外游客，为这条环线提供了一个巨大的客源市场，颇具开发价值。

【楚雄州旅游促销团赴曲靖等地促销】 2009年3月30日至4月3日和8月31日至9月6日，禄丰世界恐龙谷、楚雄彝人古镇、武定狮子山、元谋土林、黑井古镇五大重点景区单位和金鹿国际旅行社一行20余人组成楚雄州旅游促销团，分两次分别前往曲靖、玉溪、红河、昆明、大理、保山、德宏、临沧和几个省内重点客源市场进行宣传促销，举办楚雄精品旅游环线推介会，重点推介精品旅游环线上的5大重点景区和《楚雄旅游环线统筹促销奖励试行办法》。会后，多家旅行社和各大重点景区签订了合作协议，并对楚雄州的《奖励办法》产生了浓厚兴趣。

【百辆自驾车畅游彝州活动启动】 2009年3月7日至8日，由楚雄州人民政府主办、州旅游局和云南优悠游集团公司承办的楚雄州统筹开发旅游线路自驾车首发仪式暨“三八”国际劳动妇女节“幸福时光·悠游楚雄”活动在楚雄举行。此次自驾车首发仪式活动共组织昆明、曲靖等地100余辆自驾车、400余名游客到黑井古镇、彝人古镇、禄丰世界恐龙谷等景区、景点旅游。

【参加马来西亚国际旅展】 2009年3月13日至15日，楚雄州旅游局代表云南省参加在马来西亚吉隆坡太子贸易中心举办的马来西亚国际旅展。展会期间，楚雄州展团共发放旅游宣传资料6000余份。许多马来西亚华人对云南旅游充满了浓厚兴趣，尤其对近年来“昆—大—丽”旅游黄金线上的楚雄更是充满了向往，前来云南展台前咨询的华人以及当地旅行商络绎不绝。

【参加中国昆明国际文化旅游节】 2009年5月1日至3日，楚雄州紧紧围绕楚雄旅游产业发展新成就和旅游精品线路，以“中国彝乡——风情楚雄”为主题宣传口号，组成代表团积极参加在昆明举办的“2009中国昆明国际文化旅游节”。

【组织“茶花之旅”活动】 2009年1月10日至2月28日，楚雄州组织以观赏茶花品种、体验茶花文化、游览茶花景点、了解茶花产业、熟悉茶花资源等为主要内容的“茶花之旅”活动。设置了彝人古镇茶花街、河前茶花产业园区、紫溪山景区茶花园3个茶花浏览景点，共接待游客1000余人次。

【赴台北“两岸观光博览会”宣传促销】 2009年5月29日，楚雄州应台北市旅行商业同业公会的邀请加入云南省旅游促销代表团参加台北“两岸观光博览会”。展会期间，楚雄州积极与台湾旅游业界进行广泛的交流与合作，充分展示旅游形象、旅游产品及线路，专题推介和解说5场，发放旅游宣传促销资料1000余份，进一步增进了台湾业界人士对楚雄旅游新产品的了解，积极促进了两地的旅游促销合作。同时，代表团一行还考察了台湾度假休闲旅游产品的开发、管理和经营。

【楚雄州旅游形象片首次在北京播放】 2009年6月1日至30日，禄丰世界恐龙谷、彝人古镇、元谋土林、武定狮子山4个国家AAAA级景区的30秒形象广告首次在北京市崇文区珠市路口东南角的LED大型广告彩屏免费试播1个月，每日80次，共计播放20小时。

【“七彩云南·魅力楚雄北京行”旅游推介活动】 2009年9月19日下午，历时6天的“七彩云南·魅力楚雄北京行”旅游推介会在中国科技馆西广场圆满结束。活动期间，共有3万余名海内外游客参观了楚雄旅游展。楚雄州歌舞团共演出4场，近万名中外游客观看了演出。同时，走访了首都国字号品牌旅行社10家，共发放旅游宣传品3万余份；参加了中国科技馆新馆开幕式和云南楚雄禄丰恐龙化石揭幕仪式。邀请了40多家北京国家级旅行社、40多家驻京媒体参加“七彩云南·魅力楚雄北京行旅游推介会”。

【参加中国国际旅游交易会】 2009年11月19日，楚雄州参展团共120人参加了在昆明国际会展中心举办的2009中国国际旅游交易会。会展期间，楚雄州参展团以“神奇彝州、风情楚雄”为主题，积极推介州内文化旅游产品，展示楚雄旅游新形象，努力促进彝州文化旅游走向海内外市场。同时，禄丰世界恐龙谷还与昆明石林风景区、丽江玉龙雪山景区、大理崇圣寺景区携手搭建108平方米展台共同参展，发挥整体优势，吸引海内外游客和商家。

[刘应东]

节庆活动

【马樱花节】 2009年3月4日至5日，马樱花节在风景秀丽的紫溪山景区举办，活动分别在紫溪彝寨及板凳山两地展开，共有毕摩祭祀马樱花神、彝剧花灯演出、“我是彝人，快乐大闯关”、彝人羊汤锅美食展销等14项活动。新增的彝剧花灯演出和“我是彝人，快乐大闯关”活动深受游客喜爱，共吸引游客125人参与，发放奖品价值5000余元。节日期间，紫溪山景区共接待游客2.5万余人。

【牡丹文化旅游节】 2009年3月15日，中国武定2009年牡丹文化旅游节·罗婺彝寨开工建设1周年暨首届中国武定罗婺国际民歌节开幕式在武定县城隆重举行。旅游节以“相约狮山牡丹、畅游武定山水、体验罗婺风情、探寻罗婺灵源”为主题，以“牡丹杯”桥牌邀请赛、首届中国武定罗婺国际民歌节、牡丹花展、芍药花展、“牡丹杯”摄影大赛、首届“乐仁杯”武术散打邀请赛、特色旅游商品展销、妇女科学发展论坛、“天翼杯”手工织品大赛等为主要活动内容。

【万人同跳左脚舞活动】 2009年4月22日13点30分，由牟定县人民政府主办，牟定县旅游局承办的“吉尼斯世界纪录”申请项目——“最大型的原生态舞蹈——万人左脚舞”正式开始，随着《高山顶上茶山开》的音乐响起，2万余人同时起舞，历时1个小时，所有参舞者表演动作一致、规范整齐，14点30分结束。通过“万人左脚舞”的成功举办，作为非物质文化遗产的左脚舞，将得到更好地保护和传承。同时，牟定县积极上报相关资料申报世界吉尼斯纪录。

【第四届红军节】 2009年4月29日上午，中国元谋第四届红军节在元谋县江边乡龙街渡口隆重开幕，开幕式上，云南世博艺术团、云南东方民族歌舞团用组舞、歌曲联唱、现代小戏等形式上演了一场《再走长征路，高唱红军歌》的文艺演出。歌舞《激情岁月》、《军民鱼水情》、《十送红军》、《幸福山歌》，诗歌朗诵《七律长征》将现场气氛推向了高潮。其间，还举办了重走长征路、沙滩泼水狂欢节和特色商贸等系列活动。

【第十一届恐龙文化旅游节】 2009年10月2日，2009中国·禄丰第十一届恐龙文化旅游节拉开序幕。节日继续以打造“恐龙原乡，和谐禄丰”为主题，以弘扬恐龙文化、历史文化和民族文化为目标，让来宾充分感受了“世界恐龙之乡、史前人类故乡、中国彝族之乡”的独特魅力。

【石羊祭孔大典暨大姚核桃美食节】 2009年10月2日，2009中国·大姚石羊祭孔大典暨大姚核桃美食节在大姚县石羊古镇隆重开幕，来自省内外的5500余名游客深切体验了古镇孔子文化、盐文化和核桃美食文化。此次活动共有祭孔大典，取卤仪式，核桃美食大赛，核桃美食长街宴，香河酒店开业暨新区开街仪式，盐疗馆奠基仪式，石羊孔庙儒学书法碑林作品征集启动仪式，企业家峰会与核桃养生论坛，中秋月夜读古镇，游客捏核桃、经典诗歌背诵、传统制盐争霸赛等14项活动，内容丰富，地点集中，参与性强，地方特色浓郁。特别是万名学子朗诵论语经典章句，让更多的现代人去感受孔子思想的博大精深，使海纳百川、厚德载物的中华文化精髓得到不断地传承和发展，充分展示了石羊古镇的旅游文化魅力。

[刘应东]

（责任编辑：者宗菊）

信息产业

信息产业管理

【信息产业法制建设】 2009年，楚雄州政府信息产业办公室为了规范政府网站、无线电固定台站的建设和管理，起草、修订的《楚雄彝族自治州政府网站管理办法》、《楚雄彝族自治州无线电固定台站管理规定》经十届州人民政府第20次常务会议通过，自2009年10月1日起施行。两个规范性文件的出台，为提升楚雄州政府网站服务功能、保障政府网站信息安全以及保障无线电通信畅通，推进电子政务和无线电管理健康发展提供了制度保障。

【电子政务协同办公系统】 2009年1月，楚雄州电子政务协同办公系统投入试运行，实现了公文网上传输、网上办公等功能。3月24日，电子政务协同办公系统启动仪式在州会务中心举行。年末，双柏、武定、禄丰、姚安、元谋5县实现了无纸化运行，其余县（市）和州级部门在双轨运行中。该系统运行以来，已在网上发文5万余份，收文46万余份。

【电子政务网络运行维护】 2009年，楚雄州政府信息产业办公室切实加强电子政务网络日常监测维护，继续做好安全检查，及时解决网络故障，并积极做好电子印章的制作和推广应用工作。同时，完成了楚雄州网管中心至10县（市）网管中心电子政务网络线路的升级，网络带宽由2兆升级至10兆，提高了州县之间协同办公、部门专网等系统的传输速率，确保了楚雄州电子政务网络安全运行，保证各接入单位正常使用。

【电子政务视频会议】 2009年2月，楚雄州政府信息产业办公室配合相关总站开展了电子政务四期工程视频会议系统改造升级工作。6月中旬，全州有11个会场已全部完成设备安装、系统调试、使用培训工作，并投入使用、运行平稳。同时，禄丰、大姚、姚安、南华、武定5县建成了县乡视频会议系统并投入使用。全年全州通过电子政务视频会议系统共召开会议60余次，参会人数达4万人次。

【推进政府信息公开】 2009年，楚雄州政府信息产业办公室加大全州各部门及单位工作人员的培训力度，进一步完善信息公开指南、目录编制、监督考核等工作。3月，州信产办认真对全州各县（市）人民政府及州级86个行政机关、企事业单位的政府信息公开工作情况进行全面考核和量化评分，依照量化评分结果，州人民政府对禄丰县人民政府等9县（市）、州食品药品监督管理局等43个单位进行了表彰奖励。楚雄州信息公开工作在考核中被省信产办评定为2008年度信息公开工作一等奖。

【政务信息查询】 2009年3月22日，楚雄州人民政府正式发文，明确州政府信息产业办公室牵头负责全州政务信息查询制度的协调推进工作。州信产办根据职责分工，及时制定楚雄州政务信息查询制度实施细则。年内，组织召开了5次全州政务信息查询工作培训会议，对全州所涉及的部门信息网络查询管理员、“96128”专线信息联络员进行培训，指导各县（市）、州直各部门认真做好常见问题解答及行政许可项目数据采集、“96128”政务信息查询专线基础信息表采集和上报工作。同时，配合州人民政府办公室、州监察局、州法制局切实做好重大决策听证、重要事项公示、重点工作通报网上发布的技术指导工作。5月15日，全州政务信息网络查询全面开通。年末，全州“96128”专线累计应答电话7832个，转接电话4617个，转接成功3686个，转接成功率93.15%，满意率97.93%。

【无线电频率台站管理】 2009年，楚雄州政府信息产业办公室共审批2对双频、33个单频，对453个拟建台站的选址、网络设计、使用频率、拟用设备及天线参数、台址分布情况、系统容量、覆盖范围等建设指标进行技术审查。年内，根据无线电台站设置评审制度，认真组织州内拟建基站的审查论证，共评审水利部门数据传输通信系统设备71站、楚雄州电信公司CDMA基站223站、联通楚雄分公司GSM基站72站，验收移动基站96个，为州内无线电用户及通信营运商提供了规范高效的服务。全年共完成4456个台站的年度检审工作，共换发到期执照1140本，新增办证319台站，受理7个设台单位报停申请，经现场检查、清点，按要求封存报停设备142台（站），收取频率占用费20.92万元，并及时上缴省财政国库。

【对讲机专项执法检查】 2009年6月

至9月，楚雄州政府信息产业办公室按照《云南省无线电管理办公室转发工业和信息化部关于开展清理违法使用对讲机专项执法活动文件的通知》要求，在全州开展对讲机专项行政执法活动，共清理违法使用对讲机619台，并对19家使用单位进行责令整改。通过开展专项行政执法活动，规范了对讲机的使用秩序，摸清了全州对讲机的销售、使用等基本情况，发现了管理中存在的问题并及时进行整改，进一步完善了管理措施。

【无线电监测】 2009年，楚雄州政府信息产业办公室切实加强无线电监测工作，认真开展日常监测，共完成2次全频段扫描，并不定时进行扫描。同时，及时完成省无线电监测中心下发的特殊监测任务，完成566MHz－606MHz、列车安全预警系统使用频率以及3G使用频段的频谱监测统计情况。全年累计监测6120小时，监测中共发现非法信号14个，查处违法违规频率、台站7次。

【无线电安全保障】 2009年，楚雄州政府信息产业办公室高度重视无线电安全保障工作，在“两会”、“五一”、“火把节”和“国庆”等重要节日期间实行24小时值班，全天候开机监测，在重点时段对重点频段加强人工值守，进一步加大对不明信号的查处力度，认真做好重要时期突发事件应急准备。同时，积极做好国家级考试无线电监测保障工作，全年共开展5次国家级考试无线电监测保障。

【无线电智能监测系统建设】 2009年，楚雄州政府信息产业办公室积极争取上级资金支持，认真完成了紫溪山高山无线电监测站和禄丰、元谋2个小型站建设和设备安装调试工作。紫溪山高山无线电监测站是一个多功能、多任务超短波无线电监测测向站，位于紫溪山风景区内，采用美国TCI宽带数字测向系统，较好地覆盖了楚雄市城区和南华县城区，同时能够接收周边地州的高山信号和其他县的强信号，能与楚雄中心站进行联合测向，及时准确地发现、定位信号，提高快速反应能力，为及时查处非法信号提供了有力的技术保障，共投资413.5万元，属于全省无线电监测网三期建设项目。3个无线电智能监测站投入使用后，楚雄州无线电监测网已覆盖7县（市）的大部分地区，使楚雄州无线电监管能力进一步得到加强。

［高云江］

楚雄州邮政局

【经营情况】 2009年，楚雄州完成邮政业务收入4370.98万元，完成全年计划任务的80.94%，比上年同期下降9.56%，绝对值461.84万元，支差完成948.29万元。其中邮务类完成1469.30万元，完成计划的89.64%，同比增长1.02%，绝对值14.90万元，邮务类占业务总收入的33.61%；速递物流类完成684.41万元，完成计划的56.52%，绝对值526.59万元，同比负增长7.71%，绝对值57.21万元，速递物类占比为15.66%；代理金融类完成2082.54万元，完成计划的87.91%，同比负增长12.68%，绝对值302.43万元，代理金融类占比47.64%。

【速递物流体制改革】 2009年，楚雄州邮政局加强速递物流体制改革，撤销了农资项目部、速递公司和网运调度中心，归并部门职能，成立了楚雄邮政速递物流公司和各县邮政局速递物流经营分部。通过整合资源、再造流程，加强了对重点业务和重点市场的支撑。同时，争取政府支持邮政服务“三农”，并经州安全委员会同意在全州范围内的邮政企业连锁店经营农药。

【投递体制改革】 2009年，楚雄州邮政局为充分调动一线揽投人员的积极性，建立与工作量和业务收入相挂钩的分配机制，州邮政局在投递公司、速递物流公司和部分县邮政局建立收投合一分配机制，实施“计件计量”工资。改革试行后，投递人员的积极性、邮件投递的及时率、准确率和服务质量均大幅提高。

【完善邮储银行发展机制】 2009年，楚雄州邮政局为做好与邮政储蓄银行的沟通协调，理顺双方在运行机制、人力资源、业务管理、风险管理、二类网点管理等方面的责、权、利关系，进一步明确“一个机构、两个职能”作用。同时，积极探索二类网点及代理网点的经营管理模式。7月31日，与邮政储蓄银行签订了委托代理银行业务协议，进一步规范了代理经营行为。

【优化网运作业组织流程】 2009年，楚雄州邮政局深入推进网运作业组织改造，进一步优化网运作业组织，制定并实施邮件流程优化改造工作方案，优化调整和归并部分投递段道，合理优化配置网点岗位人员，适当调整营业时间。同时，借助社会运力，根据邮运量灵活调整优化网运作业组织流程，加快邮件运递时限，并实施党报快速覆盖工程，扩大《楚雄日报》在楚雄州域早报早投的覆盖范围。

【信息网络建设】 2009年，楚雄州邮政局继续加强信息网络建设工作。（1）开展“11185”客户服务中心改造和电子商务信息系统平台建设。（2）日益完善综合服务平台及代收业务系统。（3）邮储2.0版本、商函及投递系统、速递综合信息平台二期工程及农资分销信息系统顺利上线。（4）完成州邮政局中心机房、54个储蓄网点、65个电子化支局省内网的网络改造。

【营投网改造】 2009年，楚雄州邮政局顺利完成两个投递站点改造和21个邮政营业网点标准化改造工作，改善了用邮环境，提升了服务能力，改造后的邮政营业网点和投递站服务功能进一步完善，满足广大人民群众用邮需要。

［魏建美］

中国电信股份有限公司楚雄分公司

【顺利完成 C 网 BSC 和软交换割接】 2009 年 1 月 7 日 0 点 0 分至 2 点 19 分，中国电信楚雄分公司按照云南分公司统一部署，顺利完成 C 网 BSC 和软交换割接，实现了 C 网从基于 TDM 电路的承载和网络结构到基于 IP 域的承载和网络结构的飞跃，所有 CDMA 用户都承载在电信全新打造的以软交换为核心的先进网络体系架构内，畅享天翼网络带来的全新信息世界。

【电子政务基础应用平台和协同办公系统通过验收】 2009 年 10 月 30 日，楚雄州电子政务基础应用平台和协同办公系统验收会在中国电信楚雄分公司举行。经过认真讨论和评审，专家组一致认为，楚雄州电子政务基础应用平台和协同办公系统达到约定的功能及要求，同意通过验收。

【开通 3G 网络和业务服务】 2009 年 4 月 29 日，中国电信楚雄分公司以“天翼带你畅游 3G”为主题，隆重举办“天翼 3G”发布会暨畅游 3G 客户体验活动。年末，3G 网络覆盖全州所有县（市）级城市。

【开通“96128”政务热线】 2009 年 5 月 15 日，楚雄州“96128”政务查询专线正式开通。“96128”政务查询专线为群众获得政务信息提供了方便，为政府部门了解社情民意提供了更人性、更便捷的服务。

【电子政务移动办公测试平台搭建完成】 2009 年 6 月，中国电信楚雄分公司搭建完成楚雄州电子政务网基础应用和协同办公系统无线接入测试平台。此后，使用中国电信 CDMA1x 和 3G 业务的用户可利用申请到的无线 VPDN 账号接入云南省电子政务专网。测试平台的搭建，使得政府工作人员可以随时随地通过无线网卡或手机上网方式保持与协同办公系统的无缝衔接，即时查阅和处理公务信息。

【机动车辆视频抓拍信息系统项目正式运行】 2009 年 9 月 19 日，楚雄州公安局和中国电信楚雄分公司正式签订“楚雄州机动车辆视频抓拍信息系统合作协议”。12 月 16 日，该系统顺利通过最后验收，并评定为优良工程。该系统的正式运行将对全州公安系统维护社会稳定、打击犯罪、强化社会治安综合治理发挥更加积极有效的作用。

【“宽带电视”业务顺利开通】 2009 年，中国电信楚雄分公司成为了全省“宽带电视”业务推广的第一批试点单位。10 月 23 日，楚雄州所有县（市）分公司实现了该业务受理、安装、调测和试用，具备了正式商用的条件。中国电信“宽带电视”业务对丰富宽带应用、推动宽带接入发展、探索多样化的宽带接入终端，扩大宽带普及面等方面具有重要的战略意义。

【签订“12355”青少年服务热线合作协议】 2009 年 11 月 26 日，共青团楚雄州委、中国电信楚雄分公司在楚雄举行“12355”青少年服务热线签字仪式。该服务热线利用中国电信 114 号码百事通平台网络资源和丰富的业务产品，在平台上增加“12355”软件功能模块，实现对 12355 的汇接、语音导航、自动转接等功能。通过 114 话务员座席，提供人工转接、记录、解答服务，实现不间断咨询服务。

［姜　鹏］

中国移动通信集团云南有限公司楚雄分公司

【经营发展总体情况】 2009 年，中国移动通信集团云南有限公司楚雄分公司全面贯彻落实中共楚雄州委、州人民政府的工作部署，以加快发展为第一要务，克服金融危机等外部环境的不利影响，稳健经营，创新营销，狠抓网络建设，提升服务质量，强化精细管理，圆满完成全年各项目标任务。年内，新建基站 132 个，新建光缆线路 900 千米，固定资产投资突破 2 亿元，发展客户 11 万户，收入增长 20%。

【农村移动信息富民工程】 2009 年 7 月，中国移动通信集团云南有限公司楚雄分公司在全州范围内开展了“农村移动信息富民工程”。通过开展手机下乡、存话费送话费、“村组惠农网”组建等农村营销活动，真正给予每个村最优惠的通信资费政策，并采购部分手机进行预存话费赠机活动，同时为村民们提供科技、气象、农作物病虫害防治、农副产品供求等方面的信息培训；帮助 200 个行政村改造村务信息栏；为 400 多个行政村的惠农网用户印制电话号码便携本，共计投入资金 80 余万元。

【共建共享工作】 2009 年，中国移动通信集团云南有限公司楚雄分公司遵循国家政策规定，向电信、联通共提出共建需求函 3 份，涉及共建基站 125 个。同时，楚雄分公司向其余运营商自建预留铁塔 13 座、杆路及传输线路 116 千米、基站 18 个，圆满完成年度共建共享全部指标。

【通信应急保障】 2009 年，楚雄州姚安“7·09”地震发生后，中国移动通信集团云南有限公司楚雄分公司领导及时率领工作人员赶赴震中，成为最早抵达灾区进行通信保障的运营商，积极开

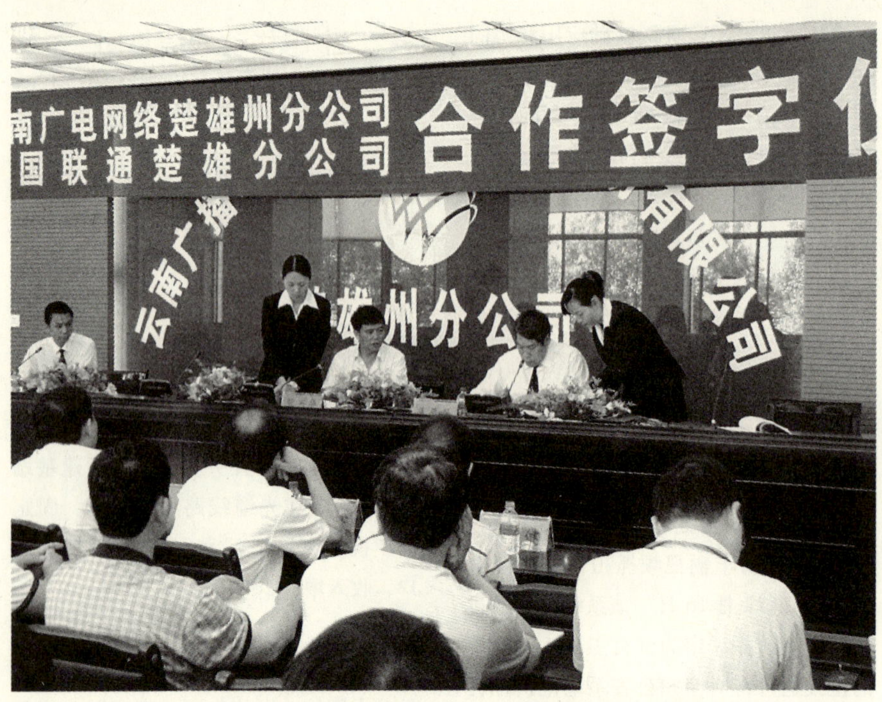

云南广电网络楚雄州分公司与中国联通楚雄分公司签署EOC项目合作协议

（中国联通楚雄分公司提供）

展抗震救灾保通信工作，共开通应急通信车2辆，紧急扩容基站23个，载波56块，保障了灾区的通信正常。在抢险救灾工作中，分公司反应迅速，保障有力，受到中央、省、州人民政府领导的称赞。12月28日，双柏县麻栗树煤矿事故发生后，中国移动楚雄分公司迅速抵达现场，开展通信保障工作，确保事故现场通信畅通。

【政务信息移动服务平台正式启用】 2009年1月1日，楚雄州政府信息移动服务平台正式启用，该平台充分利用手机短信服务功能及时发送楚雄快讯，对外宣传楚雄州经济社会发展情况，提升楚雄知名度；对内加强党委、政府与广大人民群众之间的沟通联系，释疑解惑，引导舆论，鼓舞人心，凝聚力量，促进社会和谐稳定。政务信息移动服务平台正式启用以来，共发送信息309次，累计发送短信1.06亿条。

【《彝州手机报》上线】 2009年4月《彝州手机报》上线，对3.70万名群众进行了免费赠送体验活动。《彝州手机报》立足全球、聚焦彝州，有利于开拓视野、引导社会舆论导向、促进社会和谐、搭建政府和百姓的沟通平台。

【TD－SCDMA建设】 2009年，中国移动通信集团云南有限公司楚雄分公司高度重视TD工程建设工作，认真谋划部署，组织大量人力物力投入到紧张的建设工作中，总投资4500余万元，经过2个月的努力，提前完成楚雄市所有基站的设备安装并开通使用。

［黎嫣曦］

中国联合通信有限公司楚雄分公司

【3G网络建设】 2009年1月7日，中国联通楚雄分公司正式启动WCDMA网络建设；9月14日，顺利开通楚雄联通首个3G基站，经拨打视频电话测试，通话过程话音清楚、视频图像清晰流畅，各项技术指标均符合设计要求。12月28日，楚雄市、禄丰县、武定县联通3G网络宣布正式开通3G商用放号，首批正式推出的3G业务包括手机上网、手机音乐、手机电视、手机搜索、可视电话等。年末，全州顺利开通了百余个3G基站，标志着楚雄联通3G网络建设取得阶段性进展。

【签署EOC项目框架合作协议】 2009年5月12日，中国联通楚雄分公司与楚雄广电网络公司就EOC项目合作签署了框架合作协议，同时，签署EOC用户代维代办服务。根据协议要求，双方将对广电城域网进行双向改造，共同在州内为用户提供“网视通”宽带品牌，此次合作是双方优势互补、共谋发展的良好开端。合作协议的签署标志着双方的合作进入实质性阶段，是资源共享、优化产业结构、提升竞争力的重要战略举措。

［张　娜］

（责任编辑：者宗菊）

城建·环保

城乡规划

【城镇规划】 2009年，楚雄州规划系统努力加大城乡规划编制力度，通过科学整合城乡资源，严格依法行政，积极开展规划督察，进一步推行“阳光规划”，逐步实施特色规划，进一步完善城乡规划管理体系，极大地促进了全州经济社会健康、持续、快速发展。年末，城镇规划控制区面积达2452.24平方千米，规划区用地规模达229.86平方千米，建成区面积达140.05平方千米，城镇化率达到31%，比上年增长1.4%，城乡规划工作稳步推进。

【推行“阳光规划”】 2009年，楚雄州规划局进一步加大城乡规划监督管理力度，大力推行“阳光规划”。组织了州城乡规划建设领导小组及专家咨询组对永仁县机关单位的“8·30”地震恢复重建项目等36个规划设计和测量项目进行行政性审查，共办理核发建设项目规划选址意见书26份，风景名胜区建设许可证1份，初审广大铁路扩能改造工程楚雄段项目并上报省建设厅审查。全年10县（市）共发放建设项目选址意见书359份、建设用地规划许可证419份、建设工程规划许可证1454份，乡（镇）发放乡村建设规划许可证和准建证2154份。对外地到楚雄承揽城乡规划编制与城镇测绘任务的单位严格备案审查31项，州级公示或公告1000万元以上大型建设项目规划选址27项、风景名胜区建设许可1项、规划设计审查36项。10县（市）公示或公告建设项目选址95项、规划设计审查302项，所有项目公示或公告期间均无不同意见，真正体现了阳光规划，透明行政，规划有效配置城乡资源的公共政策功能。

【滇中特色大城市课题研究】 2009年，楚雄州规划局积极开展“构建滇中特色大城市——楚雄发展研究”的课题研究工作，完成了“滇中特色大城市——楚雄规划研究”、“楚雄北部经济社会发展”两个研究课题。3月，选送4篇理论研究成果参与楚雄州第六届社会科学优秀成果评奖活动。其中《积极参与构建滇中城市群 加快完善楚雄州基础设施服务功能》及《彝族文化与彝州城市形象》分获论文类三等奖。

【专业规划及控制性规划】 2009年，楚雄州规划局根据工作实际着力推进特色规划、专业规划和控制性详细规划编制工作，全州共完成控制性详细规划行政审查项目2个（规划面积4.47平方千米）、评审通过4个（规划面积28.32平方千米）、正在编制7个（规划面积21.87平方千米）。评审通过专业规划项目6个，正在编制9个。

【省级历史文化名镇及名村规划】 2009年，楚雄州启动了省级历史文化名镇黑井总体规划修改评估和省级历史文化名村妥安乡琅井保护规划编制工作。年末，黑井名镇总体规划方案修改正在进行，琅井历史文化名村保护规划方案已进行了初评工作。

【灾区恢复重建规划】 2009年，楚雄州规划局大力加强姚安“7·09”地震受灾县乡恢复重建规划指导工作。全州受灾县乡共编制地震灾区恢复重建规划9个，测图面积3.54平方千米，规划面积0.46平方千米，安置户数846户，共计3354人。同时，结合梅葛文化生态保护区建设，努力建设姚安地震恢复重建样板工程。

【军事机关迁建工程规划编制】 2009年，楚雄州规划局认真做好州级政法部门和楚雄军分区等军事机关搬迁至楚雄市东南片区马家坝建设项目的规划编制准备工作，经过资料收集、走访搬迁单位了解情况等一系列前期工作，已在编制项目用地规划选址方案。

【规划执法监督管理】 2009年，楚雄州规划局根据住房和城乡建设部、监察部联合召开的治理房地产开发领域违规变更规划、调整容积率问题专项工作电视电话会议精神，于6月组成规划督察组对全州近3年来的城乡规划工作以及房地产项目违规变更规划、调整容积率问题进行督察。督察的主要内容分别有《楚雄州人民政府关于进一步加强规划管理工作的通知》执行情况，城市总体规划修编（调整）和审批是否符合法定权限和程序，区域重大建设项目许可“一书两证”办理是否符合法定权限和程序，“四线”（绿线、蓝线、黄线、紫线）和城市总体规划强制性内容的划定和执行情况和建设用地性质、容积率、建筑密度、绿化率、新建建筑物退让用地界线的管理情况，县（市）级规划管理权限的执行情况，侵害群众切身利益的行为，群众意见大、社会反映强烈的问题等。同时，对2007年以来办理的628份“建设项目选址意见书”、757份“建设用地规划许可证”、2410份“建设工程规划许可证”以及98个房地产开发项目分别采用查阅、审查、审批痕迹资料和实地对照检查的方式进行重点督察。督察发现，10县（市）乡（镇）规划机构垂直管理后，机构建设及人员配备工作推进缓慢，共下达编制219人，仅配备了147人；楚雄市所有规划项目均自行审查审批，10县（市）仍有42个项目未按文件规定报州级审批，属于越权审批；9个县不同程度地存在部分乡（镇）规划、控制性详细规划、修建性详细规划或专业性规划未经批准即开始实施的情况。督察发现问题共10类67项，提出整改意见和建议共70条，对存在问题进行督促整改，并对整改情况进行检查。

【以奖代补考核管理】 2009年，楚雄州规划局认真实施《楚雄州城市规划编制管理以奖代补管理办法（试行）》。11月23日至12月14日，组织人员全面检查考核10县（市）年度城乡规划编制管理工作任务完成情况，共检查年度签订合同规划项目49项，规划面积264.15平方千米。其中总体规划面积28.6平方千米，控制性详细规划面积82.35平方千米，省级风景名胜区规划面积153.2平方千米；专业规划29项，合同签订产值2146.4万元，当年完成产值2091.1万元。根据考核结果，及时下拨以奖代补城乡规划资金450万元。

【优秀城乡规划设计评选】 2009年，楚雄州规划局为有效推动全州规划设计，进一步提高规划编制的科学性、合理性和可操作性，以及创作优秀规划设计成果的积极性，首次在全州范围内开展了2006年以来全州城乡总体规划、专业规划、详细规划的设计项目评选工作。通过精心组织，细致考评，共评选出16个优秀城乡规划设计项目。

［李学亮 文佳］

城镇建设管理

【城镇建设】 2009年，楚雄州建设系统紧紧围绕中共楚雄州委、州人民政府“扩城”工作思路，不断推进市政基础设施建设，提高城镇管理水平，规范和引导房地产业和建筑业加快发展，全力以赴抓好“8·30”地震、“7·09”地震灾区恢复重建工作，进一步加强城市建设管理。（1）认真做好“12319”城建服务热线建设工作，共接待处置群众反映的各类城市建设案件542件，处置率达100%。（2）全面开展城区临街临时违法建筑整治工作，城市绿化、亮化、净化和美化工作进一步加强。（3）千方百计确保城市供水安全，加大城市防洪设施建设力度，制定城市防洪抢险应急预案，及时对街道下水口进行清理，防止堵塞。

【城镇建设投资】 2009年，楚雄州全面落实投资拉动措施，项目和资金争取工作更加主动，上报云南省列入扶持计划的城镇基础设施项目168项，项目概算总投资250亿元，共计争取资金4.01亿元，比上年增长86.7%。争取中央、省城镇建设及扩大内需州级配套资金1.28亿元，其中中央预算内资金9907万元，省补助资金2925万元，扩大内需州级配套资金1225万元，旅游小镇补助信合资金500万元。年内，全州续建和新建城镇市政基础设施建设项目共132项，项目总投资为28.8亿元，完成投资5.4亿元，其中楚雄市（含开发区）建设项目38项，完成投资1.54亿元。同时，争取到中央廉租住房保障专项补助资金3575万元，廉租住房建设项目中央补助资金8146万元、省级补助资金2037万元；争取到农村地震安全工程补助资金9350万元以及中央及省补助农村危改工程拆除重建资金4200万元。

【城镇污水生活垃圾处理设施建设】 2009年，楚雄州继续加强城镇污水生活垃圾处理设施建设工作。（1）加强领导，健全机构。成立州、县（市）领导组织机构，召开全州性会议部署任务，签订责任书，明确责任，扎实推进治污项目建设管理。（2）积极做好治污项目投融资平台搭建工作，创造条件多方筹资。7月15日，签订“楚雄州人民政府与云南省水务产业投资有限公司城镇污水处理设施项目建设和运营合作框架协议”。年末，大姚、永仁、姚安、禄丰、武定5县分别与相关企业就治污项目建设签订了具体的合作协议。（3）治污项目建设工作顺利推进。年内，19项治污项目的可行性研究报告全部取得立项批复；初步设计除姚安县污水处理项目外已全部取得批复。19项治污项目投资概算为10.5亿元，截至年末，中央和省共到位资金4.17亿元，占总投资的39.7%；完成投资2.08亿元。

【旅游小镇建设】 2009年，楚雄州4个旅游小镇和罗婺彝寨共投入建设资金2310万元，其中石羊镇990万元，黑井镇280万元，光禄镇110万元，金山镇炼象关110万元，武定罗婺彝寨完成投资820万元。

【推进滇中特色大城市建设】 2009年，楚雄州加大滇中特色大城市基础设施建设力度，以彝海公园等重点项目建设为契机，积极支持做好土地征用、基础设施配套建设等相关工作，加大协调服务力度，确保项目按期启动实施并克期完成，全力推进滇中特色大城市建设。年内，开展了“楚雄市城市总体规划”第二轮修编工作，先后编制完成了“楚雄市城市发展（构建滇中大城市）战略规划”和一批修建性详细规划。同时，以楚雄市东南片区和开发区西北片区为建设重点，加大城市基础设施建设力度，全力推进楚雄滇中特色大城市建设。年内，青山嘴水库移民栗子园城市楼房安置小区、灵秀小河等14个重点项目已完工。阳光大道东延长线20号路至东立交桥、21号路（2号路至6号路）段市政道路、雄宝路延长线、彝海公园、青龙河景观带、富民工业园区配套道路等一批市政工程，职教中心、州人民医院、州文化中心、市级平山公务区等一批社会事业项目，楚雄烟厂、岭东纸业技改搬迁、云机四厂技改、彝人古镇四期至六期等产业项目，楚风苑、民居商贸城等地产项目有序推进。楚雄市城市建成区面积突破35平方千米。

［肖文剑］

建筑业

【建筑业管理】 2009年，楚雄州以增强建筑企业竞争力为目标，积极推进资质结构调整优化。全年全州建筑业共完成总产值50.04亿元，同比增长15.3%，实现利润1.66亿元，同比增长27.7%；房屋建筑施工面积达332.9万平方米，比上年增加80.61万平方米，同比增长32%。（1）实施培优扶强战略，进一步优化产业结构。以点带面、扶优培强一批产业结构好、企业内部管理先进、实力较强的总承包企业，晋升高级资质。3月，楚雄锦华建工集团成为州内首家具有施工总承包一级资质的建筑企业。截至年末，全州共有各类建筑施工企业121家，持有185项建筑资质，一支数量适度、结构合理、门类齐全的施工企业大军已基本形成。（2）引导建筑业企业实施科技兴企战略，进一步加强建造师考核、临时建造师申报以及建造员的上报工作，全面提高建筑企业综合素质，加大执业技能培训力度，提高行业竞争力。年内，全州从事建筑业管理和技术岗位的人员共有972人取得二级建造师执业资格，752人取得建造员执业资格。同时，组织开展了特殊工种培训和专业技能培训，共培训各类人员2207人。（3）加强施工许可受理条件审查，严格执行施工许可审批程序，严格建筑工程勘察和设计质量监督管理。全年全州共审批发放施工许可证758份，建筑面积332.89万平方米，合同额33.16亿元。截至11月30日，全州共计完成了工程项目勘察报告和施工图审查950个，建筑面积220万平方米，投资额22亿元，审查出违反强制性条文165条，通过审查遏制重大质量安全隐患12处。（4）积极做好2008版国家清单计价规范宣传工作和全国建设工程造价员的初始注册及变更注册工作，全面推行“三价备案”制度。

【有形建筑市场管理】 2009年，楚雄州实施监管方式的职能转变加大了招投标活动重要环节督管力度，全面推行使用工程量清单和经评审的最低投标价法招标，加强了有形建筑市场管理和招标代理机构的管理。一年来，中介机构整体素质和服务水平有所提高，评标专家队伍的建设和管理得到进一步加强，营造了信息公开、过程透明、确保公正的交易环境，未发生招投标举报投诉案件。全州房屋建筑和市政基础设施工程招标项目共633个，拦标价合计21.86亿元，中标价合计20.71亿元，节约投资1.15亿元，节约资金率为5.26%。

【建筑施工安全和工程质量监督】 2009年，楚雄州围绕“质量安全年”的各项工作和安全生产控制目标，加大工程质量安全监管力度，集中开展建设工程质量安全抗震设防百日督查、工程质量安全综合执法检查、安全隐患排查治理等执法检查行动。进一步加强重点工程、住宅、保障性住房的质量安全监管，严肃查处安全生产违规违法行为。在基本建设规模大幅增长的情况下，全州房屋建筑和市政工程施工安全事故起数和死亡人数均实现了“双降”目标。（1）1月至11月，深入开展建筑安全生产隐患排查治理工作，全州130家施工企业共排查出安全隐患1771项，其中已整改1651项，整改率达93.2%，有效遏制了建筑安全生产事故的发生。（2）开展建筑施工安全质量标准化达标验收工作。（3）认真组织开展建筑施工安全执法行动，全州共检查在建工程124个，建筑面积55.48万平方米。（4）积极开展“安全生产月”活动，印制了1.20万份安全宣传资料发放到州内各施工现场农民工手中。（5）深入开展以建筑施工预防高处坠落触电等事故为重点的专项治理工作。（6）组织全州建筑施工企业共555人参加三类人员安全教育培训，经考试合格，全部取得了安全考核合格证书。（7）严格执行竣工验收备案制，严把工程竣工验收备案关，进一步规范建筑工程施工质量验收，加大工程实体质量监管力度，努力抓好工程质量监督巡查检查工作，确保全州工程质量稳步提高。

【建筑节能】 2009年，楚雄州严格建筑节能管理，加强新建建筑执行节能强制性标准的监督管理，推行清洁生产工艺，确保建筑节能标准落实到位。把好施工图审查、施工许可、工程质量监管及竣工验收等环节标准执行关，全州各县（市）新建建筑节能标准执行率设计阶段达100%。楚雄奕标建筑公司、永兴建工集团公司、楚雄佳泰建业有限公司取得了预拌商品混凝土资质。8月，楚雄市规划区范围内工程混凝土总用量在100立方米以上或房屋建筑面积在1000平方米以上的建设项目已按要求全部使用预拌商品混凝土。

【校舍安全工程】 2009年，楚雄州扎实抓好全州中小学校舍安全工程工作。（1）对全州各中小学校进行拉网式的安全排查鉴定。（2）组织全州相关工程技术人员参加建筑抗震鉴定及加固培训学习，并为校舍安全工程实施提供业务技术咨询指导。（3）严格基本建设程序，切实履行质量安全监督管理职责。

【地震灾区恢复重建】 2009年，楚雄州建设局努力加强地震灾区恢复重建工作。（1）“8·30”地震恢复重建总计完成投资2.8亿元。在春节前全面完成了民房恢复重建任务，5175户重建户、

6.26万户修复户全部完工。其他系统的87个重建项目、125个修复项目绝大部分已经完工投入使用。元谋、大姚、牟定等县已组织地震恢复重建县级验收工作。(2)姚安“7·09”地震恢复重建工作进展顺利，工程技术人员及时对受灾县的市政基础设施及机关事业单位房屋进行震损核实和震害鉴定。同时，加强对民房恢复重建建设质量监管和技术指导，重点加强统规统建点和自建点的质量管理。年末，6220户重建户（含统建点1081户）和7.31万户修复户的恢复重建任务已基本完成，绝大部分受灾群众已经搬入新居开始生产生活。各统建点的水、电、路、绿化等配套工程建设正有序推进，各系统恢复重建项目也进展顺利。

【重点项目建设】 2009年，楚雄州建设局负责组织实施的重点项目进展顺利。(1)建设规模4.40万平方米的楚雄州“一公司两市场”建设工程于5月交付州属11家单位使用。(2)州民族剧院、会展中心、文化馆、科技馆、青少年活动中心、妇儿活动中心等州文化活动中心一期工程主体部分已完成，正在进行外部装修工程。二期工程民族剧院屋面网架已安装结束，正进行屋面天沟及造型梁安装；室外配套工程已全面展开。(3)规划建设占地面积63.54公顷、房屋建筑总面积48.48万平方米的州属行政机关团购房楚风苑小区自2月进场施工以来，已完成全部房建主体工程，现正在进行景观绿化等配套工程建设。

［肖文剑］

房地产业

【房地产业管理】 2009年，楚雄州以培育和发展房地产业为主线，以服务社会经济发展和改善城镇居民住房生活条件为重点，进一步完善住房保障体系，规范房地产交易秩序，激活消费，推动经济增长，促进全州房地产业持续健康发展。同时，建立州级重大房地产项目跟踪服务机制，扶持一批信誉好、有实力的房地产企业做优做强，充分发挥重大房地产开发项目对房地产业发展的拉动作用，加强对9县房地产业发展的分类指导，逐步培育引导房地产市场，全面推进县城房地产综合开发。至年末，全州共有房地产相关企业170家，全年全州完成房地产开发投资28.26亿元，比上年增长38.6%，占全州社会固定资产投资207.95亿元的13.59%，其中9县房地产开发投资比重占27.58%。全州商品房竣工面积59.5万平方米，同比增长188.68%；商品房销售额32.57亿元，同比增长86.49%。二手房交易开始活跃，全州二手房交易面积和交易金额分别达43.59万平方米、4.69亿元，与上年同期相比分别增长59.47%和58.58%。

【住房分配货币化】 2009年，楚雄州审核发放州级机关事业单位职工住房补贴332人，受补贴面积2.18万平方米，补贴金额约793.86万元；审核驻楚中央属、省属单位职工住房补贴497人，受补贴面积2.17万平方米，补贴金额约896.33万元。

【住房保障】 2009年，楚雄州全力实施保障安居工程建设，共建设廉租住房4090套（包括2008年第4季度开工项目和2009年新开工项目），总建筑面积20.37万平方米，总投资2.62亿元，共争取到中央补助8146万元，省级补助2036.54万元，州级配套2036.54万元，县（市）自筹1.39亿元。年末，全州2期廉租住房共完成投资额2.13亿元，占总投资额的82%。同时，积极推进经济适用住房建设，完善不同层次、不同形式、不同供应对象的住房供应制度；批准企业自建职工经济适用住房共58套，总建筑面积为4680平方米。9县两期共建设专项普通商品住房5329套，建筑面积60万平方米。全州农村民居地震安全工程及农村危房改造建设项目进展顺利，总计竣工2.25万户，占总计划的93.84%；总计完成投资1.24亿元，占总计划的89.76%。省级下达的9350万元补助资金以“一折通”的方式全部兑付到农户手中。2009年农村民居地震安全工程全面竣工验收。

【物业管理】 2009年，楚雄州积极推行物业管理新模式，促进物业管理全面、健康、快速发展。新开发建设的住宅小区已基本纳入专业化、规范化和市场化的物业企业管理。同时，切实加强对县（市）住宅共用部位、共用设施设备维修基金的清理和归集管理，进一步规范全州住宅专项维修基金收缴工作。年末，累计清理缴存住宅专项维修基金7423.03万元，其中当年共收缴3187.53万元。

【房屋拆迁】 2009年，楚雄州加强对城市房屋拆迁工作的监督和指导，积极排查化解城镇房屋拆迁信访积案，通过排查建立健全规章制度，形成预防和化解拆迁信访矛盾纠纷的长效机制。年内，云南省共下达楚雄州城镇房屋拆迁计划项目8个，需拆除房屋17.13万平方米，拆迁工作进展顺利。

［肖文剑］

环境保护

【主要污染物减排】 2009年，楚雄州认真分析和研究省政府下达的全年削减化学需氧量（COD）50吨、二氧化硫（SO_2）50吨的减排目标和11个省级重点减排项目，并提出了6个州级重点污染减排项目通过与10县（市）人民政府签订《2009年度七彩云南保护行动工作目标考核责任书》、与10县（市）环保局局长签订“2009年环保局长工作目标责任书”的形式，将全州主要污染物排放总量控制指标任务分解落实到各县（市）和有关企业。同时，对国控、省控、州控重点污染源开展季度环保现场监察，进行排污许可证年检，进一步强化建设项目的环保监管；对德胜钢铁公司烟气脱硫项目、一平浪盐矿烟气脱硫项目、楚雄市污水处理厂二期建设项目等17个重点污染减排项目加大督查，积极推进重点减排项目。全年全州共实施治污和减排项目23个，投入资金4.81亿元，当年完成投资2.27亿元，占总投资的47%。共减排化学需氧量（COD）100.9吨、二氧化硫（SO_2）1571.41吨。

【环境评价工作】 2009年，楚雄州环保局高度重视环境评价工作，在环境评价审批中，认真兑现环境评价工作七项承诺，对事关全州经济发展的重大项目加强协调配合，主动搞好服务，加强对环境影响评价进度和评价质量监督管理，协调评价单位择优选派环评人员，确保优质高效地完成评价任务。全年全州环保部门共对613个建设项目进行环境影响评价审批，建设单位向环保部门申报的建设项目环境影响评价制度执行率为100%。严格执行建设项目环保“三同时”制度，对105个“三同时”项目进行环保验收，“三同时”执行率、合格率均为100%。全面推进工业园区、区域和流域开发的规划环评，先后完成云南禄丰勤丰工业聚集区总体规划、云南禄丰工业园区土官片区总体规划、楚雄工业园区总体规划、南华县工业园区规划、双柏县城工业园区总体规划的规划环境影响评价工作。同时，开展云南省绿汁江干流水能规划、龙川江青山嘴以下河段水电规划、牟定县勐岗河流域水电开发规划、武定县勐果河流域水电规划等4个流域规划环评工作。另外，要求旅游发展规划、区域经济社会发展规划、土地修编等规划编制单位，补充环境影响篇章或者说明、编制规划环境影响报告书。

【生态文明建设】 2009年，楚雄州进一步加强生态文明建设工作，加强资源开发的生态环境监管，避免和减少资源开发对生态环境的破坏。（1）《中共楚雄州委 楚雄州人民政府关于加强生态文明建设的实施意见》、《生态文明建设任务分解方案》、《楚雄州人民政府办公室关于加强农村环境保护工作的意见》和《楚雄州农村环境综合整治实施方案》出台实施。（2）编制完成《楚雄生态州建设规划》、《楚雄州北部金沙江流域环境保护与生态治理规划》和《楚雄州生态功能区划》。（3）开展县城所在地集中式饮用水水源地基础环境调查及评估工作，组织开展全州典型乡（镇）集中式饮用水水源地基础信息及环境状况的调查工作，建立了楚雄州典型乡（镇）集中式饮用水水源地基础信息数据库。（4）进一步加强楚雄州第一次污染源普查、质量核查、复查及成果应用工作，为建设生态州提供科学的管理依据。（5）当年争取到中央农村环保专项资金148万元。（6）南华县凤头村农村环境综合整治工程通过环保部和财政部验收。（7）楚雄市国家级生态示范区创建工作通过了省环保厅验收；武定县正在开展国家级生态县建设工作。

【环保信息工作】 2009年，楚雄州环境保护局积极采取有效措施，加强环保信息工作。（1）认真贯彻落实《政府信息公开工作条例》，明确信息公开组织管理机构和管理部门职责，调整充实工作领导小组，制定公开指南、公开目录和有关工作的13项制度，进一步完善公开渠道，强化信息公开载体建设。（2）出台《楚雄州环保系统新闻宣传和信息工作管理办法》，将信息数量及质量纳入2009年度环境保护局长工作目标考核。据统计，全年全州环保系统26%的工作人员参与新闻写稿，全年编发政务信息383条、《楚雄环境动态》18期。

【环境监测】 2009年，楚雄州环境保护局继续加强环境监测工作。（1）按期完成了10个地表河流水质监测断面3期（共6次）的水质和底质例行监测任务，共获得水质监测数据2496个。（2）完成了楚雄市城区降水酸雨监测任务，共获得监测数据204个；对降尘和硫酸盐化速率每月监测1次，共获得监测数据10组。（3）楚雄市环境空气自动站在2个监测点对3个项目进行连续监测，共获得2160个监测数据。（4）开展滇川两省跨省流域同步监测2次，上报数据240个；完成了全州10个典型乡（镇）饮用水源地监测；完成5家国控、1家省控、4家州控企业污染源监测；完成12个建设项目的环保竣工验收监测；完成青山嘴水库工程、楚雄烟叶复烤厂等30个项目环评现状监测；完成了牟定兴华食品公司2000吨/年油腐乳生产等6个项目环评工作。（5）完成了武定、双柏、元谋、永仁4县的县城城区环境空气和噪声环境质量监测。（6）制定了重点流域水体跨界断面水质监测方案及国控、省控重点企业监测方案，并认真组织开展监测工作。（7）进一步排查饮用水源地周边的各类污染源和风险源，并定期发布水源地水质监测信息，确保饮用水安全。（8）姚安“7·09”地震后，州县各级环保部门及时开展饮用水源地水质和震后环境监测，确保了灾区饮用水的安全，避免震后次生灾害的发生。

【空气质量】 2009年，楚雄市城区平均空气质量为I级（优）。根据楚雄市环境空气自动站监测结果显示，空气质量I级（优）的占全年监测天数的81.3%，主要集中在夏、秋两季；空气质量为II级（良）的占全年监测天数的18.7%，主要集中在冬、春两季。其变化规律主要是随季节变化（大气扩散变化）而变化。

【环境执法】 2009年，楚雄州环境保护局加大环境执法工作力度。（1）对辖区内的建设项目“三同时”进行现场监察和事后督察，落实和完善重点污染源现场检查制度，有效地控制和预防新污染源的产生。（2）认真开展矿山采选企业尾矿库环境安全隐患排查工作。对跨界河流、县级以上集中式饮用水源地以及工业集中区重大环境安全隐患开展排查和督促整改，建立健全环境监管档案。严密关注危险化学品、有毒有害物质、石化产品生产和运输等经营活动，努力从源头上杜绝和消除重大环境污染事故的发生，维护地区环境安全。（3）深入开展“整治违法排污企业，保障群众健康环保”专项行动，加大现场执法监督检查力度和频次，打击偷排、偷放和污染治理设施闲置等违法行为。对重点治污项目和群众反映强烈的环境问题进行挂牌督办。（4）对禄丰、武定、永仁、大姚等县群众反映强烈的污染问题进行调查处理，及时化解矛盾，努力维护人民群众环保权益和社会稳定。一年来，全州共收到环境信访案件329件（次），已办理306件（次），办结率为93%。（5）加大全州辐射环境监管力度，颁发了全州71家有辐射装置单位的辐射安全许可证，同时开展了辐射安全隐患排查工作。

【排污费征收】 2009年，楚雄州、县（市）两级环境监察部门采用五大措施确保全州排污费征收做到依法、全面、足额征收。（1）充分认识排污收费工作的重要性，把排污收费作为依法打击环境违法行为、促进污染治理的有效手段。（2）稳步推进排污申报核定工作，督促排污企业如实申报产量、工况和污染物排放等情况，认真核定各类污染物实际排污量。（3）规范排污收费工作，举办楚雄州排污收费管理系统软件培训班，培训使用“排污费征收管理系统”进行排污申报数据和收费数据的季报、年报，做到排污费征收工作的电子信息化。同时，认真组织学习国家、省关于排污收费工作的方针政策，完善收费程序，进一步提高基层收费人员的业务水平。（4）适时开展排污费稽查工作。（5）严格执法并及时追缴拖欠排污费。全年全州共征收入库排污费594.3万元，这是楚雄州1981年开征排污费以来的最高水平。

【争取环保专项资金支持】 2009年，楚雄州环境保护局扎实抓好国家扩大内需资金和环保专项资金的申报工作，组织上报云南省环境保护厅工业污染防治、饮用水源保护、环境综合整治、污染控制、生态环境保护、能力建设等62个项目。全年共向国家、省争取到环境监察车7辆、环保专项资金1723万元。

【绿色创建活动】 2009年，楚雄州命名第四批州级绿色学校48所，表彰州级绿色学校创建环境教育优秀教师48名。截至年末，全州已创建州级“绿色学校”210所、省级“绿色学校”35所，国家级绿色学校2所；先后有83名绿色学校创建环境教育优秀教师、4名绿色学校创建先进个人受到国家和省、州表彰。楚雄市北浦社区积极参加全国绿色社区创建评选活动。全年共创建环境教育基地7个，全州共有省级绿色社区4个。

【环保宣传】 2009年，楚雄州环境保护局采取各种形式，广泛开展环保宣传教育工作。（1）通过订购和赠阅《中国环境报》、《中国环境通讯》、《楚雄环境动态》等形式，向各级领导传送环保工作信息。（2）与楚雄日报社、楚雄州电台联办了“彝州环保”专栏，及时宣传楚雄州环保工作新成效。（3）充分利用楚雄州环境保护网络平台，开展政策法规、环保科普等环保知识宣传。（4）以“保护美丽彝州、全民参与减排”为主题，开展“六五”世界环境日宣传。展出宣传展板近200块、图片1000余幅，向群众散发宣传资料、手册、卡片等2万余份，免费发放环保购物袋近3000个，现场解答群众咨询120余人次，受理群众投诉4人次，现场受教育1万余人。（5）积极参与文化科技卫生“三下乡”、第24届云南省青少年科技创新大赛、“科技活动周”、“节能宣传周”和“安全生产月”、“七彩云南保护行动”、“环境好新闻评选”等宣传活动。（6）印发《楚雄州环保系统新闻宣传和信息工作管理办法》，推动环保新闻宣传和信息工作。

【典型乡（镇）水源地调查评估】 2009年6月至8月，楚雄州环境保护局对照《全国典型乡镇饮用水水源地基础环境调查及评估培训讲义材料汇编》和《云南省典型乡镇饮用水水源地基础环境调查及评估工作方案》，开展了全州典型乡镇集中式饮用水水源地基础信息及环境状况的调查工作。调查方式以资料收集为主，完成了全部典型乡（镇）集中式饮用水水源地的基本信息调查，数据包括水源地服务人口、取水量、水环境质量、污染物排放情况等方面的信息。同时，对典型乡（镇）集中式饮用水水源地保护区进行划分，制作了典型乡（镇）水源地环境保护区划图，建立了楚雄州典型乡（镇）集中式饮用水水源地基础信息数据库。

［董廷伟］

（责任编辑：者宗菊）

楚雄州教育局

2009年，楚雄州教育局坚持用科学发展观统领教育工作全局，紧紧围绕“解放思想、深化改革、扩大开放、科学发展”的总体要求，坚持“根本抓投入，关键抓管理，目标抓质量”的工作重心，全面推进办学条件标准化、学校管理规范化、校园文化特色化、课堂教学精细化、后勤服务优质化“五化”建设，全州教育事业保持了持续快速协调发展的良好态势，为全面建设“活力楚雄”、构建“和谐彝州”奠定了坚实的人才基础。年内，全州有各级各类全日制学校1317所，在校学生436812人，教职工28799人。其中有普通高校2所；中等职业教育学校27所；普通高（完）中21所，在校学生37684人，高中阶段教育毛入学率达70.36%；普通初级中学131所，在校学生104168人，初中阶段毛入学率达113.22%；有普通小学960所，教学点313个，在校学生210518人，适龄儿童入学率为99.6%；幼儿园175所，在园幼儿44208人，3—6岁幼儿入园率达50.49%；特殊教育学校1所，残疾儿童少年入学率为95.27%。全州基础教育水平全面提高，职业教育在改革中突破，成人教育在巩固中发展，高等教育积极稳步推进，各类教育协调快速发展。在推进教育改革与发展中，全州中小学布局调整、中小学校舍安全工程建设和州职业教育园区建设等工作成效明显，受到了教育部和省委、省人民政府的充分肯定。省对州的教育目标管理考核连续10年获得一等奖，人民群众对教育的满意程度明显提高。

教育部副部长陈小娅到楚雄州检查指导抗旱保教工作，深入元谋江边小学调研

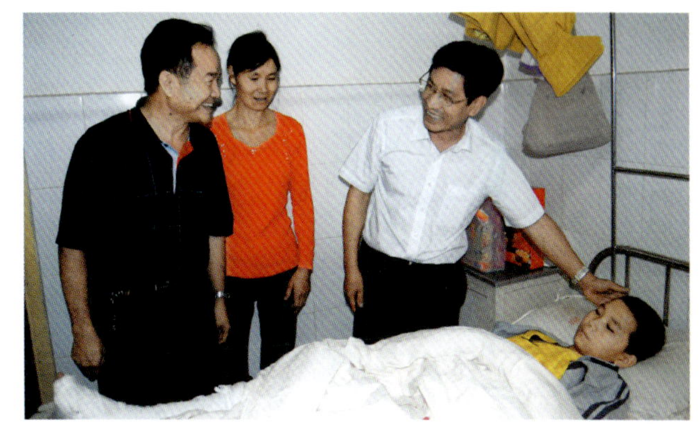
省教育厅厅长罗崇敏深入“7·09”姚安地震灾区，看望受伤学生

州教育党委书记、局长李能接受云南电视台采访

楚雄高级技工学校首期3000余名学生入驻州职教园区

全省中小学区域布局调整工作会议在楚雄召开

国家《人民防空法》执法检查组到楚雄州检查工作

热烈祝贺楚雄州人民防

楚雄州人民防空办公室成立于1969年9月，是州国防动员委员会常设机构，隶属于州人民政府和楚雄军分区，属于"准军事化"管理的部门，几经撤并和顺应历史变迁，2003年起是州人民政府主管人民防空工作的正处级机构，编制27人。机关现内设4个科室：综合科、指挥通信宣传科、工程建设管理科、计划财务科。

40余年风雨兼程。楚雄州人民防空工作在州委、州人民政府、军分区的正确领导和省人防办的关心重视下，在州级各部门、社会各界的大力支持下，通过广大人防工作者的共同努力，不懈奋斗，全州人防机构编制和人员不断得到充实，办公条件得到极大改善和提高，人防指挥通信建设不断完善，人防工程建设得到跨越式发展，人防知识宣传教育力度不断加大，人防各项建设名列全省前茅。2005年被国家国防动员委员会评为"先进单位"；2007年被国家人防办评为全国人防机关"准军事化"建设先进单位；2008年1月，人防工程建设和管理工作被成都军区评为先进单位受到了表彰；2009年被省委、省人民政府授予省级文明单位称号；2007年、2009年被省人防办评为人防宣传报道工作先进单位。

在全面建设平安和谐彝州的重要阶段，州人防办将认真落实科学发展观，紧紧围绕人防建设"长期准备、

省人防办主任周发洪到楚雄州检查工作

省人防办领导视察观音阁人员掩蔽工程平战结合情况

副州长吕琳麟检查州人防办信息化建设

创建省级文明单位考评汇报会

空办公室成立 40 周年

重点建设、平战结合"的方针，以新时期军事战略方针为指导，坚持与经济建设协调发展、与城市建设相结合的原则，切实加强人防知识宣传和基础设施建设，严格执行《中华人民共和国人民防空法》及其实施办法和配套规章制度，扎实做好军事斗争人防应急各项准备；以团结创新、抢抓机遇、开拓进取的精神扎实抓好各项工作的落实，促进彝州人防事业的跨越式发展，圆满地完成党和政府赋予的各项任务，为实现全州经济社会全面发展和建设经济发展、文化繁荣、生态良好、活力涌现、和谐平安的楚雄作出应有的贡献。

主　任：李彩林
地　址：楚雄市东兴路
电　话：(0878)3123615
传　真：(0878)3123615

省人防办行政执法检查组到楚雄州检查工作

楚雄军分区首长视察人防工程维护情况

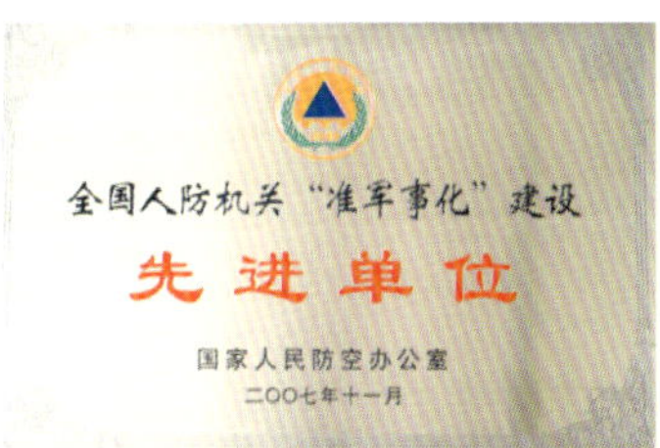

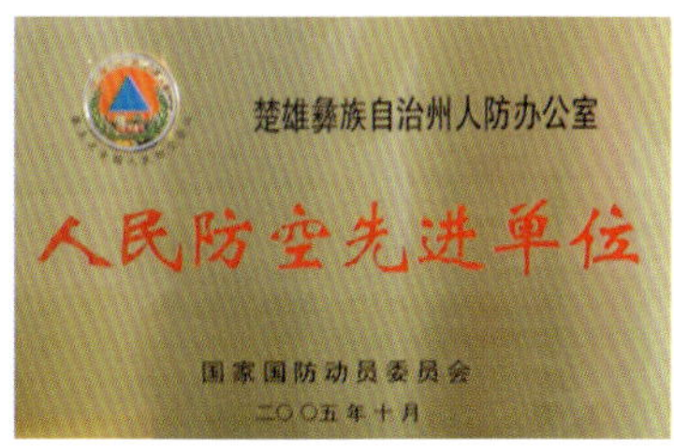

召开全州人民防空工作会议

《楚雄市人防建设规划(2009—2020)》评审会议

团结奋进的领导班子

楚雄州国土资源局

楚雄州州县土地利用总体规划修编大纲专题研究及州县乡各类用地布局成果省级审查会议

州国土局局长岩光学陪同省厅领导到地质灾害隐患点检查工作

2009年，楚雄州国土资源局紧紧围绕“保增长、扩内需、调结构、保民生、保稳定”的要求，突出“保护资源、保障发展、维护权益、服务社会”四大重点，以更加有力的措施大力推进土地整治、改造中低产田地，搭建新农村建设和城乡统筹发展的新平台，深入开展“保增长、保红线”行动，创新国土资源管理方式，全面提升楚雄州国土资源管理水平，突出重点，狠抓落实，有效地保护了耕地，保障了发展，对全州经济社会发展作出积极的贡献。(1)认真落实耕地保护目标责任制，全州连续10年保持了耕地总量动态平衡。(2)“双保”行动取得实效。为确保中央新增投资项目、省州重点项目尽快开工实施，年初通过对全州各项目用地情况认真检查、梳理，本着“有保有压、突出重点、急用先批”的原则，积极主动服务，严格规范管理，及时组织建设用地报件。在年度计划指标仅有450公顷的情况下，加大工作协调力度，争取省国土资源厅的支持，全年共报批建设用地1337.25公顷，为彝州经济社会的发展提供了用地保障。同时全面履行耕地保护目标责任制各项制度，加大国土资源违法案件的查处力度，坚守红线不动摇。(3)加强土地供应管理，规范、及时做好用地保障工作，加强土地的节约集约利用。以有偿方式提供土地121宗，面积274.06公顷，收取出让金72194.04万元，其中以招标拍卖挂牌方式出让土地94宗，面积268.42公顷，收取出让金71318.66万元。(4)完成规划修编工作任务。州级土地利用总体规划大纲已经通过州人民政府常务会审查，各县（市）规划大纲已经通过州级规划领导小组和专家审查，“三张图”州、县数据全部通过云南省国土资源厅

州纪检监察系统参观州国土资源局行政权力运行机制建设工作

省委巡视组组长杨玉兰到州国土资源局开展廉政教育

审查，完成了基本农田上图工作，为楚雄州土地利用总体规划的修编工作奠定了基础。(5)规范矿业权管理。征收矿产资源补偿费 250 万元，对 48 个矿山征收有偿使用费 624.71 万元，以有偿方式出让采矿权 24 个（挂牌 23 个、协议 1 个），收取采矿权出让金 101.37 万元。对 40 个探矿权和 545 个采矿权实施年检。注销许可证 28 个，查处越界开采 2 起，取缔非法采矿 16 个，追缴矿产资源补偿费 9 万元。(6)加强地质灾害防治工作。2009 年地质灾害隐患点共 1243 个，落实地质灾害监测人员和监测预防责任人 1243 名进行 24 小时监测。全年共发生地质灾害险情 43 处，未造成人员伤亡。由于 2008 年楚雄州遭受“8·30”地震和“11·02”特大自然灾害，国土资源部和省国土资源厅批准实施受灾地区等 8 个项目，总投资 5793.7 万元。目前，除双柏碍嘉、楚雄三街 2 个项目外，其他 6 个项目已完工等待验收。(7) 精神文明建设再创新业绩。创造了更加优美的工作环境，营造了更加和谐的人文环境。州国土资源局从绿化、美化办公环境，编印文明礼仪规范小册子，建设陈列室、职工健身房、文化活动室、网球场、篮球场，开展健康文明篮球比赛和春节文艺联欢晚会等活动，软硬件同时抓，州国土资源局被评为省级文明单位，实现市级、州级、省级文明单位创建“三级”跳，国土资源管理工作保护更加有力、保障更加到位，为彝州经济建设和改革发展作出了应有的贡献。

党组书记、局长：岩光学
地　址：楚雄经济开发区永安路
电　话：(0878) 3396358
传　真：(0878) 3398807

州国土资源局局长、州协调办主任岩光学检查元双公路征地拆迁工作

局长岩光学受州人民政府委托向州人大常委会报告工作

楚雄州国土资源局被命名为省级文明单位

楚雄州国土资源系统迎春文艺联欢会

楚雄州人事局

州委组织部副部长，州人事局党组书记、局长，州编办主任：商雁鸿

楚雄州人事局是州人民政府组成部门，主管全州人事人才工作和推行人事制度改革工作；其州机构编制委员会办公室是州机构编制委员会的常设办事机构，既是州委的工作机构，又是州人民政府的工作机构，与州人事局合署办公。

楚雄州人事局、州编办下设19个科室（中心），有干部职工71人，设党总支1个，下辖5个党支部，共有党员170名（含归属管理的自主择业军队转业干部党员和流动大学生党员）。

楚雄州人事局、州编办担负着贯彻执行党和国家有关人事人才工作的方针、政策、法规；综合管理全州国家公务员队伍建设、全州专业技术人员和专业技术队伍建设；研究拟定事业单位人事制度改革总体方案；承办重点建设、重点产业、科技攻关项目所急需专业技术人才的引进和选调；贯彻执行国家机关、事业单位工作人员的工资制度、政策、标准及调控措施；贯彻执行党和国家军队转业干部安置的方针、政策；贯彻执行党中央、国务院和省、州党委、政府关于行政管理体制和机构改革、事业单位分类改革以及机构编制管理的法规政策；研究拟定全州行政管理体制和机构改革总体方案；审核各县（市）、州级各部门内设机构、人员编制和领导职数；研究拟定全州事业单位分类改革方案以及各类事业单位编制标准和实施细则，指导县（市）事业单位分类改革；审核州级直属事业单位和州级各部门所属事业单位的机构设置及其内设机构、人员编制和领导职数；负责州级事业

局领导到扶贫联系点调研指导工作

局领导与获得省政府特殊津贴的优秀专业技术人员合影

组织中青年学术技术带头人培养人选赴北京大学培训

单位的设立登记、变更登记、注销登记和年度检验工作等职能职责。

2009年，楚雄州人事局、州编办以邓小平理论和“三个代表”重要思想为指导，以深入学习实践科学发展观活动为契机，紧紧围绕州委、州人民政府的战略决策，以开拓创新的精神，求真务实的作风，以对党的事业和人民群众高度负责的态度，锐意进取，扎实工作，各项工作取得显著成绩。公务员队伍和各类人才队伍建设不断加强，机关事业单位工资收入分配制度不断完善，事业单位人事制度改革不断深化，人事人才公共服务体系不断完善，人才社会化进程不断加快，机构编制管理不断强化，部门自身建设不断加强，各项人事服务工作协调发展。先后获得“省级文明单位”、“全省军队转业干部安置工作先进单位”、“楚雄州第二批新农村建设工作队及指导员工作先进单位”、“2006—2008年社会扶贫先进集体”、“楚雄州巾帼建功先进集体”、“反腐倡廉教育专项工作奖”等表彰奖励，为建设经济发展、文化繁荣、生态良好、活力涌现、和谐平安的楚雄作出了应有的贡献！

州县市政府机构改革工作会议

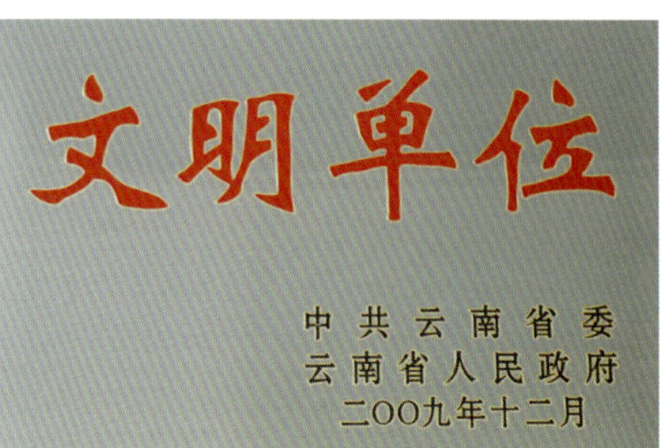

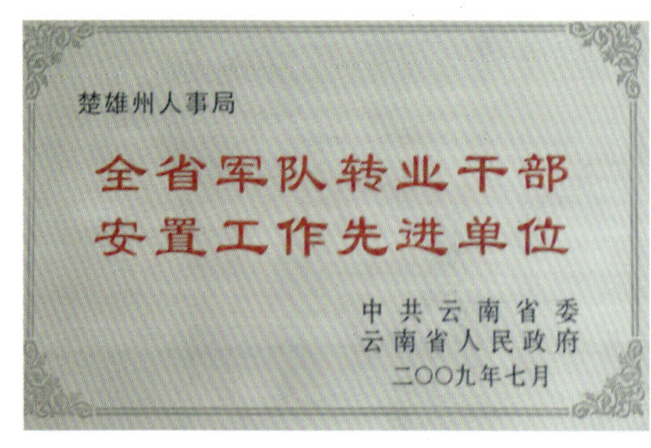

党组书记、局长：商雁鸿
地　址：楚雄州公务中心
电　话：(0878) 3376477
传　真：(0878) 3389675

全局(办)干部职工

楚雄州审计局

国家审计署审计长刘家义亲切接见楚雄州审计局局长张万礼

省长秦光荣视察全省审计系统精神文明建设成就展楚雄展板

省审计厅党组书记、厅长尹建业，纪检组组长罗廷才到楚雄州审计局检查指导工作

2009年，楚雄州各级审计机关在州委、州人民政府和省审计厅的正确领导下，深入学习实践科学发展观，牢固树立科学的审计理念，紧紧围绕应对国际金融危机，促进全州经济平稳较快发展这个第一要务，认真履行审计职责，积极探索，不断创新和丰富审计实践，审计工作在推进转型中得到发展，在创新中稳步前行。据统计，全州共审计项目688个、单位954个，审计查出违规金额14335万元，损失浪费金额1373万元，收缴财政3857万元，减少拨款或补贴1492万元，归还原资金渠道816万元，审计核减建设工程投资金额2312万元。审计移送纪检监察机关2件3人，移送州检察院案件1件2人。向社会公告审计结果549篇，提交审计工作报告和报送审计调查报告625篇，提出被采用的审计建议990条，多篇审计专报、综合性报告和信息简报引起州委、州人民政府领导高度重视并作批示。

2009年，楚雄州审计局被中央文明委命名为全国精神文明建设先进单位，被国家人力资源和社会保障部、国家审计署表彰为全国审计工作先进集体，局党组书记、局长张万礼作为参会代表受到国务院总理温家宝的亲切接见；组织实施的牟定县原县委书记经济

州人民政府副州长左荣贵与各县(市)签订工作目标责任书

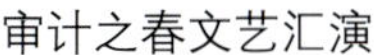
审计之春文艺汇演

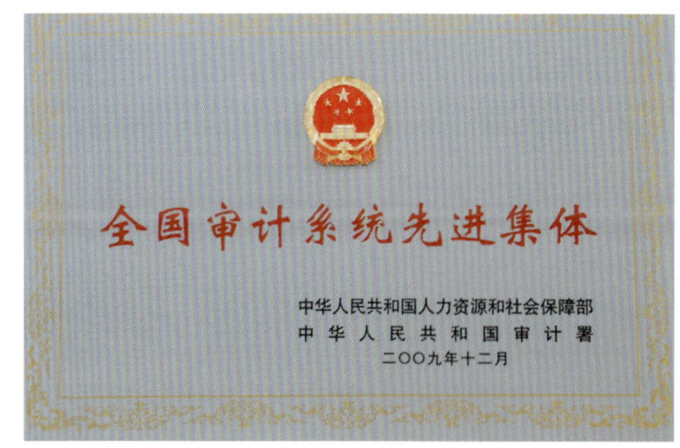
全国审计系统先进集体

中华人民共和国人力资源和社会保障部
中华人民共和国审计署
二〇〇九年十二月

二〇〇八年度

优秀审计项目

中华人民共和国审计署
二〇〇九年十二月

责任审计项目从全国9.9万个审计项目中脱颖而出，被评选为15个优秀项目之一，按照优秀项目打分排序名列第五，结束了云南省没有全国优秀审计项目的历史，实现了云南省优秀审计项目零的突破；在全省评选的2008年度10个优秀审计项目中，楚雄州有3个审计项目被评选表彰为优秀审计项目；全州审计系统已建成州级文明行业，11个审计机关全部被省委、省人民政府命名为省级文明单位；州审计局党风廉政建设工作被州委考评为优秀单位；挂钩扶贫工作被州委、州人民政府表彰为先进集体。全州审计机关在围绕中心、服务大局、建设活力楚雄、构建和谐彝州的进程中，向州委、州人民政府和人民群众交出了一份满意的答卷。

党组书记、局长：张万礼
地　址：楚雄州公务中心
电　话：(0878) 3389586
传　真：(0878) 3389581

全体审计人员

楚雄州卫生局

——保障人民健康　构建和谐卫生

省长秦光荣深入楚雄市永安镇指导社区卫生工作

医疗卫生专家深入基层开展咨询义诊宣传活动

楚雄州卫生局坚持党的卫生工作方针，以服务人民健康为宗旨，以人人享有基本医疗卫生服务为目标，全面推进医药卫生体制改革，彝州卫生事业取得显著成绩，群众“看病难、看病贵”问题不断改善。州卫生局被省委、省人民政府命名为省级文明单位。

城乡居民健康水平进一步提高。2009 年全州传染病发病率 131.5/10 万，孕产妇死亡率 32.89/10 万，婴儿死亡率 12.7‰，比“十一五”末期显著下降。彝州人民健康水平显著提高。

城乡医疗卫生服务体系建立健全。2009 年末，全州有各级各类卫生机构 1619 个（含村卫生所），每个乡（镇）都有一个卫生院、每个行政村都建有卫生所，覆盖全州的社区卫生服务骨干网络已经建立。有卫生专业技术人员 8580 人，平均每千人口拥有卫生专业技术人员 3.29 人。医疗机构病床床位 9218 张，平均每千人拥有病床 2.47 张。覆盖城乡的医疗卫生服务网络已经建立。

公共卫生服务体制机制进一步完善。重大传染病防治、突发公共卫生事件应急工作机制和协调机制不断完善。血吸虫病、结核病、艾滋病等疾病防治工作取得新成绩。有效控制了甲型 H_1N_1 流感疫情的蔓延。妇女儿童健康保健水平进一步提高。自愿无偿献血率达 100%。爱国卫生运动深入开展，全州

楚雄州“抗灾救灾卫生在行动”启动仪式

局长钟继红深入姜驿乡地震灾区指导卫生应急工作

10县（市）都获得了省级卫生城市（县城）称号，农村卫生厕所普及率达65.6%。

医疗服务水平进一步提高。深入开展“三基三严”（基础理论、基本知识、基本技能，严格要求、严密组织、严谨态度）知识竞赛和“医院质量管理年”活动，促进医护质量提高。2009年末，全州医疗机构门急诊危重病人抢救成功率达83.55%，比2005年提高4.87个百分点。住院病人治愈率52.9%，好转率43.4%，分别比2005年提高6.8%和3.13%。医疗卫生整体服务水平跃上新台阶。

中医（彝医）药事业不断发展。全州10县（市）都有中医医院（含民营中医院），乡（镇）卫生院和社区卫生服务中心都能提供中医药服务。彝医药研究和临床应用成果丰硕。全州形成了院有专科、科有专病、病有专药的中医（彝医）药服务格局，中医（彝医）药特色与优势日益显现。

卫生法制建设进一步加强。卫生工作已经步入法制化管理轨道，大力开展卫生执法活动，食品卫生、职业卫生、放射卫生、学校卫生、公共场所卫生、医疗服务市场等卫生监督取得良好效果，食品卫生安全进一步得到保障。

卫生行风建设取得新成效。始终把群众满意作为卫生工作的出发点和落脚点，深入开展“服务质量好、服务态度好、服务环境好”和“合理检查、合理用药、合理收费”创建活动。加强教育，健全制度，严格管理，强化监督，提高服务质量，改善就医环境，简化就诊流程，着力解决患者就医过程中的“繁、难、差”和看病难、看病贵问题，人民群众对卫生行业的满意度不断提高。

新一轮卫生体制改革全面启动。全州10县（市）全面实施新型农村合作医疗制度，2010年参合农民211.15万人，参合率95.74%，全州累计对1589.24万人次的参合农民实施减免，减免金额53826.98万元；新农合住院费用报销比例达60%，最高支付限额为3万元，达到全州农民人均纯收入的8.5倍；实施了乡（镇）卫生院会计委派制、农村公共卫生服务券付费制和二级以上医院药房托管试点；实施了以州为单位的州、县、乡、村定点医疗机构新型农村合作医疗和城镇居民医保用药统一竞限价采购、统一配送制度；实施了以州为统筹单位的新农合大病补充保险制度，2009年参保率达50.08%；实施了门诊费用总额预付包干制、住院病床日费用分类分段包干制等卫生管理、运行机制改革，多项改革试点工作被国家和省推广。

党委书记、局长：钟继红
地　址：楚雄州公务中心
电　话：(0878) 3389383

“11·02”特大自然灾害救灾现场

卫生监督执法人员军训

楚雄州卫生系统庆祝新中国成立60周年颁奖晚会

楚雄州旅游局

省委书记白恩培、国家旅游局局长邵琪伟视察国际旅交会楚雄馆

副州长吕琳麟、州旅游局局长李玉林到方山检查指导工作

局长李玉林等领导研究楚雄州旅游发展工作

1987年10月31日，楚雄州旅游局正式成立，与州外事办合署办公。1995年11月14日，州委、州人民政府重新设立楚雄州旅游事业管理局，为副县级事业单位，由州城乡建设环境保护局管理，编制为8人，设正、副局长各1人。1996年，楚雄州旅游事业管理局提出了内部机构设置和人员编制方案，经州人民政府批准确定人员编制9人，内设办公室、综合科、行管科（质监科）。2002年8月，楚雄州旅游事业管理局更名为楚雄州旅游局，为州人民政府组成部门，下设办公室、规划发展科、市场开发科、行业管理科（加挂旅游质量监督管理所牌子）、教育培训科4科1室。2007年8月15日，州机构编制委员会同意成立旅游质量监督管理科，楚雄州旅游局共有5科1室，人员编制20名，其中行政编制11名，事业编制7名，工勤人员2名。

党的十一届三中全会以后，为了适应对外开放和国际国内旅游事业的发展，州委、州人民政府审时度势，于1985年6月22日成立“楚雄州人民政府外事办公室”，其中一项任务是：办理该地区涉外事项及旅行社、接待等工作。1992年5月21日，州委四届二次全体(扩大)会议首次提出把旅游业作为全州十大经济产业的第五大产业来发展。同年8月，州人民政府批准成立楚雄州旅游业开发建设协调领导小组，其职责是负责全州旅游资源的开发、利用、保护，发展旅游事业和相关行业的组织、协调工作。1996年，州人民政府成立楚雄州重点产业开发领导小组，把旅游业作为第三产业的龙头来发展。1999年5月11日，成立了楚雄州人民政府特色旅游产品开发领导小组，领导小组办公室设在州旅游局。2002年，州委六届三次全体（扩大）会议把特色旅游业与烟草产业、冶金矿产业、天然药业、绿色食品业作为全州五大重点产业来培育发展。2005年7月19日，制定了《中共楚雄州委 楚雄州人民政府关于进一步加快发展特色旅游业的实施意见》。2005年12月26日，州委六届八次全会首次提出文化旅游产业概念。2006年7月，召开全州首届文化旅游产业发展大会。2007年10月召开第二届全州文化旅游产业发展大会，制定了《中共楚雄州委 楚雄州人民政府关于进一步加快文化旅游产业发展的实施意见》。2008年7月，全省旅游产业发展大会在楚雄召开。

进入“十一五”以来，州委、州人民政府紧紧抓住云南旅游“二次创业”的历史机遇，依托“一彝三古”的资源条件和良好的交通区位优势，坚持以大项目带动大发展为重点，以招商引资、扩大开放为动力，大力推进旅游资源产权市场化，促进投资主体多元化，实现旅游品牌资本化，初步形成了政府主导、企业主体、市场运作、社会参与的旅游发展格局。以中国禄丰世界恐龙谷（一期工程）、中国彝族文化大观园核心景区彝人古镇为代表的旅游产品开发取得新成效；以黑井古镇、石羊古镇为代表的旅游小镇建设取得新进展；以元谋土林、武定狮子山为代表的景区创A工作取得新突破；以南华咪依噜风情谷、大姚三潭瀑布为代表的乡村文化旅游开发异军突起。2009年，共接待海外游客16655人次，同比增长4.35%；旅游外汇收入365.9万美元，同比增长4.76%；接待国内旅游者812万人次，同比增长31%；实现国内旅游收入21.33亿元，同比增长30.35%；实现旅游总收入21.58亿元，同比增长31.5%。主要旅游经济指标保持了持续快速增长的态势。

目前，全州拥有国家A级以上旅游景区10个，其中，4A级旅游景区4个，3A级景区3个。有1个国家级、4个省级历史文化名镇（村），1个国家地质公园，43家星级宾馆（饭店），6000余个标准床位，1家国际、12家国内旅行社，18家旅游商品生产销售企业，1个旅游培训中心，全州文化旅游产业直接、间接从业人员2万余人。旅游供给能力不断增强，基本形成了包括食、住、行、游、购、娱在内的完整旅游产业体系，全州文化旅游产业发展迈出新步伐，彝族文化名州建设取得了新成效。纵观楚雄州旅游发展的20余年，全州旅游产业从无到有、从小到大、从弱到强，没有州委、政府的高度重视，没有全社会的大力支持，没有全州旅游行业的奋力拼搏，就不可能有楚雄文化旅游产业发展的今天。

党组书记、局长：李玉林
地　址：楚雄市阳光大道
电　话：(0878) 3369516
传　真：(0878) 3369513

全州文化旅游产业工作会

州博物馆喜迎四方宾客

万人左脚舞

彝人古镇大联欢

楚雄州移民开发局

省委书记白恩培到栗子园移民安置小区视察

省长秦光荣、常务副省长罗正富、副省长曹建方视察青山嘴水库建设工地

2009年，楚雄州移民开发局在州委、州人政府的领导和省移民局的指导下，坚持以邓小平理论、“三个代表”重要思想和党的十七大精神为指导，认真贯彻落实科学发展观，紧紧围绕州委、州人民政府确定的“强农、兴工、扩城、活商、固基、和谐”工作思路，以移民“搬得出、稳得住、环境得到保护、在发展中能致富”为目标，以服务大中型水利水电工程建设为着力点，以维护移民群众合法权益为出发点，以机制创新为动力，以青山嘴水库移民安置和大中型水库移民后期扶持工作为重点，不断解放思想，创新思路，大胆实践，克难奋进，创造性地开展工作，取得了优异的成绩，为促进全州经济社会又好又快发展发挥了积极的作用。

青山嘴水库是国家发改委批准的2006年西部地区新开工建设的12项重点工程之一，也是云南省和楚雄州“十一五”期间的重点建设项目，是一项以解决城市防洪、农业灌溉，兼顾工业供水的骨干水利工程。按照青山嘴水库工程建设工期和移民搬迁服从工程建设进度的要求，2009年是完成移民安置任务的关键之年。面对压力大，困难多，任务重的实际，楚雄州移民局始终以饱满的工作热情，开拓创新的工作思路，求真务实的工作态度，采取一系列措施推进青山嘴水库移民搬迁安置工作的开展，克期完成了青山嘴水库移民搬迁安置任务。到2009年6月底移民已全部迁出库区，得到妥善安置，实现了州委常委在学习实践科学发展观活动中向社会公开“移民在6月30日前入住栗子园小区”的承诺，共搬迁安置移民1831户7214人。2009年12月底，移民劳动力就业达96%，消除了“零就业家庭”，工程建设没有因移民问题而受到影响，确保了青山嘴水库8月1日按计划下闸蓄水。青山嘴水库移民搬迁安

常务副省长罗正富、省政府秘书长丁绍祥深入库区与移民群众交谈

副省长曹建方对移民搬迁进行实地考察调研

置方式为统筹城乡发展，推进城乡一体化建设积累了宝贵的经验，得到了省、州各级领导、专家的充分肯定，受到了各地的广泛关注。

按照《国务院关于完善大中型水库移民后期扶持政策的意见》和《云南省完善大中型水利水电工程移民后期扶持政策实施方案》的要求，2009年对全州10县（市）57个乡（镇）377个村委会1236个村民小组的移民后期扶持人口进行核定，全州移民后期扶持人口达32032人，兑现后期扶持资金1921.92万元，在工作中做到了不重不错不漏。在此基础上，按照先急后缓的原则，及时组织各县（市）选定年度重点建设项目，认真做好库区和移民安置区基础设施建设及经济发展规划项目工作，建立项目储备库，组织实施库区和移民安置区基础设施建设项目。2009年上报各类项目86个，总投资1534万元，同时争取“8·30”抗震救灾资金370万元，实施了基础设施项目10个，不断改善移民群众生产生活条件，并制定出台了《楚雄州人民政府关于贯彻云南省改善小型水库移民安置区生产生活条件问题意见的通知》。

金沙江中游观音岩水电站是云南省人民政府2009年确定重点督查的20个重大建设项目之一。州移民局与项目业主大唐观音岩水电开发有限公司签订了移民工作协议，年内完成了大姚县湾碧乡集镇咖啡场安置点基础设施施工图设计和集镇迁建用地调整划拨工作，启动了安置点道路、场地平整、给排水工程建设等工作，实现了年初计划目标。

乌东德水电站是金沙江下游的重要水电建设项目，电站建设将淹没州内武定、元谋、永仁的部分地区，涉及移民1.5万多人。州移民局在认真做好调查研究，广泛听取群众意见的基础上，超前谋划，认真做好乌东德水电站建设移民前期工作，委托楚雄欣源水利电力勘察设计有限公司配合元谋、武定2县编制了《移民安置方案》，并两次组织修改完善《方案》。

年内，楚雄州移民局按照州人民政府的要求，完成了《楚雄北部金沙江流域重点工程移民开发专项规划》编制。按照“确保工程安全、确保资金安全、确保干部安全”的要求，加强移民工程项目管理，认真落实工程项目建设“四项管理制度”。移民资金的管理做到专户储存，专账管理，专款专用，自觉接受财政、审计、监察等部门的监督检查和移民群众的监督，确保资金安全，确保资金发挥效益。

党组书记：刘祥武
局　长：李　文
地　址：楚雄市阳光大道
电　话：(0878) 3369385
传　真：(0878) 3369385

省水利厅副厅长杨荣新到移民安置点调研

省移民局副局长张异深入移民安置区调研

州移民局局长李文到移民安置区了解移民生产生活情况

栗子园小区文艺晚会

楚雄州畜牧兽医局

全国人大常委会副委员长韩启德到楚雄州养殖企业调研

滇中黄牛鉴定会

楚雄州畜牧业工作坚持走“产业化经营、标准化生产、示范性带动、规模化发展”的路子，不断优化畜牧产业内部结构，着力实施了一批牵动力强、辐射面大的畜牧产业化示范基地建设项目，逐步发展壮大龙头企业，促使畜牧业发展由传统分散型养殖向集约化、规模化、产业化养殖转变，促进了畜牧业生产又好又快发展。2009年，全州畜牧业产值突破50亿元。

畜牧业生产快速发展。2009年末，全州出栏肉猪253.95万头，同比增长8.95%；出栏肉牛31.07万头，同比增长5.86%；出栏肉羊87.38万只，同比增长4.91%；出栏家禽1433.74万只，同比增长7.36%。猪牛羊禽肉总产量30.6万吨，同比增长7.96%；禽蛋产量7162吨，同比增长5.53%。全州畜牧业产值达到50.27亿元，同比增长9.2%，畜牧业产值占农业总产值的36%。

规模养殖蓬勃发展。全州2009年度规模养殖户18118户。其中，出栏生猪10头以上的11395户，出栏肉猪48.06万头；出栏肉牛5头以上的3248户，出栏肉牛3.59万头；出栏肉羊50只以上的1196户，出栏肉羊9.48万只；出栏家禽100只以上的2279户，出栏家禽401.46万只。

项目建设稳步推进。全年向上级申报优势畜产品基地建设等项目86个，到位资金1508万元，同

局领导班子

局长杨龙调研畜牧工作

时争取到中央扩大内需4个县（市）和17个乡（镇）动物防疫体系建设项目总投资444.3万元，已申报待批生猪标准化规模养殖场建设补贴项目43个700万元，向发改委报送2010年项目储备18个，为全州畜牧业的持续发展奠定了基础。

产业化经营加快发展。2009年州内生猪加工龙头企业彝山工贸公司共收购屠宰肥猪6.8万头，乳猪3.87万头，加工产品6585吨，实现产值9200万元，销售收入7194万元。全州外销猪牛羊110.93万头（只），同比增长9.76%，其中外销猪76.57万头，牛9.01万头，羊25.35万只，畜产品外销势头强劲。

惠农政策落实到位。2009年，楚雄州先后实施能繁母猪保险补贴、蛋鸡规模养殖和生猪规模养殖补贴、挤奶站建设补贴、名特优新扶持、生猪及奶牛良种补贴、中央扩大内需项目等扶持项目，加大了养殖小区、基础设施、防疫检疫机构等建设的投入力度，增强了畜牧产业发展后劲。

品种改良进展顺利。2009年共完成猪人工授精41.98万胎；完成肉牛冻精改良5.83万胎；建成8个奴比亚种羊核心群扩繁场，引进了8组纯种奴比亚种羊分别投放，开始生产，已建成的全州46个民营种羊扩繁场全年提供种公羊715只，推广肉羊杂交改良4.5万余胎，完成驴人工授精杂交改良7119胎。

动物疫病防控力度加大。楚雄州认真组织落实春秋两季防疫工作，全州共注射口蹄疫疫苗76.27万头只次，猪瘟疫苗332.28万头次，猪蓝耳病疫苗325.4万头次，禽流感疫苗955.64万只次；注射鸡新城疫疫苗1156.42万只次；防疫密度分别达95%以上。确保全州无重大动物疫情发生，增强了养殖户加快发展畜牧业生产的信心，保障了畜牧业健康发展。

动物卫生监管稳健开展。2009年，全州监督检查动物及其产品经营场（所）4025个次、仓储场（所）82个次、加工场（所）174个次，监管面达100%。监督检查畜类54.72万头只、禽类122.96万只、动物产品2.05万吨，依法补检畜类6.64万头、禽类10.52万只、动物产品539.79吨。年内全州共办理动物卫生监督案件254件，立案查处46件。重点抽检兽药140批，饲料81批，对经检测不合格的50件兽药、饲料案进行了立案查处。确保了动物食品卫生安全，促进了地方畜牧业的发展。

2010年，在中共楚雄州委、州人民政府的坚强领导下，全州广大畜牧兽医工作者正以高昂的斗志、饱满的热情，围绕“强农”工作目标，舞龙头，建基地，抓大户，切实加强品种改良，疫病防控和畜产品安全，促进彝州畜牧业经济又好又快发展，助推社会主义新农村建设，不断开创畜牧兽医事业新局面。

党组书记、局长：杨　龙
地　址：楚雄市鹿城东路38号
电　话：(0878) 3122540
传　真：(0878) 3123396

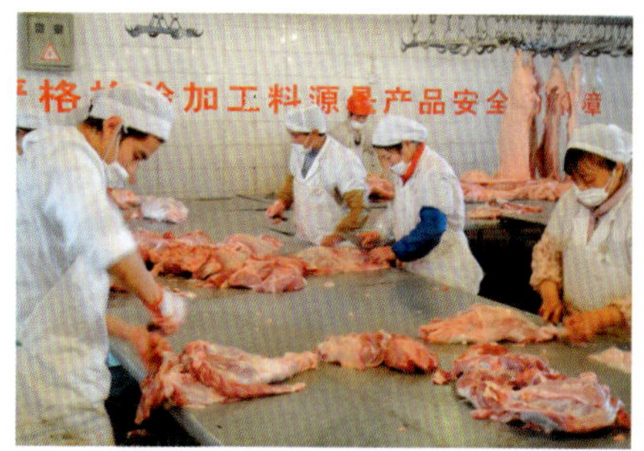
彝山工贸公司生猪分割肉加工

生态养鸡

生猪高床规模养殖场

肉驴规模养殖场

国家畜禽遗传资源保护品种—滇中黄牛

楚雄州国家税务局

国家税务总局副局长王力到楚雄地震灾区慰问

全省国税系统学习实践科学发展观活动座谈会在楚雄召开

2009年，面对国际金融危机影响，税源经济增长回落的不利形势，楚雄州国家税务局党组结合“创新发展年”工作主题，紧扣经济形势、政治形势、发展形势和工作形势，以“团结、和谐、稳定”为主线，按照“抓重点、攻难题、保增长、促发展”的工作思路，认真落实“管理上以人为本、工作上统筹兼顾、服务上优质高效、发展上力求和谐”的目标要求，认真谋划税收与发展、谋划稳定与和谐、谋划收税与服务，统筹兼顾抓工作落实，全年工作彰显了“把握重点、实现亮点、克服弱点、突破难点”的实际效果。

重点工作有成效。全年共组织税收收入496787万元，同比增收42802万元，增长9.43%。完成省国税局确定奋斗目标486470万元的102.12%；完成州人民政府下达计划任务479078万元的103.7%。同时，大力压缩车辆运行费、招待费、会议费、出国费4项经费支出，实现了经费开支零增长。

常规工作有进展。信息公开、税收行政执法和行政审批工作得到省州人民政府表彰。实行增值税、所得税分类管理和网络申报，146户企业通过网络申报扣缴企业所得税，379户企业通过网络申报扣缴增值

局长张炳华深入基层指导工作

“一窗通办”综合服务窗口

税，成为全省继昆明之后首先推行网络抄报税的州（市）。年内，征收非居民所得税 23 万元，实现零的突破。同时，班子建设、干部建设、老干部管理、廉政建设、文明创建等工作得到加强，干部稳定、政令畅通、系统和谐、健康发展。

亮点工作有创新。纳税评估工作得到省国税局通报表扬，全年共评补税款 2797 万元，其中评补增值税 2293 万元，评补企业所得税 504 万元。稽查工作得到省国税局好评，全年共查补入库收入 5058.43 万元，入库率为 100%，同比增加 3232.74 万元，增长 177.07%，创历年查补新高。纳税服务工作得到高度评价，推行办税服务厅"一窗通办"综合业务窗口和一般纳税人网上认证、网络抄报税，进一步降低纳税成本，减轻了纳税人负担。学习实践科学发展观活动得到省国税局肯定，全省国税系统第二批学习实践科学发展观活动座谈会在楚雄州国税局召开，并将编印的《楚雄州国家税务局学习实践科学发展观材料汇编》赠送给 15 个州（市）国税局和 137 个县（区）国税局。

难点工作有突破。"一窗通办"在全州所有办税服务厅顺利实施，实现纳税人和基层办税服务人员双满意。成功开发"楚雄州国税局税收辅助管理系统"，下发《楚雄州国家税务局落实"两个减负"优化纳税服务暂行办法》，"两个减负"工作迈出了实质性步伐。探索绩效考核，围绕"公共项目、工作项目、报表项目、激励项目"四大主要考核指标进行攻关，细化项目，量化得分，制定下发《县市区局工作效能积分考核（试行）办法》。

党组书记、局长：张炳华

求真务实的领导班子

和谐稽查

庆祝新中国成立 60 周年文艺汇演

演讲竞赛

楚雄州地方税务局

国家税务总局副局长王力一行到“8·30”地震灾区元谋县慰问地税干部

省文明办领导陈德金在省地税局副局长张美琼陪同下到州地税局指导工作

楚雄州地方税务局自1994年机构成立以来，始终坚持“聚财为国、执法为民”的宗旨，坚持把组织收入和服务地方经济发展作为税收工作的第一要务，坚持依法治税，加强征收管理，抓好“领导班子好、队伍素质好、管理机制好、执法质量好、社会形象好、党风廉政建设好”六好创建工作；着力于提高干部执法与服务意识，着力于提高税收征管质量与效率，着力于提高干部队伍综合素质，努力构建平安和谐地税，年年超额完成税收任务。

2009年，面对复杂严峻的国内外经济环境，楚雄州地方税务局在省地税局党组和中共楚雄州委、州人民政府的正确领导下，以深入开展学习实践科学发展观活动为动力，按照省地税局的工作思路，沉着应对前进中的困难与挑战，认真贯彻落实国家出台的结构性减税政策和省人民政府出台的一系列税收优惠政策，全州共依法减免地方税收16604万元。加强税收分析预测，按照科学化、专业化、精细化税收征管的要求，挖掘税种征管潜力，强化税务稽查，深入开展整顿和规范税收秩序，全年共稽查入库税款4802万元，使税费收入稳定增长。年内，全州共组织税费收入319500万元，是1994年组织收入的17倍，为楚

州人大常委会副主任、州总工会主席杨静在局长金利民陪同下指导工会经费开征工作

团结务实的新一届领导班子(左起：党组成员、纪检组长刘庆生，党组书记、局长金利民，党组成员、副局长王海虹，党组成员、副局长自开有，总经济师杨建芬)

全州优秀分局长、征收员、税收管理员选拔考试

召开全州地方税务暨党风廉政建设工作会议

举办全州地税系统信息化业务培训班

雄州经济社会又好又快发展提供了强有力的财力保障。

在抓好组织收入的同时，大力实施“人才兴税、信息管税”战略。大力推行网上申报、电话申报、邮寄申报、储蓄扣税等多元化纳税申报方式，实现了省、州、县、分局四级信息数据大集中，初步实现了征税网络化、办公现代化和服务信息化，提高了纳税服务的质量和效率。积极鼓励干部职工参加学历教育、报考职业技术资格证书，大专以上学历的干部从1994年的32人上升到2009年的774人，占在职干部的86.27%。2009年，先后举办了4次大规模的全州业务培训，全州地税稽查系统82人参加全国税务稽查人员业务考试，取得了全省地税稽查系统集体第三名的好成绩，有10名干部入选全国税务稽查业务考试省级百名标兵。州地税局机关在2009年1月被授予“全国文明单位”，州地税局和10县（市）地税局再次被授予第十二批“省级文明单位”称号，全州地税系统文明单位建成率达到100%。州地税局的依法行政工作连续8年被州政府考评为先进单位；党风廉政建设工作连续8年被州委、州政府考评为优秀或合格；综治工作连续10年分别被省地税局和地方综治部门考评为先进集体。

举办纳税人税收政策宣传辅导培训班

全国精神文明建设工作
先进单位
中央精神文明建设指导委员会
二〇〇五年十月

全国文明单位
中央精神文明建设指导委员会
2009年1月

地　址：楚雄经济开发区永安路271号
电　话：(0878) 3392345　3393317
传　真：(0878) 3390260

文明单位
中共云南省委
云南省人民政府
二〇〇九年十二月

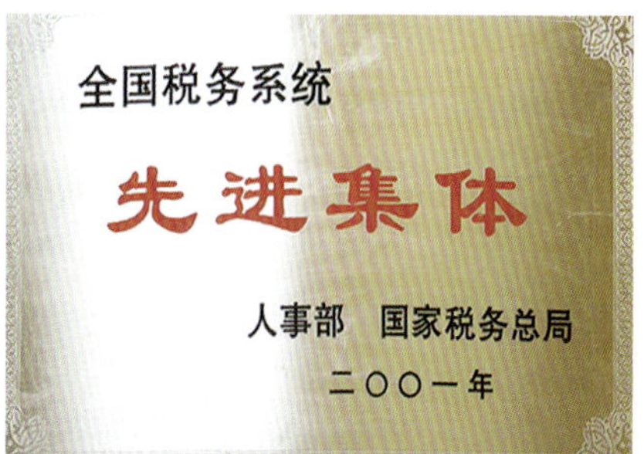

全国税务系统
文明单位
国家税务总局

楚雄州总工会

州长杨红卫踏勘州总工会职工活动中心选址

2009年，楚雄州各级工会着力加强工会组织建设和会员发展工作，私营企业、行业工会建设和会员发展取得新成效。截至12月末，全州基层工会总数达2102个，涵盖单位4240个；全州会员总数达179971人。其中全年新建私营企业工会896个、新发展会员13850人，分别完成省总工会下达任务数的500%、139%。同时，积极推进“双措并举、二次覆盖”试点工作，深入开展职工之家建设活动，截至年末，建成州级“先进职工之家”265个、省级“模范职工之家”21个、全国“模范职工之家”4个、全国“模范职工小家”2个。年内，楚雄州工会工作获云南省工会重点工作目标考核一等奖。

州第八届劳动模范和先进工作者表彰大会

完成多项经济技术创新工程 以“保增长、扩内需、调结构”为重点，启动“同舟共济保增长、建功立业促发展”职工立功竞赛活动；以创建“工人先锋号”为主要载体，广泛开展“我为节能减排作贡献”活动；开展“共同约定行动”，为“保增长、保民生、保稳定”作出积极贡献；举办了主题为“巧手绘和谐、才艺展风采”的2009年楚雄州首届职工才艺展览会；继续深入推进职工素质建设工程，全年共举办电力、交通、森工企业技能培训和技能竞赛3期，参加职工人数1700余人；积极组织企事业单位职工参加“云天化杯”职工安全生产知识竞赛和开展“安康杯”竞赛活动；开展职工（农民工）技术技能培训。全州共培训职工8125名（其中农民工2853名），有3420名职工通过培训后取得了技术等级资格证书。

楚雄州首届州县（市）总工会职工运动会暨迎接新中国成立60周年文艺演出，省、州总工会领导和职工合影

为职工群众办实事 举行了楚雄州2009年关注困

州人大常委会副主任、州总工会主席杨静深入大姚检查指导抗旱救灾工作

难职工春节送温暖活动启动仪式并全面开展元旦、春节送温暖活动。全州共组织走访慰问企业206个，走访慰问职工3492人，发放困难补助金145.65万元；看望慰问困难劳模168人，发放慰问金37.18万元；看望慰问农民工733人，发放慰问金16.4万元。据统计，国庆中秋两节期间，全州共慰问困难企业157个，走访慰问困难职工1071户，慰问困难劳模99户，慰问困难农民工152人，共计发放慰问金92万余元。加强困难职工帮扶中心特别是县级帮扶中心建设。做好“贷免扶补”工作。（5）首次在全州广大职工中开展“和谐家庭”评选表彰活动，共评选表彰500户职工家庭，其中州级表彰250户，推荐上报省总工会表彰250户。开展关爱女职工健康行动。积极做好抗灾救助工作。

积极开展文体活动 首次举办了楚雄城区“辞旧迎新、共建和谐”职工登山健身活动、楚雄州首届“五一杯”职工篮球运动会和首届州、县（市）总工会职工运动会，广大干部职工以优异的成绩和良好的精神风貌喜迎新中国60周年华诞。全州各级工会举办演讲比赛、报告会、体育运动会、职工才艺展览会等活动600余场次，参加职工达5万余人。

组织开展职工互助医疗 楚雄州总工会组织开展第六期职工医疗互助工作，共组织1890个单位、148051人参加医疗互助活动，收取互助金758.42万元。截至11月30日，全州共有14209人因病住院得到医疗互助补助金795.37万元。

宣传报道劳模事迹 2009年，楚雄州总工会在“五一”、“国庆”节期间，通过楚雄电视台、《楚雄日报社》、州广播电台等新闻媒体先后宣传报道70名劳模和一线职工的先进典型事迹，召开劳动模范和先进工作者代表座谈会，组织劳模代表参观了州内新农村建设成果，开展了劳模疗休养、“向劳模送健康”活动，向50名省（部）级劳模人均发放了价值500元的药箱。同时，积极做好“五一”劳动奖状和奖章的推荐工作。

2009年，楚雄州总工会认真贯彻省委工青妇工作会议精神，为各级工会组织履行职责创造了乘势而上的有利条件；着力加强工会领导班子和干部队伍建设，举办了州、市属企业工会主席和全州乡（镇）工会主席培训班2期240人。同时，加强与同级和下级党委组织部门的沟通协调，促进工会领导干部的协管工作；全面推行地税代收工会经费工作。截至11月30日，全州共有1296个单位到地税部门申报缴纳工会经费2525.41万元，开局良好，成效明显。

举办庆“五一”文艺晚会

举办企业工会主席培训班

首届州、县(市)总工会职工运动会开幕式

主　席：杨　静
地　址：楚雄州公务中心
电　话：(0878) 3389494
传　真：(0878) 3389494

楚雄州妇女联合会

召开庆祝中华人民共和国成立 60 周年表彰大会

举办庆“三八”文艺晚会

2009 年，楚雄州妇联围绕中共楚雄州委、州人民政府中心工作，以“党政关注、社会关心、妇女所需、妇联所能”为工作准则，以联系妇女、服务妇女、教育妇女、维护妇女儿童合法权益为根本任务，以促进男女平等、实现共同发展、构建和谐社会为主题，以“万名妇女学科技、创佳绩、促和谐”竞赛活动为载体，坚持一手抓发展、一手抓维权，团结和引领广大妇女在“保增长、保民生、保稳定”的大局中充分发挥作用，妇女工作取得了明显成效，被评为云南省农村妇女“双学双比”活动先进集体、楚雄州 2006 年至 2008 年社会扶贫先进集体、楚雄州 2008 年度禁毒工作先进单位、楚雄州 2008 年度廉政文化专项工作奖。

以培训为抓手，万名妇女学科技强素质。积极整合社会资源，举办科技培训 759 场次，培训妇女 55375 人次；举办妇女创业就业培训班 145 期，培训妇女 7577 人次；与州烟草公司联合开展科技种烟女能手培训，争取培训资金 30 万元，培训种烟女能手 24914 人次；与州农业局联合开展新型女农民培训，培训新型女农民 22446 人次；举办彝绣培训班 6 期，培训彝绣女能手 692 人；与州委组织部联合，分 3 批组织 85 名副处以上女领导干部赴延安市委党校、上海市妇女干部学校进行学习培训。

以活动为载体，万名妇女创佳绩展风采。组织开展了“爱国歌曲家家唱”，选送郭春柔家庭到中央电视台《神州大舞台》栏目参加比赛；举办了“喜迎建国

原州委副书记杨宁检查指导妇女创业就业工作

开展“六一”节慰问

60周年暨纪念‘三八’妇女节99周年文艺晚会”、第十三届庆“三八”女子健身运动会和“纪念建国60周年暨彝州妇女发展论坛”；召开了2009年州妇联团体会员迎新春座谈会、女领导干部联谊会2009年年会；联合月朗公司举行了“2009关爱女性月朗千万爱心传递行动”捐赠仪式暨楚雄州妇联女性保健知识讲座；召开楚雄州妇联庆祝中华人民共和国成立60周年表彰大会，激励广大妇女积极投身经济社会建设主战场。

以民生为重点，万名妇女促和谐保稳定。在10个县（市）实施妇女发展循环金70万元，香港回归扶贫基金35万元，组织发放鼓励妇女创业“贷免扶补”贷款500万元；深入实施“春蕾计划”，募集助学款2.4万元救助40名高中贫困女学生；协调贝因美公司捐赠价值6万多元的物资，争取春蕾小学捐款10万元，开展了“六一”节慰问贫困山区和春蕾小学活动；积极开展为“7·09”姚安地震灾区送温暖捐助活动，募集70870元现金以及价值40余万元的物资送达灾区妇女儿童手中，让灾区妇女儿童感受到了各级妇联组织的关怀；认真做好信访接待，接待来信来访50件，办结49件，使妇女群众的合法权益得到了维护。

以目标促进度，推动“两个规划”实施有新跨越。调整充实了妇女儿童工作委员会成员及联络员，制定下发了《楚雄州妇女儿童工作目标责任管理考核暂行办法》、《楚雄州妇女儿童工作委员会工作制度》，明确了各成员单位的职责和任务；召开了全州第六次妇女儿童工作会议，详细梳理了各项指标的完成情况；抽调成员单位领导组成考核组，分赴全州10县（市）和10个重点成员单位进行检查考核，促进了“两个规划”重点难点指标的落实。

加强自身建设，务实创新能力有新提升。以深入学习实践科学发展观活动、“一面旗、一团火、一盘棋”主题实践活动、“三牢记五争先”学习实践活动以及“三个万名”竞赛活动为载体，通过开展集中学习、交流讨论、外出考察等方式，深化理论学习、强化服务意识、提高干部素质，促进妇联自身建设迈上新台阶。面对新时期、新任务，楚雄州妇联将以新的精神风貌去实现又一次新的跨越，谱写彝州妇女儿童事业更加辉煌灿烂的篇章。

主　席：何锡英
地　址：楚雄州公务中心
电　话：(0878) 3389483
传　真：(0878) 3389483

农村妇女妇科病免费普查活动在楚雄市启动

调研指导彝绣产业发展

向地震灾区捐款献爱心

启动“企村联动”妇女创业援助项目

中国人民银行
THE PEOPLE'S BANK OF CHINA

州长杨红卫到人行楚雄州中心支行指导工作

楚雄州金融工作座谈会

中国人民银行作为中华人民共和国的中央银行，代表国家进行金融宏观调控与管理，是具有国家机构性质的特殊金融机构。中国人民银行在我国国民经济活动中居于特殊地位，它是政府的银行、发行的银行和银行的银行，具有与其他金融机构不同的性质。主要表现在：第一，中国人民银行以稳定币值为宗旨，并以此促进经济增长，不以盈利为目的；第二，中国人民银行作为我国的中央银行，处于超然地位，具有一定特权，是特殊的法人；第三，中国人民银行的业务活动对象主要是金融机构和政府部门，不经营商业银行业务；第四，中国人民银行所起的作用不是中介人的作用而是控制信用、调节货币流通的作用；第五，中国人民银行享有政策赋予的若干特权，如发行货币、经理国库、管理国家外汇储备、黄金储备等。

中国人民银行楚雄州中心支行作为中国人民银行的派出机构，接受人民银行总行的统一领导和管理，并根据人民银行总行的授权，履行贯彻执行货币信贷政策，维护本辖区金融稳定，提供金融服务三大职

楚雄州银行卡风险防控工作联系会

举办“祝福祖国、央行放歌”大型合唱比赛

楚雄州中心支行

党委书记、行长：徐滔

责，积极促进地方经济发展。其前身是1950年3月成立的人民银行楚雄专区办事处，1958年4月15日楚雄彝族自治州成立后，亦随之改为中国人民银行楚雄彝族自治州中心支行，是新中国成立后第一家进驻楚雄的银行分支机构。经过一系列职能调整和机构改革，截至2009年末，中国人民银行楚雄州中心支行内设国家外汇管理局楚雄州中心支局及15个职能科室，下设9个县支行，共有在职职工307人。

2009年，在上级行党委的正确领导下，在州委、州人民政府的关心、重视和支持下，中国人民银行楚雄州中心支行以党的十七大精神为指导，用科学发展观统领工作全局，紧紧围绕“加快队伍建设、强化内控管理、促进职能履行、推动科学发展”年度工作思路，群策群力、务实进取、积极作为，突出工作重点，创新工作方式，细化工作措施，狠抓任务落实，为促进彝州经济发展、维护地方金融稳定做出了积极的努力。全年楚雄州金融运行平稳，适度宽松的货币政策得到积极落实，存贷款增量双双创历史新高。截至年末，全州金融机构人民币各项存款余额373.12亿元，比年初增加76.37亿元，增长25.74%；人民币各项贷款余额216.37亿元，比年初增加58.75亿元，增长37.27%。

开展反假货币知识宣传

行　长：徐　滔
地　址：楚雄市团结路288号
电　话：(0878) 3027310
传　真：(0878) 3027373

办公大楼

楚雄州開發

州委书记邓先培、州长杨红卫参加州人民政府与太平洋证券公司合作协议签字仪式

州委常委、常务副州长、州开发投资有限公司董事长董继理主持签字仪式

副州长樊炳清到公司指导工作

楚雄州开发投资有限公司成立于2003年9月，是州人民政府领导，州国资委履行出资人职责的国有独资公司，是州人民政府唯一的融资平台、投资主体。公司以“诚惠开拓、融兴彝州”为宗旨，以服务于州委、州人民政府的发展战略为己任，以促进全州经济社会发展为目标，推进彝州政府信用合作建设，管理政府信用贷款资金。

公司董事长由常务副州长兼任，为公司法定代表人。董事会由州人民政府领导2人、公司总经理、州发改委主任和州财政局局长共5人组成，执行监事由州监察局长兼任。董事会成员、执行监事及公司总经理、副总经理由州人民政府任命，实行董事会领导下的总经理负责制。

公司的主要职能是：多渠道筹措建设开发资金，集中管理州级财政用于基础设施、基础产业和部分社会事业项目、重点产业项目的建设资金；实施政府性投资重点项目建设，对州安排的基础产业、基础设施、优势产业项目以及国家和省在楚雄州的重要投资项目，采取参股和根据国家批准的融资业务等方式进行投资和经营管理；经州国资委授权管理经营政府资产，实现国有资产保值增值。公司内设4个部室，下设7个控股子公司。至2009年12月，公司资产总额达166.75亿元，净资产93.36亿元，资产负债率44.01%。

总经理王旭与太平洋证券公司签订协议

州发改委主任周兴国检查武定高汰渣项目建设情况

州财政局局长邓斯云深入禄丰县检查指导中低产田改造建设项目

投資有限公司

公司融资项目——栗子园移民搬迁小区

公司自成立以来，认真贯彻落实州委、州人民政府制定的发展战略，积极发挥融资平台作用，大力支持全州重点项目建设。分别与国家开发银行云南省分行、中国农业发展银行楚雄州分行、交通银行楚雄支行、中国建设银行楚雄州分行、中国工商银行楚雄分行、楚雄州农村信用联社开展了政府信用建设合作，累计融资39.5亿元。至2009年12月末，累计安排政府信用合作贷款项目1088项，政府信用贷款资金37.94亿元。

公司融资项目——通乡油路

2009年，公司紧紧围绕州委、州人民政府中心工作，抓住当前国家应对金融危机，采取扩内需、保增长、保民生，实施积极的财政政策和宽松的货币政策的有利时机，积极培育楚雄资本市场，抓住有利机遇，积极尝试直接融资模式，力争发行15—18亿元的企业债券，债券发行方案已上报国家发改委待核准。同时，公司参与推进投融资体制改革，拓展融资渠道，积极寻求信托产品融资的新渠道。

今后公司将致力成为实现“努力把楚雄建设成为滇中经济圈新的增长极、成为全省乃至全国最具发展活力和竞争优势的少数民族自治州之一”和“把楚雄市建设成为滇中特色大城市”宏伟目标的强力助推器。

公司融资项目——州职教中心

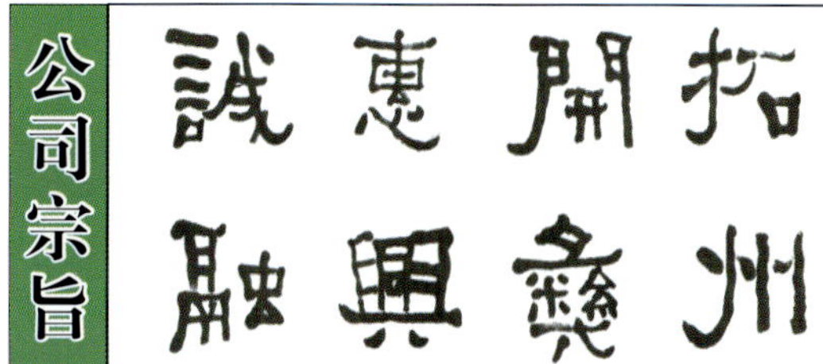

总经理：王　旭
地　址：楚雄市阳光大道283号
电　话：(0878) 3369011
传　真：(0878) 3369056

公司融资项目——州人民医院新区建设

公司融资项目——州文化活动中心建设

公司融资项目——廉租房建设

云南楚雄经济开发区

招商引资项目推介会上硕果累累

开发区管委会领导带队参加昆交会

云南楚雄经济开发区是1992年8月经省人民政府批准成立的省级经济开发区。现城市规划控制面积42平方千米，行政管辖面积229平方千米（含东瓜镇）。开发区处于滇中名城楚雄市，距离省会昆明138千米，是昆明通往滇西七州（市）的必经之地，也是云南省出滇西连接东南亚、南亚国际大通道的重要节点。境内320国道、广大铁路、成昆铁路、安楚和楚大高速公路横贯东西，是贸易区大动脉上的重要枢纽，区位和交通优势十分明显。

2009年，开发区面对金融危机不断加深的影响，在州、市党委、政府的正确领导下，坚定信心，沉着应对，团结和带领全区广大干部群众，紧紧围绕“保增长、保民生、保稳定”的总体目标和要求，把保持经济平稳较快发展作为经济工作的首要任务，着力化解发展中的各种困难和问题，通过全区上下的共同努力，经济社会实现了又好又快发展。全年实现生产总值（GDP）17.25亿元，同比增长15.88%。实现财政总收入6.24亿元，同比增长14.6%；完成地方财政收入4.62亿元，同比增长32.96%，一般预算收入2.95亿元，同比增长19.23%，全区经济社会实现平稳较快发展。

基础设施不断完善。以龙川江两岸、永安大道、鹿城北路等为重点实施了一批绿化美化亮化工程；以西北片区、冶金建材化工园区为重点的一批市政基础设施建设项目进度加快。年内，全区共完成固定资产投资207439万元，同比增长20.42%。

开发区夜景

招商引资再创新佳绩。2009年，开发区党委、管委会进一步加强对招商引资工作的领导，完善招商引资考评机制，强化组织保障，深化与大企业、大集团的合作，促进项目聚集，努力营造引商、安商、扶商、富商的良好氛围。全年共引进招商签约项目12项，其中工业项目11项，当年开工项目10项，完成州外到位资金10.79亿元，同比增长30.5%。

工业发展迈上新台阶。开发区牢固树立“工业兴开发区兴”的理念，坚持把抓工业作为全区上下各项工作的重中之重，认真落实保工业增长的各项措施，加快发展方式转变，狠抓循环经济、节能减排。2009年工业总产值首次突破30亿元，达30.39亿元，同比增长18.23%，实现工业增加值7.29亿元，增长13.68%，对全区GDP的贡献率达到42.28%。

产业实力进一步增强。2009年，开发区主导产业实现增加值8.68亿元，同比增长16.62%，占生产总值的50.29%。其中，天然药业实现增加值14136万元，同比增长3.1%；冶金建材化工业实现增加值33186万元，同比增长17.57%；机电制造加工业实现增加值23815万元，同比增长18.04%；绿色食品加工业实现增加值1072万元，同比增长48.45%；商贸旅游服务业实现增加值14545万元，同比增长22.31%。

人潮涌动的开发区

商贸经济和非公经济快速健康发展。2009年，开发区按照“放水养鱼、政策优惠、管理规范、活商兴市”的原则，进一步加强专业化市场建设，全力帮助市场业主引商入市，增人气，浓商气，活市场，促进了商贸经济和非公经济的大发展。全年区内个体经营户达2812户，同比增长19.35%；私营企业达535户，同比增长22.15%。非公经济实现增加值11.7亿元，同比增长15.29%。实现社会消费品零售总额6.52亿元，同比增长22.92%。

市民广场

开发区牢牢抓住云南省建设滇中城市经济圈的战略机遇，按照构建滇中特色大城市的发展要求，紧扣经济建设中心和发展要务，着力调整经济结构，转变发展方式，继续实施大投资战略、强化大项目支撑，不断创优环境、做强产业，加快向高新技术产业开发区转变，努力实现经济社会平稳较快发展。

便利的交通

楚雄州档案局

州委常委、副州长李红民到州档案局（馆）调研

州政协副主席、州监察局局长李天云到州档案局（馆）调研

州政府秘书长马国雄到州档案局（馆）调研

2009年，楚雄州档案局以邓小平理论和“三个代表”重要思想为指导，深入学习党的十七大精神，全面贯彻落实科学发展观，紧紧围绕党委政府工作大局，坚持以人为本为核心，努力实现“两个转变”，建立“两个体系”，不断作出新贡献。近年来条件不断得到改善，各项业务工作水平不断得到提升，档案工作在构建社会主义和谐社会中的作用日益突显。

认真实施国家档案局第八号令。督促各机关单位按照《机关文件材料归档范围和文书档案保管期限规定》，制定文件材料归档范围和文书档案保管期限表。2009年12月止，全州共有430个单位审批备案，其中州级242个。

继续抓好星级档案（馆）室建设。年内全州有102个党政机关档案室、3个企事业单位档案室、19个乡（镇）机关档案室、15个村委会（社区）档案室实现了“星级目标”，2611户家庭实现了家庭建档目标。2009年12月止，全州共有4个档案馆，626个党政机关档案室、30个企事业单位档案室、85个乡（镇）机关档案室、90个村委会档案室、16个社区档案室实现了“星级”目标，19340户家庭实现了家庭建档目标。

加强对重大建设项目档案的管理和指导工作。积极开展州文化活动中心、青山嘴水库、职教中心等工程档案的管理和指导工作，完成了州公务中心项目、市看守所迁建项目、元谋小河口水电站等8个重点工程档案的验收。2009年12月，全州共验收重大建设项目档案51个，其中州级37个，县（市）级14个。

林改档案工作进展顺利。通过全州档案部门与林业部门的密切配合和共同努力，全州林改档案工作基本结束，共整理档案43241盒（卷），移交各县（市）档案馆保存。

改制企业档案工作如期完成。经过几年的艰苦努力，全州列入省级考核的311户改制企业完成了档案的整理和移交工作，进馆档案78000余卷，其中州级企业35户（省州考核的

晋升国家二级档案馆授牌仪式

34 户）各类档案 31254 卷，全部接收进州档案馆保存。

加大国家档案资源建设工作力度。年内，全州 11 个综合性档案馆共接收档案 20802 卷、70602 件，录音录像档案 4 盘，照片档案 11861 张，光盘 56 张，征集档案 2 件。档案馆接待查阅利用档案 9259 卷次，3617 人次，接待查阅现行公开文件 269 人次，接待参观爱国主义教育基地展室 461 人次。

重点档案的保护和抢救工作取得新进展。州、县档案局积极向省档案局上报了国家重点档案抢救与保护项目，省档案局 2009 年下达全州内重点档案抢救与保护专项资金 8 万元。州县档案馆加强了重点档案抢救与保护工作，强化了“十防”管理，对破损、褪变档案开展了有计划的抢救，最大限度地维护了档案的完整与安全。

通过国家档案局档案事业发展综合评估。根据州档案馆晋升国家二级档案馆的申请，云南省档案局受国家档案局委托，组织测评员于 2009 年 10 月 22 日对州档案馆进行了实地综合测评，州档案馆最终以 86.2 分的成绩晋升为国家二级档案馆。

率先完成云南省县级综合档案馆建设规划编制上报工作。根据省发改委、省档案局《关于印发云南省县级综合档案馆建设规划编制工作方案的通知》和省档案局关于做好县级综合档案馆建设规划相关事宜的通知精神，楚雄州认真开展了县（市）综合档案馆建设规划编制工作，率先在全省第一家完成了 10 县（市）综合档案馆规划的编制工作，规划总建筑面积 43952 平方米，总投资 1.31 亿元。楚雄市档案馆已列入全州第一批选报的县级综合档案馆建设试点，总投资 1500 多万元。

科学规范和有效监督行政权力运行示范点工作圆满完成。按照州纪委监察局第一纪工委监察分局的工作安排，根据《中华人民共和国档案法》赋予档案部门的职能职责，共清理确定重点职权 73 项，健全完善了 40 多项制度并汇编成册，组织编印了《楚雄州档案局科学规范和有效监督行政权力运行试点工作资料汇编》。在州纪委召开的全州纪委书记监察局长现场经验交流会上，州档案局的科学规范和有效监督行政权力运行试点工作受到了广泛好评。大理州纪委监察局，州、县 140 多个有关单位纷纷前来参观学习。

信息化建设方面有新的突破。全州各县档案馆均接入互联网及政务网，有 4 个县档案馆在互联网建立了网站，州档案局对原有网站进行了改版，在网站上提供档案的查阅利用服务。州档案馆对馆藏档案进行了数字化加工，录入文件级条目 172141 条，全文扫描 19767 页，其中现行公开文件 1153 份。截至 2009 年 12 月，全州共著录文件级条目 1453117 条，案卷级条目 80105 条，扫描原文 24115 页，照片档案 10971 张。

局长高建祥汇报科学规范和有效监督行政权力运行工作

全州档案工作会

档案信息化建设

州档案局参加“七一”晚会表演《十送红军》

局　长：高建祥
地　址：楚雄市鹿城西路
电　话：(0878) 3123298
传　真：(0878) 3133029

楚雄州质量技术监督综合检测中心

综合楼落成剪彩仪式

楚雄州质量技术监督综合检测中心依据国家法律、法规和标准，为授权范围内量值准确提供测试检定保障和计量器具强制检定、测试与校准；授权范围内产品质量监督检验、产品质量仲裁检验及产品质量生产许可检验；为食品安全和特种设备安全提供监督检验保障，开展相关技术咨询、技术服务、人员培训。

楚雄州质检中心新建综合性办公大楼位于楚雄市南片区阳光大道云荷路，占地面积8亩，建筑面积6100平方米，主楼共9层：一楼接待大厅、建材检验室、计量检定室；二楼计量检定室；三楼、四楼产品综合检验室；五楼中心工作人员办公大厅；六楼特种设备检验所、产品质量检验所、计量检定所所长办公室、中心副主任办公室、中心总工室；七楼中心办公室、中心财务室、中心主任办公室、中心小型会议室；八楼质量技术协会、档案室、资料室、教学室；九楼大型会议厅。附楼两层：一楼建材检验室、安全阀校验室、出租车计价器检测；二楼职工食堂。楚雄州质量技术监督综合检测中心下设产品质量检验所、计量检定测试所、特种设备检验所。其各所的主要业务工作具体是：

综合楼落成典礼合影

（一）产品质量检验所。承担化工产品、食品（含酒饮料、瓶装饮用水）、化妆品、水泥、钢材、管材、墙砖、瓷砖、钢铝门窗、绝缘电缆电线、太阳能、木制家具、板材等产品质量检验；以上产品（商品）质量仲裁检验；行政执法抽查产品质量检验；接受社会开展相应产品质量检验；指导帮助企业建立健全产品

主任周彬在综合楼落成典礼上致辞

气相色谱/质主谱联用仪

质量试验设施和制度；产品生产许可监督检验；企业产品质量检验人员业务培训；相关产品质量技术咨询与技术服务。

（二）计量检定测试所（加挂禄丰检定站牌子）。承担贸易结算、安全防护、医疗卫生、环境检测、小型衡器、电能表、压力测试机、材料试验机、计量器具强制检定工作；承担社会委托开展的计量器具检测和维修工作；企业计量检定人员技术培训与指导；相关技术咨询与技术服务。

（三）特种设备检验所（加挂国家职业技能检定所云南第85所牌子）。负责锅炉压力容器、压力管道安装、改造、维修质量监督检验；负责电梯、厂（场）内机动车、起重设备、安装、改造、维修质量监督检验；负责锅炉、压力容器、压力管道生产使用定期监督检验；负责电梯、厂（场）内机动车、起重设备定期监督检验；特种设备操作人员上岗培训（司炉工、水处理工、电梯操作工、厂（场）内机动车驾驶人员、起重设备操作工）。国家职业技能检定所云南第85所承担对下列工种进行劳动技能培训和技能等级检定：司炉工、水处理工、压力容器操作工、锅炉本体修理工、眼镜配装工、电焊工、气焊工、长度计量检定工、温度计量检定工、化学计量检定工、食品检验工、材料成分检验工、产品安全性能检验工（介电度、绝缘电阻、漏电电流）、组织纤维分类检验工、组织物理性能检验工、建材材质检验工等25个工种劳动技能等级鉴定。

检测设备

2009年，3个基层单位工作情况和历史同期相比有大幅度提高，其中检验28类，100余种产品，2880（批）次，对全州用于贸易结算、安全防护、医疗卫生、环境检测等强制检定的计量器具进行定期检定，为企业单位在用的计量器具进行检定和校准，保证所检仪器达到使用效能；共检各类计量器具8307台（件），使全州计量器具检测量值传递达到统一；对全州各行政事业单位、厂矿企业进行特种设备检验1795台，确保特种设备安全运行，为减少事故隐患，支持地方经济发展打下良好的基础，举办了不同规模、不同层次的技术培训班20余期，培训企业质检人员16人（次），特种设备操作人员530人（次），为支持楚雄州经济建设和“非公”经济发展做出了重要贡献。

水泥强度试验

中心的各项检验、检测、检定工作均严格按照国家的技术要求和技术标准执行，保证检测数据的科学、公正、准确、可靠，为用户保守商业技术秘密。中心全体职工以“科学、公正、廉洁、高效”为宗旨，饱满、热情、周到的工作态度为社会各界提供优质的技术服务。

主　任：周　彬
地　址：云南省楚雄市阳光大道云荷路
电　话：（0878）3157199
产品质量检验所电话：（0878）3157198
计量检定测试所电话：（0878）3157197
特种设备检验所电话：（0878）3157195

综合楼

楚雄州疾病预防控制中心

副省长高峰在州委常委、副州长李红民的陪同下视察指导州疾控中心工作

州委书记邓先培，州委常委、副州长李红民视察州疾控中心疫情报告管理系统

楚雄州疾控中心是楚雄州人民政府实施疾病预防控制与公共卫生技术管理和服务的公益性事业单位，成立于2002年12月20日，同时加挂楚雄州卫生检验中心的牌子，其前身是楚雄州卫生防疫站（建于1962年）；2006年10月21日，原楚雄州疾病预防控制中心和楚雄州克山病防治研究所合并重组，成立新的州疾病预防控制中心，同时加挂楚雄州地方病防治研究所和楚雄州卫生检验中心的牌子。中心总占地面积16023平方米，房屋总面积20084平方米；总固定资产3295万元，其中仪器设备总资产1000万元。现有在职职工168人，平均年龄40.4岁，有硕士研究生1人、本科48人、专科51人、中专54人；在职卫生专业技术人员136人，其中高职20人、中职64人、初职52人；享受国务院、省人民政府特殊津贴专家3人，州级学科带头人2人。中心内设16个科室，其中职能科室6个，业务科室10个。通过省级实验室计量认证并开展理化、微生物、临床检验及公共卫生现场监测项目12大类205项；取得实验室计量认证、职业卫生健康体检、职业卫生危害因素监测与评价等省级资质4个；有获奖科研成果20项，在州级以上医学刊物发表的科技论文共220篇，是全州疾病预防控制、公共卫生监测与检验、公共卫生信息、卫生宣教、科研培训的业务技术指导中心。

楚雄州疾控中心坚持科学发展观，认真落实各项

州长杨红卫到州疾控中心调研

2006年10月21日楚雄州疾控中心重组成立大会召开

实验室检测

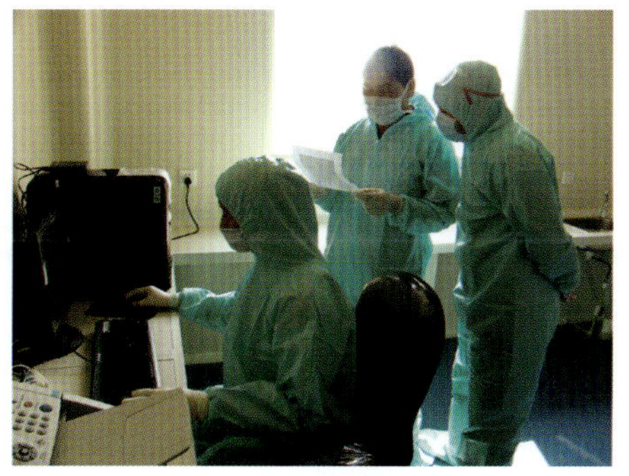

艾滋病确认实验室

参加“七一”建党节歌咏比赛

传染病监测防控措施，计划免疫预防疾病发病率逐年下降，全州传染病发病率大幅度下降并保持连续5年低于全省平均水平，2002年以来连续7年未发生霍乱疫情，艾滋病、结核病、地方病、血吸虫病、麻风病等重点传染病得到有效控制，成功处置了各类突发公共卫生事件，为彝州人民身体健康和彝州经济社会和谐发展作出了应有的贡献。

楚雄州疾控中心于2007年6月成立党总支，下设3个党支部，现有党员78名。通过狠抓党的思想、组织、作风和制度建设，正确执行党的路线、方针、政策，坚持不懈地开展党风廉政、职业道德、行业作风建设，深入学习实践科学发展观，充分发挥“三个作用”即党总支政治核心作用、党支部（党总支）战斗堡垒作用、党员先锋模范作用，为中心的建设发展提供了有力的保障。2008年4月，中心工会被中华全国总工会授予“全国模范职工之家”荣誉称号；2008年6月，中心党总支被云南省委组织部授予“实施‘云岭先锋’工程先进基层党组织”荣誉称号；单位先后被表彰为“全国计划免疫先进集体”、“全国消灭脊髓灰质炎先进单位”和“全国地方病防治先进集体”以及云南省“预防与控制艾滋病先进集体”、“性病、麻风病防治先进集体”、“全省结核病防治先进集体”、“九五期间地方病防治先进集体”、“全省防治艾滋病工作先进集体”、“全省传染病疫情报告管理先进集体”、“全省疾病预防控制工作先进集体”、“2005—2007年云南省防治艾滋病人民战争先进集体”。

参加全州卫生系统文艺汇演节目《红灯颂》荣获一等奖

参加“5·12”汶川抗震救灾

办公大楼

主　任：宋先毅
地　址：楚雄经济开发区黎明路46号
电　话：(0878) 3388515
传　真：(0878) 3388287

发展中的云南省楚雄天人中学

（楚雄开发区实验中学）

省委书记白恩培，省政府秘书长、原州委书记丁绍祥到校视察

州委常委、副州长李红民，州教育局局长李能到校调研

云南省楚雄天人中学（楚雄开发区实验中学）是楚雄州教育局主管的州属学校。2008 年 6 月成立的楚雄开发区实验中学与楚雄天人中学同属 1 所学校、2 块牌子，学校为普通全日制义务教育学校，由楚雄经济开发区管委会开办并承担初中义务教育经费，实行州教育局主管，市教育局和开发区管委会社会事业发展局共同管理的体制。

各级党委、政府及教育主管部门的高度重视和滇中成盛建设（集团）有限公司的倾情投资是学校又好又快发展的根本保证。2009 年，学校占地 400 余亩，师生 2700 余人。教师招聘面向全国，高中招生面向全州，初中招生面向片区；思想交流活跃，文化氛围浓厚，师生携手共同发展。封闭管理，开放办学，学风好；因材施教，走班教学，师资强。学有特长，教有特点，校有特色。

从 2005 年建校时 300 余名师生发展到今天 2700 余名师生，可谓发展迅猛！

从 2008 年第一届高考应届生综合上线率 91.4%，2009 年第二届高考应届生综合上线率 97.45%，到 2010 年第三届高考应届生综合上线率 99.5%，可谓稳步提升！

高考应届生综合上线率保持全州第一名，高考应届生重点和二本上线率保持全州第二名，高考打造出 600 分以上的应届生，可谓艰苦卓绝！

众多应届生考入中国传媒大学、中国地质大学、北京师范大学、北京邮电大学、电子科技大学、空军工程大学、上海理工大学、天津工业大学、武汉大学、武汉科技大学、浙江工业大学、西南大学、西南政法大学、重庆大学等全国名校，可谓群星璀璨！

众多学生在“奥林匹克”全国物理竞赛，“希望杯”全国

州委常委、市委书记张之政到校调研

市长、经济开发区管委会主任袁鹏到校调研

数学邀请赛，云南省“三生教育”书画作品大赛，楚雄州、市中学生运动会中获奖；许多教师在州级以上专业技能大赛中获奖；学校多次受到各级党委、政府和教育主管部门的表彰奖励。

学校要求学生“先做人，后读书，再做事”，进行全面质量管理，采取多条腿走路，追求多元的教育质量，确保学生健康、幸福、快乐地成长。

办学宗旨：顺天道以尽职，承人道而树才。

办学思想：以教学为中心，以学生的全面发展为主线，以德育为根基，以向高中和高等学校输送合格和优秀人才为具体目标，构建具有个性化、能充分发挥学生特长的具有天人中学特色的教育教学体系，为学生的终身发展奠基。

教育目标：

确立一种理念：全面发展，人文见长

提倡一种精神：心存感激，志存高远

灌输一种思想：落叶方知苍根苦，成人方明父母难

喊响一句口号：读书改变命运，心态决定一切

做好一个工程：爱心工程（贫困生救助机制）

建立一个体系：以绩效为基础的报酬体系

打造一支队伍：优秀教师群体

实践一种模式：合格＋特长、规范＋选择＝天人

实现一个目标：办顾客（学生、家长、政府、社会）满意的教育

人才培养目标：“三会三好一长”。“三会”即“会做人、会读书、会做事”；“三好”即“心态好、身体好、学习好”；“一长”即“合格＋特长和优秀＋特长”。

实施三步走战略（三年一步）：第一步，晋升一级三等，创建州级示范性寄宿制完全中学。第二步，晋升一级二等，创建省级示范性寄宿制完全中学。第三步，晋升一级一等，创建国家级示范性寄宿制完全中学。

实施三名工程：名师工程，名生工程，名校工程。

操作策略：顾客中心→过程管理→持续改进→全员参与→领导与战略→全面质量管理体系

具体措施：制度＋考核＋关怀

校　长：李平锋
地　址：楚雄经济开发区东盛东路
电　话：(0878) 3389270
传　真：(0878) 3389270

州市领导到校指导高考备考工作

威风锣鼓

彝族文化进校园

校园一景

楚雄州特殊教育学校

州委书记邓先培等领导观看学校艺术团演出并与全体演员合影

州长杨红卫、州人大常委会副主任杨静等领导到校视察

楚雄州特殊教育学校创建于1986年，是全州唯一一所专门招收各类残疾学生并对其实施九年义务教育的特殊教育学校。1999年被楚雄州教育局认定为"楚雄州聋儿语言训练中心"和"楚雄州残疾人职业技术培训中心"，2002年被州教育局、州妇联认定为"楚雄州特殊教育家长学校"。建校24年来，学校先后面向全州10个县（市）招收了聋、盲、弱智儿童小学47个班，初中20个班，累计招收学生870多人；开办聋儿语训班22期，培训聋儿700多人。现有19个班，在校学生302人，教职工61人，其中专任教师47人（高职3人、中职21人、初职23人）。

"十一五"以来，学校40次获省州级表彰（省级6次，州级34次)，先后被授予云南省"德育工作先进集体"、"文明学校"，楚雄州"绿色学校"、"残疾人工作先进单位"、"先进职工之家"、"厂(校)务公开工作先进单位"、"工会工作目标管理一等奖"、"三八红旗集体"、"楚雄州巾帼文明岗"称号、"2009年度人口与计生工作"三等奖等多种荣誉和称号。教师有59人次获省州表彰奖励（荣誉性奖励23人次，业务性奖励36人次）；有46篇论文、33篇通讯在国家、省、州等相关刊物上刊载或评审获奖。焦健、

州委常委、副州长李红民在州教育局局长李能陪同下到校视察

州残工委主任、副州长法玉宾到学校走访慰问

李沧华参加“云南省首届特殊教育学校教师课堂教学技能竞赛”，分别荣获一、二等奖。夏皎银、束燕两位老师参加“云南省首届听力语言康复教师职业技能大赛”，夏皎银荣获“一等奖”和“教学技能单项奖”，束燕荣获“优秀奖”。同时，夏皎银代表云南省参加全国大赛，取得了较好成绩。起光会被省总工会表彰为“云南省和谐家庭”。张元春被省教育厅、省人力资源和社会保障厅评为“云南省优秀教师”。学生有85人次获州级以上表彰。毕业生杨代琼代表云南省参加全国第七届残运会，获篮球比赛第一名，被州人民政府表彰为“优秀运动员”。毕业生朱国刘、程超曾多次代表楚雄州、云南省参加全省、全国的残疾人文艺演出，多次获奖，2人均于2007年被选入云南省残疾人艺术团，并成为该团的主要演员。在校生杨宏、刘萍等5名同学参加国际少儿艺术大赛，其绘画、手工作品获特别奖；汪志祥、袁宏云等6名同学参加云南省教育厅举办的“三生教育”书画作品评比竞赛，分别获一、二、三等奖。2009年5月，在省体育局等部门举办的“云子杯”、“五一”围棋升段赛中，李艳东、杨仁杰等5名同学被中国围棋协会授予业余1段称号。在2009年11月举行的云南省第九届残运会上，学生彭方亮代表楚雄州参加脑瘫足球比赛，获第二名；同时，由该校学生组成的男、女篮球代表队在此次运动会上也分别取得了第六、第七名的好成绩。

在中共楚雄州委、州人民政府的关心重视下，在州教育局的正确领导下，在各级残联和社会各界的关心、支持下，学校坚持“一切为了残疾孩子”的办学理念，认真抓好各项教育教学工作，真正把残疾学生培养成为社会的有用之才，努力向着创建全国示范性特殊教育学校的奋斗目标迈进。

校　长：郭玉春
地　址：楚雄市团结路60号
电　话：(0878) 3011173
传　真：(0878) 3011580

红塔集团楚雄卷烟厂为学校捐款

按摩课程

学生为抗旱救灾捐款

中国农业银行楚雄分行

AGRICULTURAL BANK OF CHINA

省分行行长字如钧、副行长杨光廷与州党政领导出席农行楚雄分行支持县域经济发展座谈会

省分行行长字如钧、副行长杨光廷向州委、州政府赠送绘画作品

中国农业银行股份有限公司楚雄分行作为国有股份有限公司辖属分支机构，恢复成立于1979年，经历了专司农村信贷的专业银行时期、国有独资商业银行时期，2009年经国务院批准，中国农业银行整体改建为股份有限公司。农行楚雄分行现辖9个县支行和42个营业网点，有在职员工818人。

按照新时期中国农业银行股份有限公司面向“三农”、商业化经营的改革发展定位，农行楚雄分行秉承“客户至上，始终如一”的服务理念，在地方各级党委、政府及社会各界的关心、支持和帮助下，立足州情，结合行情，以建立现代企业制度为核心，以面向“三农”、服务城乡为方向，大力实施县域蓝海市场发展战略和城市业务经营转型，积极履行企业社会责任，发挥了农业银行在彝州金融体系，尤其是在农村金融体系中的支柱和骨干作用，为支持彝州经济社会发展作出了应有的贡献。2009年末，农行楚雄分行人民币各项贷款余额达59亿元，当年实现净投放14亿元，其中全年净投放涉农贷款10亿元；发行金穗惠农卡14万张，覆盖全州10县（市）66个乡（镇），覆盖乡（镇）面达到64%，覆盖农户总数的24.14%；发放农户小额贷款2亿元，惠及1.2万户农户。

向群众宣传金融知识

看望慰问退休困难老党员

与此同时，农行楚雄分行贴近市场、贴近客户，不断丰富金融产品，创新服务手段，努力提升金融服务城乡的能力和水平，资金实力逐年壮大。到2009年末，全行人民币各项存款余额达109亿元；业务品种结构丰富，开办了本外币存贷款、国内外结算、票据承兑贴现、代理发行、兑付国债、结售汇、银行卡、信用证服务及担保、代收代付、代理保险、各类汇兑、贷款承诺、企业及个人财务顾问服务、证券公司客户交易结算资金存管、企业年金托管、代理开放式基金、电话银行、手机银行、网上银行等业务。农行楚雄分行已发展壮大成为了一家综合实力雄厚、客户基础广泛、城乡联动优势明显、服务功能齐全、信誉卓著的综合性国有股份制商业银行。

目前，农行楚雄分行正朝着建设现代商业银行的新征程积极迈进，农行楚雄分行愿与社会各界、彝州各族人民携手共进，共建美好家园！

支持小水电开发

行　长：张利生
地　址：楚雄市鹿城南路 76 号
电　话：(0878) 3130586
传　真：(0878) 3121762

支持县域特色产业发展

支持中小企业发展

为农户发放金穗惠农卡

整洁温馨的营业大厅

楚雄州地方志办公室

2009 年，楚雄州地方志办公室在州委、州人民政府的领导下，团结带领广大干部职工围绕“巩固基础，提升发展，积极创新，突破难点”的工作思路，不断创新工作方式方法，潜心地方志工作，实现了“志鉴刊网并举发展”的工作目标，彝州地方志事业获得了长足发展。

州志续修稳步推进。完成了续修《楚雄州志》700 万字资料收集工作和《楚雄州志·大事年表》初稿，续修工作由收集资料扫尾转入全志编纂的重要阶段。

年鉴编纂持续发展。《楚雄州年鉴》自 1989 年创办，已赓续出版 21 部，其中获全国一等奖 1 次、获全国二等奖 2 次，2003 年版获首届中国地方志年鉴奖综合特等奖，其他卷均获省级特等奖或一等奖。2009 年，按照州委、州人民政府对年鉴编纂工作提出的“常编常新、常编常快”的要求，州志办在压缩年鉴篇幅、提高质量上狠下功夫，《楚雄州年鉴》的时效性、编纂质量和水平得到了明显提高。

地方志刊物办出特色。创刊于 1984 年 4 月的楚雄州地方志学会刊物《楚州今古》，已连续出刊 105 期，成为楚雄州地方志事业的一个重要组成部分。《楚州今古》为弘扬彝州历史文化、民族文化和反映彝州改革开放新成就，宣传彝州、提升彝州对外知名度作出了积极贡献。

信息化建设迈出新步伐。通过切实加强对楚雄州方志地情网的管理和提升，增设栏目，丰富内容，为全州方志地情资料、方志信息交流和宣传及社会各界人士了解州情、开展工作交流与地情研究搭建了平台。

队伍建设不断加强。2009 年，州志办在单位管理中实行“党风廉政建设责任制和科室业务工作目标管理责任制”的双目标责任制，进一步改进了机关作风，提高了工作效率，有效促进干部队伍整体素质的提高，形成竞争激励机制，增强了干部队伍的活力，夯实了彝州地方志事业科学发展的基础。

党组书记、主任：郭孟贤
副主任：杜晋宏 白云鹏
地 址：楚雄州公务中心附楼二楼
电 话（传真）：（0878）3389348
邮 编：675000

财政·税务

财　　政

【财政收支】　2009年，楚雄州完成地方财政总收入73.30亿元，比上年增收7.74亿元，增长11.8%。其中州本级完成41.48亿元，比上年增收5.34亿元，增长14.8%；县（市）级完成3.18亿元，比上年增收2.40亿元，增长8.2%。完成地方财政一般预算收入25.58亿元，比上年增收2.88亿元，增长12.7%。其中州本级完成6.10亿元，比上年增收4024万元，增长7.1%；县（市）级完成19.48亿元，比上年增收2.48亿元，增长14.6%。完成地方财政基金收入9.98亿元，比上年增加1.91亿元，增长23.7%，其中州本级完成1.17亿元，比上年增加382万元，增长3.4%。完成地方财政一般预算支出91.06亿元，比上年增支21.01亿元，增长30%。完成地方财政基金预算支出12.14亿元，比上年增支3.60亿元，增长42.2%，其中州本级完成1.02亿元，比上年增支5498万元，增长117.9%。

【争取上级资金】　2009年，楚雄州各级财政部门紧紧抓住国家实施积极财政政策及实施新一轮西部大开发和加大对民族地区扶持的机遇，积极向上级争取资金。全年共争取到中央及省一般性转移支付23.03亿元，比上年增加6.24亿元，增长37.1%；争取到专项转移支付资金38.27亿元，比上年增加11.95亿元，增长45.4%；争取到直汇资金8.53亿元。同时，多次到省人民政府和省财政厅、省国税局、红塔集团等部门与单位汇报协商，争取到红塔集团二次重组给予楚雄州0.4个百分点的税收利益照顾，当年增加地方财政总收入6802万元。

【贯彻积极财政政策】　2009年，楚雄州财政局全面贯彻积极财政政策。（1）全力抓好扩大内需政策落实。州财政局在2008年末追加1000万元项目前期工作经费的基础上，年内又安排了3000万元资金支持各级各部门扎实做好项目前期工作。同时，积极争取上级项目资金支持，全年共争取到通过州财政下达的1批至4批中央扩大内需资金项目413个，投资计划18.63亿元，其中中央财政投资9.94亿元、省财政配套1.41亿元、州财政配套9545万元、县（市）财政配套2.25亿元，确保项目的顺利实施。（2）认真落实“家电下乡”、“汽车摩托车下乡”政策。全年共兑付“家电下乡”补贴829万元，兑付率98%，在全省排名第3位；兑付“汽车摩托车下乡”补贴4077万元，兑付率100%，两项补贴政策的实施共拉动销售4.79亿元，有效刺激了农村消费。（3）大力扶持企业发展，全面落实各项减税让利政策。全年共减免企业税收49977万元，切实减轻企业负担，改善了企业发展环境；共安排下达工业结构调整扶持资金3000万元，比上年增加2000万元，对技改投资较大和纳税增幅较高的企业实行以奖代补和贴息政策；积极争取省级以上财政企业扶持资金1.25亿元，支持企业走出发展困境。

【金融协调服务】　2009年，楚雄州财政局努力加强金融协调服务。（1）支持成立了富滇银行楚雄分行、禄丰龙城富滇村镇银行和楚雄市汇通小额贷款有限责任公司、楚雄市永兴小额贷款有限责任公司、大姚县顺达小额贷款有限责任公司、禄丰县德润小额贷款有限责任公司。（2）通过盘活和划拨州级现有行政事业单位资产产权，壮大楚雄州开发投资公司融资能力。（3）完成政府融资12.6亿元，支持全州小（一）型水库、州职教中心、州医院新区等一批重点项目建设。（4）建议州人民政府把住房公积金贷款额度提高至40万元并允许提取个人当年公积金余额用于还贷付息，当年发放住房贷款和提取公积金11亿元，促进了房地产业发展。

【加大农业投入】　2009年，楚雄州共投入支农支出36.21亿元，同比增长20.8%，着力解决了一批农业最关键、农村最薄弱、农民最急需的问题。（1）支持农田水利基础设施建设。全年共投入农田水利基础设施建设资金3.05亿元，兴建“五小水利”工程2万件，解决了25.5万农村人口的饮水安全问题，治理水土流失面积560平方千米。（2）投入农业产业化资金2577万元，支持核桃、葡萄、蔬菜、油茶和畜牧等优势特色农业产业发展。（3）认真落实各项惠农政策，及时足额兑现粮食直补、农资综合直补和生态效益补偿等18项惠农补贴，共兑现资金8.91亿元，增长24.7%，全州农民人均获得补贴402元。（4）支持扶贫开发工作，全年共下达整村扶贫推进资金8315万元，实施项目村611个。（5）安排扶贫到户贷款贴息资金717万元，促成发放贷款1.5亿元。（6）支持农村劳务输出和专业合作组织发展。全年共安排农村劳动力转移培训经费684万元，开展农村劳动力转移培训1.98万人次；安排农民专业合作组织发展资金216万元，扶持农民专业合作组织21个。（7）认真组织实施财政农业综合开发项目。完成总投资8995万元，其中完成2008年未完工项目3855万元，完成2009年项目5140万元；完成中低产田改造5.35万亩，其中完成2008年度未完工项目2.86万亩，完成2009年项目2.49万亩；完成小流域生态综合治理5000亩；顺利完成2008年3个产业化项目的收尾工作和2009年4个产业化贴息经营项目；全面启动实施6个产业化财政补贴项目。

【支持社会事业发展投入】 2009年，楚雄州继续加大社会事业发展投入。（1）继续加大教育投入。全年共完成教育支出14.96亿元，增长27.7%。筹集资金2.28亿元及时兑现全州中小学教师绩效工资、增加退休教师生活补贴。州人民政府贷款融资累计投入州职教中心建设资金4.10亿元。投入中小学校舍安全工程建设资金2.60亿元，完成农村中小学校D级危房改造14.6万平方米。下达义务教育阶段“两免一补”及公用经费补助2.22亿元，进一步保障了中小学公用经费。（2）继续完善公共卫生投入机制。年内，完成医疗卫生支出9.24亿元，增长54.7%；建设了一批县乡卫生院和村卫生室，提高和增加乡村卫生院（所）和城市社区医疗服务经费。（3）积极支持社会保障体系建设。完成社会保障和就业支出17.84亿元，增长41.9%；筹集资金1.04亿元，将7.15万人纳入城市低保；安排补助资金1131万元，全州纳入农村低保人数达到12.9万人；筹集企业职工基本养老金4.93亿元，确保企业职工待遇及时足额支付；筹集资金567万元对3.14万名80岁以上老人发放了健康和长寿生活补贴；制定实施《楚雄州创业人员小额担保贷款实施办法》，发放创业小额担保贷款1915笔9498万元，累计拨付财政贴息资金209万元。（4）积极支持推进城乡医疗保障制度改革。筹集城镇职工基本医疗保险资金3.65亿元，全州参保人数达20.84万人，参保率99%。筹集城镇居民基本医疗保险资金4009万元，全州参保人数达17.81万人，参保率100%。筹集新型农村合作医疗保险资金2.06亿元，参合人数达205.51万人，参合率92.5%。投入资金2793万元支持城乡医疗救助制度建设。投入资金3089万元支持卫生防疫控制体系建设。（5）支持保障性住房建设，发放廉租住房补贴672万元，惠及住户3978户；安排资金1.01亿元（其中中央下达6002万元，省、州各下达补助2036.54万元）专项用于15万平方米的廉租房项目建设。（6）完成文化体育与传媒支出1.09亿元，建设了一批乡村文化活动室和61个乡文化站并配套相应设备，完成1796个广播电视“村村通”工程。（7）大力支持公共安全体系建设，完成公共安全支出4.75亿元，比上年增长了44.7%。（8）认真做好“7·09”姚安地震抗震救灾和灾后恢复重建资金保障工作，共安排下达各级财政救灾恢复重建资金5.14亿元，帮助灾区群众战胜困难，恢复生产，重建家园。

全州政法经费保障体制改革暨交警经费管理体制改革工作会议 （州财政局提供）

【财政改革】 2009年，楚雄州财政局继续深化财政改革。（1）认真贯彻落实增值税转型改革、提高小规模纳税人起征点、降低中小企业所得税税率、取消和停止征收国家规定的100项和云南省规定的12项行政事业性收费等政策。（2）调整完善州对县（市）的转移支付办法，增加财政困难县补助。年内，州对困难县一般性转移支付补助增至7192万元，增长248%，增强了县乡财政保障能力。（3）继续深化部门预算改革。全州1463个单位纳入部门预算编制，按照科学化、精细化要求，细化了基本支出分类分档标准，规范了常规办公用品购置标准。（4）深化国库管理制度改革，在州级部门单位全面实行预算内外资金国库集中支付和公务卡结算制度。全州共有664个部门1184个预算单位纳入改革，财政国库直接支付和授权支付资金54.78亿元，占地方财政一般预算支出的60.2%，新增发行公务卡3097张。（5）积极研究制定《楚雄州县域经济合作税收利益分享实施细则》，努力探索扶持县域经济发展新机制。（6）完善政府采购监管制度，扩大政府采购范围，加大信息公开透明度，构建公平竞争平台。全年共完成采购金额2.35亿元，比预算节约资金2467万元，节约率为9.51%。（7）严格控制一般性支出，努力推进节约型机关建设。全州一般公共服务支出12.98亿元，增长8.8%，增幅比上年下降7.6个百分点，低于地方财政一般预算支出增幅21.2个百分点。10月1日起对未兑现绩效工资和生活补贴的事业单位在职职工和退休人员每人每月增发300元临时补贴。

【农村综合改革】 2009年，楚雄州努力推进农村综合改革。（1）扎实开展村级公益事业建设“一事一议”财政奖补工作。全年完成761个自然村“一事一议”财政奖补项目建设，硬化村内主干道路1643条549千米，完成投资1.66亿元，受益农户5.59万户22.8万人。全州试点工作荣获全省考核评比第一名，并得到了中共中央农办、国务院农村综合改革办和云南省人民政府的肯定。（2）全面启动实施村级会计委托代理服务。全州103个乡（镇）全部成立了村级会计代理服务机构，1091个村（居）委会、8931个村民小组纳入村级会计代理服务，代管集体资金9.55亿元，规范了村级财务管理。（3）认真落实“两免一补”政策。全州共下达寄宿制经费8124万元，享受人数13.14万人；下拨公用经费1.05亿元，享受人数29.43万人；免费为29.42万人提供教科书，下达免费教科书资金2867万元。（4）稳步推进县乡财政管理体制改革。制定实施了《楚雄州实施〈云南省乡镇财政预算管理方式改革实施细则〉若干问题的意见》，从体制上保证乡（镇）工资发放和机构正常运转等基本支出需要，促进农村经济社会全面发展。

【财政监管】 2009年，楚雄州财政局继续强化财政监管工作。（1）坚持依法理财，严格执行《预算法》，强化和规范预算约束，依法接受人大、纪委和审计部门监督，高度重视并认真整改审计部门提出的意见建议，严格支出预算追加审批程序，确保财政收支平衡。（2）切实加强财政资金安全管理。下发实施《楚雄州财政局关于进一步加强财政资金安全管理的意见》，对县乡财政部门人员配备、岗位设置、会计账套、会计制度、账户开设、印鉴与票据管理、定期对账、内控制度和信息系统等做出了统一明确的规定。（3）开展财政资金安全管理检查，清理撤销账户188个，减少账套173套，处理沉淀资金3921万元，使财政管理更加规范。（4）对扩大内需项目和“7·09”姚安地震恢复建设等重点项目资金进行专项检查。当年各县（市）累计欠拨上级财政专款比上年减少7780万元。（5）全面加强财政票据、国有土地出让金、彩票公益金、住房公积金等资金的监管。（6）规范和强化债务的审批和日常监管，实行预算科与具体科室政府债务双重建账建档管理，确保债务“数量清、去向明、可知可控”。另外，政府股权由国库总会计建账建档，防止流失；积极筹集安排偿债准备金2.81亿元，及时安排拨付财政资金2.75亿元用于还本付息，保持政府良好的偿债信誉。

【国有资产管理】 2009年，楚雄州制定实施了《中共楚雄州委 楚雄州人民政府关于加强国有资产管理工作的意见》，进一步健全国有资产监管机构，理顺国有资产监管职能，加大国有资产监管力度，确保国有资产保值增值。年末，10户州级监管企业的国有资本总额由年初的11.27亿元增加至11.66亿元，实现增值3991万元，保值增值率为103.54%；完成了州级国有资产产权划拨州开发投资公司工作，共划拨资产12.80亿元。

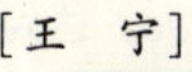
[王 宁]

国家税务

【国税收入】 2009年，楚雄州国税系统针对经济发展形势和楚雄税源现状，确定了“抓重点、攻难题、保增长、促发展”的工作思路，紧扣经济形势，采取措施，坚定信心，从容应对，大力实施“强征管、强评估、强分析、强调研、强稽查”的组织收入组合拳，全力以赴抓收入。通过坚持依法治税、保障收入，优化纳税服务、促进收入，突出稽查重点、查补收入，强化纳税评估、增加收入，实行分类管理、抓好收入，充分发挥了收入分析、纳税评估、税源监控、税务稽查“四位一体”的组织收入服务功能，有效把握了收入主动权，税收收入从下半年开始止跌回升，实现三季度巩固提升、四季度平稳增长，超额完成了各级下达的税收收入任务。全年共组织税收收入49.68亿元，同比增收4.28亿元，增长9.43%，完成省国税局下达计划任务48.65亿元的102.12%；剔除车辆购置税，完成州人民政府下达计划任务47.91亿元的101.22%。其中，国内增值税18.16亿元，同比减收6562万元，下降3.49%；国内消费税26.28亿元，同比增收5.73亿元，增长27.85%；企业所

省政府行政审批专项督查组到楚雄州国税局检查 （李 军/摄影）

得税3.95亿元，同比减收1.04亿元，下降20.84%；利息个人所得税978万元，同比减收1171万元，下降54.49%；车辆购置税1.18亿元，同比增收3674万元，增长44.98%。年内，卷烟、德钢等30户年纳税额在500万元以上的大中型企业税收增多减少，卷烟、造纸及纸制品、电器器材、煤炭、交通运输设备、钢坯钢材和商业税收增幅较大，支撑国税收入平稳增长；主体税种“二增三减”，消费税和车辆购置税增长，增值税、企业所得税和利息个人所得税下降。

【税收执法】 2009年，楚雄州国税局坚持依法治税，认真贯彻执行《全面推进依法行政实施纲要》，加大执法监督，严格规范执法。按照权力制衡、防范风险、信息共享的原则，建立和完善税收执法内控机制，强化《税收执法管理信息系统》考核，严格落实税收执法责任制，加强了税务行政审批事项的管理监督。年末，全州执法过错率为万分之零点八一，低于省国税局要求控制在万分之五以内的目标。另外，组织开展了2009年税收执法专项检查和应对金融危机税收政策执行情况及实施效果调研。

【税收征管】 2009年，楚雄州国税局继续加强税收征管工作。(1)规范个体户电子核税，对全州42个行业3.04万户个体工商户进行电子定税。(2)认真审核，严格把关，加强延期缴纳税款管理，全年共审核4户企业上报云南省国税局审批延期缴纳税款2057万元，到期全部征收入库。(3)积极配合有关部门落实开展“家电下乡”税收优惠活动。(4)开展纳税服务资源配置调查，加强户籍管理，夯实征管基础，非居民税收实现零的突破，年内征收非居民所得税23万元。(5)加强发票管理，制定了办税服务厅票款管理办法。(6)大力追缴欠税，全年清缴欠税817.97万元，是历年清欠力度最大和效果最好的一年。年末，全州有税务登记户3.73万户，管户比上年增加3825户，增加率达11.4%。其中一般纳税人1168户，小规模企业3168户，纯所得税管户434户，个体工商户3.26万户（达起征点双定户5490户）。

【纳税服务】 2009年，楚雄州国税局在全方位、多角度开展税收宣传的同时，进一步优化纳税服务。(1)在全系统所有基层办税服务厅推行“一窗通办”综合服务模式，实现了纳税服务和办税提速新跨越，实现了纳税人和基层办税服务人员双满意。(2)成功研制开发了《楚雄州国税局税收辅助管理系统》，研究制定《落实“两个减负”优化纳税服务暂行办法》，为基层和纳税人减负。(3)推行网上认证和网络申报，纳税人足不出户就可办理涉税事项，全州共有379户企业实现网络申报，占全州一般纳税人户数的32.45%，实现国税系统征管的增值税、消费税、企业所得税三大主体税种网络申报，打造了多元化服务平台。

【纳税评估】 2009年，楚雄州国税局认真开展增值税、所得税专项评估和重点评估，做到了评估见税款、出成效。全年共评补税款2797万元，其中评补增值税2293万元，评补企业所得税504万元。达到了评估一个企业、规范一个行业。

【税务稽查】 2009年，楚雄州国税局继续深化税务稽查，开展了税收专项检查和第二轮分级分类稽查工作，实现了以查促收。全年共查补收入5058.43万元，入库率为100%，比上年增加3232.74万元，增长177.07%，创历年查补新高。

【税收减免】 2009年，楚雄州国税系统认真落实增值税转型、小规模纳税人征收率下调、矿产品增值税税率恢复至17%、提高出口退税税率、1.6升及以下排量车辆购置税减半征收、企业所得税减免等结构性减税政策，努力帮助企业渡过难关，大力支持楚雄经济发展。全年办理增值税一般纳税人申报抵扣固定资产3931万元；减免税收3.34亿元，比上年增加1.34亿元，增长67.16%，其中增值税减免退税1.60亿元，比上年增加3569万元，增长28.67%；减免企业所得税1.41亿元，比上年增长87.89%；减免减征车辆购置税2137万元；办理出口退免税1097万元。

［田江华］

地方税务

【税费收入】 2009年，楚雄州地税系统统一思想，认清形势，明确目标，正确应对地税工作面临的挑战和机遇，坚定信心，采取有力措施，组织税费收入，力保税收收入稳定增长。全年全州地税系统共组织入库税费收入31.96亿元，比上年同期增收4.50亿元，增长16.4%。其中地方税收入22.03亿元，比上年同期增收3.46亿元，增长18.7%，完成云南省地税局下达年度考核任务21亿元的104.9%，分别完成州人民政府下达年度计划任务19.68亿元的108.5%，州级收入计划考核任务3.01亿元的108.6%，县（市）级收入计划考核任务16.67亿元的108.5%。全年全州共组织征收各项规费收入9.41亿元，比上年同期增长11.3%，其中入库社会保险费收入9.00亿元；征收水资源费204万元；征收旅游宣传促销费85万元；代收工会经费和建会筹备金3793万元。年内，各项税费收入超额完成了省、州下达的计划任务，为地方经济社会建设提供了财力保障。

【重点税源监控管理】 2009年，楚雄州地税局将全州各季度税源变动情况通过《税源变动情况统计表》进行统计，摸清了全州存量税源情况，为掌握全年税收收入任务完成情况提供了可靠的分析资料。同时，对重点税源实行分级、分类监控，进行全过程监控管理，强化对重点税源地区、重点行业和重点企业的分析，切实做好重点税源的纳税评估工作，进一步提高对重点税源的分析评估能力，确保了税收分析与税收征管实现良性互动。

【社会保险费征管】 2009年，楚雄州地税局认真规范社会保险费建档和资料管理工作，进一步完善欠费企业跟踪制度，强化社保费监控工作。全年全州共入库社会保险费9.00亿元，其中追征以前年度欠缴社会保险费1774万元。

【代收工会经费和建会筹备金】 2009年，楚雄州地税局认真做好代收工会经费和建会筹备金的相关准备工作。4月1日，全州地税系统正式运行代收工会经费和建会筹备金工作，全年代收工会经费和建会建备金3793万元。

【企业所得税汇算清缴】 2009年，楚雄州地税部门精心组织、积极培训，进一步提高企业所得税自汇自缴工作水平。年内，有1080家企业参加2008年企业所得税汇算清缴工作，汇算面达100%，补缴所得税9518万元。

【个人所得税征管】 2009年，楚雄州有593人办理了自行纳税申报，完成了云南省地税局下达任务的101.2%。年内，申报应缴个人所得税2120.7万元，申报已缴个人所得税1856.1万元，148人申报补缴个人所得税264.6万元。同时，深入推进个人所得税全员全额申报管理工作，将119户2008年度扣缴个人所得税税款在10万元以上的扣缴单位纳入个人所得税管理系统，实行全员全额扣缴明细申报管理。

【贯彻落实新税政】 2009年6月16日至17日，楚雄州地税局组织召开了学习贯彻新营业税条例暨税政管理工作会议，认真学习培训、贯彻落实新修订的《中华人民共和国营业税暂行条例》及其《实施细则》。另外，认真做好营业税起征点调整政策的落实工作。

【加强零散税收征管】 2009年，楚雄州地税局继续加强零散税收征管工作，依法应收尽收，及时足额征缴入库。（1）认真开展城建税、教育费附加信息比对工作和城镇土地使用税税源基础信息采、补、录工作，并对全州境内收费公路税收管理情况进行调研。（2）各县（市）地税局、各直属分局采取扎实有效措施开展车船税、耕地占用税专项检查工作，共补征入库税款2329.3万元。（3）圆满完成烟叶税的征收入库工作，进一步强化房产税、城建税、契税、印花税等零星税种和零散税源的征管。

【税收信息化建设】 2009年，楚雄州地税系统继续加强税收信息化建设工作。（1）切实把云南地税综合管理信息系统V2.0软件应用于征收、管理、税源分析等日常税收工作中，进一步加强重点税源系统、税收调查系统、个人所得税代扣代缴管理系统的软件应用工作。（2）认真开展好企业所得税汇算清缴软件试点工作，成功测试了软件的运行效果，对货运发票税控（开）系统自发和代开软件进行了维护。（3）重新修订7个信息系统维护管理制度，制定《楚雄州地方税务局信息系统运行维护方案》，并进一步加强运行维护等相关服务工作。（4）对多元化申报系统进行4次升级、改造，并抽调4名技术人员对全州10个县（市）的网络、机房、部分终端进行全面检查，帮助处理相关安全隐患，进一步规范和强化了信息系统安全保障工作。（5）新建楚雄地税门户网站，年内处于试运行阶段。同时，积极推广网络申报、储蓄扣税等多元化申报纳税方式。年末，全州已有769户纳税人利用网络进行纳税申报，有4998户纳税人以储蓄扣税的方式缴纳税款。

【税务稽查】 2009年，楚雄州地税局为充分发挥稽查职能，提升稽查和征管工作质量，制定下发《楚雄州地方税务局分级分类稽查管理实施办法（试行）》和《楚雄州地方税务局稽查成果转化工作制度（试行）》。全州地税系统稽查局继续整顿和规范税收秩序工作，严厉打击重点行业、重点地区和征管薄弱领域存在的税收违法行为。全年全州共检查和稽查约谈企业392户，总计入库查补税款、滞纳金和罚款收入4802.42万元，入库率达100%，处罚率达12.63%。其中南方电网、建筑安装行业等各类税收专项检查，查补税款1097.76万元；交通运输、建筑安装、餐饮服务、旅游行业和行政事业单位5个行业的发票使用情况检查，查补税款、滞纳金及罚款36.53万元；查处州、县（市）两级涉税举报信函6件，查补税款32.9万元、滞纳金5.1万元、罚款1.06万元。

【税收优惠政策】 2009年，楚雄州地税系统认真学习，积极贯彻落实一系列税收优惠政策。（1）落实营业税起征点调整工作。（2）下岗失业人员再就业优惠政策延期1年审批。（3）房地产市场税收政策调整。（4）落实省人民政府有关农民工、大学生创业和促进餐饮业发展的地方税收优惠政策。全年全州地税系统落实各项税收优惠政策共计减免地方税收1.66亿元。

［吴正友］

（责任编辑：者宗菊）

金融·保险

中国银行业监督管理委员会楚雄监管分局

【银行业发展情况】 2009年，中国银行业监督管理委员会楚雄监管分局认真贯彻落实党中央、国务院“保增长、保民生、保稳定”的一揽子宏观调控政策和银监会促进经济稳定发展的10条措施，以“把握政策，坚守底线，防控风险，稳定发展”为主线，积极推动信贷有效投入，有效应对危机，楚雄州银行业稳健运行。年末，全州银行业金融机构各项存款364.82亿元，比年初增加75.30亿元，增长26.01%；各项贷款216.37亿元，比年初增加58.75亿元，增长37.27%。

【支持经济发展】 2009年，中国银行业监督管理委员会楚雄监管分局积极支持全州经济发展。(1)支持重点项目建设。积极引导银行业加大省、州、县重点建设项目的信贷支持力度，重点支持水、电、路等基础设施和文化教育、医疗卫生等民生工程建设。(2)“三农”支持力度进一步加大。在做好“三农”传统业务的同时，推广和探索“惠农卡”、林权抵押贷款等新型业务，支持“三农”发展。年末，涉农贷款146.41亿元，比年初增加29.95亿元，增长26.42%。发行“金穗惠农卡”13.5万张、“金碧惠农卡”2.78万张。(3)中小企业信贷支持有新突破。通过建立小企业专营机构，创新小企业信贷服务机制等方式努力缓解中小企业贷款难问题。年末，中小企业贷款余额66.58亿元，比年初增加19.48亿元，增长41.36%，中小企业贷款增速高于各项贷款增速5.04%。(4)全力支持恢复重建。姚安“7·09”地震发生后，楚雄银监分局立即与人民银行楚雄州中心支行联发《关于银行业支持地震灾区恢复重建的通知》，全力支持灾区恢复重建。受楚雄州人民政府委托，牵头召开了楚雄州银行业支持姚安地震灾区恢复重建推进会议，为银行业与灾区人民政府及相关部门搭建协作平台，共发放5个受灾县恢复重建贷款2.23亿元。(5)积极开办创业小额贷款业务，为“家电下乡”工程和大学生、农民工、登记失业人员创业发挥积极作用。

【银行业监督管理】 2009年，中国银行业监督管理委员会楚雄监管分局继续加强银行业监督管理工作。(1)受理申请许可事项。共受理银行业金融机构申请许可事项97项，不予受理1项。其中银行业高级管理人员任职资格57项，核准53人、不予核准1人、3人在审核中；受理银行业金融机构申请设立、变更、终止行政许可事项39项、不予受理1项，核准27项、正在审核12项。(2)督促检查。全年共派出检查组35个、检查人员163人次，对辖内420个银行金融机构的分支机构进行新增贷款投向、贷款大户资金运用、安全保卫、内控制度等13个项目现场检查，提出监管建议和整改意见79条。(3)非现场监管。设立分析师、分析员和主监管员，加强对非现场监管数据资料的综合分析。进一步完善定期分析通报制度，加大县域银行业的巡查。采取“贴近式”监管和动态跟踪方式，及时进行质询、预警和提出针对性较强的监管意见。完善监管通报制度，定期向各银行业和地方政府及相关部门通报监管情况。

【银行业风险管控】 2009年，中国银行业监督管理委员会楚雄监管分局始终坚持“管法人、管风险、管内控，提高透明度”的监管理念，以风险监管为本，加强对银行业风险的管控。(1)根据楚雄州实际情况，将农村信用社不良贷款监管目标确定为“双降”，大型银行不良贷款监管目标由“双降”调整为“双控”，强化对不良贷款的控制。(2)密切关注“三高一低”行业和企业，加强风险的跟踪和管控。(3)严格按照银行业监督管理委员会防范银行业操作风险“十三条”措施和内控“十个联动”的要求，切实防范操作风险，有效遏制案件发生。全年发案率为零。

【银行业改革】 2009年，中国银行业监督管理委员会楚雄监管分局继续深化银行业改革。(1)农村金融服务机构设立取得新突破。为建立投资多元、种类多样、覆盖全面、治理灵活、服务高效的农村金融服务体系，通过各方面努力，核准了富滇银行在楚雄设立分行并开业，设立州内第一家村镇银行禄丰龙城富滇村镇银行，楚雄兴业村镇银行正在抓紧筹建中，为服务“三农”，支持彝州社会主义新农村建设增添新生力量。(2)进一步深化农业银行股份制改革，进一步明确农业银行的市场定位，建立了“三农”金融事业部，成为县域经济发展和“三农”的骨干力量。(3)农村信用社法人治理结构进一步完善，内控制度不断健全，资产质量不断提高，成为支持新农村建设的主力军。(4)加强对农村金融机构缺失乡（镇）的调查研究，力争逐步解决州内3个乡（镇）银行业金融机构网点缺失、覆盖率低、金融供给不足的问题。

【调查研究工作】 2009年，中国银行业监督管理委员会楚雄监管分局为及时了解和掌握党中央、国务院刺激经济的“一揽子”计划和“银十条”在楚雄的执行情况和效果、存在的问题，紧紧围绕刺激经济政策、经济形势发展变化和监管工作重点，加强调查研究工作和对外宣传。全年共开展70个课题调研，编发《要情快报》6期、《参阅信息》5期、《楚雄监管》29期、《工作简报》13期、《上报信息》37篇、《楚监宣传》9期、《宣传动态》11期。其中，被中国银行业监督管理委员会采用1篇、云南银监局采用24篇、云南银监局内网采用动态信息70条；被中共楚雄州委、州人民政府采用7篇，州人民政府门户网站和《楚雄日报》采用3条。

［李　梅］

中国人民银行楚雄州中心支行

【金融运行】 2009年，中国人民银行楚雄州中心支行紧紧围绕年度工作思路，突出工作重点，创新工作方式，细化工作措施，狠抓任务落实，为促进彝州经济发展、维护地方金融稳定而积极努力。全年楚雄州金融运行平稳，适度宽松的货币政策得到积极落实，存贷款增量双双创历史新高。年末，全州金融机构人民币各项存款余额373.12亿元，比年初增加76.37亿元，增长25.74%；人民币各项贷款余额216.37亿元，比年初增加58.75亿元，增长37.27%。

【货币信贷政策传导】 2009年，中国人民银行楚雄州中心支行认真执行适度宽松的货币政策，加强窗口指导，深入分析当前经济金融形势，制定下发《楚雄州2009年信贷指导意见》，引导金融机构把握信贷投放节奏与进度，有效满足全州“保增长、扩内需、调结构”的资金需求，加大对“三农”、中小企业、非公经济、灾后重建、弱势群体的信贷支持力度，有力促进辖内经济社会平稳健康发展。（1）鼎立支持全州基础设施和重点项目建设，各银行业金融机构紧紧围绕州人民政府关于固定资产投资达179亿元的部署，加大对国家核准的重点项目、重点工程、重点企业的信贷投放，积极支持州人民政府确定的100个重点建设项目。年末，全州金融机构基本建设贷款余额21.70亿元，比年初净增1.49亿元，增长7.35%。（2）切实加大“三农”信贷投入。年末，全州农业贷款余额54.77亿元，比年初增加8.90亿元，增长19.41%。（3）切实做好助学、下岗失业和灾后重建信贷支持工作。楚雄州初步形成以国家助学贷款为主体、商业性助学贷款为补充的助学贷款体系。年末，全州国家助学贷款余额2756万元，比年初增加725万元，增长35.70%，累计支持贫困大学生就读2648人次，助学贷款在全州的覆盖率不断提高。发放下岗失业人员小额担保贷款772笔，余额2278万元，发放创业贷款（贷免扶补）1401笔，余额为6735万元。同时，各金融机构在积极配合地方党委政府做好救灾资金拨付的同时，结合受灾情况发放相关配套贷款，支持灾区灾后恢复重建。（4）根据中共楚雄州委、州人民政府的统一部署，参与青山嘴水库等重大项目考察，拟定2009年度信贷投放计划以及相应的信贷工作措施及意见。

【维护地方金融稳定】 2009年，中国人民银行楚雄州中心支行采取有效措施，切实维护地方金融稳定。（1）加强对地方法人金融机构的风险监测，密切关注辖内证券、保险、担保典当、地方融资平台等机构的运行情况，对潜在风险做出分析、判断，及时了解、上报情况，防止系统性风险的发生。（2）支持地方金融改革。截至6月4日，全州农村信用社改革试点专项中央银行票据兑付工作圆满结束，共兑付专项中央银行票据1.57亿元，兑付面达100%，为农村信用社增强实力，更好地促进地方经济发展奠定了基础。年内，楚雄州组建小额贷款公司4家，成立村镇银行1家、正在组建1家，富滇银行楚雄分行开业运营。（3）及时反馈货币政策执行情况，做好民间借贷情况及利率水平监测工作，灵活运用再贷款调剂金融机构资金余缺，积极参与辖内金融机构改革及有关问题机构的风险处置和市场退出工作。（4）加强与统计、银监等部门的沟通与合作，成立区域金融稳定评估小组，密切监测本辖区内金融机构风险，及时、妥善处置金融机构突发事件，有效防范和化解金融风险，为地方金融稳定保驾护航。

【现金管理】 2009年，中国人民银行楚雄州中心支行进一步加强现金管理，科学预测现金需求，加强安全管理，确保辖内现金供应。年内，积极做好普通纪念币发行、残损币销毁及反假币宣传培训工作，强化人民币流通管理，有针对性地开展人民币收付业务检查。

【国库监督管理】 2009年，中国人民银行楚雄州中心支行认真监督辖内各级国库部门认真履职和各级预算收入的收纳、划分、报解工作，对预算资金的支拨和退付进行认真审核把关，确保各级政府预算顺利执行。全年地方财政总收入73.30亿元，比上年同期增长11.8%。其中，州本级完成41.48亿元，比上年同期增长14.8%；县级完成31.82亿元，比上年同期增长8.2%。地方财政一般预算支出90.82亿元，比上年同期增长29.7%。其中州本级支出12.87亿元，比上年同期减少7.2%；县级支出77.95亿元，比上年同期增长38.8%。

【外汇管理】 2009年，国家外汇管理局楚雄州中心支局强化服务意识、创新工作方式，增强依法行政能力，继续提高外汇服务及外汇监管水平，努力加强跨境收支流动的监测分析和现场检查，强化金融机构外汇业务监管，严格资金流入和结汇监管，加大对违规交易活动的查处力度，提高监管效率，建立内部与外部监管协调机制，有效推动楚雄州涉外经济金融又好又快发展。全年全州银行业金融机构结汇2839万美元，同比增长40.54%；售汇956万美元，同比增长22.41%。其中，个人结汇509万美元，同比增长85.77%；购汇212万美元，同比增长16.48%。

【支付结算】 2009年，中国人民银行楚雄州中心支行认真组织辖内资金清算，加强管理，规范各类账户的开立和使用，不断完善支付清算体系建设，提升资金清算科技含量，加速辖内资金周转速度，提高资金使用效率，确保辖内支付结算正常有序。

【金融统计】 2009年，中国人民银行楚雄州中心支行加强金融基础统计工作，稳步提升统计工作质量，配合地方统计部门做好第二次全国经济普查楚雄州经济普查数据的审核，深入开展各项制度性调查、抓好经济金融运行调研分析，有效发挥决策服务作用。

【征信管理】 2009年，中国人民银行楚雄州中心支行不断维护征信系统稳定运行，提高征信服务水平。（1）继续做好企业和个人征信系统维护及数据日常总量核对工作，受理查询业务，认真处理异议情况，及时更新数据，保证用户查询质量。（2）建立并不断完善中小企业信用档案，受理查询业务，及时处理异议情况，以贷款卡年审为契机，认真审核各类信贷数据和信息，确保信用信息的及时性、真实性和完整性，全年完成贷款卡年审700余户。

［刘云辉］

中国工商银行股份有限公司楚雄分行

【存款业务】 2009年，中国工商银行股份有限公司楚雄分行努力加强存款业务工作，积极落实存款“一把手”负责制，做到存款管理机构落实、人员落实、责任落实。同时，加强市场分析，积极营销中高端客户，寻找目标客户，加强对中高端客户的分层维护与管理服务，5000万元以上的大户由行长亲自负责联系，1000万元以上的由副行长亲自负责联系，300万元以上及有贷户由公司业务部负责联系，300万元以下的由对公网点负责人联系，实行层层负责的对公存款联系制。年末，各项存款余额41.38亿元，比年初增加9.07亿元，增长28.07%，比上年同期增加3.65亿元，完成省分行下达全年计划的188.17%。其中公司存款增加4.05亿元，增长67.15%；机构存款增加3.93亿元。

【贷款业务】 2009年，中国工商银行股份有限公司楚雄分行积极营销优质信贷市场。年初，召开贷款营销分析会，确定优质客户和项目，加大与楚雄州、市人民政府、开发区管委会的银政合作力度，成功搭建州、县（市）级人民政府投融资平台，做好楚雄市东南片区基础设施建设项目和州职教中心建设项目贷款营销发放，积极开拓新的信贷市场。全年营销发放州职教中心贷款1.5亿元，州开发投资公司贷款5000万元，市开发投资公司贷款1800万元，楚雄城建投资开发公司贷款5800万元，永盛建工集团公司贷款2900万元，禄丰县开发投资公司贷款5000万元。同时，继续巩固老客户，积极做好续贷工作，楚雄岭东包装印刷有限公司新增贷款1350万元，楚雄人民商场新增贷款1300万元，楚雄交通运输集团有限公司新增贷款600万元，云南路桥四公司新增贷款200万元，禄丰勤攀磷化工有限公司新增贷款420万元。年末，各项贷款余额24.8亿元，比年初增加7.8亿元，增长45.93%，比上年同期增加5.05亿元。其中流动资金贷款增加1.86亿元；项目贷款增加1.04亿元。

【个人金融业务】 2009年，中国工商银行股份有限公司楚雄分行对储蓄存款实行按日监测分析，努力抓好金融产品推广和对客户实行分层分区服务，加快贵宾理财中心和理财网点建设，配备大堂经理和营销经理32人，为客户提供细致贴心的服务；抓住储蓄存款源头，增加35户代发工资单位，累计代发工资4.50万人6.1亿元。全年储蓄存款比年初增加1.07亿元，增长5.84%；实现个人中间业务收入613.7万元；新增灵通卡2.25万张；新增理财金卡617张。

【授信审批】 2009年，中国工商银行股份有限公司楚雄分行加强法人客户评级、授信业务审查和信贷业务审批工作，为贷款投放打好基础。全年完成法人客户评级34户，对30户已经评级的法人客户核定最高授信额度17.46亿元，对法人客户和个人客户贷款及银行承兑汇票在规定时限内完成审查审批。审查发放流动资金贷款80笔，金额4.13亿元；审查签发银行承兑汇票46笔，金额0.45亿元；审查同意进口跟单信用证8笔，金额0.32亿元；审查发放个人贷款3508笔，金额8.89亿元。

【个人贷款】 2009年，中国工商银行股份有限公司楚雄分行抓住个人贷款市场丰富的潜力和机遇，以楚雄城区为主战场，加大营销力度，抓好个人住房贷款纯按揭贷款业务的市场营销，积极与32家房地产开发商、房地产中介机构建立良好合作关系，抢占同业市场。年末，个人贷款余额突破10亿元大关，个人贷款累计发放2825笔6.69亿元，累计收回823笔1.59亿元，个人贷款累计增加5.1亿元，比上年增加3.72亿元，完成省分行下达全年净增任务的638%，增幅104%。

【新兴业务】 2009年，中国工商银行股份有限公司楚雄分行加快新兴业务发展，实现投行业务收入108万元，担保承诺收入74万元，资金托管收入12万元，企业年金收入14.35万元；销售个人理财产品24.32亿元，比上年同期增加21.44亿元；全年签订现金管理协议

445户，完成全年任务的223%；签订第三方存管协议客户达到9587户，新增1087户；国际贸易融资完成389万美元，完成全年任务的155.6%，国际结算业务量完成439万美元。

【信用卡业务】 2009年，中国工商银行股份有限公司楚雄分行加大全员发卡营销力度，抓住信用卡自动还款优势，把公务用卡及信用卡分期付款作为营销重点，全年营销新开信用卡9138张，新签公务卡协议125户发卡2657张。通过卡存量结构调整，新开卡启用4123张，新开卡启用率达50.19%，信用卡启用率达79%，动卡率达115%。全年分期付款业务和“见费出单”业务取得较大发展，带动信用卡收入增长，全年实现银行卡中间业务收入448万元，比上年增加110万元，增长32.66%。

【电子银行】 2009年，中国工商银行股份有限公司楚雄分行把电子银行业务作为未来业务的主渠道，开展电子银行新产品和手机银行（WAP）专项营销活动，抓好捆绑营销工作，对楚雄城区各网点大堂经理、理财经理共22人进行“一对一”业务培训。全年企业网银证书版净增124户，完成任务82.67%；企业网银普及版净增237户，完成任务158%；个人网银证书净增2170户，完成任务72.33%；个人电话银行净增7744户，完成任务129.07%；手机银行（WAP）净增8021户，完成任务119.36%；电子银行交易额151.68亿元，完成任务145.84%；电子银行业务收入142.36万元，完成任务94.99%。

【中间业务】 2009年，中国工商银行股份有限公司楚雄分行积极推进中间业务结构调整和增长方式转变，增加中间业务收入来源，扩大个人理财、信用卡、电子银行、投资银行等新业务的比重，加强柜面营销能力，让客户了解熟悉工行的理财产品，共代理销售基金6889万元，代理销售保险2876万元，销售个人理财产品24.32亿元；以公务用卡、分期付款、见费出单及美食卡促销等信用卡业务的拓展，成功营销并实现电信、移动、联通、有线电视4家网上银行虚拟POS建设，推广和提高公务卡和动卡率，银行卡业务收入增加110万元，仅POS消费收入就增加95.84万元；对公账户管理费增加16.85万元；电子商务和电子银行业务收入增加90.21万元；彝人古镇项目贷款的带动，投行业务收入增加26.31万元；个人理财业务收入增加45.38万元；全年实现中间业务收入1445万元，同比增加130万元，增长9.89%。

【风险管理】 2009年，中国工商银行股份有限公司楚雄分行加大不良贷款清收处置力度，全年累计清转不良贷款894万元，完成省分行下达清转计划的136.7%；现金清收84万元，完成计划的171.43%。年末，不良贷款余额237万元，比上年末减少23万元；不良率为0.10%，比上年下降0.05%，实现不良贷款“双降”目标。强化风险管理信息系统的应用，前移不良贷款管理关口，严防不良贷款“前清后溢”，对新发生不良贷款做到及时清收，防止不良贷款反弹。

【渠道建设】 2009年，中国工商银行股份有限公司楚雄分行把渠道建设摆到优先位置，加快推进网点装修改造力度，协调推进物理网点、自助银行、电子网点建设，增加自助设备投放。全年完成西城支行、中大街分理处、鹿城分理处、新车站分理处等4个营业网点迁址改造，北浦路支行、禄丰广通支行等2个营业网点进行原址改造，在彝人古镇新设1个离行式自助银行，构建了营业网点分层服务体系。

【经营效益】 2009年，中国工商银行股份有限公司楚雄分行规范财务收支行为，不断提高经营管理水平。全年实现各项收入2.55亿元，比上年增长6.26%；各项支出1.95亿元，比上年减少1421万元，下降6.8%。实现拨备前利润6088万元，比上年增加2960万元，增长94.61%，完成年度计划的116.52%；实现拨备后利润6079万元，比上年增加2815万元，增长86.25%，完成年度计划的123.66%；实现净利润4637万元，比上年增加1994万元，增长75.44%，完成年度计划的125.77%。

【资金营运】 2009年，中国工商银行股份有限公司楚雄分行加强资产负债管理，掌握资金调度节奏，灵活调度资金，降低资金占用成本，提高资金营运效益，全年实现资金营运净收入3237万元，占营业净收入的29.05%，同比增加180万元，增长5.89%。加强票据融资业务营销，全年累计办理票据业务42笔，金额3916万元，比上年增长182.66%；营销结构性存款41期，金额3970万元。

【反洗钱工作】 2009年，中国工商银行股份有限公司楚雄分行认真贯彻执行《反洗钱法》。全年召开反洗钱领导小组例会4次，分析研究反洗钱工作，设置对公业务、个人业务、电子银行业务、银行卡业务等4个反洗钱专业小组开展工作。在4个小组设置查询柜员，在15个营业网点及业务处理中心设置了甄别、补录柜员，指定反洗钱兼职信息员、报告员43人，负责大额交易、可疑交易的甄别、报告，实行反洗钱报告员A、B岗，形成完善的反洗钱管理和操作机制。向人民银行领取60本《反洗钱知识一点通》发到各网点进行反洗钱知识宣传。

【运行管理】 2009年，中国工商银行股份有限公司楚雄分行抓住运行效率和质量环节，推进“三项”改革，完成监督模式转型、对公转账业务集中处理和远程授权改革，加强运行风险提示和分析制度，完善风险防范措施。全年召开风险分析会6次，下发风险提示6期。现金占一般存款的0.49%；现金综合运用率57.06%；全年联机交易806万笔；面对面对账率100%，邮寄对账率82.29%；网银对账率100%；对公业务离柜率12.99%，零售业务离柜率49.03%，银行卡业务离柜率81.12%。

【科技运行】 2009年，中国工商银行股份有限公司楚雄分行进行4次科技运行专项检查，对系统运行、网络、机房、防病毒、生产变更等方面作认真排查；进行70多次重点科技项目投产和业务推广，实施业务变更27次，实施办公系统计算机AD域与邮件系统绑定管理，保证了业务稳定运行。全年新装、更换、调整ATM自助设备共10台次，年末有自助设备39台，全行自助设备运行考核开机率98.4%，硬件正常率98.7%，考核指标达到全省要求。

［李国文］

中国农业银行股份有限公司楚雄分行

【农业银行改制】 2009年1月15日，中国农业银行完成工商变更手续，由国有独资商业银行整体改制为股份有限公司，并更名为“中国农业银行股份有限公司”，农行楚雄分行随之更名为“中国农业银行股份有限公司楚雄分行”。

【贷款业务】 2009年，中国农业银行股份有限公司楚雄分行围绕州内重点产业、重点民生工程和重点客户项目，加快信贷有效投放，信贷业务规模和结构不断扩大和优化，社会效益和经济效益不断提高。年末，人民币各项贷款余额58.71亿元，比年初净增14.01亿元，增长31.34%。其中单位贷款净增9.33亿元，增长27.58%，个人贷款净增4.68亿元，增长43.05%。（1）以36个国家级、省级大集团公司在楚雄的投资项目和关系楚雄经济社会发展的项目为重点，积极争取上级行在准入条件、信贷运作方面的指导，支持楚雄州人民医院新区建设、岭东纸业搬迁、各县投资开发公司及县级医院基础设施建设。（2）围绕农村城镇化、农业产业化和农村流通体系建设，加大对县域交通、电力、清洁能源、农田水利、医疗、物资流通、农业产业化龙头企业和县域中小企业的信贷支持力度，加快“三农”和县域信贷业务发展，全年净增涉农贷款10.18亿元，增长27.52%。其中农业基础设施贷款净增4.74亿元，农业产业化贷款净增0.84亿元，农村商品流通业贷款净增0.65亿元，中小企业贷款净增3.03亿元。（3）累计发行惠农卡13.51万张，比年初新增9.2万张，覆盖全州10个县（市）的66个乡（镇），覆盖乡（镇）面达64%，惠及全州占24.14%的农户，惠农卡授信1.12万户，授信金额2.78亿元；发行惠农信用卡336张，授信777.5万元；发放农户小额贷款1.1万户，金额达1.96亿元；直接到户发放扶贫贴息小额贷款4712户，金额2719万元。（4）挂牌成立“好时贷个贷审批中心”，在全省农行率先开展个人贷款集中审批经营模式试点工作。年末，个人住房贷款余额7.69亿元，比年初净增1.45亿元；个人生产经营贷款余额3.13亿元，比年初净增1.59亿元；一般消费贷款余额1948万元。

【存款业务】 2009年，中国农业银行股份有限公司楚雄分行全方位拓展组织资金渠道，巩固和扩大公司、机构和个人账户的经营成果，提高资金留存率。年末，人民币各项存款余额109.33亿元，比年初净增20.25亿元，增长22.74%。其中对公存款净增13.09亿元，增长30.46%；个人存款净增7.16亿元，增长15.54%。

【中间业务】 2009年，中国农业银行股份有限公司楚雄分行努力满足客户多元化金融服务需求，丰富金融业务品种，全年实现中间业务收入3995万元。（1）实现银行卡和电子银行业务规模与效益同步增长。（2）投资银行业务客户营销拓展取得良好效果。（3）实现养老金业务零的突破。（4）保险代理业务手续费收入计划完成率居全省农行第一位。（5）推进外汇业务快速发展，国际结算金额完成省分行计划的286.35%，外汇存款完成省分行计划的274%。（6）大力发展基金定投、第三方存管、银期转账等业务。（7）开办电子转账支付烟叶收购款试点和在全省率先开办国税网络申报扣税代理工作，实现现金管理业务营销零突破。

【经营效益】 2009年，中国农业银行股份有限公司楚雄分行按照经济资本管理要求，以经济资本管理和提升经济利润为核心，以风险控制为重点，调整业务结构，清收盘活不良资产，加强资金成本核算，激励和引导县级支行从创造价值、控制风险、增强竞争力等方面追求价值最大化；加大经营战略转型步伐，加快业务结构调整，优化资源配置，大力拓展中间业务收入渠道，加强财务管理，厉行节约，用活用好业务费用，经营利润稳步提高，实现拨备后利润同比增盈1311万元。

【城市业务经营转型】 2009年，中国农业银行股份有限公司楚雄分行增设机构业务部，清晰界定公司部门职能，按全行员工总数的20%配置客户经理，其中专司楚雄市业务拓展的客户经理按不低于楚雄分行本部和直管网点客户经理总数的50%配置。同时，进一步完善客户经理的考核评价机制，优化客户结构、拓宽收入渠道、再造网点功能和流程，实施文明规范化标准服务。

【实施“三农”和县域蓝海市场战略】 2009年，中国农业银行股份有限公司楚雄分行制定了《农行楚雄分行三农金融分部改革试点实施方案》，成立“三农”金融分部管理委员会和“三农”金融分部，“三农”金融分部下设农村产业金融部和农户金融部2个前台客户部门，设立“三农”会计核算、考核评价、信贷管理、风险管理、人力资源管理5个中后台管理中心；全部机构和网点都纳入金融事业部制试点范围，9个县支行全部改造为“三农”金融部经营单元，实行事业部制管理，赋予相对独立的经营自主权，保障其自主经营，就近决策，高效服务。

【内部经营体制机制改革】 2009年，

中国农业银行股份有限公司楚雄分行完成了州、县两级行组织机构调整优化工作。调整后，楚雄分行本部设立一级部15个、二级部3个，配备部室总经理（主任）、副总经理（副主任）、总经理助理32人，独立审批人6人，部室员工95人。南华、大姚和禄丰县支行为管辖三类行，本部分设公司业务部、个人金融部、综合管理部/工会委员会办公室和财会运营部4个部室；双柏、牟定、姚安、永仁、元谋、武定6个县支行为管辖四类行，分设客户部、综合管理部/工会委员会办公室和财会运营部3个部室。重新梳理岗位设置，核定楚雄分行本部及各直管网点、各县支行人员编制，组织开展州、县两级行中层干部和楚雄分行本部“三农”对公业务部等部门11个客户经理岗位的公开竞聘和员工的双向选择，对全行人力资源进行优化组合。修订完善综合绩效考评实施细则、费用和工资分配管理办法，有效发挥财务资源配置和收入分配对业务经营发展的正向激励作用。

【信贷审批体制改革】 2009年，中国农业银行股份有限公司楚雄分行按照分层管理、专业审查、岗位审批、网上作业的原则，在全行实行分层审批方式，建立分层审批制度；设立信贷业务审查审批中心和独立审批人派驻制，设立信贷业务专家委员库，对贷审会的人员构成逐步变内阁制为专家制，实行专家专职审贷；建立双层审议制度，改进审议规则；建立“一次调查，一次审查，一次审批”的信贷业务运作机制。

【风险管理】 2009年，中国农业银行股份有限公司楚雄分行强化贷前调查、贷时审查和贷后管理，信贷风险得到较好控制。（1）充分发挥会计监控系统、柜员指纹认证系统、银企集中对账系统的监督制约作用，切实抓好会计结算业务等关键业务、关键环节、关键岗位的风险控制，有效防范各类操作风险发生。（2）加强金库建设，完成全辖13座金库的达标建设改造工作。（3）牢固树立“事事都要有授权依据、权利本身也是责任”的理念，进一步加强管理，抓好各业务条线的自律监管和再监督，整改各种内外部检查中存在的问题，不断提高内控综合管理水平。（4）推进全面风险管理体系建设，进一步调整、细化和落实风险管理部门职责。（5）逐步推广法人客户信贷资产12级分类评价体系，完成了信贷资产的首次12级分类工作和法人客户12级风险分类的常规工作，进一步提高了信贷资产减值计量水平。（6）组织开展经营机构案件集中排查和案件专项治理工作，继续保持案件查防的高压态势，全年实现平安经营，继续保持全年“无经济案件、无刑事案件、无重大责任事故、无严重违规违纪问题”的“四无”目标。

【科技支撑】 2009年末，中国农业银行股份有限公司楚雄分行拥有覆盖全州金融系统的先进计算机网络，有遍及彝州城乡的42个联网对外营业机构，有自动取款机43台、存款机2台、存取款一体机6台、POS机137台。

［鲁家善］

中国农业发展银行楚雄州分行

【业务经营】 2009年，中国农业发展银行楚雄州分行坚持以支持彝州新农村建设为中心，以支持县域经济发展为重点，突出支持农村基础设施建设。年末，各项贷款余额18.33亿元，比上年增加4.73亿元，增长34.75%；各项存款余额7.18亿元，比上年增加9992万元，增长16.2%；实现账面盈利4680万元，比上年增加51万元，增长1.1%，不良贷款继续保持为零。

【粮油信贷业务】 2009年，中国农业发展银行楚雄州分行认真落实国家各项粮油调控政策，积极配合粮油购销企业做好粮油收购、调销、轮换等工作，保障信贷资金供应。全年累计对25户粮食收购企业进行收购贷款资格认定，累计发放粮油贷款3.76亿元，累计收回粮油贷款3.25亿元，年末粮油类贷款余额5.91亿元，比年初增加5067万元，粮油信贷业务得到新发展。

【非粮油信贷业务】 2009年，中国农业发展银行楚雄州分行非粮油信贷业务继续保持较快发展势头，以支持农村基础设施建设为重点，在新农村建设中寻找信贷支持切入点，农业小企业、产业化龙头企业、化肥储备等贷款得到巩固，农村基础设施建设贷款业务继续有效拓展。全年累计支持非粮油贷款项目36个，发放贷款6.61亿元，年末非粮油类贷款余额12.42亿元，比年初增加4.22亿元，增长51%。

【中间业务】 2009年，中国农业发展银行楚雄州分行国际结算业务取得较大突破，全年共实现中间业务收入64.49万元，比上年增加15.99万元，增长32.97%。（1）为4户企业开立外汇账户，帮助企业办理外汇结算72笔，外汇业务结算收汇365.9万美元（折合），结汇363万美元（折合），年末实现外汇结算收入3.16万元，比上年增加1597.5%。（2）积极推进“双单”作业，全年办理企业抵押资产保险13户，收取保险代理手续费11万元。制定《保险代理奖励办法》，全年职工个人营销保险代理手续费26.5万元。落实办理元双公路14家合同项目人员意外保险和部分财产保险，实现保险手续费收入20万元。

【资金管理】 2009年，中国农业发展银行楚雄州分行加强管理，及时调度资金，争取信贷计划。全年申报信贷计划84笔，争取信贷规模4.73亿元；请调资金196笔，金额8.69亿元，跨系统大额支付资金1029笔，金额9.78亿元；全年拨付退耕还林补贴1.14亿元，农业生产资料等综合补贴1.43亿元；全年累计现金收入9315万元，累计现金支出3.28亿元，现金净投放2.35亿元。

【风险管理与防控】 2009年，中国农业发展银行楚雄州分行进一步加强风险管理与风险防控。（1）严把贷款准入关，认真开展贷前项目审查，全年共审查贷款项目96笔，金额4.79亿元，召开贷审会28次，审议贷款项目52个，金额3.16亿元。（2）认真进行客户评级授信，全年共对67户客户进行信用评级，其中A－级（含）以上客户44户，BBB＋级（含）以下客户23户。（3）加强专项贷款资金监管，严格执行资金管理协议，全年共向全州10县（市）拨付水利建设专项资金5.05亿元，向元双公路18个项目建设单位拨付资金4.36亿元。（4）加强历史遗留信贷问题的处理解决，化解潜在的信贷风险。

【贷款质量】 2009年末，中国农业发展银行楚雄州分行正常贷款16.13亿元，比年初增加4.73亿元，占贷款总额的88.01%，比年初增长4.2%；关注贷款2.20亿元，占贷款总额的11.99%，比年初下降4.2%；无不良贷款。

【信用卡和网银业务】 2009年，中国农业发展银行楚雄州分行非现金结算推广成效明显。全年全州累计办理个人联名卡197张，比上年增加85张；办理单位公务卡2张，安装财务POS机1台，安装收单POS机2台，通过收单POS机回笼资金47万元；开立网银总户数8户，比上年增加3户，全年通过网银办理业务222笔，资金交易量1.99亿元，比上年增加192笔，增长111.48倍。

【电子化建设】 2009年，中国农业发展银行楚雄州分行完成了新建营业办公用房综合布线系统项目、中心机房建设、中心机房整体搬迁、第三条宽带广域网线路建设、州分行营业部会计远程监控系统建设。农发行楚雄州分行中心机房被总行定为全国二级分行样板机房。

［熊春海］

云南省农村信用社联合社楚雄办事处

【负债业务】 2009年，云南省农村信用社联合社楚雄办事处进一步树立存款立社的思想，以创新服务为手段，优质服务为重点，增强营销意识和服务意识，大力拓展组织资金渠道，加大组织存款力度。年末，全州农村信用社各项人民币存款余额106.77亿元，比上年末增加25.67亿元，增长31.8%。其中储蓄存款余额75.77亿元，对公存款余额31.0亿元。

【资产业务】 2009年，云南省农村信用社联合社楚雄办事处继续以服务“三农”为宗旨，结合农村发展实际，适时调整支农措施，切实加大“三农”信贷投入，确保支农工作出实效。同时，坚持信贷支农与政府整体规划相结合，有保有压与重点支持相结合，提供信贷资金支持与提供科技信息咨询全方位服务相结合，创新服务方式与创新信贷产品相结合，促进“三农”又好又快发展。年末，全州农村信用社各项贷款余额69.37亿元，比上年末增加19.62亿元，增长39.45%。其中农业贷款余额57.20亿元，占各项贷款的82.4%，比上年末增加14.91亿元，增长35.25%。农户贷款面达83%。

【资产质量】 2009年，云南省农村信用社联合社楚雄办事处继续强化不良贷款清收措施，把不良贷款清收摆在突出位置来抓，进一步加强风险管理，加大风险防控力度和不良贷款清收力度。年末，不良贷款按5级分类余额比年初下降9675万元，降低4.76个百分点。

【中间业务】 2009年，云南省农村信用社联合社楚雄办事处积极做好中间业务，不断拓宽服务领域。（1）新增ATM机34台、POS机117台，新建自助银行3个，发行金碧卡13.60万张，发行金碧惠农卡3.90万张，改善用卡环境，为楚雄州城乡居民提供方便、快捷、安全的金融服务。（2）加强与保险、税务和财政等部门合作，做好代理保险、扣缴税费等业务。年末，实现中间业务收入928万元。

【银校合作】 2009年，云南省农村信用社联合社楚雄办事处与楚雄师范学院签订“战略合作协议”，开展银校一卡通系统工程建设，发行金碧校园卡7000余张，开设对公账户7户，成为全省州（市）信用社开展银校合作第一家。

【新型业务】 2009年，云南省农村信用社联合社楚雄办事处认真履行职责，勇于开拓新型业务。（1）南华县农村信用社成为云南省首批16个“新农保”试点县社，且成为唯一一家全面代理“新农保”业务的信用社。（2）积极与楚雄州工商联、妇联、共青团、工会、劳动和社会保障、个私协会部门配合，对创业的大学生、农民工、复转军人提供5万元以内的创业小额贷款，累计发放创业小额贷款1399户，金额6918.5万元，带动就业3296人。（3）积极开展“家电、手机下乡”工作。（4）做好小额扶贫贴息贷款工作，代理发放1.20亿元小额扶贫贴息贷款。（5）充分发挥网络和网点优势，做好“惠农一折通”工作，确保各级、各项财政补贴资金及时发放到农民手中。

【服务创优工程】 2009年，云南省农村信用社联合社楚雄办事处按照省联社的统一要求在全州农村信用社开展“服务创优工程”，制定《考核办法》、《星级员工、网点评先办法》，规范服务用语，开展文明服务，完善服务设施，美化服务环境，公布服务公约，接受社会监督。同时，组织开展全州农村信用社首届业务知识竞赛。

【内控管理】 2009年，云南省农村信用社联合社楚雄办事处突出以内控制度和风险管理监督为重点，围绕服务创优开展稽核审计工作，严格执行责任追究制，做到处罚到位，依法合规经营。(1) 开展计算机网络及内部控制专项审计工作。(2) 开展会计决算及财务会计真实性专项稽核审计工作。(3) 开展信贷专项检查。(4) 积极开展常规稽核检查。(5) 认真开展离任审计工作。

【抗震救灾】 2009 年，云南省农村信用社联合社楚雄办事处在“7·09”姚安地震发生后，积极投身抗震救灾和灾后恢复重建工作，共安排民房重建、修缮资金 11.29 亿元，整合教育资源贷款 1500 万元，支持灾区人民重建家园。

[张天翔]

中国建设银行股份有限公司楚雄州分行

【负债业务】 2009 年，中国建设银行股份有限公司楚雄州分行把发展负债业务作为全行的工作重点，认真分析市场和形势，结合实际，制定切实可行的吸存稳存工作计划和措施，积极组织个人业务营销活动，进一步强化市场营销力度，全行上下整体联动，加大任务性团队的营销，对重要客户、重点项目进行重点营销，负债业务稳步增长。年末，全行一般性存款余额 39.35 亿元，比年初新增 7.13 亿元，增长 22.13%，完成省分行计划的 148.85%。其中对公存款余额 25.55 亿元，比年初新增 4.5 亿元，增长 21.36%；个人存款余额 13.8 亿元，比年初新增 2.63 亿元，增长 23.58%。

【资产业务】 2009 年，中国建设银行股份有限公司楚雄州分行结合国家实施的拉动内需政策，转变经营观念，抓住机遇，按照自身风险偏好，实施积极稳妥的信贷营销，积极拓展优质客户，争取内部银团贷款。通过“民本通达”综合营销方案的实施，进一步加大对教育、卫生（医院）等行业项目营销，累计向州职教中心投放贷款 2.5 亿元，州（县）级医院贷款 1.5 亿元，新增贷款主要集中在拉动内需、改善民生的基础设施建设及其他重要行业领域。年末，全行各项贷款余额 19.85 亿元，比年初新增 3.33 亿元，完成省分行计划的 130.18%。其中，公司及机构类贷款余额 14.86 亿元，比年初新增 1.01 亿元；个人类贷款余额 4.99 亿元，比年初新增 2.31 亿元，增长 86.48%，完成省分行计划的 416.94%。

【资产质量】 2009 年，中国建设银行股份有限公司楚雄州分行认真贯彻落实总分行信贷政策，坚持稳健经营，加强信贷基础管理，进一步优化信贷结构。年末，全行 5 级分类口径不良贷款余额 1857 万元，比年初减少 534 万元，完成省分行计划的 143.24%；不良贷款率 0.94%，比年初下降 0.51 个百分点。处置各类不良资产 617.04 万元，完成省分行下达计划的 158%。加大对高风险行业和客户的退出力度，按计划全年实际退出高风险贷款 3602.75 万元，完成省分行计划的 174%。全行的资产质量进一步提高，不良贷款实现“双降”，信贷资产结构得到进一步优化。

【经营效益】 2009 年，中国建设银行股份有限公司楚雄州分行进一步加快各项业务的持续、健康发展，实施全额资金计价法，推行精细化管理，夯实全行的盈利能力。全行在人民银行利率下调的情况下，仍然保障全行经营管理水平的稳步提高。年末，全行实现账面利润 0.71 亿元，同比增加 0.2 亿元，增长 38%，完成省分行计划的 113.08%。

【个人信贷业务】 2009 年，中国建设银行股份有限公司楚雄州分行大力发展个人贷款业务。(1) 理顺经营管理模式，完善考核办法，充分调动各营业网点客户经理积极参与楼盘个贷营销，建立任务型团队，做到职责明确，精准营销。(2) 抓重点，个贷市场竞争能力显著提高，特别是在州级公务员团购房、云南开关厂团购房等个贷营销中取得较好成效，有效促进个贷业务快速发展。(3) 抓联动营销，以个贷拓展带动相关银行卡业务、个人电子银行等相关个人产品销售，对全行个人业务的发展起到积极推动和促进作用。年末，累计发放个人类贷款 4723 笔 6.95 亿元，当年累计新增 5.61 亿元。

【电子渠道建设】 2009 年，中国建设银行股份有限公司楚雄州分行按照“两个渠道办银行，两个渠道做业务，两个渠道做服务”的经营理念，加强“大电子渠道”推广运用力度。全行开展了“易用有礼，超值无限”和建设银行网上银行服务 10 年营销活动，积极营销电子对账、固话支付业务和短信小管家业务，签约客户数量及交易量迅速增长。年末，全行新增个人电子银行活动客户数 4357 户，完成省分行计划的 108%；新增短信小管家客户 5956 户，完成计划的 135%，单位网上银行交易额 22.31 亿元；电子银行与柜面业务量占比达 21.13%，比年初提升 10.85 个百分点。

【信用卡业务】 2009 年，中国建设银行股份有限公司楚雄州分行信用卡营销坚持量质并举，开展“走进客户、走进单位、走进小区、走进企业”为主题的“四走进”营销竞赛活动，推行信用卡预审批发卡制度，开展信用卡睡眠卡激活活动，积极做好昆明铁路局广通机务段、工务段职工铁路龙卡的营销，发放铁路龙卡 500 余张。年末，全年新增借记卡 2.70 万张，信用卡客户净新增 3192 户，完成省分行计划的 174%，账户活动率 66.66%，消费交易额 0.62 亿元；净新增特约商户 29 户，完成省分行计划的 290%。

【零售网点转型】 2009 年，中国建设银行股份有限公司楚雄州分行继续深化零售网点转型，积极推行零售网点二代转型，进一步明确网点定位，丰富理财产品，规范服务工作流程，通过实施营业网点星级管理、营业网点个人业务顾问（客户经理）星级管理、营业网点大堂经理星级管理等考核措施，明确客户经理职责，优化销售服务流程，满足个人VIP客户的差别化需求。推进前、后台分离，建立网点集中管理和网点服务保障机制，网点由核算交易型逐步向营销服务主导型转变，促进营业网点客户经理服务能力、产品销售业绩和客户满意度都有明显提升。

【风险管理】 2009年，中国建设银行股份有限公司楚雄州分行实施积极主动的风险管理，强化合规经营，完善风险管控体系，加大对信贷基础管理、关键风险点的检查，风险排查和预警，提高岗位操作风险报告质量，有序开展操作风险自评及业务持续性建设。同时，加强财务会计管理，组织涉税业务自查和结算账户年检，7个营业机构达会计基础管理一级单位。

［殷绍华］

中国银行股份有限公司楚雄州分行

【经营发展】 2009年，中国银行股份有限公司楚雄州分行主要业务快速增长，市场份额大幅提升，经营规模持续扩大，盈利能力明显提高，干部员工凝聚力、战斗力显著增强，风险防范和内控建设取得较大成效，为市场竞争力的提升以及发展战略目标的实现奠定了坚实的基础。年末，各项人民币存款较上年末增长34.51%；各项人民币贷款较上年末增长48.33%；不良贷款余额3万元，不良率0.01%，较上年末下降2.81%；净利润较上年同期增长56.71%。

【企业文化建设】 2009年，中国银行股份有限公司楚雄州分行按照以人为本、和谐发展的经营理念，全面加强企业文化建设，大力弘扬以“诚信、绩效、责任、创新、和谐”为内涵的中国银行“追求卓越”的核心价值观，将核心价值观融入到全行经营管理的各个环节，通过持续教育宣传、制度引导约束，提升员工的敬业度和归属感，为全面增强核心竞争力、提升全行绩效水平，提供了强有力的维护支撑。坚持德才兼备、以德为先的原则，以创新的手段，加大教育、管理、监督力度，教育引导全行干部员工加强学习，提高素质，转变观念，改进作风，牢固树立中国银行核心价值观，爱岗敬业，奋发有为、追求卓越。加强后备队伍建设，完善管理人员和业务骨干人才库，大力提高干部员工的综合素质和业务技能，培养造就一大批年轻有为的专业人才，为员工的职业发展搭建了良好的平台。年内，在认真考评的基础上，对公司业务部、个人金融部、西路支行、南路分理处等部门和机构的负责人进行了调整和任免，使一批德才兼备、群众公认的优秀人才脱颖而出，有效地促进干部员工队伍建设，营造良好的人文环境和舆论氛围，推动行风建设和企业文化建设，促进楚雄州分行各项业务的持续、快速、健康发展。

［马庆华］

交通银行股份有限公司楚雄分行

【经营状况】 2009年，交通银行股份有限公司楚雄分行紧紧围绕总行、省分行“两化一行”的战略部署及“跑赢大市，争先进位”的工作目标，进一步增强发展意识、风险意识、创新意识、全局意识，强化管理，以内控促发展，向管理要效益，各项业务稳步发展。5月，调整分行领导班子，进一步保持全行改革、发展、创新的连续性。年末，实现本外币账面税前利润5436万元，比上年增加1086万元，增幅为25.65%，完成省分行下达年度计划的101.61%，人均利润达53.3万元，比上年增加9.7万元。

【资产业务】 2009年，交通银行股份有限公司楚雄分行充分利用银政合作平台，以抓重点企业、重大工程、重要民生工程为重点，适时投放贷款，确保基础设施建设及灾后重建工程顺利建设推进。全年累计发放贷款12.15亿元，其中对公贷款10.75亿元，个人消费（住房）贷款1.4亿元。年末，各项贷款余额19.58亿元，比上年末增加7.14亿元，增长57.42%，累计办理贴现5笔，贴现金额1395万元。

【负债业务】 2009年，交通银行股份有限公司楚雄分行面对市场变化，及时调整存款营销工作思路，采取多种方法稳定原有客户存量，以优质高效的金融服务吸纳新客户，极大地拓宽存款来源。存款业务营销过程中抓大不放小，在向中小企业发放贷款的同时，还积极主动的为其提供必要的业务咨询，加速中小企业资金周转。年内新增对公账户179户，新开账户新增存款2.12亿元。年末，各项存款余额26.1亿元，比上年末增加3.93亿元，增长17.76%，日平均存款余额22.1亿元，比上年增加5.4亿元，增长32.71%。

【内控管理】 2009年，交通银行股份有限公司楚雄分行进一步加强内控管理。(1) 风险管理持续加强，资产质量进一步提高。按5级分类法划分，不良贷款余额298万元，占比0.15%，比上年末下降0.15%。(2) 加强会计内控管理，会计差错率逐步降低，会计核算质量明显提升，平均差错率由上年的5.2‰降低至3.2‰。(3) 个人金融营销队伍建设得到进一步加强，考核激励措施逐步健全，个金业务客户经理、大堂经理职责进一步明确，AFP持证员工从1名增加到3名，保险业务代理从业资格持证员工从2名增加到26名。(4) 规范化检查常抓不懈，营业网点服务质量不断提升。

【企业文化建设】 2009年，交通银行股份有限公司楚雄分行充分发挥党、团、工会组织的职能作用，进一步强化企业文化建设。(1) 结合员工个人职业生涯规划，开展会计业务技能大练兵活动，全面提升柜员综合素质。(2) 组织各类业务劳动竞赛，树立标杆，形成积极向上的“比、学、赶、超”工作氛围。

（3）积极开展文艺体育活动，踊跃参加州里组织的文艺晚会和篮球运动会，成立羽毛球、篮球等体育项目兴趣小组，让员工定期参加体育健身活动。（4）组织召开青年员工、保安人员等各类座谈会，真诚倾听各个层面员工的呼声，以人为本，关心员工成长。（5）创建“职工之家”，让员工在工作之余能到阅览室、健身房活动。（6）不断提升分行职工食堂服务质量。2009年，交通银行楚雄分行再次获得省级文明单位荣誉称号，并获得全国“巾帼文明示范单位”荣誉称号。

［刘　安］

中国邮政储蓄银行有限责任公司楚雄州分行

【邮政储蓄机构调整】　2009年3月，根据《中国邮政储蓄银行各级机构党组织设置及成员组成的指导意见（试行）的通知》精神，经中共云南省分行委员会决定，成立中共中国邮政储蓄银行楚雄州分行委员会、纪律检查委员会。11月，因工作需要，经邮储银行云南省分行党委决定，对楚雄州分行领导班子进行调整。7月，经邮储银行省分行党委批准，成立邮储银行楚雄州分行工会；8月，以楚雄市、禄丰县2个一级支行为单位，组建2个三级工会委员会和以州分行各部室、8个二级支行为单位的工会小组。5月5日，中国邮政储蓄银行楚雄市支行营业部隆重开业，这是邮储银行楚雄州分行成立后的第一家网点。

【负债业务】　2009年，中国邮政储蓄银行楚雄州分行作为一家新成立的银行，在竞争激烈的金融市场环境中，树立“存款立行”的经营理念，把做大余额规模作为银行业务全面发展的奠基石，大力发展储蓄余额，制定切实可行的储蓄存款工作计划、考核办法和措施，做好中高端客户的维护，全力以赴抓好存款工作。年末，全州邮政个人储蓄余额达12.97亿元，累计净增储蓄存款2.20亿元，增长率为20.43%。

【贷款业务】　2009年，中国邮政储蓄银行楚雄州分行经银行业监管部门核准开办的贷款业务主要有针对个人、农户、商户和中小企业的小额贷款、个人商务贷款、二手房贷款和存单质押贷款。年内，大力发展小额贷款，把小额贷款作为特色业务用心经营。年末，累计发放各项贷款8885.86万元，累计收回贷款4525.73万元，贷款结余5746.46万元，比年初增长314.51%，完成全年计划任务的112.48%，逾期贷款率和不良贷款率均为0.86%。

【信用卡及电话银行】　2009年，中国邮政储蓄银行楚雄州分行积极开办信用卡和电话银行服务。9月至12月，共办理个人信用卡360张，电话银行净增1450户。

【服务“三农”】　2009年，中国邮政储蓄银行楚雄州分行立足邮政储蓄多年积累的品牌和贴近百姓的网络优势，依托邮政储蓄绿卡为农村提供金融服务，开办代发养老金、代发计划生育扶助奖励金、代发退耕还林资金等中间业务。同时，与相关单位合作，开办代收烟草款，代收移动、联通营业款，代收电信话网费等业务，帮助各级单位加快农村资金的归属，方便了农村地区客户的资金结算，努力为“三农”及中小企业发展提供有力的金融支持。

【科技支撑】　2009年，中国邮政储蓄银行楚雄州分行严格按上级行要求完成邮政储蓄V2.0切换上线工作，完成财税库银横向联网工作，实现全国联网，实时通兑；成功实施“两网互通”工程，实现对公账户到储蓄账户，储蓄账户到汇兑账户资金的整合；增加各种汇款业务，丰富邮政储蓄结算功能，提升支付结算服务水平，保证全行业务正常和稳定运行。全年新安装ATM机3台，新建自助银行2个。

【反洗钱工作】　2009年，中国邮政储蓄银行楚雄州分行积极组织开展反洗钱工作，调整反洗钱领导小组成员，进一步建立和完善相关反洗钱内控制度，按季召开反洗钱领导小组例会。对辖内各单位反洗钱工作进行检查，开展各种形式的反洗钱知识培训、闭卷考试和竞赛活动，全州从业人员共531人参加培训，461人参加现场考试，合格率为100%。

【经营效益】　2009年，中国邮政储蓄银行楚雄州分行从强化财务管理入手，实施增收节支，及时调整业务发展的成本费用，严格审核业务费用支出，加强备付金的管理力度，提高资金使用效率。规范网点、银行交协款工作流程，减少人为的资金滞押，缩短资金周转时间，使资金最大程度得到合理有效的运用，头寸资金保持较低的占用水平，资金运用管理效益得以充分体现。全年全州邮政金融资金运用综合率一直名列全省前茅，全州实现金融业务收入2876.7万元，计提贷款损失准备金45.7万元，拨备覆盖率达92.87%。

【内控管理】　2009年，中国邮政储蓄银行楚雄州分行切实加强风险管理，有效防范和控制操作风险，风险管控能力进一步提高，发案率和资金损失率均为零。（1）认真开展“合规管理年”活动，制定下发《中国邮政储蓄银行楚雄州分行“合规管理年”活动工作方案》、《2009年风险合规管理工作实施意见》和《中国邮政储蓄银行楚雄州分行风险报告制度实施细则》，组成工作领导小组，成立风险管理委员会并设立信用风险、市场风险和操作风险管理3个专业管理委员会。（2）结合“三项评价”活动发现的问题和“四个办法”实施过程出现的问题，对全行所辖业务的规章制度进行梳理，拟定出业务流程和业务决策流程，为开展规章制度合规性、流程完整性的评价打好基础。（3）认真开展机构合规评价和风险履职评价活动，进一步完善和落实相关规章制度的执行，促进各级机构规章制度合规性和流程标准化程度。(4) 制定《关于印发邮政储蓄银行楚雄州分行集中式审计稽查方案及管理办法的通知》，组织开展集中式稽查，通过开展跨区域交叉检查和稽查，提高审计工作整体水平，促进业务检查和稽查工作的规范化和制度化，促进问题的整改，全面提高风险防范能力。(5) 共与2个一级支行、16个二级支行以及23个邮政代理网点开展谈心活动。(6) 制定《邮储银行楚雄州分行小额贷款业务操作规范考核办法（暂行)》、《中国邮政储蓄银行楚雄州分行个人信贷审批中心管理办法（试行)》，不断完善资产业务内控体系，提高抵御信用风险的能力。(7) 开展岗位轮岗工作。通过每月人员思想变动情况，对长期未轮岗及可能出现资金安全隐患的人员进行轮岗，加强资金安全管理工作。(8) 签订邮政金融资金安全管理目标责任书。

[李淑芹]

富滇银行股份有限公司楚雄分行

【富滇银行楚雄分行成立】 富滇银行全称为富滇银行股份有限公司，2007年12月30日经中国银监会批准成立，是云南省成立的第一家省级地方商业银行。其前身是1911年蔡锷创办的云南省公钱局，1912年改组为省立富滇银行，史称旧富滇银行，自成立至解放前夕的30多年中，一直扮演云南地方央行的特殊角色，在云南省的发展史上起过重要作用。2009年，富滇银行以“做好、做强”为基本发展目标，正在从传统经营模式向现代商业银行转型。富滇银行楚雄分行设营业部、市场营销部2个业务部门和办公室、风险管理部、财务会计部等3个支持部门，经楚雄银监分局批准富滇银行楚雄分行可办理以下业务：吸收公众存款；发放短期、中期和长期贷款；办理国内结算、票据承兑与贴现；代理发行金融债券；代理发行、代理兑付、承销政府债券；买卖政府债券、金融债券；从事同业拆借；从事银行卡业务；提供担保服务；代理收付款项及代理保险业务；提供保管箱业务；外汇存款；外汇贷款；外汇汇款、外币兑换；同业外汇拆借；资信调查、咨询和见证业务；国际结算；买卖或代理买卖外汇；外币票据承兑和贴现；代理国外信用卡的发行和付款业务；经中国银行业监督管理机构批准的其他业务。

【富滇银行楚雄分行开业暨银政银企合作协议签字仪式举行】 2009年12月24日上午，富滇银行楚雄分行开业暨银政银企合作协议签字仪式在楚雄州会务中心举行。富滇银行行长卢云在仪式上致辞并表示，富滇银行楚雄分行的成立标志着富滇银行布局全省、走向全国、快速发展的建设发展目标得到了进一步的实现。富滇银行楚雄分行将会坚持走稳健高效发展之路，按照监管部门的要求，依法合规经营，强化内部管理，根据银行自身战略发展规划，结合楚雄金融经济发展特点和方向，利用楚雄州的区位优势和自然资源优势，通过加强银政、银企合作，大力支持重点项目、优势产业和优质企业的建设，为楚雄经济建设发展提供资金来源，为楚雄州经济社会的全面发展作出积极贡献。仪式上，云南银监局和楚雄州工商局分别为富滇银行楚雄分行颁发了金融许可证和营业执照；中共楚雄州委常委、常务副州长董继理代表州人民政府与富滇银行常务副行长罗树才签署银政合作协议；富滇银行楚雄分行行长聂正贵与州开发投资有限公司总经理王旭签署银企合作协议；出席签字仪式的领导为富滇银行楚雄分行揭牌和开业剪彩。

[杨 樊]

中国人民财产保险股份有限公司楚雄州分公司

【经营情况】 2009年，中国人民财产保险股份有限公司楚雄州分公司建立60周年。一年来，楚雄州分公司紧紧围绕省公司“突出效益、强化服务、创新发展”三大主题，全力推进实施“效益、速度、服务”市场战略，按照“突出一个重点，抓好五项建设，实现五个提升”的工作要求，以效益提升为要点，以销售建设为突破，以强化管控为基础，以提升服务为保障，以队伍建设为根本，重点实施“1号工程”，以奋发有为的精神状态和求真务实的工作作风全力以赴抓好各项工作。年末，楚雄州分公司累计实现保费收入2.05亿元，比上年同期净增保费4642.7万元，增长率为29.30%，完成全年计划的114.37%，提前3个月完成全年保费任务目标。赔付支出1.54亿元，综合赔付率75.14%，综合成本率为92.3%，百元保费现金净流量25.7元，实现账面利润1352万元，完成年度利润计划的112.7%，缴纳地方税收930.7万元，开创了公司又好又快发展的新局面。

【“1号工程”推进】 2009年6月，中国人民财产保险股份有限公司云南省分公司将强化车险盈利能力建设命名为“1号工程”，楚雄分公司把“1号工程”作为重点工程、系统工程、一把手工程和全员工程狠抓落实，按照“不犹豫、不等待、不争论”的要求全面推进。通过1年的管控，公司业务质量进一步优化，整体盈利能力明显增强。全年实现利润1352万元，公司全辖11个经营核算单位均超额完成实收保费任务。公司保费规模首次突破2亿元大关，实现了历史性跨越。

【保险先进村乡（镇）创建】 2009年，中国人民财产保险股份有限公司楚雄州分公司认真贯彻落实了中央的支农、惠农政策，为“三农”发展提供强有力的保险保障，为建设社会主义新农村发挥“助推器”作用。全年实现农业险保费收入2926.2万元，赔款支出1819万元，6月26日，楚雄州人民政府办公室下发《关于印发中国人民财产保险股份有限公司楚雄分公司保险先进村乡（镇）创建活动方案的通知》，同意楚雄州分公司呈报的保险先进村乡（镇）创建活动方案。

【个代营销和“两网”建设】 2009年，中国人民财产保险股份有限公司楚雄州分公司根据财保云南省公司大力推动“两网”建设和个代营销工作的安排和部署，充分利用政府大力发展农村保险的有利时机，全面推进《营销基本法》，实行营销团队化管理，积极推动“两网”的制度化建设和规范化运作，促进了公司分散性业务的持续发展。截至12月31日，公司已建成11个“城网”营销部，57个乡（镇）保险营销服务部和103个保险服务咨询点，保险服务网络覆盖面已达到100%。“两网”保费收入7640万元，其中城网4851万元，农网2789万元。

【交叉销售】 2009年，中国人民财产保险股份有限公司楚雄州分公司深入开展财险、寿险交叉销售竞赛活动，进一步调动销售人员的积极性，推动交叉销售业务的发展。截至12月31日，销售寿险业务保费收入870万元，完成年计划任务800万元的108.75%。

【打击保险“三假”】 2009年，中国人民财产保险股份有限公司楚雄州分公司认真深入学习打击“三假”工作的重要文件精神，按照内外联动、密切配合、突出重点、分类治理、惩防并举、标本兼治的工作原则，与楚雄州公安局联合下发了《楚雄州关于加强协作配合共同打击保险领域违法犯罪行为实施方案》，积极开展打击假保险机构、假保单、假赔案活动，进一步加强内部控制，堵塞管理漏洞，建立健全防假、打假的快速反应机制和长效工作机制，公司的风险管理水平得到整体提高。通过打击“三假”工作，为公司挽回14万元的经济损失，保护了客户的合法权益。

【车险理赔大提速服务承诺】 2009年3月1日起，中国人民财产保险股份有限公司楚雄州分公司按照上级公司的要求，推出理赔大提速服务承诺，对定损金额在5000元以下不涉及人员伤亡的车辆，承诺3日赔款，5日提车，赔偿金额1000元以下的现场决赔及垫付赔款修车服务。随后，各支公司开展了多种形式的宣传咨询服务，开展了强大的宣传攻势。车险理赔大提速服务提高了客户的忠诚度和满意度，进一步提升了人保财险公司的社会影响力。

[麻文东]

中国人寿保险股份有限公司楚雄分公司

【经营状况】 2009年，中国人寿保险股份有限公司楚雄分公司按照“抢抓机遇，超常发展，从严管理，快速提升公司整体实力，加快实现‘优质、效益、形象云南’步伐”的总体要求，创造了楚雄国寿历史最佳成绩。截至12月31日，实现全年总保费收入2.92亿元，净增保费0.25亿元，同比增长4.38%，占有55.07%的楚雄寿险行业市场份额。年终预算考核指标得分全省排名第3，成为了全省经营排名分类甲AA的公司，并被云南省公司授予全省系统2009年度“先进单位”荣誉称号。

【“中国人寿保险先进州”建设】 2009年，中国人寿保险股份有限公司楚雄分公司继续推进“中国人寿保险先进州”建设步伐，加快促进农村保险业务的发展。全年全州成功创建中国人寿保险先进村点32个，其中双柏县爱尼山乡成为全州首家创建成功的中国人寿“保险先进乡”。

【理赔服务】 2009年，中国人寿保险股份有限公司楚雄分公司在促进业务又好又快发展的同时，本着“撒播爱心、造福社会”的企业价值理念，倾力打造以客户为尊的服务体系，健全各项管理制度，规范业务处理流程，加快业务处理时效，提升客户服务水平。全年赔付支出共计1.07亿元，同比增长22.61%。

【用工制度及薪酬体系改革】 2009年，中国人寿保险股份有限公司楚雄分公司打破了自1996年以来的用工制度及薪酬体系。4月至10月，在上级公司的帮助下进行了从上到下的用工制度及薪酬体系改革。改革后，全州系统共有员工140人，改革打破了以往“员工身份差异化及薪酬体系不平等”的局面，统一了员工身份及薪酬体系。

[姜　勇]

中国太平洋财产保险股份有限公司楚雄中心支公司

【业务发展】 2009年，中国太平洋财产保险股份有限公司楚雄中心支公司努力践行有价值可持续增长目标，业务发展突破了2000万大关，取得了公司建立以来最好成绩。全年公司承保业务2.51万件，完成保费收入2470.36万元，完成预算率154.40%，同比增长90.88%。赔款支出888.90万元，同比增加206.96万元，已结案4211件，结案率86.69%，上缴地方税金132.42万元。

【风险防范】 2009年，中国太平洋财产保险股份有限公司楚雄中心支公司进一步加强风险防范工作。（1）加强应收保费管理，责任到人，按月考核。（2）加强单证及业务档案管理。3月，公司在业务管理部门设置单证管理岗位，实行专人管理。并组织人力对多年积压的业务档案进行清理，单证及业务档案管理状况明显好转。（3）加强理赔工作管理。按照总公司、分公司理赔工作要求，规范工作流程，并将理赔相关指标纳入理赔人员工资考核，有效促进了理赔工作的改善，提升了客户服务工作。

[陈国英]

中国太平洋人寿保险股份有限公司楚雄中心支公司

【业务发展】 2009年，中国太平洋人寿保险股份有限公司楚雄中心支公司全面贯彻落实打造万人团队的战略目标，以提升销售能力为核心和加快核心业务发展为重点，以公司达标晋级为抓手，努力实现公司价值可持续增长，全年完成规模保费7729万元。其中个险1172万元，同比增长43%；团险583万元，同比增长61%；银保趸缴2939万元，同比负增长44%；期缴190万元，同比增长98%。完成标准保费8491万元，同比增长38%。其中个险6284万元，同比增长65%；团险1153万元，同比增长58.8%；银保966万元，同比下降38%。根据楚雄州保险行业协会2009年的统计数据，太平洋人寿保险公司在楚雄8家寿险公司中业务总量排名第二，市场份额占14.58%，比上年增加1.13%。年内，已结赔案3959件，赔付金额813万元。其中短期意外险178件，赔款金额73.8万元；长期寿险85件，赔款金额91.6万元；管理式健康险3696件。

【基础建设】 2009年，中国太平洋人寿保险股份有限公司楚雄中心支公司按照总公司提出的"管理向上集中，服务向下延伸"的战略规划，在上年度6个县级机构服务大厅装修改造的基础上，对业务处理信息系统网络进行升级，使总公司业务处理系统延伸到所有县级机构。同时，楚雄中心支公司加大对各县级机构内勤人员业务知识及业务处理系统操作技能培训，所有县级机构均可受理客户的保险服务申请，大大提升公司在全州的服务能力和服务水平。

【队伍发展】 2009年末，中国太平洋人寿保险股份有限公司楚雄中心支公司共有劳动合同制员工86人，个人代理制营销员560人。全年公司代扣代缴个人所得税及营销员营业税费100.1万元。

［董　旭］

泰康人寿保险股份有限公司楚雄中心支公司

【业务经营】 2009年是泰康人寿保险股份有限公司楚雄中心支公司贯彻执行"防风险、调结构、稳增长"的转型年，公司在"以价值为导向、以营销为核心"的战略指引下。全年实现保费收入7223.94万元。其中个险新契约保费1131.93万元；银保保费2592.50万元；团险保费32.64万元；续期保费3466.87万元。全年支付各类赔款241.52万元，支付满期给付金额181.26万元，为彝州经济建设和构建和谐彝州作出应有的贡献。

【业务创新】 2009年，泰康人寿保险股份有限公司楚雄中心支公司为了满足市场的实际需求，与邮政公司推出"2010幸运新福卡"，进行产品整合，加大公共交通意外伤害及医疗的保障额度，并扩大了保险保障范围和保障人群，保险金额高达92.6万元。同时由邮政公司提供了精美的内附邮票，使得"2010幸运新福卡"的保险保障更高，保障人群更广，集邮价值更大。

【搭建"商保通"平台】 2009年，泰康人寿保险股份有限公司楚雄中心支公司为贯彻落实新医改意见，积极参与多层次医疗保障体系建设，由分公司牵头启动了"康乃馨"新型理赔服务模式，对传统健康险理赔流程进行重大改进，基本实现了理赔直付。

［阿媛曼］

中国大地财产保险股份有限公司楚雄中心支公司

【业务发展】 2009年，中国大地财产保险股份有限公司楚雄支公司始终秉承"一流服务质量，一流工作效率，一流公司信誉"的宗旨，紧紧围绕"更新观念，调整结构，强化管控，提高效益"的总体工作思路及要求，依法合规经营。全年累计完成保费收入1335万元，同比增长6%，提取责任准备金107万元，缴纳地方税款81万元。全年处理各项赔案3804件，支付已决赔款665.07万元、未决赔款258.85万元；受理安徽、内蒙、广东、湖南、四川等地的客户异地理赔案件90余件，理赔金额累计达70余万元，其中安徽客户彭某通赔金额达27万元。

【合规经营及管理】 2009年，中国大地财产保险股份有限公司楚雄支公司开始了从"创业期"向"成长期"的战略转型。在全国保险市场掀起的"规范财产保险市场秩序"活动中，顾全大局、率先垂范，坚决执行保监局规定，在保险行业协会的监督下签署"规范市场、合规经营"责任状。切实加强内控建设，建立合规长效机制，勇做市场秩序维护者，为规范整顿财产保险市场秩序做出应有贡献，做到依法合规经营与业务健康发展两不误、两促进。

［纳绍菊］

安邦财产保险股份有限公司楚雄中心支公司

【业务发展】 2009年，安邦财产保险股份有限公司楚雄中心支公司努力承担和谐社会企业公司责任，以公司创新力和执行力为抓手，走出了独具安邦特色的发展之路，实施了销售事业部制，保费零应收见费出单、核保集中、理赔直接到客户银行卡，管理扁平化，产险动作标准化等一系列改革措施。全年累计实现保费收入75.88万元，赔款支出125.79万元。上缴地方税金10.60万元。

【科学管理】 2009年，安邦财产保险股份有限公司楚雄中心支公司以持之以恒的精神，从商业模型、组织构架、人力资源、动作机制、流程标准、评估改过6个方面，用科学的方法解决影响公司健康发展的应收保费、虚假批退、假赔案等问题。实施了禁止批退，零应收见费出单、理赔打假的举措。

［吴红霞］

（责任编辑：者宗菊）

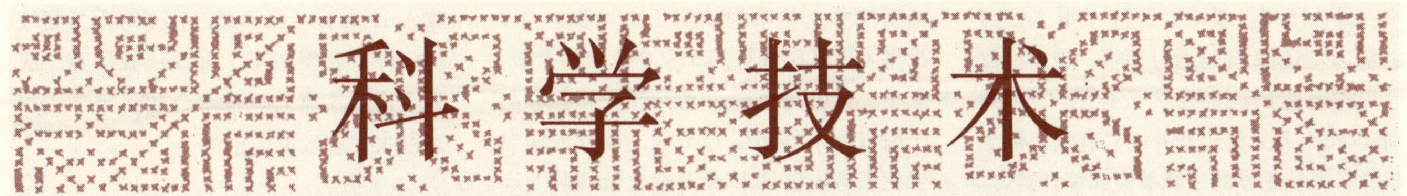

科学技术

科技管理

【科技发展状况】　2009年，楚雄州坚持用科学发展观统领科技工作，以全面贯彻落实创新型云南行动计划为契机，以优化科技创新发展环境和组织实施科技项目为重点，以增强自主创新能力，提升科技支撑作用为目标。全年全州科技进步对国民经济、农业和工业的贡献率达到47.2%、49.8%和47.5%；争取国家和省科技项目31项，争取资金2571万元，带动投资6.76亿元；截至11月末，全州共申请专利173件，比上年增长29%，全省排名第四位。全年省、州资助专利申请项目123项，资助金额3.68万元；年内推荐省科技奖励4项，获省科技进步奖三等奖2项；经州科学技术奖评审委员会评审，评出突出贡献奖1名、科技成果奖40项。

【实施创新型云南行动计划】　2009年，楚雄州科学技术局围绕“建设创新型云南行动计划的决定”和《建设创新型云南行动计划楚雄2009年度目标责任书》抓落实，调研起草《中共楚雄州委、楚雄州人民政府关于贯彻建设创新型云南行动计划的实施意见》，通过州人民政府常务会、州委常委会审定，于5月25日下发实施。实施意见按照“突出重点、创新驱动、整合资源、加大投人、产学研结合”的要求，制定一系列切实可行的发展目标。实施现代农业发展、重点产业企业提升、节能减排先进适用技术推广应用、全社会科学素质提高等四项工程。年末，超额完成责任书指标，顺利通过省委、省人民政府对楚雄州的建设创新型云南行动计划责任书考核。

【科技工作会商会】　2009年7月3日，云南省科技厅厅长龙江率相关处室负责人在楚雄州召开厅州科技工作会商会议。州委书记邓先培，州委副书记、州长杨红卫出席会商会议并作讲话，副州长李家龙主持会议。龙江对楚雄州科技工作给予了高度评价，同时提出要加强“建设创新型云南行动计划”各项目标任务的贯彻落实，加强对外开放与合作等。邓先培对近年来全州科技工作给予了充分肯定，同时，要求以此次会商会为契机，进一步加强和推进科技工作。杨红卫介绍了全州贯彻落实创新型云南行动计划的基本情况及科技工作开展情况。经会商，省科技厅确定了一批支持楚雄的科技项目。

【加强农业科技进步】　2009年，楚雄州农村与社会发展科技工作以加强对优势特色产业技术支撑为目的，以彝药产业、循环经济、畜牧业、林果业、特色优势产业为重点，认真贯彻落实国家、省、州科技工作精神和全州“十一五”科技发展规划，转变作风、服务基层、务实创新，深入调研，策划申报国家、省级项目。整合科技资源，借助外部力量，努力提高项目申报的成功率，在项目申报、管理上取得新突破。(1)在获得支持上有新突破。全年组织申报国家、省级科技项23项，其中国家级3项，省级20项，项目总投资1.5亿元，申请科技经费扶持4413万元，有14个项目被省科技厅列项并安排科技经费1478万元，带动投资3.63亿元，争取经费数额和大项目的情况创历史最高水平，为全州农业科技进步、农业产业化、农村经济社会发展提供重要支撑。(2)在推动富民强县上有新突破，圆满地完成全年的各项工作任务。按照省科技厅的工作部署，要求全州10县（市）全部参加考核，州级同时进行“城市科技进步考核”。州科技局积极协调，在州财政、经委、环保等相关部门的配合下，进行州级的“城市科技进步考核”工作。经过省科技厅、国家科技部的考核、复审、公告等严格的程序，全州州级、楚雄市、姚安县、元谋县通过考核。(3)编制《楚雄北部金沙江流域科技服务支撑体系建设规划》有新规范。按照州人民政府的统一部署，州科技局负责编制《楚雄北部金沙江流域科技服务支撑体系建设规划》，在深入学习领会国家和省的政策、广泛调查研究楚雄北部各县自然地理及经济社会发展条件基础上，探索科技服务支撑的方向和重点，策划一批楚雄北部经济社会发展重点科技支撑项目，系统、全面的编制《楚雄北部金沙江流域科技服务支撑体系建设规划》。(4)加强项目监管力度有新举措。按照省科技厅的统一安排，开展对项目的评估和交叉检查工作，促进项目实施，取得较好的经济社会效益。经统计，全州实施的30项国家、省级农村与社会发展类科技项目，在年度内共计实现利润1.03亿元、纳税6913万元、带动1.79万户农户增加收入6395万元，获得专利授权20项，获得农产品认证31个，开展科技培训15.79万人次。(5)加强彝药产业建设工作有新进展。年内全州人工种植中药材2.4万亩，主要种植白扁豆、茯苓、黄草乌、附子、云木香等品种。对全州符合条件的武定县和双柏县，按省科技厅相关要求及程序申报“云药之乡”。当年2县均通过评审，被省科技厅和省药监局认定为“云药之乡”，分别获得25万元的经费补助，有效增强全州彝药产业建设的品牌效应和综合实力。（6）组织农业科技示范园和科技型农村经济合作组织认定工作有新内涵。为加速农业科技成果转化及产业化，把发展科技型农村经济合作组织作为推进农业农村科技工作的重要手段和有效平台，推进农村科技进步与创新，促进农业增产、农民增收和农村繁荣，根据省科技厅《云南省农业科技示范园认定管理暂行办法》和《云南省科技型农村经济合作组织认定管理暂行办法》，组织全州符合条件的农业科技示范园和农村经济合作组织请求科技厅给予认定、扶持。（7）农业科技培训专项工作有新提升。按照省科技厅和州人民政府的重点工作安排，抓好“粮食高产创建”、州政府彝族梅葛文化传承与保护、永仁县乍石村“8·30”地震灾后恢复重建、武定县小石桥村农业科技推广等重点工作的落实、督查。开展农业新技术培训、“百日百万”农民工科技创业培训，全年共组织开展科学养殖、核桃栽培、优质葡萄种植、中药材种植、妇女学科技、农村科技辅导员等内容为主的农村实用技术培训2794期，共培训21.83万人次。开展“银企合作”试点工作，组织10家农业龙头企业申请农业发展银行的科技项目贷款及贴息扶持。

【加强工业科技创新】 2009年，楚雄州科技局围绕重点产业建设项目，加强工业科技创新力度。（1）抓好项目上报，积极争取扶持。全年共组织27个项目分别上报国家科技部和省科技厅，项目计划总投资5.90亿元，申请扶持资金3890万元，现有11个项目列入国家和省级科技计划，争取到上级扶持资金800万元，带动企业投资3.13亿元，实现利润1.22亿元，上缴税金4017万元，经济效益显著。（2）抓高新技术企业认定。根据高新技术企业认定条件，对全州21家企事业单位相关工作负责人进行高新技术企业申报认定工作培训。分2批将工作基础较好的5家企业推荐上报，其中2家公司通过认定。（3）积极参与云南省技术创新引导工程，推荐云南燃二化工有限公司和云南盘龙云海药业有限公司2家企业申报云南省创新型试点企业。年内2家企业都被批准为云南省第四批创新型试点企业。（4）加强项目跟踪管理，提高科技项目实施质量和绩效。组织相关部门分别对近2年列入省级科技计划实施而尚未验收的部分科技项目进行检查，依据项目实施进展情况，分别对各项目承担单位提出工作要求。组织“振动焊接技术在轻型汽车驱动桥生产中的应用研究”、“自动搅拌玻璃钢沼气池”等3个项目的验收。

【科技成果管理】 2009年，楚雄州科技局进一步规范科技成果管理工作。（1）认真做好省、州科技成果的推荐和评审工作。州科技局向省科技厅组织推荐4项成果参加全省科学技术奖评选，有2项获奖。全面推行科技成果预报制、行政集中审批制和集中评审制“三项”制度，完成上年度州科学技术奖推荐评审的各项工作。（2）切实做好科技统计和R&D资源清查工作。在财政等部门的配合下，完成了全州R&D资源清查科技系统152家摸底调查的相关工作任务，进一步理顺了R&D清查填报对象并核实了名录信息。（3）组织参加中国昆明大院名校科技成果展示交易会。充分利用科技成果展示交易会平台，实现宣传全州技术创新成果，广泛寻求科技合作目标，扎实工作，圆满地完成州人民政府交办的参加中国昆明大院名校成果展示交易会任务。楚雄州展示的成果主要是近几年来获省州人民政府奖励的一、二等奖科技成果及重大专利技术，内容涵盖农业、工业、医药卫生和社会发展领域。

【民营企业认定及技术合同认定】 2009年，楚雄州科技局全年新认定民营科技企业5家，使全州民营科技企业达58家；认定技术合同1件，核定技术性收入10万元，云南燃二化工有限公司按国家规定获得了1.5万元税收优惠，成为全州第一家通过技术合同认定享受国家税收优惠政策的企业。

【知识产权申报和保护】 2009年，楚雄州科技局继续做好知识产权申报和保护工作。（1）全年共申请专利173件，其中发明专利申请36件，实用新型专利申请60件，外观设计专利申请77件，专利申请和授权大幅增长。全州共有注册商标383件，云南省著名商标22件，云南名牌产品11件，农作物新品种权12件。（2）加强宣传培训，提高公众意识。认真开展党报党刊宣传，电视广播网络宣传，知识产权宣传周期间电视、广播共报道33次，共发放宣传资料4.4万份，举办培训班、报告会7场，培训1476人。知识产权工作信息被省知识产权局采用48条，超额完成全年任务。（3）做好省州专利申请资助工作。全年州级共资助申请项目79项，资助总金额为2.35万元。全年共获得省级资助项目44项，资助总金额为1.33万元。（4）组织参加国际国内发明展览会。组织11户企业的15项专利技术参加第18届全国发明展览会，3个项目荣获全国发明成果铜奖。

【科技基础平台建设】 2009年，楚雄州结合省科技厅要求，积极协调，认真做好基础条件平台建设项目书和任务书的编制，争取省科技厅基础平台建设资金55万元，楚雄州匹配资金14余万元。通过项目的实施，促进全州科技管理系统办公条件上台阶。

［李奎连］

科研活动

【年加工3200吨核桃系列产品技术开发及应用】 2009年，年加工3200吨核桃系列产品技术开发及应用列入楚雄州科技扶持项目，由楚雄市树苴乡农业技术综合开发公司承担。主要以引进有机热载体加热技术，实现核桃干燥、烘干、炒制等方面加工技术的集成及应用；开发核桃干果、炒果规模化生产技术和以核桃仁为原料的琥珀核桃仁、椒盐核桃仁、糖核桃仁生产技术；核桃系列产品通过绿A级质量认证。年加工核桃3200吨生产线达产后，年均实现产值1.21亿元，实现利税3260万元，年均支付核桃收购款8164万元。

【耐高温导爆索产业化项目开发】 该项目由云南燃二化工有限公司承担，列入省科技厅非公专项资金计划，与北京理工大学合作共同研究开发出的耐高温导爆索已进行产业化生产，并申请国家专利，项目投资1574.11万元，拟建1条年产50万米的耐高温导爆索生产线，同时采用先进的视频自动控制系统对生产过程进行监督控制。产品质量符合《油气井用导爆索通用技术条件及检测方法第1部分：通用技术条件》SY/T6411.1－2008要求，且产品合格率达到95%。

【武定高磷鲕状赤铁矿脱磷技术研究及产业化开发】 该项目由武定县能达矿业有限公司承担，列入省科技厅非公专项资金计划。研发的核心内容是：（1）引进北京中科首创应用研究院先进的工艺及选矿装置，进行武定鲕状高磷铁矿脱磷技术的研发，改造提升公司现有工艺及设备，利用武定鲕状高磷铁矿生产出达国家标准的铁精矿。（2）先进生产工艺设备的选型、安装调试，进行试生产，直到按设计能力生产出达国家标准的铁精矿。（3）本项目属科技含量高的现代化生产线，按新型工艺要求培训技术人员和生产工人200人，使人员能熟练掌握生产技术。

【楚雄地方特色加工型蚕豆无公害种植示范及系列产品开发】 该项目由云南幸福农业科技有限公司承担，主要是“云豆324”无公害种植技术示范推广，研发符合GMP标准的蚕豆复合氨基酸和蚕豆蛋白粉植化提取生产工艺及技术。

【年产2万吨歧化松香工艺技术研究及产业化开发】 该项目由云南森源化工有限公司承担，列入省科技技术创新暨产业发展专项扶持。2009年到位资金200万元，用于技术研究及产业开发，主要是利用枞酸型树脂酸分子内、分子间氢转移重排，消除松香树脂酸分子中共扼双键体系，改性制得歧化松香。

【山药精粉加工植物碱酸碱中和技术开发】 该项目由姚安县鑫盛实业有限公司承担，列入省科技技术创新暨产业发展专项扶持。该项目实施的核心是：（1）解决和控制产品中的麻嘴、刺舌植物碱，最大限度保持山药产品原有的营养成份和色泽，符合绿色食品要求。（2）开发出山药系列产品达到易溶、速食和符合工业药品填充剂的产品。（3）为批量生产制定出详细的技术工艺流程和质量控制标准。（4）建成具有分析、化验、研究功能的化验室1个。

［李奎连］

科技运用

【烤烟砂培漂浮育苗技术研究】 烤烟砂培育苗技术是楚雄州烟草公司发明并拥有完全知识产权的一项烤烟育苗技术，是漂浮育苗技术的发展和创新。2009年楚雄州推广使用烤烟砂培育苗技术面积达52.5万亩，占全州烤烟种植面积的100%。年内，通过使用砂体替代常规基质，节约草炭3601.5立方米，降低育苗成本545.48万元，增加烟叶产值4915.05万元，增加税收1081.3万元，为烟农降本增效和国家财政增收做出了重要贡献。

【托佩克无公害猪扩繁技术及深加工产业化】 该项目由楚雄市明宏生态科技工贸有限公司承担，2009年各项工作顺利开展。（1）完成绿色饲料种植1万亩和年出栏10万头托佩克商品猪养殖基地建设，建成标准猪舍4.59万平方米，并采用调温音乐猪舍、高床漏缝地板等先进设计。（2）引进荷兰先进的托佩克品牌猪的全套养殖技术及祖代种猪868头，其中祖代母猪800头，祖代公猪68头，现存栏父母代种猪3808头，后备母猪2156头，仔猪1836头，商品猪5624头，共计存栏1.44万头，并制定出托佩克生猪饲养管理技术规程1套，饲料营养标准1套。（3）建成年供气450万立方米养殖基地大型沼气发电综合利用工程1个。年内到位省级科技经费120万元，已完成沼气发酵罐2座4000立方米，储气罐2座2×400立方米，发电机厂房1200立方米，安装好沼气发电机组2台，装机容量300kw，已投产运行。通过建立集中式沼气池，为周边农户供应清洁能源（年发电300万千瓦时，可供1200户农户做饭照明，并可减少二氧化碳排放11万吨），此项目已通过国家发改委批准同意为清洁发展机制项目，可对外销售二氧化碳当量减排指标11万吨，每吨二氧化碳当量转让价格不少于8.8欧元。同时，通过云南省发改委及云南电网公司批准，可并入云南电网运行，该项目建成后能实现扩大就业，可解决农村富余劳动力80多人。（4）对年产5万吨饲料加工厂因修建元双公路进行搬迁，扩建至年产10万吨，并已竣工投产。

【无公害猪肉食品技术开发及产业化建设】 该项目由云南楚雄彝山工贸有限公司承担，目标是通过研究解决生猪屠宰和肉食品加工、销售等环节的关键技术问题，建成年产2万吨肥猪分割肉食品冷链工程供应体系。（1）该项目作为2009年省科技厅与楚雄州人民政府科技工作会商会议的州长项目提出，得到省、州、县（市）等各级人民政府的支持，得到云南省科技厅科技经费投入资金190万元，年内到位资金60万元。（2）已完成肥猪分割肉加工技术的研发，土建工程、生产设备的采购、安装，生产线的调试及试运营，冻库冷链安装及相关技术学习掌握，并通过质监部门验收、QS认证、ISO22000/HACCP食品安全管理体系认证。(3) 项目实施建设进展成效明显。该公司被广东省广弘食品集团授予云南省肉食品加工生产基地；在牟定县、姚安县建立了有机饲料基地，买断了滇撒猪配套系的开发权。与云南农业大学合作，新建了新品种滇撒猪配套系有机猪养殖基地和养殖技术研发基地。(4) 取得了一定的经济社会效益。2009年带动农村养殖业形成1亿余元的产值，解决了农村剩余劳动力200余人，直接支付给养殖户资金达8000余万元，户均收入3500余元。2009年云南楚雄彝山工贸有限公司被云南省人民政府认定为"省级农业产业化重点龙头企业"、"省级优秀龙头企业"。

【生态养猪产业化技术集成与应用】 该项目由楚雄安友畜牧业有限公司负责实施，总投资1156万元，其中企业自筹1000万元，省科技厅补助156万元。2009年完成投资745万元。(1) 在云南南华斯格种猪繁育场内（位于南华县龙川镇平山村委会松毛地）投资160余万元新建零排放猪舍2500平方米和改造原猪舍3幢2000平方米。(2) 建设活体储备基地，投资100多万元在南华县龙川镇牛凤龙新建生态环保猪舍1万平方米，现已完工650平方米，并已投入使用。(3) 投资85万元新增并安装42型颗粒饲料加工机组1套，年加工生产能力可达8万吨。(4) 生猪屠宰生产线已于2009年9月开工建设，年内完成投资400余万元，已完成地基开挖、挡墙支砌、围墙支砌、500立方米高位水池、700立方米排污池、电路、车间钢屋架制作安装等工程，屠宰设备的安装和调试正在进行中。

【楚雄州核桃产业基地建设技术研究及示范推广】 该项目由云南楚雄东宝生物资源开发有限公司承担，楚雄州林科所、大姚亿利丰公司、楚雄树苴农业技术综合开发公司参与。云南楚雄东宝生物资源开发有限公司多年来从事核桃技术开发应用、产品购销。2009年，各项工作顺利开展。(1) 建立种苗基地（含苗圃和采穗圃）823亩；新建核桃小烤炉185座（其中大型热风烘干机5套），于12月投入生产；开展技术培训8874人次；新建、改建核桃产品生产线4条；《楚雄州核桃集约化经营技术规程》、《核桃良种采穗圃营建技术规程》、《核桃的成熟采摘及科学烘烤技术规程》已编制完成，进入报送技术监督部门审批程序；《大姚三台核桃果品质量标准》正在编写中。(2) 全年共生产核桃干果、炒果、核桃油等系列产品5270吨，实现销售收入2.95亿元，上缴税金331万元。"东宝一捏脆"牌核桃，在2009年中国国际农产品交易会上荣获"金奖"；"东宝一捏脆"产品、亿利丰公司的"大雄"牌核桃产品被评定为"云南名牌产品"，项目实施后技术、经济、生态效益明显。

【歧化松香产业化开发】 该项目由云南森源化工有限公司实施，目标是2万吨/年歧化松香产业化开发。2009年，该项目在省科技厅科技创新强省计划支持下，到位科技资金100万，取得了明显成效。(1) 技术创新取得突破。项目实施突破了利用云南松、思茅松作为原料生产歧化松香的技术瓶颈，填补了云南省作为全国松脂资源大省，多年来歧化松香产品的空白，使公司歧化松香生产能力跻身全国前三强。(2) 经济效益显著。公司已生产歧化松香中试产品6486吨，实现销售收入4429万元；生产脂松节油1060吨，实现销售收入1590万元；歧化松香产品实现利润221.5万元，实现税收150万元；实现出口创汇89.6万美元。(3) 社会效益明显。累计收购原料松脂7130吨，直接支付农户松脂款6061万元，带动农户8000余户，户均增收7600元，新增就业人员近50人。

【云南珍贵野生食用菌加工产品开发与示范】 该项目由楚雄宏桂公司承担，楚雄宏桂公司以松茸、羊肚菌、牛肝菌、块菌、鸡油菌、黑虎掌菌、鸡纵菌、木耳等各种食用菌进行综合加工及出口为主要业务。2009年，该项目被省科技厅列为科技创新强省计划，批准获得145万元的科技经费。

［李奎连］

科普宣传

【科普工作】 2009年，楚雄州科技局加强科普工作。(1) 积极争取项目支持。全州申报科普项目8项、科普教育基地3个。通过积极协调争取，2个科普项目获得省科技厅列项扶持，2个科普教育基地通过审批。争取科普资金8万元，州级财政投入科普经费100万元加大科普工作力度。(2) 搞好科技宣传活动。协调相关部门组织开展防灾减灾科普下乡、州文化科技卫生"三下乡"和全州第九届科技活动周3个大型科技宣传活动。坚持贴近实际、贴近生活、贴近群众原则，重点开展贯彻科学发展观的宣传活动、科技支撑经济发展的服务活动、科技惠及民生的推广活动、社会各界广泛参与的科普活动等4个方面的科技宣传活动，取得较好的社会效益。此外，还参与知识产权周、中医中药中国行专题宣传、科普日、防艾日、环保日、安全生产周、节能周、助残日等10余次科技、科普宣传活动，累计出动科技、科普宣传人员2万余人，发放各类宣传资料40余万册。(3) 全力推进信息化平台建设。全年起草制定政府信息化建设方面的各项规章制度11项，建设及布置信息节点22个，建设和恢复重建州县科技网站4个，举办相关培训1次，为全州科技工作电子政务、信息公开等信息化政府建设工作打下坚实基础。(4) 做好科普统计及内刊编辑工作，共上报省级信息109条，报送州级信息119条，报送电台、电视台、报社各类信息166条。(5) 认真做好信息安全管理、保密管理和网上信访工作。按照有关部门的相关要求认真做好信息化条件下政府部门涉密管理方面的制度建设和贯彻落实工作，起草制定信息审核发布制度和涉密设备登记管理办法并颁布实施。

【加强农业科技培训工作】 2009年，楚雄州科技局按照省科技厅和州人民政府的重点工作安排，开展农业科技推广、“百日百万”农民工科技创业等培训，全年共组织开展科学养殖、核桃栽培、优质葡萄种植、中药材种植、妇女学科技、农村科技辅导员等内容为主的农村实用技术培训2794期，共培训人员21.83万人次。

【加强知识产权科普宣传培训】 2009年，楚雄州科技局认真开展党报党刊宣传，电视广播网络宣传。知识产权宣传周期间，电视、广播共报道33次，发放宣传资料4.4万份，举办培训班、报告会7场，培训人员1476人。知识产权宣传信息被省知识产权局采用48条，超额完成全年任务。

［李奎连］

科技成果

【省级科学技术成果奖励】 2009年，楚雄州有2项成果获省人民政府奖励。（1）“楚恢7号”是楚雄州农科所“两系”杂交水稻育种课题组于1992年早季在温室用楚粳16号与滇榆一号进行第一次杂交（品种间杂交），杂种F1代在晚季又与高粱稻进行复合杂交，其杂种后代经过温室加速世代5代及田间选育5年培育而成的常规水稻新品种。该品种分蘖力中等，有效穗多，抗病性强，耐肥性好，亩产量高，“楚恢7号”在全州及全省适宜地区示范、推广面积逐年扩大，累计已示范、推广145.1万亩，平均每亩比当地主栽品种增产91.8千克，累计增收稻谷1.33亿千克，新增纯效益2.24亿元，为全州乃至全省粮食丰收、提高农业经济效益作出了较大贡献。高产优质水稻新品种“楚恢7号”选育获2009年省科技进步奖三等奖。（2）“楚粳30号”是楚雄州农科所于2001年用楚粳24号作母本与滇系10号作父本进行杂交，历时8年选育研究而获得的新品种，属省科技计划项目。“楚粳30号”的选育获2009年省科技进步奖三等奖。

【州级科学技术奖励项目】 2009年，楚雄州共评出州级科技成果奖41项（人），其中突出贡献奖1名，一等奖2项，二等奖6项，三等奖32项。按奖励类别分突出贡献奖1名，自然科学类2项，技术发明类3项，科技进步类35项。突出贡献奖：王跃金。科技进步类一等奖：（1）水稻新品种“楚粳30号”的选育（楚雄州农业科学研究推广所，李开斌、黄光和、阮文忠、张天春、徐加平、黄文兴、王正伟、周岐华、孙国亮）；（2）烤烟砂培漂浮育苗技术研究（云南省烟草公司楚雄州公司，段应泽、李庆平、冯柱安、耿少武、布云虹、唐斌、周任虎、王跃金、陈岗）。科技发明类二等奖：一种提高茄尼醇粗品含量的方法（楚雄太阳药业有限公司，朱锡英、王国平、申醒、骆红成、杨勇、许华荣）。科技进步类二等奖：（1）年产2万吨歧化松香工艺技术研究及产业化开发（云南森源化工有限公司，凌清华、张翠吉、徐传慧、张文、周光平、杨月平、刘子前）；（2）加替沙星滴眼液新药研究及产业化（楚雄老拨云堂药业有限公司，苏杰、邱明鸿、和韵萍、曲颖、李晓彬）；（3）大姚三台核桃良种采穗圃营建技术研究（楚雄州林业科学研究所、大姚县林业局，白永顺、施庭有、董静、蒋永琼、陈发兴、金显云、高学礼）；（4）楚雄州汉坦病毒分子流行病学研究（楚雄州疾病预防控制中心，胡秋凌、徐梅琼、宋先毅、胡海梅、高丽芬）；（5）丈夫精液宫腔内人工授精治疗不孕症的临床应用（楚雄州人民医院，杨冠英、白晓瑞、杨世俊、周亚梅、杨绍萍、何丽娟、岳钊平、陆洁、赵晓艳）。自然科学类三等奖：（1）云南部分药用植物内生放线菌的研究（楚雄师范学院，陈华红、秦盛、王波、李雪玲、徐丽华、李文均、陆华、杨海艳）；（2）哀牢山蕨类植物区系及种子植物地理相关研究（楚雄师范学院，徐成东、陆树刚、冯建孟、董晓东、梁晓华、李雪玲、李国树）。科技发明类三等奖：（1）一种管道连续生产辅酶Q_{10}的方法（楚雄太阳药业有限公司，朱锡英、王国平、申醒、骆红成、杨勇许华荣）；（2）易码汉字电脑编码输入法（一平浪煤矿，唐忠五）。科技进步类三等奖：（1）含铌抗震钢筋轧后余热淬火生产工艺开发应用（云南德胜钢铁有限公司，曹登亮、王泽林、李华国、彭树森、岑明安、陈云、陈兴银、张华、罗家顺）；（2）含钒HRB400Φ6.0盘螺钢筋生产工艺技术开发应用（云南德胜钢铁有限公司，陈云、王泽林、李华国、彭树森、岑明安、曹登亮、陈兴银、张华、罗家顺）；（3）大电流水冷电缆（HD－WCCG/B）的技术开发（楚雄云星铜材有限公司，段建功、钱向辉、宝开福、杨家喜、段建才、李仕荣、余应明）；（4）节能环保型二甲醚工业切割气开发（云南德雄化工有限公司，杨荣、张碧云、王春礼、刘德、方荣）；（5）活塞销毛坯不退火直接挤压成形技术开发（楚雄活塞销有限公司，黄沿、马旭、何绍春、张谦、施兆苍、段家富）；（6）香精玫瑰系列产品研究开发（云南牟定恒瑞生物科技有限公司、牟定县科技局，焦庆、周正权、吴青梅、腾绍江、高荣、高学龙、段开玺、金自梅、杨进昌）；（7）打叶复烤生产过程物料水分控制的应用研究（红塔烟草（集团）有限责任公司楚雄卷烟厂，王卫民、李永坚、姚文祥、吴国敏、周德荣、罗剑翔、夏飞、李国松、刘虹）；（8）楚雄烟厂烟叶原料质量体系及其应用研究（红塔烟草（集团）有限责任公司楚雄卷烟厂，李泽良、彭黎明、戴永生、姚文祥、李升呈、孙志霞、鲍治华、刘星、何智君、王红梅）；（9）烟用接装纸抑菌剂的研发（大姚县彩印有限责任公司，张彤、叶枝绿、沙云岚、张焕、刘建康、施荣梅）；（10）利用超临界液体萃取技术提取沙棘红花胶囊工艺技术（云南广泰生物科技开发有限公司，张跃进、胡庆发、杨文、于德泉、黄翔、段学荣、汪兰、杨丽）；（11）$Mn_{13}Cr_2$耐磨合金球材料新产品技术开发（永仁金鑫耐磨材料有限公司，石应贵、石磊、刘超、柯海锋、赵露）；（12）楚雄州污染源普查及防治对策研究（楚雄州环保局，刘荔、周自翔、王敏）；（13）蔬菜工厂化育苗技术开发及产业化示范（云南思农蔬菜种业发展有限责任公司、云南省农业科学院热区生态农业研究所，杨长楷、木万福、陈光平、杨向东、麻继仙、李思武、李昌文、李善燕、赵俊）；（14）水稻精确定量栽培技术研究与示范（楚雄市农业技术推广中心，何小昆、李建华、夏林、丁桂学、张建洲、秦德林、刘发芬、钱育华、李彤）；（15）"楚麦10号"选育及示范推广（楚雄州农业科学研究推广所，邹萍、武勇、陈朝良、张胜华、杨茂昌高自文、赵中祥、李朝达）；（16）元谋县冬番茄滴灌高效栽培技术示范（元谋县农业局农业技术推广站，张发春、施忠武、孙正华、周志芳、孙正祥、李天福、罗成、李炳英、周绍翠）；（17）元谋干热河谷地"林+农+牧"复合生态农业建设技术与示范（云南省农业科学院热区生态农业研究所，杨艳鲜、纪中华、方海东、潘志贤、沙毓沧、冯光恒、史亮涛、张明忠、钱坤建）；（18）大姚核桃产业云南省地方标准（大姚县质量技术监督局，王志强、何仕昌、杨春香、钟开清、金顺明）；（19）云南小桐子良种苗繁育技术研究与应用（云南省农业科学院热区生态农业研究所、元谋县林业局，杨顺林、金杰、袁理春、瞿文林、韩学琴、张明友、何璐、张明忠、张德）；（20）发酵床式生态养猪技术引进应用（楚雄安友畜牧业有限公司、南华县科技局，朱安友、何勇、刘云芳、徐金兰、高育昇）；（21）楚雄州水情联网测报系统应用研究（楚雄州水利局，熊卫民、姜进荣、冯伟玲、谢林仙、罗松、关家康、王晓梅、李建华、何慧文）；（22）正虹吸管在姚安红梅水库除险加固工程中的应用（楚雄欣源水利电力勘察设计有限责任公司，李应科、邱钢、张家明、梁伟宁）；（23）楚雄州艾滋病母婴阻断干预效果及影响因素研究（楚雄州妇幼保健院，庞玲、杨月、张虹、虞继文、杜娟、李洁梅、周逵仙、余翔、钱家文）；（24）改良鼻内镜下泪囊鼻腔造孔术62例应用研究（南华县人民医院，罗恒、李俊彬、张文兰、董宏复、余红、罗茜、朱洪芬、周晓红、刘凤权）；（25）玻璃体切除术治疗玻璃体视网膜病变的临床研究（州人民医院，蒋云昆、孔卫平、张自艳、徐虹、谢雄、何春燕、张利波、黄欣梅、张一雯）；（26）持续脑室内压力监测的临床应用研究（楚雄州人民医院，余成敏、姚群梅、苏建宏、唐燕、夏永庆、杨建伟、赵丽萍、张丽、何正秋）；（27）可膨胀髓内钉加彝药药膏外敷在治疗四肢骨干骨折中的应用研究（楚雄州中医院，杨本雷、王宏、周发娣、谭云华、钱瑞、杨正才、李海清、武建权、陈新梅、段飞）；（28）记忆合金环抱器治疗多发性肋骨骨折38例疗效观察（楚雄州中医院，苏联春、杨本雷、张雄鹰、何应琼、陈光兴、周国灿、李晓倩、苏朝勇、高祥）。

［李奎连］

科技协会

【科技协会组织建设】 2009年，楚雄州科学技术协会所属学（协）会38个，会员9471人，县（市）科协10个；乡（镇）科普协会89个；各类农民专业合作组织2076个，成员达28.3万户。对全州10县（市）进行了科普能力测评和科普工作条件、绩效调查。禄丰县科技馆开始布展工程建设；楚雄州科技馆土建工程完成，开始筹划馆内布展规划设计等工作。年内，禄丰世界恐龙谷被中国科协特批为全国科普教育基地。8月21日中国科协副主席齐让、中国科技馆馆长徐延豪一行到楚雄参加禄丰恐龙化石捐赠中国科技馆仪式，并看望了楚雄州科协全体干部职工。楚雄州南华县高山反季节蔬菜协会、永仁县莲池肉鸭养殖营销协会、禄丰县仁兴镇农产品加工营销协会、姚安县莲藕产业协会、元谋县绿源无公害蔬菜产销协会、大姚县核桃协会和楚雄武定县壮鸡养殖示范场7家单位被中国科协、财政部表彰为"2009年全国科普惠农兴村先进单位"。

【楚雄州科协第五届委员会第三次全体（扩大）会议】 2009年2月3日，楚雄州科协第五届委员会第三次全体（扩大）会议在楚雄召开，全州10县（市）分管科协工作的领导参加会议，州委常委、统战部部长任锦云出席会议并作讲话。会议学习传达了胡锦涛总书记在纪念中国科协成立50周年大会上的讲话，审议并通过了州科协第五届委员会工作报告，总结2008年的工作，安排部署2009年的工作要点，表彰了2008年县（市）科协和州属学（协）会工作目标考核先进集体、县（市）、学会。

【云南省第24届青少年科技创新大赛在楚雄举行】 2009年4月10日至13日，云南省第24届青少年科技创新大赛在楚雄举行，大赛以"体验·创新·成长"为主题，旨在推动青少年科技创新活动的蓬勃开展，培养青少年的创新精神和实践能力，提高青少年的科技素质，鼓励优秀人才的涌现。全省16个州（市）、省级科普教育示范学校的18支代表队共476名青少年和94名获奖优秀科技教师参加大赛。泰国、越南、老挝、缅甸等国家的青少年和科技教师应邀参加大赛项目展示和观摩大赛。全省共有206项优秀科技创新成果项目、299幅优秀少年儿童科学幻想绘画作品、16项优秀科技教师方案、17项优秀科技实践活动、32项科技教师创新成果研究项目参与大赛展示和交流。楚雄州10县（市）2万余名师生参加大赛，参赛作品共计1246件，有25件参加终评答辩。在本届大赛中，楚雄州共荣获107个省级奖，成为除昆明市外获奖最多的州（市）。有11个师生项目报送参加全国第24届青少年科技创新大赛。大赛期间泰国、越南、老挝、缅甸等国家的青少年和科技教师到楚雄师院附属小学、楚雄开发区实验小学参观考察，与学校师生座谈交流、合影留念，相互学习，增进了解。

【全民科学素质建设】 2009年，楚雄州科学技术协会认真履行全民科学素质领导小组办公室职责，调整充实领导小组及联络员，编发《工作简报》8期，深入基层调研指导，整体推进科学素质工作，全州对10县（市）进行了检查考核。向中国科协申报了全民科学素质工作优秀案例和研究课题，组织完成了全州科普资源调查工作。筹备召开了楚雄州全民科学素质工作会议，对全州3年来的工作进行回顾总结，交流工作经验，对下一步工作提出新的要求，会议的召开进一步推动了全州《纲要》实施。

【农民专业合作组织建设工作】 2009年，楚雄州科学技术协会成功举办“农民专业合作组织发展——第四届云南省科学技术论坛”，编发《农民专业合作组织工作简报》3期，对33个创建楚雄州农民专业合作组织示范单位进行检查验收，州科协、州农业局、州民政局、州工商局联合对28个创建达标单位进行挂牌和命名表彰，通过创建活动，使全州农民专业合作组织的质量和水平不断提高。年内全州新发展农民专业合作组织294个，新增成员1.67万户，其中农民专业协会67个，新增会员1.28万户，农民专业合作社227个，新增社员3897户。至年末，全州各类农民专业合作组织累计已达到2076个，成员达28.3万户，其中农民专业协会1584个，会员25.94万户，农民专业合作社492个，社员2.36万户，注册资金1.83万元。合作组织对成员和农民开展科技培训达18.77万人次，发放技术资料21.71万份。年末，全州的农民专业合作组织总数已占到全省的36%，会员人数已占到全省的41.8%，由专业合作组织带动和服务的农户已占全州总农户数的60%左右，形成纵横交织、上下贯通的组织网络。

【科普惠农兴村计划项目】 2009年，楚雄州组织申报省级“科普惠农兴村计划七个一工程”项目6个，批准项目6个，项目经费30万元；组织申报“全国科普惠农兴村计划”项目13个，批准实施项目7个，项目经费140万元；完成了2008年度国家、省级科普惠农兴村计划项目绩效考评工作。全州已建成示范点107个，其中国家级13个，省级17个，州级90个，县级1个，共投入项目经费406万元。组织申报省级科普项目18个，批准项目8个，项目经费108万元，完成对2008年度省级科普项目绩效考评工作。通过项目的实施，不断促进全州农村科普体系的建设，让科普惠及农民、惠及农村，助力新农村建设。

【科技培训】 2009年，楚雄州科学技术协会认真制定工作计划，加强对农业函授大学的培训工作管理。3月末开班培训，全年全州招生1.54万人，开设290个教学班、28个专业，全州共组织工作人员和培训教师409人参与培训工作，教学覆盖全州103个乡（镇）。同时，认真组织实施楚雄州农村党员、基层干部素质提升计划，完成了1.72万人的培训任务。年内楚雄州农函大、楚雄市农函大分校、双柏县农函大分校被中国农函大授予“开展返乡农民培训工作先进分校”。楚雄州农函大、楚雄市农函大、牟定县农函大、南华县农函大、姚安县农函大、大姚县农函大、元谋县农函大、武定县农函大、禄丰县农函大被省科协、省农函大授予“办学先进集体”二等奖，有3名荣誉工作者、40名先进工作者、15名优秀教师和263名优秀学员获得表彰奖励。

【农民技术职称评定】 2009年，楚雄州共评定农民技术职称1865人，其中高级技师6人、技师20人、初级职称（助理技师、技术员）1839人。至此，全州累计评定农民技术职称3.18万人，其中高级技师16人、技师770人、初级职称（助理技师、技术员）3.10万人。此项工作的开展，充分调动了广大农民学科学、用科学的积极性，为加速农村科技人才的成长作出积极努力。

【科普宣传活动】 2009年，楚雄州“全国科普日”系列活动共展出展板3000余块，发放科普资料和科普图书20余万份，参与群众达20余万人次。此外，还积极开展“科普大篷车”进农村、进学校科普展教活动，利用电视、广播、报刊、网络经常性开展科普宣传，组织参加“科技活动周”、“三下乡”、“三八妇女”科普活动，以及全国在楚

第24届云南省青少年科技创新大赛在楚雄举行 （夏天彧/摄影）

雄举办的“中医中药科普活动”，向中国科协和省科协争取科普挂图1300套发送全州10县（市）。

【青少年科技教育】 2009年，楚雄州青少年科技教育工作取得好成绩，共荣获107个省级奖，有11个师生项目代表云南省参加全国第24届青少年科技创新大赛，获国家级奖8项，其中二等奖2项。组织参加第24届云南省青少年科技创新大赛机器人竞赛，获得3个单项一等奖；组织参加第九届中国青少年机器人竞赛获得FLL工程挑战赛银牌。组织开展2008年英特尔求知计划项目，争取到培训名额240名。组织开展“节约纸张、保护环境——2009年青少年科学调查体验活动”。

【自然科学学会管理】 2009年，楚雄州科学技术协会所属学会、协会、研究会38个，其中工科类学会7个、农科类13个、医药卫生类6个、教育类5个、综合类7个，会员人数9471人。年内，自然科学学会管理工作有序开展。（1）新增加楚雄州茶花协会和楚雄州医药行业协会为州科协所属科技社团。（2）召开学会秘书长座谈会，组织州级9个学会21人赴山东、大连等地学习考察。（3）组织开展2008年度至2009年度自然科学优秀学术论文评审工作，收到论文154篇，评出一等奖12篇，二等奖44篇，三等奖88篇。（4）完成全州企业科协的基本情况调查。（5）促进各学会、协会积极开展学术交流活动。州药学会举行“药品生产企业GMP认证准备”学术讲座；州水利学会年内分别举办水利系统全站仪操作与CASS成图软件培训班和召开2009年度学术交流会，出版《楚雄州水利学会2009年度论文集》，收入全州水利系统论文28篇；州植保学会邀请省内专家到楚开展“农业发展与综合替代技术在植物保护中的应用”；州计算机学会举办“会计电算化”专题讲座；州医学会、护理学会等其他科学协会以不同方式开展学术研讨活动。据统计，年内各学会举办学术会议8次，参加人数2200人次，交流论文80篇。

［吴　茜］

防震减灾

【姚安发生6.0级地震】 2009年7月9日19时19分13秒，在云南省楚雄州姚安县（北纬25.6度、东经101.1度）发生Ms6.0级地震，宏观震中位于姚安县官屯乡官屯村至马游村一带，震源深度10千米。7月10日17时02分震区又发生了Ms5.2级强余震。楚雄州重灾区位于姚安县官屯乡官屯村至马游村一带，烈度为Ⅷ度。地震造成全州大姚县、南华县、牟定县、永仁县及大理州祥云县、宾川县部分房屋破坏，生命线工程及水利等基础设施损坏。此次地震造成1人死亡，31人重伤，341人轻伤。

【楚雄市发生4.1级地震】 2009年11月1日12时51分21秒，在云南省楚雄州楚雄市（北纬24.8度、东经101.0度）发生4.1级地震，震中位于楚雄市中山镇。地震发生时，楚雄市区普遍有震感，楚雄市中山、新村、大过口、西舍路、三街、树苴等乡（镇）震感强烈。

【震情跟踪】 2009年，楚雄州发生姚安“7·09”6.0级强烈破坏性地震和“11·01”楚雄市4.1级强感地震。面对严峻复杂的震情形势，全州把震情跟踪工作作为重中之重的工作来抓。（1）认真落实2008年度全省质评会存在问题的整改。（2）加强监测工作的日常检查和仪器维护，解决仪器观测中存在的问题，对做好监测预报工作提出新要求。（3）加强信息资料传输系统的建设维护安全监管。印发《楚雄州地震局电子信息网络安全管理办法》，对网络的接入、使用、管理、维护、安全等方面作出规定。（4）落实震情跟踪监视责任制，强化地震短临跟踪工作。从组织管理、技术方案、工作措施、跟踪监视和分析预报、应急准备等方面，组织制订《楚雄州2009年度震情跟踪工作方案》，向州内各县（市）地震局、州局各科（室、所）下发《楚雄州地震局关于印发2009年度震情跟踪工作方案的通知》，把震情跟踪各项工作落到实处，推进震情跟踪工作制度化、规范化。通过震情跟踪工作责任制的落实，推进全州的震情跟踪工作，被省地震局考核为“好”，责任人受到奖励，同时，州地震局被评为监测预报先进单位第三名。

【姚安6.0级地震预报】 2009年，姚安6.0级地震发生前，楚雄州地震局根据地震活动性、前兆异常、宏观反映等各种资料，在上报州委、政府第四期、第五期《震情分析》中提出：“2009年上半年楚雄州西北部与大理、丽江交界一带至北部与四川交界地区存在发生5—6级左右地震的可能”的短期预测意见。6月，根据上半年的地震活动特点及宏微观异常，在年中研究报告中再次提出“2009年下半年或稍长时间内，楚雄州西北部与大理、丽江交界至川滇交界地区存在发生6级左右地震的危险”并将此预测意见的危险性由第二调整为第一。7月9日发生的姚安6.0级地震就在此危险区内，地震三要素正确，较好地预测预报和跟踪了震情的发展过程。在年内完成的云南地震趋势研究报告中提出，云南地区2009年度发生地震的最大强度为6.5级左右，地震活动水平判定也是正确的，在云南省地震局召开的年度会商会上，楚雄州地震局预报效能获单位组第三名。

【群测群防队伍培训】 2009年，楚雄州地震局为充分发挥宏观联络员在地震科普宣传、宏观落实报告、震情灾情速报工作中的作用，加强了地震宏观联络员的培训与管理。9月份，在双柏、禄丰等县举办地震宏观联络员培训班，将培训人员扩大到中小学校长、县抗震救灾指挥部成员单位办公室主任、村委会主任，州地震局主要领导亲自担任授课教师，并邀请云南省地震局专家为培训班学员授课。通过培训，提高了教学水平和地震宏观联络员的实际工作能力。

【地震台网建设】 2009年，楚雄州地震局、南华、姚安、大姚、元谋、牟定、双柏、武定8个数字强震固定台勘选工作完成。按照《中国地震背景场探测》规划，“十一五”期间云南新建的数字强震台全部建设在楚雄州。同时，邀请省地震监测中心专家完成了双柏、牟定拟建形变台选址和项目计划编写工作。数字化强震台网和形变观测项目的建成，将为全州健全地震台网提供保障。

【地震灾害预防】 2009年，楚雄州地震部门以贯彻实施新修订的《中华人民共和国防震减灾法》为契机，全面加强震灾预防工作的依法管理，推进震灾预防工作的开展。（1）认真开展防震减灾法的宣传贯彻。新修订的防震减灾法颁布实施后，州地震局联合州发改委、建设局、民政局、卫生局、公安局等部门向各县（市）下发《关于贯彻实施〈中华人民共和国防震减灾法〉的通知》，要求全州各县（市）、各部门认真抓好防震减灾法的宣传、贯彻、实施工作。（2）配合做好防震减灾地方立法调研。5月21日，州人大常委会教科文卫委员会主任付永新一行，就《防震减灾法》的贯彻实施和十届州人大代表关于加强全州防震减灾立法工作的建议的办理，专程到州地震局进行调研，一致认为，必须加快《楚雄州贯彻防震减灾法实施意见或办法》的规范性文件制定步伐，通过政府规范性文件的制定和实施，把防震减灾依法管理行为具体化，特别是强化建设工程的抗震设防，保证多震区建设工程的抗震能力，最大限度地减轻地震灾害损失。通过州人大的立法调研，有力地促进本州防震减灾法制建设。（3）针对新修订的防震减灾法的宣传贯彻，派专人参加云南省地震局组织的防震减灾法培训班。在单位内部采取自学和专题辅导相结合的方式，扎实开展防震减灾法的学习工作。通过法制学习，提高全州地震部门工作人员依法管理防震减灾事务的意识和能力，为依法行政打下坚实基础。

【防震减灾执法监督检查】 2009年7月22日，全国人大常委会委员邹萍专程到楚雄州地震局就“7·09”姚安6.0级地震的应急与抗震救灾工作、楚雄州贯彻实施《防震减灾法》的基本情况进行检查和调研。州地震局领导向调研组详细汇报楚雄州贯彻执行防震减灾法的基本情况和姚安地震的应急处置情况，并就存在的主要问题和困难作了特别说明。邹萍委员一行在听取汇报后表示，要把所提出的问题和建议积极向上级反映，为楚雄州防震减灾工作的依法开展争取更大支持。4月中旬，楚雄州人大常委会组织在楚的全国、省、州人大代表组成视察组对永仁、元谋、武定等县的“8·30”地震恢复重建工作进行视察，州地震局主要领导全程参加此次视察，视察中除结合部门工作提出相应工作建议外，重点提出年内应特别注意地震重点危险区及加强工作的措施建议。9月中旬，云南省人民政府派出督查组，对楚雄州防震减灾工作开展情况及“7·09”姚安6.0级地震抗震救灾与恢复重建工作进行专项督查。通过人大和政府不同层面的监督、检查、调研、督查工作，提高了各级领导对防震减灾工作重要性、紧迫性的认识，促进防震工作依法有序开展。

【建设工程抗震设防管理】 2009年，楚雄州地震部门认真做好《建设工程地震安全性评价分类》地方标准的贯彻。4月1日，云南省质量技术监督局正式发布实施《建设工程地震安全性评价分类》地方标准。州地震局联合州质监局发文，对做好这一强制性技术标准的贯彻实施工作进行了部署，有效地改善了抗震设防要求的管理环境。（1）依法推进地震安全性评价的规范化、制度化管理，加强业务技术培训和指导，州地震局全年共对50余项新建、改扩建工程项目进行了场地地震动参数复核工作。（2）州、县（市）地震部门继续做好农村居民地震安全工程和中小学校舍安全工程的技术服务。2月末，组成检查组对部分县（市）2008年农村民居地震安全工程进行抽查验收，促进了农居地震安全工程的顺利实施。适时转发《中国地震局关于学校、医院等人员密集场所建设工程抗震设防要求确定原则的通知》，全力配合相关部门做好中小学校舍安全工程的实施。

【地震应急】 2009年7月9日，楚雄州姚安县发生6.0级破坏性地震。地震发生后不到10分钟，楚雄州地震局迅速向中共楚雄州委、州人民政府主要领导和分管领导以及州政府总值班室报告了地震参数，并立即开展应急处置工作，由州地震局局长带队组成现场工作组赶赴姚安震区开展现场应急处置，留守人员组成后方工作组统一调配后方应急工作。及时向全州地震系统发出《立即进入紧急应震状态、做好“7·09”姚安6.0级地震应急工作的紧急通知》的明传电报，对地震灾害调查、灾情统计上报、灾害损失评估、后续震情跟踪监视、地震应急宣传、维护社会稳定等地震应急与抗震救灾工作措施提出了明确要求。7月9日21时06分，云南省地震局第一批现场工作队员乘卫星通讯车2辆，携带数字化地震仪器5套，强震仪5套及相关应急设备到达现场。23时，中国地震局副局长刘玉辰率领指导组和专家组一行14人抵达姚安县。各级地震局领导、专家组成地震现场联合工作队，共114人开展地震现场工作。云南省地震灾害紧急救援队也派出了56人组成的救援小分队，携带专业救援设备和3只搜救犬赶赴重灾区开展救援工作。地震系统现场工作队灾评组由29名专家组成，分成17个调查小组开展震害调查工作。7月9日至14日，灾评组对姚安县、大姚县、南华县、牟定县、永仁县及祥云县、宾川县的部分乡（镇）进行灾情调查，共调查150个居民点，其中确定52个农村抽样点、7个城市片区抽样调查点；调查了88件生命线工程及水利工程结构。此外，还调查核实了评估区外有关县（市）部分乡（镇）的灾情，调查行程约2.2万千米，在规定的时间内完成了地震灾害直接损失评估报告的编制。

【防震减灾规划实施】 2009年，楚雄州防震减灾"十一五"规划的落实取得了突破性进展。在中共楚雄州委、州人民政府和云南省地震局的大力关心支持下，规划之一的县级地震机构办公业务用房建设项目全面实施。在省级投资200万元的基础上，经州、县地震部门艰苦努力，争取到"8·30"、"7·09"地震恢复建设和州、县财政配套建设资金共计243.5万元，强有力地保证了项目的顺利实施。9月末，牟定、禄丰、永仁3县地震局业务办公用房建设工程已经全部完工，通过省、州专家组的竣工验收。元谋县地震局新建业务办公用房已完成一层建设，其他县地震局建设项目的前期报批工作已经组织完成。8月，全州9个县的防震应急车全部到位，提高了州县地震局的地震应急能力和社会显示度，在"7·09"姚安6.0级地震的应急与抗震救灾工作中发挥了重要作用。

［胡智文　陈猛］

气象监测与预报

【基本气候概况】 2009年，楚雄州春季出现明显的低温冷害，雨季开始期正常，主汛期降雨过程少，光照充足、温度偏高，雨季结束期提前。9月、10月、11月、12月降雨量持续偏少，秋冬旱严重，蓄水严重不足，对工农业生产和人们的日常生活造成较大的影响。全州气温偏高、年平均雨量特少，已打破了历史有资料以来的记录，具有热量条件高、降水少的特点，属于大春增产、小春减产的中等年景。全州10县（市）年平均降雨量614毫米，与上年同期相比全州偏少396毫米，其中以禄丰县偏少603毫米最为突出；与历年同期相比全州偏少237毫米，其中偏少最多的为双柏县，比历年同期偏少346毫米，最少的元谋也偏少47毫米。全州年平均气温17.0℃，与上年比偏高0.8℃，与历年比偏高0.7℃。

2009年楚雄州各县（市）全年降雨量

单位：毫米

	楚雄	双柏	牟定	南华	姚安	大姚	永仁	元谋	武定	禄丰	平均
年降雨量	622	598	662	512	617	477	629	595	714	691	614
与上年比	-479	-421	-368	-477	-382	-529	-361	-74	-292	-603	-396
与历年比	-242	-346	-222	-316	-159	-336	-240	-47	-268	-224	-237

2009年楚雄州各县（市）全年平均气温

单位：℃

	楚雄	双柏	牟定	南华	姚安	大姚	永仁	元谋	武定	禄丰	平均
年平均气温	17.2	16.0	16.9	15.0	16.3	16.4	17.9	22.0	15.7	16.8	17.0
与上年比	+1.1	+1.2	+0.7	+0.5	+0.9	+1.0	+0.8	+0.9	+0.4	+0.6	+0.8
与历年比	+1.2	+0.9	+1.0	+0.3	+1.1	+0.7	+0.3	+0.5	+0.5	+0.7	+0.7

2009年楚雄州各县（市）全年日照时数

单位：小时

	楚雄	双柏	牟定	南华	姚安	大姚	永仁	元谋	武定	禄丰	平均
年日照时数	2292	2217	2611	2567	2144	2800	2661	2649	2456	2502	2490
与上年比	+408	+300	+628	+629	+283	+421	+345	+281	+373	+825	+450
与历年比	+115	-143	+285	+173	-256	+355	-37	+56	+232	+295	+107

【气候变化应对工作】 2009年，楚雄州气象局积极抓好应对气候变化的基础性工作，制定《楚雄州气象局2009年气候变化工作落实方案》，建立气候变化基础数据资料集，开展干旱、暴雨洪涝、低温霜冻、冰雹、大风等气象灾害风险评估和风险区划工作。结合地方社会经济发展需求，在重点加强观测资料订正的同时，选取重点行业作为突破口开展气候影响评估工作。积极利用"3·23"世界气象日、全国科技活动周等重要活动开展气候变化科普宣传。

【人工增雨防雹工作】 2009年3月至4月，全州共组织3次大规模的联合人工增雨作业，上阵指挥员28人，作业队员70人，投入人工增雨固定和流动作业点25个，通过联合人工增雨作业，使长期持续的严重旱象得以缓解。5月1日至9月30日，开展防雹工作历时150多天，全州共投入人工防雹指挥和作业人员465人，车辆10余辆，规范化作业点104个。全年共出现26次全州性的冰雹天气过程，54个作业日，及时有效地开展人工防雹作业1111点（次），发射高炮弹3.41万发，通过全体指战员的共同努力，有效地避免和减轻了防区内冰雹灾害的发生。据统计，2009年全州防区内43万亩烤烟，遭受冰雹灾害的只有557亩，受灾率仅为0.13%，而防区外烤烟受灾2.41万亩，受灾率近24.1%，人工防雹工作取得较好的经济效益和社会效益，为全州粮烟丰收，财政增长、农民增收做出了积极的贡献。

【天气预报服务工作】 2009年，楚雄州气象局共提供气象灾情服务材料、天气趋势分析材料、气象情况反映、气候评价、干旱监测报告、发布专题预报和重要天气预报、天气快报累计243期；在预报预警工作中，先后发布14次预警信号。还特别开展了姚安"7·09"地震、"7·25"胡锦涛总书记视察楚雄、"11·20"寒潮天气等重大气象保障服务，为州委、州人民政府和相关部门安排部署工作提供决策依据。

【气象行政执法】 2009年，楚雄州气象部门加强对气象行政执法目标任务的宏观管理，进一步细化气象行政执法工作目标任务及奖惩办法，行政执法工作取得实质性突破。（1）加强行政许可工作，共下发相关办理行政许可或行政审批告知书246份。（2）加强防雷行政审批工作，共办理行政许可326件。（3）严肃查处违反气象法律法规行为，1月至11月全州立案查处25件，结案18件，罚款14件，申请法院强制执行2件，对管理相对人罚款15万元。不服州气象局行政处罚决定向州人民政府行政复议办公室申请行政复议2件。

【防雷减灾工作】 2009年，楚雄州强化防雷减灾工作，采取必要措施，为全州防雷减灾工作营造良好发展环境。（1）加强全州年度防雷安全年检和安全检查工作。（2）州公安局以《关于加强全州公安机关防雷安全工作的通知》要求加强全州公安机关防雷安全工作。（3）认真落实《楚雄州人民政府办公室关于进一步加强学校防雷安全工作实施意见》，要求全州各县（市）每年重点完成10所学校，州属每年重点完成3所学校，用5年时间完善全州515所学校的防雷设施。（4）以防雷装置设计审核为依托，逐步规范了州职教中心、楚雄卷烟厂易地搬迁等重点工程、重点项目的防雷装置竣工验收工作。（5）努力提高防雷安全检测覆盖率，把易燃易爆场所及人员密集场所、高层建筑、信息系统作为管理和检测的重点，易燃易爆场所检测覆盖率达100%，其他场所检测面达70%，防雷安全隐患整改率达20%。

【气象基础设施建设】 2009年，楚雄州气象部门基础设施建设取得突破性进展。州气象局防灾减灾业务楼竣工，武定县气象局、永仁县气象局、元谋县气象局"5·12"地震恢复重建项目全面启动，牟定县气象局和禄丰县气象局防灾减灾预警中心建设和观测场搬迁取得进展，姚安县气象局、大姚县气象局、南华县气象局"7·09"地震恢复重建前期工作全面展开。

［周玉兴］

水文水资源勘测研究

【水文水资源工作】 2009年，云南省水文水资源局楚雄分局，围绕新时期经济社会发展和水利中心工作的需求，以提高预测预报水平为重点，以加强法制建设和体制改革、机制创新为保障，大力提高水文服务的整体能力和水平，全面适应与满足经济社会及水利可持续发展的需要。年内，中和街、多克水文站测流缆道及站房工程竣工；小龙潭、董户村、高桥水文站改造工程11月12日开工。《云南省楚雄彝族自治州水旱灾害》出版，完成水文站、报汛站警戒水位，保证水位的校测工作；地市级楚雄分局基地建设列入"十二五"规划。通过分局干部职工的共同努力，荣获州水利局"十五"期间水利工作先进集体、云南省水文水资源局2008年度考核目标管理责任二等奖、中共楚雄州委、州人民政府2006～2008年社会扶贫先进集体、中共楚雄州水利局机关委员会先进党组织、楚雄州"巾帼建功"先进集体表彰。

【水文测验】 2009年，楚雄分局按照国标《水文资料测验整编规范》、《云南省水文资料整编补充规定》组织完成9个基本水文站（水位11站年、流量11站年、泥沙6站年、降水78站年、蒸发4站年）和8个专用水文站（水位8站年、流量8站年、泥沙8站年、降水8站年、蒸发8站年）年度水文资料测验整编审查验收工作。同时，完成8个专用水文站和67个委托雨量站资料收集整理、整编工作任务。

【水情报汛】 2009年，云南省水文水资源局楚雄分局担负着9个水文站、17个水库站、2个雨量站的报汛任务。同时，增加元谋县老城梁子和大平山2个墒情站的旬、月报任务，保障2台计算机均能上网传输水情。全年向省局水情处发送水情报文1.41万份，向州防办报送水情报2024份，向青山嘴水库报送水情报1260份，向省局水情处发送旱情报文48份。3月向州水利局提交《2009年楚雄州水情趋势预测》，对本年度的汛期降水、全年降水及主要江河水情趋势进行预测。7月，向州水利局提交《2008年度楚雄州水资源公报》，整个汛期为各级政府和防汛部门编写《水情简报》6期，《水情快报》4期。在中国洪水预报系统中操作完成《小黄瓜园水文站洪水预报方案》。

【水质监测】 2009年，云南省水文水资源局楚雄分局共完成水质日常检测87站次，对外出具检测报告13份。编制完成楚雄市重要城市主要供水水源地九龙甸水库、西静河水库水质状况月报12期，江边渡口、九龙甸水库、楚雄、黑井、黄瓜园、董户村6个断面主要江河湖库水质通报编制6期，编制长江流域省界水体江边渡口站测试报告12期，西静河旱情水质信息上报表12期，向国家水利部水环境监测中心上报九龙甸、西静河水源地水质监测评价12期，西静河水库、江边渡口2个监测站点地表水资源质量状况月报12期，九龙甸水库藻类测试报告12期，《楚雄州突发性水污染事件月报》编制12期。完成了分中心之间的交叉审核工作和长江流域水环境监测中心、省水环境监测中心下达的盲样考核任务。

【水文服务】 2009年，云南省水文水资源局楚雄分局发挥职能职责，积极开展水文服务工作。编制完成《广大铁路龙川江洪水影响评价报告》，《元谋县新建污水处理厂址水文分析报告》，完成中国三峡总公司金沙江水电开发有限责任公司委托楚雄州境内金沙江流域26个遥测站的管护。

【水土保持监测】 2009年，云南省水文水资源局楚雄分局继续做好水土保持监测工作。(1)完成大姚鲁村国家级监测点、姚安洋派河流域龙门口省级监测点的监测工作。(2)完成禄丰广通甸尾、西王庙铜矿的水土保持监测项目2009年度的监测工作。(3)完成牟定县庆丰水库除险加固工程及元谋县丙巷河水库工程的水土保持设施竣工验收工作。(4)积极配合楚雄州水土保持生态环境监测分站完成对州内各监测点及开发建设项目监督检查工作。(5)积极完成分局及水利局水保监测分站临时安排的工作，完成元谋小黄瓜园水土保持监测的资料整理工作。(6)积极对水土保持方案的编制技术进行学习，组织相关人员参加水利部开发建设项目水土保持方案编制乙级资质上岗人员培训班，对进一步提高水土保持监测技术起到很好的指导作用。在工作中根据实际，积极撰写相关论文参与云南省水利学会及楚雄州水利学会的评选，《龙川江流域降水特征及变化趋势分析》在《云南水文水资源》上发表。

【水资源状况】 2009年，楚雄州平均降水量613.6毫米，折合水量179.5亿立方米，比上年偏少38.2%，比常年偏少32.2%，为枯水年份。全州地表水资源量35.35亿立方米，地下水资源量10.45亿立方米，扣除地表水与地下水重复计算量后全州水资源总量为35.42亿立方米，比上年偏少52.9%，比常年偏少48.0%。全州蓄水工程年末蓄水量6.43亿立方米，比上年减少30.9%。全州供、用水总量20.24亿立方米，其中河道外供用水9.34亿立方米，河道内供用水10.90亿立方米。河道外供水中，地表水源供水量占97.6%，地下水源供水量占1.5%，其他供水量占0.9%。河道外用水中，农业用水（含林、牧、渔业用水）占83.3%，工业用水占5.8%，城镇居民及公共用水占10.9%。2009年度，楚雄州主要江河的水质状况按《地表水环境质量标准》GB3838－2002采用单项水质参数进行评价。水质状况分述如下：(1)金沙江水系。全年综合评价河道418.4千米，Ⅱ～Ⅲ类河道占评价河道70.5%，Ⅳ类河道占评价河道26.4%，劣Ⅴ类河道占评价河道3.1%。主要污染物为氨氮、总磷、五日生化需氧量等。(2)西南诸河。全年综合评价河道163千米，Ⅲ类河道占评价河道84.7%，Ⅳ类河道占评价河道15.3%。主要污染物为氨氮、五日生化需氧量。

[李　蔚]

（责任编辑：安孟勤）

社会科学

社科管理

【社科学习活动】 2009年，楚雄州社会科学界联合会积极组织学会、干部职工参加中华人民共和国成立60周年系列纪念活动。同时，组织开展党的十七届四中全会会议精神宣传活动，带头撰写宣传文章，普及宣传科学发展观和中国特色社会主义理论，自觉落实和推进全州理论武装工作。

【楚雄州第六届社会科学优秀成果评奖】 2009年，楚雄州社会科学界联合会根据中共楚雄州委《关于开展楚雄州第六届（2006年度~2007年度）社会科学优秀成果评奖活动的通知》的精神，认真组织开展评奖活动。评奖活动共收到申报参评成果304项，其中著作35部，论文269篇。经评委会评审，评出获奖项目70项，其中荣誉奖4项、著作奖7项（一等奖1项、二等奖2项、三等奖4项）、论文奖59项（一等奖5项、二等奖11项、三等奖43项）。

【学会管理】 2009年，楚雄州社会科学界联合会进一步加强对所属学会、协会、研究会的管理工作，组织协调学会积极参加省内外重要社科学术交流活动，鼓励支持骨干学会开展日常活动，做到学会工作严格管理不出乱、指导帮助到现场、活动开展常出新。

【社科期刊工作】 2009年，楚雄州社会科学界联合会认真做好社科期刊编辑出版工作，发挥《楚雄社科论坛》期刊龙头作用，在新中国成立60周年纪念活动和宣传中共十七届四中全会中开辟专栏，刊登质量较高的学术性文章，在烘托氛围、营造环境方面发挥了重要阵地作用。《社科理论视点》顺利改版，版式和内容有了新的发展。

【科研工作】 2009年，《滇中文化论·旅游篇》(26万字)公开出版发行。《楚雄经济社会发展蓝皮书》编辑出版工作进展顺利。组织了40多位作者参与撰写文章，编辑出版了《芮增瑞文存》和《芮增瑞纪念文集》，共30万字。

【社科学习考察】 2009年6月30日至7月3日，云南省社会科学界联合会组织全省16个州（市）社科联赴四川省、重庆市考察学习建设县级社科联的成功实践与先进经验。9月参加全国社会科学普及交流会议，通过交流学习，楚雄州社科工作者对县级社科联建设工作、社会科学知识宣传普及工作方式的认识进一步提高，创新工作的自觉性进一步增强，形成了推进工作的新方案，武定县在年内成立了社科联组织。

［艾　梅］

彝族文化研究

【彝族文化研究成果】 2009年，楚雄州彝族文化研究工作在中共楚雄州委、州人民政府的正确领导下，认真完成了各项工作目标任务。2005年由彝文研究所普珍申报并主持的国家社科基金西部课题“氏族传统的现代变迁”于2009年4月顺利通过国家社科规划办组织的专家评审结项；年内完成了4卷《彝族毕摩经典译注》的编译工作；彝文研究院专业技术人员共发表彝族文化研究论文41篇，创下了建所以来发表作品的新高；完成《红河彝族祭龙》、《凉山彝族祭祖》、《红河弥勒爱佐爱莎艺术节》、《双柏大锣笙》、《大理巍山南诏彝王祭祖大典》等6个影视人类学专题片的拍摄任务；加强对外学术交流与协作活动，先后组织专业技术人员参加了在四川省凉山州举行的“首届古彝文化与三星堆文化探源”学术研讨会，在昆明举办的第16届国际民族学与人类学大会，在贵阳市花溪区举办的“滇川黔桂彝文古籍整理出版第十三次协作会”、“全国第八届彝学研讨会”，在玉溪峨山举办的“首届彝族祖先阿普笃慕文化节”等学术交流活动；2次参加全国古籍保护中心举办的古籍保护培训，编制完成了《彝族文化研究专著、论文及译文目录索引》、院藏《彝文古籍目录》及《楚雄州彝族毕摩信息数据库》等重大文化遗产保护项目；年内编辑出版《彝族文化》4期，64万字；编辑出版《彝族历史文献译丛》1期，20万字。

【《氏族传统的现代变迁：摩哈苴彝村宗族的人类学研究》通过验收】 2009年4月30日，由楚雄彝族文化研究所普珍申报并主持的国家社科基金西部项目“氏族传统的现代变迁：摩哈苴彝村宗族的人类学研究”，顺利通过国家社会科学规划办组织的专家评审验收。该课题运用人类学的宗族理论为分析框架，以哀牢山地区摩哈苴和米尺莫2个村庄的图腾氏族制宗教为例，通过20多年中的长期田野工作所收集到的材料来分析图腾氏族制宗族传统的现代变迁，展示了图腾氏族制宗族从传统社会到集体化年代再到改革开放以后的主要变迁历程。

以民族志形式描述了几个宗族现代变迁的过程，在此基础上进一步讨论了宗族与现代国家的关系问题。

【彝族文化研究基地建设】 2009年8月2日，中国社会科学院民族学与人类学研究所党委书记、副所长揣振宇研究员授予楚雄彝族文化研究所“中国社会科学院民族学与人类学研究所楚雄彝族文化研究基地”牌匾，标志着中国社科院彝族文化研究基地在楚雄州建立。该基地的建立，能更好地推动楚雄民族文化及哲学社会科学的大繁荣大发展，进一步提升彝族文化研究的理论深度及科研广度，更好地为建设彝族文化名州服务。

【楚雄彝族文化研究所更名】 2009年9月，楚雄彝族文化研究所为加强彝族文化研究，建设彝族文化名州，经楚雄州机构编制委员会批准，更名为“楚雄彝族文化研究院”，为州政府直属正处级事业单位，业务上接受州委宣传部指导。内设机构6个，即办公室、历史文化研究所、毕摩文化研究所、文化产业研究所、影视人类学研究中心、《彝族文化》和《彝族历史文化文献译丛》编译部，形成“一院三所一室一部一中心”的机构框架。

【“加强彝族文化研究，建设彝族文化名州”专题调研会召开】 2009年5月6日，楚雄州人民政府在楚雄彝族文化研究所召开“加强彝族文化研究，建设彝族文化名州”专题调研会。中共楚雄州委副书记、州人民政府州长杨红卫，州委常委、州人民政府副州长李红民，州委常委、州委宣传部部长杨正权，州人民政府副州长杨元茂，州委宣传部、州民委、州文产办相关负责人参加会议。与会领导实地察看了彝族文化研究所，听取了工作汇报，并就更名、搬迁、实施“五个一百彝族文化工程”的经费、机构等问题提出意见和要求。10月26日，州政府第22次常务会就加强彝族文化研究，建设彝族文化名州有关问题做出决定，同意按照总体规划，分步实施，打造精品的原则和长规划、短安排的步骤，启动实施彝学研究“五个一百”工程；原则同意《楚雄彝族文化研究科学发展实施纲要（2009～2012年）》；原则同意从2010年起给予增加必要科研课题经费。

［普澄宇　王志刚］

党史研究

【党史资料征集研究】 2009年，楚雄州委党史研究室继续推进“大跃进”运动专题资料的征集工作，共征集完成了50余篇10万余字稿件。编辑出版发行《到农村去——楚雄州知识青年上山下乡运动始末》一书，全书36万字，由德宏民族出版社公开出版发行。根据州委领导的安排，在广泛征集资料、深入实地调研的基础上，完成了“楚雄州重大自然灾害应急抢险与恢复重建课题研究”专题，撰写出了调研报告，形成了《楚雄州重大自然灾害应急抢险与恢复重建》（暂定名）一书的编写方案和提纲。建立了“楚雄州社会主义时期党史资料专题库”，共收录了58个研究课题供全州党史干部和广大史学爱好者研究。

【《中共楚雄州委年鉴》出版发行】《中共楚雄州委年鉴》（2009）由德宏民族出版社2009年9月出版发行。全书设概况、特载、大事记、学习实践科学发展观、党建论坛、先进人物、光荣榜等共24个部类。收录了全州123家州属和中央、省驻楚单位部门党组织，10个县（市）党群部门、103个乡镇及楚雄经济技术开发区党委2008年内的主要工作。刊登中央国家部委、省级领导到楚雄视察的政治部类图片36张，刊登“8·30”地震、“11·02”特大自然灾害抢险救灾的图片20张及反映各行业发展变化的宣传彩页104页、图片470幅，内页有黑白插图96幅。

【《楚雄党史党建》编辑出版】 2009年，《楚雄党史党建》始终坚持“贴近实际、贴近生活、贴近群众”的宣传方针，围绕楚雄州党的建设和党史研究工作，遵循“研究党史、服务党建、传递信息、资政育人”的办刊宗旨，认真选题，科学策划；认真组稿，精心编辑。年内，编辑发行6期刊载稿件190篇，没有出现政治方向问题，符合党的宣传方针政策，受到领导及广大基层读者的好评。同时，还刊发了一批党史资料稿件，为开展专题研究作了资料积累。

【党史网站改版和维护】 2009年，楚雄州委党史研究室改版中共楚雄党史网站3次，新增“深入学习实践科学发展观活动”、“庆祝新中国成立60周年”、“深入贯彻党的十七届四中全会精神”等3个栏目，更新网站信息360条，更新图片130张。

【党史学术活动】 2009年10月，楚雄州委党史研究室在楚雄一中组织召开了学习十七届四中全会精神研讨会。年内，按照省委党史研究室及州社科联的要求，组织了全省党史科研成果及楚雄州社会科学优秀成果的参评工作，共组织申报党史书籍5部、党史论文6篇。

【县（市）党史工作业务指导】 2009年，楚雄州委党史研究室领导多次到县（市）党史部门进行调研，了解各县（市）落实2009年全州党史工作会议精神情况，积极为县（市）党史部门协调解决困难和问题。8月12日，州委党史研究室采取以会代训方式，对全州62名党史干部进行了业务培训。9月27日召开县（市）委党史研究室主任会，研究重点课题的推进工作，统一思想，加大组织工作力度。11月12日，组织年鉴通讯员进行培训学习，强化资料征集工作力度，推动党委年鉴编辑工作。

［何瑞生］

地方志编纂

【续修《楚雄州志》工作稳步推进】
2009年，续修《楚雄州志》工作稳步推进，楚雄州地方志办公室多次召开续志工作专题业务会研究续志工作，对续修《楚雄州志》工作中存在的任务目标、责任要求以及分纂、断限、人物、纲要篇目调整等业务问题进行了全面分析，结合工作进度进一步明确了续志工作目标和工作职责。加强编纂班子及业务科室建设，按照“2010年底完成分纂工作”的目标要求细化任务，在坚持质量标准的同时加快续志进度；对全办干部职工共同承担的40位入志人物的收资工作开展了督查，限期完成任务；同时积极开展对未完成上报稿件单位的督促和指导。11月12日，州人民政府召开《楚雄州年鉴》工作暨续修州志工作推进会，推进州志续修工作。截至2009年末，州志续修资料收集工作接近扫尾，累计完成了100个单位近600万字的资料收集工作，完成了《楚雄州志·大事年表》初稿，续修工作已由收集资料扫尾转入全志分纂的重要阶段。

【县（市）志、专业（部门）志编修指导】 2009年，楚雄州地方志办公室按照分类指导，重点突破的工作思路，加强对县（市）志和专业（部门）志编纂工作的指导。严格按照“三审”制度，审查验收了《大姚县志》、《牟定县志》、《楚雄州扶贫开发志》、《楚雄州妇女志》等县（市）志稿和部门志稿，完成审稿任务600余万字。深入州烟草公司、州文化局、州人事局、州司法局等部门开展方志编纂知识培训，帮助完善部门志编纂体例、篇目，促进了全州地方志工作的健康发展。

【编辑出版《楚雄州年鉴》（2009）】
2009年，楚雄州地方志办公室认真总结《楚雄州年鉴》连续出版20年来的工作经验，按照年鉴篇目、内容设置要求精心组织，加强业务指导；落实责任，认真编辑；反复修改，严格审校，于10月底出版、11月初发行了《楚雄州年鉴》（2009）。并将文字压缩到95万字，比上年减少25万字；彩页压缩为86页，比上年减少60页；发行时间比上年提前1个月。《楚雄州年鉴》（2009）作为楚雄州第21本年鉴，在“资料真实可靠，常编常新、质量精品”的发展道路上迈出了新的步伐。

【《楚雄州年鉴》获奖】 2009年12月，在由云南省新闻出版局和云南省年鉴研究会举办的“云南省第八届年鉴评奖”活动中，《楚雄州年鉴》在全省参评的104卷年鉴中脱颖而出。其中，《楚雄州年鉴》（2007）获综合特等奖、《楚雄州年鉴》（2008）获综合一等奖。

【《楚州今古》按期出版】 2009年，楚雄州地方志办公室以《楚州今古》创刊25周年、出刊100期为新起点，总结经验，创新突破，使刊物质量在巩固中得到了提升。（1）对刊物封面进行了改版，树立了刊物新形象；（2）以《楚州今古》2009年第1期（即第100期）的组稿出刊为载体，开展了“纪念《楚州今古》创刊100期”纪念活动，全年刊载纪念文章25篇；（3）优化栏目，精编细校，严格把关，巩固和提高刊物质量，扩大读者群，进一步增强了刊物影响力。2009年《楚州今古》全年出刊4期，刊载文章125篇54.7万字、信息47条、图片48幅；同时，在原有基础上扩大印数300册，在全州、全省、全国的交流面进一步扩大，办刊经验在2009年6月17日召开的全省方志期刊及信息工作会议上进行了交流，受到省志办的肯定和全省方志同行的好评。

【地方志学术研讨】 2009年，楚雄州地方志办公室按照学会章程和社团组织管理的相关规定，加强对楚雄州地方志学会的管理工作。4月，在武定召开学会年会，并结合二轮修志工作确定14个重点选题，组织开展方志理论研究和学术研究活动。

［王艳萍］

【《楚雄州扶贫开发志》出版】 2009年，楚雄州扶贫开发志编撰领导小组历时2年多的艰苦努力，完成《楚雄州扶贫开发志》的编制出版工作。全志设7个章节，分别把贫困地区分布及贫困标准、扶贫目标、扶贫任务、扶贫开发、扶贫攻坚、挂钩扶贫、社会帮扶、县（市）扶贫开发、沿革与管理等内容，以图文并茂的形式入志。将1986年至2006年20余年来楚雄州有组织、有计划、大规模开展扶贫开发的历程和丰硕成果通过84万字129幅图片汇集于志书中。该书的出版发行是楚雄州扶贫开发的一项重要成果，全州扶贫开发将以此为鉴，振奋精神，艰苦奋斗，开拓进取，继往开来，为新时期扶贫开发事业续写新的篇章。

［张仕宏］

（责任编辑：罗相海）

教育

教育管理

【全州教育状况】 2009年，楚雄州各类教育协调健康发展，有全日制各类学校1317所，毕业学生8.79万人，招生12.83万人，在校学生43.68万人，其中女学生21.44万人，占在校学生的49.08%。有教职工2.88万人，专任教师2.43万人，代课教师558人；成人技术培训学校771所，聘请校外教师1459人，培训学员46.50万人。全州学校占地面积1132.84万平方米，有校舍353.11万平方米（不含全产权过渡房），比上年增加10.88万平方米，校舍中危房面积159.28万平方米，其中中小学危房面积达152.39万平方米（D级危房82.74万平方米）。全州每万人口中有全日制大学生46.78人（含成人普通班），比上年增加5.99人。有中等职业教育在校生69.21人，比上年增加6.43人；有普通高中在校生144.73人，比上年减少4.52人；有普通初中在校生400.08人，比上年增加4.61人；有普通小学在校生808.53人，比上年减少11.51人；有技工学校在校生42.39人，比上年增加3.35人；有在园幼儿169.79人，比上年增加3.41人；有特殊教育学校在校生1.15人。全州合计每万人口中有全日制在校生1682.66人，比上年增加7.81人。全州3岁~6岁儿童（含学前班）入园率达50.49%，比上年增长3.71个百分点；小学学龄儿童入学率99.6%；初中毛入学率达113.22%；高中阶段教育毛入学率达70.36%，比上年增长2.71个百分点，普通高中与中等职业教育在校生之比达1∶0.904，比上年提高0.064个百分点。全州学校少数民族在校生达15.30万人，占各类在校生的35.03%，其中小学、初高中、技校、中专（职高）、大学少数民族在校生比例分别达39.55%、37.51%、26.31%、31.85%、40.29%。

［邵永春　曹彩春］

教育部副部长鲁昕在副省长高峰等领导陪同下视察姚安“7·09”地震灾区学校

（州教育局提供）

【云南省现代教育试点工作】 2009年，楚雄州被云南省教育厅确定为全省现代教育试点州后，成立了试点工作领导小组，起草下发《楚雄州现代教育试点工作实施方案》，全面启动全州现代教育试点工作，力争通过3年试点，全州在教育理念、教育体制、教育体系、教育管理、教育质量等方面达到现代教育的目标。认真贯彻落实《中共云南省委高校工委云南省教育厅关于加强学校现代管理的意见》，积极推进以初中学业水平考试制度、初中学生综合素质评价制度、高中阶段招生考试制度为主要内容的初中教育评价制度改革，与办学条件标准化、学校管理规范化、校园文化特色化、课堂教学精细化、后勤服务优质化“五化”建设相结合，全面推进学校现代管理工作。全州学校管理工作不断加强，办学水平明显提高。

【普通高中新课程改革】 2009年，楚雄州成立普通高中新课程改革领导小组及相应工作组，扎实推进课改教师培训、管理者培训、教材建设等工作，普通高中新课程平稳顺利实施。召开全州高（完）中学校领导和县（市）教研室主任会议，专题对普通高中课程改革的相关内容进行培训。启动“普通高中新课程教师远程培训”，分2次应用现代远程教育网络对高中新课改项目负责人、管理人员、辅导教师、班主任和2009年秋季承担高中起始年级教学任务的学科教师及教研人员进行远程培训。组织州、县（市）教研人员和全州高一各学科教师1170人参加全省普通高中新课程教材培训。组织全州相关教育管理干部、教师等参加普通高中新课程改革的项目培训、专题讲座、参观考察等活动。完成全州2009学年普通高中一年级教学用书选用工作。继续调整普通高中招生规模，全州普通高中招生1.37万人，比上年增加1070人，增长8.5%；在校生3.77万人，比上年减少1153人。

【中小学布局调整优化】 2009年，楚雄州全力推进中小学布局调整优化工作。计划到2010年末，全州撤并学校933所，其中“一师一校”办学点659所，小学211所，初中63所；新建中小学校18所；小学撤并学校数的比例为49.2%，初中撤并学校数的比例为46%。年内，全州已撤并高（完）中1所、初中5所、小学校点497所（个）。

【改善办学条件】 2009年，楚雄州教育系统争取和实施学校基本建设总投资达到3.64亿元，涉及建筑面积34.61万平方米，创历史新高。全州力争用2009、2010两年的时间，投资3.6亿元，全面完成云南省人民政府规定的全州中小学35.90万平方米的D级危房改造任务。年内，3.6亿元建设资金已筹措到位，全州年内实施的186所学校319个建设项目中，已完工97个，完成建筑面积11.64万平方米，完成投资1.20亿元。拆除D级危房1548幢27.88万平方米。同时，启动2010年的244个建设项目，完工交付使用8个，完成建筑面积1.24万平方米，完成投资1227.3万元。先后实施3批扩大内需义务教育初中工程项目学校26所，建筑面积8.59万平方米，总投资9695万元；实施扩大内需中职教育项目学校2所，建筑面积7070平方米，总投资988万元；实施“明德小学”项目8所，建筑面积1.02万平方米，总投资1356万元；在永仁、元谋2县实施新农村卫生新校园项目41个，共投资537.80万元；实施“7·09”地震教育系统恢复重建项目20个，建筑面积3.03万平方米，总投资2586.77万元。2008年底由云南红塔集团楚雄卷烟厂捐资798万元建设的11所希望小学已经竣工并投入使用。

【实验教学】 2009年，楚雄州开展“普实”年度州级复查，南华县顺利通过省级“普实”复查，楚雄一中通用技术实验室顺利建成，全州实验教学工作在巩固的基础上不断提高。全州教学仪器达标率为：高（完）中89.47%、初中71.54%、完小75%。实验开出率为：高（完）中演示实验98.86%，分组实验97.40%；初级中学演示实验98.39%，分组实验94.35%；小学演示实验93.10%，分组实验91.21%。

【义务教育学校教师绩效工资改革】
2009年，根据中共楚雄州委、州人民政府确定的原则和要求，楚雄州人事局、州财政局、州教育局共同出台了《楚雄州义务教育学校绩效工资实施办法》，州教育局出台了《楚雄州教育局关于义务教育学校教职工绩效考核的实施意见》（试行）。8月7日，州人民政府召开全州义务教育学校实施绩效工资工作部署会。会后，各县（市）也制定了绩效工资实施办法。年内，全州的义务教育学校已全面实施绩效工资，享受人数达3.37万人。

【教育救助制度】 2009年，楚雄州继续做好家庭经济困难学生的救助工作，努力构建“免、减、助、补、扶”长效救助机制。州级“寒窗助学”资金共救助学生117人，救助金额26.2万元；“香港岭东英才奖助学基金”救助20人，救助金额20万元。共发放中等职业学校国家助学金1321.12万元，补助学生1.14万人。认真做好生源地助学贷款工作，全州共通过审核2374人次，贷款总额1330.27万元。下达省定民族高中寄宿制经费76.11万元。下达进城务工义务教育奖励经费100万元。

［邵永春］

【三生教育】 2009年，楚雄州教育局继续全面推进“三生教育”的实施。先后5次组织全州175名教师参加全省“三生教育”相关培训。组织全州师生

全省中小学区域布局调整工作会议在楚雄召开 （州教育局提供）

开展“三生教育”书画创作活动，共收到书画作品9829件，推荐上报7368件参加全省评奖。在全州组织开展云南省“三生教育”示范学校、优秀学校推荐评选活动和“三生教育”典型经验材料征集活动。

【校园文化建设】 2009年，楚雄州加强校园文化建设。(1)召开“楚雄州用延安精神办学育人工作汇报会”，3个县(市)教育局、12所中小学在会上交流经验，进一步推动用延安精神办学育人活动的深入开展。(2)邀请专家为全州教师、学生、家长作“珍爱生命、学会生存、幸福生活”巡回报告会63场，听讲人数达5.75万余人。(3)在全州中小学组织开展“我的祖国”读书征文活动，经评选后推荐85篇文章报教育部关工委参加全国评奖。(4)开展10所省级文明学校和29所州级文明学校复查认定和65所新申报州级文明学校的审查认定工作。(5)组织全州学校开展“向国旗敬礼、做一个有道德的人”网上签名寄语活动。

[普俊骞]

【师德师风建设】 2009年，楚雄州认真贯彻落实《楚雄州教职工七条禁令》及实施办法，并加大监督检查力度。对顶风违纪，师德败坏、影响恶劣的，依法、依纪、依规进行了严肃处理；在广大教师中继续开展以“三爱”(热爱教育、热爱学校、热爱学生)、“三全”(全面贯彻教育方针、全面实施素质教育、全面提高办学质量和效益)、“三让”(让社会满意、让家长放心、让学生成才)为主要内容的教育活动，提高广大教师乐于奉献、爱岗敬业的精神和师德水平，树立了教育系统的良好社会形象。

[曾晓霞]

【农村义务教育经费保障机制改革】 2009年，楚雄州春季下达中小学寄宿制经费4062.02万元(省级1218.62万元，中央2031.06万元，州级812.34万元)，享受人数13.14万人(小学6.93万人，初中6.18万人，特教285人)；秋季下达中小学寄宿制经费4062.02万元。春季下达公用经费5338.11万元(中央4264.75万元，省级1073.36万元)，享受人数29.43万人(小学20.20万人，初中9.20万人，特教285人)。秋季下达公用经费5190.91万元(中央4264.74万元，省级1073.36万元，不含省级支付的校方保险资金147.19万元)，享受人数29.40万人(小学20.20万人，初中9.20万人，特教285人)。春季下达免费教科书资金1539.48万元(小学21.34万人，初中10.29万人，特教285人)。春季下达城市学校免杂费资金153.3万元，受益人数2.20万人(小学1.40万人，初中8010人)。秋季下达城市学校免杂费资金142.27万元(不含省级支付的校方保险资金11.03万)。

[曹彩春]

【楚雄州教育工会三届六次全委(扩大)会议】 2009年1月9日至10日，楚雄州教育工会三届六次全委(扩大)会议在楚雄召开。会议听取和审议了州教育工会三届委员会工作报告和女职工委员会工作报告，对获得2008年工会工作目标管理考核一、二等奖的24家单位颁发了奖牌和奖金，对荣获2008年全州教育工会工作优秀调研报告、优秀论文的作者进行表彰奖励。会上开展了县(市)教育工会和州直学校(学院)工会评议州教育工会活动；州教育工会主席曹荣国与各县(市)教育工会主席、州直各学校(学院)工会主席签订了2009年教育工会工作目标责任书。

【庆祝新中国成立60周年和第25个教师节表彰暨文艺晚会】 2009年9月8日，楚雄州教育局、州教育工会、州中小学幼儿教师奖励基金会在州广电中心演播大厅隆重举行以“做人民满意教师，办人民满意教育”为主题的表彰暨文艺晚会，庆祝新中国成立60周年和第25个教师节，表彰了全州48个“先进集体”，70名“师德模范”，100名“优秀教师”和80名“先进教育工作者”。州党政领导杨正权、杨静、朱非、王定梁出席晚会。州总工会、州教育局领导、州属学校书记、校(园)长、工会主席和女工主任，全州优秀教师和先进教育工作者代表、少数民族学生代表和少先队代表等1200人参加晚会。州属15所学校(院)演出队表演了文艺节目。

[朱跃民]

【教师资格认定】 2009年3月至7月，楚雄州各级教育部门组织开展2009年春季教师资格认定工作。此次认定共收到申报材料2064份，经审核后通过2053份，退回11份，共发出证书2053本。其中幼师资格证书78本，小学教师资格证书157本，初中教师资格证书454本，高中教师资格证书1300本，中等职业学校教师资格证书60本，中等职业学校实习指导教师资格证书4本。

[鲁艳红]

【教师专业技术职务评审】 2009年5月12日至16日，楚雄州教育局召开教师专业技术职务评审中评委会议。全年共收到评审材料1434份，经评审后通过1402人，未通过32人，通过率97.8%。其中，评审小学高级教师职务644人，未通过11人，通过率98.3%；评审中学一级教师职务455人，未通过12人，通过率97.4%；评审中专讲师职务7人，未通过2人，通过率71.4%；评审推荐中专高级讲师、中学高级教师职务328人，评审后向上级评委推荐上报321人。

[赵宗丽]

基础教育

【云南省一级三等完全中学晋升】 2009年，楚雄师院附中和武定县一中通过云南省教育厅专家评估组综合评估，由省教育厅发文认定为云南省一级三等完全中学。截至年末，全州21所普通高中学校共有一级学校7所，其中一级一等学校1所，一级三等学校6所。

【中小学“减负提质”】 2009年，楚雄州教育局制定下发《楚雄州切实减轻中小学生负担全面提高教育质量实施办法》，联合州级相关部门向全州发出《切实减轻中小学生负担全面提高教育质量》倡议书，并与全州各县（市）教育局、州属中小学幼儿园签订楚雄州切实减轻中小学生负担全面提高教育质量责任书；制定中小学“减负”十六禁宣传页，发放到全州各中小学，广泛宣传“减负提质”工作的相关要求，营造良好的社会氛围。成立“楚雄州切实减轻中小学生负担全面提高教育质量特派监察工作领导小组”，加强领导，并聘请53名“减负提质”特聘监察员，负责统筹、协调全州“减负提质”工作。并对全州10县（市）和州属中小学进行专项检查。年内，各县（市）教育局、学校都成立了“减负提质”特派监察工作领导小组，制定工作措施，开展“减负提质”工作。“减负”与“提质”的关系得到妥善处理，学生在校学习时间、作业量得到有效控制，形式多样、内容丰富的课外活动和学生社团活动蓬勃开展，为少年儿童快乐学习，健康成长营造了良好的教育环境。

［李清才］

【楚雄一中】 2009年，楚雄一中办学水平和综合效益进一步提高，各项工作取得新的成绩。1月9日，学校举行晋升“云南省一级一等完全中学”挂牌仪式。中共云南省委常委、省委秘书长杨应楠，州党政领导邓先培、杨红卫、张怀德、李红民、程建华、王定梁出席挂牌仪式。学校从2009年春季学期开始实施的“寄宿制管理，开放式办学”模式，开局良好。学校创新德育工作方法，开展“流泪三部曲”系列教育活动，探索和创新主题班会活动，“三生”教育进课堂，以“明德致善，博学致精，书香致远”为校训，文化塑校，着力营造以人为本、和谐文明的校园环境，师生精神文明素养进一步提升。2009年高考，学校本科上线率、总上线率创历史新高，分别达到82.16%和96.91%，600分以上优秀学生人数占全州的72%。总上线率、重点上线率及600分以上优秀学生人数均保持了州内的领先优势。学校被中央文明办未成年人思想道德建设工作组确定为“全国‘做一个有道德的人’主题活动联系点”；被命名为第12批省级文明单位；连续4年获得楚雄州高（完）中教育教学质量综合考评一等奖；学校工会获得“2008年楚雄州教育工会工作目标管理”一等奖。学生代表队在全省机器人竞赛中夺得“3D仿真机器人”和“机器人FLL工程挑战赛”双料冠军，并在第九届全国机器人比赛中，荣获高中组FLL工程挑战赛银牌的佳绩。教师58人次在省级以上刊物发表论文，17人次获一等奖。教职工获州级以上各级各类表彰7人次，1名老师荣获楚雄州“三八”红旗手称号。

［金　凌］

校园周边交通安全保障　（郑建民/摄影）

【楚雄州民族中学】 2009年，楚雄州民族中学高考再传捷报。499名应届毕业生中，600分以上有2人，600分以上学生的优生率居全州第2位，在全州的占有率为8%，比州教育局下达指标3.4%高出4.6个百分点；重点上线65人，上线率为13.03%，居全州第2位，比州教育局下达给学校的高考总上线指标74.7%超额完成20.1个百分点。王成顺、李天丽并列夺得全州文科数学第1名。年内，学校在全州普通高中教学质量综合考评中获二等奖，并被州教育局、州教育工会、州中小学幼儿教师奖励基金会表彰为“教育工作先进集体”。学校进一步加强教育科研工作，先后有32人次获省州级教育科研奖励；全面实施新课程改革，启动“一本教材、三种进度”，并派出31名教师参加云南省2009年普通高中新课程教材培训。

［张　芳］

【楚雄师范学院附属中学】 2009年，楚雄师范学院附属中学各项工作再上新台阶。首届与成都七中联合的远程直播网校班49名考生重点上线率42%，二本以上上线率达88%，总上线率达100%；数学、理综单科成绩居全州第1名，语文、英语高考成绩全州第2名，实现远程直播教学“开门红”。2009年共有190名学生参加高考，重点上线26人；本科上线率为43.6%，居全州第2名；高考综合上线率77.4%。艺术生162人上线，总上线率达到97.42%，有14人进入全省统考前50名。李玥被波兰克拉克音乐学院录取，本硕连读，成为附中第一个出国留学的艺术生。初中160名应届毕业生中，有2人考出670分的高分，27人成绩达600分以上，达到楚雄市高中最低录取分数线91人。参加全国“十一五”重点科研课题《中学艺术人才的培养》于1月顺利结题，获得国家课题一等奖，并被评为科研课题“先进学校”。州级教育科研“十一五”计划规划课题《高考作文训练策略研究》于7月顺利结题，得到专家组高度评价。年内，学校申报的国家教师科研基金重点科研课题《班主任综合素质培养与实践研究》已立项。制订《2009年—2012年班主任校本培训实施方案》，着力抓好班主任队伍建设，并于11月首次开展班主任培训工作。年内，学校晋升为云南省一级三等完全中学。

［董廷锋］

【楚雄天人中学】 2009年，楚雄天人中学有教职工175人，教学班49个，在校学生2534人。学校努力实践“合格+特长、规范+选择=天人”的办学模式，采取多条腿走路，追求多元的教育质量，确保学生幸福、健康、快乐成长。2009年高考取得可喜成绩，高考应届生上线率达97.45%，居全州第1名；应届生重点上线率和二本上线率连续2年保持全州第2名；应届生各科平均分连续2年保持全州前5名。年内，学生曹有安荣获“奥林匹克”全国物理竞赛二等奖，李开良等74名学生荣获“希望杯”全国数学邀请赛一、二、三等奖，陈章婷等12名学生荣获云南省“三生教育”优秀书画作品一、二等奖。

［张天发］

【楚雄师范学院附属小学】 2009年，楚雄师范学院附属小学把少先队工作作为素质教育的重要载体，按照“全队抓基层、全队抓落实”的工作思路，注重实践体验，突出少先队员主人翁意识和责任意识的培养，充分发挥少先队员的主动性，通过开展丰富多彩的教育活动，提高全体少先队员的素质，培养孩子的健全人格，丰富学校和社区少先队活动的内容和形式，促进学校素质教育的深入发展，受到家长和社会的高度赞誉。10月，学校被共青团中央、教育部、全国少工委授予“全国优秀少先队集体”荣誉称号。

［杨春云］

【楚雄开发区实验小学】 2009年8月，楚雄开发区实验小学被国家语言文字工作委员会授予“国家级语言文字规范化示范学校”，学校9年来在推广普通话、规范语言文字工作上不懈努力。为把学校英语特色做强做大，先后面向全州公开招聘了8名英语教师，其中本科学历7名，研究生在读1名，保证了一流的师资队伍。英语教师在课题研究中，汇编、收集、整理、创编儿童英语歌曲50首、儿童歌谣50首。进行省级重点课题《优化育人环境凸显英语特色与学生发展的研究》及州级规划课题《小学生英语中高段分年级培养书写能力的研究》。为扩大英语教学成果，成立由24人组成双语教研组定期开展教研活动；与楚雄师范学院签订合作协议，由师院选派优秀外国留学生到学校担任外籍教师，定期到学校培训教师和给学生上课。同时，积极承办省、州小学英语教学观摩活动。开设英语选修班，先后编排英语短剧《白雪公主》、《狐假虎威》等在省州组织的文艺汇演中多次公演。编印《楚雄开发区实验小学英语单词手册》供师生使用。9月，学校被中国教育学会外语教学专业委员会评为“全国中小学外语教研工作示范学校”。

［鞠有忠］

【楚雄开发区永安小学】 2009年，楚雄开发区永安小学从规范教育教学秩序入手，抓好学生行为规范，引导学生有效学习，学生学习成绩明显提高。在期末考试中，全校学生所有科目考试合格率达98.12%，六年级毕业班合格率达100%，优秀率达97.06%，为高一级学校输送了一批优秀学子。学校根据学生特点开办小主持人、剑桥英语、美术、音乐、足球等13门活动课，开设电视节目、围棋2门校本课程，拓宽学生的知识面，训练学生的思维能力，丰富校园文化生活，提高学生基本技能和基本素质。5月22日，学校在市民广场举办“扬帆起航，放飞梦想”主题文艺晚会，获得好评和赞赏。年内，学校30多名学生在云南省教育厅举办的“三生教育”优秀书画作品评选活动中荣获奖项，教师作品获一等奖，辅导教师获个人辅导一等奖；学生张月在云南省小学生书法大赛中获优秀奖；施华琼老师在云南省首届小学班主任基本功竞赛中勇夺桂冠；刘晓霞老师在楚雄州小学数学计算教学交流活动中获一等奖。

［杨晓花］

【楚雄州幼儿园】 2009年，楚雄州幼儿园在全体教职工的辛勤努力下，各项工作捷报频传，在全州幼教事业发展中起到了引领和示范作用。年内，被云南省教育厅评定为云南省“一级一等”幼儿园、被国家教育部评为“国家级语言文字规范示范学校”；被云南省教育厅评为“语言文字规范示范学校”；同时被州级相关部门评为州“绿色学校”、“三八”红旗集体、“巾帼建功”先进集体、家庭教育工作“先进单位”；州属学校首次教育目标责任考核一等奖、党建及党风廉政建设目标考核一等奖、工会目标考核二等奖；代表楚雄州参加云南省幼儿园带量膳食比赛获一等奖；11名教师参加云南省第四届优秀多媒体教育教学软件评选活动，分别获一、二、三等奖；教师舞蹈《水魅》在中国音乐教师才艺展示大赛上获金奖；1名教师参加全省一级一等幼儿园“三生教育”集中教育活动比赛获二等奖。幼儿园获楚雄州第八次小学生珠心算比赛团体一等奖，参加全国幼儿体操通讯赛获团体操表演一等奖，优秀音乐奖。30名幼儿参加云南省体操、健美操比赛均获一等奖；10多名幼儿参加省首届少儿舞蹈比赛荣获金奖。

［夏丽萍］

【楚雄州特殊教育学校】 2009年，楚雄州特殊教育学校取得新的发展。5月5

日，学校红十字会挂牌成立。5月15日晚，在楚雄州广电中心举行“楚雄州2009年第十九次‘全国助残日’文艺晚会”，州党政领导邓先培、李红民、江正荣、法玉宾观看演出并与演员合影留念，州电视台对晚会进行录播；17日上午和晚上，分别在桃源湖广场和南华县影剧院举行“楚雄州2009年第十九次‘全国助残日’公益演出”活动，近2000多名观众观看演出。11月，学生彭方亮代表楚雄州参加“云南省第九届残疾人运动会暨云南省第三届特殊奥林匹克运动会”荣获脑瘫足球第3名；学校师生男、女篮球队代表楚雄州参加“云南省第九届残疾人运动会暨云南省第三届特殊奥林匹克运动会”，分别荣获第6名、第7名。8月3日，十届州人民政府第20次常务会议决定：同意楚雄州特殊教育学校搬迁重建，用地由楚雄市负责提供，面积控制在80亩~100亩范围内，征地工作有序开展。

［谢　红］

职业教育

【楚雄州职教中心建设】 2009年，计划投资10.6亿元的楚雄州职教中心项目建设共到位资金6.83亿元，累计完成投资6.24亿元。开工建设面积43万平方米，已封顶建筑面积37.6万平方米，一期工程陆续竣工交付使用，二期及配套工程正在全面组织实施；运行机制的研究工作正在有序推进；9月，楚雄高级技工学校近3000名学生已迁入职教中心学习；拟定《云南省楚雄彝族自治州创建国家级民族职业教育示范基地建设方案》上报云南省教育厅，并转报教育部。招商引教，促成民办理工学院筹设。引进云南三鑫集团公司投资14.59亿元建设民办理工职业技术学院工作取得重大进展，学院筹设工作得到云南省教育厅批准，招商引资项目的星级实训酒店工程已完成2.6万平方米土建工程，转入装饰阶段。论证并上报“云南省中等职业学校基础能力建设项目”、“云南省银校合作招商项目”和“云南省中等职业学校世界银行贷款项目”等职教发展项目材料，积极做好项目储备。组织州属5所职业学校教师52人，历时近10天，深入10县（市）的各初级中学开展招生宣传和学校推介活动，完成中等职教1.14万人的招生任务，职业教育在校生达3.01万人，全州中等职教毕业生平均就业率达到95%以上。

［李应荣］

【楚雄民族中等专业学校】 2009年，楚雄民族中等专业学校获得幼儿师范专业的办学资格，首届“技能活动月”共有9个学科组1350余名学生参加培训、竞赛、鉴定、展示活动。与云南交通高级技工学校联办汽车运用与维修和茶艺与营销专业，与元谋、大姚、武定、姚安、永胜、洱源6所职中联办服装制作与营销专业，与禄丰职中联办幼儿师范专业，与丽江永胜职中联办机电设备安装与维修和焊接专业。外派劳务工作新突破，与湖北十堰国际、四川仪陇永春国际签署了合作协议；新增新加坡外派劳务输出业务，首批7名学生已赴新加坡工作，6名学生赴阿拉伯联合酋长国就业。年内，共有172名学生赴毛里求斯就业，11名学生首获东芝家用电器制造（南海）有限公司奖学金，学校成为外派劳务输出国家基地和楚雄市旅游局培训基地。坚持做好与云南民族大学、云南中医学院、云南财经大学的成人教育培训工作；认真做好考试培训、职业技能鉴定工作，年内为全州各级各部门组织考试、培训、鉴定1.1万余人次。学校先后被省、州表彰为省级文明单位、云南省第四批绿色学校、云南民族大学“优秀函授站”、州社会力量扶贫工作先进集体、州师德建设先进集体，校长钱文卿荣获云南省职业学校杰出校长称号，张斌、梁丽娟老师被授予州“师德模范”称号。丁琴老师在全国中职学校云南赛区旅游烹饪专业说课比赛上获得烹饪类说课比赛一等奖，并代表云南省参加在河南焦作举行的全国比赛。

［起雪勇］

【楚雄农业学校】 2009年，楚雄农业学校积极调整办学结构和专业设置，努力拓宽办学渠道，全年招收中专生1396人，超额完成招生任务，再创51年办学历史上的年度招生人数最高纪录，并开创联合办学的新局面。其中，与楚雄医药专科学校、红河卫生学校联合开办护理专业，招收学生435人；在地方各级部门的支持下，结合农业生产一线的需要，分别在永仁县林业局和猛虎乡、姚安县农业局、双柏县畜牧局、武定县畜牧局、楚雄市鹿城镇龙江社区开办园林、畜牧兽医、蚕桑、蔬菜、农村经济管理等专业的校外成人中专班，招生543人，将为当地新农村建设提供有力的人才支撑；与双柏、元谋、武定、姚安4县职中合作办学，共招收园林花卉、中药生物技术与制药、农业机械3个专业141名学生。联合办学招生数占年度招生总数的80.2%，为学校进一步发展打下了基础。学校全年共安排32名教师分别到北京大学、南京农业大学、云南师范大学、西南林学院、云南中医学院、大理学院等院校及其他教育培训机构进修学习，教师队伍建设取得新的成果。

［李灿辉］

【楚雄高级技工学校】 2009年，楚雄高级技工学校办学规模扩大，办学质量提高，办学水平得到上级有关部门的认可。6月26日至30日，学校师生14人作为云南省8支中职学校代表队之一，赴天津参加2009年全国职业院校技能大赛——中职组数控技能五项比赛。学生张之强、张小军分别荣获数控车工、普通车工三等奖，幸志伟、李光才获数控铣工优秀奖，杨成志获数控车工优秀奖，宋远生、张松、杜俊松荣获加工中心数控车工（组合）优秀奖，蒯思顺获钳工优秀奖。8月，公开招考聘用19名新教师，在职在编教职工达185人，师资队伍不断壮大。11月28日，在全国职工教育职业培训先进个人、先进单位表彰大会上，校长刁晋光被表彰为“中国技工院校杰出校长”。9月7日，楚雄州教育局在州职教园区举行入驻仪式，学校近3000名新生顺利入驻，解决了学校因办学规模扩大造成校舍不足的问题，也标志着楚雄州职业教育改革发展翻开了新的一页。

［张洪忠］

【楚雄州体育运动学校】 2009年，楚雄州体育运动学校始终把招生就业工作、名优运动队培养、和谐校园建设作为推进学校可持续发展的重要手段，不断拓宽办学路子，探索多种办学模式。一是与北京体育大学联办函授本科学历教育，与云南省体育职业技术学院联办专科学历教育，与州内外职中合作开办中专学历教育；二是充分利用教学资源，为青少年开展短期体育技能培训，培训青少年300人次以上；三是以州内外、县、乡三级体育教师为载体，建立学校招生网络，与用人单位共同搭建就业平台，建成了辐射全省16个州（市）、全州10县（市）、80多个乡（镇）的招生网络。年内招收新生227人，学校办学综合效益不断提升。7月至8月，学校13支运动队234名运动员参加云南省第十三届运动会预赛暨年度赛，共获金牌37枚、银牌37枚、铜牌36枚、第4名39人、第5名35人、第6名20人，1个团体总分冠军、2个团体总分亚军、5个集体道德风尚奖。

［黄 珅］

【楚雄州公安局人民警察培训学校】 2009年，楚雄州公安局人民警察培训学校共承担完成云南省公安厅调训的全省刑侦、治安、交管民警警司晋升警督警衔晋升培训；云南省森林公安局调训的森林公安民警警衔晋升、派出所长培训、警务实战教官培训、技术员培训；全省公安人事信息系统、装备财务管理、监管、治安、国保等部门警种业务培训；全省公安民警心理健康辅导员、天津市公安局心理训练培训；楚雄市公安局巡特警技能培训及其他培训班共31期，培训人数达3619人。年内，按照云南省公安厅政治部教育处的安排，抽调2名警务实战教官和2名外聘教官组成省公安厅送教下基层教学训练组，先后到保山市和德宏州公安局为两地公安机关的240名公安民警心理健康辅导员、警务技能战术骨干、信息管理员、基层一线民警开展警务技能战术、单警装备使用和心理行为训练。抽调4名教官深入禄丰、牟定为基层一线民警开展警务技能、刑事侦查、群众工作等内容的培训，对全面提高基层民警的综合实战能力，深化基层“轮训轮值、战训合一”活动起到有力地推动和促进作用。8月，全省公安机关新录用民警转警培训工作再次启动，学校承担了全省绝大部分新录用民警的培训工作。学校党委坚持校园精神文明建设、文化育警和公安教育培训工作相结合，以新录用民警培训班为主，重点开展签订一份《承诺书》、进行一次入警宣誓、组织一台“庆祝新中国成立60周年”文艺晚会、开展一次“公安业务、法律法规”知识竞赛、举行一轮球类比赛的“五个一”活动。同时，发挥培训班临时党支部的战斗堡垒作用，通过党员与非党学员结对子工作，采取“一帮一，一带一，一帮二，一带二”的方式进行互帮互学，促进管理，效果明显。通过教育培训，真正使每一个新录用民警达到洗刷心灵，震撼思想、脱胎换骨、铸造警魂的目的。年内，学校完成内设教研组调整重组工作，成立政治理论、心理训练、民警培训、警务实战4个教研组。上半年，安排3名教师分别到楚雄市公安局法制科、东城派出所、市检察院、律师事务所、州体育运动学校下派锻炼学习，并按照《楚雄警校教师参加业务实践锻炼考评方案（暂行)》，组织公开教学活动，对下派锻炼教师的教学成果进行考评和表彰奖励。进一步深化实施外聘教官制度，完善工作机制和管理措施，为云南省公安教育外聘教官工作机制的健全和完善积累了经验。4月9日，组织召开外聘教官聘用及交流座谈会，云南省公安厅政治部、教育处领导及楚雄州公安局领导到会指导，并为学校新一轮选聘的外聘教官颁发2009年度聘书。

［吕 浩］

高等教育

【楚雄师范学院基本建设】 2009年，楚雄师范学院完成花果山校区7199平方米学生会堂的建设任务，使校舍总面积达21万平方米；完成花果山校区东北角预留用地的总体规划、修建性详规、可行性研究报告编制报批工作；启动校园扩建项目前期工作，完成265.68亩预留土地的总体规划。建成覆盖全校教学、办公和师生活动重点区域场所的无线局域网；自主开发完成了办公自动化系统，并在全校推开，基本实现网络信息共享和电子政务；开发完成校园数字化校园平台管理、新生管理、财务收费管理、宿舍管理、学生综合测评、学生综合查询、实践活动课程管理等子系统，并正式投入运行；完成校园“一卡通”信息系统改造升级；新补充电子图书2468GB，完成校系两级图书等信息资源的全员整合，实现学校图书馆和系级资料室的互同互联互借。

【楚雄师范学院教学工作】 2009年，楚雄师范学院对本科人才培养方案进行新一轮修订，编印2009年版《本科生培养方案》；建成4门省级精品课程、2个省级重点专业、2门国家万种教材；新建立11个教育实习基地。2项教学成果荣获“第六届云南省高等教育教学成果奖”二等奖，3门教材荣获云南省优秀教材。学生参加数学建模、计算机应用技能、电子设计、广告艺术、ITAT教育工程就业技能、CCTV杯全国英语演讲等10项竞赛，共获得国际级三等奖1项，国家级奖16项，省级奖31项。

【楚雄师范学院师资队伍建设】 2009年，楚雄师范学院445名教师中，具有博士学位5人、硕士学位199人，共占45.8%；有正高职称28人，占6.3%。年内，引进博士1人，招考硕士23人；有4人晋升为教授，9人晋升为副教授，1人晋升为研究馆员，1人晋升为副研究员，2人晋升为副研究馆员；有2名教师被评为省级教学名师，建成省级教学团队1个。

【楚雄师范学院重点学科建设】 2009年，楚雄师范学院启动校级科研创新团队和校级重点实验室建设工作，建成5门校级重点学科，遴选出4门校级培育学科，在建的省级重点学科民族学、汉语言文字学顺利通过了云南省学位办组织的中期检查。

【楚雄师范学院科研学术工作】 2009年，楚雄师范学院共组织申报各类科研项目20多类、200项，获得立项104项，获得资助经费107万元。其中国家自然科学基金项目2项，国家社科基金项目3项，省部级项目3项，并首次有1项国家社科规划项目结题，成果鉴定为良好。年内，共完成科研成果300多项，其中被SCI、EI索引2篇；获国家、省、州奖励14项，其中获全国性奖励1项，省部级奖2项。组织了“雁峰论坛——全国光谱学学术研讨会”、“第八届国际辞赋学学术研讨会”等高规格的学术研讨会和“博弈论在经济学中的应用”、“新中国60年与中国特色社会主义”等高水平的学术报告会。

【楚雄师范学院招生就业】 2009年，楚雄师范学院普通本专科招生2142人，在校学生达7461人；成人本专科招生1778人，在校学生达7516人，全校在校学生达14977人。全校1514名毕业生，初次就业率为71.8%，其中考取硕士研究生130人，占总人数的8.59%，在全省本科院校排名第四；面向基层就业424人，占总人数的28.07%，居全省本科院校前列，其中村官179人、教师特岗245人、三支一扶2人、西部计划18人。

【楚雄师范学院校园文化建设】 2009年1月，楚雄师范学院被中央精神文明建设指导委员会授予“第二届全国文明单位”荣誉称号。年内，学院开展了以“弘扬五四精神，传播人文精神”为主要内容的第八届“五四青年文化月”；开展了以“科技创新、和谐发展”为主题的第八届“大学生学术科技节”；开展了以树立自尊、自重、自信、自爱、自立的女大学生新形象，提高女大学生现代职业素养为主旨的第三届“女生文化节”；开展了以“做有志青年，当文明学生”为主题的第三届“社区文化节”系列活动；组织了100名大学生结对困难社区100名中小学生的“义务家教”活动，50名学生与楚雄州特殊教育学校残疾学生结对帮扶活动。

【楚雄师范学院帮困助学】 2009年，楚雄师范学院共有1450人获得学校所在地助学贷款，总金额870万元；有560人申请生源地国家助学贷款，获得贷款的学生总数占贫困生总数的60%；有3216人分别获得各级政府和社会奖助学金的资助，总金额671.5万元，贫困学生的受助面达97%；共设立校内固定勤工助学岗位60类，用工619人，发放勤工助学工资61.5万元；发放贫困生定期困难补助金18万元，发放贫困生临时性困难补助金2.55万元。年内，学校实施的福特基金（PHEII）“地方普通高等师范院校贫困生家教指导与服务项目”，被评为“全国优秀创新项目”和“云南省提高高校贫困生能力创新项目一等奖”；申报的福特基金（PHEIII）“云南省高师院校贫困大学生自主创业支持模式创新研究项目”、“云南省高师院校艺术设计专业教学实践体系改革完善研究项目”获准通过，获得资助经费50万元；有636名贫困学生参加PHE-HP项目培训班三期资助培训；开办“提高师范专业贫困生就业能力培训班”，被帮扶的180名家庭经济困难的毕业生中有145人顺利实现就业，占总人数的80.5%。

【楚雄师范学院高等职业教育与成人教育】 2009年，楚雄师范学院职成教院有成人教育本科专业40个，学员突破8000人；有全日制专科专业11个，学生611人；各种非学历培训达4000余人次；新增州外函授办学点5个，人数突破1500人；承办国培计划——中西部地区小学语文、数学骨干教师国家培训项目的培训任务，完成第一阶段200人的培训任务。

【楚雄师范学院国际合作交流】 2009年，楚雄师范学院在校外国留学生31人，其中短期留学生29人，长期留学生2人。赴国外学习学生16人，其中13人攻读本科，3人攻读硕士；各层次公派留学3人，其中云南省地方公派出国留学项目2人，小语种教师出国留学1人；新增校级双语立项建设课程7门；与泰国清莱皇家大学签署两校合作意向备忘录。

［徐　波］

【昆明理工大学楚雄应用技术学院教育教学工作】 2009年，昆明理工大学楚雄应用技术学院全面修订各专业的专业培养方案；制定中职新开办的《会计》和《计算机应用》两个专业的培养方案；投资166万元采购汽车应用与维修专业和工业与民用建筑专业的实验实习设备，加强实验室建设。编辑出版《昆明理工大学楚雄应用技术学院教育教学论文集》，举办2009年楚雄应用技术学院学生职业技能大赛，2名教师参加相关专业公开发行的2门教材编写工作，编写出135门课程的课程大纲，教师撰写教育教学论文公开发表15篇，教学科研成果显著；有4名教师获得硕士学位，选派23名教师到省内外参观、培训和学习，选拔和聘用9名教师为学院第一批学科带头人，教师的理论水平和教育教学水平明显提高。组织全国英语应用能力考试2次，省级计算机等级考试2次，组织校内外各种实习实训50余次，2000多人次进行了实习，组织各专业学生参加中级工、高级工、维修电工特种作业证、会计电算化证、教师资格证、普通话等级证等各种证书（件）的鉴定考试工作。年内，在校学生1635人，其中高职生1029人、中职生606人，毕业生408人，全年完成教学学时4.86万课时，完成各专业的正考、补考和毕业前补考共320余门次、890余场次，日常教学管理工作到位，教学秩序井然，教学质量稳步提升。

【昆明理工大学楚雄应用技术学院学生“奖助勤补”资助工程】 2009年，昆明理工大学楚雄应用技术学院扎实开展“奖助勤补”资助工程。（1）实施“绿色通道”工程，近60名家庭经济困难的2009级新生，凭家庭所在地乡（镇）或街道民政部门加盖公章的困难证明直接报到入学，并办理缓交学费手续。（2）及时向全校19个教学班近700人次发放近18万元的贫困学生生活资助和学费资助。（3）坚持公开、公平、公正的原则，推荐申报奖、助学金。年内，高职生中2人获得国家奖学金，合计1.6万元；32人获得国家励志奖学金，合计19.2万元；10人获得云南省政府奖学金，合计5万元；4人获得云南省政府励志奖学金，合计1.6万元；100人获得一等国家助学金，合计25万元；160人获得二等国家助学金，合计24万元。（4）向606名中专生每月发放150元国家贫困学生助学金，合计90.9万元。（5）按照学有余力、自愿申请、扶困优先、竞争上岗、遵纪守法的原则，在不影响正常教学秩序和学生正常学习的前提下，135名同学从事勤工助学活动。

【昆明理工大学楚雄应用技术学院创建和谐校园活动】 2009年，昆明理工大学楚雄应用技术学院实施目标分解管理，实行行政工作问责制，加强财务管理，严格收费标准，优化服务意识和责任意识，管理水平明显提高；以“树立新理念，明确新内容，创新新载体”为目标，建立人人参与德育教育的育人机制，营造处处有德育，人人是德育教师的氛围，全面落实德育工作的各项任务；强化学生食堂管理，重视日常监管和检查，提高饭菜质量，保持价格稳定，让学生得到实惠；强化综治创安工作，制定突发事故应急方案，规范车辆停放，保证校园整洁有序，连续11年被评为综治创安先进单位；成立学院红十字会，为弘扬学生“人道、博爱、奉献”精神搭建平台，成立延安精神研究分会，开展延安精神进校园活动。年内，成功创建省级文明单位。

【昆明理工大学楚雄应用技术学院农民工培训】 2009年，昆明理工大学楚雄应用技术学院被云南省总工会确定为云南省首批13个省级“农民工职业技能培训基地”之一，是楚雄州唯一被认定的培训基地。年内，先后到楚雄市、双柏县、永仁县、姚安县、元谋县、大姚县的部分乡（镇）和村委会开展农民工培训鉴定工作，共培训鉴定初级农机修理工、初级混凝土工、初级砌筑工、初级钢筋工4054人，并颁发了技能证书，为广大农民工外出务工提供了智力和技能保障。

［杨忠明］

【楚雄医药高等专科学校评建工作】 2009年，楚雄医药高等专科学校坚持“以评促建、以评促改、以评促管、评建结合、重在建设”的方针，成立“创建合格专科学校评建工作领导小组”，制订《评建工作实施方案》，统筹安排评建工作，带领全校教职员工全身心投入评建工作。11月，为确保学校在2010年10月顺利通过教育部合格专科院校的评估，州人民政府成立“楚雄州人民政府迎评促建合格楚雄医药高等专科学校领导小组”，切实加强对评建工作的领导。

【楚雄医药高等专科学校实习实训基地建设】 2009年，楚雄医药高等专科学校以“培养基础理论扎实，实践动手能力较强的医药卫生人才”为目标，大力加强实训实习基地建设，为学生实习和毕业生就业创造良好条件。年内，召开2009年实习就业工作研讨会，62家二级乙等以上医院和知名药品生产经营企业单位180人参会。为满足办学需要，积极争取楚雄州卫生局支持，将全州10县（市）二级乙等医院确定为学校的临床教学实习医院，并举行授牌仪式。12月23日，学校举行“楚雄州医药行业协会常务理事会暨楚雄医药高等专科学校校企合作座谈会”，25家药品生产经营单位54人参会。

【楚雄医药高等专科学校师资队伍建设】 2009年，楚雄医药高等专科学校引进硕士研究生7人，4名教师在职攻读硕士学位，14人参加研究生班学习，选派3名青年教师赴清华、复旦等知名大学当访问学者，3名教师赴菲律宾东方大学进修学习。截至年末，学校有教职工223人，专任教师166人，其中硕士研究生19人，教授1人，副教授44人，高级讲师9人，教师的学历结构和职称结构得到较大的改善。

［杨自祥　邹翠红］

教研与师训

【普通高中教学管理和指导】 2009年，楚雄州教科所进一步修订完善《楚雄州普通高中教学质量评价办法》，继续实施州教科所教研员挂点联系学校教育教学工作制度，其中中学教研员全部安排挂点联系普通高中学校。组织州教科所和县（市）中学教研人员，深入全州21所高（完）中重点开展集体备课、校本教研及2009年高考复习备考督察指导工作，组织全州高三学生参加全省统一检测工作，并通过网络平台和《教学研究》（内部资料）将统测情况向县（市）学校作及时反馈，组织州、县（市）教研室（教科所）中学教研员和各高（完）中学科骨干教师参加云南省教科院等单位组织的高考复习研讨活动；组织全州高（完）中学校领导和骨干教师观摩楚雄市紫溪中学和东兴中学、大姚一中、双柏一中的教育教学工作展示交流活动；筹备召开全州普通高中教学质量分析会和全州2010年高考备考研讨会。2009年全州普通高考报考人数为14333人，比上年增加2477人，增幅为20.87%，比全省的增幅2.89%高出17.98个百分点；全州专科以上上线人数为12426人，上线率为86.7%，比上年增加2284人，增幅为22.52%，比全省的上线率83.81%高出2.89个百分点。其中本科以上人数为6051人，上线率为42.22%，比上年增加529人，增幅为9.58%，比全省的上线率41.56%高出0.66个百分点。

【课题研究及管理】 2009年，楚雄州申报省级课题21项，9项获准立项（省级规划课题）；申报州级课题128项，73项课题获准立项（州级规划课题）；完成7项省级课题和28项州级课题的结题鉴定工作；组织全州4批（次）近200名中小学教师参加省级教育科研培训；到禄丰县、开发区实验小学等指导教育科研课题开题论证中期总结工作；到楚雄师院附中进行课题结题验收及相关培训；组织参加第五届云南省教育科学研究优秀成果评奖活动。

【学科教学竞赛及研讨活动】 2009年，楚雄州承办云南省教科院组织的“全省农村中小学美术教师课堂教学竞赛活动”，并组织200名教师进行观摩；组织参加云南省“第四届优秀多媒件教育教学软件评选活动”、“第三届中小学幼儿园教师适用教育科研方法理论知识大赛”、“第五届民族教育论文及教学设计大赛”；参加全省小学语文教师综合优质课竞赛，并代表云南省参加全国比赛；参加“2009年全省高中信息技术课堂教学竞赛”，分别荣获一、二等奖。组织楚雄州“第二届高中数学教师课堂教学竞赛活动”、“2009年初中信息技术教师课堂教学竞赛及教学研讨活动”、“全州幼儿园集中教育活动竞赛及观摩活动”。组织全州10县（市）及州属学校102名中小学幼儿园教师参加“云南省‘聂耳杯’音体美教师教学基本功比赛”；组织楚雄、大姚等5县（市）18所中学参加第四届全国中学生作文大赛云南赛区“红云红河杯”比赛，142人荣获国家和省级奖励，楚雄州教科所、楚雄市教科所等5个教育科研单位及楚雄天人中学、楚雄市大过口民族中学等18所中学获“优秀组织奖”。

【中小学教学用书管理】 2009年，楚雄州教科所圆满完成2009年秋季学期义务教育课程标准实验教科书版本选定工作，形成《楚雄州2009年秋季学期中小学起始年级教学用书版别目录》报省批准执行。印发《楚雄州2009年秋季义务教育课程标准实验教学用书选用目录》，做好楚雄州2010学年秋季学期普通高中一年级教材选用及征订工作。

【语言文字工作】 2009年，楚雄州稳步推进学校普及普通话工作和创建语言文字规范化示范校工作。开展“第十二届全国推广普通话宣传周活动”；开展“云南省中华颂·2009经典诵读选拔赛”、“中华赞·2009诗词歌赋创作大赛”和“全州各类学生参加首届全国大中小学生规范汉字书写大赛”，共有8名学生的作品获国家级奖励；举办楚雄州“中华颂·2009经典诵读”比赛，共有120名选手参加比赛。年内，共有49所学校申请普及普通话达标验收，2所学校申报语言文字规范化示范校，6所2007年申报学校通过省级语言文字规范化示范校验收，并报国家考核，最终楚雄开发区实验小学、楚雄师院附属小学、楚雄州幼儿园和楚雄市北城小学被评为全国第二批国家级语言文字规范化示范校。组织普通话测试2500余人。

【《楚雄教育》和《教学研究》编印】 2009年，楚雄州教科所共编印《楚雄教育》6期，编校质量不断提高，被评为全国第20届教育内部报刊优秀期刊；编发《教学研究》5期，其中关于中、高考复习备考的最新信息及参考资料得到省州领导的充分肯定和基层学校的好评。

［张泽建］

【教师培训】 2009年，楚雄州认真组织开展教师培训工作。（1）分2期在楚雄师范学院成人教育学院对全州10县（市）各初级中学和教师进修学校的124位教务主任进行培训。（2）全州10县（市）均列入云南省教育厅与英国救助儿童会合作开展的云南少数民族基础教育项目培训，10县（市）20个乡（镇）中心学校的100名小学语文、小学数学骨干教师，20名小学校长和20名县（市）教育局小学教研员、教师进修学校部分管理人员参加了8月举行的第1期培训。第2期培训于11月29日至12月4日举办。（3）全州有30位初级中学校长和48位小学校长获准参加香港真道书院资助云南省部分初中、小学校长到香港的培训学习。楚雄州第1期（全省第4期）参加培训的26位初级中学校长于11月21日赴港参加学习。（4）大姚、元谋2县398名小学班主任参加了为期2个月共50学时的“知行中国——中小学班主任教师国家级远程培训”。（5）组织全州2008年和2009年新补充到小学任教的102名语文教师和104名数学教师，分2期分别在南华县和姚安县教师进修学校参加新补充教师培训。年内，楚雄州小学、初中、高中教师学历合格率分别比上年提高0.41、0.42、0.68个百分点，分别达到98.4%、99.15%、95.93%；小学教师中专科以上学历的达61.86%，高中教师中研究生以上学历的达0.85%。楚雄市云龙中学被人事部、教育部表彰为全国教育系统先进集体，双柏县妥甸镇中心小学教师苏发芝被人事部、教育部表彰为全国模范教师，武定县狮山镇近城小学教师王荣俊、南华县雨露乡雨露中心学校教师杨旺华和禄丰县一平浪镇干海资学校校长陈忠云分别被教育部表彰为全国优秀教师和全国优秀教育工作者。武定县教师进修学校晋升为云南省一级教师进修学校。

［苏文高　李植才　邵永春］

电化教育

【安装“绿坝——花季护航”软件】 2009年，楚雄州按国家四部委以及省级四部门的要求，在规定的时间内完成了全州中小学校8667台上网计算机“绿坝—花季护航”绿色上网过滤软件安装工作。6月13日至14日云南省教育厅检查组对南华县和楚雄市进行了现场检查并给予高度肯定。

【中小学技术教育技能培训】 2009年，楚雄州电教馆对楚雄、南华、姚安、大姚、武定5个县（市）共1285名中小学教师进行教育技能培训，有863名教师通过培训评价，有814名教师参加了国家级的考试。

【清华大学教育扶贫项目】 2009年，清华大学教育扶贫办公室决定给予楚雄州5个县（市）和州职业教育中心教育扶贫项目，着重在地面卫星接收、校长和教师培训、高考辅导、技术人员培训等方面进行教育扶贫。电教馆认真组织5个县和州职业教育中心做好前期准备工作，并组织5个县和州职业教育中心的21名相关人员到清华大学进行为期1周的培训。年末，清华大学教育扶贫项目启动。

【职教中心信息化建设】 2009年，楚雄州职业教育中心信息化建设全面展开，技术方案、招标文件、组织实施由州电教馆承担。年内，综合布线、室外光缆、IP数字广播、IP数字监控、机房工程等项目正在抓紧实施，新的子系统正在招标前的准备当中。

［查 锐］

招生考试

【招生考试工作】 2009年，楚雄州报考普通高等学校、普通中等专业学校的考生1.48万人，比上年增加2075人，其中报考文史类5459人，理工类7418人，文科艺术类625人，理科艺术类215人，文科体育类321人，理科体育类315人，三校生447人。报考高中（中专）的考生2.58万人，比上年增加5188人；录取中专7934人，录取普通高中新生1.13万人。报考各类成人高等学校的考生3486人，比上年增加182人，其中报考专科起点升本科1965人，高中起点本、专科1519人。组织全省普通高中2012届高一年级会考报名1次共1.29万人；组织普通高中会考报考2次，1月共报考2.43万科次，6月共报考7.43万科次；组织信息技术会考2次，5月共报考7978科次，12月共报考4955科次。组织完成全国高等教育自学考试，1月份报考619科次，及格210科次；上半年高等教育自学考试报考2519科次，及格1000科次。上半年自学考试毕业考生123人。自4月开始，各县的自学考试考点统一上收楚雄州教育局。组织完成全国计算机等级考试、全国英语等级考试、全国剑桥少儿英语考试的考务工作各2次。组织全国中小学教师教育技术水平考试1次。

【综合整治招生考试环境和考风考纪】 2009年，楚雄州实施各县（市）主要领导对招生考试工作负总责的招生考试“一把手”工程，加大对招生考试环境的综合治理力度。各县（市）充分发挥招生考试联席会议或招生考试委员会的作用，在考前和考试期间，配合公安、无线电管理委员会等部门，加强对学校和考点、考场周边环境的综合整治，安排专人对互联网进行严格的搜索，尽量预防和杜绝干扰考试的现象发生。考试期间加大对考点的监控力度，全程实施考场监控，充分发挥无线电探测仪和金属探测器的作用，阻断考场内外通讯联系，坚决打击利用现代高科技通讯工具进行作弊和雇人代考、替考等舞弊行为。进一步加大对学校领导和招生考试工作人员遵纪守法教育力度，加大对违规及考试作弊行为处罚力度，严格实行招生工作责任制和责任追究制度，坚持在考试期间派出考风考纪巡视员，对整个考试工作进行全过程的监督检查，确保各级各类考试的安全、顺利、公平、公正。

【应急处置和安全保密】 2009年，楚雄州教育局制定了《楚雄州全国教育统一考试安全类突发事件应急处置预案（暂行）》，该预案包括《考试试卷失泄密处置办法》、《考试试卷运送突发事件的处置办法》、《考生在赴考途中发生意外处置办法》、《监考教师不能按时到岗到位处置办法》、《考试期间考生食物中毒预防处置办法》、《考试时地震应急处置办法参考》等6个附件，以及甲型H_1N_1流感的防控方案下发各县（市）执行。同时，投资5万元，为各县（市）招办的保密室统一更换新型试卷保密柜，加强试卷保密室相关规章制度建设，落实试卷的安全保密措施，提高快速反应和应急处置能力，确保考试平稳实施。

【全省首次平行志愿投档录取模式改革】 2009年，全省普通高校招生考试工作首次推行平行志愿投档录取模式改革。（1）广泛宣传推行平行志愿填报的目的、意义和办法，使广大考生、社会积极支持改革。（2）完善网上报名的办法，制定高考报名信息采集和确认的管理办法，确保高考报名数据准确。（3）严格考生的报考资格审查工作，严肃查处省外非正常迁移户口投机高考的行为，保障云南省考生的合法权益不受侵犯。（4）加强对考生诚信和遵纪守法教育，确保改革顺利实施，有效降低考生志愿填报风险，进一步提高考生志愿满足率和满意度，圆满完成普通高校招生考试工作任务。

【高中阶段学校招生改革】 2009年，楚雄州高中阶段招生应用“高中阶段教育招生管理系统”首次实行学校网上填报计划、考生网上报名、网上填报志愿、网上录取，给考生发放“一生一号”的报名信息登记号，完成了省、州、县（市）三级在同一时间段同时投档的录取方法，给所有录取新生进行电子学籍注册，使全州中等职业学校的生源数量和质量比往年有明显的提高。制定下发《楚雄州关于2009年高中（中专）招生体育考试实施办法》新方案，并认真组织实施。

［周德平］

（责任编辑：王艳萍）

文化管理

【文化队伍状况】 2009年，楚雄州文化系统共有人员1063人，其中女性460人，少数民族331人，党员387人。党政干部184人，占人员比例的17.3%。专业技术人员752人，占人员比例的70.7%，其中州级253人、县（市）级350人，乡（镇）级149人。专业技术人员中正高级专业技术职务4人，副高级专业技术职务33人，中级职务243人，初级职务449人。其他人员共131人。全州文化系统单位获县以上党委、政府表彰21项，其中省（部）级表彰2项，州（厅）级表彰6项，县（处）级表彰13项；个人获县以上党委、政府表彰50人（次），其中省（部）级表彰3人（次），州（厅）级表彰7人（次），县（处）级表彰40人（次）。

【文化体制改革】 2009年，楚雄州文化系统认真贯彻落实中共楚雄州委、州人民政府有关精神，成立了文化体制改革领导小组和5个改革工作组，具体负责州属文化单位改革工作领导、指导和任务的落实。开展州属文化事业单位体制改革工作调研，在调研基础上，形成并上报《楚雄州文化局文化体制改革调研报告》、《楚雄州文化局文化体制改革实施方案》。州属各文化单位组织干部职工和离退休职工分层次召开会议，认真传达学习州委、州人民政府有关文化体制改革精神，征求广大干部职工对改革的意见和建议。年末，州博物馆、州民族艺术剧院、州文化馆、州图书馆、州电影公司体制改革稳步推进。

【文化人才培养】 2009年，楚雄州文化系统加大人才培养力度。（1）选送2人到上海音乐学院、上海戏剧学院进行为期1年的业务进修，选送1人到北京参加第二届全国舞蹈大师班进修，选派2人参加全省戏剧创作高级研修班和1人参加全省文化产业培训班；组织103人参加全省文化站长培训、10人参加全省图书馆长培训、5人参加全省非物质文化遗产保护工作培训。全年举办文化馆长及业务骨干培训班1个，参加培训人员38人；举办国家级文物保护单位申报业务培训班1个，参加培训人员15人。（2）认真做好全州文化系列专业技术人员职务评审工作，全年共有89人通过评定，其中高职7人，中职41人，初职41人。（3）采取措施保护民间艺人。全州有国家级民间艺人2人，省级民间艺人39人，州级民间艺人35人。

［李忠　徐丽琴］

【文化基础设施建设】 2009年，楚雄州共实施文化基础设施建设项目82项（两馆一站一室58项、文物修缮19项、文化信息资源共享工程5项），建筑面积3.06万平方米，投资4122万元（国家投资2232万元、省投资1060万元、州投资393万元、县及其他投资437万元）。据统计，2001年至2009年，全州共实施文化基础建设项目为255项，建筑面积21.45万平方米，投资3.47亿元（国家投资3517万元、省投资5508万元、州投资2.12亿元、县及其他投资4492万元）。

［李忠　杨会芳］

文化市场管理

【文化市场发展状况】 2009年，楚雄州共有文化市场经营单位2400个，其中演出单位10个，歌舞厅212个、音像经营单位460个、电子游戏经营单位125个、网吧235个。与上年同期相比，歌舞厅数量增长5.6%，音像经营单位数量减少8.4%。全年总计注册资金1.72亿元，较上年增长2.98%，年缴税1000余万元，解决就业岗位1万余个。

【文化市场监督管理】 2009年，楚雄州全面开展音像、演出、娱乐、网吧的专项整治工作，同时开展行政审批、校园周边环境整治、消防安全、行政执法规范化建设、艾滋病防治、禁毒等方面管理工作。全年出动检查人员8100人次，检查文化经营单位1.12万家次，立案查处103件，办结案件100件，没收违法所得3.4万元，受理举报91件，警告87次，罚款14.18万元。

【文化市场制度建设】 2009年，楚雄州文化局进一步强化制度建设、公开办事程序、增强执法的透明度，在《文化市场行政执法十一项制度》的基础上，先后完善和制定《楚雄州文化局服务承诺制、限时办结制、首问责任制》等制度，文化市场执法、处罚程序，文化经营场所设立条件、上报材料，相关法律、法规以及对文化市场案件的查处等内容通过网上公布纳入全社会的监督之下，使全州文化市场管理工作真正做到公开、公平、公证、透明。

【网吧市场专项整治】 2009年，楚雄

州文化行政主管部门加大网吧市场专项整治和查处力度。6月10日至9月30日，楚雄州及各县（市）文化执法机构深入开展互联网上网服务营业场所专项整治行动，重点取缔“黑网吧”，对网吧接纳未成年人进行查处，进一步加大对网吧接纳未成年人违规行为的查处力度，加大日常检查力度，加大配合工商部门取缔“黑网吧”的力度。专项整治中，全州共出动执法人员2879人次，联合执法57次，检查网吧4457家次，立案查处网吧违规案件85件，其中办结82件，移交3件，停业整顿6家，配合工商管理部门取缔“黑网吧”5家。查办案件数量与上年同期相比增长34.9%。通过整治，全州有网吧235家，电脑总数超过1.5万台，总投资额超过7500余万元，呈现出规模经营，稳步发展，经营行为基本规范的新格局。

【网络文化市场计算机监管平台建设】 2009年，楚雄州文化行政主管部门对网吧等互联网上网服务营业场所实施日常监督和管理，逐步规范网吧等互联网上网服务营业场所经营秩序，实现网络市场管理的全面覆盖和无纸化办公。州文化局专门为全州各县（市）网络文化市场计算机监管平台建设配备6万余元的专用计算机设备，并保障建设工作经费。经过努力，全州223户网吧1.38万台网络文化市场计算机监管平台安装工作全部完成。

［李忠　李荣玺］

文艺创作

【楚雄州文学艺术界联合会】 2009年，楚雄州文学艺术界联合会在中共楚雄州委、州人民政府的领导和云南省文联的指导下，认真贯彻党和国家关于发展繁荣文艺事业的政策措施，充分发挥党和政府联络沟通全州文学艺术工作者的桥梁纽带作用，团结率领全州广大文艺工作者围绕中心，服务大局，开拓创新，扎实进取，坚持贴近实际、贴近生活、贴近群众的原则，在理论武装、队伍建设、文艺创作、展览演出等方面都取得较好成绩。年末，州文联有在职人员15人，有州作家协会、州美术家协会、州书法家协会、州摄影家协会、州音乐舞蹈家协会、州戏剧家协会、州民间文艺家协会、州电视艺术家协会、州洞经音乐研究会、州彝族文化对外交流协会。此外，组织建设还不断得到加强。拓展行业文联，壮大文学艺术队伍，筹划、批准建立楚雄监狱文联，并纳入州文联指导的团体会员，成为云南省监狱系统第一家成立文联的监狱组织。抓好创作基地建设，拓展创作采风空间，与民族文化底蕴丰厚、民族风情浓郁、领导重视、创作积极性高的大姚县桂花乡联合，建立省民俗摄影协会、州作家协会、州美术家协会、州摄影家创作基地。年内，州文联在州委、州人民政府的关心下，自筹部分经费，迁入960平方米的新办公大楼，办公条件得到改善。

【《真爱长歌》荣获“五个一工程”奖】 2009年，由中共云南省委宣传部选送，楚雄州作协名誉主席、原州文联副主席、作家黄晓萍创作的长篇纪实报告文学《真爱长歌》荣获中共中央宣传部评审的“五个一工程”奖。这是近年来楚雄州、也是云南省荣获的文学类最高奖。《真爱长歌》生动描述缉毒英雄罗金勇和全国道德模范罗映珍的先进事迹，真实记录这对英雄夫妻执着、率真的情感历程。该书将大爱无疆的情操展现到极致，展示出爱之坚韧顽强，情之感人肺腑。

【《“梅葛”的文化学解读》荣获山花奖】 2009年，以楚雄州学者李云峰、杨甫旺为主要力量主编的《‘梅葛’的文化学解读》，荣获由中国文联、中国民间文艺家协会举办评选的“第九届中国民间文艺山花奖·民间文艺学术著作奖”。这是楚雄州、也是云南省荣获的民间文艺类最高奖。彝族创世史诗《梅葛》反映了彝族先民认识自然、利用自然的经验，被称为楚雄彝族人民的“百科全书”。《“梅葛”的文化学解读》全书共36万字，从“梅葛”流传地区的文化生态与民俗文化、“梅葛”古今状况、古老的文学样式及其特征、“梅葛”的文本解读、“梅葛”与彝族古文化的关系、功能与结构、传承与传承方式等10个方面，对“彝族四大史诗”之一的“梅葛”作了全面深入、立体鲜活的文化学阐释与探讨。

【参加“花儿朵朵向太阳——2009云南省少儿舞蹈比赛”】 2009年，楚雄州文学艺术界联合会精心组织楚雄州少儿舞蹈组队赴昆明参加“花儿朵朵向太阳——2009云南省少儿舞蹈比赛”，取得金牌2枚，银牌1枚，铜牌3枚的优异成绩。

【参加“2009云南省艺术新人青少年才艺展示大赛”】 2009年，楚雄州文学艺术界联合会带队赴昆参加“2009云南省艺术新人青少年才艺展示大赛”，在声乐、器乐、舞蹈、书画、戏剧表演、英语口语等6个门类比赛中，取得一等奖6名、二等奖5名、三等奖6名的好成绩。

【《金沙江文艺》获嘉奖】 2009年，在云南省新闻出版局第三届“云南期刊奖”表彰会上，《金沙江文艺》散文栏目荣获“优秀栏目奖”，《金沙江文艺》编辑部副主编、执行编辑熊望平荣获“突出贡献奖”、编辑李夏荣获“优秀编辑奖”。

【采风活动】 2009年，楚雄州文学艺术界联合会坚持贴近实际、贴近生活、贴近群众的原则，认真组织，扎实开展文艺采风活动。（1）组织24名州内画家深入基层开展“彝州画家画楚雄”采风创作活动暨采风创作作品展示座谈会，邀请省美术家协会主席郝平、画家王凯骐到楚雄对采风作品进行点评，提出了作品修改意见和今后创作的努力方向。（2）组织作家、美术家、书法家、摄影家到大姚、武定、双柏等县（市）开展采风创作活动，丰富作家艺术家的生活体验，创作出一批文学艺术作品；州摄影家协会还组织20多名摄影家到大理观摩学习国际摄影艺术展。（3）举办“我与春天有个约会”大型主题诗会，100多名诗人和诗歌爱好者参加活动。（4）承办世界华人作家代表团赴楚雄采风创作活动。世界华人作家代表团在中国作家协会名誉副主席邓友梅带领下赴楚雄开展采风创作活动，州文联领导带领海外华人作家深入姚安、元谋、武定等县（市）考察采风，让华人作家们领略彝州风光名胜、风俗民情，盛赞彝州的巨大变化和各族人民团结、和谐、进步、发展、繁荣的喜人局面，中国文联副主席、中国作家协会副主席丹增出席了在武定县举行的总结座谈会，充分肯定活动的成功开展。考察采风结束后，一批以楚雄彝州为题材的采风佳品在国内外报刊陆续发表。

【《金沙江文艺·百家》创刊】 2009年，楚雄州文学艺术界联合会为拓展彝州文学艺术阵地，提高《金沙江文艺》的思想性、艺术性、可读性，增强刊物的创意感、时代感、影响力和吸引力，培强《金沙江文艺》品牌，加大对全州文学艺术人才培养力度，多次与云南省作家协会磋商，联合创办《金沙江文艺·百家》文学选刊，并于12月出版了试刊号。

【文学创作】 2009年，楚雄州文学艺术界联合会积极开展文学创作活动。（1）与州民族事务委员会合作，选编《流淌的金沙江（之二）——庆祝建国六十周年楚雄州少数民族文学作品选》，于2009年9月由云南民族出版社出版。（2）扶持州内作家出版“金沙江文艺丛书”——《毕摩往事》、《第一万零一次握手》、《永不退色的青春》、《等爱的月光》、《彩笺》、《山情》、《神秘的直直》。（3）禄丰、武定、楚雄等县（市）都相应出版了文学艺术专著。

【入选省级美术作品展】 2009年，楚雄州文学艺术界联合会精心组织画家创作，认真选评推荐，积极参加“庆祝中华人民共和国成立60周年第十一届全国美术作品展览·云南省美术作品展”，全州有6位画家的7件作品入选参展，开创楚雄州美术作品入选省级展览之最。

［张永祥］

艺术表演

【专业艺术创作演出】 2009年，楚雄州10个专业院团公益性演出911场，观众近91万人次。

【全州新剧节目调演】 2009年9月1日至6日，楚雄州新剧节目调演在楚雄举行。新剧节目调演新创剧节目33个，共有10台新剧节目上演。其中大型滇剧《跑官记》、彝族音乐会《云中火把·古道彝风》、彝族歌舞晚会《舞动的左脚》、彝族风情歌舞《罗婺畅想》受到专家和观众的好评。

【一批优秀剧（节）目获奖】 2009年10月30日，楚雄州民族艺术剧院彝剧团创作演出的小彝剧《摩托声声》，参加江苏张家港“中国戏剧奖·小戏小品奖”演出比赛，荣获“优秀入选剧目奖”，3名演员荣获“观众最喜爱的演员奖”；《烟盒舞》、《花彝鼓》等舞蹈申报参加第七届中国舞蹈“荷花奖”民间舞蹈评奖并进入复赛。12月19日至22日，在怒江举办的首届云南省少数民族酒歌大赛中，楚雄州代表队参赛的《喜欢不喜欢也要喝》、《小小酒杯团罗罗》、《猜拳调、青棚调》分别获最佳酒歌、最佳表演、最佳创意3项大奖。

［李忠　杨泽桂］

群众文化

【文化馆站基本情况】 2009年，楚雄州有文化馆11个，其中州级文化馆1个（国家三级馆），县（市）级文化馆10个，其中国家一级馆2个、二级馆2个、三级馆2个。有乡（镇）文化站103个，其中省级一级站19个、二级站20个、三级站20个、不达级文化站44个。有文化馆干部89人（州文化馆23人），其中大专以上学历65人；高级职称4人，中级职称28人；文化站工作人员206人，其中40岁以下151人，大专以上学历121人，中级职称32人、初级职称及以下174人。有经常性开展活动的村文

楚雄州新剧节目调演现场　（马　骏/摄影）

化室1184个，有业余演出队766个。

【参加“大家乐”群众文化广场比赛节目获奖】 2009年12月3日，云南省首届“大家乐”群众文化广场舞蹈大赛优秀节目展演活动在昆明举行，楚雄州代表队荣获银奖1项，铜奖2项，组织奖1项。舞蹈《八脚穿花》荣获银奖，舞蹈《左脚舞》、《狗撵羊》荣获铜奖，楚雄州文化局荣获组织奖。

【公布第二批非物质文化遗产保护名录】 2009年6月4日，楚雄州人民政府公布第二批非物质文化遗产保护名录16项。其中传统文化保护区6项：双柏县李芳村彝族传统文化保护区、楚雄市子午镇以口夸民族传统文化保护区、禄丰县仁兴镇大箐苗族传统文化保护区、南华县五街镇咪黑们彝族文化保护区、元谋县凉山乡彝族传统文化保护区、大姚县三台乡彝族文化保护区；传统体育与游艺2项：双柏县彝族传统体育“打陀螺”、元谋县凉山乡彝族式摔跤；传统音乐1项：双柏县碍嘉镇民间音乐阿乖佬；传统手工艺2项：永仁县彝绣、永仁县直却砚；传统舞蹈1项：禄丰县金山羊老鼓舞；传统礼仪与节庆3项：大姚县三台乡彝族服装节、大姚县彝族插花节、彝族服饰（武定彝族服饰）；传统医药1项：彝族医药（彝族药认知方法）。在公布的第二批州级保护名录中，新增了彝族传统体育、彝族传统医药的项目，扩大了保护项目的范围。第二批保护名录公布后，楚雄州级保护名录总数已达167项。

【5个乡被命名为中国民间文化艺术之乡】 2009年，国家文化部公布了“中国民间文化艺术之乡”名单，楚雄州5个民间文化艺术之乡榜上有名：双柏县彝族虎文化民间文化艺术之乡、武定县白路乡彝族酒歌民间文化艺术之乡、禄丰县高峰乡彝族大刀舞民间文化艺术之乡、双柏县法脿乡彝族老虎笙民间文化艺术之乡、大姚县昙华乡彝族歌舞民间文化艺术之乡。“中国民间文化艺术之乡”申报工作始于2007年，经过文化部门的组织评选和推荐，楚雄州成功申报了5个“中国民间文化艺术之乡”，对宣传和弘扬彝州优秀民族文化，推动新农村文化建设，加快彝族文化强州建设发挥着重要作用。

【火把节申报人类非物质文化遗产代表作名录】 2009年8月，文化部推荐“彝族火把节”申报人类非物质文化遗产代表作名录。根据文化部的统一部署，楚雄州启动了“彝族火把节”申报人类非物质文化遗产代表作名录工作。楚雄州人民政府召开了由州委宣传部、州文化局、州民委、州广电局、州电视台、楚雄市人民政府、市文体局、州非遗保护中心、楚雄师院参加的专题会议，安排部署申报工作。在申报工作领导小组的协调指挥下，州财政安排申报专项经费10万元，制定了周密的申报工作方案，相关部门通力合作，云南省楚雄州文化局与四川省凉山州文化局共同完成申报工作。

【楚雄州省级民族民间艺人获政府补助】 2009年，楚雄州39位省级民族民间艺人享受到政府人均3000元的传承及生活补助。为加强非物质文化遗产保护工作，鼓励和支持传承人积极开展传习活动，继承和弘扬优秀的民族传统文化。云南省财政厅、文化厅自2008年起，对省级非物质文化遗产传承人，每人每年给予3000元的传承及生活补助。楚雄州文化局接到省文化厅通知后，及时会同州财政将补助经费下达到各县（市），由县（市）文体局直接将补助发放到每位传承人手中。为民族民间艺人发放传承及生活补助，充分体现了党和政府对民族民间艺人的尊重和关怀，对鼓励民间艺人积极开展传习活动培养后继人才，有效保护和传承彝州优秀民族文化发挥了积极作用。

【18个项目被列入云南省第二批非物质文化遗产名录】 2009年8月26日，云南省人民政府发文公布全省第二批非物质文化遗产名录，楚雄州彝族大刀舞、彝族十二兽舞、莲花落、彝族打陀螺、彝族摔跤、彝族服饰、彝族赛装节、彝族插花节、苴却砚制作技艺、彝族医药、双柏县大麦地镇彝族传统文化保护区、武定县环州乡彝族传统文化保护区、禄丰县叽啦村彝族传统文化保护区、南华县岔河彝族传统文化保护区、姚安县左门乡彝族传统文化保护区、楚雄市以口夸村民族传统文化保护区、元谋县凉山乡彝族传统文化保护区、彝族刺绣18项民族传统文化项目获公布。

［李忠　夏丽霞］

文物博物

【博物馆免费开放】 2009年1月1日，根据《全国博物馆、纪念馆免费开放的通知》精神，楚雄州博物馆自当日起免费开放，全年成功接待了国家文物局局长单霁翔等领导及众多社会参观团体，共接待观众12万余人次，为免费开放前参观人数的2.5倍，计讲解500场次，其中义务讲解131场。

【考古调查】 2009年2月末至6月初，楚雄州博物馆文管所、考古队在全州开展古生物化石地点普查工作。完成双柏、武定、元谋、禄丰、牟定等县大部分古生物化石地点的野外调查，认定、登录恐龙化石点等40余个古生物化石地点。年内，州博物馆考古队配合云南省考古所，对途经楚雄州的公路、铁路沿线开展开工前文物调查，4月至6月，调查了广通至大理铁路沿线地下文物和不可移动文物的分布和埋藏情况；8月至12月，调查了元双和玉双公路沿线文物分布及埋藏情况。

【古生物化石研究中心挂牌】 2009年3月23日，“楚雄州古生物化石研究中心”在楚雄州博物馆挂牌。该中心为全额拨款公益性事业单位，与州博物馆、州文物管理所合署办公，主要承担楚雄州境内古生物化石的发掘、修复、保护管理、研究等科研工作，具体业务由考古队、文管所、保管部等内设机构承担。

【“7·09”地震灾区文物受损情况检查】2009年7月10日，楚雄州文物管理所及时深入姚安“7·09”地震灾区查看龙华寺、德丰寺等文物保护单位受损情况，并对文物的临时保护、震后维修、长期规划提出合理意见。受此次地震影响，楚雄州姚安、大姚、永仁、牟定等县10余处文物保护单位不同程度受损，主要表现为建筑物墙体及檐柱拉裂、屋顶掉瓦、彩绘脱落等。

【第七批全国重点文物保护单位申报】2009年9月，楚雄、姚安、大姚、永仁、元谋、武定、禄丰、双柏8县（市）计20处具有重要历史、科学、艺术价值的不可移动文物参与申报第七批全国重点文物保护单位。11月30日至12月6日在蒙自召开的云南省文物局专家评审会上，楚雄州妙峰德云寺、狮山正续禅寺、德丰寺、石羊文庙、庆安堤、楚雄文庙、中和街民居建筑群、光禄高氏土司衙署、星宿桥、李贽桥、庆丰盐井、梨树园滇缅铁路石拱桥、护法明公德运碑摩崖石刻、元谋古猿化石地点、石羊盐矿遗址、大墩子遗址、万家坝古墓群17处申报点通过云南省文物局评审，12月统一上报国家文物局审批。

【第三次全国文物普查第二阶段田野调查】　2009年末，楚雄州10县（市）圆满完成第三次全国文物普查第二阶段田野调查工作。共调查登记古遗址、古墓葬、古建筑、石窟寺及石刻、近现代重要史迹及代表性建筑、其他类文物点计890处，其中新发现577处，复查313处，另外调查登记消失文物点70处。新发现文物点中较有代表性的有姚安县光禄镇清代大面积精美砖雕墙，禄丰县一平浪盐矿“移卤就煤”工程遗址，武定县高桥镇己梯村清代彝文碑、猫街镇土高炉旧址、己衣乡石棺墓群，楚雄市中山镇清代牌坊、苍岭镇明代敞口大井、紫溪镇莫四村壁画、子午镇法邑村杨氏祠堂、苍岭镇梨树园滇缅铁路石拱桥，双柏县石羊银矿遗址，元谋县凉山乡清代彝汉文碑古墓群，南华县天申堂英武关古驿道、孙家屯茶房寺新石器时代古墓葬，永仁县永兴岩画、21世纪桥梁及标语、中和镇大跃进时期宣传标语、中和街民居建筑群，大姚昙华“虎身佛面像”石刻等。自2007年7月第三次全国文物普查工作开展以来，全州10县（市）各级普查办工作人员合计62人，一线普查队员67人，累计到位文物普查经费230.64万元，其中2009年经费112.74万元，全州103个乡（镇）普查启动率及完成率均达100%。

【文物保护维修】　2009年，楚雄州投入文物维修经费100万元，对姚安高雪君祠、姚安军民总管府、南华石门山石刻、牟定三清阁、禄丰启明桥、武定白塔等州县文物保护单位进行维修。楚雄州文物管理所按照文物保护法及相关规定，严格评审、批复各项文物维修工程方案，深入南华、牟定、姚安、禄丰、武定等县，依据文物维修“修旧如旧”原则，督促检查、指导各项文物维修项目的现场施工工作，确保各项维修工程按时、按质完成。6月、9月、12月，南华石门山石刻、禄丰启明桥、武定白塔等文物维修工程相继通过验收。

【文物保护单位】　2009年，楚雄州在第三次全国文物普查野外调查中，10县（市）新发现不可移动文物点577处，为更好地保护这些文物，4个县公布了103处具有较高历史、科学、艺术价值的文物点为县级重点文物保护单位，其中永仁26处、牟定8处、南华13处、元谋56处。截至年末，楚雄州计有各级重点文物保护单位322处，其中国家级4处（元谋猿人遗址、禄丰腊玛古猿化石产地、龙华寺、白塔），省级17处，州级44处，县（市）级257处。

【举办临时展览】　2009年，楚雄州博物馆在机动厅共举办5个临时展览。2月28日至3月1日，举办“秦始皇兵马俑科普展”；6月28日至8月9日，举办楚雄州“清风和谐”反腐倡廉美术书法摄影展；8月14日至9月23日，中共楚雄州委宣传部主办、州博物馆承办“自然与人”——舒建新赴云南楚雄彝州挂职画展，共展出其作品47幅；9月28日至10月28日，州博物馆配合州文联筹办“楚雄州庆祝中华人民共和国成立60周年书法美术摄影作品展”；10月29日至30日，举办州保险公司书法美术摄影作品展。

【武定县白塔加固维修工程通过验收】2009年12月22日，武定县白塔加固维修工程通过楚雄州文化局文物科、州文物管理所验收。白塔加固维修工程由州财政拨款15万元，于11月12日开工，12月8日竣工，主要对塔基、塔身5级至7级、塔顶进行加固维修，用青石板铺筑了地面面层，铲除塔身外壁赤色粉刷层，恢复为白色，并对破裂的宝顶进行粘合。白塔为凤氏土司所建风水塔，始建于明代，为密檐式空心砖石塔，7级，高19.2米，下段两级由青白石材砌筑，3级至7级由青砖砌筑，顶为葫芦形宝顶。塔身第7级四面各嵌一块石匾，东面书“文运天开”，南面书“雁塔题名”，西面书“玉笋凌霄”，北面书“鼎新革故”。白塔是研究罗婺历史及建筑的重要实物资料，现为县级重点文物保护单位。

［杨丽美］

新闻出版

【新闻出版业发展状况】　2009年，全州新闻出版业实现销售收入6.99亿元（不含报刊出版业），上缴税金6292万元。全州有出版物发行零售经营户376家（图书报刊零售324户，电子出版物零售经营户52户），从业人员1372人，年销售额1.86亿元，上缴国家税金433万元。全州有印刷、复制企业425家，其中印刷企业62家，打字复印363家，从业人员2769人，注册资本1.38亿元，实现销售收入5.12亿元，上缴国家税金5859万元。

【集中销毁一批非法出版物活动】 2009年4月22日，楚雄州、市“扫黄打非”领导小组在楚雄市苍岭垃圾处理场联合举办侵权盗版制品及非法出版物集中销毁活动，共计50余人参加。此次销毁的侵权盗版制品及非法出版物是全国、全省同步大规模集中销毁活动的一个重要组成部分，是继2007年全州大规模集中销毁以来的又一次大规模集中销毁活动，共计销毁盗版、非法出版物4.34万册（盘）。其中盗版音像制品3.92万盘，盗版非法书刊3320册，盗版非法电脑软件824套。销毁非法报纸168张，游戏机电脑版627块。

【打击手机网站制作、传播淫秽色情专项行动暨2009年“扫黄打非”领导小组第三次会议】 2009年12月4日，楚雄州“扫黄打非”领导小组召开打击手机网站制作、传播淫秽色情专项行动暨2009年“扫黄打非”领导小组第三次会议。楚雄州人民政府副州长朱非出席会议并就全州开展严厉打击手机网站制作、传播淫秽色情专项行动作了重要讲话。州“扫黄打非”领导小组成员单位分管领导及中国移动、中国联通楚雄分公司领导共35人参加会议。会议传达省“扫黄打非”领导小组办公室《关于严厉打击手机网站制作、传播淫秽色情活动的紧急通知》。州信息产业办、州公安局网监支队、中国电信、中国移动、中国联通楚雄分公司领导详细介绍全州网站管理及日常监管情况。

【“扫黄打非”专项行动】 2009年，楚雄州为进一步贯彻落实全国、全省第二十二次“扫黄打非”电视电话会议和《楚雄州2009年“扫黄打非”行动方案》，州“扫黄打非”领导小组办公室认真组织“扫黄打非”第一、第二、第三阶段专项行动。各县（市）在“扫黄打非”三个阶段专项行动中，出动检查出版物市场、店档摊点2751个（次），检查印刷复制企845家（次），出动检查人员3226人（次），收缴各类非法出版物5.41万件。其中侵权盗版出版物4.68万件，淫秽色情出版物582件，“法轮功”邪教组织宣传品6324件，非法盗版教材教辅读物580件，非法报纸期刊418件，查办侵权盗版出版物案件61件，淫秽色情出版物案件7件。通过整治，有力地打击了出版物市场、印刷业市场中的违法违规行为，净化了全州的出版物市场。

【印刷企业年检、换证暨法规培训】 2009年3月18日，楚雄州新闻出版（版权）局举办全州印刷企业年检、换证暨法律法规培训会议，安排部署印刷企业年检并换发印刷经营许可证。来自全州60家印刷企业的负责人和10县（市）文体（新闻出版）局执法人员共70人参加培训。培训结束，州新闻出版局与各印刷企业法人代表签订“楚雄州印刷企业承印业务责任书”，业主当场领到新换发的“印刷经营许可证”。

【内部资料出版物监管】 2009年，楚雄州新闻出版（版权）局在办理一次性内部资料出版物审读、审批过程中，突出服务和管理两大主题。在服务方面，只要符合规定，手续完备，当场给予办理。在审批管理方面，采取分级把关和有关部门联审把关制度，确保2009年审批的355本一次性内部资料性出版物不出现政治问题和违反民族、宗教、保密等问题。

［李忠　陈祝国］

电　影

【电影事业发展状况】 2009年，楚雄州有州级电影公司1个、县（市）级电影公司3个、电影事业管理站7个，有经常性开展放映活动的多厅、多功能专业电影院1座，有各类型农村电影放映队157个，电影从业人员233人。其中在职专业电影发行放映管理人员82人（州电影公司27人、县（市）55人），19人有中级技术职称。

【电影放映业务】 2009年，楚雄州完成经营性放映工作日0.36万个，放映经营性电影1.38万场，服务观众9.87万人次，放映收入81.55万元，上缴片租27万元；完成城市广场公益电影放映工作日0.2万个，放映广场电影0.33万场，服务观众246万人次；完成农村电影放映工作日1.35万个，放映农村公益电影2.81万场，服务观众630万人次。实现农村电影行政村达标率100%，普及率100%。

【农村电影经费】 2009年，各级政府投入楚雄州农村电影放映场次补贴经费149.3万元。其中中央资金补贴92.55万元，省级补贴24.63万元，州级补贴30.12万元，社会捐赠2万元（第二期南都公益基金会赈灾捐款）。

【优秀电影进灾区、进帐篷和赈灾公益电影放映活动】 2009年，按照云南省文化厅、财政厅的要求，楚雄州继续组织灾区6县完成2008年安排的“优秀电影进灾区、进帐篷”放映场次计划任务，以及第二期南都公益基金会赈灾公益电影放映活动。赈灾公益电影放映活动于2009年2月20日在牟定县首映启动，至6月末结束。2项活动共在灾区放映电影991场，服务灾区群众21.3万人次，取得了较好的社会效益。

【城市广场数字电影】 2009年，楚雄州9县（市）城市广场数字电影放映活动在开展一年后被迫搁浅，原因是供片方世纪东方数字电影院线公司受国际金融危机的影响，调整经营策略而停止合作，单方面终止供片合同，停供数字电影节目。受此影响，全州城市广场数字电影又恢复到胶片放映阶段。

［李忠　思加富］

广播电视

【楚雄州“两会”宣传】 2009年2月初至3月24日，楚雄州十届人大四次全会和政协楚雄州八届三次会议召开。楚雄州广播电台、楚雄电视台加大创新力度，周密策划，精心组织，分阶段、分步骤，突出主题，开展会前、会中宣传。分别开设《人大议案追踪》、《政协提案追踪》、《人大、政协工作回眸》等专栏，做好会前宣传；会议期间，“两台”开办特别报道栏目对社会热点难点问题进行深度分析和讨论，使“两会”报道呈现出重点突出、有点有面、生动活泼的特点。楚雄州广播电台播出各类节目、稿件285件（组）；楚雄电视台播出节目近300多件。“两台”还对开幕式等4场重要会议进行直播，制作播出了公益广告、节目宣传片花等，营造了喜庆、热烈的氛围。

【广播频率栏目改版】 2009年，楚雄州广播电台新闻频率按照“降低成本，提高质量，盘活资源，办活、办好节目”的要求，精心策划，继续推进以“96.3”频率为标志的系列品牌栏目建设。2月16日推出新版节目，做强新闻节目，并建立重大新闻直播机制，加大第一时间、第一现场连线报道，最大限度发挥栏目权威性和影响力，巩固《全州新闻联播》栏目的龙头地位，提升了“96.3”频率系列栏目的品位；滇中调频频率实施“文化调频”的品牌建设，于3月1日推出了“文化楚雄”等新版栏目，提高文化社教节目的比重，满足群众文化生活需求，全力推进“彝族文化名州”战略实施。

【“政风行风热线”栏目】 2009年3月至年末，楚雄州广播电台对“政风行风热线”栏目进行调整，使“政风对话”和“政风服务”两档节目互为补充，更方便听众收听，增强传播效果。全年有33个单位领导走进直播间与听众对话，接到群众咨询、意见和投诉360多件；楚雄电视台开设“政风行风热线·跟踪反馈”深度报道22期。通过广播电视宣传，使群众关注、反映较大的问题得到及时纠正和解决，更好地搭建起政府与群众沟通的桥梁。

【大型广播直播活动】 2009年4月22日，楚雄州广播电台滇中调频频率与云南人民广播电台香格里拉之声、音乐之声频率协作，邀请省内各州（市）及四川攀枝花、青海省海西等21家广播电台参加，在楚雄市桃源湖市民广场露天舞台举行时长3个小时的云南广播群“八方名嘴话名城——走进建设中的滇中特色大城市楚雄”大型直播活动，进一步展示了广播媒体新形象。

【调整理顺州级广播电视体制】 2009年6月至12月，楚雄州广播电视局根据州机构编制委员会办公室《关于调整理顺广播电视管理体制的批复》，楚雄州广播电台、楚雄电视台批准升格为副处级单位。经过公开选拔配备了“两台”台长，州广播电台1名享受副处级待遇干部。按照文件批复，州广播电视局开展了机关内设机构、所属事业单位科级干部竞争上岗工作，选拔科级干部27名，新提拔科级干部23名。年内“两台”内设机构副科级干部竞争上岗工作顺利完成，14名副科级干部已到位履职。

【“7·09”姚安地震抗震救灾报道】 2009年7月9日，姚安6.0级地震发生后，楚雄州广播电视局迅速启动突发事件宣传应急预案，组织楚雄州广播电台、楚雄电视台做好宣传报道工作。派出12个采访组，30多名记者赶赴灾区采访报道。“两台”打破常规节目播出安排，实施频率频道并机直播，及时反映第一时间、第一现场的事件。全面深入报道各级党委、政府领导深入灾区指导抗震救灾帮助灾区群众共度难关的感人事迹，有力把握舆论引导的主动权，发挥了主流媒体的作用，安定人心，鼓舞斗志，为抗震救灾工作的顺利开展营造良好社会环境。

【“我们和你在一起”大型直播节目】 2009年，“7·09”姚安6.0级地震后，楚雄州广播电台从7月10日12时至12日12时两个频率并机播出“我们和你在一起”大型直播节目，共滚动播出专题新闻34期，不间断直播34小时（两个频率共68小时），滚动播出《我州姚安县发生强烈地震，震中位于官屯乡》、《我州启动地震应急预案抗震救灾工作迅速展开》、《省长秦光荣连夜赶赴灾区指导抢险救灾》、《灾区群众情绪稳定生产生活逐步恢复正常》等相关新闻300多条（组），高密集度、大容量播出公益广告、体现人文关怀的文艺作品等资料，最大限度地发挥广播快捷优势和音响特色，刷新了省州广播直播时长记录。

【“牵手灾区·情系彝山”大型公益活动】 2009年8月9日，楚雄州广播电台配合中央人民广播电台等50多家国家级省级媒体和知名网络媒体采编制作人员，在“7·09”姚安6.0级地震震中的官屯小学举行“牵手灾区·情系彝山——中央人民广播电台、云南新闻界联合全国媒体赴姚安灾区慰问演出”大型公益活动，并面向全省、全国直播整个活动。中央人民广播电台台长王求代表中央人民广播电台向受灾群众捐赠价值25万元的5000台收音机，让受灾群众能及时收听到党的声音。

【“楚雄主题日”宣传】 2009年9月7日，楚雄州广播电台围绕“楚雄主题日”宣传活动，在云南人民广播电台新闻栏目播出6条主打新闻，邀请州人民政府州长杨红卫作为嘉宾到云南人民广播电台参与《百姓与社会》等多个栏目并机直播，向全省和东南亚听众介绍楚雄州建国以来在经济建设、文化繁荣、社会进步、民族团结等方面发生的巨变，以及实施“彝族文化名州”战略，倾力打造“世界恐龙之乡”、“东方人类故乡”、“中国彝族文化大观园”的具体思路，采取的措施、取得的成果等。该组节目荣获云南人民广播电台“云岭献歌·祝福祖国——州（市）主题日”国庆主题报道节目一等奖。

【首批20户以上自然村“村村通”广播电视工程】 2009年，国家和省下达楚雄州姚安县、大姚县、永仁县、南华县、武定县以整县推进方式，全面完成人口在20户以上的已通电自然村“村村通”广播电视直播卫星覆盖工程1796个。经过各级各有关部门的精心组织实施，9月10日工程建设顺利通过云南省广播电视局验收。

【“精彩云南·辉煌60年”直播楚雄】 2009年9月16日，云南卫视“精彩云南·辉煌60年”栏目组在彝人古镇推出楚雄直播节目。直播以一场彝族传统婚礼切入，通过主持人现场讲述和采访当事人，用镜头语言展示彝州在党的民族政策光辉照耀下，经济发展、社会稳定、文化繁荣、民族团结等方面取得的辉煌成就。

【“魅力楚雄北京行”报道】 2009年，在中华人民共和国成立60周年之际，中共云南省委、省人民政府向中国科技馆赠送3具恐龙化石，以此向共和国60华诞献礼，为中国科技馆新馆落成添彩，并由此展开“七彩云南·魅力楚雄北京行”系列活动。楚雄州广播电台、楚雄电视台派出记者完成楚雄州代表云南省向中国科技馆（新馆）赠送恐龙化石的“七彩云南·魅力楚雄北京行”系列活动电视专题片《魅力楚雄北京行》摄制和《第一龙入驻第一馆》等广播电视新闻报道。

【民族音乐节目调频覆盖网技术方案通过论证】 2009年11月9日，云南省广播电视局科学技术委员会在昆明举行论证会，讨论通过了《楚雄州广播电台第二套（民族音乐）广播节目调频覆盖网技术方案》。该调频覆盖网总投资220万元，其中州财政187万元、州广电局30万元，预计2010年上半年正式播出，覆盖全州总人口的80%以上。

【庆祝新中国成立60周年宣传】 2009年，楚雄州广播电视局为做好迎接、庆祝新中国成立60年宣传，楚雄州广播电台、楚雄电视台唱响“共产党好、社会主义好、祖国好、民族团结好”的主题，在“全州新闻联播”、“楚雄新闻联播”等栏目中，开设了“喜迎建国60年——彝山党旗红”、“喜庆建国60年——火红的彝山”、“新中国60年——精彩彝州·杰出模范”、“辉煌60年·精彩新彝州——纪念建国60年”、“我们共同走过”等专栏，从楚雄州经济社会建设取得的成就、经验和群众生活变迁，从60年巨变的新气象、新事物、新风貌等多角度，展示了全州各行各业60年来发生的沧桑巨变和取得的辉煌成就，营造了“喜庆、欢乐、祥和、隆重、热烈”的舆论氛围。

【深入学习实践科学发展观活动宣传】 2009年，楚雄州广播电台、楚雄电视台以全州深入学习实践科学发展观活动“三牢记五争先”主题实践活动为契机，组织宣传。楚雄州广播电台先后在“全州新闻联播”栏目中开设了“解放思想科学发展”、“深入学习实践科学发展观活动”、“科学发展大家谈”等专题新闻；楚雄电视台在“楚雄新闻联播”栏目中开办了“学习实践科学发展观”、“三牢记五争先”、“科学发展我们在行动”等专题栏目，先后推出了《州委书记话发展》、《克难奋进科学发展》、《立足新起点实现新跨越》等一批反映全州科学发展的深度报道，以大量鲜活、生动的实例，展示了全州学习实践科学发展观取得的实效和主要做法、经验。“两台”还精心制作播出“坚持科学发展观、开展‘三牢记五争先’”公益广告，为推进全州学习实践科学发展观活动，营造了良好的舆论氛围。

【经济报道】 2009年，面对世界金融风暴，楚雄州积极抓好项目储备，重点项目建设工作，千方百计争取国家和省资金扶持，化危机为机遇，促进经济又好又快发展。对此，楚雄州广播电台、楚雄电视台以正面宣传为主，全面准确、客观辩证地分析经济形势，着力聚焦全州20个重大建设项目、20项重要工作进展情况，报道全州关乎民生的重点公益性基础设施建设项目、特色产业建设等情况，宣传各级各部门落实科学发展观、构建和谐社会、推进新型工业化、城镇化，加快楚雄滇中特色大城市建设进程等方面的新成果，经济报道占到广播、电视播出节目量的70%以上。引导全州干部群众增强转危为机、战胜困难的信心，为彝州上下有效应对金融危机、促进经济平稳较快发展提供强有力的舆论支持。

【对外宣传】 2009年，楚雄州广播电台在云南人民广播电台播出节目、稿件1100多件（组），成为首家突破1100条大关的地州台，荣获“云南省广播新闻报道先进集体一等奖”，在中央人民广播电台播出节目18件，在中国国际广播电台播出2组20分钟专题节目；楚雄电视台累计在中央电视台播出节目185件，为全省州（市）台第一名，云南电视台播出新闻950条，为全省州（市）电视台的第二名，荣获二等奖。

【农村中央省级广播电视节目无线覆盖工程】 2009年，按照《云南省广播电视局关于中央农村广播电视节目无线覆盖分项工程验收工作有关问题的通知》精神，楚雄州广播电视局及时制定发射系统、天馈线系统、传输信号系统、高低压供配电系统、场强收测等各项工作的验收方案，并按要求完成全州9县9座农村中央广播电视节目无线发射台站验收工作。年内，为切实解决基层群众收听收看省级广播电视节目难的问题，云南省委、省人民政府由省财政拨款在全省实施云南省农村省级广播电视节目无线覆盖工程建设，楚雄州广播电视局积极争取项目，将全州714台和楚雄市以外的9县列入建设项目，组织技术力量深入各台站，实地查看，拟定各台站实施方案和附属设施设备技术方案，组织工程建设。至年末，附属设施建设方案已经通过批准实施；全州10个农村省级广播电视节目无线覆盖工程设备全部到齐，已完成了天馈系统的安装调试工作，各项工作顺利开展。

【广播电视获奖】 2009年，广播消息《彝山奏响和谐平安曲》、电视专题片《这方水土这片天》、报纸通讯《爱在天地间》、电视专题片《邵桂珍的家内家外事》、电视文艺《其实好男人还有很多》荣获国家级奖；广播大型直播节目《大彝山》、电视大型直播节目《直播楚雄·精彩视界》等40多件节目、作品荣获省级奖，其中一等奖11件。

［李建华］

楚雄日报社

【贯彻落实州委七届五次全会精神宣传】 2009年，楚雄日报社党委把贯彻落实中共楚雄州委七届五次全会精神的宣传作为引领全州开展各项工作的重要宣传任务来抓，精心组织策划各个阶段的宣传方案，有计划、有步骤地开展宣传引导工作。组织骨干编辑记者对会议精神进行全方位报道，及时刊发会议的重要内容、公报和州委书记邓先培、州长杨红卫的重要讲话，突出报道州委对彝州各项工作的指导思想和目标任务；精心策划宣传专栏，在《楚雄日报》一版先后开设了"学习实践科学发展观，抢抓新机遇促进新发展"、"保增长、保民生、保稳定，促进科学发展"、"来自重点工程的报道"、"重点工作追踪"等专栏，及时报道全州各县（市）和州级各部门贯彻落实州委全会的新思路、新举措以及民心工程、基础设施建设项目工程、区域经济发展、社会事业发展等情况；紧紧围绕州委、州政府"强农、兴工、扩城、活商、固基、和谐"的工作思路，组织骨干编辑记者撰写了一组"扎实推进州委州政府重点工作"的系列评论文章和特约评论员文章。通过采取一系列有力措施，使贯彻落实州委七届五次全会精神的宣传重点突出、引导有力、深入人心，达到了振奋精神、鼓舞士气、凝聚力量、促进发展的目的。

【深入学习实践科学发展观活动宣传】 2009年，楚雄日报社党委高度重视全州开展深入学习实践科学发展观活动的宣传引导工作，按照中共楚雄州委的部署和要求，把开展学习实践科学发展观活动作为《楚雄日报》的一项重要宣传任务，认真策划，精心组织，创新宣传方式，开辟宣传专栏，集中版面、集中采编力量，在《楚雄日报》一、二、三版先后开设了"深入学习实践科学发展观"、"学习实践科学发展观县（市）委书记（县市长）访谈"、"学习实践科学发展观，开展'三牢记五争先'主题实践活动"等8个专栏，全方位、多角度、多层次开展宣传报道工作，刊发消息、图片、通讯、理论、评论等宣传报道500多件，为全州各级各部门和广大党员干部深入开展学习实践科学发展观活动营造了良好的舆论氛围，促进了全州深入学习实践科学发展观活动的开展。

【"两会"宣传报道】 2009年，楚雄日报社党委成立了"两会"宣传报道领导小组，明确宣传报道的目标任务、采编流程、时限规定和工作责任，切实做好会前、会中、会后宣传报道工作。会前，开设《人大政协一年工作回览》，重点报道2008年以来全州各条战线的工作成就。会中，在《两会特别报道》总专栏下开设《"两会"特写》、《"两会"民生话题》、《议案提案点击》、《代表专访》、《"两会"影像》、《"两会"聚焦》、《花絮》等子栏目，进行全方位、多角度的宣传报道。并深入采访报道好人民群众普遍关注的"三农"工作、工业经济发展、重点项目建设、就业再就业、社会保障体系、反腐倡廉、社会稳定等重点、热点、难点和焦点问题，积极引导好社会舆论。会后，开设"学习贯彻'两会'精神"的专栏，精心策划刊发了一组评论员文章，主题紧扣"凝心聚力、务实创新、科学发展"，着力引导好2009年的开局工作，刊发了《政府工作报告》和"两会"的相关报告，向全州人民展示政府工作。

【庆祝新中国成立60周年宣传】 庆祝新中国成立60周年是2009年的一件大事，为使国庆宣传形成声势，体现特色，楚雄日报社党委先后4次召开编前会，对国庆前期、中期和后期的宣传进行专题研究和部署，充分挖掘正报、晚刊、《彝州手机报》各媒体的特点，发挥各自的宣传优势，齐头并进、互为补充，以重点报道、典型宣传、图片对比、系列短评、专版推出等宣传方式，刊发10个专版、320余篇稿件，全方位、多角度报道全州各行各业的新变化，热情讴歌彝州经济社会发展的辉煌成就，展示彝州民族团结、社会稳定、文明开放的新形象，极大地鼓舞了全州各族人民投身改革开放和社会主义现代化建设事业的热情。

【"7·09"姚安地震抗震救灾宣传】 2009年7月9日，姚安6.0级地震灾害发生后，楚雄日报社党委立即成立抗震救灾宣传领导小组，启动突发事件宣传报道应急预案，迅速研究制定《楚雄日报社"7·09"地震抗震救灾宣传方案》，组织3批宣传报道组在震后1小时内赶到重灾区，了解灾情，第一时间发回报道。报社主要领导靠前指挥，在重灾区现场及时策划推出《楚雄日报》抗震救灾宣传专版专栏，集中版面及时、准确、全面地报道党中央、国务院和省、州党委政府对抗震救灾工作的指示精神和安排部署，全方位报道各级领导和灾区广大干部群众迅速投入抗震救灾和生产自救的动人场面。7月10日到21日间，共刊发来自灾区一线报道的专版18个，刊发有关抗震救灾各类稿件100多篇、图片58幅，充分发挥新闻媒体的社会服务功能，正确引导抗震救灾工作的顺利进行。

【胡锦涛总书记到楚雄考察工作宣传】 2009年7月25日至28日，胡锦涛总书记到楚雄、昆明等地考察工作，楚雄日报社党委高度重视，精心策划宣传报道工作。及时刊发新华社的重要消息《在七彩土地上谱写更加壮丽的篇章——记胡锦涛总书记在云南考察工作》；组织骨干编辑记者到胡锦涛总书记深入楚雄考察的地区进行跟踪报道，刊发《有党在、希望就在——地震灾区群众用实际行动回报胡锦涛总书记的亲切关怀》、《总书记两次握住我的手——楚雄州烟草公司技术员董立明的幸福记忆》等一组生动感人的报道；在《楚雄日报》一版开设“深入学习贯彻胡锦涛总书记重要讲话精神”专栏，大力宣传全州各级党委政府和广大人民群众兴起学习贯彻胡锦涛总书记在云南考察时重要讲话精神的热潮。

【彝州基层党组织建设宣传】 2009年，楚雄日报社党委高度重视彝州基层党组织建设宣传。通过精心策划，在《楚雄日报》一、三版开设“一面旗、一团火、一盘棋”重点宣传专栏，刊发中共楚雄州委关于“在全州各级领导班子和党员干部中开展‘一面旗、一团火、一盘棋’主题实践活动”的安排部署和具体措施，突出报道州委深化“三个一”主题实践活动，全面报道全州各县（市）开展“三个一”主题实践活动的政策措施及工作成效；结合纪念中国共产党成立88周年，与州委组织部联合推出“彝州大地党旗红”、“彝州先锋走廊”建设、“共产党人”等专栏，连续报道“彝州先锋走廊”十佳十优示范点建设的成功经验，深入报道各级基层党组织建设工作的创新成果，集中报道百名优秀“村官”和百名“农村党员致富先锋”的先进事迹；12月初，与州委组织部联合推出“彝州基层党组织建设工作巡礼”系列报道，全面报道州委和全州各级党组织在各项工作中取得的显著成效，着力提升彝州基层党组织建设工作的引导水平。

【彝州党风廉政建设宣传】 2009年，楚雄日报社党委始终坚持把党风廉政建设工作作为《楚雄日报》的一项重要宣传任务来抓，旗帜鲜明地为全州党风廉政建设和反腐败工作鸣锣开道、摇旗呐喊。及时转载报道中央和省、州关于党风廉政建设工作重要指示精神，精心组织报道州纪委七届四次全会精神，全方位、多角度报道全州各级各部门党风廉政建设工作的好经验、好做法、新方式、新举措；与楚雄州纪委和各级纪检部门积极配合，在《楚雄日报》三版开设“彝州党风廉政建设”宣传专栏，刊登了《纪检监察工作要努力为科学发展提供坚强保证》等一大批具有教育引导意义和指导作用的宣传报道及理论文章；在《楚雄日报》四版长期开设“政风行风热线回音”专栏，集中版面定期刊发“政风行风热线群众投诉反馈意见摘登”，及时反映广大人民群众关心关注的热点、难点问题；精心策划制作了以“拒腐防变、廉洁勤政”为主题的党风廉政建设公益广告，定期在《楚雄日报》刊登，为加大彝州反腐倡廉建设工作力度提供强有力的舆论支持。

【创办《彝州手机报》】 2009年，为了充分发挥《楚雄日报》的资源优势，创新新闻信息传播方式，楚雄日报社党委认真研究、精心策划，在中共楚雄州委和州委宣传部的大力支持下，于2月16日创办了《彝州手机报》。《彝州手机报》的创办，加快了新闻信息传播速度，加大了党报宣传的覆盖率，为彝州广大干部群众搭建起新的新闻信息平台。为了使《彝州手机报》真正发挥应有的作用，楚雄日报社党委一方面精心策划栏目设置、精心挑选刊发内容，办出特点和特色，让读者爱看、让读者想看；另一方面集全社力量着力抓好《彝州手机报》的宣传推广工作，开发了5万户的试用客户，1.4万户的征订用户，从而使《彝州手机报》迅速拥有一大批读者群。这一媒体的创办，对于推进彝州新型媒体开发、丰富人民群众精神文化生活、推动全州信息化发展，有着非常积极而重要的作用，它以信息传播的时效性、互动性和综合性极大地提升了新闻宣传的能力，是彝州新闻宣传的新突破。

【《楚雄日报》宣传发行工作】 2009年，中共楚雄州委、州人民政府对《楚雄日报》宣传发行工作高度重视，下发了关于认真做好2010年度党报党刊发行工作的通知，明确了《楚雄日报》和《楚雄晚刊》的征订发行任务和政策措施。在各级党委政府的高度重视下，在州委宣传部的大力支持和报社全体职工的共同努力下，《楚雄日报》2010年度征订发行数达2.7万份，完成任务数达108.1%，《楚雄晚刊》征订发行数达1.25万份，完成任务数达113.5%。

［贺德祥］

图　书

【图书馆发展情况】 2009年，楚雄州有公共图书馆11个。其中州级图书馆1个，县（市）级图书馆10个。全州图书馆系统从业人员共91人（州图书馆39人，县市52人），有副高级职称3人，中级职称29人。年末全州图书馆藏书总量109.8万册（州图书馆为34.5万册），计算机305台（州图书馆61台），电子阅览室终端数236个（州图书馆61个），年服务读者约59.28万人次，全年开展送书下乡活动124次。

【县级以上公共图书馆评估】 2009年，楚雄州文化局按照国家文化部和云南省文化厅的要求，对全州公共图书馆评估定级工作作了安排部署。严格按照国家文化部颁布的评估标准，本着以评促建、以评促发展、以评促推进的原则，组成2个评估小组，对10个县（市）公共图书馆进行实地考评，把评估中发现的问题及时反馈给各县（市）文体局，要求限期整改，努力创新工作，充分发挥公共图书馆的职能作用。

【文化信息资源共享工程】 2009年末，楚雄州建成文化信息资源共享工程县级支中心7个（禄丰、姚安、楚雄、武定、元谋、永仁、大姚），建成乡（镇）基层服务点85个。其中楚雄、武定、元谋、永仁、大姚5县（市）支中心和31个基层服务点属2009年新建，并顺利通过验收。建成“农民文化科技素质网络培训学校”54所。年内争取到文化信息资源共享工程州级中心点1个（州图书馆），县级支中心3个（牟定、南华、双柏），乡（镇）基层站点建设项目46个。

【送书下乡工程】 2009年4月，楚雄州按照国家文化部、财政部要求，按时完成36套图书、共17.32万册、总价值为350.32万元的送书下乡工程，图书资料全部配送到县（市）站点。

【古籍普查申报和保护工作】 2009年，楚雄州根据国务院办公厅和云南省人民政府办公厅关于开展古籍普查申报和保护的要求，结合州人民政府下发的古籍普查通知和方案，州普查业务办公室积极开展相关业务工作，经普查申报，全州11项古籍已被国家公布为珍有古籍。

【农家书屋建设工程】 2009年，楚雄州申报农家书屋建设工程344个，完成了第一期167个“农家书屋”工程建设工作，共向167个农家书屋点配送价值334万元的图书和设备，第一期“农家书屋”通过省和国家农家书屋建设领导小组的检查验收。

［李忠 杨菊琼］

【新华书店图书销售】 2009年，楚雄新华书店有限公司进一步深化内部经营机制改革，积极应对市场竞争和变革，努力打造服务品牌，繁荣图书文化市场，努力为彝州经济社会建设提供精神动力和智力支持，全年共发行图书797.09万册，比上年下降7.92%；发行音像制品7.61万张，比上年增长26.62%；实现销售收入6453.93万元，比上年下降6.77%。1月，楚雄新华书店被中央文明办表彰为“全国精神文明创建工作先进单位”。

【九年义务教育免费教材发行】 2009年，楚雄新华书店有限公司在春秋两季认真做好九年义务教育免费教材发行工作。公司以学校满意作为工作的出发点和落脚点，教材发行统一实行“征订到学校、送货到学校、调剂到学校、服务到学校、结账到学校”的“五到”服务，千方百计满足教学需求，有力支持全州教育事业的发展需要，保证全州中小学校“开全课程、开足课时”的教学要求，做到了让教育主管部门、学校、学生“三满意”。

【理论学习材料发行】 2009年，楚雄新华书店有限公司始终以强烈的政治意识、大局意识、责任意识，全力做好政治理论学习读物的发行和服务工作。根据各级党委的学习部署，全州新华书店高度重视，调动一切有利因素，广大员工全力以赴，深入机关、企事业单位、学校开展征订工作。各书店在店堂悬挂宣传横幅，在醒目位置陈列学习系列读物，积极烘托良好的发行氛围。年内，全州共发行《社会主义核心价值体系学习读本》3131册、《中国特色社会主义理论体系学习读本》3276册、《六个“为什么”——对几个重大问题的回答》5184册、《理论热点面对面·2009》4349册，及时满足了全州广大干部群众的学习需求。

【送书下乡和捐赠活动】 2009年，楚雄州新华书店有限公司及全州各县（市）新华书店积极发挥主渠道作用，开展送书下乡和捐赠活动。（1）在参加州、县（市）党委政府组织的“三下乡”启动式活动中，捐赠图书3916册，价值3.3万元，捐赠人民币3000元。（2）全州新华书店积极组织开展送书下乡销售活动，送书下乡共出动车辆417辆次，行程2.41万千米，到达乡（镇）和学校89个，838人次下乡共417天。（3）在常年送书下乡活动中，开展捐赠活动28次，捐赠图书6177册，价值2.53万元，捐赠文化用品、书架等物品价值1.83万元，捐赠人民币1.01万元。(4)公司积极参加社会公益活动，在第19个助残日捐赠州特殊教育学校图书337册价值5002元。(5)组织职工向楚雄市“寒窗助学”捐赠人民币5050元，公司捐赠人民币5000元。(6)积极参与全州“救助母亲”活动，捐赠人民币5000元。(7)向地震灾区元谋县江边小学和姚安县官屯小学各捐赠价值2.3万元的图书。(8)公司积极参与新农村文化建设。4月，各县(市)文体局和新华书店对全州161个农家书屋建设点的图书管理员和涉及的乡(镇)文化站站长进行了农家书屋图书管理业务培训和辅导。5月，新华书店按质按量完成全州161个农家书屋332.86万元的图书送书到点，协助各农家书屋整理图书，进行分类、上架和建档工作，使农村读者及时看到自己喜爱的图书。

［唐宗元］

【昆明新知（楚雄）图书城图书销售】 2009年，昆明新知（楚雄）图书城在各级政府及社会各界的关心支持下，销售业绩节节攀升、社会效应大幅提高。（1）昆明新知（楚雄）图书城以图书品种资源优势做强零售卖场，用诚信服务理念做大州内市场，积极参与各单位的图书采购招标和订购工作，以自身优势赢得了部分大中专院校教材、院校图书馆、公众图书馆及部分行政单位培训用书的发行机会，销售形势好。（2）中纪委监察部中国方正出版社、国防工业出版社、人民邮电出版社、北京大学出版社、清华大学出版社等30多家大型出版社分别授予昆明新知（楚雄）图书城年度“最佳合作伙伴”、“图书发行先进单位”、“全国销售40强”等荣誉称号。（3）优化购书环境。

【新知图书宣传推介活动】 截至2009年，昆明新知（楚雄）图书城开业7年来，为回报读者举办了多场宣传活动，邀请了华语乐坛顶尖词人，歌坛天王周杰伦的最佳拍档方文山先生亲临楚雄作现场签售与乐迷见面；邀请了当红影视歌名星陆毅亲临楚雄作现场签售与影迷见面；邀请中国著名企业组织建设专家张建华教授到楚雄，与州委宣传部、市工商局共同合作举办了“张建华专题讲座”活动；邀请了现代青春偶像派作家郭敬明、著名书法家庞中华到书城为读者进行签名售书活动；举办龙腾中国——全国高考状元经验报告会；邀请中国教育家协会理事、著名英语教育专家张鑫友到楚雄师范学院讲学等，并结合社会各项宣传活动多次开展主题图书展销。

【新知向社会捐赠图书】 2009年，新知图书（楚雄）书城多次向社会捐赠图书共2266册，总价值4.72万元。其中向永仁县委宣传部赠送图书374册，价值8300元；向牟定县政协赠送图书390册，价值8000元；向牟定县余新村小学捐赠图书195册，价值3700元；向牟定腊湾小学捐赠图书238册，价值4760元；向东华镇文化站捐赠图书114册，价值1850元；向禄丰县广通镇文化站捐赠图书211册，价值1万元；向一平浪镇文化站捐赠图书500册，价值5000元；向楚雄州高考状元捐赠工具书30册，价值1000元；向团州委爱心漂流捐赠图书127册，价值2580元；向楚雄师院附中捐赠图书87册，价值2000元。

［张 伟］

档　案

【通过国家二级档案馆综合评估】 2009年10月22日，国家档案局委托云南省档案局组成考评组对楚雄州档案馆的各项工作进行考评验收。考评组从条件保障、基础业务、开发利用、信息化建设等方面进行认真细致地考核，州档案馆以86.2分的成绩通过验收，晋升为国家二级档案馆。

【全州档案工作通过国家档案局综合评估】 2009年11月23日，以国家档案局副局长李明华为组长，福建、陕西、甘肃、大连等省市档案局领导为成员的全国档案事业发展综合评估组，在评估云南省档案事业发展情况期间，对楚雄州档案工作情况进行了抽查。中共楚雄州委常委、州人民政府副州长李红民向评估组汇报了全州档案事业发展情况，评估组实地查看楚雄州档案馆，并从档案馆工作、档案业务建设、国家档案资源建设、档案信息化建设等多个方面对全州的档案事业发展情况进行全面评估，给予高度评价，也对全州下一步的档案工作发展提出新的要求。

【档案业务规范指导】 2009年，楚雄州档案系统深入学习和贯彻《机关文件材料归档范围和文书档案保管期限规定》，确保机关应归档文件材料的齐全完整和规范整理，进一步提高机关档案工作水平。派出业务骨干深入各个机关单位，帮助制定新的文件材料归档范围和文书档案保管期限。全州又有102个党政机关档案室、3个企事业单位档案室、19个乡（镇）机关档案室、15个村委会（社区）档案室实现规范化管理，建成星级档案室，2611户家庭实现家庭建档。11月末，全州共有430个机关的归档范围和文书档案保管期限在档案行政管理部门进行审批备案，共有4个档案馆建成星级档案馆，626个党政机关档案室、30个企事业单位档案室、85个乡（镇）机关档案室、90个村委会、16个社区档案室建成星级档案室，1.93万户家庭实现家庭建档。

【重点工程档案工作】 2009年，楚雄州档案部门积极加强对州文化园建设、青山嘴水库、职教中心等工程档案进行指导。参与或组织了州公务中心项目、市看守所迁建项目、元谋小河口水电站等8项重点工程档案的验收。截至11月末，全州共验收重大建设项目档案51家，其中州级37家、县（市）级14家。

【集体林权制度改革档案工作】 2009年，楚雄州档案、林业部门密切配合，共同努力，全州集体林权制度改革档案工作基本结束，共整理档案4.32万盒（卷），移交各县（市）档案馆保存。

【改制企业档案工作】 2009年，楚雄州列入省级考核的311户改制企业全面完成档案的整理和移交工作，7.8万余卷档案移交州、县档案馆保存。其中州级35户企业（省州考核的34户）各类档案3.13万卷，全部接收进州档案馆保存。

【档案馆工作】 2009年，楚雄州11个综合性档案馆共接收档案2.08万卷、7.06万件，录音录像档案4盘，照片档案1.19万张，光盘56张，征集档案2卷。全州档案馆馆藏达到1743个全宗，37.92万卷，16.86万件（其中建国前档案2.60万卷），录音录像档案831盘，照片档案5.80万张，底图506张，光盘74张。同时各档案馆积极主动为人民群众提供档案咨询和利用服务，接待查阅利用档案9444卷次，3488人次，接待查阅现行公开文件217人次，接待参观爱国主义教育基地展室474人次，“96128”专线也为利用者提供咨询服务。州县档案馆加强重点档案抢救工作，向省档案局上报了国家重点档案抢救与保护项目，省档案局下达楚雄州重点档案抢救与保护专项资金8万元。

【申报档案馆库房建设项目】 2009年，楚雄州认真开展县（市）综合档案馆建设规划编制工作。州人民政府高度重视，专门召开会议安排部署，州档案局与州发展和改革委员会等部门积极配合，率先在全省第一家完成全州10县（市）综合档案馆规划的编制工作，规划总建筑面积4.40万平方米，总投资1.31亿元。经过多方努力，楚雄市档案馆库房建设已列入全州第一批选报的县（市）级综合档案馆建设试点，总投资1500余万元。

【创新档案工作机制】 2009年，楚雄州档案局开展“创新发展年”活动。(1) 创新档案文化宣传理念，推出一系列集政策性、宣传性于一身、融知识性和趣味性为一体的档案文化用品，在档案法制宣传教育、档案业务基础知识、档案工作案例分析、档案数字化建设、馆藏档案信息、政府信息公开、家庭建档指导中，注重档案文化用品的推广使用。(2) 开展形式多样的人员培训。按专题、分行业采用多媒体课件进行培训；组织全州专兼职档案员53人到华东5市考察学习，参观上海市档案馆、浦东新区档案馆，采取边实地察看，边培训学习的方法，使档案干部开阔视野，激活思维。(3) 健全档案信息化建设，全州11个综合性档案馆在互联网及政务网上均有接点，有4个县档案馆建立了网站，州档案局对原有网站进行了改版，在网站上提供档案的查阅利用服务。为加快馆藏档案数字化加工步伐，州档案馆采取业务外包的方式，聘请专业公司进行数据录入，共录入文件级条目17.01万条，全文扫描1.98万页，其中现行公开文件1153份，实现互联网上查询现行公开文件和开放档案目录。

【档案编研工作】 2009年，楚雄州档案馆积极收集资料，攻坚克难，整理编辑出《胡锦涛总书记在楚雄》、《楚雄州级领导讲话汇编》、《农业生产责任制文件汇编》、《林业“三定”文件汇编》、《楚雄州抗灾救灾文件汇编》等档案文件汇编。充分发挥档案资料的作用，为党委和政府的中心工作服务。

[李洪波]

书法·美术·摄影

【中国书画家采风团赴楚雄州采风创作】 2009年4月11日至13日，由中国书画院院长、中国著名山水画画家陈鼎坤带队，郭继英、买新民、彭耕、张楠、晏本立等40多位中国著名美术家组成的采风团赴楚雄州进行采风创作，中国书画家采风团一行到州博物馆、彝人古镇、南华咪依噜风情谷、中国彝族太阳历文化园、禄丰世界恐龙谷等景区采风写生，并于4月12日参加了在楚雄召开的“神系云南”书画巨屏创作写生总结会。云南省文联党组书记、主席郑明，中共楚雄州委常委、州委宣传部部长杨正权参加总结会，并和画家们进行了座谈。陈鼎坤在座谈时表示，画家们会用最高的艺术水准创作最优秀的作品，再现彝州风光的秀美，向各界人士展示楚雄州特有的民族文化和多姿多彩的民族风情，让更多的人了解楚雄。

【省内著名书画家采风世界恐龙谷】 2009年6月11日，禄丰县人民政府主办，禄丰世界恐龙谷景区承办，以“浓墨淡彩绘龙韵，妙笔丹青写龙威”云南著名书画家禄丰行·世界恐龙谷笔会为主题，邀请以昆明书协主席、中国书法教育专业委员会学术委员赵翼荣为代表的云南省10余位著名书画家到禄丰世界恐龙谷采风。在参观结束后，书画家们现场挥毫泼墨，即兴发挥，用他们独特的眼光审视世界恐龙谷，以丹青妙笔描绘世界恐龙谷，无论是奇诗妙词，还是山水花鸟，无一不透出书画家们的深厚造诣和文化功底。活动结束后，书画家们将其作品赠送给此次活动承办方禄丰世界恐龙谷，景区将设立展区展示这些作品，让游客一睹省内书画家的精品书画。

【“自然与人”——舒建新赴云南楚雄彝州挂职画展】 2009年6月25日至7月1日，由文化部艺术司、中国美术家协会、中国国家画院，中共云南省委办公厅、省委宣传部、省人民政府办公厅，中共楚雄州委、州人民政府联合举办的“自然与人”——舒建新赴云南楚雄彝州挂职画展在云南省博物馆举办。开展当天，中国文联副主席、中国作协副主席丹增，云南省委常委、省委秘书长杨应楠，省人民政府副省长曹建方，省政协原副主席和占钧，驻滇集团军副军长黄艺，《中国文化报》总编辑卜键，省文明办主任吴贵荣，省妇联主席胡有兰，海军装备部广州军代局政委刘恩起，云南日报社党委书记、社长罗杰，中国西南民族研究会会长何耀华，楚雄州委副书记、州长杨红卫，州人大常委会主任卢显林，州政协主席张怀德，州委常委、州政府副州长李红民，州委常委、州委宣传部部长杨正权，州人民政府副州长、画展作者舒建新以及省级各有关部门负责人出席开幕式。州委书记邓先培主持开幕式。舒建新在楚雄彝族自治州挂职任副州长，在协助分管好教、科、文、卫等社会事业工作的同时，还不忘一名画家的责任和使命，创作出近百幅反映云南特别是楚雄彝州的佳作。素有“世界恐龙之乡”、“东方人类故乡”、“中国彝族文化大观园”之美誉的楚雄州，是一块充满艺术灵性和激发创作灵感的天地，这给艺术创作提供了肥沃的土壤。2年来，舒建新深入千里彝山，研究彝族天人合一的哲学思想，体验彝族粗犷淳朴的生活美学，领悟彝族传承千年的精神文化，加以整合提炼并融入自己的艺术实践。此次展出的70余幅新作，以深邃的境界和雄浑的笔墨，重整山水自然，抒写天地正气，灵魂的栖息与精神家园的含义表现得淋漓尽致。开幕式上，舒建新向云南省博物馆赠送了自己的一幅画作，省博物馆馆长马文斗向舒建新颁发了收藏证书。丹增、曹建方、和占钧、黄艺、卜键、吴贵荣、杨红卫为“自然与人——舒建新赴云南楚雄彝州挂职画展”剪彩。

【“清风和谐”反腐倡廉书画摄影展开展】 2009年6月29日，由中共楚雄州纪委、州文化局、州文联联合举办的“清风和谐”反腐倡廉书画摄影展在州博物馆开展。州委常委、州纪委书记李琳玻，州委常委、州委宣传部部长杨正权出席开展仪式。此次反腐倡廉书画摄影展共征集作品3223件，经过有关专家认真评选，从中精选了书法、美术、摄影作品各40件参加展出。展出的120件作品以弘扬正气、鞭挞腐恶为主题，集中反映了全州反腐倡廉建设、社会和谐文明、改革开放成就以及各族人民积极向上的精神风貌和秀美壮丽的山川，充分展示了全州近年来廉政文化建设取得的丰硕成果和广大创作人员深厚的艺术功底，也是为纪念建党88周年献上的一份厚礼。为期一个多月的展览，共有5280人次观展，给予了较高评价。

【“情系彝山”摄影展览】 2009年9月，楚雄州文联与云南中外摄影家艺术交流协会联合主办“情系彝山——李钟明、陈维寿摄影艺术展览”，共展出两位摄影家作品200件。中国文联原副主席、中国摄影家协会原党组书记、副主席、著名摄影家吕厚民，中国摄影家协会副主席朱宪民专程发来贺电。云南省文联专职副主席黄映玲、张维明出席开展仪式，省内一批著名摄影家和文化名人专程赴楚参观展览，为期15天的展览，观众达6000人左右，省内外多家媒体作了报道。

［张永祥］

【“迎新春”书画摄影展】 2009年12月25日，由楚雄州文化局主办，州文化馆承办，州博物馆、各县（市）文体局协办，为期8天的楚雄州文化系统庆祝新中国60周年“迎新春”书法美术摄影作品展览在州博物馆拉开帷幕，州人大常委会副主任江正荣出席开展仪式并欣然为作品展题词。展出的130件作品是从340余件题材各一的送展作品中精选而出的，全州文化系统的专业创作人员和来自各行各业的艺术爱好者，以饱含深情的笔触和视觉，抒写、展示彝州大地经济繁荣、社会和谐、民生安泰的景象。参展作品主题突出，弘扬主旋律，意境深远，作品风格各异，或粗犷、或细腻、或轻快，作品内容高雅鲜活，或讴歌时代风尚、或赞美彝州变化、或展示民族风情，具有主题鲜明、贴近生活的特点。

【美术书法摄影作品获云南省群众文化“彩云奖”】 2009年，在全省群众文化“彩云奖”评奖活动中，楚雄州有10件美术、书法、摄影作品获“彩云奖”。其中银奖2件、铜奖2件、入选奖6件。获奖作品中美术作品3件：铜奖1件，《谧》，作者盛莉芸；入选奖2件，《山下的小河静静流》、《松风高洁·梅韵清芬》，作者梁春达、周崇舜。书法作品5件：银奖1件，《行书条屏》，作者赵国锐；铜奖1件，《清人诗一首》，作者董华；入选奖3件，《沁园春·雪》，作者罗思宝，《隶书·对联》，作者胡鹏，《山谷跋兰亭》，作者廖广伟。摄影作品2件：银奖1项，《小豹子笙》，作者郭芳芳；入选奖1项，《我是彝人》，作者陈雄辉。

［李忠　夏丽霞］

【民间古玩精品展】 2009年春节期间，楚雄州收藏家协会组织民间部分收藏者的藏品，在彝人古镇“古玩一条街”举办迎新春民间古玩精品展。展出字画、古陶瓷器、铜器、古旧家具、佛像、古钱币、碑刻拓片、文革遗物及文具用品300余件。字画类有气势恢弘的民国云南省省长唐继尧、周钟岳，代理省长由云龙等名人拜题，清末姚安名人李增蔚书写的朱绫描金祝寿十条屏书法；民国著名画家、浙江萧山人朱怙生抗战避乱楚雄时遗留下的墨梅四条屏及篆书对联；民国姚安籍名人商延年的山水人物指画四条屏；民国云南著名书画家姚安籍人赵鹤清行书四条屏；民国南华县“梅花老人”郭爕熙的楷书对联；当代楚雄著名书法家任逸浩的丹书草体对联等。古陶瓷类有景德镇烧造的清康熙青花苏东坡《前赤壁赋》诗文山水人物大碗、清康熙青花团狮大碗；清中晚期景德镇烧造的青花镂空网格纹方瓶、粉彩开光山水折肩天蓝釉双耳瓶；民国云南建水著名紫砂艺人向逢春制作的紫砂锅等。铜器中有清朝、民国时期的佛像、墨盒、手炉、烟具。还展出清朝至民国时期的云南木制家具精品等。这次展出的藏品以实物展览的形式，从不同侧面、层次展示出楚雄古今地方文化遗迹和人间变故，是一次很好的地方传统文化展示活动。

【楚攀两地老年书画作品联展】 2009年4月15日至17日，由四川攀枝花市、楚雄州两地老干部局和文学艺术界联合会分别主办，州老年书画诗词协会及攀枝花市老年书画研究会联合承办的一次跨省际老年书画展览活动在州老干部活动中心举办，为楚雄州建州51周年送上了一份节日的贺礼。此次联展共展出132名作者的书画作品147件，其中包括攀枝花市68名作者的作品79件。展出作品内容健康向上，艺术风格各异，品类多样，艺种齐全，还兼有彝文书法，大部分为两地离退休书画爱好者的精品力作。

【康恩达摄影艺术《写真中国楚雄》《彝族饰纹艺术》首发】 2009年7月1日，康恩达摄影艺术研讨会暨《写真中国楚雄》、《彝族饰纹艺术》首发式在楚雄举行。中共楚雄州委常委、州委宣传部部长杨正权出席首发式。《写真中国楚雄》记录了楚雄州挖掘、整理及研究古生物、古人类、古文化和彝族文化等方面的内容，反映了楚雄“一彝三古”丰富而又厚重的历史文化、民族文化。《彝族饰纹艺术》从彝族的衣着、面具、纹身、刺绣、乐器、图腾和酒具等多个艺术侧面，再现中国彝族饰纹艺术独特的审美追求和艺术魅力。两书凝聚了作者30余年的心血，书中作品通过镜头，以宏阔的艺术视野、历史文化视野记录再现楚雄州的山川地理、历史文化、民风民俗，具有很高的艺术价值，是不可多得的学术研究、摄影艺术鉴赏的优秀作品。

［安孟勤］

（责任编辑：安孟勤）

卫生

卫生管理

【医药卫生体制改革】　2009年11月11日，楚雄州人民政府成立州深化医药卫生体制改革领导小组，组建领导小组办公室，机构设在楚雄州发改委。11月16日，楚雄州深化医药卫生体制改革工作领导小组召开第一次会议，研究深化医药卫生体制改革有关工作。年内完成《中共楚雄州委楚雄州人民政府关于深化医药卫生体制改革的意见》（初稿）和《楚雄州深化医药卫生体制改革三年实施方案（2009年—2011年）》（初稿）草拟工作。启动实施6项重大公共卫生项目（对15岁以下的人群补种乙肝疫苗、启动35岁～59岁农村妇女常见病检查项目、对贫困白内障患者免费开展复明手术、在燃煤污染型氟中毒病区改炉改灶、建设农村无害化卫生厕所、落实人均基本公共卫生服务经费不低于15元）和3类9项基本公共卫生服务项目（启动建立居民健康档案、健康教育、免疫规划、传染病防治、儿童保健、孕产妇保健、老年人保健、慢性病管理、重性精神疾病患者管理），为9.56万户29.27万名城市居民建立健康档案，建档率达57.62%；为17.80万名农村居民建立健康档案，建档率达7.83%。全州医疗卫生机构举办健康知识讲座380余期8700余名公众受教育，张贴、发放健康知识宣传材料3万余份。年内全州对19.31万名0岁～6岁儿童进行预防接种，接种率达98.69%。对2.37万名新生儿进行产后访视，访视率达97.6%。对6.10万名3岁以下儿童进行系统保健管理，管理率达84.76%。对2.24万名孕产妇实施系统管理，管理率达92.21%。对4.58万名65岁以上老年人实施保健管理，管理率达23.46%。对城乡居民和流动人口进行传染病的发现、登记、报告、处理和治疗等规范管理。对1.36万名35岁及以上年龄的高血压人群进行管理，管理率为3.77%。对3260名35岁及以上年龄的糖尿病人群进行管理，管理率达4.88%。对1997名重性精神疾病患者进行管理，管理率为9.48%。开展15岁以下人群补种乙肝疫苗工作，接种乙肝疫苗6.23万人，全程接种率达98.5%。实施“百万贫困白内障患者复明工程”，对200名白内障患者实施了复明手术。完成省下达的2500个农村改厕和州级下达的6400个改厕任务。实施35岁～39岁农村妇女“两癌”检查工作。启动实施妇女乳腺癌检查工作，检查人数为1万人。实施农村妇女免费补服叶酸工作（由于年内国家未下发叶酸药品，至12月底此项目尚无实物工作量）。全面开展农村孕产妇住院分娩补助项目，共补助1.68万人536.42万元。

【卫生机构和人员】　2009年末，楚雄州有各级各类卫生机构557个（不含村卫生所）。其中医院47个，疾病预防控制中心11个，妇幼保健院11个，卫生监督所11个，中心血站1个，乡（镇）卫生院117个，村卫生所1063个，个体诊所、医务室、门诊部343个。有卫生专业技术人员8580人（含个体从业人员，不含乡村医生），其中执业医师3179人，助理执业医师596人，注册护士2893人，其他1912人。高级职称308人（正高级40人、副高级268人），硕士研究生18人（医学专业17人，工程专业1人）。平均每千人口拥有卫生专业技术人员3.29人。医疗机构病床床位9218张，平均每千人口拥有2.47张。有乡村医生1930人。2009年，楚雄州卫生局党委书记、局长钟继红被卫生部、国家食品药品监督管理局、国家中医药管理局表彰为“全国医药卫生系统先进个人”。

【医疗技术鉴定】　2009年，楚雄州医学会组织鉴定医疗争议事件22件，经鉴定不属医疗事故15件，医疗事故7件，其中一级甲等医方负主要责任3件，三级丙等医方负主要责任1件，三级丁等医方负主要责任2件。

【卫生人才培养】　2009年，楚雄州州级卫生单位共选派到省级和省外3个月以上进修学习62人，其中州人民医院39人、州中医院14人、州第二人民医院3人、州广通医院6人。继续培养州级学科带头人19名；州级组织实施继续医学教育项目83项（省级4项、州级41项、县级38项），各县（市）也开展继续医学教育项目申报和评审；认真组织开展农村卫生技术人员培训。举办乡（镇）卫生院长培训班1期受训125人，内儿科医师培训班1期116人。举办乡村医生中医药技能培训班，培训人员160名；参加省级举办的社区卫生服务中心全科医学转型培训班3期111人。

【卫生科技】　2009年，楚雄州州级医

疗卫生单位引进和推广新技术、新业务57项。8项科技成果获州级以上科技进步奖。在省级以上刊物发表论文107篇。

【卫生专业技术中初级资格考试】2009年5月9日至10日、16日至17日，楚雄州举行了全国卫生专业技术资格考试，应参加考试1706人，实参加考试1656人，其中参加人机对话方式考试的共292人（993科次），参加纸笔考试的共1364人（4718科次）。全州中、初级卫生专业技术资格考试国家级和省级合格共859人，其中国家级合格829人，中级296人，初级师129人，初级士404人。省级合格30人，中级21人，初级师5人，初级士4人。

【卫生专业技术高级资格推荐评审】2009年7月，经过楚雄州卫生专业高级技术职务任职资格评审推荐委员会考核、推荐，共上报参加云南省卫生专业高级技术任职资格评审65人，通过评审取得卫生专业高级技术职务任职资格46人，获得正高级技术职务任职资格6人。

【医师资格考试】 2009年，楚雄州1768人报考医师资格，经审查，有1761人符合条件。7月1日至15日，组织实践技能考试，合格1330人。9月12日至13日进行医学综合笔试，192人合格。

【卫生建设项目】 2009年，楚雄州共实施各类卫生建设项目62个，总投资1.84亿元（不含州人民医院新区建设投资），其中2008年正常安排的续建项目17个，总投资2006万元（国债1651万元，地方配套355万元），2008年四季度国家拉动内需新增建设项目24个，总投资2776万元（国债2080万元，地方配套696万元），2009年国家安排卫生建设项目21个，总投资1.37亿元（国债1.12亿元，地方配套2450万元）年内完成投资额1.05亿元。（1）州医院新区建设。至年末，一期工程门诊医技楼已装修完毕；二期工程内外科住院大楼装饰装修工作全面展开；三期工程行政综合楼、值班公寓、传染病楼、职工食堂全面进入内部装饰装修。（2）州中医院特色专科病房建设。2008年12月，国家安排楚雄州中医院特色专科病房建设项目，总投资1500万元，其中国债1100万元，地方配套400万元，建设规模1.30万平方米，项目于2009年3月11日破土动工，至年末，主体工程完工，进行内部装修。（3）州麻风病院建设项目。2008年，国家安排楚雄州麻风病院建设项目1个，总投资283万元（含设备），其中国债256万元，地方配套27万元。至2009年末，完成投资额50万元。（4）县人民医院建设项目。年内共实施9个县医院建设项目。其中2008年国家正常安排的续建项目5个（双柏、牟定、姚安、大姚、永仁县医院建设项目）总投资1250万元，其中国债1000万元，地方配套250万元；2009年国家安排楚雄州农村卫生服务体系建设项目（二期）的县医院建设项目4个（禄丰、永仁，牟定、武定县医院建设项目），总投资9180万元，其中国债7300万元，地方配套1880万元。至12月末，9个项目竣工投入使用2个，主体完工3个，4个正在建设中，完成投资4422万元。（5）县中医院建设项目。年内国家安排楚雄州农村卫生服务体系建设项目（二期）县级中医院建设项目2个（南华、姚安县中医院建设项目），总投资3100万元，其中国债2800万元，地方配套300万元，至12月末，2个项目主体工程完工1个（南华县中医院），1个正在建设之中。完成投资1653万元。（6）县妇幼保健院建设项目。年内实施2008年国家安排楚雄州的2个县级妇幼保健院续建项目，总投资130万元，其中国债105万元，地方配套25万元，至2009年末，2个项目已全面竣工投入使用。（7）乡（镇）卫生院建设项目。年内全州共实施卫生院建设项目47个，其中楚雄市7个、双柏县3个、牟定县2个、南华县1个、姚安县5个、大姚县8个、永仁县4个、元谋县5个、武定县3个、禄丰县9个，总投资2984万元，其中国债2365万元，地方配套619万元。至12月末，竣工投入使用35个，主体完工6个，还有6个正在建设之中，完成投资2397.18万元。

【社区卫生】 2009年，楚雄州共规划建设18个社区卫生服务中心和若干个社区卫生服务站。通过重组、改建、转型等途径，形成覆盖全州的社区卫生服务骨干网络。至年末，完成15个社区卫生服务中心、12个社区卫生服务站建设，并挂牌服务。同时，委托楚雄医专举办社区全科医师培训班2期，参训104人；选派参加省卫生厅组织的全科医师、社区护士培训109人。内部管理做到五统一（统一社区卫生服务机构标识标牌的色调、尺寸和字体；统一双向转诊、公立医院支援社区卫生制度；统一居民健康档案式样；统一全州社区公共卫生服务项目和绩效考核标准；统一规范社区卫生服务机构档案、资料和台账）。截至12月末，建成的15个社区卫生服务中心共接诊病人73.70万人次，康复出院1.43万人次；预防接种各类疫苗7.99万人次；建立健康档案9.56万户29.27万人份，建档率达57.62%；慢性病管理1.42万人，其中高血压管理9653人、糖尿病管理2747人；发放健康教育宣传资料164种31.48万份，出宣传栏262期，举办健康知识讲座420期，听讲4.84万人次，健康咨询指导6.52万人次；计划生育技术服务2.17万人次。

【中医药服务能力建设】 2009年，楚雄州共实施2008年以来中央和省下达的中医药服务能力建设项目21个，其中中央补助重点专科专病建设项目1个、中医专科专病建设项目2个、农村医疗机构中医特色专科专病建设项目6个、民族药院内制剂研发项目1个、县级中医医院急诊急救能力建设项目3个、基层常见病多发病中医药适宜技术推广项目8个。2009年1月，州人民政府将昆明理工大学楚雄应用技术学院价值4930.92万元的不动产（含房屋建设面积3.42万平方米，土地1.81万平方米）无偿划拨给州中医院，用于支持州中医药（彝族医药）发展，州级财政下拨工作经费50万元支持州中医院设备购置等中医药发展工作。

［自卫平］

【无偿献血】 2009年，楚雄州中心血站在春节、“五一”、“6·14”等节日期间向无偿献血者发送慰问短信5.91万条次。在新龙江商业广场和楚雄市1路、5路、10路公交车电子屏幕广泛宣传无偿献血知识5800余次。在楚雄彝人古镇新增固定采血点，方便群众参加无偿献血。全年深入县（市）居民聚居点、学校、单位宣传采血74次，流动采血出车570余台次。全年全州1.49万人次无偿捐献全血394.27万毫升，281人次捐献血小板280.5单位。为临床提供全血5800毫升、红细胞1.82万单位、血浆1.73万单位。全州自愿无偿献血率达100%，成份分离率达99.77%。

【血液质量管理】 2009年，楚雄州中心血站深入贯彻实施《献血法》和卫生部《血站质量管理规范》、《血站实验室质量管理规范》，严格按照各类规章制度和操作规程采供血，严把每个采供血环节质量关，不断改善血液质量管理，全州未出现用血事故。州中心血站质量体系于5月22日顺利通过上海质量体系认证公司审核。

［赵琼仙］

【爱国卫生】 2009年，楚雄州有县级爱国卫生机构10个，成员单位249个；有乡（镇）爱国卫生机构103个，成员1152人，村级卫生监督员458人。全年投入改水资金6014.7万元，新增自来水受益人口4.48万人，全州农村自来水累计受益人口达191.49万人，自来水受益率84.85%，较上年增长1.95%；组织楚雄市、南华县、大姚县、元谋县完成省下达的集中式供水项目122处488份水质监测任务。年内投入改厕资金2065.47万元，新修无害化卫生厕所1.05万座，全州累计改厕37.29万户，卫生厕所普及率达65.6%。大姚县通过了省级“灭鼠先进县城”的复查。武定县、牟定县获得了省级“灭鼠先进县城”的荣誉称号；楚雄市获得省级“灭蚊先进城区”，大姚县、永仁县获得省级“灭蟑螂先进县城”称号。年内开展甲型H_1N_1流感防控知识宣传，发放健康教育宣传单88.7万份，宣传画册1500张，制作宣传展板2291块，出墙报专栏2943期，电视宣传300余次，广播宣传1500多次，群众受教育率达100%。

［自卫平］

卫生监督执法

【食品卫生监督】 2009年，楚雄州卫生局卫生监督所认真组织开展食品安全整顿、餐饮消费环节打击违法添加非食用物质和滥用食品添加剂专项整治、查处“得健牌乐宁胶囊”、查处“剑石”牌香甜泡打粉、节假日期间食品安全保障等11个食品卫生安全专项整治活动。全年监督检查餐饮经营单位812户次，从业人员9510人次；副食品经营店（含保健食品经营）104户次，从业人员233人次；食品生产单位（含小作坊）8户次，从业人员234人次。圆满完成32次重要贵宾接待及重大会议（活动）的食品卫生安全保障任务。

【公共场所卫生监督】 2009年，楚雄州全面推行公共场所量化分级管理制度，州卫生局卫生监督所对州直管的31个公共场所进行评分定级，其中评定为A级单位4个、B级单位9个、C级单位9个，评分不评级的单位9个。量化完成率分别是：住宿场所78%，游泳场所100%，沐浴场所100%，对不符合卫生要求的3个游泳场所给予行政处罚，处罚金额1200元。

【医疗卫生监督】 2009年，楚雄州卫生局严把机构、人员准入关，规范从业人员执业行为，加强对医院感染管理、医疗废物处置、采供血液及临床用血、传染病防治、母婴保健、预防接种等的监督执法，对州属7家医疗卫生机构、1家疾控机构、2家民营医疗机构、1家血站、14家从事母婴保健技术服务的机构进行监督。开展治理整顿网上非法“性药品”广告和性病广告、防治手足口病、防治甲型H_1N_1流感、疫情网络直报、打击非法行医等专项检查，规范医疗卫生服务秩序。

【职业卫生监督】 2009年，楚雄州召开纪念《职业病防治法》颁布实施7周年座谈会，出台职业卫生分级管理规定。深入职业危害用人单位开展职业卫生监督执法检查，现场监督检查生产企业348家，查处4起职业卫生违法行为。对14个建设项目进行卫生审查。对99家医院使用放射源情况进行监督检查，对6家单位给予警告处分。

【学校卫生监督】 2009年，楚雄州卫生局卫生监督所对州直管的23家学校、托幼机构的甲型H_1N_1流感疫情防控措施落实情况进行监督检查。对州直管的22家大、中、小学校和幼儿园食品卫生、饮用水卫生等进行监督检查。

【生活饮用水卫生监督】 2009年，楚雄州卫生局卫生监督所开展辖区内集中式供水单位及农村乡（镇）水厂使用的水化学处理剂进行卫生监督和采样送检，对使用不合格水处理剂的3家集中式供水单位进行了立案查处，罚款4000元，及时封存处置60余吨不合格的水处理剂。

【健康相关产品抽检】 2009年，楚雄州卫生局卫生监督所抽检食品类样品56份，合格52份；抽检公共场所单位的公共用具样品149件，合格144件，对抽检不合格的4户经营单位进行立案查处。对州直管的5家公立医疗卫生机构、3家民营医院、2家医疗美容室（所）的消毒隔离灭菌效果进行抽检，全部合格。对3家消毒产品生产企业抽检样品428件，合格率为93.2%。

【卫生许可管理】 2009年，楚雄州审批发放卫生许可证2.43万份，其中食品类2.09万份、公共场所类3281份、生活饮用水类47份、放射卫生许可证5份、建设项目卫生审查15户。

［李建伟］

卫生应急

【突发公共卫生事件】 2009年，楚雄州卫生部门共报告Ⅳ级以上突发公共卫生事件3大类23起，涉及人员1191人，其中发病825人、受伤366人、死亡28人。按事件性质分类，食物中毒和食品安全事件6起，发病129例，死亡5例；传染病疫情（乙、丙类及其它传染病）15起，发病696例，死亡1例；自然灾害事故2起，受伤366人，死亡22人。按事件级别分类，Ⅰ级2起（“7·09”地震、“4·25”特大交通事故），Ⅲ级3起，其余18起均为Ⅳ级。

【“7·09”姚安地震卫生应急】 2009年7月9日，姚安县发生6.0级地震。地震造成医疗卫生机构房屋、设备和药品损失1.49亿元，其中房屋受损10.05万平方米，经济损失1.49亿元，损毁医疗设备6台件，损失3.4万元。地震发生后，楚雄州卫生局立即组织医疗救治、卫生防疫、卫生监督等5支队伍45人赶赴灾区开展卫生应急救治工作。截至8月9日，灾区共投放消毒灵4559.38千克、漂白粉1.53万千克、灭蝇灭蚤药物2105.31千克，指导发动群众对内外环境、饮水点、厕所、垃圾处理点、灾民安置点进行消杀，共开展内外环境消杀10.33万平方米、饮水点消毒2.72万个次，帐篷消毒1.73万顶，发放宣传资料5.90万份，监测饮水点38个次，未发现污染。灾区未发生传染病疫情和突发公共卫生事件。7月9日23时30分，云南省卫生厅副厅长段鸿率领省级医疗、疾病控制队伍3支36人，于凌晨4时抵达姚安县指导医疗救治工作。7月11日上午8时，省卫生厅厅长陈觉民一行到姚安县指导抗震救灾卫生应急工作。7月17日，省卫生厅副厅长段鸿再次到姚安县指导抗震救灾卫生应急工作。云南省卫生厅给予楚雄州消毒灵等价值15万元的消毒消杀药品。

［自卫平］

医疗事业

【医疗事业发展状况】 2009年，楚雄州各级各类医疗机构总诊疗801.39万人次，其中门诊急诊795.69万人次，入院24.39万人次，出院24.12万人次。出院者中，治愈率52.9%，好转率43.4%。门诊急诊危重病人抢救成功率99.55%，住院危重病人抢救成功率94.6%。病床使用率91.09%，出院者平均住院日11.8天。全州政府开办的医疗机构（医院、卫生院）业务总收入10.17亿元，其中药品收入5.1亿元，占业务总收入的50.09%。全州卫生机构有万元以上设备4282台，其中50万元至99万元89台，100万元以上53台。

［自卫平］

【楚雄州人民医院】 2009年，楚雄州人民医院门诊病人50.46万人次，出院病人2.91万人次，病床周转28次。住院手术9607例，住院病人平均住院日14.5天。120急救中心出诊4394次，抢救危重症患者5035人。开展新技术和新项目16项。科研项目获州科技进步二等奖1项，三等奖2项。接收大理学院、云南中医学院、楚雄医专实习生211人，外派进修39人。在省级以上医学刊物发表论文53篇（国家级刊物4篇）。医院再次荣获“省级文明单位”称号，肾内科被评为“省级工人先锋号”先进集体，丁伟峰被评为“感动彝州十大人物”。

［州人民医院］

【楚雄州中医院】 2009年，楚雄州中医院门诊诊疗25.44万人次，同比增长21.08%，急诊8359人次，同比增长53.63%，出院9678人次，同比增长30.99%。病床使用率118.04%，手术4419台次，同比增长21.13%。创伤急救出诊445人次，接诊病人501人。派到上级医院进修学习6个月以上14人，短期学习培训24人。实施国家科技支撑项目“彝医‘上法’治疗慢性咽炎技术规范化研究”和“张之道彝医药医技医术的抢救性传承研究”2项。科技项目“可膨胀髓内钉加彝药药膏外敷治疗四肢骨干骨折的应用研究”、“记忆合金环抱器治疗多发性肋骨骨折38例疗效观察”获楚雄州科技进步三等奖。开展彝药治疗艾滋病例的研究，共有59例HIV/AIDS患者在院接受彝医药治疗，在治患者45例，保持率76.27%。

［州中医院］

【楚雄州第二人民医院】 2009年，楚雄州第二人民医院门诊诊疗1.49万人次，入院1422人次，出院1313人次。病床使用率122.48%。选送到上海精神卫生中心进修2人、到昆明医学院进修学习1人。开展认知矫正治疗、WHO－DASU量表的使用、HIV快速检测3项医疗新技术。

［州第二人民医院］

【楚雄州疾病预防控制中心】 2009年，楚雄州疾病预防控制中心下派专业技术人员指导和参与基层业务工作604人次2228天次，外派参加省级以上业务技术培训140余人次，免费接收基层进修人员8人，带教大理医学院卫生检验专业和预防医学专业实习生35人。“楚雄州汉坦病毒分子流行病学研究”课题获楚雄州科技进步二等奖。在省级以上卫生刊物发表学术科研论文16篇。引进食品中铝检测、致泻性弧菌、变形杆菌计数、厌氧菌、甲流和季节性流感核酸检测7项新技术和新项目。

［州疾控中心］

【楚雄州妇幼保健院】 2009年，楚雄州妇幼保健院门诊诊疗15.65万人次，同比增长7.12%。入院2484人次，同比增长7.39%。病床使用率90.60%；出院者平均住院日8天。完成业务总收入1538万元，其中药品收入679.9万元，占业务收入的33.29%。开展妇女病查治和健康体检1136人次。开展新业务、新项目5项。“楚雄州艾滋病母婴阻断干预效果及影响因素研究”科研项目获州科技进步三等奖。

［州妇幼保健院］

【楚雄州广通医院】 2009年，楚雄州广通医院门诊诊疗1.93万人次，入院病人1793人次，出院1781人次，手术403台次，抢救危重病人42人次，抢救成功率83.33%。外科开展输尿管镜下气压弹道碎石取石术、妇产科开展全子宫切除术、儿科开展肛门回流灌肠在新生儿中的应用、麻醉科开展腰－硬联合麻醉、妇产科开展HIV阳性孕产妇的无缝隙护理5项新技术。选送医务人员到上级医院进修学习6个月以上6人次，进修3个月以内6人次，参加各种短期培训班19批82人次；开展学术活动24次；医学论文被国家级刊物采用21篇。医院被禄丰县授予“文明单位”荣誉称号。

［广通医院］

农村卫生

【新型农村合作医疗】 2009年，楚雄州有205.51万人参加新型农村合作医疗，参合率92.47%。开展了2010年筹资工作，参合农民211.15万人，参合率95.74%。累计对517万人次的参合农民实施减免，减免金额2.4亿元。在新农合实施过程中，禄丰县在国家和省、州卫生部门的指导帮助下，形成“三化两包干一补充”的禄丰模式。

【新型农村合作医疗大病补充保险】 2009年3月，楚雄州人民政府成立了新型农村合作医疗大病补充保险工作领导小组，抽调有关部门人员与中国人民健康保险楚雄股份有限公司深入全州10县（市）开展调研，在精心测算、充分论证、召开听证会的基础上，制定新农合大病补充保险实施方案和实施细则，州新型农村合作医疗管理办公室于11月24日与中国人民健康保险楚雄股份有限公司签订了合作协议，正式启动实施新农合大病补充保险工作，至年末参保率达50%。新农合大病补充保险制度，每人每年缴费20元，参保人员在统筹年度内发生住院，凡符合新农合补偿的病种和医药费用，新农合减免后累计个人自付部分超过3000元的，超过部分的40%由大病补充保险支付，每人每年由新农合大病补充保险基金支付的医疗费用最高限额为5万元。新农合大病补充保险坚持以收定支、保障适度、持续发展原则，该补充保险由承保的保险公司自负盈亏，但年度运行结余的50%作为新农合大病补充保险调节资金，交回财政专户滚存使用，最大限度发挥参保资金的使用效益。

【实施“双带”工程】 2009年5月，楚雄州卫生局组织实施以县级医院龙头带动和重点学科建设为主带动农村卫生人才队伍建设，强化县级医疗卫生机构龙头地位，充分发挥其县域医疗卫生服务中心功能的“双带”工程。重点以州级医疗机构分别对口支援县医院，以加强县医院重点学科建设为载体，以提升县级医院临床诊疗服务能力为龙头，以培养一批临床诊疗医学一级学科技术带头人和精锐人才团队为突破口，引领和带动乡、村卫生人才队伍素质全面提升，增强县、乡、村卫生人才为群众服务的能力和水平。2009年度重点建设的学科是：双柏县人民医院中医科、永仁县人民医院内科、牟定县人民医院外科、南华县人民医院放射科、姚安县人民医院妇产科、大姚县人民医院中医科、元谋县人民医院急诊科、武定县人民医院外科、禄丰县人民医院ICU。

【卫生专家乡村讲堂活动】 2009年8月，楚雄州卫生局制定《关于设立楚雄州“卫生专家乡村讲堂”开展卫生帮扶的实施意见》，启动实施楚雄州卫生专家乡村讲堂活动，共选派24名州级卫生专家深入农村为群众讲解疾病防治知识、开展义诊活动、实施卫生扶贫工作，宣讲140场次服务7502人，授课和教学查房80余次、开展手术57例。

【乡（镇）卫生院产科建设】 2009年，楚雄州卫生局按照《楚雄州乡镇卫生院产科建设基本标准》要求，加强乡（镇）产科建设，复查验收合格卫生院24家，新验收20家，累计有78家乡（镇）卫生院达到产科建设基本要求。

［自卫平］

疾病预防与控制

【疫情报告】 2009年，楚雄州无甲类传染病报告；报告乙类传染病14种3546例，死亡31例，发病率130.77/10万，死亡率1.14/10万，与上年相比发病率下降8.33%，死亡率上升39.02%；报告丙类传染病9种2861例，无死亡；病种减少出血热1种，增加甲型H_1N_1流感和皮肤炭疽。完成传染病报告管理及疫情漏报调查，其中乙类传染病漏报率2.31%，丙类12.61%。

【重点疾病防治】 2009年，楚雄州疾病预防控制中心扎实开展重点疾病预防控制工作。（1）艾滋病防治。完成HIV检测17.75万份，新检出HIV阳性328例。超额完成省、州下达的各项艾滋病监测检测任务（完成哨点监测2132例、孕产妇检测4.76万例、婚检2.72万例、自愿咨询检测3707例）。建全了州、县艾滋病监测网络系统，新发HIV/AIDS的上报率达100%、及时率达98.92%，完整率97.11%；新发HIV/AIDS综合管理首次随访率（告知率）99.38%、感染者配偶检测率96.23%；累计感染者随访率94.44%，感染者配偶检测率89.5%。实验室完成HIV检测确认694份，完成CD4检测594份，全州新发感染者CD4细胞检测率86.02%、累计感染者CD4细胞检测率74.62%；在全州10县（市）开展艾滋病白衣红心项目工作，完成10所县（市）医院医务人员及患者的基线调查共1000余人。积极开展高危行为干预工作，高危场所月均干预覆盖率达100%；加强对男性行为人群（MSM）的干预工作力度，组织开展基线调查和干预活动并覆盖6个县（市），月均干预覆盖率为66.6%（139/209），男性行为人群最近一次安全套使用率为34.5%。楚雄市、禄丰县2个美沙酮治疗点累计治疗543例，在治260例，维持治疗率65.7%；楚雄市、禄丰县、大姚县积极探索开展清洁针具交换工作，共开展针具交换6215人次，发出针具6.76万具，收回6.70万具，收回率99.1%，覆盖人群494人。开展抗病毒治疗转介178人，母婴阻断转介59人，抗结核治疗转介20人，其他转介48人。年内对新申报的134个艾滋病抗体快速检测点进行了现场考核，验收合格112家。年内新增艾滋病咨询点80个，至此全州共有129个咨询点，覆盖60%以上的乡（镇）；指导各咨询室进行艾滋病自愿咨询检测共3693例。（2）结核病防治。累计发现新涂阳病人816例，复治涂阳病人54例，重症涂阴245例。2月、3月末痰菌阴转率新涂阳新病人92.5%和96.2%，复治涂阳新病人94.7%和96.5%，新涂阳病人治愈率95.8%，复治涂阳病人治愈率91.4%，新涂阴患者治疗完成率91.5%，综合医疗机构转诊到位率60.49%，肺结核病人追踪率98.51%，追踪到位率80.45%，总体到位率94.34%。完成3次痰涂片盲法复检，未出现假阳性片和假阴性片，镜检符合率100%。武定县、牟定县积极开展耐药监测工作，累计纳入涂阳病人67例，培养结核杆菌阳性40例。（3）麻风病防治。完成麻风病理检验69份，新发现麻风病人40例，全部进行联合化疗。年内联合化疗100人、规则服药率100%。抽查137片细菌涂片进行质量控制考核，涂片合格率89.1%，染色合格率93.2%，镜检符合率100%，总平均合格率95.6%。完成楚雄州麻风病防治规划（2006年~2010年）中期评估报告。组织2次麻风病畸残手术需求调查，共筛查畸残者450例，对13例符合手术康复条件者送文山州进行康复手术；为麻风病畸残者提供个人防护用具、一次性换药包、防护鞋等用品1667人次。（4）疟疾防治。报告疟疾病例16例（间日疟15例，恶性疟1例），其中5例（恶性疟1例、间日疟4例）属本地人到外地疟疾疫区感染后发病，属于外县感染病例，疫情为点状散发，无疟疾死亡病例，无二代病例发生。完成发热病人血检4783人，血检阳性10人，阳性率0.2%。开展休止期根治47人、预防性服药256人、现症病人治疗13人。双柏县按项目要求圆满完成6月至10月疟疾媒介按蚊监测工作，监测20次，捕获蚊种11种，蚊子1408只。（5）血吸虫病防治。楚雄市、禄丰县完成查病2107人，未发现新感染病人；完成查螺面积660万平方米（禄丰县未查出钉螺），反复灭螺面积139.4万平方米；认真开展血防健康教育，学生血防知识知晓率97%以上，村民达90%以上，行为形成率达90%以上。

【甲型H_1N_1流感防治】 2009年9月18日，楚雄州报告首例输入性甲型H_1N_1流感病例，由于省、州、县三级疫情信息传递及时，当地卫生部门准备充分，处置得当，疫情得到有效控制，未发生二代病例。10月17日，姚安县报告首批甲型H_1N_1流感本地病例，由于处置及时，疫情得到有效控制。截至12月31日，全州累计报告甲型H_1N_1流感实验室诊断病例65例（其中输入性病例3例，本土病例62例）、临床诊断病例14例，医学观察病例54例，已全部治愈，无重症病例和死亡病例。从10月17日起，全州10县（市）按照《楚雄州2009年秋冬季重点人群甲型H_1N_1流感疫苗接种实施方案》对重点人群开展首批甲型H_1N_1流感疫苗预防接种工作，至年末，全州共分配甲型H_1N_1流感疫苗9万人份，已接种8.90万人份，接种率98.9%。全州未发生甲型H_1N_1流感疫情扩散和蔓延。

【鼠疫霍乱流感监测】 2009年，楚雄州严格执行自死鼠、病鼠“零”报告及鼠疫疫情“三报”制度，上报率达100%。全州共布放鼠笼8.51万笼次，捕获家栖鼠2434只，完成细菌学动物培养2434份、细菌学昆虫培养888组、血清学血凝实验1184份，均未检出鼠疫菌及鼠疫特异性抗体。认真开展云南滇西边界地区鼠疫疫源地调查，采集指示动物（犬）血清200份。全州共报告腹泻病例1114例，开展粪便培养850份，外环境采样监测159份，均未检出霍乱弧菌。成功处置1例“不明原因肺炎”病例；对全州11家疾病预防控制机构和楚雄州人民医院开展了流感大流行应对能力调查；制定了《楚雄州职业暴露人群高致病性禽流感监测实施方案》，对楚雄市、南华县、牟定县职业暴露人群采集血清标本150人份，开展问卷调查150人份。对州人民医院流感监测哨点流感样病例采样760份，送省疾控中心检验693份，检出阳性61份，阳性率8.80%，其中季节性甲型流感40份、季节性乙型流感12份、甲型H_1N_1流感9份。6月，州疾控中心被列为国家流感监测网络实验室，完成对楚雄市人民医院采集的62份标本的检测，阳性11份，阳性率17.7%。全州共报告季节性流感暴发疫情9起，发病453例，无死亡病例，采集流感样病例标本50份送检，分离到毒株17株，阳性率34%。全州共报告手足口病425例，其中实验室诊断病例8例，无重症和死亡病例。

【计划免疫工作】 2009年，楚雄州计划免疫疫苗基础免疫接种率均在98.9%以上；完成全州免疫水平监测534份，其中百日咳、破伤风、麻疹、脊灰IgG抗体阳性率均为100%，白喉IgG抗体阳性率达99.63%，乙肝表面抗原阳性率0.94%，表面抗体阳性率62.36%。完成3个县（市）麻疹抗体监测1386人，阳性率98.34%；全州共报告AFP病例15例，均及时进行了流行病学调查、标本采集和送检；共报告麻疹病例24例，发病率0.96/10万，送检疑似麻疹血清标本38份，检测出阳性16份，阳性率42.11%；共报告乙脑病例25例，死亡2例，发病率1/10万，死亡率0.08/10万；送检疑似乙脑血清标本57份，检出阳性16份，阳性率28%；共监测乙肝病例581例，其中年龄在15岁以下8例。完成全州麻疹疫苗查漏补种工作，应种儿童2.62万人，实种2.57万人，接种率98.13%。完成7个重点县乙脑疫苗预防接种，应种14.09万人，实种13.91万人，接种率98.78%。姚安灾区开展麻腮风疫苗预防接种，应种儿童7097人，实际接种6840人次，接种率为96.38%。

【地方病防治】 2009年，楚雄州完成楚雄、牟定、大姚、南华、武定5个克山病调查点监测，全州共计上报新发慢性克山病78例，潜伏性克山病10例，全州克山病发病率2.99/10万，慢性克山病死亡13例，全州累计管理慢性克山病人483人。完成盐样定量检测、尿碘检测工作，碘盐覆盖率99.0%，碘盐合格率99.06%，合格碘盐食用率98.07%，非碘盐率0.9945%。完成元谋县、牟定县饮水型地方性氟中毒项目病区6个自然村饮水氟含量监测和地氟病病情调查，查出氟斑牙患者71例，Ⅰ-Ⅲ度氟骨症患者132人。调查处置疑似云南不明原因猝死疫情4起，已排除不明原因猝死。

【慢性非传染性疾病防治】 2009年，楚雄州认真开展慢性非传染性疾病防治。在楚雄市中大街社区卫生服务中心组织实施中央补助地方乳腺癌早诊早治项目，新筛查2319人，复查7311人，查出可疑病例15例；在楚雄市开展中西部地区儿童口腔疾病综合干预试点项目，4月至10月对楚雄市2074名8岁儿童的8089颗牙实施窝沟封闭术，任务完成率101%。在禄丰县开展癫痫防治项目，入组治疗癫痫病人72例，单纯管理治疗24例，组织开展意外伤害监测4696例。在楚雄市、大姚县、南华县开展死因监测3383例。

【卫生监测】 2009年，楚雄州疾控中心对楚雄卷烟厂、楚雄烟叶复烤有限责任公司、姚安县飞龙公司的生产作业场所进行了粉尘、噪声、放射源、照度、CO、CO_2和微小气候的现场卫生学监测，完成职业健康检查3886人。对楚雄州人民医院、禄丰县人民医院、禄丰县罗次中心卫生院的X射线机房改建项目进行了职业病危害（放射防护）评价工作。对11家单位共13台医用放射装置的放射防护进行了监测。对州属18所学校9650名学生进行了健康体检评价。完成水质理化检验221份3724项次。对31家单位进行食品添加剂抽检，抽检样品56份，合格率93%；完成食品、卫生用品、保健品等样品理化检验68份168项次。完成水、食品、卫生用品微生物检验289份；餐具监测139份，公共场所监测149份745项次；完成州级13家医疗机构医院感染监测400份2400项次；尿碘检测1000份。组织全州10县（市）实验室参加全国、全省实验室尿碘、盐碘质控考核，全部合格。成功组织全州疾控机构首届实验室人员知识和技能竞赛活动，提高了检验业务技能水平。对州内发生的流感疫情进行核酸检测，检测标本152份，检出甲型H_1N_1流感42份、季节性流感19份，为传染病疫情和突发公共卫生事件应急调查处置提供了科学依据。

［州疾控中心］

妇幼保健

【孕产妇保健】 2009年，楚雄州共有产妇2.43万人，活产婴儿2.43万人，住院分娩率93.86%，新法接生率99.95%，孕产妇系统管理率92.21%，孕产妇死亡率32.89/10万。

【儿童保健】 2009年，楚雄州7岁以下儿童保健覆盖率88.66%，3岁以下儿童系统管理率84.76%，5岁以下儿童死亡率15.25‰，婴儿死亡率12.7‰，新生儿死亡率8.18‰，新生儿破伤风发生率为零。

【出生缺陷监测】 2009年，楚雄州开展出生缺陷监测的25家医疗保健机构共上报监测出生活产人数1.81万人，有出生缺陷153人，出生缺陷发生率0.85%。

【托幼机构儿童卫生保健】 2009年，楚雄州定期对托幼机构入托儿童及幼儿教师进行体检，年内开展托幼机构儿童体检1360人次，幼儿教师体检180人次，入园儿童体检率100%。

【预防艾滋病母婴传播】 2009年，楚雄州筛查孕产妇3.72万人次，完成任务的177.30%，孕产妇HIV抗体检测覆盖率97.67%；其中孕期HIV抗体检测1.84万例，检测率89.70%，检出阳性孕产妇60人，阳性率0.16%；婚姻登记人数4.28万人，接受婚前保健人数2.28万人，接受HIV检测2.26万人，完成任务的150.35%，婚前保健人群HIV抗体检测率99.11%，婚姻登记人群HIV抗体检测覆盖率52.75%；确认HIV阳性55例，阳性率0.24%。全州妇幼保健院完成孕产妇HIV抗体筛查5499人，检出阳性孕产妇5例，其他人群2人。对HIV阳性孕妇实施终止妊娠6例，产妇安全助产6例，孕产妇实施抗病毒联合用药阻断6例，对阳性产妇所生婴儿规范抗病毒联合用药阻断6例。

［州妇幼保健院］

（责任编辑：安孟勤）

体育

体育管理

【体育事业发展状况】 2009年，楚雄州体育工作以《全民健身条例》颁布施行为契机，大力发展体育事业。年内，楚雄州体育局等6个单位和5名个人被国家体育总局分别表彰为全国群众体育先进单位和先进个人；竞技运动水平不断提高，楚雄州运动员参加全国比赛共获得金牌6枚、银牌4枚、铜牌4枚，参加省运会预赛和年度比赛，共获得金牌37枚、银牌37枚、铜牌36枚，有72名运动员荣获二级运动员称号；体育产业发展良好，体育彩票销售额连续2年突破亿元，达1.17亿元；体育基础设施进一步夯实，元谋县体育馆建成投入使用、姚安县体育馆即将建成、武定县体育馆开工建设，牟定县体育馆完成规划、设计、选址工作，62个农民体育健身工程投入使用，全州呈现出群众体育与竞技体育、体育事业与体育产业协调发展的良好局面。

【全州体育系统办公室暨统计会议召开】 2009年3月13日，全州体育系统办公室暨统计工作培训会议在楚雄召开，各县（市）文体局分管体育工作的副局长、办公室主任、统计人员参加会议。会议指出，全州体育系统要认清形势，增强做好办公室和体育统计工作的责任感和使命感。办公室和统计人员要加强学习，注重修养，切实加强办公室和统计工作人员的素质建设。会议要求，办公室和统计人员要开拓创新，努力提高办公室工作的质量和水平。会议还对办公室办文、办会、办事和统计工作进行了培训。

［杨文义］

群众体育

【节假日体育活动】 2009年，楚雄州各级体育部门利用节假日组织开展群众性体育活动。以迎新年楚雄城区元旦穿城赛跑为序幕，积极与相关单位组织开展“三八”节女子健身运动会、“五一”楚雄城区职工篮球赛、“五四”青年节系列体育活动、云南省第二届“昆明翠玺珠宝”贺岁杯——楚雄佳泰地产足球赛、云南省“体育彩票杯”足球业余联赛总决赛和楚雄赛区周末足球赛、“五人制”周末足球比赛。各县（市）在重大节庆日根据实际情况组织开展趣味性较强的体育活动，大姚县举办了云南省首届户外运动“嘉年华”暨百草岭登山大会、“插花节”登山比赛，双柏县举办了“老虎笙节”民族体育活动，南华县举办了野生菌美食文化节大众广播体操比赛等。

【庆祝全国第一个“全民健身日”】 2009年8月8日，楚雄州体育系统广泛组织开展形式多样的体育活动，庆祝第一个全国“全民健身日”。在州体育馆举行“全民健身日”体育活动启动仪式、老年人体育展演、全州“体育彩票杯”3人篮球赛、青少年轮滑大赛，永仁县举办了“永盛商都杯”第八届青年排球赛，禄丰县举办了“希望杯”排球赛，元谋县举办了“团结杯”青年足球赛等体育赛事，全民参与健身的良好氛围逐步形成。

【青少年和学校体育稳步推进】 2009年，楚雄州各级体育部门和教育部门认真贯彻落实《学校体育工作条例》和《中共中央国务院关于加强青少年体育增强青少年体质的意见》以及云南省、楚雄州的实施意见，制定并印发了《楚雄州体育业余训练网点学校管理办法（试行）》，对州级20所网点学校进行考核评价，在考核的基础上按照工作开展情况给予每所网点学校1万元训练经费补助。

【青少年体育人才培训】 2009年，楚雄州9个青少年体育俱乐部和部分网点学校利用自身的师资和硬件优势，积极组织开展篮球、足球、乒乓球、游泳等项目的假期体育培训，培训青少年5000余人。

【第五届老年人运动会】 楚雄州第五届老年人运动会于2009年11月8日至12日在楚雄市举行，比赛共设网球、门球、地掷球、乒乓球、羽毛球、老年排球、太极拳（剑）、健身操（舞）、柔力球和中国象棋等10个项目，来自全州10县（市）和中央、省属驻楚雄14个单位的24个代表团1395名老年人运动员参赛，400余名裁判员、工作人员参与服务工作。

【参加云南省第九届残疾人运动会】 云南省第九届残疾人运动会于2009年11月1日至7日在昆明举行，楚雄州残疾人体育代表团共有35名运动员参加了游泳、田径、足球等7个项目的比赛，取得了17枚金牌、16枚银牌、8枚铜牌、团体总分名列全省第5名的好成绩，楚雄州代表团获得体育道德风尚奖。

【“云铜地产·都市时报杯”周末足球赛】 由云南省足球协会、云铜地产、《都市时报》主办，楚雄州体育局、楚雄州足球协会承办的“云铜地产·都市时报杯”2009年云南省第七届5人制足球比赛楚雄赛区周末足球赛于2009年12月上旬在楚雄州体育场举行，此次比赛共有来自楚雄城区的16支代表队，160多名运动员参赛，楚雄师院一队夺得了此次比赛的冠军，第二、三名分别由金泰珠宝代表队、楚雄市启明俱乐部代表队获得，取得冠亚军的楚雄师院一队、金泰珠宝代表队代表楚雄州参加全省总决赛，金泰珠宝代表队夺得全省亚军。

【全国青少年校园足球联赛楚雄赛区全面展开】 由国家体育总局、教育部联合推出的全国青少年校园足球活动，楚雄州作为云南省3个试点城市之一，于2009年12月4日起在楚雄城区及周边各中小学校全面启动，来自楚雄城区的州、市属18所小学和8所中学的1000余名中小学生参与到这项活动中来。这项楚雄城区历史上规模最大的中小学足球比赛，分为校际比赛和班级比赛。全年的比赛场次将达近千场，涉及参赛人员2000余人，年内进行小学和初中组的比赛。班级比赛实行5人制，校际联赛小学组实行5人制，初中组则实行9人制；比赛使用主、客场制进行。

【参加川滇友邻市州第五届篮球联赛】 2009年10月22日至30日，川滇两省友邻市州第五届篮球联赛在四川省宜宾市举行，楚雄州组队参加了此次比赛。此届比赛由四川省的宜宾市、攀枝花市、乐山市、凉山州和云南省的楚雄州、昭通市、大理州共7个代表队参加，楚雄州代表队获得了第四名。

［杨文义］

竞技体育

【备战云南省第十三届运动会】 云南省第十三届运动会将于2010年8月在文山州举行，楚雄州体育运动学校加强对州级运动队的训练管理，做好运动周期调整工作，认真组队参加省运会第一阶段的预赛工作，圆满完成了预赛的各项任务目标，有10个大项的160多名运动员获得参加云南省第十三届运动会比赛资格。

【参加全省体操健美操比赛】 2009年5月22日，云南省幼儿体操、少儿健美操大赛在曲靖市举行，楚雄州幼儿园组队代表楚雄州参加此次比赛，荣获一等奖、最佳音乐奖、优秀运动员奖和省编《啦啦操》一等奖。

【参加西南协作区射击比赛暨邀请赛】 2009年3月23日至29日，楚雄州体育运动学校组织18名运动员参加了在昆明举行的2009年西南协作区射击比赛暨邀请赛，楚雄州运动员陈颉、毛元元分别荣获青年组男子10米气步枪第二名和成年组女子60发卧射项目第六名。

【参加全省青少年足球大赛】 2009年2月7日至12日，云南省青少年足球大赛暨2009年云南省“信合杯”后备力量少年足球比赛在普洱市举行。来自全省各州（市）的29支代表队参加比赛，楚雄州青少年足球队经过6天紧张激烈的角逐取得第三名。

【楚雄州游泳健儿全国大赛获金牌】 由国家体育总局、国家游泳协会主办的全国少年儿童游泳冠军赛于2009年2月10日在广西壮族自治区首府南宁市举行，楚雄州元谋籍游泳运动员巫永林以0′58″13的优异成绩取得男子100米蝶泳金牌，以0′26″的成绩取得男子50米蝶泳金牌。

［杨文义］

体育场馆设施建设

【县级体育场馆建设】 2009年，楚雄州财政安排体育场馆设施建设专项经费100万元，按照各县（市）工作进展情况，安排牟定县和南华县各50万元，元谋县体育馆建成投入使用，姚安县体育馆土建工程完成，武定县体育馆开工建设，牟定县体育馆完成规划、设计、选址工作，全州已有6个县完成“一馆一场”体育设施建设任务。

【农民体育健身工程建设】 2009年，楚雄州对2008年国家农民体育健身工程禄丰、牟定、永仁和姚安4个县的44个工程建设进行了检查验收，并投入使用。全年云南省体育局和第四批扩大内需国家下达农民体育健身工程60个，总投资197.2万元，其中中央、省、州三级配套资金147.6万元，土建资金按时下拨到建设点，所有项目于12月末完成基础建设任务。

【全民健身基础设施建设】 2009年，楚雄州各级体育部门积极争取上级部门的支持，加大各类全民健身设施建设力度，州体育局向州级有关部门、县、乡、村赠送篮球架17副、乒乓球桌13张、篮球120多个、羽毛球拍50多对、乒乓球拍30多对用于开展体育活动，从体育彩票公益金中列支150多万元补助县、乡、村体育基础设施建设，一批新建成的体育设施陆续投入使用。

［杨文义］

体育产业

【体育彩票销售】 2009年，楚雄州各级体育部门积极支持体育彩票销售和宣传工作，切实做好电脑体育彩票和即开型体育彩票的销售，截至12月31日，全州电脑体育彩票销售额达6899万元、即开型体育彩票销售额4853万元，总销售额连续2年突破1亿元，达到1.18亿元。

【体育场馆开放】 2009年，楚雄州制定和完善了科学管理机制，进一步加大体育场馆有偿开放力度，州游泳馆、州体育馆、州体育场面向社会开放了游泳、羽毛球、篮球、足球等项目，全年完成体育场馆开放和铺面经营收入115万元，体育场馆开放工作取得了较好的经济社会效益。

［杨文义］

（责任编辑：罗相海）

民族

民族工作

【维护民族团结】 2009年，楚雄州民族事务委员会组织召开了全州民委系统矛盾纠纷排查调处暨民族团结稳定工作会议。同时，在昆明召开国际人类学与民族学联合会第十六届大会和庆祝国庆60周年期间，认真落实维护团结稳定的各项措施，积极做好应急处理工作，排查和调处民族地区矛盾纠纷。全年全州没有发生因民族问题引发的重大矛盾纠纷和群体性事件，增强了彝州各民族大团结。

【民族团结进步模范表彰】 2009年9月，在第五次全国民族团结进步表彰大会上，中共楚雄州委被授予“民族团结进步模范集体”，中共楚雄州委副书记、州长杨红卫和武定县委书记李怡被授予“民族团结进步模范个人”。8月，在云南省第六次民族团结进步表彰大会上，楚雄州扶贫办、州水利局、中共楚雄市委、楚雄市人民政府、牟定县民族宗教事务局、禄丰县高峰乡党委政府、姚安县官屯乡马游村民委员会被表彰为先进集体；州委常委、州委统战部部长任锦云，副州长杨元茂（彝）、永仁县民族宗教事务局局长杨恒江（彝）、南华县雨露乡党委书记阿敏（女，彝）被表彰为先进个人。

【民族工作研究】 2009年11月2日，中共楚雄州委常委会议听取了州民族事务委员会关于全国、全省民族工作会议暨民族团结进步表彰大会精神及楚雄州贯彻意见的汇报。会议决定：一是要增强对民族团结进步事业重要性的认识，持之以恒地开展民族团结进步宣传教育活动。二是要进一步完善民族工作机制，根据人员变动情况，调整充实民族工作领导小组成员和民委委员，认真做好民族团结进步和少数民族地区发展工作。在县（市）政府机构改革中，要认真研究处理好民族、宗教管理机构设置问题。三是要按照省委、省政府《关于进一步加强民族工作促进民族团结加快少数民族和民族地区科学发展的决定》的要求，深入调研，制定楚雄州关于进一步加强民族工作的决定或实施意见。四是同意在2010年上半年召开全州民族工作会议暨第六次民族团结进步表彰大会和州第八届少数民族传统体育运动会。五是由州财政局按照国家和省对民族专项资金安排的有关要求，认真测算楚雄州民族专项资金预算，按程序报州委、州人民政府研究。

【《云南省民族乡工作条例》执法检查】 2009年8月24日至25日，云南省人大常委会副主任程映萱带领省级相关部门领导组成执法检查组，对楚雄州贯彻实施《云南省民族乡工作条例》情况进行检查，州人民政府副州长杨元茂向省执法检查组汇报了楚雄州贯彻实施《云南省民族乡工作条例》情况。省执法检查组深入到南华县雨露白族乡，分别听取了县、乡两级人民政府的汇报，实地检查了雨露白族乡罗文村委会杨家民族团结示范村、集群式烤房建设和基本烟田建设。通过检查，省执法检查组对楚雄州贯彻实施《云南省民族乡工作条例》给予了充分肯定。

【民族政策和民族工作专题辅导】 2009年11月13日，中共楚雄州委常委、州委统战部部长任锦云在“学习贯彻党的十七届四中全会精神专题培训班”上为参训学员作了题为《加强民族团结，打牢发展基础》的专题辅导，要求各级领导干部要认真抓好党的各项民族政策、民族区域自治法的贯彻落实和宣传教育工作，引导各族干部群众牢固树立“汉

国家民委主任杨晶深入武定县苗族村寨调研 （州民委提供）

族离不开少数民族，少数民族离不开汉族，各少数民族之间也相互离不开”的思想。同时，要着力加快少数民族地区发展，解决和改善少数民族地区各民族人民生活和民生问题，妥善处理各民族关系，不断加强对少数民族干部的培养选拔工作。要依法打击破坏民族团结的各种违法行为，不断巩固发展社会主义民族关系，促进彝州各民族大团结。要不断提高驾驭民族工作、维护社会稳定的能力，把各民族紧密地团结在党和政府的周围，促进全州经济社会全面发展。

［陈世聪］

民族经济

【州级民族机动金突破千万元】 2009年，楚雄州认真落实民族机动金制度，按州级当年地方财政建设性支出的3%至5%安排，州级民族机动金，当年经州委七届常委会第49次会议、十届州人民政府第18次常务会议审定，并经州第十届人大第4次会议批准，安排1170万元，比上年增加200万元，其中民族工作方面870万元，《彝族毕摩经典译注》编译出版经费200万元，宗教工作方面100万元。民族机动金由民族工作部门安排，向州人代会书面报告和财政、审计部门监督的原则，着力帮助解决少数民族和民族地区各族群众生产生活中的特殊困难和问题。

【争取项目资金扶持】 2009年，楚雄州民委系统根据云南省民委确定的资金投向和原则，积极开展项目前期论证和申报工作，共争取到中央少数民族发展资金项目10个20万元，省级少数民族发展资金项目10个340万元，省级民族机动金项目69个781万元，加上民贸财政贴息、电脑农业推广经费63万元，合计1204万元，比上年增加80万元。

【散杂居少数民族发展】 2009年，楚雄州深入推进全州散杂居少数民族发展五年规划，扶持散杂居少数民族自然村44个，每村投入15万元，共投入资金660万元，基础设施得到明显改善，各族群众生产生活中存在的主要问题得到有效解决。

【民族团结示范村建设】 2009年，楚雄州民族事务委员会经过深入调查研究，在全州少数民族聚居区建立了12个民族团结示范村，每村投入约30万元，共争取省级资金370万元，努力把民族团结示范村建设成为带动少数民族和民族地区经济社会发展、民族和睦团结、文化生活丰富的示范村。

［陈世聪］

民族文化

【《彝族毕摩经典译注》编译出版工作】 2009年，经过60余名彝族文化专业人员艰苦努力，被誉为“彝族四库全书”的彝族毕摩文化遗产巨著《彝族毕摩经典译注》，已交编译稿件100件（州内61卷、州外39卷），进入初审、二审92卷，印刷排印83卷，终审验收合格70卷，正式印刷出版46卷。

【11部彝文古籍入选第二批国家珍贵古籍名录】 2009年6月11日，国家文化部正式公布第二批国家珍贵古籍名录及古籍重点保护单位名单，楚雄州共有11部彝文古籍入选第二批国家珍贵古籍名录。其中包括州档案馆收藏的明代刻本《劝善经》1部，明代写本《祭祖经》、《六祖祈福禄经》2部，清代写本《作斋费用账簿》、《测婚嫁书》、《祭天献牲经》、《作祭压土经》、《账簿》5部；州博物馆收藏的明代刻本《劝善经》1部，清写本《彝文史曲》1部；武定县民委收藏的清写本《城域金沙江》1部。《国家珍贵古籍名录》具有严格的入选标准，名录的主要收录范围是1912年以前书写或印刷的，以中国古典装帧形式存在，具有重要历史、思想和文化价值的珍贵古籍。

【楚雄州民族理论研究学会换届暨彝学会年会】 2009年11月29日，楚雄州民族理论研究学会换届暨彝学会年会在楚雄召开。会议修订了《楚雄彝族自治州民族理论研究学会章程》，选举了州民族理论研究学会第五届班子；总结了学会成立以来的工作情况，研究部署了2010年学会工作。州委常委、州委宣传部杨正权，州人大常委会副主任曹大全，州政协副主席王应学，州级老领导普联和、白显云出席会议。杨正权充分肯定了州民族理论研究学会和州彝学会各项工作取得的成绩，要求学会要高举科学发展和民族团结大旗，坚定不移地贯彻好党的民族政策和民族区域自治法，弘扬社会主义优秀民族文化，为建设中国彝族文化大观园服务，为保护、传承、研究彝族的文化遗产服务，为宣传彝州绚丽多彩的民族文化服务。

【大姚县举办彝剧文化研讨会】 2009年4月15日，大姚县在昙华乡举办了以“纪念彝剧创世50周年，弘扬彝族传统文化精髓”为主题的楚雄州第一届彝剧研讨会。通过研讨，进一步确立了彝剧在楚雄州文艺界的主体地位。

［陈世聪］

民族节日

【楚雄城区彝族年】 2009年11月29日，彝家人又迎来了一年一度的彝族年（又称十月年）。彝人古镇张灯结彩，热闹非凡，洋溢着一派节日气氛。彝族年由楚雄州民族事务委员会主办，由彝人古镇承办。楚雄城区的千余名彝族同胞身着节日盛装，带着民族乐器，从四面八方来到彝人古镇，参加庆典活动，共同欢度彝族年。州党政领导杨红卫、张怀德、王兴明、杨正权、汪占毅、杨静、樊炳清、舒建新、李家龙、李振华以及州人民政府秘书长马国雄、州级老领导普联和、普桂和、杨家聪、白显云、普联荣和彝族同胞一道参加了庆典活动。在彝族年长街宴开席仪式上，州委常委、州委宣传部部长杨正权发表了热情洋溢的致辞，向在座的各族同胞、四方宾客致以节日的祝福。彝人古镇文艺表演队为彝族同胞献上了精彩的文艺表演。晚上，来自四面八方的宾客与楚雄城区彝族同胞一道踏歌起舞，尽情欢度彝族年。

【第十八届腊湾新民民族团结节】 2009年农历2月15日（3月11日），第十八届腊湾新民“民族团结节”在牟定县凤屯乡腊湾村委会如期举办，楚雄州民族事务委员会领导以及牟定、姚安2县的县乡村党政领导参加了“民族团结节座谈会”，为腊湾新民的经济社会发展献计献策，衷心祝愿彝族同胞在党的民族政策光辉照耀下，坚持“各民族共同团结奋斗，共同繁荣发展”，建设社会主义和谐新农村，把彝家山乡建设得更加美好。座谈会后，在腊湾民族小学广场搭建的舞台上，牟定民族艺术团“三下乡”文艺演出队为广大与会各族干部群众献上了欢快、热烈、精彩的歌舞表演。

【楚雄城区苗族花山节】 2009年5月28日，楚雄州民族事务委员会、楚雄城区苗族花山节筹备组在州委党校举办“2009年楚雄城区苗族花山节庆祝活动”。来自城区的300多名苗族同胞身着节日的盛装欢聚在一起，共同欢度自己的节日。在庆祝活动仪式上苗族干部职工及学生表演了精心编排、自编自演的节目，楚雄城区苗族业余合唱团表演的合唱《赞花山》、《花开蜜蜂来》、《五月的春天》、舞蹈《苗岭秀》、《苗家欢歌》以及由苗族同胞带来的独唱、舞蹈一次次把活动气氛推向高潮。

【首届中国武定罗婺国际民歌节】 2009年3月15日，首届中国武定罗婺国际民歌节在武定县宣传文化中心举行。中国彝族经典歌舞《踩云彩》、《太阳女》片段等倾情演出，助阵民歌节。民族民间歌手茸芭莘那、李怀秀、李怀福、阿四龙组合、纳西姐妹、左脚调组合等精彩的演出，荣获组委会“2009年度武定罗婺民族民间文化奖励基金”。来自州内各县（市）和武定县内各乡（镇）的60余名民族民间歌手参加了比赛，10名民族民间歌手进入决赛，来自禄丰县民族艺术团的杨建文和武定县环州乡的郎芯萍分别荣获“罗婺民歌王”和“罗婺民歌后”荣誉称号，武定民族艺术团李正国、杨丽华和大姚县人民政府的卢顺珍获优秀奖。

【中国双柏彝族虎文化节】 2009年3月26日至27日，以“和谐双柏、锦绣虎乡”为主题的“2009中国双柏彝族虎文化节”在双柏县妥甸镇隆重举行。节日期间，民族民间歌舞表演异彩纷呈，主要活动包括千人彝装迎宾仪式、原生态彝族舞蹈巡演、开幕式及大型文艺表演、迎宾宴会——虎乡长街宴、祭虎仪式及万人彝族风情歌舞联欢、招商引资项目推介及签约仪式、虎文化节商品交易会、第二届中国双柏彝族虎文化研讨会、民族体育多项体验赛、锦绣虎乡歌手大赛、品双柏美食活动、闭幕式暨“锦绣虎乡”歌手大赛颁奖晚会。

[陈世聪]

民族教育

【少数民族中青年干部培训】 2009年6月29日，由楚雄州委干部教育委员会、州委组织部、州民族事务委员会主办，楚雄民族中专学校承办的第六期科级少数民族中青年干部培训班举行开学典礼，参加培训的学员共计50人，在为期1个月的学习培训期间邀请省、州有关领导和专家学者讲授中国特色社会主义理论体系、科学发展观内涵，“三个一”主题实践活动等内容。通过培训，进一步加强了少数民族干部队伍建设，提高了少数民族干部队伍素质。

【民族教育体系建设】 2009年，楚雄州有独立设置的民族小学25所，民族中学4所，民族中等专业学校1所。全州各级各类学校少数民族在校学生总数达15.30万人，占各类在校学生的35.03%。

【中小学民族团结教育】 2009年，楚雄州民族事务委员会与州教育局印发《关于进一步加强中小学民族团结教育工作的通知》，做好教材的征订、管理、循环使用工作，加强教学管理，要求各学校每年必须安排6个学时的教学活动，所有学时必须排入学校总课表和班级课程表，促进了全州小学民族团结教育活动的健康开展，全州中心小学以上学校民族团结教育开展面达100%。

[陈世聪]

（责任编辑：罗相海）

人民生活

【城镇居民收入】 2009年，楚雄州城镇居民收入稳步增长，“保增长”措施效果显现，人均可支配收入14319.09元，与上年同期相比增长9.9%，扣除物价因素实际增长9.3%。城镇居民人均家庭总收入16026.84元，增长11.7%。从总收入的构成情况看，四项收入呈“二升二降”格局：（1）工资性收入占主导地位。年内全州城镇居民人均工资性收入12075.31元，增长17.7%，占家庭总收入的75.3%，是拉动家庭总收入增长的主要动力。工资性收入增长的主要原因：一是随着《楚雄州人民政府办公室关于转发楚雄州义务教育学校绩效工资实施办法的通知》等有关文件的逐步落实，全州部分事业单位和义务教育学校陆续增补工资；二是州委、州政府切实做好稳定就业促进就业工作，有效促进了居民收入的平稳增长。（2）经营净收入大幅增长。由于整体经济增长预期进一步明朗，加之一系列优惠政策的扶持，加快城镇居民经营净收入的持续增长。年内全州城镇居民人均经营净收入931.91元，增长12.0%。（3）转移性收入小幅下降。年内全州城镇居民人均转移性收入2709.37元，下降1.3%，主要是捐赠收入和赔偿收入大幅下降，分别下降62.5%和99.4%。（4）财产性收入明显下降。年内全州城镇居民人均财产性收入310.25元，下降40.2%。其中居民来自股息与红利的收入下降79.0%，是拉动财产性收入下降的主要原因。

【城镇居民支出】 2009年，楚雄州城镇居民支出稳定增长，“扩内需”政策渐显成效。（1）消费性支出稳步增长。年内城镇居民用于日常生活的消费性支出达8993.08元，增长4.6%，扣除物价因素实际增长4.1%。从8大项消费来看，呈“五升三降”态势。①医疗保健支出增幅居首，居民健康意识明显增强。年初以来甲型H_1N_1流感的扩散和防控宣传，使广大市民对身体健康更加重视，保健意识进一步增强，有病及时就医、定期检查身体成为自觉行为。全年全州城镇居民人均医疗保健支出697.59元，增长80.5%，其中人均医疗费支出增长1.8倍，人均药品费支出增长23.3%，人均滋补保健品支出增长21.4%。②服务性消费需求增加，生活质量得到提高。全年城镇居民人均其他商品和服务支出152.15元，增长46.6%。其中人均购买金银珠宝饰品支出增长69.9%，人均购买化妆品支出增长60.0%。③家庭设备用品升级换代步伐加快，支出增长较快。年内全州城镇居民人均家庭设备用品及服务支出393.61元，增长35.7%。其中购买冰箱、彩电、电脑等耐用消费品的人均支出增长32.2%，购买床上用品的人均支出增长42.1%，购买家庭日用杂品的人均支出增长30.5%。④衣着消费成衣化，多样性趋势更明显。年内全州城镇居民人均衣着消费1034.96元，增长19.8%。其中人均成衣消费744.67元，增长22.0%；人均鞋类消费251.99元，增长18.8%。⑤交通和通讯支出平稳增长，私车购买量大幅提高。随着道路交通建设的快速发展，人们出行越来越方便，人际交往增多，全年全州城镇居民用于交通和通讯的支出人均达1161.61元，增长7.9%。其中人均交通支出增长17.0%，每百户城镇居民购买家用汽车1辆，使每百户私车拥有量达7.96辆。⑥膳食结构更趋优化，恩格尔系数继续下降。年内全州城镇居民人均食品支出4093.85元，下降3.4%；恩格尔系数为45.5%，比上年同期下降3.8个百分点。居民生活消费更加注重营养、科学、合理搭配，蔬菜、干鲜瓜果消费支出分别增长14.9%和7.0%，肉禽蛋水产品类消费支出下降14.0%。⑦教育文化娱乐服务支出有所下降。年内全州城镇居民人均教育文化娱乐服务支出745.38元，下降3.8%。其中人均教育支出下降6.6%，主要为教材费用和学杂费的减少。⑧居住支出降势未改，降幅收窄。年内全州城镇居民人均居住支出713.93元，下降17.2%。其中人均住房支出下降35.8%，主要是居民用于房租、维修、物管费以外的其他住房支出大幅减少。（2）购房与建房支出成倍增长。随着人民生活水平的提高，城市规划步伐的加快，人们改善居住环境的愿望越来越强烈。年内全州城镇居民人均用于购房与建房的支出费用达913.06元，增长2.1倍，到年末人均现住房总建筑面积达34.41平方米，增长2.9%。购建房支出的增加带动相关支出上升，全年人均住房装潢支出增长5.5倍，购买家庭设备用品及服务支出增长35.7%，其中成套家具支出增长67.7%，室内装饰品支出增长2.5倍，床上用品支出增长42.1%。（3）社会保障支出快速增长。随着全州社会保障体系的进一步完善，居民社会保障水平大大提高。年内全州城镇居民人均个人支付的各种社会保障支出金额达1573.03元，增长30.8%。其中个人缴纳的住房公积金1077.58元，增长43.0%；个人缴纳的医疗基金224.34元，增长26.9%；个人缴纳的失业基金17.16元，增长28.4%。

【城镇居民家庭生活质量提高】 2009年，随着党中央、国务院应对金融危机，防止经济衰退，促进经济稳定增长及保增长、保民生、保稳定各项政策措施的落实，楚雄州城镇居民收入增加，城镇居民生活发生3个方面的可喜变化。（1）汽车及耐用消费品拥有量进一步增加。全州城镇居民汽车消费快速增长，平均每百户家庭拥有汽车7.96辆、新购买汽车1辆；城镇居民平均每百户家庭购买洗衣机27.5台、电冰箱3.75台，分别比上年同期增长9.5倍和9.1倍。（2）高科技产品消费不断升温。以数码相机、3G手机、MP4等为代表的高科技产品越来越受到年轻人的追捧，语音复读机、电子辞典等学习工具逐渐普及。全州城镇居民平均每百户购买家用电脑整机3.75台，增长2.0倍；每百户购买电子辞典1部，增长19倍。（3）低收入户与高收入户收入差距有所缩小。州委、州人民政府对低收入户在就业、发展个体经济和财政转移支付等多方面给予扶持，使低收入户的收入增幅高于高收入户，从而使得低收入户与高收入户的收入差距有所缩小。全州城镇居民中10%的最低收入户人均可支配收入4969.99元，增长8.7%；10%的最高收入户人均可支配收入32797.62元，增长7.4%，城镇居民人均可支配收入比由上年同期的6.68∶1缩小为6.60∶1。

［苏　洁］

【农村居民人均纯收入】 2009年，根据2150户农村住户抽样调查资料显示，楚雄州农民人均总收入5420元，比上年增长12.1%；扣除家庭经营费用、税费、调查补贴、赠送农村外部亲友等相关支出后，农村居民人均纯收入3511元，比上年人均增加401元，增长13%，扣出价格上涨因素实际增长12%。农民现金收入稳步增长，年内农村居民人均现金纯收入2570元，比上年增加349元，增长15.7%。

【农村居民家庭经营收入】 2009年，根据2150户农村住户抽样调查资料显示，楚雄州农村居民家庭经营收入4413元，比上年增加346.7元，增长8.5%。分产业看，第一产业收入4083元，增加303元，增长8%；第二产业收入80.1元，增加14.8元，增长22.7%；第三产业收入250元，增加29元，增长13%。第一产业是农村居民的主要收入来源，其中牧业收入人均为1106元，比上年人均减少124元，下降10.1%，占家庭经营收入的25.1%，所占份额比上年减少5.2个百分点。

【劳动者报酬收入继续增长】 2009年，根据2150户农村住户抽样调查资料显示，由于受世界经济影响，楚雄州农村外出务工人员返乡突出，但国家加大农村基础设施建设，扩大内需，就业范围扩大，农民工资性收入快速增长，人均737.7元，同比增加169.7元，增长30%。从收入来源看，在非企业组织（比如乡村干部收入、乡村教师收入、行政事业单位等职工收入）中得到的收入75.4元，增加14.5元，增长23.8%；在本乡地域内得到的收入441.9元，增加111.8元，增长33.9%；外出从业得到的收入220.3元，增加43.4元，增长24.5%。

【农村劳动力文化水平继续提高】 2009年，根据2150户农村住户抽样调查资料显示，楚雄州由于大中专教育毕业生返乡待业，农村居民文化水平普遍提高，突出的是农村劳动力受教育程度明显变化，不识字或很少识字的比上年减少14.1%，小学程度的比上年减少0.5%，初中程度的比上年增加9.4%，高中程度的比上年减少13.7%，中专程度的比上年减少33.8%，大专及以上的比上年增加87.1%。大专及以上学历的增加最快，增幅最高，农村居民整体文化素质明显提高，劳动力两极分化明显，高中、中专外出务工比重较大，农村青年就业面窄成为普遍现象。

【农村居民住房条件改善】 2009年，根据2150户农村住户调查资料显示，随着新农村建设的不断推进，楚雄州农村居民住房条件逐步得到改善，农村生产生活用房质量提高。人均住房面积35.1平方米，比上年提高1.2平方米，增长3.6%。住房结构有较大改变，人均钢筋混泥土结构住房面积4.4平方米；增加1.3平方米，增长43.7%，砖木结构不再是农村建筑的主流，只增加0.3平方米；其他结构逐步减少，下降0.4平方米。全年人均新建住房面积0.6平方米，建房用款341元，其中自筹238.5元，银行、信用社贷款59元，其他44元，农民自身支付能力不断增强。

【农村居民生活水平提高】 2009年，根据2150户农村居民抽样调查资料显示，楚雄州农村居民人均生活消费支出快速增长，农民生活水平日益提高，全年人均生活消费3110.7元，比上年增加270.4元，增长9.5%；服务性支出731.5元，增加131.9元，增长22%。从生活消费的分类看，食品消费有逐步下降的趋势，人均1531.9元，比上年减少10.9元，下降0.73%；衣着消费人均支出105.2元，增加7元，增长7.2%；人均购买家庭设备和用品消费114.4元，减少19.1元，下降14.3%；交通、通信消费逐步减缓，支出281.8元，增长6.9%；文教、娱乐用品及服务支出201.8元，增长4.7%；农村合作医疗全面覆盖农村基层和千家万户，农村医疗保健消费快速增长，年内人均医疗保健消费271.3元，增长36.5%，其中保健服务类支出占此类支出的79.6%，增长40.6%，人均达216元。

［王　荣］

人口和计划生育

【人口和计划生育管理】 2009年，中共楚雄州委、州人民政府将人口和计划生育工作放在经济社会发展的重要位置来抓。州委常委会、州政府常务会议分别专题研究人口和计划生育工作2次，制定下发《中共楚雄州委楚雄州人民政府关于全面加强人口和计划生育工作统筹解决人口问题的实施意见》；州第十届人大常委会第十五次会议对全州人口和计划生育工作的总体情况进行审议；州编办下发《关于成立全州乡镇计划生育管理机构的批复》。在2009年“两会”期间，州委、州政府召开全州人口和计划生育工作座谈会，兑现2008年度人口和计划生育责任目标奖惩，签订2009年人口和计划生育目标管理责任书。全年州级财政共安排计划生育专项经费787万元，比上年增加267万元。年内，楚雄州人口和计划生育委员会被国家人口和计划生育委员会表彰为“全国流动人口计划生育工作先进集体”。

【人口控制】 2009年，楚雄州人口增长得到有效控制，低生育水平进一步稳定。全年出生人口24441人，人口出生率9.30‰，同比下降0.075‰；自然增长率3.23‰，同比上升0.43‰。出生人口中，符合现行生育政策出生24236人，计划生育率99.16%，同比下降0.28%。全州55.31万名已婚育龄妇女中，已采取避孕措施49.51万人，综合节育率89.51%，同比上升0.21%。全州累计有110642人领取了《独生子女父母光荣证》，累计领证率20%，同比上升0.77%。

【人口和计划生育宣传教育】 2009年，楚雄州人口和计划生育系统广泛宣传贯彻中央、省、州关于人口和计划生育工作的决定精神，深入开展婚育新风进万家活动和“关爱女孩”行动，综合治理出生人口性别比偏高问题，继续开展计划生育新农村新家庭创建活动，扎实抓好人口理论教育基地和农村人口文化大院建设工作。全年全州共开展人口和计划生育宣传活动2271场次，有98.34万人次接受宣传教育，共发放宣传资料、宣传品69.62万份，宣传品入户率95.91%，群众计划生育知晓率96.60%；共开办电视栏目6个，播出时间143.75小时，广播栏目8个，播出时间511小时。全年省、州共投入资金24.4万元，按照建设标准建成15个农村人口文化大院。9月17日，州人口计生委与州委党校联合成立了楚雄州人口理论教育基地。年内州、县两级共成立了11个人口理论教育基地。

【人口和计划生育行政执法】 2009年，楚雄州人口和计划生育系统认真学习宣传贯彻国务院《全面推进依法行政实施纲要》，坚持行政执法责任制。（1）严格依法行政。将人口和计划生育行政执法与实施责任政府和阳光政府四项制度相结合，与落实人口和计划生育群众工作纪律、检查考评工作纪律相结合，认真执行文明执法、亮证执法制度，全州共有497名人口和计划生育干部取得了行政执法证。（2）严格各类办证审批程序。全年全州共批准发放《独生子女父母光荣证》5288本、《生育证》2.38万本，查验《流动人口婚育证明》5.68万本，累计发放《流动人口婚育证明》10.22万本。（3）严肃查处计划生育违法行为。全年全州共查处计划生育违法案件249件，其中行政处罚案件235件，罚款47.44万元；征收社会抚养费案件14件，决定征收社会抚养费58.14万元。（4）认真做好人民群众的来信来访工作，全年全州人口和计划生育系统共接待群众来信来访6094件，依法依规处理5789件，办结率95%。（5）扎实抓好案卷评查工作。全年全州共评查各类行政执法案卷148件，合格率100%。

【人口和计划生育优质服务】 2009年，楚雄州始终把计划生育优质服务作为新时期人口和计划生育工作的切入点。（1）全面推进计划生育优质服务先进单位创建活动。（2）不断加强技术服务队伍建设，大力开展科技大练兵活动和“三千人才工程”，不断提高计划生育技术服务人员的专业水平。全年县乡两级人口和计划生育部门共选派50余名专业技术人员到县以上医疗卫生机构进修培训。（3）努力改善计划生育基础设施建设。2008年第4季度争取到总投资1321万元的37个计划生育服务体系建设项目已全部完工并投入使用；2009年争取到总投资530万元的9个计划生育服务体系建设项目已全面开工建设，计划于2010年3月底竣工。（4）出生缺陷一级预防工作进展顺利。州财政共安排全州人口出生缺陷一级预防经费102.51万元，全年全州共有2.2万对拟结婚和拟生育人群接受出生缺陷一级预防知识培训，1.60万对拟生育夫妇接受免费孕前检查和产前筛查。

【人口和计划生育奖励优惠】 2009年，楚雄州人口和计划生育利益导向机制初步建立并进一步完善。（1）全年全州共兑现农村部分计划生育家庭奖励扶助金5544人432.06万元，特别扶助金1622人188.26万元。（2）全年共有1631户农户自愿办理《独生子女父母光荣证》，共兑现一次性奖励金1342人127.93万元；发放教育“奖学金”2.05万人491.79万元；有1013名农业人口独生子女享受升学加分；免除计划生育群众新型农村合作医疗参合费用21.91万人438.254万元。（3）全年全州共兑现独生子女保健费2.97万人353.44万元。（4）全年全州共发放企业退休独生子女父母计划生育奖励金158.76万元。

【流动人口计生服务管理】 2009年，楚雄州以流动人口计划生育“统筹管理、服务均等、信息共享、区域协作、双向考核”为总体目标，加快构建流动人口计划生育工作“一盘棋”格局。（1）加强组织领导。州、县、乡3级均成立了流动人口计划生育工作“一盘棋”领导小组，定期召开会议研究部署工作，解决工作中的困难和问题。（2）落实工作措施，制定下发《楚雄州流动人口计划生育工作“一盘棋”工作方案》。（3）强化信息化建设。全州13个乡（镇）和45个社区全部配备了流动人口计划生育信息化服务管理设备，州级流动人口计划生育信息交换平台和PADIS流动人口子系统正常运转，全州已录入流动人口个案信息3万余条。(4)建立区域协作机制。全州以县(市)为单位积极与流出人口较多的地区签订流动人口区域合作协议，建立了两地信息通报、区域联席会议制度等长效工作机制。至年末，全州共有流动人口18.99万人，其中流入人口6.55万人，流出人口12.44万人，已婚育龄妇女5.23万人，流入人口婚育证明查验率89.46%，当年流出人口婚育证明办证率89.93%。全年全州为流动人口开展免费健康检查1.54万人次，提供免费计划生育技术服务6968人，免除费用33.74万元。

【计生药具管理】 2009年，楚雄州人口和计划生育系统高度重视避孕药具管理工作，按照“合理计划、保障供给、方便群众、提高效益”的方针，扎实做好国家免费计生药具的发放工作。全年全州共为育龄群众免费发放了价值60余万元的国家计划内计生药具。同时，按照国家和省的统一部署，人口计生部门积极牵头，会同公安、卫生、工商、质监、药监等部门联合开展了计划生育药械市场专项整治工作，规范了计划生育药械的市场秩序，保障和维护了群众的健康权益。紧紧围绕全州防治艾滋病工作大局，推广使用安全套防治艾滋病工程工作进展顺利。至年末，全州共有星级宾馆46家，安全套摆放率100%；普通旅馆酒店1130家，安全套摆放率100%；桑拿洗浴行业74家，安全套摆放率100%；歌舞厅144家，安全套摆放率100%；美容及发廊731家，安全套摆放率94.80%。

【计生协会】 2009年，楚雄州各级计划生育协会紧紧围绕人口和计划生育中心工作，积极参与人口和计划生育法律法规及相关政策的宣传动员，继续做好协会组织整建，不断深化计划生育系列保险，积极发挥计划生育基金带动作用，深化计划生育“三结合”工作，深入开展“生育关怀行动”，继续编辑出版了《人口与计划生育专题文艺节目》(第七辑)。至年末，全州共有协会组织机构1227个，专职协会干部11人，团体会员1226个，协会会员33.67万人，协会会员小组1.42万个，会员之家677个，会员联系户6.24万户，宣传教育阵地1227个。

[起 荣]

劳动就业和社会保障

【就业再就业资金】 2009年，楚雄州共支出再就业资金5340.4万元，其中社会保险补贴2189.82万元，公益性岗位补贴1650.53万元，就业培训补贴1205.18万元(农民工技能培训899.95万元)，职业介绍补贴41.04万元，劳动保障事务代理补贴23.75万元，重大疾病特困医疗补贴1.17万元，职业技能鉴定补贴198.26万元，小额担保贷款贴息30.29万元。再就业资金支出比上年同期增加240万元，增幅4.7%，使失业人员充分享受到国家的惠民政策，帮助和促进失业人员实现就业。

【开发就业岗位】 2009年，楚雄州城镇新增就业2.12万人，完成全年任务的156%。其中下岗失业人员再就业9600人，完成任务的145%；就业困难人员就业4900人，完成任务的140%；城镇登记失业率为3.2%。

【下岗失业人员培训】 2009年，楚雄州共开展下岗失业人员培训5542人，完成计划任务的110.8%。其中鉴定5408人，鉴定率97.6%；组织创业培训2116人，完成计划任务的117.6%，培训后创业1029人，带动就业2141人。

【农业富余劳动力技能培训】 2009年，楚雄州共举办农民工职业技能培训328班次，培训农民工2.3万人，完成目标任务的100%；支出农民工就业培训费1150万元，其中开展返乡农民工技能培训147班次，培训返乡农民工1.1万人，完成目标任务的110%。

【农业富余劳动力转移】 2009年，楚雄州共组织农业富余劳动力转移就业13.1万人，完成计划任务的104.8%，取得收入8.77亿元，其中组织劳务输出4.81万人，外出打工8.21万人，组织国际劳务输出1103人，有力促进农业富余劳动力转移就业。

【小额担保贷款及“贷免扶补”】 2009年，楚雄州就业服务机构为615名有创业能力的大学毕业生、失业人员、复转军人和农民工等累计提供创业小额贷款3100万元，带动就业1587人，同时提供创业扶持政策、法律等方面的咨询，提供创业培训导师254名为创业人员提供“面对面、一对一”的创业指导。年内全州共发放贷款1.22亿元，其中小额担保贷款3100万元，创业贷款6750万元，企业申请小额担保贷款2350万元。

【职业介绍】 2009年，楚雄州通过“春风行动”、召开“供需见面会”等形式，切实为失业人员搭建平台，提供就业服务。全年全州各级就业服务机构开展多形式的宣传活动57场次，受理就业咨询4万余人次，发放《春风卡》、《农民工进城务工指南》、《劳务输出宣传问答》等宣传资料4.1万份，免费提供就业岗位7.55万个，其中国外就业信息40条，组织各类农业富余劳动力供需见面会200场次，技能培训100班次，为3.66万人提供免费就业服务。

【再就业援助】 2009年，楚雄州对困难群体积极开展送岗位、送政策、送技能、送服务等就业援助活动，开发保洁、保绿等公益性岗位3000个。在开展就业援助周活动期间，各级就业服务机构工作人员共走访就业困难家庭461户，确定就业援助对象209人，发放政策宣传材料2.6万份；共组织643家用人单位参加就业援助活动，提供用工岗位2.25

万个，9700余名就业困难人员、返乡农民工及其他城镇失业人员参加，其中4350人实现就业。

【高技能人才培养】 2009年，楚雄州组织职业学校学生、下岗失业职工、农业劳动力转移人员及企业职工职业培训2.45万人，参加鉴定颁发初、中、高级职业资格证书2.18万本，技师职业资格证书228本，高级技师职业资格证书39本。

【职业技能鉴定】 2009年，楚雄州共组织机关事业单位工人、大中专学生、下岗失业人员及社会化鉴定发证2.16万人，其中初级工1.41万人，中级工6025人，高级工1478人，新增技师和高级技师267人。

【技校招生】 2009年，楚雄州组织技校招生4308人，其中楚雄高级技工学校招生3515人。楚雄高级技工学校在校生人数达到1.10万人，再创历史新高。

【社会保险稽核】 2009年，楚雄州劳动保障部门精心组织，实行五大社会保险一并稽核的方式，着重对优势企业和各类民营企业开展实地稽核，养老保险稽核3.15万人，完成计划的108%，其中书面稽核317户6818人，实地稽核367户2.47万人；工伤保险稽核3.57万人，完成计划的140%，其中书面稽核299户7481人，实地稽核362户2.82万人；生育保险稽核3.15万人，完成计划的173%，其中书面稽核295户6808人，实地稽核360户2.47万人。查出少报养老保险缴费基数340万元，少报人数1118人，少缴养老保险费95万元，已补缴95万元；查出少报工伤保险缴费基数710万元，少报人数1279人，少缴养老保险费4万元，已补缴4万元；查出少报生育保险缴费基数630万元，少报人数896人，少缴养老保险费4万元，已补缴4万元。同时，认真做好领取社会保险待遇资格认证工作，对3.37万名离退休人员享受养老金待遇的资格进行认证，完成认证计划的100%，核查出迟报死亡退休人员25人，追回多领养老金5万元。

【企业职工养老保险】 2009年，楚雄州参加基本养老保险人数11.35万人，其中在职职工7.98万人，当期扩面净增5277人，完成扩面净增计划的123%；为3.37万名离退休人员按时足额发放养老金4.24亿元，确保发放率达100%，社会化发放率100%；应征缴基本养老保险费3.59亿元，实际征缴3.51亿元，征缴率达97%；收回历年欠费841万元，完成清欠计划的105%。

【按时足额发放企业离退休人员养老金】 2009年1月，楚雄州为3.30万名退休、退职人员兑现了调整增加的基本养老金，人均增加112.37元。这已是国家连续5年为退休人员调整养老金，全州企业退休人员累计月人均增加455.67元。调整后人均月基本养老金已从2004年的580.09元增加达到1035.76元；年内从省里争取调剂金1.33亿元，弥补养老保险基金缺口，并根据全州2009年基本养老保险基金收支预算情况将养老保险调剂补助资金及时下拨到各县（市），确保了全州各县（市）养老金按时足额发放。

【工伤保险】 2009年，楚雄州参加工伤保险人数7.25万人，当期扩面净增8726人，完成扩面净增计划的103%；应征缴工伤保险费1292万元，实际征缴1227万元，征缴率达95%；收回历年欠费77万元，完成清欠计划的153%；全州医疗终结享受工伤保险待遇1113人，支付工伤保险待遇1417万元。及时为1至4级共48名职工调整工伤保险待遇，月增加伤残津贴113元，护理费月增加65元，调整后月人均1425元。同时，为165名供养亲属调整抚恤金，月增加供养亲属抚恤金50元，调整后月人均535元。

【生育保险】 2009年，楚雄州参加生育保险人数4.91万人，当期扩面净增3535人，完成扩面净增计划的101%；应征缴生育保险费697万元，实际征缴665万元，征缴率达95.4%；收回历年欠费39万元，完成清欠计划的156%。全年全州有1021人申报和享受生育保险待遇，支付生育保险待遇705万元。

【失业保险】 2009年，楚雄州参加失业保险12.63万人，当期扩面净增2600人，完成计划任务的100.2%；当期共收缴失业保险金2927万元，征缴率97%；收回历年欠费153.22万元，完成任务的255%。全年全州享受失业救济金待遇2.13万人次，发放失业救济金1080万元，失业保险“保生活，促就业”的功能进一步增强。

【县（市）企业基本养老保险基金上缴工作】 2009年，楚雄州为进一步完善养老保险省级统筹，加强州级的调剂功能，根据省、州人民政府有关规定，全州各县（市）以实际支付月基本养老金为基数预留5个月的周转资金，其余基本养老保险基金上缴州财政局社会保险基金财政专户。全州各县（市）均按计划足额上缴了积累基金2140万元。

【城镇职工医疗保险】 2009年，楚雄州参加基本医疗保险3898户20.84万人，当期扩面净增2817人，完成计划任务的100%，其中农民工参保1.03万人。全州应收基本医疗保险费3.70亿元，实际收缴3.65亿元，收缴率99%，较上年增收856万元，其中统筹基金收入1.97亿元，个人账户基金收入1.67亿元。基本医疗保险基金支出3.42亿元，较上年增长5178万元，其中统筹基金支出1.84亿元，个人账户基金支出1.58亿元，当期基金结余3161万元，不含关闭破产户财政补助1.10亿元。

【大病补充医疗保险】 2009年，楚雄州收缴大病补充医疗保险费3058万元，征缴率99.9%，全年共审核支付大病补充医疗保险基金2165万元。

【离休人员医疗费用】 2009年，楚雄州共审核离休人员医疗费用1982万元、1.14万人次，次均医疗费用1739.8元。州、县共兑现上年度离休人员医疗费用节约奖励42万元312人。

【城镇居民医疗保险】 2009年，楚雄州参加城镇居民基本医疗保险登记、缴费人数达17.8万人，完成全年任务指标的103.5%。全州城镇居民基本医疗保险基金累计收入3340万元，其中中央财政补助990万元，省级财政补助887万元，州级财政补助668万元，县级财政补助449万元，个人缴费337万元。全州参保居民累计发生住院1.61万人次，住院率9%，已有1.61万人次5008万元医疗费用得到审核结算，由统筹基金支付2643万元。

【劳动和社会保障信息化建设】 2009年，楚雄州劳动和社会保障局以电子政务部门信息管理系统为核心，加强信息化建设。(1) 完成全州社会保险数据中心机房的集成工作，建成符合国家标准的数据中心机房，继续完善社会保险核心平台应用软件，做到软件管理与经办管理相互促进，不断优化业务流程。(2) 进行全州劳动和社会保障信息系统网络改造工作，改善网络连接状况和传输质量，确保劳动和社会保障各项业务的正常开展。(3) 全面组织开展全州“两定”机构医保结算管理系统的升级改造工作。(4) 完成城镇居民基本医疗保险门诊统筹、城镇居民补充医疗保险应用软件开发、测试和实施部署工作。(5) 加强网络建设，劳动保障城域网建设覆盖率达到100%。

【农村社会养老保险】 2009年末，楚雄州累计参加农村社会养老保险29.4万人，积累农保基金1.29亿元，新增投保7657人，新增领保4023人，共有1.81万人领取养老金。南华县被列入国务院新型农村社会养老保险试点县，并全面启动被征地农民基本养老保险工作。

【社会保障基金监管】 2009年，楚雄州劳动和社会保障局认真开展社会保险基金专项治理，全州共投入333人次进行自查工作，自查单位87个，涉及银行账户159个，基金金额41.2亿元。认真做好失业保险基金和就业专项资金以及企业退休人员社会化管理专项资金管理情况专项检查，确保基金安全完整。加强对社保经办机构主要负责人离任审计工作，对年内离任的武定县、楚雄市5名社保经办机构主要负责人进行任期经济责任审计。扎实开展社会保险稽核工作，全州已对476户参保单位进行社会保险实地稽核，对48户参保单位少申报月缴费工资基数的进行追缴，已补缴养老保险费93.6万元，已补缴工伤保险费3.5万元，已补缴生育保险费4.2万元，已补缴医疗保险费27万元，已补缴失业保险费7.1万元。

【劳动用工登记】 2009年，楚雄州完成劳动用工登记3100户9.29万人，基本实现动态管理。通过劳动用工登记督促用人单位与劳动者补签劳动合同4760人。全州共用工9.29万人，其中城镇职工4万人，农民工5.29万人。

【劳动合同签订】 2009年，楚雄州签订劳动合同8.24万人，其中城镇职工签订劳动合同4.01万人，劳动合同签订率100%；农民工签订劳动合同4.23万人，劳动合同签订率80%。全州共审核集体合同42户，涉及职工4489人；累计签订集体合同878户、涉及职工8.50万人；当期有效集体合同343户，涉及职工4.70万人，集体合同签订覆盖面达企业户数的85%以上。

【劳动争议调解】 2009年，楚雄州共立案处理劳动争议案件110件，结案110件，其中裁决30件、调解80件。

【劳动工资管理】 2009年，楚雄州为208户企业3.31万人进行工资总额备案，并建立备案台账。共为89户企业552名劳动者进行特殊工时审批。全年按时发布企业工资指导线，发布40个工种岗位的劳动力市场工资指导价位。

【退休审批】 2009年，楚雄州严格按国家和省有关规定政策办理正常退休306人，上报省厅审批特殊工种退休380人，通过271人。

【劳动能力鉴定】 2009年，楚雄州共组织召开劳动鉴定会4次，鉴定伤残病残人员581人，其中劳动能力鉴定375人，伤残等级评定206人。

【工伤认定】 2009年，楚雄州共受理工伤认定申请1250件，其中认定为工伤1233件，视同工伤15件，不同意认定工伤2件，不予受理工伤认定申请2件。

【劳动保障监察执法】 2009年，楚雄州劳动和社会保障部门主动巡视检查用人单位共1850户，涉及劳动者1.94万人；审查用人单位规章制度5820件，纠正用人单位违法规章制度549件。接受群众举报224件，投诉394件，咨询答复469起，举报专查112件，投诉立案专查278件，督促用人单位与劳动者补签劳动合同1.17万人，下达整改指令书287份，责令支付劳动者工资等待遇4912.75万元，追发劳动者工资等待遇1020.8万元，涉及劳动者7071人，其中追发农民工工资941.3万元，涉及农民工6216人，督促补缴及新增社会保险546户311.39万元。全年共办理违反劳动保障法律法规行政案件52件，其中行政处理案件19件，行政处罚案件33件，罚款金额3.145万元，全州10县（市）及州本级均突破“零处罚”。年内及时妥善处理因劳动保障纠纷引发的集体上访等群体性事件3件，涉及219人。

【劳动保障执法年审】 2009年，楚雄州劳动保障执法共完成年审用人单位1.61万户，涉及劳动者17.11万人，年审户数增幅2.2%，年审覆盖率100%。其中年审国家机关、事业、民办非公企业和社会团体、党群组织2870户，涉及劳动者9.84万人；私营企业、个体经济组织1.32万户，涉及劳动者7.27万人。共督促用人单位与劳动者补签劳动合同1.17万户人，审查用人单位规章制度5820件，纠正规章制度549件，追发劳动者工资待遇1358人153.5万元，督促补缴养老保险83户116.07万元，失业保险53户12.67万元，工伤、生育、医疗保险145户82.47万元；新增养老保险75户58.54万元，失业保险54户6.59万元，工伤、生育、医疗保险136户35.05万元；清退抵押金11人0.6万元；下达限期改正指令212份，处罚用人单位6户，罚款金额0.51万元。

【劳动保障专项检查】 2009年，楚雄州共开展了6次劳动保障专项检查行动。(1)开展春节前清理拖欠农民工工资专项检查行动，全州共检查施工工地124个、施工项目部87个，查出拖欠农民工工资1769.55万元，其中因工程款未及时支付到位造成拖欠的有1623.55万元，占总拖欠的90%。(2)开展用人单位工资支付情况执法专项检查行动，全州共检查用人单位933户，涉及劳动者4.82万人。(3)开展清理整顿人力资源市场秩序专项行动，共检查各类用人单位591户，其中职业中介机构19户、其他用人单位572户。(4)开展整治非法用工打击违法犯罪专项行动，共检查各类小砖（瓦）窑厂、小煤矿、小矿山、烟花炮竹厂、小作坊、沙石厂563户，涉及劳动者1.85万人。印发宣传资料3.18万份，开展法律咨询1157场次，使4万多人次受到合法用工、依法生产、依法经营教育。查出违反劳动保障行政违法案件62件，督促补签劳动合同1600人，补发劳动者工资631人104万元，督促办理社会保险1600人，警告6件。(5)开展国庆、中秋两节前农民工工资支付情况专项检查行动，共检查用人单位、用工企业819户，涉及农民工3.10万人，查处拖欠农民工工资303.49万元，涉及农民工1314人，通过开展专项检查行动，清理支付农民工工资286.86万元，涉及农民工1201人。

【企业退休人员接收】 2009年末，楚雄州累计共有438户企业的1.88万名退休（养）人员纳入各级退管中心（工作站）管理，其中退休人员1.7万人，退养人员380人，落实政策及遗属供养人员1416人。年内，接收16户589人。全州企业退休人员移交乡（镇）、社区（含企业社区）管理4.35万人，社区社会化管理率达97.64%。

【社会化管理资金】 2009年，楚雄州累计收取社会化管理专项资金3.15亿元，累计结余1.76亿元，年度缴入专项资金2406.25万元，年度支出2563.35万元，其中代缴各种社会保险费1901.05万元，发放退养人员生活费280.76万元，支付遗属生活补助费等381.54万元。

【社会化管理服务】 2009年，全州退管机构走访慰问企业退休人员5115人，发放慰问金33.3万元，看望生病住院人员2616人。州退管中心组织65岁以上、近1年未住过院的769名企业退休人员进行健康体检，开支资金11.54万元。同时积极向州总工会争取资金，对劳模、先进工作者、癌症患者等特殊困难人员进行帮扶和慰问，共有345人受益，帮扶慰问资金达33.28万元。全州各级退管机构组织开展形式多样的迎新春佳节、敬老节等大型活动93场次。州退管中心组织44名企业退休人员参加了楚雄州第五届老年运动会，取得团体总分第三名、体育道德风尚奖及单项奖若干的成绩。

【机关事业单位退休金社会化发放】 2009年，楚雄州发放机关事业单位退休人员退休金2.08亿元9144人，其中州本级发放4811.08万元1903人。为州级137家单位1365人次补发新增工资（补贴），涉及金额12.3万元；为异地居住的117名退休人员发放退休金321.96万元。

【出台小额担保贷款实施办法】 2009年6月18日，楚雄州出台《楚雄州小额担保贷款实施办法》鼓励和推动劳动者自主创业。办法规定，凡楚雄州登记失业人员、军队退役人员、留学回国人员和返乡创业的农村人员、农村进城创业人员，年龄男在60岁、女在55岁以内可申请小额担保贷款。办法的出台，改善了全州创业环境，鼓励和推动了劳动者自主创业、自谋职业，充分发挥了创业带动就业的倍增效应。

［何国权］

民　政

【救灾工作】 2009年，楚雄州风雹、洪涝、低温冷冻、干旱、病虫害、地震等自然灾害交替发生，尤其是“7·09”地震给人民群众生命财产造成重大损失。至年末，自然灾害共造成全州148.03万人受灾，因灾死亡10人、受伤366人、紧急转移安置21.03万人，13.67万人饮水困难，死亡大牲畜6992头（匹），农作物受灾4.72万公顷，绝收3954.11公顷，倒塌民房5535户3.15万间，损坏民房7.52万户43.61万间，直接经济损失32.95亿元，其中农业经济损失1.68亿元。面对严重灾情，各级民政部门迅速反应，全力以赴，第一时间深入灾区一线，迅速核实上报灾情，紧急调运救灾物资，妥善安置灾民生活，积极开展捐赠款物接收，认真组织核灾评灾，督促指导倒损民房的恢复重建。圆满完成了“11·02”特大自然灾害民房恢复重建任务，“7·09”地震民房恢复重建工作接近尾声，全年共下达救灾资金1893万元，下达“7·09”地震恢复重建资金3.328亿元，接收社会各界热心捐款1705.33万元，接收捐赠物资折合人民币1149.59万元，向灾区发放帐篷8450顶、衣服5000套、棉被1.09万床、彩条布1000件，紧急转移安置灾民12.02万人。

【民政基础设施建设】 2009年，楚雄州民政部门紧紧抓住中央和省、州党委政府出台一系列拉动内需、保障民生的政策机遇，加强与有关部门的沟通、协调，努力将民政公共服务设施建设项目纳入当地民生工程和当地投资项目的总盘子。楚雄州广通军供站综合楼、姚安县殡仪馆竣工投入使用，大姚县殡仪馆主体工程已经完成，牟定县殡仪馆、州救灾物资储备中心主体工程已接近尾声。年内州流浪未成年人救助保护中心、州儿童福利院项目已动工建设。

【城乡低保】 2009年，楚雄州城乡低保制度不断完善，救助标准不断提高，覆盖面不断扩大，在应保尽保，该保才保的基础上及时兑现了提标补助和春节一次性补助。全年共下达城乡低保资金2.37亿元，共有20.07万人纳入保障范围。其中，城镇低保对象7.15万人，比上年增加5390人；农村低保对象12.92万人，比上年增加3300人。城镇低保月人均补差达到157元，农村低保月人均补差达到60元，比上年增加10元。

【城乡社会救助】 2009年，楚雄州农村五保供养政策得到有效落实，敬老院建设力度不断加大，集中供养率有所上升。全州1.21万名五保对象全部纳入保障范围，其中分散供养9484人，集中供养2576人，集中供养率由11.8%上升至21.4%，分散供养标准由月人均80元增加至139元，集中供养标准由月人均100元增加至179元；城乡医疗救助制度稳步推进，救助力度逐步加大。在相继出台县（市）《医疗救助暂行办法》的基础上，认真细化救助措施、适度扩大救助范围，支出农村医疗救助资金2596万元，救助农村困难群众15.08万人；共支出城市医疗救助资金2596万元，救助城镇医疗困难群众8.25万人，缓解部分城乡居民看病难的问题。全年共救助20世纪60年代精减下放人员1377人，补助资金252.8万元；救助涉诉困难人员251人，支出救助资金100万元。

【社会福利事业】 2009年，楚雄州民政局认真组织实施残疾孤儿“重生行动”，为15名唇腭裂患儿实施了手术治疗；积极开展“义肢助残活动”，为71名肢体残疾的困难人员免费安装了假肢。深入贯彻《老年人权益保障法》，出台《楚雄州人民政府关于贯彻云南省老年人权益保障条例的意见》，积极落实免费乘坐城市公交车等老年人优待政策，妥善处理涉老问题；加强福利彩票发行管理，广泛开展公益宣传，不断加大投注站人员的培训力度。至年末，全州各类社会福利事业单位已发展到94个，集中收养各类人员1511人，其中孤儿68名；新认定社会福利企业4家，安置残疾人就业68名，完成退税额度28.53万元；为2.89万名80岁以上老年人发放保健补贴，为19名100岁以上老年人发放高龄补贴，为1.25万名60岁以上的老年人办理《老年人优待证》，补助资金12万元实施“百村老年协会建设”，新建、改造4个老年协会活动设施；下拨资金23.36万元，助养老人638人、助医621人；新增销售站（点）14个，共销售彩票8769万元，比上年增加2411万元，筹集公益金2678万元，比上年增加385万元，资助贫困大学生15人，发放助学金6万元。社会福利事业健康发展，老年人、残疾人和孤儿的生活得到进一步改善。

【殡葬改革】 2009年，楚雄州扎实推进殡葬改革措施，出台《楚雄州殡葬管理办法》，狠抓殡葬改革宣传，科学划定火化区，加大殡葬设施建设力度，开展公墓清理整顿。全年共火化遗体2469具，比上年增加660具，火化率达14.5%，比上年提高2.4个百分点。

【基层民主政治建设】 2009年，楚雄州不断健全村务公开、“一事一议”、民主听证等民主决策、民主管理和民主监督的村民自治制度，基层民主政治建设深入推进，下拨资金32万元补助部分村民小组进行村务公开栏建设。提高三类人员的补助标准，农村原大队一级离职半脱产干部定期生活补助月人均提高50元，村干部岗位补贴月人均提高100元，部分原村公所（办事处）干部生活补助月人均提高150元。加大社区建设力度，大力开展社区基础设施建设，向省争取资金380万元，新建社区服务站（中心）26个。社区组织建设稳步推进，居民代表大会、协商议事委员会、调解委员会、群团组织、志愿者队伍、老年人组织等不断加强，社区体育，社区书法、舞蹈等民间组织蓬勃发展。农村社区建设工作正式启动，各项工作稳步推进，以社区为主的新型社会管理体制正逐步形成。

【优抚安置及拥军优属】 2009年，楚雄州全面落实各项优待抚恤和安置政策，努力做好双拥工作。（1）以新一轮争创“双拥模范城”为契机，扎实开展双拥活动，积极探索和创新双拥工作的形式和措施，定期召开军政座谈会、议军会、双拥工作领导小组会，开展多种形式的走访慰问活动，开展国防教育和爱国主义教育。（2）以落实优抚政策为重点，努力为优抚对象排忧解难，全面落实重点优抚对象抚恤补助政策，为1.86万名重点抚恤补助对象发放抚恤补助金4630万元。扎实开展“爱心献功臣”活动，将全州农村重点优抚对象全部纳入新型农村合作医疗，对1级至6级残疾军人的医疗费用实行实报实销，将有工作单位的重点抚恤补助对象统一纳入城镇职工基本医疗保险，由单位负责为其缴纳参保费；为14名重点优抚对象落实大病救助，解决大病医疗补助费4.1万元；为33名特困优抚对象实施医疗临时救助，解决医疗补助费2.1万元；优先将优抚对象纳入危房改造计划，为40户优抚对象解决建房资金24万元；将130余户存在生活困难的优抚对象纳入城乡低保，切实解决他们的生活难问题。（3）扎实开展退役士兵培训和安置工作，全年城镇安置257人。组织参加各级培训893人次，均取得中级技术等级证书。经“双考”安置就业112人，自谋职业145人。（4）认真做好军供和军休服务工作，按照军供站正规化建设的要求建成州广通军供站综合服务楼，积极落实军休干部的“两个待遇”，认真做好第4

批移交政府安置军队离退休干部住房补贴相关工作，使得军休干部真正做到老有所养、老有所为、老有所乐、老有所医，军政军民关系进一步巩固。

【专项社会事务管理】 2009年，楚雄州民政局专项社会事务管理工作取得明显成效。(1) 区划地名管理得到加强，设置城市街道路牌地名标志100块，调处边界纠纷20起，完成3州（市）间第二轮县级行政区域界线联检，完成州内16条1362千米县（市）界线平安边界友好公约的签署，完成楚雄州与四川省攀枝花市98千米平安边界友好公约的签署，完成禄丰县川街乡政府驻地搬迁及撤乡设镇和更名工作。(2) 婚姻登记服务进一步规范，办理结婚登记2.06万对、离婚登记3185对，涉外婚姻7对、补领结婚证2800本、补办结婚登记1476对，出具无婚姻登记记录证明1385份。(3) 民间组织内部制度建设逐步完善、布局结构不断优化、服务功能进一步增强，全年新审批社团100个、办理民办非企业登记15个、登记成立农村专业协会49个，组织社会组织深入学习实践科学发展观活动成效显著。

［李兴鹏］

红十字会工作

【赈灾工作】 2009年，楚雄州红十字会累计接收和募集款物价值共1060.73万元，其中物资价值297.96万元，建设项目援建资金571万元，募集捐款191.77万元。实施在建项目5个，其中民房建设1个，援助资金40.25万元；卫生室建设4个，援助资金20万元。启动"8·30"地震恢复重建援建项目24个，援助资金562万元，其中昆明市红十字会援建项目2个共209万元、壹基金援建项目7个共260万元、州红十字会援建项目15个共93万元。

【社会救助】 2009年，楚雄州红十字会积极组织和参与人道救灾救助工作。(1)在楚雄市举行博爱送万家活动，发放97.15万元慰问物资，受益群众达1.3万余人。(2)对禄丰县妥安乡琅井村火灾户、禄丰县金山镇科甲村委会火灾户、楚雄市东华镇四灯村野生菌中毒户、楚雄新龙江广场患病员工进行救助。(3)对楚雄市30名麻风病康复休养人员进行救助。(4)举办爱心物资捐赠仪式3场，募集到价值5.6万元的蚊帐、棉被，对2160多名贫困中小学生实施救助。(5)协同云南省红十字会完成了姚安"7·09"地震灾后72小时心理需求评估，培训15名心理援助志愿者，开展震灾心理援助。

【造血干细胞捐献者资料库建设】 2009年，楚雄州红十字会积极开展捐献造血干细胞工作，共采集血样827人，全州累计采集血样达2366人。

【红十字基层组织建设】 2008年12月8日，中共楚雄州委第43次州委常委会专题研究县（市）红十字会管理体制问题，决定"县（市）红十字会独立设置，为参公管理的正科级事业单位，核定编制3人至4人，会长由分管社会事业的副县（市）长兼任"。2009年3月，州编委下发《关于成立县市红十字会的批复》，同意成立县（市）红十字会，为正科级社会救助团体；并核定了人员编制。人口较多和自然灾害相对较多的楚雄市、大姚县、元谋县、武定县、禄丰县核定编制4名，其余双柏县、牟定县、南华县、姚安县、永仁县核定编制3名。牟定、大姚、武定、禄丰4县红十字会独立设置，专职人员13人。2009年1月，楚雄州红十字会第二次会员代表大会召开，选举产生第二届理事和常务理事，第二届理事会由67名理事组成，常务理事会由13名常务理事组成，州委书记、州长兼任名誉会长。5月和12月召开常务理事会，研究部署红十字会工作，12月召开二届二次理事会，进一步使理事会和常务理事会能够正常履行职责，更好地发挥理事在各工作领域的宣传和引导作用，不断推动全州红十字会工作的正常开展，充分发挥红十字会的优势和作用。2009年新建立、发展基层组织和团体会员单位10个，新发展红十字会会员2806人，其中成人会员1870人，青少年会员936人；共招募红十字志愿者940人，其中造血干细胞捐献志愿者832人，宣传、募捐工作志愿者108人。全年组织开展志愿者培训4期，培训志愿者218人，组建志愿服务队2支，设置志愿服务点3个，招募志愿者和临时工作人员221人，年内累计为2300人提供志愿服务。

【红十字青少年工作】 2009年，楚雄州红十字会注重青少年宣传教育工作。(1) 在州内大中专学校组织艾滋病防治知识宣传、红十字知识传播讲座4场次，捐献造血干细胞志愿者培训5场，卫生救护常识培训1场。(2) 指导、支持学校红十字组织举办纪念"5·8"世界红十字日主题晚会1场。(3) 支持楚雄医专、楚雄师院等学校红十字青少年积极参加暑期社会实践活动，68名红十字青少年参加开展各种活动5场次，发放红十字工作相关宣传品6800余份。(4) 组织10所学校6000余人参加青少年红十字知识网络竞赛和2所学校1000人参加红十字青少年防灾避险知识竞赛。

【红十字会宣传工作】 2009年，楚雄州红十字会继续加强宣传工作，开展形势多样的宣传活动。(1) 发放红十字知识、防治艾滋病知识、捐献造血干细胞等各类宣传册7.28万份，展出宣传展板53块，悬挂标语110条，张贴红十字知识宣传海报150套450张。(2) 为1000余人进行义诊和进行免费健康体检，接受健康相关咨询3300余人次。(3) 举办红十字知识、防治艾滋病知识、捐献造血干细胞知识等各类讲座和培训班7场，共计6100余人参加培训

［陈光荣］

扶贫开发

【扶贫资金投入】 2009年，楚雄州扶

贫开发工作目标明确，任务具体，责任落实，重点突出，成效明显，全州累计投入各类扶贫资金8.74亿元，扶贫项目资金投入创历史新高，其中财政扶贫资金1.63亿元（中央、省级财政扶贫资金1.31亿元，州级财政扶贫资金3215.7万元），投入信贷扶贫资金2.70亿元，整合项目资金2.47亿元，社会帮扶资金286.97万元，群众投劳折资1.91亿元。解决和巩固了15.7万贫困人口的温饱。

【整村推进】 2009年，楚雄州共组织实施扶贫整村推进项目611个，其中中央、省级项目411个，州级项目200个，占计划的102%。投入各类扶贫整村推进项目资金3.02亿元，其中中央、省级投入财政扶贫资金6165万元，州级投入财政扶贫资金3000万元，整合部门项目资金1.31亿元，群众投劳折资7867.87万元。项目覆盖99个乡（镇）342个村委会611个贫困自然村组，受益群众2.78万户11.30万人。

【连片开发】 2009年，楚雄州在姚安县实施以“县为单位、整合资金、整村推进、连片开发”试点项目，该项目总投资1.23亿元，其中中央投资1000万元，州县配套356.58万元，整合资金6347.37万元，群众自筹4571.5万元。项目覆盖2个乡（镇）13个村委会148个自然村。

【整乡推进】 2009年，楚雄州在南华县五街镇实施整乡推进综合开发试点项目，项目总投资5798.92万元，其中财政扶贫资金600万元，州级财政配套150万元，整合部门资金3135.28万元，地震恢复重建资金795.5万元，群众投劳折资1118.14万元。

【互助资金】 2009年，楚雄州在武定县、牟定县20个贫困村民小组投入200万元实施互助资金项目，积极探索财政扶贫资金一次投入、长期滚动使用，扶持贫困农户发展增收致富产业的新途径。

【安居工程】 2009年，楚雄州争取省扶贫办下达扶贫安居工程项目资金300万元，组织实施500户贫困户安居房建设项目。

【革命老区建设】 2009年，楚雄州累计投入革命老区建设扶贫资金64.88余万元，其中省财政扶贫资金30万元，整合资金22万元，群众投劳折资12.88万元。

【产业扶贫】 2009年，楚雄州组织实施10个产业开发扶贫项目，项目总投资2338.59万元，其中省级扶持资金700万元，群众自筹1638.59万元。项目覆盖31个乡（镇）2.17万户8.67万人。种植核桃2.96万亩，建设水池480个，建核桃、蚕茧和冬桃示范基地2900亩，扶持建设优质蚕茧基地5000亩，种植冬桃1780亩，引进良种母猪2370头，畜厩改造1.44万平方米；扶持龙头企业2个，建规模化养猪小区2个，养母猪350头，引进努比亚种公羊500只，扶持养羊户500户，培训农户7050人次。项目实施后可稳定解决3.62万人的温饱，有效改善项目区产业结构不合理的矛盾，为区域经济的发展创造新的增长点。

【易地扶贫】 2009年，楚雄州争取中央、省移民扶贫搬迁指标4910人，财政扶贫资金2455万元，其中财政扶贫资金转移安置3300人，地方政府债券资金转移安置1610人。共计投入扶贫移民搬迁资金9841.48万元，其中中央、省级财政扶贫资金1650万元，地方政府债券资金转移安置资金805万元，整合部门资金3229.23万元，群众自筹和投劳折资4157.25万元。

【劳动力转移培训】 2009年，楚雄州争取中央、省级扶贫劳务输出项目资金684万元，其中扶贫劳务输出省级财政资金300万元，中央财政扶贫资金384万元。完成贫困地区劳动力引导性和技能培训3.26万人，其中引导性培训2.95万人，技能培训3122人；培训转移就业3.01万人，其中引导性培训转移就业2.70万人，技能培训转移就业3037人，转移培训就业率90.42%，全面完成了全年扶贫培训转移就业工作任务。

【小额信贷扶贫】 2009年，楚雄州出台《楚雄州扶贫到户小额信贷管理改革新办法》，争取发放小额到户贷款2.35亿元，扶持4.43万户农户发展生产，培植产业示范村591个。推荐评审上报扶贫龙头贴息贷款项目16个，其中下达项目8个，贷款金额3500万元，争取贴息资金105万元。

【社会扶贫】 2009年，中共楚雄州委、州人民政府对120家社会帮扶先进单位进行表彰奖励，调整州级单位扶贫联系点，加强对挂钩扶贫工作的协调服务和督查。全年州级142家单位有7972名党员干部职工与2130户贫困户结成帮扶对子，有3000余名党员干部深入扶贫点开展工作，共投入各类挂钩帮扶资金4548.38万元，其中中央、省级挂钩单位争取协调项目资金605万元，州财政投入143万元，州级部门协调资金和干部职工捐款、捐物折资3943.38万元。

【外资扶贫】 2009年，楚雄州加强与国际组织的合作与交流，充分挖掘社会帮扶潜力，发挥社会团体、民间组织帮扶的积极作用，大力倡导、动员、组织社会各界力量为实现全州扶贫开发目标做出新的贡献。全年外资和社会民间组织在全州实施扶贫项目6个，投入资金535.92万元，其中外资款物折人民币455.92万元，省财政配套80万元。

［张仕宏］

移民工作

【青山嘴水库移民搬迁安置】 2009年是青山嘴水库工程实施移民搬迁安置最后一期计划和完成移民任务的关键之年，压力大，困难多，任务重，楚雄州移民开发局始终以饱满的工作热情，开拓创新的工作思路，求真务实的工作态度，采取一系列措施推进青山嘴水库移民搬迁安置工作的开展，克期完成青山嘴水库移民搬迁安置任务。6月末，移民已全部迁出库区，得到妥善安置，实现了“移民在6月30日前入住栗子园小区”的承诺。12月末，移民劳动力就业达96.68%，消除了“零就业家庭”，实现移民“搬得出、稳得住、环境得到保护，在发展中能致富”的目标，工程建设没有因移民问题而受到影响，确保了青山嘴水库8月1日按计划下闸蓄水。

【大中型水库移民后期扶持】 2009年，楚雄州移民开发局积极贯彻落实国家关于完善大中型水库移民后期扶持政策。(1) 认真核定大中型水库移民后期扶持人口，对全州10县（市）57个乡（镇）377个村委会1236个村民小组的移民后期扶持人口进行核定，核定2009年度全州移民后期扶持人口为3.20万人。(2) 做好新建大中型水库移民后期扶持人口核定登记及报批工作，按程序上报省移民开发局审核确定2009年度新建大中型水库农村移民人口为3486人。(3) 认真落实移民后期扶持项目。省财政厅、省移民开发局下达楚雄州2008年大中型水库移民后期扶持结余资金370万元，作为“8·30”地震应急处置补助。州移民开发局会同州财政局共同深入牟定、大姚、永仁、元谋、武定5个地震受灾县的大中型水库库区和移民安置区认真调研，对各县提出的后期扶持项目逐项进行筛选，确定了安全饮水、避险搬迁、村组道路、基础设施建设等10个项目。(4) 认真做好库区和移民安置区基础设施建设和经济发展规划项目储备工作。按照先急后缓的原则，及时组织各县（市）选定年度重点建设项目，建立项目储备库。(5) 按照《云南省人民政府办公厅关于印发云南省改善小型水库移民安置区生产生活条件问题意见的通知》精神，为切实改善全州小型水库移民安置区经济发展条件，不断提高移民群众生产生活水平，深入调研，制定出台《楚雄州人民政府关于贯彻云南省改善小型水库移民安置区生产生活条件问题意见的通知》。

【观音岩水电站建设移民前期工作】 2009年，楚雄州移民开发局紧紧围绕观音岩水电站“2010年11月大江截流”和“2014年第一台机组发电”两大目标认真做好移民工作。(1) 按照与大唐观音岩水电开发有限公司签订的工作协议，完成大姚县湾碧乡集镇咖啡场安置点基础设施施工图设计。(2) 完成咖啡场安置点道路、场地平整，给排水、防灾减灾工程项目招投标工作，确定施工单位。(3) 完成投资772万元的咖啡场安置点供水工程项目，并投入使用。(4) 完成咖啡场安置点的土地调整工作，共调整集镇迁建用地和移民生产用地1348.94亩。(5) 永仁县小汉坝、猛虎、下拉姑、秧田箐4个安置点的土地调整工作已基本完成，正积极开展施工图设计。(6) 与昆明勘测设计院签订库区四级公路改（复）建工程勘测设计合同，年内除万马大桥外，全部道路施工图设计已经完成并通过审查。(7) 完成“8·30”地震观音岩电站库区移民受灾恢复重建工作。

【乌东德水电站建设移民前期工作】 乌东德水电站是金沙江下游的重要水电建设项目，电站建设将淹没楚雄州武定县、元谋县、永仁县的部分地区，涉及移民1.5万余人。2009年，楚雄州移民开发局在认真做好调查研究，广泛听取群众意见的基础上，委托楚雄欣源水利电力勘察设计有限公司配合元谋县、武定县编制《移民安置方案》。年内《安置方案》初稿已完成，并组织进行了2次修改完善。

【戛洒江水电站建设移民前期工作】 2009年，楚雄州移民开发局按照国家《大中型水利水电工程建设征地补偿和移民安置条例》规定，组织相关人员深入戛洒江一级水电站库区进行调研，对戛洒江一级水电站建设征地移民安置提出指导性意见，做好电站建设移民前期工作。

【移民安置监督管理】 2009年，楚雄州移民开发局按照“确保工程安全、确保资金安全、确保干部安全”的要求，认真执行《云南省大中型水利水电工程建设移民资金管理办法》，制定了《青山嘴水库移民城市安置栗子园小区建设管理规定》和《青山嘴水库工程建设移民安置资金管理办法》，进一步加强移民工程项目管理，认真落实工程建设项目法人制、招标投标制、工程监理制和双合同制“四项管理制度”。在移民工程建设中，邀请移民代表参与工程招投标和施工的全过程监督，听取移民意见，接受移民监督，切实做到维护移民的参与权、知情权、监督权。切实加强对移民资金的管理监督，做到专户储存，专账管理，专款专用，自觉接受财政、审计、监察等部门的监督检查和移民群众的监督，确保资金安全，确保资金发挥效益。同时，协调配合水规总院江河咨询中心对青山嘴水库移民工作的综合监理和四川省移民工程监理公司对观音岩水电站移民工作的综合监理。

［张瑞元］

残疾人工作

【助残日活动】 2000年5月17日，楚雄州紧紧围绕第19次“全国助残日”、“关爱残疾孩子、关心特殊教育”主题，认真组织开展相关助残活动。(1) 州委、州人民政府领导分别率各残疾人工作委员会成员单位领导慰问州特殊教育学校的师生，发放慰问金3.6万元，同时专题听取州特殊教育学校基础设施及教学等相关情况汇报。(2) 州级各残疾人工作委员会成员单位领导、各县（市）分管残疾人工作的领导专门到州特殊教育学校慰问贫困残疾学生。(3) 助残日当天，州级残工委成员单位到楚雄市桃园湖广场开展宣传活动，发放宣传材料8680份。(4) 州残联、州教育局、州特殊教育学校联合在州广电中心演播大厅主办“我和你”2009年“全国助残日”专场文艺晚会。

【残联业务培训】 2009年4月和11月，云南省残疾人状况监测业务培训班和云南省残联信息统计工作培训分别在楚雄举办，楚雄州残联在培训会上作了信息化工作经验交流。

【残疾人艺术汇演获奖】 2009年5月18日至22日，在昆明举行的全省第六届残疾人艺术汇演中，由楚雄州选送参加演出的4个节目都分别获表演奖、特等奖、创作奖和辅导奖，声乐类金奖、辅导奖，声乐类银奖、辅导奖，乐器类铜奖。楚雄州代表队还获得了团体奖第五名及组织奖。

【残疾人体育】 2009年，楚雄州的残疾人体育事业成绩卓著。9月，国家残疾人体育代表队队员、楚雄籍运动员蔡红梅，在日本东京举行的第二届亚洲残疾人青年运动会上夺得4枚金牌；11月在昆明举行的全省第九届全国残疾人运动会上，楚雄州代表团夺得17枚金牌、16枚银牌、20枚铜牌、11个第四名、6个第五名，团体总分名列全省第五名，并获运动会体育道德风尚奖。

【残疾人事业宣传】 2009年，楚雄州残联认真做好残疾人事业宣传工作，与州电视台合作办好《同在一片蓝天下》栏目和“一周要闻”双语节目，与楚雄电视台联合拍摄了反映全州近年来残疾人事业发展的专题片《心手相牵》并在州电视台播放，营造关心残疾人、支持残疾人的环境。

【残疾人劳动就业】 2009年，楚雄州残疾人联合会认真开展残疾人就业服务系列活动。(1) 制定下发《楚雄州残疾人联合会关于开展2009年残疾人就业服务系列活动的通知》，明确实施方案，成立领导小组，召开残疾人就业服务系列活动领导小组工作会议，认真开展了大中专学校残疾学生就业服务系列活动、就业援助系列活动、春风行动系列活动。(2) 成功组织全州第四届、第五届残疾人劳动就业供需见面会，共有188名残疾人参加招聘会，有87名残疾人被录用。(3) 举办盲人电脑、盲人初级按摩、盲人中级按摩、盲人高级按摩、摩托车修理等培训班，培训残疾人108名。(4) 认真开展残疾人就业保障金征收工作，对未安排残疾人就业或安排残疾人就业未达到1.5%比例的用人单位征收残疾人就业保障金，州县征收金额逐年增加，州级征收达256万余元，超额完成州财政下达的200万元征收任务，全州突破1000万元大关。

【残疾康复工作】 2009年，楚雄州完成白内障复明手术1700例，聋儿语训40例，安装假肢45例，精神病防治300人。全州为400名残疾人捐赠了轮椅，为残疾人配发坐便器、助行器、拐杖等420余件。姚安县残联实施了肢体残疾及智力残疾康复项目，楚雄市、禄丰县、大姚县认真实施了精神病防治项目，元谋县实施残疾人生活状况监测，南华县实施残疾人养老保险试点，禄丰、大姚2县实施创建全国“白内障”无障碍示范县，并通过省残联验收。认真开展二代残疾人证核（换）发工作，全年全州共核（换）发二代残疾人证4.43万本。

【残疾人基层组织建设】 2009年8月3日，楚雄州人民政府第20次常务会专门听取州残联关于全州基层残疾人组织建设情况汇报。随后，州人民政府下发《楚雄州人民政府关于配备村委会（社区）基层残疾人专职委员联络员的通知》，同意在全州48个社区配备专职委员、1048个村委会配备兼职联络员。11月27日，全州基层残疾人组织建设工作会议在楚雄召开，州人民政府副州长吕琳麟在会上就做好基层残疾人组织建设工作提出要求。楚雄州基层残疾人组织建设实现新跨越。

【爱心光明行】 2009年10月至11月，由香港慈辉佛教基金会捐助善款，云南省残疾人联合会和云南省残疾人康复中心组织实施的“爱心光明行”项目在楚雄州南华、姚安、大姚、永仁4县开展。由香港慈辉佛教基金会免费捐助资金50余万元，实施白内障手术597例。

［董杨春］

宗教事务

【全州宗教界人士座谈会】 2009年1月10日，楚雄州召开2009年宗教界人士迎新春座谈会。中共楚雄州委常委、州委统战部部长任锦云出席座谈会并代表州委、州人民政府向全州宗教界人士表达春节问候。各宗教团体负责人分别通报楚雄州佛教、伊斯兰教、基督教的情况，对宗教团体如何加强自身建设，发挥桥梁纽带作用，切实做好宗教领域的稳定工作等情况作了发言，对各级党委、政府和宗教事务部门多年来认真贯彻落实党的宗教政策、关心宗教界人士表示感谢，并一致表示要团结和引导宗教界人士和广大信教群众高举爱国爱教旗帜，拥护党的领导，服从政府管理，积极投身社会主义现代化建设，为彝州的发展作出贡献。

【宗教团体班子自身建设研讨会】 2009年11月24日至27日，楚雄州宗教事务局组织召开全州宗教团体班子自身建设研讨会议。州佛教协会、州基督教“两会”和州伊斯兰教协会常委（常务理事）以上人员，县级宗教团体会长（主席）、副会长（副主席），10县（市）民族宗教局分管宗教工作的副局长，以及州宗教事务局全体人员参加研讨会，州委常委、州委统战部部长任锦云到会看望宗教界人士，并作重要讲话。研讨会旨在深入研究和探索加强爱国宗教团体班子自身建设的新途径，有效推动爱国宗教团体自身建设，增进班子成员及各教之间的团结。

【宗教领域民族团结进步工作】 2009年，楚雄州宗教事务局着力抓好宗教领域的民族团结进步工作。(1) 充分发挥全州性宗教团体的作用，努力营造开展宣传教育活动的良好氛围。在宗教界传达学习党中央、国务院关于深入开展民族团结宣传教育活动的意见、胡锦涛总书记在国务院第五次全国民族团结进步表彰大会上的讲话和《中国的民族政策与各民族共同繁荣发展》等重要精神。通过协会广泛发动各宗教场所、宗教界人士积极宣传好党的民族政策，带头做好宗教领域的民族团结工作。（2）进一步增强对民族团结进步重要意义的认识。针对2008年“3·14”西藏拉萨发生的打、砸、抢、烧事件和2009年“7·05”新疆乌鲁木齐发生的恐怖暴力事件，组织职工学习党的民族政策及宗教理论和党中央、国务院关于开展民族团结宣传教育的精神。在干部职工中开展以“促进宗教和谐、维护民族团结”为主题的学习交流活动。（3）找准结合点，在具体工作中落实民族团结工作。在全州宗教领域深入开展爱国主义和法制宣传教育活动，把民族团结宣传教育活动贯穿宗教工作的始终。（4）加强党的宗教政策法规宣传，依法打击和取缔邪教，大力推进非正常宗教综合治理，着力解决宗教领域的“热点”、“难点”问题，积极化解矛盾，妥善处理宗教领域的突发事件，打牢全州宗教领域维护民族团结的基础。

［吴晓剑］

【宗教工作干部和宗教教职人员培训】2009年8月5日至7日，为期3天的楚雄州宗教工作干部和宗教教职人员培训班在州社会主义学院举办。100名州、县宗教工作干部和150名宗教教职人员参加学习培训。中共楚雄州委常委、州委统战部部长任锦云出席培训班并讲话，州人民政府副州长樊炳清就有关金融知识、金融危机对楚雄州的影响作了专题讲座。培训班还分别就新时期党的宗教工作方针及政策、爱国主义和法制宣传教育、《宗教事务条例》及《楚雄彝族自治州宗教事务管理规定》和宗教相关配套规章等内容作了专题讲授。

【宗教工作专题会议】　2009年11月20日，中共楚雄州委宗教工作领导小组召开会议，研究全州宗教工作，州委宗教工作领导小组成员单位和州宗教事务局全体干部共35人参加会议。州委常委、州委统战部部长、州委宗教工作领导小组组长任锦云出席会议并发言，对做好宗教工作提出要求。（1）各级各部门要不断增强治敏锐性和高度的政治责任感，不断改进处理宗教问题的工作方法，不断研究新形势下做好宗教工作的有效途径。（2）争取上级部门的支持，整合部门资源，利用扶贫、新农村建设项目帮助信教地区群众改善生产生活条件，大力发展经济，使他们感受到党和政府的温暖，积极投身到经济社会建设大潮中，为构建和谐社会发挥积极作用。（3）在引导信教群众与社会主义相适应上下功夫，充分发挥各宗教的积极因素，为经济社会发展服务。（4）妥善处理好宗教领域的热点难点问题，及时掌握宗教领域信息，消除不稳定因素，将矛盾纠纷化解在萌芽阶段，确保全州宗教领域的团结稳定和谐。

［周　德］

【省宗教事务局领导到楚雄州调研】2009年4月18日，云南省宗教事务局局长熊胜祥、办公室主任马开能、省佛教协会副会长祟化法师一行，在中共楚雄州委常委、州委统战部部长任锦云，常务副部长刘予敏，州宗教事务局局长杨发荣的陪同下，先后到大姚、南华等县调研宗教工作。熊胜祥一行参加了大姚县妙峰山德云寺举行的建寺380周年纪念系列活动，深入大姚县要求恢复开放和重建的金碧镇锁北高家铺妙光报恩禅寺原址进行实地考察，详细了解筹备情况。随后，又深入南华县龙川镇宝珠寺看望慰问驻寺僧尼，帮助解决资金缺口问题。通过实地调研和听取汇报，熊胜祥充分肯定了楚雄州的宗教工作，并就下步工作提出要求。

［凤云松］

【楚雄州佛教第三次代表会议】　2009年6月13日至14日，楚雄州召开佛教第三次代表会议，来自全州10个县（市）的佛教界代表和特邀代表共计100余人参加会议。中共楚雄州委常委、州委统战部部长任锦云、州政协副主席王应学等领导参加开幕式并作重要讲话。会议审议了《楚雄州二届佛教协会工作报告》和《楚雄彝族自治州佛教协会章程》；选举产生了楚雄州佛教协会第三届理事会理事29人，常务理事15人；选举释清缘为会长，释如证、释法祥、释印能、释法诚、释照圣、释法轮、释传证为副会长；选举释净雄为秘书长，释传度、释净祥和州宗教事务局干部李新华为副秘书长。

［张　丽］

（责任编辑：安孟勤）

县（市）概况

楚雄市

【地理位置】 楚雄市位于楚雄州中西部，地处北纬24°30′～25°15′、东经100°35′～101°48′之间。东邻禄丰县，南连双柏县，西接南华县，北同牟定县毗邻。楚雄市人民政府驻地鹿城镇，海拔1773米，距昆明市152千米，距大理市179千米。

【行政区划】 2009年末，楚雄市辖鹿城、东瓜、吕合、紫溪、东华、子午、苍岭、三街、八角、中山、新村11个镇和大过口、大地基、树苴、西舍路4个乡，150个村（居）民委员会，2832个村（居）民小组。行政区域面积4512平方千米。

【人口民族】 2009年末，楚雄市城镇人口24.74万人，人口出生率8.43‰，死亡率4.92‰，自然增长率3.51‰；城镇化率44.5%。据公安部门统计，年末户籍人口50.95万人，比上年末增长0.6%。其中女性人口24.91万人；非农业人口15.51万人；少数民族人口11.97万人，占总人口的23.5%。主要少数民族有彝族10.22万人，回族7925人，白族4279人。

【自然概貌】 楚雄市地势西北高，东南低，从西北向东南倾斜，呈倾斜葫芦形。市境山脉皆属哀牢山系东麓支平余脉，多呈西北、东南走向。境内最高点是西舍路乡哀牢山脉的小越坟山，海拔2916米；最低点为礼社江与彝家拉河、石羊江交汇处，海拔691米。市境河流分属元江、金沙江两大水系。元江上游的礼社江，从南华县入境，穿越市境西南部。金沙江水系有其支流龙川江从吕合入境，自西向东流经东瓜、鹿城、苍岭，再由西向北出境，是楚雄市坝区的主要河流。市境属北亚热带季风气候区，冬干夏湿，雨季集中，日照充足，霜期较短，冬季降水量偏少。西部山区，山高谷深，地形复杂多样，有立体气候特点。全市土壤多为水稻土和红壤土，适宜水稻、烤烟、包谷等农作物种植。2009年平均气温17.2℃，降雨量619.6毫米，比上年同期减少481.9毫米。年末，全市实有耕地面积35.72万亩，其中水田18.51万亩、旱地17.21万亩；有水库182座，坝塘4187个，总库容达1.96亿立方米。全年人工造林12.45万亩，同比增长18.4%，天保工程管护面积407.56万亩。有自然保护区3个，保护区面积9.42万亩，其中国家级保护区面积6.7万亩。森林覆盖率76.92%。

【资源特产】 楚雄市在历史上曾开采过银矿，其主要矿藏资源有煤、油页岩、金、铜、铁、铅锌、石灰石。其中褐煤储量8870万吨，油页岩储量122.4万吨，铅锌矿石储量87万吨，石灰石分布较广，楚石（大理石）也有一定储量。市境生物资源十分丰富，且有丰富的茶花资源，树龄在200年以上的茶花母树有60余种。楚雄市被誉为“茶花古树之乡”。境内常见木本植物有40多种，草本植物20多种，食用菌30多种。有野生中药640多种，名贵药材有三七、天麻、五味子、茯苓、小棕包等56种。发现野生动物519种。其中两栖类29种，爬行类56种，鸟类329种，兽类105种；属国家保护的野生动物有蜂猴、白鹇等64种。位于市境西南部的哀牢山国家级自然保护区，森林茂密，有名贵植物1480多种，鸟兽460种，两栖类爬行动物46种，国家重点保护珍稀动物26种，已被列为联合国“人与生物圈”森林生态系统的定位观测站。境内最具代表的经济作物有烤烟、蚕桑、茶叶、核桃。境内气候土壤等自然条件适宜烤烟生长，在发展烤烟生产的基础上，发展了卷烟生产，并已成为优势产业之一。境内有以森林为主要景观的紫溪山国家AAA级旅游风景区；集中展示中国彝族文化风情的主题公园中国彝族十月太阳历文化园为国家AA级景区；彝人古镇是在宋代“德江城”遗址附近新建的一个集彝族民居展示、商贸旅游为一体的文化小镇，为国家AAAA级景区；福塔文化园景区是楚雄城区标志性建筑，塔为八角九层楼阁外廊式建筑，集中华福文化之大成，汇聚展示博大精深的福文化。境内特产丰富，有做工精细的民族珍贵装饰品银器、手工刺锈的彝族服饰、益友骨角保健梳及工艺品。还有薄荷油和薄荷脑、云泉豆瓣酱、野生食用菌、核桃及三街蚂蝗箐的彝山系列茶叶、大地基乡中邑舍的楚彝系列茶叶。其中“楚彝”牌银毫茶叶荣获无公害农产品认证。拥有“全国核桃之乡”称号，市产核桃具有个大、壳薄、仁厚、味香等特点，其中“东宝一捏脆”核桃系列产品被国家农业部认证为“国家A级绿色食品”；滇岭牌“桃乐丝”滇含片糖、“滇彝”牌核桃、“彝非卓”核桃3个产品荣获中国绿色食品发展中心A级绿色食品认证。境内栽桑历史较为悠久，现以东瓜的刘家村等为蚕桑种植基地进行栽桑养蚕，其蚕茧蚕丝率高（13%），蚕丝长（1300米），可缫6A级高品位的生丝。

【经济状况】 2009年，全市实现生产总值140.49亿元，按可比价格计算，比上年增长12.2%。其中，第一产业增加值14.22亿元，增长6.2%；第二产业增加值79.57亿元，增长12%，其中辖区工业增加值66.59亿元，增长8.9%；第三产业增加值46.70亿元，增长14.5%。三次产业结构由上年的10.2∶56.9∶32.9调整为10.1∶56.6∶33.3。人均生产总值5494元。非公有制经济实现增加值62.58亿元，占生产总值比重为44.5%，增长0.6%。2009年实施项目85项，年内到位资金2.61亿元。全市规模以上工业实现增加值57.25亿元，比上年增长8.5%，其中烟草制品业完成增加值43.47亿元，增长9%。居民消费品价格总指数99.9%，比上年下降0.1个百分点，其中食品类上涨18.2个百分点，居住类下降2.2个百分点。全年商品零售价格总指数为99.2%，比上年下降0.8个百分点。全年实现农林牧渔业总产值23.18亿元，比上年增长6.7%。其中农业产值12.38亿元，增长5.3%；林业产值2.40亿元，增长10.8%；畜牧业产值7.86亿元，增长7.3%；渔业产值5437万元，增长9.7%。全年农作物总播种面积74.82万亩，其中粮食播种面积51.22万亩，增长0.5%；经济作物种植比例为68.5∶31.5。全年粮食总产量18.79万吨，比上年增长2.8%。全市150个村（居）委会均实现村村通公路、通电和通程控电话。年末，有效灌溉面积9.49万亩；全年化肥施用量（折纯）1.51万吨，增长0.1%；农村用电量5428万千瓦时，增长10.8%。全年实现工业总产值141.14亿元，比上年增长14%，规模以上工业总产值111.17亿元，增长7.3%。建筑企业完成产值21.37亿元，增长37.5%。房屋施工面积129.6万平方米，增长23.6%。全年完成固定资产投资61.91亿元，比上年增长30.3%，拉动全市GDP增长3.3百分点。全年实现社会消费品零售总额49.95亿元，比上年增长21.1%。全年完成货运周转量5.67亿吨千米，比上年增长3.6%；旅客周转量5.96亿人千米，增长1.2%。全年完成邮政业务总收入3.12亿元，比上年增长6.6%。年末固定电话11.43万部，移动电话用户普及率达66.39部/百人。全年完成财政总收入17.86亿元，比上年增长16.6%，其中地方一般预算收入8.31亿元，增长12.9%；地方财政支出14.60亿元，增长18.1%。年末，金融机构各项存款余额175.00亿元，比上年末增长25.7%，其中居民储蓄存款余额72.22亿元，增长22.1%。金融机构各项贷款余额120.43亿元，增长35.2%。

方兴未艾的楚雄城市建设 （朱卫明/摄影）

【教科文卫】 2009年，全市有普通中学26所，在校学生3.42万人；各类中等职业学校10所，在校学生2.37万人；小学151所，在校学生4.30万人。学龄儿童入学率、初中学龄人口入学率、初中毕业高中录取率分别为99.9%、99.98%、64.6%。全年市级财政教育事业经费支出2.42万元，增长24.4%。年末，全市有卫生机构376个，床位3545张，有卫生技术人员4155人。参加新型农村合作医疗保险的农村居民32.55万人，参保率91.8%。年末，辖区有公共图书馆2个，文化馆2个，博物馆1个。广播、电视人口覆盖率分别达到97%和96%。

【社会生活】 2009年，全市城镇居民人均可支配收入15501元，比上年增长8.3%；农民人均纯收入4029元，增长14.2%。全年有1.66万人领取城镇居民最低生活保障金，发放保障金2966万元；1.91万人领取农村低保，发放低保金1270万元。年末，全市共有从业人员34.32万人，比上年增加0.96万人，增长2.9%；在岗职工人均工资收入28545元，增长17.2%。城镇登记失业人员1950人，比上年末增加161人，城镇登记失业率控制在3.5%以内。辖区参加城镇职工基本养老保险人数达5.05万人，增长6.1%；参加城镇职工基本医疗保险人数达8.99万人，下降0.4%。年内发生安全生产事故128起，安全生产事故死亡27人，比上年上升56%。

【胡锦涛总书记视察马石铺村】 2009年7月26日，中共中央总书记、国家主席、中央军委主席胡锦涛和随行的中共中央书记处书记、中央办公厅主任令计划，中共中央书记处书记、中央政策研究室主任王沪宁，在云南省党政领导白恩培、秦光荣、罗正富一行陪同下，来到楚雄市苍岭镇马石铺民族聚居村视察民族团结和党建工作情况，并到彝族村民李凤祥家看望。总书记同乡亲们坐在一起拉家常：中央扶持少数民族和民族地区政策落实得怎么样，新型农村合作医疗开展得如何，村里还有没有困难群众，还希望党和政府做些什么……总书记的问话真挚细致，乡亲们的回答朴实坦率。胡锦涛对乡亲们说，党和政府将把加快少数民族和民族地区发展放在更加突出的位置，进一步加大扶持力度，有效改善民族地区群众生产生活条件，乡亲们的日子一定会越过越红火。听了总书记的话，乡亲们十分振奋。回族村民拿出自制乐器，吹奏了一曲《唱支山歌给党听》，乡亲们齐声高唱，表达他们对党、对祖国的一片深情。总书记强调，我国是统一的多民族国家，各民族都是中华民族大家庭的重要成员。民族团结是党和人民事业胜利的重要保证，是民族地区繁荣发展、各族人民幸福安康的重要保证。我们一定要高举各民族大团结旗帜，把促进民族团结作为神圣职责，同各族干部群众一道，为加快民族地区经济社会发展，为巩固和发展平等团结、互助和谐的社会主义民族关系作出新的更大贡献。

【严重干旱】 2009年，楚雄市雨量偏少，气温偏高，日照偏多，出现严重干旱。全年总降雨量619.6毫米，年平均气温17.2℃，年日照时数2309.2小时。春季出现明显春旱，雨季开始期正常偏晚，主汛期降雨过程少，光照充足、温度偏高，雨季结束期提前。9月~12月，降雨量持续偏少，秋冬旱严重。2009年，年平均雨量特少，属有气象资料记录以来的第三偏少年，气温偏高，干旱突出，87天基本无降水，全市工农业生产、人畜饮水受到严重影响，森林火险等级持续偏高。旱灾共造成全市15个乡（镇）124个村委会2301个村民小组57153户22.44万人11393.1公顷农作物受灾，直接经济损失5061.27万元；造成全市12个乡（镇）75个村委会647个村民小组15703户6.32万人和6.26万头牲畜饮水困难。

乡（镇）领导名录

鹿城镇
　党委书记　向　勇（傣，副处）
　镇　　长　习　雁
东瓜镇
　党委书记　孙春荣
　镇　　长　曹云慧
紫溪镇
　党委书记　魏元宏（彝）
　镇　　长　钱　颖（女，哈尼）
吕合镇
　党委书记　陆　海（壮）
　镇　　长　马兴旺（回，2009.01~）
东华镇
　党委书记　陆洪朝
　镇　　长　罗华银（彝）
子午镇
　党委书记　刘　敏（女）
　镇　　长　李加友（彝，2009.01~）
苍岭镇
　党委书记　李仕阳
　镇　　长　杨光涛（~2009.03）
　代理镇长　陈德君（2009.03~）
三街镇
　党委书记　李树鉴
　镇　　长　李　勇
树苴乡
　党委书记　鲁光福（彝）
　乡　　长　陈富荣（2009.01~）
八角镇
　党委书记　徐林宗
　镇　　长　鲁　潜
中山镇
　党委书记　邹顺伟（彝）
　镇　　长　刘之源
大过口乡
　党委书记　普有华（彝）
　乡　　长　何金富（彝）
西舍路乡
　党委书记　王庆贵（彝）
　乡　　长　王玉璋（2009.01~）
新村乡
　党委书记　王崇福
　乡　　长　李兴明（~2009.03）
　代理乡长　韦宗勇（2009.03~）
大地基乡
　党委书记　李贵泽
　镇　　长　李先福（2009.01~）

［周永琼］

乡（镇）情况一览表

乡(镇)	面积（平方千米）	村(居)委会（个）	年末总人口（人）	年末耕地面积（亩）	农业总产值（万元）	粮食总产量（吨）	烤烟总产量（吨）	年末大牲畜存栏（头）	农民人均纯收入（元）	各类学校（所）	医疗机构（所）	文化站（个）
鹿城镇	372	19	155752	30765	27372	19140	270	9379	5047	33	23	1
东瓜镇	229	12	64493	19603	14508	12501	488	7279	4788	17	1	1
吕合镇	186	9	28636	21482	19335	12752	497	9396	4026	11	1	1
紫溪镇	243	8	14828	15023	9033	8470	355	5908	3541	8	1	1
东华镇	448	11	30346	36425	26033	20467	2574	10652	3887	13	1	1
子午镇	362	13	35034	45656	25436	24815	2793	12904	4130	14	1	1
苍岭镇	344	8	32418	42712	26948	22934	827	14593	4268	9	1	1
三街镇	206	11	25155	19060	10895	9325	1100	9502	3555	11	1	1
八角镇	145	7	16973	16221	9874	8195	1381	7073	3174	7	1	1
中山镇	301	11	24460	25740	11825	10971	1327	8037	3521	12	1	1
新村镇	355	8	14875	16241	11273	8428	926	8523	3462	9	1	1
树苴乡	134	7	18864	17813	9729	9710	1135	7650	3307	8	1	1
大过口乡	340	9	16337	16730	8017	5858	577	6899	3488	7	1	1
大地基乡	387	6	11221	14594	12138	6093	904	5626	3121	6	1	1
西舍路乡	381	11	20122	19236	9418	8235	431	8303	2563	12	1	1

［楚雄州统计局供稿］

双　柏　县

【地理位置】 双柏县位于楚雄州南部，地处北纬24°13′～24°55′、东经101°03′～102°02′之间。东邻易门、峨山县，南连新平县，西与镇沅、景东县接壤，北同楚雄市、禄丰县毗邻。县人民政府驻地妥甸镇，海拔1964米，距州府楚雄市城区60千米。

【行政区划】 2009年末，双柏县辖妥甸、大庄、碍嘉、法脿、大麦地5个镇和安龙堡、爱尼山、独田3个乡，84个村（居）民委员会，1545个村（居）民小组。行政区域面积4045平方千米。

【人口民族】 2009年末，全县常住人口15.97万人，人口出生率9.7‰，死亡率6.9‰，自然增长率2.8‰，城镇化率22.7%，比上年提高1.2个百分点。据公安部门统计，年末户籍人口15.63万人，比上年末增长0.5%。其中女性人口7.47万人；非农业人口1.71万人；少数民族人口7.65万人，占总人口49.0%。主要少数民族（千人以上）有彝族7.11万人，哈尼族3820人。

【自然概貌】 双柏县地处滇中，具有地表畸形，群山连绵，山川峡谷纵横，高差悬殊，垂直明显的特点。因受绿汁江、马龙河水系的深切，断面呈“V”型发育，构成西北高、东南低，地形由西北部向东南部倾斜，白竹山以北地区高原特征比较明显；南部呈中山深切割地貌，谷深坡陡，地表破碎，多数山地脉络难寻。绿汁江多沿县境边缘环流，全县最高点为县境西部与景东县交界的大梁山，海拔2946米，最低点是县境南端与新平县交界处的三江口，海拔556米。全境皆山，无一平川，坡度大于8度的国土面积占98.5%。其地貌大致分为强烈切割高、中山峡谷区，强烈切割高、中山区和中山丘陵区3个单元区。年末，全县实有耕地面积18.27万亩，常用耕地面积17.87万亩，其中水田8.02万亩、旱地9.85万亩；有水库83座，水库总库容8133万立方米。森林覆盖率84%。

【资源特产】 2009年末，全县年均降水总量为35.74亿立方米，县境河川经流总量为748亿立方米，全县主要江河水能理论蕴藏量为36.36万千瓦，其中马龙河4.16万千瓦，沙甸河、绿汁江8.86万千瓦，碍嘉境内23.35万千瓦。全县共有林业生产用地493.39万亩，活立木蓄积量为820多万立方米，境内有树种207科，344属，5095种，其中列为珍贵树种明令保护的有11科，16个品种。主要特产有妥甸酱油、白竹山茶、邦三红糖等。

【经济状况】 2009年，双柏县实现生产总值11.15亿元，按可比价格计算，比上年增长11.1%。其中第一产业实现增加值5亿元，增长6.8%；第二产业实现增加值2.33亿元，增长16.6%，其中工业实现增加值1.73亿元，增长13.4%；第三产业实现增加值3.83亿元，增长13.2%。三次产业结构由上年的46.4∶19.2∶34.4调整为48.8∶20.9∶34.3。人均生产总值7150元，比上年增长11.1%。非公有制经济实现增加值4.66亿元，比上年增长15.2%，占生产总值比重41.8%。实施招商引资项目53个，项目协议总投资52.44亿元，年内到位资金4.03亿元。重点产业实现产值9.99亿元，比上年增长14.8%，实现增加值4.77亿元，增长10.4%，其中烤烟实现产值1.32亿元，增长3.2%，实现增加值7629万元，增长3.1%。重点产业增加值占GDP比重达42.8%。居民消费价格下降0.3%。其中食品类上涨1.1%；居住类与上年持平。全年商品零售价格下降1%，农业生产资料价格下降5.3%。全年实现农林牧渔业产值8.87亿元，比上年增长6.8%，其中农业产值4.09亿元，增长5%；林业产值9035万元，增长6.7%；畜牧业产值3.81亿元，增长8.8%；渔业产值617万元，增长9.2%。全年农作物总播种面积35.42万亩，比上年增长0.6%。其中粮食播种面积22.44万亩，下降2.4%；经济作物播种面积12.98万亩，增长6.3%。烤烟种植面积5.22万亩，与上年持平。全年粮食总产量57.13万吨，比上年增长0.3%。全县84个村（居）委会全部通电、通自来水、通公路、通电话。年末，农田有效灌溉面积8007公顷，比上年增长0.6%；全年化肥施用量（折纯）5779吨，增长2%；农村用电量1087万千瓦时，增长6.6%。全年实现工业总产值6.14亿元，比上年增长31.9%。其中国有及国有控股企业实现产值2133.3万元，增长3.8%。规模以上工业企业实现产值3.59亿元，增长23.3%。建筑企业完成产值9182万元，比上年增长56.7%；房屋施工面积5.02万平方米，下降35.6%。全年完成固定资产投资11.05亿元，比上年增长49.3%。全年实现社会消费品零售总额2.43亿元，比上年增长21.3%。批发零售业实现商品销售总额1.87亿元，增长22.3%。全年完成货物周转量9586万吨千米，比上年增长8.6%；旅客周转量5261万人千米，增长10.4%。全年完成邮政业务总量275万元，比上年增长1.4%，信息传输服务业实现营业收入3537万元，比上年增长21.4%。年末固定电话、移动电话用户5.51万部，电话普及率35部/百人。全年财政总收入首次突破亿元大关，达1.10亿元，比上年增长16.6%。其中地方一般预算收入7930万元，增长22.3%；地方财政支出5.65亿元，增长37.8%。年末，金融机构各项存款余额12.32亿元，比上年末增长29.8%，其中居民储蓄存款余额7.59亿元，增长24.8%；金融机构各项贷款余额4.62亿元，增长35.8%。保险企业实现保费收入3251万元，比上年增长25.8%；已决赔款764万元，下降62.4%。

【教科文卫】 2009年，全县有普通高中1所、职业中学1所、初中10所、小学78所。年内，普通高中招生545人，在校学生1475人，毕业学生533人；职业中学招生289人，在校学生530人，毕业学生80人；初中招生1821人，在校学生5469人，毕业学生1726人；小学招生1932人，在校学生1.2万人，毕业学生1934人。学龄儿童入学率、初中学生毛入学率、高中学生毛入学率分别为99.7%、99%、61.7%。学年末全县有专任教师1358人，代课教师121人。年末全县有卫生机构25个，卫生机构床位415张，卫生技术人员415人。新型农村合作医疗保险参保率90.24%。年末全县有艺术表演团体1个，公共图书馆1个，图书馆藏书3.4万册。广播、电视人口覆盖率分别达98.7%和98.1%。

【社会生活】 2009年，全县城镇居民人均可支配收入12822元，比上年增长8.4%，人均住房建筑面积29.5平方米。农民人均纯收入2805元，增长13.2%，人均住房面积39.8平方米。全年发放城乡居民最低生活保障金1326万元，其中城镇641万元，农村685万元。供养农村“五保”老人1021人。医疗救助359人，救助资金41.1万元。年末，单位从业人员7847人，比上年增长11%；在岗职工6678人，增长7.8%。年末，全县参加企业职工养老保险5037人，失业保险5106人，医疗保险9205人，工伤保险2740人，生育保险2320人。城镇登记失业人员387人，登记失业率3%。年内，发生安全生产事故91起，安全生产事故死亡18人，比上年增长37.9%，亿元GDP安全事故死亡1.61人。

【城镇建设全面提速】 2009年，双柏县累计完成投资9910万元，特色城镇建设步伐明显加快。实施了查姆湖沿湖环境综合整治工程，一期至三期共拆迁住户254户、单位3个、企业12户，项目区拆迁和商务楼、回迁安置房开发建设正加快推进。东和苑小区、东兴湖片区开发加紧推进。县城西北片区土地征用基本完成，基础设施建设项目正式启动。县城供水管网改造、县城生活垃圾处理厂、县城截污管网及污水处理厂建设项目全面推进，县城农贸市场提升改造、县城网球场建设如期完成，城镇功能进一步完善，人居环境质量不断提高。大麦地镇政府驻地实现主体搬迁，集镇建设初具规模。法脿集镇新区开发、碍嘉阳太小集镇建设加快推进。全县城镇化水平达23.7%，比上年提高1.2个百分点。

【加大交通基础建设力度】 2009年，双柏县累计完成投资7600万元，交通基础建设呈现快速发展的良好局面。元双公路（双柏段）建设征地拆迁任务全面完成，路基、桥梁、排水等土建工程顺利推进。妥鸡油路全线贯通，农村公路通达工程、爱尼山客运站建设全面完成并投入使用。妥海油路、县城客运站一期工程等建设项目加快推进。白竹山至安龙堡、里海至大麦地、大岔路至独田、碍嘉至茶叶、河门口至普龙5条油路建设项目通过省级评审。哀牢山公路改造、元双公路延长线妥甸至水塘二级公路、独田至碍嘉公路新建项目正在积极争取。

乡（镇）领导名录

妥甸镇

党委书记　杨　铭（副处）

镇　　长　周继涛

大庄镇

党委书记　殷履东

镇　　长　金彦平

碍嘉镇

党委书记　付林华

镇　　长　李家明

法脿镇

党委书记　高海霞（女，~2009.11）

　　　　　吴　忠（2009.11~）

镇　　长　吴　忠

安龙堡乡

党委书记　李家荣

乡　　长　孙绍华

大麦地镇

党委书记　王景书

镇　　长　尹久斌

爱尼山乡

党委书记　张春平

乡　　长　黄海雁

独田乡

党委书记　王为周（~2009.10）

　　　　　罗兴贵（2009.10~）

乡　　长　张　梅（女）

［张存汜］

乡（镇）情况一览表

乡(镇)	面积(平方千米)	村(居)委会(个)	年末总人口(人)	年末耕地面积(亩)	农业总产值(万元)	粮食总产量(吨)	烤烟总产量(吨)	年末大牲畜存栏(头)	农民人均纯收入(元)	各类学校(所)	医疗机构(所)	文化站(个)
妥甸镇	737	18	41461	35238	18537	10539	2498	16757	2862	20	4	1
大庄乡	557	13	26598	28388	13908	10863	1553	14086	2797	15	1	1
碍嘉镇	619	14	27411	29033	13810	10742	732	12577	2802	14	1	1
法脿镇	429	13	24499	24114	13385	8205	1354	12242	2863	14	1	1
安龙堡乡	270	8	9396	21515	7437	4249	677	8234	2625	8	1	1
大麦地镇	504	9	9758	13814	6317	4333	487	11497	2658	8	1	1
爱尼山乡	675	7	13014	23686	11621	6013	1170	12657	2986	8	1	1
独田乡	254	2	4210	6892	3644	2188	437	4575	2986	2	1	1

［楚雄州统计局供稿］

牟定县

【地理位置】 牟定县位于楚雄州中部，地处北纬25°09′~25°40′、东经101°19′~101°51′之间。东邻元谋县、禄丰县，南连楚雄市，西与南华县、姚安县接壤，北同大姚县毗邻。县人民政府驻地共和镇，海拔1758米，距州府楚雄市城区56千米。

【行政区划】 2009年末，牟定县辖共和、新桥、江坡、凤屯4个镇和安乐、戌街、蟠猫3个乡，89个村（居）民委员会，1206个村（居）民小组。行政区域面积1464平方千米。

【人口民族】 2009年末，全县常住人口20.58万人，人口出生率5.7‰，死亡率5.35‰，自然增长率0.35‰；城镇化率25.6%，比上年提高2.5个百分点。据公安部门统计，年末户籍人口20.46万人，比上年末增长0.88%。其中女性人口10.00万人；非农业人口1.85万人；少数民族人口4.47万人，占总人口的21.9%。主要少数民族（千人以上）有彝族4.35万人。

【自然概貌】 牟定县地处滇中红土高原中部，高原地貌保持较完整。地势自西北向东南倾斜，西北高、东南低；境内群山连绵，山区面积占91%，有面积87.8平方千米的牟定坝子，属全州第四大盆地，其余坝子不足1平方千米。河流属金沙江水系，主要有勐岗河、龙川河、紫甸河等。境内褶皱宽缓，断层发育，最高点为西部寨子山，海拔2550米；最低点为东北部的海子哨村勐岗河底大箐口，海拔1140米。县境属北亚热带季风气候区，由于海拔自东南、东北向西逐渐升高，平均气温则逐渐下降，自然降水量却依次递增，具有一定的立体气候特点。2009年末，全县实有耕地面积19.9万亩，其中水田12.39万亩、旱地7.51万亩，人均有耕地面积0.97亩；全县共有中、小型水库86座，总库容达6170万立方米。全县有自然保护区2个4.5万亩，有森林面积130.8万亩，森林覆盖率59.7%，人均有林地6.42亩。县境平均气温16.9℃，与上年相比偏高0.7℃，较常年偏高1.0℃。年内县境降水量660.5毫米，比常年偏少223.2毫米，较上年偏少367.6毫米。全年日照时数为2594.1小时，较常年偏多268.9小时，比上年偏多612.3小时。

【资源特产】 牟定县境内已发现矿产40余种，已探明的有金、银、铂钯、铜、铁、钛、钒、铌、铅、镍、硅石、钾长石、蛇纹石、蛭石、方解石、花岗岩、石墨、石膏、兰石棉、稀土、高岭土、煤炭等20余种，稀土矿、铂钯矿、高岭土矿、硅矿4种基本资料比较完备。有种子植物149科、464属、874种，其中裸子植物8科、13属、22种，被子植物141科、451属、852种。动物资源有兽类36种、鸟类98种、两栖类5种、爬行类7种。特产主要有力石酒、喜鹊窝酒、化佛茶、油腐乳、铜炊锅、腌菜罐、砂土锅等。

【经济状况】 2009年，全县实现生产总值17.71亿元，按可比价格计算，比上年增长11.2%。其中第一产业实现增加值6.29亿元，增长4.6%；第二产业实现增加值5.27亿元，增长16%，其中工业实现增加值3.01亿元，增长13.5%；第三产业实现增加值6.15亿元，增长14%。三次产业结构由上年的37.7:29.5:32.8调整为35.5:29.8:34.7。人均生产总值8617元。非公经济增加值占生产总值比重49%，增长0.8%，对经济增长的贡献率达54.5%，拉动经济增长6.1个百分点。实施招商引资项目16项，项目协议总投资9.64亿元，年内到位资金2.38亿元。居民消费价格上涨2.9%。全年实现农林牧渔业总产值9.13亿元，比上年增长6.2%。全年农作物总播种面积41.79万亩，比上年增长0.67%，其中粮食播种面积27.95万亩，增长0.16%；经济作物播种面积9.04万亩，增长1.88%。全年粮食总产量8.52万吨，比上年增长1.9%。全县89个村（居）委会通电，有82个通自来水，有89个通公路，有89个通电话。年末，农田有效灌溉面积18.06万亩，与上年持平；农村用电量3717万千瓦时，增长1%。全年实现工业增加值3.01亿元，比上年增长13.5%，其中规模以上工业企业实现增加值1.4亿元，增长35.1%。建筑企业完成产值4.22亿元，比上年增长46.3%；房屋竣工面积29.59万平方米，增长6.3%。全年完成固定资产投资13.57亿元，比上年增长50.9%。全年实现社会零售品总额4.81亿元，比上年增长21.9%。批发零售业实现商品销售总额3.8亿元，比上年增长27.6%。全年完成货物周转量12403万吨千米，增长0.5%；旅客周转量7042万人千米，增长2%。全年完成邮电业务总量5270万元，比上年增长25.5%。年末电话用户达11.22万部，比上年增加2.19万部，增长24.2%，电话普及率达54.8%。全年完成财政总收入1.01亿元，比上年增长6.4%，其中地方一般预算收入7370万元，增长13.7%；地方财政支出62279万元，比上年增长50.3%。年末金融机构各项存款余额15.99亿元，比上年末增长28.4%，其中居民储蓄存款余额10.56

亿元，增长25.8%。各项贷款余额6.93亿元，增长33.1%。保险企业实现保费收入2918万元，比上年增长22.8%；已决赔款1073万元，增长19.9%。

【教科文卫】 2009年末，全县有普通高中1所，职业中学1所，初中12所，小学100所。在校学生2.59万人，其中小学1.59万人，普通中学8831人，职业高级中学910人。小学学龄儿童毛入学率达117.6%，初中学龄人口毛入学率达122.2%，高中阶段人口毛入学率达76%，高考率达99.9%，上线率达77.9%。学年末全县有专任教师1723人，其中小学966人，普通中学704人，职业高级中学53人。全县共有卫生医疗机构15个，病床385张，平均每千人拥有医院床位数1.9张，有卫生专业技术人员369人。农村新型合作医疗保障体系已全面建立，参保率达94.3%。年末全县共有艺术表演团体1个，公共图书馆1个，文化馆1个，乡（镇）文化站7个。电影放映单位1个，广播人口覆盖率达95%，电视人口覆盖率达97%。

【社会生活】 全年城镇居民人均可支配收入13940元，比上年增加1274元，增长10.1%。农民人均纯收入3016元，比上年增加329元，增长12.2%。全县居民人均消费水平4153元。其中农村居民2833元，城镇居民9188元。城镇居民人均住房建筑面积39.2平方米，农村居民人均住房建筑面积36.92平方米。全年有3930人（次）领取城镇居民最低生活保障金752.76万元；1.05万人（次）领取农村低保金425.08万元、发放低保粮874.15吨。供养农村“五保”对象886人，对933人进行医疗救助，发放救助金125.13万元。年末单位从业人员6327人，增长4.7%；在岗职工5333人，增长0.5%。在岗职工年平均工资2.35万元，增长16%。城镇登记失业人员1240人，登记失业率3.6%。年末全县参加企业职工养老保险4400人、失业保险4400人，医疗保险1.04万人，工伤保险2310人，生育保险1360人。年内，发生各类安全生产事故11起、死亡5人、直接经济损失73.71万元。

【第二届彝族左脚舞文化节】 2009年4月21日至23日，中国·牟定第二届彝族左脚舞文化节在牟定县城隆重举行。22日13时，万人同跳左脚舞在中园东路举行，全县15支左脚舞队、各乡（镇）左脚舞队、县级机关干部职工和牟定一中1500名师生共1.08万人组成的参演人员，在《高山顶上茶花开》音乐的伴奏下，共同跳起彝族左脚舞，表演近半小时，见证官普联和（原州人大常委会主任）、江正荣（州人大常委会副主任）为申报吉尼斯世界纪录作现场见证，并签署见证声明，演出获得圆满成功。

【重点项目实施】 2009年，牟定县人民政府10个关注民生项目和20个重点督查项目进展顺利，一批重点项目启动实施。共实施70件农村饮水安全工程，解决2.24万名群众饮水困难问题。建成48套2400平方米廉租房，全面启动396套1.98万平方米廉租房建设。投资3498万元的县城生活垃圾处理厂启动实施，投资6557万元的城市污水处理厂已通过省级评审，即将启动实施。启动4.84万平方米的中小学校舍安全工程建设任务；争取到投资1029万元的安乐中学校舍安全工程已开工建设；投资2005万元的县人民医院住院综合楼开工建设，县文体综合场馆建设前期准备工作就绪，正争取省、州立项。

乡（镇）领导名录

共和镇
　党委书记　宋开洋（副处）
　镇　　长　易连栋
新桥镇
　党委书记　夏天星
　镇　　长　杨家寿
凤屯镇
　党委书记　王　炜
　镇　　长　严金海
江坡镇
　党委书记　李晓宏（彝）
　镇　　长　李翠萍（女）
戌街乡
　党委书记　朱晓丹（女）
　代理乡长　张晓龙（~2009.02）
　乡　　长　张晓龙（2009.02~）
安乐乡
　党委书记　侯　飚
　乡　　长　刘家龙
蟠猫乡
　党委书记　唐建平
　乡　　长　刘　诚

［刘祖文］

乡（镇）情况一览表

乡(镇)	面积（平方千米）	村(居)委会（个）	年末总人口（人）	年末耕地面积（亩）	农业总产值（万元）	粮食总产量（吨）	烤烟总产量（吨）	年末大牲畜存栏（头）	农民人均纯收入（元）	各类学校（所）	医疗机构（所）	文化站（个）
共和镇	244.05	24	75610	57908	30142	29947	1775	8305	3670	33	7	1
新桥镇	159.08	15	29049	30075	12806	11097	1490	13488	3359	13	1	1
蟠猫乡	170.98	7	12016	12457	6285	5629	457	4678	2362	8	1	1
戌街乡	201.51	8	17339	18831	7951	7299	515	6773	2562	9	1	1
安乐乡	269.38	13	24028	26953	8243	9081	663	10214	2945	14	1	1
江坡镇	209.4	13	27647	30761	13757	13395	1794	13824	2570	14	1	1
凤屯镇	206.23	9	18951	22028	12079	8795	1200	8865	3004	6	1	1

［楚雄州统计局供稿］

南华县

【地理位置】 南华县位于楚雄彝族自治州西南部，地处北纬24°44′~25°21′、东经100°44′~101°20′之间。东接牟定县、楚雄市，南连楚雄市和普洱市的景东彝族自治县，西与大理白族自治州弥渡县、祥云县毗邻，北连姚安县和大理州祥云县。东西最大横距64.6千米，南北最大纵距71.1千米，总面积2343平方千米。县人民政府驻地龙川镇，海拔1857米，距州府楚雄市城区37千米，距省会昆明市城区197千米。

【行政区划】 2009年末，南华县辖龙川、沙桥、五街、红土坡、马街、兔街6镇和雨露白族乡及一街、罗武庄、五顶山4乡，128个村（居）民委员会，1488个村民小组。行政区域面积2343平方千米。

【人口民族】 2009年末，南华县常住人口23.99万人，人口出生率10.35‰，死亡率6.87‰，自然增长率3.48‰，城镇化率29.6%。据公安部门统计，年末户籍人口23.69万人，比上年末增长0.43%。其中，女性人口11.66万人；非农业人口2.48万人；少数民族人口9.26万人，占总人口39.06%。主要少数民族（千人以上）有彝族8.10万人，白族8842人，回族2177人。

【自然概貌】 南华县地处滇中高原西部和云南“山”字构造的脊柱部分，西北高，东南低；中部和东部起伏和缓，地形复杂，山河相间陈列，呈北西至北北西向。境内地层发育不全，以中生界为主，元古界、古生界和新生界极少。县境山多盆地少，山区占全县面积的96%，盆地（坝子）主要有龙川、徐营、沙桥和雨露等，面积均在9平方千米以上。主要山峰有烧香寺梁子，山脉有大中山、龙潭山、脑头山、马鞍山4大山脉。县境地面河流纵横，主要河流有金沙江水系的龙川江，元江水系的马龙河、礼社江以及在水文上称之为李仙江水系的兔街河。土壤种类繁多，分棕壤、黄棕壤、紫色壤、红壤、冲积土和水稻土6大类，11个亚类、49个耕地土种。境内最高点为红土坡镇龙潭山脉烧香寺梁子，海拔2861米，最低点为马街镇威车村倒坐窑的礼社江边，海拔963米。境内地形复杂，海拔高差大，立体气候明显，南亚热带至中温带气候齐备，气温年差较小，日差较大；雨热同季、干雨二季分明。2009年，年平均气温15℃、降雨量518.8毫米，比上年减少470毫米，年日照2574.9小时。年末，全县实有耕地面积21.42万亩，常用耕地面积21.3万亩，其中水田8.45万亩、旱地12.87万亩；有水库78座，总库容8812万立方米。全年人工造林10.87万亩，封山育林9万亩，天保工程管护面积158.34万亩。有自然保护区2个，保护区面积45.06万亩，其中哀牢山国家级自然保护区面积26.01万亩，三峰山州级自然保护区面积19.05万亩。森林覆盖率65.86%。

【资源特产】 南华县地处低纬度、高海拔地带，以北亚热带季风气候为主，具有垂直分带为特点的高原地区。山多坝少，光照充足森林茂盛，树种繁多，森林覆盖率达65.86%。全县248万亩森林中都有野生菌的分布，资源年蕴藏量约1万吨，主产松茸、块菌、牛肝菌、干巴菌、鸡油菌、虎掌菌等，尤其是松茸，面广质优量大，在境内分布面积达170万亩，且具有生产周期长、产量高、质量好等特点。境内已知野生菌有540

余种，占全国野生菌900种的60%、占云南省700种的77.1%。南华县在第五届世界菌根食用菌大会上被授予“野生菌王国”的荣誉称号。县境中草药资源丰富，动植物药材多达660种。境内约有植物3000余种，有记录的主要种子植物有805种，隶属于145科435属。野生动物种类较多，大中山自然保护区有野生动物397种，其中，兽类动物记录有28种，隶属于8目15科。共有国家一级保护动物1种（云豹）、国家二级保护动物11种、省级保护动物1种。境内有鸟类动物278种，打雀山是南飞候鸟迁徙途中的“宿营站”。境内矿产丰富，矿种繁多，其中龙潭砷矿和五顶山力苴石膏矿储藏规模为全省之冠。主要矿产有铅、锌、铜、金、铊、镉、银、铂、砷、石膏、石灰石、石棉、泥煤、褐煤、烟煤等20种。主要旅游资源有国家AAA级旅游景区南华咪依噜风情谷和毛板桥风景区、鹦鹉山生态园、大中山林区、宝珠寺及30个民族文化生态旅游村，100个特色生态休闲农庄。2009年第十九届中国厨师节上南华县被中国烹饪协会授予“中华金厨奖”。县境特产有白芸豆、核桃、萝卜、洋芋、烟草、野生食用菌、沙桥豆制品、天堂牌火腿、五顶山腊鹅、兔街茶、澜沧江啤酒、兔街小戈酒、五顶山花石头酒、腌鱼、刺头菜、甜笋、香椿。

【经济状况】 2009年，全县实现地区生产总值17.72亿元，按可比价格计算，比上年增长11.3%。其中第一产业实现增加值6.89亿元，增长6.8%；第二产业实现增加值5.31亿元，增长16.1%；第三产业实现增加值5.52亿元，增长12.6%。第一、二、三产业的增加值占地区生产总值的比重由上年的39.7∶28.1∶32.2调整为38.9∶29.9∶31.2。按公安户籍人口计算的人均地区生产总值（GDP）为7494元，比上年增长1.3%。非公有制经济实现增加值8.74亿元，比上年增长15.7%。占地区生产总值的比重由上年47.7%提高到49.3%。实施招商引资项目10个，项目协议总投资2.76亿元，年内到位资金2.61亿元。重点产业实现产值8.45亿元。其中烤烟实现产值1.6亿元，与上年持平；啤酒实现产值3.2亿元，增长88.3%；煤炭实现产值1.28亿元，比上年减少3.45%；野生菌加工实现产值2.37亿元。居民消费价格上涨1.4%，其中，食品类上涨2.5%，居住类上涨3.2%。全年商品零售价格上涨0.1%，农业生产资料价格下降1.8%。全年实现农林牧渔业产值12.07亿元，比上年增长6.52%。其中农业产值5.88亿元，增长4.91%；林业产值1.52亿元，增长6.37%；畜牧业产值4.55亿元，增长8.68%；渔业产值1248万元，增长6.67%。全年农作物总播种面积43.17万亩，增长0.51%，其中粮食播种面积31.39万亩，与上年持平；经济作物播种面积11.78万亩，增长1.9%，其中烤烟种植6.40万亩，增长13.83%。全年粮食总产量10.26万吨，比上年增长2.34%。全县村（居）委会有128个通电，通公路，通电话，1489个村民小组已通公路1095个。年末，农田有效灌溉面积9540公顷，比上年减少0.31%；全年化肥施用量（折纯）1.31万吨，增长6.08%。全年实现工业总产值14.74亿元，比上年增长27.5%。规模以上工业企业实现产值7.81亿元，增长64.78%；实现增加值2.15亿元，增长35.55%。非公有制经济工业总产值14.10亿元，增长29.01%。建筑企业完成产值3.66亿元，比上年增长72.94%；房屋竣工面积24.28万平方米，增长3.65%。全年完成固定资产投资9.67亿元，比上年增长41.5%。实现社会消费品零售总额7.52亿元，比上年增长21%。批发零售业实现商品销售总额1.14亿元，比上年增长15.5%。完成货物周转量4687.2万吨千米，比上年减少8.36%；旅客周转量5264.5万人千米。全年完成邮电业务总量6071.35万元（含电信移动联通铁通信息网络等公司），比上年增长50.86%。年末固定电话2.44万部、移动电话用户6.39万部，电话普及率37.27部/百人。全年完成财政总收入1.51亿元，比上年增长7.5%，其中地方一般预算收入9779万元，增长15.8%。地方财政支出6.42亿元，增长51%。年末金融机构各项存款余额18.09亿元，增长22.57%，其中居民储蓄存款余额10.82亿元，增长25.19%。金融机构各项贷款余额13.53亿元，增长34.63%。保险企业实现保费收入5782.91万元，比上年增长29.4%；已决赔款3519.12万元，增长54.4%。

【教科文卫】 2009年，南华县有普通高中1所，职业中学1所，初中13所，小学234所，幼儿园9所，教师进修学校1所。年内，普通高中招生877人，在校学生2469人，毕业学生990人；职业中学招生605人，在校学生1640人，毕业学生400人；初中招生3425人，在校学生9642人，毕业学生2725人；小学招生3362人，在校学生2.18万人，毕业学生3495人；幼儿园招生1963人，在园幼儿2581人。学龄儿童入学率、初中学生毛入学率、高中学生毛入学率分别为103%、111.48%、1.7%。学年末全县有专任教师1946人，代课教师175人。年末全县有艺术表演团体1个，公共图书馆1个，图书馆藏书4.41万册。广播、电视人口覆盖率分别达98.2%和97.7%。年末全县有卫生机构149个，卫生机构床位484张，有卫生技术人员401人。参加新型农村合作医疗保险的有19.93万人，参保率92.75%。

【社会生活】 2009年，全县城镇居民人均可支配收入13804元，比上年增长8.1%；城镇居民人均居住面积34.62平方米，比上年增长3.0%。农民人均纯收入3207元，增长8.5%；农村居民人均居住面积36.22平方米，比上年增长3.5%。农民人均生活消费支出2991.23元，比上年增长12.2%。全县有6.96万人（次）领取城镇居民最低生活保障金，发放保障金1097.05万元；2.56万人（次）领取农村低保，发放低保金909.62万元。供养农村“五保”老人1034人，对877人进行医疗救助，救助资金138.3万元。年末单位从业人员1.13万人，比上年增长13.22%；在岗职工9515人，增长3.1%。在岗职工年平均工资23613元，增长4.42%。城镇登记失业人员780人，登记失业率2.81%。全县参加基本养老保险5080人，失业保险7547人，医疗保险1.23万人，工伤保险8253人，生育保险3825人。年内，共发生工矿商贸企业事故2起，死亡2人，损失额50万元；交通事故205起，死亡8人，损失额48.9万元；火灾事故11起，火灾损失额20.9万元。

【中国·南华“野生菌王国”项目奠基】 2009年2月12日，中国·南华“野生菌王国”项目开工建设奠基仪式在南华举行。依托得天独厚的野生菌资源优势和优越的交通区位，中共南华县委、县人民政府提出了高起点、高标准规划建设集野生菌加工、销售、研发和旅游发展为一体的“野生菌王国”项目，着力打造世界野生菌之都的战略构想。同时，由四川攀星绿色食品（集团）有限公司投资的占地面积500亩的中国·南华“野生菌王国”项目正式开工建设。计划用3年至7年的时间，通过3期工程把中国·南华“野生菌王国”项目建设成世界最大的野生菌产地交易中心、中国最专业的野生菌深加工物流中心、云南最具特色旅游资源的目的地，将南华县打造成名副其实的“野生菌之都”。

【工业园区规划建设】 2009年，中共南华县委、县人民政府以招商引资为主题，以建设经济型、环保型循环工业园区为目标，不断完善工业园区建设规划、加强基础设施建设、加大招商引资力度、提高服务水平，园区规划建设各项工作有序推进。总投资为650余万元的9千米沥青路主干道竣工投入使用；投资110余万元的568米园区次干道完成路面工程；园区供水、供电建设工程按计划有序推进。年内，共签约投资项目8个，协议投资金额2.29亿元。项目分别为桉叶油深加工项目、安友公司肉联厂项目、铅锑冶炼项目、钢结构加工项目、玻璃生产线建设项目、燃料油调和中转项目、新型建材建设项目，松茸茶开发项目。启动7个建设项目：云南华香源香料有限公司，协议投资金额600万元，内容为年产1000吨至1200吨桉叶油精加工，项目于7月启动建设，项目达产后每年预计可实现产值4600万元、上缴税金100万元以上；钢结构加工厂，协议投资1000万元，内容为年生产金属结构件2000吨及100台启闭设备，项目达产后每年预计可实现产值1500万元、上缴税金50万元；一鑫玻璃有限公司，协议投资8500万元，内容为年产6万吨格发玻璃生产线及18万吨小浮发玻璃生产线，项目达产后预计每年可实现产值8000万元、上缴税金700万元；安友畜牧业公司肉联厂项目，协议投资金额5200万元，内容为20万头生猪屠宰线，项目达产后预计每年可实现产值2.31亿元、上缴税金640万元；南华江源石化有限公司燃料油调和及中转项目，协议投资金额400万元，内容为调和及中转燃料油1000吨，工业酒精1200吨，项目达产后预计每年可实现产值8000余万元、上缴税金120万元；新型建材建设项目，协议投资金额3000万元，内容为可发性聚苯乙烯泡沫塑料生产线及彩钢复合瓦生产线，项目达产后预计每年可实现产值6000余万元、上缴税金200余万元；松茸茶开发项目，协议投资金额1200万元，内容为年生产100吨松茸茶。年内，园内共有入驻企业15家，提供就业岗位510个，实现工业总产值1.50亿元，上缴税收194.2万元。园区产业集群初具雏形，产业聚集和平台作用日趋显现，成为吸引投资、推动区域经济发展的重要基地。

乡（镇）领导名录

龙川镇
　党委书记　张群嘉（彝，副处）
　镇　　长　李绍龙
沙桥镇
　党委书记　王亚飞
　镇　　长　王　强（彝）
雨露白族乡
　党委书记　阿　敏（女，彝，~2009.12）
　　　　　　李志娟（女，彝，2009.12~）
　乡　　长　李　俊（白）
五街镇
　党委书记　杨成山（~2009.12）
　　　　　　朱华芳（女，2009.12~）
　镇　　长　李德枝
一街乡
　党委书记　高应刚
　乡　　长　李开传（彝，~2009.10）
　　　　　　吕剑锋（2009.12~）
罗武庄乡
　党委书记　张问高
　乡　　长　张万瑜（彝）
红土坡镇
　党委书记　罗富生（彝）
　镇　　长　李育辉
五顶山乡
　党委书记　何文育（白，~2009.12）

陈小龙（2009.12～）

乡　　长 周　海（～2009.10）

马街镇

党委书记　马明早（回，～2009.12）

王　军（彝，2009.12～）

镇　　长 王　军（彝，～2009.12）

兔街镇

党委书记　张绍喜（白）

镇　　长　梁启昌

［窦正旺］

乡（镇）情况一览表

乡(镇)	面积（平方千米）	村(居)委会（个）	年末总人口（人）	年末耕地面积（亩）	农业总产值（万元）	粮食总产量（吨）	烤烟总产量（吨）	年末大牲畜存栏（头）	农民人均纯收入（元）	各类学校（所）	医疗机构（所）	文化站（个）
龙川镇	511.7	29	80580	61908	35354	35798	1555	14126	3967	26	5	1
沙桥镇	363.2	19	34721	30069	17576	14746	1034	9805	3598	21	2	1
雨露乡	243	7	14411	17624	7978	6230	1035	7225	3521	8	1	1
五街镇	266.7	14	18024	19008	9562	7722	668	8161	4185	15	1	1
一街乡	168.1	12	19582	17099	8349	5341	1728	9440	3193	13	1	1
罗武庄乡	123.4	7	12571	12214	7256	5686	1096	7155	2403	8	1	1
红土坡镇	181	10	13795	14789	7985	6597	1075	8020	2500	11	1	1
五顶山乡	90.8	6	10624	11853	7773	5558	1098	5554	2522	7	1	1
马街镇	175.17	13	18474	15514	11439	7965	599	8070	2622	14	1	1
兔街镇	143	11	14155	14091	7471	6963	147	7040	2265	12	1	1

［楚雄州统计局供稿］

姚　安　县

【地理位置】　姚安县位于楚雄州西北部，地处北纬25°13′～25°45′、东经100°56′～101°34′之间。东邻牟定县，南连南华县，西与大理州祥云县接壤，北同大姚县毗邻。县人民政府驻地栋川镇，海拔1870米，距州府楚雄市城区78千米。

【行政区划】　2009年末，姚安县辖栋川、光禄、前场、弥兴、太平5个镇和适中、左门、官屯、大河口4个乡，77个村（居）民委员会，1205个村（居）民小组。行政区域面积1803平方千米。

【人口民族】　2009年，据公安部门统计，年末户籍人口20.83万人，比上年增长1279人。其中女性人口10.22万人；非农业人口1.78万人；少数民族人口5.58万人，占总人口26.8%。人口出生率9.36‰，死亡率4.32‰，自然增长率5.04‰。城镇化率24%，比上年提高1.2个百分点。主要少数民族（千人以上）有彝族5.38万人、回族1029人。

【自然概貌】　姚安县境四周群山环抱，中间平川广畴，东南部山势上升强烈，三峰山、燕子窝山、风咀梁子、贺基角山构成东部屏障，西部山势上升缓慢，山顶浑圆，与西南向西北的山势组成西北屏障。全县地势呈南北走向，南高北低。县境东南三峰山海拔2897米，为全县最高点。西北角一泡江出境处拉雾堵海拔1515米，为全县最低点。地貌大致可分为3类：坝区位于县境中部，地势微向北倾斜，平均海拔1870米；半山区位于县境西部，山间形成官屯、马游、弥兴3个山区小坝子，平均海拔1870米至1950米；山区分布在县境南部的太平镇，东部的前场镇、适中乡，西部的左门乡、大河口乡，平均海拔1920米。姚安属中亚热带冬干夏湿季风气候区，气候受孟加拉湾气流影响甚大。四季温和，自然条件优越，适宜各种农作物生长。全年人工造林7.4万亩，封山育林5.5万亩，天保工程管护面积189万亩。有州级自然保护区3个，保护区面积102万亩。全县森林覆盖率68.2%。治理水土流失面积145.19千公顷。全年降雨量614.9毫米，年平均气温16.3℃，年日照2137小时，无霜期233天。

【资源特产】 姚安县农业资源丰富，生产水平较高，经济作物单产高、质量优，被誉为“滇中粮仓”、“鱼米之乡”，曾先后被评为全省商品粮基地县、国家级商品猪基地县、国家级种子加工中心、省级优质蚕桑基地县、烤烟科技转化示范县、国家级农业综合开发建设项目县和国家级水稻示范县。县境内水资源丰富，农业水利化程度达78.1%。农特产主要有莲藕、山药、百合、魔芋、菖河蜂蜜、优质粳米、三角糯米等。矿产资源主要有金、银、铜、铁、铅、锌、钾、硫和国内稀有紫蓝长绒石棉矿等。

【经济状况】 2009年，姚安县实现生产总值1.72亿元，按可比价格计算（下同）比上年增长11.5%。其中第一产业增加值6.24亿元，增长6.0%，拉动经济增长3.2个百分点；第二产业增加值5.08亿元，增长17.0%，拉动经济增长4.9个百分点；第三产业增加值5.88亿元，增长12.2%，拉动经济增长3.4个百分点。第一、二、三产业对经济增长的贡献率分别为27.8%、43%、29.2%。三次产业增加值占GDP的比重为36.3∶29.5∶34.2。按常住人口计算的人均GDP为8244元，比上年增长7.8%。非公有制经济实现增加值7.89亿元，占GDP的比重为45.9%，比上年提高1.4个百分点。全年完成全社会固定资产投资10.46亿元，比上年增长52.4%。全年新增固定资产4.42亿元，比上年增长61.4%。全年施工项目144个，其中新开工项目91个。全县新签约项目19项，协议总投资4.36亿元，实际到位县外资金2.06亿元，比上年同期增长28.9%。全县居民消费价格总水平比上年下降0.1%，其中食品价格下降0.8%。全年实现农林牧渔业产值11.97亿元，比上年增长7.26%。其中农业产值7.03亿元，增长7.04%；林业产值7866万元，增长15.77%；畜牧业产值3.69亿元，增长6.56%；渔业产值4644万元，增长3.3%。全年农作物总播种面积36.05万亩，比上年增长2.43%，其中粮食播种面积22.31万亩，增长2.83%；经济作物播种面积13.74万亩，增长1.79%。全县粮食作物和经济作物种植比为61.9∶38.1。全年粮食总产量8.45万吨，比上年增长2.43%，其中秋粮6156万千克，增长7.89%；夏粮2292万千克，下降10.1%。油料产量568万千克，下降11.25%。全年肉类总产量2.28万吨，增长9.04%。牛奶产量84吨，增长40%。禽蛋产量553吨，下降7.68%。蜂蜜产量145吨，下降14.2%。水产品产量3791吨，增长3.02%。大牲畜年末存栏5.49万头，下降3.38%。全年全县完成工业总产值15.74亿元，按现价计算比上年增长26.5%，实现工业增加值4.5亿元，增长16.3%。建筑企业完成增加值5832万元，比上年增长23.2%。年内全县所有村（居）委会通公路、通电、通电话、通自来水。年末全县耕地面积17.63万亩，其中水田12.99万亩，旱地4.64万亩。有效灌溉面积14.27万亩。有中小型水库69座，坝塘1379座，总库容1.16亿立方米。全县农村用电量3976万千瓦时，比上年增长6.34%；农用化肥施用量（折纯量）9084吨，下降0.66%；农药施用量269吨，下降1.479%。全年实现社会消费品零售总额5.17亿元，比上年增长22.16%。全县公路通车里程1172千米，其中二级公路38千米。年末全县拥有各类机动车1.11万辆，其中汽车1047辆。全年完成客运量73.65万人，旅客周转量5744.7万人千米；货运量22.12万吨，货运周转量2040.21万吨千米。全年完成邮电业务总量5613万元，比上年增长18.1%。年末全县拥有固定电话1.88万部，移动电话用户5.29万户，互联网上网用户8618户。全年完成财政总收入9025万元，比上年增长14.08%。完成地方财政总收入7796万元，比上年增长5.31%，其中地方一般预算收入6197万元，比上年增长11%。全年财政总支出8.19亿元，比上年增长84.76%，其中一般预算支出7.67亿元，比上年增长96.4%。金融机构年末人民币存款余额18.73亿元，比年初增长45.63%，其中城乡居民储蓄存款余额10.93亿元，增长25.71%。金融机构年末人民币贷款余额6.84亿元，比年初增长43.57%。全年各种保险累计保费收入3205万元，比上年增长15.25%；已决赔款1705万元。

【教科文卫】 2009年末，全县有国民教育系列学校150所。其中完全中学1所，高级中学1所，初中13所，普通小学72所。高中招生917人，在校学生2487人，专任教师196人；初中招生3007人，在校学生9119人，初中阶段学龄人口毛入学率98.38%，专任教师571人；小学招生2204人，在校学生1.55万人，适龄儿童入学率99.99%，专任教师926人；幼儿园9所，在园幼儿3251人，专任教师64人。全年列入各级科技计划项目2项；有农民专业合作组织190个，会员2.11万人。全年组织科技培训622期5.89万人次，发放科普材料1.35万份。科技对国民经济增长的贡献率为42.1%，比上年提高0.4个百分点。有文化事业机构14个，其中艺术表演团体1个、图书馆1个、博物馆1个、乡（镇）文化站9个。广播、电视覆盖率分别为100%和98.5%。年末全县共有各类卫生机构17个，有卫生技术人员441人，其中执业医师129人，执业助理医师38人，注册护士136人。有病床495张，其中医院床位360张。

【社会生活】 2009年，城镇居民人均

可支配收入13887元，比上年增长8.74%。农民人均纯收入3344元，比上年增长13.01%。年末全县城镇居民人均住房面积42平方米，农村人均住房面积30.4平方米。全县有6876户1.57万人领到最低生活保障金，全年发放低保金1243.9万元。社会救济对象2.54万人，发放救济金118万元。全年民政优抚对象1071人，发放优抚金267.65万元。全县有敬老院11所，供养102人；有福利院1所，供养8人。全年全县社会从业人员12.97万人，比上年增长0.2%。年末城镇登记失业率为3.2%。年内全县城镇职工医疗保险参保9002人，城镇居民医疗保险参保5981人，城镇职工基本养老保险参保3500人，农村社会养老保险参保2.82万人，企业职工失业保险参保5116人，工伤保险参保2940人，生育保险参保1788人。年内发生安全生产事故2起，死亡1人，受伤1人。交通事故38起，27人死亡，48人受伤。火灾事故56起，无人员伤亡。

【胡锦涛总书记到姚安“7·09”地震灾区慰问】 2009年7月27日，中共中央总书记、国家主席、中央军委主席胡锦涛一行翻山越岭，来到地震灾区姚安县官屯乡看望慰问受灾群众和救灾部队官兵，代表党中央、国务院、中央军委，向受灾群众和救灾部队官兵表示崇高的敬意和亲切的慰问。胡总书记勉励救灾官兵为搞好抗震救灾和恢复重建再立新功。胡总书记还到灾区便民服务点、救灾物资发放点、卫生所视察并详细询问救灾工作进展情况；到帐篷教室看望正在进行暑期活动的孩子们；到救灾帐篷中询问灾民的受灾情况、生活情况；同烟农们一道编扎烤烟。胡总书记对乡亲们说，地震无情人有情，有党和政府的坚强领导，有社会各界的大力支持，有乡亲们的共同努力，我们一定能渡过眼前难关，重建美好家园。

【第一届祈福文化节暨龙华盛会】 2009年3月4日，首届姚安祈福文化节暨龙华盛会在姚安县光禄古镇隆重开幕，来自各地的上万民众齐聚龙华寺共同祈福。在祈福文化节活动中，游客的一切活动都围绕着“福”进行。在古香古色的光禄古镇上，家家户户门口都贴上大红的“福”字，四面八方的小商贩带着各类小商品蜂拥而来，路旁的树上挂满了福字卡片。来宾们踩着青松毛中若隐若现的大大小小的福字走过福道走进福门，摸一摸龙华寺的大山门墙上的巨大福字，喝香飘四溢的福茶，吃印有福字的米糕，老艺人和书画家为游客剪出各式的福字，游客们在一面由中国历代书法家所书福字作底纹的墙上，题下了自己的祝福心愿。通过福地迎福的丰富活动向来宾和游客全面展示了“福禄之城——姚安”的新形象。

【姚安“7·09”地震恢复重建】 2009年7月9日19时19分13秒，姚安县左门乡茔拉村芹菜沟发生里氏6.0级地震。此次地震震级高，烈度大，全县9个乡（镇）、77个村（居）委会、1205个村民小组5.17万户20.68万人受灾。灾后紧急转移安置人口2.86万户11.47万人。因灾死亡1人，重伤38人，轻伤316人。全县9个乡（镇）房屋受损和倒塌，水利、交通、电力、通讯等基础设施受到不同程度破坏，直接经济损失达17.36亿元。年末，3345户民房恢复重建已完工1397户，占民房恢复重建任务的41.8%；在建1948户。其中分散自建2529户已全部动工，拟建一层2118户、拟建二层411户；完成一层楼板浇筑2261户，占分散自建户的89.4%，完成二层楼板浇筑403户，占拟建二层户的98%；完工并搬迁入住的有1377户，占分散自建户的54.4%。两个县级统建点350户已全部开工建设，其余10个统规自建点466户已全部开工建设，确保2010年春节前让受灾群众全部搬进新居。4.53万户修复加固户已全部动工，完工4.39万户，占修复任务数的97%。累计发放恢复重建和修复加固补助资金9335.9万元。同时，采取条块结合，点面兼顾的方式，加快推进民政、教育、卫生、水利、公路、市政基础设施的恢复重建。

乡（镇）领导名录

栋川镇
党委书记　李　勇（副处）
镇　　长　刘宝定

光禄镇
党委书记　陈海斌
镇　　长　吴　东

前场镇
党委书记　周立金
镇　　长　彭海荣（彝）

弥兴镇
党委书记　夏　鸿
镇　　长　李雁鸿

太平镇
党委书记　徐　勇
镇　　长　孙光勇

适中乡
党委书记　李文武
乡　　长　毕耀光

左门乡

党委书记　张家云

乡　　长　乔仁潭（女）

官屯乡

党委书记　李　俊（彝）

乡　　长　贾绍鹏（彝）

大河口乡

党委书记　马　桑

乡　　长　胡　进

［张晓俊］

乡（镇）情况一览表

乡(镇)	面积（平方千米）	村(居)委会（个）	年末总人口（人）	年末耕地面积（亩）	农业总产值（万元）	粮食总产量（吨）	烤烟总产量（吨）	年末大牲畜存栏（头）	农民人均纯收入（元）	各类学校（所）	医疗机构（所）	文化站（个）
栋川镇	127.00	17	91394	67400	48646	33610	3973	7877	4208	21	6	1
太平镇	154.25	5	9708	10101	6021	3590	334	7229	3123	7	1	1
前场镇	305.16	9	17988	17670	14845	6792	385	11492	3286	14	1	1
适中乡	114.81	4	5664	4951	4335	1672	197	2619	3129	5	1	1
光禄镇	105.46	11	34409	28312	19583	17159	955	3787	2950	13	1	1
左门乡	210	5	4523	6139	2711	1941	150	3245	1786	5	1	1
官屯乡	289.16	8	16163	19717	8331	8024	835	7531	3046	7	1	1
弥兴镇	181.34	8	20887	16923	11347	9491	904	5622	2630	9	1	1
大河口乡	171.66	6	7572	5132	3919	2202	724	5493	3340	7	1	1

［楚雄州统计局供稿］

大　姚　县

【地理位置】　大姚县位于楚雄州西北部，地处北纬25°33′～26°24′、东经100°53′～101°42′之间。东邻永仁县，南连牟定县，西与大理州祥云县、宾川县接壤，北同丽江市永胜县、华坪县毗邻。县人民政府驻地金碧镇，海拔1860米，距州府楚雄市城区107千米。

【行政区划】　2009年末，大姚县辖金碧、石羊、六苴3个镇和龙街、赵家店、新街、昙华、桂花、湾碧、铁锁、三台、三岔河9个乡，129个村（居）民委员会，1539个村（居）民小组。行政区域面积4146平方千米。

【人口民族】　2009年末，全县常住人口29.05万人，人口出生率10.06‰，死亡率6.97‰，自然增长率3.09‰。城镇化率26.55%，比上年提高1.15个百分点。据公安部门统计，年末户籍人口28.28万人，比上年末增长0.4%，其中女性人口13.79万人；非农业人口2.58万人；少数民族人口9.55万人，占总人口33.76%。主要少数民族（千人以上）有彝族8.73万人，傣族3950人，傈僳族2506人。

【自然概貌】　大姚县境内多山，峰峦起伏，高差悬殊较大，中部高，四周渐低，境内最高点百草岭主峰帽台山，海拔为3657米，而最低点湾碧乡灰拉表村海拔仅1024米，最高点与最低点相差2633米。全县属金沙江水系，主要河流有16条，总长510千米，年均径流量13亿立方米。山岭间形成坝子，是农作物、经济作物主产区。属北亚热带季风气候，冬春干旱，夏季多雨，雨量偏少，蒸发量大，年温差小，立体气候明显。2009年平均气温15.4℃，年降雨量1007.8毫米，全年日照时数2376.9小时。年末，全县常用耕地面积24.64万亩，其中水田12.07万亩、旱地12.35万亩；有水库69座，水库总库容8634万立方米。全年人工造林10.9万亩，封山育林1万亩，天保工程管护面积468.28万亩。有州级自然保护区1个，保护区面积1.2万亩。森林覆盖率69.52%。

【资源特产】 大姚县资源丰富，森林覆盖率78%。境内矿产资源比较丰富，其中铜矿石储量5134万吨，金属铜总储量67万吨，有伴生金、银、钼等贵重金属；食盐总储量6亿吨；铁矿总储量74万吨，白云岩矿、高岭土矿分布广、价值高。有种子植物136科1148种，其中植物药有185科600多种，野生药材资源总蕴藏量1080万吨。仙鹤胶囊、咽舒欣等彝药产品具有“新、奇、特、灵”的优势，市场开发潜力巨大；大姚三台薄壳核桃，享誉海内外。境内有个大肉厚的红板栗，麻中带香的红花椒，蜜质好、浓度高的“百草岭牌野坝子蜂蜜”。有荣获首届中国大西南名牌产品博览会金奖的优质小把粉丝等一批名、特、优产品。

【经济状况】 2009年，大姚县实现生产总值23.97亿元。其中第一产业实现增加值7.89亿元，增长6.2%；第二产业实现增加值8.07亿元，下降1.4%，第三产业实现增加值8.01亿元，增长10.4%。三次产业结构由上年的30∶39∶31调整为32.9∶33.7∶33.4。人均生产总值8264元，比上年增长4.2%。非公有制经济实现增加值13亿元，比上年增长27.9%。实施招商引资项目64个，项目协议总投资41.7亿元，年内到位资金7.6亿元。居民消费价格上涨0.4%，其中食品类上涨2.7%，居住类下降0.5%。全年商品零售价格上涨0.4%。全年实现农林牧渔业产值14.37亿元，比上年增长7.4%。其中农业产值6.3亿元，增长1.4%；林业产值3.24亿元，增长16.5%；畜牧业产值4.75亿元，增长8.5%；渔业产值875万元，增长10.8%。全年农作物总播种面积46.94万亩，比上年增长1.2%，其中粮食播种面积34.3万亩；经济作物播种面积12万亩，其中烤烟种植5.64万亩，增长6%。全年粮食总产量10.96万吨，比上年增长0.7%。全县有129村（居）委会通电，有124个通自来水，有129个通公路。年末农田有效灌溉面积9.87千公顷，比上年增长0.9%；全年化肥施用量（折纯）9457吨，增长1.7%；农村用电量3689万千瓦时，增长0.4%。全年实现工业总产值19.21亿元，比上年增长0.8%。工业企业实现增加值6.22亿元，下降6.3%。建筑企业完成产值1.68亿元，比上年增长23.5%；房屋竣工面积9.74万平方米，下降65.1%。全年完成固定资产投资14.25亿元，比上年增长48.8%。全年实现社会消费品零售总额6.92亿元，比上年增长22%。批发业实现商品销售总额1.05亿元，零售业实现商品销售总额4.31亿元，同比分别增长2.7%和29.2%。全年完成货物周转量5405万吨千米，比上年增长2.5%；旅客周转量11571万人千米，增长21.51%。全年完成邮政业务总量322万元。信息传输服务业实现营业收入5686万元，比上年增长13.56%。年末固定电话、移动电话用户14.05万部。全年完成财政总收入1.8亿元，比上年下降13%，其中地方一般预算收入1.08亿元，下降2.8%。地方财政支出7.84亿元，增长44.6%。年末金融机构各项存款余额26.27亿元，比上年增长30.2%，其中居民储蓄存款余额14.14亿元，增长22.7%。金融机构各项贷款余额14.2亿元，增长46.9%。保险企业实现保费收入4037万元，比上年增长29.2%；已决赔款2036万元，增长103.6%。

【教科文卫】 2009年，全县有普通高中2所，职业中学1所，初中16所，小学97所。年内普通高中招生1627人，在校学生4523人，毕业学生1493人；职业中学招生779人，在校学生1976人，毕业生430人；初中招生3527人，在校学生1.12万人，毕业生3554人；小学招生3079人，在校学生1.93万人，毕业学生3509人。学年末全县有教职工2977人，专任教师2681人。年末全县有卫生机构195个，卫生机构床位665张，有卫生技术人员537人。参加新型农村合作医疗保险的农村居民23.87万人，参保率93.3%。年末全县有艺术表演团体1个，公共图书馆1个。广播、电视人口覆盖率分别达到97%和98%。

【社会生活】 2009年，全县城镇居民人均可支配收入14223元，比上年增长8.2%。农民人均纯收入3267元，增长12.3%。全年有5156人（次）领取城镇居民最低生活保障金，发放保障金925万元；1.58万人（次）领取农村低保，发放低保金998.4万元。供养农村“五保”老人1615人，对2.55万人进行医疗救助，救助资金991万元。年末单位从业人员1.6万人，比上年增加1.7%；在岗职工1.29万人，下降12.4%。在岗职工年平均工资2.63万元，增长3.6%。城镇登记失业人员708人，登记失业率2.8%。年末全县参加企业职工养老保险2570人，城镇职工基本养老保险6408人，农村社会养老保险3.4万人，失业保险8223人，城镇职工医疗保险1.24万人，城镇居民医疗保险1.31万人，工伤保险6603人，生育保险2437人。年内发生安全生产事故33起，安全生产事故死亡10人，比上年下降9.1%。

【注册全州首个地理标志证明商标】

2009年12月10日，在“大姚核桃”地理标志证明商标启用新闻发布会上，云南省工商行政管理局督查员代表国家工商行政管理总局向大姚颁发“大姚核桃”地理标志证明商标证书，表明“大姚核桃”有了法定“身份证”，实现大姚县及楚雄州地理标志证明商标“零”突破，成为云南省13个地理标志证明商标中的一员。

【三台核桃种苗专业合作社成立】

2009年6月19日，大姚三台核桃种苗专业合作社在大姚正式挂牌成立，67户核桃种苗育苗户成为首批成员，为促进大姚核桃种苗产业健康快速发展夯实了基础。中共大姚县委、县人民政府立足把大姚建设成为全国重要核桃生产基地、优质种苗基地，抓住全省各地掀起发展核桃产业热潮的有利时机，把大姚核桃种苗作为一项优势产业来培植，通过组建成立核桃种苗专业合作社，把分散的核桃种苗种植大户集中起来，走核桃种苗集约化种植、标准化管理、规模化经营的路子，做强做大核桃种苗产业。

【大姚石羊祭孔大典暨大姚核桃美食节】

2009年9月30日至10月8日，以“祭拜先圣孔子、品读大姚核桃、体验千年盐都”为主题的2009中国·大姚石羊祭孔大典暨大姚核桃美食节，分别在大姚县城、石羊古镇景区隆重举行。节日期间先后举办核桃美食大赛、祭孔大典、核桃美食长街宴、企业家峰会与核桃健康养生论坛等15项活动，中国文联副主席、中国作家协会副主席、原中共云南省委副书记丹增出席祭孔大典开幕式并宣布祭孔大典开始，云南省妇联主席胡有兰等省州领导出席祭孔大典开幕式。2009中国·大姚石羊祭孔大典暨大姚核桃美食节各项活动特色显著，亮点纷呈，吸引了省内外游客1.29万人次。

乡（镇）领导名录

金碧镇
- 党委书记　杨　波（~2009.08）
- 　　　　　王荣文（副处，2009.11~）
- 镇　　长　曹　波（非党）

石羊镇
- 党委书记　王荣文（~2009.11）
- 　　　　　罗世全（2009.11~）
- 镇　　长　李志祥（彝）

六苴镇
- 党委书记　吴光艳（女，苗）
- 镇　　长　曾　斌

龙街乡
- 党委书记　彭剑波（彝）
- 乡　　长　李永龙

赵家店乡
- 党委书记　罗有理（彝）
- 乡　　长　华成敬（彝）

新街乡
- 党委书记　张永华
- 乡　　长　郑红星（彝）

昙华乡
- 党委书记　周建民
- 乡　　长　连华才

桂花乡
- 党委书记　罗世全（~2009.11）
- 乡　　长　刘颜华（彝）

湾碧乡
- 党委书记　李贵昌
- 乡　　长　李金寿（傣）

三岔河乡
- 党委书记　余忠诚（彝）
- 乡　　长　苗少华（彝）

三台乡
- 党委书记　张玉林（彝）
- 乡　　长　张海燕（女，彝，非党）

铁锁乡
- 党委书记　李建平
- 乡　　长　马淑吉（女，彝）

［葛晓燕］

乡(镇)情况一览表

乡(镇)	面积(平方千米)	村(居)委会(个)	年末总人口(人)	年末耕地面积(亩)	农业总产值(万元)	粮食总产量(吨)	烤烟总产量(吨)	年末大牲畜存栏(头)	农民人均纯收入(元)	各类学校(所)	医疗机构(所)	文化站(个)
金碧镇	454.5	27	98047	57802	33964	33161	1334	12126	3860	33	5	1
石羊镇	407	14	28102	26984	15860	12258	840	11788	3303	16	1	1
六苴镇	280	8	13915	10014	6543	4002	640	6597	3589	5	1	1
龙街乡	360	8	24925	26834	12797	12322	1150	10948	3563	10	1	1
赵家店乡	403	11	16115	18682	9001	6725	695	12236	3455	9	1	1
新街乡	218	9	27714	26824	12081	11441	928	6739	3892	9	1	1
昙华乡	197.26	7	7860	9942	5081	2805	255	6314	1938	4	1	1
桂花乡	352	9	11840	14087	9689	4573	—	8152	3388	7	1	1
湾碧乡	557.5	12	17839	17402	8931	6820	320	11771	1932	8	1	1
铁锁乡	230	6	10670	10311	9014	4806	245	4707	2458	5	1	1
三台乡	455	8	11829	12685	10208	4526	—	7081	1935	4	1	1
三岔河乡	306	9	13942	14805	10568	6192	993	7059	3217	7	1	1

[楚雄州统计局供稿]

永仁县

【地理位置】 永仁县地处滇中北部，北纬25°51′～26°30′、东经101°14′～101°49′之间。东与四川省会理县隔金沙江相望，东南同元谋县毗邻，西南和大姚县接壤，北连四川省攀枝花市，西北界丽江市华坪县。县人民政府驻地永定镇，海拔1536米。东南距省城昆明226千米，南距州府楚雄市180千米。

【行政区划】 2009年末，永仁县辖永定、宜就、中和3镇和莲池、猛虎、维的、永兴（傣族乡）4乡，63个村（居）委会，652个村民小组。行政区域面积2189平方千米。

【人口民族】 2009年末，永仁县常住人口10.91万人，出生率9.8‰，死亡率6.84‰，自然增长率为2.96‰。按公安户籍人口统计，年末全县总人口10.67万人，比上年增加835人。其中农业人口9.18万人。总人口中，少数民族人口6.63万人，其中彝族人口5.64万人。

【自然概貌】 永仁县属内陆高原区，位于滇中红色高原北缘，地质地貌由一系列压扭弧形断裂与不对称的斜褶地组成，皱坡丘陵和山间坝子相间。地势西北及南部高，西部和东南低，中部地势开阔平缓，河流切割不深，但地形破碎。山脉属云岭余脉百草岭山系，主要有方山、大雪山、大村梁子等。河流属金沙江水系，主要有永定河、羊蹄江、江底河、万马河等。全县最高点是宜就镇的大雪山主峰，海拔2884.7米；最低点是永定镇东端的金沙江边石坎子下，海拔926米。全年气候冬无严寒，夏无酷暑，冬春干旱，夏秋多雨，干湿分明，雨量偏少，光照充足；年平均气温17.5℃，年平均无霜期267天；年平均降雨量868.4毫米，蒸发量2516.8毫米。年平均日照2836小时。

【资源特产】 永仁县自然资源丰富，现已探出的矿产资源有金、银、铜、铂、钯、石英砂、大理石、石膏、煤等20多种。水利资源量蕴藏达10.21万千瓦，活立木蓄积量达850.2万立方米，草山资源267万亩，森林覆盖率70.1%。白马河林场是全国最大的云南松母树林基地，素有“彝州林海”之称。旅游资源有方山省级风景名胜区、虎跳峡（虎龙峡）、落水洞、仙人洞、龙潭营等。1995年，永仁县被云南省确定为板栗基地县，维的板栗远销省内外及台湾市场。优质米、草莓、樱桃、蚕桑、仔猪繁殖、黑山羊养殖等产业正发展壮大，在攀枝花、昆明等地市场前景良好。

【经济状况】 2009年，全县实现生产总值（GDP）10.28亿元，按可比价计算，比上年增长11.8%。其中第一产业增加值3.92亿元，增长6.0%，拉动经济增长3.2个百分点；第二产业增加值2.41亿元，增长24.3%，拉动经济增长2.9个百分点；第三产业增加值3.95亿元，增长13.3%，拉动经济增长5.7个百分点。第一、二、三产业对生产总值增长的贡献率分别为27%、24.9%和48.1%。第一、二、三产业增加值占生产总值的比重为38.1:23.4:38.5。全县居民消费价格总水平与上年持平。年末全县从业人员6.89万人，比上年增加1546人。年末城镇登记失业率为3%。全年实现农林牧渔业总产值6.47亿元，按可比价计算，比上年增长6.01%。全年粮食作物种植面积16.66万亩，比上年增加2486亩，增长1.5%。经济作物种植面积8.57万亩，比上年增加4030亩，增长4.9%。粮食作物与经济作物种植面积比为66:34，经济作物种植比重比上年提高0.8个百分点。全年粮食产量4.35万吨，比上年增加1034吨，增长2.4%。大牲畜年末存栏6.48万头，增长0.4%。全县有效灌溉面积9.26万亩，节水灌溉面积9.1万亩。全年规模以上工业企业实现产值2.05亿元，增长41%（现价增长）；规模以上工业企业实现增加值6797万元，增长59.4%（可比价增长）。全年完成全社会固定资产投资9.23亿元，比上年增长46.1%。全年房地产开发投资5991万元，比上年增长11.1%。全年社会消费品零售总额1.90亿元，比上年增长21.3%。县内公路通车里程1218.24千米（含村道）。全年完成客运量84.7万人，下降5.9%；客运周转量7621万人千米，下降19.8%；货运量37.43万吨，增长49.7%；货运周转量3700万吨千米，增长85%。全年完成邮电业务总量1105万元，比上年增长36.6%。电信业务总量960万元，增长52.4%。年末有固定电话和移动电话1.29万部。全年共接待游客13.41万人次，下降7.3%。实现旅游总收入4800万元，增长30.4%。全年完成财政总收入9178万元，增长23%；完成地方财政一般预算收入6758万元，增长30%。金融机构年末人民币存款余额11.99亿元，比年初增长32.77%；贷款余额3.63亿元，比年初增长39.86%。全年全县保险公司保费收入1686.9万元，比上年增长3%。

【教科文卫】 2009年，永仁县有各级各类学校53所，专任教师1033人。其中完全中学1所，在校学生1220人；职业高级中学1所，在校学生225人；教师进修学校1所；初级中学6所，在校学生4155人；县直属小学1所，乡镇中心小学7所，村小学33所，在校学生8023人；县直属幼儿园1所，在园幼儿690人，私立幼儿园2所，在园幼儿815人。全县学龄儿童入学率99.9%，初中学龄人口毛入学率99.79%。年内，实施《永仁县全民科学素质行动2009年工作要点》，对全民科学素质行动工作任务进行分解。共展出科普展板250多块，散发科普宣传资料1.7万多份，开展科普咨询550余人次，参观人数达2.5万余人（次）。开展防震知识宣传，展出展板30块，发放宣传手册3000多份，挂图200多幅，并结合科普惠农兴村“五个一”建设，在各个示范村利用宣传栏大力宣传防震减灾知识。年末全县有图书馆1个，文化馆1个，乡（镇）文化站7个。电视覆盖率92%，广播覆盖率96.5%。卫生机构数84个，卫生机构床位数266张，专业技术人员257人。

【社会生活】 2009年，永仁县农村居民人均纯收入2935元，比上年增长14%；城镇居民人均可支配收入13509元，比上年增长7.8%。全年单位从业人员劳动报酬1.34亿元，同比增长16.4%。年末全县城镇居民人均住房使用面积38.24平方米，农村人均住房使用面积24.5平方米。全县63个村（居）委会通电话、通公路，62个村（居）委会通自来水。全县参加基本养老保险3483人，比上年增加139人；参加基本医疗保险7107人，比上年增加102人；参加农村社会养老保险6275人；参加新型农村合作医疗8.25万人。全县领到最低生活保障金6433户8984人。全县有养老院8个，收养176人。

【打造方山诸葛营生态旅游村】 2009年，永仁县坚持科学谋划，紧紧围绕“一年打基础、两年见成效、三年树品牌”的目标和“民族、文化、生态、旅游”的要求，努力把方山诸葛营村打造成民族文化生态旅游名村，计划总投资6100万元。经过一年建设，诸葛营村的面貌发生巨大变化。一是民族特色充分显现。对新建民房进行统一规划改造，打造彝族“土掌房”建筑风格，所有农户建设为通透式庭院围栏，各农户在庭院周围建造仿木、实木栅栏，制作形式各异的水泥、石制桌椅，庭院内种植果树、花草、蔬菜等。主干道铺筑青石板，次干道铺筑红砂石，入户道铺筑青砖。在村间主次干道两侧种植多种绿化苗木。特色养殖小区建成并投入使用。二是文化内涵得到提升。挖掘弘扬诸葛文化及彝族文化，民族文化广场建成使用。三是生态环保深入人心。因地制宜发展生态萝卜种植，年产值96万元，家家户户使用节能灶和太阳能热水器。四是旅游经济逐步形成。诸葛营村群众依托方山旅游，大力发展以农家乐、乡村民族生态旅游为重点的旅游服务业，18家农户自筹资金开办农家乐。以节日游和假日游为主的饮食服务、土特产交易日渐红火。

【永仁县垃圾处理厂投入使用】 永仁县新建城市生活垃圾处理场位于县城西侧喂猪食梁子西坡沟，距县城10千米，占地面积140亩，总投资2101.17万元，建设规模为垃圾坝总库容16.5万立方米，截污坝总库容4500立方米，日处理垃圾45吨，服务年限17年。建设项目包括垃圾坝、截污坝、分拣车间、管理区办公用房、进场道路及场区道路、给排水、供电系统、机械设备采购、垃圾收集清运中转站等分项工程。该项目于2007年10月公开招标，同年12月末正式开工建设。2009年主体工程全部完工并投入使用。

乡（镇）领导名录

永定镇
党委书记 熊新平（副处）
镇　　长 杨仕清
宜就镇
党委书记 起自敏（女）
镇　　长 起正权
中和镇
党委书记 起天荣（～2009.12）
起加宏（2009.12～）
镇　　长 殷庆洪
莲池乡
党委书记 李培龙
乡　　长 李厚禹
猛虎乡
党委书记 熊兴武
乡　　长 尹云莲（女）
维的乡
党委书记 王绍武
乡　　长 杨 旭
永兴乡
党委书记 李兆平
乡　　长 善自刚

［王秀芝］

乡（镇）情况一览表

乡(镇)	面积（平方千米）	村(居)委会（个）	年末总人口（人）	年末耕地面积（亩）	农业总产值（万元）	粮食总产量（吨）	烤烟总产量（吨）	年末大牲畜存栏（头）	农民人均纯收入（元）	各类学校（所）	医疗机构（所）	文化站（个）
永定镇	327	12	29575	24579	11002	7564	929	6211	3449	7	3	1
宜就镇	330	12	16912	20032	10785	6843	891	15631	2848	9	1	1
中和镇	430	9	11881	15450	9722	5726	600	11127	2598	3	1	1
莲池乡	175	6	13827	20829	9664	7835	400	5602	3202	8	1	1
猛虎乡	204	7	9522	17028	6367	4450	636	732	2872	4	1	1
维的乡	196	5	11510	17832	8955	6021	1045	6269	3101	5	1	1
永兴乡	527	12	13504	17176	8169	5053	180	12646	2827	5	1	1

［楚雄州统计局供稿］

元　谋　县

【地理位置】　元谋县位于楚雄州北部，地处北纬25°23′～26°06′、东经101°35′～102°06′之间，东倚武定，南接禄丰、牟定，西邻大姚、永仁，北越金沙江与四川省会理县交界。县人民政府驻地元马镇龙川街，海拔1078米，南距州府楚雄市城区164千米，东南距省会昆明市城区180千米。

【行政区划】　2009年末，元谋县辖元马、黄瓜园、羊街3镇和老城、凉山、平田、新华、物茂、江边、姜驿7乡，78个村委会（社区），其中5个社区，73个村委会。行政区域面积1803平方千米。

【人口民族】　2009年末，元谋县常住人口21.39万人，人口出生率9.45‰，死亡率5.78‰，自然增长率3.67‰。城镇化率31%。据公安部门统计，年末全县户籍人口21.58万人，比上年末增长0.77%。其中女性人口10.57万人；非农业人口2.46万人；少数民族人口8.29万人，占总人口的38.41%。主要少数民族（千人以上）有彝族6.04万人、傈僳族1.84万人、回族1588人、苗族1425人。

【自然概貌】　元谋县东山雄峻，西岗低迤，南嶂叠耸，北屏挺拔，四周皆山，镶嵌着小盆地。地势东南高，西北低。境内最高点是江边乡大营盘山，海拔2835.9米，最低点是姜驿乡黑者村东北的金沙江出境处，海拔898米。河流属金沙江水系，长流河19条，季节河43条。金沙江、永定河北来入境，龙川江南来穿境，蜻蛉河、班果河、勐冈河西来过境，江河聚会江边龙街，纳入金沙江，东北向出境。县境高山低谷，海拔高差大，呈立体气候；河谷、平坝干燥少雨，光热足，罕霜雪；半山区温热；山区冷寒。年平均气温22℃，全年日照时数2654.4小时，全年降雨量599.4毫米，年蒸发量为降雨量的2.7倍。

【资源特产】 元谋县资源特产丰富，植物种类有170科、724属、1297种。河谷、平坝多草本，半山区疏灌木，山区生乔木。有番茄、洋葱、豇豆、青豌豆、四季豆、牛蒡等各类冬早蔬菜；有西瓜、葡萄、龙眼、香蕉、台湾大青枣、小枣、橙子、柑桔等亚热带水果。矿藏资源有铂钯、铂铜镍、磁铁、褐铁、菱铁、镜铁、石膏、金、银、铅、钴等。主要工业产品有铁矿石、铅锌矿石、沙石料、石膏矿、硅矿石、食糖、酸角糖、酒精、白酒、水泥、水泥预制件、红砖等。还有元谋凉鸡、烤小猪等名特小吃。有土林、金沙江风光、凉山彝族风情园等旅游资源。

【经济状况】 2009年，元谋县实现地区生产总值（GDP）17.79亿元，按可比价格计算，比上年增长11.6%。其中第一产业实现增加值7.87亿元，比上年增长6.2%，拉动经济增长2.4个百分点；第二产业实现增加值3.52亿元，比上年增长21.9%，拉动经济增长4.5个百分点；第三产业实现增加值6.4亿元，比上年增长11.6%，拉动经济增长4.7个百分点。一、二、三产业对GDP增长的贡献率分别为21.2%、38.9%、39.9%。产业结构逐步优化，三次产业结构由上年的41.1:20:38.9调整为44.2:19.8:36.0。按常住人口计算的全县人均地区生产总值8337元，比上年增长20.46%。全县社会劳动生产率为13012元/人。非公有制经济实现增加值8.00亿元，比上年增长17.5%。全县居民消费价格总水平与上年持平，其中食品类价格上涨1.6%。全年实现农业总产值13.12亿元，比上年增加1.9亿元，增长6.57%。其中农业产值9.81亿元，增长7.4%；林业产值2522万元，下降17.07%；畜牧业产值2.86亿元，增长6.09%；渔业产值1989万元，增长14.99%。年末，全县实有耕地面积19.84万亩，常用耕地面积19.72万亩，其中水田9.52万亩、旱地10.2万亩。全年农作物总播种面积38.22万亩，比上年增长1.6%。其中粮食播种面积19.62万亩，增长0.5%；经济作物播种面积18.59万亩（蔬菜12.77万亩、烤烟1.33万亩、油料1.27万亩），增长2.8%。粮食作物与经济作物种植结构比为51.35:48.65，经济作物种植比重比上年提高0.57个百分点。全年粮食总产量7.33万吨，比上年增长3.5%。全年肉类总产量1.85万吨，比上年增长7.3%。大牲畜年末存栏8.16万头，生猪年末存栏13.3万头，羊年末存栏10.76万只。全县有中型水库5座、小（一）型水库7座、小（二）型水库58座、小坝塘1578个，总库容1.16亿立方米，灌溉面积1.29万公顷。年末全县农田有效灌溉面积1.2万公顷，节水灌溉面积6630公顷。全县农村用电量2789万千瓦时，增长6%。全年农用化肥施用量（折纯）1.69万吨，增长5.2%。全年完成人工造林2万亩；完成封山育林3.5万亩，天保工程管护面积34.75万亩。有土林州级自然保护区1个，保护区面积2.99万亩。全年实现工业总产值16.86亿元，比上年增加3.5亿元，增长26.2%。其中规模以上工业实现产值4.54亿元，比上年增加1.17亿元，增长34.6%。规模以上工业企业实现增加值8530万元，增长25.6%。全县15个资质建筑企业完成总产值2.46亿元，比上年增长33.2%。全县房屋竣工面积11.27万平方米，比上年增长15.08%。全年完成固定资产投资15.14亿元，比上年增长42.8%。全年新增固定资产8.28亿元。全年实施招商引资项目23个，项目协议总投资4.27亿元，年内实际到位资金2.79亿元，比上年增长66.95%。全年实现社会消费品零售总额4.76亿元，比上年增长23.6%。全年完成地方财政总收入1.15亿元，比上年增长1.9%。其中地方一般预算收入8476万元，比上年下降0.8%；上划收入3033万元，比上年增长10.4%。全县财政一般预算支出5.68亿元，比上年增加2801万元，增长5.2%。年末金融机构各项存款余额17.71亿元，比上年末增长18.4%。金融机构年末各项贷款余额6.51亿元，比上年末增长32.3%。金融机构全年净回笼现金1.56亿元。保险公司全年实现保费收入3874万元，比上年增长20.3%；已决赔款745万元，比上年增长31.39%。年末，县内公路通车里程1036千米，其中等级公路478千米。县境内通航里程56千米。全年完成货运量96万吨，比上年增长3.23%，货运周转量11221万吨千米，比上年增长19.01%；客运量497万人次，比上年下降11.25%，客运周转量9610万人千米，比上年增长15.63%。全年完成邮电业务总量4850万元，比上年增长6.5%。年末全县有固定电话用户2.27万户、移动电话用户9.2万户，电话普及率53.62部/百人。年末全县互联网用户5995户。全县77个县级部门和10个乡（镇）全部开通电子政务网。全年接待中外游客143万人次，比上年增长55.2%；实现旅游总收入3.43亿元，增长13.73%。

【教科文卫】 2009年末，元谋县有各级各类学校179所，其中教师进修学校1所、普通高中1所、职业高中1所、普通初中13所、小学62所、幼儿园12所、成人文化技术学校89所。年内普通高中招生674人，在校学生1988人，毕业学生678人，高中学生毛入学率66.4%；职业中学招生133人，在校学生276人，毕业学生38人；初中招生3203人，在校学生8981人，毕业学生2463人，初中学生毛入学率102.8%；小学招生2663人，在校学生1.74万人，毕业学生3232人，学龄儿童入学率100%；在园幼儿3228人，入园率48.82%。年末全县有教职工2386人，其中专任教师1877人、代课教师54人。2009年，元谋县教师成龙方、王金荣、陈燕3人被云南省教育厅与云南省人力资源和社会保障厅表彰为优秀教师。2009年全县申报国家和省级重点科技项目5项，批准立项2项。有2项获得云南省科技厅补助项目资金共60万元。全年组织企业和个人申报专利14件，重点科技推广项目4项，获科学技术进步奖励的科研项目4项。全年组织科技培训696期，累计参训5.22万人次。年末，全县有各类农民专业协会190个、协会会员3.11万人，有农民专业合作社41个、合作社社员5009人，带动3万户农民按照无公害生产技术规程规范种植蔬菜。科技进步对经济增长贡献率46.5%。全县有花灯剧团1个、县级文化馆1个、乡（镇）文化站10个，公共图书馆、文物陈列馆、电影放映管理站和档案馆各1个，有业余文艺宣传队123个；10个乡（镇）有村委会文化室73个、农村文化活动室103个。公共图书馆藏书4.3万册。全县有线电视覆盖率33%，广播电视综合覆盖率97%。全年举办体育运动会49次，参加人数1.62万人。全县有各级各类卫生医疗机构138个，其中医院5个、卫生院13所、妇幼保健院1个、个体诊所39个、防疫机构1个、卫生监督所1个、村卫生所78个。全县医院和卫生院有医疗床位765张，平均每千人拥有病床3.4张；全县有医疗卫生专业技术人员713人，其中执业医师及执业助理医师269人，平均每千人拥有卫生专业技术人员3.3人。全县有乡村医生177人。全年投入卫生事业费5754万元，比上年增加1200万元，增长26.4%，占全县财政总支出的10.1%。6月，元谋县人民医院外科被中华人民共和国卫生部、全国妇联、中国人民解放军总后勤部卫生部授予“巾帼文明岗”称号，是全州唯一获此殊荣的医疗卫生单位。

【社会生活】 2009年，元谋县城镇居民人均可支配收入14801元，比上年增长8%，扣除物价因素影响。城镇居民人均消费性支出8400元，年末人均住房建筑面积38.16平方米。农民人均纯收入4333元，比上年增长7.81%，扣除物价因素影响，实际增长7.81%。农民人均生活消费支出3532元，年末人均住房面积29.31平方米。年末全县实有从业人员13.67万人，比上年增加0.26万人，增长1.94%。年末在岗职工8796人，比上年增长4.6%。在岗职工年平均工资22516元，比上年增长12.19%。全县78个村委会（社区）通电，75个通公路，70个通自来水，77个通程控电话。全年有8万人（次）领取城镇居民最低生活保障金，发放最低生活保障金1212.52万元，年末全县享受城镇居民最低生活保障6794人。全年有12.57万人（次）领取农村贫困居民最低生活保障金，发放最低生活保障金566.08万元、最低生活保障粮628.59吨，年末全县享受农村贫困居民最低生活保障1.05万人。全县供养农村“五保”老人778人，对2.01万人进行医疗救助，救助资金132.16万元。全县有养老院12个，收养孤寡老人92人。就业服务中心全年安置就业1501人，其中安置下岗职工再就业601人。全年举办就业及再就业培训24次，累计参训1820人次。城镇登记失业人员562人，城镇登记失业率3.1%。农村富余劳动力转移就业1.23万人。年末全县参加城镇职工基本养老保险4915人、城镇职工基本医疗保险1.04万人、失业保险5326人、工伤保险2207人、生育保险1905人，城镇居民基本医疗保险1.49万人，农村社会养老保险1.2万人。年末全县有17.14万人参加新型农村合作医疗保险，参保率90.64%，参保患者全年就诊41.4万人次，共发生医疗费用4403.44万元，实现医疗费减免1856.57万元。全年发生安全生产事故53起，其中全年发生火灾事故13起，火灾损失93.4万元。亿元GDP安全生产事故死亡0.67人。

【绿色产业建设】 2009年，元谋县认真组织实施中央财政支持现代农业发展蔬菜产业项目，进一步加强农资市场管理、农产品质量安全检测监督和蔬菜外销管理。2008年冬至2009年春菜季，全县种植冬早蔬菜13.52万亩，外销蔬菜22.01万吨，70%以上的蔬菜品种达到A级绿色蔬菜标准，农民卖菜收入4.7亿元。冬早蔬菜种植结构进一步优化，全县种植番茄（含小番茄）2.61万亩，菜豆3.35万亩，洋葱1.77万亩。由于种植结构优化，市场需求旺盛，菜价提高，虽然外销量比上年减少4.28万吨，但农民卖菜收入却增加了6778万元，增长16.9%；平均单价2.13元/千克，比上年提高0.60元，增长39.2%。同时，积极抓好元马镇清和行政村200亩、黄瓜园镇牛街行政村世辉村50亩的现代农业蔬菜生产示范工作。至年末，全县累计获得无公害农产品认证27个、绿色食品认证15个、有机食品认证1个，无公害农产品产地认定达9.6万亩，达到绿色食品产地环境质量标准的有15.63万亩。

【元谋荣获“全国科技进步先进县”称号】 近年来，元谋县大力实施“科教兴县”战略，加强科技与经济的紧密结合，整合科技资源，积极扶持民营科技企业，努力推进科技成果转化和企业科技创新能力建设，连续两次通过国家科技进步考核。（1）抓科技进步政策法规的制定和落实，为自主创新加速科技进步提供了政策平台。（2）创新科技培训机制，着力提升群众科技素质，加强农村经纪人、农业科技推广员、种养殖能手、能工巧匠四支队伍的培养建设，部分农村优秀人才每人每月享受50元政府人才津贴。（3）通过招商引资，外地客商纷纷入驻元谋以“好品种+订单”的生产经营模式和无公害、绿色生产技术规程，规模化开发种植优质葡萄、精品瓜、枣类等水果8000亩，带动全县种植水果4万亩，产值超过3亿元。（4）实施“元谋县1.5万亩香葱产业技术开发”国家科技富民强县项目，改善农业产业结构，加快农村经济发展。（5）加强农业科技示范园区和果蔬基地建设，推进现代农业建设进程。（6）加大蔬菜工厂化育苗技术开发推广和新品种引进试验示范。（7）开通元谋科技网站，通过网络向乡（镇）、协会、种植大户发布国内外科技信息及元谋蔬菜信息，科技对经济增长的贡献率达46.5%。2009年12月，元谋县被国家科技部评为“全国科技进步先进县”，县委书记袁丽娟、副县长尹亚全、县科技局局长周树云被评为“全国科技进步工作先进个人”。

【元谋荣获“全国群众体育先进单位”称号】 2009年，元谋县有农民业余篮球队110支、队员1500余人，有混凝土篮球场324块。基本形成农村体育、学校体育、城镇体育、民族体育、残疾人体育、老年人体育协调发展的全民健身体系。城乡体育设施不断改善，为全县人民创造了良好的健身环境，全县群众体育活动蓬勃开展。2009年9月10日，元谋县被国家体育总局授予“全国群众体育先进单位”称号。

乡（镇）领导名录

元马镇
　党委书记　彭金富（彝，副处）
　镇　　长　祖　凌
黄瓜园镇
　党委书记　周应张（～2009.10）
　　　　　　尹　健（2009.10～）
　镇　　长　尹　健（～2009.11）
　代理镇长　刘铭波（2009.11～）
羊街镇
　党委书记　杨芳亮（傈僳）
　镇　　长　倪建平（彝）
老城乡
　党委书记　靳志刚（～2009.6）
　　　　　　张海丽（女，2009.10～）
　乡　　长　张海丽（女，～2009.11）
　代理乡长　黄亚明（2009.11～）
平田乡
　党委书记　颜　辉（傣）
　乡　　长　李　飞
新华乡
　党委书记　李　勇（傈僳）
　乡　　长　吴春华（彝，2009.2～）
物茂乡
　党委书记　赵光贤
　乡　　长　李江华（彝，2009.2～）
江边乡
　党委书记　杨志豪
　乡　　长　郑建华
姜驿乡
　党委书记　张　荣（彝）
　乡　　长　李建勋（彝，2009.2～）
凉山乡
　党委书记　雷振宇
　乡　　长　文显富

［张　错］

乡（镇）情况一览表

乡(镇)	面积（平方千米）	村(居)委会（个）	年末总人口（人）	年末耕地面积（亩）	农业总产值（万元）	粮食总产量（吨）	烤烟总产量（吨）	年末大牲畜存栏（头）	农民人均纯收入（元）	各类学校（所）	医疗机构（所）	文化站（个）
元马镇	101	13	58309	39024	33747	17178	—	10157	5335	16	4	1
黄瓜园镇	152	11	36793	36733	31672	13875	15	11203	4952	13	1	1
老城乡	240	10	28779	26850	16406	9959	418	11912	4907	11	1	1
物茂乡	231	5	16428	15972	11145	6375	20	5511	4815	7	1	1
平田乡	151	5	14394	16333	10652	5846	—	6743	3887	6	1	1
江边乡	227	8	16246	15984	8857	5964	—	9303	3430	2	1	1
姜驿乡	225	8	14275	17714	5796	4049	500	9412	3173	5	1	1
新华乡	162	4	8368	8926	3166	3033	220	5178	3583	4	1	1
羊街镇	235	10	18006	16320	7950	6146	762	8590	3896	10	1	1
凉山乡	79	4	4197	4561	1822	916	155	3621	3232	2	1	1

［楚雄州统计局供稿］

武 定 县

【地理位置】 武定县位于楚雄州东北部，地跨北纬25°20′~26°11′、东经101°55′~102°29′之间。东邻昆明市禄劝县，南接禄丰县和昆明市富民县，西与元谋县接壤，北隔金沙江与四川省会理县相望。县境南北长94千米，东西宽56千米，全县国土面积3322平方千米。县人民政府驻狮山镇，海拔1740米，距州府楚雄市城区160千米。

【行政区划】 2009年，武定县辖狮山、高桥、猫街3镇，插甸、田心、发窝、万德、己衣、白路、环州7乡和东坡傣族乡，130个村（居）委会，1570个村（居）民小组。

【人口民族】 2009年末，武定县总人口27.28万人，比上年增长0.78%。其中女性13.34万人，占总人口的48.9%；农业人口24.31万人，比上年减少2.7%；非农业人口2.96万人，比上年增长42.6%；少数民族人口14.67万人，比上年增长3.1%，占总人口的53.8%，其中彝族8.5万人，傈僳族3.06万人，苗族2.2万人，傣族7069人。人口出生率为18.5‰，死亡率11.6‰，自然增长率3.4‰。

【自然概貌】 武定县域地处三台（习称乌蒙）山区，境内多山，山势走向北高南低；河流走向与山势相反，南高北低。全县山地面积占96%。地势东西两侧及西南部高，北部低，东南部较开阔，中北部受勐果河深切割，地形破碎，形成峡谷。县域属低纬高原季风气候区，气候垂直变化明显，类型多样。境内长于10千米的河流有22条，除猫街镇河底河向南流入星宿江外，其余均为金沙江水系，分别由东、西、北三个方向出境。最大的河流勐果河全长97千米。全县最低点为己衣乡新民大沙地，海拔862米；最高点为己衣乡白龙会峰，海拔2956米。年平均气温15.7℃，年均降雨量715.7毫米。

【资源特产】 武定县境内有钛、铜、铁、铅锌、木纹石等10余种矿体。其中已探明储量的有铁矿2.46亿吨，钛矿1800万吨，铜矿6.68万吨。全县有东坡、田心、己衣、万德4个乡的大部分地区处于干热河谷地带，天然温室孕育着香蕉、甘蔗、小粒咖啡、印楝等经济作物；插甸、发窝、猫街、白路、环州5个乡（镇）的大部分地区处于高寒冷凉地带，适宜种植中草药、高山反季无公害蔬菜；处于中海拔地区的狮山、高桥2个（镇）种植优质米、烤烟等粮食经济作物。中草药资源有800多种，鸡纵、干巴菌、松茸等野生食用菌和板栗、核桃、野坝子蜂蜜等特产备受国内外市场青睐。武定壮鸡以其体大、肉嫩、骨酥、味美而著名。旅游资源得天独厚，位于县城西南的狮子山，集雄、古、奇、秀四大特点为一体，是国家AAAA级风景名胜区和理想的旅游、避暑、科考基地。

【经济状况】 2009年，全县实现生产总值20.07亿元，按可比价格计算（现价），比上年增长12.0%。其中第一产业实现增加值6.77亿元，增长6.3%；第二产业实现增加值6.59亿元，增长18%，其中工业实现增加值5.56亿元，增长18.1%；第三产业实现增加值6.71亿元，增长13.3%。三次产业结构由上年的35.7∶31.1∶33.2调整为33.7∶32.8∶33.5。人均生产总值7204元，比上年增长11.5%。非公有制经济实现增加值10.21亿元，比上年增长16.5%。非公经济增加值占生产总值比重50.9%，比上年提高2.6个百分点。实施招商引资项目41个，年内到位资金5.65亿元。居民消费价格上涨0.8%，其中食品类上涨0.4%，居住类上涨3.4%。全年商品零售价格上涨1.4%，农业生产资料价格上涨0.5%。全年实现农林牧渔业产值14.58亿元，按可比价计算比上年增长6.47%。其中农业产值5.11亿元，增长3.42%；林业产值6206万元，增长41.38%；畜牧业产值8.02亿元，增长7.49%；渔业产值733万元，增长15.25%，农林牧渔服务业实现总产值7530万元，减少4.99%。全年农作物总播种面积50.07万亩，比上年增长2.58%。其中粮食播种面积34.08万亩，增长0.12%；经济作物播种面积15.99万亩，增长8.27%，烤烟种植4.99万亩，增长2.24%。全年粮食总产量9.43万吨，比上年增长2.46%。全县有130个村（居）委会通电。年末农田有效灌溉面积14.31万亩；全年化肥施用量（折纯）1.31万吨，增长1.36%；农村用电量2966万千瓦时，增长2.99%。全年实现工业总产值16.78亿元，比上年增长20.15%，其中国有及国有控股企业实现产值8807万元，增长50.55%；规模以上工业企业实现产值5.17亿元，增长30.14%。建筑企业完成产值3.14亿元，比上年增长108.43%；房屋竣工面积46.94万平方米，增长99.57%。全年完成固定资产投资10.98亿元，比上年增长50.7%。全年实现社会消费品零售总额4.98亿元，比上年增长22.2%。批发零售业实现商品销售总额4.25亿元，比上年增长22%。全年完成货物周转量6177万吨千米，增长41.5%；旅客周转量8313万人千米，增长13.7%。全年完成邮政业务总量422万元，比上年增长4.71%，收发函件2.84万件，报刊期发数11.46万份。年末移动电话用户11.49万部。全年完成财政总收入2.37亿元，比上年增长15.13%，其中地方一般预算收入1.42亿元，增长18.50%。地方财政一般预算支出7.62亿元，增长40.61%。年末金融机构各项存款余额23.92亿元，比上年末增长23.58%，其中居民储蓄存款余额13.39亿元，增长15.79%。金融机构各项贷款余额14.21亿元，增长57.32%。保险企业实现保费收入4346.5万元，已决赔款1583万元。

【教科文卫】 2009年，全县有普通高中2所，职业中学1所，初中13所，小学168所。年内普通高中在校生3656人；职业中学在校生456人；初中在校生1.07万人；小学在校生2.22万人。学龄儿童入学率、初中学生毛入学率、高中学生毛入学率分别为99.5%、99.8%、66.9%。学年末全县有专任教师2525人。年末全县有卫生机构16个，卫生机构住院病床数820张；有卫生技术人员540人。参加新型农村合作医疗保险的农村居民23.43万人，参保率93.76%。年末全县有艺术表演团体1个，公共图书馆1个，图书馆藏书9万册；广播、电视人口覆盖率分别达到96%和98%。

【社会生活】 全年城镇居民人均可支配收入13739元，比上年增长8.51%；年末人均住房建筑面积43.81平方米。农民人均纯收入2858元（扣除物价上涨因素），增长14.64%；人均住房面积33.6平方米。全年有6.91万人（次）领取城镇居民最低生活保障金，发放保障金812.7万元；1.62万人（次）领取农村低保，发放低保金579.3万元、低保粮899.3吨。供养农村“五保”老人1117人，对1.86万人进行医疗救助，救助资金228.4万元。年末劳动者人数16.56万人，比上年增长0.87%；在岗职工9522人，增长9.97%。在岗职工年平均工资2.45万元，增长12.98%。年末全县参加企业职工养老保险3524人，失业保险3524人，医疗保险1.18万人，工伤保险3760人，生育保险2211人。城镇登记失业人员612人，登记失业率3.17%。年内发生安全生产事故32起，安全生产事故死亡13人，比上年下降38.1%。年末全县常用耕地面积26.13万亩，其中水田10.14万亩、旱地15.99万亩；有水库69座，水库总库容7963万立方米。全年人工造林11.3亩，封山育林3万亩，天保工程管护面积147.88万亩。有州级自然保护区1个，保护区面积2.05万亩。森林覆盖率55.3%。

【云南安宁化工厂武定分厂搬迁项目奠基仪式】 2009年1月16日，国营云南安宁化工厂武定分厂搬迁项目奠基仪式在狮山镇羊旧村委会大平地举行。云南安宁化工厂武定分厂整体搬迁建设项目选址于狮山镇羊旧村委会大平地，占地面积385亩，概算总投资9000万元，项目按照总体规划、分步实施的原则，先建总仓库，再逐步实施整体搬迁。建成后，企业的年生产能力将由1.2万吨增加到3万吨，实现产值1.5亿元。现即将开工建设的第一期工程计划投资2000万元，主要建设一个储存2000吨的总仓库及公路等附属设施。

【武定县城市生活垃圾处理场项目奠基】 2009年7月17日，云南润阳节能科技有限公司武定县润阳城市生活垃圾处理项目奠基仪式在狮山镇羊旧村委会岩脚箐举行。武定县润阳城市生活垃圾处理项目计划总投资2928万元，占地69亩，垃圾处理量近期每日不低于45吨，远期每日不低于80吨。该处理场是以卫生填埋为主处理生活垃圾，建设工期为18个月，其中垃圾填埋场将于2010年上半年建成投入使用。

【云冶集团武定高钛渣厂点火投入运行】 2009年10月14日，云南冶金集团新立公司武定分公司年产8万吨高钛渣项目开始点火并投入运行。项目主体工艺设计由南非贝特曼公司负责，国内转化设计和辅助部分设计由昆明冶金设计研究院负责。整个项目自动化水平较高；冶炼电耗较低，原料损失少，操作环境好；冶炼烟气回收使用；烟气经过回收处理基本达到零排放，无废水、废渣和废气排放。具有工艺先进、资源利用率高、能源利用合理、环保技术优良的特点。

乡（镇）领导名录

狮山镇
　党委书记　龙德武（副处）
　镇　　长　龚世雄
高桥镇
　党委书记　杜春宏
　镇　　长　张俊富
猫街镇
　党委书记　郑　钧
　镇　　长　王会萍（女）
插甸乡
　党委书记　邵显舒（女，彝）
　乡　　长　刘　彪（彝）
白路乡
　党委书记　张加亮（傣）
　乡　　长　郑洪云（～2009.09）
　　　　　　郎泳舟（2009.12～）
环州乡
　党委书记　苏兴禄（彝）
　乡　　长　李自银（彝）
东坡傣族乡
　党委书记　刘东宇
　乡　　长　李绍荣（傣）

田心乡

党委书记　刘纯明

乡　　长　左　刚（彝）

发窝乡

党委书记　杨云彬（彝）

乡　　长　郑立华（女）

万德乡

党委书记　陶光建

乡　　长　罗绍江（傈僳）

己衣乡

党委书记　余海洋

乡　　长　彭　会（女）

［唐建梅］

乡（镇）情况一览表

乡(镇)	面积（平方千米）	村(居)委会（个）	年末总人口（人）	年末耕地面积（亩）	农业总产值（万元）	粮食总产量（吨）	烤烟总产量（吨）	年末大牲畜存栏（头）	农民人均纯收入（元）	各类学校（所）	医疗机构（所）	文化站（个）
狮山镇	399	25	79984	55364	26188	25536	650	15779	2935	31	6	1
高桥镇	398	17	36677	35625	21794	13897	1120	14023	3085	16	1	1
白路乡	221	10	14534	16374	12121	3380	1450	10582	4201	5	1	1
插甸乡	307	12	23709	23931	12493	8154	550	8213	2174	6	1	1
田心乡	134	7	18856	17715	11277	6101	730	9770	2236	9	1	1
发窝乡	271	11	14596	14749	9196	5043	38	10270	2431	2	1	1
环州乡	205	8	11508	12620	8244	3421	850	8059	2641	5	1	1
东坡乡	171	8	14485	14845	8607	6201	—	9644	2777	8	1	1
猫街镇	434	15	26741	29287	15182	9121	990	13379	3018	16	1	1
万德乡	204	8	16088	20657	10967	5874	760	7223	2720	2	1	1
己衣乡	218	9	15574	20619	9756	7522	1150	8910	2412	3	1	1

［楚雄州统计局供稿］

禄　丰　县

【地理位置】　禄丰县位于云南省中部，楚雄彝族自治州东部。地处北纬24°51′~25°30′、东经101°38′~102°25′之间。东西最宽76千米，南北最长68千米。东邻富民、安宁、昆明市西山区，南接双柏、玉溪市易门县，西依牟定、楚雄，北连武定、元谋。县人民政府驻金山镇，海拔1566米。禄丰县东距昆明97千米，西距楚雄83千米。

【行政区划】　2009年末，禄丰县辖金山、仁兴、碧城、勤丰、一平浪、广通、黑井、彩云、土官、和平10镇和中村、川街、妥安、高峰4乡，有164个村民委员会，1个居委会，6个社区，1261个自然村，2105个村民小组。行政区域总面积3631平方千米。

【人口民族】　2009年末，全县总人口42.58万人，比上年增长0.47%。人口出生率12.51‰，死亡率7.25‰，自然增长率5.26‰。其中农业人口35.55万人；少数民族人口10.59万人，占总人口的24.87%。千人以上少数民族有彝族7.7万人、傈僳族2649人、苗族1.76万人、回族6140人和白族1082人。男女性别比（以女性为100计算）为103.66。

【自然概貌】　禄丰县地处滇中高原东南部，金沙江水系与元江水系分水岭地带，主要河流有星宿江、龙川江。境内地形复杂，地貌千姿百态，有山地、丘陵、山间盆地等。山区（包括山地、丘陵）面积占全县总面积的91.9%，坝区占8.1%。境内地势东高西低，山脉多为南北走向，海拔2000米以上的山峰94座，县境最高点是碧城镇老青山顶，海拔2754米；最低点是川街乡小江口，海拔1309米。

【资源特产】　境内生物资源丰富，野生动、植物种类繁多，常见的有云南松、圆柏、元江栲、华山松、梅子、山楂等，杜鹃、杨梅、滇橄榄、厚皮香、多衣等灌木分布较广，经济果木有梨、柿、杏、石榴、枣、核桃、茶、竹等20余种。森林综合覆盖率64.6%。县境有野生中药材645种，野生食用菌64种，松茸、牛肝菌大量出口。有国家一级保护动物绿孔雀，国家二级保护动物有鸳鸯、白鹇、灵猫等。境内矿产资源丰富，开采历史悠久，盛产盐和煤。探明储量的矿藏有盐、煤、铜、铁、钼、石英砂、芒硝、硅石等29种。以铜矿开采、冶炼为主的乡（镇）矿山企业发展迅猛。禄丰以“恐龙之乡、化石之仓”蜚声海内外。世界恐龙谷、恐龙化石、腊玛古猿化石和川街陨石坑、老长箐龟共存化石等奇景名扬四海。有五台山和雕翎山两个省级自然保护区，总面积41.4平方千米，占全县土地面积的1.17%。五台山自然风景区以其新、奇和湖光山色，令游人流连忘返。罗次温泉水温42℃，石灰坝温泉水温40℃～43℃，成为游客洗浴休闲的好去处。依托境内中型水库兴建的东河水库山庄、石门水库风景区，休闲娱乐设施齐备。川街老长箐恐龙化石群、黑井历史文化名镇被列为滇中文化旅游精品线路景点，黑井镇被评为国家AAA级旅游景区和云南“十大名镇”之一，县城恐龙山被列为云南省第二批风景名胜区。

【经济状况】 2009年，全县实现生产总值（GDP）74.01亿元，按可比价计算，比上年增长12.4%。第一、二、三产业对生产总值增长的贡献率分别为9%、45.8%和45.2%，占生产总值的比重为20.6∶38.2∶41.2，呈现出“三二一”的产业结构类型。全社会劳动生产率（按从业人员计算的人均GDP）为24772元/人。按公安部门统计的户籍人口计算的人均GDP为17423元。非公有制经济增加值占全县GDP的比重为59.7%。全年完成工业总产值104.86亿元，按现行价格计算，比上年增长0.3%。其中规模以上工业企业实现产值82.75亿元，下降4.6%。全年全社会固定资产投资50.03亿元，比上年增长36.4%。全年新增固定资产15.52亿元，比上年下降34.9%。全年实现农业总产值24.22亿元，比上年增长6.5%。全年粮食种植面积53.79万亩，比上年减少6887亩，下降1.2%。经济作物播种面积36.50万亩，比上年增加1.02万亩，增长2.9%。全年粮食产量18.37万吨，比上年增长1%。烟草业、冶金矿产业、能源化工业、建筑材料业、绿色食品产业、旅游产业六大重点产业全年实现增加值36.03亿元，比上年增长2%。六大产业增加值占GDP比重48.7%。全县居民消费价格总水平比上年上涨0.7%。金融机构年末各项存款余额53.38亿元，比上年增长20.3%，其中城乡居民储蓄存款余额32.88亿元，比上年增长12.3%。金融机构年末各项贷款余额25.51亿元，比上年增长35.3%。年末存贷差27.87亿元。全年保险机构保费收入8826万元，赔款支出4945万元，收支差3881万元。全年完成财政总收入9.54亿元，比上年增长10.9%。地方财政支出总计12.66亿元，比上年增长41.5%。年末全县从业人员26.05万人，比上年减少1958人。年末城镇登记失业率3.2%。城镇化水平（城镇化率）为35.2%。据交通部门统计，县内公路通车里程4135千米，货运量782万吨，货物周转量6.96亿吨千米，客运量293万人，客运周转量2.31亿人千米。年末全县拥有固定电话3.08万部，移动电话9.02万部。据旅游部门统计，全年共接待国内游客179.43万人次，比上年增长44.7%。实现旅游总收入4.08万元，增长47.3%。

【教科文卫】 2009年末，禄丰县有国民教育系列学校256所。其中，高中3所，在校学生5261人，专任教师387人；初中20所，在校学生1.61万人，专任教师1021人；小学193所，在校学生3.64万人，专任教师2287人。幼儿园38所，在园人数9173人。全县学龄儿童入学率达99.86%，小学毕业生升学率98.11%，巩固率99.41%，初中毕业生升学率65.86%；教育部门主管录取的大学生1743人，高中升学率73.2%。小学、初中、高中专任教师学历达标率分别为99.87%、99.51%和96.9%。全县全年申报省级科技计划项目6件，获准立项3项。专利申报26件，累计受权96件。科技对国民经济增长的贡献率为49.79%，比上年提高1.3个百分点。组织科技培训1511期，培训22.48万人次。年末，全县共有专业艺术表演团体1个。公共图书馆1个，藏书8.9万册，县文化馆1个，乡（镇）文化站14个，博物、文物管理机构1个，接待国内外观众0.5万人次。全县电视覆盖率97%，广播覆盖率100%。年末，全县共有各类卫生机构75个，有卫生技术人员1170人，有床位1238张。全年全县体育健儿参加州级及以上体育竞技比赛获得奖牌12枚，其中金牌7枚、银牌2枚、铜牌3枚。

【社会生活】 2009年末，全县建成区面积29.94平方千米，建成区绿化率23.5%；工业企业废水排放达标率97.49%；工业固体废物综合利用率78.89%。全年全县农民人均纯收入4071元，比上年增加474元，增长13.2%，扣除物价上涨因素，实际增长12.4%；城镇居民人均可支配收入15413元，比上年增加1212元，增长8.5%，扣除物价上涨因素实际增长7.8%。年末全县城镇居民人均住房使用面积20.6平方米，农村人均住房使用面积36.16平方米。全县164个村（居）委会通程控电话、通公路、通电，163个通自来水。年末，全县参加基本养老保险人数2.19万人，比上年增加747人。参加失业保险人数1.43万人，比上年增加471人，领取失业保险金人数606人。参加城镇职工基本医疗保险人数3.54万人，比上年增加1454人，参加城镇居民医疗保险人数3.76万人，7.01万个农村居民参加了社会养老保险。国有企业离退休人员养老金和下岗职工的基本生活费按时足额发放。2009年纳人城镇居民最低生活保障的有7867户1.41万人，纳人农村最低生活保障的有8994户1.87万人，民政部门优抚的残疾军人153人、在乡复员军人1020人。全县共有敬老院14所，现有五保老人1999人，其中在敬老院集中供养398人，分散供养1601人。有福利院1个，收养3名孤残儿童和12名鳏寡老人。在农村医疗救助工作中，民政部门资助参加合作医疗人数为2.07万人。

【云南至广东±800千伏特高压直流输电工程实现单极投产】 2009年12月28日，世界首个±800千伏特高压直流输电工程——云南至广东特高压直流输电工程在终点站广东增城的穗东换流站成功实现单极投产，当天该工程输送电力容量达260万千瓦，相当于半个广州市中心的用电水平。该工程由中国南方电网公司于2006年12月19日在禄丰县和平镇开工建设，途经云南、广西、广东3省（区），线路全长1373千米。2009年6月30日，云广直流实现全线贯通和单极400千伏部分送电。该工程将云南小湾、金安桥等水电站的电源通过特高压直流输电线路输送到广东。由于应用了世界顶级技术，该工程按照替换燃煤电厂来测算，每年减少二氧化碳排放1760万吨，同时大幅降低输电损耗，节约走廊土地约8300公顷，节约换流站占地超过600公顷。

【禄丰现代烟草农业建设】 2009年，禄丰县作为国家烟草专卖局整县推进现代烟草农业建设的试点，现代烟草农业建设呈现了思路清、力度大、措施实的良好发展态势，引起了广泛关注，得到了社会各方面的积极评价。现代烟草农业建设先后承接国家烟草部门、省内外烟叶主产县368批2.16万人次现场观摩。“禄丰模式”的现代烟草农业建设在全国推广。（1）建设六大工程，夯实发展基础。①土地整治工程。为提高机械化作业水平，改善生产条件，将高低不平、地块凌乱的中低产田整治为地块平整规则的高产良田，2009年3月30日前完成土地整治3.12万亩。②烟水工程。2005年以来全县建成水池8112个，水窖6653个，沟渠739千米，管道355千米，泵站14座，实现水利设施100%覆盖。③烟路工程。按照坝区800亩1千米，半山区700亩1千米，山区原则不搞机耕路，规划建设机耕道路232条168千米，建成170条108千米。④育苗设施工程。以高起点、高标准、规模化、集约化、市场化的原则，全县建设6个育苗工场，大棚面积14.55万平方米。⑤烤房工程。全县建设烘烤工场60个，密集型烤房4000座，最大的烘烤工场有密集型烤房156座，最小的烘烤工场也有密集型烤房10座。在烘烤规模3000担以上的烘烤工场，利用烘烤间隙和存量资产建设农村文明活动中心，包括宣传教育活动室、文化活动室、科普活动室、烟农培训室。并在洪流、前营、马街烘烤工场按照工场化烘烤，专业化分级，散烟收购，原烟交接的工作流程完成了烘烤、收购、精选、交验一体化运作。⑥信息系统工程。信息管理系统按照统一平台、统一数据、无缝集成的要求，对全县烟田、烟水、烟路、烤房规划建设、轮作布局、烟农档案、电子合同、生产管理、收购交接、电子结算、工商合作、短信平台、气象信息、各类生产组织和专业化服务组织实现块、线、点的信息化网络管理；育苗、烘烤实现自动控制、远程监控；各种生产组织和专业化服务组织实现内部电脑管理并配置信息终端，进行政策宣传、技术指导、生产管理、气象信息服务。（2）改革组织管理机制，优化发展环境。设立现代烟草农业中心管理站，打破传统的烤烟生产组织按行政区划设立的局限，实现烤烟生产按种植区划统一进行种植管理和生产收购，使资源配置更加合理，烟叶生产服务水平和工作效率进一步提高，基层组织责、权、利更加明确，管理更加规范。在禄丰县行政区域内对基层站点进行改革，将原有的12个烟叶站合并组建为4个中心管理站。中心管理站的设立彻底改变了现行烤烟生产、收购和技术服务格局，突破了行政区域的限制和束缚，更加符合烟草生产的经济规律，更加有利于烟叶生产管理、服务和资源的有效配置，更加方便群众接受烤烟生产技术服务和交售烟叶，新的烤烟生产组织管理机制能更好的适应现代烟草农业发展需要，是做好整体推进禄丰现代烟草农业各项工作的基础和保障。（3）创新生产组织形式，拓宽发展渠道。发展烟叶种植专业户，组建烟叶种植家庭农场，成立烟叶种植专业合作社。（4）完善育苗服务社、烘烤服务社、农机服务社、植保服务社等专业化服务组织，促进和谐发展。（5）健全烘烤收购服务体系、技术服务保障体系、自然灾害救助体系、工商合作基地建设体系，提供发展保障。

乡（镇）领导名录

金山镇

　党委书记　毛世宾（彝，副处）

　镇　　长　陈光明（~2009.4）

　　　　　　石　刚（彝，2009.6~）

中村乡

　党委书记　王国建

　乡　　长　严琼华

和平镇

　党委书记　尹守用

　镇　　长　周晓红（女）

仁兴镇

　党委书记　赵　良（彝，~2009.7）

　　　　　　赵志明（2009.7~）

　镇　　长　赵志明（~2009.7）

代理镇长　王　瑞（2009.7～）
碧城镇
党委书记　石　刚（彝，～2009.4）
宋耘田（2009.4～）
镇　　长　宋耘田（～2009.4）
林帮荣（2009.6～）
勤丰镇
党委书记　张纯文
镇　　长　李发云（彝）
土官镇
党委书记　黄玉梅（女，彝）
镇　　长　李振铭
川街乡
党委书记　王　焘
乡　　长　杨　武
罗川镇
党委书记　李建荣（彝，～2009.2）
镇　　长　岳　栋（～2009.2）
彩云镇（2009年2月，罗川镇更名为彩云镇）
党委书记　李建荣（彝，2009.2～7）
杨　泽（2009.7～）
镇　　长　岳　栋（2009.3～）
一平浪镇
党委书记　石文武
镇　　长　王绍斌（彝）
广通镇
党委书记　朱　江（白，～2009.7）
赵　良（彝，2009.7～）
镇　　长　包　伟
妥安乡
党委书记　罗建渊（白）
乡　　长　王天龙
黑井镇
党委书记　陈建祥
镇　　长　戴　荣
高峰乡
党委书记　李建明（彝）
乡　　长　寇定中

［曹永萍］

乡（镇）情况一览表

乡(镇)	面积（平方千米）	村(居)委会（个）	年末总人口（人）	年末耕地面积（亩）	农业总产值（万元）	粮食总产量（吨）	烤烟总产量（吨）	年末大牲畜存栏（头）	农民人均纯收入（元）	各类学校（所）	医疗机构（所）	文化站（个）
金山镇	419.1	21	79485	45570	29462	29385	1003	14294	5300	27	4	1
仁兴镇	231.1	12	34411	34463	26326	15305	2755	13288	4781	13	1	1
碧城镇	187.1	15	47200	34321	35217	18697	2177	8191	4883	18	1	1
勤丰镇	253.4	11	27650	21991	19689	12431	1155	8432	4326	13	1	1
一平浪镇	441.3	14	46232	31651	22209	19701	1171	16843	4492	17	2	1
广通镇	352.2	16	42721	43264	21398	19410	1783	12489	4687	23	2	1
黑井镇	133.5	9	18364	15286	7746	5339	108	11727	2863	10	1	1
中村乡	95.6	5	17393	18568	10973	8739	871	9169	3213	11	1	1
和平镇	302.8	9	23703	29875	16582	10823	1910	14155	3690	14	1	1
土官镇	284.7	13	12403	12828	8403	6203	618	2713	4450	6	1	1
川街乡	301.7	9	18786	17290	11020	6904	432	9813	3058	9	1	1
彩云镇	242	9	20338	24001	13300	12255	—	10079	4620	11	1	1
高峰乡	155.5	8	10770	14598	4516	5424	479	5661	2545	9	1	1
妥安乡	136.3	12	26341	28572	15377	13064	754	12786	2782	15	1	1

［楚雄州统计局供稿］

（责任编辑：安孟勤　者宗菊）

人 物

新闻人物

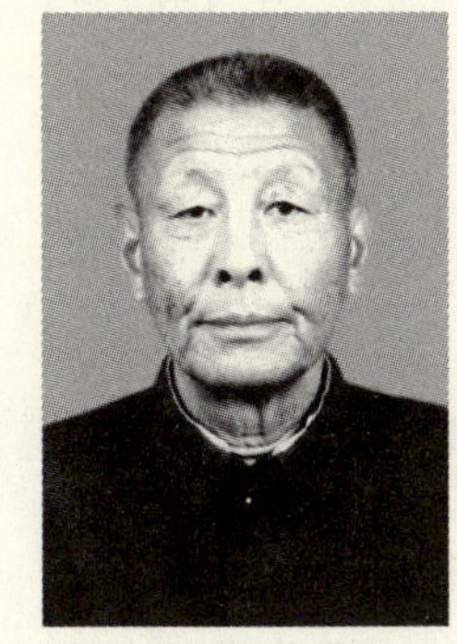

【张之道】 男，楚雄州中医院主治医师，1987 年 4 月离休。离休后，先后受聘于云南省林业厅从事林药结合的试点工作，成都军区民族民间医药研究所聘请他为彝医指导顾问；云南省公安厅、昆明市公安局强制戒毒所聘请他从事彝族药戒毒研究。他所研究的“香藤胶囊”处方脱毒率达 98.6%，经多年的临床观察，国家药监局批准由云南省地方标准升为国药准字号。他研制的“彝心康胶囊”、“绿芨咳喘颗粒”、“茯蚁参酒”，2001 年被国家药监局批准为国药准字号。1998 年至 2001 年，他参加了云南省民族药申报的资料整理工作和全国民族药评审会议彝族药评审。他协助云南省彝族医药研究所、云南省彝医医院专家共同完成了 4 个彝族新药开发、彝族医药理论体系研究、中国彝族药标本库建设、彝族药材标准制定等科研项目。《中国彝族药标本库》建设中所需的 1000 余种药材标本均由他亲自采集制作，《云南省中药材标准·彝族药分册》中所需的药材及标本全部由他提供。他参与完成的科研项目《中国彝族药标本库建设》荣获 2007 年度省科技进步三等奖。应云南省药监局聘请，先后参与了《云南省中药材标准·彝族药分册》第二册、第四册的编撰工作，并提供全部药材及标本，2006 年和 2007 年分别荣获楚雄州科技进步一等奖和二等奖。他面对上门求医的患者及家属，坚持开处方不收诊查费，有时处方中部分彝族药药店、医院没有，他凭着自己多年积累的经验和对省内药物资源分布情况的熟悉，亲自采集后给患者送去，从没向患者及家属要过车旅费和劳务费。2009 年 2 月，张之道被省委组织部表彰为全省离退休干部老有所为先进个人，9 月被中央组织部表彰为全国离退休干部先进个人。

［赵家德 冯春平］

【蔡红梅】 女，20 岁，楚雄市东瓜镇庄甸村委会蔡家冲人，

左腿先天残疾。2004 年，正在永安中学读书的她被楚雄州残联推荐到省游泳队参加训练，半年后正式加入云南省游泳队。从未接受过正规游泳训练的她通过刻苦训练和坚强的意志，竞技水平迅速提高，曾多次代表云南省参加过各种游泳大赛，并取得优异成绩。2005 年 3 月被选拔到国家队，并取得了参加北京残奥会的参赛资格。在 2005 年省第八届残运会中，夺得金牌 1 枚；同年在全国残疾人游泳锦标赛中又夺得金牌 1 枚、铜牌 2 枚。2007 年在全国第七届残运会中，再次以优异的成绩夺得了金牌 1 枚、银牌 1 枚、铜牌 2 枚，云南省人民政府给予记三等功，省妇联授予“三八”红旗手称号，共青团云南省委、省青年联合会授予“云南省青年五四贡献奖章”，州委、州人民政府授予“荣誉称号”并给予嘉奖。2009 年 9 月 11 日至 13 日在日本东京举行的第二届亚洲残疾人青年运动会上，蔡红梅不畏艰难，顽强拼搏，夺得游泳个人单项金牌 2 枚，游泳集体接力赛金牌 2 枚，一人收获 4 枚金牌。蔡红梅以身残志坚的毅力，顽强拼搏的勇气，精湛的运动技能和良好的体育道德风尚取得了优异的成绩，向全国、全省、全州人民展示了楚雄各族人民团结一心，奋发向上的积极精神，为楚雄州争得了荣誉，成为全州广大青少年学习的榜样。

［金显魁］

【李有才】 男，彝族，1982 年 12 月出生，中专学历，云南省禄丰县高峰乡人。1997 年 11 月进入楚雄州体育运动学校学习并参加田径训练，1998 年 9 月入选云南省体育运动学校运动专业学习，2000 年 9 月入选云南省田径队，2005 年 12 月入选国家田径队。1999 年 2 月至 2001 年 8 月参加云南省田径比赛

共获金牌15枚，2002年至2009年参加国内、国际比赛获得7个冠军、1个亚军、1个季军的成绩，其中2003年3月18日参加韩国国际马拉松比赛（马拉松接力）获得冠军、2005年2月6日参加全国越野跑4000米锦标赛获得冠军、2005年5月25日参加青岛国际马拉松赛获得冠军、2009年3月29日参加大连国际马拉松赛获得冠军、2009年9月18日参加北京国际马拉松赛暨中华人民共和国第十一届运动会马拉松比赛获得季军。

［王 浩］

【朱成武】 男，1983年11月出生，大专学历，楚雄州南华县一街乡人。1998年9月选入南华县少体校从事举重训练，参加过2003年楚雄州第十届运动会、2007年楚雄州第十一届运动会举重比赛，获得62千克和67.5千克两个级别的金牌，并打破州运动会3项举重记录。2004年，朱成武考入楚雄师范学院体育系，接受正规跆拳道训练，2009年参加第三届全国大众跆拳道冠军赛，获击破青年男子组全国冠军。

［潘学丽］

第四届“楚雄州十大杰出青年”

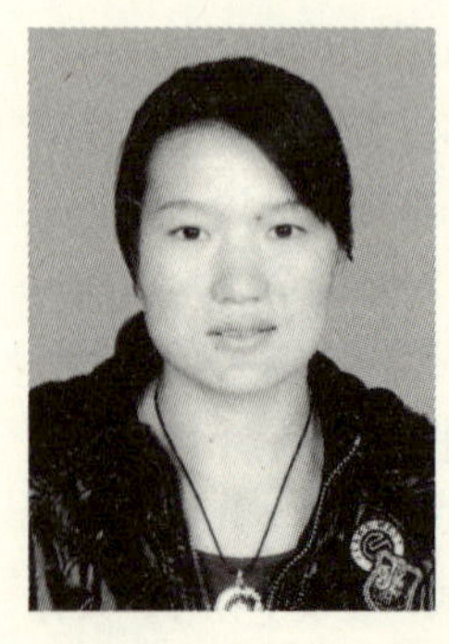

【梁 芬】 女，1979年6月出生，初中学历，牟定县残联职工。从小因患小儿麻痹症，造成肢体残疾。2003年，根据自己的身体和技能发展，凭着自己臂长的优势专攻坐式排球。善于学习，刻苦训练，坚韧不拔的她，自2003年至2006年，分别获得全国第六届残疾人运动会女子坐式排球第七名；“交通杯”全国坐式排球锦标赛女子组第五名；“麦积山杯”全国女子坐式排球锦标赛第五名；全国女子坐式排球锦标赛第五名；世界女子坐式排球锦标赛第二名。2008年，被选拔为国家代表队成员，备战在北京举办的第十三届残疾人奥林匹克运动会。在这次残奥会上，她同中国坐式女排姑娘们以强烈的爱国热情、奋勇争先的精神和铿锵玫瑰的风采一路过关斩将，最终以3:0的比分战胜美国队，成功卫冕世界冠军。作为中国坐式女排的主力，所夺取的这枚宝贵金牌成为了楚雄州残疾人运动员首次在奥运会上获得的金牌，实现了楚雄州残疾人奥运史上金牌零的突破。

【郑继聪】 男，1978年11月出生，中共党员，大专学历，楚雄州公安消防支队特勤中队中队长。13年的从警生涯，成功指挥并参与灭火和抢险救援3000多起，救助遇险群众150余名，挽回经济损失2000余万元。在“5·12”汶川大地震发生后，顾不上刚做完手术的妻子主动请缨，带领楚雄州30名抗震救灾突击队奔赴抗震救灾第一线，在灾区抗震救灾的10天9夜里，先后参与了都江堰市中医院等地点的遇难人员搜救、涪江电锰厂硝酸泄漏处置及南坝镇仓库爆炸物品转移销毁、清理悬崖落石、转移南坝镇320余名遇险群众等救灾任务，成功营救幸存者2名、安全转移被困群众312名、挖出遇难者遗体53具、销毁爆炸物品5吨、排除险情60余处、搭建渡桥8座。在部队管理上，善于研究，精于观察，敢于创新，大胆实施以人为本管理模式，引入目标化管理竞争机制，大力开展部队素质和形象工程建设。在他带领下的特勤中队成为全州消防部队的一面旗帜。个人先后荣立二等功1次，三等功2次。被公安部评为“训练标兵”，总队评为“优秀基层干部”、“优秀指挥员”和“训练标兵”。2006年获首届“楚雄市十大杰出青年”称号。

【张 颖】 女，1972年9月出生，中共党员，大学学历，交通银行楚雄分行党委书记、行长。张颖在交行工作期间，先后从事会计、贷款管理工作，始终做到干一行、爱一行、钻一行，不断充实和完善自己，从一名普通的基层会计走上了领导岗位，留下坚实而闪亮的足迹。自调任楚雄以来，她带领交行始终秉承与彝州经济同发展、共繁荣的经营理念，积极支持地方经济及社会发展，尤其是近3年累计发放贷款22.8亿元，为彝州经济发展做出了积极贡献。在她带领下的楚雄交行，率先走出了银政合作道路，树立了银政合作的良好典范，为彝州百姓提供了优质的金融服务，受到社会各界的好评。带领楚雄交行内练素质、外强形象，不断提高企业管理水平和核心竞争力。2008年，经营业绩在州金融系统内领先，市场份额稳步攀升，多项业务指标创楚雄交行成立15年来的最好成绩，实现了3年再造一个交通银行楚雄

分行的目标。2003 年至 2007 年，连续 5 年被评为交通银行系统内“先进工作者”、“优秀共产党员”，所带团队多次评为先进集体；曾获楚雄州“三八红旗手”称号。

【吴应辉】 男，1971 年 1 月出生，中共党员，大学学历，楚雄州公安局经侦支队副支队长。吴应辉忠于职守、爱岗敬业，长期奋战在禁毒斗争第一线，成功侦办毒品案件 30 余件。仅在 2002 年，就和战友们查破重特大毒品案件 12 件，缴获毒品海洛因 2.3 万克，抓获毒贩 26 人。2000 年，参与侦破违法违规拆借资金上亿元，犯罪嫌疑人潜逃 2 年的“7·03”特大挪用资金案件，并使案件成功告破。2007 年走上经侦支队副支队长岗位后，面对近年来经济犯罪的严峻挑战，迎难而上，刻苦钻研，多谋善断，顽强拼搏。2008 年，参与侦破“0220”非法经营烟叶网络案件，查明非法经营烟叶数量累计 20.08 万千克，案值金额 405.30 万元，刑事拘留 35 人，该案被列为 2008 年中共云南省委、省人民政府打假打私第一案。2008 年 1 月至 10 月，侦破各类经济犯罪案件达 29 件，涉案金额 700 万元，挽回经济损失 300 多万元，抓获犯罪嫌疑人 87 名。先后荣立个人二等功 1 次，个人三等功 1 次，1994 年、2003 年、2007 年 3 次受到嘉奖。曾被州公安局评为“优秀共产党员”。

【罗正旺】 男，1974 年 8 月出生，大学学历，楚雄州广播电台副台长，滇中调频广播总监。罗正旺是楚雄地区具有较高知名度的主持人、策划人、优秀媒体经营管理人才，他负责管理的“滇中调频”，从小到大，从弱到强，在州内外具有较高的知名度和美誉度。他所提出的一系列媒体管理模式和创新思路助推着楚雄州广播事业的不断振兴，其主创的大型直播《大南永》、“7·21”地震大型直播《我们和你在一起》、50 周年州庆 15 小时大型直播《大彝山》等节目成为彝州广播史上具有标志性的经典作品。以其播音名命名的“罗南工作室”及滇中调频广播艺术团成为了社会认可的策划、传播机构。策划导演的《楚雄州“十七大”知识竞赛》、《楚雄州“8·30”赈灾大型募捐活动》等 50 多场（次）的公众文化活动，为推动文化的繁荣和创新，增强意识形态导向力和舆论影响力做出了有益的探索。30 多件作品获国家、省级奖励，其中《民族乐海淘金人》获中国广播电视学会二等奖，广播剧《放爱一条生路》、音乐专题《和谐之音》分别获中国广播文艺专家奖一、二等奖；11 件作品获省级政府奖一等奖；其主持的《政风行风热线》获云南十佳广播栏目奖；曾获州广电系统“十佳新闻工作者”称号。

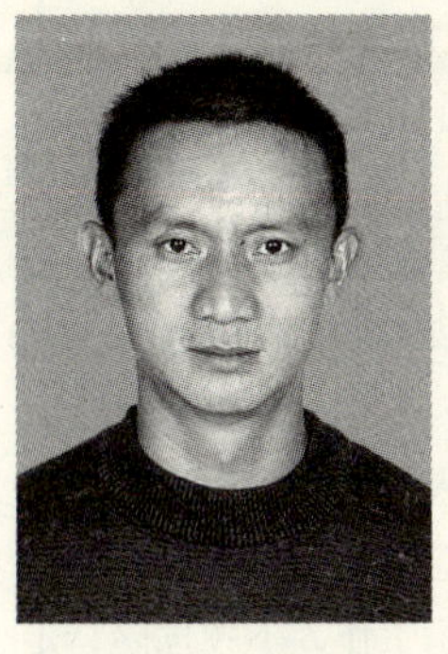

【寸金有】 男，1972 年 1 月出生，初中学历，禄丰县兴有农产品开发有限公司总经理。寸金有初中毕业后，由于家贫被迫辍学，只身外出开始打工生涯。10 余年的打工生涯磨练了他坚强的意志，也使他懂得了奋发图强方可创业致富的道理。2002 年末，回乡后得知直杆兰桉是投资短、见效快的速生丰产林，便在附近村委会的荒山上承租了 200 亩荒山，进行试种，后又种植史密丝桉等桉树共 1000 余亩，带来了上千万的经济收益，同时带动了周边群众进行桉树种植，被群众称为“荒山上长出摇钱树的领头羊”。2004 年，楚雄州成功引种黄金梨种植后，他承租 500 亩荒山，请来公司技术人员规范连片种植，由于大胆尝试和率先推广，调动了周围群众的积极性，当年碧城镇种植黄金梨 1800 亩，产生了良好的经济效益。2008 年，农业部向他的企业颁发了黄金梨和云南红梨无公害农产品证书、品牌认证。曾获“中国杰出青年农民”荣誉称号。

【黄文兴】 男，1972 年 10 月出生，中共党员，大学学历，楚雄州农科所农艺师。先后参加省级重点科研项目《滇中温暖稻区粳稻新品种的选育》和《云南省优质水稻新品种协作选育》课题研究。参加育成楚粳水稻品种 11 个，其中“楚粳 24 号”被评为省优质稻品种；楚粳 24、26、27 号获省人民政府科技进步奖；楚粳 22、23、25 号获州人民政府科技进步奖；楚粳 24 号、26 号等 5 个品种获国家植物新品种权。楚粳 27 号连续 2 年通过省州专家验收，2007 年该品种被农业部确认为全国第二批 12 个超级稻品种之一，成为云南省唯一获得的第一个超级稻品种，实现了云南省超级稻品种零的突破。2006 年该品种推广面积达 155.3 万亩，刷新了云南单个品种年推广最大面积 110 万亩的历史纪录。几年来，在省内外累计推广上述育成“楚粳系列”品种 2212.04 万亩，平均较原主栽品种亩增稻谷 55.12 千克，新增稻谷 12.19 亿千克，新增产值 17.07 亿元，取得了显著经济和社会效益。共获 10 项科技成果奖励，其中省人民政府科技进步一等奖 1 项、二等奖 1 项、三等奖 1 项；农业部农牧渔业丰收二等奖 1 项；楚雄州人民政府科技进步一等奖 4 项、二等奖 2 项。

【熊建云】 男，1972 年 2 月出生，中共党员，大学学历，楚

雄州卫生监督所副所长。熊建云在州卫生局办公室工作10年，兢兢业业，任劳任怨，做好综合组织协调，当好领导参谋，保证政令畅通。在州卫生监督所的领导岗位上，身先士卒，深入到工厂、矿山、医院、酒店等监管单位开展卫生监督执法工作，认真指导，严格执法。2003年，面对突如其来的非典型肺炎疫情，夜以继日奋战在防治“非典”工作一线，被省委、省人民政府表彰为“云南省防治非典型肺炎先进个人”。“5·12”汶川大地震，率队赶赴重灾区四川省绵竹市开展灾后卫生防病工作，不顾危险，走村入帐，耐心向灾民宣传食品卫生、生活饮用水卫生及防病知识，认真指导灾民进行消毒工作，指导、督促镇政府、村委会落实各项卫生防疫措施，为保证“大灾之后无大疫”做出突出贡献，被卫生部、国家食品药品监督管理局、国家中医药管理局、中国人民解放军总后勤部卫生部联合表彰为“抗震救灾医药卫生先进个人”。连年受到省州表彰奖励，多次被评为“优秀工作队员”、“先进个人”、“先进工作者”。

【徐永芬】 女，1969年11月出生，中共党员，初中学历，武定县田心乡田心村个体私营户。1984年，刚满15岁的徐永芬开始学习养猪技术，几年后，在田心建起当时全县唯一的1家民办公助人工授精改良点。1991年，母猪人工授精杂交改良技术覆盖田心、东坡等邻近的7个乡（镇）。2000年，徐永芬成立了武定县永银养殖加工厂。2006年末，共出栏肉牛490头，实现利润10万元，“永银养殖场”成为全县养殖业的示范基地。多年来，徐永芬为五保户和特困户及鸡街子统建点农户无偿提供配种达7849头次，折合现金7.8万元。2003年，她经过多方努力筹集资金，在田心街开展了餐饮、住宿等服务业经营；2007年，成立武定县武狮农特产品营销专业合作社，发展社员17户，实现产供销一条龙服务，为田心乡产业结构调整和社会主义新农村建设起到积极的推动作用。徐永芬先后11次受到省、州、县党委政府的表彰奖励，曾被省、州人民政府评为“工人、农民学科学，用科学积极分子”、“发展彝州经济女能人”和“新长征突击手”，被评为“云南省拔尖农村乡土人才”，被授予“楚雄州劳动模范”和“云南省劳动模范”光荣称号。

【罗晓祥】 男，1974年10月出生，中共党员，大专学历，楚雄汇通房地产开发有限公司彝人古镇项目部副总经理。彝人古镇——彝州一张靓丽的名片，国家AAAA级旅游景区，在楚雄旅游开发的历史上具有里程碑意义。文化的厚重，建筑的精美，让游客为之惊叹，在这其中，凝结着他和他所指挥的建设团队4年的心血。在筹建彝人古镇时，罗晓祥带着对事业的执着，走遍千里彝山，深入了解彝族人民的历史文化、建筑文化、民风民俗。在孜孜不倦的学习中，悟出了彝族建筑的粗犷和阳刚之气。他对身边的工作人员说“彝族文化和彝族建筑是一盘盘可口的菜，我们一定要建一张桌子，把它展示给世界人民”，他是这样说的，也是这样做的。彝人古镇规划设计建设的每一面山墙、一个屋脊、一段木桃、一幅彩画、一座牌坊、一道门、一棵树、一扇窗，他都亲自确定结构尺寸和色彩。为了建好彝人部落景区的土掌房，面对一个个土掌房颜色的调配，反复试验20多次终获成功。为了铺贴好彝人古镇的每一片瓦，精心举办80多期培训班，并亲自参与主讲。曾获首届“楚雄市十大杰出青年”称号。

［共青团楚雄州委供稿］

“感动彝州”十大人物

【杨成浩】 男，56岁，牟定县红十字会常务副会长。12年来，他利用医院创收和发动社会募捐实施知识扶贫工程，亲手创立了牟定县红十字会人道主义基金会，在他带头捐款和四处奔走倡议下，共募集资金16万余元，救助贫困大学生147人次；70余户（名）困难群众受到救助。红会医院门诊部和卫生站减免看病群众各种费用达20余万元；他个人先后资助白内障患者和2名残疾高危孕产妇做手术，为拾荒人员购买棉衣和御寒衣物，救助火灾农户15户，并向社会作出每年捐款500元工资资助贫困大学生的爱心承诺。杨成浩是牟定县捐款次数最多、数额最大的公务人员，至2008年末，个人捐款累计达2.6万元。2001年杨成浩被中共楚雄州委、州人民政府授予“1·15”姚安地震抗震救灾先进个人；2002年被国家人事部、中国红十字会总会授予“全国红十字会系统先进工作者”称号；2008年5月荣获“楚雄州十大爱心人士”光荣称号；9月被评为楚雄州助人为乐道德模范。

【张华生】 男，45岁，中共党员，中国移动通信楚雄分公司副总经理。“8·30”地震、“11·02”特大自然灾害给楚雄州移动通信设备和线路带来了严重的破坏和损毁。“灾情就是命令”，张华生第一时间率通信抢险队带着抢修器材连夜赶往地震灾区永仁县，对受损基站、铁塔、线路逐一排查抢修，对中断的8个基站用油机发电，对话务拥塞的12个基站进行紧急扩容，于地震当晚即恢复正常通信。组织人员在县人民政府办公楼前安装开通了10部移动座机，保障了抗震救灾调度畅通。张华生与员工一道冒着余震的危险，为灾区人民群众提供免费报平安移动公话和各种移动业务服务。“11·02”灾害发生后，灾区多处光缆线路、通信电力线路和基站设备遭受严重损坏，由于灾区公路、电力中断，张华生亲自率领12名抢修人员，组成攻坚突击队，肩扛油机、汽油及抢修器材，沿着泥泞陡峭的山路，冒着滑坡塌方的危险，跋山涉水，徒步40余千米，终于将灾区最后一个受灾严重的茶叶基站抢通。张华生带领抢险队伍用实际行动，克服困难，确保了灾区移动通信的畅通，以优质的网络服务，为党委和政府指挥抗灾救灾提供了有力的通信保障，履行了一个“移动人”神圣的职责。

【王光信】 男，73岁，中共党员，西舍路乡新华村大路边小组村民。2008年11月2日凌晨，连续的强降雨使整个新华村险情不断，加之几天来紧挨着村子的大山多处开裂，老党员、老支书王光信在家中呆不住了，他披上蓑衣，打着手电筒，到村子四周查看。一出家门，平时村子里光滑的水泥路，现在已经几乎变成了小河，山里、箐里、河沟到处是暴涨的洪水。在查看完周围的情况后，他感到村民的处境非常危急，老人急忙赶回家中，吩咐小儿子王青民电话通知村里的几名户长到村文化室开会安排群众转移的事情。等他通知完村里其他群众转移后，才想起自己家里的人，并往家里跑。然而，他刚进家门就听到后山发出了怪异的响声，紧接着“嘣”的一声巨响，巨大的山石从山体崩落，在洪水的冲击下，快速的推向村子，吞噬了王光信和村民的房子，王光信和家里11口人以及村里20多位还未来得及转移的群众被泥石流吞没了。王光信挽救了许多村民的生命，自己和家人却在泥石流灾害中遇难。

【蒋桂芬】 女，76岁，楚雄市民族服装厂退休职工。蒋桂芬的儿子是南华县龙川派出所所长，在一次追捕中，他不幸被占道违章行驶的客车撞伤，被诊断为“植物人”。从此，蒋妈妈为照顾儿子，每天6点钟起床，给儿子洗脸、翻身、拍背、洗身子，每隔一小时翻一次身，一天接3次小便1次大便，晚上

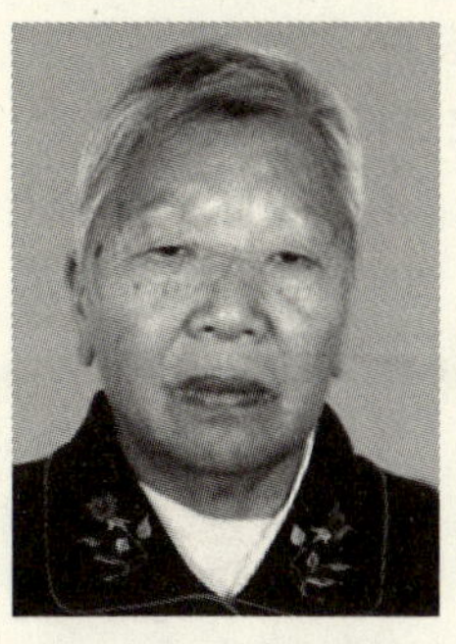

起来接3次小便、翻4次身，一做就是20年。其间，她又连遭老伴去世、自己患乳腺癌的打击，为盼望儿子能醒来，她还在坚持守候着。如今，76岁高龄的蒋桂芬，已满头银丝，但仍无微不至地照顾着儿子宋建国，永不言弃。2008年她被表彰为楚雄州第一届孝老爱亲道德模范。

【杨丽芬】 女，46岁，姚安县人民医院主治医师。2009年7月9日19时，在县人民医院妇产科手术室内，杨丽芬正在为姚安弥兴镇下屯6组产妇李菊珍施行剖宫产，手术刚进入腹腔正准备施行下一步措施，迎接新生命诞生之际，大地突然晃动起来，手术室的门窗剧烈震动，麻醉机、监护仪、氧气瓶纷纷倒地，手术床也晃来晃去，手术室全体人员头晕目眩、站立不稳，产妇紧张地尖叫……形势十分危急。“母婴生命高于一切”，曾经历过地震的杨医生来不及多想，立即安排手术组成员稳住手术床，并用身体护住产妇，避免被屋顶坠落物砸伤，同时不停地安慰产妇。1分钟后，强震过去了，杨丽芬又立即组织医护人员作了相应的清理准备，继续在不断发生的余震中实施手术，5分钟后，1个男婴响亮的哭声打破了手术室的沉静，母子平安，杨丽芬及她的战友露出了欣慰的笑容。在随后不断发生的余震中，杨丽芬和她的团队又先后在动荡的手术室中为2名孕产妇成功实施了剖腹产手术，为3名孕妇进行了顺产接生，平安迎接了6个可爱的“地震宝宝”。

【丁伟峰】 男，45岁，中共党员，楚雄州人民医院副院长、胸心外科主任、主任医师。“8·30”地震，丁伟峰紧急受命，带领8名医疗队员，驱车12个小时，不顾自身安危，乘小渡轮到达受灾最严重的元谋县姜驿乡，及时为7名重伤员作了医疗处置，为20多名轻伤员作了清创、缝合、包扎等临时治疗，又护送10余名伤员到元谋县人民医院并进行手术。楚雄市西舍路“11·02”特大自然灾害发生后，丁伟峰带领4名医疗队员，经过15小时的艰难跋涉，以大平掌为中心，对小新场等周边村庄进行巡回医疗，挽救了一个又一个生命。“7·09”姚安地震发生后，又带领9名医疗队员于当晚9点到达，是第一支到达重灾区的医疗队，他们迅速抢救了4名危重伤员，并和各级医疗专家一道对其余24名重伤员和325名轻

伤员连夜进行了清创包扎、缝合、骨折复位。2009年“4·25”等交通事故发生后，快速组织协调医院各相关科室，废寝忘食，无私奉献，出色完成了伤员的救治工作。丁伟峰在2006年被中共楚雄州委表彰为优秀共产党员；2007年被州人民政府评为楚雄州中青年学术技术带头人；获州科技进步奖一等奖1次、二等奖2次。

【郑继聪】 男，31岁，中共党员，现任楚雄州公安消防支队司令部少校副参谋长。在14年的从警生涯中，郑继聪成功指挥并参与大大小小的灭火抢险救援2000多起，救助遇险群众150余名，挽回经济损失2000余万元。“5·12”汶川地震发生后，郑继聪带领楚雄州30名抗震救灾突击队奔赴抗震救灾一线，在灾区抗震救灾的10天9夜里，郑继聪带领所属官兵营救幸存者2名、安全转移被困群众312名、挖出遇难者遗体53具、销毁爆炸物品5吨、排除险情60余处、搭建渡桥8座。楚雄州“11·02”特大自然灾害发生后，郑继聪带领特勤队员闻警而动，第一时间奔赴各受灾点，先后成功营救出9名被困群众；郑继聪带领60名官兵承担了空运物资的搬运任务，先后搬运大米、帐篷、药品等灾区急需物资20架次，共计58吨，紧急转运伤病员7人，用实际行动向党委政府交出了满意答卷。入伍14年来，1次被公安部评为“训练标兵”，1次荣立二等功，2次荣立三等功；先后被武警云南总队评为“优秀基层干部”、“优秀指挥员”、“训练标兵”；2006年被评为首届“楚雄市十大杰出青年”。

【樊继明】 男，45岁，云南世恒建设工程有限公司总经理。经过多年拼搏，从仅有6万元资金的企业成为楚雄州禄丰县建筑业巨头。他热衷公益事业，10年间累计向社会捐资100多万元，兴建改建扩建了6所学校，建盖了2个老年人活动中心，义务完成了一批人畜引水、山林水源地保护工程，捐助了6名大、中学生的生活和学业费用，为60余名麻风病病人聚居的里本田村建盖了一批住房，向汶川地震灾区捐款3万元。2009年以来向碧城镇小学、城南小学和姚安地震灾区捐资达1.5万元。樊继明在日常工作、生活和人际交往中模范遵守公民道德规范，积极参加捐资助学、扶残助残、志愿服务等社会公益事业和公益活动，事迹突出，群众公认。2006年被省劳动和社会保障厅评为云南省首届农村“创业之星”荣誉称号；是楚雄州七届、八届、九届政协委员。2008年被评为楚雄州第一届助人为乐道德模范；2009年5月入选提名为第二届云南省助人为乐道德模范。

【王建洪】 男，45岁，中共党员，楚雄供电局工会办公室主任。2008年8月30日，时任楚雄供电局农电工作部主任的王建洪，在牟定检查布置工作时突遇强烈地震，他迅速用手机短信向楚雄电网10家公司发出做好抗灾应急准备通知。随即赶回局地震应急指挥部报到。深夜他辗转反侧，忧心忡忡，地震重灾区的元谋县姜驿乡唯一一条10千伏供电线路主线已经通电，但各分支线因低压线路受损严重，2600多户用电户中仅有860户供了电。第二天凌晨，王建洪立即带队前往元谋、永仁重灾区，指挥抗震救灾抢险工作。余震不断，他们每天步行10多千米，顶风冒雨，承受烈日高温，深入灾区查看电网受损情况，了解灾民安置帐篷搭建情况，制定通电方案。为节约时间，饿了就啃几口压缩饼干，深夜回到蔬菜大棚住处后，继续总结研究、布置工作。一顶、两顶……每天都为安置好的帐篷通了电，当通电后接过村民为他沏上的一杯热茶一饮而尽时，也是他最为舒心、踏实的时候。当他的爱人打电话来问什么时候能回家时，他动情地说：“所有灾区灾民安置帐篷上通电的那一天，就是我回家的那天!”

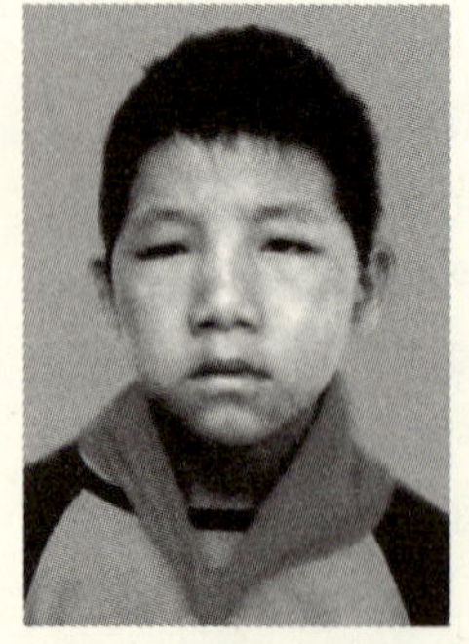

【胡伟伟】 男，10岁，元谋县物茂乡中心完小四年级学生。2008年6月30日中午，胡伟伟和另一位同学在河岸的沙滩上嬉戏，忽然听到河里传来“救命，救命”的呼喊声。胡伟伟跑到河边，看到2个小朋友正在水里挣扎，他毫不犹豫，边喊“来人”，边跳入河中，用尽全身力气与滚滚的河水作殊死搏斗，终于把2个溺水的小朋友分别托起推到岸边……生死关头，胡伟伟以幼小的身躯挽救了2条生命，其事迹感动了父老乡亲、感动了学校师生。“5·12”汶川地震发生后，他协助老师积极向全校师生倡议募捐款物，为灾区人民献爱心。胡伟伟用勇敢、善良谱写着青春的欢歌，用勤奋诠释着关爱的含义，用行动歌颂着感恩的篇章。2008年9月，胡伟伟被表彰为楚雄州第一届见义勇为道德模范；2009年5月被入选提名为第二届云南省见义勇为道德模范。

[楚雄州文明办供稿]

组织机构及领导人名录

中国共产党楚雄彝族自治州第七届委员会

常务委员
邓先培
杨红卫（彝族）
杨　宁（女，~2009.12）
李兴顺（2009.12~）
李琳玻
董继理（白族）
马红梅（女，回族，~2009.07）
李红民（女，彝族）
张之政（彝族）
钱德伟（~2009.05）
王兴明
任锦云
杨正权（彝族）
胡志刚（~2009.05）
吴　华（2009.04~）
徐　昕（2009.05~）
汪占毅（2009.07~）

书　记　邓先培
副书记　杨红卫（彝族）
杨　宁（女，~2009.12）
李兴顺（2009.12~）
秘书长　马红梅（女，回族，~2009.07）
汪占毅（2009.07~）
副秘书长　李绍文（彝族，2009.02~）
潘学安
苏贤发
赵晓明（彝族，~2009.09）
李明峰

中共楚雄州委机构

办公室
主　任　李绍文（彝族）
副主任　何晓荣
督查室（副处）
主　任　王春兴
关工委办公室（副处）
主　任　黄　河（彝族）
组织部
部　长　钱德伟（~2009.05）
徐　昕（2009.05~）
常务副部长　李志勇（正处，2009.02~）
副部长　申秀芝（女，彝族，正处，~2009.02）
李云升（正处）
王若舟（傣族，~2009.08）
商雁鸿（兼）
周仕昌（兼，~2009.11）
宣传部
部　长　杨正权（彝族）
常务副部长　施克沛（2009.05~）
副部长　施克沛（~2009.05）
段福君（正处，2009.05~）
刘　凯（2009.05~）
黄　玲（女，2009.05~）
宁德锦（挂职）
精神文明办
主　任　施克沛
副主任　黄　玲（女，~2009.05）
文化产业办
主　任　（缺）
副主任　李松禄（彝族）
州委对外宣传办公室、州政府新闻办公室
副主任　孟　孚（女，2009.05~）
统战部
部　长　任锦云
副部长　刘予敏（女，正处）
邓瑞云（兼）
余海潮（2009.05~）
杨发荣（傈僳族，兼，2009.05~）
李德胜（彝族，兼，2009.05~）
政法委员会
书　记　王兴明
副书记　法玉宾（彝族）
倪志文
秦国雄
姚存才
李鹏程（2009.05~）
毛兴福（兼，2009.05~）
综治办主任　周红华（彝族，正处）
办公室主任　李　靖
政治处主任　李辛学（彝族）
维稳办副主任　杨　云（~2009.09）
政策研究室
主　任　苏贤发
副主任　孙长友

田映昌（彝族）
李继云

州直机关工委
书　　记　王若舟（傣族，2009.02～）
副 书 记　郎美仙（女，～2009.05）
起向聪（彝族）
岑云英（女，2009.05～）

企业工委
书　　记　王耀秋
副 书 记　祝春燕（女，回族，2009.08～）

老干部局
局　　长　周仕昌（～2009.11）
副 局 长　陈淑琴（女）
张晓玲（女）

干休所（副处）
所　　长　周正芬（女，彝族，2009.05～）

机要局（副处）
局　　长　李丕俊（彝族）
副 局 长　张瑞萍（女，副处）
李　伟（2009.05～）

保密局（副处）
局　　长　杨永昌

州委、州政府信访局（正处）
局　　长　潘学安
副 局 长　李　燕（女，彝族）
曾子灿（彝族）
董继辉

党史研究室
主　　任　罗永林
副 主 任　许嘉森（～2009.05）
田中洪（2009.05～）

州委党校
校　　长　杨　宁（女，兼，～2009.12）
行政学校校长　董继理（兼）
党委书记、常务副校长　马爱芳（女，回族，兼州行政学校副校长、州社会主义学院常务副校长）
副 校 长　邬光明
张学龙
李志昌
纪委书记　曾新华

楚雄日报社
党委书记、社长　何　勇
总编辑、副社长　陈　涛
副总编辑　杨　凡
窦小军（2009.08～）
纪委书记　王　蔚（女）

中国共产党楚雄彝族自治州纪律检查委员会

书　　记　李琳玻
副 书 记　李天云
胡贵明（彝族）
杨仕坤（彝族）
秘书长、办公室主任　张俊国（彝族）
信访室主任　高正友
案审室主任　陈民军
执法室主任　赵宗喜
党风室主任　刘建伟（白族，2009.05～）
纪检室主任　吴金辉
宣教室主任　吕高顺
综合室主任　周云生（回族）
干部室主任　普德功（彝族）
政策法规研究室主任　周　海（2009.08～）

州纪委第一纪工委、监察分局（正处）
书　　记　骆安昆
副书记、监察分局局长　刘爱明（彝族）
副 书 记　经云珍（女）

州纪委第二纪工委、监察分局（正处）
书　　记　李茂尊
副 书 记　韩明哲（保留正处）
副书记、监察分局局长　李文云（傣族）

州纪委第三纪工委、监察分局（正处）
书　　记　杨爱学（彝族）
副书记、监察分局局长　李必旺
副 书 记　周　健（彝族）

州纪委第四纪工委、监察分局（正处）
书　　记　王　建（彝族）
副书记、监察分局局长　贺　祥
副 书 记　王云峰

州纪委第五纪工委、监察分局（正处）
书　　记　何正兴
副书记、监察分局局长　毕作东
副 书 记　杨　燕（女）

州纪委第六纪工委、监察分局（正处）
书　　记　鲁　伟
副书记、监察分局局长　毕承太（彝族）
副 书 记　自朝顺（2009.08～）

楚雄彝族自治州人大常委会

党组书记、主任　卢显林
副书记、副主任　江正荣
副 主 任　杨应旭

张启俊
程建华（女，~2009.05）
何根源（白族，非党）
曹大全
杨　静（女，彝族）

秘 书 长　陈长来
副秘书长　白忠华

州人大常委会内设机构

办公室
主　　任　白忠华
副 主 任　孙丹润
陈春富（~2009.05）
华明友
晁建伟
汪家有（2009.06~）

法工委
主　　任　杨文昌
副 主 任　李正才（傈僳族）

教科文卫体工委
主　　任　付永新
副 主 任　张开阳

民工委
主　　任　白　云（女，白族）
副 主 任　张明华（苗族）

财经工委
主　　任　聂正荣（回族）
副 主 任　陈徐宗

选联工委
主　　任　王炳元（彝族，~2009.06）
郭孝益（2009.06~）
副 主 任　黄仁安（土家族）

农业与环境资源工委
主　　任　李学安
副 主 任　张志军（苗族）

楚雄彝族自治州人民政府

党组书记、州长　杨红卫（彝族）
党组副书记、常务副州长　董继理（白族）
副 州 长　李红民（女，彝族）
杨元茂（彝族）
耿克明（~2009.02）
法玉宾（彝族）
左荣贵（彝族）
吕琳麟
李家龙（2009.04~）
朱　非（2009.05~）
舒建新（满族，挂职）
樊炳清（挂职）

秘 书 长　汪占毅（~2009.07）
马国雄（回族，2009.09~）
副秘书长　李　平
陈明贵（正处）
蒲　涌（正处，兼，2009.09~）
钟建辉
张　健（2009.06~）
唐聆燕（女，~2009.02）
阮建文（2009.06~）

州人民政府机构

办公室
党组书记　汪占毅（~2009.07）
马国雄（回族，2009.09~）
主　　任　李　平
副 主 任　张　健（~2009.06）
督查室主任　杨秀成

发展和改革委员会
党组书记、主任　周兴国（2009.02~）
副 主 任　侯家学（正处，兼，2009.02~）
普学芬（女，彝族）
李洪亮（彝族，~2009.09）
生国强
尹　毅
王　旭（兼，正处）
罗志清（彝族，2009.06~）
总经济师　彭寿才（副处）

经济委员会（乡镇企业局）
党组书记、主任　何学明
副 主 任　洪　志
李联平
罗怀云
邹昆林（~2009.05）

商务局
党组书记、局长　李兆友（傣族）
副 局 长　周晁哗
孔玉华

财政局（国资委）
党组书记、局长、主任　邓斯云
副 局 长　崔学政（兼国资委副主任）
李永祥
周有奇（彝族）
周建琼（女，彝族）

杨柏繁（白族，兼非税局局长，~2009.05）
陈绍能（兼非税局局长，2009.05~）
总会计师　杨新林（副处）
人事局（编办）
党组书记、局长、主任　商雁鸿
副 局 长　张竣珲
郭孝益（~2009.06）
高锡鹏（2009.06~）
编办副主任　李　敏（~2009.05）
劳动和社会保障局
党组书记、局长　卜德诚
副 局 长　苏铸红（白族）
李琼会（女）
杞王友（彝族）
冯应宏（兼退管中心主任）
州医疗保险基金管理中心（副处）
主　　任　金利东（2009.06~）
科学技术局（知识产权局）
党组书记、局长　张瑞鹏
副 局 长　罗秀娟（女）
符　群（~2009.06）
张洪云（2009.06~）
文化局（新闻出版局）
党组书记、局长　杨国良（回族）
副 局 长　周志海（回族，~2009.06）
善承卫（~2009.07）
张殿洪（彝族，2009.06~）
吴玉华（瑶族，2009.06~）
教育局（督导室）
党委书记、局长　李　能
副 书 记　何正昌
副 局 长　刘志杰（保留正处，兼教科所所长）
王晓明（~2009.02）
周志海（回族，2009.06~）
纪委书记　杨宏仁（~2009.02）
杨文忠（彝族，2009.05~）
督导室主任　琚华良
督导室副主任　王思有（副处）
教育工会主席　曹荣国
体育局
党组书记、局长　董智昆
副 局 长　李飞云
杨宝生
卫生局
党委书记、局长　钟继红（女，傈僳族）
党委副书记、纪委书记　常发翠（女，彝族，~2009.05）
白惠能（彝族，2009.05~）
副 局 长　董应宽
普联珊（彝族）
爱卫办主任　白玉平（彝族）
人口和计划生育委员会
党组书记、主任　孟树仙（女）
副 主 任　申建林（彝族）
周保全
统计局
党组书记　杨金智
局　　长　戴凤玲（女，白族）
副书记、副局长　张　勇
严涛聪（2009.06~）
州企业调查队、楚雄调查队副队长　窦才科
公安局
党委书记、局长　法玉宾（兼，彝族）
副书记、常务副局长　赵树礼（2009.06~）
副 局 长　施怀祥
李发富（彝族）
周建忠
戚玉刚
许　洋（兼，回族）
政治部主任　尹丽华（女，彝族，2009.05~）
政治部副主任　谢云芳（女）
党委委员、局长助理　盛　勇（挂职）
纪委书记　柳思平（正处）
纪委副书记　饶　兵（回族）
督察支队队长　杨庆民（彝族）
警令部主任　董　兵
警卫处处长　邱晓东
刑侦支队队长　杨春涛（~2009.05）
盛显江（2009.06~）
刑侦支队政委　尹丽华（女，彝族，~2009.05）
杨汉霄（2009.05~）
禁毒支队队长　施　云（~2009.05）
吴应辉（2009.06~）
禁毒支队政委　杜春云（女，彝族，~2009.05）
陆荣贵（2009.09~）
治安支队队长　李忠华（彝族）
治安支队政委　杨智慧（女）
国家安全保卫支队政委　朱晓周（~2009.05）
国家安全保卫支队队长　张会云
经济案件侦察支队政委　李绍富（~2009.05）
经济案件侦察支队队长　杨义勇（~2009.05）
马　勇（2009.06~）
行动技术支队政委　何云平（~2009.05）

梁　文（2009.06～）
行动技术支队队长　施　云（2009.05～）
公共信息网络安全监察支队队长　王小军
公共信息网络安全监察支队政委　李亚杰（女，彝族）
法制处处长　冯　杰（兼直属分局局长）
直属分局政委　陈　英（女）
监所工作管理支队队长　李　珉
监所工作管理支队政委　李存美（女）
装备财务处处长　王　江
机要通信处处长　赵　云
看守所所长　杨宏春
出入境管理处处长　何云平（2009.06～）
州公安局反恐处政委　张育生（彝族，2009.06～）

州公安局交警支队
支队长　靳　昌
政　委　任　源
副支队长　闫　文
陆　跃（纳西族）
政治处主任　杜春云（女，彝族，2009.05～）

州公安局警察培训学校
校　长　刘　政
政　委　王　丽（女）
副校长　杨光明
邱文华（彝族）
政治处主任　尹世勇（2009.09～）
纪委书记　陈云海（2009.09～）

司法局
党委书记、局长　苏光祖
副局长　李鹏程（～2009.05）
张　云（～2009.05）
段兴帮（保留正处，2009.06～）
杨玉泉（女，纳西族，正处，兼，2009.11～）
蔡琼华（女，2009.06～）
纪委书记　李　鲲（彝族）
政治处主任　高明新

监察局
局　长　李天云
副局长　速　勇（回族）
李　敏（女，2009.08～）

审计局
党组书记、局长　张万礼
副局长　王之忠（彝族）
徐永金
陶光明（2009.09～）
总审计师　胡晓雯（女，副处）

民政局（老龄办）
党组书记、局长、老龄办主任　李　佳
副局长、老龄办副主任　夏能祥（彝族，保留正处）
副局长　候志荣（～2009.06）
祁云鹏（保留正处，2009.06～）
罗乔仙（女）

民族事务委员会
党组书记、主任　李有贤（彝族，～2009.06）
李德胜（彝族，2009.06～）
副主任　王　琼（女）
马炳尧（回族）

宗教事务局
党组书记、局长　杨发荣（傈僳族）
副局长　龙光明（苗族）

建设局
党组书记、局长　钱荣生（～2009.06）
王　斌（2009.06～）
副局长　王　斌（～2009.06）
陈　斌（～2009.09）
杨　杰（白族，兼规划局局长，正处，2009.06～）
章　琦
张跃生
李维光（2009.06～）
张咏梅（女，2009.06～）

交通局
党组书记、局长　马国雄（回族，～2009.09）
副局长　李维光（～2009.09）
李富才（正处，2009.06～）
张晓波（女）
陈　斌（2009.09～）
卢晓林
运政管理处处长　沈新荣（副处）

农业局
党组书记、局长　杨树荣
副局长　赵光文
起云忠（彝族）
杨永生（兼州生创办主任）
何　平
农产品检测中心主任（副处）　曾友华（女）

畜牧兽医局
党组书记、局长　杨　龙
副局长　汪光献
陈文芳

葡萄产业开发办公室
党组书记、主任　张瑞鹏（兼，2009.06～）
副主任　王苑文（2009.06～）

管　玲（女，2009.06～）

粮食局

党组书记、局长　刘　祥（彝族）

副 局 长　肖荣祥

叶忠海

林业局

党委书记、局长　卢显亮

副书记、纪委书记　普凤昌（彝族）

副 局 长　李　健（傈僳族）

罗世文

柏雨风（彝族）

森林公安局局长　李映山

森林公安局政委　唐清云（保留正处）

环境保护局

党组书记、局长　蔡永林（2009.02～）

副 局 长　黄丕刚

张绍文（彝族）

旅游局

党组书记、局长　李玉林

副 局 长　包继文（女）

王兴林

水利局

党组书记、局长　熊卫民（彝族）

副 局 长　姜进荣（女，彝族）

田裕民

汤　健

冯伟玲

安全生产监督管理局

党组书记、局长　李明祥

副 局 长　罗觉敏（保留正处）

符洪彩（保留正处）

宋兴洪

招商局（经合办）

党组书记、局长、主任　朱梅品

副局长、副主任　张鹤雁

李素萍（女）

扶贫办

党组书记、主任　黑茂海（彝族，～2009.08）

罗文惠（彝族，2009.08～）

副 主 任　张战友（保留正处，2009.06～）

吴永祥

李学才

人民防空办

党组书记、主任　李彩林（彝族）

副 主 任　刘建华（保留正处，布依族，2009.06～）

李继新（彝族）

侨办、侨联

党组书记、主任　刘青云（彝族，～2009.06）

侯志荣（2009.06～）

副 主 任　何兆发（兼）

外事办公室

党组书记、主任　刘青云（彝族，2009.06～）

副 主 任　夏　军（2009.06～）

州政府研究室、发展研究中心

主　　任　黄正山

副 主 任　李如宗（彝族）

符　群（2009.06～）

接待处

处　　长　唐聆燕（女，2009.02～）

副 处 长　思显龙

张春平

法制局

局　　长　陆绍林

副 局 长　徐　鹏

信息产业办（无线电管理处）

主　　任　程宗文（兼处长）

副 主 任　何正祥

康　喜（2009.06～）

机关事务管理局

局　　长　冉江明（土家族）

副 局 长　杨家明（保留正处）

高　耀

鲁　军

移民开发局

党组书记　刘祥武

局　　长　李　文

副 局 长　余加略（彝族，保留正处）

何明智

青山嘴水库工程建设管理局

党组书记　许华荣（2009.08～）

局　　长　陈朗新

副 局 长　刘文忠

杨光林

高德华（挂职）

蜻蛉河灌区管理局（副处）

局　　长　史　翎

地震局

党组书记、局长　胡智文

副 局 长　宋志峰

地方志办公室

党组书记、主任　郭孟贤

副 主 任　杜晋宏（彝族，正处）

白云鹏（彝族）
档案局（馆）（副处）
局（馆）长　高建祥
广播电视事业局
党组书记　朱丽华（女）
局　　长　夏　良
副 局 长　柳　明
康　喜（～2009.06）
陈　涛（2009.06～）
州广播电台台长　李建华（彝族，2009.06～）
楚雄电视台台长　张翔华（2009.06～）
供销社
党组书记、主任　施剑波
副 主 任　李枝权（彝族）
马国良（彝族）
农科所
党总支书记、所长　黄光和
副 书 记　彭　兴（～2009.05）
赵廷龙（彝族）
副 所 长　张发祥
博物馆、州古生物化石研究中心
馆长、主任　钟仕民（彝族，2009.06～）
副馆长、副主任　杨开林（2009.06～）
彝文研究院（2009年6月，由彝族文化研究所更名而成）
名誉院长　刘尧汉（彝族）
院　　长　肖惠华（彝族，2009.06～）
副 所 长　肖惠华（彝族，～2009.06）
民族艺术剧院（副处）
总支书记　马开仁（回族）
院　　长　邱卫东
住房公积金管理中心（副处）
主　　任　罗金林（彝族）
州政府驻昆办（正处）
主　　任　王爱萍（女）
副 主 任　王海宏
州政府驻京联络处
主　　任　李　璇（女）
副 主 任　李志荣（2009.06～）
国有资本投资经营有限责任公司（正处）
董事长、总经理　姜永康
副董事长、副总经理　杨玉华
开发投资有限公司
董 事 长　董继理（兼）
总 经 理　王　旭（正处）
副总经理　马　麟（女，回族）
由　珂

政协楚雄彝族自治州委员会

党组书记、主席　张怀德（彝族）
副书记、副主席　延荣科
副 主 席　马旷源（回族）
李振华
王应学（苗族）
吴丽华（女，兼）
王定梁
秘 书 长　王光荣
副秘书长　苏玉昆

州政协内设机构

办公室
主　　任　苏玉昆
副 主 任　彭光云
鲁文兴（彝族）
张　梅（女）
邹志琼（女）
经济委员会
主　　任　刘洪群
副 主 任　吴荣华（女，回族）
民族宗教联络委员会
主　　任　毕从秀（女，彝族）
副 主 任　张永智
教科文卫文史资料委员会
主　　任　周国兴（彝族）
副 主 任　周家荣
提案委员会
主　　任　张金华
副 主 任　吴启荣（2009.09～）
社会法制委员会
主　　任　兰开兴
副 主 任　李秀华
研究室
主　　任　姚家发（～2009.06）
周文玉（彝族，2009.06～）
副 主 任　余开顺

楚雄彝族自治州中级人民法院

党组书记、院长　闻　柏（纳西族）
副书记、副院长　杨　鹏（白族）
副 院 长　高明云（女）
起绍洪（彝族）
杨　虹（女）
纪检组长　起有生（彝族，正处）
政治部主任　朱崇芳（正处）

政治部副主任　李家清（副处）
执行局局长　邵光庆（正处）
行政装备管理处处长　陈建华（副处）
审判监督庭庭长　李文先（副处）
立案庭庭长　张志强（副处）
研究室主任　李静平（彝族，副处）
民事审判一庭庭长　杨鸿旭（副处）
民事审判二庭庭长　刘亚玲（副处）
行政审判庭庭长　刘　芳（副处）
监察室主任　姬云桥（副处）
司法警察支队支队长　白华敏（副处）
执行局副局长　何立明（副处）
刑事审判一庭庭长　董　波（~2009.10）
　　　　　　　　　黄怒雄（2009.10~）
办公室主任　余文乾（2009.10~）

楚雄彝族自治州人民检察院

党组书记、检察长　李　宏
副书记、副检察长　周道洪
副检察长　蔡永明
　　　　　姚燕平（女）
　　　　　李光俊（彝族）
　　　　　马晓斗（副处）
纪检组长　李继光（彝族）
政治处主任　罗发仁（~2009.05）
　　　　　　罗云波（2009.05~）
副 主 任　王玉仙（女，彝族，副处）
反贪局局长　刘存云
职务犯罪预防处处长　马云华（副处）
办公室主任　马谷梅（女，回族，副处）
反渎职侵权局局长　崔荣昆（副处）
检察技术处处长　罗大兴（彝族，副处）
人民监督员办公室主任　杜　程（副处，2009.10~）
专职检察委员会委员（副处）　张宝奎
控告申诉处处长　杨永文（彝族，副处）
监所检察处处长　刘继红（副处）
法警处处长　何　敏（副处）
法律政策研究室主任　杨正波（回族，副处）
行政装备处处长　刘　萍（女，副处，~2009.10）
　　　　　　　　邓永平（2009.10~）
公诉处处长　杜　勇（副处）
院监察处处长　陈为忠（副处，2009.10~）
院派驻楚监狱检察室主任　敖庆忠（彝族，副处，2009.10~）

中国人民解放军楚雄军分区

司 令 员　张武育
政　　委　胡志刚（~2009.01）
　　　　　吴　华（2009.01~）
参 谋 长　何晓帆
政治部主任　高家鹏（~2009.09）
　　　　　　张峻峰（2009.09~）
后勤部部长　杜建泽（~2009.11）
　　　　　　罗建华（2009.11~）

民主党派、人民团体

农工民主党楚雄州委
　主　　委　王定梁（兼）
　副 主 委　聂天荣
　　　　　　刘宝生（兼）
　　　　　　李起伟（兼）
中国民主促进会楚雄州委
　主　　委　蒲　涌（兼）
　副 主 委　任瑾瑞（女，2009.09~）
　　　　　　高建平（兼，2009.09~）
中国民主建国会楚雄州委
　主　　委　杨玉泉（兼）
　副 主 委　高　珊（女）
　　　　　　李　援（彝族，兼）
总工会
　主　　席　杨　静（女，兼）
　党组书记、常务副主席　王　虎
　副 主 席　李兴国（傣族）
　　　　　　丁似莲（女）
团州委
　党组书记、书记　张晓鸣（彝族，~2009.05）
　　　　　　　　　刘文跃（2009.05~）
　副 书 记　宋文浩
　　　　　　杨　芳（女，~2009.05）
　　　　　　杨梦婷（女，回族，2009.05~）
妇女联合会
　党组书记、主席　何锡英（女）
　常务副主席　冯梅青（女，彝族，~2009.05）
　副 主 席　邓永莲（女）
　　　　　　李　坚（女，苗族）
　　　　　　李　梅（女，2009.05~）
州工商联（州商会）
　党组书记　邓瑞云
　主　　席　吴丽华（女，兼）
　副 主 席　叶松福
　　　　　　余海潮（~2009.05）
　　　　　　周云峰（2009.05~）
科学技术协会
　党组书记　歹家林（彝族）

主　　席　夭建国（彝族）
副 主 席　金　桦（女，彝族）
　　　　　陈春富（2009.05～）
文学艺术界联合会
党组书记　周文义（彝族，～2009.05）
　　　　　冯梅青（女，彝族，2009.05～）
主　　席　张林敏
副 主 席　朱明云
社会科学界联合会
党组书记、主席　李忠吉
副 主 席　张利伟（回族，2009.08～）
残疾人联合会
党组书记、理事长　吴双华（女）
副理事长　赵云波
　　　　　周永洪
　　　　　叶　敏（2009.06～）
州红十字会（正处）
党组书记　滕　洪
会　　长　李红民（兼）
常务副会长　代丽菊（女，正处）
副 会 长　杨彩珍（女）

双管单位及中央、省驻楚单位

工商行政管理局
党组书记、局长　苏国胜
副 局 长　罗永高
　　　　　唐思虎
　　　　　张如伦（～2009.08）
纪检组长　余琼芬（女）
邮政局
党委书记、局长　王建云
副 局 长　思加学
副局长、纪委书记　文淑萍（女，彝族）
　　　　　　　　　杨在伟
国家税务局
党组书记、局长　张炳华（傈僳族）
副 局 长　余昌值（彝族）
　　　　　邹宗文（水族）
纪检组长　张学明
总经济师　杨祖成（彝族）
稽查局局长　虎　坤（傈僳族）
地方税务局
党组书记、局长　金利民
副 局 长　王海虹
纪检组长　刘庆生（彝族）
总经济师　杨建芬（女）

国土资源局
党组书记、局长　岩光学
副 局 长　杨明全
　　　　　杜　鹏
　　　　　胡有刚
　　　　　雷　鸣
气象局
党组书记、局长　杨永胜
副 局 长　杨海抒（白族）
　　　　　张永平
纪检组长　和春星（女，纳西族）
质量技术监督局
党组书记、局长　刘纯刚
副 局 长　杞学志（彝族）
　　　　　张　勇
　　　　　朱景全
纪检组长　黄　昆
食品药品监督管理局
党组书记、局长　方海云（彝族）
副 局 长　李仕江
　　　　　谭学超
纪检组长　沈彩兰（女）
国家统计局楚雄调查队
队　　长　王　森
副 队 长　窦才科
　　　　　牟泉升
纪检组长　叶　伟（女）
红塔集团楚雄卷烟厂
党委书记　王敏慧（女）
副书记、厂长　李泽良
副 厂 长　王敏慧（女）
　　　　　高忠华
　　　　　邓光新
纪委书记兼工会主席　朱明言
烟草专卖局（公司）
党委书记、局长、经理　段应泽
党委副书记、副经理　李　俊
副局长、副经理　曾德强
　　　　　　　　杨利民
副 经 理　李存葆
　　　　　冯柱安
　　　　　杨永平
　　　　　董建国
省电网公司楚雄供电局
党委书记　张熙瑶
副书记、局长　杨昌武

副局长　周　丹
廖晓峰
魏　巍
工会主席、纪委书记　庞世良

中国银监会楚雄监管分局
党委书记、局长　王建安（～2009.06）
杨　民（2009.06～）
副局长　张　宏
段有明

中国人民银行楚雄州中心支行
党委书记、行长　马绍波（回族，～2009.09）
徐　滔（2009.09～）
副行长　杨　军
郭金厚（2009.09～）
纪委书记　田迎春（女）
工委主任　王远昆

中国工商银行楚雄州分行
党委书记、行长　喻明忠
副行长　徐　沧
聂正贵（回族，兼工委主任）
蒋　云（白族）
纪委书记　罗　勋

中国建设银行楚雄州分行
党委书记、行长　吴秉勤（纳西族）
副书记、副行长　杨福勇（彝族）
副行长　李忠顺（彝族）
姚　丽（女，回族，2009.04～）
纪委书记、工会主席　姚　丽（女，回族，～2009.04）
纪委书记　杨文海（白族，2009.04～）

中国农业银行楚雄州分行
党委书记、行长　张利生
副行长　尹建华
张　斌
李炳光（彝族）
李兰林（兼纪委书记）

中国农业发展银行楚雄分行
党委书记、行长　韩仕新
副行长　李顺高
雷有志

中国银行楚雄州分行
党委书记、行长　马永华
副行长　罗山沧
张法富（黎族）

中国交通银行楚雄支行
党委书记、行长　张　颖（女，白族，～2009.06）
副书记、副行长　郭亚红（女，主持工作，2009.06～）
副行长　陈永红（女，2009.07～）
行长助理　何春明（兼纪委书记）

中国人民财产保险公司楚雄分公司
党委书记、总经理　李永富
副总经理　李振东（兼纪委书记）
张丕思
张　明

中国人寿保险公司楚雄分公司
党委书记、总经理　周万铭
副总经理　高家生（兼，纪委书记）
刘如鸿（女）
总经理助理　张喜中（彝族）
周珈瑞（白族）

太平洋财产保险股份有限公司楚雄中心支公司
党组书记　刘武江
总经理　杨　平

太平洋人寿保险股份有限公司楚雄中心支公司
党组书记、副总经理　罗正海（彝族，主持工作）
副总经理　李　峰

中国电信楚雄分公司
党组书记、总经理　邢志海（～2009.07）
赵利刚（2009.07～）
副总经理　管玉荣（兼工委主任）
李鸿道（彝族）
李能功（兼纪检组长）
熊　彦（女，2009.03～）

中国移动通信楚雄分公司
党委书记、总经理　王绍才
副总经理　张华生
李庆明

中国联通楚雄分公司
党委书记、总经理　延晋坤
副总经理　陈晓松
杨　健（白族）
李加平（白族）

楚雄公路总段
党委书记　张红民
总段长　朱春生
副总段长　张文林
蔡忠祥
林　昆
纪委书记　李兴泰（彝族）
工会主席　陈进启
总工程师　罗　扬

中央储备粮楚雄直属库
副主任　魏　钢（主持工作）

楚雄监狱

书记、政委　耿军华

副书记、监狱长　李钟明

副监狱长　徐　敏（～2009.12）

李正平

周林强

杨洪昌

程亚雄

副政委　仵　廷（2009.12～）

纪委书记　仵　廷（～2009.12）

政治处主任　宋盛刚（～2009.12）

杨曙营（2009.12～）

教育系统

楚雄师范学院

党委书记　史　政（白族）

副书记　李　明

李云峰

李德勇

纪委书记　李正武

院　长　李　明

副院长　陆　华

谢志林

李　勇（回族）

陈　颖（女）

楚雄医药高等专科学校（副厅级）

党委书记　杨宏仁（2009.02～）

校　长　王晓明（2009.02～）

楚雄第一中学

党委书记、校长　王宇伟

副书记　尹宏贤

副校长　师崇良

楚雄师院附中

党总支书记　杨永华

校　长　（缺）

楚雄农业学校

党总支书记　陈　阳（女）

校　长　李绍宝（彝族）

副校长　张　翔（兼工会主席）

王　静

楚雄卫校

党总支书记、校长　武天安（2009.04～）

副书记　季文禄

副校长　叶茂绿

李开金（彝族）

楚雄州技工学校

党总支书记　张孟培

校　长　刁晋光

副校长　席家永

闵　珏（女）

昆明理工大学楚雄应用技术学院（工业学校）

党委书记　王　良

院　长　彭金辉（彝族）

党委副书记、州工业学校校长　刁晋光

副院长、副校长　鲁延森

昝雪峰

副书记、纪委书记　陈建华

楚雄州民族中学

党总支书记、校长　张廷昆（彝族）

副校长　张　宁（白族，兼工会主席）

郭志刚（白族）

楚雄民族中等专业学校

党总支书记　普怀亭（彝族）

校　长　钱文卿（彝族）

副校长　杨建明（回族）

文有德

段联嵩

楚雄州体育运动学校

校　长　杨文津（兼工会主席，保留副处）

副校长　朱　斌（副处）

卫生系统

州人民医院

党委书记　柳思强

院　长　刘志刚

副院长　王育昌

刘晓明

丁伟峰

工会主席　范建英（女）

州中医院（云南省彝医医院、云南省彝族医药研究所）

党委书记、院长　杨本雷（兼云南省彝医医院院长、云南省彝族医药研究所所长）

副书记　倪志坚（兼云南省彝医医院副院长）

副院长　张其武（兼云南省彝医医院副院长）

许嘉鹏（彝，2009.06～）

疾病预防控制中心

党总支书记　汪楚平

主　任　宋先毅

精神病医院（州第二人民医院）

党支部书记、院长　王建平（女，兼州第二人民医院院长）

妇幼保健院（副处）

党支部书记 盛抗美

院　　长 张　虹（女）

中心血站（副处）

党支部书记 段国华

站　　长 张　梅（女）

卫生监督所（副处）

所　　长 缪洪芳（女）

县（市）委

楚雄市

书　　记 张之政（彝族）

副 书 记 袁　鹏（正处）

罗文慧（彝族，~2009.08）

双柏县

书　　记 李家龙（~2009.07）

任学全（2009.07~）

副 书 记 高　翔

王志达

牟定县

书　　记 姜　扬

副 书 记 任学全（~2009.07）

彭宪琪（白族，2009.09~）

严云净（~2009.02）

起国华（彝族，2009.05~）

南华县

书　　记 纳云德（傈僳族，~2009.07）

陆积峰（彝族，2009.07~）

副 书 记 周兴国（~2009.02）

冯　毅（2009.02~）

朱国良（彝族）

姚安县

书　　记 李自云（彝族）

副 书 记 李建波（彝族）

刘　凯（~2009.05）

李长平（2009.05~）

大姚县

书　　记 盛高举

副 书 记 张晓鸣（彝族，2009.02~）

刘建云

永仁县

书　　记 李志勇（~2009.02）

赵克义（白族，2009.02~）

副 书 记 赵克义（白族，~2009.02）

严云净（2009.02~）

杨中华（彝族，正处，2009.05~）

元谋县

书　　记 普　云（彝族，~2009.05）

袁丽娟（女，2009.07~）

副 书 记 袁丽娟（女，~2009.07）

李洪亮（彝族，2009.09~）

杨　柳（傈僳族）

武定县

书　　记 李　怡（女）

副 书 记 黄云雁

李思恒（~2009.05）

周云志（彝族，2009.05~）

禄丰县

书　　记 王玉玺

副 书 记 陆积峰（彝族，~2009.07）

赵晓明（彝族，2009.09~）

彭宪琪（白族，~2009.09）

县（市）纪委书记

楚雄市 王志梅（女）

双柏县 李林波

牟定县 金德能

南华县 彭长达（2009.05~）

姚安县 杨雪斌（女）

大姚县 李郁光

永仁县 姚天春

元谋县 杨洪雨（彝族）

武定县 李克平（正处）

禄丰县 罗绍辉

县（市）委政法委书记

楚雄市 李　彦

双柏县 李雪峰（彝族）

牟定县 徐惠兴

南华县 秦玉兰（女，2009.05~）

姚安县 刘　凯（~2009.05）

李长平（2009.05~）

大姚县 刘建云（~2009.12）

罗有理（彝族，2009.12~）

永仁县 马庭文（傣族）

元谋县 文萧翰

武定县 李克平（正处）

禄丰县 杨俐昆（~2009.07）

彭宪琪（2009.07~2009.09）

县（市）委常委、办公室主任

楚雄市 刘仕举

双柏县　李兴文（彝族）
牟定县　李晓云（～2009.08）
　　　　席　云（2009.09～）
南华县　张志洪
姚安县　甘　勇
大姚县　马跃云
永仁县　杨开寿（彝族）
元谋县　祖　俊
武定县　阳庆富
禄丰县　张　东

县（市）委常委、组织部长

楚雄市　吴亚峰
双柏县　普正祥（彝族）
牟定县　樊志栋
南华县　刘昌富（彝族，～2009.05）
　　　　杨　芳（女，2009.05～）
姚安县　肖应明（彝族）
大姚县　周　霏
永仁县　张永华（彝族，～2009.05）
　　　　李春全（傈僳族，2009.05～）
元谋县　周良才
武定县　金　鸿
禄丰县　梁文林

县（市）委常委、宣传部长

楚雄市　李丽君（女）
双柏县　尹　睿
牟定县　李和枝（女）
南华县　张子荣
姚安县　李　勇
大姚县　白惠能（彝族，～2009.06）
　　　　肖　燕（女，2009.09～）
永仁县　刘文跃（～2009.05）
　　　　李永军（2009.05～）
元谋县　李　梅（女，～2009.05）
　　　　范云峰（彝族，2009.05～）
武定县　陈选良（～2009.05）
　　　　善承卫（2009.05～）
禄丰县　田　霞（女）

县（市）委常委、妇联主席

楚雄市　（未进常委）
双柏县　（未进常委）
牟定县　（未进常委）
南华县　（未进常委）
姚安县　由燕君（女）
大姚县　肖　燕（女，～2009.09）
　　　　张　玲（女，2009.09～）
永仁县　（未进常委）
元谋县　（未进常委）
武定县　（未进常委）
禄丰县　李红芸（女，彝族）

县（市）人大常委会

楚雄市
　主　任　李丕良（彝族）
　副主任　刘发明
　　　　　鲁　平（女）
　　　　　杨廷凯
　　　　　马子才（回族）
双柏县
　主　任　李维龙（～2009.11）
　副主任　郎天云
　　　　　苏纪生
　　　　　苏秀华（女）
　　　　　赖海荣（哈尼族）
牟定县
　主　任　周　雷
　副主任　滕　华
　　　　　普学煌（彝族）
　　　　　董成松
　　　　　夏桂琳（女）
南华县
　主　任　叶忠华
　副主任　罗思能（彝族）
　　　　　黄淑珍（女）
　　　　　罗智强（彝族）
　　　　　钟世富（傈僳族）
姚安县
　主　任　胡　雄
　副主任　贾春和（女）
　　　　　杞开和（彝族）
　　　　　昝丕政
大姚县
　主　任　杨继周（彝族）
　副主任　杨　芸（女）
　　　　　刘春德
　　　　　初怀雄
　　　　　沙朝安
永仁县
　主　任　吴玉斌

副主任 郑周伟
李本元
刘洪全
郑丽萍（女，兼）

元谋县

主　任 鲁维生（彝族）

副主任 杨茂喜
罗　春（彝族）
刘丛有
杨晓丽（女，~2009.05）

武定县

主　任 宋文权

副主任 张兴菊（女）
鲁志廉（彝族）
杨春城（苗族）
李建云

禄丰县

主　任 杨　军

副主任 王建国（苗族）
王建春
刘素芬（女）
李　伟

县（市）人民政府

楚雄市

市　长 袁　鹏

常务副市长 刘　华（彝族）

市委常委、副市长 赵万祥

副市长 许　洋（回族，正处）
李万翔
李　援（彝族）
徐俊梅（女）

双柏县

县　长 高　翔

常务副县长 杨建萍（女，彝族）

县委常委、副县长 毕剑华（彝族）

副县长 陆润奎（彝族）
陈　林
方永红（彝族）
李秋洪
杨锡林（白族，挂职2年）
张永红（挂职）

牟定县

县　长 任学全（~2009.09）
彭宪琪（代理县长，2009.09~）

常务副县长 李德胜（彝族，~2009.05）
李晓云（2009.05~）

县委常委、副县长 李维峰

副县长 常　青（女）
席　云（~2009.08）
高学龙（彝族）
陆荣贵（~2009.09）
刘文禹（2009.09~）
张世武（2009.09~）
陈辉芳（挂职2年）

南华县

县　长 周兴国（~2009.03）
冯　毅（2009.03~）

常务副县长 冯　毅（~2009.02）
刘昌富（彝族，2009.05~）

县委常委、副县长 肖　志

副县长 杨泽平
陈启武
阮建文（~2009.05）
毛焕聪（2009.05~）
吴海芬（女）
杨秀蓉（女，挂职2年）

姚安县

县　长 李建波（彝族）

常务副县长 李长平（~2009.05）
杨柏繁（白族，2009.05~）

县委常委、副县长 王家俊

副县长 夏会良
周黎红（彝族）
李静媛（女，彝族）
钟吉聪

大姚县

县　长 张晓鸣（彝族，2009.03~）

常务副县长 何文明

县委常委、副县长 王文清（彝族）

副县长 李　滨
郭家权（2009.05~）
李红梅（女）
毛焕聪（~2009.05）
郭家权（2009.05~）
吴家凯
冀亚军（挂职3年）

永仁县

县　长 赵克义（白族，~2009.05）
严云净（2009.05~）

常务副县长 起国华（彝族，~2009.05）
张永华（彝族，2009.05~）

县委常委、副县长 夜成芳（女，彝族）
副 县 长 李祝宁（彝族）
胡晓东（回族，~2009.05）
周 宏（2009.05~）
龙俊波（苗族）
赖朝元（彝族）
朱 荣（挂职2年）
单智广（挂职2年）

元谋县
县 长 袁丽娟（女，~2009.08）
李洪亮（彝族，代理县长，2009.08~）
常务副县长 赖有常（彝族）
县委常委、副县长 雷 波
副 县 长 尹亚全
王 玮
张明海
杨建斌（彝族）
潘文斌（挂职2年）

武定县
县 长 黄云雁
常务副县长 周云志（彝族，~2009.05）
胡友邦（2009.05~）
县委常委、副县长 胡友邦（~2009.05）
李茂学（彝族，2009.05~）
副 县 长 李茂学（彝族，~2009.05）
张爱东
周廷质（彝族）
李永志（彝族，2009.08~）
郑洪云（2009.08~）
聂 森（挂职2年）
王晓东（挂职2年）

禄丰县
县 长 陆积峰（彝族，~2009.09）
赵晓明（彝族，代理县长，2009.09~）
常务副县长 杨俐昆
县委常委、副县长 杨建伟（彝族）
副 县 长 马 勇（回族，~2009.05）
胡晓东（回族，2009.05~）
陈玉洁（兼职，2009.05~）
邬家华
解正伟（2009.05~）
李静云（女，彝族）
葛 琪（挂职2年）

楚雄经济开发区管委会

主 任 蔡永林（~2009.02）
袁 鹏（2009.02~）
党委书记 马 军（回族）
副 书 记 周 明
副 主 任 王浩忠
孙春荣
荆庆华（白族）
舒 潇（正处，~2009.05）

禄丰工业园区管委会

主 任 陈玉洁（副处）

县（市）政协委员会

楚雄市
主 席 段 云
副 主 席 马文辉（回族，兼）
杞 昀（女，彝族，兼）
赵天武（壮族）
胡乃林

双柏县
主 席 杞光明（彝族）
副 主 席 郑汝华
王 斌（兼统战部长）
唐裕川（女，兼）
汤永平（哈尼族）

牟定县
主 席 李光彪
副 主 席 果成凤（女，彝族）
杨 丽（女，兼）
郑 荣
李源先（兼）

南华县
主 席 阿明仙（女，彝族）
副 主 席 张 涛（彝族，兼统战部长）
鲁明贵（彝族）
张 燕（女）
陈金禹（兼）

姚安县
主 席 华 成
副 主 席 李景元（彝族，兼统战部长）
刘金华（女）
刘嵩涛
潘建新（彝族，兼）

大姚县
主 席 温连勇
副 主 席 金显和（兼统战部长）
张忠德（彝族，兼）

任从明（彝族）
张　玲（女，兼）

永仁县
主　　席　殷加林（彝族）
副 主 席　杨淑坤（彝族）
冯会珍（女，彝族，兼统战部长）
李天荣
薛志芸（女，兼）

元谋县
主　　席　兰　松
副 主 席　高发银（彝族）
甘金蓉（女）
张自忠（兼统战部长）
吕　忠（兼）

武定县
主　　席　刘绍明（～2009.03）
李思恒（2009.03～）
副 主 席　罗守恭（兼统战部长）
杨　德
李正芝（女）
杨红蔚（白族，兼）

禄丰县
主　　席　杨天贵
副 主 席　乐德云（兼统战部长）
段宝明
山学兵
白　桦（女，兼）

县（市）法院、检察院、公安局

楚雄市
法院院长　蔡琼华（女，～2009.05）
副院长、代理院长　刘汉勇（彝族，2009.05～）
检察院检察长　陈　剑
公安局局长　许　洋（回族，正处）
公安局政委　杨　云（2009.09～）

双柏县
法院院长　罗志宏（彝族）
检察院检察长　施应遵（彝族）
公安局局长　陈　林
公安局政委　马爱军（回族）

牟定县
法院院长　甘兆林
检察院检察长　刘建武
公安局局长　陆荣贵（～2009.09）
刘文禹（2009.09～）
公安局政委　谭锡顺

南华县
法院院长　李红云
检察院检察长　罗云波（～2009.09）
检察院副检察长、代理检察长　王德云（苗族,2009.09～）
公安局局长　杨泽平
公安局政委　秦玉兰（女，～2009.09）
张文安（2009.09～）

姚安县
法院院长　张建民（～2009.09）
法院副院长、代理院长　王景飚（2009.09～）
检察院检察长　李昌荣
公安局局长　夏会良
公安局政委　杜继勇

大姚县
法院院长　刘汉勇（彝族，～2009.05）
检察院检察长　徐　艳（女）
公安局局长　李　滨
公安局政委　董泽光（～2009.05）
普永进（2009.05～）

永仁县
法院院长　何家荣
检察院检察长　李全华（彝族）
公安局局长　胡晓东（回族，～2009.05）
周　宏（2009.05～）
公安局政委　周　宏（～2009.05）
毛德勇（彝族，2009.09～）

元谋县
法院院长　肖光亮（彝族）
检察院检察长　段正明
公安局局长　王　玮
公安局政委　陆春华

武定县
法院院长　温自华（彝族）
检察院检察长　周　康（彝族）
公安局局长　张爱东
公安局政委　梁　文（～2009.05）
闫开华（2009.05～）

禄丰县
法院院长　常　云
检察院检察长　李　云
公安局局长　马　勇（回族，～2009.05）
胡晓东（回族，2009.05～）
公安局政委　闫　文（～2009，05）
徐志华（彝族，2009.05～）

县（市）人民武装部

楚雄市
部　　长　任呼来（～2009.03）
唐光华（2009.04～）
政治委员　崔振海
双柏县
部　　长　刘云飞（～2009.03）
杨　烨（2009.04～）
政治委员　夏乾中
牟定县
部　　长　李林波
政治委员　张为府
南华县
部　　长　杨志刚（～2009.03）
罗建华（2009.04～2009.10）
张跃明（2009.11～）
政治委员　张剑峰
姚安县
部　　长　李云虎
政治委员　聂云涛
大姚县
部　　长　张云泽（～2009.03）
吴坤茂（2009.04～）
政治委员　刘朝金
永仁县
部　　长　唐光华（～2009.03）
杨天明（2009.04～）
政治委员　赵　雪
元谋县
部　　长　袁东升（～2009.03）
马光辉（2009.04～）
政治委员　万　里
武定县
部　　长　郭子华
政治委员　谢玉山（彝族）
禄丰县
部　　长　黄连生
政治委员　王家胜

县（市）中心镇党委书记

楚雄市鹿城镇　向　勇（傣族）
双柏县妥甸镇　杨　铭
牟定县共和镇　宋开洋
南华县龙川镇　张群嘉（彝族）
姚安县栋川镇　李　勇
大姚县金碧镇　王荣文（2009.09～）
永仁县永定镇　熊新平
元谋县元马镇　彭金富（彝族）
武定县狮山镇　龙德武
禄丰县金山镇　毛世宾（彝族）

［中共楚雄州委组织部供稿］

2009 年度楚雄州享受云南省人民政府特殊津贴人员名录

黄光和　楚雄州农业科学研究推广所
王宇伟　楚雄州第一中学
丁伟峰　楚雄州人民医院
普　珍　楚雄彝族文化研究院

楚雄州 2009 年度高级专业技术职务任职资格人员名录

主任医师（认定时间：2009.08）

周云平　楚雄市疾控中心
倪志坚　楚雄州中医院
叶　源　楚雄州中医院
张　晖　楚雄州人民医院
陈　磊　楚雄州人民医院

农业推广研究员（认定时间：2008.12）

杨培昌　楚雄州动物疫病预防中心

副教授（认定时间：2009.10）

田　恒　楚雄医药高等专科学校
徐启成　楚雄医药高等专科学校
尹敏慧　楚雄医药高等专科学校
张　艳　楚雄医药高等专科学校
邹云川　楚雄医药高等专科学校

高级讲师（认定时间：2009.06）

郭　靖　楚雄民族中专学校
李　茜　楚雄民族中专学校
林维声　楚雄民族中专学校
普发明　楚雄民族中专学校
起宗翠　楚雄民族中专学校
邱育昌　楚雄民族中专学校
宋开华　楚雄民族中专学校
尹辅平　楚雄民族中专学校
张先平　楚雄民族中专学校
张永琼　楚雄民族中专学校

张玉梅　楚雄民族中专学校
赵剑乐　楚雄民族中专学校
段为群　楚雄农业学校
吕永红　楚雄农业学校
邢起珍　楚雄农业学校
朱文兰　楚雄农业学校
周先玉　楚雄警校
周家林　楚雄警校
肖丽仙　楚雄州工业学校
王　评　楚雄州工业学校
杨芬美　楚雄州工业学校
杨晓宁　楚雄州工业学校
杜　勇　楚雄州体育运动学校
何绍勇　楚雄州体育运动学校
肖国贞　楚雄州体育运动学校
鲁菊芬　楚雄农业学校

高级讲师（认定时间：2009.10）

华金蓉　楚雄高级技工学校
金之椰　楚雄高级技工学校
杨晓梅　楚雄高级技工学校
王　进　楚雄高级技工学校

中学高级教师（认定时间：2009.07）

高丽娜　楚雄师院附中
杞建琼　楚雄师院附中
苏家超　楚雄师院附中
唐　斌　楚雄师院附中
吴丽华　楚雄师院附中
张俊萍　楚雄师院附中
李文化　楚雄第一中学
石廷泽　楚雄第一中学
向　东　楚雄第一中学
杨向珏　楚雄第一中学
陈洪星　楚雄市北浦中学
范　磊　楚雄市北浦中学
何文忠　楚雄市北浦中学
曹天云　楚雄市苍岭镇中学
李　凡　楚雄市苍岭镇中学
李加平　楚雄市苍岭镇中学
王思贵　楚雄市苍岭镇中学
郭成旺　楚雄市大过口乡中学
王建洪　楚雄市东华镇中心学校
董国华　楚雄市东兴中学
郭艳芬　楚雄市东兴中学
何利忠　楚雄市东兴中学
何　柱　楚雄市东兴中学
胡家慧　楚雄市东兴中学
李　燕　楚雄市东兴中学
刘丽玲　楚雄市东兴中学
马国红　楚雄市东兴中学
魏满娥　楚雄市东兴中学
杨　玲　楚雄市东兴中学
王桃兴　楚雄市教师培训中心
陈美仙　楚雄市金鹿中学
金雪荣　楚雄市金鹿中学
许　红　楚雄市金鹿中学
张红英　楚雄市金鹿中学
罗应寿　楚雄市龙江中学
谭兴荣　楚雄市龙江中学
朱　平　楚雄市龙江中学
蔡雨艳　楚雄市鹿城镇中心学校
刘发荣　楚雄市吕合镇中心学校
鲁宗文　楚雄市三街镇中心学校
者厚泽　楚雄市三街镇中心学校
杨国华　楚雄市树苴乡中心学校
王明海　楚雄市西舍路乡中心学校
杨正玲　楚雄市新村镇中心学校
胡春荣　楚雄市职业高级中学
罗　俊　楚雄市职业高级中学
丁忠楷　楚雄市中山镇中心学校
李洪山　楚雄市中山镇中心学校
许建平　楚雄市子午镇中心学校
戴丽虹　楚雄市紫溪中学
郭彩华　楚雄市紫溪中学
何建纲　楚雄市紫溪中学
柳　文　楚雄市紫溪中学
鲁　荣　楚雄市紫溪中学
肖美仙　楚雄市紫溪中学
谢祖伟　楚雄市紫溪中学
张琼梅　楚雄市紫溪中学
普开武　大姚县仓街中学
水自辉　大姚县仓街中学
杜　明　大姚县第二中学
樊　胜　大姚县桂花中心学校
刘学兰　大姚县金碧中心学校
张明昌　大姚县金碧中心学校
王凤兴　大姚县龙街中心学校
张之武　大姚县龙街中心学校
李开汉　大姚县七街中学
陈建祥　大姚县三岔河中心学校
刘　伟　大姚县三岔河中心学校
温翠萍　大姚县实验中学
武发龙　大姚县实验中学
杨自学　大姚县实验中学
张家斌　大姚县实验中学
张又新　大姚县实验中学
张志坚　大姚县铁锁中心学校
华丽晖　大姚县湾碧中心学校
高建荣　大姚县新街中心学校
樊映芬　大姚县赵家店中心学校
高显贵　大姚县赵家店中心学校
董宗仁　大姚县职业教育中心
雷本礼　大姚县职业教育中心
席　忠　大姚县职业教育中心
薛　川　大姚县职业教育中心
张万湘　大姚县职业教育中心
白慧珍　大姚第一中学
席菊香　大姚第一中学
杨晓明　大姚第一中学
敖建禄　禄丰县第三中学
潘培荣　禄丰县第三中学
王正清　禄丰县第三中学
夏文龙　禄丰县第三中学
杨应才　禄丰县第三中学
尹继春　禄丰县第三中学
张继才　禄丰县第三中学
杨国荣　禄丰县第四中学
李光武　禄丰县第一中学
吴家荣　禄丰县第一中学
张自清　禄丰县第一中学
管　芹　禄丰县广通中学
郝庆珍　禄丰县广通中学
杨丽萍　禄丰县广通中学
杨学义　禄丰县广通中学
赵学明　禄丰县和平中学
陈国华　禄丰县旧庄中学
李建荣　禄丰县路溪中学
罗忠平　禄丰县罗川中学
陈　亮　禄丰县猫街中学
张祥斗　禄丰县猫街中学
耿建明　禄丰县民族中学
何连金　禄丰县勤丰中学
李庆强　禄丰县勤丰中学
山丽芬　禄丰县舍资中学
苏　勇　禄丰县舍资中学
刘忠才　禄丰县松园中学
姚建萍　禄丰县松园中学
张长荣　禄丰县松园中学
拜胜平　禄丰县土官中学
王守洪　禄丰县妥安中学

岳树雷　禄丰县妥安中学
胡爱平　禄丰县腰站中学
方学平　禄丰县职业高级中学
王永祥　禄丰县职业高级中学
谢宝萍　禄丰县职业高级中学
冯海云　楚雄州民族中学
苏再明　楚雄州民族中学
王　凯　楚雄州民族中学
王　南　楚雄州民族中学
王云红　楚雄州民族中学
易　红　楚雄州民族中学
周岐仙　楚雄州民族中学
高智才　牟定县安乐中学
非正斌　牟定县第一中学
刘　姜　牟定县第一中学
吴应海　牟定县第一中学
杨晓宏　牟定县第一中学
杜向红　牟定县高平中学
李俊林　牟定县高平中学
张　贵　牟定县高平中学
宿开华　牟定县教研师训中心
张廷彪　牟定县教研师训中心
李桂芬　牟定县马厂中学
李艳红　牟定县马厂中学
曹光灿　牟定县茅阳中学
杨顺运　牟定县茅阳中学
杨开富　牟定县蟠猫中学
姜　波　牟定县天台中学
王硕全　牟定县天台中学
何翠萍　牟定县职业中学
普发明　牟定县职业中学
徐南山　南华县第二中学
周世英　南华县海子山中学
刘杞文　南华县教师进修学校
张国庆　南华县教研室
欧阳守敬　南华县龙川中学
夏开平　南华县罗武庄中学
李成富　南华县马街中学
吴仕兴　南华县沙桥中学
李芝敏　南华县五顶山中学
罗银福　南华县五街中学
何锡勇　南华县徐营中学
夏树华　南华县一街中学
李秀萍　南华县职业高级中学
段正亮　南华县第一中学
纪　云　南华县第一中学
李　勇　南华县第一中学
徐加金　南华县第一中学
尹征才　双柏县爱尼山中学
李增先　双柏县安龙堡中学
罗学科　双柏县大麦地中学
罗桂秀　双柏县大庄中学
唐续信　双柏县大庄中学
陈文明　双柏县第一中学
罗正元　双柏县第一中学
施学文　双柏县第一中学
姚晓明　双柏县第一中学
尹　淞　双柏县第一中学
周琼兰　双柏县第一中学
钱兴华　双柏县电教仪器站
李　梅　双柏县碍嘉中学
李琼芳　双柏县碍嘉中学
杨丕和　双柏县碍嘉中学
周开祚　双柏县碍嘉中学
黎云波　双柏县妥甸中学
李秀琼　双柏县妥甸中学
苏　明　双柏县妥甸中学
汪汝珍　双柏县妥甸中学
杨红仙　双柏县妥甸中学
杨如慧　双柏县妥甸中学
侯群丽　双柏县职业高级中学
李　华　双柏县职业高级中学
李晓宏　双柏县职业高级中学
吴　江　楚雄州天人中学
周庆华　楚雄州天人中学
昌　敬　武定第一中学
董　春　武定第一中学
董　萍　武定第一中学
郭　琼　武定第一中学
李桂梅　武定第一中学
李金忠　武定第一中学
刘成富　武定第一中学
鲁崇贵　武定第一中学
马恒杰　武定第一中学
王蓉芬　武定第一中学
吴泰宏　武定第一中学
余祖文　武定第一中学
张启荣　武定第一中学
樊云莲　武定县民族中学
胡文富　武定县民族中学
普建锋　武定县民族中学
童菊花　武定县民族中学
杨正荣　武定县民族中学
张美珍　武定县民族中学
张　平　武定县民族中学
张应刚　武定县民族中学
左有明　武定县民族中学
胡朝升　武定县白路中学
段绍菊　武定县高桥中学
刘会德　武定县高桥中学
宋文洪　武定县高桥中学
许祖华　武定县教师进修学校
缪宗林　武定县教育局教研室
黄绍贵　武定县猫街中学
李建柱　武定县猫街中学
汪志华　武定县猫街中学
陈智明　武定县田心中学
文　怀　武定县香水中学
杨　才　武定县香水中学
杨　武　武定县香水中学
张志能　武定县香水中学
张绍先　武定县职业高级中学
孙建平　姚安县草海中学
班立琴　姚安县大成中学
程光勇　姚安县大成中学
杜惠芬　姚安县大成中学
何祖元　姚安县大成中学
胡　翔　姚安县大成中学
刘学华　姚安县大成中学
钱正能　姚安县大成中学
王开春　姚安县大成中学
张海星　姚安县大成中学
郑义雷　姚安县大成中学
刘永顺　姚安县大龙口中学
庞宝祥　姚安县第二中学
普家文　姚安县第二中学
腾正余　姚安县第二中学
张家武　姚安县第二中学
汪海雄　姚安县光禄中学
周发勇　姚安县教育局教研室
张玉文　姚安县龙岗中学
徐启海　姚安县弥兴中学
彭德朱　姚安县仁和中学
郭家恒　姚安县左门中学
王文富　永仁县城关中学
高国忠　永仁县教育局教研室
龙德勇　永人县莲池中学
贺敏才　永仁县猛虎中学
李春翠　永仁县万马中学
起如云　永仁县第一中学
起学生　永仁县第一中学

松桂芳 永仁县中和中学
李正春 元谋县黄瓜园中学
思维祥 元谋县黄瓜园中学
李景洪 元谋县江边中学
孙开芬 元谋县姜驿中学
曹洪坤 元谋县教育局教研室
杨 刚 元谋县直林中学
杨玉江 元谋县凉山中学
白 云 元谋县培英中学
普国华 元谋县清和中学
李绍华 元谋县团山中学
杨世学 元谋县团山中学
杨 云 元谋县团山中学
文兴富 元谋县物茂中学
杨 亮 元谋县物茂中学
杨永祥 元谋县新华中学
鲁 梅 元谋县星火中学
普兴平 元谋县星火中学
陶富斌 元谋县元马中学
文松云 元谋县元马中学
尹德富 元谋县元马中学
李建军 元谋县职业高级中学
罗思琼 元谋县职业高级中学
严志超 元谋县第一中学
永卫琼 元谋县第一中学

副主任医师（认定时间：2009.08）

吴 宁 楚雄州人民医院

副主任护师（认定时间：2009.08）

赖琼翠 元谋县人民医院
彭宁福 楚雄州妇幼保健院
王玉萍 楚雄州疾控中心
文 丽 楚雄州人民医院
田桂兰 禄丰县第二人民医院
王永红 禄丰县人民医院
董琼岚 牟定县中医院
吕琼香 南华县人民医院
王丽芬 武定县人民医院

副主任技师（认定时间：2009.08）

李惠华 楚雄州人民医院
何玉英 禄丰县疾控中心
李琼仙 牟定县人民医院
卢 勇 姚安县人民医院

副主任药师（认定时间：2009.08）

王明周 双柏县人民医院
王丽华 姚安县人民医院
李莉萍 楚雄州妇幼保健院
杨 利 楚雄州妇幼保健院
李学勇 楚雄市人民医院
杨勤运 楚雄中医院
夏永庆 楚雄州人民医院
周明远 楚雄州人民医院
杨世俊 楚雄州人民医院
金有忠 楚雄州人民医院
普开菊 大姚县人民医院
刘映昌 大姚县人民医院
李昂峰 禄丰县人民医院
杨建林 禄丰县人民医院
李建群 禄丰县人民医院
李述芬 牟定县人民医院
傅林贵 双柏县人民医院
山向丽 武定县妇幼保健院
杞学文 武定县高桥中心卫生院
王家富 武定县人民医院
李建彪 武定县人民医院
周永红 姚安县妇幼保健院
李 桃 姚安县疾控中心
杨云波 姚安县人民医院
代有礼 姚安县中医院
胡 祥 姚安县中医院
文天莲 永仁县人民医院

高级农艺师（认定时间：2009.09）

杨国平 双柏县农技推广中心
陈一民 姚安县农技推广中心
陈大志 姚安县茶桑果站
阎德顺 姚安县弥兴农技推广中心
陈永安 禄丰县经济作物工作站
李永发 禄丰县农技推广中心
胡明德 禄丰县农技推广中心
刘正伟 牟定县农技推广中心
景宗仁 牟定县经济作物工作站
万 斌 牟定县种子管理站
杨喜贵 元谋县农村能源站
赵继如 元谋县农产品检测中心
赵悦仙 元谋县经济作物工作站
方绍光 南华县经济作物工作站
吴桂芬 南华县经济作物工作站
曾绍安 武定县农业行政执法大队

汪 翼 楚雄市种子公司
夏万明 楚雄市农环站
石维祥 楚雄市植保植检站
朱永春 永仁县农技推广中心

高级畜牧师（认定时间：2009.10）

朱国荣 楚雄市动物预防中心
周有忠 楚雄市中山畜牧兽医站
杨正学 双柏县动物预防中心
孙应江 牟定县动物预防中心
金维礼 大姚县金碧兽医站

高级兽医师（认定时间：2009.10）

黄培强 楚雄州动物预防中心
杨 琼 楚雄市动物预防中心
山怀林 永仁县动物预防中心

高级工程师（认定时间：2009.08）

刘 健 姚安县建筑工程设计室
李学银 双柏县城区自来水厂
董跃红 大姚县环境检测站
刘 健 姚安县建筑设计院
李学银 双柏具城区自来水厂
董跃红 大姚县环境检测站
周绍昌 楚雄州林业勘测设计队
黄永祥 禄丰一平浪林场
金芋霖 牟定县龙虎水库工程管理局
蔡兴阳 元谋县动物预防中心

高级工程师（认定时间：2009.09）

陈 军 姚安县农业机械技术学校
刘文贵 禄丰县农业机械技术学校
朱光亮 楚雄州农机推广站
李齐春 永仁县农机化推广站
李天彩 永仁县农机化学校

高级经济师（认定时间：2009.09）

李永金 姚安县经营管理站
潘长生 禄丰县农经站

高级审计师（认定时间：2009.08）

永海燕 大姚县审计局

高级统计师（认定时间：2009.11）

杨 蕾 楚雄州中医院

副研究馆员（认定时间：2009.07）

王国付　楚雄州博物馆

金永锋　楚雄州博物馆

副研究馆员（认定时间：2009.09）

李惠兰　楚雄州彝文研究所

副研究馆员（认定时间：2009.10）

李玉华　元谋县图书馆

胡桂芬　禄丰县图书馆

李友华　双柏县图书馆

高级教练（认定时间：2009.11）

陈正文　楚雄州体育运动学校

彭正亚　楚雄州体育运动学校

胡彩仙　禄丰县体育学校

胡培元　禄丰县老年体协

高级编辑（认定时间：2009.12）

歹必芹　楚雄电视台

主任编辑（认定时间：2009.11）

刘莉琼　楚雄州广播电视局

余海晏　楚雄州广播电视局

二级编导（认定时间：2009.06）

张惠江　楚雄州民族艺术剧院

二级演员（认定时间：2009.06）

李章芬　楚雄州民族艺术剧院

［楚雄州人事局供稿］

获国家级、省级表彰的先进集体及个人名录

楚雄州关心下一代工作委员会　2009年2月被中共云南省委组织部、老干部局表彰为全省老干部“老有所为”先进集体

元谋县直机关离退休干部党支部　2009年2月被中共云南省委组织部、老干部局表彰为全省老干部“老有所为”先进集体

［州委老干局］

云南省双柏县白竹山茶业有限责任公司　荣获云南省总工会“五一劳动”奖状称号

付玉学　武定县邮政局万德邮政所职工，荣获全国“五一劳动”奖章称号

果红梅(女,彝族)　楚雄市环境卫生管理处工人，荣获云南省“五一劳动”奖章称号

金凤云　永仁县林业局万马林场工人，荣获云南省“五一劳动”奖章称号

王立贵　楚雄州吕合煤业有限公司职工，荣获云南省“五一劳动”奖章称号

［州总工会］

杨国良　2009年11月被国家人事部、文化部表彰为“全国文化系统先进工作者”

［州文化局］

马国雄　2009年2月被中共云南省委、省人民政府表彰为“抗灾救灾先进个人”

［州交通局］

李彩林　2009年8月被中共云南省委、省人民政府表彰为“全省模范军队转业干部”

［州人防办］

马荣春　州人大离休干部，2009年2月被中共云南省委组织部、老干部局表彰为全省老干部“老有所为”先进个人

张之道　州中医院离休干部，2009年2月被中共云南省委组织部、老干部局表彰为全省老干部“老有所为”先进个人

张正经　南华县政协离休干部，2009年2月被中共云南省委组织部、老干部局表彰为全省老干部“老有所为”先进个人

赵毅宁　武定县人民政府离休干部，2009年2月被中共云南省委组织部、老干部局表彰为全省老干部“老有所为”先进个人

邵世雄　大姚县离休干部，2009年2月被中共云南省委组织部、老干部局表彰为全省老干部“老有所为”先进个人

［州委老干局］

逝世人物

【王应元】　男，1921年11月15日出生于牟定县新桥镇杨茨科村，1936年3月参加红军，1937年1月加入中国共产党。历任红六军十七师五十二团战士；三五九旅七团班长、代理排长、连部书记、连副政委、政治指导员、政治处保卫股长；二军五师解放团连长、独立团一营政治教导员；新疆军区独立骑兵师二团组织股长、财务处政委、阿勒泰军分区

干部部副部长、后勤处政委；新疆军区第四文化速成中学物资保证处处长。1958年4月从新疆军区离职回牟定县休养。1982年3月改办离休。1987年4月提高享受副厅级政治生活待遇。1997年11月起享受正厅级政治生活待遇。曾参加过二万五千里长征、抗日战争、解放战争、南泥湾大生产运动，经历大小战斗90多次。2009年7月25日上午11时15分因病在牟定逝世，享年97岁。

【武羊成】 男，1919年5月出生于河南省安阳县天喜镇，1945年7月参加革命工作，同年10月加入中国共产党。历任中国人民解放军太行五分区50团、九纵27旅80团、十五军留守处、后勤处战士、副班长、班长、副排长、排长、副连长、连长；云南军区复员支队、特务团、教导大队副营长、大队长；姚安县兵役局副局长、局长、县委书记处书记、县委常委、县公安局局长；中共大姚县委常委、县公安局局长，县委书记处书记；省公路工程局第六工程处党委副书记、书记；州林业局、州工交政治部干部；州劳动局党组成员、副局长。部队服役期间，多次参战受伤，先后荣立一、二、三等功。1982年9月批准离休，享受副厅级单项待遇。2009年1月23日凌晨2时09分因病在楚雄州人民医院逝世，享年90岁。

【王成安】 男，1934年11月出生于云南省牟定县，1951年7月参加工作，1954年4月加入中国共产党。历任牟定县公安局、楚雄州公安处干警；楚雄专署秘书室干部；州人委办公室副主任；禄劝县县委常委、党革办主任；武定县委副书记、革委副主任；南华氮肥厂会战指挥部党委书记、指挥长；州人民政府副秘书长、办公室主任；中共武定县委书记；州人民政府副秘书长、秘书长；州政协副主席。1968年12月至1969年9月在元谋县“五七”干校劳动；1969年9月至11月在楚雄州革委办事组工作；1969年11月至1970年12月在楚雄州革委禄劝工作队工作。1995年6月退休，享受副厅级待遇。2009年6月26日下午16时16分因病在楚雄逝世，享年75岁。

［州委老干局供稿］

（责任编辑：安孟勤）

楚雄彝族自治州2009年国民经济和社会发展计划执行情况与2010年国民经济和社会发展计划草案的报告

——在楚雄彝族自治州第十届人民代表大会第五次会议上

(2010年2月21日)

楚雄彝族自治州发展和改革委员会

各位代表:

受州人民政府委托，现将楚雄彝族自治州2009年国民经济和社会发展计划执行情况与2010年国民经济和社会发展计划草案提请州十届人大第五次会议审查，并请州政协委员提出意见。

一、2009年国民经济和社会发展计划执行情况

过去的一年，面对国际金融危机对我州实体经济的严重冲击，州委、州人民政府团结带领全州各族干部群众，深入贯彻落实科学发展观，增强机遇意识，坚定发展信心，及时把思想和行动统一到中央和省对形势的分析判断和决策部署上来，把保持经济平稳较快增长作为首要任务，制定并实施一系列有针对性的政策措施，统筹做好保增长、保民生、保稳定的各项工作，努力克服“7·09”姚安地震等自然灾害带来的新困难，努力化危为机，最大限度地扭转了经济下滑势头，经济结构进一步优化，发展质量进一步提高，三次产业的比重由上年的24.3∶41.8∶33.9调为23.6∶41.6∶34.8。五大重点产业实现增加值166.2亿元，增长8.9%，占GDP的比重达48.5%。县域经济发展速度和发展质量好于预期，地方财政总收入超亿元的县(市)增加2个，达到8个。州十届人大四次会议确定的各项经济社会发展预期目标，均可完成或超额完成。初步统计，全州生产总值(GDP)实现342.35亿元，按可比价计算，较上年(下同)增长12.2%，比计划目标高2.2个百分点，其中:第一产业实现增加值80.78亿元，增长5.8%；第二产业实现增加值142.52亿元，增长14.1%；第三产业实现增加值119.06亿元，增长14.2%。全社会固定资产投资完成208亿元，增长45.3%，比计划目标高20.3个百分点。社会消费品零售总额完成109.74亿元，增长21.4%，比计划目标高1.4个百分点。地方财政总收入和地方财政一般预算收入分别完成73.3亿元、25.6亿元，分别增长11.8%和12.7%，分别比计划目标高3.8个百分点和2.7个百分点。城镇居民人均可支配收入14319元，实际增长9.3%，比计划目标高3.3个百分点。农民人均纯收入3511元，增长12%，比计划目标高6个百分点。居民消费价格总指数平均为100.5%，实现了涨幅控制在5%以内的目标。外贸进出口总额完成6933万美元，增长31%，超额完成了与上年持平的计划目标。单位生产总值能耗下降3.9%以上，实现了计划控制目标。城镇登记失业率为3.2%，实现了计划控制目标。人口自然增长率为4.1‰，实现了控制在6‰以内的计划目标。城镇化率达30.8%，比上年提高1.2个百分点，实现计划目标。

(一)固定资产投资快速增长

全州上下抢抓中央扩内需、增投资、保增长的机遇，千方百计争取国家和省更多的支持，有力地促进了全州固定资产投资的快速增长。项目前期工作进一步得到加强。编制完成了《楚雄州2009—2012年固定资产投资项目规划》，共纳入17大类5062个项目，总投资3854亿元。项目前期工作经费持续增长，安排前期经费达8000余万元，较上年增加2000余万元。项目资金争取取得新突破。共上报各类项目4448个，争取落实2276个，争取项目资金48.7亿元，增长24.6%。重点项目实施加快推进。围绕推进重点督查的20个重大项目，切实加强对全州18个固定资产投资考核单位的督查，元(谋)双(柏)二级公路、州职教园区、州文化活动中心、州人民医院新区等项目扎实推进，青山嘴水库、已衣水库基本建成蓄水，总投资5.7亿元的农网完善和无电地区电力建设工程全面完成，楚雄盆地石油天然气勘探前期工作加快推进。三个“百分之百”考核工作目标全面落实。按照中央和省的要求，在积极抓好项目实施的同时，千方百计完成了地方资金配套任务，在全省率先实现了中央扩大内需项目三个“百分之百”考核工作目标，为下一步争取支持奠定了良好的基础。金融对地方经济发展和固定资产投资保持较快增长提供了强有力的支持。全州金融机构年末贷款余额216.37亿元，比年初增长37.3%，新增贷款达58.7亿元。初步统计，全州全社会固定资产投资完成208亿元，同比增长45.3%，投资对经济增长的拉动达到7个百分点以上。

（二）农村经济稳步发展

认真贯彻落实中央和省各项支农惠农政策，促进了农业增效、农民增收、农村稳定。农业基础设施建设得到加强。推进了水源工程、病险水库除险加固、农村饮水安全等七大重点工程建设，新增灌溉面积1.51万亩，解决了25.5万农村人口饮水安全问题，完成中低产田地改造26万亩；建成通乡油路602千米、通达工程1271千米，修通328个自然村1143千米的村组公路。粮食生产喜获丰收。通过推广优良品种和先进适用技术，认真落实省粮食增百亿斤计划，各级财政支农支出达36.2亿元，增长20.8%，有效调动了农民的生产积极性。预计全年粮食产量可达102.2万吨，增长2%。特色农业产业化发展迈出新步伐。积极推广“禄丰模式”，实施楚雄、牟定、姚安、武定现代烟草农业整县推进工程，烟叶生产基础条件明显改善，全州完成烟叶收购157.5万担，均价达15.94元，增加1.32元；畜牧业规模化养殖进一步扩大，实现肉类总产量30.6万吨，增长8%，实现牧业产值50.3亿元，增长6.9%；优质稻、畜牧、蔬菜、核桃、蚕桑、膏桐、油茶等基地建设扎实推进。州级龙头企业达116户，有4个品牌的农产品获得云南名牌农产品称号。扶贫开发深入推进。累计投入各类扶贫资金8.74亿元，实施了611个自然村的整村推进工程，实施易地搬迁扶贫2800人，解决和巩固了15.7万贫困人口的温饱。实现农林牧渔业总产值138亿元，增长7.2%。

（三）工业经济企稳回升

积极采取各项有效措施，扭转了工业经济下滑的严峻形势，促进了工业经济企稳回升，逐季向好。对企业的帮扶力度进一步加大。及时建立了州级领导挂点联系重点企业制度，共安排了3000万元工业专项扶持资金，帮助企业协调解决发展中遇到的困难和问题，为澜沧江啤酒集团、滇中铝业等一批重点企业及时解决流动资金不足等困难。绝大部分停产、半停产企业恢复生产，全州13种主要工业产品产量有10种保持增长。重点工业项目建设有序推进。楚雄卷烟厂搬迁技改、云冶集团钛资源开发、云铜集团在楚发展、云南开关厂建设、禄丰勤攀磷化工技改扩建等项目进展顺利，新立公司高钛渣、滇中有色金属公司年产10万吨粗铜、天腾化工一期等一批重点项目建成投产，昆钢公司钛材深加工项目开工建设。工业园区建设稳步推进。2个省级、8个州级工业园区的规划和可研全部编制完成，全州工业园区共完成基础设施建设投资7.9亿元，增长32%。节能降耗工作取得新进展。通过建立和完善报告制度，加强监管，抓好技术示范推广等工作，工业节能减排成效明显。全州规模以上工业产值达237.1亿元，增长3.9%，增加值达91亿元，增长10%。

（四）服务业快速发展

认真贯彻落实国家和省扩大内需、促进消费的各项政策措施，服务业对经济发展的支撑作用进一步增强。消费实现快速增长。认真贯彻落实“家电下乡”、农机具购置补贴和鼓励汽车、摩托车消费等政策，兑付补贴资金4906万元，消费市场呈现购销两旺的态势。实现社会消费品零售总额109.74亿元，增长21.4%。物流产业加快发展。云南南华野生菌特色物流加工出口基地建设项目前期工作顺利推进，元谋农产品批发市场建设完成投资4200万元，楚雄农产品中心批发市场开工建设，“万村千乡市场工程”继续推进，完成了300个农家店的新建或改造。文化旅游业快速发展。紧紧抓住云南旅游“二次创业”和云南省旅游局与楚雄州人民政府统筹开发旅游线路联合办公会在楚雄召开的机遇，加大对外宣传力度，着力打造旅游新品牌，州内旅游环线建设成效明显。彝人古镇项目五期至七期、世界和平文化园等重点旅游开发项目工作有效推进。文化旅游业成为危机背景下逆势发展的亮点，全州共接待海外入境游客1.67万人次，国内游客812.21万人次，实现旅游业总收入21.58亿元，增长31.5%。

（五）城镇化进程不断加快

按照省政府楚雄现场办公会的总体部署，坚定不移地推进滇中特色大城市建设，城镇化进程明显加快。从2009年起，州财政每年安排资金5000万元支持滇中特色大城市建设，同时进一步下放审批权限，有力地推动了滇中特色大城市规划和建设的各项工作。按照研究开路，规划先行的原则，完成了《构建滇中特色大城市——楚雄规划研究》，编制了《楚雄州州域城镇体系规划》，并已通过评审。县城总体规划修编、村镇体系规划、历史文化名镇（村）规划编制工作深入推进。楚雄市东南片区和西北片区开发加快推进，旧城提升改造力度进一步加大，城市绿化、亮化、美化工程加快实施，滇中特色大城市的规模进一步扩大，功能不断完善。各县县城、中心集镇以及历史文化名镇（村）、旅游小镇建设加快推进。全州续建和新建市政基础设施建设项目132项，完成投资5.4亿元，有力地推动了城镇化进程，提高了城市的聚集能力。进一步加强对房地产市场的开发、规范和监管，保持了房市的稳定和繁荣。

（六）改革开放深入推进

切实推进重点领域和关键环节的改革，有利于科学发展的体制机制进一步建立和完善。行政管理体制改革和政府机构改革稳步推进。农村土地承包经营权流转迈出新步伐，集体林权制度主体改革基本完成，配套试点改革稳步推进。投融资体制改革取得新进展，与富滇银行合作组建了州内首家村镇银行，成立了4家小额贷款公司和4个担保公司。国有资产的整合取得新突破，与太平洋证券公司合作发行15亿元开投公司企业债券相关工作积极推进，投资公司的融资能力进一步增强。水务体制、农村公路养护体制、文化体制、殡葬管理等改革取得新成效，医药卫生体制改革全面启动。招商引资环境进一步优化，州外客商到楚雄发展的热情持续上升，引进了昆钢钛材深加工、云南省工业投资集团开发禄丰褐煤资源等一批大项目，全州共实施州外国内招商引资项目305项，协议引资309亿元，实际到位资金75.5亿元，增长42.5%。实际利用外资1293万美元，超额完成省政府下达的目标任务。

（七）重点领域规划进展顺利

更加重视规划对经济社会发展的引领作用，着力抓好重点领域规划编制工作。围绕“加快楚北开发，再造一个楚雄”的目标，编制完成了《楚雄州北部金沙江流域经济社会发展总体规划》和17个重点专项规划，总体规划已进入省级审查程序。编制完成了《楚雄州2009—2015年能源产业发展规划》。城镇发展规划全面推进。按照省政府的统一部署和要求，及时启动了全州“十二五”规划编制工作。积极参与《云南省滇中城市经济圈区域协调发展规划》和《“三江”流域（云南部分）生态保护与水土流失治理规划》编制工作。完成了《中小学校舍安全工程总体规划方案》、《楚雄州农村卫生服务体系二期工程建设规划》等一批社会事业方面的规划。

（八）和谐社会建设顺利推进

更加重视各项社会事业的发展，和谐社会建设迈出新步伐。中小学布局调整优化和校舍安全工程全面推进，义务教育水平不断提高，“两免一补”全面落实。州职教园区建设进展顺利，楚雄高级技工学校4500人已迁入园区开课。创新型楚雄建设加快推进，科技对国民经济增长的贡献率达到47%。继续实施文艺精品和文化惠民工程，文化基础设施建设、文化信息资源共享工程、“2131”工程、广播电视“村村通”工程、农民体育健身工程、文化遗产保护和文化市场管理工作扎实推进，一批优秀剧目获各级奖励。精心筹办了新中国成立60周年庆典活动，举办了首届彝剧国际学术研讨会，文化交流进一步扩大，文化事业取得长足发展。城乡医疗卫生服务体系不断健全，卫生服务和保障能力明显增强，新型农村合作医疗制度不断完善，全州参合农民205.51万人，参合率达92.5%。严密部署，甲型H_1N_1流感疫情得到有效防控。全州传染病报告发病率131.5/10万，下降7.8/10万。人口和计划生育工作不断加强，低生育水平继续保持。就业局势总体稳定，新增就业2.12万人，下岗失业人员再就业9600人。社会保障不断完善，基本解决了关闭破产国有企业和困难企业退休人员参加职工基本医疗保险的问题。全州城镇职工参加基本医疗保险20.84万人，城镇居民参加基本医疗保险17.8万人，农村居民参加农村养老保险29.4万人。农村危房改造和廉租房建设稳步推进，全州建设廉租住房4351套，总建筑面积20.37万平方米。“8·30”地震和“11·02”特大自然灾害受灾区恢复重建任务全面完成，“7·09”姚安地震灾区受灾户大部分搬入新居。价格监管工作进一步加强，价格总水平平稳运行。及时启动应急预案，对“12·28”双柏麻栗树煤矿煤与瓦斯突出重大事故进行了妥善处理，全州安全生产形势总体趋于稳定。“七彩云南保护行动”深入开展，生态文明建设继续加强，可持续发展能力不断提高。连续三届荣获“全国社会治安综合治理优秀地市”称号，被中央综治委授予全国综治工作最高荣誉奖“长安杯”。

在取得成绩的同时，我们也清醒地看到，面对更加复杂的发展环境，全州经济社会发展中还存在着一系列困难和问题，主要体现在五个方面：一是国际金融危机的影响尚未完全消除，经济回升的基础还不牢固，继续保持全州经济平稳较快发展的压力仍然很大；二是投资结构不合理，产业性投资比例低，中小企业融资难的问题尚未有效解决；三是2009年的地震灾害和入秋以来的严重旱情，给2010年农业增产、农民增收增加了新的困难；四是抓住国家和省制定出台重大产业振兴发展规划的机遇，着眼于楚雄州经济结构的战略性调整和转变发展方式，谋划全州新兴的战略性产业方面还有差距；五是重点领域和关键环节的改革力度还不够大，制约科学发展的体制机制障碍仍然突出。这些都有待于继续改进和加强。

二、2010年国民经济和社会发展主要目标和工作重点

根据州委七届七次全会部署，2010年国民经济和社会发展主要预期目标建议为：全州生产总值增长10%以上；全社会固定资产投资增长25%以上；地方财政总收入和地方财政一般预算收入分别增长8%以上；社会消费品零售总额增长18%；外贸进出口总额与2009年持平；城镇居民人均可支配收入增长8%；农民人均纯收入增长6%以上；居民消费价格总水平涨幅控制在5%以内；单位生产总值能耗下降3.6%；城镇登记失业率控制在4.5%以内；人口自然增长率控制在6‰以内；城镇化率提高1.2个百分点。围绕实现上述目标，要着力抓好以下八个方面的工作：

（一）坚持扩大内需，继续巩固经济企稳回升势头

保持固定资产投资持续较快增长，是我州扩大内需、拉动经济增长最有效的措施，要紧紧抓住国家继续实施积极的财政政策和适度宽松的货币政策的机遇，把扩内需、增投资、保增长作为首要任务来抓。一是加强部门之间的协调配合。牢牢把握中央和省扩大内需、增加投资的政策导向，以加快推进20个重大前期项目为重点，加强部门之间在项目储备、上报、审批、实施等各个环节的协调，形成更加有效的整体联动工作机制，进一步提高项目工作的质量和效率。二是积极争取国家和省的支持。要在积极抓好“7·09”姚安地震恢复重建项目争取的同时，及时捕捉中央新增1.18万亿投资后续下达计划的信息，采取更加有力的工作措施，最大限度地争取国家和省的投资扶持。三是千方百计加快在建重点项目实施。继续实行“四定”责任制，切实转变部分县（市）和部门“重项目争取，轻项目实施”的不良倾向，加快推进重点项目，尤其是列

入重点督查的20个重大建设项目的实施，及时协调解决项目实施中的拆迁、征地、资金等问题，确保项目顺利推进，形成投资的实物工作量。四是多渠道筹措资金。针对固定资产投资规模不断扩大，州级财政投入和上级扶持资金有限的实际，通过制定更加有效的政策措施，推进银政、银企、银项合作，多方筹集建设资金，确保重点项目的实施。五是继续加强项目的论证储备。结合“十二五”规划，围绕大水利、大交通、大城市、大产业、大流通、大生态建设目标，研究提出一批符合国家和省产业发展方向的大项目、好项目，着力加大重点项目的前期投入和论证、储备工作。

（二）切实加大“三农”工作力度，推动农村经济全面发展

全面贯彻中央《关于加大统筹城乡发展力度，进一步夯实农业农村发展基础的若干意见》和省农村工作会议的精神，围绕农民增收、农业发展、农村繁荣的目标，着力抓好各项重点工作。一是着力推进重点项目建设。紧紧抓住水利部与省政府合作在楚雄州开展山区水利发展与改革示范区建设、国家烟草专卖局把楚雄州列为全国整县推进现代烟草农业建设试点和省加大中低产田地改造力度等难得机遇，积极推进禄丰等5县（市）整体推进现代烟草农业建设项目，加快中低产田地改造、中小型水源工程、病险水库除险加固、灌区节水改造、农村饮水安全、农村环境综合整治、农村公路建设、农村电网改造等项目建设，加快葡萄基地建设用地的开发整理。二是着力推进农业产业化进程。继续加大对重点农业龙头企业的扶持力度，大力发展和提升农民专业合作经济组织，加快现代烟草、木本油料、酿酒葡萄种植、畜禽养殖加工、蔬菜种植加工五大基地建设步伐，培强壮大烟草、林业、葡萄、畜牧、蔬菜五大特色农业产业，提高农业产业化经营水平。三是着力推进扶贫开发工程。坚持开发式扶贫方针，创新扶贫开发模式，积极探索移民式、产业式、劳务输出式等扶贫模式，提升农村“造血”能力。加大对整村推进、新农村建设、地震安居工程、农村危房改造、民族团结示范村、小额贷款等项目的整合力度，在积极推进农村水、电、路等基础设施建设和产业培植的同时，加大对改善住房等农民积极性高的项目的支持力度，加快贫困地区脱贫致富步伐。四是着力应对严重旱情。针对去年以来降雨减少，库塘蓄水锐减，旱情日趋严重的形势，全州上下要充分认识到2010年旱情的严酷性，牢固树立抗大旱、抗长旱的思想，加强领导，周密部署，精心组织，科学制定用水计划，把干旱对城乡生产生活的影响降到最低。

（三）积极应对经济环境的变化，着力保持工业经济稳步增长

把工业作为保增长的重点，密切关注经济环境的变化，坚持以结构调整为主线，以科技进步和体制创新为动力，以园区建设为平台，以重点项目为支撑，促进工业经济稳步发展。一是加大对重点产业项目建设的支持力度。加快推进楚雄卷烟厂搬迁技改、云冶集团钛资源开发、云铜集团在楚发展、昆钢钛材深加工、云白药药妆品种产业化、昆钢民用住宅钢结构配套生产线建设、天腾化工特种肥生产等一批重点项目，继续支持德钢实施节能减排项目，着力提升楚雄州工业经济的发展水平。二是提升园区的发展配套能力。加大投入，不断完善园区水、电、路和通信等基础设施，同时，积极探索园区建管企业化运作模式，鼓励和支持各类投资主体通过各种方式参与园区的建设和管理，推进标准厂房建设，提升园区的配套发展能力。三是转变工业发展方式。加大对各类企业技术创新、改造的支持力度，大力推动自主创新、产业升级、兼并重组，促进冶金化工、天然药业、食品加工、机电能源等优势产业集群发展。坚定不移地推进节能减排和资源综合利用，大力发展循环经济，推进清洁生产，促进工业发展方式的转变。四是加快高载能产业发展。依托资源优势，立足现有基础，以延长产业链培强高载能产业集群为目标，加快高载能产业持续、健康、有序发展，力争把楚雄州建设成为全省重要的高载能产业基地。五是着力解决企业发展的“瓶颈”问题。积极引导和支持金融机构、小额贷款公司针对中小企业贷款需求，创新贷款产品和放贷方式，加大对中小企业的贷款力度，着力帮助企业解决融资难的问题。继续加强土地、煤、电、油、运、水的协调保障工作，为企业发展创造宽松的环境。

（四）继续扩大消费市场需求，加快现代服务业发展

积极培育消费热点，拓展城乡消费空间，提高消费质量，加快发展现代服务业。一是抓住全省旅游“二次创业”的机遇，围绕建设昆楚、昆攀、南永三大文化旅游经济带，以打造楚雄精品环线为切入点，继续推进世界恐龙谷二期工程、中国彝族文化大观园、元谋东方人类祭祖坛、世界和平文化园旅游区、云南旅游产业城的开发建设工作，继续开发旅游新产品，推进产品优化转型，做大做强旅游产业。做好2012年世界茶花大会的筹备工作。二是加强现代物流业基础设施建设。加快楚雄农产品交易市场、云南南华野生菌特色物流加工出口基地建设项目、元谋农产品物流中心、大姚核桃市场建设步伐。三是深入挖掘城乡居民消费潜力。继续落实好鼓励家电、摩托车、汽车下乡各项政策，依托“万村千乡市场工程”、“双百市场工程”，加强农村流通体系建设，进一步挖掘农村市场消费潜力。充分发挥住房公积金个人贷款主渠道作用，促进商品性住房消费。加强引导，促进汽车消费。四是完善社区服务业、物业、家政、信息咨询等消费领域服务，进一步拓展消费空间。

（五）着力加强城镇建设，积极推进城乡一体化进程

以规划为龙头，整合城乡规划空间资源，促进生产要素聚集，着力加快城镇化步伐，推进城乡一体化进程。一是围绕“把楚雄市建设成为滇中特色大城市、把禄丰县建设成为中等城市和做大做优8个县城、做特旅游小镇”的目标，加快楚雄滇中特色大城市规划体系的编制工作，进一步完善县（市）规划和村镇体系规划。二是认真落实州委、州政府5次现场推进会精神，按照“高起点、高标准、高品位”的要求，突出民族

文化、生态园林、适宜人居三大特色，科学划分空间管制分区，加快推进楚雄市环城路、第二水厂、茶花谷、彝海公园等城镇项目建设，全面展开楚雄滇中特色大城市建设。三是坚持新区开发与旧城改造相结合，不断加大城市交通系统、综合管网、园林景观等城市基础设施建设力度，按规划拓展城市空间，完善城市功能，提高城镇的辐射和带动力。四是以创建“中国优秀旅游城市”为契机，不断加强城市管理综合执法，建立完善长效管理机制，加大环境综合治理力度，全面提高城市管理水平。五是着力加快县城、中心集镇及历史文化名镇（村）和旅游小镇建设，努力构建特色鲜明的新型城镇体系。

（六）继续推进改革开放，增强加快发展的活力

继续深化投融资体制改革，争取尽快发行15亿元的开投公司企业债券，继续支持村镇银行和小额贷款公司、担保公司发展壮大，加大对发行企业集合债券和上市工作的支持力度，全面放开投资领域，激活民间投资。着力推进行政管理体制改革，克期完成新一轮政府机构改革任务，规范政府机构设置，提高行政效能。推进医药卫生体制改革，扩大基本医疗卫生保障覆盖面，实施基本药物制度，完善基层医疗服务体系，促进基本公共卫生服务均等化。进一步推进农村综合改革，着力抓好集体林权制度主体改革扫尾工作，全力推进配套改革，加快中低产林改造，建立完善农村土地流转制度，推进水务体制改革和农村小型水利管理体制改革，继续深化科技、教育、文化体制改革。紧紧抓住区域合作向纵深发展和新一轮国际国内产业转移以及把云南建设成为中国面向西南开放的桥头堡的机遇，充分发挥我州环境、区位、交通等优势，进一步优化发展环境，完善招商引资责任制和激励机制，推动全民招商，打造好各类招商平台，创新招商引资方式，全面提升开放水平，加快产业转移承接基地的建设步伐。着力优化出口商品结构，扩大出口规模，提高经济发展的外向度。

（七）突出规划的导向作用，加快推进经济社会发展规划编制工作

围绕楚雄州实现科学发展新跨越的目标，全面把握国家和省中长期发展的战略重点，加快推进楚雄州经济社会发展重点领域规划。一是认真做好“十一五”规划末期评估工作。力争在2010年4月底形成“十一五”规划实施的综合评估报告。二是加快推进“十二五”规划编制工作。认真做好“十二五”规划6个重大课题的研究工作，按照做深总规划、做实专项规划的要求，更加重视项目对规划的支撑，集思广益，集中力量，高标准、高质量完成“十二五”规划纲要和24个专项规划的编制工作。三是启动楚北规划的实施工作。根据省对规划提出的修改意见，做好规划的修改完善，争取早日通过省级审查，并积极做好争取召开省政府楚北规划实施现场办公会的工作，以此推动楚北规划实施。四是做好楚南规划编制。按照“大交通、大生态、大旅游”的规划要求，与“十二五”同步推进楚南规划，力争年内完成规划编制工作。

（八）高度关注民生问题，加快推进和谐社会建设

着力改善民生，全力维护社会稳定，进一步加快“和谐彝州”创建步伐。扎实做好“两基”迎接国家检查工作，全力推进州职教园区建设，确保2010年州属中等职业学校全部迁入园区。继续推进中小学校舍安全工程建设和中小学布局调整优化工作，努力改善办学条件。加强科技创新能力建设和科普培训及知识产权保护，提高科技进步对经济增长的贡献率。完善公共文化服务体系，加强基层公共文化设施建设和文化遗产保护工作，加大文化市场建设力度。加快县市体育场馆建设，努力促进竞技体育与群众体育协调发展。继续抓好20户以上广播电视盲点自然村“村村通”工程建设。完善基层医疗卫生服务体系，抓好新型农村合作医疗工作、社区卫生服务建设和县级医院达标建设；建立健全疾病预防控制和卫生监督机制建设，提高应对突发公共卫生事件应急处置能力，高度重视甲型H_1N_1流感的防控工作。深入开展环境卫生综合治理，改善人居环境。抓好优生优育工作，继续稳定低生育水平，提高出生人口素质。做好就业创业工作，加强职业技能培训和公共就业服务，加强农民工职业技能培训，鼓励就地就近就业和返乡创业，加强对就业困难人员和零就业家庭的就业援助。进一步完善社会保障体系建设，有效扩大社会保障覆盖面，提高社会保障水平。切实加快廉租住房的建设步伐，进一步完善经济适用住房和廉租住房的管理办法。抓好防震减灾工作，全面完成“7·09”姚安地震恢复重建任务。切实做好水利水电工程移民后期扶持工作，确保库区和移民安置区经济发展、社会稳定。高度重视价格工作，进一步强化价格监测预警机制，健全市场调控体系，综合运用各种手段调控价格，积极稳妥地推进价格改革，加强对涉农、涉企收费和民生价格的监督检查，维护市场价格秩序，努力保持价格总水平基本稳定。认真开展“七彩云南保护行动”，推进生态州建设。高度重视抓好安全生产监管，消除重特大事故隐患。

各位代表，做好2010年的各项工作，任务艰巨，责任重大。但有省委、省政府对民族地区大力关心和支持，有州委的正确领导，州人大的工作监督、法律监督，州政协的民主监督和各族干部群众的团结拼搏，我们对克服前进道路上的各种困难和挑战，促进彝州加快发展、科学发展、和谐发展充满必胜信心。让我们以邓小平理论和“三个代表”重要思想为指导，全面贯彻落实科学发展观，统一思想，振奋精神，齐心协力，狠抓落实，为实现全年经济社会发展目标而努力奋斗！

楚雄彝族自治州2009年地方财政预算执行情况和2010年地方财政预算草案的报告

——在楚雄彝族自治州第十届人民代表大会第五次会议上

(2010年2月24日)

楚雄彝族自治州财政局

各位代表：

受州人民政府委托，现将楚雄彝族自治州2009年地方财政预算执行情况和2010年地方财政预算草案提请州第十届人民代表大会第五次会议审查，并请州政协委员提出意见。

一、2009年地方财政预算执行情况

2009年，在州委的正确领导和州人大及其常委会的依法监督支持下，全州各级各部门坚持以邓小平理论和"三个代表"重要思想为指导，以科学发展观为统领，全面贯彻落实中央和省的各项宏观调控政策，按照"保增长、保民生、保稳定"的要求，坚定信心，迎难而上，努力克服和战胜国际金融危机、"7·09"姚安地震等困难与挑战，全州经济社会实现平稳较快发展，财政收支在较为困难的情况下，完成地方财政总收入733014万元，比上年增长11.8%，完成地方财政一般预算支出910569万元，比上年增长30.0%，分别迈上70亿元和90亿元台阶，超额完成州十届人大四次会议批准的财政预算任务。

(一) 全州地方财政预算执行情况

2009年，全州地方财政一般预算收入完成255832万元，比年初预算数增加6119万元，增长2.5%，比上年决算数增加28820万元，增长12.7%。其中：税收收入完成209474万元，比上年决算数增长12.5%；非税收入完成46358万元，比上年决算数增长13.8%。地方财政一般预算支出完成910569万元，比年初预算数增加140099万元，增长18.2%，比上年决算数增加210142万元，增长30.0%。

全州地方财政一般预算平衡情况是：地方财政一般预算收入255832万元，转移性收入690272万元，上年结余收入41927万元，调入资金3808万元，收入总计991839万元。地方财政一般预算支出910569万元，转移性支出13049万元，年终结余68221万元，其中项目结余结转63634万元。结余结转资金的形成，主要是部分中央和省级专项转移支付补助下达较晚，部分项目跨年度实施，当年难以形成支出，需结转下年按规定用途使用。

全州地方财政基金预算收入完成99822万元，比年初预算数增加23291万元，增长30.4%，比上年决算数增加19111万元，增长23.7%；地方财政基金预算支出完成121361万元，比年初预算数增加17952万元，增长17.4%，比上年决算数增加36024万元，增长42.2%。

全州地方财政基金预算平衡情况是：地方财政基金预算收入99822万元，转移性收入19255万元，上年结余收入14866万元，收入总计133943万元。地方财政基金预算支出121361万元。收支相抵，年终滚存结余12582万元。结余资金的形成，主要是列收列支的土地出让金收入尚未结算相应成本费用和提取跨年度使用的专项基金。

(二) 州本级地方财政预算执行情况

2009年，州本级地方财政一般预算收入完成61024万元，比年初预算数增加712万元，增长1.2%，比上年决算数增加4024万元，增长7.1%。州本级地方财政一般预算支出完成128681万元，比年初预算数减少29563万元，下降18.7%，比上年决算数减少10033万元，下降7.2%。州本级地方财政一般预算支出下降的原因主要是：一是青山嘴水库建设已进入扫尾阶段，支出比上年减少7124万元。二是师院经费上划省级财政，州本级财政相应减少支出1516万元。三是随着财政国库集中支付制度改革的全面实施，省财政进一步规范财政专户管理和财政支出列报级次，由县级实施使用的财政资金原则上列报县级财政支出，相应将基本养老保险基金补助5004万元、退耕还林补助4175万元、农业综合开发支出5058万元等，由过去通过州级财政专户拨付县(市)变为直接下达县(市)并由县(市)财政列报支出。四是严格贯彻执行中央关于压缩公务用车购置及运行经费、出国(境)经费、公务接待费、会议费等规定，控制了支出。

州本级地方财政一般预算平衡情况是：地方财政一般预算收入61024万元，转移性收入715732万元，上年结余收入22401万元，调入资金3130万元，收入总计802287万元。地方财政一般预算支出128681万元，转移性支出629976万元。收支相抵，年终滚存结余43630万元，其中项目结余结转

40441万元。主要是由于部分中央和省级专项资金预算下达较晚和少数项目跨年度实施形成结余结转。

州本级地方财政基金预算收入完成11669万元，比年初预算数增加5544万元，增长90.5%，比上年决算数增加382万元，增长3.4%；州本级地方财政基金预算支出完成10161万元，比年初预算数减少2331万元，下降18.7%，比上年决算数增加5498万元，增长117.9%。

州本级地方财政基金预算平衡情况是：地方财政基金预算收入11669万元，转移性收入19255万元，上年结余收入10377万元，收入总计41301万元。地方财政基金预算支出10161万元，转移性支出23328万元。收支相抵，年终滚存结余7812万元，主要为提取跨年度实施的专项基金。

以上均为州内决算数，待省财政厅批复我州年度财政决算后，部分数据会有所变化，届时再向州人大常委会报告。

二、2009年全州财政工作情况

由于受国际金融危机影响不断加深、工业企业开工不足、国家实施一系列减收增支政策和物价持续走低等多重因素的影响，2009年是进入新世纪以来，楚雄州财政形势最为复杂和困难的一年。面对严峻的形势，全州各级财税部门坚决贯彻落实积极财政政策，依法强化收入征管，科学安排支出预算，全面加强财政监管，继续深化财税改革，全州财政保障能力进一步增强，财政资金使用效益明显提高，财税职能作用充分发挥，有力地支持和保障了全州经济发展与社会稳定和谐。

（一）坚决贯彻积极财政政策，全力促进经济发展

2008年底以来，面对国际金融危机的严峻挑战，全州各级财税部门坚定不移地把全面贯彻落实积极财政政策作为一项十分紧迫而重要的政治任务来抓。一是全力抓好扩大内需政策落实。2009年初，州财政在2008年底追加1000万元的基础上，又安排了3000万元项目前期工作经费，支持各级各部门扎实做好项目前期工作，积极争取扩大内需项目。1~4批中央扩大内需通过州财政下达楚雄州项目413个，投资计划186266万元，其中中央财政投资99415万元、省财政配套14067万元、州财政配套9545万元、县（市）财政配套22522万元，州县财政承担的资金已全部配套落实到位，确保了项目顺利实施，对全州经济发展起到了重要拉动作用。二是认真落实“家电下乡”、“汽车摩托车下乡”政策。共兑付家电下乡补贴829万元，兑付率为98%，在全省排名第3位，兑付汽车摩托车下乡补贴4077万元，兑付率为100%，两项补贴政策的实施共拉动销售47926万元，在确保农民得到实惠的同时，有效刺激了农村消费。三是大力支持企业走出发展困境。全面贯彻落实增值税转型改革和各项税费减免政策，全年共减免企业税收49977万元，切实减轻企业负担，改善企业发展环境；州财政安排下达工业结构调整扶持资金3000万元，比上年增加2000万元，对技改投资较大和纳税增幅较高的企业实行以奖代补和贴息。同时，积极争取省以上财政企业扶持资金1.25亿元，支持企业走出困境。四是积极做好金融协调服务工作。支持成立了富滇银行楚雄分行、禄丰村镇银行和4家小额贷款公司；通过盘活和划拨州级现有行政事业单位资产产权，壮大州开发投资公司融资能力；完成政府融资12.6亿元，有力地支持了小（一）型水库、州职教中心、州人民医院新区等一批重点项目建设；把住房公积金贷款额度提高至40万元，并允许提取个人当年公积金余额用于还贷付息，促进房地产业发展。五是加快财政支出进度。科学编制预算，实行“文件不过夜”，规定预算下达时限，加大县市往来款资金调度力度，按工程进度提前拨付资金，努力加快财政支出，增强财政支出的均衡性。通过抓支出进度，促进经济增长和财政增收。

（二）千方百计组织收入，进一步增强财政保障能力

牢固树立“越是困难时期，越要强化收入组织，越要增强财力保障”的思想，果断采取一系列措施，扭转财政收入下滑势头，争取上级支持，增强财政保障能力。一是明确落实收入责任。年初，在深入细致分析测算各项税费政策调整对财政收入影响的基础上，科学合理编制2009年收入预算。州人民政府及时把人代会批准的收入任务分解到各征收部门和10县（市），把任务目标落到实处。二是抓细抓实税收征管。面对严峻的收入形势，税务部门切实加强税收征管，强化税务稽查，通过对全州税源进行拉网式清查、推行“一窗通办”综合便民服务等措施，确保税款及时足额清缴入库。财税部门通力协作，强化征管合力，坚持每月召开一次财税运行分析会，及时跟踪收入动态，发现并解决收入组织中出现的各种问题，多次联合深入企业调研，帮助企业解决实际困难，强化重点税源监管，做到应收尽收。三是加强非税收入征管。下发实施《楚雄州人民政府关于明确州本级非税收入缓减免审批管理程序有关事项的通知》，进一步理顺非税收入征管体制，对州级执收单位的非税收缴和财政票据管理使用情况开展全面集中稽查，促进非税收入征缴。四是多方争取上级支持。积极向上级反映楚雄州财政困难，通过各级各部门的共同努力，共争取上级财政各项转移支付资金612966万元（未含直汇资金85308万元），比上年增加181835万元，增长42.2%。同时，多次到省政府和省财政厅、省国税局、红塔集团等部门和单位汇报协商，反映红塔集团二次重组财政利益分配问题，争取到红塔集团二次重组给予楚雄州0.4个百分点的税收利益照顾，当年增加地方财政总收入6802万元。

（三）科学安排预算支出，大幅增加民生投入

按照公共财政建设要求，坚持“有保有压”的方针，科学合理安排预算支出，做到既全面保障各项重点支出，又确保财政收支平衡。一是确保人员工资发放和机构运转。合理安排基本支出，保障行政事业单位人员工资发放和机构正常运转。筹集资金2.28亿元，及时兑现全州中小学教师绩效工资，增加退休教师生活补贴；10月1日起，对其他事业单位在职职工和退休人员每人每月增发300元临时补贴。二是进一步加大“三农”投入，扎实推进社会主义新农村建设。全州财政支农支出362066万元，同比增长20.8%，通过州政府信用合作统贷统还

贷款安排农村公路、小（一）型水库除险加固建设等农业投入24836万元。完成中低产田改造5.35万亩，兴建“五小水利”工程2万件，解决了25.5万农村人口的饮水安全问题，治理水土流失面积560平方公里，组织实施整村推进项目611个。投入农业产业化资金2577万元，支持了核桃、葡萄、蔬菜和畜牧等优势特色农产业发展。及时足额兑现粮食直补、农资综合直补和生态效益补偿等18项惠农补贴政策，共兑现资金89066万元，增长24.7%，全州农民人均获得补贴402元，增加了农民收入，调动了农民发展生产、参与新农村建设的积极性。三是大幅增加民生投入，切实加快和谐彝州构建步伐。完成教育支出149570万元，增长27.7%，州政府贷款融资累计投入州职教中心建设资金41000万元、投入中小学校舍安全工程建设26013万元。进一步提高了中小学公用经费保障水平，完成农村中小学校D级危房改造14.6万平方米。完成医疗卫生支出92391万元，增长54.7%。实施了一批县乡卫生院和村卫生室建设，提高和增加乡村卫生院（所）和城市社区医疗服务经费。全州参加新型农村合作医疗保险的人数达到205.51万人，参保率为92.5%。完成文化体育与传媒支出10896万元。建设了一批乡村文化活动室和61个乡文化站设备配套，完成1796个广播电视“村村通”工程。完成社会保障和就业支出178361万元，增长41.9%。全州参加城镇职工基本医疗保险、城镇居民基本医疗保险的人数分别达到20.84万人和17.81万人，参保率达99%和100%；纳入城市“低保”和农村“低保”的人数分别达到7.15万人和12.9万人；确保了全州企业离退休职工待遇及时足额支付；对31366名80岁以上老人发放健康和长寿生活补贴；制定实施《楚雄州创业人员小额担保贷款实施办法》，发放创业小额担保贷款1915笔，资金9498万元，累计拨付财政贴息资金209万元；发放廉租住房补贴672万元，惠及住户3978户。四是认真做好“7·09”姚安地震抗震救灾和灾后恢复重建资金保障。中央、省、州共安排下达救灾恢复重建资金51405万元，帮助灾区群众战胜困难，恢复生产，重建家园。五是积极支持公共安全体系建设。完成公共安全支出47512万元，增长44.7%，提高政法部门公用经费定额标准，改善公检法系统的装备和办案条件，实施政法系统经费保障体制改革，支持基层政权和“平安楚雄”建设。六是严格控制一般性支出，努力推进节约型机关建设。认真贯彻执行中央关于厉行节约的相关规定，努力压缩公务用车购置及运行经费、出国（境）经费、公务接待费和会议费。全州一般公共服务支出129811万元，增长8.8%，增幅比上年回落7.6个百分点，低于地方财政一般预算支出增幅21.2个百分点。

（四）深化财税改革，提高财政科学化精细化管理水平

开拓进取，锐意创新，坚持用改革的办法破解发展中遇到的困难和问题。一是认真贯彻落实增值税转型改革、调高小规模纳税人起征点、降低中小企业所得税税率、取消和停止征收国家规定的100项和云南省规定的12项行政事业性收费等政策。二是不断完善一般性转移支付补助办法。坚持“公平与效率”的原则，鼓励保护发展快的县（市），照顾保障困难大的县，调整完善州对县（市）转移支付办法，增加财政困难县补助。州对困难县一般性转移支付补助增至7192万元，增长248%，增强了县乡财政保障能力。三是继续深化部门预算改革。全州1463个单位纳入部门预算编制，按照科学化和精细化的要求，细化了基本支出分类分档标准，规范了常规办公用品购置标准。四是深化国库管理制度改革。在州级全面实行了预算内外资金国库集中支付和公务卡结算制度，全州有664个部门1184个预算单位纳入改革，财政国库直接支付和授权支付资金547806万元，占地方财政一般预算支出的60.2%；发行公务卡3383张，较上年增加3097张。五是制定实施了《楚雄州实施〈云南省乡镇财政预算管理方式改革实施细则〉若干问题的意见》，稳步推进乡镇财政预算管理方式改革；积极研究制定《楚雄州县域经济合作税收利益分享实施细则》，努力探索扶持县域经济发展新机制。六是不断完善政府采购监管制度。扩大政府采购范围，着力推行信息公开，构建公平竞争平台，完成采购金额23480万元，较预算节约资金2467万元，节约率为9.51%。七是扎实开展村级公益事业建设“一事一议”财政奖补工作。完成761个自然村“一事一议”财政奖补项目建设，硬化村内主干道路1643条549公里，完成投资16634万元，受益农户5.59万户22.8万人。楚雄州的试点工作荣获全省考核评比第一名，并得到了中央农办、国务院农村综合改革办和省人民政府的肯定。孔垂柱副省长批示：楚雄州行动快、措施硬，抢时间、抓机遇的做法很好，值得充分肯定；利用中央和省支持农村公益事业建设的机遇，切实抓住农闲旱季施工的有利时机，创造条件，促进农村村内户外环境及条件的改善是为民着想、替民解难的具体行动，值得各地学习借鉴。八是全面启动实施村级会计委托代理服务。全州103个乡（镇）全部成立了村级会计代理服务机构，1091个村（居）委会、8931个村民小组纳入村级会计代理服务代管集体资金95528万元，规范了村级财务管理，夯实了农村经济基础。

（五）加强财政监管，确保财政资金安全高效运转

强化基础，狠抓根本，全面提升财政监督管理水平。一是坚持依法理财，严格执行《预算法》，强化和规范预算约束，依法接受人大监督，严格支出预算追加审批程序，千方百计确保财政收支平衡。同时，高度重视并认真整改审计部门提出的意见建议。二是切实加强财政资金安全管理。下发实施了《楚雄州财政局关于进一步加强财政资金安全管理的意见》，对县乡财政部门人员配备、岗位设置、会计帐套、会计制度、账户开设、印鉴与票据管理、定期对帐、内控制度和信息系统等作统一明确规定；开展财政资金安全管理检查，清理撤销账户188个，减少帐套173套，处理沉淀资金3921万元，财政管理更加规范，财政资金安全得到保障。三是对扩大内需项目和“7·09”姚安地震恢复建设等重点项目资金进行了专项检查，确保财政资金安全、高效使用。2009年，各县（市）累计欠拨上级财政专款由2008年的17931万元减少至10151万元，减

少7780万元。四是充分发挥财政监管职能。全面加强财政票据、国有土地出让金、彩票公益金、住房公积金等资金的监管。五是规范和强化债务的审批和日常监管。实行预算科与具体科室政府债务双重建帐建档管理，确保债务“数量清、去向明、可知可控”。对政府股权，由国库总会计建帐建档，防止流失。积极筹集安排偿债准备金28135万元，及时安排拨付财政资金27544万元用于还本付息保持了政府良好的偿债信誉。六是强化国有资产监管。制定实施了《中共楚雄州委 楚雄州人民政府关于加强国有资产管理工作的意见》，进一步健全国资监管机构，理顺国资监管职能，加大国有资产监管力度，确保国有资产保值增值。2009年末，州级监管的10户企业国有资本总额由年初的112652万元增加至116643万元，保值增值率为103.54%；完成了州级国有资产产权划拨州开发投资公司工作，共划拨资产128016万元。七是全面推进法制财政、责任财政和阳光财政建设。不断完善财政管理制度，扩大财政信息公开，公开服务承诺，自觉接受社会监督，定期向州人大报告工作，认真负责地做好人大代表建议、意见和政协委员提案办理工作。

总结回顾2009年的财政工作，虽然取得了一定成绩，但也应当清醒地看到，全州财政运行中仍然存在一些困难和问题：一是财源结构单一，财政快速增收的后劲不足。“两烟”收入占地方财政总收入的59.9%，“两烟”收入增量占地方财政总收入增量的65.3%，财政增收对“两烟”的依赖程度进一步凸现。与此同时，由于受国际金融危机的冲击和影响，冶金矿产业税收急剧减少，导致全州财政增收极为困难，甚至出现连续几个月的负增长。从今后情况看，“两烟”收入增长空间有限，国际金融危机对冶金矿产业的冲击和影响短期之内难以消除，财政快速增收的后劲不足。二是财政收入结构不尽合理，财政自给能力低。地方财政一般预算收入仅占地方财政总收入的34.9%；非税收入占地方财政一般预算收入的18.1%，有的县非税收入占到了地方财政一般预算收入的一半以上；全州地方财政一般预算收入仅占地方财政一般预算支出的28.1%，有71.9%的财政支出需要靠上级补助来解决。三是刚性财政支出增长较快，收支矛盾突出。随着公共财政建设的推进和实施积极的财政政策，工资性和民生等刚性支出迅猛增长，扩大内需配套及政府性债务增加，建设及偿债利息支出也不断快速增长，财政收支矛盾异常突出。四是预算约束力不强，财政资金使用效率有待提高。少数县和单位“平衡”意识与节俭意识较弱，超出财力新增和追加支出预算的现象时有发生，专项活动及大额工作经费仍然较多，形成挤占或欠拨上级专款。少数县和单位财政资金管理水平较低，使用效率不高；有的项目由于前期工作准备不充分，导致迟迟不能开工或进度缓慢，造成一方面有的项目没有资金投入，另一方面有的项目却有钱用不出去，降低了财政资金使用效益。对于这些问题，我们将以继续深入学习实践科学发展观为动力，坚持用发展和改革的办法认真加以克服和解决。

三、2010年地方财政预算草案

2010年，楚雄州财政发展机遇与挑战并存，希望与困难同在。有利因素包括：一是中央继续实施积极的财政政策和适度宽松的货币政策，正在制定新一轮实施西部大开发战略，不断加强对民族地区发展的扶持，省委、省政府已把楚雄州纳入滇中城市经济圈进行规划发展，这些都为楚雄州继续争取中央和省的资金支持，加快科学发展提供了良好的环境和条件。二是2010年全州GDP增长10%以上，固定资产投资增长25%以上，社会消费品零售总额增长18%，为财政增收奠定了基础。三是2010年红塔集团预计税利增长7.2%左右，全州从中分享的税收利益也会随之增加。不利因素包括：一是全球经济回升的基础比较脆弱，需求不足的问题仍较突出，通胀预期不断加剧，外需恢复艰难，部分行业过剩产能增加，经济形势更加复杂和不确定。二是财政收入减收因素较多。2009年丰产烟将抵2010年的收购计划，收购单价不再提高，烟叶税预计减收1300万元左右；2009年路桥四公司一次性入库多年欠缴的企业所得税3481万元，2010年无此项收入；结构性减税政策，工业企业增值税设备购置进项税抵扣，形成企业增加值和销售收入增加，但不能带来相应的税收增加；红塔集团税价改革，增值税转移为消费税，2009年从5月1日起执行，2010年从1月1日执行，将导致烟厂增值税翘尾减收。三是支出压力进一步加大。2009年扩内需、保增长中出台的许多增支政策在今年仍需保持投入，事业单位绩效工资改革和乡（镇）及其以下医改全面实施，即将出台的一系列民生和扩大内需政策也需要大量的财政资金作保障，加之政府贷款规模进一步扩大，到期本金和利息增多，财政支出的压力进一步加大。全州财政收支矛盾比较突出，收支平衡难度仍然很大。

基于全州财政形势，2010年楚雄州财政预算编制工作的总体思路是：高举中国特色社会主义伟大旗帜，以邓小平理论和“三个代表”重要思想为指导，深入贯彻落实科学发展观，全面贯彻落实党的十七大、十七届四中全会、中央经济工作会、全省财税工作会和州委七届七次全会精神，继续狠抓积极财政政策落实，推进财税制度改革；优化财政支出结构，促进经济增长，加快结构调整，推动县域经济协调发展，切实保障和改善民生；坚持统筹兼顾、增收节支的方针，推进财政科学化精细化管理，控制一般性支出，提高财政资金使用效益，促进全州经济平稳较快发展和社会安定和谐。

（一）全州地方财政预算草案

2010年，全州地方财政一般预算收入安排276330万元，比上年决算数增加20498万元，增长8.0%。地方财政一般预算支出安排983415万元，比上年决算数增加72846万元，增长8.0%。

全州地方财政一般预算平衡情况是：地方财政一般预算收入276330万元，转移性收入648857万元，上年结余收入68221万元，调入资金6556万元，收入总计999964万元。地方财政一般预算支出983415万元，转移性支出13740万元。收支相抵，年终滚存结余2809万元。

全州地方财政基金预算收入安排77221万元，比上年决算数减少22601万元，下降22.6%。地方财政基金预算支出安排99667万元，比上年决算数减少21694万元，下降17.9%。

全州地方财政基金预算平衡情况是：地方财政基金预算收入77221万元，转移性收入21026万元，上年结余收入12582万元，收入总计110829万元。地方财政基金预算支出99667万元，调出资金4000万元。收支相抵，年终滚存结余7162万元。

（二）州本级地方财政预算草案

2010年，州本级财政一般预算收入安排62967万元，比上年决算数增加1943万元，增长3.2%；地方财政一般预算支出安排138975万元，比上年决算数增加10294万元，增长8.0%。

州本级地方财政一般预算平衡情况是：地方财政一般预算收入62967万元，转移性收入672630万元，上年结余收入43630万元，调入资金1200万元，收入总计780427万元。地方财政一般预算支出138975万元，转移性支出640872万元。收支相抵，年终滚存结余580万元。

州本级地方财政基金预算收入安排7177万元，比上年决算数减少4492万元，下降38.5%。地方财政基金预算支出安排7657万元，比上年决算数减少2504万元，下降24.6%。

州本级地方财政基金预算平衡情况是：地方财政基金预算收入7177万元，转移性收入21026万元，上年结余收入7812万元，收入总计36015万元。地方财政基金预算支出7657万元，转移性支出22649万元。收支相抵，年终滚存结余5709万元。

2010年，全州财政地方一般预算收入和支出增幅均按增长8.0%安排，已充分考虑了影响财政收支的各种因素，是按照积极稳妥、全面完整、量入为出、确保平衡的原则来安排的，充分体现了有保有压、统筹兼顾、确保民生、力保重点、支持改革与发展和扩大内需的方针。

四、2010年主要财政工作及措施

2010年是“十一五”规划的最后一年，做好2010年的财政工作，对于进一步有效应对国际金融危机、巩固经济回升基础、全面完成好“十一五”财政发展目标、打好“十二五”财政发展基础具有十分重要的意义。全州各级财税部门将以深入学习实践科学发展观为动力，继续抓好积极财政政策落实，注重处理好保持经济平稳较快发展与调整经济结构、防止通货膨胀的关系，着力提高生财、聚财和理财能力，全力支持全州经济社会持续稳定协调发展。

（一）继续抢抓积极财政政策机遇，打牢经济发展基础

坚持发展第一要务，牢牢抓住中央继续实施积极财政政策和适度宽松货币政策机遇，继续把支持项目建设、推动固定资产投资较快增长作为财政促进经济发展的重要措施来抓。一是继续支持做好项目前期工作。加大项目前期工作经费安排力度，支持各级各部门抓准中央项目投向，做细、做实、做精项目前期工作，争取上级更多支持，促使项目争得来、实施快、见效早。二是着力保障重点。通过调整支出结构、拓宽政府信贷融资渠道等措施，多方筹集资金，努力支持中央、省新增扩大内需投资项目地方配套和州委、州政府确定的20个重大建设项目、20项重要工作和20个重大前期项目的资金需要。三是进一步做好融资服务工作。树立“财政保吃饭，发展靠融资”的理念，充分发挥财政杠杆作用，支持各级各部门加强政府信用合作，加大招商引资力度，吸引更多银行资金和社会资金投入到全州的经济发展和项目建设中来。四是进一步加快财政支出进度。强化财政支出管理，确保按照序时进度和工程进度供应资金，增强资金供应的时效性；强化项目资金管理，杜绝资金截留、挤占、挪用等现象；加强资金调度，确保重点项目和重点工程不因资金问题受影响。

（二）加大企业扶持力度，积极培植财源

企业是财政收入的主要源泉和载体，企业活则财源丰。要以骨干企业为核心，以优势资源为纽带，以名牌产品为龙头，集中力量支持和扶植一批重点企业做大做强，牵引、带动相关产业发展，增强财政增收后劲。一是全面落实结构性减税政策。巩固增值税转型以及成品油价格和税费改革成果，认真落实已出台的税收优惠政策，以及取消和停止征收的行政事业性收费等政策，切实减轻企业负担，营造企业良好发展环境，帮助企业及早度过金融危机难关。二是加大资金扶持力度。通过争取上级支持、加大州县财政投入、协调金融部门扶持、吸引社会资金参与等方式，形成企业发展多元扶持机制，积极探索实施项目资本金制度和对中小企业的扶持方式由财政贴息改为提供担保费等办法，着力帮助中小企业破解融资难题。三是推进科技创新和节能减排。继续安排工业结构调整扶持资金，增加促进科技创新和科技成果转化投入，推进企业技术改造，支持高效节能产品推广、可再生能源利用、节能减排工程建设，促进发展方式转变。四是加快产业结构调整。扶持重点产业发展，巩固提升烟草、冶金矿产等支柱产业。同时，切实加大对绿色食品、生物产业等绿色产业和以文化旅游为主的现代服务业扶持力度，大力培育新的经济增长点和财税增收点。五是促进县域经济协调发展。认真抓好《楚雄州县域经济合作利益分享指导意见》和《楚雄州县域经济合作税收利益分享实施细则》的实施，推动优质资源向优势企业聚集、优势企业向优势区域集中，加快资源整合，优化生产力布局，培强壮大我州优势特色产业，促进县域经济协调健康发展。

（三）继续采取有力措施，确保完成收入预算

一是科学编制收入预算。坚持实事求是、积极稳妥和与2010年全州国内生产总值等经济社会主要增长指标相适应的原则，科学合理地编制2010年收入预算，提高收入预算编制的科学性和准确性。二是强化税源监管，应收尽收。在全面贯彻落实各项税费减免政策的基础上，坚持依法征管，既监控重点税源，确保重点税源及时足额入库，又抓大不放小，对全州中小企业进行摸底排查，规范财务管理，健全账务，拓宽征收范围，强化对零散税、小税种的征收，聚少成多，应收尽收。三

是加强税源分析和部门配合。及时跟踪分析税源动态，发现征管工作中存在的薄弱环节和问题，进而采取有针对性的收入组织措施；加强部门配合，实现信息交流和部门协作，推进财税库银电子缴库横向联网，降低征收成本，提高征收效能，堵塞征收漏洞；严厉打击偷税漏税，坚决制止和纠正越权减免和乱收乱罚等行为。四是加强非税收入征管。严格落实收支两条线管理规定，执行收缴分离，规范票据管理，实行票款同步，加大督查力度，完善约束机制，确保非税收入及时入库。五是优化收入结构，提高收入质量。强化税收收入主渠道作用，努力提高地方一般预算收入占地方财政总收入的比重和税收收入占一般预算收入的比重。

（四）调整优化支出结构，着力保障和改善民生

一是加大支农投入，推动城乡协调发展。加大农业基础设施建设和农业综合开发投入力度，促进农业生产结构调整，提高农业综合生产能力。进一步落实好粮食直补、农资综合补贴、良种补贴、农机具购置补贴等涉农补贴政策，增加农民收入，提高农民生产积极性。及时兑现“家电下乡”、“汽车摩托车下乡”补贴，继续推动农村流通体系建设，繁荣和发展农村消费品市场。继续增加对农村教育、医疗卫生、社会保障、环境保护等方面的投入，加快农村社会事业发展。深化农村综合改革，逐步建立村级组织运转经费保障机制，继续抓好村级公益事业建设一事一议财政奖补试点工作，积极稳妥化解乡村债务。二是增加教育投入，继续支持义务教育经费保障机制改革，稳步实施中小学校舍安全工程，完善助学体系，确保贫困家庭学生助学资金落实到位。三是增加医疗卫生投入，加快公共卫生体系建设，促进新型农村合作医疗、城镇居民基本医疗保险、城乡医疗救助等制度的建立和完善，推进医药卫生体制改革。四是增加社会保障投入，提高企业退休人员基本养老金补助水平，切实保障失业人员、城乡低收入群体、农村困难群众、优抚对象等的基本生活，支持开展新型农村社会养老保险试点。安排好各项就业补助资金，加大对高校毕业生、农民工、困难群体就业的支持力度。支持义务教育学校、公共卫生、基层医疗卫生事业单位实施绩效工资。五是积极推行行政成本控制制度，继续从严控制一般性支出。加强部门预算约束，从严控制机构编制和财政供养人员，坚持机构编制与经费预算相衔接，严格依照定员定额等标准编制、核定单位人员和公用经费支出预算，加强项目评估、论证，整合财政资源，防止重复建设和损失浪费。继续实行公务用车购置经费和出国（境）经费零增长，将会议、庆典、论坛、专项活动、会议和出省考察等经费压缩20%。州级除党代会、人代会和政协会外的会议，一律不发文件包（袋）、笔记本、书写笔，充分利用电子信息网络和视频会议系统，应用电子政务，提高效率，降低成本。严格控制党政机关办公楼等楼堂馆所建设，严禁超面积、超标准装修，切实降低行政成本，扎实开展效能财政建设。

（五）推进财税改革，进一步提高财政管理水平

一是认真实施税费制度改革。按照“简税制、宽税基、低税率、严征管”原则，继续深化税收制度改革。统一内外资企业和个人的城建税、教育费附加制度，改革完善资源税制度，完善消费税制度，抓好增值税转型、成品油价格和税费改革后续工作；全面推进矿产资源有偿使用制度改革，健全排污权有偿取得和交易制度，建立完善生态环境补偿机制；加强非税收入管理，按照“正税清费”原则，全面规范各类非税收入，建立健全非税收入政策体系。二是完善财政体制改革。在总结“十一五”财政体制的基础上，围绕推进基本公共服务均等化和主体功能区建设，健全财力与事权相匹配的体制要求，调研制定“十二五”财政体制。完善财政转移支付制度，加大一般性转移支付力度，增强县乡政府提供基本公共服务的能力。加强对县级转移支付资金使用监督和绩效评价，完善对县转移支付补助与欠拨专款、民生支出等重点支出保障情况的挂钩考核。三是规范和完善政府预算体系。加强调研指导，规范和完善公共财政预算、政府性基金预算，提高预算分配的科学性、准确性。积极探索国有资本经营预算、社会保障预算编制工作，逐步建立有机衔接的政府预算体系。四是认真实施科学化精细化管理，完善部门预算制度。健全部门预算责任，增强部门和基层预算单位的编制执行主体责任。细化预算编制内容，建立和完善基本支出和项目支出标准体系，促进预算分配规范、透明、公开、公平。制定行政事业单位资产配置标准。建立重大项目支出预算事前评审机制，使项目预算做到实、细、准。加强支出绩效评价，建立和完善绩效评价跟踪问效机制，积极推动绩效评价结果公开。五是建立健全财政国库管理制度。完善国库单一账户体系，全面推行国库集中支付和国库集中收缴改革，建立健全一体化的预算执行动态监控机制；全面推进公务卡改革和实施财税库银税收收入电子缴库横向联网；加快金财工程建设，推进财政管理信息化。六是推进财政法制建设，提高财政监管水平。认真执行《楚雄州财政局关于进一步加强财政资金安全管理的意见》，强化会计基础工作和监督，确保账务核算规范有序；继续抓好村级会计委托代理服务工作；推进行政事业单位经营性资产管理改革；对部分单位财务会计与资金使用、扩大内需、产业发展投入和民生等重点项目的资金使用，开展检查监督和绩效评价，并将绩效评价结果与预算安排、转移支付补助挂钩，促进财政资金使用效益的提高。七是加强调查研究，提前谋划，调研编制“十二五”州县财政发展规划。

各位代表，2010年是楚雄州经济社会发展的关键之年，也是充满机遇和挑战的一年，财政工作保运转、保民生和促发展的任务相当繁重。全州各级财税部门将在州委的坚强领导下，在州人大、州政协、州纪委，以及社会各界的有力监督和支持下，以高度的政治责任感、扎实的工作作风，全力以赴抓好各项财税工作，为开创彝州改革开放新局面，建设经济发展、文化繁荣、生态良好、活力涌现、和谐平安的楚雄做出新的更大贡献。

楚雄彝族自治州人民代表大会常务委员会议事规则

（2009年4月29日楚雄彝族自治州第十届人民代表大会常务委员会第十五次会议通过）

第一章　总　则

第一条　为使楚雄彝族自治州人民代表大会常务委员会（以下简称常务委员会）工作制度化、规范化，提高议事效率，依法行使职权，根据《中华人民共和国宪法》、《中华人民共和国地方各级人民代表大会和地方各级人民政府组织法》、《中华人民共和国民族区域自治法》、《中华人民共和国各级人民代表大会常务委员会监督法》的有关规定，结合本常务委员会工作的实际，制定本规则。

第二条　常务委员会审议议案、决定问题，实行民主集中制原则，充分发扬民主，严格依法办事，集体行使职权。

第二章　会议的召开

第三条　常务委员会会议，每两个月至少举行一次；必要时可以临时召集会议。

常务委员会会议由主任召集并主持。主任可以委托副主任主持会议。

第四条　常务委员会会议必须有常务委员会全体组成人员的过半数出席，才能举行。

第五条　常务委员会会议议程草案和日程安排，由常务委员会主任会议拟定，提请常务委员会全体会议通过。

第六条　常务委员会举行会议，应当在会议举行七日以前，将开会日期、建议会议审议的主要事项，通知常务委员会组成人员和列席人员；临时召集的会议，可以临时通知。

第七条　常务委员会举行会议时，州人民政府、州中级人民法院、州人民检察院的负责人列席会议。

常务委员会副秘书长，常务委员会各工作机构、办事机构负责人及有关人员列席会议。

各县（市）人大常委会主任或者副主任一人和有关人员列席会议；邀请本辖区内部分全国和省人大代表及部分州人大代表列席会议；批准部分公民旁听会议。

根据会议审议的事项，可以通知州人民政府有关部门或者其他部门主要负责人列席会议。

列席常务委员会会议的人员有发言权，但无表决权。

第八条　常务委员会举行会议时，召开全体会议、分组会议，根据需要可以召开联组会议。

第九条　常务委员会分组会议或者联组会议对议案或者专项工作报告进行审议时，应当通知有关部门负责人到会，听取意见，回答询问。

第十条　常务委员会会议本着便于了解情况和方便审议议题的原则编组，编组名单由常务委员会秘书长确定。

每组设两名召集人，召集人应为常务委员会委员，适时进行轮换，召集人名单由主任会议确定。

第十一条　常务委员会举行会议时，常务委员会组成人员除因病或者其他特殊原因获准请假的以外，必须按时出席会议。

第十二条　常务委员会会议，一般采用公开形式，允许新闻单位采访并报道。会议通过的决议、决定、人事任免名单，应当公开发表。

第三章　议案的提出和审议

第十三条　主任会议可以向常务委员会提出属于常务委员会职权范围内的议案，由常务委员会会议审议。

州人民政府、州中级人民法院、州人民检察院可以向常务委员会提出属于常务委员会职权范围内的议案，由主任会议决定提请常务委员会会议审议。

常务委员会组成人员五人以上联名，可以向常务委员会提出属于常务委员会职权范围内的议案，由主任会议决定是否提请常务委员会会议审议，或者先交常务委员会有关的工作机构审议、提出报告，再决定是否提请常务委员会会议审议；不提请常务委员会会议审议的，应当向常务委员会会议报告或者向提案人说明。

第十四条　主任会议根据工作需要，可以委托常务委员会的工作机构、办事机构代常务委员会拟订议案草案，并向常务委员会会议作说明。

第十五条　对列入常务委员会会议议程的议案，提议案的机关，联名提议案的委员应当提供有关资料。

对任免案，提请任免的机关应当介绍被任免人员的基本情况，说明任免理由，提供考核材料；必要时，有关负责人应当到会回答询问。

第十六条　常务委员会全体会议听取关于议案的说明。

常务委员会全体会议听取议案说明后，由分组会议进行审议。

第十七条　列入州人民代表大会审议的地方性法规案，须经常务委员会会议审议后，方可提请州人民代表大会审议。

制定常务委员会工作规范性文件，经常务委员会会议审议通过后，发布实施。

第十八条 提议案的机关的负责人，可以在常务委员会全体会议、联组会议上对议案作补充说明。

第十九条 列入常务委员会会议议程的议案，在交付表决前，提案人要求撤回的，经主任会议同意，对该议案的审议即行终止。

第二十条 列入常务委员会会议议程的议案，在审议中有重大问题需要进一步研究的，经主任会议提出，全体会议同意，可以暂不付表决，交常委会工作机构和办事机构进一步调研、修改，提出审议报告，由主任会议决定，再提请常务委员会会议表决。

第四章 听取和审议专项工作报告

第二十一条 常务委员会全体会议听取州人民政府和州中级人民法院、州人民检察院向常务委员会的专项工作报告。

专项工作报告由州人民政府、州中级人民法院或者州人民检察院的负责人向常务委员会报告，州人民政府也可以委托有关部门主要负责人向常务委员会报告。

第二十二条 常务委员会全体会议听取专项工作报告后，如果多数组成人员对专项工作报告不满意，经常务委员会会议决定，须重新作书面或者口头报告。

第二十三条 常务委员会全体会议听取专项工作报告后，可以由分组会议和联组会议进行审议。

第二十四条 常务委员会组成人员对专项工作报告的审议意见交由州人民政府、州中级人民法院或者州人民检察院研究处理。州人民政府、州中级人民法院或者州人民检察院应当将研究处理情况由其办事机构送交常务委员会有关工作机构征求意见后，向常务委员会提出书面报告。常务委员会认为必要时，可以对专项工作报告作出决议；州人民政府、州中级人民法院或者州人民检察院应当在决议规定的期限内，将执行决议的情况向常务委员会报告。

常务委员会听取的专项工作报告及审议意见，州人民政府、州中级人民法院或者州人民检察院对审议意见研究处理情况或者执行决议情况的报告，采取适当方式向代表通报或向社会公布。

第五章 法律法规实施情况的检查

第二十五条 常务委员会每年选择若干关系改革发展稳定大局和群众切身利益、社会普遍关注的重大问题，有计划地对有关法律、法规实施情况组织执法检查。

第二十六条 常务委员会年度执法检查计划，经主任会议提请常务委员会审议通过后，印发常务委员会组成人员并向社会公布。

常务委员会执法检查工作由常务委员会有关工作机构具体组织实施。

第二十七条 常务委员会根据年度执法检查计划，按照精干、效能的原则，组织执法检查组。

执法检查组的组成人员，从常务委员会组成人员、有关工作委员会组成人员中确定，并邀请本辖区内的部分全国、省人大代表和部分州人大代表参加。

第二十八条 常务委员会根据需要，可以委托县（市）人民代表大会常务委员会对有关法律法规在本行政区域内的实施情况进行检查。受委托的县（市）人民代表大会常务委员会应当将检查情况书面报送常务委员会。

第二十九条 执法检查结束后，执法检查组应当及时提出执法检查报告，由主任会议决定提请常务委员会会议审议。

执法检查报告应包括下列内容：对所检查的法律、法规实施情况进行评价，提出执法中存在的问题和改进执法工作的建议。

第三十条 常务委员会组成人员对执法检查报告的审议意见由常务委员会有关工作机构进行整理，连同执法检查报告，一并向州人民政府、州中级人民法院或者州人民检察院反馈。州人民政府、州中级人民法院或者州人民检察院应当认真研究处理，办理情况由其办事机构报送常务委员会有关工作机构征求意见后，向常务委员会提出报告。必要时，由常务委员会组织跟踪检查；常务委员会也可以委托常务委员会有关工作机构组织跟踪检查。

常务委员会的执法检查报告及审议意见，州人民政府、州中级人民法院或者州人民检察院对其研究处理情况的报告，采取适当方式向代表通报或向社会公布。

第六章 规范性文件的备案审查

第三十一条 常务委员会审查、撤销规范性文件，按有关法律、法规办理。

第三十二条 常务委员会对下一级人民代表大会及其常务委员会作出的决议、决定和州人民政府发布的决定、命令，经审查，认为有下列不适当的情形之一的，有权予以撤销：

（一）超越法定权限，限制或者剥夺公民、法人和其他组织的合法权利，或者增加公民、法人和其他组织的义务的；

（二）同法律、法规规定相抵触的；

（三）有其他不适当的情形，应当予以撤销的。

第七章 询问和质询

第三十三条 常务委员会会议期间，常务委员会组成人员五人以上联名，可以向常务委员会书面提出对州人民政府及其所属的工作部门和州中级人民法院、州人民检察院的质询案。

质询案必须写明质询对象、质询的问题和内容。

第三十四条 质询案经主任会议决定，由受质询机关的负责人在常务委员会会议上或者常务委员会有关工作委员会会议上口头答复，或者由受质询机关书面答复。在常务委员会有关工作委员会会议上答复的，常务委员会有关工作委员会应当向常务委员会或者主任会议提出报告。

质询案以书面答复的，应当由受质询机关主要负责人签署。主任会议认为必要时，可以将答复质询的情况报告印发常务委员会会议。

常务委员会有关工作委员会审议质询案时，提质询案的人员可以列席会议，发表意见。

提质询案的常务委员会组成人员的过半数对受质询机关的答复不满意的，可以提出要求，经主任会议决定，由受质询机关再作答复。

第八章 特定问题调查

第三十五条 常务委员会对属于其职权范围内的事项，需要作出决议、决定，但有关重大事实不清的，可以组织关于特定问题的调查委员会。

第三十六条 主任会议可以向常务委员会提议组织关于特定问题的调查委员会，提请常务委员会审议。

五分之一以上常务委员会组成人员书面联名，可以向常务委员会提议组织关于特定问题的调查委员会，由主任会议决定提请常务委员会审议，或者先交常务委员会有关工作委员会审议、提出报告，再决定提请常务委员会审议。

第三十七条 调查委员会由主任委员、副主任委员和委员组成，由主任会议在常务委员会组成人员和州人大代表中提名，提请常务委员会审议通过。调查委员会可以聘请有关专家或者专门机构参加调查工作。

与调查的问题有利害关系的常务委员会组成人员和其他人员不得参加调查委员会。

第三十八条 调查委员会进行调查时，有关的国家机关、社会团体、企业事业组织和公民都有义务向其提供必要的材料。

提供材料的公民要求对材料来源保密的，调查委员会应当予以保密。

调查委员会在调查过程中，可以不公布调查的情况和材料。

第三十九条 调查委员会应当向常务委员会提出调查报告。常务委员会根据报告，可以作出相应的决议、决定。

第九章 撤职案的审议和决定

第四十条 常务委员会在州人民代表大会闭会期间，可以决定撤销州人民政府个别副州长的职务；可以撤销由它任命的州人民政府其他组成人员和州中级人民法院副院长、庭长、副庭长、审判委员会委员、审判员，州人民检察院副检察长、检察委员会委员、检察员的职务。

第四十一条 州人民政府、州中级人民法院和州人民检察院可以向常务委员会提出对本规则第四十条所列国家机关工作人员的撤职案。主任会议可以向常务委员会提出对本规则第四十条所列国家机关工作人员的撤职案。

常务委员会五分之一以上的组成人员书面联名，可以向常务委员会提出对本规则第四十条所列国家机关工作人员的撤职案，由主任会议决定是否提请常务委员会会议审议；或者由主任会议提议，经常务委员会全体会议决定，组织调查委员会，由以后的常务委员会会议根据调查委员会的报告审议决定。

第四十二条 撤职案应当写明撤职的对象和理由，并提供有关的材料。

撤职案在提请表决前，被提出撤职的人员有权在常务委员会会议上提出申辩意见，或者提出书面申辩意见，由主任会议决定是否印发常务委员会会议。

撤职案的表决采用无记名按电子表决器方式，由常务委员会全体组成人员的过半数通过。

第十章 发言和表决

第四十三条 在常务委员会会议上，常务委员会组成人员的发言和表决不受法律追究。

第四十四条 常务委员会组成人员和列席会议的人员在全体会议或联组会议上的发言每次不得超过十五分钟。事先提出要求，经会议主持人同意的，可以延长发言时间。发言人的发言内容，应与议题有关。

第四十五条 表决议案由常务委员会全体组成人员的过半数通过。

表决结果由会议主持人当场宣布。

第四十六条 常务委员会表决议案，采用无记名方式、举手方式或者其他方式。

第四十七条 任免案可以逐人表决，根据情况也可以合并表决。

第四十八条 常务委员会原则通过的议案，可以授权主任会议作文字上的修改，然后公布。

第四十九条 对常务委员会组成人员在常务委员会会议上的发言，工作人员要做好记录。发言人有权利审阅本人的发言记录，发现所记内容与发言有出入的，可以进行校正。议事记录由档案室归档备查。

第五十条 本规则自2009年5月1日起施行。

楚雄彝族自治州人民代表大会常务委员会任免地方国家机关工作人员办法

（2002年8月30日楚雄彝族自治州第九届人民代表大会常务委员会第三次会议通过，2009年10月29日楚雄彝族自治州第十届人民代表大会常务委员会第十九次会议修订）

第一章　总　　则

第一条　为履行法律赋予楚雄彝族自治州人民代表大会常务委员会（以下简称州人大常委会）任免地方国家机关工作人员的职权，根据《中华人民共和国宪法》、《中华人民共和国地方各级人民代表大会和地方各级人民政府组织法》、《中华人民共和国各级人民代表大会常务委员会监督法》、《中华人民共和国人民法院组织法》、《中华人民共和国人民检察院组织法》的有关规定，结合楚雄州实际，制定本办法。

第二条　州人大常委会任免地方国家机关工作人员坚持党管干部的原则，坚持德才兼备、以德为先的标准，树立注重品行、科学发展、崇尚实干、廉洁自律、鼓励创新、群众公认的用人导向，严格依法办事，实行民主集中制。

第三条　州人大常委会依法推选、决定代理人选、决定任免、批准任免、通过人选、接受辞职、决定撤职，适用本办法。

第四条　州人大常委会选举联络工作委员会负责有关任免事项的具体工作。

第二章　任免范围

第五条　州人大常委会任免州人民代表大会及其常务委员会下列人员：

（一）州人大常委会主任因故不能担任职务或缺位时，按照《中华人民共和国地方各级人民代表大会和地方各级人民政府组织法》第四十九条之规定办理。

（二）根据州人大常委会主任会议提名，任免州人大常委会副秘书长，州人大常委会工作委员会主任、副主任、委员，州人大常委会办公室主任、副主任。

（三）根据州人大常委会主任会议提名，通过任免州人大常委会代表资格审查委员会主任委员、副主任委员和委员。代表资格审查委员会组成人员人选应当是州人大常委会组成人员。

（四）州人大常委会主任会议或者五分之一以上的常委会组成人员书面联名，可以向州人大常委会提议组织关于特定问题的调查委员会，调查委员会主任委员、副主任委员和委员人选由州人大常委会主任会议在州人大常委会组成人员和其他州人大代表中提名，提请州人大常委会通过任命。

第六条　州人大常委会决定任免州人民政府下列人员：

（一）在州人民代表大会闭会期间，州长因故不能担任职务或缺位时，按照《中华人民共和国地方各级人民代表大会和地方各级人民政府组织法》第四十四条之规定办理。

（二）在州人民代表大会闭会期间，根据州长或者代理州长提名，决定任免个别副州长。

（三）根据州长或者代理州长提名，决定任免州人民政府秘书长、州人民政府组成部门的主任、局长。

第七条　州人大常委会任免州中级人民法院下列人员：

（一）在州人民代表大会闭会期间，州中级人民法院院长因故不能担任职务或缺位时，按照《中华人民共和国地方各级人民代表大会和地方各级人民政府组织法》第四十四条之规定办理。

（二）根据州中级人民法院院长或者代理院长提名，任免州中级人民法院副院长、审判委员会委员、庭长、副庭长、审判员。

第八条　州人大常委会任免州人民检察院下列人员：

（一）在州人民代表大会闭会期间，州人民检察院检察长因故不能担任职务或缺位时，按照《中华人民共和国地方各级人民代表大会和地方各级人民政府组织法》第四十四条之规定办理。

（二）根据州人民检察院检察长或者代理检察长提名，任免州人民检察院副检察长、检察委员会委员、检察员。

（三）根据州人民检察院检察长或者代理检察长提名，批准任免县（市）人民检察院检察长。

第三章　任免程序

第九条　州人大常委会主任会议、州人民政府州长或者代理州长、州中级人民法院院长或者代理院长、州人民检察院检察长或者代理检察长（以下简称提名人）可以分别向州人大常委会书面提出任免案。

州人大常委会主任会议提出的任免案，直接提请州人大常委会会议审议。其他任免案，由州人大常委会主任会议决定提请州人大常委会会议审议。

提请州人大常委会审议的任免案，提请机关应在州人大常委会举行会议的十日前向州人大常委会提交书面任免案，并附提请任免干部名单、干部任免呈报表、照片、考察材料及其他需要作出说明的书面材料。

第十条 选举联络工作委员会在州人大常委会的领导下，负责对提交州人大常委会的任免案进行初步审查，负责草拟州人大常委会主任会议提出的任免案材料，根据需要向提名人或者有关单位、部门了解被提名人情况，提出意见和建议，并向州人大常委会主任会议报告。

选举联络工作委员会在初审过程中，可以要求有关部门对拟任免人员的情况提供补充材料。

第十一条 州人大常委会主任会议、州人大常委会会议审议任免案时，提名人或者委托人应当到会介绍情况，听取意见，回答询问。有关机关可以到会作说明。可通知拟任命人员到会，回答常委会组成人员的询问。拟任命人员应到会同州人大常委会组成人员见面并在会上作简要的供职发言。

第十二条 州人大常委会接到州人大代表或者人民群众反映拟任免人员问题的材料，或者州人大常委会组成人员认为对拟任免人员的有关问题需要进一步了解，经州人大常委会主任会议决定，有关部门应当对问题进行调查，作出书面报告。对拟任免人员是否提请会议审议、表决或者推迟到以后的会议审议，由州人大常委会主任会议决定，并向全体会议说明。

州人大常委会审议任免案时，常委会组成人员与拟任免人员有直系亲属关系的，本人必须回避。

第十三条 列入州人大常委会会议议程的任免案，在表决前，提名人要求撤回的，应当书面说明理由，经州人大常委会主任会议同意，常委会会议对该任免案的审议即行终止。

第十四条 州人大常委会会议对任命案进行表决前，应当通过宣读、播放或其他形式报告拟任职人员的工作和学习简历。

第十五条 州人大常委会对任免案采用电子表决器或者无记名投票方式逐人表决。

州人大常委会组成人员对拟任免人员可以表示赞成，可以表示反对，也可以弃权。未按表决器的视同弃权。

表决任免案中同职务有任有免时，应先表决免职，再表决任职。

任免案以州人大常委会全体组成人员的过半数赞成为通过。表决结果由会议主持人当场宣布。

第十六条 提请州人大常委会任命的地方国家机关工作人员未获通过的，不得在同一次会议上再次进行表决。

提请州人大常委会任命未获通过的地方国家机关工作人员，根据工作需要和本人条件，提名人可以向以后的州人大常委会会议再次提名。两次未获通过的，届内不得再提名为同一职务人选。

第十七条 州人大常委会对通过任命的下列地方国家机关工作人员，在常委会会议上颁发任命书：

（一）州人大常委会副秘书长，州人大常委会工作委员会、办公室主任、副主任。

（二）州人民政府副州长、秘书长，州人民政府组成部门的主任、局长。

（三）州中级人民法院副院长、州人民检察院副检察长。

第十八条 州人大常委会通过新闻媒体向社会公布任免的地方国家机关工作人员。

任免的地方国家机关工作人员由州人大常委会行文通知有关机关，同时将任免表交有关部门存档。

第十九条 拟决定的州人民政府代理州长、州中级人民法院代理院长、州人民检察院代理检察长人选，如不是副州长、副院长、副检察长，可以在州人大常委会同一次会议上依法任命为副州长、副院长、副检察长，再决定代理州长、代理院长、代理检察长。

代理州长、代理院长、代理检察长行使职权到州人民代表大会选出新的州长、院长、检察长为止。

第二十条 由州人大常委会任命的州人大常委会副秘书长，州人大常委会工作委员会主任、副主任、委员，州人大常委会办公室主任、副主任等工作机构和办事机构人员；州中级人民法院副院长、审判委员会委员、庭长、副庭长、审判员；州人民检察院副检察长、检察委员会委员、检察员，在州人民代表大会换届后，继续担任原职务的不再重新任命，职务变动或者退休的应当提请州人大常委会依法任免。

第二十一条 新的一届州人民政府领导人员选举产生后，提名人应当在两个月内提请州人大常委会决定任命州人民政府秘书长、州人民政府组成部门的主任、局长。上一届政府组成人员的职务自然消失。因故确需适当推迟提请决定任命个别人员，提名人应向州人大常委会主任会议报告。

第二十二条 州人大常委会任命的地方国家机关工作人员，因工作机构撤销、合并、更名的，提名人应当提请州人大常委会重新任免；任职期间死亡的，不再免职，由提名人报州人大常委会备案；退休的，提名人应当提请州人大常委会免职或辞职。

第四章 辞职、撤职及其他事项

第二十三条 在州人民代表大会闭会期间，州人大常委会组成人员、州人民政府州长、副州长、州中级人民法院院长、州人民检察院检察长可以向州人大常委会提出辞职，由州人大常委会决定是否接受辞职。接受辞职的，报州人民代表大会备案。接受州人民检察院检察长辞职后，由州人民检察院报云南省人民检察院提请云南省人民代表大会常务委员会批准。县（市）人民检察院检察长的辞职，由州人民检察院检察长提请。

州人大常委会可以接受由州人大常委会任命的地方国家机关工作人员的辞职。其辞职请求由提名人提请州人大常委会决定。

州人大常委会接受地方国家机关工作人员辞职后，应予公告。接受州人民检察院检察长的辞职除外。

第二十四条 在州人民代表大会闭会期间，州人大常委会组成人员如工作需要担任国家行政机关、审判机关、检察机关的职务，应当向州人大常委会辞去州人大常委会的职务。

在州人民代表大会闭会期间，担任国家行政机关、审判机关、检察机关职务的工作人员，如果需要担任州人大常委会组成人员职务的，应先或在任命后辞去所担任的国家行政机关、审判机关、检察机关的职务。

第二十五条 州人大常委会组成人员调离本行政区代表资格终止，辞去代表职务的请求被接受，或者代表职务被罢免，其在常委会的职务相应终止或撤销，由州人大常委会予以公告。

第二十六条 在州人民代表大会闭会期间，州人大常委会可以撤销个别副州长的职务，可以撤销由州人大常委会任命的州人民政府其他组成人员，州中级人民法院副院长、庭长、副庭长、审判委员会委员、审判员，州人民检察院副检察长、检察委员会委员、检察员的职务。

第二十七条 州人大常委会主任会议、州人大常委会五分之一以上的组成人员书面联名，可以向州人大常委会提出由州人大常委会任命的地方国家机关工作人员的撤职案。

州人大常委会五分之一以上的组成人员书面联名提出的撤职案，应当注明联名领衔人。

州人民政府州长或者代理州长、州中级人民法院院长或者代理院长、州人民检察院检察长或者代理检察长可以分别向州人大常委会提出由州人大常委会任命的本机关工作人员的撤职案。

州人大常委会主任会议提出的撤职案，直接提请州人大常委会会议审议。其他撤职案，由州人大常委会主任会议决定提请州人大常委会会议审议。

撤职案应当以书面形式写明撤职的对象和理由，并提供有关材料。

第二十八条 州人大常委会主任会议提出的撤职案，由主任会议全体成员的过半数赞成为通过。

第二十九条 州人大常委会主任会议、州人大常委会会议审议撤职案时，提名人或者委托人应当到会报告。有关机关可以到会作说明。有关机关、提名人或者委托人应当安排有关人员到会听取审议情况，回答询问。

第三十条 撤职案在提请表决前，被提出撤职的人员有权在州人大常委会会议上提出申辩意见，或者书面提出申辩意见，由主任会议决定印发常委会会议。

通过撤职案，采用电子表决器或者无记名投票方式表决，以州人大常委会全体组成人员的过半数赞成为通过。

州人大常委会作出撤销职务的决定，通过新闻媒体向社会公布，并行文通知有关机关。

第五章 附 则

第三十一条 本办法由州人大常委会负责解释。

第三十二条 本办法自通过之日起施行。

楚雄彝族自治州人民代表大会常务委员会规范性文件备案审查暂行规定

（2009 年 10 月 29 日楚雄彝族自治州第十届人民代表大会常务委员会第十九次会议通过）

第一条 为加强规范性文件的备案审查工作，维护国家法制统一，根据《中华人民共和国立法法》和《中华人民共和国各级人民代表大会常务委员会监督法》，结合楚雄州实际，制定本规定。

第二条 本规定所称的规范性文件，是指州人民政府及其所属部门、州中级人民法院、州人民检察院、各县（市）人民代表大会及其常务委员会（以下简称县、市人大及其常委会）制定的规范公民、法人和其他组织行为的、具有普遍约束力的文件。

第三条 州人民代表大会常务委员会（以下简称州人大常委会）进行规范性文件备案审查适用本规定。

州人民政府及其所属部门、州中级人民法院、州人民检察院和各县（市）人大及其常委会制定的规范性文件适用本规定。

第四条 规范性文件的备案审查范围：

（一）州人民政府及其所属部门向社会公开发布的决定、命令以及其他涉及公民、法人和其他组织权利义务、具有普遍约束力的文件；

（二）州中级人民法院、州人民检察院制定的与审判、检察工作相关的规定、办法；

（三）各县（市）人大及其常委会作出的决议、决定。

第五条 州人民政府及其所属部门、州中级人民法院、州人民检察院、各县（市）人大及其常委会制定的规范性文件，由规范性文件制定机关报送州人大常委会备案。州人民政府所属多个部门联合制定的规范性文件，由牵头制定规范性文件的部门报送州人大常委会备案。

第六条 州人民政府及其所属部门、州中级人民法院、州人民检察院和各县（市）人大及其常委会制定的规范性文件，应当自公布之日起30日内报州人大常委会备案。报送规范性文件备案，应当提交规范性文件备案报告、规范性文件文本和起草说明一式五份，并附有关法律、法规、规章和政策等制定依据。

规范性文件备案报告应当载明备案规范性文件名称、通过时间、公布日期和报送备案时间。

第七条 州人大常委会办公室实行规范性文件备案签收制度，负责规范性文件备案的接收、登记、初审、分送、反馈、存档以及承办主任会议交办事项等工作。州人大常委会各工作委员会负责对相关方面的规范性文件备案审查，作出书面审查意见。

第八条 州人大常委会工作委员会对规范性文件重点审查下列内容：

（一）是否同宪法、法律、行政法规、地方性法规和自治州制定的自治条例与单行条例相抵触；

（二）是否超越法定权限，限制或者剥夺公民、法人和其他组织的合法权利，或者增加公民、法人和其他组织的义务；

（三）是否有下列不适当的情形：

1. 同上级或本级人民代表大会及其常务委员会的决议、决定相抵触；

2. 同上级规范性文件相违背；

3. 违法或不适当设定行政审批、行政许可、行政处罚、行政强制措施、行政事业收费、集资等；

4. 规范性文件之间对同一事项的规定相互矛盾；

5. 不按规定程序制定、发布规范性文件；

6. 有其他不适当情形应予以纠正的。

第九条 州人大常委会办公室和各工作委员会对报送的规范性文件应当召开会议进行审查，提出审查意见。经审查认为存在本规定第八条所列情况之一的，应当提出书面审查意见，报主任会议同意后，建议规范性文件制定机关自行修改或者废止该规范性文件。

第十条 工作委员会审查或者研究规范性文件时，对有疑义的可以邀请有关专家、学者、行业或者协会、学会等方面的代表参与论证，也可以要求规范性文件制定机关的主要负责人到会说明情况；需要向其他机关或组织询问情况的，有关机关和组织应当及时回复。

第十一条 工作委员会审查规范性文件，认为规范性文件有本办法第八条所列情形之一的，由州人大常委会主任会议采取下列方式处理：

（一）责成规范性文件制定机关在收到规范性文件的书面审查意见后两个月内研究是否修改或者废止，并向提出书面审查意见的工作委员会以及办公室报告；规范性文件制定机关对规范性文件进行修改的，应当将修改后的规范性文件重新公布，并按照本规定报送备案；

（二）规范性文件制定机关收到规范性文件书面审查意见后，对规范性文件不予修改或者废止的，州人大常委会工作委员会或办公室可以提出撤销该规范性文件的建议，由主任会议决定是否向州人大常委会提出撤销该规范性文件的议案，州人大常委会按照议事规则规定的程序，对撤销规范性文件的议案进行审议，并作出撤销或者不予撤销的决定。

第十二条 地方各级国家机关、社会团体、企事业组织以及公民、法人和其他组织认为规范性文件有本规定第八条所列情形之一的，可以向州人大常委会书面提出审查建议，并说明理由和依据。由常委会办公室负责接收、登记后送交相关工作委员会进行审查。有关委员会对提请审查的规范性文件应当提出书面审查意见，报经常委会主任会议同意，向制定机关提出需要修改或者撤销的书面审查意见。

第十三条 有关委员会应当在收到办公室移送的规范性文件之日起的30日内作出审查结论，并书面提交常委会办公室，由常委会办公室告知提出审查要求和审查建议的单位或者个人。规范性文件的制定机关应当自接到审查意见之日起30日内提出是否修改或者撤销的意见并作出说明。

第十四条 规范性文件制定机关未按本规定第六条报送备案的，由州人大常委会给予有关责任人批评教育，并通知其限期补报。

第十五条 规范性文件制定机关对州人大常委会审查后认为不适当的规范性文件，未在规定期限内纠正，由州人大常委会给予通报批评并责成有关责任单位作出检查；拒不纠正的，依照有关法律、法规追究有关责任人责任。

对于规范性文件制定机关不予修改或撤销的，州人大常委会办公室应及时提请主任会议审议并提交常委会作出是否变更或者撤销的决定。

第十六条 每年1月20日前，报送机关应当将其上一年度制定的规范性文件目录报送州人大常委会办公室。

第十七条 本规定由州人大常委会负责解释。

第十八条 本规定自通过之日起施行。

楚雄彝族自治州人民代表大会常务委员会实施《中华人民共和国各级人民代表大会常务委员会监督法》办法

（2009年10月29日楚雄彝族自治州第十届人民代表大会常务委员会第十九次会议通过）

第一章 总 则

第一条 为保障楚雄彝族自治州人民代表大会常务委员会（以下简称州人大常委会）依法行使监督权，推进依法治州，根据《中华人民共和国各级人民代表大会常务委员会监督法》和有关法律的规定，结合楚雄州实际，制定本实施办法。

第二条 州人大常委会行使监督职权，应当围绕全州的工作大局，以经济建设为中心，坚持中国共产党的领导，坚持马克思列宁主义、毛泽东思想、邓小平理论、“三个代表”重要思想和科学发展观，坚持人民民主专政，坚持社会主义道路，坚持改革开放。

第三条 州人大常委会按照民主集中制的原则，集体行使监督职权。

第四条 州人大常委会年度监督工作计划和重要监督事项应当向州委汇报。

第五条 州人大常委会依据宪法、监督法和有关法律以及本实施办法的规定，对州人民政府、州中级人民法院、州人民检察院的工作实施监督，促进依法行政、公正司法。

第六条 州人大常委会向州人民代表大会报告监督工作情况，接受监督，并根据人民代表大会的决议、决定，加强和改进监督工作。

州人大常委会行使监督职权的情况向社会公布。

第七条 州人大常委会主任会议（以下简称主任会议）负责处理州人大常委会行使监督职权的重要日常工作。

州人大常委会各工委根据州人大常委会或者主任会议的授权，承办监督工作。

第八条 州人大常委会实施监督时，可以单独或者综合运用本实施办法规定的监督方式，也可以根据具体情况和实际需要运用其他监督方式。运用其他监督方式时，应当与宪法和法律的精神相符合。

第九条 州人大常委会制定年度监督工作计划。年度监督工作计划通过后，书面通知州人民政府、州中级人民法院、州人民检察院，并向社会公布。州人大常委会按年度监督工作计划实施监督外，对社会反映强烈的重大问题，经主任会议研究决定，实施监督。

第二章 听取和审议州人民政府、州中级人民法院和州人民检察院的专项工作报告

第十条 州人大常委会每年选择若干关系全州改革发展稳定大局和群众切身利益、社会普遍关注的重大问题，有计划地安排听取和审议州人民政府、州中级人民法院、州人民检察院的专项工作报告。

第十一条 州人大常委会计划听取和审议专项工作报告的议题建议，由州人大常委会各工委按分工的职责提出，于每年十月底以前送交常委会办公室。

州人民政府、州中级人民法院、州人民检察院要求报告专项工作的，应当于每年十月底以前书面向州人大常委会提出，并说明报告的内容、时间和理由。涉及讨论决定重大事项的，按照《云南省人民代表大会常务委员会讨论决定重大事项的规定》和《楚雄彝族自治州人民代表大会常务委员会关于行使重大事项决定权办法》办理。

第十二条 州人大常委会办公室负责汇总各有关方面提出的议题建议，经秘书长会议研究后，于每年十一月提出下一年度听取和审议专项工作报告的计划方案，提请主任会议讨论并经常委会会议审议通过。

年度计划方案应当包括听取和审议专项工作报告的内容、理由、重点、时间安排，以及协助常委会开展此项工作的机构等。

第十三条 主任会议根据实际需要或者州人民政府、州中级人民法院、州人民检察院的要求，可以适当调整听取和审议专项工作报告的年度计划，并通知州人民政府、州中级人民法院、州人民检察院。

州人民政府、州中级人民法院、州人民检察院临时要求报告专项工作的，由主任会议决定是否列入常委会会议议题。

第十四条 州人大常委会听取和审议专项工作报告前，主任会议可以组织常委会组成人员和省人大代表、州人大代表对该专项工作开展视察或者专题调查研究；也可以安排有关工作委员会开展专题调查研究。

州人民政府、州中级人民法院、州人民检察院以及相关单位应当配合视察或者专题调查研究，提供必要的情况介绍和资料。

视察或者专题调查研究结束后，应当在十日内提出视察或

调查报告，并于州人大常委会会议召开的十日前送常委会办公室。

第十五条 州人大常委会听取和审议专项工作报告前，有关工作委员会应当将视察或者专题调查研究中发现的问题、人大代表和人民群众对该项工作的意见汇总后，交由报告机关研究，并在专项工作报告中对上述意见明确作出回应。

第十六条 报告机关应当在州人大常委会举行会议的二十日前，将专项工作报告送交有关工作委员会征求意见；有关工作委员会应当在五日内提出意见，经州人大常委会分管的负责人审定后，书面回复报告机关。报告机关对专项工作报告修改后，在常务委员会举行会议的十日前送交常务委员会办公室；不修改的，报告机关应当说明理由。

第十七条 专项工作报告不能按照规定的期限征求意见或者送达的，主任会议可以决定该专项工作报告不列入当次常委会会议议程。

第十八条 州人民政府的专项工作报告属于重大、综合事项的，由州人民政府州长或者副州长向州人大常委会报告；属于部门单项工作的，可以委托有关部门主要负责人报告。

州中级人民法院、州人民检察院的专项工作报告，由院长、检察长向州人大常委会报告；院长、检察长因故不能报告的，可以委托副院长、副检察长报告。

第十九条 州人大常委会听取和审议专项工作报告时，可以组织常委会组成人员、人大代表对报告机关的专项工作进行评议。

评议的内容主要是对专项工作开展情况、报告机关依法履职情况的评价。

第二十条 州人大常委会组成人员对专项工作报告的审议意见，由有关工作委员会在调研审议后形成初审意见（草案），经主任会议通过后在常委会会议上报告。审议意见的内容应当包括对专项工作报告的总体评价、存在的主要问题、改进工作的建议和研究处理的期限等。初审意见经常委会会议审议后形成审议意见。

审议意见经常委会会议通过后，常委会分工联系的副主任审核，常委会秘书长签署，由常委会办公室送报告机关研究处理。

第二十一条 报告机关收到审议意见后，应当在十五日内研究处理，并将处理方案报州人大常委会办公室及有关工作委员会。

报告机关应当在收到审议意见后三个月内向州人大常委会书面报告研究处理情况或执行决议情况。

第二十二条 常委会会议期间，可召开联组会议，各组召集人根据常委会组成人员对该专项工作及报告审议提出的意见和建议汇总，向常委会全体会议报告。

第二十三条 州人大常委会组成人员五人以上书面联名要求对专项工作报告进行表决的，由主任会议决定是否提请常委会会议表决。

常委会组成人员半数以上对专项工作报告不满意的，由主任会议决定责成报告机关在本次会议上作补充报告或者在下次会议上另行作报告。

常委会组成人员半数以上对补充报告或者另行作的报告仍不满意的，州人大常委会应当作出决议、决定。

第二十四条 有关工作委员会应当对报告机关研究处理审议意见的情况或者执行决议的情况进行督促检查，并可以根据需要提出督促检查报告，由主任会议决定印发常委会组成人员。

第二十五条 审议意见研究处理情况报告或执行决议的情况、督促检查报告、视察或者专题调查研究报告向州人大代表通报并向社会公布。

第二十六条 主任会议可以听取州人民政府及其所属部门、州中级人民法院、州人民检察院的专题报告。

各工作委员会受主任会议委托，可以听取州中级人民法院、州人民检察院、州人民政府所属部门的专题汇报。

第三章 审查和批准财政决算，听取和审议国民经济和社会发展和计划、财政预算的执行情况报告，听取和审议审计工作报告

第二十七条 州人民政府应当于每年八月将上一年度的州本级财政决算报告提请州人大常委会审查和批准。

财政决算报告应当按照州人民代表大会批准的预算所列科目编制，按预算数、调整数或者变更数以及实际执行数分别列出，并作出相应说明。必要时，州人大常委会可以要求州人民政府提交州本级各部门的部门决算草案。

财政决算报告应当对州人民代表大会批准的预算的执行情况、上一年度财政政策措施的落实情况和预算执行的绩效情况作重点说明。

第二十八条 州人民政府应当于每年八月向州人大常委会报告当年一月至六月国民经济和社会发展计划、财政预算的执行情况。

第二十九条 国民经济和社会发展计划、财政预算经州人民代表大会批准后，在执行过程中需要作部分调整的，州人民政府应当将调整方案提请州人大常委会或主任会议审查和批准。

本实施办法所称的预算调整是指经州人民代表大会批准的州本级财政预算，在执行中因特殊情况需要增加支出或减少收入，使原批准的收支平衡的预算的收支数额发生变化。

预算调整方案由数字表格和文字报告构成。预算调整方案的文字报告应当对预算调整的原因、调整资金总额、资金来源、资金用途、资金安排的具体项目和资金使用单位及具体政策措施等作说明。

严格控制不同预算科目之间的资金调整。预算安排的农业、教育、科技、文化、卫生、社会保障、环境保护、计划生育、州级对下级转移支付等方面的资金需要调减的，州人民政府应当在预算调整方案中单独列示和说明，并提请州人大常委

会审查和批准。

第三十条 州人大常委会在审查财政决算和财政预算执行情况的报告时，重点审查下列内容：

（一）州人民代表大会关于批准预算的决议的执行情况；

（二）预算收支平衡情况；

（三）重点支出的安排和资金到位情况；

（四）州财政预算超收收入的安排和使用情况；

（五）部门预算编制和执行情况；

（六）州财政对下级财政转移支付资金的安排和使用情况；

（七）省财政转移支付资金的安排和使用情况；

（八）州本级和下级政府债务情况。

第三十一条 州人大常委会听取和审议州人民政府提出的关于上一年度预算执行和其他财政收支的审计工作报告。同时，审查和批准上一年度州本级决算。

州人民政府应当及时纠正和处理审计工作报告指出的问题，并在当年十二月向州人大常委会提交纠正和处理结果的报告。

第三十二条 州人大常委会组成人员对国民经济和社会发展计划执行情况报告、预算执行情况报告和审计工作报告审议意见的整理、审议意见交有关部门研究处理的程序依照本实施办法第二十条、第二十一条的规定执行。

第三十三条 主任会议可以决定对重大建设项目、社会普遍关注的项目采取视察、检查、调查等形式进行跟踪检查。

主任会议可以要求州人民政府责成审计部门对社会普遍关注的资金项目、关系国计民生的资金项目开展专项审计，并向州人大常委会报告审计结果。

州人大常委会有关工作委员会受常委会主任会议委托，可以采取听取汇报、调查、抽查等形式对国民经济和社会发展计划的编制与执行情况、州本级财政预算和部门预算的编制与执行情况开展监督。必要时，可以委托会计师事务所、审计师事务所等中介机构为预算审查监督工作提供服务。

第三十四条 国民经济和社会发展五年规划经州人民代表大会批准后，在实施的中期阶段，州人民政府应当将规划实施情况的中期评估报告提请州人大常委会审议。规划经中期评估需要调整的，州人民政府应当将调整方案提请州人大常委会审查和批准。

州人大常委会可以对国民经济和社会发展五年规划实施情况的中期评估报告作出决议。

第三十五条 州发展和改革委员会、州财政局、州审计局应当在州人大常委会举行会议二十日前，向州人大常委会有关工作委员会报告国民经济和社会发展计划执行情况、国民经济和社会发展五年规划中期评估情况、国民经济和社会发展五年规划调整方案和预算调整方案、一月至六月预算执行情况、上一年度的州本级决算草案，以及预算执行和其他财政收支的审计工作情况，并提交相关报告和材料。

州人大常委会有关工作委员会对前款的情况、方案、草案和报告进行初步审查后，向州人大常委会主任会议或常委会会议提出审查报告。

第三十六条 州人大常委会财政经济工作委员会承担审查预决算、预算调整方案和监督预算执行方面的具体工作。

第四章 法律法规实施情况的检查

第三十七条 州人大常委会执法检查的议题建议、年度执法检查计划方案的形成和调整，依照本实施办法第十一条至第十三条的规定执行。

州人大常委会年度监督计划内听取和审议的专项工作报告与执法检查报告内容有关联的，应当将两个报告列入常委会同一次会议一并进行审议。

第三十八条 有关工作委员会应当按照州人大常委会年度监督工作计划拟定执法检查方案，提请主任会议、常委会会议通过后具体组织实施。

执法检查方案应当包括开展执法检查的具体时间、地点、方式、组成人员以及检查的对象和重点。

第三十九条 执法检查可以采取听取汇报、询问、召开座谈会、个别走访、抽样调查、实地考察、问卷调查、设立热线电话以及调阅、查阅有关材料等方式进行。

州人民政府、州中级人民法院、州人民检察院应当配合执法检查，向执法检查组汇报执法情况、提供相关资料和回答问题。

执法情况汇报包括下列主要内容：

（一）实施法律法规的基本情况；

（二）取得的主要成效和做法；

（三）存在的主要问题、困难和原因；

（四）改进执法工作的措施、意见和建议；

（五）法律、法规的修改意见和建议。

执法检查结束后应当在十五日内提出执法检查报告。执法检查报告文本应当于常委会会议召开的十日前送常委会办公室。

第四十条 州人大常委会听取和审议执法检查报告，可以邀请参加执法检查的人大代表列席会议；州人民政府、州中级人民法院、州人民检察院负责人应当到会听取意见。

第四十一条 常委会组成人员对执法检查报告审议后形成审议意见交州人民政府、州中级人民法院、州人民检察院研究处理的程序依照本实施办法第二十条、第二十一条的规定执行。

第四十二条 常委会组成人员五人以上书面联名要求对审议意见研究处理的情况进行跟踪检查的，由主任会议决定是否组织跟踪检查。

跟踪检查由具体组织执法检查的工作委员会负责实施。跟踪检查结束后，应当在十日内提出报告，由主任会议决定印发常委会组成人员。

第四十三条 州人大常委会执法检查组收到的群众来信和发现的具体案件，由常委会办公室统一转交各工作委员会、办公室信访科和有关部门处理。

第四十四条 向州人大代表通报并向社会公布执法检查情况，可以附州人民政府、州中级人民法院、州人民检察院对审议意见研究处理情况的报告。

第五章 规范性文件的备案审查

第四十五条 下列规范性文件，制定机关应当自公布之日起三十日内报州人大常委会备案：

（一）州人民政府发布的决定、命令、规定、办法、细则等规范性文件；

（二）州中级人民法院、州人民检察院制定的与审判、检察相关的规定、办法；

（三）县（市）人民代表大会及其常务委员会作出的决议、决定。

第四十六条 报送备案的规范性文件应当包括备案报告、公告、文本及说明。

报送备案的规范性文件，由常委会办公室统一登记、建档后，送有关工作委员会审查。

第四十七条 州中级人民法院、州人民检察院、县（市）人大常委会认为有关规范性文件不适当的，可以向州人大常委会书面提出审查要求；其他国家机关和社会团体、企业事业组织以及公民认为有关规范性文件不适当的，可以向州人大常委会书面提出审查建议。

审查要求、审查建议由常委会办公室统一登记、建档后，送有关工作委员会研究审查。

第四十八条 有关工作委员会审查发现规范性文件有《中华人民共和国立法法》第八十七条、《中华人民共和国各级人民代表大会常务委员会监督法》第三十条所列情形的，可以要求制定机关说明情况，也可以向制定机关提出书面审查意见。

第四十九条 规范性文件应当修改或者废止而制定机关不予修改或者废止的，委员会可以向主任会议提出予以撤销的建议，由主任会议决定责成有关机关办理；必要时，由主任会议决定提交州人大常委会审议。

州人大常委会作出的撤销规范性文件的决定向州人大代表通报并向社会公布。

第五十条 修改后的规范性文件，制定机关应当重新公布，并按有关规定报送备案。

第六章 询问和质询

第五十一条 州人大常委会审议议案和有关报告时，常委会组成人员、列席会议的人大代表和下一级人大常委会负责人可以向有关机关提出涉及审议事项的询问，州人民政府或者有关部门、州中级人民法院、州人民检察院应当派负责人在常委会分组会议上听取意见，回答询问。

回答询问应当当场答复。不能当场答复的，应当说明原因，并按确定的时间和方式答复。

第五十二条 州人大常委会组成人员五人以上书面联名，可以向常委会提出对州人民政府及其部门、州中级人民法院、州人民检察院的质询案。

第五十三条 质询案由常委会办公室接收并提出办理方案，由主任会议决定交由受质询的机关在常委会会议上或者有关委员会会议上口头或者书面答复。

在有关工委会议上答复的，有关工委应当将答复情况向主任会议报告。主任会议认为必要时，可以将质询案和答复情况报告印发常委会会议。

第五十四条 提出质询案的常委会组成人员的过半数对答复不满意的，由主任会议决定责成受质询机关再作答复；必要时，由主任会议决定提交常委会会议审议。

第五十五条 质询案在答复前要求撤回的，应当向主任会议书面说明理由，经主任会议决定，终止质询案。

第七章 特定问题调查

第五十六条 特定问题调查委员会由主任会议提议组织的，直接提请州人大常委会审议；由五分之一以上的常委会组成人员提议组织的，由主任会议决定先交有关工作委员会提出意见再决定提请常委会审议。

第五十七条 调查委员会由有关工作委员会委员组成，由主任会议在常委会组成人员和州人大代表中提名，提请常委会审议通过。调查委员会根据需要，经主任会议决定，可以聘请专家和有关国家机关参加调查工作。

与调查的问题有利害关系的人员不得参加调查委员会。

第五十八条 调查委员会进行调查时，可以听取有关单位的汇报、个别询问、调阅和查阅有关材料。有关单位和个人有义务配合调查并如实提供情况。

第五十九条 特定问题调查结束后，应当于十五日内提出书面报告，由主任会议决定提请常委会会议审议。

第八章 撤职案的审议和决定

第六十条 在州人民代表大会闭会期间，州人大常委会可以决定撤销州人民政府个别副州长的职务，可以撤销由州人大常委会任命的国家工作人员的职务。

第六十一条 州人民政府、州中级人民法院、州人民检察院、州人大常委会主任会议、州人大常委会五分之一以上的组成人员书面联名，可以向州人大常委会提出对前条所列人员的撤职案。

州人民政府、州中级人民法院、州人民检察院提出的撤职案，应当分别由州长或者代理州长、州中级人民法院院长或者代理院长、州人民检察院检察长或者代理检察长签署提出。

州人大常委会五分之一以上的组成人员书面联名提出的撤职案，应当注明联名领衔人。

撤职案应当写明撤职的对象和理由，并提供有关材料。

第六十二条 州人民政府、州中级人民法院、州人民检察院提出的撤职案，由主任会议决定提请州人大常委会审议。

主任会议提出的撤职案，直接提请州人大常委会审议。

州人大常委会五分之一以上的组成人员联名提出的撤职案，由主任会议决定是否提请州人大常委会审议；或者由主任会议提议，经常委会全体会议决定，组织调查委员会，由以后的常委会会议根据调查委员会的报告审议决定。

第六十三条 州人民政府、州中级人民法院、州人民检察院提出的撤职案，由提名人或者其委托的副职领导人在主任会议、常委会会议上作关于撤职案的说明。

主任会议提出的撤职案，由主任会议委托的人员在常委会会议上作关于撤职案的说明。

州人大常委会五分之一以上的组成人员联名提出的撤职案，由领衔人在主任会议、常委会会议上作关于撤职案的说明。

第六十四条 州人大常委会审议撤职案时，有关单位和组织应当到会听取审议情况，回答询问；必要时，应当提供相应材料。

第六十五条 州人大常委会审议撤职案，需要就有关问题作进一步调查的，有关单位和组织应当及时调查核实并提出调查报告，由主任会议决定提请本次或者以后的常委会会议审议决定。

第六十六条 撤职案在审议时，被提出撤职的人员有权在常委会会议上提出申辩意见，或者书面提出申辩意见，由主任会议决定印发常委会会议。

第九章 受理申诉和意见

第六十七条 州人大常委会受理公民、法人和其他组织对州人民政府及其所属部门、州中级人民法院、州人民检察院和所属国家工作人员的申诉、意见，由各工作委员会和办公室信访科按规定的职责分工处理。

第六十八条 对申诉和意见中反映的普遍性问题，有关工作委员会、办公室信访科可以组织调查研究，听取有关部门汇报，提出处理意见和建议，向主任会议报告或者经主任会议决定向常委会报告。

对申诉和意见中反映的重大问题，由有关工作委员会或者常委会办公室信访机构调查研究，提出处理意见，经主任会议决定责成有关机关办理；必要时，由主任会议决定提请常委会审议。

第六十九条 办公室信访科应当每季度对申诉和意见反映的情况作归纳整理、综合分析，提出分析报告，为常委会开展监督工作提供基础信息。

第十章 违法责任和处理

第七十条 违反本实施办法，有下列行为之一的，应当予以追究：

（一）拒不执行全国人民代表大会及其常务委员会、省人民代表大会及其常务委员会和州人民代表大会及其常务委员会决议、决定的；

（二）无正当理由迟延提出工作报告或者提出虚假报告的；

（三）不按要求处理州人大常委会审议意见或者不在规定期限内报告处理情况的；

（四）干扰执法检查、特定问题调查的；

（五）拒不报送应当备案的规范性文件的；

（六）拒不接受询问和质询，或者接受询问和质询时作虚假答复的；

（七）其他妨碍州人大常委会行使监督权的行为。

第七十一条 有前条所列行为之一的，州人大常委会应当根据不同情况，作如下处理：

（一）责令向州人大常委会作出说明；

（二）责令限期改正；

（三）责令作出书面检查；

（四）通报批评；

（五）责成有关机关对责任人员实行问责；

（六）对州人大常委会任命的国家工作人员责令辞职，依法决定免职、撤销职务；

（七）对州人民代表大会选举的国家工作人员提出罢免案。

有关机关对责任人员的处理，应当在三十日内向州人大常委会作出书面报告。

第七十二条 有关机关和人员认为州人大常委会监督的决议、决定不适当的，可以在收到决议、决定之日起三十日内向州人大常委会或者省人民代表大会常务委员会提出报告，要求变更或者撤销。

州人大常委会审议认为有关监督的决议、决定不适当的，应当予以变更或者撤销。在没有变更或者撤销以前，有关监督的决议、决定仍然有效。

第十一章 附 则

第七十三条 审查和批准决算，听取和审议国民经济和社会发展计划、预算的执行情况报告，听取和审议审计工作报告的具体办法，依照有关法律法规、本实施办法和州人大常委会的有关规定执行。

对司法机关的监督，依照本办法和州人大常委会的有关规定执行。

第七十四条 州人大常委会行使监督职权的情况，由常委会办公室向州人大代表通报，并由常委会办公室通过常委会公报、常委会网站、新闻媒体等形式向社会公布。

第七十五条 本实施办法自通过之日起施行。

［楚雄州人大常委会办公室供稿］

（责任编辑：者宗菊）

统计资料

楚雄州2006年～2009年国民经济和社会发展主要指标

指　　标	单位	2006年		2007年		2008年		2009年	
		绝对数	增速（%）	绝对数	增速（%）	绝对数	增速（%）	绝对数	增速（%）
一、年末总人口	万人	258.5	0.7	260.2	0.7	260.4	0.1	262	0.6
#农业人口	万人	221.6	0.5	222.2	0.3	221.8	-0.2	222.1	0.1
#少数民族人口	万人	85	1.5	86.3	1.5	87.2	1	88.7	1.7
#彝族	万人	69	1.5	70	1.4	70.6	0.9	71.8	1.7
人口出生率	‰	11.7	—	10.5	—	10.3	—	10.7	—
人口死亡率	‰	5.4	—	6	—	6	—	6.6	—
人口自然增长率	‰	6.4	—	4.5	—	4.3	—	4.1	—
城市化率	%	27.2	—	28.4	—	29.6	—	31.0	—
二、年末从业人员	万人	155.7	0.9	161.5	3.7	162.5	0.6	165.8	2
第一产业	万人	113.6	-0.6	112.8	-0.6	111.4	-1.3	110.3	-1
三、地区生产总值	亿元	217.4	10.6	253.6	12.3	306	11.5	342.4	12.2
第一产业	亿元	56.6	7.1	63.5	5.8	74.3	5.6	80.8	5.8
第二产业	亿元	86.3	10.6	103.2	16.4	127.8	13.4	142.5	14.1
其中：工　业	亿元	72.6	9.7	87	16.9	107.8	13.6	116.5	10.5
建筑业	亿元	13.7	15.3	16.2	13.7	20	12.6	26.0	33.7
第三产业	亿元	74.5	13.3	86.9	12.5	104	13.4	119.1	14.2
人均GDP	元	8441	12	9777	15.8	11757	20.3	13069	11.2
非公经济增加值	亿元	98.5	26.3	117.3	19.1	135.7	1.6	152.9	0.3

续上表

指标	单位	2006 年		2007 年		2008 年		2009 年	
		绝对数	增速（%）	绝对数	增速（%）	绝对数	增速（%）	绝对数	增速（%）
非公经济增加值占 GDP 比重	%	45.3	—	46.3	—	44.4	—	44.7	—
五大产业增加值	亿元	114	11.3	137	15.8	164.6	20.1	166.2	8.9
1. 烟草产业	亿元	44.9	2.3	48.9	5.1	63.2	14.9	58.2	12.3
2. 天然药业	亿元	1.5	-0.2	1.8	10.7	2.3	20.7	2.7	13.8
3. 冶金化工业	亿元	21.2	17.13	29.4	23.5	32.1	6.1	30.5	8.3
4. 绿色食品业	亿元	33	7.1	41.3	19.1	47.4	14.1	53	7
5. 文化旅游业	亿元	13.4	-5.7	15.6	12.3	19.6	18.6	21.8	10.6
五大产业增加值占 GDP 比重	%	52.4	—	54	—	53.8	—	48.5	—
四、农业									
1. 农业总产值	亿元	85.1	7.8	101	6.4	123.4	7.5	138	7.2
2. 农业增加值	亿元	56.7	7.1	63.5	5.8	74.3	5.6	80.8	5.8
3. 主要农产品产量									
粮食	万吨	96.4	2.2	97.9	1.6	100.2	2.3	102.2	2
（1）谷物	万吨	83.5	2.3	84.8	1.6	86.9	2.5	89	2.4
（2）豆类	万吨	10.2	4.3	10.3	0.7	10.4	1	10.2	-1.9
油料	万吨	3.5	4.7	3.6	2.6	4	11.3	4.6	13.2
烤烟	万吨	7.544	-5.8	7.54	-0.1	8.6	13.9	8.9	3.1
蔬菜	万吨	103.5	0.02	112.3	8.5	117	4.1	119.7	2.4
水果	万吨	11.5	19.9	13.1	14	14.2	8	14.2	0.2
茶叶	吨	926	2	977	5.5	979.7	0.3	974	-0.6
中药材	吨	2687	-26.6	2913	8.4	2969	1.9	3167	6.6
肉类总产量	万吨	25.4	5.3	26.8	5.5	28.4	5.7	30.6	8
#猪牛羊肉	万吨	23.1	4.6	24.2	4.7	25.6	5.8	27.7	8.2
水产品产量	吨	11759	24.2	14653	24.6	16004	9.2	17124	7

续上表

指　　标	单位	2006 年		2007 年		2008 年		2009 年	
		绝对数	增速（%）	绝对数	增速（%）	绝对数	增速（%）	绝对数	增速（%）
五、工业									
1. 规模以上工业产值	亿元	141.7	19.3	185.9	23.1	222.7	18.6	237.1	3.9
2. 规模以上工业增加值	亿元	56.9	11.5	68.6	19.8	84.3	14.1	90.8	10
3. 主要工业品产量									
卷烟	万箱	54.5	-2.7	54.7	0.4	55.2	0.9	56.1	1.6
粗钢	万吨	106.2	16.5	122.5	15.4	143.9	17.5	150.3	4.4
钢材	万吨	75.8	6	111.5	47	139.7	25.1	146.6	5.4
铜	万吨	1.3	-22.4	2.9	40.3	2.3	-23.1	3.2	34.4
铝	吨	6060	29.3	12861	112.2	7365	-42.7	5272	-28.4
原煤	万吨	144.3	-15.3	147.8	2.4	254.1	4.5	171	12.7
发电量	亿千瓦时	6.6	10.6	10.2	38	15.6	53.2	14.1	-9.6
水泥	万吨	100.9	61.7	113.1	12.1	117.5	4	120.8	2.8
中成药	吨	779.6	-24.2	964.1	23.7	1158.6	17.5	1209.0	4.4
化肥（折纯量）	万吨	4.2	-7.3	7.9	42.8	5.6	-1.4	5.6	10.3
六、交通运输邮电									
1. 公路通车里程	千米	16188	—	16197	0.1	16649	2.8	16903.1	1.5
2. 客运周转量	万人千米	104998	20.3	119667	14	130158	8.8	147320.2	13.4
3. 货运周转量	万吨千米	143488	70.9	140375	-2.2	174230	24.1	127776.3	-26.6
4. 邮电业务总量	亿元	5.7	5.4	6.6	16.2	6.9	5.1	8.1	16.3
5. 固定电话	万部	34.1	19.6	34.3	0.6	33.5	-2.3	31.93	-5
6. 移动电话	万部	52.8	33	67.5	27.8	79.4	17.6	93.1	17.3
7. 固定电话普及率	部/百人	13.2	—	13.2	—	12.9	—	12.2	—
8. 移动电话普及率	部/百人	20.5	—	25.9	—	30.5	—	35.5	—
七、固定资产投资									

续上表

指标	单位	2006年		2007年		2008年		2009年	
		绝对数	增速(%)	绝对数	增速(%)	绝对数	增速(%)	绝对数	增速(%)
全社会固定资产投资	亿元	93.3	28.5	117.4	25.3	143.1	21.8	208	45.3
1. 按经济类型分									
国有经济投资	亿元	56.0	33.0	64.3	4.9	68	5.8	110.1	61.9
集体经济投资	亿元	1.9	46.2	2.5	31.1	—	—	—	—
私人投资	亿元	35.4	21.6	50.6	42.9	—	—	—	—
2. 按城乡分									
城镇	亿元	83	31.1	101.3	21.7	119.2	17.6	164.9	38.4
农村	亿元	10.3	10.3	16.1	53.2	23.9	48.4	43.1	80.1
3. 按产业分									
第一产业	亿元	10.3	10.8	11	6.8	12.2	28.4	13.7	12.2
第二产业	亿元	18.5	10.1	23.4	35.4	33.4	29.5	72.0	115.6
第三产业	亿元	64.5	39	83	28.7	97.5	18.8	122.2	25.4
八、国内贸易									
社会消费品零售总额	亿元	63.6	15.5	74.2	16.9	90.4	21.8	109.7	21.4
1. 按经济类型分									
公有制经济	亿元	7	10.9	8.9	5.3	13	23.7	12.5	-3.2
#国有经济	亿元	4.8	5.6	5.9	5.8	8.1	20.3	9.3	14.4
非公经济	亿元	56.6	16.1	65.3	18.7	77.4	21.6	97.2	25.5
#个私经济	亿元	49.3	16.3	58.3	18.3	70.6	21.1	90.3	27.9
2. 按销售地区分									
市级	亿元	22.9	16.2	27	18.3	33.1	22.8	40.4	22.1
县级	亿元	19.2	14.4	22.5	17.1	27.7	23.3	33.5	20.9
县以下	亿元	21.5	15.8	24.7	15.2	29.6	19.4	35.8	21
九、对外贸易									

续上表

指　　标	单位	2006年		2007年		2008年		2009年	
		绝对数	增速（%）	绝对数	增速（%）	绝对数	增速（%）	绝对数	增速（%）
进出口总额	万美元	5247	58.5	4643	-11.5	5294	13.6	6933	31
其中：进口额	万美元	373	15.1	457	22.5	2798	512.3	891	-68.2
出口额	万美元	4874	62.8	4186	14.1	2496	-40.6	6042	140
十、旅游									
1. 人数	万人次	335	19.8	374.9	11.7	618.6	65	812.2	31
2. 旅游总收入	亿元	10.7	-21.3	12.3	15	16.4	33	21.6	31.5
十一、财政									
财政总收入	亿元	39.4	18.9	54.2	25	65.6	20.9	73.3	11.8
#地方财政收入	亿元	14.9	15.6	18	25.4	22.7	26.5	25.6	12.7
地方财政支出	亿元	44.5	19.4	57.1	31.4	70	22.7	90.8	29.7
十二、金融									
金融机构年末存款余额	亿元	220.1	19	242.4	10.1	296.8	22.4	373.1	25.7
#城乡居民储蓄存款余额	亿元	121.5	13.4	123.8	1.9	157.5	27.3	190	20.7
金融机构年末贷款余额	亿元	121.8	5.3	136.4	11.9	157.6	24.2	216.4	37.3
十三、物价指数（上年=100）									
商品零售价格总指数	%	101.7	—	104.5	—	105.2	—	99.9	—
居民消费价格总指数	%	102.2	—	105	—	105	—	100.5	—
#食品价格指数	%	101.6	—	113.7	—	114.3	—	102.5	—
农业生产资料价格总指数	%	101.7	—	104.4	—	117.8	—	98.3	—
十四、职工工资									
在岗职工人数	人	114334	1.7	142140	24.3	142068	-0.1	143898	1.3
职工工资总额	万元	205300	22.6	270308	31.7	329079	21.7	372323	13.1
在岗职工人均工资	元	18178	21.7	19607	7.9	23268	18.7	26414	13.5
十五、城乡居民生活									

续上表

指标	单位	2006年		2007年		2008年		2009年	
		绝对数	增速（%）	绝对数	增速（%）	绝对数	增速（%）	绝对数	增速（%）
农民人均纯收入	元/年	2385	7.3	2737	9.2	3110	8.2	3511	12.9
#农民人均可支配收入	元/年	2318	5.1	2665	9.5	3014.4	7.7	3368	11.7
城镇居民可支配收入	元/年	10611	15.4	11701	5.1	13031	6.1	14319	9.9
农村居民人均住房使用面积	平方米	33.8	2.8	33.5	-0.9	33.9	1.2	35.1	3.5
城镇居民人均住房总建筑面积	平方米	32.9	4.8	33.9	3	33.4	-1.5	34.4	3
人均粮食占有量	千克	374.1	1.7	377.6	0.9	385	2	390	1.3
人均肉食占有量	千克	98.6	4.9	103.4	4.9	109	5.4	117	7.3
十六、教科文及体育									
高等院校在校生人数	人	6676	17.3	9215	38	10661	15.7	10873	2
中等学校在校生人数	人	19295	58	24310	26	27740	14.1	29059	4.8
小学生在校生人数	万人	21.4	0.1	21.5	0.5	21.3	-1	21.1	-1
在园幼儿数	人	42467	4.4	41733	-1.7	43275	3.7	44208	2.2
学龄儿童入学率	%	94.1	—	99.3	—	99.5	—	99.6	—
艺术表演团体	个	10	—	10	—	10	—	10	—
文化馆	个	11	—	11	—	11	—	11	—
文化站（乡镇）	个	103	—	103	—	103	—	103	—
公共图书馆	个	11	—	11	—	11	—	11	—
广播覆盖率	%	95.5	—	95.5	—	96	—	96.5	—
电视覆盖率	%	96	—	96.5	—	96.5	—	96.9	—
获州以上科技进步奖	项	50	4.2	44	-12	41	-7	43	4.9
科技对国民经济增长贡献率	%	44.1	—	45.8	—	46.4	—	47.2	—
运动员获州以上奖牌数	枚	108.5	17.9	112	3.2	107	-4.5	124	15.9
#金牌	枚	28.5	50	42	47.4	37	-12	43	16.2
十七、卫生									

续上表

指标	单位	2006年		2007年		2008年		2009年	
		绝对数	增速(%)	绝对数	增速(%)	绝对数	增速(%)	绝对数	增速(%)
卫生机构数	个	598	-5.1	544	-9	522	-4	557	6.7
#医院	个	41	7.9	42	2.4	47	11.9	61	—
卫生技术人员	人	7433	2.7	7456	0.3	7812	4.8	8580	9.8
#医生	人	3422	0.2	3406	-0.5	3610	6	3775	4.6
床位数	张	7292	5.7	6966	-4.5	7563	8.6	9218	21.9
十八、民政和社会保障									
敬老院	个	115	-11.5	93	-19.1	102	9.7	102	—
救济困难人数	万人	11	—	16.4	—	17	—	17.5	—
城镇居民领取最低生活保障金人数	万人	5.7	16.3	5.8	1.8	6.6	13.8	7.1	7.6
参加基本养老保险的人数	人	99085	3.9	103965	4.9	108140	4	113511	5
参加失业保险的人数	人	115113	4.8	117781	2.3	123744	5.1	126348	2.1
参加基本医疗保险的人数	人	191127	3.7	200253	4.8	205564	2.7	208381	1.4
参加农村社会养老保险的人数	万人	28.1	3.8	28.2	0.4	28.6	1.4	29.4	2.8
城镇登记失业率	%	3		3.1		3.2		3.2	
十九、环境保护									
工业废水排放达标率	%	94.3	—	85.6	—	89.9	—	86.5	—
森林覆盖率	%	60.7	—	60.7	—	60.7	—	60.7	—

说明：1. 表中数据均为统计公报数。

2. 地区生产总值、各产业增加值绝对数按现价计算，增长速度按不变价计算。

3. 部分数据因四舍五入的原因，存在着与分项合计不等的情况。

4. 2008 年非公有制增加值统计口径调整。

5. 2006 年州内公路通车里程（包含村道）统计口径调整。

6. 2007 年、2008 年农民人均纯收入、农民人均可支配收入、城镇居民可支配收入增幅已扣除物价上涨因素。

7. 2009 年工业废水排放达标率为预计数。

8. 2009 年医院包含妇幼保健院个数。

全省16州（市）及全州10县（市）2009年国民经济主要指标

州（市）	年末总人口（万人）		全社会固定资产投资（亿元）		社会消费品零售总额（亿元）		粮食总产量（万吨）		猪牛羊肉产量（万吨）	
	绝对数	位次	绝对数	位次	绝对数	位次	绝对数	位次	绝对数	位次
昆明市	630.0	1	1600.0	1	864.0	1	113.1	6	34.8	5
曲靖市	581.7	2	555.0	2	190.0	2	240.0	1	124.6	1
玉溪市	228.7	11	240.2	5	115.4	6	51.3	12	19.5	9
昭通市	534.3	3	251.9	4	87.8	8	164.3	2	35.6	4
红河州	444.2	4	404.5	3	127.3	3	140.1	3	44.4	2
文山州	345.0	6	216.5	7	118.8	5	123.5	5	33.5	6
普洱市	258.7	8	172.3	9	61.2	10	88.1	9	11.4	11
西双版纳州	107.6	14	88.9	15	41.5	13	35.6	14	2.6	15
大理州	350.8	5	217.3	6	120.4	4	135.1	4	41.4	3
保山市	247.7	9	168.2	10	69.7	9	110.4	7	25.2	8
德宏州	119.4	13	100.9	13	46.0	12	54.8	11	6.4	13
丽江市	122.6	12	150.2	11	36.6	14	43.2	13	8.1	12
怒江州	53.6	15	40.4	16	12.6	16	17.5	15	3.1	14
迪庆州	37.9	16	93.6	14	16.9	15	14.5	16	2.1	16
临沧市	239.6	10	114.5	12	59.4	11	77.1	10	13.5	10
楚雄州	270.1	7	207.9	8	109.7	7	102.2	8	27.7	7
楚雄市	55.29	1	58.6	1	50.0	1	18.8	1	4.2	2
双柏县	15.97	9	10.6	7	2.4	9	5.7	9	2.3	6
牟定县	20.58	8	13.2	5	4.8	7	8.5	6	1.7	8
南华县	23.99	5	9.6	9	7.5	3	10.3	4	2.4	5
姚安县	20.91	7	10.4	8	5.2	5	8.4	7	2.1	7
大姚县	29.05	3	14.2	4	6.9	4	11.0	3	2.6	4
永仁县	10.91	10	9.0	10	1.9	10	4.3	10	1.6	10
元谋县	21.39	6	14.4	3	4.7	8	7.3	8	1.7	8
武定县	27.93	4	11.0	6	5.0	6	9.4	5	3.6	3
禄丰县	44.08	2	49.5	2	21.3	2	18.4	2	5.4	1

续上表

州（市）	生产总值（亿元）		第一产业增加值（亿元）		工业增加值（亿元）		建筑业增加值（亿元）		第三产业增加值（亿元）	
	绝对数	位次	绝对数	位次	绝对数	位次	绝对数	位次	绝对数	位次
昆明市	1808.7	1	114.1	2	632.4	1	192.2	1	870.0	1
曲靖市	861.8	2	160.9	1	409.4	2	46.7	2	244.9	2
玉溪市	634.4	3	67.1	9	363.8	3	19.4	9	184.1	3
昭通市	302.4	7	72.2	7	96.0	7	33.7	4	100.5	8
红河州	560.9	4	104.6	4	247.5	4	39.1	3	169.6	4
文山州	273.5	8	73.1	6	71.2	8	25.3	7	105.9	7
普洱市	202.1	10	64.1	10	40.1	11	23.9	8	73.9	10
西双版纳州	138.6	12	40.7	12	28.1	12	12.9	13	56.9	11
大理州	406.8	5	107.2	3	117.4	5	28.1	5	157.3	5
保山市	217.2	9	67.2	8	47.1	9	17.4	12	85.6	9
德宏州	115.2	14	32.2	13	26.7	13	8.7	15	47.6	14
丽江市	117.4	13	22.1	14	26.6	14	17.5	11	51.1	13
怒江州	48.0	16	3.2	16	16.7	15	3.7	16	21.5	16
迪庆州	62.3	15	6.9	15	13.8	16	10.1	14	31.5	15
临沧市	177.1	11	62.2	11	41.0	10	17.6	10	56.3	12
楚雄州	342.4	6	80.8	5	116.5	6	26.0	6	119.1	6
楚雄市	140.5	1	14.2	2	67.8	1	11.7	1	46.7	1
双柏县	11.1	9	5.0	9	1.7	10	0.6	9	3.8	10
牟定县	17.7	7	6.3	7	3.0	7	2.3	3	6.2	6
南华县	17.8	6	6.9	5	4.2	6	1.1	6	5.5	8
姚安县	17.2	8	6.2	8	4.5	5	0.5	10	5.9	7
大姚县	24.0	3	7.8	4	6.2	3	1.8	4	8.1	3
永仁县	10.3	10	3.9	10	1.8	9	0.7	8	3.9	9
元谋县	17.9	5	7.9	3	2.3	8	1.2	5	6.4	5
武定县	20.1	4	6.8	6	5.6	4	1.0	7	6.7	4
禄丰县	74.0	2	15.3	1	25.4	2	3.0	2	30.5	2

续上表

州（市）	地方财政一般预算收入（亿元）		地方财政一般预算支出（亿元）		人均 GDP（元）		农民人均纯收入（元）		年末人均储蓄存款余额（元）	
	绝对数	位次	绝对数	位次	绝对数	位次	绝对数	位次	绝对数	位次
昆明市	201.6	1	270.5	1	28870	1	5080	2	30671	1
曲靖市	63	2	140	2	14860	4	3666	4	7246	9
玉溪市	54.2	3	89.6	7	27806	2	5119	1	13967	2
昭通市	20.8	7	111.2	4	5685	16	2455	14	3518	16
红河州	52	4	137.3	3	12670	7	3446	7	8526	6
文山州	17.3	8	89.4	8	7951	13	2379	15	4724	14
普洱市	16.6	9	85.4	9	7821	14	2954	9	5702	12
西双版纳州	8.6	14	35.2	14	12917	5	3750	3	10966	4
大理州	31.6	5	102.1	5	11621	8	3482	6	7514	8
保山市	15.8	10	61.8	11	8792	12	3119	8	6274	11
德宏州	9.8	13	48.9	12	9685	9	2831	12	11527	3
丽江市	11.6	11	47.4	13	9595	10	2845	11	9578	5
怒江州	4.7	15	27.5	16	8939	11	1753	16	5124	13
迪庆州	4.4	16	30.3	15	16481	3	2936	10	7627	7
临沧市	10.1	12	69.3	10	7413	15	2719	13	3931	15
楚雄州	25.6	6	90.8	6	12701	6	3511	5	7049	10
楚雄市	8.3	1	14.6	1	25494	1	4029	3	13071	1
双柏县	0.79	7	5.4	10	6959	10	2804	10	4759	9
牟定县	0.74	8	5.6	8	8617	4	3015	7	5139	6
南华县	1.1	5	6.4	6	7274	8	3207	6	4421	10
姚安县	0.62	10	7.7	4	8240	7	3344	4	5238	4
大姚县	1.1	4	7.8	3	8273	6	3267	5	4873	7
永仁县	0.68	9	5.5	9	9458	3	2935	8	5211	5
元谋县	0.8	6	5.7	7	8388	5	4333	1	5610	3
武定县	1.4	3	7.6	5	7216	9	2858	9	4803	8
禄丰县	4.0	2	11.6	2	16814	2	4071	2	7471	2

全国30个少数民族自治州2009年国民经济主要指标

省份	自治州	年末总人口		生产总值		人均生产总值		农业增加值	
		绝对数（万人）	位次	绝对数（亿元）	位次	绝对数（元）	位次	绝对数（亿元）	位次
吉林	延边	217.9	12	450.0	5	20617	5	46.4	13
甘肃	甘南	68.1	20	50.8	24	7466	26	14.3	23
	临夏	200.1	13	88.3	21	4673	30	20.3	20
青海	玉树	35.7	27	25.5	29	7130	27	15.8	21
	海南	44.9	24	57.8	23	13033	11	15.7	22
	黄南	23.2	29	34.0	27	14751	9	10.9	24
	海北	28.0	28	42.6	26	15261	8	9.1	25
	果洛	16.1	30	15.1	30	9438	20	4.0	29
	海西	44.6	25	289.3	11	65290	1	7.4	27
新疆	巴音郭楞	129.3	15	530.0	4	40983	2	84.0	7
	博尔塔拉	47.8	23	100.3	20	20935	4	30.8	17
	克孜勒苏	53.0	22	30.1	28	5761	29	7.6	26
	昌吉	157.2	14	449.4	6	28810	3	134.0	3
	伊犁	444.3	2	754.8	1	16653	6	209.4	1
湖南	湘西	275.8	10	269.0	13	9752	18	44.3	14
湖北	恩施	394.9	6	294.3	10	8436	22	96.0	6
贵州	黔东南	402.4	4	250.8	14	6234	28	65.2	11
	黔西南	332.1	9	232.0	15	7606	25	49.4	12
	黔南	397.3	5	302.6	9	8068	23	71.4	10
四川	甘孜	102.3	18	103.2	19	10326	17	25.4	18
	阿坝	89.2	19	109.6	18	12185	15	23.0	19
	凉山	473.0	1	627.1	2	14306	10	157.5	2
云南	西双版纳	107.6	17	138.6	16	12917	12	40.7	15
	德宏	119.4	16	115.2	17	9685	19	32.2	16
	怒江	53.6	21	48.0	25	8939	21	3.2	30
	大理	350.8	7	406.8	7	11621	16	107.2	4
	迪庆	37.9	26	62.3	22	16481	7	6.9	28
	红河	444.2	3	560.9	3	12670	14	104.6	5
	文山	345.0	8	273.5	12	7951	24	73.1	9
	楚雄	270.1	11	342.4	8	12701	13	80.8	8

续上表

省份	自治州	工业增加值		建筑业增加值		第三产业增加值		粮食总产量	
		绝对数（亿元）	位次	绝对数（亿元）	位次	绝对数（亿元）	位次	绝对数（万吨）	位次
吉林	延边	124.7	7	41.4	5	187.6	3	82.8	12
甘肃	甘南	12.4	24	1.1	30	23.0	23	8.7	24
	临夏	18.9	20	6.9	24	42.2	21	58.7	13
青海	玉树	0.5	30	3.4	26	5.8	30	1.9	29
	海南	15.7	22	11.7	18	16.4	26	11.8	22
	黄南	9.8	27	2.6	28	10.6	28	2.9	28
	海北	11.7	25	7.0	23	14.7	27	4.3	26
	果洛	2.5	28	1.6	29	6.7	29	0.2	30
	海西	205.9	5	20.3	12	55.8	16	8.6	25
新疆	巴音郭楞	290.0	1	48.0	4	108.0	10	39.6	16
	博尔塔拉	9.9	26	7.9	22	51.7	17	46.3	15
	克孜勒苏	2.2	29	2.9	27	17.4	25	23.3	18
	昌吉	145.0	6	37.5	7	132.8	6	177.4	2
	伊犁	210.5	4	62.8	1	272.0	1	3.5	27
湖南	湘西	91.8	12	15.8	13	117.1	9	87.3	11
湖北	恩施	67.1	14	12.0	17	119.2	7	160.7	3
贵州	黔东南	40.8	15	23.0	11	102.0	12	147.7	5
	黔西南	92.4	11	9.8	20	80.3	14	111.8	9
	黔南	92.9	10	51.8	3	86.6	13	150.3	4
四川	甘孜	22.4	19	12.6	16	42.8	20	19.0	19
	阿坝	27.2	17	15.5	14	43.4	19	11.7	23
	凉山	256.1	2	53.4	2	213.6	2	213.2	1
云南	西双版纳	28.1	16	12.9	15	56.9	15	35.6	17
	德宏	26.7	18	8.7	21	47.6	18	54.8	14
	怒江	16.7	21	3.7	25	21.5	24	17.5	20
	大理	117.4	8	28.1	8	157.3	5	139.2	7
	迪庆	13.8	23	10.1	19	31.5	22	14.5	21
	红河	247.5	3	39.1	6	169.6	4	140.1	6
	文山	71.2	13	25.3	10	105.9	11	123.5	8
	楚雄	116.5	9	26.0	9	119.1	8	102.2	10

续上表

省份	自治州	地方财政一般预算收入		地方财政一般预算支出		全社会固定资产投资	
		绝对数（亿元）	位次	绝对数（亿元）	位次	绝对数（亿元）	位次
吉林	延边	34.7	4	126.4	5	568.7	1
甘肃	甘南	3.0	24	60.8	18	62.3	23
	临夏	4.1	23	64.9	16	76.5	21
青海	玉树	0.5	30	20.5	27	14.0	29
	海南	2.4	25	23.3	26	63.6	22
	黄南	1.0	28	15.4	29	18.0	28
	海北	1.4	27	17.6	28	29.7	26
	果洛	0.6	29	13.7	30	10.9	30
	海西	24.4	8	43.9	20	200.3	12
新疆	巴音郭楞	26.0	6	74.1	15	307.0	6
	博尔塔拉	5.8	20	24.9	25	35.8	25
	克孜勒苏	2.3	26	33.7	22	25.0	27
	昌吉	24.1	9	62.8	17	163.6	15
	伊犁	49.4	2	199.6	1	360.0	4
湖南	湘西	15.3	15	85.0	13	188.8	13
湖北	恩施	18.3	12	102.6	8	182.2	14
贵州	黔东南	17.4	13	106.7	6	210.1	10
	黔西南	21.9	10	77.5	14	150.1	17
	黔南	20.9	11	98.4	10	236.1	7
四川	甘孜	13.0	16	102.8	7	160.1	16
	阿坝	8.0	19	135.4	4	351.3	5
	凉山	48.9	3	160.0	2	507.0	2
云南	西双版纳	8.6	18	35.2	21	88.9	20
	德宏	9.8	17	48.9	19	100.9	18
	怒江	4.7	21	27.5	24	40.4	24
	大理	31.6	5	102.1	9	217.3	8
	迪庆	4.4	22	30.3	23	93.6	19
	红河	52.0	1	137.3	3	404.5	3
	文山	17.3	14	89.4	12	216.5	9
	楚雄	25.6	7	90.8	11	207.9	11

续上表

省份	自治州	社会消费品零售总额		农民人均纯收入		年末人均储蓄存款余额	
		绝对数（亿元）	位次	绝对数（元）	位次	绝对数（元）	位次
吉林	延边	217.8	1	4708	5	22103	1
甘肃	甘南	16.7	23	2383	24	6931	14
	临夏	29.4	19	2106	28	4673	26
青海	玉树	4.0	28	2335	26	2263	30
	海南	12.2	25	3822	9	4677	25
	黄南	3.6	29	2633	22	4643	27
	海北	7.7	26	4023	7	5427	19
	果洛	2.4	30	2430	23	3371	29
	海西	36.6	17	4544	6	19506	2
新疆	巴音郭楞	62.9	14	7122	2	15322	4
	博尔塔拉	17.4	21	5969	3	12161	5
	克孜勒苏	6.9	27	1800	29	4358	28
	昌吉	100.5	11	7334	1	16632	3
	伊犁	154.3	3	5616	4	9722	8
湖南	湘西	102.1	10	2858	17	5762	17
湖北	恩施	114.0	7	2810	19	5099	21
贵州	黔东南	103.2	9	2717	21	5531	18
	黔西南	74.8	13	2758	20	5022	22
	黔南	82.9	12	3190	14	5006	23
四川	甘孜	30.8	18	2229	27	5810	16
	阿坝	23.0	20	3066	15	9577	9
	凉山	201.4	2	3960	8	6037	15
云南	西双版纳	41.5	16	3750	10	10966	7
	德宏	46.0	15	2831	18	11527	6
	怒江	12.6	24	1753	30	5124	20
	大理	120.4	5	3482	12	7514	12
	迪庆	16.9	22	2936	16	7627	11
	红河	127.3	4	3446	13	8526	10
	文山	118.8	6	2379	25	4724	24
	楚雄	109.7	8	3511	11	7049	13

注：云南省8个州按常住人口计算。

［楚雄州统计局供稿］

（责任编辑：者宗菊）

索引

1. 本索引采用主题分析方法，按汉语拼音音序排列。
2. 类目和分目标题用黑体字标示。
3. 特载、年鉴论坛、附录、统计资料内容及图片、表格不作索引。
4. 索引词后的数字表示内容所在页码，数字后的字母a、b、c分别表示左、中、右栏。
5. “附见”条放在索引词下面；索引词后自第二个页码起为“参见”条目页码。

N

P

T

Z

保护自然 关爱家园
Conservation Care homes
中共楚雄州委宣传部
楚雄州地方志办公室
楚雄州工商行政管理局

省工行纪委书记陶云到楚雄调研

行长喻明忠深入禄丰支行调研

召开新闻媒体座谈会加强沟通合作

领导班子全体成员向全行员工拜年

ICBC

举办“相伴工行·鸿盈一生”投资理财推介会

2009 年，中国工商银行股份有限公司楚雄分行在工行云南省分行和中共楚雄州委、州人民政府的领导下，以邓小平理论和“三个代表”重要思想为指导，践行科学发展观，贯彻省分行 2009 年工作会议精神，干部员工团结一心，勤奋工作，增强紧迫感和责任感，紧紧围绕“发展争速度、同业争占比、系统争位次、经营争效益、运行保质量、管理保平安”经营理念，狠抓市场营销，拓展中间业务，提高经营效益，强化内控管理，更新服务观念，各项经营指标完成年初确定的目标并创历史新高。年末，各项存款余额 41.38 亿元，比年初增加 9.07 亿元，增长 28.07%，同比增加 3.65 亿元，其中公司存款增加 4.05 亿元，机构存款增加 3.93 亿元，储蓄存款增加 1.07 亿元。各项贷款余额 24.8 亿元，比年初增加 7.8 亿元，增长 45.93%，同比增加 5.05 亿元，其中流动资金贷款增加 1.86 亿元，增长 126.08%；项目贷款增加 1.04 亿元，增长 11.7%；个人贷款余额突破 10 亿元大关，增加 5.1 亿元，增长 104%。实现利润 6079 万元，比上年增加 2815 万元，增长 86.25%。实现中间业务收入 1445 万元，同比增加 130 万元，增长 9.89%。

2009 年，中国工商银行股份有限公司楚雄分行的工作成效主要体现在以下七个方面：一是围绕“建设楚雄地区有较强竞争力的商业银行”主题，把发展落实在行动上，体现在工作成效上，做到“三个牢记”，为实现可持续发展奠定了坚实的基础。二是抓住楚雄州经济

加快营业网点升级改造步伐